DESARROLLO DE HABILIDADES DIRECTIVAS

DESARROLLO DE HABILIDADES DIRECTIVAS

NOVENA EDICIÓN

David A. Whetten
BRIGHAM YOUNG UNIVERSITY

Kim S. Cameron
UNIVERSITY OF MICHIGAN

TRADUCCIÓN:
María de Jesús Herrero Díaz
Erika Montserrat Jasso Hernán d'Bourneville
ESPECIALISTAS EN TEMAS DE ADMINISTRACIÓN

REVISIÓN TÉCNICA:
Alma Delia Pérez Otero
DOCENTE E INVESTIGADORA
MAESTRÍAS EJECUTIVAS
ITESM

PEARSON

Datos de catalogación bibliográfica

Whetten, David A. y Cameron, Kim S.

Desarrollo de habilidades directivas
Novena edición

PEARSON EDUCACIÓN, México, 2016
ISBN: 978-607-32-3675-1

Área: Administración

Formato: 21 × 27 cm   Páginas: 648

Authorized translation from the English language edition, entitled *Developing Management Skills*, 9th edition, by *David A. Whetten and Kim S. Cameron*, published by Pearson Education Inc., Copyright © 2016. All rights reserved.
ISBN 978-0-13-312747-8

Traducción autorizada de la edición en idioma inglés, titulada *Developing Management Skills*, 9a edición, por *David A. Whetten y Kim S. Cameron*, publicada por Pearson Education Inc., Copyright © 2016. Todos los derechos reservados.

Esta edición en español es la única autorizada.

Dirección General: Sergio Fonseca Garza
Dirección de Contenidos y Servicios Digitales: Alan David Palau
Gerente de Contenidos y Servicios Editoriales: Jorge Luis Íñiguez Caso
Coordinador de Contenidos, Educación Superior: Guillermo Domínguez Chávez
                                                                         guillermo.dominguez@pearson.com
Editora Sponsor y Especialista en Contenidos de Aprendizaje: Yanith Betsabé Torres Ruiz
Especialista en Desarrollo de Contenidos: Bernardino Gutiérrez Hernández
Supervisor de Arte y Diseño: Gustavo Rivas Romero

NOVENA EDICIÓN, 2016

D.R. © 2016 por Pearson Educación de México, S.A. de C.V.
         Antonio Dovalí Jaime núm. 70
         Torre B, Piso 6, colonia Zedec, Ed. Plaza Santa Fe
         Delegación Álvaro Obregón
         C.P. 01210, México, Distrito Federal.

Cámara Nacional de la Industria Editorial Mexicana. Reg. núm. 1031.

ISBN VERSIÓN IMPRESA: 978-607-32-3675-1
ISBN VERSIÓN E-BOOK: 978-607-32-3680-5

Impreso en México. *Printed in Mexico.*
1 2 3 4 5 6 7 8 9 0 - 19 18 17 16

Esta obra se terminó de imprimir en febrero de 2016
en los talleres de Litográfica Ingramex, S.A. de C.V.
Centeno 162-1, Col. Granjas Esmeralda,
C.P. 09810; México, Ciudad de México.

CONTENIDO BREVE

CONTENIDO

3 SOLUCIÓN ANALÍTICA Y CREATIVA DE PROBLEMAS 133

PARTE II   HABILIDADES INTERPERSONALES   187

4   ESTABLECIMIENTO DE RELACIONES MEDIANTE UNA COMUNICACIÓN DE APOYO   189

7 MANEJO DE CONFLICTOS   305

9 | FORMACIÓN DE EQUIPOS EFECTIVOS Y TRABAJO EN EQUIPO 401

PARTE IV   HABILIDADES ESPECÍFICAS DE COMUNICACIÓN   487

Módulo A   ELABORACIÓN DE PRESENTACIONES ORALES Y ESCRITAS   489

Módulo B   REALIZACIÓN DE ENTREVISTAS   517

Novedades de esta edición

- Como novedad en cada capítulo, encontrará, en el sitio web del libro, algunos instrumentos relativos al tema tratado.

- El capítulo 2 incluye ahora un enfoque importante, no sólo para el manejo del estrés, sino también para mejorar y fomentar el bienestar personal.

- El capítulo 8 reemplaza el análisis de "delegación" con un enfoque en el "involucramiento".

- La investigación continúa apareciendo en los factores que predicen la eficacia directiva y el desempeño hábil. Por consiguiente, hemos actualizado las referencias, los estudios y los ejemplos para mejorar la actualidad de cada capítulo.

- Un entorno repleto de tecnología instantánea, datos sin contexto y lapsos breves de atención, nos motivaron a recortar sustancialmente los capítulos del libro; no obstante, hemos mantenido la evidencia empírica, así como los modelos y la estructura fundamentales.

¿Por qué debemos enfocarnos en el desarrollo de las habilidades directivas?

Puesto que un curso de "desarrollo de habilidades" requiere más tiempo y esfuerzo que un curso que utiliza el formato tradicional de conferencia y debate, en ocasiones los estudiantes nos hacen esta pregunta, especialmente aquellos que tienen poca experiencia laboral.

Razón # 1: Dirige la atención a lo que realmente "hacen" los directivos eficaces.

En un artículo clásico, Henry Mintzberg (1975) comentó que la educación administrativa tenía muy poca relación con lo que los directivos hacen realmente de manera cotidiana. Culpó a los libros de texto de administración por introducir a los estudiantes a las principales teorías de la administración e ignorar lo que se sabe acerca de la práctica directiva eficaz. Como coincidimos con la crítica de Mintzberg, nos propusimos identificar las competencias que definen a los directivos eficaces.

Aunque no existen dos puestos directivos idénticos, las investigaciones que se resumen en la introducción destacan 10 habilidades personales, interpersonales y grupales que conforman los fundamentos de una práctica directiva eficaz. En cada capítulo se examina una de estas habilidades.

Habilidades personales

1. Desarrollo del autoconocimiento
2. Manejo del estrés y del bienestar
3. Solución analítica y creativa de problemas

Habilidades interpersonales

4. Establecimiento de relaciones mediante una comunicación de apoyo
5. Ganar poder e influencia
6. Motivación de los demás
7. Manejo de conflictos

Habilidades grupales

8. Facultar e involucrar a otros
9. Formación de equipos efectivos y trabajo en equipo
10. Liderar el cambio positivo

Congruente con nuestro enfoque en promover una práctica administrativa eficaz, el material de estos capítulos proporciona una guía para una variedad de desafíos directivos contemporáneos, entre ellos: "¿Cómo puedo ayudar a los demás para que acepten nuevas metas, nuevas ideas y nuevos métodos?", "¿Qué puedo hacer para inyectar energía en los individuos que se sienten desactualizados y rezagados?", "¿Cómo puedo ayudar a los 'sobrevivientes' de un recorte de personal para que se recuperen y sigan adelante?", "¿De qué manera puedo ayudar a individuos con obligaciones y filosofías muy diferentes para que trabajen juntos, en especial durante periodos de incertidumbre y mucho estrés?".

Aquellos que se sientan tentados a decir que las respuestas a estas preguntas son "de sentido común" harían bien en recordar el comentario fundamental de Will Rogers: "El sentido común no es tan común". Además, las investigaciones que se incluyen en la introducción sugieren que, en muchos casos, el "sentido común" de los directivos no es "muy sensato".

La premisa de este libro y del curso relacionado es que la clave para una práctica administrativa eficaz consiste en aplicar lo que los directivos efectivos (es decir, los que tienen "un buen sentido común") hacen de manera consistente.

Razón # 2: Coincide con los principios demostrados de una enseñanza y un aprendizaje efectivos.

Un experimentado profesor universitario aconsejó lo siguiente a un joven colega: "Si tus alumnos no están aprendiendo, entonces no estás enseñando, ¡sólo estás hablando!". A continuación citamos lo que algunas autoridades de educación superior dicen acerca de lo que los profesores eficaces hacen para fomentar el aprendizaje:

"Todo el aprendizaje genuino es activo y no pasivo. Se trata de un proceso de descubrimiento en el que el estudiante, y no el profesor, es el agente principal". (Adler, 1982)

"El aprendizaje no es un deporte de espectadores. Los estudiantes no aprenden mucho si permanecen sentados en una clase escuchando a los profesores, memorizando tareas preparadas y emitiendo respuestas. Deben hablar acerca de lo que están aprendiendo, escribir al respecto, relacionarlo con sus experiencias y aplicarlo a su vida cotidiana. Deben hacer que lo que aprenden se vuelva parte de ellos mismos". (Chickering y Gamson, 1987)

En un libro clásico sobre el aprendizaje activo, Bonwell y Elson (1991) listan siete características definitorias.

1. Los estudiantes hacen algo más que escuchar de manera pasiva.
2. Los estudiantes participan en actividades (por ejemplo, lectura, análisis, escritura).
3. Hay poco énfasis en la transmisión de información y se da mucha importancia al desarrollo de las habilidades del estudiante.
4. Se hace más hincapié en la exploración de actitudes y valores.
5. Se incrementa la motivación de los estudiantes, especialmente en el caso de los aprendices adultos.
6. Los estudiantes reciben una retroalimentación inmediata de su profesor y de sus compañeros.
7. Los estudiantes practican un pensamiento de orden superior (análisis, síntesis, evaluación).

Nuestras metas al escribir este libro son vincular el aspecto académico de la teoría y la investigación con el aspecto organizacional de la práctica efectiva, y ayudar a los estudiantes a aplicar de manera consistente los principios demostrados de ambos campos en la práctica personal. Para lograr estas metas formulamos un modelo de aprendizaje "activo" de cinco pasos, que se describe en la introducción. Con base en la retroalimentación positiva que recibimos de profesores y estudiantes podemos afirmar con confianza que la forma de aprendizaje activo que se aplica en este libro es una pedagogía probada para el dominio de las habilidades administrativas.

CAMBIOS DETALLADOS CAPÍTULO POR CAPÍTULO

Con base en las sugerencias de revisores, profesores y estudiantes, hemos realizado una serie de cambios en esta novena edición de Desarrollo de habilidades directivas.

- El capítulo 2 incluye ahora un enfoque importante no sólo en el manejo del estrés (considerado por lo general como una influencia negativa para los individuos) sino también en cómo mejorar y fomentar el bienestar personal. El estrés puede causar resultados positivos si se maneja de manera efectiva, y esta nueva edición adopta este enfoque positivo. Destaca maneras en las que se puede promover y mejorar el bienestar personal, aun en circunstancias estresantes.

- El capítulo 8 sustituye el análisis en la "delegación" con un enfoque en el "involucramiento". El tema del involucramiento de los empleados ha llegado a ser muy importante en las organizaciones modernas a medida que tratan de mejorar su desempeño y desean ayudar a sus empleados a prosperar. Es decir, el involucramiento de los empleados se ha convertido en un tema muy importante. Este capítulo proporciona un esquema que le ayudará a involucrar a sus empleados de manera efectiva.

- Un entorno repleto de tecnología instantánea, datos sin contexto y lapsos breves de atención, nos motivó a recortar sustancialmente los capítulos de este libro; no obstante, hemos mantenido la evidencia empírica, y los modelos y la estructura fundamentales que distinguen a este libro de otros que se encuentran en el mercado. Hemos mantenido las bases científicas y académicas de las propuestas en cada uno de los capítulos porque, para ser directivos eficaces, los estudiantes necesitan más contenido del que se ofrecen los consejos tradicionales de los libros que se encuentran en las librerías de los aeropuertos.

- La investigación continúa apareciendo en factores que predicen la eficacia directiva y el desempeño hábil. Por consiguiente, hemos actualizado las referencias, los estudios y los ejemplos para mejorar la actualidad de cada capítulo. Aunque muchos de los estudios clásicos e investigaciones básicas siguen apareciendo en este texto, encontrará bastantes estudios y ejemplos actualizados en el libro. Esto también aplica en ejercicios, casos de estudio e instrumentos de evaluación.

Consejos para obtener la mayor ventaja de este curso

Sin importar si usted es estudiante de licenciatura o de maestría, o un directivo experimentado, incluimos algunas sugerencias, basadas en los años que hemos enseñado habilidades directivas, para que este curso se convierta en una experiencia de aprendizaje significativa a nivel personal.

- Lea la introducción con mucho cuidado. Puesto que no se trata de un libro de texto típico sobre administración, es importante que comprenda sus características distintivas enfocadas en el aprendiz, sobre todo el modelo de aprendizaje de cinco pasos: evaluación, aprendizaje, análisis, práctica y aplicación de habilidades. Además, encontrará investigaciones informativas sobre el efecto que tienen los actos de los directivos en el desempeño individual y organizacional, así como sobre las características de los directivos efectivos.

- Responda con mucha atención los instrumentos de evaluación de habilidades de cada capítulo. Estas herramientas de diagnóstico están diseñadas para ayudarle a identificar los aspectos específicos de cada habilidad que requieren de mayor atención personal.

- Estudie con detalle las guías de comportamiento y el resumen que se incluyen en las conclusiones de la sección Aprendizaje de habilidades de cada capítulo antes de leer dicha sección. Estos resúmenes escritos y gráficos están diseñados para relacionar la descripción de cada tema (basada en investigaciones) con las actividades para el desarrollo de habilidades que le siguen. Para que internalice un "buen sentido común" basado en investigaciones, asegúrese de utilizar las guías de comportamiento mientras lee y analiza los casos del análisis de habilidades, y resuelve los ejercicios de las secciones Práctica de habilidades y Aplicación de habilidades.

- Asegúrese de responder todos los ejercicios de la sección Aplicación de habilidades, de cada capítulo. El dominio de las habilidades directivas exige que éstas se practiquen fuera del salón de clases. Esto será muy sencillo si actualmente trabaja en una organización, no importa si usted es un directivo experimentado o un empleado nuevo de medio tiempo. Sin importar si trabaja actualmente, lo alentamos a que busque oportunidades para practicar las habilidades en todos los aspectos de su vida, incluyendo el trabajo en equipos asignados en éste y otros cursos, la planeación de eventos sociales para una universidad o una organización comunitaria, los consejos que da a un amigo o hermano en problemas, el manejo de las fechas límite de final del semestre, o el manejo de una situación difícil con su pareja o cónyuge. Cuanto más pronto comience a aplicar lo que aprenda en este curso (y cuanto más persistente sea), mayor será su capacidad para convertir estas habilidades en "respuestas automáticas" cuando necesite aplicarlas como directivo.

RECURSOS PARA EL PROFESOR

Los profesores que hayan adoptado el libro como texto de su clase pueden utilizar los siguientes materiales:

- Manual para el instructor, en inglés
- Banco de reactivos, en inglés
- Presentaciones en PowerPoint, en español

Estos recursos pueden ser descargados del sitio web del libro. Solicite la contraseña de descarga a su representante de Pearson.

Reconocimientos

Además de la retroalimentación informal que hemos recibido de colegas de todo el mundo, nos gustaría agradecer de manera especial a las siguientes personas que han revisado el material formalmente y nos han brindado retroalimentación valiosa, lo cual ha sido vital en la revisión de esta edición y de las anteriores:

Richard Allan, University of Tennessee Chattanooga

Joseph S. Anderson, Northern Arizona University

Forrest F. Aven, University of Houston

Lloyd Baird, Boston University

Bud Baker, Wright State University

John D. Bigelow, Boise State University

Ralph R. Braithwaite, University of Hartford

Julia Britt, California State University

Tim Bothell, Brigham Young University

David Cherrington, Brigham Young University

John Collins, Syracuse University

Kerri Crowne, Temple University

Joseph V. DePalma, Farleigh Dickerson University

Todd Dewett, Wright State University

Andrew J. Dubrin, Rochester Institute of Technology

Steven Edelson, Temple University

Crissie M. Frye, Eastern Michigan Univesity

Norma Givens, Fort Valley State University

Barbara A. Gorski, St. Thomas University

Sara Grant, New York University

David Hampton, San Diego State University

Jason Harris-Boundy, San Francisco State University

Stanley Harris, Auburn University

Richard E. Hunt, Rockhurst College

Daniel F. Jennings, Baylor University

Avis L. Johnson, University of Akron

Jay T. Knippen, University of South Florida

Roland Kushner, Lafayette College

Roy J. Lewicki, Ohio State University

Michael Lombardo, Center for Creative Leadership

Charles C. Manz, University of Massachusetts-Amherst

Ralph F. Mullin, Central Missouri State University

Thomas J. Naughton, Wayne State University

J. Randolph New, University of Richmond

Jon L. Pierce, University of Minnesota, Duluth

Lyman Porter, University of California, Irvine

Lyle F. Schoenfeldt, Appalachian State University

Jacop P. Siegel, University of Toronto

Charles Smith, Hofstra University

Noel M. Tichy, University of Michigan

Wanda V. Trenner, Ferris State University

Ulya Tsolmon, Brigham Young University

Kenneth M. York, Oakland University

De manera especial, agradecemos a los colaboradores que realizaron las adaptaciones del libro para los mercados europeo y australiano, así como a quienes tradujeron este texto al español, ruso, chino y holandés.

Estamos agradecidos por la ayuda recibida de muchos asociados dedicados a la ampliación y mejora continuas de *Desarrollo de habilidades directivas*. Queremos reconocer a nuestro colega Jeffrey Thomson, director del Romney Institute of Public Management, de Bringham Young University. Jeff ha sido un colaborador valioso en nuestras revisiones recientes y una parte importante del equipo de autores.

También queremos agradecer a Kris Ellis-Levy, Sarah Hole, Rebecca Groves, Meghan DeMaio y Judy Leale de Pearson Education. Además quisiéramos expresar nuestro reconocimiento a Kristin Jobe de Integra-Chicago por su ayuda experta con esta edición.

Por último, y más importante, queremos agradecer a nuestras familias por su paciencia y apoyo, que se reflejan en su disposición para compartir su tiempo con esta "labor de amor" y por perdonar nuestros propios errores entre "el sentido común y la práctica común".

David A. Whetten
Kim S. Cameron

CLAVE DE RESULTADOS Y DATOS COMPARATIVOS

INTRODUCCIÓN

La importante función de las habilidades directivas

OBJETIVOS DE APRENDIZAJE

1. INTRODUCIR LA IMPORTANCIA DE LAS HABILIDADES DIRECTIVAS

2. IDENTIFICAR HABILIDADES DIRECTIVAS ESENCIALES

3. EXPLICAR UN MODELO DE APRENDIZAJE PARA EL DESARROLLO DE HABILIDADES DIRECTIVAS

4. REVISAR LOS CONTENIDOS DEL LIBRO

Introducción

La importante función de las habilidades directivas

Nadie duda que el siglo XXI seguirá distinguiéndose por transformaciones rápidas y caóticas. De hecho, casi ninguna persona en su juicio estaría dispuesta a predecir cómo será el mundo dentro de 50, 20 o incluso 10 años. El cambio es demasiado rápido y omnipresente. Tres cuartos del contenido de la red no estaba disponible hace tres años. El desarrollo de "nanobombas" ha provocado que algunos predigan que las computadoras personales y las pantallas de escritorio estarán en la pila de desechos de la obsolescencia dentro de 20 años. Las nuevas computadoras serán el producto de grabados en moléculas, lo cual permitirá generar procesadores de datos personalizados que se podrán inyectar en el flujo sanguíneo, implantarse en anteojos o incluirse en los relojes de muñeca.

Warren Bennis, uno de nuestros colegas, predijo un poco en broma que la fábrica del futuro solamente tendría dos empleados: una persona y un perro. La persona estaría ahí para alimentar al perro, ¡y el perro estaría ahí para evitar que la persona toque el equipo! Casi nadie discutiría que nuestro entorno actual se caracteriza "por aguas rápidas constantes". Casi todo está en movimiento, desde nuestra tecnología y los métodos para hacer transacciones de negocios hasta el carácter de la educación y la definición de la familia.

A pesar de todos estos cambios en nuestro ambiente, hay algo que ha permanecido relativamente constante. Con variaciones menores y diferencias estilísticas, lo que no ha cambiado esencialmente en varios miles de años son las habilidades básicas que yacen en el corazón de las relaciones humanas efectivas, satisfactorias y generadoras de crecimiento. La libertad, la dignidad, la confianza, el amor y el respeto en las relaciones han estado siempre entre las metas de los seres humanos, y los mismos principios que llevaron a esos resultados en los siglos II y XVII todavía los producen en el siglo XXI. En otras palabras, a pesar de nuestras circunstancias y de los recursos tecnológicos disponibles, las mismas habilidades humanas básicas yacen aún en el corazón de la interacción humana efectiva.

Este libro se basa en la suposición de que el desarrollo de habilidades directivas (es decir, de las habilidades necesarias para manejar la propia vida, así como las relaciones con los demás) es una tarea sin fin. En su mayoría, estas habilidades son las mismas hoy que hace un siglo; los principios conductuales básicos que constituyen los fundamentos de estas habilidades son atemporales. Ésa es una razón de por qué los anaqueles de las librerías, los blogs y los boletines informativos en línea están llenos de descripciones de cómo un ejecutivo más u otra empresa lograron hacerse ricos o vencer a la competencia. Miles de libros divulgan recetas para tener éxito en los negocios o en la vida. Muchos de ellos han llegado a las listas de los más vendidos y han permanecido ahí durante largo tiempo.

Nuestro objetivo en este libro no es tratar de reproducir las exhortaciones de los libros más vendidos, ni utilizar la fórmula común de relatar incidentes anecdóticos de organizaciones exitosas o directivos famosos. En cambio, hemos producido un libro que se basa y se mantiene fiel a la investigación de negocios y a las ciencias sociales. Queremos compartir con usted lo que se sabe y lo que no se sabe acerca de cómo desarrollar las habilidades directivas y fomentar relaciones con los demás que sean productivas, sanas, satisfactorias e impulsoras del crecimiento en su entorno de trabajo. *Desarrollo de habilidades directivas* está diseñado para que pueda mejorar realmente sus competencias personales, interpersonales y grupales.

Por lo tanto, este libro es más un curso práctico o una guía para el comportamiento directivo efectivo, que una descripción de lo que alguien ha hecho para manejar con éxito una organización. Con seguridad le favorecerá a pensar, y le brindará ejemplos de éxito, pero habrá fallado si no le ayuda también a *comportarse* de manera más competente en su propia vida.

Mientras que las habilidades que se analizan en este libro se denominan "habilidades directivas", su relevancia no se limita sólo a un entorno de trabajo o a una organización. Podría titularse "Habilidades para la vida" o incluso "Habilidades de liderazgo". Nos concentramos principalmente en entornos laborales porque nuestra meta principal consiste en ayudarlo a prepararse y a mejorar su propia competencia en un papel directivo. Sin embargo, descubrirá que estas habilidades son aplicables en la mayoría de las áreas de su vida: su persona, su familia, sus amigos, las organizaciones de voluntariado y su comunidad.

En la siguiente sección revisaremos algunas de las evidencias científicas que demuestran cómo las habilidades directivas están relacionadas con el éxito personal y organizacional, y repasaremos varios estudios de las habilidades directivas fundamentales que parecen ser las más importantes en nuestro ambiente moderno. Este libro está dirigido precisamente a esas habilidades fundamentales. Luego, describiremos un modelo y una metodología para ayudarle a desarrollar las habilidades directivas.

Un gran número de modas en el campo de la administración proclaman una nueva manera de ser líder, de volverse rico, o ambas cosas, pero a nosotros nos interesa basarnos en una metodología probada y basada en la literatura científica. Presentamos lo que ha demostrado ser un proceso superior para mejorar las habilidades directivas y basamos nuestras afirmaciones en evidencia científica y académica. Esta Introducción concluye con una breve descripción de la organización del resto del libro y de la importancia de tener en mente las diferencias individuales entre las personas.

La importancia de los directivos competentes

En la última década, se ha generado una gran cantidad de evidencia de que la dirección hábil es el elemento fundamental para el éxito organizacional. Estos estudios se han llevado a cabo en numerosos sectores de la industria, contextos internacionales y tipos de organizaciones. Los hallazgos de las investigaciones plantean, casi de manera incuestionable, que si las organizaciones desean tener éxito, deben contar con ejecutivos hábiles y competentes.

Por ejemplo, en un estudio de 968 compañías representantes de los principales sectores industriales de Estados Unidos, cuyos directivos administraban de manera efectiva a su personal (es decir, implementaban estrategias efectivas de administración y demostraban competencia personal en habilidades directivas), registraban en promedio un descenso en la rotación de personal de más de 7 por ciento, mayores utilidades de $3,814 por empleado; $27,044 más en ventas por empleado y $18,641 más de valor en el mercado bursátil por empleado, en comparación con otras empresas que tenían una administración de personal menos efectiva (Huselid, 1995; Pfeffer y Veiga, 1999). En un estudio de seguimiento de 702 empresas, la riqueza de los accionistas ascendía a $41,000 más por empleado en aquellas que mostraban fuertes habilidades administrativas, en comparación con las compañías que ponían un menor énfasis en la administración de su personal (Huselid y Becker, 1997).

Un estudio de firmas alemanas en 10 sectores industriales arrojó resultados similares: "Las empresas que colocan a los empleados en el centro de sus estrategias producen rendimientos más altos en el largo plazo… que sus pares de esa industria" (Blimes, Wetzker y Xhonneux, 1997).

Un estudio de supervivencia de cinco años en 136 empresas no financieras, que emitieron su oferta pública inicial de acciones a finales de la década de 1980, reveló que la administración efectiva de su personal era el factor más importante para predecir la longevidad, incluso cuando se controlaba el tipo de industria, el tamaño y las utilidades. A diferencia de otras, las empresas que administraban bien a su personal tendían a sobrevivir (Welbourne y Andrews, 1996).

Un estudio realizado por Hanson (1986) investigó los factores que explicaban mejor el éxito financiero en un lapso de cinco años de 40 compañías importantes de manufactura. Se identificaron y evaluaron los cinco factores de predicción más poderosos, que incluían la participación de mercado (suponiendo que cuanto más alta es la participación de mercado de una empresa, mayor es su rentabilidad); la magnitud de los bienes de capital (suponiendo que cuanto más automatizada y actualizada en tecnología y equipos está una empresa, más rentable es); el tamaño de la empresa en activos (suponiendo que en las compañías grandes pueden usarse las economías de escala y la eficiencia para aumentar la rentabilidad); el rendimiento promedio del sector industrial por ventas (considerando que las empresas reflejarían el desempeño de una industria altamente rentable), y la habilidad de los directivos para manejar con efectividad a su personal (suponiendo que el énfasis en una buena administración del personal ayuda a generar rentabilidad en las organizaciones). ¡Los resultados revelaron que un solo factor (la habilidad de administrar efectivamente a las personas) era tres veces más poderoso que todos los demás factores combinados para explicar el éxito financiero de una empresa durante un periodo de cinco años! Repetimos, la buena administración fue más importante que todos los demás factores juntos para predecir la rentabilidad.

Esto es sólo una pequeña muestra de estudios que indican de manera abrumadora que una buena administración fomenta el éxito financiero, mientras que la administración menos efectiva fomenta las dificultades financieras. Las organizaciones exitosas tienen directivos con habilidades de administración de personal bien desarrolladas. Asimismo, los datos son elocuentes: las habilidades directivas son más importantes que los factores combinados de industria, ambiente, competencia y económicos.

Las habilidades de los directivos eficaces

Entonces, ¿qué hace diferentes a los directivos eficaces de los menos eficaces? Si el desarrollo de las habilidades directivas es tan esencial para el éxito de una organización, ¿en qué habilidades nos debemos concentrar? La literatura especializada en administración está llena de listas de atributos, comportamientos, orientaciones y estrategias para fomentar el éxito en el desempeño. Al escribir este libro quisimos identificar las habilidades y competencias que separan a quienes se desempeñan de manera extraordinaria del resto de los demás. Así, además de revisar la literatura administrativa y de liderazgo, también identificamos a 402 personas calificadas como directivos altamente efectivos dentro de sus propias organizaciones en los campos de negocios, cuidado de la salud, educación y gobierno estatal, al pedirles a los altos ejecutivos que nombraran a los directivos más eficaces y eficientes de sus organizaciones. Luego entrevistamos a esos individuos para determinar cuáles atributos se asociaban con los excelentes resultados administrativos.

Planteamos preguntas como las siguientes:

❑ ¿Cómo llegó a ser tan exitoso en esta empresa?

❑ ¿Quién fracasa y quién tiene éxito en esta empresa y por qué?

❑ Si tuviera que capacitar a alguien para que ocupara su puesto, ¿qué conocimientos y habilidades se aseguraría de que esa persona poseyera para desempeñarse con éxito como su sucesor?

❑ Si pudiera diseñar un plan de estudios o un programa de capacitación ideal para ser un mejor directivo, ¿cuál sería el contenido?

❑ Piense en otros directivos eficaces que conozca. ¿Qué habilidades han demostrado que expliquen su éxito?

Tabla 1	Habilidades de los directivos eficaces y eficientes: un estudio

1. Comunicación verbal (incluye escuchar)
2. Manejo del tiempo y del estrés
3. Toma de decisiones racional y creativa
4. Reconocimiento, definición y solución de problemas
5. Motivación e influencia en los demás
6. Delegación y participación de los demás
7. Establecimiento de metas y de una visión compartida
8. Autoconocimiento
9. Formación de equipos
10. Manejo de conflictos

Nuestro análisis de las entrevistas produjo alrededor de 60 características de los directivos efectivos (eficaces y eficientes). En la tabla 1 se muestran las 10 que se identificaron con más frecuencia. No es de sorprender que las 10 características sean habilidades conductuales. No son atributos o estilos de personalidad, ni generalizaciones como la "buena suerte", el "carisma" o "estar en el momento justo en el lugar adecuado". También son comunes en diversas industrias, niveles y responsabilidades laborales. Las características de los directivos efectivos no son secreto alguno.

¿Qué son las habilidades directivas?

Existen varias características distintivas de las habilidades directivas que las diferencian de otros tipos de características y prácticas. Primero, las habilidades directivas son *conductuales*; no son atributos de la personalidad o tendencias estilísticas. Las habilidades directivas consisten en acciones que conducen a resultados positivos. Las habilidades pueden ser observadas por otros, a diferencia de los atributos que son puramente mentales, estilísticos o fijos en la personalidad.

En segundo lugar, las habilidades administrativas son *controlables*. El desempeño de estos comportamientos se encuentra bajo control del individuo. Las habilidades pueden implicar a otras personas y requerir trabajo cognitivo, pero son comportamientos que la gente puede controlar por sí misma.

En tercer lugar, las habilidades directivas se pueden desarrollar. Es *posible* mejorar el desempeño. A diferencia del cociente intelectual (CI) o de ciertos atributos de la personalidad o del temperamento, los cuales permanecen más o menos constantes a lo largo de la vida, los individuos pueden mejorar su competencia en el desempeño de habilidades por medio de la práctica y la retroalimentación. Pueden progresar de menor a mayor competencia en las habilidades directivas, y ese resultado es el principal objetivo de este libro.

En cuarto lugar, las habilidades directivas están *interrelacionadas* y se *traslapan*. Es difícil demostrar una sola habilidad aislada de las demás. En quinto lugar, las habilidades directivas a veces son *contradictorias* y *paradójicas*. Por ejemplo, no todas las habilidades directivas fundamentales tienen una orientación suave y humanista, ni todas son impulsoras y marcan una dirección. No están orientadas en exclusiva hacia el trabajo en equipo o las relaciones interpersonales, ni sólo hacia el individualismo o el espíritu emprendedor técnico. Los directivos más efectivos suelen poseer una variedad de habilidades, y algunas de ellas parecen incompatibles.

Para ilustrar esto, Cameron y Tschirhart (1988) evaluaron el desempeño de las habilidades de más de 500 directivos de nivel medio y superior en cerca de 150 organizaciones. Se midieron las 25 habilidades directivas mencionadas con más frecuencia en una docena de estudios de la literatura académica (como las que se incluyen en la tabla 2).

Los análisis estadísticos revelaron que las habilidades caían dentro de cuatro grupos principales. Un grupo de habilidades se concentraba en las habilidades de participación y relaciones humanas (por ejemplo, comunicación de apoyo y formación de equipos), mientras que otro grupo se centraba justamente en lo opuesto, es decir, en la competitividad y el control (por ejemplo, habilidades de asertividad, poder e influencia). Un tercer grupo se concentró en la innovación y en el espíritu emprendedor individual (por ejemplo, la solución creativa de problemas), mientras que un cuarto grupo enfatizaba el tipo opuesto de habilidades, es decir, mantener el orden y la racionalidad (por ejemplo, administración del tiempo y toma de decisiones racionales). Una conclusión de este estudio fue que se requiere que los directivos eficaces demuestren habilidades paradójicas y contradictorias. Esto es, los directivos más eficaces son tanto participativos como dirigentes o líderes, tanto alentadores como competitivos. También son flexibles y creativos, y al mismo tiempo controlados, estables y racionales (vea Cameron, Quinn, DeGraff y Thakor, 2014). Nuestro objetivo en este libro es ayudarle a desarrollar ese tipo de competencias y complejidad conductual.

Mejora de las habilidades directivas

Es un tanto alarmante que aun cuando las puntuaciones promedio del CI de la población han aumentado en los últimos 50 años, las puntuaciones de la inteligencia emocional y social, de hecho, han disminuido. En la población en general, la gente tiene menos habilidad para guiarse a sí misma y relacionarse con los demás de la que tenía hace 50 años (Goleman, 1998). Mientras que las puntuaciones promedio del CI han aumentado aproximadamente 25 puntos, las de la inteligencia emocional (IE) han disminuido. En una encuesta reciente a 110 directores ejecutivos de la revista *Fortune* 500, 87 por ciento estaba satisfecho con el nivel de competencia y habilidades analíticas de los graduados de las escuelas de negocios; 68 por ciento estaba satisfecho con las habilidades de conceptos de los graduados, ¡pero sólo 43 por ciento de los directores estaba satisfecho con sus habilidades interpersonales e IE!

La buena noticia es que se observó una mejoría en el desarrollo de las habilidades directivas tanto en estudiantes como en directivos expuestos a un modelo de aprendizaje como el que se presenta en *Desarrollo de habilidades directivas*. Por ejemplo, los alumnos de maestrías en administración de empresas mostraron una mejoría de 50 a 300 por ciento en las habilidades sociales a lo largo de dos años al inscribirse en cursos basados en el enfoque de desarrollo de habilidades directivas presentado aquí. Una mejoría mayor ocurrió entre los alumnos que aplicaron estas habilidades a aspectos de su vida fuera del salón de clases. Además, una multitud de ejecutivos de entre 45 y 55 años de edad obtuvo los mismos resultados que los alumnos de maestría, es decir, también mejoraron de manera notoria sus habilidades directivas, aunque la mayoría ya tenían experiencia previa en puestos directivos de alto nivel (Boyatzis, 1996, 2000, 2005; Boyatzis, Cowen y Kolb, 1995; Boyatzis, Leonard, Rhee y Wheeler, 1996; Leonard, 1996; Rhee, 1997; Wheeler, 1999).

Un enfoque para el desarrollo de habilidades

El método que ha resultado ser el más exitoso para ayudar a los individuos a desarrollar habilidades directivas se basa en la teoría del aprendizaje social (Bandura, 1977; Boyatzis *et al.*, 1995; Davis y Luthans, 1980). Este enfoque combina el rígido conocimiento conceptual con las oportunidades de practicar y aplicar comportamientos observables, y se basa en trabajo cognoscitivo y en trabajo conductual. Este modelo de aprendizaje, como se formuló originalmente, consistía en cuatro pasos: (1) la presentación de principios conductuales o guías de acción, generalmente utilizando métodos tradicionales de instrucción como clases y debates; (2) demostración de los principios por medio de casos, películas, guiones o hechos de la vida real; (3) oportunidades para practicar los principios a través de representación de roles o ejercicios, y (4) retroalimentación del desempeño por parte de compañeros, profesores o expertos.

Nuestra propia experiencia en la enseñanza de habilidades directivas complejas, al igual que investigaciones recientes sobre el desarrollo de las habilidades directivas entre alumnos de maestría (por ejemplo, Boyatzis *et al.*, 1995; Vance, 1993), han demostrado que son necesarias tres modificaciones importantes para que este modelo sea el más eficaz. En primer lugar, los principios conductuales deben estar basados en la teoría de las ciencias sociales y en resultados confiables de investigación. Para garantizar la validez de las directrices conductuales que se indican, el enfoque del aprendizaje debe incluir conocimiento con bases científicas acerca de los efectos de los principios de administración presentados.

En segundo, los individuos deben estar conscientes del nivel actual de competencia de sus habilidades y estar motivados para mejorar a partir de ese nivel. La mayoría de la gente recibe muy poca retroalimentación acerca del nivel de sus habilidades. La mayoría de las organizaciones consideran algún tipo de evaluación anual o semestral (por ejemplo, las calificaciones de un curso escolar o las entrevistas de evaluación del desempeño en las empresas), pero estas evaluaciones son poco frecuentes y tienen un alcance limitado, y no evalúan el desempeño en las áreas más importantes de las habilidades. Por consiguiente, para ayudar a que una persona comprenda qué habilidades debería mejorar y por qué, el modelo debe incluir una actividad de evaluación. Además, para la mayoría de la gente, el cambio es incómodo, por lo que evita tomar el riesgo de desarrollar nuevos patrones de comportamiento. Una actividad de evaluación dentro del modelo de aprendizaje ayuda a motivar a estas personas a cambiar al hacer evidentes sus fortalezas y debilidades. Esto hace posible que la gente se enfoque en sus esfuerzos de mejora de manera más específica. Las actividades de evaluación a menudo toman la forma de instrumentos de autoevaluación, estudios de casos o problemas que ayudan a poner de relieve las fortalezas y debilidades personales en alguna área específica de habilidades.

Tercero, el modelo de aprendizaje necesita un componente de aplicación. La mayoría de los cursos de habilidades directivas se llevan a cabo en un salón de clases donde la retroalimentación es inmediata, y es relativamente seguro intentar nuevos comportamientos y cometer errores. Por ello, a menudo es problemático transferir el aprendizaje a un entorno de trabajo real. Los ejercicios de aplicación ayudan a trasladar el aprendizaje del salón de clases a ejemplos del mundo real de la administración. Los ejercicios de aplicación frecuentemente toman la forma de una intervención fuera de la clase, una actividad de asesoría, un análisis personal a través de la escritura de un diario o una intervención centrada en un problema, que el alumno tiene que analizar para determinar su grado de éxito o fracaso.

En resumen, la evidencia sugiere que un modelo de aprendizaje de cinco pasos es el más eficaz para ayudar a los individuos a mejorar sus habilidades directivas (vea Cameron y Whetten, 1984; Kolb, 1984; Vance, 1993; Whetten y Cameron, 1983). La tabla 2 resume ese modelo. El paso 1 implica la *evaluación* de los niveles actuales de competencia de las habilidades y del conocimiento de los principios conductuales.

Tabla 2	**Un modelo para desarrollar las habilidades directivas**	
COMPONENTES	**CONTENIDO**	**OBJETIVOS**
1. Evaluación de habilidades	Instrumentos de encuesta Representación de roles	Evaluar el nivel actual de habilidades de competencia y conocimiento; crear disposición para cambiar.
2. Aprendizaje de habilidades	Textos escritos Guías de comportamiento	Enseñar los principios correctos y presentar los fundamentos para las guías de comportamiento.
3. Análisis de habilidades	Casos	Brindar ejemplos de desempeño de habilidades adecuadas e inadecuadas. Analizar principios conductuales y las razones por las que funcionan.
4. Práctica de habilidades	Ejercicios Simulaciones Representación de roles	Practicar guías de comportamiento. Adaptar los principios al estilo personal. Recibir retroalimentación y ayuda.
5. Aplicación de habilidades	Tareas (conductuales y escritas	Transferir el aprendizaje del salón de clases a situaciones de la vida real. Fomentar el desarrollo personal constante.

El paso 2 consiste en la presentación de *principios y directrices* validados y con bases científicas para el desempeño eficaz de habilidades. El paso 3 es una *etapa de análisis* en la que se dispone de los modelos o casos para analizar los principios conductuales en contextos reales de una organización. Este paso también ayuda a demostrar cómo las guías de comportamiento pueden adaptarse a diferentes estilos y circunstancias personales. El paso 4 consiste en *ejercicios de práctica* en los cuales se puede experimentar y recibir una retroalimentación inmediata en un ambiente relativamente seguro. Finalmente, el paso 5 es la *aplicación* de la habilidad en un contexto de la vida real fuera del salón de clases, con un análisis de seguimiento del éxito relativo de dicha aplicación.

La investigación acerca de la efectividad de los programas de capacitación basados en este modelo general de aprendizaje ha demostrado resultados superiores a aquellos basados en enfoques más tradicionales de conferencia-discusión-caso (Boyatzis *et al.*, 1995; Burnaska, 1976; Kolb, 1984; Latham y Saari, 1979; Moses y Ritchie, 1976; Porras y Anderson, 1981; Smith, 1976; Vance, 1993).

Para ayudarle a mejorar sus propias habilidades directivas, este libro hace hincapié en que hay que practicarlas en vez de sólo leerlas. Hemos organizado el libro con este enfoque específico en mente.

Liderazgo y administración

Antes de presentar la organización de este libro, queremos explicar brevemente el lugar que ocupa el liderazgo en este volumen. Algunos autores hacen una distinción entre los conceptos de "liderazgo" y "administración" (Bass, 1990; Katzenbach, 1995; Nair, 1994; Quinn, 2000; Tichy, 1999). Algunos se preguntan por qué en este libro nos concentramos en habilidades de "administración" y no en habilidades de "liderazgo". También muchos profesores, ejecutivos de negocios y alumnos nos han preguntado por qué no cambiamos el título del libro a *Desarrollo de habilidades de liderazgo* o por qué no incluimos al menos un capítulo sobre liderazgo. Estas dudas y sugerencias son importantes y nos han motivado a explicar desde el principio qué queremos decir con administración y por qué creemos que nuestro enfoque se fundamenta en el liderazgo, según su definición común.

Uno de los modelos más difundidos de liderazgo se basa en el "Sistema de valores en competencia", un sistema de organización para las habilidades de liderazgo y administración que se desarrolló al examinar los criterios utilizados para evaluar el desempeño organizacional (Cameron *et al.*, 2006; Quinn y Rohrbaugh, 1983). Se han realizado amplias investigaciones acerca de este sistema durante las tres últimas décadas, y una breve explicación ayudará a aclarar la relación entre las habilidades directivas y las de liderazgo. Esa investigación demuestra que tanto las habilidades directivas como las de liderazgo caen dentro de cuatro grupos o categorías, como la figura 1 lo ilustra.

Para ser directivos efectivos, la investigación sugiere que los individuos deben ser competentes en: (1) habilidades con las personas, colaboración, trabajo en equipo y comunicación personal, que la literatura refiere como *habilidades de clan*; (2) creatividad, capacidad para la innovación, espíritu emprendedor y una visión capaz de dar forma al futuro, a las que la literatura académica considera *habilidades de adhocracia*; (3) producción de resultados, toma rápida de decisiones, competencia agresiva y comodidad al asumir responsabilidades, que la literatura académica toma como *habilidades de mercado*, y (4) conservación de estabilidad y predictibilidad, aumento de la calidad, eficiencia y control, que en la literatura académica se conocen como *habilidades de jerarquía*.

Las habilidades de clan incluyen aquellas que se requieren para forjar relaciones interpersonales efectivas y para desarrollar a otras personas (por ejemplo, para llevar a cabo trabajo en equipo, comunicación con apoyo). Las habilidades a la medida incluyen las requeridas para administrar el futuro, innovar y promover el cambio (por ejemplo, solución creativa de problemas, formación de una visión que infunda fuerza, pasión). Las habilidades de mercado incluyen las requeridas para competir de manera eficaz y administrar las relaciones externas (por ejemplo, motivación a otros, uso de poder e influencia).

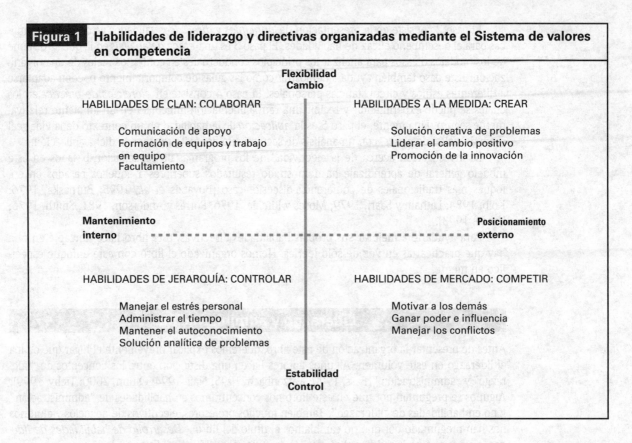

Figura 1 Habilidades de liderazgo y directivas organizadas mediante el Sistema de valores en competencia

Flexibilidad
Cambio

HABILIDADES DE CLAN: COLABORAR

Comunicación de apoyo
Formación de equipos y trabajo
en equipo
Facultamiento

HABILIDADES A LA MEDIDA: CREAR

Solución creativa de problemas
Liderar el cambio positivo
Promoción de la innovación

Mantenimiento interno - - - - - - - - - - - - - - - - - Posicionamiento externo

HABILIDADES DE JERARQUÍA: CONTROLAR

Manejar el estrés personal
Administrar el tiempo
Mantener el autoconocimiento
Solución analítica de problemas

HABILIDADES DE MERCADO: COMPETIR

Motivar a los demás
Ganar poder e influencia
Manejar los conflictos

Estabilidad
Control

Las habilidades de jerarquía incluyen las que se requieren para mantener el control y la estabilidad (por ejemplo, manejo del estrés y del tiempo personal, solución de problemas de forma racional) (vea Cameron y Quinn, 2006).

En la figura 1, los dos cuadrantes superiores en el Sistema de valores en competencia (clan y habilidades a la medida) suelen asociarse con el liderazgo. Los dos cuadrantes inferiores (mercado y jerarquía) generalmente se asocian con la administración. Tradicionalmente, el liderazgo se ha utilizado para describir lo que los individuos hacen en condiciones de cambio. Cuando las organizaciones son dinámicas y sufren transformaciones, se espera que los directivos de los niveles superiores demuestren liderazgo (es decir, que pongan atención a los asuntos de clan o de habilidades a la medida). La administración, en cambio, se ha utilizado tradicionalmente para describir lo que los ejecutivos hacen en condiciones de estabilidad. Entonces, la administración se asocia con el *statu quo* (es decir, con poner atención en los asuntos de mercado y jerarquía).

Además, el liderazgo a veces se ha definido como "hacer lo correcto", mientras que la administración se define como "hacer bien las cosas". Se dice que los líderes se concentran en fijar la dirección, articular una visión, transformar a los individuos y las organizaciones, y crear algo. Se dice que los directivos se concentran en supervisar, dirigir y refinar el desempeño actual. El liderazgo se ha equiparado con el dinamismo, el vigor y el carisma; la administración, con la jerarquía, el equilibrio y el control.

Sin embargo, la investigación reciente tiene claro que tales distinciones entre el liderazgo y administración no son acertadas ni útiles (Cameron, Quinn, DeGraff y Thakor, 2014; Quinn, 2000; Tichy, 1993, 1999). Los directivos no pueden tener éxito sin ser buenos líderes, y los líderes no pueden tener éxito sin ser buenos directivos. Las organizaciones y los individuos ya no pueden tan sólo aferrarse al *statu quo*, preocupándose sólo por hacer las cosas bien sin hacer lo correcto; mantener estable al sistema, en vez de encabezar el cambio y las mejoras; supervisar el desempeño actual, en lugar de formular una visión del futuro; concentrarse en el equilibrio y el control, y no en el vigor y el carisma. La administración eficaz y el liderazgo son inseparables. Las habilidades necesarias para una también se necesitan para el otro.

Ninguna organización en el entorno posindustrial y excesivamente turbulento del siglo XXI sobrevivirá sin ejecutivos capaces de brindar tanto administración como liderazgo. Encabezar el cambio y administrar la estabilidad, establecer una visión y lograr los objetivos, romper las reglas y supervisar su cumplimiento, aunque acciones paradójicas, son todas necesarias para tener éxito.

En otras palabras, todos debemos desarrollar competencias que mejoren nuestra habilidad para ser tanto líderes como directivos. Las habilidades específicas en este libro representan los cuatro cuadrantes en el Sistema de valores en competencia de liderazgo. Sirven como la base para la administración efectiva, así como para el liderazgo eficaz. *Las habilidades contenidas en este libro cubren tanto habilidades de administración como de liderazgo.* Hemos decidido utilizar el término "habilidades directivas" para incluir las habilidades asociadas tanto con el liderazgo como con la administración. Cuando las personas son promovidas, se les asignan ciertas funciones administrativas, y su éxito en ellas dependerá del grado en el que dominen habilidades específicas. Pueden actuar como líderes en cualquier contexto o función, así que este libro está diseñado para prepararles a ser directivos eficaces, así como líderes eficaces.

Contenido del libro

Nuevamente, este libro se concentra en las habilidades que la investigación ha identificado como aspectos de importancia fundamental para el éxito en la administración y el liderazgo. La parte I incluye tres capítulos acerca de las *habilidades personales*: desarrollo de autoconocimiento; manejo del estrés y el bienestar personal, y solución analítica y creativa de problemas. Estas habilidades se concentran en asuntos que quizás no impliquen a otras personas, sino que se relacionan con el manejo del propio yo; de ahí que las llamemos habilidades personales. Cada capítulo, sin embargo, incluye en realidad un grupo de comportamientos relacionados no solamente una simple habilidad. Estos grupos de comportamientos interrelacionados comprenden la habilidad directiva global indicada en el título de cada capítulo. La figura 2 también indica que cada grupo de habilidades se relaciona y traslapa con otras habilidades directivas personales, de manera que cada una depende, por lo menos parcialmente, del éxito en el desempeño de las demás..

La parte II se refiere a las *habilidades interpersonales:* establecimiento de relaciones mediante comunicación de apoyo; obtención de poder e influencia; motivación de los demás y manejo de conflictos. Estas habilidades se centran principalmente en asuntos que surgen al interactuar con otras personas. Desde luego, existe cierta superposición entre ellas, así que, para desempeñar cualquier habilidad eficazmente, se depende de muchas áreas de habilidad.

La parte III incluye tres capítulos acerca de *habilidades grupales:* facultar e involucrar a otros; formación de equipos efectivos y trabajo en equipo, y liderar cambios positivos. Estas habilidades se centran en asuntos fundamentales que surgen cuando usted participa con grupos de personas, ya sea como líder o como miembro del grupo. Al igual que ocurre con todas las habilidades que se estudian en el libro, existe una superposición entre las habilidades grupales, y entre éstas y las habilidades personales e interpersonales. En otras palabras, cuanto más se avanza de las habilidades personales a las interpersonales y a las grupales, las competencias esenciales desarrolladas en el área previa de habilidad ayudarán a afianzar un desempeño exitoso en la nueva área de habilidad.

Además de las 10 habilidades directivas fundamentales de las partes I, II y III, los capítulos complementarios de la parte IV presentan tres habilidades adicionales de comunicación: elaboración de presentaciones orales y escritas; realización de entrevistas, y conducción de reuniones de trabajo. Estos complementos abarcan habilidades de comunicación especializadas que son muy importantes para los alumnos que han tenido poca experiencia administrativa o escasa capacitación en habilidades como redactar informes, hacer presentaciones en clase, entrevistar a otros y realizar reuniones de grupo.

Figura 2   **Un modelo de habilidades directivas esenciales**

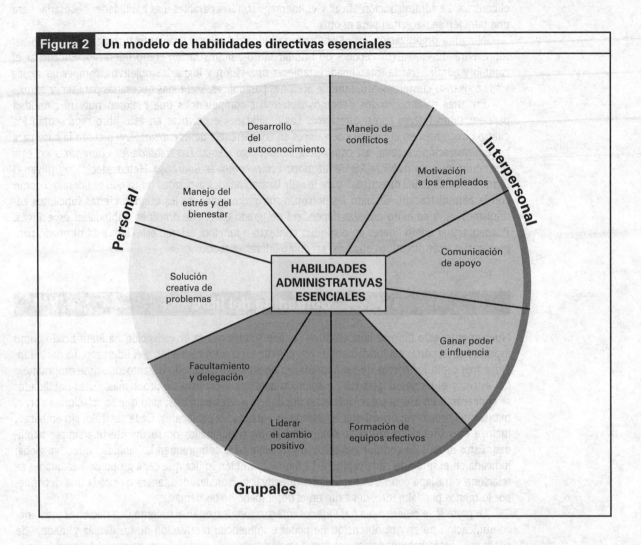

El Apéndice I contiene un glosario con los términos clave del texto, y el Apéndice II es una lista de referencias del material citado en el libro.

Organización del libro

Los capítulos se organizaron con base en el modelo de aprendizaje que se observa en la tabla 3. En concreto, cada capítulo comienza con instrumentos de *Evaluación de habilidades*, seguidos por la sección más larga del capítulo, una explicación de las guías básicas de comportamiento junto con evidencias de la investigación que los principios identificaron ser eficaces en la práctica. Ésta es la sección *Aprendizaje de habilidades*. La tercera sección se titula *Análisis de habilidades*, y ofrece breves historias de casos que ilustran tanto aplicaciones eficaces como ineficaces de los principios conductuales.

La sección *Práctica de habilidades* presenta ejercicios, problemas y tareas de representaciones de roles para que practique las guías de comportamiento en situaciones directivas simuladas y seguras, y recibir retroalimentación de los compañeros y profesores. La última sección de cada capítulo es la *Aplicación de habilidades*, la cual presenta una forma para ayudarle a generar su propia agenda de mejoras, así como actividades e ideas para aplicar la habilidad en una situación fuera de clase.

Tabla 3	Organización de cada capítulo
SECCIÓN	CONTENIDO
Evaluación de habilidades	Instrumentos diseñados para identificar su nivel actual de competencia, sus estilos y las dimensiones fundamentales de la habilidad. Estos instrumentos pueden usarse para identificar diferencias individuales, asuntos referentes a la diversidad y áreas para planes de mejoramiento personal.
Aprendizaje de habilidades	Se explican guías de comportamiento y principios fundamentales asociados con la habilidad. Se utiliza la investigación científica como base para el desempeño prescrito de las habilidades. El propósito de esta sección consiste en aclarar la manera de desarrollar y desempeñar con éxito la habilidad.
Análisis de habilidades	Se presentan casos y ejemplos para ilustrar el desempeño exitoso y fallido de habilidades. Se facilita la solución analítica de los problemas al hacerse recomendaciones acerca de cuáles son los temas fundamentales, cómo puede modificarse el desempeño y por qué se alcanzó el éxito.
Práctica de habilidades	Los ejercicios y las representaciones de roles permiten que los individuos practiquen realmente la habilidad. La retroalimentación de los compañeros y del profesor facilitará la mejora de la habilidad en un contexto donde el fracaso no es costoso.
Aplicación de habilidades	Se presentan actividades sugeridas para que la habilidad pueda aplicarse en un contexto de la vida real. También se sugiere un mecanismo de retroalimentación para que los individuos analicen su propio éxito al aplicar la habilidad fuera del salón de clases. Los planes de mejora siempre deben asociarse con los ejercicios de aplicación.

Diversidad y diferencias individuales

Una de las razones que dificultan el desarrollo de habilidades directivas consiste en que todos poseemos nuestros estilos, personalidades e inclinaciones únicos. Sabemos que no todos reaccionamos de la misma manera a circunstancias similares. Por lo tanto, es imposible que manejemos cada relación exactamente de la misma manera, o incluso que nos comportemos en la misma forma de un encuentro a otro. La sensibilidad a las diferencias individuales es una parte importante del repertorio de un directivo eficaz.

Se han llevado a cabo muchas investigaciones acerca de las diferencias culturales, de género, étnicas y de edades dentro de las organizaciones (por ejemplo, Cox, 1994; Cox y Beal, 1997). Aunque no las resumiremos todas, sí queremos enfatizar la importancia de ser sensibles a la individualidad. Se necesitan dos tipos de sensibilidades: una hacia la singularidad mostrada por cada persona, y la otra hacia patrones de comportamiento únicos, pero generales, que caracterizan a los grupos de personas. Por ejemplo, es esencial que usted conozca no sólo las diferencias que caracterizan a la gente con la que trabaja, sino que también las valore y aproveche. La tendencia general es temer u oponerse a aquellos que son diferentes, así que le ofrecemos un sistema para ayudarle a entender y apreciar mejor las diferencias. No hacemos tanto énfasis en *administrar la diversidad como en diagnosticar las diferencias individuales* para que éstas puedan ser valoradas, entendidas y apreciadas.

En el capítulo 1, Desarrollo del autoconocimiento, explicamos el modelo de Frans Trompenaars, que se basa en siete dimensiones que difieren a través de fronteras nacionales y culturales. Estas dimensiones han resultado muy útiles para ayudar a la gente a entender las diferencias fundamentales en los demás. Éstas son *universalismo frente a particularismo; individualismo frente a comunitarismo; especificidad frente a generalidad; orientación neutral frente a afectiva; logro frente a orientación a las atribuciones; interno frente a externo, y énfasis en el pasado frente a énfasis en el presente y en el futuro.* Estas dimensiones le ayudarán a ajustar sus comportamientos cuando interactúe con personas de diferente cultura o nacionalidad. Mientras que los principios conductuales en los que se basan las habilidades directivas son aplicables en otras culturas, géneros, grupos étnicos y diferencia de edades, es probable que requieran de matices importantes cuando las practique entre gente caracterizada por estas diferencias.

Es probable que las mujeres no se comporten igual que los hombres, que los colegas japoneses no respondan igual que los alemanes, que los individuos de 60 años no vean el mundo de la misma forma que aquellos de 20. Así que ser sensible y valorar las diferencias individuales es fundamental.

Resumen

En síntesis, *Desarrollo de habilidades directivas* no está dirigido solamente a personas que planeen obtener puestos directivos o que actualmente administran organizaciones. Fue escrito para ayudarle a administrar muchos aspectos de su vida y sus relaciones. Tiene la intención de ayudarle realmente a cambiar su comportamiento, a mejorar su competencia y a ser más comprensivo en sus relaciones con diferentes tipos de personas. Está hecho para mejorar su inteligencia social y emocional. John Holt (1964) resumió nuestra intención al equiparar la habilidad directiva con la inteligencia:

> *Cuando hablamos de inteligencia, no nos referimos a la habilidad de obtener un buen resultado en cierto tipo de examen o a la habilidad de salir bien en la escuela; éstos son, en el mejor de los casos, solamente indicadores de algo más grande, profundo y mucho más importante. Con inteligencia nos referimos a un estilo de vida, una manera de comportarse en diversas situaciones. El verdadero examen de inteligencia no es qué tanto sabemos cómo hacer algo, sino cómo nos comportamos cuando no sabemos qué hacer. (p. 165)*

El objetivo de *Desarrollo de habilidades directivas* consiste en fomentar el desarrollo de tal inteligencia.

MATERIAL COMPLEMENTARIO

Evaluación personal de habilidades directivas (PAMS)

Paso 1: Para obtener un perfil general de su nivel de competencia de habilidades, responda a las siguientes afirmaciones usando la siguiente escala de evaluación. Por favor, evalúe su comportamiento como es, no como a usted le gustaría que fuera. Si no ha participado en alguna actividad específica de las que se describen, piense entonces en cómo se comportaría de acuerdo con su experiencia en actividades similares. Sea realista; este instrumento está diseñado para ayudarle a adaptar su aprendizaje a sus necesidades específicas. Después de que haya terminado la encuesta, la clave de resultados que aparece al final del capítulo le ayudará a generar un perfil general de sus fortalezas y debilidades de habilidades directivas.

Paso 2: Dé copia de este instrumento a por lo menos tres personas más que lo conozcan bien a usted o que lo hayan observado en una situación en la cual haya tenido que liderar o administrar a otros. Esas personas deben llenar el instrumento evaluando el comportamiento de usted. Una vez completadas las encuestas, llévelas a la clase y compare: (1) sus propias evaluaciones con las de sus colegas; (2) los resultados de sus colegas con los obtenidos por otros compañeros en la clase, y (3) las puntuaciones que usted recibió con las que aparecen al final de esta sección.

En cada capítulo de este libro aparecen subsecciones de este instrumento.

Escala de evaluación

1 Completamente en desacuerdo

2 En desacuerdo

3 Ligeramente en desacuerdo

4 Ligeramente de acuerdo

5 De acuerdo

6 Completamente de acuerdo

Respecto a mi nivel de autoconocimiento:

_____ 1. Solicito información a los demás acerca de mis fortalezas y debilidades como base para mi mejora personal.

_____ 2. Para mejorar, estoy dispuesto a revelar aspectos personales a los demás (esto es, compartir mis creencias y sentimientos).

_____ 3. Estoy muy consciente de mi estilo preferido de recopilar información y tomar decisiones.

_____ 4. Entiendo bien cómo me adapto a situaciones ambiguas e inciertas.

_____ 5. Tengo un conjunto de estándares y principios personales bien desarrollado que guían mi comportamiento.

Cuando me enfrento a situaciones estresantes o estoy bajo presión del tiempo:

_____ 6. Utilizo métodos eficaces de administración de tiempo, tales como llevar un registro de mi tiempo, hacer listas de asuntos pendientes y priorizar actividades.

_____ 7. Con frecuencia reafirmo mis prioridades para que los asuntos menos importantes no opaquen a los más importantes.

_____ 8. Llevo un programa regular de ejercicio para mantenerme en forma.

_____ 9. Mantengo una relación sincera y de confianza con alguien con quien puedo compartir mis frustraciones.

_____ 10. Conozco y practico técnicas de relajación temporal, como la respiración profunda y la relajación muscular.

_____ 11. Mantengo un equilibrio en mi vida al tener diferentes intereses fuera del trabajo.

Cuando enfrento un problema típico, de rutina:

_____ 12. Planteo clara y explícitamente cuál es el problema. Evito tratar de resolverlo antes de que lo haya definido.

_____ 13. Siempre genero más de una solución alternativa al problema, en vez de identificar solamente una solución evidente.

_____ 14. Planteo los distintos pasos en el proceso de resolución del problema; es decir, defino el problema antes de plantear soluciones alternativas y genero alternativas antes de seleccionar una única solución.

Cuando me enfrento a un problema difícil o complejo:

_____ 15. Trato de definir el problema de múltiples maneras. No me limito a sólo una definición.

_____ 16. Trato de "descongelar" mi pensamiento al hacer muchas preguntas acerca de la naturaleza del problema antes de considerar formas de resolverlo.

_____ 17. Trato de pensar en el problema tanto desde el lado izquierdo de mi cerebro (lógico), como desde el lado derecho (intuitivo).

_____ 18. Evito evaluar las ventajas de una solución sin antes haber generado una lista de posibles soluciones. Es decir, evito decidir sobre una solución hasta que he desarrollado muchas soluciones posibles.

_____ 19. Cuento con técnicas específicas que utilizo para desarrollar soluciones creativas e innovadoras a los problemas.

Cuando trato de fomentar más creatividad e innovación entre aquellos con los que trabajo:

_____ 20. Me aseguro de que existen puntos de vista divergentes representados o expresados en cada situación compleja de resolución de problemas.

_____ 21. Trato de obtener información de individuos, ajenos al grupo que soluciona el problema, que se verán afectados por la decisión, principalmente para determinar sus preferencias y expectativas.

_____ 22. Procuro brindar reconocimiento no sólo a quienes se les ocurren ideas creativas (los generadores de ideas), sino también a aquellos que apoyan las ideas de otros (los que brindan apoyo) y a los que proveen los recursos para implementarlas (los orquestadores).

_____ 23. Aliento de manera informada el romper las reglas para obtener soluciones creativas.

En situaciones donde tengo que dar retroalimentación negativa u ofrecer consejos correctivos:

_____ 24. Soy capaz de ayudar a los demás a reconocer y definir sus propios problemas cuando los aconsejo.

_____ 25. Soy claro acerca de cuándo debo dar *coaching* a alguien y cuándo, en vez de ello, debo dar orientación.

_____ 26. Cuando doy retroalimentación a los demás, evito referirme a características personales y, en vez de ello, me concentro en los problemas o las soluciones.

_____ 27. Cuando trato de corregir el comportamiento de alguien, nuestra relación casi siempre se fortalece.

_____ 28. Soy descriptivo al dar retroalimentación negativa a los demás. Esto es, describo objetivamente los acontecimientos, sus consecuencias y mis sentimientos acerca de ellos.

_____ 29. Me hago responsable de mis planteamientos y puntos de vista al utilizar frases como "he decidido" en vez de "han decidido".

_____ 30. Hago lo posible por identificar alguna área de acuerdo cuando estoy en una discusión con alguien que tiene un punto de vista diferente.

_____ 31. No hablo despectivamente a aquellos que tienen menos poder o menos información que yo.

_____ 32. Cuando discuto un problema de alguien, ofrezco una respuesta que indica comprensión en vez de consejo.

En una situación en la que es importante ganar más poder:

_____ 33. Me esfuerzo más y tomo más iniciativas de lo que se espera en mi trabajo.

_____ 34. Continuamente estoy mejorando la calidad de mis habilidades y conocimientos.

_____ 35. Apoyo los eventos y las actividades ceremoniales de la organización.

_____ 36. Formo una red amplia de relaciones con personas de toda la organización, en todos los niveles.

_____ 37. En mi trabajo me esfuerzo por generar ideas, iniciar nuevas actividades y minimizar las tareas rutinarias.

_____ 38. Mando notas personales a los demás cuando logran algo importante o cuando comparto información relevante.

_____ 39. Rehúso negociar con individuos que utilizan tácticas de negociación de alta presión.

_____ 40. Evito usar amenazas o exigencias para imponer mi voluntad a los demás.

Cuando otra persona necesita ser motivada:

_____ 41. Siempre determino si la persona tiene los recursos y apoyos necesarios para tener éxito en la tarea.

_____ 42. Utilizo diferentes recompensas para reforzar los desempeños excepcionales.

_____ 43. Diseño las funciones de puesto para que sean interesantes y desafiantes.

_____ 44. Me aseguro de que la persona reciba retroalimentación oportuna de aquellos afectados por el desempeño de su actividad.

_____ 45. Siempre ayudo al personal a establecer metas de desempeño que sean desafiantes, específicas y con un límite de tiempo.

_____ 46. Sólo como último recurso trato de reasignar o despedir a un individuo con desempeño deficiente.

_____ 47. Disciplino de manera consistente cuando el esfuerzo se encuentra por debajo de las expectativas y capacidades.

_____ 48. Me aseguro de que la gente se sienta tratada con justicia y equidad.

_____ 49. Doy felicitaciones de inmediato y otras formas de reconocimiento a los logros significativos.

Cuando veo a alguien hacer algo que requiere una corrección:

_____ 50. Evito hacer acusaciones personales y atribuir motivos de beneficio propio a la otra persona.

_____ 51. Insto a la interacción al invitar al cuestionado a expresar su perspectiva y a hacer preguntas.

_____ 52. Hago una petición específica, detallando una opción más aceptable.

Cuando alguien se queja por algo que he hecho:

_____ 53. Muestro preocupación e interés genuinos, aunque no esté de acuerdo.

_____ 54. Busco información adicional haciendo preguntas que brinden información descriptiva y específica.

_____ 55. Pido a la otra persona que sugiera comportamientos más aceptables.

Cuando dos personas están en conflicto y yo soy el mediador:

_____ 56. No tomo partido, sino que permanezco neutral.

_____ 57. Ayudo a ambas partes a generar varias alternativas.

_____ 58. Ayudo a ambas a encontrar áreas en las que estén de acuerdo.

En situaciones donde tengo la oportunidad de involucrar a la gente para que cumpla con su trabajo:

_____ 59. La ayudo a sentirse competente en su trabajo reconociendo y celebrando sus pequeños éxitos.

_____ 60. Ofrezco retroalimentación y el apoyo necesario de forma sistemática.

_____ 61. Trato de ofrecer toda la información que la gente requiere para realizar sus actividades.

_____ 62. Enfatizo el efecto importante que tendrá el trabajo de una persona.

Cuando delego trabajo a los demás:

_____ 63. Especifico claramente los resultados que deseo.

_____ 64. Especifico claramente el nivel de iniciativa que quiero que los demás tomen (por ejemplo, esperar instrucciones, realizar parte de la actividad e informar, hacer la actividad completa y después informar, etcétera).

_____ 65. Permito que quienes aceptan las tareas asignadas participen en la determinación de la fecha y la forma de realizar el trabajo.

_____ 66. Cuando hay un problema, evito delegar hacia arriba al pedir a la gente que recomiende soluciones en vez de solamente pedir consejo o respuestas.

_____ 67. Doy seguimiento y mantengo la responsabilidad de las tareas asignadas regularmente.

Cuando desempeño el papel de líder en un equipo:

_____ 68. Sé cómo establecer credibilidad e influencia entre los miembros del equipo.

_____ 69. Soy claro y consistente acerca de lo que quiero lograr.

_____ 70. Forjo una base común de acuerdos en el equipo antes de avanzar hacia el cumplimiento de las actividades.

_____ 71. Articulo una visión clara y motivadora de lo que el equipo puede lograr, así como metas específicas de corto plazo.

Cuando desempeño el papel de miembro de un equipo:

_____ 72. Conozco diversas maneras de facilitar la realización de las actividades en el equipo.

_____ 73. Conozco diversas maneras de ayudar a forjar relaciones fuertes y cohesión entre los miembros del equipo.

Cuando deseo que mi equipo se desempeñe bien, sin importar si soy líder o miembro:

_____ 74. Conozco las diferentes etapas del desarrollo por las que pasan la mayoría de los equipos.

_____ 75. Ayudo al equipo a evitar el pensamiento grupal al asegurarme de que se exprese suficiente diversidad de opiniones dentro del equipo.

_____ 76. Sé diagnosticar y aprovechar las competencias centrales de mi equipo o sus fortalezas únicas.

_____ 77. Aliento al equipo para lograr innovaciones excepcionales, así como pequeñas mejoras continuas.

Cuando estoy en la posición de liderar el cambio:

_____ 78. Transmito energía positiva a los demás cuando interactúo con ellos.

_____ 79. Enfatizo un propósito o significado más alto asociado con el cambio que lidero.

_____ 80. Expreso mi gratitud con frecuencia y claridad, incluso por los actos pequeños.

_____ 81. Hago hincapié en aprovechar las fortalezas y no sólo en superar las debilidades.

_____ 82. Hago muchos más comentarios positivos que negativos.

_____ 83. Cuando comunico una visión, llego tanto al corazón como a la mente de las personas.

_____ 84. Sé cómo hacer que la gente se comprometa con mi visión de cambio positivo.

¿Qué se requiere para ser un directivo eficaz?

El propósito de este ejercicio es ayudarle a obtener una imagen de primera mano del papel de un directivo y de las habilidades que se requieren para desempeñar ese trabajo con éxito.

Su tarea consiste en entrevistar a por lo menos tres directivos que trabajen de tiempo completo. Debe incluir las siguientes preguntas en su entrevista, además de utilizar otras que usted crea que le ayudarán a identificar las habilidades directivas efectivas. El propósito de estas entrevistas es darle la oportunidad de aprender acerca de habilidades directivas fundamentales de aquellos que tienen que usarlas.

Por favor, trate las entrevistas con confidencialidad. Los nombres de los individuos no importan, solamente sus opiniones, percepciones y comportamientos. Asegure a los directivos que nadie podrá identificarlos por sus respuestas. Tome notas de sus entrevistas, las cuales deben ser tan detalladas como sea posible para que usted pueda reconstruir las entrevistas más adelante. Asegúrese de llevar un registro del título del puesto de cada persona y una breve descripción de su organización.

1. Por favor, describa un día típico en su trabajo. ¿Qué hace usted durante el día?

2. ¿Cuáles son los problemas más críticos a los que se enfrenta como directivo?

3. ¿Cuáles son las habilidades más importantes necesarias para tener éxito como directivo en su campo de trabajo?

4. ¿Cuáles son las razones principales por las que los directivos fracasan en puestos como el suyo?

5. ¿Cuáles son las capacidades o habilidades extraordinarias de otros directivos eficaces que usted conozca?

6. Si tuviera que capacitar a alguien para que lo remplace en su empleo actual, ¿en qué habilidades fundamentales se concentraría?

7. En una escala del 1 (muy rara vez) al 5 (constantemente), ¿podría evaluar cuánto utiliza las siguientes habilidades o comportamientos durante un día de trabajo?

_____ Administrar el tiempo personal y manejar el estrés	_____ Promover mejoras y calidad de manera continua
_____ Facilitar la toma de decisiones grupales	_____ Tomar decisiones analíticas
_____ Solucionar problemas de manera creativa	_____ Usar habilidades de comunicación interpersonal
_____ Articular una visión revitalizadora	_____ Motivar a los demás
_____ Manejar conflictos	_____ Aprovechar su autoconocimiento
_____ Ganar poder y utilizarlo	_____ Facilitar el cambio organizacional
_____ Delegar	_____ Establecer metas y objetivos específicos
_____ Escuchar de manera activa	_____ Facultar a otros
_____ Realizar entrevistas	_____ Dar discursos o presentaciones
_____ Organizar equipos y trabajo en equipo	_____ Definir o resolver problemas complejos
_____ Dirigir reuniones de trabajo	_____ Negociar

Ejercicio de los mensajes recibidos en SSS Software

Una forma de evaluar sus propias fortalezas y debilidades en las habilidades directivas consiste en participar en una experiencia de trabajo administrativo real. El siguiente ejercicio le brinda una visión general realista de las actividades a las que se enfrentan los directivos. Complete este ejercicio y luego compare sus decisiones y acciones con las de sus compañeros de clase.

SSS Software diseña y desarrolla programas de cómputo personalizados para negocios. También integra este software con los sistemas existentes del cliente y provee mantenimiento de sistemas. Tiene clientes en los siguientes sectores industriales: aerolíneas, automotores, financiero/bancario, salud/hospitales, productos de consumo, electrónicos y gobierno. La compañía también ha empezado a generar clientes internacionales importantes que incluyen el consorcio European Airbus, y un consorcio de bancos y empresas financieras con base en Kenia.

SSS Software ha crecido rápidamente desde sus comienzos hace ocho años. Sus utilidades, ingreso neto y ganancias por acción han estado por encima del promedio de su industria durante los últimos años. Por otro lado, la competencia en esta área de tecnología avanzada ha crecido con gran rapidez. Recientemente se ha vuelto más difícil competir por los contratos más importantes. Además, aunque las utilidades y el ingreso neto de SSS Software siguen en aumento, la tasa de crecimiento disminuyó durante el último año fiscal.

Los 250 empleados de SSS Software están divididos en varias secciones operativas con personal en cuatro niveles: oficinistas, técnicos/profesionales, administrativos y ejecutivos. Los empleados de oficina se encargan de las funciones cotidianas de apoyo dentro de las instalaciones. El personal técnico/profesional lleva a cabo el trabajo central de la empresa. La mayoría de los empleados administrativos son directores/gerentes de grupo que supervisan a un equipo de empleados técnicos/profesionales que trabajan en un proyecto para un cliente en particular.

Los empleados que trabajan en áreas especializadas como finanzas, contabilidad, recursos humanos, enfermería y legal también se consideran parte del personal administrativo. El nivel ejecutivo incluye a los 12 empleados con mayor rango en SSS Software. El organigrama de la figura 3 ilustra la estructura de SSS Software. También hay un informe de clasificación de empleados que lista el número de trabajadores en cada nivel de la organización.

En este ejercicio usted representará el papel de Chris Perillo, vicepresidente de operaciones de Servicios de salud y financieros. El pasado miércoles 13 de octubre, usted se enteró de que su predecesor, Michael Grant, había renunciado para incorporarse a Universal Business Solutions, Inc. A usted le ofrecieron el puesto de Grant y lo aceptó. Anteriormente usted era el director de grupo de un equipo de 15 diseñadores de software asignados para trabajar en el proyecto del consorcio Airbus, de la división de Servicio a aerolíneas. Dedicó todo el jueves, el viernes y casi todo el fin de semana a terminar partes del proyecto, informando a su sucesor y preparándose para un informe provisional que entregará en París el 21 de octubre.

Son las 7 de la mañana del lunes y usted está en su nueva oficina. Llegó temprano al trabajo para poder pasar las próximas dos horas revisando los mensajes recibidos (incluyendo algunos memorandos y mensajes para Michael Grant), así como su correo de voz y electrónico. Su agenda diaria de planeación indica que no tiene ninguna cita hoy ni mañana, pero tendrá que tomar el avión a París el miércoles por la mañana temprano. Tiene el horario ocupado el resto de esta semana y la que viene.

Actividad

Durante las próximas dos horas, revise toda la documentación que ha recibido, así como su correo de voz y electrónico. Dedique solamente dos horas. Utilizando el siguiente formato de respuesta como modelo, indique cómo quiere responder a cada elemento (es decir, por carta/memorando, correo electrónico, teléfono/correo de voz o encuentro personal).

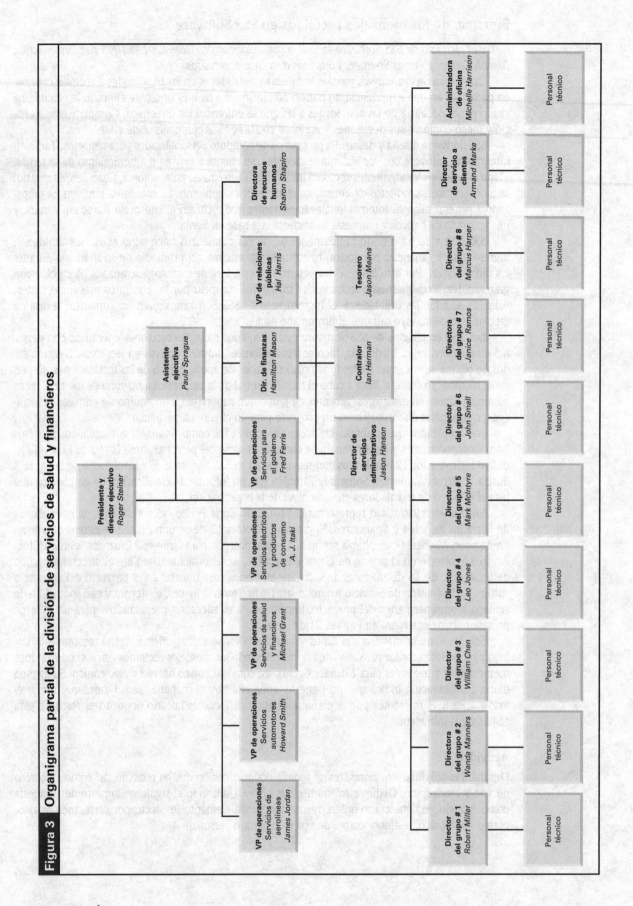

Figura 3 Organigrama parcial de la división de servicios de salud y financieros

Presidente y director ejecutivo
Roger Steiner

Asistente ejecutiva
Paula Sprague

VP de operaciones
Servicios de aerolíneas
James Jordan

VP de operaciones
Servicios automotores
Howard Smith

VP de operaciones
Servicios de salud y financieros
Michael Grant

VP de operaciones
Servicios eléctricos y productos de consumo
A. J. Itaki

VP de operaciones
Servicios para el gobierno
Fred Ferris

Dir. de finanzas
Hamilton Mason

VP de relaciones públicas
Hal Harris

Directora de recursos humanos
Sharon Shapiro

Director de servicios administrativos
Jason Hanson

Contralor
Ian Herman

Tesorero
Jason Means

Director del grupo # 1
Robert Miller

Directora del grupo # 2
Wanda Manners

Director del grupo # 3
William Chen

Director del grupo # 4
Leo Jones

Director del grupo # 5
Mark McIntyre

Director del grupo # 6
John Small

Directora del grupo # 7
Janice Ramos

Director del grupo # 8
Marcus Harper

Director de servicio a clientes
Armand Marke

Administradora de oficina
Michelle Harrison

Personal técnico

Si decide no responder a un documento, marque "sin respuesta" en el formato de respuesta. Debe anotar todas sus respuestas en los formatos destinados para ello. Escríbalas en forma precisa y detallada (no escriba sólo un par de notas rápidas). Por ejemplo, podría redactar un memorando o escribir un mensaje para teléfono/correo de voz. También podría decidir reunirse con uno o varios empleados durante el tiempo limitado que tiene disponible en su calendario hoy o mañana. Si es así, prepare una agenda para un encuentro personal y elabore una lista de sus objetivos para la reunión. Al leer los documentos, quizás observe cierta información que crea que es relevante y que quiera recordar (o atender en el futuro), pero decida no incluirla en ninguna de sus respuestas a los empleados. Escriba esa información en una hoja de papel titulada "Nota para mí".

Ejemplo de formato de respuesta

Relacionado con:

Memorando # _____ Correo electrónico # _____   Correo de voz # _____

Formato de respuesta:

_____ Carta/memorando   _____ Reunión con una persona (dónde, cuándo)

_____ Correo electrónico   _____ Nota para mí

_____ Llamada telefónica/correo de voz   _____ Sin respuesta

ELEMENTO 1 – CORREO ELECTRÓNICO

PARA: Todos los empleados
DE: Roger Steiner, director ejecutivo
FECHA: 15 de octubre

Me complace anunciar que Chris Perillo es el nuevo vicepresidente de operaciones para Servicios de salud y financieros. Chris será responsable de manera inmediata de todas las operaciones administradas anteriormente coordinadas por Michael Grant. Chris tendrá responsabilidad total de diseño, desarrollo, integración y mantenimiento de software personalizado para los sectores de salud y financiero/bancario. Esta responsabilidad incluye todos los asuntos técnicos, financieros y de personal. Chris también administrará nuestro programa de soporte e integración de software para la fusión recientemente anunciada de tres grandes organizaciones de mantenimiento de la salud. También será responsable de nuestro proyecto anunciado recientemente con un consorcio de bancos y empresas financieras que operan en Tanzania. Este proyecto representa una oportunidad emocionante para nosotros, y su experiencia es la ideal para la actividad.

Chris llega a este puesto con un título de licenciatura en Ciencias de computación del Instituto Tecnológico de California y una maestría en Administración de la Universidad de Virginia. Comenzó como miembro de nuestro personal técnico/profesional hace seis años y ha prestado sus servicios durante tres años como director de grupo apoyando proyectos nacionales e internacionales para nuestro sector de aerolíneas, incluyendo nuestro reciente trabajo para el consorcio European Airbus.

Estoy seguro de que todos se unirán conmigo para felicitar a Chris por este ascenso.

ELEMENTO 2 – CORREO ELECTRÓNICO

PARA: Todos los directivos
DE: Hal Harris, vicepresidente de Relaciones públicas y comunitarias
FECHA: 15 de octubre

Para su información, el siguiente artículo apareció el jueves en la página principal de la sección de negocios del periódico Thursday's *Los Angeles Times.*

En un movimiento que podría causar problemas a SSS Software, Michael Grant y Janice Ramos dejaron la compañía para ingresar a Universal Business Solutions Inc. Los analistas del sector ven el movimiento como una victoria más para Universal Business Solutions Inc., en su batalla contra SSS Software por una porción del creciente negocio de desarrollo e integración de software. Tanto Grant como Ramos habían trabajado con SSS Software por más de siete años. Grant fungió recientemente como vicepresidente de operaciones de toda la empresa SSS Software en dos sectores de la industria: salud y hospitales; financiero y bancario. Ramos lleva a Universal Business Solutions Inc. su experiencia especial en el área en crecimiento de la integración y el desarrollo internacional de software.

Al respecto, Hillary Collins, analista de la industria de Merrill Lynch, declaró: "La pérdida de personal clave frente a un competidor a menudo puede ocasionar problemas a compañías como SSS Software. Grant y Ramos poseen conocimientos acerca de las limitaciones estratégicas y técnicas de SSS Software. Será interesante ver si pueden explotar este conocimiento para dar ventaja a Universal Business Solutions Inc".

ELEMENTO 3 – CORREO ELECTRÓNICO

PARA: Chris Perillo
DE: Paula Sprague, Asistente ejecutiva de Roger Steiner
FECHA: 15 de octubre

Chris, sé que en tu puesto anterior como directivo del grupo en la división de Servicios a aerolíneas probablemente conociste a la mayoría de los directivos de grupo de la división de Servicios de salud y financieros, pero pensé que te gustaría tener más información personal acerca de ellos. Todos se reportarán directamente ante ti en el equipo de administración.

Grupo # 1: Bob Miller, caucásico de 55 años, casado (con Anna), tiene dos hijos y tres nietos. Activo en la política local republicana. Bien visto como un directivo "que no interfiere" y que encabeza un equipo de alto rendimiento. Juega golf regularmente con Mark McIntyre, John Small y un par de vicepresidentes de otras divisiones.

Grupo #2: Wanda Manners, caucásica de 38 años, soltera, con un hijo en edad escolar. Entusiasta de la buena salud, ha participado en varias carreras de maratón. Algo de experiencia en Alemania y Japón. Considerada una ejecutiva muy emprendedora con un enfoque constante en las actividades que se están realizando. Es la primera persona en llegar cada mañana.

Grupo #3: William Chen, hombre de 31 años de ascendencia china, casado (con Harriet), tiene dos hijos pequeños de su primer matrimonio. Le gusta el tenis y es bastante bueno para jugarlo. Una estrella en ascenso dentro de la empresa, es muy respetado por sus compañeros como un "hombre de acción" y como buen amigo.

Grupo #4: Leo Jones, caucásico de 36 años, casado (con Janet) y tiene una hija pequeña. Recientemente regresó de una licencia por paternidad. Ha realizado muchos viajes relacionados con los proyectos, ya que habla tres idiomas. Le gusta el hockey desde que pasó un tiempo en Montreal. Se le considera un directivo fuerte que obtiene el mayor rendimiento de su personal.

Grupo #5: Mark McIntyre, caucásico de 45 años, casado con Mary Theresa, una ejecutiva del sector bancario; no tiene hijos. Mucha experiencia en Alemania y Europa Oriental. Está escribiendo una novela de misterio. Siempre ha sido un "buen jugador de equipo", pero algunos miembros de su personal técnico no son muy respetados y no ha solucionado el problema.

Grupo #6: John Small, caucásico de 38 años, recientemente divorciado. Tiene tres hijos que viven con su ex esposa. Un individuo sociable a quien le gustan los deportes. Pasó mucho tiempo en México y América Central antes de llegar a SSS Software. Recientemente se ha dedicado a conseguir contratos con el gobierno federal. Un directivo promedio; ha tenido algunos problemas para que su personal cumpla con la agenda.

Grupo #7: Este puesto está vacante desde que Janice Ramos se fue. Roger piensa que debemos cubrir este puesto con rapidez. Ponte en contacto conmigo si quieres información de cualquier candidato dentro de la empresa para algún puesto.

Grupo #8: Marcus Harper, afroamericano de 42 años, casado (con Tamara), tiene dos hijos adolescentes. Recientemente ganó un premio en un concurso de fotografía local. Se le considera un directivo fuerte que se lleva bien con sus compañeros y que trabaja turnos largos.

Servicio a clientes: Armand Marke, de 38 años, divorciado. Aficionado al baloncesto. Nativo de Armenia. Anteriormente fue directivo de grupo. Trabajó arduamente para establecer la línea telefónica de servicios técnicos, pero ahora casi la ha dejado de lado.

Administradora de oficina: Michelle Harrison, caucásica de 41 años, soltera. Creció en un rancho y todavía monta a caballo cada vez que puede. Es una ejecutiva estricta.

Hay muchos buenos elementos aquí, pero no funcionan bien como equipo directivo. Creo que Michael tuvo algún favoritismo, especialmente con Janice y Leo. Hay algunos subgrupos en este departamento y no estoy segura de qué tan efectivamente los manejó Michael. Creo que será un desafío para ti conformar un equipo unido.

ELEMENTO 4 – CORREO ELECTRÓNICO

PARA: Chris Perillo
DE: Wanda Manners, directora del grupo 2
FECHA: 15 de octubre

CONFIDENCIAL Y RESTRINGIDO

Aunque sé que eres nuevo en el puesto, creo que es importante comunicarte cierta información que acabo de obtener en relación con el trabajo de desarrollo que terminamos recientemente para First National Investment. Nuestro proyecto implicó el desarrollo de software de la administración de activos para manejar sus fondos internacionales. Fue un proyecto muy complejo por los tipos de cambio tan volátiles y las herramientas de proyección que tuvimos que desarrollar.

Como parte de este proyecto, tuvimos que integrar el software y los informes con todos sus sistemas existentes y sus mecanismos para informar. Para hacer esto, nos dieron acceso a todo su software (en gran parte fue desarrollado por Universal Business Solutions Inc.). Desde luego, firmamos un acuerdo en el que reconocíamos que el software al cual se nos dio acceso estaba patentado y que nuestra consulta era únicamente para el propósito de nuestro trabajo de integración de sistemas asociado con el proyecto.

Por desgracia, me enteré de que algunas partes del software que desarrollamos de hecho "toman prestados" algunos elementos de complejos programas de aplicación desarrollados por Universal

Business Solutions Inc. para First National Investment. Me parece evidente que uno o más de los diseñadores de software del grupo 5 (el grupo de Mark McIntyre) de forma inapropiada "tomaron prestados" algunos algoritmos desarrollados por Universal Business Solutions Inc. Estoy segura de que el hacer eso nos ahorró tiempo considerable de desarrollo en algunos aspectos del proyecto. Es poco probable que First National Investment o Universal Business Solutions Inc. se enteren de este asunto.

Por último, First National Investment está utilizando con éxito el software que desarrollamos y están muy satisfechos con el trabajo que realizamos. Terminamos el proyecto a tiempo y por debajo del presupuesto. Quizá sepas que nos han invitado a concursar en varios proyectos importantes.

Siento haber llamado tu atención sobre este asunto tan delicado, pero pensé que deberías estar enterado.

ELEMENTO 5A – CORREO ELECTRÓNICO

PARA: Chris Perillo
DE: Paula Sprague, Asistente ejecutiva de Roger Steiner
FECHA: 15 de octubre

ASUNTO: Carta de C.A.R.E. Services (copias anexas)

Roger me pidió que trabajara en este proyecto de C.A.R.E. y, desde luego, quiere acciones rápidas. Gran parte del personal está programado para trabajar sin descanso durante las próximas dos semanas. Yo sabía que Elise Soto y Chu Hung Woo tienen la experiencia para trabajar en este sistema y cuando hablé con ellos, me dijeron que estaban relativamente libres. Les pedí que reservaran tentativamente las próximas dos semanas y quería que estuvieras al tanto. Espero que esto te quite una "papa caliente" de las manos.

ELEMENTO 5B – COPIA DE UN FAX

C.A.R.E.
Child and Adolescent Rehabilitative and Educational Services
A United Way Member Agency
200 Main Street
Los Ángeles, California 90230

FECHA: 11 de octubre
Roger Steiner, CEO
SSS Software
13 Miller Way
Los Angeles, California 90224

Estimado Roger,

Esta carta es un seguimiento a nuestra conversación después de la junta de consejo de anoche. Aprecio sus comentarios durante la junta de consejo acerca de la necesidad de elaborados sistemas de computación dentro de las organizaciones no lucrativas, y especialmente aprecio su generosa oferta de que SSS Software nos brinde ayuda para resolver el problema inmediato con nuestro sistema de contabilidad.

Luego de que el consejo votó en favor de despedir al consultor en informática, estoy muy preocupada por tener nuestros informes a tiempo para cumplir con el ciclo de obtención de fondos estatales.

Gracias de nuevo por ofrecernos su ayuda ante esta crisis.

Atentamente,

Janice Polocizwic

Janice Polocizwic
Directora ejecutiva

ELEMENTO 5C – COPIA DE UNA CARTA

SSS SOFTWARE
13 Miller Way
Los Angeles, CA 90224

FECHA: 12 de octubre

Janice Polocizwic
Directora ejecutiva, C.A.R.E. Services
200 Main Street
Los Angeles, California 90230

Estimada Janice,

Recibí su fax del 11 de octubre. Le pedí a Paula Sprague, mi asistente ejecutiva, que disponga personal para que trabaje en su sistema de contabilidad lo antes posible. Ella se pondrá en contacto con usted muy pronto.

Atentamente,

Roger Steiner

Roger Steiner
cc: Paula Sprague, asistente ejecutiva

ELEMENTO 6 – CORREO ELECTRÓNICO

PARA: Michael Grant
DE: Harry Withers, personal técnico del grupo 6
FECHA: 12 de octubre

PERSONAL Y CONFIDENCIAL

Nuestro equipo está teniendo dificultades para cumplir con el plazo del 5 de noviembre para el proyecto Halstrom. Kim, Fred, Peter, Kyoto, Susan, Mala y yo hemos estado trabajando en el proyecto durante varias semanas, pero estamos teniendo algunos problemas y podríamos necesitar tiempo adicional. Dudo al escribir este mensaje, pero el problema principal es que nuestro director de grupo, John Small, está teniendo una relación afectiva con Mala.

Por otro lado, Mala recibe el apoyo de John para sus ideas y las presenta al equipo como componentes indispensables del proyecto. Sobra decir que esto ha generado algunos problemas en el grupo.

La experiencia de Mala es muy valiosa, pero Kim y Fred, quienes han trabajado intensamente en el proyecto, no quieren trabajar con ella. Además, un miembro del equipo no ha estado disponible recientemente porque ha tenido que brindar cuidado a uno de sus hijos. El compromiso con el proyecto y el ánimo del equipo han caído en picada. Sin embargo, haremos nuestro mejor esfuerzo para terminar el proyecto lo antes posible. Mala estará de vacaciones las próximas dos semanas, así que espero que algunos de nosotros podamos terminarlo en su ausencia.

ELEMENTO 7 – MENSAJE DE CORREO DE VOZ

Hola, Michael. Habla Jim Bishop, de United Hospitals. Quería hablar con usted acerca del proyecto de aseguramiento de calidad en el que ustedes están trabajando para nosotros. Cuando José Martínez comenzó a hablar con nosotros, me impresionó su amabilidad y experiencia. Sin embargo, recientemente no ha logrado mucho y parece distante y tenso en las conversaciones. Hoy le pregunté acerca del calendario del proyecto y me pareció que estaba a la defensiva y no en total control de sus emociones. Estoy bastante preocupado por nuestro proyecto.

Por favor, llámeme

ELEMENTO 8 – MENSAJE DE CORREO DE VOZ

Hola, Michael. Habla Armand. Quería hablar contigo acerca de algunos asuntos de la línea telefónica de servicios técnicos. He recibido algunas cartas de clientes de la línea telefónica que se han quejado de largas demoras para que un técnico les conteste la llamada; también informan que se han encontrado con técnicos que no saben lo suficiente para resolver pr oblemas y, en ocasiones, han recibido un trato grosero. Sobra decir que estoy bastante preocupado por estas quejas.

Creo que la calidad general del personal de la línea telefónica es muy buena, pero continuamos cortos de personal, incluso con las nuevas contrataciones. Los técnicos nuevos parecen buenos, pero están trabajando en la línea de asistencia antes de haber terminado totalmente su capacitación. Antolina, nuestra mejor técnica, a menudo trae a su hijo al trabajo, lo cual se suma a la locura que hay aquí.

Creo que debes saber que tenemos mucho estrés por aquí. Hablaré contigo pronto.

ELEMENTO 9 – MENSAJE DE CORREO DE VOZ

Hola, Chris. Habla Pat. Felicidades por tu ascenso. Definitivamente eligieron a la persona correcta. Son excelentes noticias, para mí también. Has sido un mentor fabuloso hasta ahora, así que espero aprender mucho de ti en tu nuevo puesto. ¿Qué te parece ir a comer la próxima semana?

ELEMENTO 10 – MENSAJE DE CORREO DE VOZ

Chris, habla Bob Miller. Pensé que te gustaría saber que la broma de Joe durante nuestra reunión de planeación perturbó a algunas de las mujeres de mi grupo. Sinceramente, creo que están exagerando, en especial porque todos sabemos que éste es un buen lugar para trabajar, tanto para hombres como para mujeres. Llámame si quieres platicar sobre esto.

ELEMENTO 11 – MENSAJE DE CORREO DE VOZ

Hola. Habla Lorraine Adams, de Westside Hospital. Leí en *Los Angeles Times* que usted ocupará el puesto de Michael Grant. No nos conocemos todavía, pero su división terminó recientemente dos grandes proyectos millonarios para Westside. Michael Grant y yo hablamos acerca de una pequeña conversión de una parte del software existente para que sea compatible con los nuevos sistemas. El proveedor original dijo que ellos harían el trabajo, pero se han estado retrasando, y necesito moverme rápidamente. ¿Podría ver si Harris Wilson, Chu Hung Woo y Elise Soto están disponibles para hacer este trabajo lo antes posible? Ellos participaron en el proyecto original y trabajan bien con nuestro personal.

Hmmm… (larga pausa), supongo que debo decirle que recibí una llamada de Michael ofreciendo hacer ese trabajo. Pero creo que debemos quedarnos con SSS Software. Llámeme.

ELEMENTO 12 – MENSAJE DE CORREO DE VOZ

Hola Chris, habla Roosevelt Moore. Soy miembro de tu personal técnico/profesional. Yo me reportaba ante Janice Ramos, pero ya que ella dejó la empresa, pensé en transmitirte mis preocupaciones directamente. Me gustaría concertar una cita para hablar contigo acerca de mis experiencias desde que regresé después de seis semanas de licencia por paternidad. Han asignado algunas de mis responsabilidades principales a otros. Parece que estoy fuera del ruedo y me pregunto si mi carrera está en riesgo. Además, me preocupa que no me apoyen o que no me consideren seriamente para la vacante que dejó la salida de Janice. Francamente, siento que me están fastidiando por haber tomado mi permiso. Me gustaría hablar contigo esta semana.

ELEMENTO 13 – MENSAJE DE CORREO ELECTRÓNICO

PARA: Michael Grant
DE: José Martínez, personal técnico del grupo 1
FECHA: 12 de octubre

Me gustaría programar una reunión contigo lo antes posible. Sospecho que recibirás una llamada de John Bishop, de United Hospital, y quiero asegurarme de que escuches mi versión de la historia primero. He estado trabajando en un diseño personalizado de sistema para garantía de calidad utilizando una variación del producto J3 que desarrollamos hace algunos años. Tenían una serie de requisitos especiales y algunas rarezas en sus sistemas de contabilidad, así que he tenido que trabajar jornadas sumamente largas; he trabajado mucho para cumplir con sus exigencias, pero siguen cambiando las reglas fundamentales. Yo sigo pensando que solamente estoy trabajando en otro J3, pero han estado interfiriendo con un diseño elegante que he desarrollado. Parece que no avanzo nada en este proyecto. Hace un rato tuve una fuerte discusión con su contralor. Me pidió otro cambio mayor. He estado discutiendo en relación con su fecha límite y creo que este proyecto me está exigiendo demasiado. Luego, Jim Bishop me preguntó si el sistema ya estaba funcionando. Yo estaba alterado por la discusión con el contralor, así que le hice un comentario sarcástico. Me miró de manera extraña y solamente se retiró de la oficina.

Me gustaría hablar contigo acerca de esta situación lo antes que puedas.

ELEMENTO 14 – MENSAJE DE CORREO ELECTRÓNICO

PARA: Chris Perillo
DE: John Small, Director del grupo 6
FECHA: 15 de octubre

Bienvenido a bordo, Chris. Tengo muchas ganas de conocerte. Solamente quería comentarte algo acerca del sustituto de Janice Ramos. Un miembro de mi personal técnico, Mala Abendano, tiene la habilidad y el empuje para ser una excelente directora de grupo. La he animado a que solicite el puesto. Me daría gusto hablar contigo más de esto cuando te parezca conveniente.

ELEMENTO 15 – MENSAJE DE CORREO ELECTRÓNICO

PARA: Chris Perillo
DE: Paula Sprague, Asistente Ejecutiva de Roger Steiner
FECHA: 15 de octubre

Roger me pidió que te informara acerca del gran contrato que obtuvimos en Tanzania. Eso implica que un equipo de cuatro directivos hará un breve viaje para determinar las necesidades actuales. Asignarán a su personal técnico las actividades para desarrollar aquí un sistema y software durante los próximos seis meses, y luego los directivos y quizás algunos miembros del equipo pasarán alrededor de 10 meses en Tanzania para dirigir la implementación. Roger pensó que tal vez querrías tener una reunión inicial con algunos de tus directivos para verificar su interés y disposición para realizar este tipo de actividad. Roger apreciaría un correo electrónico con tus ideas acerca de los asuntos a discutirse en esta reunión, consideraciones adicionales acerca de enviar personal a Tanzania y de cómo formarás un equipo eficaz para trabajar en este proyecto. El memorando del 15 de octubre que te envié te dará la información que necesitarás para comenzar a tomar estas decisiones.

ELEMENTO 16 – MENSAJE DE CORREO ELECTRÓNICO

PARA: Chris Perillo
DE: Sharon Shapiro, Vicepresidente de Recursos Humanos
FECHA: 15 de octubre

ASUNTO: Próxima reunión

Quiero ponerte al día acerca del efecto que tuvo la broma de carácter sexual de John Small en la reunión de planeación de la semana pasada. Varias ejecutivas han estado francamente disgustadas y se han reunido de manera informal para hablar de ello. Decidieron hacer una reunión con toda la gente preocupada por este tipo de comportamientos en toda la empresa. Pienso asistir, así que te mantendré informado.

ELEMENTO 17 – MENSAJE DE CORREO ELECTRÓNICO

PARA: Todos los directivos de SSS Software
DE: Sharon Shapiro, Vicepresidente de Recursos Humanos
DATE: 15 de octubre

RE: Ascensos y contrataciones externas

Ascensos y contrataciones externas de este año, actualizadas a la fecha (enero a septiembre)

Nivel	Raza					Género		
	Cau-cásico	Afroameri-cano	Asiático	Hispano	Nativo es-tadounidense	H	M	Total
Contrataciones a nivel ejecutivo	0 (0%)	0 (0%)	0 (0%)	0 (0%)	0 (0%)	0 (0%)	0 (0%)	0
Ascensos a nivel ejecutivo	0 (0%)	0 (0%)	0 (0%)	0 (0%)	0 (0%)	0 (0%)	0 (0%)	0

Nivel	Raza					Género		
	Cau-cásico	Afroameri-cano	Asiático	Hispano	Nativo es-tadounidense	H	M	Total
Contrataciones a nivel adminis-trativo	2 (67%)	1 (33%)	0 (0%)	0 (0%)	0 (0%)	2 (67%)	1 (33%)	3
Ascensos a nivel administrativo	7 (88%)	0 (0%)	1 (12%)	0 (0%)	0 (0%)	7 (88%)	1 (12%)	8
Contrataciones a nivel técnico/ profesional	10 (36%)	6 (21%)	10 (36%)	2 (7%)	0 (0%)	14 (50%)	14 (50%)	28
Ascensos a nivel técnico/profe-sional	0 (0%)	0 (0%)	0 (0%)	0 (0%)	0 (0%)	0 (0%)	0 (0%)	0
Contrataciones a nivel de oficina	4 (20%)	10 (50%)	2 (10%)	4 (20%)	0 (0%)	6 (30%)	14 (70%)	20
Ascensos a nivel de oficina	NA	NA	NA	NA	NA	NA	NA	NA

Informe de clasificación de empleados (ICO) de SSS Software al 30 de junio

Nivel	Raza					Género		
	Cau-cásico	Afroameri-cano	Asiático	Hispano	Nativo es-tadounidense	H	M	Total
Ejecutivo	11 (92%)	0 (0%)	1 (8%)	0 (0%)	0 (0%)	11 (92%)	1 (8%)	12
Administrativo	43 (90%)	2 (4%)	2 (4%)	1 (2%)	0 (0%)	38 (79%)	10 (21%)	48
Técnico/profe-sional	58 (45%)	20 (15%)	37 (28%)	14 (11%)	1 (1%)	80 (62%)	50 (38%)	130
de oficina	29 (48%)	22 (37%)	4 (7%)	4 (7%)	1 (2%)	12 (20%)	48 (80%)	60
Total	141 (56%)	44 (18%)	44 (18%)	19 (8%)	2 (1%)	141 (56%)	109 (44%)	250

CLAVE DE RESULTADOS Y DATOS COMPARATIVOS 📟

Evaluación personal de habilidades directivas

Clave de resultados

ÁREA DE HABILIDAD	REACTIVOS	EVALUACIÓN	
		PERSONAL	COMPAÑEROS
Desarrollo del autoconocimiento	**1–5**		
Autorrevelación y apertura	1–2		
Autoconocimiento	3–5		
Manejo del estrés	**6–11**		
Eliminación de factores estresantes	6–7		
Desarrollo de elasticidad	8–9		
Manejo a corto plazo	10–11		
Solución creativa de problemas	**12–23**		
Solución racional de problemas	12–14		
Solución creativa de problemas	15–19		
Promoción de innovación y creatividad	20–23		
Comunicación con apoyo	**24–32**		
Coaching y orientación	24–25		
Retroalimentación negativa eficaz	26–28		
Comunicación con apoyo	29–32		
Ganar poder e influencia	**33–40**		
Ganar poder	33–37		
Ejercer influencia	38–40		
Motivar a los demás	**41–49**		
Manejo de conflictos	**50–58**		
Iniciar	50–52		
Responder	53–55		
Mediar	56–58		
Facultamiento y delegación	**59–67**		
Facultar	59–62		
Delegar	63–67		
Formación de equipos efectivos y trabajo de equipo	**68–77**		
Liderar equipos	68–71		
Afiliación al equipo	72–73		
Trabajo de equipo	74–77		

ÁREA DE HABILIDAD	REACTIVOS	EVALUACIÓN	
		PERSONAL	COMPAÑEROS
Liderar un cambio positivo	78–84		
Promover una dirección positiva	78–80		
Liderar un cambio positivo	81–82		
Movilizar a los demás	83–84		

Datos comparativos (N = 5,000 estudiantes)

Compare sus calificaciones con al menos cuatro referencias: (1) Si usted pidió a otras personas que lo calificaran utilizando la versión para los compañeros, compare las puntuaciones que usted se asignó con las que le asignaron sus compañeros. (2) Compare las puntuaciones que recibió con las que recibieron los demás estudiantes de la clase. (3) Compare las puntuaciones que recibió con un grupo de aproximadamente 5,000 estudiantes de escuelas de negocios (vea la información más adelante). (4) Compare sus puntuaciones con el máximo posible (510).

En la encuesta completa, si obtuvo una puntuación de

394.35	=	media
422 o más	=	usted se localiza en el cuartil superior.
395–421	=	usted se localiza en el segundo cuartil.
369–394	=	usted se localiza en el tercer cuartil.
368 o menos	=	usted se localiza en el cuartil inferior.

¿Qué se requiere para ser un directivo eficaz?

Este ejercicio no tiene una solución o datos para calificar. Las respuestas variarán entre los estudiantes.

Ejercicio de los mensajes recibidos en SSS Software

Este ejercicio no tiene una solución o datos para calificar. Las respuestas variarán entre los estudiantes.

Parte I

Habilidades personales

1

Desarrollo del auto-conocimiento

OBJETIVOS DE APRENDIZAJE

1. LÍNEA SENSIBLE
2. INTELIGENCIA EMOCIONAL
3. VALORES PERSONALES Y MADUREZ MORAL
4. ESTILO COGNITIVO
5. ORIENTACIÓN HACIA EL CAMBIO
6. AUTOEVALUACIÓN ESENCIAL

CUESTIONARIOS DE DIAGNÓSTICO PARA EL DESARROLLO DEL AUTOCONOCIMIENTO

A continuación se describen brevemente los instrumentos de evaluación de este capítulo. Las claves de resultados para los instrumentos indicados con ✪ se encuentran disponibles en el sitio web de este libro.

Complete todas las evaluaciones antes de iniciar la lectura de este capítulo.

Después de terminar las evaluaciones guarde sus respuestas. Cuando termine de leer este capítulo, consulte su evaluación y compare sus respuestas con lo que ha aprendido.

✪ ❑ El *instrumento de evaluación de autoconocimiento* mide el grado en el que usted se conoce a sí mismo y participa con eficacia en prácticas de autoconocimiento.

✪ ❑ La *evaluación de la inteligencia emocional* mide su estilo e inteligencia emocionales.

❑ La *prueba de definición de temas* evalúa su moral y la madurez de sus valores con base en sus respuestas a temas sociales controvertidos.

❑ El *indicador del estilo cognitivo* evalúa la manera en la que usted reúne y evalúa información para tomar decisiones.

✪ ❑ La *escala de locus de control* mide su opinión sobre las causas y consecuencias de determinados eventos de su vida.

❑ La *escala de tolerancia a la ambigüedad* evalúa el grado en el que usted se siente cómodo en situaciones ambiguas e inciertas.

❑ La *escala de autoevaluación esencial* mide los atributos básicos de la personalidad que predicen el comportamiento del ser humano.

DESARROLLO DEL AUTOCONOCIMIENTO

Sección de evaluación

Prueba de definición de temas

Este instrumento evalúa sus opiniones acerca de algunos temas sociales polémicos. Cada persona decide con respecto a estos temas de manera diferenciada. Usted debe responder a las preguntas sin comentarlas con nadie.

Se le presentan tres historias, y después de cada una se le pide que escoja entre tres decisiones. A continuación calificará la importancia que tuvieron 12 preguntas sobre la historia al tomar su decisión. Una vez que califique cada afirmación, seleccione las cuatro preguntas más importantes y ordénelas del 1 al 4 en los espacios correspondientes.

Algunos enunciados tocarán temas importantes, pero usted debe preguntarse si su decisión debe basarse en ese tema. Otros enunciados suenan elegantes y sofisticados, aunque en gran parte se trata de afirmaciones irrelevantes. Si usted no le encuentra sentido a un enunciado o si no comprende su significado, márquelo con un 5 ("Sin importancia"). Utilice la siguiente escala para clasificar la importancia de los enunciados.

Escala de evaluación

1 De gran importancia — Esta pregunta marca una diferencia crucial al tomar una decisión acerca del problema.

2 De mucha importancia — Esta pregunta sería un factor importante (aunque no siempre crucial) para tomar una decisión.

3 De cierta importancia — Esta pregunta incluye algo que a usted le importa, pero que no es de gran relevancia para llegar a una decisión.

4 De poca importancia — No es muy importante considerar esta afirmación o pregunta en este caso.

5 Sin importancia — Este enunciado o pregunta carece completamente de importancia al tomar una decisión. Usted perdería el tiempo pensando en él.

El prófugo

Un hombre fue sentenciado a prisión por 10 años. Sin embargo, después de un año escapó de prisión, se trasladó a otra área del país y adoptó el apellido Thompson. Durante ocho años trabajó arduamente y, poco a poco, ahorró suficiente dinero para abrir su propio negocio. Él era justo con sus clientes, daba a sus empleados salarios altos, y donaba la mayor parte de sus ganancias a obras de caridad. Entonces, un día la señora Jones, una antigua vecina, lo reconoció como el hombre que había escapado de prisión ocho años antes y a quien la policía había estado buscando.

¿Qué debería hacer la señora Jones? (Marque una respuesta).

_____ Debe dar parte a la policía, lo que implicaría encarcelarlo de nuevo
_____ No puede decidir
_____ No debe reportarlo

Importancia

_____ 1. ¿Acaso no ha sido el señor Thompson lo suficientemente bueno durante mucho tiempo como para probar que no es una mala persona?

_____ 2. Cada vez que alguien escapa al castigo por un delito, ¿no sirve eso para alentar la comisión de más delitos?

_____ 3. ¿No estaríamos mejor sin prisiones y sin la opresión de nuestro sistema legal?

_____ 4. ¿Realmente ha pagado el señor Thompson su deuda con la sociedad?

_____ 5. ¿Estaría incumpliendo la sociedad las justas expectativas del señor Thompson?

_____ 6. ¿Qué beneficio obtendría el sistema penitenciario (además de la sociedad), especialmente tratándose de un hombre caritativo?

_____ 7. ¿Cómo puede alguien ser tan cruel y desalmado como para enviar al señor Thompson a prisión?

_____ 8. ¿Sería justo para los prisioneros que tienen que cumplir sus sentencias el hecho de dejar libre al señor Thompson?

_____ 9. ¿La señora Jones era buena amiga del señor Thompson?

_____ 10. ¿No sería el deber de un ciudadano dar parte a las autoridades cuando localiza a un delincuente prófugo, sin importar las circunstancias?

_____ 11. ¿En qué forma la voluntad de la gente y el bienestar público se cumplirían de la mejor manera?

_____ 12. Si el señor Thompson va a prisión, ¿será bueno para él o para proteger a alguien?

De la lista anterior de preguntas, seleccione las cuatro más importantes:

_____ Más importante
_____ Segunda más importante
_____ Tercera más importante
_____ Cuarta más importante

El dilema del médico

Una mujer padecía un cáncer incurable y le quedaban sólo seis meses de vida. Sufría de terribles dolores, pero estaba tan débil que una dosis fuerte de un analgésico como la morfina probablemente la mataría. Ella deliraba de dolor y, en sus periodos de calma, pedía a su médico que le suministrara suficiente morfina para provocarle la muerte. Ella argumentaba que no podía soportar el dolor y que, de cualquier manera, moriría en unos meses.

¿Qué debe hacer el médico? (Marque una respuesta).

_____ Dar a la mujer una sobredosis que le cause la muerte
_____ No puede decidir
_____ No debe darle la sobredosis

Importancia

_____ 1. ¿La familia de la mujer está a favor de darle la sobredosis?

_____ 2. ¿El médico está sujeto a las mismas leyes que todos los demás?

_____ 3. ¿Estaría mejor la gente si la sociedad no rigiera sus vidas e incluso sus muertes?

_____ 4. ¿Debería el médico hacer que la muerte de la mujer por una sobredosis pareciera algo accidental?

_____ 5. ¿Tiene el Estado el derecho de obligar a prolongar la existencia de aquellos que no desean vivir?

_____ 6. ¿Cuál es el valor de la muerte desde la perspectiva de la sociedad acerca de los valores personales?

_____ 7. ¿El médico debe comprender el sufrimiento de la mujer o debe importarle más la opinión de la sociedad?

_____ 8. ¿Ayudar a poner fin a la vida de otra persona es un acto responsable de cooperación?

_____ 9. ¿Sólo Dios puede decidir cuándo debe terminar la vida de una persona?

_____ 10. ¿Qué valores ha establecido el doctor para él mismo en su código personal de comportamiento?

_____ 11. ¿Puede la sociedad dejar que las personas pongan fin a sus vidas cuando lo deseen?

_____ 12. ¿Puede la sociedad permitir el suicidio o el asesinato piadoso y aun así proteger las vidas de los individuos que desean vivir?

De la lista anterior de preguntas, seleccione las cuatro más importantes:

_____ Más importante
_____ Segunda más importante
_____ Tercera más importante
_____ Cuarta más importante

El periódico

Rami, un estudiante del último grado de preparatoria, quería publicar un periódico para estudiantes, con la finalidad de que éstos pudieran expresar sus opiniones. Él quería escribir contra el avance militar y contra algunas de las reglas de la escuela, como la de prohibir a los varones llevar el cabello largo.

Cuando Rami inició su periódico, solicitó autorización al director de la escuela. Éste le pidió que, antes de cada publicación, le enviara todos los artículos para su aprobación. Rami estuvo de acuerdo y le envió varios. El director los aprobó todos y Rami publicó dos números del periódico durante las siguientes dos semanas.

Sin embargo, el director no esperaba que el periódico de Rami recibiera tanta atención. Los estudiantes estaban tan entusiasmados con el periódico que comenzaron a organizar protestas en contra del gobierno, en contra de la regla del cabello y contra algunas otras disposiciones de la escuela. Algunos padres enojados objetaron las opiniones de Rami y llamaron por teléfono a la oficina del director diciendo que el periódico era poco patriótico y que no debería publicarse. Como resultado de la creciente agitación, el director se preguntaba si debía ordenar a Rami que dejara de publicarlo argumentando que los artículos controversiales del periódico alteraban el buen funcionamiento de la escuela.

¿Qué debe hacer el director? (Marque una respuesta).

_____ Debe prohibir el periódico de Rami
_____ No puede decidir
_____ No debe prohibirlo

Importancia

_____ 1. ¿El director tiene más responsabilidad ante los padres o ante los alumnos?

_____ 2. ¿Dio el director su palabra de que el periódico podía publicarse durante mucho tiempo, o sólo prometió autorizar la publicación de un solo número?

_____ 3. ¿Comenzarían los estudiantes a protestar incluso más si el director prohibiera la publicación del periódico?

_____ 4. ¿Tiene derecho el director de dar órdenes a los estudiantes cuando el bienestar de la escuela se ve amenazado?

_____ 5. ¿Tiene el director la libertad de expresión para decir que no en este caso?

_____ 6. Si el director prohibiera la publicación del periódico, ¿estaría impidiendo la discusión abierta de asuntos importantes?

_____ 7. ¿La orden de suspender la publicación del periódico por parte del director haría que Rami perdiera la confianza en este último?

_____ 8. ¿Rami es realmente fiel a su escuela y patriota?

_____ 9. ¿Qué efecto tendría el hecho de suspender la publicación del periódico en la educación de los alumnos, en relación con el juicio y el pensamiento crítico?

_____ 10. ¿Rami está violando de alguna forma el derecho de los demás al publicar sus propias opiniones?

_____ 11. ¿El director debería dejarse influir por algunos padres enojados cuando es él mismo quien sabe mejor que nadie lo que sucede en la escuela?

_____ 12. ¿Está Rami utilizando el periódico para alentar el odio y el descontento?

De la lista anterior de preguntas, seleccione las cuatro más importantes:

_____ Más importante
_____ Segunda más importante
_____ Tercera más importante
_____ Cuarta más importante

FUENTE: *Adaptado de* Rest, Narvaez, Thoma y Bebeau, 1999.

INDICADOR DEL ESTILO COGNITIVO

Este instrumento valora la manera en que usted reúne información, la evalúa y toma decisiones. No hay respuestas correctas o incorrectas, y la exactitud de sus resultados dependerá de la honestidad de cada una de las mismas. Utilice la siguiente escala para responder a cada reactivo.

Escala de evaluación

1 Totalmente en desacuerdo
2 En desacuerdo
3 Ni en acuerdo ni en desacuerdo
4 De acuerdo
5 Totalmente de acuerdo

_____ 1. Para mí es muy importante la elaboración de un plan claro.

_____ 2. Me gusta contribuir a soluciones innovadoras.

_____ 3. Siempre quiero saber qué se debe hacer y cuándo.

_____ 4. Prefiero buscar soluciones creativas.

_____ 5. Me gusta entender plenamente un problema.

_____ 6. Me gustan los planes de acción detallados.

_____ 7. Me siento motivado por la innovación continua.

_____ 8. Me gusta analizar los problemas.

_____ 9. Prefiero contar con una estructura clara para hacer mi trabajo.

_____ 10. Me gusta tener una gran variedad en mi vida.

_____ 11. Realizo análisis detallados.

_____ 12. Prefiero las reuniones bien planeadas y con una agenda clara.

_____ 13. Me atraen más las ideas nuevas que las soluciones ya existentes.

_____ 14. Estudio cada problema hasta entender la lógica menos clara.

_____ 15. Tomo decisiones definitivas y hago seguimientos meticulosos.

_____ 16. Me gusta ampliar los límites.

_____ 17. Una buena tarea es una tarea bien preparada.

_____ 18. Trato de evitar la rutina.

FUENTE: *Cognitive Style Indicator, Cools, E. y H. Van den Broeck (2007) "Development and Validation of the Cognitive Style Indicator".* Journal of Psychology, *14: 359-387.*

ESCALA DE TOLERANCIA A LA AMBIGÜEDAD

Esta evaluación le ayuda a comprender mejor qué tan cómodo se siente ante situaciones que son inherentemente ambiguas. Puesto que es una herramienta de autodiagnóstico, es esencial que sus respuestas sean sinceras y realistas.

Responda los enunciados siguientes indicando qué tan de acuerdo o en desacuerdo está con ellos. Llene los espacios en blanco con el número de la escala de puntuación que represente mejor su evaluación del reactivo.

Escala de evaluación

1 Totalmente en desacuerdo
2 Moderadamente en desacuerdo
3 Ligeramente en desacuerdo
4 Ni de acuerdo ni en desacuerdo
5 Ligeramente de acuerdo
6 Moderadamente de acuerdo
7 Totalmente de acuerdo

____ 1. Un experto al que no se le ocurre una respuesta definitiva probablemente no sepa demasiado.

____ 2. Me gustaría vivir en el extranjero durante un tiempo.

____ 3. No existe tal cosa como un problema sin solución.

____ 4. La gente que ajusta su vida a un horario probablemente se pierde casi toda la alegría de vivir.

____ 5. Un buen trabajo es aquel en el que siempre está claro lo que se debe hacer y cómo se debe hacer.

____ 6. Es más divertido enfrentar un problema complicado que resolver uno sencillo.

____ 7. A la larga, es posible realizar más cosas resolviendo los problemas sencillos y pequeños que los grandes y complicados.

____ 8. Con frecuencia, las personas más interesantes y estimulantes son aquéllas a las que no les importa ser diferentes y originales.

____ 9. Siempre es preferible algo familiar que algo extraño.

____ 10. Quienes insisten en una respuesta de sí o no simplemente desconocen lo complicadas que son las cosas en realidad.

____ 11. Una persona que lleva una vida normal y estable, en la que surgen pocas sorpresas o sucesos inesperados, tiene mucho que agradecer.

____ 12. Muchas de nuestras decisiones más importantes se basan en información insuficiente.

____ 13. Me gustan más las fiestas en las que conozco a la mayoría de las personas, que las fiestas en las que todos o casi todos son completos extraños.

____ 14. Los maestros o supervisores que asignan tareas inciertas dan la oportunidad de mostrar iniciativa y originalidad.

____ 15. Cuanto más pronto todos adquiramos valores e ideales similares, mejor.

____ 16. Un buen maestro es aquel que hace pensar al alumno acerca de la forma en que éste ve las cosas.

FUENTE: S. Budner (1962), "Intolerance of Ambiguity as a Personality Variable", en Journal of Personality, 30: 29-50. Reproducido con autorización de Blackwell Publishing, Ltd.

ESCALA DE AUTOEVALUACIÓN ESENCIAL (CSES, POR SUS SIGLAS EN INGLÉS: *CORE SELF-EVALUATION SCALE*)

La investigación ha identificado cuatro elementos básicos y esenciales de las autoevaluaciones. Este instrumento le ayudará a identificar los componentes de su autoevaluación general. Puesto que es una herramienta de autodiagnóstico, es esencial que sus respuestas sean sinceras y realistas.

A continuación se presentan varias afirmaciones con las que usted podría o no estar de acuerdo. Utilice la siguiente escala de respuestas para indicar su nivel de acuerdo o desacuerdo con cada aseveración.

Escala de evaluación

1 Totalmente en desacuerdo
2 En desacuerdo
3 Indiferente
4 De acuerdo
5 Totalmente de acuerdo

_____ 1. Me siento confiado de obtener el éxito que merezco en la vida.

_____ 2. A veces me siento deprimido.

_____ 3. Cuando me esfuerzo, generalmente tengo éxito.

_____ 4. En ocasiones, cuando fracaso, me siento poco valioso.

_____ 5. Termino las tareas con éxito.

_____ 6. A veces siento que no tengo control de mi trabajo.

_____ 7. En general, me siento satisfecho conmigo mismo.

_____ 8. Tengo muchas dudas sobre mi capacidad.

_____ 9. Yo determino lo que ocurre en mi vida.

_____ 10. Siento que no tengo el control del éxito en mi carrera.

_____ 11. Soy capaz de afrontar la mayoría de mis problemas.

_____ 12. En ocasiones, las cosas me parecen bastante tristes y desesperanzadoras.

FUENTE: *T. Judge, A. Erez, J. Bono y C. Thoreson. The core self-evaluation scale: Development of a measure,* Personnel Psychology, *2003: 303-331.*

APRENDIZAJE **DE HABILIDADES** ⓘ

Dimensiones fundamentales del autoconocimiento

Durante más de 2000 años, el conocimiento del yo interno se ha considerado un aspecto central del comportamiento humano. La antigua máxima "conócete a ti mismo" se ha atribuido en diversas ocasiones a Platón, Pitágoras, Tales de Mileto y Sócrates. Plutarco señaló que esta inscripción estaba tallada en el Oráculo de Delfos, ese santuario místico donde reyes y generales buscaban consejo acerca de sus asuntos de mayor importancia. Quizás el pasaje más citado acerca del yo es el consejo de Polonio en Hamlet: "Sé fiel a ti mismo, y a eso seguirá, como la noche al día, que no podrás ser entonces falso para nadie".

Philip Messinger nos recuerda: "Aquel que gobierne a los demás, antes debe ser amo de sí mismo". Lao Tse dijo: "Conocer a los demás es inteligencia. Conocerse a sí mismo es la verdadera sabiduría; dominarse a sí mismo es el verdadero poder". Dado que el autoconocimiento subyace en el centro de la capacidad de dominarse a uno mismo y, por consiguiente, para dirigir y administrar a otros con eficacia, este capítulo es la base de la administración de uno mismo y de los demás. Por supuesto que desde hace

mucho tiempo disponemos de una serie de técnicas y métodos para lograr el conocimiento de nosotros mismos, incluyendo métodos grupales, técnicas de meditación, procedimientos para alterar la conciencia, aromaterapia, masajes diversos, regímenes de ejercicio físico y biorretroalimentación. Actualmente hay más de 195,000 libros de autoayuda en Amazon.com y se estima que tan sólo los estadounidenses gastan entre $30 mil y 50 mil millones de dólares en este tipo de terapias.

En este capítulo no analizaremos los diversos métodos que existen para fomentar el autoconocimiento, ni tampoco avalamos ningún procedimiento en particular. En vez de ello, nuestro objetivo es ayudar al lector a entender la importancia del autoconocimiento si pretende convertirse en un directivo o en un individuo de éxito, y darle algunos instrumentos poderosos de autoevaluación que están relacionados con el éxito en la administración. Al completar estos instrumentos, comprenderá varios aspectos fundamentales de sus propias fortalezas, inclinaciones y estilos.

Nuestro énfasis en este capítulo, y en todo el libro, radica en información validada científicamente, que vincula el autoconocimiento con el comportamiento de los directivos, y trataremos de evitar las generalizaciones e indicaciones que no estén avaladas en investigaciones.

El enigma del autoconocimiento

Erich Fromm (1939) fue uno de los primeros científicos del comportamiento en observar la cercana conexión entre el concepto de uno mismo y los sentimientos hacia los demás: "El odio hacia uno mismo es inseparable del odio hacia los demás". Tiempo después, Carl Rogers (1961) propuso que el autoconocimiento y la aceptación de uno mismo son requisitos para la salud psicológica, el crecimiento personal, y la capacidad de conocer y aceptar a los demás. De hecho, Rogers sugirió que la autoestima es una necesidad humana básica, ya que, en sus casos clínicos, era más poderosa que las necesidades fisiológicas. Además, Brouwer (1964, p. 156) aseveró que todo cambio personal llega precedido por el autoconocimiento:

La función de la autoevaluación consiste en sentar las bases para la introspección, sin la cual no puede darse el crecimiento. La introspección es el sentimiento de "ah, ahora lo veo" que debe preceder, de manera consciente o inconsciente, al cambio en el comportamiento. La introspección (imagen real y genuina de nosotros mismos, de cómo somos en realidad) se logra únicamente con dificultad y, en ocasiones, hasta con dolor psíquico real. Sin embargo, es la base del crecimiento. Por lo tanto, la autoevaluación constituye una preparación para la introspección, una preparación para las semillas del entendimiento de uno mismo que gradualmente florecerán en un cambio de comportamiento.

El conocimiento que poseemos de nosotros mismos, lo que constituye nuestro concepto personal, es fundamental para mejorar nuestras habilidades directivas. Es imposible mejorar o desarrollar nuevas capacidades a menos que conozcamos el nivel de capacidad que poseemos. Existe una gran cantidad de pruebas empíricas de que los individuos que tienen un mayor autoconocimiento son más sanos, se desempeñan mejor en las funciones directivas y de liderazgo, y son más productivos en el trabajo (Boyatzis, 2008; Cervone, 1997; Duval, Silva, Lalwani, 2001; Spencer y Spencer, 2008).

También podría suceder, sin embargo, que el conocimiento personal inhibiera el mejoramiento personal en vez de facilitarlo, porque los individuos con frecuencia evitan el crecimiento personal y el nuevo conocimiento acerca de sí mismos. Se resisten a adquirir información adicional, para así proteger su autoestima o el respeto de sí mismos.

Si adquieren nuevo conocimiento acerca de sí mismos, es posible que éste sea negativo o que les genere sentimientos de inferioridad, debilidad, incompetencia o vergüenza, así que lo evitan. Como señala Maslow (1962, p. 57):

Tendemos a sentir miedo de cualquier conocimiento que nos pueda causar desprecio por nosotros mismos o hacernos sentir inferiores, débiles, devaluados, malos o avergonzados. Nos protegemos a nosotros mismos y a la imagen ideal que tenemos de nosotros por medio de la represión y defensas similares que, en esencia, son técnicas por las cuales evitamos ser conscientes de las verdades desagradables o peligrosas.

De esta forma, evitamos el crecimiento personal, porque tememos averiguar que no somos todo lo que quisiéramos ser. Si existe una mejor manera de ser, es porque nuestro estado actual es inadecuado o inferior. Para muchos, es difícil aceptar el hecho de no estar totalmente adecuado o de no poseer todo el conocimiento.

Esta resistencia es la "negación de nuestro mejor lado, de nuestros talentos, de nuestros impulsos más finos, de nuestras potencialidades más elevadas, de nuestra creatividad. En resumen, ésta es la lucha en contra de nuestra propia grandeza" (Maslow, 1962, p. 58). Freud (1956) aseveró que el hecho de ser completamente honesto con uno mismo es el mejor esfuerzo que un individuo puede hacer, porque la plena honestidad requiere una búsqueda continua de más información acerca del yo y un deseo de mejoramiento personal. Los resultados de esa búsqueda suelen ser incómodos.

Por consiguiente, buscar el conocimiento del yo parece un enigma: es un requisito y un motivador del crecimiento y del mejoramiento, aunque también podría inhibirlos. Puede llevar al progreso y al mejoramiento, o al estancamiento y a una actitud defensiva ante el temor de saber más. Entonces, ¿cómo será posible mejorar? ¿Cómo pueden desarrollarse las habilidades directivas, si hay resistencia a adquirir el conocimiento necesario de uno mismo para que esto suceda?

LA LÍNEA SENSIBLE

Una respuesta reside en el concepto de la **línea sensible**. Este concepto se refiere al punto en el cual los individuos se vuelven defensivos o protectores cuando se enfrentan a información acerca de ellos mismos que es incongruente con su concepto personal, o cuando se ven presionados a alterar su comportamiento.

La mayoría de los individuos reciben con regularidad información acerca de sí mismos que no es congruente o que es parcialmente congruente.

Por ejemplo, un amigo podría decirle: "Hoy te ves cansado, ¿te sientes bien?". Si usted se siente bien, la información es incongruente con su autoconocimiento. Pero como esta discrepancia es relativamente menor y no confronta su autoimagen fundamental, no es probable que usted se ofenda o que manifieste una reacción defensiva fuerte. Es decir, probablemente esto no le exigirá que examine de nuevo su concepto personal y lo modifique.

Por otro lado, cuanto más discrepante sea la información o más graves sean las implicaciones para su concepto personal, más se aproximará a su línea sensible, y usted sentirá la necesidad de defenderse de eso. Por ejemplo, cuando un compañero de trabajo lo juzga como incompetente, eso traspasará su línea sensible, si usted se considera un empleado eficaz y productivo. Esto sería especialmente cierto si el compañero de trabajo fuera una persona influyente. Probablemente su respuesta sea defenderse en contra de esa información para proteger la imagen que tiene de usted mismo.

Esta respuesta se conoce como **respuesta de amenaza-rigidez** (Staw, Sandelands y Dutton, 1981; Weick, 1993; Barnett y Pratt, 2000). Cuando los individuos se sienten amenazados, cuando enfrentan información incómoda o cuando se crea incertidumbre, tienden a volverse tensos; se encogen, se protegen y evitan los riesgos. Considere lo que sucede cuando usted se siente sorprendido o impresionado de forma repentina por algo. Físicamente, su cuerpo tiende a ponerse rígido para protegerse. Se tensa para salvaguardar la estabilidad. En forma similar, los individuos también se vuelven psicológica y emocionalmente rígidos cuando encuentran información que amenaza su concepto personal. Tienden a redoblar los esfuerzos para proteger lo que es cómodo y familiar (Cameron, 1994; Cameron, Kim y Whetten, 1987; Weick y Sutcliffe, 2000). Confían en los patrones de comportamiento y en las emociones que aprendieron con anterioridad o que se han reforzado más. Cuando se cruza la línea sensible se genera rigidez y una actitud de autoconservación.

En vista de esta actitud de defensa, ¿cómo puede darse un aumento del conocimiento y un cambio personal? Existen por lo menos dos respuestas. Una es que la información que es verificable, predecible y controlable tiene menos probabilidad de cruzar la línea sensible que la información sin esas características. Es decir, si un individuo logra probar la validez de la información discrepante (por ejemplo, si existe un parámetro objetivo para evaluar la exactitud de la información), si la información no es inesperada ni "surgió de la nada" (por ejemplo, si se recibe a intervalos regulares), y si existe cierto control sobre qué, cuándo y cuánta información se recibe (por ejemplo, si es solicitada), es más probable que la retroalimentación se escuche y se acepte.

La información que recibe acerca de usted en este capítulo posee esas tres características. Ya resolvió diversos instrumentos de autoevaluación que se utilizan ampliamente en la investigación, y cuya confiabilidad y validez están probadas. Es más: se sabe que estos instrumentos

están asociados con el éxito en las habilidades directivas. Así, cuando analice sus resultados y busque honestamente comprender más acerca de sus atributos inherentes, podrá obtener importantes conocimientos acerca de usted mismo que le resultarán muy útiles.

Una segunda respuesta al problema de superar la resistencia a la autoevaluación reside en el papel que otras personas desempeñan para ayudar a que ocurra la introspección. Es casi imposible aumentar la habilidad de autoconocimiento a menos que interactuemos con los demás y les revelemos aspectos de nosotros mismos. A menos que se esté dispuesto a abrirse a los demás, a analizar los aspectos del yo que parezcan ambiguos o desconocidos, podrá darse el crecimiento. Por lo tanto, la **revelación de uno mismo** es una clave para mejorar el autoconocimiento. Harris (1981) señala:

Para conocerse a uno mismo, ninguna introspección o autoevaluación será suficiente. Usted puede analizarse durante semanas o meditar por meses, y no avanzará ni un centímetro, al igual que no puede percibir su propio aliento o reír cuando usted se hace cosquillas.

Primero, usted debe abrirse a la otra persona antes de lograr vislumbrar su yo interno. Nuestro reflejo en un espejo no nos dice cómo somos; eso sólo lo logra nuestro reflejo en otras personas. En esencia, somos criaturas sociales, y el entendimiento de nosotros mismos reside en la asociación, no en el aislamiento.

Por consiguiente, en algunos de los ejercicios de este capítulo se le pedirá que comente sus experiencias con los demás. Desde luego, estas interacciones deben ser sinceras y honestas, y estar motivadas por la comprensión de uno mismo y el deseo de superación personal. La información que usted comparta o reciba nunca deberá utilizarse para juzgar o lastimar a otro. Mantener una relación de confianza con alguien con quien se pueda compartir es un requisito fundamental para el entendimiento de uno mismo.

Diversos estudios revelan que las personas que no revelan mucho de sí mismas son menos saludables y más aisladas que quienes suelen revelar información personal. Los estudiantes universitarios otorgan los resultados más altos de **competencia interpersonal** a las personas que practican la autorrevelación. Los individuos que revelan aspectos de sí mismos son mejor aceptados, mientras que una revelación interna excesiva o insuficiente da por resultado una menor aceptación por parte de los demás (vea, por ejemplo, Covey, 1989; Goleman, 1998b).

Por tanto, el enigma del autoconocimiento podría manejarse al ejercer algún control sobre cuándo y qué tipo de información se recibe acerca de uno mismo, y al hacer que otros participen en la búsqueda del entendimiento personal. El apoyo y la retroalimentación que los individuos reciben de los demás durante el **proceso** de la revelación personal, además de incrementar la retroalimentación y el autoconocimiento, ayudan a obtener un mayor autoconocimiento sin cruzar la línea sensible.

Comprensión y apreciación de las diferencias individuales

Otra razón importante para enfocarse en el autoconocimiento es que sirve para desarrollar la capacidad de detectar las diferencias importantes entre las personas con quienes uno interactúa. Existe una gran cantidad de evidencias de que la eficacia de un individuo como directivo está muy relacionada con su capacidad de reconocer, apreciar y, finalmente, utilizar las diferencias fundamentales y claves que existen entre las personas. Este tema suele analizarse en la bibliografía administrativa bajo el tema de "manejo de la diversidad".

Aunque es difícil entender todas las ramificaciones de "manejo de la diversidad", es fácil ser sensible a ciertas diferencias importantes que afectan la forma en que uno se relaciona con los demás. Por consiguiente, este capítulo tiene dos objetivos: (1) ayudar al lector a entender mejor su singularidad como individuo, a estar mejor preparado para desenvolverse, y (2) ayudarle a identificar, valorar y utilizar las diferencias que encuentre en otras personas.

El conocimiento personal le ayudará a entender sus propias suposiciones, puntos detonantes, línea sensible, zona de comodidad, fortalezas, debilidades e inclinaciones. Lo que es más importante, le ayudará a reconocer sus propios dones y fortalezas especiales, y sacar ventaja de sus talentos. Esto le ayudará a dar valor a las situaciones en las que se encuentre.

En forma similar, estar consciente de las diferencias con los demás es una parte importante de ser un directivo efectivo. La mayoría de las personas muestran una tendencia a interactuar con individuos parecidos a ellas, a elegir a gente similar para trabajar y a excluir a quienes parecen diferentes (Berscheid y Walster, 1978). La historia de las guerras y los conflictos humanos testifica el hecho de que las diferencias generalmente se interpretan como atemorizantes o amenazadoras. Sin embargo, las investigaciones confirman el hecho de que la diversidad también mejora la creatividad, la solución de problemas complejos y el éxito en condiciones cambiantes o ambiguas.

Se ha demostrado que el fracaso de las organizaciones con frecuencia ocurre por una falta de diversidad en la composición de los grupos fundamentales de toma de decisiones (Cameron, Kim y Whetten, 1987).

Una sugerencia para gestionar, valorar y aprovechar con éxito las diferencias entre los individuos es concentrarse en las *diferencias* y no en las *distinciones*. Reconocer las diferencias no es lo mismo que evaluar las distinciones. Una es útil, la otra dañina. Observamos las diferencias. Creamos distinciones. Reconocer las diferencias nos permite aprovechar las contribuciones singulares de los demás. Crear distinciones genera barreras sociales entre los individuos con el propósito específico de reforzar ventajas y desventajas.

Nuevamente, el autoconocimiento y la comprensión de las diferencias no pueden ocurrir sin revelar y compartir, y sin sostener conversaciones de confianza. El conocimiento personal requiere de un entendimiento y una valoración de las diferencias, no de la creación de distinciones. Por lo tanto, lo alentamos a utilizar la información que descubra acerca de usted y de los demás para construir, crecer y mejorar sus habilidades directivas.

Áreas importantes de autoconocimiento

Desde luego, existe una cantidad innumerable de dimensiones personales para explorar, si es que uno pretende desarrollar el autoconocimiento a profundidad. Por ejemplo, se han medido muchos aspectos del estilo cognitivo; los autores identifican más de una docena de "inteligencias" (que van desde lo social y práctico, hasta lo cognitivo y creativo); se han investigado literalmente cientos de factores de personalidad en la bibliografía de psicología; el trazado del mapa de los cromosomas humanos plantea la posibilidad de que miles de diferencias fisiológicas sean cruciales para comprender el comportamiento; todas las diferencias en género, edad, cultura, origen étnico y experiencia se desarrollan de manera individual a través del tiempo. Sería imposible, desde luego, seleccionar de manera exacta los mejores aspectos o los más importantes del autoconocimiento, porque las alternativas son muy numerosas.

Por otro lado, aquí nos enfocamos en cinco de las áreas más importantes del autoconocimiento, que son la clave para desarrollar una administración exitosa: *inteligencia emocional, valores personales, estilo cognitivo, orientación hacia el cambio* y *autoevaluación esencial*. Se ha descubierto que estas áreas se encuentran entre los factores de predicción más importantes para un eficaz desempeño personal y directivo, incluyendo el logro del éxito en la vida, un desempeño eficaz en los equipos, la toma competente de decisiones, el aprendizaje y desarrollo a lo largo de toda la vida, la creatividad, la competencia en comunicación, la satisfacción laboral y el desempeño laboral (Atwater y Yammarino, 1992; Church y Waclawski, 1999; Cools y Van den Broeck, 2007; Goleman, 1998b; Grant, 2013; Judge *et al.*, 2003; Parker y Kram, 1993; Sosik y Megerian, 1999).

Las investigaciones sobre el concepto de **inteligencia emocional** (la capacidad de conocerse a uno mismo y de manejar las propias emociones y las relaciones con los demás) la han identificado como uno de los factores más importantes para el éxito de líderes y directivos (Boyatzis, Goleman y Rhee, 2000; Goleman, 1998a; Oginska-Bulik, N., 2005). En particular, se ha visto que el autoconocimiento es un aspecto crucial de la inteligencia emocional y que tiene mayor peso que el cociente intelectual (CI) para pronosticar el éxito en la vida (Goleman, 1995).

Por ejemplo, un estudio trató de identificar diferencias entre directivos con un desempeño promedio y directivos con un desempeño excelente en 40 empresas. Las habilidades de la inteligencia emocional, incluyendo el autoconocimiento, resultaron ser *dos veces* más importantes para un desempeño sobresaliente que la inteligencia cognitiva (esto es, el CI) y la experiencia técnica (Goleman, 1998a). En una investigación de una empresa multinacional de consultoría, se hizo una comparación entre los empleados con un desempeño superior y los empleados con un desempeño promedio. Los primeros (con puntuaciones de autoconocimiento y de inteligencia emocional significativamente más altas) contribuían con más del doble a las utilidades de la empresa, y tenían cuatro veces más posibilidades de recibir un ascenso que aquellos con puntuaciones bajas de autoconocimiento e inteligencia emocional (Boyatzis, 1998).

Los **valores personales** se incluyen aquí porque son "el centro de la dinámica del comportamiento y tienen un papel muy importante al unificar la personalidad" (Allport, Gordon y Vernon, 1931, p. 2). Esto es, el resto de las actitudes, las orientaciones y los comportamientos surgen de los valores del individuo. (Hemigway, 2005). Se consideran dos tipos principales de valores: *instrumentales* y *terminales* (Rokeach, 1973). Presentaremos resultados de investigaciones que relacionan el desarrollo personal en estos dos tipos de valores con un desempeño gerencial exitoso. Analizaremos el instrumento que evalúa el desarrollo de los valores, junto con información concerniente a los resultados de otros grupos de personas. Compare sus resultados con los de individuos que están cerca de usted, así como con las de directivos exitosos. Con esa finalidad, se presentan algunos datos comparativos. Como esta discusión del desarrollo de valores está relacionada con la toma de decisiones éticas, en esta sección también se analizan las implicaciones de la ética administrativa.

La tercera área del autoconocimiento es el **estilo cognitivo**, el cual se refiere a la forma en la que los individuos reúnen y procesan la información. Los investigadores han descubierto que las diferencias individuales en el estilo cognitivo influyen en la percepción, el aprendizaje, la solución de problemas, la toma de decisiones, la comunicación y la creatividad (Cools y Van den Broeck, 2007; Hayes y Allison, 1994; Kirton, 2003). Se ha identificado una gran cantidad de dimensiones del estilo cognitivo, pero en este capítulo elegimos un instrumento que capta las que se estudian con mayor frecuencia (Cools y Van den Broeck, 2007) y uno que vincula el estilo cognitivo con el comportamiento directivo exitoso.

En cuarto lugar, un análisis de la **orientación hacia el cambio** se enfoca en los métodos que las personas utilizan para lidiar con el cambio en su ambiente. En el siglo XXI, todos nos enfrentamos con condiciones tumultuosas, cada vez más y más rápidamente fragmentadas. Conocer su orientación hacia la adaptación a estos cambios es un aspecto importante del autoconocimiento.

Existen dos dimensiones importantes (*locus de control* e *intolerancia de la ambigüedad*) que se miden con dos instrumentos de evaluación. En las siguientes secciones se analizará la investigación que vincula estas dos dimensiones con la administración eficaz.

Por último, la **autoevaluación esencial** es un instrumento que capta los aspectos esenciales de la personalidad (Judge *et al.*, 2003). Se han realizado más de 50,000 estudios sobre las denominadas "cinco grandes" dimensiones de la personalidad (inestabilidad emocional, extroversión, escrupulosidad, afabilidad y apertura), aunque se descubrió un factor subyacente que explica los efectos de estas dimensiones de la personalidad, el cual se conoce como autoevaluación esencial. Al analizar sus puntuaciones en el instrumento de evaluación, conocerá no sólo las dimensiones inherentes de su personalidad, sino que también sabrá cómo se relacionan con otros resultados como la motivación, la solución de problemas, la creatividad, la satisfacción en la vida y el desempeño laboral. (Johnson, Rosen y Levy, 2008; Judge *et al.*, 2005).

Estas cinco áreas de autoconocimiento (inteligencia emocional, valores personales, **estilo de aprendizaje**, orientación hacia el cambio y evaluación básica y esencial) constituyen aspectos importantes del concepto personal. La figura 1.1 resume estos cinco aspectos del autoconocimiento junto con sus funciones en la definición del autoconcepto.

De nuevo, se podrían considerar muchos otros aspectos del autoconocimiento, pero lo que valoramos, cómo nos sentimos acerca de nosotros mismos, cómo nos comportamos con los demás, lo que queremos lograr y lo que nos atrae, todo está fuertemente influido por nuestra inteligencia emocional, valores, estilo cognitivo, orientación hacia el cambio y autoevaluación esencial. Éstos son algunos de los elementos más importantes sobre los que surgen otros aspectos del yo.

Figura 1.1   Cinco aspectos fundamentales del autoconocimiento

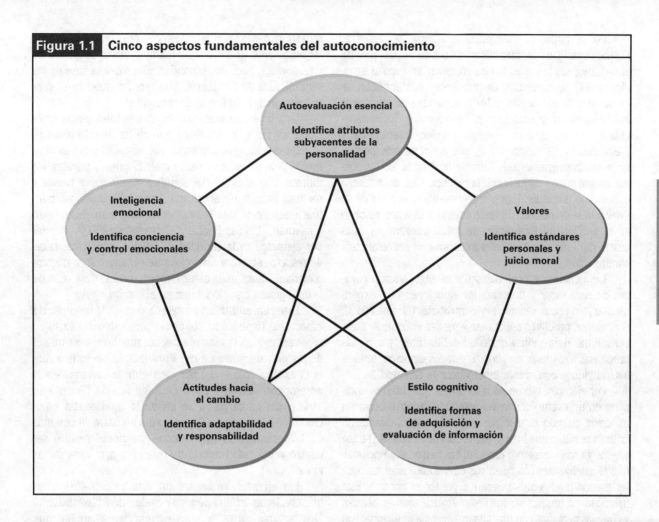

LA INTELIGENCIA EMOCIONAL

La inteligencia emocional se ha convertido en un tema muy difundido que sufre el problema que enfrentan casi todos los conceptos de moda: su significado y su medición se han vuelto muy confusos y ambiguos. Ahora, la inteligencia emocional incluye casi todo lo que no es CI. Desde la publicación del libro *Inteligencia emocional*, de Daniel Goleman, en 1995, el interés por este concepto ha crecido en forma desproporcionada (aun cuando Salovey y Mayer introdujeron el término en 1990). Se han publicado casi 20,000 libros sobre el tema y muchas empresas de consultoría y capacitadores de ejecutivos ahora se anuncian como expertos en el desarrollo de la inteligencia emocional. La cantidad de instrumentos para evaluar esta inteligencia es enorme (más de 100), aunque sólo tres o cuatro se han validado científicamente y se utilizan en investigaciones sistemáticas.

Una revisión de la bibliografía científica y de la no especializada sobre la inteligencia emocional confirma que casi todo se define como un aspecto de tal inteligencia. Abundan las definiciones y con frecuencia son incompatibles y contradictorias. Una forma de aclarar este problema de las múltiples definiciones consiste en establecer la diferencia entre *inteligencia emocional* y *competencia emocional*. La inteligencia emocional se refiere a la capacidad de identificar, entender y manejar las señales emocionales, mientras que la competencia emocional se refiere a las capacidades y habilidades no cognoscitivas (incluyendo las habilidades sociales), que afectan el funcionamiento de los seres humanos.

En este capítulo utilizamos la primera definición, ya que el resto del libro se dedica a las competencias emocionales. Aunque estas últimas son esenciales para predecir el éxito, en este capítulo adoptamos una definición más precisa y mejorada de inteligencia emocional. De hecho, este tipo de inteligencia es un requisito para desarrollar la competencia emocional, y le ayudaremos en otros capítulos a desarrollar y mejorar lo que a menudo se conoce como competencia emocional.

Por lo tanto, la inteligencia emocional se refiere a: (1) la capacidad de identificar y reconocer las propias emociones; (2) la capacidad de controlar las propias emociones; (3) la capacidad de reconocer e identificar las emociones de los demás, y (4) la capacidad de responder apropiadamente a esas señales emocionales. Estas capacidades no son innatas, sino que pueden desarrollarse y mejorarse. A diferencia del CI, por ejemplo, que permanece relativamente estable durante la vida, la inteligencia emocional puede mejorar con la práctica. Con un esfuerzo concertado, los individuos pueden modificar el nivel de su inteligencia emocional. El instrumento que usted resolvió en la sección de Evaluación de habilidades valora estas cuatro dimensiones, las cuales explicaremos brevemente a continuación.

Las personas emocionalmente inteligentes son capaces de reconocer y nombrar las emociones que experimentan, así como *regularlas* y controlarlas (Grant, 2013). Son menos proclives a explotar y perder el control, a experimentar depresión y ansiedad debilitantes, y son más propensas a manejar sus propios estados emocionales que los individuos con menor inteligencia de este tipo.

Por ejemplo, piense en la forma en que usted se comporta en un evento deportivo cuando los árbitros cometen un error, cuando alguien se enoja con usted, cuando lo critican por algo que hizo o, por el contrario, cuando recibe elogios y reconocimiento especial. Las personas emocionalmente inteligentes controlan sus emociones, mientras que las menos inteligentes tienden a perder el control. Esta habilidad no implica ser insulso o apático todo el tiempo, ya que las personas con una alta inteligencia emocional son capaces de mostrar una amplia gama de emociones y de diferente intensidad. Más bien, implica que una persona puede controlar sus emociones para no comportarse de manera desenfrenada.

Las personas emocionalmente inteligentes también son capaces de identificar y mostrar empatía con los sentimientos de los demás. La empatía es la capacidad de entender y conectarse con los sentimientos de otros; no significa compadecerlos o adoptar los mismos sentimientos, y no se basa en el recuerdo de haber experimentado las mismas emociones. Por ejemplo, si alguien vive una tragedia o una pérdida, las personas emocionalmente inteligentes son capaces de compartir y entender esos sentimientos aun cuando nunca hayan experimentado algo similar. Por ejemplo, no necesitan sentirse deprimidos para entender la depresión de otros.

Los individuos con una elevada inteligencia emocional también *responden* de manera apropiada a las emociones de los demás.

Sus respuestas se ajustan a la intensidad de las emociones de otras personas, y apoyan y fomentan las expresiones emocionales (Salovey y Grewal, 2005). Esto es, si los demás están emocionados y felices, no se

muestran distantes o aislados. Por otro lado, no es que las emociones de los demás manipulen sus sentimientos y respuestas, pues no responden sólo sobre la base de los sentimientos de los demás. Más bien, mantienen el control personal de su forma de responder.

Una de las razones por las que la inteligencia emocional es tan importante es que se ha deteriorado con el paso del tiempo. Mientras que las puntuaciones promedio del CI han aumentado casi 25 puntos durante los últimos 100 años (lo que significa que la gente tiende a ser más inteligente ahora que hace 100 años), las puntuaciones de la inteligencia emocional han disminuido (Goleman, 1998a; Slaski y Cartwright, 2003). Piense, por ejemplo, en la cantidad de litigios, conflictos, faltas de respeto, acosos y divorcios que caracterizan a nuestra sociedad. Ahora se da menos importancia al desarrollo de la inteligencia emocional que en el pasado.

Esto representa un problema porque la inteligencia emocional tiene un fuerte poder predictivo del éxito en la gerencia y en la vida (de hecho, mucho mayor que el de las puntuaciones de CI). Por ejemplo, se estima que el CI explica sólo el 10 por ciento de la varianza en el desempeño laboral y en el éxito en la vida (Sternberg, 1996); sin embargo, si se añade la inteligencia emocional (IE) a la ecuación, se explica cuatro veces más de la varianza. La inteligencia emocional resultó ser cuatro veces más importante que el CI para determinar el éxito.

Por ejemplo, se realizó un estudio con 450 niños que crecieron en una pequeña ciudad de Massachusetts. Dos terceras partes de ellos pertenecían a familias que vivían de la asistencia social, y una tercera parte tenía resultados de CI por debajo de 90. Se hizo un seguimiento durante 40 años, y se descubrió que el CI tenía poco que ver con el éxito en la vida. Por otro lado, la inteligencia emocional resultó ser el factor con mayor peso predictivo (Snarey y Vaillant, 1985).

Otro estudio entre 80 doctores en ciencias de la Universidad de California en Berkeley, en la década de 1950, reveló que, 40 años después de su graduación, el principal factor que explicaba su éxito en la vida era su resultado en inteligencia emocional. Éste resultó ser cuatro veces más importante que el CI para determinar quiénes habían tenido en sus carreras, quiénes eran altamente exitosos de acuerdo con un grupo de expertos, y quiénes aparecieron en las listas de referencias tales como *Who's Who* y *American Men and Women of Science* (Feist y Barron, 1996).

En otro estudio realizado entre estudiantes de escuelas de negocios, las mayores puntuaciones en inteligencia emocional se presentaban comúnmente en aquellos que participaban en clubs, fraternidades universitarias, equipos deportivos y actividades en las que es frecuente la interacción social.

También se asoció una mayor inteligencia emocional con mayores promedios generales tanto en clases de negocios como universitarias (Rozell, E. J., Pettijohn, C. E. y Parker, R. S., 2002). También se ha descubierto que la inteligencia emocional es un importante factor predictivo del éxito gerencial/ejecutivo. Por ejemplo, en un estudio de directivos en tres continentes, la característica más sobresaliente de 74 por ciento de aquellos que eran exitosos fue la inteligencia emocional, mientras que este rasgo se presentaba sólo en 24 por ciento de los directivos con escaso éxito. En una investigación que realizó PepsiCo, se descubrió que las unidades de la empresa dirigidas por ejecutivos con una inteligencia emocional bien desarrollada superaron las metas de utilidades anuales entre 15 y 20 por ciento. Las áreas dirigidas por individuos con una baja inteligencia emocional no lograron alcanzar la meta, aproximadamente, en el mismo porcentaje (Goleman, Boyatzis y McKee, 2002).

Un estudio de McBer, que comparó directivos sobresalientes con directivos promedio, reveló que 90 por ciento de la diferencia se debía a la inteligencia emocional. En una investigación mundial acerca de lo que las empresas buscaban al contratar a nuevos empleados, 67 por ciento de los atributos más deseados eran competencias relacionadas con la inteligencia emocional (Goleman *et al.*, 2002). La conclusión de estos estudios es clara: los directivos eficaces poseen altos niveles de competencia en inteligencia emocional.

El instrumento de evaluación de la inteligencia emocional que respondió en la sección de Evaluación de habilidades le permite valorar su competencia en las cuatro áreas generales de inteligencia emocional: conciencia emocional; control o equilibrio emocional; diagnóstico emocional o empatía, y respuesta emocional. Desde luego, una medición totalmente exacta y válida de esos factores requeriría un instrumento mucho más extenso que el que aquí se incluye, de manera que esta evaluación únicamente ofrece una valoración razonablemente precisa de su inteligencia emocional. Los resultados le ayudarán a identificar áreas de fortaleza, así como aspectos de la inteligencia emocional que puede practicar para ser más capaz. Conocer su inteligencia emocional es un aspecto importante de llegar a ser un directivo más eficaz.

VALORES

Los valores se encuentran entre las características más estables y duraderas de los individuos. Son los cimientos sobre los cuales se forman las actitudes y las preferencias personales. Ayudan a definir nuestra moralidad y nuestras ideas de lo que es "bueno". Mucho de lo que somos es producto de los valores básicos que hemos desarrollado a lo largo de nuestra vida.

Lamentablemente, el problema con los valores es que se dan por sobreentendidos, y a menudo las personas no están conscientes de ellos.

A menos que se cuestionen los valores de una persona, éstos permanecen en gran medida sin detectarse. Los individuos no están conscientes de que consideran unos valores como más importantes que otros. Esta falta de conciencia lleva a acciones o comportamientos que a veces son contrarios a los valores. Mientras las personas no se enfrenten con una contradicción o con una amenaza a sus valores básicos, rara vez expresan sus valores o buscan aclararlos.

Los valores que cada uno de nosotros posee se ven afectados por una variedad de factores, y se han utilizado diversos métodos para medirlos y describirlos. En este capítulo señalamos varios métodos, cada uno de los cuales se ha utilizado ampliamente en investigaciones y en círculos directivos.

Un factor de ellos es el de las orientaciones de valor general que caracterizan a los grupos grandes, como los conglomerados que integran una nacionalidad, los grupos étnicos, las industrias y las organizaciones. Por ejemplo, se han realizado muchas investigaciones para identificar las diferencias en los valores que surgen entre grupos culturales. El objetivo de estas investigaciones es identificar formas en las que difieren entre sí individuos de distintas nacionalidades, ya que casi todos los directivos ahora enfrentan la necesidad de ejercer sus funciones más allá de las fronteras nacionales. Es probable que en su vida usted interactúe cada vez más con individuos que no nacieron en su país, de manera que conocer algo acerca de las orientaciones de sus valores le ayudará a que sus interacciones sean más eficaces. Se ha descubierto que algunos valores difieren sistemáticamente entre culturas de distintos países, y al menos algunos de nuestros valores se ven afectados significativamente por el país y la cultura en la que crecimos.

Valores culturales

Trompenaars (1996; Trompenaars y Hampden-Turner, 1998, 2004) identificó siete dimensiones de valores en las que distintas culturas nacionales muestran diferencias significativas. Algunas culturas enfatizan algunos valores más que otras. La tabla 1.1 presenta las siete dimensiones de Trompenaars, con ejemplos de países que representan a cada una de las dimensiones de los valores. Ninguna cultura nacional enfatiza una de estas dimensiones hasta el punto de excluir a otra, pero existen diferencias claras en cuanto a la importancia que se otorga a cada dimensión.

Las primeras cinco dimensiones del modelo se refieren a la forma en que los individuos se relacionan con otros. Por ejemplo, algunos países (como Estados Unidos, Noruega, Suecia y Suiza) destacan el valor del **universalismo**, en el que el comportamiento de otras personas se rige por estándares y reglas universales (por ejemplo, no

Tabla 1.1 Dimensiones de los valores culturales

DIMENSIONES DE VALOR	EXPLICACIÓN	EJEMPLO DE PAÍSES CON DOMINANCIA
Universalismo	Se valoran las reglas y normas sociales.	Estados Unidos, Suiza, Noruega, Suecia
Particularismo	Se valoran las relaciones individuales.	Corea, Venezuela, China, Indonesia
Individualismo	Se valoran las contribuciones individuales.	Estados Unidos, Nigeria, Dinamarca, Austria
Colectivismo	Se valoran las contribuciones en equipo.	México, Indonesia, Japón, Filipinas
Afectividad	Se valoran las expresiones emocionales.	Irán, España, Francia, Suiza
Neutralidad	Se valoran las respuestas poco emocionales.	Corea, Etiopía, China, Japón
Especificidad	Se valora la segregación de los roles de la vida.	Holanda, Suecia, Dinamarca, Reino Unido
Valores difusos	Se valora la integración de los roles de la vida.	China, Nigeria, Singapur, Corea
Logro	Se valora el logro personal.	Estados Unidos, Noruega, Canadá, Austria
Atributos	Se valoran los atributos inherentes.	Egipto, Indonesia, Corea, República Checa
Pasado y presente	El pasado está muy conectado con el futuro.	Francia, Japón, Reino Unido
Futuro	El futuro está desconectado, pero se le valora.	Estados Unidos, Holanda
Origen interno del control	Se valora el control individual.	Estados Unidos, Canadá, Austria, Reino Unido
Origen externo del control	El control proviene de fuerzas externas.	República Checa, Japón, Egipto, China

FUENTE: *F. Trompenaars y C. Hampden-Turner (2011)*. Riding the Waves of Culture. *Reproducido con autorización de McGraw-Hill Companies.*

mentir, no hacer trampa, respetar la luz roja de los semáforos aun si no viene ningún vehículo). Las reglas sociales generales gobiernan el comportamiento.

Otros países (por ejemplo, Corea, China, Indonesia, Singapur) mantienen el valor del **particularismo**, en el cual la relación con un individuo rige el comportamiento (por ejemplo, ¿la otra persona es un amigo, un miembro de la familia, un pariente?).

Para ilustrar las diferencias, considere su respuesta en la siguiente situación: *Usted va en el auto de un buen amigo suyo, quien atropella a un peatón cuando viaja a 40 millas por hora en una zona con límite de velocidad de 25 millas por hora. No hay testigos, y el abogado de su amigo dice que si usted testifica que el vehículo se desplazaba a 25 millas por hora, él quedará libre. ¿Mentiría usted para favorecerlo?* Las personas de las culturas universales son más proclives a rehusarse que quienes pertenecen a culturas particularistas. Por ejemplo, 97 por ciento de los suizos y 93 por ciento de los estadounidenses y canadienses se negarían a testificar, mientras que 32 por ciento de los venezolanos y 37 por ciento de los surcoreanos se negarían.

Una segunda dimensión de valor diferencia a las culturas que valoran el **individualismo** (un énfasis en el yo, en la independencia y en la singularidad) frente al **colectivismo** (un énfasis en el grupo, la unidad combinada y la unión con los demás). Los valores individualistas consideran las contribuciones de los individuos como las más valiosas, mientras que el colectivismo valora las contribuciones en equipo.

Por ejemplo, considere su respuesta a esta pregunta: *¿Qué clase de trabajo se encuentra con más frecuencia en su organización, uno en el que todos trabajan juntos y usted no obtiene crédito individual, o uno en el que cada quien trabaja en forma individual y usted recibe reconocimiento individual?* Los europeos del Este (por ejemplo, Rusia, la República Checa, Hungría y Polonia) registran un promedio superior a 80 por ciento al estar de acuerdo con que se recibe crédito individual, mientras que los asiáticos (Japón, India, Nepal) registran un promedio inferior a 45 por ciento. (La puntuación de Estados Unidos es de 72 por ciento).

Una tercera dimensión del valor se refiere a la expresión de sentimientos en público. Ésta identifica una orientación a la **afectividad** frente a una orientación a la **neutralidad**. Las culturas con altos valores afectivos expresan las emociones abiertamente y manejan los problemas en formas emocionales. Por ejemplo, durante una negociación empresarial, podría manifestarse una risa estruendosa, enojo o alguna otra emoción con intensidad.

Las culturas proclives a la neutralidad resuelven los problemas de manera racional y estoica. Las interacciones se caracterizan por comportamientos instrumentales y dirigidos hacia metas, más que por las emociones.

Por ejemplo, *si usted se enojara mucho en el trabajo o en clase (digamos que usted se siente menospreciado, ofendido o contrariado), ¿qué tan probable sería que manifestara sus sentimientos abiertamente en público?*

Los directivos en Japón, Etiopía y Hong Kong, por ejemplo, se negarían a mostrar sus emociones en público en un promedio de 64, 74 y 81 por ciento, respectivamente. Por otro lado, 15 por ciento de los directivos de Kuwait, 18 por ciento de los egipcios y 19 por ciento de los directivos españoles se negarían a hacerlo. (La puntuación promedio de Estados Unidos es de 43 por ciento).

Una cuarta dimensión, **especificidad** frente a **valores difusos**, describe la diferencia entre las culturas que segregan los distintos roles de la vida para mantener la privacidad y la autonomía personal, en comparación con las culturas que integran y funden sus roles. Las culturas orientadas a valores específicos separan las relaciones laborales de las relaciones familiares, mientras que las culturas orientadas a los valores difusos mezclan ambas. Los individuos con valores específicos podrían ser difíciles de conocer porque mantienen separada su vida personal de su vida laboral. Las personas con valores difusos podrían parecer demasiado directas o superficiales porque suelen compartir libremente información personal.

Para ilustrar la diferencia, piense cómo respondería a esta pregunta: *Su jefe le pide que vaya a su casa a ayudarle a pintarla. Usted no quiere hacerlo porque odia pintar. ¿Se negaría?* Más de 90 por ciento de los holandeses y los suecos se negarían, mientras que sólo 32 por ciento de los chinos y 46 por ciento de los nigerianos se negarían. (En Estados Unidos, 82 por ciento se negaría).

Una quinta dimensión de valor separa a las culturas que enfatizan una orientación hacia el **logro** de las culturas con una orientación hacia los **atributos**. En algunas culturas las personas tienden a adquirir un alto estatus con base en sus logros personales, mientras que en otras el estatus y el prestigio se basan más en características de atribución como la edad, el género, la herencia familiar o el origen étnico. La diferencia entre a quién conoce uno (atributos) frente a lo que puede hacer (logro) ayuda a identificar esta dimensión de valor.

Por ejemplo, el siguiente enunciado ayuda a resaltar las diferencias de valoración de logro frente a atributos: *Es importante actuar como usted es, ser congruente con su verdadero yo, aun si no cumple con la tarea que debe realizar.* Sólo 10 por ciento de los directivos uruguayos, 12 por ciento de los argentinos y 13 por ciento de los españoles están en desacuerdo con el enunciado, mientras que 77 por ciento de los directivos noruegos y 75 por ciento de los estadounidenses están en desacuerdo.

Una sexta dimensión de valor se relaciona con la manera en que las personas interpretan y administran el tiempo. Ésta distingue la importancia que se otorga al pasado, presente o futuro en diversas culturas. Algunas culturas, por ejemplo, valoran el pasado y la tradición más que el futuro; otras conceden más valor al futuro que al pasado.

En algunas culturas importa más lo que el individuo ha logrado en el pasado que hacia dónde se dirige en el futuro. También existen diferencias respecto a las expectativas a corto y largo plazos. Por ejemplo, algunas personas están orientadas hacia periodos muy cortos y piensan en términos de minutos y de horas (un horizonte a corto plazo). Otros piensan en términos de meses o años (un horizonte a largo plazo).

Realice el siguiente breve ejercicio para obtener un sentido de su propio horizonte de tiempo: *Utilice la escala y asigne un número a cada uno de los siguientes enunciados: Mi pasado comenzó hace _____ y terminó hace _____. Mi presente comenzó en _____ y terminará en _____. Mi futuro empezará en _____ a partir de ahora y terminará en _____. Utilice esta escala de puntuación: 7 = años, 6 = meses, 5= semanas, 4 = días, 3 = horas, 2 = minutos, 1 = segundos.*

Como punto de comparación, los directivos filipinos obtuvieron un promedio de 3.40 en la escala, los irlandeses tuvieron un promedio de 3.82, y los brasileños promediaron 3.85. Por otro lado, los directivos de Hong Kong tuvieron un promedio de 5.71, los de Portugal registraron un promedio de 5.62, y los de Pakistán un 5.47 (los estadounidenses promediaron 4.30).

La séptima y última dimensión de valor se enfoca en el origen del control: interno y externo. (Más adelante en este capítulo, analizaremos esta dimensión de valor con más detalle). Esta dimensión distingue las culturas que suponen que los individuos tienen control de sus destinos de aquellas donde se cree que la naturaleza o las fuerzas externas controlan gran parte de lo que sucede. Por ejemplo, algunos países conceden gran valor a los individuos que inventan o crean cosas (control interno), mientras que otros países destacan el valor de tomar lo que ya existe o lo que se creó en otra parte, para luego refinarlo o mejorarlo (control externo).

Dos enunciados que ilustran esa diferencia son los siguientes: *(1) Lo que me sucede es mi responsabilidad,* y *(2) A veces siento que no tengo suficiente control sobre la dirección que está tomando mi vida.* Más de 80 por ciento de los directivos de Uruguay, Noruega, Israel y Estados Unidos están de acuerdo con el primer enunciado, mientras que menos de 40 por ciento de los venezolanos, chinos y nepaleses lo están.

Como prácticamente todos los directivos tendrán la oportunidad de interactuar y trabajar con individuos que crecieron en otras culturas, estar consciente de las diferencias de valor y tener la capacidad de diagnosticar y manejar esas diferencias es un requisito importante para el éxito.

Desde luego, crear estereotipos de la gente con base en su cultura nacional, o generalizar a partir de tendencias como las reportadas aquí, puede ser riesgoso y engañoso.

A ninguno de nosotros le gustaría ser encasillado en el perfil general de un país. Estas dimensiones, como podrá ver, son más útiles para aumentar la sensibilidad y ayudar con el diagnóstico, y no para ubicar a las personas en categorías.

Al igual que los países, las organizaciones también poseen un sistema de valores, el cual se conoce como **cultura organizacional**. Las investigaciones revelan que los empleados que mantienen valores congruentes con los valores de su organización son más productivos y se sienten más satisfechos (Cable y Judge, 1996; Cameron y Quinn, 2011; Glew, 2009; Nwachukwu y Vitell, 1997; Posner y Kouzes, 1993). En el caso opuesto, tener valores incongruentes con los de la empresa es una fuente importante de frustración, conflicto y falta de productividad. Es importante que esté consciente de sus prioridades y valores, de los valores de su organización y de las prioridades de valor generales de su país, si espera lograr compatibilidad en el trabajo y en una carrera a largo plazo (Fisher, Macrosson y Yasuff, 1996). Si usted está interesado en el tema de la cultura organizacional, consulte la obra de Cameron y Quinn (2011).

Valores personales

En un estudio clásico sobre los valores humanos, Rokeach (1973) afirmó que el número total de valores que las personas tienen es relativamente pequeño y que todos los individuos poseen los mismos valores, pero en distintos grados. Por ejemplo, todos valoran la paz, pero para algunos tiene mayor prioridad que para otros. Rokeach identificó dos tipos generales de valores, y se ha visto que existen resultados de prioridad independientes para cada tipo (es decir, los dos conjuntos de valores no están relacionados). Un tipo general de valores se denomina *instrumental* u orientado a los medios, y el otro tipo es el *terminal* u orientado a los fines.

Los **valores instrumentales** plantean estándares deseables de comportamiento o métodos para lograr un fin. Dos tipos de valores instrumentales se relacionan con la moralidad y la competencia. Violar los valores morales (por ejemplo, comportarse mal) provoca sentimientos de culpabilidad, mientras que violar los valores de competencia (por ejemplo, mostrarse como incapaz de hacer algo) genera sentimientos de vergüenza.

Los **valores terminales** establecen fines o metas deseables para el individuo. Existen menos valores terminales que instrumentales, así que se puede identificar la suma total para todos los individuos en todas las sociedades. Los valores terminales son personales (por ejemplo, la paz interna) o sociales (por ejemplo, la paz mundial).

Los diversos grupos de personas tienden a diferir en los valores que poseen. Por ejemplo, en otros estudios, los alumnos y profesores de las escuelas de negocios tienden a calificar más alto la "ambición", "capacidad", responsabilidad" y "libertad" que las personas en general; tienden a dar menor importancia a la preocupación y ayuda hacia los demás, a los valores estéticos y culturales, y a la lucha por superar la injusticia social. En comparación con la población en general, los directivos atribuyen sustancialmente más valor a un "sentido de logro", "respeto por uno mismo", una "vida confortable" e "independencia". El valor instrumental que los directivos consideraron más importante fue la "ambición"; su valor terminal más alto fue el "sentido de logro". En otras palabras, entre los directivos predominan los valores personales (más que los sociales) y aquellos orientados hacia los logros (Bilsky y Schwartz, 1994; Cable y Judge, 1996; Cavanaugh, 1980; Clare y Sanford, 1979). No se encontraron diferencias de género en el instrumento de Rokeach (Johnston, 1995).

Estas preferencias de valores podrían explicar por qué los estudiantes de negocios e incluso los mismos directivos han recibido críticas por ser tan egocéntricos e impacientes en relación con los logros y ascensos personales (vea Introducción). En una investigación realizada por los autores (Cameron, 2011), los directivos que se conducían con valores más humanistas (como la compasión, la humildad, la confianza y la amabilidad) solían tener más éxito que los que no.

Algunos autores han argumentado que el comportamiento que muestran los individuos (esto es, los medios utilizados para lograr sus fines valorados) es un producto del nivel de la **madurez de sus valores** (por ejemplo, Kohlberg, 1969; Kohlberg y Ryncarz, 1990). Según estos autores, los individuos difieren en su nivel de desarrollo de valores, de manera que en distintas etapas de desarrollo poseen diferentes conjuntos de valores instrumentales. Las personas progresan de un nivel de madurez a otro, y conforme lo hacen, sus prioridades en los valores cambian. Los individuos que han progresado a niveles más maduros de desarrollo de valores poseen un conjunto cualitativamente diferente de valores instrumentales que los individuos que están en niveles menos maduros.

Esta teoría de la madurez de los valores o desarrollo moral ha recibido una gran atención por parte de los investigadores, y los resultados de las investigaciones tienen importantes implicaciones para el autoconocimiento y la eficacia administrativa. Por esa razón, analizaremos a detalle este concepto de la madurez de valores.

Madurez de valores

El modelo de Kohlberg se refiere a la teoría sobre la madurez de valores, la cual es la más conocida y más

Tabla 1.2

Tabla 1.2 · Clasificación del juicio moral en etapas de desarrollo

BASE DEL NIVEL DE JUICIO MORAL	ETAPA DE DESARROLLO
A) *NIVEL PRECONVENCIONAL (EGOCÉNTRICO)* El valor moral reside en factores externos y en las consecuencias, no en las personas o las relaciones.	1. *Castigo y obediencia* Lo correcto se determina al evitar el castigo y al no violar las consecuencias. 2. *Propósito instrumental individual e intercambio* Lo correcto es cubrir los propios intereses inmediatos, y lo que es justo o equitativo para los demás.
B) *NIVEL CONVENCIONAL (OBEDIENCIA)* El valor moral reside en el deber, en mantener los contratos sociales y cumplir los compromisos.	3. *Expectativas interpersonales mutuas, relaciones y obediencia* Lo correcto es estar preocupado por los sentimientos y conservar la confianza al cumplir con las expectativas y los compromisos. La regla de oro es importante. 4. *Sistema social y mantenimiento de la conciencia* Lo correcto consiste en cumplir las obligaciones ante la sociedad y mantener el orden social.
C) *NIVEL POSCONVENCIONAL (PRINCIPIOS)* El valor moral reside en el compromiso para seleccionar libremente estándares, derechos y obligaciones.	5. *Derechos previos y contrato social o utilidad* Lo correcto es mantener los derechos, valores y contratos de los demás en la sociedad; el comportamiento moral se elige libremente. 6. *Principios éticos universales* Lo correcto está determinado por principios éticos internos y universales. Cuando las leyes violan los principios, se ignoran las leyes.

FUENTE: *Adaptado de Kohlberg (1981).*

ampliamente investigada. Se enfoca en la clase de razonamiento que se utiliza para llegar a una decisión acerca de un tema que tiene connotaciones morales o de valores.

El modelo consta de tres niveles principales, cada uno de los cuales contiene dos etapas. En la tabla 1.2 se describen las características de cada etapa.

En resumen, las etapas son secuenciales (por ejemplo, una persona no puede progresar a la etapa 3 sin antes pasar por la etapa 2), y cada una representa un nivel más alto de madurez. Kohlberg utiliza los términos *preconvencional*, *convencional* y *posconvencional* para describir estos tres niveles.

El primer nivel de madurez, el *preconvencional* o **nivel egocéntrico**, incluye las primeras dos etapas del desarrollo de valores. El razonamiento moral y los valores instrumentales se basan en necesidades o deseos personales, y en las consecuencias de un acto. Por ejemplo, una acción se podría juzgar como correcta o buena si ayuda a un individuo a obtener una recompensa o a evitar un castigo, y si las consecuencias no son negativas para alguien más. Robar $50,000 es peor que robar $500 en el nivel centrado en el yo porque las consecuencias (en este caso, las pérdidas) son más negativas

para un tercero. La mayoría de los niños operan en este nivel de madurez de valores.

El segundo nivel, el *convencional* o **nivel de conformidad**, incluye las etapas 3 y 4. El razonamiento moral se basa en obedecer y cumplir con las reglas y expectativas de la sociedad. En ocasiones, este nivel se conoce como el nivel de "la ley y el orden" porque se hace hincapié en el cumplimiento de las leyes y las normas. Lo bueno y lo malo se juzgan dependiendo de si el comportamiento obedece las reglas de la autoridad. El respeto a los demás con base en la obediencia es un resultado valioso. En este nivel, robar $50,000 es tan malo como robar $500 porque en ambos casos se viola la ley. La mayoría de los adultos estadounidenses se encuentran en este nivel de madurez de valores.

En tercer lugar está el *posconvencional* o **nivel de principios**, que incluye las dos etapas finales de madurez y representa el nivel más maduro de razonamiento moral y el conjunto más maduro de valores instrumentales. Lo bueno y lo malo se juzgan con base en los principios internos del individuo. Es decir, los juicios se hacen a partir de un conjunto de principios de valores centrales, desarrollados a partir de la experiencia individual.

En la etapa superior de madurez, este conjunto de principios es incluyente (abarca todas las contingencias), consistente (nunca se viola) y universal (no cambia con la situación o circunstancia). Por lo tanto, robar $50,000 o robar $500 se juzga como un acto malo, pero la base para el juicio no es la violación de las leyes o reglas, sino la violación de un conjunto de principios incluyentes, consistentes y universales desarrollados por el individuo. Según Kohlberg, pocos individuos alcanzan este nivel más alto de madurez de manera clara. Puede ejemplificarse con algunos de los individuos que consideramos especialmente sabios que son ejemplo como Gandhi, Buda o Moisés.

En resumen, los individuos centrados en ellos mismos ven las reglas y las leyes como externas a ellos, pero obedecen, porque al hacerlo, pueden obtener recompensas o evitar castigos. Los individuos conformistas ven las reglas y las leyes como externas a ellos, pero obedecen porque han aprendido y aceptado esas reglas y leyes, y buscan el respeto de los demás. Los individuos con principios examinan las reglas y leyes, y desarrollan un conjunto de principios internos que ellos creen que son moralmente correctos. Si existe la opción de obedecer una ley o un principio, ellos eligen el principio. Para estos individuos, los principios internos remplazan a las reglas y a las leyes.

Para entender los distintos niveles de madurez de los valores, considere la siguiente historia que relata Kohlberg (1969):

En Europa una mujer se encontraba al borde de la muerte por un tipo especial de cáncer. Existía un medicamento que los doctores pensaban que podría salvarla. Era un derivado del elemento radio que un farmacéutico de esa ciudad había descubierto recientemente. El medicamento era costoso de fabricar, pero el farmacéutico cobraba diez veces más el costo. Él pagaba $200 por el radio y cobraba $2,000 por una pequeña dosis del medicamento. El esposo de la mujer enferma, Heinz, recurrió a todos sus conocidos para pedirles dinero, pero sólo pudo conseguir $1,000, es decir, la mitad del precio. El hombre dijo al farmacéutico que su mujer se estaba muriendo y le suplicó que le vendiera la medicina a un menor precio o que le permitiera pagar después. Pero el farmacéutico dijo: "No, yo descubrí la medicina y voy a ganar dinero a partir de ella". Así que Heinz comenzó a desesperarse y a pensar en asaltar la tienda y robar la medicina para su esposa.

Ahora conteste las siguientes preguntas:

Sí	No	
_____	_____	1. ¿Estaría mal que Heinz asaltara la tienda?
_____	_____	2. ¿Tiene el farmacéutico derecho a cobrar tanto por el medicamento?
_____	_____	3. ¿Estaba Heinz obligado a robar el medicamento para su esposa?
_____	_____	4. ¿Y si Heinz y su esposa no se llevaban bien? ¿Estaba él obligado a robar la medicina para ella?
_____	_____	5. Suponga que fuera el mejor amigo de Heinz quien estuviera muriendo de cáncer, y no su esposa. ¿Debería Heinz robar el medicamento para su amigo?
_____	_____	6. Suponga que la persona que estuviera muriendo de cáncer no fuera cercana a Heinz. ¿Debería él robar la medicina?
_____	_____	7. Suponga que Heinz leyera en el periódico acerca de una mujer que estuviera muriendo de cáncer. ¿Debería él robar el medicamento para ella?
_____	_____	8. ¿Robaría usted el medicamento para salvar su propia vida?
_____	_____	9. Suponga que Heinz fuera atrapado entrando a la tienda y lo llevaran ante un juez. ¿Deberían sentenciarlo a prisión?

Para las personas en el nivel de madurez centrado en el yo, robar el medicamento podría justificarse porque la esposa de Heinz tiene un valor instrumental (por ejemplo, le brinda compañía, le ayuda a criar a sus hijos). Sin embargo, un extraño no tendría el mismo valor instrumental para Heinz, así que estaría mal robar el medicamento para él. Los individuos en el nivel de conformidad basarían sus juicios en la cercanía de la relación, y en la ley y autoridad. Según este razonamiento, Heinz tiene la obligación de robar para los miembros de su familia, pero no para personas extrañas. Un principio importante es si un acto viola o no la ley (o va en contra de las expectativas de la sociedad). Los individuos con principios basan sus juicios en un conjunto de principios universales, incluyentes y consistentes.

Sin importar si contestan sí o no a las preguntas, su razonamiento estará basado en sus principios internos, no en estándares o expectativas impuestas por aspectos externos. (Por ejemplo, podrían sentir la obligación de robar el medicamento para cualquier persona, porque valoran la vida humana más que la propiedad).

La investigación acerca del modelo del desarrollo de valores de Kohlberg muestra algunos hallazgos interesantes que tienen relevancia para el comportamiento de los directivos. Por ejemplo, se aplicaron historias de juicio moral a estudiantes universitarios que anteriormente habían participado en el estudio de obediencia de Milgram (1963). En un supuesto experimento de aprendizaje y reforzamiento, Milgram pidió a los sujetos que aplicaran descargas eléctricas cada vez más intensas a una persona que, al parecer, sufría un gran dolor. De los sujetos que se encontraban en el nivel de principios (etapas 5 y 6), 75 por ciento se negó a administrar las descargas (es decir, a lastimar a alguien), mientras que sólo 12.5 por ciento de los sujetos en el nivel de conformidad se rehusaron. Un mayor nivel de desarrollo de valores se relacionó con un comportamiento más humano hacia las demás personas.

También debemos señalar que el modelo de Kohlberg fue blanco de críticas por contener un sesgo masculino (Gilligan, 1979, 1980, 1982, 1988; Gibbs y Schnell, 1985). En sus investigaciones sobre dilemas morales entre las mujeres, Gilligan indicó que ellas tienden a valorar las relaciones de afecto y el compromiso más que los hombres. Ella afirma que el modelo de Kohlberg, que tiende a destacar la justicia como el valor moral más alto, es más típico de hombres que de mujeres.

Aunque, en cierta forma, las críticas de Gilligan han causado polémica entre los investigadores, son poco relevantes para nuestro análisis, ya que nos enfocamos en que los individuos de mayor rendimiento desarrollan una internalización de principios que guían su comportamiento. Si estos principios son más comunes en hombres que en mujeres, rebasa los intereses de este libro. Lo que cuenta es la naturaleza universal, incluyente y coherente de los principios.

Madurar en valores exige que los individuos desarrollen un conjunto de principios internos por el cual puedan regir su comportamiento (Jordan, Brown, Treviño y Finkelstein, 2013). Cuando se confrontan, analizan y discuten temas basados en los valores, se acelera el desarrollo de esos principios y se incrementa la madurez de los valores. Cuanto más se debatan temas morales y basados en valores, y más se pida que tomen una postura personal en este tipo de temas, más madurez en valores y moral tendrán.

Para ayudarle a determinar su propio nivel de madurez de valores, en la sección de evaluación se incluyó un instrumento desarrollado por James Rest, del Centro de Investigación de Moral de la Universidad de Minnesota, el cual se ha utilizado ampliamente en la investigación porque es más fácil de administrar que el método de Kohlberg para evaluar la madurez. Según Kohlberg (1976, p. 47), "el método de Rest permite efectuar una estimación general del nivel de madurez moral de un individuo". En vez de colocar a una persona en un solo nivel de madurez de valores, identifica la etapa en la que la persona basa principalmente sus decisiones. Es decir, supone que los individuos utilizan más de un nivel de madurez (o conjunto de valores instrumentales), pero que, por lo general, predomina un nivel. Por lo tanto, al responder este instrumento usted identificará su nivel predominante de madurez de valores. Un ejercicio en la sección de Práctica de habilidades le ayudará a desarrollar o a refinar principios de las etapas 5 y 6 de madurez.

TOMA DE DECISIONES ÉTICAS

Además de sus beneficios para la comprensión de uno mismo, conocer los propios niveles de madurez de valores también tiene implicaciones prácticas relevantes para la **toma de decisiones éticas**. El público estadounidense considera que los ejecutivos de negocios de su país carecen, en gran medida, de honestidad, integridad e interés por los valores morales. Una gran mayoría del público cree que los ejecutivos son deshonestos, abiertamente orientados hacia las ganancias, y que están dispuestos a pasar por encima de los demás para lograr lo que quieren (Harris y Sutton, 1995; Lozano, 1996). Aunque 9 de cada 10 empresas cuentan con un código de ética, existen pruebas que respaldan las percepciones públicas de que esos documentos no tienen influencia para garantizar un comportamiento con un alto nivel moral (Elliottt y Schroth, 2002; Mitchell, 2002).

La prensa informa de la acción no ética de alguna compañía o directivo casi cada día. Niveles record de multas que llegan a miles de millones de dólares, sentencias de largos años de prisión y vergüenza pública son noticias habituales hoy en día. De líderes políticos a líderes de negocios, casi nadie confía en que nuestros líderes se comportan de forma total y absolutamente correcta.

Una lista reciente de las compañías poco éticas incluye a Walmart, Papa Johns, RCA, General Electric, Barrick Gold Corporation, Exxon, Chevron, Dow Chemical, Union Carbide, Siemens, Philip Morris, Halliburton y Monsanto. Los escándalos éticos bien conocidos de E. F. Hutton, General Dynamics, Rockwell, Martin Marietta, Tyco, Lockheed, Bank of Boston, Dow Corning, Martha Stewart, Enron, Global Crossing, Ford, Firestone, General Motors, Toyota, A. H. Robins, J. P. Morgan y Bank of America tuvieron su momento en la prensa. Una caricatura que parece resumir estas situaciones muestra a un grupo de ejecutivos sentados en torno a una mesa de conferencias. El directivo señala: "Desde luego, la honestidad es una de las mejores políticas".

El comportamiento corporativo que ejemplifica la toma de decisiones poco éticas no es nuestra principal preocupación aquí. Existe un estudio que se relaciona más con este tema, realizado por la American Management Association, que incluyó a 3,000 directivos de Estados Unidos. En ese estudio se reportó que la mayoría de los directivos se sentían presionados a arriesgar estándares personales con el afán de lograr las metas de la empresa (Harris y Sutton, 1995). Un estudio más reciente arrojó que al menos una cuarta parte de los ejecutivos de Wall Street dicen que tienen que proceder de manera no ética para tener éxito (Plaue, 2012).

Asimismo, la mayoría de las personas conoce a alguien que ha violado las normas éticas, aunque en la mayoría de los casos no lo reportan. Por ejemplo, en una encuesta aplicada a empleados federales, se les preguntó si habían observado cualquiera de las siguientes actividades durante el último año (más de 50 por ciento respondió afirmativamente): robo de fondos, robo de propiedad, sobornos, acoso sexual, personas que reciben fondos que no les corresponden, bienes o servicios deficientes, uso del puesto para beneficio personal, sacar ventaja de un contratista, violaciones graves de la legislación. Más de dos terceras partes de los individuos no informaron lo que vieron. Una encuesta entre ejecutivos de nivel superior de corporaciones importantes mostró resultados similares (Plaue, 2012).

Como ejemplo, considere el siguiente caso verídico (se han cambiado los nombres). ¿Cómo reaccionaría usted? ¿Por qué?

Steve Visco, un directivo de Manufactura de primer nivel en Satellite Telecommunications, entró a la oficina de Neville Lobo, el jefe de Control de calidad. Steve llevaba una refacción que debía enviarse a un cliente en la Costa Oeste. Le entregó la refacción a Neville y le dijo: "Mira Neville, esta parte está electrónicamente en perfectas condiciones, pero la cubierta tiene una marca. He ido con el departamento de ingeniería y ellos dicen que no afecta su forma, desempeño o función.

Marketing dice que al cliente no le importará porque, de cualquier forma, van a ocultar la unidad. No podemos volver a fabricarla, y nos costaría $75,000 hacer cubiertas nuevas. Sólo produciremos 23 unidades y ya están hechas. Las partes deben enviarse al final de esta semana". Neville respondió: "Bueno, ¿y qué necesitas de mí?". "Sólo firma para que podamos seguir adelante", dijo Steve. "Ya que tú eres el que tiene que certificar una calidad aceptable, pensé que sería mejor aclarar esto ahora y no esperar al último momento antes del embarque".

¿Embarcaría usted la parte o no? Analice esto con los miembros de la clase. Redacte una recomendación para Neville.

Este caso ejemplifica el conflicto de valores más importante al que se enfrentan los directivos de manera continua. Se trata de un conflicto entre maximizar el desempeño económico de la organización (como lo indican los ingresos, costos y utilidades) y el desempeño social de la misma (como lo indican las obligaciones con los clientes, empleados y proveedores). La mayoría de las transacciones éticas son conflictos entre estos dos fines deseables: desempeño económico frente a desempeño social (Hosmer, 2003). Tomar esta clase de decisiones en forma eficaz no es únicamente cuestión de elegir entre las alternativas correctas o incorrectas, o entre las opciones buenas y malas. En la mayoría de los casos se debe decidir entre dos acciones correctas o entre dos beneficios.

Los individuos que manejan eficazmente estos tipos de transacciones éticas son aquellos que tienen un sentido claro de sus propios valores y quienes han desarrollado un nivel de madurez moral basado en principios; ya han establecido y aclarado su propio conjunto interno de principios universales, incluyentes y consistentes en el cual basar sus de cisiones. Desde luego, es raro el caso en que un directivo pueda elegir siempre las metas de desempeño económico o siempre las de desempeño social. Las transacciones son inevitables.

Por otro lado, no es cosa fácil generar un conjunto personal de principios universales, incluyentes y consistentes, que pueda guiar la toma de decisiones. De acuerdo con la investigación de Kohlberg, la mayoría de los adultos no han construido ni siguen un conjunto de principios bien desarrollado a la hora de tomar decisiones. Una razón es que no tienen un modelo o ejemplo de esos principios.

Ofrecemos algunos estándares para que el lector someta a prueba sus principios para tomar decisiones morales o éticas. Estos estándares no son exhaustivos ni absolutos, ni son independientes unos de otros; simplemente sirven como referencia para someter a prueba los principios que usted incluya en su afirmación de valores personales.

- *Prueba de la primera plana.* ¿Me sentiría avergonzado si mi decisión se convirtiera en un titular del periódico local? ¿Me sentiría cómodo al describir mis acciones o decisiones a un cliente o a un accionista?

- *Prueba de la regla de oro.* ¿Estaría yo dispuesto a que alguien me tratara en la misma forma?

- *Prueba de la dignidad y libertad.* Con esta decisión, ¿preservo la dignidad y la libertad de los demás? ¿Se favorece la humanidad básica de las partes afectadas? ¿Se amplían o se reducen sus oportunidades?

- *Prueba del tratamiento igualitario.* ¿Se han tomado en cuenta todos los derechos, el bienestar y el mejoramiento de las minorías y las personas de estatus inferiores? ¿Esta decisión beneficia a aquellos con privilegios, pero sin mérito?

- *Prueba de ganancia personal.* ¿Está nublando mi juicio una oportunidad de ganancia personal? ¿Tomaría la misma decisión si el resultado no me beneficiara de ninguna forma?

- *Prueba de congruencia.* ¿Es congruente esta decisión o acción con mis principios personales? ¿Viola el espíritu de cualquier política o ley de la organización?

- *Prueba de justicia de procedimientos.* ¿Los procedimientos utilizados para tomar esta decisión podrían resistir el análisis de los afectados?

- *Prueba de costo-beneficio.* ¿El beneficio para algunos causa un daño inaceptable a otros? ¿Qué tan importante es el beneficio? ¿Se pueden mitigar los efectos dañinos?

- *La prueba del buen dormir.* Sin importar si alguien más conoce mi acción, ¿podré dormir bien por la noche?

- *Prueba de la virtud.* ¿Representa esto la mejor de las condiciones humanas o los más altos ideales a los que un ser humano puede aspirar?

En la sección de Aplicación de habilidades de este capítulo, usted podrá considerar estas alternativas al construir su propio conjunto de principios incluyentes, consistentes y universales. Sin embargo, debe estar consciente de que su conjunto de principios personales también se verá influido por su orientación al adquirir y responder a la información que reciba. A esta orientación se le llama estilo cognitivo.

ESTILO COGNITIVO

Todos estamos expuestos constantemente a una enorme cantidad de información, pero en un momento dado sólo ponemos atención a una parte de ella y actuamos en consecuencia. Por ejemplo, en este momento cierta información está entrando a su cerebro con relación al funcionamiento de su cuerpo físico, las características de la habitación donde se encuentra, las palabras en esta página, las ideas y los recuerdos que llegan a su mente mientras lee acerca del autoconocimiento, sus creencias arraigadas, el recuerdo de sucesos recientes, etcétera. Desde luego, no toda esta información es consciente; de otra forma, su cerebro se sobrecargaría y perdería la razón. Con el paso del tiempo, desarrollamos estrategias para eliminar ciertos tipos de información y poner atención a otros. Estas estrategias se vuelven habituales y profundamente arraigadas, y dan por resultado nuestro propio tipo de estilo cognitivo.

El estilo cognitivo se refiere a la inclinación que cada uno de nosotros tiene de percibir, interpretar y responder la información de una manera determinada. Se basa en dos dimensiones fundamentales: (1) la forma en la que uno *reúne información* y (2) la forma en la que uno *evalúa* y actúa en relación con la *información*. Existe una gran cantidad de instrumentos para medir las distintas dimensiones de los estilos cognitivos (vea Cassidy, 2004; Eckstrom, French y Harmon, 1979; Myers-Briggs Type Inventory-MBTI; Sternberg y Zhang, 2000;), pero aquí nos concentramos en las dimensiones que han surgido en las investigaciones más recientes del estilo cognitivo. Se trata de las dimensiones que, según la mayoría de los investigadores, constituyen la base del estilo cognitivo.

Es importante señalar que los estilos cognitivos no son lo mismo que los tipos de personalidad. No son atributos inherentes, sino más bien inclinaciones hacia la información y el aprendizaje, que hemos desarrollado con el tiempo. Por consiguiente, los estilos cognitivos son susceptibles de alteración y modificación por medio de la práctica y el desarrollo consciente (Vance *et al.*, 2007). Nadie está predestinado a pensar de cierta manera.

Con base en una extensa revisión de la bibliografía sobre los modelos del estilo cognitivo, elegimos un instrumento elaborado por Cools y Van den Broeck (2007) para evaluar su estilo cognitivo. Usted lo resolvió ya en la sección de Evaluación de habilidades. Este instrumento determina tres dimensiones del estilo cognitivo: estilo de conocimiento, estilo de planeación y estilo creativo. Estas dimensiones son independientes en el sentido de que cualquier persona puede obtener una puntuación alta o baja en alguna de las tres secciones. No se trata de polos opuestos, sino únicamente de formas distintas de procesar la información.

Tabla 1.3	Atributos de tres dimensiones del estilo cognitivo	
	ATRIBUTOS	**POSIBLES DESVENTAJAS**
Conocimiento	Hace hincapié en hechos, detalles y datos. Busca soluciones claras y objetivas. Se concentra en la validez y credibilidad de los datos. Destaca la precisión y la exactitud.	Lento para tomar decisiones. Poco creativo. Resistente a la innovación. Intolerante a múltiples perspectivas.
Planeación	Hace hincapié en los planes y la preparación. Busca crear agendas y esquemas. Se concentra en los métodos, los procesos y el seguimiento. Hace hincapié en las acciones claras y la rutina.	Frustrado por el *statu quo*. Intolerante a la ambigüedad. Abrumado por el caos. No puede manejar temas carentes de lógica.
Creatividad	Hace hincapié en la creatividad, la aceptación de riesgos y la innovación. Busca lo novedoso y lo ambiguo. Se concentra en la espontaneidad y las posibilidades. Destaca la interacción y el uso de muchas fuentes de información.	Resistente a la estructura. Tiende a violar las reglas. Podría cometer muchos errores. Tiende a ignorar datos y hechos.

Cada estilo destaca un tipo diferente de búsqueda y respuesta a la información; en la tabla 1.3 se muestran los principales atributos.

Estilo de conocimiento

Los individuos que obtienen un resultado alto en el *estilo de conocimiento* tienden a dar mayor importancia a los hechos, los detalles y los datos; buscan soluciones claras y objetivas a los problemas. Son cuidadosos, evitan sacar conclusiones apresuradas y evalúan la información de manera precisa, por lo que no suelen tomar decisiones rápidas. Hacen las cosas de la manera correcta, por lo que tienden a criticar el comportamiento inesperado o aberrante. Sobresalen en los problemas que tienen una respuesta correcta; prefieren exámenes de opción múltiple que exámenes con preguntas tipo ensayo.

La investigación sugiere que estos individuos se inclinan a seguir carreras en tecnología, ingeniería y leyes. En la universidad, los estudiantes con un *estilo de conocimiento* tienden a graduarse en ciencias físicas, ingeniería, derecho y sistemas computacionales. En los negocios prefieren seleccionar carreras en áreas donde predominan los números y los datos (por ejemplo, auditoría o finanzas), y eligen trabajos en los que se resuelven problemas técnicos (Kolb, Boyatzis y Mainemelis, 2000; Cool y Van den Broeck, 2007).

Estilo de planeación

Las personas que obtienen resultados altos en el *estilo de planeación* muestran inclinaciones hacia la preparación y la planeación. Cuentan con agendas claras y esquemas bien desarrollados para manejar la información. Tener una metodología sistemática para reunir y responder a la información es importante, así que estas personas están bien preparadas.

Los individuos con un *estilo de planeación* son hábiles para procesar una amplia gama de información y reflexionar en los problemas para llegar a una solución.

Las investigaciones demuestran que las personas con un *estilo de planeación* tienden a elegir carreras en ciencias o información, y sus actividades de aprendizaje preferidas son las conferencias, las lecturas, los modelos analíticos y la reflexión. En la universidad, generalmente eligen carreras como economía, contabilidad, operaciones, matemáticas, ingeniería y medicina. También suelen elegir carreras en ciencias de la información y en áreas de investigación (por ejemplo, investigación educativa, información, teología) y prefieren trabajos en los que predomina la búsqueda de información (por ejemplo, investigación y análisis) (Kolb, Boyatzis y Mainemelis, 2000; Cool y Van den Broeck, 2007).

Estilo creativo

Los individuos que obtienen resultados altos en el *estilo creativo* suelen preferir la experimentación y la creatividad; buscan la incertidumbre y la novedad, y se sienten cómodos en la ambigüedad. Tienden a buscar la información de muchas fuentes y maneras, por lo que generalmente son más sociales y extrovertidos (Cools y Van de Broeck, 2007; Furnham, Crump, Batey y Chamorro-Premuzic, 2009). Estos individuos consideran las reglas y los procedimientos como obstáculos y limitaciones, por lo que suelen ser desorganizados.

Las investigaciones indican que estos individuos tienden a ser imaginativos y emocionales, y prefieren trabajar en grupos para escuchar muchas opiniones diferentes. En la universidad, estas personas generalmente estudian arte, historia, ciencias políticas, literatura y psicología. Tienden a elegir carreras de servicio social (por ejemplo, psicología, enfermería, política pública), arte y comunicación (por ejemplo, teatro, literatura, periodismo), y prefieren trabajos en los que predominan las interacciones personales (Kolb, Boyatzis y Mainemelis, 2000; Cool y Van den Broeck, 2007).

En las escuelas de negocios, los estudiantes de marketing, ventas y recursos humanos suelen obtener altos resultados en este estilo.

Las investigaciones de estas dimensiones cognoscitivas revelan que, sin importar el tipo de problema que enfrenten, la mayoría de las personas utilizan su estilo cognitivo preferido para resolverlo. Prefieren, e incluso buscan, situaciones de decisiones y problemas que sean coherentes con su propio estilo.

Por ejemplo, en un estudio, los directivos que tenían un estilo de planeación instauraron más sistemas basados en computadoras y procedimientos racionales para la toma de decisiones que los directivos con un estilo creativo. En otro estudio, los directivos definieron problemas idénticos de manera diferente, dependiendo de su estilo cognitivo (por ejemplo, algunos pensaron que el problema requería de más datos, mientras que otros creyeron que se necesitaba una lluvia de nuevas ideas). Otras investigaciones concluyeron que las diferencias en el estilo cognitivo de los directivos conducen a procesos de toma de decisiones significativamente diferentes (vea Henderson y Nutt, 1980; Chenhall y Morris, 1991; Ruble y Cosier, 1990; Kirton, 2003).

Es importante señalar que se ha encontrado una relación mínima entre el estilo cognitivo y el desempeño académico en estudiantes universitarios (Armstrong, 2000; Cool y Van den Broeck, 2007); es decir, el estilo cognitivo no es indicador de la inteligencia o la capacidad. Las personas inteligentes podrían obtener resultados altos o bajos en cualquiera de los estilos cognitivos.

Sin embargo, conocer el propio estilo cognitivo podría tener varias ventajas, por ejemplo, al elegir una carrera, al elegir entornos de negocios compatibles, al identificar las mejores tareas laborales, al seleccionar compañeros de equipo compatibles, y para mejorar la toma de decisiones. También puede ser útil para determinar qué cursos académicos o métodos de estudio serían los más adecuados al propio estilo cognitivo (por ejemplo, probablemente un estilo de conocimiento sería más adecuado para la contabilidad, un estilo de planeación para las operaciones, y un estilo creativo para la publicidad). Desde luego, ningún curso es exclusivo de un estilo cognitivo, pero la forma en que procesamos la información suele ser más compatible con cierto tipo de cursos que con otros.

La gente puede modificar sus estilos cognitivos al participar en diferentes tipos de actividades, al interactuar con distintos tipos de personas y al actuar en diversos tipos de ambientes laborales. La mayoría de la gente tiende a adaptarse a las circunstancias. Sin embargo, existen muchas evidencias de que los individuos tienden a seleccionar una ocupación que refuerza su estilo cognitivo dominante y que es congruente con éste (Agor, 1985; Chan, 1966; Jones y Wright, 2010). Cuando lo hacen, tienen más éxito.

El instrumento del estilo cognitivo que resolvió en la sección de Evaluación de habilidades de este capítulo le ayudará a identificar sus tendencias para reunir, evaluar y responder a la información. Al comparar sus resultados con tres grupos podrá valorar sus propias tendencias e inclinaciones en el procesamiento de la información. Para aprovechar al máximo esa información, también deberá considerar su orientación hacia el cambio en la siguiente sección.

ACTITUDES HACIA EL CAMBIO

Con la finalidad de aprovechar plenamente las fortalezas de su propio estilo cognitivo, usted también debería estar consciente de orientación hacia el cambio. Esto es importante, ya que conforme el ambiente en el que operan los directivos continúe volviéndose más caótico, más temporal, más complejo y más cargado de información, su capacidad para procesar información estará limitada, al menos parcialmente, por su actitud fundamental hacia el cambio.

Casi nadie está en desacuerdo con el pronóstico de que en el futuro habrá cambios más notables, tanto en ritmo como en alcance. El desafío para los estudiantes y directivos del siglo XXI es prepararse para un mundo que no puede predecirse con base en las experiencias del pasado.

Ningún directivo al inicio del siglo XXI presumiría de ser estable, constante o de mantener el *statu quo*. Incluso ahora, la estabilidad se interpreta más como un estancamiento que como un equilibrio, y las empresas que no están en el negocio de la gran transformación y revolución generalmente se consideran obstinadas. Con todo esto podemos decir que el ambiente del siglo XXI se caracteriza por turbulencias, cambios colosales, decisiones rápidas y caos. Nadie tendrá tiempo de leer y analizar un estudio de caso. El comercio electrónico ha cambiado las reglas del juego. Nadie es capaz de pronosticar el ambiente competitivo. Los clientes ya no están geográficamente confinados y los estándares para darles servicio han cambiado por completo.

En medio de este caótico ritmo de cambio (lo que algunos llaman "agua turbulenta constante"), es importante estar conscientes de la propia orientación hacia el cambio para manejarlo con éxito. En las siguientes páginas se analizan dos dimensiones de orientación al cambio particularmente relevantes para los directivos.

Tolerancia a la ambigüedad

La primera dimensión importante es la **tolerancia a la ambigüedad**, la cual se refiere al grado en el que los individuos se sienten amenazados por situaciones ambiguas o tienen problemas para afrontarlas, ya sea porque ocurren cambios rápidamente o en forma imprevista, o porque la información es inadecuada, poco clara o compleja.

Las personas varían en su actitud para operar con éxito en ambientes llenos de estímulos y sobrecargados de información o en el grado en el que pueden afrontar situaciones dudosas, incompletas, dinámicas o sin estructura. Los individuos que tienen una alta tolerancia a la ambigüedad también tienden a ser más complejos a nivel cognitivo; tienden a prestar atención a más información, a interpretar más señales y a poseer más categorías con sentido que los individuos menos complejos.

Las investigaciones han encontrado que los individuos con mayor complejidad cognoscitiva y más tolerantes a la ambigüedad son mejores transmisores de información, más sensibles a las características internas (no superficiales) de los demás al evaluar su desempeño en el trabajo, y muestran un comportamiento más adaptable y flexible en condiciones cambiantes y sobrecargadas que los individuos menos tolerantes y con menor complejidad cognoscitiva. Los directivos que obtienen resultados más altos en pruebas de tolerancia a la ambigüedad tienen mayor probabilidad de ser emprendedores en sus acciones, de estar abiertos a nueva información y de enfrentar con mayor eficacia los grandes cambios organizacionales, los recortes de personal, el estrés asociado con el cargo, y los conflictos (Armstrong-Stassen, 1998; Haase, Lee y Banks, 1979; Teoh y Foo, 1997; Timothy, Thoresen, Pucik y Welbourne, 1999).

La desventaja es que los individuos que son más tolerantes a la ambigüedad tienen más dificultad para enfocarse en un solo elemento importante de información, generar una respuesta que sea la mejor y concentrarse sin interrumpirse con distracciones. No obstante, en un entorno rico en información, la tolerancia a la ambigüedad y la complejidad cognoscitiva son más adaptables que las características opuestas.

En la sección Evaluación de habilidades de este capítulo, la escala de tolerancia a la ambigüedad (Budner, 1962) le ayudará a evaluar su tolerancia ante este tipo de situaciones complejas. Al calificar la escala de tolerancia a la ambigüedad, se evalúan tres diferentes puntuaciones de subescalas. Una es la puntuación de *novedad*, que indica el grado en el que usted es tolerante a la información o a las situaciones nuevas y desconocidas. La segunda subescala corresponde a la *complejidad* e indica el grado en el que usted es tolerante a la información múltiple, distintiva o no relacionada. La tercera subescala corresponde a la *insolubilidad* e indica el grado en el que usted es tolerante a problemas que son muy difíciles de resolver, ya sea porque las soluciones alternativas no son evidentes, la información no está disponible o los componentes del problema parecen no tener relación entre sí. En general, cuanto más tolerantes sean las personas a la novedad, la complejidad y la insolubilidad, más probable será que tengan éxito como directivos en entornos ambiguos y ricos en información. Ellos se sentirán menos abrumados en circunstancias ambiguas.

Es importante señalar que la complejidad cognoscitiva y la tolerancia a la ambigüedad no están relacionadas con la inteligencia cognoscitiva, y que el resultado en la escala de tolerancia a la ambigüedad no es una evaluación de la inteligencia del sujeto. Y algo más importante, los individuos pueden aprender a tolerar más complejidad y a ser más flexibles en sus capacidades para procesar información.

El primer paso para lograr una mayor tolerancia consiste en conocer su situación actual al completar la sección Evaluación de habilidades. Luego, las secciones Análisis de habilidades y Práctica de habilidades de este capítulo, junto con explicaciones tales como la solución de problemas y la creatividad, ofrecen formas de mejorar su tolerancia a la ambigüedad y su complejidad cognoscitiva. También es interesante señalar que existe una correlación positiva entre la tolerancia a la ambigüedad y la segunda dimensión de orientación hacia el cambio que aquí se analiza: el *locus* de control interno.

Locus de control

La segunda dimensión de orientación hacia el cambio es el **locus de control**. Es uno de los aspectos de la orientación hacia el cambio más estudiados y sobre los que más se ha escrito. El *locus* de control se refiere a la actitud que desarrollan los individuos respecto a qué tanto controlan sus propios destinos. Cuando los individuos reciben información acerca del éxito o fracaso de sus propias acciones o cuando algo cambia en el ambiente, interpretan esa información de diferentes maneras. Las personas reciben reforzamientos, tanto positivos como negativos, cuando intentan hacer cambios a su alrededor. Si los individuos interpretan el reforzamiento que reciben como resultado de sus propias acciones, se dice que tienen **locus de control interno** (es decir, "yo fui la causa del éxito o fracaso del cambio"). Si interpretan el reforzamiento como el producto de fuerzas externas, manifiestan **locus de control externo** (es decir, "algo o alguien más ocasionó el éxito o el fracaso"). Con el paso del tiempo, las personas desarrollan una "expectativa generalizada" acerca de las fuentes dominantes de los reforzamientos que reciben. De esta manera, adoptan un enfoque principalmente interno o principalmente externo respecto a la fuente de control que perciben en un entorno cambiante.

Se han realizado más de 10,000 estudios utilizando la escala de *locus* de control. En general, la investigación indica que los directivos de Norteamérica tienen una mayor tendencia a un *locus* de control interno que, por ejemplo, los directivos del Medio y Lejano Oriente (Trompenaars, 1996).

Los individuos que tienen un *locus* de control interno están menos aislados en el entorno laboral, se sienten más satisfechos con su trabajo, tienen mejores relaciones con sus directivo, disfrutan mejor salud y experimentan menos presión laboral y más movilidad de puestos (ascienden de puesto y cambian de empleo) que los individuos con un *locus* de control externo (Bernardi, 1997, 2011; Coleman, Irving y Cooper, 1999; Martin, Thomas, Charles, Epitropaki y McNamara, 2005; Newton y Keenan, 1990; Ng, Sorensen y Eby, 2006; Seeman, 1982; Valentine, S. R., Godkin, J. y Doughty, G. P. 2008).

Un estudio de liderazgo y desempeño de grupo encontró que quienes mostraban *locus* interno tenían más probabilidad de ser líderes, y que los grupos encabezados por este tipo de individuos eran más eficaces que los encabezados por personas con *locus* externo (Anderson y Schneider, 1978; Blau, 1993). También se encontró que los sujetos con *locus* interno tenían un mejor desempeño en situaciones de estrés, participaban más en actividades emprendedoras, eran más activos al administrar sus propias carreras y tenían mayores niveles de participación laboral que los individuos con *locus* externo (Bonnett y Furnham, 1991; Boone y Brabander, 1997; Cromie, Callahan y Jansen, 1992; Hammer y Vardi, 1981; Kren, 1992). Las empresas encabezadas por directivos con *locus* interno tenían mejor rendimiento que las empresas encabezadas por directivos con locus externo (Boone, Brabander y Witteloostuijin, 1996). Para resumir los resultados de este gran conjunto de investigación sobre el *locus* de control, la conclusión es consistente: en la cultura estadounidense, las personas están en desventaja si tienen un *locus* de control externo.

Por otro lado, las investigaciones también indican que un *locus* de control interno no es la panacea para todos los problemas de administración. Un *locus* de control interno no siempre es un atributo positivo. Por ejemplo, se ha encontrado que los individuos con un *locus* de control externo se muestran más inclinados a iniciar una estructura como líderes (ayudan a determinar las funciones). Las personas con *locus* interno tienen menos probabilidad de cumplir con las instrucciones del líder y procesan la retroalimentación acerca de los éxitos y fracasos con menor exactitud que quienes tienen *locus* externo. Los individuos con *locus* interno también tienen más dificultad para tomar decisiones con consecuencias serias para alguien más (Coleman *et al.*, 1999; Wheeler y Davis, 1979).

Es importante señalar que el *locus* de control puede variar con el tiempo, particularmente como una función del puesto de trabajo, y que el *locus* de control externo no inhibe a los individuos para alcanzar posiciones de poder e influencia en los niveles más altos de las organizaciones. Por lo tanto, sin importar su resultado en cuanto a *locus* de control, usted puede ser un directivo de éxito en el entorno correcto, o bien, puede modificar su *locus* de control.

La escala de *locus* de control que se incluye en la sección Evaluación de habilidades le ayudará a saber si su *locus* de control es interno o externo. Las claves de resultados le indicarán su puntuación de *locus de control externo*. Al comparar su puntaje con los resultados promedio de otros grupos, que se incluyen al final de este capítulo, podrá determinar si su orientación hacia el cambio es interna (por debajo de la puntuación promedio) o externa (por arriba de la puntuación promedio).

En resumen, se ha descubierto que existen dos actitudes fundamentales hacia el cambio, la tolerancia a la ambigüedad y el *locus* de control, que están asociadas con el éxito en las funciones directivas. Conocer sus resultados en estos dos factores le ayudará a obtener ventaja de sus fortalezas y a realizar su potencial para el éxito en la administración. Aunque existe una gran cantidad de investigaciones que relacionan algún comportamiento directivo positivo con un *locus* de control interno y una tolerancia a la ambigüedad, poseer estas orientaciones no garantiza el éxito como directivo, ni una solución a los problemas que se presenten. No obstante, al conocer sus resultados, usted será capaz de elegir situaciones en las que se sentirá más cómodo, se desempeñará con mayor eficacia, y entenderá el punto de vista de aquellos cuyas perspectivas difieren de las suyas. El entendimiento de uno mismo es un requisito para el mejoramiento personal y el cambio.

EVALUACIÓN BÁSICA Y ESENCIAL

Cada individuo posee una personalidad distintiva. Este concepto de la *personalidad* se refiere a la combinación relativamente permanente de rasgos que hacen a un individuo único, y que al mismo tiempo producen coherencia en sus pensamientos y comportamientos. Existe un gran desacuerdo respecto a qué tanto la personalidad se aprende o está determinada por aspectos biológicos o genéticos. Lo que nos hace únicos podría explicarse evidentemente por la predisposición genética que tenemos al nacer. Sin embargo, una parte considerable de nuestro comportamiento es aprendido y puede modificarse. En este capítulo nos ocupamos de factores sobre los que tenemos cierto control y que podemos modificar si así lo decidimos.

En el campo de la psicología de la personalidad ha habido un acuerdo gradual acerca de algunas dimensiones de la personalidad. Por ejemplo, una revisión realizada en 2001 de la bibliografía en la materia reveló que se habían efectuado más de 50,000 estudios acerca de sólo tres atributos de la personalidad: la autoestima, el *locus* de control y el inestabilidad emocional (Bono y Judge, 2003). ¡Cada mes se publican más de 100 estudios sobre el tema de la autoestima!

En psicología ahora es común referirse a los "cinco grandes" atributos de la personalidad como sus aspectos más importantes, aunque no hay evidencia científica suficiente de esta conclusión.

Sin embargo, los cinco grandes atributos son los más investigados, y abarcan la *extroversión* (qué tanto las personas tienden a ser sociables y abiertas, en vez de tranquilas y reservadas), la *afabilidad* (qué tanto son amistosas y agradables, en vez de desagradables y agresivas), la *escrupulosidad* (qué tanto son cuidadosas, orientadas a la tarea y ordenadas, en vez de desorganizadas, flexibles y poco confiables), la *inestabilidad emocional* (qué tan negativas, temerosas y frágiles son emocionalmente, en vez de optimistas, positivas y emocionalmente estables) y la *apertura* (qué tanto son curiosas y abiertas a nuevas ideas, en vez de rígidas y dogmáticas). Los individuos tienden a diferir en relación con estos cinco atributos, y los resultados en estos cinco factores se han utilizado para pronosticar una amplia variedad de resultados, incluyendo el desempeño conductual, el éxito en la vida, la satisfacción laboral, la atracción interpersonal y los logros intelectuales.

Sin embargo, Timothy Judge y sus colaboradores descubrieron que las diferencias en los resultados de los cinco grandes atributos de la personalidad podrían deberse a un factor de personalidad más fundamental, conocido como evaluación esencial, que se refiere a la evaluación fundamental que cada persona ha desarrollado acerca de sí misma. Según Judge y sus colaboradores (2003), las evaluaciones esenciales afectan la forma en que los individuos se valoran a sí mismos de manera subconsciente. En su mayoría, la gente no está consciente de sus propias evaluaciones esenciales; sin embargo, cuando responde a ciertas señales (como encuestas de personalidad, indicios conductuales o estímulos mentales), sus respuestas están determinadas en gran medida por esta autoevaluación más profunda y básica. El instrumento de evaluación de la sección Evaluación de habilidades le resultará muy útil para identificar su propia evaluación esencial.

A la evaluación esencial también se le conoce como valía personal positiva, o el grado en que las personas se valoran a sí mismas y se sienten competentes como individuos. Este atributo tiene cuatro componentes: (1) la *autoestima*, que se refiere al grado en que las personas se consideran capaces, exitosas y valiosas (Harter, 1990); (2) la *autoconfianza generalizada* o el sentido de la propia capacidad para desempeñarse con éxito en una variedad de circunstancias (Locke, McClear y Knight, 1996); (3) la *inestabilidad emocional*, que es una calificación a la inversa e implica tener una perspectiva negativa y pesimista de la vida (Watson, 2000), y (4) el *locus de control*, del que ya hablamos y que se refiere a qué tanto control cree la gente que tiene sobre sus propias experiencias (Rotter, 1966).

Aunque la psicología ha estudiado estos cuatro rasgos de la personalidad de forma separada, se ha descubierto que se traslapan y que, en combinación, conforman un

solo potente factor que es un fundamento de la personalidad (Judge *et al.*, 2002, 2003, 2005). No es difícil entender las similitudes que existen entre los cuatro factores que conforman a la autoevaluación esencial. Esto es, cuando las personas se ven a sí mismas de manera positiva, o cuando tienen una autoestima elevada, también tienden a sentirse capaces de desempeñarse de manera eficaz en diversas situaciones (autoconfianza generalizada), sienten que tienen el control de las circunstancias (*locus* de control) y se sienten emocionalmente estables (lo opuesto a la inestabilidad emocional). Desde luego, cada uno de estos factores tiene un significado ligeramente diferente, pero la escala de autoevaluación esencial que usted completó en la sección de Evaluación de habilidades, mide el traslape y el significado compartido entre ellos

Desde luego que todos conocemos personas egocéntricas, fanfarronas o narcisistas, que aparentan tener una valía personal muy positiva, y podríamos sentirnos tentados a pensar que obtendrían resultados muy altos en su autoevaluación esencial. Sin embargo, estas personas también podrían mostrarse insensibles al gran impacto que tienen sobre los demás. Al sentirse amenazadas, destacan los triunfos o la obtención de lo que desean; suelen mirarse al espejo más que los demás, pasan más tiempo pensando en sí mismas y en la impresión que transmiten, y trabajan para verse bien y ser el centro de atención; suelen ser manipuladoras en sus relaciones con los demás.

En pocas palabras, son egoístas. Esto no es igual a tener una autoevaluación esencial positiva. En vez de ello, una autoevaluación esencial positiva implica sensibilidad hacia los demás y hacia el ambiente, de manera que las relaciones con las otras personas se fortalecen y no se debilitan, se desarrollan y no se destruyen. Como se resume en la figura 1.2, las personas confiadas y fuertes son más capaces de dirigir, manejar y entablar relaciones de apoyo con los demás.

Las evidencias de esto último provienen de estudios acerca de las relaciones entre la autoevaluación y la eficacia de individuos en el trabajo. Los individuos con evaluaciones esenciales altas tienden a sentirse más satisfechos con su trabajo. Tienden a elegir trabajos con mayores retos y trabajos intrínsecamente más satisfactorios. Su trabajo les brinda más recompensas, y es más estimulante para ellos.

Además de la satisfacción laboral, la autoevaluación esencial está muy relacionada con el desempeño laboral; es decir, las personas que obtienen altos resultados en sus autoevaluaciones esenciales generalmente tienen más éxito en su desempeño como empleados y como directivos (Judge y Bono, 2001). Tienden a ganar salarios más altos y a sufrir menos interrupciones en su carrera que los demás.

Figura 1.2 | **Efectos de la autoevaluación esencial**

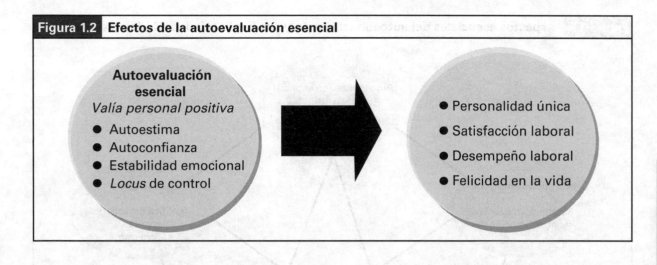

Autoevaluación esencial
Valía personal positiva
- Autoestima
- Autoconfianza
- Estabilidad emocional
- *Locus* de control

- Personalidad única
- Satisfacción laboral
- Desempeño laboral
- Felicidad en la vida

APRENDIZAJE

En resumen, los resultados de la autoevaluación esencial son muy importantes para pronosticar diferencias en la personalidad, satisfacción laboral, desempeño laboral y felicidad en la vida. Cuando los individuos han logrado desarrollar una valía personal positiva (es decir, se sienten valiosos, capaces, estables y en control), suelen desenvolverse mejor en el trabajo, las relaciones y en la vida. El hecho de desarrollar habilidades directivas y de adquirir la competencia para desempeñarse de manera eficaz en ambientes laborales es una forma de incrementar los sentimientos de valía personal positiva.

Resumen

El sector corporativo de Estados Unidos ha comenzado a descubrir el poder de desarrollar el autoconocimiento entre sus directivos. Cada año, millones de ejecutivos responden instrumentos diseñados para incrementar el autoconocimiento en un gran número de organizaciones reconocidas del sector público y privado. El conocimiento de cómo los individuos difieren en su madurez emocional, sus prioridades y madurez de valores, estilo cognitivo, orientación hacia el cambio y personalidad (autoevaluación esencial) ha ayudado a muchas empresas a lidiar mejor con los conflictos interpersonales, la mala comunicación, la pérdida de confianza y los malos entendidos. Por ejemplo, después de solicitar a sus 100 directivos principales que se sometieran a una capacitación de autoconocimiento, el presidente de la compañía de reservaciones computarizada de Hoteles Hilton y Budget RentaCar afirmó:

Teníamos algunos problemas de moral reales. Me percaté de que tenía un grupo sobrecargado de personas que se reportaban ante mí, y que esta capacitación nos podría ayudar a entendernos mejor unos a otros y también a comprender cómo tomamos las decisiones. No hubiéramos superado [una crisis reciente de la empresa] sin una capacitación en autoconocimiento (Moore, 1987).

La capacitación en el autoconocimiento no sólo ayuda a los individuos en su capacidad de entenderse, y por lo tanto, conducirse, sino que también es importante para ayudar a los individuos a comprender las diferencias en los demás. La mayoría de las personas encontrarán regularmente individuos con estilos, conjuntos de valores y perspectivas que difieren de los propios. La mayoría de las fuerzas de trabajo se están volviendo cada vez más diversas, y no al contrario. Por consiguiente, la capacitación de autoconocimiento puede ser una herramienta valiosa para ayudar a los individuos a desarrollar la empatía y el entendimiento de los demás, así como para el manejo de uno mismo. La relación entre las cinco áreas críticas del autoconocimiento y estos resultados directivos se resume en la figura 1.3.

La mayoría de los siguientes capítulos tratan de ayudarle desarrollar y mejorar sus habilidades para las interacciones grupales e interpersonales; sin embargo, existe una importante paradoja cuando se desarrollan habilidades directivas: *podemos conocer a los demás sólo si nos conocemos a nosotros mismos, pero podemos conocernos a nosotros mismos sólo si conocemos a los demás.* Nuestro conocimiento de los demás y, por lo tanto, nuestra capacidad de administrarlos o interactuar de manera exitosa con ellos, surge al relacionar lo que vemos en ellos con nuestra propia experiencia. Si no tenemos autoconocimiento, no poseemos bases para conocer ciertos asuntos acerca de los demás. El reconocimiento personal lleva al reconocimiento y la comprensión de los demás. Como dice Harris (1981):

Nada es realmente personal, pues todo fue antes interpersonal, empezando con el trauma del recién nacido al separarse del cordón umbilical. Lo que sabemos de nosotros mismos proviene sólo del exterior, y lo interpretamos por el tipo de experiencias que hemos tenido; y lo que sabemos de los demás proviene de una analogía con nuestra propia red de sentimientos.

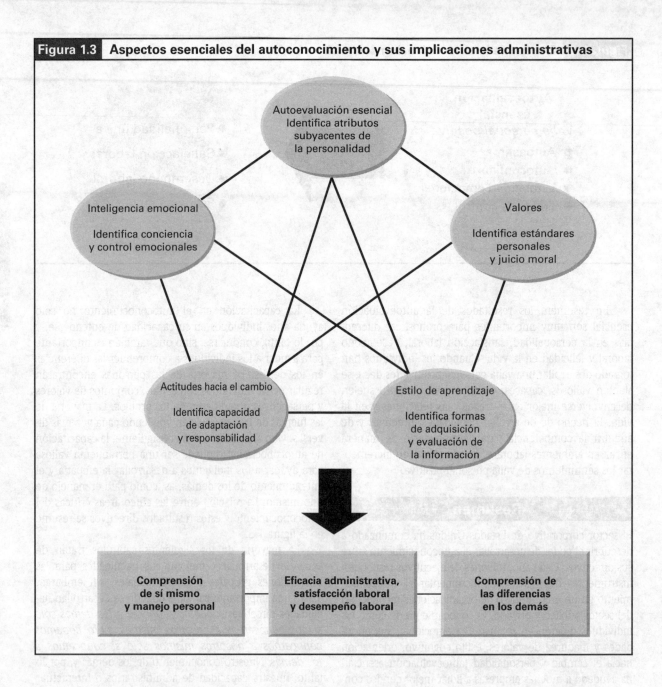

Guías de comportamiento

A continuación se presentan las guías de comportamiento que se relacionan con el mejoramiento del autoconocimiento. Estas guías le serán útiles cuando participe en actividades de análisis, práctica y aplicación diseñadas para mejorar su autoconocimiento.

A. Identifique su línea sensible. Determine cuál es la información acerca de usted mismo contra la que es más probable que se tenga que defender.

B. Utilice las siete dimensiones de cultura nacional para diagnosticar las diferencias entre sus propios valores de orientación y los de los individuos de otras culturas, categorías de edad o grupos étnicos.

C. Identifique un conjunto de principios incluyentes, consistentes y universales en los cuales usted basará su comportamiento. Identifique los valores terminales e instrumentales más importantes que guían sus decisiones.

D. Amplíe su estilo cognitivo, su tolerancia a la ambigüedad y su *locus* de control interno al exponerse más a nueva información y al participar en clases de actividades diferentes a las que está acostumbrado. Busque formas de expandirse y ampliarse.

E. Aumente su inteligencia emocional al observar de manera consciente sus propias respuestas emocionales, al trabajar para mejorar el control de sí mismo y al practicar la identificación de las señales emocionales de los demás.

F. Desarrolle una autoevaluación esencial saludable y valía personal positiva al aprovechar conscientemente las fortalezas personales, y al resaltar y construir sobre los logros.

G. Participe en una revelación interna honesta con alguien que sea cercano a usted y que lo acepte. Verifique los aspectos personales de los que no está muy seguro.

H. Lleve un diario y haga un análisis personal de forma regular. Equilibre las actividades de la vida con algún tiempo para la renovación personal y el desarrollo del autoconocimiento.

ANÁLISIS **DE HABILIDADES**

ANÁLISIS

CASOS QUE SE RELACIONAN CON EL AUTOCONOCIMIENTO

Campo comunista de prisioneros

Para comprender el desarrollo de un mayor autoconocimiento, es útil considerar el proceso opuesto, es decir, la destrucción del autoconocimiento. A menudo se entiende mejor el proceso de crecimiento mediante la comprensión del proceso de deterioro. Por ello, en el siguiente caso se describe un proceso de autodestrucción psicológica tal como ocurrió entre prisioneros de guerra durante la guerra de Corea. Considere cómo estos procesos que destruyen el autoconocimiento pueden revertirse para crear un mayor autoconocimiento. El entorno es un campamento de prisioneros de guerra en manos de chinos comunistas.

En ese tipo de prisiones, el régimen total (que consistía en privación física, interrogatorios prolongados, aislamiento total de relaciones anteriores y fuentes de información, reglamentación de todas las actividades diarias, y humillación y degradación deliberadas) pretendía inducir la confesión de supuestos crímenes, la expiación y la adopción de un marco de referencia comunista. Al prisionero no se le informaba de cuáles eran sus delitos, ni se le permitía evadir el tema al inventar una confesión falsa. En vez de ello, lo que el prisionero aprendía que debía hacer era reevaluar su pasado desde el punto de vista de los comunistas y reconocer que la mayoría de sus actitudes y comportamientos anteriores eran en realidad criminales. Por ejemplo, un sacerdote que había entregado alimentos a campesinos que los necesitaban tuvo que "reconocer" que era en realidad una herramienta del imperialismo y que estaba utilizando sus actividades de misionero para encubrir la explotación de los campesinos. Peor incluso: él había utilizado la comida como chantaje para lograr sus fines.

La técnica clave utilizada por los comunistas de producir un aislamiento social, a un grado tal que permitiera tal redefinición y reevaluación, era encerrar al prisionero en una celda con cuatro o más prisioneros que ya estuvieran de alguna manera más avanzados que él en su "reforma de pensamiento". Esa celda generalmente tenía un líder que era responsable ante las autoridades de la prisión, y el progreso de la celda total dependía del progreso del miembro menos "reformado". En la práctica, esta situación significaba que cuatro o más miembros de la celda dedicaban sus energías a lograr que el miembro menos "reformado" reconociera "la verdad" acerca de sí mismo y que confesara. Para lograr esto, generalmente insultaban, acosaban, golpeaban, denunciaban, humillaban y denigraban a su víctima 24 horas al día, a veces durante semanas o meses completos. Si las autoridades consideraban que el prisionero era poco cooperativo, ataban sus manos por la espalda y encadenaban sus tobillos, lo que lo hacía completamente dependiente de sus compañeros de celda para la satisfacción de sus necesidades básicas. Era esta degradación a una existencia casi animal frente a los demás humanos lo que constituía la última humillación y llevaba a la destrucción de la imagen personal del prisionero. Incluso ante sus ojos, se convertía en algo que no merecía el respeto de sus semejantes.

Si, para evitar la completa destrucción física y personal, el prisionero comenzaba a confesar en la forma que se esperaba, generalmente se le forzaba a demostrar su sinceridad haciendo compromisos de comportamiento irrevocables, como denunciar e involucrar a sus amigos y familiares en sus propios crímenes recientemente reconocidos. Una vez que hubiera hecho esto, se alejaba más de su yo anterior, aun ante sus propios ojos, y sólo podía buscar seguridad en una nueva identidad y nuevas relaciones sociales. Los supuestos crímenes representaban para el prisionero algo concreto a lo cual se podía unir la culpabilidad que estimulaban el entorno acusador y su propia humillación.

Un buen ejemplo era la difícil situación de los prisioneros de guerra enfermos y heridos, quienes, por su confinamiento físico, eran incapaces de eludir el continuo conflicto con su interrogador o instructor, con quien, finalmente, terminaban entablando una relación cercana. Los instructores comunistas chinos a menudo alentaban a los prisioneros a dar largas caminatas o a tener pláticas informales con ellos y les ofrecían cigarrillos, té y otras recompensas como incentivos. Si el prisionero estaba dispuesto a cooperar y "progresar", podía unirse a otros como él en un grupo de vida activo.

Dentro de la prisión política, la celda de grupo no sólo brindaba las fuerzas hacia el aislamiento, sino que también ofrecía el camino hacia un "nuevo yo". En la celda no sólo había individuos con los que el prisionero se podía identificar debido a la difícil situación compartida, sino que una vez que mostraba cualquier tendencia a buscar una nueva identidad tratando de reevaluar su pasado, recibía toda una gama de recompensas, de las cuales la más importante quizás era la información interpersonal de que era nuevamente una persona digna de respeto y consideración.

Fuente: *Schein, 1960.*

Preguntas para análisis

1.1. ¿Qué técnicas específicas se utilizaban para lograr la destrucción del autoconocimiento entre los prisioneros?

1.2. ¿Qué proceso podría utilizarse para crear el efecto contrario, es decir, un fortalecimiento del concepto personal?

1.3. Suponga que se le ha encargado la inducción de un grupo de nuevos directivos en su organización. ¿Cómo les ayudaría a entender sus propias fortalezas e inclinaciones y cómo podrían ellos contribuir con la empresa?

1.4. ¿Qué mecanismos podrían haber utilizado los prisioneros de guerra para resistir un cambio en su concepto personal?

1.5. ¿Qué se podría hacer para reformar o reconstruir el autoconocimiento de esos prisioneros? ¿Qué puede hacerse para ayudar a los individuos sin autoconocimiento a mejorar esa habilidad?

Examen computarizado

Todos los estudiantes de una escuela de negocios debían tomar un curso sobre sucesos actuales, en el que cada hora valía un crédito. Al igual que otros cursos de la escuela de negocios, el examen final se aplicaba por medio de una computadora. La computadora estaba programada para elegir 40 preguntas para cada estudiante, a partir de un banco de datos que incluía 350 preguntas, y después las presentaba una tras otra en la pantalla. Los estudiantes podían resolver el examen en cualquier momento, cuando se sintieran preparados, después del inicio del curso en enero.

Por desgracia, surgieron problemas. Cuando la prueba se integró a la computadora, se añadió una "función de salto" al programa. Esta función estaba diseñada para que los estudiantes saltaran una pregunta si no deseaban responderla de inmediato. En teoría, la pregunta reaparecería después en la pantalla, de la misma manera en que los estudiantes dejan algunas preguntas sin contestar y después regresan a ellas en los exámenes escritos. Sin embargo, la función de salto no funcionó de manera correcta. En vez de replantear las preguntas ignoradas por los estudiantes, la computadora simplemente las eliminaba. De esta manera, la función de salto se convirtió en una forma de evitar cualquier pregunta que los estudiantes no supieran responder.

Otro grave problema del programa era que, cuando se dejaba sin responder cierto número de preguntas durante el examen (al parecer entre seis y 10), la computadora lo daba por terminado de manera automática, presentaba la calificación al estudiante y la registraba en su memoria. Los resultados se calculaban sobre una base porcentual, contando únicamente las preguntas que respondía el estudiante. Las preguntas ignoradas no se contaban como correctas ni como incorrectas. Por lo tanto, el estudiante que respondía 10 preguntas, nueve de ellas de manera correcta, e ignoraba una cantidad suficiente de preguntas para activar la finalización automática, recibía una calificación de 90 por ciento.

Al parecer, la noticia del comando de salto se había difundido ampliamente mucho antes de que terminara el semestre. Alguien estimó que al menos la mitad de los estudiantes lo sabían. Después de una revisión, 77 de los 139 miembros de la clase respondieron menos de las 40 preguntas requeridas al resolver el examen. Cuando se les preguntó, algunos dijeron que no habían notado el error de programación y que no llevaban la cuenta del total de preguntas que se les habían planteado. Otros dijeron que "es como llenar un formato de impuestos. La gente contrata contadores todo el tiempo para encontrar y utilizar vacíos legales. Eso no es ilícito, incluso si el gobierno no advierte acerca de esos vacíos legales. El programa de cómputo permitía ese vacío y por eso hicimos lo que hicimos".

1.6. *Si usted fuera estudiante de esa clase:*
   a. ¿Avisaría al profesor acerca del error de programación antes de que terminara el semestre?
   b. ¿Revelaría los nombres de los otros estudiantes que hicieron trampa?
   c. ¿Admitiría que usted hizo trampa?

1.7. *Si usted fuera el profesor del curso, ¿cuál de las siguientes acciones tomaría?*

a. Reprobar a los 77 estudiantes que no respondieron las 40 preguntas.

b. Exigir a los 77 estudiantes repetir el examen, y permitirles que se graduaran.

c. Exigir a los 139 estudiantes repetir el curso ya que ninguno de ellos reportó el problema, pues esto implicaría una violación al código de ética del estudiante.

d. Cambiar el programa de cómputo, pero sin hacer nada respecto a los estudiantes.

e. Elegir otra alternativa.

1.8. *¿Cuáles son los fundamentos de las decisiones que tomó en las preguntas 1 y 2? Comente sus fundamentos con sus compañeros.*

1.9. *¿Qué nivel de madurez de valores se manifiesta? ¿Qué principios éticos se aplican?*

Dilemas de decisión

Para cada uno de los cinco escenarios siguientes, seleccione la decisión que usted tomaría si estuviera en esa situación.

1. A una joven ejecutiva en una empresa de alta tecnología se le ofreció un puesto con el principal competidor de su compañía por casi el doble de sueldo. Su empresa intentó evitar que cambiara de trabajo, argumentando que sus conocimientos acerca de ciertos procesos especializados de manufactura darían al competidor una ventaja injusta. Como ella adquirió ese conocimiento a través de una capacitación especial y de oportunidades únicas en su puesto actual, la empresa alegaba que era poco ético que ella aceptara la oferta de los competidores. ¿Qué debe hacer la joven ejecutiva?

_____ Aceptar la oferta

_____ Rechazar la oferta

2. Una organización de defensa al consumidor realizó una encuesta para determinar si las hamburguesas de Wendy's eran en realidad más "calientes y jugosas" que cualquier otra hamburguesa. Después de probar una Big Mac, una Whopper, una Carl's Jr. y una Hot and Juicy de Wendy's, cada marca de hamburguesas recibió aproximadamente el mismo número de votos por ser la más jugosa. El grupo de defensa del consumidor alegaba que Wendy's no debía anunciar que sus hamburguesas eran las más jugosas. La compañía indicó que sus pruebas indicaban resultados diferentes y que la imagen de la hamburguesa era lo importante, y no los resultados de las pruebas. ¿Deben suspenderse los anuncios o no?

_____ Deben suspenderse

_____ Deben continuar

3. Después de varios años con ganancias, la empresa Bob Cummings Organic Vitamin Company se puso en venta. Las apariciones de Bob en películas y televisión le impedían hacerse cargo de una compañía grande, y era evidente que, si continuaba la tendencia actual, la compañía tendría que expandirse sustancialmente o perder una gran porción del mercado. Varias empresas estaban interesadas en comprar la compañía por el precio inicial, pero una de ellas fue particularmente insistente; patrocinó diversas fiestas y recepciones en honor de Bob, puso a su disposición un yate de 10 metros para su uso durante el verano, y llegaron diversos regalos para los miembros de su familia durante las fiestas. La esposa de Bob cuestionó lo apropiado de esas distinciones. ¿Era apropiado que Bob aceptara los regalos? ¿Debía vender la compañía a esa empresa?

_____ Es apropiado aceptar

_____ Es inapropiado aceptar

_____ No debe vender

_____ Debe vender

4. John Waller fue contratado como entrenador de fútbol. Después de dos temporadas tuvo tanto éxito que UPI, *Sporting News* y ESPN lo nombraron entrenador del año. También se manifestó abiertamente partidario de la necesidad de eliminar las trampas en los deportes universitarios, especialmente entre escuelas competidoras en su propio grupo. Escuchó numerosos rumores acerca de regalos inadecuados por parte de antiguos alumnos a algunos de sus propios atletas, pero luego de confrontar a los implicados, le aseguraron que los rumores eran falsos. Sin embargo, al principio de la siguiente temporada, recibió pruebas concluyentes de que siete de los deportistas de su equipo, incluyendo a un nativo estadounidense, habían recibido beneficios financieros de un adinerado promotor. ¿Qué debe hacer Waller?

_____ Expulsarlos del equipo

_____ Suspenderlos varios juegos

_____ Advertirles, pero no hacer nada más

_____ Otra solución

5. La compañía de Roger sufrió el embate de las empresas asiáticas competidoras. No sólo los productos asiáticos se vendían a un menor precio, sino que su calidad era notablemente mayor. Al invertir en algún equipo de alta tecnología y fomentar mejores relaciones entre el sindicato y la administración, Roger estaba relativamente seguro de que la brecha de calidad podía superarse. Pero sus gastos generales estaban más de 40 por ciento por encima de los de las empresas competidoras. Pensó que la forma más eficaz de disminuir costos sería cerrar una de sus antiguas plantas, despedir a los trabajadores e incrementar la producción en las plantas más modernas. Él sabía exactamente qué planta debía cerrarse. El problema era que la comunidad dependía de esa planta, ya que era su principal empleador, y recientemente se había invertido una gran cantidad de gasto público para la reparación de las calles y la instalación del alumbrado público alrededor de la planta. La mayor parte de la fuerza laboral estaba integrada por personas mayores que habían vivido en esa área casi toda su vida. Era poco probable que obtuvieran otros empleos en la misma zona. ¿Debe Roger cerrar la planta o no?

_____ Cerrar la planta

_____ No cerrar la planta

Preguntas para análisis

Forme un pequeño grupo y analice las siguientes preguntas en relación con estos cinco escenarios:

1.10. ¿Por qué tomó esas decisiones en cada caso? Justifique cada respuesta.
1.11. ¿Qué principios o valores básicos para la toma de decisiones utilizó en cada caso?
1.12. ¿Qué información adicional necesitaría para estar seguro de sus decisiones?
1.13. ¿Qué circunstancias podrían surgir para hacerle cambiar de idea acerca de su decisión? ¿Podría haber una respuesta distinta para cada caso en una circunstancia diferente?
1.14. ¿Qué le dicen sus respuestas acerca de su propia inteligencia emocional, valores, estilo cognitivo, actitud hacia el cambio y autoevaluación esencial?

EJERCICIOS PARA MEJORAR
EL AUTOCONOCIMIENTO A TRAVÉS
DE LA REVELACIÓN PERSONAL

A través del espejo

En el siglo XIX se creó el concepto del "yo en el espejo" para describir el proceso que utilizaban las personas para desarrollar el autoconocimiento. Significa que otras personas sirven como un espejo para cada uno de nosotros. Ellas reflejan nuestras acciones y comportamientos. A cambio, formamos nuestras opiniones acerca de nosotros mismos como resultado de observar e interpretar este efecto de espejo. Así, la mejor manera de formar percepciones personales exactas es ser vulnerables ante los demás. Por lo general implica compartir los pensamientos, actitudes, sentimientos, acciones y planes con los demás. Este ejercicio le ayudará a lograrlo al alentarlo a que analice sus propios estilos e inclinaciones, y luego los comparta y discuta con otras personas. Este ejercicio de compartir le dará conocimientos de los que usted no se había percatado anteriormente.

Actividad

En un grupo de tres o cuatro personas, comparta los resultados que obtuvo en los instrumentos de Evaluación de habilidades y determine qué similitudes y diferencias existen entre ustedes. ¿Existen diferencias sistemáticas de género u origen étnico? Ahora lea en voz alta las 10 declaraciones listadas más adelante. Todos deben completar cada enunciado, pero tomen turnos para comenzar. El objetivo de que usted complete los cuestionamientos en voz alta es ayudarle a expresar aspectos de su autoconocimiento y recibir las reacciones que otros tienen ante ellas.

1. Al resolver los instrumentos de evaluación, me sorprendió. . .

2. Algunas de mis características dominantes capturadas por los instrumentos son. . .

3. Entre mis mayores fortalezas están. . .

4. Entre mis mayores áreas que necesitan desarrollo están. . .

5. La ocasión en que me sentí más exitoso fue. . .

6. La ocasión en que me sentí menos competente fue. . .

7. Mis tres prioridades más altas en la vida son. . .

8. La forma en que más difiero de la mayoría de las personas es. . .

9. Me llevo mejor con personas que. . .

10. De lo que los demás en este grupo han compartido, ésta es la impresión que me he formado acerca de cada uno:

Diagnóstico de las características directivas

Este ejercicio está diseñado para que practique el diagnóstico de las diferencias en los estilos e inclinaciones de los demás. Estar consciente de los estilos, valores y actitudes de los demás le ayudará a relacionarse con ellos de forma más eficaz. A continuación se encuentran descripciones breves de cuatro directivos exitosos. Ellos difieren en valores, estilos cognitivos, orientaciones hacia el cambio y orientación interpersonal. Después de leer los escenarios, forme pequeños grupos para analizar las preguntas que siguen.

Michael Dell

Michael Dell es el tipo de persona al que los demás odian o aman. Posee una fortuna de más de $13,000 millones de US dólares, le encanta ir a trabajar cada día, y tiene la capacidad de desarmar una computadora y volverla a armar, al igual que la de leer un informe financiero. Varias décadas después de que comenzó a armar computadoras en su dormitorio escolar, Michael continúa fascinado con el hardware. A pesar de su estatus de millonario, "si alguien cree que él no es el jefe de tecnología en esta compañía, es un ingenuo", dice Robert McFarland, antiguo vicepresidente del grupo de ventas federales de Dell. Aunque Dell Computer es el ejemplo de la compañía eficiente con el manejo de sus recursos, Michael no desempeña el papel de capataz. Por decir algo, después de recibir recientemente un premio de la Cámara de Comercio de Austin, Texas, Michael y su esposa se quedaron mucho tiempo después de terminada la ceremonia para platicar con todas las personas que querían conocerlo. Se le describe como tímido y callado, y dista de ser extravagante. "Michael tiene una timidez genuina... realmente tiene modales moderados, es una persona muy enfocada en lograr sus objetivos", dice Brian Fawkes, un antiguo empleado de Dell. Siendo honestos, Dell ha experimentado diversas caídas y pérdidas, pero no ha tenido miedo de aprender de ellas. "Michael comete errores, sólo que nunca comete el mismo error dos veces", dice Mark Tebbe, antiguo presidente de una empresa que Dell adquirió recientemente.

FUENTE: *Adaptado de Darrow, 1998.*

Patrick M. Byrne

Ahora presidente y director de Overstock.com, y residente de Salt Lake City, Utah, Byrne obtuvo la Beca Marshall y recibió su título de doctor en filosofía por la Universidad de Stanford. Su estilo administrativo, personalidad y valores esenciales se reflejan en su entrevista con *Fast Company*: "Aprender filosofía me sirvió para saber cómo llegar al corazón de las cosas, a ser capaz de determinar cuáles son los aspectos esenciales. La gente cree que no nos cansamos de debatir, pero lo que realmente estamos haciendo es refinar los conceptos para llegar a un acuerdo. Con las negociaciones, en vez de tratar de pelear con alguien por cada asunto, la mayoría de las veces el resultado es que esa persona se preocupa por una serie de cosas que a uno no le interesan. Si uno hace todos esos intercambios, él pensará que uno es demasiado generoso cuando en realidad sólo le está entregando las mangas del chaleco. A final de cuentas, la filosofía habla de valores, y éstos tienen un lugar importante en los negocios. Yo me considero muy ajeno a Wall Street; ahí hay demasiada confusión. En agosto hablé públicamente sobre la corrupción que existe en el sistema de Wall Street y de cómo la prensa financiera está coludida. Por eso, fui tachado de bufón y loco, y después surgieron muchas mentiras, por ejemplo, que era homosexual, que consumía cocaína y que había contratado a una nudista. Operamos al nivel de quinto año de primaria. Eso no me molesta. Cuando uno decide apoyar algo, debe estar preparado para enfrentar críticas, burlas y humillaciones".

Fuente: *Adaptado de* Fast Company, *2005.*

Maurice Blanks

Cuando Maurice ingresó a la escuela de arquitectura, uno de los profesores dijo que sólo 25 por ciento de los estudiantes tendría éxito. Con gran seguridad, Maurice renunció a los 40 años después de operar su propio despacho en Chicago. Se mudó a Minneapolis para dedicarse de tiempo completo a Blu Dot, una empresa que ayudó a crear. Sus ideas acerca de la arquitectura revelan mucho de sus atributos personales. "La arquitectura implica hacer un seguimiento de miles de elementos de información y asegurarse de que en el diseño todas estén cubiertas. Las implicaciones de un fracaso son enormes: la gente puede resultar lastimada. Por lo tanto, uno aprende que debe ser muy eficiente con la información y la organización, lo que naturalmente se traduce en dirigir las operaciones cotidianas de una empresa. Es curioso que la palabra 'vender' nunca se utilice en la escuela de arquitectura, pero, para mí, las críticas eran lecciones informales de ventas. En los exámenes, presentábamos nuestro trabajo ante un jurado (integrado por profesores, compañeros, arquitectos locales, etcétera); su trabajo consistía en bombardear al alumno y el de éste en defenderse. Es muy cruel; a menudo hay lágrimas. Sin embargo, esto me enseñó la manera de comunicar mis ideas con rapidez y de adaptar la información para el público".

Fuente: *Adaptado de* Fast Company, *2005.*

Gordon Bethune

A Gordon Bethune se le describe como el *otro* director ejecutivo texano, bebedor, exuberante y sin inhibiciones que cambió totalmente a una línea aérea que ahora es famosa por el buen servicio, empleados felices y rentabilidad admirable. Herb Kelleher, de Southwest Airlines, es el más conocido, pero Gordon Bethune, de Continental Airlines, es el más exitoso. Gordon, un mecánico que dejó inconclusos sus estudios de preparatoria y que pasó años en la marina, se hizo cargo de una aerolínea dos veces en bancarrota, y la llevó de una pérdida de $960 millones a tener utilidades de más de $600 millones en cinco años. Incluso desde sus primeros años como mecánico naval, Gordon era conocido como excelente motivador de personal y constructor de redes. "Tenía un sistema de relaciones que le permitía obtener lo que necesitara", dijo un antiguo comandante. En Continental, Gordon cambió totalmente una cultura cuando la moral estaba por los suelos, la puntualidad brillaba por su ausencia y todo, desde los aviones hasta los alimentos, era un caos. Parte del cambio se debió a la atención personal de Gordon a los empleados. Por ejemplo, asiste a las ceremonias de graduación de todos los sobrecargos nuevos, entrega bastones de caramelo a los empleados en la temporada navideña, se presenta regularmente en las fiestas de cumpleaños de los empleados, y realiza una junta de puertas abiertas con ellos una vez al mes para fomentar la comunicación.

"Quien haya trabajado aquí más de dos meses puede reconocer a Gordon", dice un empleado de equipaje del aeropuerto Newark. Cuando camina por un aeropuerto, los empleados lo saludan y lo llaman por su nombre. Aunque Gordon es conocido como un chico salvaje e irreverente, él exige precisión y niveles estandarizados de servicio en cada lugar de la empresa. Cuando descubrió unas tazas blancas ligeramente más grandes en una sala del aeropuerto de Houston, le informaron que eran necesarias para acoplarse a la nueva cafetera. Exigió que se cambiara la cafetera para que se pudieran utilizar las tazas azules estándar, "sin excusas".

FUENTE: *Adaptado de O'Reilly, 1999.*

Preguntas para análisis

1.15. Clasifique a estos individuos en orden descendente en términos de:

❏ Inteligencia emocional

❏ Madurez de valores

❏ Tolerancia a la ambigüedad

❏ Autoevaluación esencial

Justifique sus respuestas en un análisis con sus colegas y compare sus resultados.

1.16. ¿Cuál es su pronóstico acerca de los estilos cognitivos dominantes de cada uno de estos individuos? ¿Qué datos utiliza usted como evidencia?

1.17. Si usted estuviera a cargo de la contratación de un directivo de primer nivel para su organización, y éste fuera su grupo de candidatos, plantee qué preguntas les haría para identificar sus:

❏ Estilos cognitivos

❏ Orientaciones de valores

❏ Orientación hacia el cambio

❏ Autoevaluación esencial

¿A cuál de esas personas contrataría si necesitara un director ejecutivo para su empresa? ¿Por qué?

1.18. Suponga que estos individuos fueran miembros de su equipo. ¿Cuáles serían las mayores fortalezas y debilidades de su equipo? ¿Qué tipos de atributos querría usted agregar a su equipo para asegurarse de que fuera heterogénco a nivel óptimo?

Ejercicio para identificar aspectos de la cultura personal: Plan de aprendizaje y autobiografía

El objetivo de este ejercicio es ayudarle a expresar sus metas y aspiraciones fundamentales, así como a identificar un plan de aprendizaje personal para facilitar su éxito. Como el aprendizaje continuo es tan importante para que usted tenga éxito en la vida, queremos ayudarle a identificar algunas ambiciones específicas y a desarrollar un conjunto de procedimientos para que logre alcanzar su potencial.

Este ejercicio se realiza en tres etapas:

Paso 1: (Aspiraciones). Escriba una historia autobiográfica que pueda aparecer en *Fortune Magazine, Fast Company* o *Wall Street Journal* exactamente dentro de 15 años. Esta historia debe identificar sus logros notables y sus éxitos dignos de ser noticia. ¿Qué habrá logrado para satisfacer sus sueños? ¿Qué resultados le harían inmensamente feliz? ¿Por qué legado quiere usted ser conocido?

PRÁCTICA

| Figura 1.4 | Satisfacción con los resultados de autoconocimiento |

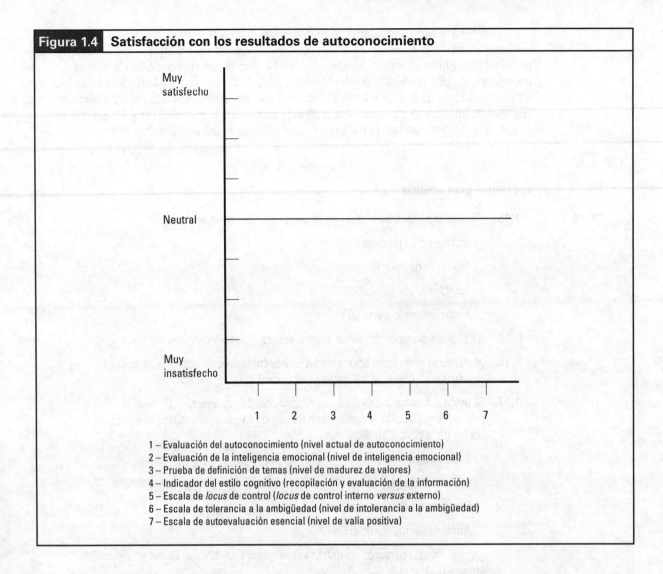

1 – Evaluación del autoconocimiento (nivel actual de autoconocimiento)
2 – Evaluación de la inteligencia emocional (nivel de inteligencia emocional)
3 – Prueba de definición de temas (nivel de madurez de valores)
4 – Indicador del estilo cognitivo (recopilación y evaluación de la información)
5 – Escala de *locus* de control (*locus* de control interno *versus* externo)
6 – Escala de tolerancia a la ambigüedad (nivel de intolerancia a la ambigüedad)
7 – Escala de autoevaluación esencial (nivel de valía positiva)

Paso 2: (Características). Revise sus resultados en los instrumentos de evaluación previa. Utilice la figura 1.4 para identificar qué tan satisfecho está con los resultados que obtuvo en estos instrumentos. El eje vertical en la figura va desde Muy satisfecho hasta Muy insatisfecho. El eje horizontal identifica las cinco áreas de autoconocimiento que se evaluaron en este capítulo. Para cada uno de los siete instrumentos, grafique su nivel de satisfacción con los resultados que obtuvo. Al unir esos puntos, usted habrá creado un *perfil de satisfacción de autoconocimiento*, que le ayudará a resaltar las áreas en las que usted deseará mejorar.

Con base en esa gráfica, identifique sus competencias distintivas, sus fortalezas y sus atributos únicos. ¿Qué valores, estilos y actitudes le ayudarán a lograr las aspiraciones que identificó en el paso 1? ¿En qué áreas quiere enfocar sus esfuerzos de mejora?

Paso 3: (Retroalimentación). Entreviste a un miembro de su familia o a alguien que lo conozca muy bien. Pida a esa persona que describa lo que considera sus fortalezas y capacidades especiales. ¿Qué ve para usted en el futuro? Incluya las siguientes preguntas en su entrevista:

❑ ¿A quién conoce usted que admire mucho por su éxito en la vida? ¿Qué capacidades y atributos posee?

- ❏ ¿A quién conoce que haya fallado en lograr su potencial? ¿Cuáles cree que son las causas más importantes del fracaso de esa persona?
- ❏ ¿Cuáles cree usted que sean las capacidades distintivas y notables que yo poseo?
- ❏ ¿En qué áreas cree usted que debo enfocar mis esfuerzos de mejoramiento y desarrollo?
- ❏ ¿Qué me ve usted haciendo en 15 años?

Paso 4: (Planeación). Ahora identifique las actividades de desarrollo en las que usted participará si piensa lograr sus aspiraciones. Con los conocimientos que ha obtenido en los pasos 2 y 3, identifique aquello que debe hacer para lograr lo que desea. Considere las siguientes actividades:

- ❏ ¿Qué cursos tomará?
- ❏ ¿Qué personas llegará a conocer?
- ❏ ¿En qué actividades extracurriculares o para equilibrar la vida participará?
- ❏ ¿Qué leerá?
- ❏ ¿Qué actividades espirituales serán las más significativas?

Deberá entregar este documento escrito a su profesor o a un miembro de la familia para que lo guarde. Abra y lea de nuevo este documento en cinco años para determinar su grado de avance.

ACTIVIDADES PARA DESARROLLAR EL AUTOCONOCIMIENTO

Actividades sugeridas

1.19. Lleve un diario al menos durante el resto del curso. Registre los descubrimientos, conocimientos, aprendizajes y recuerdos personales significativos, no las actividades diarias. Escriba en él por lo menos dos veces por semana. Dese alguna retroalimentación.

1.20. Pida a alguien que conozca bien que resuelva los instrumentos de evaluación, pero calificándolo a usted en cada reactivo. Compare sus resultados con los que le otorgó la otra persona y analice las diferencias, fortalezas y áreas de confusión. El objetivo es ayudarle a aumentar su autoconocimiento al recibir una imagen de usted desde el punto de vista de alguien más.

1.21. Escriba los principios incluyentes, consistentes y universales que guían su comportamiento en cualquier circunstancia. ¿Qué principios centrales violaría usted rara vez? Comparta la lista con alguien con quien tenga una relación cercana.

1.22. Después de resolver los instrumentos de evaluación personal y de discutir sus implicaciones con alguien más, escriba un ensayo en el que responda a las cuatro preguntas siguientes: (1) ¿quién soy?; (2) ¿cuáles son mis principales fortalezas y debilidades?; (3) ¿qué quiero lograr en la vida?, (4) ¿qué legado quiero dejar?

1.23. Pase una tarde con un amigo cercano o un familiar analizando su inteligencia emocional, valores, estilo cognitivo, actitud hacia el cambio y autoevaluación esencial. Usted podría pedir a esa persona que resuelva los instrumentos, expresando sus impresiones acerca de usted, para que pueda comparar y contrastar sus resultados. Analice las implicaciones para su futuro y para su relación.

1.24. Enseñe a alguien el valor que tiene el autoconocimiento en el éxito de las habilidades directivas y explíquele la relevancia de la inteligencia emocional, la madurez de valores, del estilo cognitivo, de las actitudes hacia el cambio y de la autoevaluación esencial. Describa la experiencia en su diario.

Plan de aplicación y evaluación

El objetivo de este ejercicio es ayudarle a aplicar este grupo de habilidades en un entorno de la vida real, fuera del salón de clases. Ahora que se ha familiarizado con las guías de comportamiento que conforman la base de un desempeño eficaz de las habilidades, usted mejorará en gran parte al probar estas guías en un contexto cotidiano. A diferencia de la actividad en el salón de clases, en la que la retroalimentación es inmediata y otras personas pueden ayudarle con sus evaluaciones, deberá cumplir y evaluar esta actividad de aplicación de las habilidades por su cuenta. Esta actividad incluye dos partes: la parte I le servirá como preparación para aplicar la habilidad. La parte II le ayudará a evaluar y mejorar su experiencia. Asegúrese de escribir las respuestas para cada reactivo. No tome atajos en el proceso saltándose pasos.

Parte I. Planeación

1. Escriba los dos o tres aspectos de la habilidad del autoconocimiento que sean más importantes para usted. Podría tratarse de áreas de debilidad, áreas en las que usted quiere mejorar o áreas que sean las más importantes para un problema que usted enfrente en este momento. Identifique los aspectos específicos de esta habilidad que usted quiera aplicar.

2. Identifique ahora el entorno o la situación en donde usted aplicará esta habilidad. Establezca un plan de desempeño escribiendo una descripción de la situación. ¿Quién más estará participando? ¿Cuándo lo hará? ¿Dónde se hará?

    Circunstancias:

    ¿Quién más?

    ¿Cuándo?

    ¿Dónde?

3. Identifique el comportamiento específico que realizará para aplicar esta habilidad. Defina operacionalmente el desempeño de su habilidad.

4. ¿Cuáles son los indicadores de éxito en el desempeño? ¿Cómo sabrá usted que ha sido eficaz? ¿Qué le indicará que tuvo un desempeño competente?

Parte II. Evaluación

5. Después de que haya completado la parte I, anote los resultados. ¿Qué sucedió? ¿Cuánto éxito obtuvo? ¿Cuál fue el efecto en los demás?

6. ¿Cómo puede usted mejorar? ¿Qué modificaciones podría hacer la próxima vez? ¿Qué haría usted de manera diferente en una situación similar en el futuro?

7. Mirando hacia atrás en toda su práctica de habilidades y experiencia de aplicación, ¿qué ha aprendido? ¿Qué le sorprendió? ¿De qué formas podría esta experiencia ayudarle en el largo plazo?

⭐ Las claves de resultados para los siguientes instrumentos se encuentran disponibles en el sitio web de este libro.

Evaluación de autoconocimiento
Evaluación de la inteligencia emocional
Escala de locus de control

La prueba de definición de temas

La posibilidad de un mal uso y una mala interpretación de este instrumento es tan alta que su autor, James Rest, mantiene el control sobre el procedimiento de evaluación asociado con su aplicación. Algunos pueden interpretar los resultados de este instrumento como una indicación de moralidad, honestidad o valía personal inherentes; sin embargo, la prueba no pretende evaluar estas características. Es posible obtener un manual de evaluación de James Rest, en Minnesota Moral Research Center, Burton Hall, University of Minnesota, Minneapolis, MN 55455.

Las decisiones morales más difíciles se experimentan como dilemas. Nuestro objetivo es ayudarle a tomar conciencia de los estándares morales que aplica cuando se enfrenta a decisiones difíciles. Estos estándares han sido calificados por los eruditos como "etapas" del desarrollo moral. A continuación se muestra la etapa de 12 preguntas que clasificó para cada una de las tres historias. Observar los patrones en los tres conjuntos de las cuatro aseveraciones que usted consideró más importantes le ayudará a entender mejor la etapa de desarrollo moral que utiliza con más frecuencia.

El prisionero prófugo

1. ¿Acaso no ha sido el señor Thompson lo suficientemente bueno durante muchos tiempo para demostrar que no es una mala persona? (Etapa 3)
2. Cada vez que alguien escapa al castigo por un delito, ¿no sirve eso para alentar la comisión de más delitos? (Etapa 4)
3. ¿No estaríamos mejor sin prisiones y sin la opresión de nuestro sistema legal? (Indica actitudes antiautoritarias).
4. ¿Realmente ha pagado el señor Thompson su deuda con la sociedad? (Etapa 4)
5. ¿Estaría incumpliendo la sociedad las justas expectativas del señor Thompson? (Etapa 6)
6. ¿Qué beneficio tendría el sistema penitenciario (además de la sociedad), especialmente tratándose de un hombre caritativo? (Alternativa sin sentido, diseñada para identificar a las personas que eligen las alternativas llamativas).
7. ¿Cómo puede alguien ser tan cruel y desalmado como para enviar al señor Thompson a prisión? (Etapa 3)
8. ¿Sería justo para los prisioneros que tienen que cumplir sus sentencias el hecho de dejar libre al señor Thompson? (Etapa 4)
9. ¿La señora Jones era buena amiga del señor Thompson? (Etapa 3)
10. ¿No sería el deber de un ciudadano dar parte a las autoridades cuando localiza a un delincuente prófugo, sin importar las circunstancias? (Etapa 4)
11. ¿En qué forma la voluntad de la gente y el bienestar público se cumplirían de la mejor manera? (Etapa 5)
12. ¿Si el señor Thompson va a prisión, será bueno para él o para proteger a alguien? (Etapa 5)

El dilema del médico

1. Si la familia de la mujer está a favor de darle la sobredosis o no. (Etapa 3)
2. Si el médico estaría sujeto a las mismas leyes que todos los demás en caso de que darle una sobredosis fuera lo mismo que matarla. (Etapa 4)

3. Si las personas estarían mejor si la sociedad no rigiera sus vidas y hasta sus muertes. (Indica actitudes antiautoritarias).

4. Si el médico pudiera hacer que pareciera algo accidental. (Etapa 2)

5. ¿El Estado tiene el derecho de obligar a prolongar la existencia de aquellos que no desean vivir? (Etapa 5)

6. ¿Cuál es el valor de la muerte desde la perspectiva de la sociedad acerca de los valores personales? (Alternativa sin sentido, diseñada para identificar a las personas que eligen las alternativas llamativas).

7. Si el médico comprende el sufrimiento de la mujer o le preocupa más la opinión de la sociedad. (Etapa 3)

8. ¿Ayudar a terminar la vida de otra persona es un acto responsable de cooperación? (Etapa 6)

9. Si sólo Dios puede decidir cuándo debe terminar la vida de una persona. (Etapa 4)

10. ¿Qué valores ha establecido el doctor para él mismo en su código personal de comportamiento? (Etapa 5)

11. ¿Puede la sociedad permitirse dejar que las personas pongan fin a sus vidas cuando lo deseen? (Etapa 4)

12. ¿Puede la sociedad permitir el suicidio o el asesinato piadoso y aun proteger las vidas de los individuos que desean vivir? (Etapa 5)

El periódico

1. ¿El director tiene más responsabilidad ante los padres o ante los alumnos? (Etapa 4)

2. ¿Dio el director su palabra de que el periódico podía publicarse durante mucho tiempo, o sólo prometió autorizar la publicación de un solo número? (Etapa 4)

3. ¿Comenzarían los estudiantes a protestar incluso más si el director prohibiera la publicación del periódico? (Etapa 2)

4. ¿Tiene derecho el director de dar órdenes a los estudiantes cuando el bienestar de la escuela se ve amenazado? (Etapa 4)

5. ¿Tiene el director la libertad de expresión para decir que no en este caso? (Alternativa sin sentido, diseñada para identificar a las personas que eligen las alternativas llamativas).

6. Si el director prohibiera la publicación del periódico, ¿estaría evitando la discusión abierta de los problemas importantes? (Etapa 5)

7. Si la orden de detener el periódico por parte del director haría que Rami perdiera la confianza en él. (Etapa 3)

8. Si Rami es realmente fiel a su escuela y patriota. (Etapa 3)

9. ¿Qué efecto tendría suspender la publicación del periódico en la educación de los estudiantes en relación con la libertad de pensamiento y la expresión del juicio crítico? (Etapa 5)

10. Si Rami está violando de alguna forma el derecho de los demás al publicar sus propias opiniones. (Etapa 5)

11. Si el director debe dejarse influir por algunos padres enojados cuando es él mismo quien sabe mejor que nadie lo que está sucediendo en la escuela. (Etapa 4)

12. Si Rami está utilizando el periódico para alentar el odio y el descontento. (Etapa 3)

Indicador del estilo cognitivo

Clave de resultados

Dimensiones	Reactivos	Puntuaciones promedio
Estilo de conocimiento	5, 8, 11, 14	Sume sus puntuaciones y divida el resultado entre 4: _____
Estilo de planeación	1, 3, 6, 9, 12, 15, 17	Sume sus puntuaciones y divida el resultado entre 7: _____
Estilo creativo	2, 4, 7, 10, 13, 16, 18	Sume sus puntuaciones y divida el resultado entre 7: _____

Datos comparativos (N = 11,000 estudiantes)

Puntuaciones de la dimensión (promedio)	Media	Cuartil inferior	Segundo cuartil	Tercer cuartil	Máximo cuartil
Estilo de conocimiento	4.14	3.75 o inferior	3.76–4.25	4.26–4.5	4.51 o superior
Estilo de planeación	4.20	3.86 o inferior	3.87–4.28	4.29–4.71	4.72 o superior
Estilo creativo	3.92	3.57 o inferior	3.58–3.99	4.0–4.29	4.30 o superior

Escala de tolerancia a la ambigüedad

Clave de resultados

Una puntuación alta indica intolerancia a la ambigüedad, y esto significa que el individuo tiende a percibir más las situaciones amenazantes que las prometedoras. La falta de información o la incertidumbre harían sentir incómoda a esa persona. La ambigüedad surge de tres fuentes principales: novedad, complejidad e insolubilidad.

Para calificar el instrumento, los reactivos con *número par* deben invertirse, es decir, el 7 se convierte en 1, el 6 se convierte en 2, el 5 se convierte en 3, el 3 se convierte en 5, el 2 se convierte en 6, y el 1 se convierte en 7. Después de invertir los reactivos pares, sume los 16 resultados para obtener su puntuación.

_____ 1. Un experto al que no se le ocurre una respuesta definitiva probablemente no sepa demasiado.

_____ 2. Me gustaría vivir en el extranjero durante un tiempo. **(Invertir)**

_____ 3. No existe tal cosa como un problema sin solución.

_____ 4. La gente que ajusta su vida a un horario probablemente se pierde casi toda la alegría de vivir. **(Invertir)**

_____ 5. Un buen trabajo es aquel en el que siempre está claro lo que se debe hacer y cómo se debe hacer.

_____ 6. Es más divertido atacar un problema complicado que resolver uno sencillo. **(Invertir)**

_____ 7. A la larga, es posible realizar más cosas resolviendo los problemas sencillos y pequeños que los grandes y complicados.

_____ 8. Con frecuencia, las personas más interesantes y estimulantes son aquellas a las que no les importa ser diferentes y originales. **(Invertir)**

_____ 9. Siempre es preferible algo familiar que algo extraño.

_____ 10. Quienes insisten en una respuesta de sí o no simplemente desconocen lo complicadas que son las cosas en realidad. **(Invertir)**

_____ 11. Una persona que lleva una vida normal y estable, en la que surgen pocas sorpresas o sucesos inesperados, tiene mucho que agradecer.

_____ 12. Muchas de nuestras decisiones más importantes se basan en información insuficiente. **(Invertir)**

_____ 13. Me gustan más las fiestas en las que conozco a la mayoría de las personas, que las fiestas en las que todos o casi todos son completos extraños.

_____ 14. Los maestros o supervisores que asignan tareas ambiguas dan la oportunidad de mostrar iniciativa y originalidad. **(Invertir)**

_____ 15. Cuanto más pronto todos adquiramos valores e ideales similares, mejor.

_____ 16. Un buen maestro es aquel que hace pensar al alumno acerca de la forma en que éste ve las cosas. **(Invertir)**

Total de reactivos impares: _____

Total de reactivos pares con puntuación inversa: _____

Total: _____

Después de invertir los reactivos apropiados, calcule su puntuación para estas tres dimensiones o tipos de situaciones ambiguas.

N = puntuación de novedad (2, 9, 11, 13) _____

C = puntuación de complejidad (4, 5, 6, 7, 8, 10, 14, 15, 16) _____

I = puntuación de insolubilidad (1, 3, 12) _____

Datos comparativos (N = 5,000 estudiantes)

Puntuaciones	Media	Cuartil superior	Segundo cuartil	Tercer cuartil	Cuartil inferior
Dimensiones totales	XX.X	49 o inferior	50–56	57–62	63 o superior
Novedad	XX.X	Total o Dim			
Complejidad	XX.X				
Insolubilidad	XX.X				

Escala de autoevaluación esencial

Clave de resultados

Invierta sus puntuaciones en los reactivos pares: 2, 4, 6, 8, 10 y 12. Es decir, en estos reactivos el 1 se convierte en 5, el 2 se convierte en 4, el 4 se convierte en 2, y el 5 se convierte en 1. Divida la suma entre 12 para obtener un resultado promedio de la escala de autoevaluación esencial.

_____ 1. Me siento confiado de obtener el éxito que merezco en la vida.

_____ 2. A veces me siento deprimido. (Invertir)

_____ 3. Cuando me esfuerzo, generalmente tengo éxito.

_____ 4. En ocasiones, cuando fracaso, me siento poco valioso. (Invertir)

_____ 5. Termino las tareas con éxito.

_____ 6. A veces siento que no tengo control de mi trabajo. (Invertir)

_____ 7. En general, me siento satisfecho conmigo mismo.

_____ 8. Tengo muchas dudas sobre mi capacidad. (Invertir)

_____ 9. Yo determino lo que ocurre en mi vida.

_____ 10. Siento que no tengo el control del éxito en mi carrera. (Invertir)

_____ 11. Soy capaz de afrontar la mayoría de mis problemas.

_____ 12. En ocasiones, las cosas me parecen bastante tristes y desesperanzadoras. (Invertir)

_____ **Puntuación total**

÷ 12 _____ **Puntuación promedio**

A continuación, calcule su puntuación promedio para cada dimensión o componente de las autoevaluaciones, dividiendo su total de cada uno entre 3.

Dimensiones	Reactivos	Puntuación promedio
Autoestima	1–3÷3	_____
Autoconfianza	4–6÷3	_____
Estabilidad emocional	17–9÷3	_____
Locus de control	10–12÷3	_____

Datos comparativos (N = 5,000 estudiantes)

Puntuaciones (Promedios)	Media	Cuartil superior	Segundo cuartil	Tercer cuartil	Cuartil inferior
Dimensiones totales	3.73	3.4–3.8 o inferior	3.4–3.8	3.9–4.2	4.3 o superior
Autoestima	XX.X	¿Total o promedio?			
Autoconfianza	XX.X	Instructo	Para calcular promedio		
Estabilidad emocional	XX.X				
Locus de control	XX.X				

CLAVES DE RESULTADOS Y DATOS COMPARATIVOS

2

Manejo del estrés y el bienestar

OBJETIVOS DE APRENDIZAJE

1. ELIMINAR FACTORES ESTRESANTES
2. DESARROLLAR RESILIENCIA
3. MANEJAR EL ESTRÉS A CORTO PLAZO
4. MEJORAR EL BIENESTAR PERSONAL

CUESTIONARIOS DE DIAGNÓSTICO PARA EL MANEJO DEL ESTRÉS Y EL BIENESTAR

A continuación se describen brevemente los instrumentos de evaluación de este capítulo. Los instrumentos indicados con ✪ y sus claves de resultados se encuentran disponibles en el sitio web de este libro.

Complete todas las evaluaciones antes de iniciar la lectura de este capítulo y guarde sus respuestas.

Cuando termine de leer este capítulo, consulte su evaluación y compare sus respuestas con lo que ha aprendido.

✪ ❏ La *evaluación del manejo del estrés* mide el grado en el que usted maneja eficazmente las diversas fuentes de estrés en su vida y el grado en el que ha desarrollado habilidades de manejo del estrés.

✪ ❏ La *evaluación de la administración del tiempo* evalúa el grado en el que usted administra con eficacia su tiempo y el grado en el que pone en práctica principios eficaces de la administración del tiempo.

❏ La *escala de clasificación de reajuste social* identifica la importancia relativa de los eventos que ocurrieron en su vida el año pasado. El peso ponderado asociado a cada uno de estos eventos ayuda a identificar el impacto del estrés.

❏ El instrumento de las *fuentes de estrés personal* individualiza sus puntuaciones de la *escala de clasificación de reajuste social* al identificar los factores estresantes únicos que ocurren en su vida en estos momentos.

❏ La *escala de prosperidad* mide el grado de bienestar en su vida en el momento actual.

MANEJO DEL ESTRÉS Y EL BIENESTAR

Sección de evaluación

ESCALA DE CLASIFICACIÓN DE REAJUSTE SOCIAL

La autoevaluación de la escala de clasificación de reajuste social le ayuda a identificar experiencias estresantes de su vida y a comprender el nivel de estrés asociado con cada una, según investigaciones realizadas por los autores de la escala.

Escala de clasificación
Trace un círculo alrededor de cualquiera de las siguientes situaciones que haya experimentado en el último año. Utilice las cifras de la columna izquierda y súmelas para obtener su puntuación.

Valor promedio	Acontecimiento de la vida
87	1. Muerte del cónyuge o compañero
79	2. Muerte de un miembro cercano de la familia
78	3. Lesión o enfermedad importante en uno mismo

Valor promedio	Acontecimiento de la vida
76	4. Detención en la cárcel o en alguna otra institución
72	5. Lesión importante o enfermedad de un miembro cercano de la familia
71	6. Pérdida de hipoteca o préstamo
71	7. Divorcio
70	8. Ser víctima de un delito
69	9. Ser víctima de brutalidad policial
69	10. Infidelidad
69	11. Experimentar violencia doméstica o abuso sexual
66	12. Separación o reconciliación con cónyuge o compañero
64	13. Ser despedido de una empresa o estar desempleado
62	14. Experimentar problemas o dificultades financieros
61	15. Muerte de un amigo cercano
59	16. Sobrevivir a un desastre
59	17. Ser padre o madre soltero
56	18. Asumir la responsabilidad de un ser querido anciano o enfermo
56	19. Pérdida o reducción importante en las prestaciones o seguro médico
56	20. Arresto de un miembro cercano de la familia o de uno mismo por infringir la ley
53	21. Desacuerdo importante por pensión alimenticia, custodia o días de visita de los hijos
53	22. Sufrir o tomar parte en un accidente automovilístico
53	23. Ser objeto de una sanción de disciplina o degradación en el trabajo
51	24. Enfrentar un embarazo no deseado
50	25. Hijo adulto que se muda a vivir con sus padres, o los padres que se mudan a vivir con hijos adultos
49	26. Un hijo desarrolla problemas de aprendizaje o de comportamiento
48	27. Experimentar discriminación laboral o acoso sexual en el trabajo
47	28. Intentar modificar un comportamiento personal adictivo
46	29. Descubrir o intentar modificar un comportamiento adictivo de un miembro cercano de la familia
45	30. Reorganización o recorte de personal del empleador
44	31. Manejo de infertilidad y abortos
43	32. Casarse o volver a casarse
43	33. Cambiar de empleo o de carrera
42	34. No obtener una hipoteca
41	35. Embarazo personal o de la esposa o compañera
39	36. Experimentar discriminación o acoso fuera del lugar de trabajo
39	37. Salir de la cárcel
38	38. Cónyuge o compañero comienza o deja de trabajar fuera de casa
37	39. Importante desacuerdo con el jefe o con un compañero de trabajo
35	40. Cambio de casa
34	41. Encontrar cuidado o una guardería adecuada para los hijos
33	42. Experimentar una ganancia monetaria importante e inesperada
33	43. Cambiar de puesto (transferencia o ascenso)
33	44. Recibir a un nuevo miembro de la familia

Valor promedio	Acontecimiento de la vida
32	45. Cambio de responsabilidades laborales
30	46. Un hijo se va de casa
30	47. Obtener hipoteca para una casa
30	48. Obtener un préstamo importante distinto a una hipoteca para casa
28	49. Jubilación
26	50. Comenzar o terminar una educación formal
22	51. Hacerse acreedor a una multa por infringir la ley

Suma total de los acontecimientos encerrados en un círculo: _____

FUENTE: *Social Readjustment Rating Scale, Hobson, Charles Jo, Joseph Kaen, Jane Szotek, Carol M. Nethercutt, James W. Tiedmann y Susan Wojnarowicz (1998), "Stressful Life Events: A Revision and Update of the Social Readjustment Rating Scale,"* International Journal of Stress Management, *5: 1-23.*

ESCALA DE CLASIFICACIÓN DE REAJUSTE SOCIAL

Es posible que los estudiantes universitarios encuentren más pertinentes los eventos enumerados en esta versión de la escala de clasificación de reajuste social.

	Valor promedio	Acontecimiento de la vida
1	100	Muerte del padre/madre
2	100	Embarazo no planeado/aborto
3	95	Matrimonio
4	90	Divorcio de los padres
5	80	Quedar visiblemente deforme
6	70	Criar a un hijo
7	70	Condena de prisión para un progenitor por más de un año
8	69	Separación marital de los padres
9	68	Muerte de un hermano
10	67	Cambio en la aceptación de los pares
11	64	Embarazo no planeado de una hermana
12	63	Descubrimiento de ser adoptado
13	63	Nuevo matrimonio del padre o la madre
14	63	Muerte de un amigo cercano
15	62	Padecer una deformación congénita visible
16	58	Enfermedad grave que requiere hospitalización
17	56	Fracaso en el desempeño escolar
18	55	No realizar ninguna actividad extraescolar
19	55	Hospitalización de un progenitor
20	53	Sentencia de prisión para un progenitor por más de 30 días
21	53	Romper una relación sentimental
22	51	Comenzar una relación sentimental
23	50	Expulsión temporal de la escuela

Valor promedio	Acontecimiento de la vida	
24	50	Involucrarse en drogas o alcohol
25	50	Nacimiento de un hermano
26	47	Aumento de las discusiones de los padres
27	46	Pérdida del trabajo de uno de los padres
28	46	Extraordinario logro personal
29	45	Cambio en la situación financiera de los padres
30	43	Ser aceptado en la universidad escogida
31	42	Estar en último año de la preparatoria
32	41	Hospitalización de un hermano
33	38	Ausencia prolongada del progenitor en casa
34	37	Un hermano deja la casa
35	34	Llegada de un tercer adulto a la familia
36	31	Convertirse en un miembro formal de una iglesia
37	27	Disminución de las discusiones de los padres
38	26	Disminución de las discusiones con los padres
39	26	Padre o madre comienza un nuevo empleo

_____

Suma total de los acontecimientos encerrados en un círculo: _____

Fuente: *Pastorino, E. y Doyle-Portillo, S. (2009):* What is Psychology? *2da. Ed. Belmont, CA: Thomson Higher Education.*

FUENTES DE ESTRÉS PERSONAL

Esta evaluación del estrés está diseñada para complementar la escala de clasificación de reajuste social. Complete ese instrumento antes de comenzar este. Añadir los factores estresantes que usted está experimentando en este momento a los que ya identificó en la escala de clasificación de reajuste social le proporcionará una evaluación más detallada de su nivel actual de estrés. Junto con su puntuación de la escala de clasificación de reajuste social, consulte los factores estresantes siguientes a medida que comenta y practica los principios de manejo del estrés que se presentan en este capítulo.

1   Identifique los factores que le producen la mayor cantidad de estrés en este momento. ¿Qué crea sentimientos de estrés en su vida?
2   Ahora asigne a cada uno de esos factores estresantes una puntuación del 1 al 100, con base en la cantidad de estrés que producen. Consulte los valores usados en la escala de clasificación de reajuste social como guía. Por ejemplo, una puntuación de 100 podría estar asociada con la muerte del cónyuge o de un hijo, mientras que una puntuación de 10 podría relacionarse con encontrar un conductor que va excesivamente lento frente a usted.

Fuente de estrés   Puntuación

ESCALA DE PROSPERIDAD

Los investigadores han identificado muchos beneficios de llevar una vida descrita como "próspera" (bienestar psicológico). Con esta autoevaluación, usted comprenderá mejor el grado en el que los siguientes ocho atributos de "prosperidad" describen su vida actualmente. Puesto que esta es una evaluación de autodiagnóstico, es importante responder con sinceridad.

Escala de clasificación

A continuación hay ocho enunciados con los que usted puede estar de acuerdo o en desacuerdo. Indique su acuerdo con cada reactivo marcando del 1 (Totalmente en desacuerdo) al 7 (Totalmente de acuerdo) en la siguiente escala.

7 Totalmente de acuerdo
6 De acuerdo
5 Ligeramente de acuerdo
4 Ni de acuerdo ni en desacuerdo
3 Ligeramente en desacuerdo
2 En desacuerdo
1 Totalmente en desacuerdo

1. Mi vida tiene propósito y significado.
2. Mis relaciones sociales me sirven de apoyo y son satisfactorias.
3. Participo en mis actividades diarias y me intereso en ellas.
4. Contribuyo de manera activa a la felicidad y el bienestar de otros.
5. Soy competente y capaz en las actividades que son importantes para mí.
6. Soy una buena persona y vivo bien mi vida.
7. Soy optimista acerca de mi futuro.
8. Las personas me respetan.

FUENTE: © *Usado con autorización de Ed Diener y Robert Biswas-Diener. En Diener. E., Wirtz, D., Tov, W., Kim-Prieto, C., Choi, D., Oishi, S. y Biswas-Diener, R. (2009) New measures of well-being: Flourishing and positive and negative feelings.* Social Indicators Research, *39, 247-266.*

APRENDIZAJE DE HABILIDADES ⓘ

Nuestro objetivo con este capítulo es ayudarle a manejar dos desafíos personales: uno es un inhibidor importante de la administración eficaz y el otro es un facilitador clave de la administración eficaz. La primera parte del capítulo hace hincapié en un problema grave y común a todos: experimentar estrés negativo. Es difícil prosperar en nuestras actividades cuando enfrentamos factores estresantes importantes en nuestra vida como sobrecarga, ansiedad, conflicto, tensión en las relaciones, incertidumbre, fracaso y culpa; todos ellos son fuentes de estrés. Destacamos maneras en que se puede minimizar o eliminar el estrés; en el proceso, destacamos algunas formas en que se pue-

de fomentar el bienestar personal. Le ofrecemos algunas guías para lograr una eficacia personal extraordinaria al enfocarse en las mejoras del bienestar.

Manejo del estrés y fomento del bienestar

El manejo del estrés negativo es una habilidad administrativa crucial dentro de la lista de un directivo competente. He aquí la razón: la American Psychological Association (2009) estima que el problema del estrés en el trabajo ocasiona pérdidas por más de 500 mil millones de dólares a la economía estadounidense. Más de 50 por ciento de los empleados admiten ser menos productivos en el trabajo debido al estrés, y la media de la cantidad de días perdidos en el trabajo debido al estrés es de 25; muy por encima de los seis días que se pierden debido a enfermedad o accidente. Entre 75 y 90 por ciento de todas las visitas al médico de cuidados básicos están motivadas por quejas o trastornos relacionados con el estrés. Y las cosas empeoran. El porcentaje de empleados que se sienten "sumamente estresados" se ha más que cuadriplicado en las dos últimas décadas.

Ningún otro factor tiene ese devastador y costoso efecto en los empleados, los directivos y las organizaciones. Cuando padecemos estrés, es difícil prestar atención a nada más.

Las investigaciones en los efectos fisiológicos del estrés ilustra sus efectos devastadores y de gran alcance: entre ellos se incluyen consecuencias negativas en el sistema cardiovascular, el aparato respiratorio, el sistema endocrino, el tracto gastrointestinal, el aparato reproductor femenino, las hormonas reproductivas, la función reproductiva masculina; inmunodepresión, trastornos neurológicos, adicciones, incidencias de malignidades cuando se vive con VIH1, patologías dentales, dolor y trastornos de ansiedad (Hubbard y Workman, 2002). Casi ninguna esfera de la vida o de la salud es inmune a los efectos del estrés.

Para ilustrar los efectos debilitantes del estrés relacionado con el trabajo, considere la siguiente historia verídica reportada en Baltimore, Maryland:

El trabajo estaba abrumando al paramédico de la ambulancia. Se sentía molesto por las constantes tragedias, aislado por los largos turnos. Su matrimonio tenía problemas. Estaba bebiendo demasiado.

Una noche todo estalló.

Esa noche iba en la parte trasera de la ambulancia. Su compañero manejaba. La primera llamada fue de un hombre al que un tren le había cortado la pierna. Sus gritos y agonía eran horribles, pero la segunda llamada fue peor. Una golpiza a un niño. Mientras el paramédico atendía el cuerpo golpeado y los huesos rotos del chico, pensaba en su propio hijo. Su furia aumentó.

Inmediatamente después de dejar al niño en el hospital, los paramédicos fueron a atender a la víctima de un ataque al corazón que yacía en la calle. Sin embargo, cuando llegaron al lugar, no encontraron a un paciente cardiaco, sino a un ebrio que había perdido el conocimiento; mientras lo subían a la ambulancia, su frustración y enojo salió a flote. Decidieron dar al ebrio un paseo que nunca olvidaría.

La ambulancia pasaba sobre las vías del tren a alta velocidad. El chofer tomaba las curvas tan

rápido como podía, lanzando al ebrio de un lado al otro en la parte trasera de la ambulancia. Para los paramédicos, era una broma.

De pronto, el ebrio comenzó a sufrir un verdadero ataque al corazón. El paramédico en la parte trasera se inclinó sobre él y le empezó a gritar. "¡Muérete, maldito!", gritaba. "¡Muérete!".

Él miraba mientras el ebrio temblaba. También lo miraba cuando murió. Al momento de llegar al hospital, ya se habían puesto de acuerdo con su historia. Estaba muerto cuando llegaron, no pudieron hacer nada.

El paramédico, quien debe permanecer anónimo, habló acerca de esa noche en una sesión reciente de terapia sobre "agotamiento profesional", un problema creciente en los empleos de alto estrés.

Como se ilustra en esta historia, cuando enfrentamos un estrés considerable en nuestra vida, el comportamiento y la toma de decisiones normales con frecuencia se ponen a un lado, y sufrimos efectos debilitantes (Auerbach, 1998; Contrada y Baum, 2011; Staw, Sandelands y Dutton, 1981; Weick, 1993b). En consecuencia, dedicamos la primera parte de este a capítulo a destacar los tipos principales de estrés negativo a los que todos nos enfrentamos; luego mostraremos maneras tanto de tratar con él como de minimizarlo, y destacaremos estrategias para mejorar el bienestar personal y la resiliencia.

Comenzamos nuestro análisis presentando un marco de trabajo para comprender el estrés e identificar las estrategias para manejarlo. Este modelo explica los principales tipos de factores estresantes, las principales reacciones al estrés y las razones por las que algunas personas experimentan reacciones más negativas que otras. Luego proporcionamos ejemplos específicos y guías de comportamiento para eliminar y reducir las consecuencias negativas del estrés y mejorar el bienestar y la resiliencia psicológica y social.

Principales elementos del estrés

Una forma de entender la dinámica del estrés consiste en pensar en éste como el producto de un "campo de fuerza" (Lewin, 1951). Kurt Lewin sugirió que todos los individuos y las organizaciones existen en un ambiente caracterizado por fuerzas reforzadoras o contrarias. Estas fuerzas actúan para estimular o inhibir el desempeño que el individuo desea. Como se observa en la figura 2.1, el nivel de desempeño de una persona en una organización resulta de factores que pueden complementarse o contraponerse. Algunas fuerzas dirigen o motivan cambios en el comportamiento, mientras que otras los restringen o bloquean.

De acuerdo con la teoría de Lewin, las fuerzas que afectan a los individuos generalmente están equilibradas

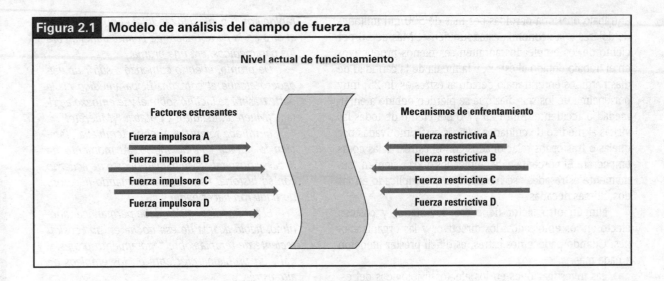

| **Figura 2.1** | **Modelo de análisis del campo de fuerza** |

Nivel actual de funcionamiento

Factores estresantes

Fuerza impulsora A

Fuerza impulsora B

Fuerza impulsora C

Fuerza impulsora D

Mecanismos de enfrentamiento

Fuerza restrictiva A

Fuerza restrictiva B

Fuerza restrictiva C

Fuerza restrictiva D

en el campo de fuerza. El poder de las fuerzas impulsoras coincide de manera exacta con el poder de las fuerzas restrictivas (en la figura, las flechas más largas indican fuerzas más intensas). El desempeño cambia cuando las fuerzas dejan de estar en equilibrio. Es decir, si las fuerzas impulsoras se vuelven más fuertes que las restrictivas, o más numerosas o resistentes, ocurre un cambio. Por el contrario, si las fuerzas restrictivas se vuelven más intensas o numerosas que las fuerzas impulsoras, el cambio ocurre en el sentido opuesto, o las personas se vuelven cada vez más resistentes al cambio.

Considere el estrés como las fuerzas impulsoras del modelo. Esto es, ejercen presión en el individuo para cambiar los niveles presentes de desempeño en forma fisiológica, psicológica e interpersonal. Sin restricción, esas fuerzas podrían generar resultados patológicos (por ejemplo, ansiedad, enfermedades del corazón y colapso mental).

Sin embargo, la mayoría de las personas ha desarrollado cierta resiliencia, representada por las fuerzas restrictivas, para contrarrestar los factores estresantes e inhibir los resultados patológicos. Estas fuerzas restrictivas incluyen patrones de comportamiento, características psicológicas y relaciones sociales de apoyo. Las fuerzas restrictivas intensas producen baja frecuencia cardiaca, buenas relaciones interpersonales, estabilidad emocional y manejo eficaz del estrés. La ausencia de fuerzas restrictivas lleva a la fatiga o la crisis.

Desde luego, el estrés produce efectos tanto positivos como negativos. En la ausencia de cualquier tipo de estrés, la gente se siente completamente aburrida y sin motivación para actuar. El estrés es necesario para motivar la acción. Sin embargo, en este capítulo analizamos sólo los factores estresantes negativos y no productivos. Aun cuando se experimenten altos niveles de estrés, el equilibrio puede restaurarse rápidamente si existe la suficiente resiliencia.

Por ejemplo, en el caso del paramédico de la ambulancia, los múltiples factores estresantes superaron a las fuerzas restrictivas disponibles y ocurrió una crisis.

La figura 2.2 identifica las categorías principales de los **factores estresantes** (fuerzas impulsoras) que los directivos experimentan, así como los atributos importantes de la resiliencia (fuerzas restrictivas) que inhiben los efectos negativos del estrés. Cada una de estas fuerzas se comenta en este capítulo para que quede claro cómo identificar los factores estresantes, cómo eliminarlos, cómo desarrollar más resiliencia y cómo manejar el estrés temporal.

MANEJO DEL ESTRÉS

Se ha encontrado que, para manejar el estrés, lo más eficaz es el uso de una jerarquía específica de métodos (Eliot, 2010; Kahn y Byosiere, 1992; Lehrer, 1996). Primero, la mejor forma de manejar el estrés consiste en eliminar o reducir los factores estresantes por medio de **estrategias de ejecución**, las cuales crean o establecen para el individuo un nuevo entorno que no contiene factores estresantes. El segundo método más eficaz es que los individuos mejoren su capacidad general para manejar el estrés al incrementar su resiliencia personal; a esto se le llama **estrategias proactivas**, las cuales están diseñadas para iniciar una acción que resista los efectos negativos del estrés. Por último, es necesario desarrollar técnicas de corto plazo para enfrentar los factores estresantes cuando se requiere una respuesta inmediata; se trata de **estrategias reactivas**, las cuales se aplican como remedios inmediatos para reducir temporalmente los efectos del estrés.

Los individuos se sienten mejor cuando pueden eliminar los factores de estrés dañinos y los efectos negativos

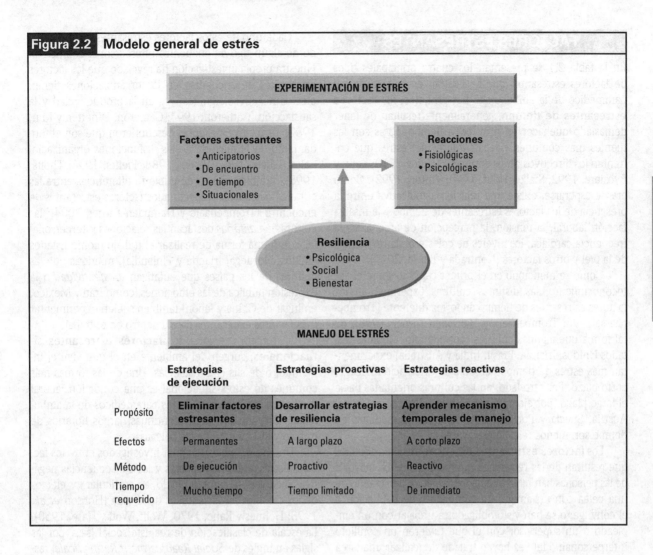

Figura 2.2 Modelo general de estrés

EXPERIMENTACIÓN DE ESTRÉS

Factores estresantes
- Anticipatorios
- De encuentro
- De tiempo
- Situacionales

Reacciones
- Fisiológicas
- Psicológicas

Resiliencia
- Psicológica
- Social
- Bienestar

MANEJO DEL ESTRÉS

	Estrategias de ejecución	Estrategias proactivas	Estrategias reactivas
Propósito	Eliminar factores estresantes	Desarrollar estrategias de resiliencia	Aprender mecanismo temporales de manejo
Efectos	Permanentes	A largo plazo	A corto plazo
Método	De ejecución	Proactivo	Reactivo
Tiempo requerido	Mucho tiempo	Tiempo limitado	De inmediato

APRENDIZAJE

potenciales de las fuertes y frecuentes reacciones de estrés. Sin embargo, como la mayoría de los individuos no tienen un control completo sobre sus ambientes o sus circunstancias, rara vez pueden eliminar todos los factores estresantes dañinos.

Por lo tanto, su siguiente mejor alternativa consiste en desarrollar una mayor capacidad para resistir los efectos negativos del estrés y para movilizar la energía generada por los factores estresantes. Esto se logra mejorando la resiliencia personal y el bienestar. Finalmente, de manera provisional, los individuos pueden responder a un estado de estrés negativo con estrategias constructivas como técnicas temporales de relajación y prácticas contemplativas. Si se usan apropiadamente, estas estrategias reactivas también pueden promover la resiliencia y mejorar el bienestar.

Por desgracia, la mayoría de las personas invierten el orden de estas tres estrategias de manejo, es decir, utilizan primero métodos reactivos temporales para ma-

nejar el estrés porque estas acciones pueden ejecutarse de inmediato. Sin embargo, las estrategias reactivas deben repetirse cuando se enfrentan factores estresantes, ya que sus efectos son de corta duración. Además, algunas estrategias de reacción comunes, como beber, tomar píldoras para dormir o liberar la tensión mediante el enojo, podrían convertirse en un hábito dañino. Sin más estrategias a largo plazo, el hecho de confiar únicamente en las de reacción repetitiva podría generar vicios o un círculo vicioso.

El desarrollo de estrategias de resiliencia proactivas requiere de un mayor esfuerzo, pero los efectos son más duraderos. No obstante, generalmente poner en práctica estas estrategias de resiliencia toma algún tiempo y, por lo tanto, el resultado no es inmediato. Las mejores estrategias y las más duraderas son aquellas que eliminan todos los factores de estrés. Éstas requieren de un mayor tiempo para ejecutarse, pero como se elimina el estrés, el resultado es duradero (Stranks, 2013).

FACTORES ESTRESANTES

En la tabla 2.1 se presentan los cuatro principales tipos de factores estresantes que se ilustran en la historia del paramédico de la ambulancia. Los primeros, los **factores estresantes de tiempo**, generalmente resultan de tener demasiado quehacer en muy poco tiempo. Éstas son las fuentes más comunes y recalcitrantes del estrés que enfrentan los directivos de las compañías (Eliot, 2010; Kahn y Byosiere, 1992; Stalk y Hout, 1990; Vinton, 1992). Como era de esperarse, existe una relación significativa entre la presencia de los factores estresantes de tiempo y la insatisfacción laboral, la tensión, la percepción de amenazas, la frecuencia cardiaca, los niveles de colesterol, la resistencia de la piel y otros factores (Contrada y Baum, 2011).

Como se mencionó en el primer capítulo sobre el autoconocimiento, las distintas culturas experimentan los factores estresantes de tiempo en forma diferente (Trompenaars, 1996; Trompenaars y Hampden-Turner, 1998), de tal forma que algunas culturas (por ejemplo, Filipinas, Estados Unidos, Irlanda, Brasil, India y Australia) experimentan más estrés de tiempo debido a su orientación hacia el corto plazo. Por otro lado, en las culturas orientadas hacia el largo plazo (por ejemplo, Hong Kong, República Checa, Austria, Suecia y Portugal), las demandas inmediatas de tiempo son menos relevantes.

Los **factores estresantes de encuentro** son aquellos que resultan de las relaciones interpersonales. La mayoría de las personas han experimentado los efectos debilitantes de una pelea con un amigo, un compañero de habitación o el cónyuge; o se han visto obligados a trabajar con un empleado o un supervisor con el que tuvieron un conflicto interpersonal; o tal vez hayan tratado de realizar una tarea en un grupo dividido por la falta de confianza.

Tabla 2.1 Cuatro fuentes fundamentales de estrés

Factores estresantes de tiempo

- Sobrecarga de trabajo
- Falta de control

Factores estresantes de encuentro

- Conflictos de roles
- Conflictos sobre asuntos
- Conflictos de interacción

Factores estresantes situacionales

- Condiciones de trabajo desfavorables
- Cambio rápido

Factores estresantes anticipatorios

- Expectativas desagradables
- Temor

Cada uno de estos factores estresantes es el resultado de algún tipo de encuentro interpersonal conflictivo. Nuestra propia investigación ha revelado que los factores estresantes de encuentro en las organizaciones tienen efectos negativos significativos en la productividad y la satisfacción (Cameron, 1994; Cameron, Whetten y Kim, 1987); otros investigadores descubrieron que son el fundamento de la mayoría de las disfunciones organizacionales (Likert, 1967; Peters, 1988; Pfeffer, 1998; Thoits, 1995). También se han descubierto diferencias entre las culturas nacionales respecto a los factores estresantes de encuentro (Trompenaars y Hampden-Turner, 2004): las culturas *igualitarias* destacan las relaciones interpersonales como una forma de realizar el trabajo (como Estados Unidos, Noruega, Irlanda y Finlandia), mientras que las culturas de los países que enfatizan la *afectividad* o la expresión pública de las emociones (como Irán y México, en lugar de China y Japón) también suelen experimentar más factores estresantes de encuentro en el trabajo.

La tercera categoría, los **factores estresantes situacionales**, surgen del ambiente en el que vive el individuo, o de sus circunstancias. Una de las formas más comunes de estrés situacional es una condición laboral desfavorable. En el caso de los paramédicos de la ambulancia, ésta incluiría crisis continuas, largos horarios de trabajo y aislamiento de los colegas.

Uno de los vínculos mejor investigados entre los factores estresantes situacionales y las consecuencias negativas incluyen un cambio rápido, en particular los efectos de los cambios en los sucesos de la vida (Hobson *et al.*, 1998; Holmes y Rahe, 1970; Wolff, Wolf y Hare, 1950). La escala de clasificación de reajuste social (SRRS, por las siglas en inglés de *Social Readjustment Rating Scale*) rastrea el número de cambios que los individuos han experimentado durante los doce meses previos. Como ciertos cambios son más estresantes que otros, se utilizó un método de escala para asignar cierto peso a cada evento de la vida. Hobson y sus colaboradores (1998) revisaron la SRRS y actualizaron el peso ponderado de cada uno de los reactivos para hacerlos coincidir con el ambiente actual. En la sección de evaluación de este capítulo se incluye el instrumento revisado. Desde 1995 se han publicado más de 3,500 estudios realizados entre diferentes culturas, grupos de edad y ocupaciones usando este instrumento SRRS (Goldberger y Breznitz, 2010) (observará que en la sección de Evaluación aparecen dos versiones diferentes del SRRS: uno para adultos y otro para estudiantes; en la sección de Evaluación usted debió completar la versión apropiada de este instrumento).

Se ha encontrado de manera consistente relaciones estadísticas entre la cantidad de cambios en la vida y las enfermedades físicas y lesiones en una gran variedad de individuos. Por ejemplo, en la población en general los resultados de 150 puntos o menos indican una probabilidad de menos de 37 por ciento de que el sujeto sufra una enfermedad seria o lesión en el año siguiente, pero la probabilidad aumenta a casi 50 por ciento con resultados de 150 a 300. Aquellos que obtienen más de 300 en la SRRS tienen una probabilidad de 80 por ciento de padecer una enfermedad grave o lesión (Holmes y Rahe, 1967; Kobasa, 1979; Miller y Rasmussen, 2010). Los resultados altos están fuertemente asociados con enfermedades o lesiones, mientras que quienes obtienen resultados bajos tienen mucha menor probabilidad de experimentar enfermedades o lesiones.

Se han realizado diversos estudios con jugadores de fútbol de preparatoria y universitarios para determinar si los cambios en los eventos de la vida se relacionan no sólo con enfermedades sino también con lesiones. Un estudio descubrió que los estudiantes universitarios con los resultados más bajos de SRRS tenían la tasa más baja de lesiones, 35 por ciento (perdían tres entrenamientos o menos). Aquellos con resultados medios tuvieron una tasa de 44 por ciento, y quienes obtuvieron resultados altos tuvieron una tasa de lesiones de 72 por ciento. Otro estudio mostró una tasa de lesiones cinco veces mayor entre quienes obtuvieron resultados altos con respecto a quienes tuvieron resultados bajos. Otro estudio mostró un aumento significativo de síntomas fisiológicos menores como dolor de cabeza, náuseas, fiebre, dolor de espalda, tensión ocular, etcétera, entre aquellos con los resultados altos de srrs (Andersen y Williams, 1999; Bramwell, Masuda, Wagner y Holmes, 1975; Coddington y Troxell, 1980; Cordes y Dougherty, 1993).

Por supuesto, es necesario aclarar que obtener una puntuación alta en la SRRS no necesariamente significa que una persona se vaya a enfermar o a lesionar. Diversas habilidades de manejo del estrés y algunas características personales podrían contrarrestar esas tendencias. El punto es que los factores estresantes situacionales son factores importantes que debemos tomar en cuenta para aprender a manejar el estrés hábilmente.

Los **factores estresantes anticipatorios**, la cuarta categoría, incluyen eventos potencialmente desagradables que amenazan con ocurrir (cosas desagradables que aún no han sucedido, pero que podrían suceder). El estrés resulta de la anticipación o el temor a un acontecimiento. En el caso de los paramédicos de la ambulancia, la constante anticipación de tener que presenciar un episodio más de sufrimiento humano o muerte servía como un factor estresante anticipatorio. Los factores estresantes anticipatorios no necesitan ser muy desagradables o graves para producir estrés. Los investigadores han inducido altos niveles de estrés en individuos al decirles que experimentarán un fuerte ruido o un pequeño choque eléctrico, o que alguien más se sentirá incómodo a causa de sus acciones (Milgram, 1963). El temor al fracaso o a sentirse avergonzado frente a los compañeros es un factor común de estrés anticipatorio. La ansiedad que acompaña a perder el empleo o a no ser aceptado o apreciado por los colegas también se han identificado como fuentes comunes de estrés.

Tabla 2.2	Estrategias directivas para eliminar factores estresantes
Tipo de factor estresante	**Estrategia de eliminación**
Tiempo	Administración eficaz del tiempo Administración eficiente del tiempo
Encuentro	Formación de comunidad Colaboración Inteligencia emocional y social
Situacional	Rediseño del trabajo
Anticipatorio	Establecimiento de metas Pequeños triunfos

Eliminación de los factores estresantes

Como la eliminación de los **factores estresantes** es una estrategia permanente de reducción de estrés, sin duda, es la más deseable. Aunque es imposible, y hasta indeseable, que los individuos eliminen todos los factores estresantes que enfrentan, pueden eliminar eficazmente todos los que son dañinos. La tabla 2.2 muestra diversas maneras de eliminar cada uno de los cuatro tipos de factores estresantes.

ELIMINACIÓN DE LOS FACTORES ESTRESANTES DE TIEMPO MEDIANTE LA ADMINISTRACIÓN DEL TIEMPO

Como se señaló anteriormente, el tiempo suele ser la principal fuente de estrés para los directivos/gerentes. Con el gran auge de los libros de administración del tiempo, organizadores, consultores, aparatos para aumentar la eficiencia y ahorradores de tiempo tecnológicos, se esperaría que la mayoría de la gente fuera muy hábil para administrar su tiempo. Es evidente que contamos con todos los artefactos y consejos que podemos utilizar. El problema es que la mayoría de nosotros estamos cada vez peor. Sólo mire a su alrededor. ¿A quién conoce usted que sea un gran administrador de tiempo, que no esté sobrecargado de actividades o que no se queje de estar estresado por falta de tiempo?

No es una sorpresa que el estrés asociado con la falta de tiempo esté aumentando ante la rapidez de los cambios y la abrumadora cantidad de información que encuentra la gente en el siglo xxi. En un estudio, dos tercios de los encuestados expresaron el deseo de poner más énfasis en "tener tiempo libre" (Davidson, 1995). El estrés asociado con la falta de tiempo es una queja prácticamente universal entre los directivos/gerentes que enfrentan entre 237 y 1,073 incidentes al día.

Dos conjuntos de habilidades son importantes para manejar eficazmente el tiempo y eliminar los factores estresantes relacionados con éste. Un conjunto se enfoca en el uso *eficiente* del tiempo cada día. El otro conjunto se enfoca en el uso *eficaz* del tiempo a largo plazo. Como el método de la administración eficaz del tiempo es la base para el método de la eficiencia, lo explicaremos primero. Luego revisaremos algunas técnicas para lograr la eficiencia en el uso del tiempo.

Administración eficaz del tiempo

Casi todos sufren de vez en cuando de un sentimiento generalizado de estrés de tiempo. De alguna forma, no importa la cantidad de tiempo disponible, éste siempre parece consumirse y agotarse. Actualmente, las soluciones más recomendadas para resolver los problemas del estrés de tiempo son utilizar calendarios y agendas, elaborar listas de asuntos pendientes y aprender a decir "no". Sin embargo, aunque casi todos hemos utilizado esas tácticas, aún afirmamos estar bajo un enorme estrés de tiempo. Esto no significa que los calendarios, las listas y decir que "no" sean inútiles. Sin embargo, son ejemplos de un método de eficiencia para el manejo del tiempo, más que un método de eficacia. Para eliminar los factores estresantes de tiempo, la eficiencia sin la eficacia es inútil.

El manejo del tiempo con un método de eficacia implica que: (1) los individuos dediquen su tiempo a los asuntos importantes y no sólo a los asuntos urgentes; (2) las personas sean capaces de distinguir claramente lo que consideran importante y lo que consideran urgente; (3) los resultados más que los métodos son los objetivos, y (4) la gente tenga una razón para no sentirse culpable cuando debe decir "no".

Varios expertos en el manejo del tiempo han señalado la utilidad de contar con una "matriz de manejo del tiempo", en la que las actividades se clasifiquen en términos de su importancia relativa y urgencia (Covey, 1989; Lakein, 1989). Las actividades *importantes* son aquellas que producen un resultado deseado, cumplen con un fin valioso o logran un propósito significativo. Las actividades *urgentes* son aquellas que demandan atención inmediata. Se asocian con una necesidad expresada por alguien más o se relacionan con un problema o una situación incómodos que requieren una solución inmediata. La figura 2.3 describe esta matriz y da ejemplos de los tipos de actividades en cada cuadrante.

Actividades como el manejo de crisis de empleados o de quejas de clientes son tanto urgentes como importantes (celda 1). Una llamada telefónica, la llegada de un correo electrónico o interrupciones no programadas serían ejemplos de actividades urgentes, pero quizá sin importancia (celda 2). Las actividades importantes pero no urgentes incluyen oportunidades de desarrollo, innovación, planeación, etcétera (celda 3). Las actividades sin importancia y no urgentes son escapes y rutinas que la gente tiene, pero que producen escasa gratificación: por ejemplo, charlar, soñar despierto, reorganizar papeles o discutir (celda 4).

Las actividades en el cuadrante importantes/urgentes (celda 1) generalmente dominan nuestra vida. El problema es que todas estas actividades requieren que

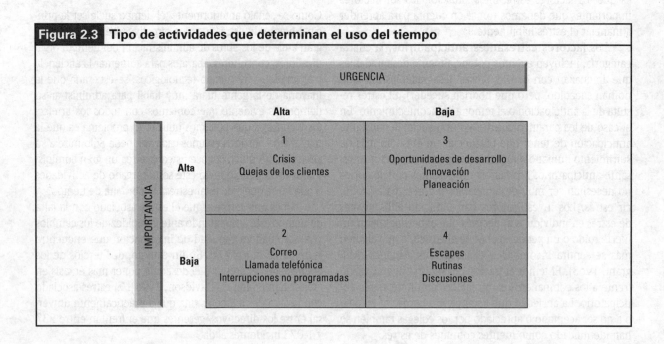

Figura 2.3 Tipo de actividades que determinan el uso del tiempo

		URGENCIA	
		Alta	**Baja**
IMPORTANCIA	**Alta**	1 Crisis Quejas de los clientes	3 Oportunidades de desarrollo Innovación Planeación
	Baja	2 Correo Llamada telefónica Interrupciones no programadas	4 Escapes Rutinas Discusiones

reaccionemos. Generalmente están controladas por alguien más, y podrían llevar o no a un resultado que queramos lograr.

El problema es todavía mayor en el cuadrante de actividades no importantes y urgentes (celda 2). Las demandas de otros que podrían satisfacer sus necesidades, pero que sólo son desviaciones o interrupciones en nuestra agenda, únicamente aumentan el estrés de tiempo. Como es probable que no logren resultados significativos, de algún propósito o importantes, se podría garantizar que se experimentará una sobrecarga y que se perderá el control. Además, cuando estos factores estresantes se experimentan durante mucho tiempo, la gente por lo regular trata de escapar hacia las actividades no importantes y no urgentes (celda 4) para liberarse del estrés. Escapan, se cierran al mundo y, al hacerlo, a menudo aumentan incluso más el estrés asociado con la falta de tiempo.

Una mejor alternativa consiste en concentrarse en actividades del cuadrante de actividades importantes pero no urgentes (celda 3), las cuales podrían considerarse como oportunidades en vez de problemas, ya que están orientadas a lograr resultados de alta prioridad. Previenen que ocurran problemas, en vez de que sólo se reaccione a ellos. La preparación, el mantenimiento preventivo, la planeación, el desarrollo personal y la organización son actividades "que no se tienen que hacer" y que son cruciales para el éxito a largo plazo. Sin embargo, puesto que no son urgentes, con frecuencia quedan fuera de la agenda. Las actividades importantes y no urgentes deberían ser prioritarias en la agenda para administrar el tiempo. Al asegurarse de que este tipo de actividades tenga prioridad, los problemas urgentes que se enfrentan pueden reducirse. Los factores estresantes de tiempo pueden eliminarse.

Una de las decisiones más difíciles, aunque de gran importancia, que usted debe tomar para manejar el tiempo de manera eficaz es determinar qué es importante y qué es urgente. No existen reglas para clasificar todas las actividades, demandas u oportunidades en dos categorías bien definidas. Los problemas no vienen con una etiqueta colgada que diga "importantes/no urgentes". De hecho, cada problema o demanda de tiempo es importante para alguien. No obstante, si usted permite que otros determinen lo que es importante y lo que no lo es, nunca manejará su tiempo de manera eficaz.

Por ejemplo, Barry Sullivan, antiguo director ejecutivo de First Chicago, reorganizó la forma en que maneja su tiempo. En vez de dejar su calendario de citas en manos de su secretaria, ahora él decide qué actividades desea cumplir y luego asigna bloques de tiempo específicos para trabajar en esas actividades. Una vez que ha determinado lo anterior, pone su calendario a disposición de su secretaria, para que programe otras citas.

Jan Timmer, antiguo director ejecutivo de Philips Electronics, asignó un auditor a mantener un registro de la forma en que utilizaba su tiempo, y cada trimestre informaba a toda la empresa el porcentaje de tiempo que dedicaba a los objetivos fundamentales de la compañía, asegurándose de dedicar la mayor cantidad de su tiempo a los asuntos de mayor prioridad.

Prioridades y valores centrales

Sin embargo, la pregunta permanece: ¿Cómo puede la gente asegurarse de que se está concentrando en las actividades importantes y no sólo en las urgentes? Con el propósito de ayudarle a articular claramente las prioridades importantes, considere las siguientes preguntas:

- ❑ ¿Qué represento? ¿Por qué cosa estaría dispuesto a morir (o a vivir)?
- ❑ ¿Qué me importa apasionadamente?
- ❑ ¿Qué legado me gustaría dejar? ¿Por qué me gustaría ser recordado?
- ❑ ¿Qué me gustaría haber logrado dentro de 20 años?
- ❑ Si pudiera convencer a todo el mundo de seguir unos cuantos principios básicos, ¿cuáles serían éstos?

Responder a estas preguntas puede ayudarle a crear una declaración de principios personales, la cual será la expresión de los criterios que usted utiliza para evaluar lo que es importante en su vida. Otras personas generalmente ayudan a determinar lo que es urgente, pero para juzgar lo importante debemos tomar en cuenta el conjunto de principios y valores personales. La tabla 2.3 presenta dos distintos tipos de declaraciones de principios personales; se dan como ejemplos de los tipos de declaraciones de principios que podría redactar para usted mismo.

Basar la administración del tiempo en los principios centrales que sirven para juzgar la importancia de las actividades también es la clave para ser capaz de decir que "no" sin sentirse culpable. Cuando usted haya decidido qué le interesa con pasión, qué desea más y qué legado quiere dejar, podrá decir "no" con más facilidad a las actividades que no son congruentes con tales principios. Así, administrar el tiempo de manera eficaz significa lograr lo que usted *quiere* lograr con su tiempo. La manera en que cumple sus logros se relaciona con la eficiencia del uso del tiempo, que ahora analizaremos.

Administración eficiente del tiempo

Además de estudiar la administración del tiempo desde el punto de vista de la eficacia (es decir, ajustar el uso del tiempo a los principios personales centrales), también es importante adoptar un punto de vista de eficiencia (es decir, lograr más con menos pérdida de tiempo). Disponemos de muchas técnicas para ayudar a los directivos a utilizar de forma más eficiente el tiempo que tienen cada día.

Tabla 2.3	Ejemplos de declaraciones de principios personales

De Mahatma Gandhi

Mi primera acción cada mañana será hacer la siguiente resolución para el día:

- No temeré a nadie en la Tierra.
- Temeré únicamente a Dios.
- No profesaré un mal sentimiento hacia nadie.
- No me rendiré ante la injusticia de alguien.
- Conquistaré la mentira con la verdad.
- Y al resistirme a la mentira soportaré todo sufrimiento.

De William Rolfe Kerr

Principios personales y profesionales:

- Tener éxito primero en el hogar.
- Buscar y merecer la ayuda divina.
- Nunca sacrificar la honestidad.
- Recordar a la gente implicada.
- Planear el mañana hoy.
- Desarrollar una nueva habilidad cada año.
- Lograr visibilidad mediante la productividad.
- Apresurarme mientras espero.
- Facilitar el éxito de mis colegas.
- Buscar la excelencia en todas mis empresas.
- Ser sincero y gentil, aunque con decisión.
- Ser una persona creativa e innovadora.
- No temer a los errores.
- Concentrar todas mis habilidades en la tarea que esté realizando.
- Obtener el consejo de los demás.
- Defender a quienes están ausentes.
- Escuchar el doble de lo que hablo.
- Ser ordenado en mi trabajo y en mi persona.
- Mantener una actitud positiva y el sentido del humor.

Una manera de mejorar el uso eficiente del tiempo consiste en estar alerta de las propias tendencias a utilizar el tiempo en forma ineficiente. La lista de proposiciones de la tabla 2.4 muestra patrones generales de comportamiento de la mayoría de los individuos en su uso del tiempo. En muchas situaciones, estas tendencias podrían representar respuestas adecuadas. En otras, sin embargo, podrían entorpecer la administración eficiente del tiempo e incrementar los factores estresantes de tiempo a menos que los individuos estén conscientes de ello y de sus posibles consecuencias.

Para ayudarle a identificar sus propias prácticas de administración del tiempo y determinar la eficiencia con la que usted utiliza su tiempo, en la sección de Evaluación incluimos un instrumento de diagnóstico: el Cuestionario de administración del tiempo. Los principios del cuestionario de administración del tiempo se derivan de la investigación sobre el tema, y la información de su puntuación le mostrará qué tan bien administra su tiempo en comparación con otros. Las reglas siguientes corresponden al número de reactivo de la encuesta de evaluación.

Desde luego, ningún individuo puede o debe poner en práctica todas estas técnicas de administración del tiempo a la vez. Sería abrumador. Por lo tanto, es mejor seleccionar unos pocos consejos que producirán la mejora más notable en el uso de su tiempo. Ahorrar sólo 10 por ciento de tiempo o utilizar 30 minutos adicionales al día de forma más sensata podría generar resultados sorprendentes en el transcurso de meses y años, además de reducir su estrés asociado con la falta de tiempo.

Regla 1 Lea en forma selectiva. La mayor parte de la lectura debe hacerse en la forma en que se lee un periódico, esto es, examinar la mayor parte en forma superficial y detenerse a leer sólo lo que parece importante. Si usted subraya o resalta lo que le parezca importante, podrá revisarlo con rapidez cuando lo necesite.

Regla 2 Elabore una lista de cosas que quiera lograr hoy. Enfóquese en lo que quiere lograr, no sólo en lo que quiere hacer.

Regla 3 Destine un lugar para todo y mantenga cada cosa en su lugar. Permitir que las cosas estén fuera de su lugar le roba tiempo en dos formas: necesitará más tiempo para encontrar algo cuando lo necesite y se sentirá tentado a interrumpir la tarea que está haciendo para hacer otra cosa.

Regla 4 Priorice sus tareas. Cada día usted debe enfocarse primero en las tareas importantes y luego en las urgentes.

Regla 5 Haga sólo una cosa importante a la vez y muchas cosas triviales en forma simultánea. Usted puede lograr mucho más haciendo más de una cosa a la vez cuando las tareas son rutinarias o triviales, o cuando requieren poco pensamiento.

Regla 6 Elabore una lista de algunas tareas pequeñas de 5 o 10 minutos. Esto sirve para aprovechar los pequeños espacios de tiempo que casi todos tenemos durante el día (esperar a que algo comience, entre las reuniones o eventos, al hablar por teléfono, etcétera).

Tabla 2.4 Patrones típicos de uso de tiempo

- Hacemos lo que nos gusta antes de hacer lo que no nos gusta.
- Hacemos lo que sabemos hacer más rápido que lo que no sabemos hacer.
- Hacemos lo más fácil antes que lo difícil.
- Hacemos lo que requiere poco tiempo antes que lo que requiere mucho tiempo.
- Hacemos aquello para lo que hay recursos disponibles.
- Realizamos las actividades que están programadas (por ejemplo, reuniones) antes de lo que no está programado.
- A veces hacemos las actividades que están planeadas antes de las que no están planeadas.
- Respondemos a las demandas de los demás antes que a las demandas propias.
- Hacemos lo urgente antes que lo importante.
- Respondemos con rapidez a las crisis y a las emergencias.
- Hacemos lo interesante antes de lo que nos aburre.
- Hacemos cosas que nos acercan a nuestros objetivos personales o que son políticamente adecuadas.
- Esperamos hasta que llegue la fecha límite antes de empezar a actuar.
- Hacemos cosas que ofrecen el cierre más inmediato.
- Respondemos de acuerdo con la persona que lo quiere.
- Respondemos a partir de las consecuencias que tiene para nosotros hacer o no hacer algo.
- Hacemos los trabajos pequeños antes que los grandes.
- Trabajamos los asuntos en el orden en el que se presentan.
- Trabajamos con base en el principio de la rueda que rechina (engrasamos la rueda que hace ruido).
- Trabajamos con base en las consecuencias para el grupo.

Regla 7 Divida los proyectos grandes. Esto ayuda a no sentirse abrumado por las tareas grandes, importantes y urgentes.

Regla 8 Determine el 20 por ciento crítico de sus tareas. La ley de Pareto establece que sólo 20 por ciento del trabajo produce 80 por ciento de los resultados.

Regla 9 Reserve su mejor momento para los asuntos importantes. Haga el trabajo de rutina cuando su nivel de energía sea bajo y su mente no esté alerta o cuando no esté al tanto de las cosas. Reserve su momento de energía alta para realizar las tareas más importantes y urgentes.

Regla 10 Reserve algún lapso durante el día en el que los demás no tengan acceso a usted. Utilice ese tiempo para lograr tareas importantes y no urgentes, o utilícelo sólo para pensar.

Regla 11 Evite posponer las cosas. Si usted realiza ciertas tareas con prontitud, requerirán menos tiempo y esfuerzo que si usted las posterga.

Regla 12 Mantenga un registro de su tiempo. Ésta es una de las mejores estrategias para administrar el tiempo. Anote cómo usa cada hora durante un periodo prolongado.

Regla 13 Establezca fechas límite. El trabajo siempre se extiende para llenar el tiempo disponible, de manera que si no especifica un tiempo de terminación, las tareas tienden a continuar por más tiempo del necesario.

Regla 14 Haga algo productivo mientras espera. Procure leer, planear, preparar, ensayar, revisar, bosquejar o memorizar.

Regla 15 Realice el trabajo pesado en un periodo establecido durante el día. Reserve su mejor tiempo para las tareas no triviales.

Regla 16 Termine por lo menos una cosa cada día. Terminar una tarea, aunque sea pequeña, produce un sentimiento de alivio y disminuye el estrés.

Regla 17 Programe algún momento personal. Usted necesita algún tiempo sin interrupciones, cuando pueda bajarse de la "vía rápida" por un momento y estar solo.

Regla 18 Permítase preocuparse sólo durante un tiempo específico y evite estar pensando en un problema que le preocupe en otros momentos.

Regla 19 Escriba objetivos a largo plazo. Usted puede ser eficiente y organizado y no lograr nada, a menos que tenga una dirección clara en mente.

Regla 20 Esté alerta ante otras formas de mejorar su administración del tiempo. Lea una lista de consejos de administración del tiempo periódicamente.

Administración eficiente del tiempo para directivos/gerentes

La segunda lista de reglas se aplica a los directivos/gerentes en su trabajo. Las primeras nueve reglas se refieren a la organización de reuniones, ya que los directivos reportan que pasan aproximadamente 70 por ciento de su tiempo en reuniones (Cooper y Davidson, 1982; Mintzberg, 1973; Panko, 1992).

Regla 1 Realice las reuniones de rutina al final del día. Los niveles de energía y creatividad son más altos temprano por la mañana y no deben desperdiciarse en asuntos triviales. Además, fijar una hora límite, es decir, un punto de terminación, establecerá un límite de tiempo para la reunión.

Regla 2 Manténgase de pie en las reuniones cortas. Esto garantiza que las juntas sean breves.

Regla 3 Fije un límite de tiempo. Identifique cuándo terminará la reunión al inicio de cada cita y reunión.

Regla 4 Cancele las reuniones de cuando en cuando; éstas se deben realizar sólo si pueden lograr un objetivo específico.

Reglas 5, 6 y 7 Elabore agendas, apéguese a ellas y mantenga un registro del tiempo. Llevar un registro de la reunión asegura que las tareas no se olviden, que se dé un seguimiento, se asuman responsabilidades y que todos tengan claras las expectativas.

Regla 8 Comience las reuniones puntualmente. Comenzar a tiempo en vez de esperar a los retrasados recompensa a la gente puntual.

Regla 9 Prepare minutas de las reuniones y dé seguimiento a las anteriores. Los compromisos y las expectativas que se hacen públicos por medio de minutas tienen mayor probabilidad de cumplirse.

Regla 10 Insista en que los subalternos sugieran soluciones a los problemas. Esto elimina la tendencia hacia la delegación ascendente, es decir, que los subalternos pongan en manos del superior los problemas difíciles, y le permite elegir entre las alternativas sugeridas por los subalternos en lugar de generar las propias.

Regla 11 Reciba a los visitantes en la entrada. Es más fácil mantener una visita corta si usted está de pie en la entrada que si está sentado en su escritorio.

Regla 12 Vaya a las oficinas de sus subalternos para las reuniones breves, si es práctico. Esto le ayudará a controlar la duración de una reunión al sentirse libre de irse cuando lo desee.

Regla 13 No programe demasiadas actividades en un día. Usted debe mantenerse en control de, al menos, parte de su tiempo cada día de trabajo.

Regla 14 Deje que alguien más tome las llamadas telefónicas y revise el correo electrónico, o establezca filtros informáticos para no recibir mensajes irrelevantes.

Regla 15 Tenga un lugar para trabajar sin interrupciones. Esto ayuda a garantizar que cuando una fecha de entrega esté cerca, usted se pueda concentrar en sus tareas sin interrupciones.

Regla 16 Haga algo definitivo con cada documento que maneje. A veces esto significa tirarlo a la basura.

Regla 17 Mantenga limpio su lugar de trabajo. Esto reduce las distracciones y disminuye el tiempo que necesitamos para encontrar las cosas.

Reglas 18, 19 y 20 Delegue trabajo, establezca qué tanta iniciativa deben tener los empleados para las distintas tareas que se les asignen y dé a los demás el crédito por sus éxitos.

Todas estas reglas se relacionan con una delegación eficaz, la cual es una técnica fundamental de administración del tiempo. Las últimas tres reglas también se analizan en el capítulo "Facultar e involucrar a otros".

Recuerde que estas técnicas para administrar el tiempo son el medio para lograr un fin, y no el fin en sí mismo. Si utilizar las técnicas incrementa el estrés en vez de disminuirlo, no deben utilizarse. Sin embargo, las investigaciones indican que los ejecutivos que utilizan este tipo de técnicas controlan mejor su tiempo, obtienen más logros, entablan mejores relaciones con sus subalternos y eliminan muchos de los factores estresantes de tiempo que enfrenta la mayoría de los directivos (Davidson, 1995; Lehrer, 1996; Turkington, 1998). Recuerde que ahorrar sólo 30 minutos al día equivale a un año completo de tiempo libre durante toda su vida laboral. ¡Se trata de 8,760 horas de tiempo libre! Usted descubrirá que, cuando decida aplicar algunos de estos consejos a su vida, su uso del tiempo será más eficiente, y su estrés por causa del tiempo disminuirá.

ELIMINACIÓN DE FACTORES ESTRESANTES DE ENCUENTRO MEDIANTE LA COMUNIDAD, LA COLABORACIÓN Y LA INTELIGENCIA EMOCIONAL

Las relaciones insatisfactorias con los demás, en particular con un directivo o un supervisor directo, son las principales causas de estrés entre los empleados. (Este tema se analiza con más profundidad en el capítulo 4). Estos factores estresantes de encuentro son el resultado directo de relaciones ríspidas, conflictivas y poco gratificantes. Aunque el trabajo esté bien, cuando está presente el estrés de encuentro, todo lo demás parece ir mal. Es difícil mantener una energía positiva cuando uno está luchando o en conflicto con alguien, cuando se siente ofendido, o cuando los sentimientos de aceptación y cordialidad no caracterizan las relaciones laborales importantes.

Comunidad

Un factor importante que ayuda a eliminar el estrés de encuentro es la pertenencia a un grupo o una comunidad estable y muy unida. Cuando las personas se sienten parte de un grupo, o aceptadas por otras, el estrés se reduce. Por ejemplo, hace 35 años el doctor Stewart Wolf descubrió que en la ciudad de Roseto, Pennsylvania, los residentes estaban completamente libres de enfermedades del corazón y de otros padecimientos relacionados con el estrés. Pensó que su protección venía de su inusual cohesión y estabilidad social. La población de ese lugar estaba compuesta por completo por descendientes de italianos que se habían mudado ahí 100 años antes, procedentes de Roseto, Italia. Pocos se casaban fuera de su comunidad, el primogénito siempre llevaba el nombre del abuelo, se evitaban los consumos excesivos, las exhibiciones de superioridad, y el apoyo social entre los miembros de la comunidad era una forma de vida.

Wolf predijo que los residentes comenzarían a mostrar la misma incidencia de enfermedades relacionadas con el estrés que el resto del país si eran invadidos por el mundo moderno, y así fue. Los residentes de Roseto tenían Cadillacs, hogares tipo ranchos, matrimonios mezclados, nuevos nombres, competencia entre ellos y una tasa de enfermedades coronarias igual a la de cualquier otra ciudad (Farnham, 1991). Habían dejado de ser un clan cohesivo y colaborador, para convertirse en una comunidad de egoísmo y exclusividad. Se descubrió que el egocentrismo era peligroso para la salud.

Un descubrimiento similar, que surgió de las guerras de Vietnam y del Golfo Pérsico, está relacionado con la fuerza asociada a equipos de trabajo primarios y pequeños. En Vietnam, a diferencia del Golfo Pérsico, los equipos de soldados no permanecieron juntos y no formaron lazos fuertes. La inclusión continua de nuevo personal en los escuadrones y la transferencia constante de soldados de un lugar a otro hizo que los soldados se sintieran aislados, sin compromisos de lealtad y vulnerables a las enfermedades relacionadas con el estrés. En contraste, en la Guerra del Golfo Pérsico los soldados se mantuvieron en la misma unidad a lo largo de toda la campaña, regresaron a casa juntos y se les dio mucho tiempo para hablar de sus experiencias después de la batalla. Se descubrió que contar con un grupo muy unido que ayudara en la interpretación de los hechos y diera apoyo social era la defensa más poderosa contra los traumas posteriores a la batalla. David Marlowe, jefe de psiquiatría del Walter Reed Army Institute of Research, indicó que "a los miembros de los escuadrones se les alienta a utilizar el tiempo de camino a casa desde

una zona de guerra para hablar sobre su experiencia en el campo de batalla. Les ayuda a desintoxicarse. Es por eso que los trajimos en grupos de la guerra Tormenta del Desierto. Sabemos que, a nivel epistemológico, funciona" (Farnham, 1991).

Desarrollar relaciones cercanas con los demás es un freno poderoso para el estrés de encuentro. Una forma de desarrollar este tipo de relación consiste en aplicar un concepto descrito por Stephen Covey (1989): una cuenta bancaria emocional. Covey utilizó esta metáfora para describir la confianza o el sentimiento de seguridad que una persona desarrolla por otra. Cuantos más "depósitos" haga en una cuenta bancaria emocional, más fuerte y elástica se vuelve la relación. Por el contrario, demasiados "retiros" de la cuenta debilitan las relaciones al destruir la credibilidad, la seguridad y la confianza.

Los "depósitos" se hacen al tratar a las personas con amabilidad, cortesía, honestidad y coherencia. La cuenta bancaria emocional crece cuando la gente siente que está recibiendo cariño, respeto y atención. Los "retiros" se hacen al no cumplir con las promesas, no escuchar, no aclarar las expectativas, mostrar enojo o no dejar elegir. Como la falta de respeto y las reglas autocráticas devalúan a las personas y destruyen el sentimiento de valía personal, las relaciones se deterioran, pues la cuenta se sobregira.

Cuanto más interactúa la gente, más numerosos deben ser los depósitos que se hagan en la cuenta bancaria emocional. Cuando usted ve a un viejo amigo después de años de ausencia, a menudo puede continuar la relación justo donde la dejó, porque la cuenta bancaria emocional ha permanecido intacta. Pero cuando usted interactúa con alguien con frecuencia, la relación se alimenta o se vacía constantemente. Las señales de las interacciones diarias se interpretan como depósitos o como retiros. Cuando una cuenta emocional está bien administrada, los errores, las desilusiones y las fricciones menores se perdonan e ignoran con facilidad. Pero cuando no existe ninguna reserva, esos incidentes suelen crear desconfianza, disputas y estrés.

Una de las maneras más importantes de hacer depósitos en las cuentas bancarias emocionales es colaborar con el bienestar de los demás. Este principio se puede ilustrar con estudios realizados en la Universidad de Michigan.

Colaboración

En un estudio, Crocker y Park (2004) dieron seguimiento durante un año a estudiantes universitarios de recién ingreso. Al inicio del primer semestre, pidieron a los estudiantes que identificaran sus metas para ese año. Esas metas se pudieron clasificar en dos tipos. La mayoría de las personas tiene los dos tipos de metas, pero uno de los dos tiende a predominar. Un tipo es el llamado metas de logro, que enfatizan el logro de los resultados deseados, la obtención de recompensas, la consecución de algo que produce satisfacción, la mejora de la autoestima o la creación de una imagen positiva ante los demás (por ejemplo, buenas calificaciones, formar parte del equipo y ser popular).

El otro tipo de metas se enfoca en proporcionar beneficios a los demás o en colaborar, y se centra en lo que los individuos pueden dar en comparación con lo que pueden recibir (ayudar a otros, ayudar a mejorar algo, impulsar los beneficios de algo). Las metas de colaboración están motivadas más por la benevolencia que por el deseo de adquisición. Los investigadores descubrieron que las metas enfocadas en la colaboración producían, con el tiempo, una inclinación hacia el crecimiento en los individuos, mientras que las metas dirigidas a los propios intereses producían en ellos una inclinación a tener que demostrar algo (Crocker *et al.*, 2006).

Estos estudiantes fueron monitoreados durante un año académico en términos de qué tan bien se llevaban con sus compañeros de habitación, cuántas veces dejaban de asistir a clase, cuántos síntomas fisiológicos menores padecían (por ejemplo, dolor de cabeza, náuseas, calambres), cuántas posiciones de liderazgo lograban, sus calificaciones promedio, etcétera. En todos los resultados, las metas de colaboración llevaron a un mejor desempeño que las metas de logro. El estudio halló que las de colaboración llevaban a un nivel significativamente mayor de aprendizaje y desarrollo, mayores niveles de confianza interpersonal, más relaciones de apoyo y menos estrés, depresión y soledad que las metas de logro o de interés propio (Crocker *et al.*, 2006).

Estos hallazgos se reforzaron con un estudio de Brown y colaboradores (2003, 2006) en pacientes tratados con máquinas de diálisis renal. El estudio se enfocó en dos factores diferentes. Uno fue el grado en el que los pacientes recibían amor, apoyo y ánimo de otros (como los miembros de la familia). El otro era el grado en el que los pacientes daban amor, apoyo y ánimo a otros. Aun cuando estaban inmóviles y no podían responder físicamente, los pacientes presentaban mejor salud cuando sentían que ellos contribuían al bienestar de otros mediante apoyo, amor y ánimo en comparación a cuando ellos recibían esas cosas. Las metas enfocadas en la colaboración produjeron significativamente más beneficios mentales, emocionales y fisiológicos que las metas enfocadas a logros.

En los estudios del lenguaje que las personas usan para describir experiencias, Pennebaker (2002) halló que una predominancia del pronombre "nosotros" se asociaba con menos estrés, relaciones más significativas y mayores niveles de satisfacción en el trabajo que cuando predominaba el pronombre "yo". En otras palabras, se puede superar el estrés de encuentro cambiando nuestro enfoque del logro a la colaboración. Hacemos depósitos en la cuenta bancaria emocional de las relaciones cuando nos enfocamos en colaborar con el bienestar de los demás en lugar de enfocarnos principalmente en lo que queremos.

Inteligencia social y emocional

Como indicamos en el capítulo 1, la inteligencia emocional se ha convertido en un término que incorpora a las inteligencias múltiples, por ejemplo, la inteligencia práctica, la inteligencia abstracta, la inteligencia moral, la inteligencia interpersonal, la inteligencia espiritual, la inteligencia mecánica y la inteligencia social (Gardner, 1993; Mayer, Roberts y Barsade, 2008; Sternberg, 1997). La inteligencia emocional consiste en el reconocimiento y control de las emociones propias (personales) y el reconocimiento y la respuesta apropiada ante el comportamiento y respuestas de los demás (sociales). No es sorprendente, pues, que las inteligencias emocional y social representen habilidades importantes para ayudar a las personas a manejar el estrés que surge de los encuentros interpersonales (Cantor y Kihlstrom, 1987; Goleman, 1998; Halberstadt, Denham y Dunsmore, 2001; Saarni, 1997).

El aspecto social de la inteligencia emocional se refiere a la capacidad de manejar eficazmente las relaciones con otras personas y consta de cuatro dimensiones principales:

1. La percepción exacta de las respuestas emocionales y conductuales de los demás.
2. La capacidad de entender las respuestas de los demás a nivel cognitivo y emocional, y de relacionarse con éstas.
3. El conocimiento social o saber cuál es un comportamiento social adecuado.
4. La solución de problemas sociales o la capacidad de manejar problemas interpersonales.

La forma más común de inteligencia que las personas conocen es el coeficiente intelectual (CI) o inteligencia cognitiva. Sin duda, este tipo de inteligencia está más allá de nuestro control, especialmente después de los primeros años de vida. Es el producto de los dones con los que nacimos o de nuestro código genético. Por arriba de cierto nivel del umbral, la correlación entre el CI y el éxito en la vida (por ejemplo, conseguir altos puestos laborales, acumulación de riqueza, obtención de premios, satisfacción en la vida, reconocimiento de compañeros y superiores por desempeño) es esencialmente nula: las personas muy inteligentes no tienen mayor probabilidad de lograr el éxito en la vida o la felicidad personal que las personas con un CI bajo (Goleman, 1998; Spencer y Spencer, 1993; Sternberg, 1997). Por otro lado, las inteligencias social y emocional tienen una alta correlación positiva con el éxito en la vida y con bajos niveles de estrés de encuentro.

Por ejemplo, en un estudio de la Universidad de Stanford, niños de cuatro años de edad participaron en actividades que probaban aspectos de su inteligencia emocional. En un estudio se colocó un malvavisco frente a ellos y se les dieron dos opciones: comérselo en ese momento, o esperar hasta que el supervisor adulto volviera de hacer un encargo, y entonces obtendrían dos malvaviscos. Un estudio de seguimiento con estos mismos niños 14 años más tarde, al momento de graduarse de la preparatoria, encontró que los estudiantes que demostraron una mayor inteligencia emocional (es decir, los que controlaron su deseo y pospusieron la gratificación en la tarea del malvavisco) eran menos proclives a desmoronarse bajo estrés, se irritaban y se estresaban menos con las personas con las que tenían fricciones, tenían una mayor probabilidad de lograr sus metas y obtuvieron en promedio 210 puntos más en el resultado de la prueba SAT para ingresar a la universidad (Shoda, Mischel y Peake, 1990). Los resultados del CI de los estudiantes no diferían significativamente, pero los resultados de la inteligencia emocional eran muy distintos. En concordancia con otros estudios, las inteligencias emocional y social pronosticaron éxito en la vida, así como la capacidad para manejar el estrés de encuentro de estos estudiantes.

En otro estudio, cuando los directores/gerentes eran capaces de identificar con precisión las emociones de otras personas y de responder a ellas, tenían más éxito en su vida personal y en su vida laboral (Lusch y Serpkenci, 1990; Rosenthal, 1977), y también se les evaluaba como los ejecutivos más apreciados y competentes (Pilling y Eroglu, 1994).

Entonces, si la inteligencia emocional y la inteligencia social son tan importantes, ¿cómo es posible desarrollarlas? La respuesta no es ni simple ni sencilla. Cada uno de los capítulos de este libro contiene respuestas a esa pregunta. Las habilidades que esperamos ayudarle a desarrollar están dentro de las más importantes de la inteligencia emocional y de la inteligencia social. En otras palabras, al mejorar sus habilidades directivas de las que nos ocupamos en este libro (por ejemplo, autoconocimiento, solución de problemas, comunicación de apoyo, motivación propia y de los demás, manejo de conflictos, facultamiento de los demás, formación de equipos, etcétera), aumentarán los resultados de sus competencias emocionales y sociales.

Esto es importante porque una encuesta nacional de trabajadores encontró que los empleados que calificaron a sus directivos/gerentes como competentes a nivel interpersonal y capaces de brindar apoyo tenían menores tasas de crisis, menores niveles de estrés, menor incidencia de enfermedades relacionadas con el estrés, mayor productividad, mayor lealtad hacia sus organizaciones y más eficiencia en el trabajo que los empleados con directivos que no brindaban apoyo y que eran interpersonalmente incompetentes (NNL, 1992). Los directivos/gerentes social y emocionalmente inteligentes influyen en el éxito de sus

empleados tanto como en el propio y disminuirán los factores estresantes de encuentro.

ELIMINACIÓN DE FACTORES ESTRESANTES SITUACIONALES MEDIANTE EL REDISEÑO DEL TRABAJO

Durante décadas, los investigadores en el área de la salud ocupacional han estudiado la relación entre la tensión laboral y los resultados de comportamientos psicológicos y fisiológicos relacionados con el estrés.

Una revisión de esta investigación sugiere que el factor más importante que contribuye al estrés es la falta de libertad (Adler, 1989; French y Caplan, 1972; Greenberger y Stasser, 1991). En un estudio con administradores, ingenieros y científicos del Goddard Space Flight Center, los investigadores encontraron que los individuos que tenían una mayor libertad para tomar decisiones acerca de tareas asignadas experimentaron en menor proporción factores estresantes de tiempo (por ejemplo, sobrecarga de funciones), factores estresantes situacionales (por ejemplo, ambigüedad de funciones), factores estresantes de encuentro (por ejemplo, conflictos interpersonales) y factores estresantes anticipatorios (por ejemplo, amenazas relacionadas con el trabajo). En cambio, los individuos sin libertad y sin participación experimentaron significativamente más estrés.

En respuesta a esta dinámica, Hackman, Oldham, Janson y Purdy (1975) propusieron un modelo de rediseño laboral que ha demostrado ser eficaz para reducir el estrés e incrementar la satisfacción y la productividad. En el capítulo 5 se incluye un análisis detallado de este modelo, el cual identifica maneras de diseñar el trabajo para que las personas se fortalezcan y eviten el estrés situacional. Este modelo abarca cinco aspectos del trabajo: **variedad de habilidades** (la oportunidad de utilizar múltiples habilidades al desempeñar un trabajo), **identidad de tareas** (la oportunidad de realizar una tarea completa), **importancia de la tarea** (la oportunidad de ver el efecto del trabajo que se desempeña), **autonomía** (la oportunidad de elegir cómo y cuándo se hará el trabajo) y la **retroalimentación** (la oportunidad de recibir información acerca del éxito del logro de la tarea). Esto es, para eliminar factores estresantes situacionales en el trabajo, se recomienda lo siguiente:

Combine tareas   Cuando los individuos son capaces de trabajar en un proyecto completo y desempeñar una diversidad de tareas relacionadas (por ejemplo, programar todos los componentes de un paquete de software computacional), en vez de estar restringidos a trabajar en una sola tarea repetitiva o un subcomponente de una tarea más amplia, se sienten más satisfechos y comprometidos.

Forme unidades de trabajo identificables   A partir de la primera etapa, cuando se están formando los equipos de individuos que desempeñan tareas relacionadas y pueden decidir cómo completar el trabajo, el estrés disminuye drásticamente (por ejemplo, ensamblar un componente desde el principio hasta el final, en lugar de realizar tareas separadas como en una línea de ensamble). Los trabajadores aprenden las funciones de los demás, se turnan en las tareas y experimentan la satisfacción de realizar un trabajo completo.

Establezca relaciones con los clientes Una de las partes que más se disfrutan de un trabajo es ver las consecuencias de la labor personal. En la mayoría de las empresas, las personas que hacen el trabajo no tienen la oportunidad de interactuar con los clientes o usuarios finales, pero se desempeñan mejor cuando lo hacen (Oldham, 2012).

Incremente la autoridad en la toma de decisiones Ser capaz de influir en el qué, cuándo y cómo del trabajo incrementa los sentimientos de control de un individuo. Al estudiar a empresas que estaban realizando recortes de personal, Cameron, Freeman y Mishra (1991) encontraron una disminución significativa en el estrés que experimentaban los empleados de empresas con recorte de personal cuando se les daba la autoridad para que tomaran las decisiones sobre cómo y cuándo harían el trabajo adicional que se requería de ellos.

Abra canales de retroalimentación Desconocer las expectativas y la forma en que se evalúa el desempeño de las tareas es una fuente importante de estrés. En la medida en que los directores/gerentes comunican sus expectativas con más claridad y dan retroalimentación más oportuna y precisa, la satisfacción y el desempeño de los subalternos mejoran y el estrés disminuye. Brindar más información a las personas sobre su desempeño siempre reduce su estrés.

En varios estudios se ha reportado evidencia de que estas prácticas son eficaces: hallaron que la productividad aumenta, hay menos ausentismo y errores, y los directivos sienten menos estrés como resultado de un rediseño del trabajo (Hackman y Oldham, 1980; Oldham, 2012; Singh, 1998).

ELIMINACIÓN DE LOS FACTORES ESTRESANTES ANTICIPATORIOS MEDIANTE LA PRIORIZACIÓN, EL ESTABLECIMIENTO DE METAS Y LOS PEQUEÑOS TRIUNFOS

Casi todo el mundo ha experimentado factores estresantes anticipatorios. Todos nos hemos preocupado por una presentación, un examen cercano, una entrevista importante o lo que nos deparará el futuro. Este tipo de estrés puede ser bueno al aumentar el nivel de alerta y preparación. Pero algunas veces puede ser paralizante. ¿Cómo eliminamos o minimizamos los efectos negativos del estrés anticipatorio? Dos prácticas sencillas pueden resultar de ayuda.

Establecimiento de metas Establecer metas a corto plazo puede ayudar a eliminar o minimizar los factores estresantes anticipatorios al enfocar la atención en una acción o logro inmediato, y no en un futuro temible. Para que sea eficaz, se requieren varios pasos de acciones si se pretende lograr planes a corto plazo y eliminar el estrés (Locke y Latham, 1990). La figura 2.4 describe el proceso de cuatro pasos asociado con una planeación exitosa a corto plazo.

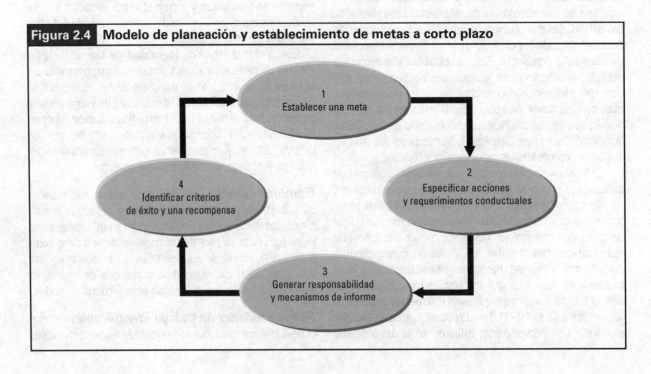

Figura 2.4 | Modelo de planeación y establecimiento de metas a corto plazo

1 Establecer una meta

2 Especificar acciones y requerimientos conductuales

3 Generar responsabilidad y mecanismos de informe

4 Identificar criterios de éxito y una recompensa

El primer paso es sencillo: identificar la meta o el objetivo deseado. Las mejores metas se caracterizan por cinco atributos bien conocidos resumidos en el acrónimo en inglés SMART:

S = Específica (no general)
M = Medible (no subjetiva)
A = Alineada (no desviada)
R = Realistas (no fantasiosa)
T = Con un límite de tiempo (no sin límites)

Por desgracia, es poco probable que este primer paso, por sí mismo, conduzca al logro de las metas o a la eliminación del estrés. Por ejemplo, la mayoría de las personas identifican los deseos de Año Nuevo, pero nunca las siguen. Por tanto, el paso 2 es identificar, en forma tan específica como sea posible, las actividades y comportamientos que conducirán a la meta. El principio es "Cuanto más difícil de lograr sea la meta, más rigurosos, numerosos y específicos deberán ser esos comportamientos y actividades".

Hace años, antes de una cirugía bariátrica, una amiga se acercó a nosotros con un problema. Ella era una maravillosa mujer soltera, sensible, atenta y competente, cercana a los 30, que estaba sufriendo un alto grado de estrés anticipatorio debido a su talla. Había pesado más de 158 kilos por más de 10 años. Tenía miedo tanto de las consecuencias sociales como de los efectos para su salud si no podía reducir su peso. Bajo la vigilancia de un médico, se fijó la meta de perder 45 kilos en los siguientes 12 meses (paso 1). Sin embargo, como era una meta muy difícil de lograr, nos pidió ayuda para cumplir su ambicioso objetivo.

Primero identificamos alrededor de una docena de acciones y lineamientos específicos que podrían facilitar el logro de la meta (paso 2), como nunca ir de compras sola o sin una lista, nunca llevar más de 50 centavos de cambio (para evitar la tentación de comprar una rosquilla), hacer ejercicio con amigos todos los días a las 5:30 de la tarde, evitar ver la televisión para reducir la tentación de tomar un refrigerio, llevar un registro de comidas e irse a la cama a las 10:30 de la noche. Los comportamientos eran rígidos, pero la meta era tan difícil que se hacían necesarios para asegurar el progreso.

El paso 3 implica establecer mecanismos de responsabilidad. Si nadie más se entera de que se tiene una meta, existen posibilidades de que no suceda. El principio básico de este paso es el siguiente: "Hacer que sea más difícil permanecer igual que cambiar". Esto se hace al hacer partícipes a otros para garantizar la adherencia al plan, establecer una red de apoyo social para obtener aliento de los demás y establecer penalizaciones por el incumplimiento.

Además de anunciar a los compañeros de trabajo, amigos y a un grupo de su iglesia que perdería 45 kilos, nuestra amiga renegoció su contrato laboral para que la disminuyera el sueldo si no lograba su meta. Su doctor la registró para una estancia en el hospital al finalizar el periodo de 12 meses, de tal forma que si no lograba la meta por su cuenta, comenzaría un programa de alimentación intravenosa en el hospital para perder el peso, a un costo de más de $250 diarios. Ella hizo más costoso y difícil fallar que alcanzar la meta.

El paso 4 consiste en establecer un sistema de evaluación y recompensa. Esto significa identificar la evidencia de que la meta se ha cumplido y se tendrá éxito en lograr los beneficios. Este paso es crucial, porque muchas metas deseables (como ser un mejor líder, un amigo más empático, un padre más paciente) no se logran sin indicadores específicos de éxito. ¿Cómo sabré que he alcanzado mis metas? Identifique los indicadores objetivos de éxito.

El objetivo de este modelo de planeación a corto plazo es eliminar el estrés anticipatorio al establecer un enfoque y una dirección para las actividades. La ansiedad asociada con la incertidumbre y los eventos potencialmente negativos se disipa cuando la energía mental y física se concentra en una actividad con algún propósito. (Por cierto, la última vez que vimos a nuestra amiga, pesaba menos de 90 kilos).

Pequeños triunfos Otro principio relacionado con la eliminación del estrés anticipatorio es la estrategia de los pequeños triunfos (Weick, 1984). Un "pequeño triunfo" es un cambio menor, pero definitivo, que se hace en la dirección deseada. Comenzamos por cambiar algo que es relativamente fácil de hacer. Luego cambiamos una segunda cosa que es fácil de hacer, y así sucesivamente. Aunque cada éxito individual puede ser relativamente modesto al considerarlo de manera independiente, los múltiples triunfos pequeños, con el tiempo, se van sumando, y generan así un sentido de ímpetu que crea la impresión de un gran movimiento hacia la meta deseada.

Cuando las personas se enfocan en un resultado pequeño y concreto (lo que nos da la posibilidad de vislumbrar un éxito palpable) desarrollan mayor confianza y optimismo que motivan a la consecución de otro pequeño triunfo. Por sí mismo, un triunfo pequeño puede no parecer importante. Sin embargo, una serie de triunfos en tareas aparentemente insignificantes revela un patrón que atrae aliados, detiene a los oponentes y disminuye la resistencia a seguir actuando. El miedo asociado con el cambio anticipatorio se elimina a medida que desarrollamos autoconfianza mediante pequeños triunfos. También se logra el apoyo de los demás a medida que ellos ven que se van realizando progresos.

En el caso de nuestra amiga con sobrepeso, una clave fue comenzar a cambiar lo que podía cambiar, un poco a la vez. Lograr la pérdida de los 45 kilos al mismo tiempo hubiera sido una tarea demasiado agobiante, pero, en cambio, podía cambiar el momento en el que iba de compras, la hora a la que se acostaba y lo que desayunaba. Cada cambio exitoso generó más y más ímpetu que, en combinación, llevó al cambio mayor que ella deseaba. Su éxito final fue el producto de múltiples triunfos pequeños.

En resumen, las reglas para lograr pequeños triunfos son simples: (1) identifique una actividad pequeña y fácil de cambiar que esté bajo su control; (2) cámbiela para que lo conduzca hacia su meta deseada; (3) encuentre otra cosa pequeña que pueda cambiar y cámbiela; (4) lleve un registro de los cambios que está haciendo y (5) conserve los pequeños triunfos que haya logrado. Los factores estresantes anticipatorios se eliminan porque la atención hacia los éxitos inmediatos remplaza a lo temido y lo desconocido.

Desarrollo de la resiliencia y el bienestar

Ahora que hemos examinado diversas causas de estrés y hemos presentado una serie de medidas preventivas, dirigimos nuestra atención a una segunda estrategia importante para el manejo del estrés negativo (como se muestra en la figura 2.2): el desarrollo de la **resiliencia** para manejar el estrés que no puede eliminarse. Estos significa no sólo desarrollar la capacidad de manejar eficazmente los efectos negativos del estrés para sobreponerse en medio de la adversidad y resistir en situaciones difíciles (Wright, Masten y Naravan, 2013), sino también hallar maneras de impulsarnos y prosperar aun en circunstancias difíciles; esto es, mejorar el bienestar (Diener, Porath *et al.*, 2011; Spreitzer *et al.*, 2005). La escala de prosperidad en la sección de Evaluación de este capítulo mide el nivel de su bienestar personal o el grado en el que está prosperando en la vida. La prosperidad proporciona la resiliencia que se necesita para manejar con eficacia el estrés.

Los primeros estudios de la resiliencia surgieron de investigaciones con niños cuyos padres eran abusivos, alcohólicos, de escasos recursos o enfermos mentales. Algunos de estos niños sorprendieron a los investigadores al sobreponerse a sus circunstancias y convertirse en adolescentes y adultos saludables, y con un buen desenvolvimiento. Los científicos los describieron como individuos con un alto nivel de resiliencia (Masten y Reed, 2002).

Todos diferimos ampliamente en nuestra capacidad para manejar el estrés. Algunos individuos parecen desmoronarse bajo la presión, mientras que otros parecen prosperar. Un factor de predicción importante de cuáles individuos manejarán adecuadamente el estrés y disfrutarán de bienestar es la cantidad de resiliencia que han desarrollado. En esta sección se hace hincapié en varios factores clave que ayudan a los individuos a desarrollar y mejorar la resiliencia personal y hallar maneras de prosperar en medio de situaciones estresantes.

EQUILIBRIO DE VIDA

El círculo de la figura 2.5 representa las actividades fundamentales que caracterizan la vida de la mayoría de las personas. Cada segmento de la figura identifica un aspecto importante de la vida que debe desarrollarse para lograr la resiliencia y el bienestar. Los individuos con mayor resiliencia son aquellos que han logrado un cierto grado de **equilibrio en la vida**. Ellos participan activamente en actividades de cada segmento del círculo, por lo que logran cierto grado de equilibrio en su vida.

Por ejemplo, suponga que el centro de la figura representa el punto cero de participación, y el borde externo de la figura representa una participación máxima. La sombra dentro de una porción del área en cada uno de los siete segmentos representaría la cantidad de atención que se dedica a cada una (este ejercicio se incluye en la sección Práctica de habilidades). Los individuos que son más capaces de lidiar con el estrés sombrearían una porción sustancial de cada segmento, lo que indicaría que han empleado tiempo desarrollando una diversidad de dimensiones de su vida. El énfasis exagerado en una o dos áreas, hasta la exclusión de las otras, a menudo crea más estrés del que elimina. La clave es un equilibrio en la vida (Hill, Hawkins, Ferris y Weitzman, 2001; Lehrer, 1996; Murphy, 1996; Rostad y Long, 1996; White, Hill, McGovern; Mills y Smeaton, 2003).

Desde luego, esta recomendación parece contraria a la intuición. Por lo general, cuando sentimos estrés en alguna área de la vida, como un horario de trabajo sobresaturado, respondemos dedicando más tiempo y atención a este aspecto. Aunque ésta es una reacción natural, es contraproducente por diversas razones. Primero, cuanto más nos concentremos exclusivamente en el trabajo, más restringidos y menos creativos nos volvemos; perdemos perspectiva, dejamos de tener puntos de vista nuevos y nos abrumamos con más facilidad. Por esa razón, diversas corporaciones importantes envían a los directivos de nivel superior a retiros de gran aventura en la selva, fomentan el servicio comunitario voluntario o los alientan a participar en actividades sin ninguna relación con el trabajo.

En segundo lugar, las mentes frescas y relajadas piensan mejor. Un ejecutivo bancario comentó recientemente, durante un taller de desarrollo ejecutivo, que él se había convencido gradualmente de los beneficios de tomarse el fin de semana libre del trabajo. Se dio cuenta

Figura 2.5 | **Equilibrio entre las actividades de la vida**

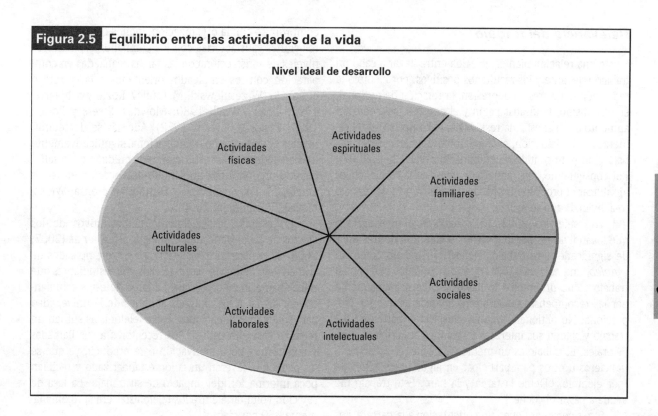

Nivel ideal de desarrollo

Actividades físicas · Actividades espirituales · Actividades familiares · Actividades culturales · Actividades sociales · Actividades laborales · Actividades intelectuales

APRENDIZAJE

de que el lunes logra trabajar el doble que sus colegas que han estado en sus oficinas todo el fin de semana.

Tercero, el costo de las enfermedades relacionadas con el estrés disminuye claramente cuando los empleados participan en programas de bienestar bien diseñados. Un estudio de la Association for Fitness in Business concluyó que las compañías reciben un rendimiento promedio de $3 a $4 por cada dólar invertido en la promoción de la salud y el bienestar. Por ejemplo, AT&T espera ahorrar $72 millones en los próximos 10 años como resultado de su inversión en programas de bienestar para los empleados.

Las personas bien desarrolladas, que dedican tiempo y atención a las actividades culturales, físicas, espirituales, familiares, sociales e intelectuales, además del trabajo, son más productivas y se sienten menos estresadas que quienes son adictos al trabajo (Adler y Hillhouse, 1996; Hepburn, McLoughlin y Barling, 1997; White, Hill, McGovern, Mills y Smeaton, 2003). Hay disponible gran cantidad de bibliografía sobre acondicionamiento físico, desarrollo espiritual, fortalecimiento familiar, etcétera, así que en esta sección nos concentraremos en solo dos áreas comunes del bienestar: el desarrollo de la resiliencia psicológica y de la resiliencia social. Éstas no son habilidades que puedan lograrse para la hora del almuerzo o durante el fin de semana. Más bien, para lograr una vida equilibrada y una personalidad elástica se necesita de compromiso y esfuerzo continuos.

RESILIENCIA PSICOLÓGICA

La resiliencia/elasticidad psicológica se refiere a la capacidad de una persona para volver a su condición original después de experimentar algún trauma, desafío o amenaza. Es la capacidad de recuperarse o resistir factores estresantes negativos. En la ciencia de los materiales se conoce como "estiramiento". La resiliencia/elasticidad psicológica también incluye la idea de prosperidad en presencia de estrés negativo. Es parecido al "crecimiento postraumático" o al hecho de sobresalir como resultado de enfrentar situaciones negativas o difíciles. La resiliencia psicológica ha sido el centro de muchas investigaciones (por ejemplo, vea Reich, Zautra y Hall, 2010; Sutcliffe y Vogus, 2003; Wadey, Evans, Hanton y Neil, 2012), y las indicaciones para su desarrollo son relativamente consistentes en estudios y poblaciones (Ungar, 2008). Incluyen el acceso a relaciones de apoyo y afectuosas, el desarrollo del autoconocimiento y la autoconfianza, la participación en actividades espirituales o religiosas, y el establecimiento de metas personales (Bandura, 2012; Maddi, 2013; Masten y Obradovic, 2006).

Todos estos temas ya se trataron o se tratarán en otros capítulos de este libro, pero aquí destacamos tres prácticas que, se ha demostrado, favorecen la resiliencia, así como la prosperidad en situaciones de estrés. Son la relevancia del trabajo, la reciprocidad y la gratitud.

Relevancia del trabajo

Existe una relación bien establecida entre llevar a cabo un trabajo relevante y los resultados positivos, por ejemplo la reducción del estrés, la depresión, la rotación de personal, el ausentismo, la insatisfacción y el cinismo, así como un aumento del bienestar, la resiliencia, el compromiso, el esfuerzo, la participación, el facultamiento, la felicidad, la satisfacción y un sentido de culminación (vea Chen, 2007). Por consiguiente, una manera de impulsar la resiliencia es identificar el propósito profundo y la relevancia del trabajo (o actividad) que se realiza.

Wrzesniewski (2003, 2012) halló en su investigación que los individuos por lo general asocian uno de tres tipos de significado a su trabajo. Definen su trabajo como un *empleo*, una *carrera* o una *vocación*. Aquellos que ven su trabajo como un empleo lo llevan a cabo principalmente por las recompensas materiales o financieras que les proporciona. No obtienen ninguna satisfacción particular del trabajo y siguen sus intereses y pasiones en ambientes no laborales. El trabajo es un medio para obtener recursos financieros u otros para participar en alguna otra actividad (por ejemplo, "Deme la tarea y la haré. Este trabajo me ayuda a pagar el coche").

Otras personas tienen una orientación a la *carrera*. Los logros y el éxito son sus motivadores. Trabajan para lograr el prestigio, el poder, el reconocimiento y el progreso que son el resultado de hacer bien su trabajo. Desean ser miembros distinguidos de sus organizaciones, y usan el trabajo para conseguir ascensos, notoriedad, títulos o progreso. El trabajo es un medio para lograr el crecimiento personal, el reconocimiento y el desarrollo de la capacidad (por ejemplo, "Quiero llegar a tener un puesto de gerencial/directivo superior en esta organización; quiero mejorar mis habilidades").

La tercera orientación, el trabajo como *vocación*, es característica de los individuos a quienes les impulsa el significado asociado a las tareas en sí mismas: éstas les brindan motivación intrínseca y un propósito profundo. Consideran su trabajo intrínsecamente gratificante y buscan un bien mayor sin importar las recompensas materiales que les ofrezca. Su labor posee un sentido de significado que va más allá del beneficio personal o de la consecución de una recompensa (por ejemplo, "Me importa mucho lo que hago en el trabajo").

Los altos niveles de relevancia en el trabajo no sólo alivian el estrés sino que también se asocian con resultados positivos y un desempeño individual y organizacional extraordinarios (Grant, 2008). Por ejemplo, los empleados con una orientación de vocación reportaron menos efectos negativos del estrés, mayores niveles de confianza y credibilidad en la administración, mayores niveles de

compromiso con la organización, menos conflictos, más relaciones satisfactorias con los compañeros y mayores niveles de satisfacción con las tareas realizadas en comparación con los empleados orientados a la carrera o el trabajo (Wrzesniewski, McCauley, Rozin y Schwartz, 1997; Cook y Wall, 1980; Mowday, Steers y Porter, 1979; Taylor y Bowers, 1972). Además se detectaron niveles de desempeño organizacional significativamente más elevados en las instituciones de cuidado de la salud cuando predominaba un sentido de vocación entre los empleados (Wrzesniewski y Dutton, en prensa; Wrzesniewski y Landman, 2000).

En estudios especialmente demostrativos de los efectos de la relevancia en el trabajo, Grant *et al.* (2007, 2008) se realizaron investigaciones entre empleados de *call centers* (la mayor parte de ellos eran estudiantes que trabajaban a tiempo parcial). La tarea de estos estudiantes era llamar a los antiguos alumnos de la universidad para solicitarles donaciones. Estos telefonistas sufrían un rechazo casi universal de los receptores a sus llamadas y tenían muy poca motivación para producir, ya que se les pedía que leyeran un guión estandarizado y recibían poca información del impacto de su trabajo. La tasa de rotación voluntaria entre los telefonistas era aproximadamente 350 por ciento.

En el estudio, la mitad de los telefonistas fueron expuestos durante sólo 5 minutos a un estudiante becado que se había beneficiado de las donaciones. Este estudiante simplemente agradecía a los telefonistas por sus esfuerzos y les explicaba que no hubiera podido acudir a la universidad si ellos no hubieran conseguido el dinero que mantenía los fondos de la beca. El hecho de que ellos estuvieran consiguiendo dinero para las becas había marcado una gran diferencia en su vida. La otra mitad de los telefonistas no vieron al estudiante becado y no recibieron ese mensaje.

Los resultados de los estudios fueron sorprendentes (Grant, 2007; 2008; Grant *et al.*, 2007). Los telefonistas expuestos al estudiante becado triplicaron su productividad (cantidad de llamadas realizadas) y eficacia (cantidad de dinero conseguido) en comparación a los telefonistas que no recibieron información sobre la relevancia de su trabajo. Los resultados no sólo se vieron reflejados inmediatamente después de la intervención (una semana más tarde), sino que las consecuencias se pudieron ver más de un mes después. Como se ilustra en la figura 2.6, incluso en un empleo negativo, estresante y aburrido, el hecho de identificar su relevancia asociada produjo un desempeño radicalmente mayor.

Es importante recordar que el sentido de vocación no depende del tipo de trabajo realizado. En lugar de eso, se asocia con el significado positivo inherente al trabajo

Figura 2.6	Productividad de los trabajadores un mes más tarde

(Bellah *et al.*, 1985; Wrzesniewski, 2003). Cualquier tipo de trabajo (incluso los considerados como física, social o moralmente no deseados) se pueden **visualizar** con una luz positiva (Ashforth y Kreiner, 1999). En otras palabras, la misma actividad se puede contemplar exactamente como un trabajo o como una vocación dependiendo de la perspectiva del individuo. Incluso la más nociva y desagradable de las tareas puede reinterpretarse como una vocación que tiene un propósito mayor (Pratt y Ashforth, 2003).

El trabajo se asocia con la relevancia cuando posee uno o más de cuatro atributos clave resumidos en la tabla 2.5.

(1) *El trabajo tiene un impacto positivo importante en el bienestar de los seres humanos* (Brown *et al.*, 2003; Grant, 2008; Grant *et al.*, 2007). Los individuos que pueden ver los efectos de su trabajo en los demás (es decir, que están conscientes de las contribuciones que hicieron al bienestar de las personas) tienen un sentido significativamente más alto de relevancia, experimentarán mayores

niveles de bienestar y se desempeñarán y participarán significativamente más en la organización.

Algunas compañías, por ejemplo Medtronic, invitan regularmente a sus pacientes, cuya vida se vio transformada por los dispositivos médicos que fabrican, a dar discursos en sus reuniones de empleados. Google publica en el sitio de su compañía los comentarios de sus clientes, algunos de ellos indicando los beneficios que cambiaron su vida por usar Google. Los empleados de manufactura de Huffy visitan a los clientes para observar cómo usan sus productos y cómo estos productos influyen en su estilo de vida.

(2) *El trabajo se asocia con una virtud importante o un valor personal* (Bright, Cameron y Caza, 2006; Weber, 1992). Algunos valores tienden a ser universales, por ejemplo, la solidaridad, la amabilidad, la frugalidad, la compasión y la ayuda al que está en desventaja. Asociar el trabajo con esos valores tiende a mejorar su relevancia en los individuos.

Por ejemplo, Jeff Schwartz, director ejecutivo de Timberland, decidió aumentar sustancialmente el porcentaje de algodón orgánico en la ropa que la compañía fabrica para reducir la exposición de cancerígenos a los trabajadores migrantes que recogen el algodón que cultiva la corporación. Aun en la ausencia de cualquier demanda o solicitud legal, y a un costo importante en el balance de compañía, la intención de Schwartz era beneficiar a un grupo de personas en desventaja que probablemente nunca serían clientes, pero cuya vida podría mejorar gracias al cambio de política de Timberland (Schwartz, 2001).

(3) *El trabajo tiene un impacto que se extiende más allá del marco de tiempo inmediato o crea una reacción en cadena* (Cameron y Lavine, 2006; Crocker, Nuer, Olivier y Cohen, 2006). Varios autores como

Tabla 2.5	Facilitadores de la relevancia en el trabajo

1. El trabajo tiene un impacto positivo importante en el bienestar de los seres humanos.
2. El trabajo se asocia con una virtud importante o un valor personal.
3. El trabajo tiene un impacto que se extiende más allá del marco de tiempo inmediato o crea una reacción en cadena.
4. El trabajo forma relaciones de apoyo e impulsa la reciprocidad generalizada.

Lawrence y Nohria (2002) y Covey (2004) sugirieron que una necesidad humana básica es crear un legado y ampliar su influencia más allá del marco de tiempo inmediato. En lugar de buscar un beneficio personal inmediato o el engrandecimiento de uno mismo, estos autores destacaban los beneficios de tener un efecto en las consecuencias de largo plazo, incluyendo prosperar en circunstancias difíciles.

Cameron y Lavine (2006) documentaron este efecto al estudiar la limpieza del Arsenal Nuclear de Rocky Flats 60 años antes de lo programado, $30 mil millones por debajo del presupuesto y 13 veces más limpio que lo que los estándares federales requerían. Los miembros de los sindicatos tuvieron que estar dispuestos a trabajar fuera de horas laborales lo más rápido posible (una actitud completamente contradictoria a los propósitos fundamentales de los sindicatos) a la vez que debían mantener altos niveles de moral y seguridad entre el resto de los trabajadores. Este desempeño extraordinario ocurrió porque los empleados hallaron una relevancia profunda en lo que ellos creían que sería un impacto multigeneracional de sus esfuerzos. El hecho de que se eliminaría una ubicación peligrosa y que también sería un refugio salvaje (el único sitio en la pendiente oriental de las montañas Rocosas y un ambiente seguro para los siguientes miles de años) fue una fuerza impulsora al momento de motivar los sacrificios que se necesitaron para tener éxito.

Crear una reacción de cadena significa que algunos comportamientos generan una acción repetitiva. Cuando, por ejemplo, una persona muestra un comportamiento virtuoso (ayuda a alguien en necesidad, expresa agradecimiento, muestra amabilidad o valor) la tendencia es que otras personas la imiten. Tienden a repetir las acciones virtuosas, así que la amabilidad engendra amabilidad, el amor impulsa amor, la gratitud lleva al agradecimiento, etcétera.

(4) *El trabajo forma relaciones de apoyo e impulsa la reciprocidad generalizada* (Baker, 2012, 2013; Polodny, Khurana y Hill-Popper, 2005). En casi cualquier aspecto de la vida, el apoyo social facilita las cosas. Cuando las personas disfrutan relaciones de apoyo con los demás, físicamente son más sanas, viven más, manejan mejor el estrés, se desempeñan a niveles más altos y tienen mejor funcionamiento cognitivo (Cameron, 2013; Dutton, 2003; Heaphy y Dutton, 2006). Una reciente revisión meta-analítica de 148 estudios científicos que representaban a más de 300,000 individuos concluyó que las relaciones interpersonales son un mejor indicador de las tasas de mortalidad, enfermedades cardiovasculares, cáncer y diversas infecciones que el tabaco, el abuso del alcohol, la obesidad y la falta de ejercicio físico (Holt-Lunstad, Smith y Layton, 2010).

Un testimonio conmovedor sobre el valor de los sistemas de apoyo social durante periodos de estrés elevado proviene de las experiencias de soldados capturados durante la Segunda Guerra Mundial y las guerras de Corea y Vietnam. Cuando los prisioneros podían formar grupos interactivos permanentes, se mantenían más saludables y con la moral más elevada, y eran capaces de resistir a sus captores con más eficacia que cuando estaban aislados o cuando los grupos eran inestables. De hecho, una técnica bien documentada que utilizaron los chinos durante la guerra de Corea para vencer la resistencia de los soldados a sus esfuerzos de adoctrinamiento, incluía debilitar la solidaridad del grupo provocando desconfianza y dudas sobre la lealtad de los miembros.

El desarrollo del establecimiento de fuertes relaciones interpersonales es el tema del capítulo 4, pero además, en este capítulo describimos una técnica importante para forjar relaciones de apoyo en relación con la reducción de estrés y la promoción del bienestar. La técnica se centra en la *reciprocidad generalizada*.

La reciprocidad generalizada ocurre cuando una persona contribuye con algo a otra con la que no está directamente conectada para recibir algo a cambio que sea personalmente beneficioso. La colaboración ocurre porque será bueno para alguien. Este principio lo ilustra el antiguo director ejecutivo de Prudential, Jim Mallozzi, como una manera de impulsar más elasticidad en la empresa.

Durante la primera reunión de Mallozzi como director ejecutivo de la empresa con las 2,500 personas de ventas en un gran auditorio, pidió a los participantes que sacaran sus iPhones y Blackberries y los encendieran en lugar de apagarlos. Pidió que cada persona mandara un texto o correo electrónico con una gran idea sobre cómo conseguir un cliente nuevo, cómo cerrar una venta o cómo mantener un cliente de por vida. El objetivo era ayudar a alguien de la compañía a tener más éxito. Se compartieron más de 2,200 ideas y Mallozzi reportó que estas ideas se seguían usando 15 meses más tarde.

Una práctica para impulsar la reciprocidad generalizada aparece en la sección de Práctica de habilidades de este capítulo. Fue presentada por Wayne Baker de la Universidad de Michigan y ayuda a identificar nuevas ideas y recursos previamente no reconocidos entre los individuos (vea www.humaxnetworks.com). Se crea una red de reciprocidad cuando cada individuo de un grupo hace una solicitud, bien personal ("Necesito una persona que dé de comer a mi perro mientras estoy fuera de la ciudad") o relacionada con el trabajo ("Me gustaría saber cómo motivar a mi equipo de ventas"). Luego, otros individuos del grupo responden a estas solicitudes con recursos, conocimiento o conexiones que pueden proporcionar valor. La red se crea cuando quienes solicitan se ponen en contacto con quienes que tienen los recursos o la ayuda.

La realidad es que los seres humanos tienen una tendencia intrínseca a la reciprocidad. Si le damos algo a alguien y esa persona no corresponde (o al menos dice "gracias") la etiquetamos de egoísta, insensible e inapropiada. Todos los sistemas económicos y de intercambio se basan en el principio de la reciprocidad. Tomar algo de una tienda sin dar algo a cambio se llama robar. No por nada nos han enseñado a todos que nuestro orden social se basa en la reciprocidad.

La "reciprocidad generalizada" se da cuando la tendencia a devolver o colaborar no se relaciona directamente con el receptor directo de algo beneficioso. La colaboración ocurre porque será bueno para alguien o algo. Es importante hacer notar que tendemos a clasificar a los otros como líderes más eficaces, amigos más deseables e individuos de mejor rendimiento cuando colaboran con los demás de forma no egoísta (Putnam, 2013).

Gratitud

Otra herramienta aparentemente simple pero muy poderosa para desarrollar la resiliencia y el bienestar personal es la práctica de la gratitud. Sentirla y expresarla tienen efectos impresionantes en los individuos y grupos. Por ejemplo, Emmons (2003) provocó sentimientos de gratitud en los estudiantes al pedirles que llevaran diarios como parte de un experimento que duraría un semestre. A algunos de los estudiantes les pidió que llevaran "diarios de agradecimientos" diaria o semanalmente. Escribirían los eventos o incidentes que les hubieran ocurrido durante el día (o semana) por los que se sintieran agradecidos. A otros estudiantes les asignó que escribieran los eventos o incidentes que fueron frustrantes y a un tercer grupo de estudiantes les asignó que escribieran eventos o incidentes que eran meramente neutrales.

Los estudiantes que llevaron diarios de agradecimientos, en comparación con los estudiantes frustrados y neutros, tenían mejores niveles de bienestar; experimentaban menores síntomas físicos como dolores de cabeza y resfriados; se sentían mejor con su vida en conjunto; eran más

optimistas sobre la semana siguiente; tenían mejores estados de alerta, atención, determinación y energía; reportaron menos confusión y estrés en su vida; participaron en comportamientos de ayudar más a otras personas; tenían mejor calidad de sueño y un sentido de estar más conectados con los demás. Además, presentaban menos ausencias y retrasos, y obtuvieron mejores calificaciones promedio. Los sentimientos de gratitud tuvieron un impacto significativo en su desempeño en clase así como en su vida personal (Emmons, 2008).

La figura 2.7 ilustra una razón por la que ocurren estos resultados positivos. Los individuos que sienten gratitud muestran un ritmo cardiaco más consistente y saludable que los que experimentan frustración. La salud fisiológica, el funcionamiento cognitivo y el desempeño en el trabajo son sustancialmente más altos cuando se impulsa la gratitud, al menos en parte debido al patrón armonioso que adopta el cuerpo. Emmons (2008) también halló que las expresiones de agradecimiento de una persona tendían a motivar a otros a expresarla también, por lo que se da un ciclo virtuoso que se perpetúa a sí mismo cuando ésta se expresa. La gratitud hace aflorar el comportamiento positivo en otras personas (por ejemplo, es más probable que presten dinero o sean compasivas), así como el comportamiento recíproco. Por ejemplo, un "gracias" escrito por el camarero en la cuenta de un restaurante obtuvo aproximadamente 11 por ciento más de propina, y las visitas de los empleados y asistentes sociales aumentaron 80 por ciento si se les agradecía por asistir (McCullough, Emmons y Tsang, 2002).

Se ha demostrado en investigaciones empíricas que hacer visitas de agradecimiento (por ejemplo, visitar a otra persona sólo para expresarle gratitud), escribir cartas de reconocimiento (por ejemplo, compartir sentimientos de gratitud con otra persona), llevar diarios de agradecimientos (como escribir diariamente tres cosas por las cuales se está agradecido) y distribuir cada día tarjetas de agrade-

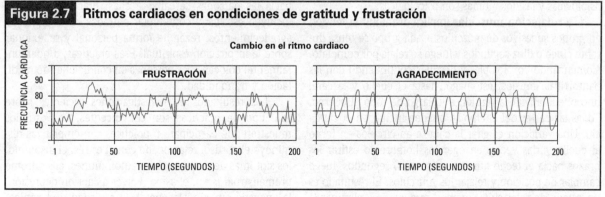

Figura 2.7 | **Ritmos cardiacos en condiciones de gratitud y frustración**

FUENTE: *McCraty, R., y Childre, D. (2004). The grateful heart. En R. A. Emmons and M. E. McCullough (Eds.),* The psychology of gratitude *(pp. 230–255). Nueva York: Oxford University Press.*

cimiento (por ejemplo, hacer llegar cada día a los colegas expresiones escritas de aprecio) producen efectos importantes en los individuos y organizaciones (vea Seligman, Steen, Park y Peterson, 2005). A pesar de ser fácil de implementar, sus efectos son poderosos e importantes para impulsar la resiliencia y ayudar a mejorar el bienestar.

Técnicas para la reducción temporal del estrés

Hasta ahora hemos hablado de la eliminación de fuentes de estrés y el desarrollo de la elasticidad frente al estrés. Éstas son las estrategias de manejo de estrés más deseables porque tienen un efecto permanente o de largo plazo para su bienestar. Sin embargo, en ocasiones, los factores estresantes están fuera de nuestro control, por lo que es imposible eliminarlos. Además, el desarrollo de la resiliencia toma tiempo, así que a veces debemos utilizar mecanismos reactivos temporales para mantener el equilibrio. Aunque el incremento de la elasticidad podría amortiguar los efectos dañinos del estrés, en ocasiones debemos tomar medidas inmediatas, a corto plazo, para manejar el estrés al que nos enfrentamos.

Poner en práctica estrategias a corto plazo reduce el estrés de manera temporal, para que puedan operar estrategias de eliminación de estrés a largo plazo o de resiliencia. Las estrategias a corto plazo son muy reactivas y deben repetirse cada vez que aparezcan los factores estresantes ya que, a diferencia de otras estrategias, sus efectos son sólo temporales. Por otro lado, son especialmente útiles para calmar de inmediato los sentimientos de ansiedad o zozobra. Puede utilizarlas cuando le pregunten algo que no sabe responder, cuando se sienta avergonzado por un suceso inesperado, cuando haga una presentación o acuda a una reunión importante, o casi en cualquier ocasión en la que se sienta repentinamente estresado y deba responder en un breve lapso. Aunque desde 1990 se han publicado más de 150,000 libros acerca de las técnicas temporales de reducción del estrés, aquí sólo revisaremos cuatro de las más conocidas y fáciles de aprender. Las dos primeras son fisiológicas y las dos últimas son psicológicas.

La **relajación muscular** implica disminuir la tensión en grupos sucesivos de músculos. Cada grupo se tensa durante cinco o diez segundos y luego se relaja por completo. Comenzando con los pies y después continuando con las pantorrillas, muslos, estómago, hasta el cuello y la cara, uno puede aliviar la tensión a lo largo de todo el cuerpo. Todas las partes del cuerpo se pueden incluir en el ejercicio. Una variación es girar la cabeza en círculos en torno al cuello varias veces, encoger los hombros o estirar los brazos hacia el techo durante cinco o 10 segundos, luego cambiar de posición y relajar los músculos. El resultado es un estado de relajación temporal que ayuda a eliminar la tensión y a reenfocar la energía.

Una variación de la relajación muscular es la **respiración profunda**, que consiste en hacer varias inhalaciones profundas, lentas y sucesivas, sostenerlas durante cinco segundos y luego exhalar por completo. Hay que concentrarse en el acto mismo de la respiración, para que su mente se aclare durante un breve lapso mientras su cuerpo se relaja. Después de cada inhalación profunda, los músculos del cuerpo deben relajarse de forma consciente.

Una tercera técnica utiliza la **imaginación y la fantasía** para eliminar el estrés temporalmente al cambiar el foco de los pensamientos. La imaginación implica visualizar un evento utilizando "imágenes mentales". Una práctica cada vez más común para los atletas es visualizar un desempeño exitoso o imaginarse alcanzando su meta. Las investigaciones confirman que esta técnica reduce el estrés y también mejora el desempeño (por ejemplo, Andersen y Williams, 1999; Deepak, 1995).

Además de la visualización, la imaginación también podría incluir recuerdos de sonidos, olores y texturas. La mente se enfoca en experiencias placenteras del pasado (por ejemplo, un viaje de pesca, vacaciones familiares, visitas a la familia, un día en la playa), las cuales se puedan evocar de manera vívida. Por otro lado, las fantasías no son recuerdos, sino eventos o imágenes que no son reales. Se sabe que los niños a menudo tienen amigos imaginarios, ocurrencias fantasiosas o deseos especiales que los tranquilizan cuando se sienten estresados. Los adultos también sueñan despiertos o experimentan fantasías para lidiar con las situaciones de estrés. El propósito de esta técnica es relajar la ansiedad o la presión en forma temporal al concentrarse en algo placentero y así poder desarrollar otras estrategias más productivas para reducir el estrés a largo plazo.

Esto se parece a algunas prácticas de meditación incluyendo, por ejemplo, la meditación de bondad amorosa. Este tipo de meditación es una práctica contemplativa muy desarrollada que se enfoca en sentimientos autogenerados de amor, compasión y buena voluntad hacia uno mismo y hacia los demás. En esencia, los individuos se enfocan en sus sentimientos de consideración positiva hacia las personas cercanas a ellas. Prácticas similares incluyen escribir y contemplar entradas en el diario de agradecimientos, rezar de forma personal y reflexionar sobre la inspiración espiritual. Esas prácticas, fundamentalmente, colocan a las personas en condiciones de meditación y tranquilidad.

Los resultados de investigaciones recientes sobre este tipo de prácticas son convincentes. Los estudios muestran que participar en prácticas contemplativas disminuye el cortisol relacionado con el estrés, el insomnio, los síntomas de enfermedades autoinmunes, el síndrome premenstrual (SPM), el asma, volver a caer en depresión, la angustia emocional general, la ansiedad y el pánico. Ayuda a controlar el azúcar en sangre en diabetes tipo 2, al desprendimiento de las reacciones negativas, al autoentendimiento y al bienestar general.

También se han descubierto vínculos con la frecuencia cardiaca, la oxitocina, el tono del nervio vago, la presión sanguínea, la obesidad, la incidencia de cáncer, las enfermedades cardiacas, infecciones diversas y, sorprendentemente, el grosor cortical real del cerebro (Fredickson *et al.*, 2008; Hozel *et al.*, 2010; Kok *et al.*, 2014).

La cuarta técnica se llama **ensayo**. Al utilizar esta técnica, la gente resuelve situaciones potencialmente estresantes, probando distintos escenarios y reacciones alternativas. Se ensayan las reacciones adecuadas, ya sea en un entorno seguro antes de que ocurra el estrés, o "fuera de línea", en privado, en medio de la situación estresante. El hecho de abandonar temporalmente una circunstancia estresante y trabajar a través del diálogo o las reacciones (como ensayando para una obra) podría ser útil para recuperar el control y reducir los efectos inmediatos del factor estresante.

Resumen

Comenzamos este capítulo explicando el estrés en términos de un modelo relativamente sencillo. Existen cuatro tipos de factores de estrés (de tiempo, de encuentro, situacionales y anticipatorios), que ocasionan reacciones fisiológicas, psicológicas y sociales negativas en los individuos. Estas reacciones se moderan por la elasticidad que cada uno desarrolla para manejar el estrés. La mejor forma de manejar el estrés consiste en eliminarlo mediante una administración del tiempo eficaz y eficiente, el impulso de la colaboración y la comunidad, la mejora de la inteligencia social y emocional, el rediseño del trabajo, el establecimiento de prioridades, la fijación de metas y los pequeños triunfos. Estas estrategias tienen consecuencias permanentes, pero ponerlas en práctica a menudo toma mucho tiempo.

La siguiente estrategia más eficaz de manejo del estrés es el aumento de la resiliencia. La elasticidad fisiológica se fortalece a través del acondicionamiento cardiovascular y de una dieta adecuada. La resiliencia psicológica, la fortaleza y el bienestar personal se mejoran al enfocarse en la relevancia del trabajo, la reciprocidad y la gratitud. Estas estrategias producen beneficios a largo plazo, pero también requieren mucho tiempo. Son estrategias de medio plazo que mejoran la fortaleza con el tiempo.

Cuando las circunstancias no permiten aplicar las estrategias a largo plazo para reducir el estrés, las técnicas de relajación a corto plazo pueden aliviar temporalmente los síntomas del estrés. Estas estrategias tienen efectos a corto plazo, pero pueden aplicarse de inmediato y repetirse una y otra vez.

APRENDIZAJE

Guías de comportamiento

A continuación se presentan las guías específicas de comportamiento para mejorar las habilidades personales de manejo del estrés y promover el bienestar:

1. Trate primero de eliminar los factores estresantes, luego enfóquese en desarrollar la resiliencia y el bienestar personal para crear fortaleza en situaciones de estrés; finalmente, aprenda métodos temporales de manejo del estrés para reducirlo en el corto plazo.
2. Utilice prácticas de administración de tiempo eficaces. Asegúrese de usar el tiempo en forma eficaz y eficiente al crear su declaración de misión personal. Asegúrese de que las tareas de baja prioridad no le quiten el tiempo para trabajar en las actividades de alta prioridad. Haga un mejor uso de su tiempo al emplear los lineamientos del cuestionario de administración del tiempo que se incluye en la sección de Evaluación. Dé prioridad a las actividades importantes sobre las urgentes.
3. Forje relaciones de colaboración basadas en la confianza mutua, el respeto, la honestidad y la amabilidad. Haga "depósitos" en las "cuentas bancarias emocionales" de otras personas. Forme relaciones cercanas y estables entre las personas con quienes trabaja.
4. Trabaje de forma consciente para mejorar su inteligencia emocional mediante el aprendizaje y la práctica de los principios analizados en otros capítulos de este libro.
5. Reafirme las prioridades y las metas a corto plazo que den dirección y enfoque a las actividades. Haga que sus metas sean específicas, medibles, alcanzables, realistas y con límite de tiempo (SMART).
6. Incremente su elasticidad psicológica al llevar una vida equilibrada, en especial al participar de manera consciente en actividades físicas, intelectuales, culturales, sociales, familiares y espirituales.
7. Incremente su resiliencia al poner en práctica una estrategia de pequeños triunfos. Identifique y celebre los pequeños éxitos que logran los demás y usted.

8. Aprenda por lo menos una técnica de relajación profunda y practíquela con regularidad.
9. Incremente la elasticidad social al establecer una relación abierta, compartida y de confianza con al menos otra persona. Fomente una relación en la que alguien funja como su mentor, le ayude a afirmar su valor como persona y le brinde apoyo durante los periodos de estrés.
10. Identifique la relevancia de su trabajo que sea más importante que su propia recompensa personal.
11. Establezca algunas metas de colaboración que marquen la diferencia a su alrededor, y dé a esas metas al menos la misma alta prioridad que a las metas de logro.
12. Ponga en práctica al menos una práctica de gratitud como un diario de agradecimientos o visitas o tarjetas de gratitud.

ANÁLISIS **DE HABILIDADES** ⊕

CASOS QUE SE RELACIONAN CON EL MANEJO DEL ESTRÉS

El cambio de la marea

No hace mucho tiempo, llegué a uno de esos periodos monótonos en el que muchos de nosotros nos encontramos de cuando en cuando, un inesperado y drástico declive en la gráfica de la vida en el que todo se vuelve insípido y plano, la energía decrece y el entusiasmo muere. El efecto en mi trabajo era atemorizante. Cada mañana apretaba los dientes y murmuraba: "Hoy la vida recobrará parte de su antiguo sentido. Tienes que superarlo. ¡Tienes que hacerlo!".

Pero los días estériles continuaron y la parálisis empeoró. Llegó el momento en que supe que tenía que conseguir ayuda. El hombre a quien me acerqué era un doctor; no un psiquiatra, sólo un médico. Era mayor que yo, y bajo su aspereza superficial había una gran sabiduría y compasión. "No sé qué es lo que está mal", le dije sintiéndome miserable, "pero parece que he llegado a un callejón sin salida. ¿Puede usted ayudarme?".

"No lo sé", dijo lentamente. Hizo un ademán con sus dedos y me miró pensativo por un largo rato. Luego, abruptamente preguntó, "¿Dónde fue más feliz cuando era niño?".

"¿De niño?", repetí. "¿Por qué? En la playa, supongo. Teníamos una cabaña de verano ahí. Todos la amábamos".

Miró por la ventana y vio caer las hojas de octubre. "¿Es usted capaz de seguir instrucciones por un solo día?".

"Creo que sí", dije, listo para probar lo que fuera.

"Está bien. Esto es lo que quiero que haga".

Me dijo que manejara solo hacia la playa la mañana siguiente, que llegara no más tarde de las nueve en punto. Podía tomar algún almuerzo, pero no debía leer, escribir, escuchar la radio ni hablar con nadie. "Además", dijo, "le daré una receta para que la siga cada tres horas".

Entonces desprendió cuatro hojas en blanco de su recetario, escribió unas cuantas palabras en cada una, las dobló, las numeró y me las entregó. "Sígalas a las nueve, a las doce, a las tres y a las seis".

"¿Habla en serio?", pregunté.

Soltó una breve carcajada. "¡No creerá que estoy bromeando cuando reciba mi factura!".

A la mañana siguiente, con poca fe, manejé hasta la playa. Estaba muy solitario, soplaba un viento del noreste; el mar se veía gris y turbulento. Me senté en el auto, todo el día sin nada que hacer frente a mí. Luego tomé la primera de las hojas de papel dobladas. En ellas estaba escrito: ESCUCHE CUIDADOSAMENTE.

Me quedé mirando las dos palabras. "¿Por qué?", pensé. "El hombre debe estar loco". Me había prohibido la música, las transmisiones de noticias y las conversaciones con otras personas. ¿Qué más había? Levanté la cabeza y escuché. No había ningún sonido más que el rugido constante del mar, el graznido de una gaviota, el zumbido de algún avión en el cielo. Todos estos sonidos me resultaban familiares. Salí del auto. Una ráfaga de viento azotó la puerta con un sonido inesperado. "¿Se supone que tengo que escuchar cuidadosamente este tipo de cosas?", me pregunté.

Escalé sobre una duna y miré hacia la playa desierta. Aquí, el mar bramaba tan fuerte que todos los demás sonidos se perdían. De manera repentina pensé que deben existir sonidos debajo de los sonidos (el suave deslizamiento de la arena cuando cae, los pequeños susurros del viento en las dunas), si el que escucha se acerca lo suficiente para oírlos.

En un impulso, me agaché y, sintiéndome algo ridículo, empujé mi cabeza hacia un manojo de plantas marinas. Aquí, hice un descubrimiento: si escuchas con atención, hay una fracción de segundo en la que todo parece quedarse en pausa, en espera. En ese instante de quietud, los pensamientos se detienen. Por un momento, cuando realmente se escucha algo fuera de uno mismo, tiene que acallar las clamorosas voces internas. La mente descansa.

Regresé al automóvil y me senté detrás del volante. ESCUCHA CUIDADOSAMENTE. Mientras escuchaba de nuevo el profundo bramido del mar, me encontré pensando acerca de la furia terrible de sus tormentas.

Pensé en las lecciones que nos había enseñado de niños. Una cierta cantidad de paciencia: es imposible apresurar las mareas. Una gran cantidad de respeto: el mar no tolera a los tontos. Una conciencia de la vasta y misteriosa interdependencia de las cosas: viento, marea y corriente, calma, ráfaga y huracán, todos en combinación para determinar los caminos de las aves arriba y los peces abajo. Y la limpieza de todo, con cada playa barrida dos veces al día por la gran escoba del mar.

Sentado ahí, me percaté de que estaba pensando en cosas más grandes que yo mismo, y en eso había un alivio.

Aun así, la mañana pasó muy lentamente. El hábito de estar inmerso en un problema era tan fuerte que casi me sentía perdido sin él. Una vez, cuando estaba mirando el aparato de radio con añoranza, una frase de Carlyle saltó a mi cabeza: "El silencio es el elemento en el que surgen las grandes cosas".

Para mediodía, el viento se había llevado las nubes del cielo, y el mar tenía una chispa feliz. Desdoblé la segunda "receta", y de nuevo, me quedé ahí sentado, medio divertido y medio exasperado. Esta vez eran tres palabras: INTENTE MIRAR ATRÁS.

¿Atrás de qué? Al pasado, obviamente. Pero ¿por qué? Si todas mis preocupaciones se referían al presente o al futuro.

Dejé el automóvil y comencé a subir reflexivamente sobre las dunas. El doctor me había enviado a la playa porque era un lugar de recuerdos felices. Tal vez eso era lo que debía mirar: la riqueza de la felicidad que permanecía medio olvidada en mi pasado.

Decidí experimentar: trabajar en estas vagas impresiones como lo haría un pintor, retocando los colores, delimitando los bordes. Elegiría incidentes específicos y capturaría de nuevo todos los detalles posibles. Visualizaría personas completas con ropas y gestos. Escucharía (cuidadosamente) el sonido exacto de sus voces, el eco de su risa.

La marea estaba bajando ahora, pero todavía había estruendos en el oleaje. Así que elegí regresar 20 años atrás, al último viaje de pesca que hice con mi hermano menor. (Él murió en el Pacífico durante la Segunda Guerra Mundial y fue enterrado en Filipinas). Me di cuenta de que si cerraba los ojos y realmente lo intentaba, lo podía ver con una claridad sorprendente, incluso recordaba el humor y la ansiedad en sus ojos esa mañana lejana.

De hecho, podía verlo todo: la orilla curva de la playa donde estábamos pescando; el cielo del este mezclado con el amanecer; las grandes olas estrellándose, majestuosas y lentas. Podía sentir la contracorriente tibia que rodeaba mis rodillas, ver el súbito arco de la caña de mi hermano cuando picó un pez, escuchar su exultante grito. Lo reconstruí parte por parte, claro y sin cambios bajo el barniz transparente del tiempo. Luego se fue.

Me senté lentamente. INTENTE MIRAR ATRÁS. La gente feliz generalmente se sentía segura, confiada. Si, entonces, de manera deliberada uno miraba hacia atrás y tocaba la felicidad, ¿no se podrían liberar pequeños destellos de poder, pequeñas fuentes de fortaleza?

Este segundo periodo del día pasó con más rapidez. Cuando el sol comenzó su largo descenso por el cielo, mi mente viajó ansiosamente hacia el pasado, reviviendo algunos episodios, descubriendo otros que permanecían olvidados por completo. Por ejemplo, cuando tenía unos 13 años y mi hermano 10, mi padre nos había prometido llevarnos al circo. Pero a mediodía hubo una llamada: algún asunto urgente requería su atención en el centro de la ciudad. Nos preparamos para la decepción. Entonces lo escuchamos decir: "No, no podré ir, eso tendrá que esperar".

Cuando regresó a la mesa, mi madre sonrió. "El circo regresa, ya lo sabes".

"Lo sé", dijo mi padre, "pero la infancia no".

Durante todos los años he recordado esto y supe, por la súbita sensación de calidez, que el cariño ni se desaprovecha ni se pierde por completo.

Hacia las tres de la tarde, la marea había bajado y el sonido de las olas era sólo un susurro rítmico, como la respiración de un gigante. Me quedé en mi nido de arena, sintiéndome relajado y contento, y hasta un poco satisfecho. Las prescripciones del doctor, pensé, eran fáciles de seguir.

Pero no estaba preparado para la siguiente. Esta vez, las tres palabras no eran una sugerencia gentil. Me sonaban más como una orden. REEXAMINE SUS MOTIVOS.

Mi primera reacción fue puramente defensiva. "No hay nada malo con mis motivos", me dije. "Quiero tener éxito, ¿quién no? Quiero tener cierta cantidad de reconocimiento, igual que todos. Quiero más seguridad de la que tengo y ¿por qué no?".

"Tal vez", dijo una pequeña voz dentro de mi cabeza, "esos motivos no son lo suficientemente buenos. Tal vez ésa es la razón por la que las ruedas han dejado de moverse".

Levanté un puñado de arena y la dejé caer entre mis dedos. En el pasado, cuando me iba bien en el trabajo, siempre había habido algo espontáneo, algo honesto, algo libre. Últimamente, todo había sido calculado, competente y muerto. ¿Por qué? Porque había estado viendo más allá del trabajo mismo a las recompensas que esperaba que me trajera. El trabajo había dejado de ser un fin por sí mismo y se había convertido en un medio para hacer dinero, para pagar las cuentas. El sentimiento de dar algo, de ayudar a la gente, de colaborar se había perdido en un frenético deseo de lograr seguridad.

En un destello de certidumbre, me di cuenta de que si los motivos de uno son los equivocados, nada puede estar bien. No importa si uno es cartero, estilista, vendedor de seguros, ama de casa, lo que sea; mientras sienta que está sirviendo a los demás, está haciendo bien el trabajo. Cuando uno sólo se preocupa por sí mismo, lo hace menos bien. Esta es una ley tan inexorable como la gravedad.

Durante mucho tiempo estuve ahí sentado. A lo lejos escuché el murmullo del oleaje convertirse en un rugido vacío cuando cambió la marea. Atrás de mí, los rayos de luz eran casi horizontales. Mi tiempo en la playa casi se había terminado y sentí una gran admiración por el doctor y las "recetas" que tan ingeniosamente había ideado. Ahora veía que en ellas había una progresión terapéutica que podía ser valiosa para cualquiera que enfrentara una dificultad.

ESCUCHE CUIDADOSAMENTE: Para calmar una mente frenética, tranquilícela, cambie el enfoque de los problemas internos a las cosas externas.

INTENTE MIRAR ATRÁS: Como la mente humana sólo puede tener una idea a la vez, uno se deshace de las preocupaciones presentes al tocar la felicidad del pasado.

REEXAMINE SUS MOTIVOS: Este fue el punto central del "tratamiento", este reto de reevaluar, de alinear los motivos personales con sus capacidades y su conciencia. Pero la mente debe estar clara y receptiva para hacer esto, por eso las seis horas de silencio que pasaron antes.

El cielo era una llamarada carmesí cuando tomé el último trozo de papel. Seis palabras esta vez. Caminé lentamente en la playa. Unas pocas yardas más abajo de la línea del agua, me detuve y leí las palabras otra vez: ESCRIBA SUS PROBLEMAS EN LA ARENA.

Dejé que al papel se lo llevara el viento, me agaché y tomé un pedazo de concha. Arrodillado ahí, bajo la bóveda del cielo, escribí varias palabras en la arena, una sobre la otra. Luego, me alejé caminando y no miré hacia atrás. Había escrito mis problemas en la arena. Y la marea estaba subiendo.

FUENTE: *"The Day at the Beach". Derechos reservados por Arthur Gordon, 1959.*

Preguntas para análisis

2.1. ¿Qué aspecto de estas estrategias para manejar el estrés son eficaces y por qué funcionaron?
2.2. ¿En cuáles problemas, desafíos o factores estresantes de los que está usted enfrentando ahora podría aplicar estas recetas?
2.3. ¿Estas recomendaciones son estrategias eficaces de manejo de estrés o sólo son escapes?
2.4. ¿Qué otras recetas podría haber recomendado el autor además de las cuatro mencionadas aquí? Genere su propia lista con base en sus experiencias con el estrés.

El caso del tiempo faltante

Aproximadamente a las 7:30 de la mañana del martes 23 de junio de 1959, Chet Craig, director de la planta central de Norris Company, sacó su automóvil de la cochera de su casa en los suburbios y se dirigió a la planta ubicada a unas seis millas de distancia, justo a las orillas de la ciudad de Midvale. Era un hermoso día. El sol brillaba y soplaba una brisa fresca. El trayecto a la planta tomaba unos 20 minutos y a veces esto daba a Chet la oportunidad de pensar sobre los problemas de la planta sin interrupciones.

The Norris Company era propietaria y operaba tres plantas de impresión. Norris disfrutaba de un negocio comercial a nivel nacional, especializándose en impresiones de color de alta calidad. Era una compañía bien constituida, con unos 350 empleados, de los cuales casi la mitad estaban empleados en la planta central, que era la más grande de los tres centros de producción de Norris. Las oficinas centrales de la empresa también estaban ubicadas en el edificio de la planta central.

Chet había empezado con Norris Company como expedidor en su planta este, cuando acababa de graduarse de la Universidad Estatal de Ohio. Tres años después, ascendió al puesto de supervisor de producción, y dos años más tarde lo nombraron asistente del director de la planta este. Luego lo transfirieron a la planta central como asistente del director de la planta, y un mes después se convirtió en el director, cuando el antiguo director se retiró (vea la figura 2.8).

Chet estaba de muy buen humor mientras se relajaba ante el volante. Conforme su automóvil avanzaba a mayor velocidad, el zumbido de los neumáticos sobre la calle recién pavimentada se iba desvaneciendo al quedar atrás. Tuvo varios pensamientos y se dijo: "Este será realmente el día para hacer cosas".

Comenzó a repasar el trabajo del día, primero un proyecto, luego otro, tratando de establecer prioridades. Después de unos minutos, decidió que la programación de la unidad abierta era probablemente lo más importante y, sin duda, lo más urgente.

Figura 2.8 Organigrama

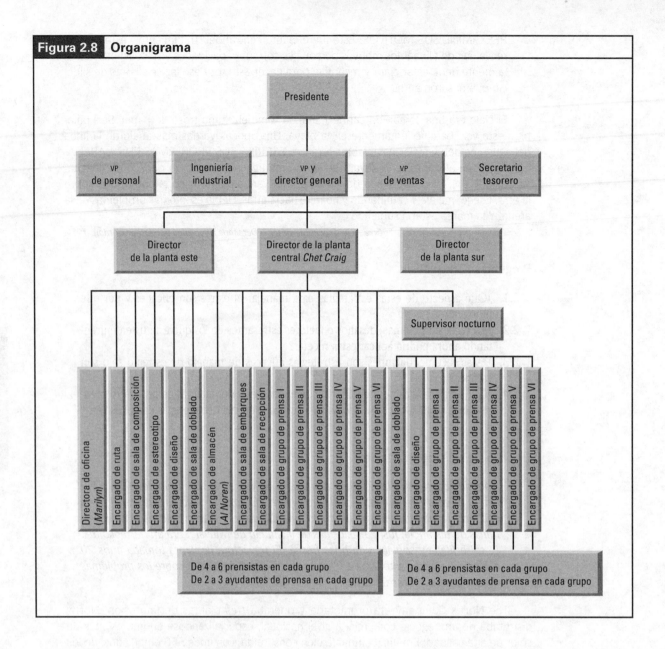

Frunció el ceño por un momento al recordar que el viernes, el vicepresidente y director general le había preguntado casualmente si había pensado más en el proyecto.

Chet se percató de que no había pensado mucho en eso últimamente. Había tenido la intención de ponerse a trabajar en esta idea desde hacía más de tres meses, pero siempre parecía surgir algo más. "No he tenido mucho tiempo para sentarme y trabajar realmente en eso", se dijo, "más vale que me apresure y me ocupe del asunto hoy mismo sin falta". Así, empezó a establecer los objetivos, procedimientos y pasos para poner en marcha el proyecto. Sonrió al revisar los principios incluidos y calculó aproximadamente los ahorros anticipados. "Ya era hora", se dijo. "Debí dar seguimiento a esta idea desde hace mucho". Chet recordó que había concebido la idea de programar la unidad de terminación abierta hacía casi un año y medio, justo antes de dejar la planta este de Norris. Había hablado al respecto con su jefe, Jim Quince, director de la planta este en ese entonces, y ambos estuvieron de acuerdo en que valía la pena trabajar en ello. Almacenó la idea temporalmente cuando lo transfirieron a la planta central un mes más tarde.

El sonido de la bocina de un vehículo que pasaba por ahí lo sorprendió, pero sus pensamientos regresaron rápidamente a otros proyectos de la planta que estaba determinado a poner en marcha. Comenzó a pensar en un procedimiento más sencillo para transportar pinturas hacia y desde la planta este. Visualizando las notas en su escritorio, pensó en el análisis de inventario que necesitaba para identificar y eliminar algunos de los artículos en almacén de movimiento lento, los controles de empaque que requerían revisión y la necesidad de diseñar un nuevo formato de pedido especial. También decidió que éste era el día de colocar una impresora de trabajo para hacer la impresión externa de los formatos de oficina. Había unos cuantos proyectos que ahora no podía recordar, pero los atendería después del almuerzo, si no es que antes. "Sí, señor", se dijo, "Hoy es el día para poner manos a la obra".

Los pensamientos de Chet fueron interrumpidos al entrar al estacionamiento de la compañía. Desde que entró a la planta, Chet supo que algo andaba mal cuando se encontró con Al Noren, el encargado del almacén, quien parecía contrariado. "Que tengas una excelente mañana, Al", lo saludó Chet alegremente.

"No tan buena, Chet; el recién contratado no está aquí esta mañana", gruñó Noren.

"¿No sabes nada de él?", preguntó Chet.

"No", respondió Al.

Chet frunció el ceño y comentó: "Estos encargados de suministros creen que uno debe dar por sentado que si no están aquí, no están aquí, y que no tienen que llamar para avisar. Mejor pídele al departamento de personal que le llame".

Al dudó un momento antes de responder: "Está bien, Chet, pero, ¿puedes encontrarme a alguien? Tengo que descargar dos vehículos hoy".

Mientras Chet se dio la vuelta para irse, dijo: "Te llamaré en media hora, Al, y te avisaré".

Tomó una nota mental de la situación y se dirigió a su oficina. Saludó al grupo de empleados reunidos alrededor de Marilyn, directora de la oficina, quien estaba analizando con ellos el horario de trabajo del día. Cuando la reunión terminó, Marilyn tomó unas cuantas muestras, se las enseñó a Chet y le preguntó si debían embarcarse así o si sería necesario inspeccionarlas. Antes de que pudiera responder, Marilyn continuó preguntando si le podía sugerir otro operador de oficina para la máquina de sellado que remplazara al operador regular, quien estaba enfermo en casa. También le dijo que Gene, el ingeniero industrial, había llamado y estaba esperando tener noticias de Chet.

Después de decir a Marilyn que siguiera adelante y embarcara las muestras, tomó nota de la necesidad del operador para la selladora de la oficina y luego llamó a Gene. Acordó pasar por su oficina antes del almuerzo y comenzó su paseo matinal de rutina por la planta. Preguntó a cada encargado los tipos y volúmenes de pedidos que estaban atendiendo, el número de empleados presentes, cómo iban sus programas y los pedidos que se atenderían a continuación; ayudó al encargado de la sala de doblado a encontrar espacio temporal de almacenaje para colocar la carga de un embarque; analizó el control de calidad con un prensador que había estado haciendo un trabajo deficiente; arregló la transferencia temporal de cuatro personas a distintos departamentos, incluyendo dos para Al en el almacén, y habló con el encargado de embarques acerca de las camionetas y los pedidos especiales que debían entregarse ese día. Mientras continuaba caminando por la planta, se encargó de que movieran unos suministros de reserva fuera del área de suministros en uso, habló con otro prensador sobre su solicitud de cambio de vacaciones, tuvo una plática "personal" con un ayudante de prensa que parecía necesitar una constante reafirmación de confianza, y aprobó dos pedidos de tipo y uno de color para diferentes prensistas.

Una vez en su oficina, Chet comparó los informes de producción sobre los pedidos más grandes con sus producciones iniciales y descubrió que la planta estaba trabajando con retraso respecto a lo programado. Llamó al encargado de la sala de doblado, y juntos revisaron la alineación de las máquinas y realizaron los cambios necesarios.

Durante esta conversación, el encargado de la sala de composición llegó para realizar diversos cambios de tipos, y el encargado de ruta llamó para solicitar la aprobación de un programa de impresión revisado. El encargado del almacén llamó dos veces, primero para informarle que dos artículos estándar de almacén de rápido movimiento estaban peligrosamente bajos, y más tarde para avisarle que el suministro de papel para el trabajo urgente de Dillion finalmente había llegado. Chet hizo las llamadas necesarias para informar a los trabajadores implicados.

Luego comenzó a poner fechas de entrega en solicitudes importantes y difíciles, recibidas de los clientes y los vendedores. (Marilyn manejaba las solicitudes de rutina). Mientras hacía esto fue interrumpido dos veces, una por un representante de ventas que llamaba desde la Costa Oeste para solicitar una fecha de entrega más próxima que la originalmente programada, y otra vez por el vicepresidente de recursos humanos que le pedía fijar una fecha para hacer una entrevista inicial de capacitación e inducción para un empleado nuevo.

Después de poner fecha a las solicitudes del cliente y del vendedor, Chet se dirigió a su conferencia matinal en las oficinas ejecutivas. En esta reunión, respondió las preguntas del vicepresidente de ventas en relación con los pedidos "difíciles", las quejas y el estatus de pedidos de volúmenes grandes y los posibles pedidos nuevos. Luego, se reunió con el director general para analizar algunos asuntos de políticas y para responder las preguntas "del jefe" sobre diversos problemas específicos de producción y de personal. Antes de salir de las oficinas ejecutivas, se detuvo en la oficina del secretariotesorero para preguntar acerca de la entrega de cartones, papel y cajas, y para hacer un nuevo pedido de papel.

De regreso a su oficina, Chet platicó con Gene acerca de los dos proyectos de ingeniería por los que había llamado más temprano. Cuando llegó a su escritorio, miró el reloj, faltaban 10 minutos para la hora del almuerzo, apenas tiempo suficiente para tomar unas cuantas notas de los detalles que necesitaba verificar para responder las enredadas preguntas que surgieron con el director de ventas esa mañana.

Después del almuerzo, Chet comenzó otra vez. Empezó a revisar los reportes de producción del día anterior, hizo algunas modificaciones en los programas para tener listos los pedidos urgentes, indicó las fechas de entrega adecuadas en los nuevos pedidos y solicitudes recibidos esa mañana, y tuvo una consulta con uno de los encargados sobre un problema personal. Pasó más de 20 minutos en el teletipo repasando los problemas mutuos con la planta del este.

Hacia la mitad de la tarde, Chet había dado otro recorrido por la planta, después del cual se reunió con el director de personal para revisar con él un delicado problema que surgió con uno de los empleados de oficina, los programas de vacaciones entregados por los supervisores y el programa de evaluación del puesto vacante. Después de esta conferencia, Chet se apresuró a regresar a su oficina para completar el informe estadístico especial para la Universal Waxing Corporation, uno de los mejores clientes de Norris. Cuando terminó el informe, descubrió que eran 6:10 pm, y que era el único que continuaba en la oficina. Estaba cansado. Se puso el abrigo y atravesó la planta hacia el estacionamiento; en el camino, lo detuvieron el supervisor nocturno y el encargado de diseños nocturno para la aprobación de cambios en tipos y diseños.

Con los ojos fijos en el tráfico, Chet revisó el día que acababa de terminar. "¿Ocupado?", se preguntó. "Demasiado, pero, ¿completé algo?". Su mente revisó las actividades del día. "Sí y no" parecía ser la respuesta. "Hubo la rutina usual, igual que cualquier otro día. La planta continuó funcionando y pienso que debe haber sido un buen día de producción. ¿Se hizo algún proyecto especial de trabajo creativo?". Chet hizo una mueca y de mala gana respondió: "No".

Con un sentimiento de culpabilidad, continuó. "¿Soy un ejecutivo? Me pagan como si lo fuera, me respetan como si lo fuera, y tengo una tarea de responsabilidad con la autoridad necesaria para llevarla a cabo. No obstante, uno de los principales valores que una empresa deriva de un ejecutivo es su pensamiento creativo y sus logros. ¿Qué he hecho al respecto? Un ejecutivo necesita tiempo para pensar. Hoy fue un día común, como casi todos los días, e hice poco trabajo creativo. Los proyectos en los que yo planeé con tanto entusiasmo trabajar esta mañana están exactamente como estaban ayer. Lo que es más, no tengo ninguna garantía de que mañana por la noche o la siguiente, estaré algo más cerca de su cumplimiento. Este es el problema real y debe haber una respuesta".

Chet continuó. "¿Trabajo nocturno? Sí, ocasionalmente. Esto se entiende. Pero últimamente lo he estado haciendo mucho. Les debo a mi esposa y a mi familia algo de mi tiempo. Cuando lo pienso, ellos son por quienes trabajo realmente. Si estoy obligado a pasar mucho más tiempo lejos de ellos, no estoy cumpliendo con mis objetivos personales. ¿Qué pasa con el trabajo en la iglesia? ¿Lo debo eliminar? Paso mucho tiempo en eso, pero creo que también a Dios le debo algo de tiempo. Además, creo que estoy haciendo una contribución valiosa en este trabajo. Tal vez pueda robar un poco de tiempo de mis actividades fraternales. ¿Pero dónde queda la recreación?".

Chet buscaba la solución. "Tal vez sólo estoy racionalizando porque programo mal mi propio trabajo. Pero no lo creo. He estudiado cuidadosamente mis hábitos de trabajo y creo que los planeo en forma inteligente y delego autoridad. ¿Necesito un asistente? Tal vez, pero ése es un proyecto a largo plazo y no creo que pudiera justificar el gasto del personal adicional. De cualquier forma, dudo si eso resolvería el problema".

Para entonces, Chet había salido de la avenida hacia la calle lateral que llevaba a su casa con el problema aún muy metido en la cabeza. "Supongo que realmente no sé la respuesta", se dijo al entrar en su cochera. "Esta mañana todo parecía tan sencillo, pero ahora...". Sus pensamientos se interrumpieron cuando vio a su hijo correr hacia su auto gritando, "Mamá, ya llegó mi papá".

<small>Fuente: *Basado en Prod. #:* kelo71-pdf-eng, *Kellogg School of Management, 1973.*</small>

Preguntas para análisis

2.5. ¿Qué principios de administración del tiempo y de manejo del estrés se están quebrantando en este caso?

2.6. ¿Cuáles son los problemas organizacionales en el caso?

2.7. ¿Qué características personales de Chet inhiben su administración eficaz del tiempo?

2.8. Si a usted lo contrataran como consultor de Chet, ¿qué le aconsejaría?

PRÁCTICA **DE HABILIDADES**

EJERCICIOS PARA EL MANEJO DEL ESTRÉS Y EL BIENESTAR A CORTO Y A LARGO PLAZO

En esta sección se incluyen cinco ejercicios para ayudarle a manejar adecuadamente el estrés. Lo exhortamos a que complete estos ejercicios con un compañero que le pueda dar retroalimentación y que vigile su progreso conforme mejore su habilidad. Como el manejo del estrés es una habilidad personal, deberá hacer la mayor parte de su práctica en privado. Sin embargo, contar con un compañero que esté consciente de su compromiso fomentará una mejora sustancial. El ejercicio de reciprocidad hay que realizarlo en grupo.

Estrategia de pequeños triunfos

Un antiguo proverbio chino afirma que los viajes largos siempre se logran a partir de pequeños pasos. En Japón, el sentimiento de obligación de hacer pequeñas y crecientes mejoras en el trabajo personal se conoce como *kaizen*.

En este capítulo se explicó el concepto de pequeños triunfos como una forma de dividir los grandes problemas e identificar los pequeños éxitos al manejarlos. Cada uno de estos métodos representa la misma filosofía básica, reconocer cada vez más éxitos, y cada uno de éstos ayuda al individuo a desarrollar la resiliencia psicológica necesaria para enfrentar el estrés.

Tarea

Responda las siguientes preguntas. Se da un ejemplo que sirve para aclarar cada pregunta, pero su respuesta no necesariamente se relacionará con el ejemplo.

1. ¿Qué factor estresante importante enfrenta usted actualmente? ¿Qué le provoca ansiedad o malestar? (Por ejemplo: "Tengo demasiadas cosas que hacer").

2. ¿Cuáles son los principales atributos o componentes de la situación? Divida el problema principal en partes más pequeñas o problemas menores. (Por ejemplo: "Dije "sí" a demasiadas cosas. Se están acercando mis fechas de vencimiento. No tengo todos los recursos que necesito para completar todos mis compromisos en este momento").

3. ¿Cuáles son los subcomponentes de cada uno de esos problemas menores? Divídalos en partes aún más pequeñas. (Por ejemplo: "Se aproximan los siguientes vencimientos: fecha de entrega de un informe, una gran cantidad de lectura pendiente, un compromiso familiar, una presentación importante, necesito pasar algún tiempo personal con alguien a quien quiero, una reunión de comité requiere preparación").

Atributo 1:

Atributo 2:

Atributo 3:

Y así sucesivamente:

4. ¿Qué medidas podría tomar que afecten cualquiera de estos subcomponentes? (Por ejemplo: "Podría involucrar a quien me importa y pedirle que me ayude a preparar la presentación. Podría escribir un informe más corto de lo que originalmente había planeado. Podría llevar el material de lectura a donde quiera que vaya").

5. ¿Qué medidas he tomado en el pasado que me han ayudado a desenvolverme con éxito en circunstancias estresantes similares? (Por ejemplo: "Encontré a alguien con quien puedo compartir algunas de mis tareas. Avancé algo en la lectura mientras esperaba, viajaba en autobús y comía. Preparé sólo los elementos básicos para la reunión del comité").

6. ¿Qué detalle me haría sentir bien mientras pienso cómo he manejado o cómo manejaría este importante factor de estrés? (Por ejemplo: "En el pasado he logrado mucho bajo presión. He sido capaz de aprovechar el tiempo que tengo para prepararme lo mejor posible").

Repita este proceso cuando enfrente factores estresantes importantes. Las seis preguntas específicas podrían no ser tan importantes como (1) separar el problema en partes y luego dividir esas partes de nuevo, y (2) identificar las medidas que se pueden tomar para tener éxito al manejar los componentes del factor estresante.

Análisis del equilibrio de vida

La recomendación de mantener una vida equilibrada podría parecer intuitiva y a la vez no intuitiva. Por un lado, parece lógico que la vida tenga variedad y que cada uno de nosotros deba desarrollar múltiples aspectos personales. La mente cerrada y la rigidez no son muy valorados por nadie. Por otro lado, las demandas de trabajo, la escuela o la familia, por ejemplo, pueden ser tan abrumadoras que no tengamos tiempo de hacer gran cosa, excepto responder a esas demandas. El trabajo podría ocupar todo nuestro tiempo, igual que la escuela o la familia. Entonces, la tentación para la mayoría de nosotros es concentrarnos únicamente en algunas áreas de nuestras vidas que demandan nuestra atención y dejar las otras áreas sin desarrollar. El siguiente ejercicio servirá para descubrir qué áreas podrían ser y qué áreas necesitan más atención.

Tarea

Utilice la figura 2.9 para completar este ejercicio. Al responder a los cuatro puntos en el ejercicio, piense en la cantidad de tiempo que dedica a cada área, la cantidad de experiencia y desarrollo que ha alcanzado en cada área, y el gado en el que desarrollarse en esa área es importante para usted.

1. En la figura 2.9 sombree la porción de cada sección que representa el grado en que ha desarrollado bien ese aspecto de su vida. En otras palabras, califique qué tan satisfecho está usted de que cada aspecto esté adecuadamente cultivado.

Figura 2.9 | **Formato para el análisis del equilibrio de vida**

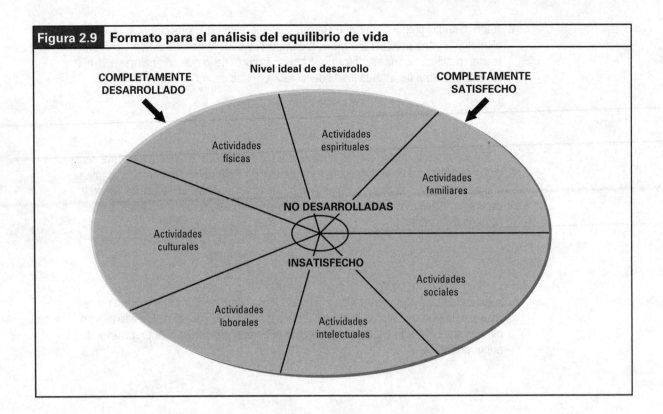

2. Ahora escriba al menos una actividad que podría empezar a hacer para mejorar su desarrollo en las áreas que lo requieran. Por ejemplo, podría leer más acerca de otros temas para desarrollarse culturalmente, invitar a un visitante extranjero a su hogar para desarrollarse socialmente, orar o meditar de forma regular para alcanzar un desarrollo espiritual, comenzar un programa de ejercicio habitual para impulsar su desarrollo físico, etcétera.

3. Como la intención de este ejercicio no es agregar más presión y estrés a su vida, sino incrementar su resiliencia mediante un equilibrio de vida, identifique aquello que *dejará* de hacer en diversas áreas y que le permitirá lograr una vida más equilibrada.

4. Para que éste sea un ejercicio de práctica y no sólo de planeación, haga algo hoy que usted tenga en su lista de los puntos 2 y 3 anteriores. Escriba específicamente lo que hará y cuándo. No permita que pase el resto de la semana sin poner en práctica algo de lo que ha escrito.

Relajación profunda

Para realizar una relajación profunda, tiene que reservar un momento en el que pueda concentrarse en ello. El control cognitivo y el control fisiológico están incluidos. Al enfocar su mente, usted puede influir positivamente tanto en su estado mental como en el físico (Davis, Eshelman y McKay, 1980). Este ejercicio describe una técnica que se aprende y se practica con facilidad.

La técnica de relajación profunda que se presenta a continuación combina elementos fundamentales de diversas fórmulas muy conocidas. Se recomienda practicar esta técnica durante 20 minutos al día, tres veces por semana. Reserve al menos 30 minutos para participar en este ejercicio la primera vez.

Encuentre un lugar tranquilo con un compañero. Podría hacerlo en el salón de clases la primera vez. Pida a la otra persona que lea las siguientes instrucciones. No se apresure a lo largo de las instrucciones. Deje tiempo entre cada paso para completarlos sin prisas. Cuando haya terminado, cambien de papeles. (Como practicará el ejercicio posteriormente en un ambiente distinto, podría grabar estas instrucciones. Como alternativa, acuerde hacer el ejercicio en forma regular con un amigo o con su cónyuge).

Tarea

Paso 1: Póngase en una posición cómoda. Puede recostarse. Afloje la ropa que le quede apretada. Cierre los ojos y guarde silencio. Relájese y déjese ir.

Paso 2: Concéntrese en su cuerpo y en relajar músculos específicos. Aleje de su mente todos los demás pensamientos. Asuma una actitud pasiva.

Paso 3: Ahora tense y relaje cada uno de los grupos de músculos de cinco a 10 segundos cada uno. Hágalo en el siguiente orden:

> *Frente.* Arrugue la frente. Trate de hacer que sus cejas toquen la línea del cabello durante cinco segundos y luego relájese.
>
> *Ojos y nariz.* Cierre sus ojos tan fuerte como pueda durante cinco segundos y luego relájese.
>
> *Labios, mejillas y mandíbula.* Estire las comisuras de la boca hacia atrás y haga gestos durante cinco segundos, luego relájese.
>
> *Manos.* Extienda sus brazos al frente. Apriete los puños con fuerza durante cinco segundos, luego relájese.
>
> *Antebrazos.* Extienda sus brazos contra una pared invisible y empuje hacia delante durante cinco segundos, luego relájese.
>
> *Parte superior de los brazos.* Flexione sus brazos a partir de los codos y tense sus bíceps durante cinco segundos, luego relájese.
>
> *Hombros.* Encoja los hombros hacia sus oídos durante cinco segundos y luego relájese.
>
> *Espalda.* Arquee su espalda durante cinco segundos y luego relájese.
>
> *Estómago.* Apriete los músculos de su estómago levantando las piernas del piso unos cinco centímetros durante cinco segundos, luego relájese.
>
> *Caderas y glúteos.* Apriete los músculos de sus caderas y glúteos durante cinco segundos, y luego relájese.
>
> *Muslos.* Apriete los músculos de sus muslos presionando una pierna con otra lo más fuerte posible durante cinco segundos y luego relájese.
>
> *Pies.* Doble sus tobillos hacia su cuerpo lo más que pueda durante cinco segundos; ponga los dedos en punta durante cinco segundos y luego relájese.
>
> *Dedos de los pies.* Doble sus dedos lo más fuerte que pueda por cinco segundos y luego relájese.

Paso 4: Concéntrese en cualquier músculo que todavía esté tenso. Repita el ejercicio para ese grupo de músculos tres o cuatro veces hasta que se relaje.

Paso 5:   Ahora concéntrese en su respiración. No la altere en forma artificial, más bien trate de hacer inhalaciones prolongadas, lentas y profundas. Inhale por la nariz y exhale por la boca. Concéntrese exclusivamente en el ritmo de su respiración hasta que haya realizado al menos unas 45 respiraciones.

Paso 6:   Ahora enfóquese en la pesadez y calidez de su cuerpo. Permita que toda la energía en su cuerpo se filtre hacia fuera. Deje ir su tendencia normal de controlar el cuerpo y movilizarlo hacia la actividad.

Paso 7:   Con su cuerpo completamente relajado, relaje su mente. Visualice una persona que le despierte sentimientos de amor, gratitud o reverencia. Concéntrese totalmente en ella y en sus sentimientos por ella durante al menos tres minutos sin dejar que ningún otro pensamiento entre en su mente. Comience ahora.

Paso 8:   Ahora, abra sus ojos, levántese lentamente y regrese a su ambiente agitado, estresante y lleno de ansiedad, mejor preparado para manejarlo de forma eficaz.

Vigilancia y administración del tiempo

El problema que se identifica con más frecuencia entre los directivos y los estudiantes de las escuelas de negocios es la administración del tiempo. La mayor parte de las personas se siente abrumada al menos parte del tiempo al tener demasiadas actividades que hacer en muy poco tiempo. Sin embargo, es interesante que aunque las personas puedan estar extremadamente ocupadas, si sienten que su tiempo es *discrecional*, es decir, que pueden utilizarlo de la forma en que elijan, por ejemplo, para recreación, para pasarla bien con amigos o con la familia, o para estar a solas, sienten menos estrés. Por lo tanto, incrementar el tiempo discrecional es fundamental para administrar el tiempo de manera eficaz.

Este ejercicio le ayudará a identificar y administrar mejor su tiempo discrecional. Se requiere de una semana completa para terminarlo. Usted deberá registrar la manera en que emplea su tiempo durante los siguientes siete días. Prácticamente, todo ejecutivo que sea un buen directivo ha realizado es te ejercicio y, de hecho, lo repite de manera regular.

Tarea

Siga los siguientes cinco pasos, luego pida ayuda a un compañero para obtener retroalimentación e ideas con la finalidad de mejorar y refinar sus planes.

Paso 1:   Empezando hoy, mantenga un diario de su tiempo durante una semana completa. Registre cómo emplea cada bloque de 30 minutos en los siguientes siete periodos de 24 horas. Utilice el siguiente formato, y lleve el registro en su cuaderno, diario o agenda. Simplemente escriba lo que hizo durante el periodo de 30 minutos. Si usted hizo varias cosas, regístrelas una arriba de la otra.

TIEMPO	ACTIVIDAD	REQUERIDO/ DISCRECIONAL	PRODUCTIVO/ IMPRODUCTIVO
12:00–1:00			
1:00–1:30			
1:30–2:00			
2:00–3:00			
.			
.			
.			
23:00–23:30			
23:30–24:00			

Paso 2: Bajo el encabezado "Requerido/Discrecional", escriba si el tiempo empleado en cada bloque de 30 minutos fue requerido por alguien o algo más (R) o si fue discrecional (D). Es decir, ¿qué tanto pudo elegir si participaría o no en esa actividad? Usted no tiene elección acerca de dormir un rato o de asistir a clase, por ejemplo. Sin embargo, puede decidir si ve la televisión o emplea el tiempo socializando.

Paso 3: Bajo el encabezado "Productivo/Improductivo", evalúe la productividad de cada actividad. Es decir, identifique qué tanto la actividad logró lo que se pretendía. ¿A qué grado la actividad logró cumplir con sus propias metas o alcanzar mejoras de algún tipo? Utilice la siguiente escala para evaluarse:

    4 El tiempo se empleó en forma productiva
    3 El tiempo se empleó en forma algo productiva
    2 El tiempo se empleó en forma algo improductiva
    1 El tiempo se empleó en forma improductiva

Paso 4: Diseñe un plan para aumentar la cantidad de tiempo discrecional que tendrá durante la semana. Consulte el cuestionario de administración del tiempo en la sección de Evaluación, para obtener sugerencias. Anote aquellas actividades que usted *dejará* de hacer y las que *empezará* a hacer.

Paso 5: Identifique las formas en las que puede usar su tiempo discrecional en forma más productiva, especialmente cualquier bloque de tiempo que usted haya evaluado con 1 o 2 en el paso 3. ¿Qué hará usted para asegurarse de que el tiempo que controla se utilice para un beneficio de largo plazo? ¿Qué dejará usted de hacer que esté impidiendo su uso eficaz del tiempo?

Reciprocidad generalizada

Crear una red de reciprocidad requiere que usted forme un grupo o sea miembro de alguna organización de colaboración. La red se forma entre los miembros de ese grupo. Los propósitos del ejercicio son mejorar las relaciones, brindar una forma en que usted colabore con los demás, y construir una red de recursos, relaciones y buena voluntad (vea Baker 2012).

Las redes de reciprocidad se crean entre los miembros de un grupo al pedirles que identifiquen sus necesidades o solicitudes, y luego otros del grupo responden a esas necesidades o solicitudes con recursos o contactos. La formación de redes de reciprocidad ocurre en cuatro pasos:

Paso 1: Escriba los nombres de cada una de las personas del grupo en fila comenzando en la parte de arriba del pizarrón. También puede hacerlo escribiendo en horizontal en la parte superior del pizarrón blanco o en páginas del rotafolio. Coloque las hojas con los nombres en la pared.

Paso 2: Cada individuo del grupo apunta una solicitud, necesidad o tema específico con el que necesita ayuda. Pueden ser personales o relacionadas con el trabajo. Las solicitudes deben tener las características descritas en SMART:

    S – Específica. Debe haber disponible un recurso o resolución para la solicitud.
    M – Que tenga significado. No es trivial ni irrelevante sino que se refiere a algo importante.
    A – Orientada a la acción. Debe haber alguna acción que pueda llevarse a cabo en respuesta a la solicitud.
    R – Necesidad real: The request must be tied to a genuine need.
    T – Con límite de tiempo. Se da un plazo para cuándo se necesita la solicitud.

Ejemplos de solicitudes relacionadas con el trabajo pueden ser: "Necesito encontrar un experto que pueda ayudarme con algunas de mis hojas de Excel"; "Necesito un nuevo sistema de software para reestructurar nuestro control de inventarios"; "Tengo que llegar a ser más reconocido como un líder potencial en mi organización"; "Tengo que determinar cómo reducir mi unidad en 15 por ciento".

PRÁCTICA

Ejemplos de solicitudes personales podrían ser: "Necesito boletos para el juego en dos semanas"; "Tengo que mejorar mi forma física"; "Tengo que encontrar un buen regalo para mi cónyuge"; "Necesito ayuda con mi clase de estadística".

Paso 3: El individuo se levanta, describe en público su solicitud a sus compañeros y la coloca debajo de su nombre. Una manera fácil de hacerlo es escribirla en una nota autoadhesiva.

Paso 4: Los compañeros escuchan las solicitudes que cada uno expresa en voz alta. Cada compañero escribe un recurso, un contacto o alguna ayuda que pudiera tratar estas solicitudes. Una vez más, esto se puede hacer fácilmente con una nota autoadhesiva. Hay que asegurarse de que cada persona escriba su nombre en la nota autoadhesiva para que pueda haber conexiones de seguimiento. Los miembros del grupo no podrán responder a todas las solicitudes, pero cuantas más respuestas pueda hacer cada persona, mejor. Se puede colaborar de dos maneras. Un tipo de colaboración es que alguien tenga el recurso, como el conocimiento, la información, la experiencia, el presupuesto, el producto, el apoyo emocional, etcétera. Otro tipo es que se tengan los contactos, como alguien que usted conozca que tenga el recurso. Puede dar la referencia para que el solicitante se ponga en contacto con esa persona.

Paso 5: Después de escribir las contribuciones en notas separadas, cada persona dedica un tiempo para explicar en público su contribución a las solicitudes a las que agrega valor. Cada respuesta se coloca debajo de la nota de solicitud. Compartir estas contribuciones en voz alta tiende a estimular el pensamiento de los demás, a quienes también se les puede ocurrir algún recurso o contribución adicional.

Paso 6: Después de que todos hayan tenido la oportunidad de explicar en voz alta sus contribuciones a las solicitudes en las que puede ayudar, hay que dar tiempo a cada persona para que se ponga en contacto con los proveedores del recurso asociado a su solicitud. La red se forma cuando los solicitantes y los proveedores de recursos se ponen en contacto e intercambian información valiosa.

Un resultado importante de esta práctica es descubrir nuevas ideas y recursos que antes eran desconocidos o pasaban desapercibidos. Baker (2012) halló que los individuos que más colaboran tienden a estar clasificados como líderes más competentes, a ser más eficaces en las relaciones interpersonales, y a desempeñarse mejor en sus organizaciones que los demás. Esto es, las personas que están dispuestas a demostrar una reciprocidad generalizada (colaborar sin esperar un beneficio personal a cambio) son líderes más exitosos.

ACTIVIDADES PARA MANEJAR EL ESTRÉS

Actividades sugeridas

2.9. Realice un análisis sistemático de los factores estresantes que enfrenta en su trabajo, familia, escuela y vida social. Elabore una lista de esos factores e identifique estrategias para eliminarlos o reducirlos drásticamente. Registre este análisis en su diario.

2.10. Encuentre a alguien que usted conozca bien que esté sufriendo una gran cantidad de estrés. Enséñele cómo manejarlo mejor al aplicar los conceptos, principios, técnicas y ejercicios de este capítulo. Describa lo que le enseñó y registre los resultados en su diario.

2.11. Ponga en práctica al menos tres de las técnicas de administración del tiempo sugeridas en el cuestionario de administración del tiempo o en alguna otra parte que usted no esté utilizando actualmente, pero que, en su opinión, pudieran ser útiles. En su diario, registre la cantidad de tiempo que estas técnicas le ahorran durante el periodo de un mes. Asegúrese de utilizar el tiempo adicional de manera productiva.

2.12. Con un compañero de trabajo o colega, identifique formas en las que podría rediseñar sus actividades en la escuela, el empleo o el hogar para reducir el estrés e incrementar la productividad. Utilice los consejos que se dan en este capítulo para guiar el nuevo diseño.

2.13. Escriba una declaración de principios personales. Especifique con exactitud sus principios esenciales, aquello que usted considere fundamental para su vida y su sentido de valía personal, y para el legado que usted quiere dejar. Identifique algo que quiera lograr en su vida y por lo que desearía ser conocido. Comience a trabajar en eso hoy.

2.14. Establezca una meta o un plan SMART a corto plazo que desee lograr este año. Hágalo compatible con las prioridades de su vida. Especifique los pasos de comportamiento, los mecanismos de reporte y contabilidad, y el criterio de éxito y recompensas. Comparta este plan con otras personas que conozca, con la finalidad de tener un incentivo para continuar trabajando en él incluso después de que termine este curso.

2.15. Identifique al menos una o dos metas de colaboración que sean tan importantes como sus metas de logro. Asegúrese de que sean relevantes, y use el marco de trabajo de fijar metas para realmente hacer avances.

2.16. Elija al menos una técnica de relajación. Apréndala y practíquela de manera regular. Registre su progreso en su diario.

2.17. Comience un diario de agradecimientos.

2.18. Identifique un propósito profundo o relevancia relacionado con su trabajo o las principales actividades de su vida. Esto es, identifique su vocación.

Plan de aplicación y evaluación

La intención de este ejercicio es ayudarle a aplicar este grupo de habilidades en la vida real, fuera del salón de clases. Ahora que se ha familiarizado con las guías de comportamiento que forman la base de un desempeño eficaz de habilidades, usted mejorará mucho al aplicar estos lineamientos en su vida cotidiana. A diferencia de la actividad en el salón de clases, donde la retroalimentación es inmediata y los demás pueden ayudarle con sus evaluaciones, esta actividad de aplicación de las habilidades deberá realizarla y evaluarla por su cuenta. Consta de dos partes. La parte 1 le ayudará a prepararse para aplicar la habilidad. La parte 2 le servirá para evaluar y mejorar su experiencia. Asegúrese de escribir las respuestas de cada reactivo. No tome atajos en el proceso saltándose etapas.

Parte 1. Planeación

2.19. Escriba los dos o tres aspectos de esta habilidad que sean los más importantes para usted. Podrían ser áreas de debilidad, áreas en las que usted quiera mejorar o las áreas de mayor relevancia para un problema que esté enfrentando en este momento. Identifique los aspectos específicos de esa habilidad que usted quiera aplicar.

2.20. Identifique ahora el escenario o la situación en donde usted aplicará esa habilidad. Establezca un plan de desempeño anotando una descripción de la situación. ¿Quién más participaría? ¿Cuándo lo hará? ¿Dónde se hará?

Circunstancias:
¿Quién más?
¿Cuándo?
¿Dónde?

2.21. Identifique los comportamientos específicos en los que se comprometerá a aplicar esa habilidad. Redacte una definición operativa del desempeño de su habilidad.

2.22. ¿Cuáles son los indicadores de éxito en el desempeño? ¿Cómo sabrá que ha sido eficaz? ¿Qué le indicará que se ha desempeñado en forma competente?

Parte 2. Evaluación

2.23. Una vez que haya completado su plan, registre los resultados. ¿Qué sucedió? ¿Cuánto éxito obtuvo? ¿Cuál fue el efecto en los demás?

2.24. ¿Cómo podría mejorar? ¿Qué modificaciones podría hacer la próxima vez? ¿Qué haría usted de manera diferente en una situación similar en el futuro?

2.25. Revise su práctica de las habilidades y su experiencia de aplicación. ¿Qué aprendió? ¿Qué le sorprendió? ¿De qué manera podría ayudarle esta experiencia a largo plazo?

CLAVES DE RESULTADOS Y DATOS COMPARATIVOS

⭐ Las claves de resultados para los siguientes instrumentos se encuentran disponibles en el sitio web de este libro.

Evaluación del manejo del estrés
Evaluación de la administración del tiempo

Escala de clasificación del reajuste social

Datos comparativos (N = 5,000 estudiantes)

PUNTUACIÓN TOTAL	MEDIA	CUARTIL INFERIOR	SEGUNDO CUARTIL	TERCER CUARTIL	CUARTIL SUPERIOR
	257.76	122 o menor	123–221	222–346	347 o mayor

Según los autores de estos instrumentos, un resultado de 150 puntos o menor implica una probabilidad de menos de 37 por ciento de sufrir una enfermedad grave el siguiente año, pero la probabilidad aumenta 50 por ciento con una puntuación de 150 a 300. Los individuos que obtuvieron un resultado mayor de 300 en esta prueba tuvieron 80 por ciento de probabilidades de enfermarse gravemente. Los resultados de las investigaciones también revelaron una tasa de lesiones cinco veces mayor entre los atletas que obtuvieron puntuaciones altas en la escala de clasificación del reajuste social, que entre quienes obtuvieron puntuaciones bajas.

Este ejercicio no tiene una solución o claves de resultados. Sin embargo, como este instrumento fue diseñado para complementar el ejercicio anterior de Escala de clasificación del reajuste social las explicaciones y las claves para ese instrumentos son relevantes.

Escala de prosperidad

Datos comparativos

El rango de puntuaciones de este instrumento está entre 8 y 56. A continuación están los percentiles relacionados con cada puntuación como fueron reportados por los autores del instrumento.

PUNTUACIÓN	PERCENTIL	PUNTUACIÓN	PERCENTIL
25	1	45	44
29	3	46	53
32	5	47	60
34	7	48	70
36	10	49	77
37	13	50	83
38	15	51	87
39	18	52	90
40	21	53	93
41	24	54	96
42	28	55	90
43	33	56	100
44	39		

CLAVES DE RESULTADOS Y DATOS COMPARATIVOS

3

Solución analítica y creativa de problemas

OBJETIVOS DE APRENDIZAJE

1. INCREMENTAR LA DESTREZA EN LA SOLUCIÓN ANALÍTICA DE PROBLEMAS

2. RECONOCER BLOQUEOS CONCEPTUALES PERSONALES

3. MEJORAR LA CREATIVIDAD SUPERANDO LOS BLOQUEOS CONCEPTUALES

4. FOMENTAR LA INNOVACIÓN ENTRE LOS DEMÁS

CUESTIONARIOS DE DIAGNÓSTICO PARA LA SOLUCIÓN CREATIVA DE PROBLEMAS

SOLUCIÓN DE PROBLEMAS, CREATIVIDAD E INNOVACIÓN

A continuación se describen brevemente los instrumentos de evaluación de este capítulo. El instrumento indicado con ✪ y su clave de resultados se encuentran disponibles en el sitio web de este libro.

Complete todas las evaluaciones antes de iniciar la lectura de este capítulo y guarde sus respuestas.

Cuando termine de leer este capítulo, consulte su evaluación y compare sus respuestas con lo que ha aprendido.

✪ ❏ La *evaluación de solución de problemas, creatividad e innovación* mide el grado en el que usted resuelve eficazmente problemas analíticos y creativos, y el grado en el que ha desarrollado la habilidad de creatividad e innovación.

❏ La *evaluación ¿qué tan creativo es usted?* evalúa el grado en el que las actitudes, los valores y las motivaciones asociados con la creatividad le describen a usted.

❏ La *escala de actitud innovadora* identifica el grado en el que usted practica la innovación en sus actividades cotidianas.

❏ La *evaluación de estilo creativo* mide su estilo personal en lo que se refiere a la creatividad.

SOLUCIÓN ANALÍTICA Y CREATIVA DE PROBLEMAS

Sección de evaluación

¿QUÉ TAN CREATIVO ES USTED?

¿Qué tan creativo es usted? La siguiente prueba le ayudará a determinar si cuenta con las características de personalidad, actitudes, valores, motivaciones e intereses que caracterizan la creatividad. Está basada en un estudio de varios años de los atributos que poseen hombres y mujeres que piensan y actúan de manera creativa en diversos campos y ocupaciones.

Sea lo más honesto posible. No trate de adivinar cómo respondería una persona creativa. Vaya al final del capítulo para encontrar la clave de respuestas e interpretar sus resultados.

Escala de evaluación

Para cada enunciado, escriba la letra apropiada:

A De acuerdo

B Indeciso o no sabe

C En desacuerdo

_____ 1. Siempre trabajo con una gran certeza de que estoy siguiendo el procedimiento correcto para resolver un problema en particular.

_____ 2. Sería un desperdicio de tiempo hacer preguntas si no tuviera la esperanza de obtener respuestas.

_____ 3. Me concentro más que la mayoría de las personas en lo que me interesa.

_____ 4. Siento que un método lógico, paso a paso, es el mejor para solucionar problemas.

_____ 5. En grupos, ocasionalmente expreso opiniones que parecen desanimar a algunos.

_____ 6. Paso una gran parte del tiempo pensando en lo que los demás piensan de mí.

_____ 7. Es más importante para mí hacer lo que pienso que es correcto que tratar de obtener la aprobación de los demás.

_____ 8. Las personas que se muestran inseguras sobre los asuntos pierden mi respeto.

_____ 9. Más que el resto de las personas, necesito tener actividades interesantes y emocionantes.

_____ 10. Sé cómo mantener mis impulsos internos bajo control.

_____ 11. Soy capaz de perseverar durante mucho tiempo para resolver problemas difíciles.

_____ 12. A veces me vuelvo demasiado entusiasta.

_____ 13. A menudo obtengo mis mejores ideas cuando no estoy haciendo algo en particular.

_____ 14. Confío en las "corazonadas" y en el sentimiento de "lo correcto" o "lo equivocado" cuando busco la solución de un problema.

_____ 15. Al resolver problemas, trabajo más rápido al analizar la situación y con más lentitud al sintetizar la información que he reunido.

_____ 16. A veces me divierto rompiendo las reglas y haciendo cosas que se supone que no debería hacer.

_____ 17. Me gustan los pasatiempos que implican coleccionar cosas.

_____ 18. Soñar despierto me ha dado el ímpetu para muchos de mis proyectos más importantes.

_____ 19. Me gustan las personas objetivas y racionales.

_____ 20. Si tuviera que elegir entre dos ocupaciones distintas a la que ahora tengo, preferiría ser médico antes que explorador.

_____ 21. Me es más fácil llevarme bien con las personas si pertenecen a la misma clase social y de negocios que yo.

_____ 22. Tengo un alto grado de sensibilidad estética.

_____ 23. Me siento impulsado a lograr un alto estatus y poder en la vida.

_____ 24. Me gustan las personas que se muestran seguras de sus conclusiones.

_____ 25. La inspiración no tiene nada que ver con el éxito en la solución de los problemas.

_____ 26. Cuando participo en una discusión, mi mayor placer sería que la persona que no estuviera de acuerdo conmigo se convirtiera en un amigo, incluso si tuviera que sacrificar mi punto de vista.

_____ 27. Me interesa más tener nuevas ideas que tratar de venderlas a los demás.

_____ 28. Me gustaría pasar un día completo solo, únicamente "dando vueltas a una idea en la cabeza".

29. Tiendo a evitar situaciones en las que podría sentirme inferior.

30. Al evaluar información, la fuente es más importante para mí que el contenido.

31. Me siento resentido cuando las cosas son inciertas e impredecibles.

32. Me gustan las personas que siguen la regla de que "los negocios son antes que el placer".

33. El respeto por uno mismo es mucho más importante que el respeto de los demás.

34. Siento que las personas que luchan por la perfección son necias.

35. Prefiero trabajar con otras personas en un equipo que hacerlo solo.

36. Me gusta el trabajo en el que pueda influir en los demás.

37. Muchos problemas que enfrento en la vida no pueden resolverse en términos de soluciones correctas o equivocadas.

38. Es importante para mí tener un lugar para todo y que todo esté en su lugar.

39. Los escritores que utilizan palabras extrañas e inusuales únicamente quieren presumir.

40. A continuación se presenta una lista de términos que describen a las personas. Elija 10 palabras que lo describan mejor.

enérgico	persuasivo	observador
elegante	seguro	perseverante
original	cuidadoso	seguidor de hábitos
ingenioso	egoísta	independiente
severo	predecible	formal
informal	dedicado	progresista
práctico	de mente abierta	diplomático
inhibido	entusiasta	innovador
equilibrado	ambicioso	práctico
alerta	curioso	organizado
impasible	de pensamiento claro	comprensivo
dinámico	exigente conmigo mismo	pulido
valiente	eficiente	útil
perceptivo	rápido	buena persona
minucioso	impulsivo	determinado
realista	modesto	participativo
olvidadizo	flexible	sociable
agradable	inquieto	retraído

FUENTE: *Extraído de* How Creative Are You? *por Eugene Raudsepp. Copyright © 1981 por Eugene Raudsepp. Reproducido con autorización. P ublicado por Perigee Books/G.P. Putnam's Sons, Inc.*

ESCALA DE ACTITUD INNOVADORA

Esta autoevaluación le ayuda a compararse con un conjunto de actitudes que —se ha demostrado— fomentan la innovación. Aunque hay muchos factores que influyen en el comportamiento innovador, las actitudes relevantes son una buena forma de predecirlo. Puesto que es una herramienta de diagnóstico, es esencial que sus respuestas sean sinceras y realistas.

Indique el grado en el que cada uno de los siguientes enunciados es verdadero, ya sea en relación con su comportamiento real o con sus intenciones en el trabajo; es decir, describa su forma de ser o la forma que pretende ser en el trabajo. Utilice la siguiente escala para sus respuestas.

Escala de evaluación

5 Casi siempre verdadero
4 A menudo verdadero
3 No aplicable
2 Rara vez verdadero
1 Casi nunca verdadero

_____ 1. Discuto abiertamente con mis compañeros estudiantes y colegas acerca de la manera de salir adelante.

_____ 2. Pruebo nuevas ideas y métodos para los problemas.

_____ 3. Divido las cosas o situaciones para averiguar cómo funcionan.

_____ 4. Doy la bienvenida a la incertidumbre y las circunstancias poco comunes relacionadas con mis tareas.

_____ 5. Mantengo un diálogo abierto con aquellos que no están de acuerdo conmigo.

_____ 6. Se puede contar conmigo para averiguar un nuevo uso de métodos o equipo existentes.

_____ 7. Entre mis colegas y compañeros estudiantes generalmente soy el primero en probar una idea o un método nuevo.

_____ 8. Aprovecho la oportunidad de incorporar ideas de otros campos o disciplinas a mi trabajo.

_____ 9. Demuestro originalidad en mi trabajo.

_____ 10. Trabajo con gran empeño en un problema que ha causado a otros una gran dificultad.

_____ 11. Doy información importante respecto a nuevas soluciones al trabajar en un grupo.

_____ 12. Evito sacar conclusiones acerca de las ideas propuestas por otras personas.

_____ 13. Establezco contactos con expertos fuera de mi área de interés o especialidad.

_____ 14. Utilizo contactos personales para ampliar las opciones de nuevos empleos o tareas.

_____ 15. Me doy tiempo para trabajar en mis propias ideas o proyectos.

_____ 16. Destino recursos para la búsqueda de un proyecto riesgoso que me interese.

_____ 17. Tolero a las personas que se apartan de la rutina organizacional.

_____ 18. Me expreso en las clases y en las reuniones.

_____ 19. Soy hábil para trabajar en equipo y resolver problemas complejos.

_____ 20. Si se pregunta a mis compañeros estudiantes o colegas, dirán que soy ingenioso.

Total _____

FUENTE: _Innovative Attitude Scale, John E. Ettlie y Robert D. O'Keefe, (1982), "Innovative Attitudes, Values, and Intentions in Organizations", Journal of Management Studies, 19, 163-182._

EVALUACIÓN DEL ESTILO CREATIVO

Las investigaciones han identificado cuatro estilos creativos. Se pueden considerar como formas o enfoques de la creatividad. Esta autoevaluación le ayuda a identificar su estilo predominante. Puesto que es una herramienta de diagnóstico, es esencial que sus respuestas sean sinceras y realistas.

Escala de evaluación

Cada uno de los siguientes reactivos tiene cuatro opciones. Deberá dividir 100 puntos entre las cuatro opciones, dependiendo de cuál de ellas se parece más a usted. Evalúe cómo es usted en la actualidad y no cómo le gustaría ser o cómo piensa que debería ser. No hay respuestas correctas, de manera que sea lo más preciso posible. Por ejemplo, en la pregunta 1, si cree que la opción "A" lo describe muy bien, que "B" lo describe hasta cierto punto, y que "C" y "D" no se aplican a usted, entonces asigne 50 puntos a A, 30 puntos a B, y 10 puntos a C y a D, respectivamente. Cualquier combinación de números es aceptable, incluyendo 100, 0, 0, 0, o 25, 25, 25, 25. **Asegúrese de que los puntos totales sumen 100 en cada reactivo.**

1. Por lo general, enfrento los problemas difíciles:
   _____ a. Con una lluvia de ideas de soluciones
   _____ b. Evaluando alternativas de manera cuidadosa
   _____ c. Implicando a otras personas
   _____ d. Respondiendo con rapidez
   100

2. Mis amigos y mis colegas generalmente me consideran:
   _____ a. Creativo
   _____ b. Sistemático
   _____ c. Colaborador
   _____ d. Competitivo
   100

3. Soy bueno para:
   _____ a. Experimentar
   _____ b. Administrar
   _____ c. Facultar a las personas
   _____ d. Enfrentar desafíos
   100

4. Cuando termino un proyecto o una tarea, tiendo a:
   _____ a. Idear un nuevo proyecto
   _____ b. Revisar los resultados para encontrar la forma de mejorarlos
   _____ c. Compartir con otras personas lo que aprendí
   _____ d. Determinar el resultado o la evaluación de los resultados
   100

5. Me describo a mí mismo como:
   _____ a. Flexible
   _____ b. Organizado
   _____ c. Alguien que brinda apoyo
   _____ d. Motivado
   100

6. Me gusta trabajar en proyectos que:

_____ a. Me permitan inventar algo

_____ b. Ofrezcan mejoras prácticas

_____ c. Involucran a otras personas

_____ d. Pueden realizarse con rapidez

100

7. Al resolver un problema:

_____ a. Disfruto explorar muchas opciones

_____ b. Reúno muchos datos

_____ c. Me comunico mucho con los demás

_____ d. Hago hincapié en terminar el trabajo

100

FUENTE: *Adaptado de "Creative Style Assessment", J. DeGraff y K. A. Lawrence (2002). Creativity at Work. San Francisco: Jossey-Bass, pp. 46-49. © por John Wiley and Sons*

APRENDIZAJE   *DE HABILIDADES* ⓘ

Solución de problemas, creatividad e innovación

La solución de problemas es una habilidad indispensable en casi todos los aspectos de nuestra vida. Rara vez pasa una hora sin que un individuo se enfrente a la necesidad de resolver algún tipo de problema. En particular, el trabajo de un directivo implica resolver problemas. Si las empresas no tuvieran problemas, no habría necesidad de contratar directivos. Por lo tanto, es difícil pensar que una persona incompetente para resolver problemas tenga éxito como director/gerente.

En este capítulo ofrecemos lineamientos y técnicas específicos para mejorar las habilidades de solución de problemas. Nos ocuparemos de dos tipos de solución de problemas: analítica y creativa. Los directivos eficaces son capaces de resolver problemas tanto de forma analítica como creativa, aunque cada tipo requiere diferentes habilidades.

Primero estudiaremos la solución analítica de problemas (el tipo que los directivos utilizan muchas veces en el día). Luego examinaremos la solución creativa de problemas que, aunque se presenta con menos frecuencia, a menudo distingue a los profesionistas exitosos de los fracasados, a los héroes de la gente común y a los ejecutivos con un buen desempeño de aquellos que no lo tienen.

También puede tener una gran repercusión en la eficacia organizacional. Gran parte de las investigaciones destacan una relación positiva entre la solución creativa de los problemas y las organizaciones de éxito (Csikszentmihalyi, 2013; Sternberg, 1999). Este capítulo ofrece guías para solucionar mejor los problemas, tanto de forma analítica como creativa, y concluye con un breve análisis acerca de cómo los directivos pueden fomentar la solución creativa de los problemas y la **innovación** de las personas con las que trabajan.

Pasos para la solución analítica de problemas

A la mayoría de las personas, incluyendo a los directivos, no les gustan los problemas, pues consumen tiempo, generan estrés y parecen no terminar nunca.

En su interesante libro titulado *Blink* (2005), Malcolm Gladwell afirma que las personas son capaces de tomar decisiones y sacar conclusiones con muy pocos datos (pequeñas porciones de comportamiento) gracias a su intuición. En uno o dos segundos, la gente puede llegar a una conclusión tan válida como a la que se puede llegar después de estudiar un problema durante mucho tiempo. Según este autor, las primeras impresiones son importantes y muchas veces son válidas. Sin embargo, estas primeras impresiones y los juicios instantáneos son válidos, en especial cuando los problemas no son complejos, cuando los individuos tienen experiencia en el tema que juzgan y cuando éstos han logrado ponerse en contacto con sus señales internas (es decir, cuando tienen un buen nivel de autoconocimiento e inteligencia emocional) (Gigerenzer y Gaissmaier, 2011). La mayoría de las veces, los problemas que enfrentamos son complicados, multifacéticos y ambiguos. En esos casos, se requiere de técnicas eficaces basadas en un enfoque sistemático y lógico, el cual incluye al menos cuatro pasos.

DEFINICIÓN DEL PROBLEMA

El modelo más ampliamente aceptado de la solución analítica de problemas se resume en la tabla 3.1. Este método es bien conocido y muy utilizado en casi todas las empresas.

Muchas organizaciones grandes (por ejemplo, Ford Motor Company, General Electric, Hewlett-Packard, Microsoft y Apple) gastan millones de dólares para enseñar a

sus directivos este tipo de solución de problemas como parte de su proceso de productividad y mejora. Varias empresas han utilizado variantes de este método de cuatro pasos (por ejemplo, Ford utiliza un método de ocho pasos), aunque todos los pasos son meras derivaciones del modelo que se analiza aquí.

El primer paso es *definir* el problema. Esto implica hacer un diagnóstico de la situación para enfocar el problema real y no sólo sus síntomas. Por ejemplo, supongamos que usted debe tratar con un empleado que constantemente entrega el trabajo después de la fecha o la hora estipulada. Es factible que el problema sea la lentitud en el trabajo, o quizá sólo sea un síntoma de otro dilema subyacente, como asuntos de salud, escasa motivación, falta de capacitación o recompensas inadecuadas.

Tabla 3.1	Modelo de solución de problemas
PASO	**CARACTERÍSTICAS**
1. Definir el problema.	• Diferenciar hechos de opiniones. • Especificar las causas subyacentes. • Pedir información a todos los implicados. • Plantear el problema de manera explícita. • Identificar qué norma se viola. • Determinar de quién es el problema. • Evitar plantear el dilema como una solución disfrazada.
2. Generar soluciones alternativas.	• Posponer la evaluación de las alternativas. • Asegurarse de que todos los individuos implicados generen alternativas. • Especificar alternativas congruentes con las metas. • Especificar alternativas a corto y largo plazos. • Construir sobre las ideas de los demás. • Especificar alternativas que solucionen el problema.
3. Evaluar y seleccionar una alternativa.	• Evaluar respecto a un estándar óptimo. • Evaluar de manera sistemática. • Evaluar en relación con las metas. • Evaluar los efectos principales y los secundarios. • Especificar la alternativa elegida de manera explícita.
4. Poner en práctica la solución y hacer un seguimiento.	• Ponerla en práctica en el momento adecuado y con la secuencia correcta. • Brindar oportunidades para retroalimentación. • Fomentar la aceptación de los afectados. • Establecer un sistema de supervisión continuo. • Evaluar con base en la solución del problema.

Por lo tanto, para definir el problema es necesaria una extensa búsqueda de información. Cuanto más relevante sea la información que se consiga, más probable será que el dilema se defina de manera exacta. Como planteó Charles Kettering: "No son las cosas que usted no sabe las que lo meterán en problemas, sino las cosas que cree saber y que en realidad no conoce".

A continuación se describen algunos atributos de una buena definición de un problema:

1. Se diferencia la información referente a los hechos de lo que sólo es opinión o especulación. Se separan los datos objetivos de las percepciones y las suposiciones.
2. Todos los individuos implicados se consideran fuentes de información. Se alienta una extensa participación para conseguir tanta información como sea posible.
3. El problema está planteado de manera explícita. Esto a menudo ayuda a señalar las ambigüedades de la definición.
4. La definición del problema claramente identifica qué norma o expectativa se ha violado. Los dilemas, por su misma naturaleza, implican la violación de alguna norma o expectativa.
5. La definición del problema debe considerar la pregunta "¿De quién es este problema?". Ningún problema es completamente independiente de las personas. Identifique a quién le pertenece.
6. La definición no es simplemente una solución disfrazada. Decir "El problema es que necesitamos motivar a los empleados lentos" es inadecuado, porque el problema mismo está planteado como solución. El problema hay que describirlo, no resolverlo.

Los directores/gerentes a menudo proponen una solución antes de definir de manera adecuada el problema. Esto puede provocar que se resuelva el problema "equivocado" o que se saquen conclusiones confusas o inadecuadas. Identificar eficazmente el problema es, por lo general, el paso más importante para resolverlo.

GENERACIÓN DE ALTERNATIVAS

El segundo paso consiste en generar soluciones alternativas. Esto requiere posponer la selección de una solución hasta que se hayan propuesto distintas alternativas. Buena parte de las investigaciones sobre la solución de problemas (por ejemplo, March, 1999, 2006) apoyan la idea de que la calidad de las soluciones puede mejorarse de manera significativa al considerar múltiples alternativas.

El inconveniente de evaluar y seleccionar una alternativa demasiado pronto es que podrían descartarse algunas buenas ideas al ni siquiera tomarlas en cuenta. Nos concentramos en una idea que suena bien y la elegimos, ignorando así alternativas que, a la larga, podrían resultar mejores.

A continuación se presentan algunos atributos de una buena generación de alternativas:

1. Se pospone la evaluación de cada alternativa propuesta. Antes de la evaluación se deben proponer todas las alternativas relevantes.
2. Todos los individuos implicados en el problema deben proponer alternativas. Una amplia participación mejora la calidad de la solución y la aceptación de grupo.
3. Las soluciones alternativas deben ser congruentes con las metas o políticas de la organización o del grupo.
4. Las alternativas deben tomar en consideración las consecuencias a corto y largo plazos.
5. Las alternativas pueden construirse a partir de otras. Las malas ideas pueden volverse buenas si se combinan o se modifican considerando otras ideas.
6. Las alternativas deben resolver el problema que se ha definido. Es probable que exista otro problema importante, pero debe ignorarse si no afecta de manera directa el problema bajo consideración.

EVALUACIÓN DE ALTERNATIVAS

El tercer paso en la solución de problemas es evaluar y seleccionar una alternativa. Este paso implica sopesar cuidadosamente las ventajas y desventajas de cada alternativa propuesta, antes de hacer una selección final. Al elegir la mejor alternativa, los individuos hábiles se aseguran de que las alternativas se juzguen en términos de qué tanto resolverán el problema, sin causar inconvenientes no previstos; qué tan probable es que todos los implicados acepten la decisión; qué tan factible es ponerla en práctica, y qué tanto se ajusta a las restricciones organizacionales (por ejemplo, si es congruente con políticas, normas y limitaciones de presupuesto).

La descripción clásica de la dificultad en la solución de problemas, que se elaboró hace más de 50 años, aún es un principio central en ese tema (March y Simon, 1958):

La mayor parte de la toma de decisiones de los seres humanos, ya sea de manera individual u organizacional, se relaciona con el descubrimiento y la selección de alternativas adecuadas; sólo en casos excepcionales se relaciona con el descubrimiento y la selección de alternativas óptimas. La optimización exige procesar varios órdenes de magnitud más complejos que los requeridos para la satisfacción. Un ejemplo es la diferencia entre buscar en un pajar para encontrar la aguja más afilada que haya en él, y buscar en el pajar para encontrar una aguja lo suficientemente afilada para coser con ella .

Algunas características de una buena evaluación son:

1. Las alternativas se evalúan con base en un estándar óptimo y no con base en uno satisfactorio. Se debe determinar qué es lo mejor y no sólo lo que servirá.

2. Se dedica un tiempo adecuado a la evaluación y consideración de alternativas para que cada una reciba la consideración debida.

3. Las alternativas se evalúan en términos de las metas de la organización y de las necesidades y expectativas de los individuos implicados. Se deben cumplir las metas organizacionales, pero también hay que tomar en cuenta las preferencias individuales.

4. Las alternativas se evalúan en términos de sus probables efectos. Se consideran los efectos directos y colaterales sobre el problema, así como los de corto y largo plazos.

5. La alternativa que se elige finalmente se plantea de manera explícita. Esto sirve para garantizar que todos los implicados comprendan la solución y coincidan en ella, y evitar futuros desacuerdos.

PONER EN PRÁCTICA LA SOLUCIÓN

El paso final consiste en llevar a cabo la solución y hacer un seguimiento. En numerosas ocasiones, las personas que enfrentan un problema tratarán de saltar al paso 4 antes de haber realizado los pasos 1 al 3. Es decir, reaccionan ante un problema tratando de poner en práctica una solución antes de haberla definido y analizado, o antes de haber generado y evaluado soluciones alternativas. Por lo tanto, es importante recordar que "deshacerse del problema" resolviéndolo no conducirá al éxito si no se llevan a cabo los primeros tres pasos del proceso.

El capítulo 10 analiza algunos atributos para poner en práctica soluciones de manera eficaz, entre ellos superar la resistencia, generar compromiso en los otros y asegurarse que la solución es sostenible.

Viene a colación la siguiente cita bien conocida de Calvin Coolidge:

Nada en el mundo puede tomar el lugar de la perseverancia. El talento, no: nada es más común que los fracasados con talento. Los genios tampoco pueden reemplazarla: un genio sin recompensa es casi un proverbio. La educación, tampoco: el mundo está lleno de negligentes educados. Sólo la persistencia y la determinación son omnipotentes.

Desde luego, poner en marcha cualquier solución requiere de un seguimiento para evitar los efectos secundarios negativos y asegurar la solución del problema. Dar seguimiento no sólo asegura una ejecución eficaz, sino que también tiene una la función de producir información que podría utilizarse para mejorar la futura solución de un problema.

Algunos atributos de una ejecución y un seguimiento eficaces son:

1. La implementación ocurre en el momento correcto y en la secuencia adecuada. No ignora los factores restrictivos, ni viene antes de los pasos 1, 2 y 3 del proceso de solución de problemas.

2. La ejecución se realiza mediante una estrategia de "pequeños triunfos" para vencer la resistencia y fomentar el apoyo.

3. El proceso de poner en marcha la solución incluye oportunidades para la retroalimentación. Se comunica qué tan bien funciona la solución y se hace un intercambio recurrente de información.

4. Se facilita la participación de los individuos afectados por la solución del problema, con la finalidad de generar apoyo y compromiso.

5. Se establece un sistema continuo de supervisión y medición para la solución que se pone en marcha. Se evalúan los efectos a corto y largo plazos.

6. La evaluación del éxito se basa en la solución del problema y no en los beneficios secundarios. Aunque la solución podría dar algunos resultados positivos, no tendrá éxito a menos que resuelva el problema en cuestión.

Limitaciones del modelo analítico de solución de problemas

Los individuos con mayor experiencia en la solución de problemas están familiarizados con los pasos del modelo analítico, los cuales se basan en los resultados de investigaciones empíricas y en una lógica sólida (March, 1994; Miller, Hickson y Wilson, 1996; Mitroff, 1998; Williams, 2001; Zeitz, 1999).

Por desgracia, la mayoría no siempre pone en práctica estos pasos. Las demandas de la vida a menudo nos presionan para ignorar algunos de ellos y, como resultado, la solución de problemas se ve afectada. Sin embargo, cuando se siguen estos cuatro pasos, la solución eficaz de los problemas mejora de manera notoria.

Por otro lado, el simple hecho de conocer y practicar estos cuatro pasos no garantiza que una persona resolverá eficazmente todo tipo de problemas. Estos pasos de solución de dilemas son más eficaces principalmente cuando los problemas que se enfrentan son directos, las alternativas son definibles, la información relevante está disponible y existe un parámetro claro para juzgar la eficacia de una solución.

Las principales tareas consisten en acordar una sola definición, reunir la información accesible, generar alternativas y tomar una decisión con base en la información. Sin embargo, muchos problemas que enfrentan los directores/gerentes no son de este tipo. Las definiciones, la información, las alternativas y los parámetros suelen ser ambiguos o no estar disponibles. En un mundo digital complejo y rápido, estas condiciones aparecen cada vez con menos frecuencia. Por lo tanto, conocer las fases en la solución de problemas no es necesariamente lo mismo que ser capaz de llevarlas a cabo.

Es probable que no se sepa con claridad cuánta información se requiere, cuál es el conjunto completo de soluciones alternativas o cómo saber si la información que se obtiene es exacta. La solución analítica de problemas podría ayudar, pero se necesita de algo más para enfrentar con éxito esos problemas. Al describir el mundo moderno que enfrentan los directivos, Tom Peters afirmó: "Si usted no está confundido, es porque no está poniendo atención".

En la tabla 3.2 se resumen algunas razones de por qué la solución analítica de problemas no siempre es eficaz en las situaciones cotidianas a nivel directivo. Algunos dilemas simplemente no pueden someterse a un análisis sistemático o racional. Quizá no haya información suficiente y exacta disponible, los resultados no sean predecibles, o las vinculaciones entre medios y fines no sean evidentes. Para resolver esos problemas tal vez se requiera de una nueva forma de pensamiento, a la cual conocemos como solución creativa de problemas.

Impedimentos para la solución creativa de problemas

Como se mencionó al inicio del capítulo, la solución analítica de los problemas se enfoca en deshacerse de éstos.

La solución creativa de problemas implica generar algo (DeGraff y Lawrence, 2002). El problema es que a la mayoría de las personas se les dificulta solucionar los problemas en forma creativa. Existen dos razones para ello.

En primer lugar, la mayoría de la gente considera erróneamente que la creatividad es un proceso unidimensional, es decir, que se limita a la generación de ideas. No conocemos las diversas estrategias para ser creativos, por lo que nuestro repertorio está restringido. En segundo lugar, todos hemos desarrollado ciertos bloqueos conceptuales en nuestras actividades de solución de problemas, de los cuales no estamos conscientes. Esos bloqueos impiden que solucionemos ciertos problemas de manera eficaz. Los bloqueos, en gran medida, son personales y no interpersonales u organizacionales, de manera que es necesario desarrollar ciertas habilidades para superarlos.

En este capítulo nos concentramos principalmente en las habilidades necesarias para solucionar mejor y de manera creativa los problemas. Existe una gran cantidad de información sobre la manera en que los directivos y los líderes pueden fomentar la creatividad de las organizaciones, pero éste no es nuestro objetivo (Mumford, 2011; Zhou y Shalley, 2008). Nos interesa ayudar al lector a fortalecer y desarrollar sus habilidades personales, así como a ampliar su repertorio de alternativas creativas para la solución de problemas.

Múltiples modelos de la creatividad

Uno de los modelos de la creatividad más elaborados identifica cuatro métodos para lograrla. Este modelo se basa en la teoría de los valores opuestos (Cameron, Quinn, DeGraff y Thakor, 2014), la cual identifica dimensiones en competencia o en conflicto que describen actitudes, valores y comportamientos de las personas. En la figura 3.1 se incluyen los cuatro tipos de creatividad y sus relaciones, descritos por nuestro colega Jeff DeGraff (DeGraff y Lawrence, 2002).

Por ejemplo, lograr la creatividad mediante la **imaginación** se refiere a la creación de ideas, grandes avances y métodos radicales para la solución de problemas. Los individuos que buscan la creatividad de esta forma suelen ser experimentadores, especuladores y emprendedores, y definen a la creatividad como exploración, innovación de productos o el desarrollo de posibilidades únicas. Al enfrentar problemas difíciles que necesitan resolverse, su método consiste en pensar en posibilidades revolucionarias y soluciones únicas.

Algunos casos muy conocidos incluyen a Steve Jobs, de Apple, el creador del iPod y de la computadora Macintosh; y a Walt Disney, creador de películas animadas y parques temáticos. Estos dos personajes resolvieron los problemas produciendo ideas y productos radicalmente nuevos, que crearon industrias novedosas.

Tabla 3.2	Algunas limitaciones del modelo analítico de solución de problemas
PASO	**LIMITACIONES**
1. Definición del problema.	• Pocas veces existe un consenso sobre la definición del problema.
	• A menudo existe incertidumbre sobre cuál definición será aceptada.
	• Los problemas suelen definirse en términos de las soluciones que ya tienen.
	• Los síntomas se confunden con el problema real.
	• La información confusa inhibe la identificación del problema.
2. Generación de soluciones alternativas.	• Las alternativas de solución suelen evaluarse una a la vez conforme se proponen.
	• Por lo general, se conocen sólo unas cuantas alternativas posibles.
	• La primera solución aceptable suele aceptarse.
	• Las alternativas se basan en lo que tuvo éxito en el pasado.
3. Evaluación y elección de una alternativa.	• Por lo general, se dispone de información limitada acerca de cada alternativa.
	• Se busca la información accesible (fácil de encontrar).
	• El tipo de información disponible está restringido por factores como la antigüedad contra el carácter reciente de los datos, la extremidad contra la centralidad, lo esperado contra lo inesperado, y la correlación contra la causalidad.
	• El acopio de información de cada alternativa es costoso.
	• No siempre se conocen las preferencias respecto a cuál es la mejor alternativa.
	• Se suelen aceptar las soluciones satisfactorias, no las óptimas.
	• A menudo se eligen soluciones por omisión o por defecto.
	• Con frecuencia se ponen en marcha las soluciones antes de definir el problema.
4. Poner en marcha la solución y darle seguimiento.	• No siempre se logra que todos los implicados acepten la solución.
	• La resistencia al cambio es un fenómeno universal.
	• No siempre queda claro qué parte de la solución debe supervisarse o medirse en el seguimiento.
	• Al poner en práctica una solución, se deben tomar en cuenta los procesos políticos y organizacionales.
	• Es posible que tome mucho tiempo poner en práctica la solución.

Sin embargo, la gente también puede ser creativa utilizando los medios opuestos, es decir, al crear alternativas superiores, *mejorando* lo que ya existe o aclarando la ambigüedad relacionada con el problema. En vez de ser individuos revolucionarios y arriesgados, son sistemáticos, cuidadosos y detallistas. La creatividad surge al encontrar formas de mejorar procesos o funciones.

Un ejemplo es Ray Kroc, el mago que está detrás del increíble éxito de McDonald's. Como vendedor en la década de 1950, Kroc compró un restaurante en San Bernardino, California, a los hermanos McDonald y, al cambiar de manera creativa la forma de preparar y servir hamburguesas, creó la empresa de comida rápida más grande del mundo. Kroc no inventó la comida rápida (White Castle y Dairy Queen existían hacía mucho tiempo), sino que modificó los procesos. Al crear un menú estandarizado y limitado, procedimientos de cocina uniformes, una calidad de servicio consistente, instalaciones limpias y comida poco costosa (no importa en qué parte del país o del mundo), demostró un modelo de creatividad muy diferente. En vez de producir ideas innovadoras, el secreto de Kroc consistió en mejorar de manera paulatina las ideas existentes. A este tipo de creatividad se le conoce como **mejora**. Existe un tercer tipo de creatividad denominado **inversión**, que implica tratar de lograr las metas con rapidez y *competitividad*. Las personas que buscan la creatividad de esta forma enfrentan desafíos, adoptan una postura competitiva y se

Figura 3.1   Cuatro tipos de creatividad

Flexibilidad

Incubación
Ser sustentable

Aprovechar el trabajo
en equipo, la
participación, la coordinación
y la cohesión, el facultamiento
de las personas, la creación
de confianza

Imaginación
Ser novedoso

Experimentación, exploración,
asumir riesgos, ideas
transformadoras,
pensamiento revolucionario,
visiones únicas

Interno ———————————————— **Externo**

Mejora
Ser mejor

Mejoras paulatinas,
control de procesos,
modelos sistemáticos,
métodos cuidadosos,
aclaración de problemas

Inversión
Ser el primero

Logro rápido de metas,
respuestas más rápidas
que las de otros, modelos
competitivos, ataque
directo a los problemas

Control

FUENTE: *Adaptado de DeGraff y Lawrence, 2002.*

APRENDIZAJE

concentran en obtener resultados con mayor rapidez que los demás. Los individuos logran ser creativos al trabajar con más intensidad que la competencia, al explotar las debilidades de los demás y al ser los primeros en ofrecer un producto, un servicio o una idea, incluso las que no les pertenecen. Las ventajas de ser la "primera empresa en tomar la iniciativa" son bien conocidas.

Un ejemplo de este tipo de creatividad puede ser el presidente Kawashima, de Honda, en la "guerra de motocicletas entre Honda y Yamaha". Durante la década de 1960, Honda se convirtió en líder de la industria de motocicletas en Japón, y decidió ingresar al mercado de automóviles en la década de 1970. Yamaha consideró esto como una oportunidad para superar la participación de Honda en el mercado de motocicletas de Japón. A principios de la década de 1980, el presidente Koike, de Yamaha, prometió en discursos públicos que su empresa pronto superaría la producción de motocicletas de Honda ante la nueva incursión de esta última en la rama automotriz. A principios de 1983 el presidente de Honda replicó: "Mientras sea el presidente de esta empresa, convertiremos a nuestro principal contrincante en nada... *¡Yamaha wo tsubusu!"* (que significa, destrozaremos, aniquilaremos y acabaremos con Yamaha). El año siguiente, Honda introdujo 81 nuevos modelos de motocicletas y descontinuó 32 modelos, haciendo un total de 113 cambios en su línea de producción. Durante el siguiente año, Honda introdujo 39 modelos adicionales y añadió 18 cambios a su línea de 50cc. Las ventas de Yamaha cayeron 50 por ciento, con pérdidas totales de 24,000 millones de yenes ese año. El presidente de Yamaha admitió lo siguiente: "Me gustaría terminar con la guerra entre Honda y Yamaha... De ahora en adelante nos moveremos con cuidado y nos aseguraremos de que Yamaha ocupe el segundo lugar, después de Honda". El método de creatividad utilizado por Kawashima, presidente de Honda, se basó en la inversión (respuestas rápidas, maniobras competitivas y toma de iniciativa).

El cuarto tipo de creatividad es la **incubación**, que implica lograr la creatividad mediante el trabajo de equipo, la participación y la coordinación de los individuos. La creatividad surge al liberar el potencial que existe en las interacciones de las redes de personas. La gente que busca la creatividad mediante la incubación alienta a los individuos a trabajar juntos, fomenta la confianza y la cohesión, y faculta a los demás. La creatividad proviene de una mentalidad colectiva y de compartir ideas.

Por ejemplo, es probable que Mahatma Gandhi sea la única persona de la historia moderna que ha detenido una guerra por sí solo. Muchos individuos han iniciado guerras, pero Gandhi fue lo suficientemente creativo para terminar con una, y lo hizo al movilizar redes de personas para lograr una visión clara y un conjunto de valores. Es probable que si Gandhi no hubiera sido creativo y eficiente, no habría tratado de aprovechar las dinámicas de la incubación. Al movilizar a la gente para que se dirigiera al mar a producir sal, o al quemar los pases que establecían diferencias entre los grupos étnicos, Gandhi fue capaz de generar resultados creativos que, de otra forma, no habrían sido posibles. Fue un maestro de la incubación al vincular, comprometer y coordinar a las personas.

Lo mismo podríamos decir de Bill Wilson, fundador de Alcohólicos Anónimos, cuyo programa de 12 pasos es la base de casi todas las organizaciones para el tratamiento de adicciones del mundo (adicción al juego, adicción a las drogas, trastornos de alimentación, etcétera). Para curar su propio alcoholismo, Wilson comenzó a reunirse con otras personas que tenían el mismo problema y, con el paso del tiempo, desarrolló un sistema muy creativo para lograr que él mismo y otros superaran sus dependencias. El ingenio que está detrás de Alcohólicos Anónimos es la creatividad que surge al facilitar y fomentar las interacciones humanas.

La figura 3.2 sirve para comprender mejor los cuatro tipos de creatividad. Usted observará que la imaginación y la mejora destacan modelos de creatividad opuestos; difieren en la *magnitud* de las ideas creativas que se buscan. La imaginación se concentra

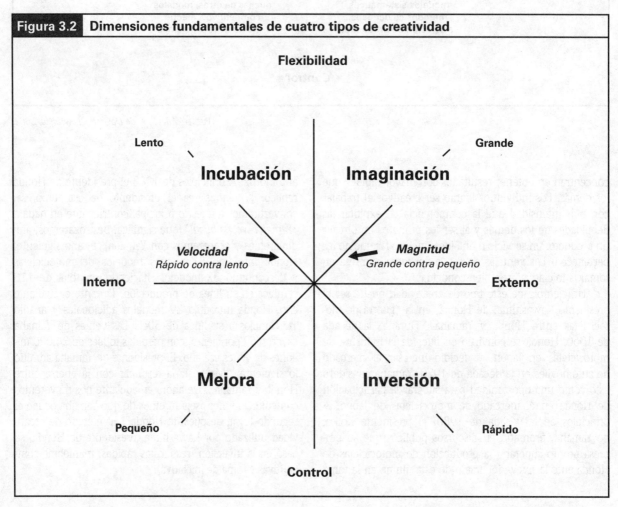

Figura 3.2 **Dimensiones fundamentales de cuatro tipos de creatividad**

FUENTE: *ADAPTADO DE DeGraff & Lawrence, 2002.*

en soluciones novedosas y revolucionarias para los problemas. La mejora se enfoca en soluciones controladas e incrementales. La inversión y la incubación también son modelos de creatividad opuestos y contradictorios; difieren en su *velocidad* de respuesta. La inversión se concentra en respuestas rápidas y competitivas para los problemas, mientras que la incubación destaca respuestas más deliberadas y desarrolladas.

Es importante señalar que ninguno de los modelos es mejor que otro. Distintas circunstancias requieren de modelos diferentes. Por ejemplo, Ray Kroc y McDonald's no habrían tenido éxito sin una estrategia de imaginación (cambio revolucionario), y Walt Disney no habría tenido éxito sin una estrategia de incubación (consenso de grupo). Kawashima, de Honda, no pudo permitirse esperar una estrategia de incubación (cambios lentos para el desarrollo), mientras que la labor de Gandhi no tendría sentido sin un modelo de inversión de la creatividad (método competitivo). En la figura 3.3 se presenta una lista de circunstancias en las que cada uno de los cuatro modelos de la creatividad es más eficaz.

Esta figura indica que la imaginación es el modelo de creatividad más adecuado cuando se requieren grandes avances e ideas originales *(ser novedosos)*. Cuando es necesario hacer cambios incrementales o controlar los procesos *(ser mejores)*, el modelo de mejora es el adecuado. El modelo de inversión es el más indicado cuando las respuestas rápidas y el logro de metas es prioritario *(ser el primero)*. Y el modelo de incubación es el más adecuado cuando lo importante es el esfuerzo colectivo y la participación de otros individuos *(ser sustentable)*.

El cuestionario de Evaluación de la creatividad que respondió en la sección de evaluación previa le ayudará a identificar sus preferencias en relación con estos diferentes modelos de creatividad; podrá crear un perfil que indique qué tanto prefiere la imaginación, la mejora, la inversión o la incubación al resolver problemas que exigen creatividad. Ese perfil le ayudará a determinar el tipo de problemas que prefiere resolver cuando deba demostrar su creatividad. Desde luego, tener una preferencia no es lo mismo que ser hábil o competente para cierto modelo, por lo que el resto de este capítulo le ayudará a desarrollar competencias creativas.

Figura 3.3	Ejemplos de situaciones en las que cada modelo es eficaz

Incubación
Ser sustentable

La existencia de una
comunidad diversa con
valores firmes;
la necesidad de un esfuerzo
colectivo y de consenso;
fuerza laboral facultada

Imaginación
Ser novedosos

Necesidad de
productos o servicios nuevos
e innovadores; mercados
emergentes; recursos necesarios
para la experimentación

Interno — **Externo**

Mejora
Ser mejores

Requisitos de calidad,
seguridad y confiabilidad;
gran especialización técnica;
procesos estandarizados efectivos

Inversión
Ser el primero

Se necesitan resultados
rápidos; ambientes
sumamente competitivos;
énfasis en resultados
esenciales

FUENTE: *Adaptado de DeGraff & Lawrence, 2002.*

Bloqueos conceptuales

El problema es que los diferentes modelos de creatividad podrían inhibirse. Es decir, además de ignorar las diversas formas en que podemos manifestar la creatividad, la mayoría tiene dificultades para resolver problemas de manera creativa por la presencia de **bloqueos conceptuales**. Los bloqueos conceptuales son obstáculos mentales que limitan la definición de los problemas, y pueden impedir que los individuos sean eficientes en cualquiera de los cuatro tipos de creatividad. Los bloqueos conceptuales limitan el número de soluciones alternativas que las personas producen (Adams, 2001; Tan y Parnell, 2013). Todos tenemos bloqueos conceptuales, pero algunos los presentan en mayor número e intensidad. En buena medida, esos bloqueos no se reconocen o son inconscientes, y la única forma de hacer conscientes a los individuos al respecto es mediante la confrontación con problemas que no se puedan resolver a causa de ellos. Los bloqueos conceptuales suelen derivarse, en gran parte, de los procesos de pensamiento que las personas utilizan al enfrentar problemas. Todos desarrollamos algunos bloqueos conceptuales con el paso del tiempo. De hecho, necesitamos algunos de ellos para lidiar con la vida diaria, y la razón se explica a continuación.

A cada momento, todos somos bombardeados con mucha más información de la que podemos asimilar. Por ejemplo, es probable que usted no esté consciente en este momento de la temperatura de la habitación, el color de su piel, el nivel de iluminación en general o de la sensación de los dedos de sus pies dentro de sus zapatos. Toda esta información está disponible para usted y es procesada por su cerebro, pero usted ignora parte de ella y se concentra en otra. Con el tiempo, debemos desarrollar el hábito de filtrar mentalmente parte de la información a la que estamos expuestos o, de otra forma, la sobrecarga de información nos volvería locos. Estos hábitos de filtración, con el tiempo, se convierten en hábitos o bloqueos conceptuales. Aunque no estemos conscientes de ellos, evitan que registremos cierto tipo de información, y por lo tanto, que resolvamos ciertas clases de problemas.

En esta sección nos enfocamos en los problemas que requieren soluciones creativas en vez de analíticas. Presentamos algunas herramientas y técnicas que ayudarán a superar los bloqueos conceptuales y liberan la creatividad para solucionar los problemas. Primero consideraremos dos ejemplos que ilustran la solución creativa de problemas y la superación de los bloqueos conceptuales.

EL MAGNETRÓN DE PERCY SPENCER

Durante la Segunda Guerra Mundial, los británicos desarrollaron uno de los secretos militares mejor guardados: un radar especial basado en un aparato llamado magnetrón. Se considera que a este radar se debió el vuelco ocurrido en la guerra entre Inglaterra y Alemania, y que gracias a él fue posible la resistencia de los británicos al ataque aéreo de Hitler. En 1940, Raytheon fue una de las diversas empresas estadounidenses invitadas a fabricar magnetrones para la guerra.

Ni los físicos más calificados entendían con claridad cómo funcionaban los magnetrones. Incluso entre las empresas que los fabricaban, pocos entendían lo que los hacía funcionar. En aquel tiempo, los magnetrones se ponían a prueba colocando un tubo de neón a su lado. Si el tubo de neón brillaba lo suficiente, el tubo de magnetrón pasaba la prueba. En el proceso de la prueba, las manos del científico que sostenía el tubo de neón se calentaban. Este fenómeno llevó a un importante descubrimiento creativo que posteriormente transformaría el estilo de vida en todo el mundo.

Al final de la guerra, el mercado para radares prácticamente se extinguió, y la mayoría de las empresas dejaron de producir los magnetrones. Sin embargo, en Raytheon, un científico llamado Percy Spencer se dedicó a estudiar los magnetrones, tratando de hallarles usos alternativos. Spencer estaba convencido de que los magnetrones podrían utilizarse para cocinar alimentos utilizando el calor producido en el tubo de neón. Pero Raytheon estaba en el negocio de la defensa y, junto a sus dos productos principales, los misiles Hawk y Sparrow, los aparatos de cocina parecían extraños y fuera de lugar. Percy Spencer estaba convencido de que Raytheon debía continuar fabricando magnetrones, aunque los costos de producción eran prohibitivos. Raytheon había invertido dinero en los artefactos y ahora no había un mercado disponible para ellos. Pero el producto de consumo que Spencer tenía en mente no tenía lugar dentro del campo de negocios de Raytheon.

Con el tiempo, la solución de Percy Spencer al problema de Raytheon produjo el horno de microondas y una revolución en los métodos de cocina en todo el mundo. Más adelante analizaremos diversas técnicas de solución de problemas ilustradas por el triunfo creativo de Spencer.

PEGAMENTO DE SPENCE SILVER

Un segundo ejemplo de solución creativa de problemas comenzó cuando se pidió a Spence Silver que trabajara en un equipo de proyecto temporal dentro de la empresa 3M. El equipo estaba buscando nuevos adhesivos, y Silver obtuvo cierto material de AMD, Inc., que tenía el potencial para un nuevo adhesivo basado en un polímero. Describió uno de sus experimentos de la siguiente manera: "En el transcurso de esta exploración, probé un experimento con uno de los monómeros, ya que quería ver qué sucedería si utilizaba una gran cantidad en la mezcla de reacción. Antes de eso, habíamos utilizado cantidades que correspondían a un criterio convencional" (Nayak y Ketteringham, 1986).

El resultado fue una sustancia que falló en todas las pruebas convencionales de 3M para los adhesivos. No pegaba. Prefería sus propias moléculas a las moléculas de cualquier otra sustancia. Era más cohesivo que adhesivo, un producto que "estaba ahí, sin hacer un compromiso". Era un tipo de pegamento de "ahora funciona y luego no".

Durante cinco años, Silver pasó de un departamento de la empresa a otro, tratando de encontrar a alguien interesado en utilizar la sustancia recién encontrada en algún producto. Silver había encontrado una solución; sólo que no encontraba el problema que pudiera resolverse con ésta. Como era de esperarse, 3M mostró muy poco interés. La misión de la compañía era hacer adhesivos que pegaran cada vez con mayor fuerza. El nuevo adhesivo debía ser uno que formara un enlace irrompible, no uno que formara un enlace temporal.

Después de cuatro años se deshizo el equipo de tarea y los miembros del grupo fueron asignados a otros proyectos. No obstante, Silver seguía convencido de que su sustancia serviría para algo, sólo que no sabía para qué. Como resultado, la solución de Silver produjo un negocio multimillonario en dólares para 3M, un producto único llamado notas Post-it.

Estos dos ejemplos muestran que el hecho de resolver un problema de forma única puede generar un negocio increíblemente exitoso. Sin embargo, para entender cómo resolver los problemas en forma creativa, primero debemos considerar los bloqueos que inhiben la creatividad.

LOS CUATRO TIPOS DE BLOQUEOS CONCEPTUALES

En la tabla 3.3 se resumen cuatro tipos de bloqueos conceptuales que inhiben la solución creativa de los problemas. Cada uno se comenta e ilustra con problemas o ejercicios. Lo exhortamos a que resuelva los ejercicios y solucione los problemas conforme lea el capítulo, porque esto le ayudará a descubrir sus bloqueos conceptuales. Más adelante comentaremos con más detalle cómo se pueden superar esos bloqueos.

Tabla 3.3	Bloqueos conceptuales que inhiben la solución creativa de problemas
1. *Constancia*	
• Pensamiento vertical	Definir un problema de una sola forma sin considerar puntos de vista alternativos.
• Un lenguaje de pensamiento	No utilizar más de un lenguaje para definir y evaluar el problema.
2. *Compromiso*	
• Estereotipo basado en experiencias pasadas	Los problemas presentes se consideran sólo variantes de problemas pasados.
• Ignorancia de similitudes	Fallar al percibir las similitudes entre elementos que inicialmente parecen ser distintos.
3. *Reducción*	
• Distinguir la figura del fondo	No filtrar la información irrelevante o encontrar la información necesaria.
• Restricciones artificiales	Definir los límites de un problema de forma muy estrecha.
4. *Pasividad*	
• Falta de cuestionamiento	No hacer preguntas.
• Falta de pensamiento	Un sesgo hacia la actividad en vez del trabajo mental.

Constancia

Un tipo de bloqueo conceptual ocurre cuando el individuo se apega a una forma de observar un problema o cuando utiliza un solo modelo para definirlo, describirlo o resolverlo. Es fácil ver por qué la **constancia** es común al resolver un problema. Ser constante, o consistente, es un atributo altamente valorado por la mayoría. Nos gusta ser al menos un poco consistentes en nuestra forma de enfrentar la vida, y la constancia a menudo se asocia con la madurez, la honestidad e incluso con la inteligencia. Juzgamos la falta de constancia como desconfianza e insensatez.

De hecho, algunos psicólogos destacados plantean que la constancia es el principal motivador del comportamiento humano (Festinger, 1957; Heider, 1946; Newcomb, 1954). Muchos estudios psicológicos demuestran que una vez que los individuos adoptan una postura o emplean un método en particular para resolver un problema, es muy probable que sigan ese mismo curso sin desviación en el futuro (vea Cialdini, 2001, para ejemplos múltiples).

Sin embargo, la constancia puede inhibir la solución de algunos tipos de problemas. La consistencia algunas veces elimina la creatividad. Dos ejemplos de un bloqueo de constancia son el pensamiento vertical y el uso de un solo lenguaje de pensamiento.

Pensamiento vertical El término **pensamiento vertical** fue acuñado por Edward de Bono (1968, 2000) y se refiere a definir un problema de una sola forma y luego conservar esa definición sin modificación hasta que se llega a una solución; no se consideran definiciones alternativas. Toda la información reunida y todas las alternativas generadas son congruentes con la definición original. De Bono comparó el pensamiento lateral (de Bono, 2013) con el pensamiento vertical en las siguientes formas: el pensamiento vertical se enfoca en la continuidad, el pensamiento lateral se enfoca en la discontinuidad; el pensamiento vertical elige, el pensamiento lateral cambia; el pensamiento vertical se refiere a la estabilidad, el pensamiento lateral se refiere a la inestabilidad; el vertical busca lo que es correcto, el lateral busca lo que es diferente; el vertical es analítico, en tanto que el lateral es desafiante; el vertical se interesa en saber de dónde proviene una idea, el lateral se interesa en saber hacia dónde va la idea; el pensamiento vertical se mueve en las direcciones más probables, el pensamiento lateral se mueve en la dirección menos probable; el pensamiento vertical desarrolla una idea, el pensamiento lateral descubre la idea.

Existen muchos ejemplos de soluciones creativas que ocurrieron porque un individuo se negó a adoptar una sola definición del problema. Alexander Graham Bell trataba de desarrollar un aparato para escuchar cuando cambió las definiciones e inventó el teléfono. Harland Sanders intentaba vender su receta a los restaurantes cuando cambió las definiciones y desarrolló su empresa Kentucky Fried Chicken. Karl Jansky estudiaba la estática del teléfono cuando modificó las definiciones, descubrió las ondas de radio de la Vía Láctea y desarrolló la ciencia de la radioastronomía.

En el desarrollo de la industria de microondas, Percy Spencer cambió la definición del problema de "¿Cómo podemos salvar nuestro negocio de radar militar al final de la guerra?" a "¿Qué otras aplicaciones puede tener el magnetrón?". Después surgieron otras definiciones del problema; por ejemplo: "¿Cómo podemos hacer que los magnetrones sean más económicos?", "¿cómo podemos fabricar los magnetrones en masa?", "¿cómo podemos convencer a alguien, además de los militares, de comprar un magnetrón?", "¿cómo podemos entrar a un mercado de productos de consumo?", "¿cómo podemos hacer que los hornos de microondas sean prácticos y seguros?", etcétera. Cada nueva definición del problema generó nuevas formas de pensamiento acerca del mismo, nuevos métodos alternativos y, con el tiempo, una nueva industria de hornos de microondas.

Spence Silver, de 3M, comenzó con: "¿Cómo puedo obtener un adhesivo que sea más potente?", pero cambió a "¿Cómo puedo encontrar una aplicación para un adhesivo que no pega con firmeza?". Después, surgieron otras definiciones del problema: "¿Cómo puedo hacer que este nuevo pegamento se adhiera en una superficie, pero no en otra (por ejemplo, al papel de notas, pero no al papel normal)?", "¿cómo podemos remplazar grapas, tachuelas y clips en los sitios de trabajo?", "¿cómo podemos fabricar y empacar un producto que utilice un pegamento no adhesivo?", "¿cómo podemos lograr que alguien compre un bloc de notas?", etcétera.

Desde luego, cambiar las definiciones no es fácil, porque no es natural; requiere que los individuos abandonen su tendencia a la constancia. Más adelante analizaremos algunas señales y herramientas que pueden ayudar a superar el bloqueo de constancia, y que, al mismo tiempo, evitan las consecuencias negativas de la inconsistencia.

Un solo lenguaje de pensamiento Una segunda manifestación del bloqueo de constancia es el uso de un solo **lenguaje de pensamiento**. La mayoría de las personas piensa en palabras, es decir, piensan acerca de un problema y su solución en términos de lenguaje verbal. La **solución analítica de problemas** refuerza este método. De hecho, algunos autores consideran que el pensamiento no puede existir sin las palabras (Feldman, 1999; Vygotsky, Hanfmann y Vakar, 1962).

Sin embargo, están disponibles otros lenguajes de pensamiento, como los no verbales o simbólicos (por ejemplo, las matemáticas), las imágenes sensoriales (por ejemplo, las sensaciones olfatorias o táctiles), los sentimientos y las emociones (como la felicidad, el temor o el enojo) y las imágenes visuales (por ejemplo, las imágenes mentales). Cuanto mayor sea el número de lenguajes disponibles para quienes solucionan problemas, mejores y más creativas serán sus soluciones.

Percy Spencer, de Raytheon, es un importante ejemplo de un pensador visual:

Un día, mientras Spencer almorzaba con el doctor Ivan Getting y otros científicos de Raytheon, surgió una pregunta matemática. Varios de ellos, por reflejo, sacaron sus reglas de cálculo, pero antes de que alguno pudiera completar la ecuación, Spencer dio la respuesta. El doctor Getting estaba sorprendido. "¿Cómo hiciste eso?", preguntó. "La raíz", dijo Spencer brevemente. "Aprendí las raíces cúbicas y cuadradas utilizando cubos cuando era niño. Desde entonces, todo lo que tengo que hacer es visualizarlos en conjunto". (Scott, 1974, p. 287).

El horno de microondas dependía del dominio que Spencer tenía de múltiples lenguajes de pensamiento. Además, el nuevo horno nunca habría existido sin un incidente crucial que ilustra el poder del pensamiento visual.

Hacia 1965, Raytheon estaba a punto de darse por vencida en la búsqueda de alguna aplicación de consumo para el magnetrón, cuando se llevó a cabo una reunión con George Foerstner, presidente de la recién adquirida Amana Refrigeration Company. En la reunión se analizaron los costos, las aplicaciones, los obstáculos de fabricación y los problemas de producción. Foerstner alentó el proyecto completo del horno de microondas con la siguiente declaración, tal como lo informó el vicepresidente de Raytheon:

George dijo: "No hay problema. Es casi del mismo tamaño que un sistema de aire acondicionado. Pesa más o menos lo mismo. Se debe vender por el mismo precio, así que fijaremos un precio de $499". Ahora pensarán que eso carece de sentido, pero deténganse y piénsenlo. Aquí hay un hombre que realmente no comprendía la tecnología. Pero hay aproximadamente la misma cantidad de cobre y la misma cantidad de acero que en un sistema de aire acondicionado. Y éstas son las materias primas básicas. No hay una gran diferencia en la forma en que se ensamblan

para lograr que funcionen. Los dos son cajas de metal, y ambos requieren algún tipo de recorte (Nayak y Ketteringham, 1986, p. 181).

En algunos enunciados cortos, Foerstner había tomado uno de los secretos militares más complicados de la Segunda Guerra Mundial y lo había traducido en algo no más complejo que un sistema de aire acondicionado doméstico. Había creado la imagen de una aplicación que nadie más había sido capaz de captar al describir el magnetrón en forma visual como un objeto familiar, no como un conjunto de cálculos, fórmulas o planos.

Un hecho similar en la historia de las notas Post-it también produjo una innovación. Spence Silver tenía años tratando de que alguien en 3M usara su pegamento poco adhesivo. Art Fry, otro científico de 3M, ya había escuchado las presentaciones de Silver. Un día, mientras cantaba en la iglesia presbiteriana del norte en Saint Paul, Minnesota, Fry estaba confundido con los trozos de papel que marcaban los diversos himnos de su libro. De pronto, una imagen le saltó en la mente:

Pensé: "¡Rayos, si tuviera un poco de adhesivo en estos separadores de libros sería genial!". Así que decidí verificar esa idea la siguiente semana en el trabajo. Lo que tenía en mente era el adhesivo de Silver... sabía que tenía un descubrimiento más grande que eso. También me percaté de que la principal aplicación para el adhesivo de Silver no era ponerlo en una superficie fija como en tableros de anuncios. Esa era una aplicación secundaria. La principal aplicación era de papel a papel. Me di cuenta de eso inmediatamente. (Nayak y Ketteringham, 1986, pp. 63-64).

Años de descripciones verbales no habían llevado a ninguna aplicación del pegamento de Silver. El pensamiento táctil (manipular el pegamento) tampoco había generado muchas ideas. Sin embargo, pensar en el producto en términos visuales, como aplicarlo a lo que Fry inicialmente llamó "un mejor separador de libros", condujo a la innovación que se necesitaba.

Para ilustrar las diferencias entre los lenguajes de pensamiento, considere el siguiente problema sencillo:

La figura 3.4 muestra siete cerillos. Mueva sólo uno de ellos para transformar la figura en una verdadera igualdad (es decir, el valor en un lado debe ser igual al valor en el otro lado). Trate de definir el problema de forma diferente utilizando distintos lenguajes de pensamiento. ¿Cuál lenguaje de pensamiento es el más eficaz?

Figura 3.4 **Configuración con cerillos**

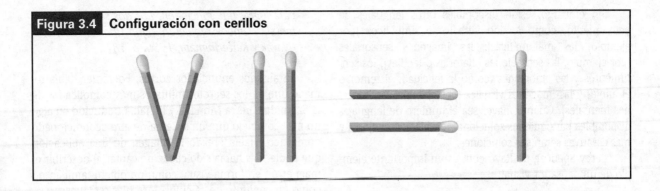

Compromiso

El **compromiso** también puede provocar bloqueos conceptuales en la solución creativa de problemas. Una vez que los individuos se comprometen con un punto de vista, una definición o una solución en particular, es muy probable que mantengan ese compromiso. Por ejemplo, Cialdini (2001) da cuenta de un estudio en el que los investigadores pidieron a los californianos que colocaran en su jardín delantero un letrero grande, con letras feas, que dijera CONDUZCA CON CUIDADO. Sólo 17 por ciento accedió. Sin embargo, después de firmar una petición a favor de "Mantener a California hermosa", se pidió a la gente de nuevo que colocara un letrero que dijera CONDUZCA CON CUIDADO en sus jardines, y 76 por ciento estuvo de acuerdo. Una vez que se habían comprometido a ser ciudadanos activos y participativos (es decir, mantener a California hermosa), para ellos resultaba coherente acceder a colocar un letrero enorme como evidencia visible de su compromiso. La mayoría de las personas tienen la misma tendencia a ser consistentes y a mantener los compromisos.

Dos formas de compromiso que producen bloqueos conceptuales son formar estereotipos basados en las experiencias pasadas e **ignorar las similitudes.**

Estereotipos basados en experiencias

March (1999) señaló que un importante obstáculo para la solución innovadora de problemas es la tendencia de los individuos a definir los problemas presentes en términos de problemas que han enfrentado en el pasado. En general, los dilemas actuales se consideran variaciones de alguna situación pasada, por lo que las alternativas que se proponen para resolverlos son aquellas que en el pasado han demostrado tener éxito. De esta forma, tanto las definiciones del problema como las soluciones propuestas se restringen a la experiencia que se tuvo en el pasado. Esta restricción se conoce como **estereotipo perceptual** (Adams, 2001).

Cuando los individuos reciben una señal inicial respecto a la definición de un dilema, todos los problemas subsiguientes se plantean en términos de esa señal inicial. Desde luego, esto no es tan negativo, ya que los estereo-

tipos perceptuales ayudan a organizar los problemas con base en una cantidad limitada de datos, y se elimina la necesidad de analizar conscientemente cada problema que se enfrenta. Sin embargo, el estereotipo perceptual evita que las personas vean un problema en forma novedosa.

La creación de las notas Post-it es un ejemplo de superación de estereotipos basados en experiencias. Spence Silver de 3M describió su invención en términos de romper con los estereotipos basados en experiencias anteriores.

La clave para el adhesivo Post-it fue realizar el experimento. Si me hubiera sentado a hacer los cálculos y a desecharlo de antemano, y pensé en hacerlo, no habría realizado el experimento. Si realmente me hubiera puesto a revisar y estudiar los libros, me habría detenido. La bibliografía estaba llena de ejemplos que decían "no se puede hacer esto". (Nayak y Ketteringham, 1986, p. 57)

Esto no significa que uno deba evitar aprender de las experiencias, ni tampoco que el hecho de ignorar los errores de la historia no nos condene a repetirlos. Más bien, es que el compromiso con un curso de acción basado en experiencias anteriores a veces impide que los problemas se vean de nuevas formas e incluso evita que puedan resolverse. Considere el siguiente dilema como un ejemplo.

Supongamos que hay cuatro volúmenes de Shakespeare en una repisa (vea la figura 3.5). Las páginas de cada volumen forman un grosor de exactamente dos pulgadas y las cubiertas miden un sexto de pulgada cada una. Una polilla comenzó a comerse la página 1 del volumen I y devoró hasta la última página del volumen IV. ¿Qué distancia recorrió el insecto? Resolver este problema es relativamente sencillo, pero requiere que supere un bloqueo de estereotipo para obtener la respuesta correcta. (¿Por qué 5 pulgadas es la respuesta correcta?). (La respuesta se encuentra disponible en el sitio web de este libro).

Figura 3.5	Acertijo en la obras de Shakespeare

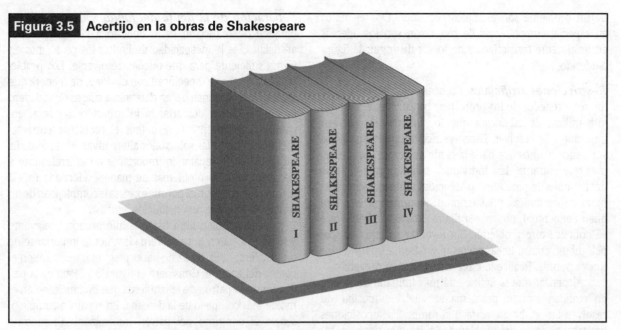

FUENTE: *"Shakespeare Riddle" de Creative Growth Games por Eugene Raudsepp y George P. Haugh, Copyright © 1977 por Eugene Raudsepp y George P. Haugh. Reproducido con autorización de Berkley Publishing Group, una división de Penguin Group (USA) Inc.*

Ignorancia de similitudes Una segunda manifestación del bloqueo de compromiso consiste en no lograr identificar las similitudes entre grupos de datos aparentemente distintos. Éste es uno de los bloqueos de la creatividad más comunes, e implica que una persona se compromete con el punto de vista en particular de que los elementos son diferentes y, en consecuencia, se vuelve incapaz de hacer conexiones, identificar temas o percibir similitudes.

La capacidad de encontrar una definición o solución para dos problemas aparentemente distintos es una característica de los individuos creativos (vea Sternberg, 1999). Esta incapacidad podría sobresaturar a la persona que está resolviendo un problema, al exigirle que cada dilema que enfrente lo resuelva de manera individual.

El descubrimiento de la penicilina por sir Alexander Fleming fue resultado de su capacidad para encontrar algo en común entre sucesos aparentemente sin relación. Fleming estaba trabajando con algunos cultivos de estafilococos que se habían contaminado por accidente. La contaminación, un crecimiento de hongos, y grupos aislados de estafilococos muertos permitieron que Fleming viera una relación que nadie había detectado antes; así descubrió un medicamento maravilloso.

El famoso químico Friedrich Kekule encontró una relación entre su sueño de una víbora devorando su propia cola y la estructura química de los compuestos orgánicos. Esta idea creativa lo llevó al descubrimiento de que compuestos orgánicos, como el benceno, tenían anillos cerrados en vez de estructuras abiertas (Koestler, 1964).

Para Percy Spencer, de Raytheon, encontrar la conexión entre el calor del tubo de neón y el calor requerido para cocinar alimentos fue la inspiración creativa que condujo a su innovación en la industria de las microondas. Uno de los colegas de Spencer recordó: "En el proceso de probar una bombilla (con un magnetrón), las manos se calentaban. No sé en qué momento tuvo Percy realmente la idea del horno de microondas, pero lo supo en ese momento, y eso fue en 1942. Percy insistía con frecuencia que ése sería un buen aparato para cocinar alimentos". Otro colega describió a Spencer de esta manera: "Es interesante la forma en que trabajaba la mente de Percy Spencer. Tenía una mente que le permitía hacer gran cantidad de asociaciones de fenómenos y relacionarlos entre sí" (Nayak y Ketteringham, 1986, pp. 184, 205). De forma similar, la conexión que Art Fry hizo entre un pegamento que no se adhería con firmeza y el hecho de marcar los himnos en un libro del coro fue la innovación final que condujo al desarrollo del negocio de las notas Post-it.

Para someter a prueba su capacidad para percibir similitudes, responda la siguiente pregunta: ¿cuáles son algunos términos comunes que se aplican tanto al agua como a las finanzas? Por ejemplo, la palabra "hundimiento". (La respuesta se encuentra disponible en el sitio web de este libro).

Reducción

Los bloqueos conceptuales también ocurren como resultado de una **reducción** de ideas. Ver un problema de forma demasiado estrecho, descartar demasiados datos relevantes y hacer suposiciones que inhiben la solución

APRENDIZAJE

de un problema son ejemplos comunes. Dos ejemplos en especial convincentes de reducción son los dilemas artificialmente restrictivos y no lograr distinguir la figura del fondo.

Restricciones artificiales En ocasiones, la gente pone límites alrededor de los problemas o restringe el método que utiliza, de tal forma que los dilemas se vuelven imposibles de resolver. Estas restricciones surgen de los supuestos ocultos que hace la gente acerca de los problemas que enfrenta. Los individuos suponen que algunas definiciones de problemas o soluciones alternativas están fuera de los límites, y las ignoran. Para ilustrar este bloqueo conceptual, observe la figura 3.6. Es probable que ya conozca este problema. Sin levantar su lápiz del papel, dibuje cuatro líneas rectas que pasen a través de los nueve puntos. Realice la tarea antes de seguir leyendo.

Al pensar que la figura está más limitada de lo que en realidad está, el problema se vuelve imposible de resolver. Sin embargo, es fácil si rompe las suposiciones limitantes acerca del problema. Ahora que tiene un indicio, ¿podría hacer la misma tarea con sólo tres líneas? ¿Qué limitaciones se está imponiendo a usted mismo?

Si tiene éxito, ahora trate de hacer la tarea con una sola línea. ¿Podría determinar cómo trazar una sola línea recta a través de los nueve puntos sin levantar su lápiz del papel?

En los problemas artificialmente restrictivos, la definición del problema y las posibles alternativas están más limitadas de lo que se requiere. La solución creativa de problemas requiere que los individuos se acostumbren a reconocer sus suposiciones ocultas y a incrementar el número de alternativas que consideran (ya sea que utilicen el método de la imaginación, la mejora, la inversión o la incubación).

Separación de la figura del fondo Otro ejemplo del bloqueo de reducción es lo opuesto a las restricciones artificiales; es la incapacidad de limitar los problemas en forma suficiente para que puedan resolverse. Los problemas casi nunca se especifican con claridad, de manera que quienes los solucionan deben determinar cuál es el verdadero problema; deben descartar la información inexacta, engañosa o irrelevante para definir el problema correctamente y generar las soluciones alternativas adecuadas. La incapacidad de separar lo importante de lo irrelevante y de comprimir los problemas de manera adecuada refleja un bloqueo conceptual porque exagera la complejidad de un problema e inhibe una definición sencilla.

¿Qué tan bien filtra usted la información irrelevante y se concentra en la parte verdaderamente importante de un problema? ¿Es capaz de hacer preguntas que revelen el centro del asunto? Considere la figura 3.7. Para cada par, encuentre el patrón de la izquierda que está incluido en el molde más complejo de la derecha. En el patrón complejo, señale el contorno del patrón intercalado. Ahora trate de encontrar al menos dos figuras en cada patrón. (La respuesta se encuentra disponible en el sitio web de este libro).

| Figura 3.6 | El problema de los nueve puntos |

| Figura 3.7 | Patrón oculto |

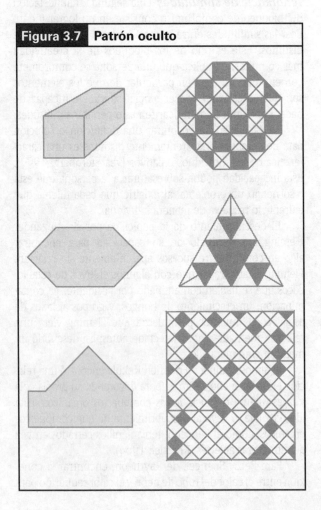

La superación de este bloqueo de reducción (distinguir la figura del fondo y los problemas de restricción artificial) tuvo un papel importante en los descubrimientos del horno de microondas y de las notas Post-it. La contribución de George Foerstner al desarrollo y la fabricación del horno de microondas fue la reducción del problema, es decir, descartó toda la complejidad irrelevante que restringía otros aspectos. Aunque el magnetrón era un aparato tan complicado que poca gente lo entendía, Foerstner se concentró en sus materias primas básicas, su tamaño y su funcionalidad. Al compararlo con un sistema de aire acondicionado, eliminó buena parte de su complejidad y su misterio y, como lo describieron dos analistas, "él vio lo que ninguno de los investigadores había logrado ver, y todos supieron que tenía la razón" (Nayak y Ketteringham, 1986, p. 181).

Por otro lado, para superar la reducción y poder encontrar una aplicación para su producto, Spence Silver tenía que agregar complejidad. Como el pegamento había fallado en todas las pruebas tradicionales de adhesivos de 3M, se clasificó como una configuración inútil de sustancias químicas. El potencial para el producto se restringió artificialmente por suposiciones tradicionales acerca de los adhesivos (cuanto más pegajoso, mejor), hasta que Art Fry visualizó algunas aplicaciones no convencionales: un mejor separador de páginas, hojas para un tablero de avisos, papel de notas y, paradójicamente, un remplazo para el producto principal de 3M, la cinta adhesiva.

Pasividad

Algunos bloqueos conceptuales ocurren no como resultado de malos hábitos de pensamiento o suposiciones inadecuadas, sino por temor, ignorancia, inseguridad o pereza mental. Dos ejemplos especialmente comunes del bloqueo de **pasividad** son la falta de cuestionamiento y la desviación contra el pensamiento.

Falta de cuestionamiento A veces la incapacidad de resolver problemas proviene de la falta de disposición para hacer preguntas, obtener información o buscar datos. Los individuos tal vez piensen que parecerán ingenuos o ignorantes si preguntan algo o si intentan redefinir un problema. Hacer preguntas los pone en riesgo de hacer evidente su ignorancia. También es algo amenazador para otros porque implica que tal vez lo que aceptan no sea correcto. Esto podría generar resistencia, conflictos o incluso el ridículo ante los demás.

La solución creativa de problemas es riesgosa por naturaleza, porque potencialmente implica un conflicto interpersonal. Es riesgosa también porque implica errores. Como dijo Linus Pauling, ganador del Premio Nobel: "Si quiere tener una buena idea, tenga muchas, porque la mayoría de ellas serán malas". Sin embargo, años de una socialización y sin apoyo bloquean el espíritu aventurero

e inquisitivo de mucha gente. Muchos de nosotros no recibimos recompensas por las malas ideas. Para ilustrar esto, responda las siguientes preguntas:

1. ¿Cuándo sería más fácil aprender un nuevo idioma, cuando tenía cinco años o ahora? ¿Por qué?
2. ¿Cuántas veces en el último mes ha intentado algo que tuviera una probabilidad de éxito menor de 50 por ciento?
3. ¿Cuándo fue la última vez que hizo tres preguntas seguidas de "por qué"?

Para demostrar la magnitud de nuestra falta de cuestionamiento, ¿cuántas de las siguientes preguntas que surgen comúnmente puede responder?

❏ ¿Por qué la gente no percibe su propio olor corporal?

❏ ¿Qué pasa con la banda de rodada que se desgasta en los neumáticos?

❏ ¿Por qué el azúcar no se echa a perder ni se enmohece?

❏ ¿Por qué una medida de dos por cuatro no mide dos pulgadas por cuatro pulgadas?

❏ ¿Por qué las teclas del teléfono están ordenadas en forma distinta a las de una calculadora?

❏ ¿Por qué las salchichas vienen en paquetes de 10 y los panes para hot-dog vienen en paquetes de 8?

❏ ¿Cómo encuentran los cadetes militares sus gorras luego de lanzarlas al aire en los juegos de fútbol y en la graduación?

❏ ¿Por qué Jack es un sobrenombre de John?

La mayoría de las personas adoptan una actitud pasiva al hacer esas preguntas, y más incluso al averiguar las respuestas. A menudo dejamos de ser inquisitivos conforme crecemos porque aprendemos que es bueno ser inteligente, y suponemos que alguien inteligente es el que ya sabe las respuestas y no el que hace buenas preguntas. En consecuencia, aprendemos menos a los 25 que a los 5 años, asumimos menos riesgos, evitamos preguntar por qué y andamos por el mundo sin tratar de entenderlo. Sin embargo, quienes solucionan problemas en forma creativa con frecuencia muestran un comportamiento inquisitivo y experimental. Spence Silver, de 3M, describió su actitud acerca del bloqueo de pasividad de esta forma:

La gente como yo se emociona al buscar nuevas propiedades en los materiales. Me es muy satisfactorio alterar ligeramente la estructura y ver qué pasa. Me cuesta trabajo convencer a los demás para que hagan eso (incluso a los muy capacitados). De acuerdo con mi experiencia, la gente se muestra renuente a probar y a experimentar sólo para ver qué sucede. (Nayak y Ketteringham, 1986, p. 58).

Desviación contra el pensamiento Una segunda manifestación del bloqueo de pasividad es la tendencia a evitar el trabajo mental. Este tipo de bloqueo, como los demás, es una desviación tanto cultural como personal. Por ejemplo, suponga que usted un día pasa por la oficina de un compañero o de un colega y se da cuenta de que está recargado en su silla, mirando a través de la ventana. Media hora después, al pasar de nuevo, él tiene los pies sobre su escritorio y sigue mirando a través de la ventana. Veinte minutos más tarde, nota que su actitud no ha cambiado mucho. ¿Cuál sería su conclusión? La mayoría supondría que el tipo no está haciendo trabajo alguno. Supondríamos que, a menos que viéramos acción, él no está siendo productivo.

¿Cuándo fue la última vez que usted escuchó a alguien decir lo siguiente?: "Lo siento, no puedo ir al partido (o concierto, baile, fiesta o cine) porque tengo que pensar" o "Yo lavaré los trastos esta noche, sé que necesitas ponerte al corriente con tu pensamiento". El hecho de que estas afirmaciones parezcan fuera de lugar ilustra la preferencia que la mayoría de las personas desarrollan hacia la actividad física frente a la actividad mental, o en contra de subir los pies al escritorio, mecerse en su silla, mirar hacia el espacio y participar en una actividad cognitiva solitaria. Esto no significa que estén soñando despiertos o fantaseando, sino pensando.

En las culturas occidentales existe un bloqueo conceptual específico en contra del tipo de pensamiento que utiliza el hemisferio derecho del cerebro. Para la mayoría de las personas, el **pensamiento del hemisferio izquierdo** se relaciona con tareas lógicas, analíticas, lineales o de secuencia. El pensamiento que implica al hemisferio izquierdo es organizado, planeado y preciso. El lenguaje y las matemáticas son actividades del hemisferio izquierdo. Por otro lado, el **pensamiento del hemisferio derecho** se relaciona con la intuición, la síntesis, el juego y el juicio cualitativo. Tiende a ser más espontáneo, imaginativo y emocional que el pensamiento del hemisferio izquierdo. La educación más formal concede mayor importancia al desarrollo del pensamiento del hemisferio izquierdo, y esto es más evidente en las culturas orientales que en las occidentales. En general, se recompensa la solución de problemas que se basa en la razón, la lógica y la utilidad, en tanto que la solución de problemas basada en los sentimientos, la intuición o el placer suele considerarse débil e inferior.

Diversos investigadores han encontrado que los individuos más creativos para resolver problemas tienen un pensamiento **ambidiestro**. Esto es, utilizan el pensamiento de los hemisferios izquierdo y derecho, y cambian fácilmente de uno a otro (Hermann, 1981; Hudspith, 1985; Martindale, 1999). Las ideas creativas surgen con más frecuencia en el hemisferio derecho, pero deben procesarse e interpretarse en el izquierdo, de manera que quienes solucionan en forma creativa los problemas utilizan ambos hemisferios igualmente bien.

Resuelva el ejercicio de la tabla 3.4, que ilustra este principio del pensamiento ambidiestro. Existen dos listas de palabras. Tome alrededor de dos minutos para memorizar la primera lista. Luego, en un trozo de papel, escriba tantas palabras como pueda recordar. Ahora tome alrededor de dos minutos y memorice las palabras de la segunda lista. Repita el proceso de escribir tantas palabras como pueda recordar.

La mayoría de las personas recuerdan más palabras de la primera lista que de la segunda. Esto es porque la primera lista contiene palabras que se relacionan con percepciones visuales. Se conectan con la actividad del hemisferio derecho del cerebro, así como con la actividad del hemisferio izquierdo. La gente puede crear imágenes mentales o fantasear acerca de ellas. Lo mismo es cierto para las ideas creativas. Cuanto más se utilicen ambos lados del cerebro, más ideas creativas habrá.

Tabla 3.4	Ejercicio para probar el pensamiento ambidiestro	
LISTA 1	**LISTA 2**
puesta de sol	declinar
perfume	muy
ladrillo	ambiguo
chimpancé	recursos
castillo	término
guitarra	conceptual
lápiz	acerca
computadora	apéndice
sombrilla	determinar
radar	olvidar
ampolla	cantidad
tablero de ajedrez	encuesta

Revisión de los bloqueos conceptuales

Hasta ahora hemos sugerido que ciertos bloqueos conceptuales impiden que los individuos resuelvan los problemas de manera creativa y que apliquen los cuatro tipos de creatividad. Estos bloqueos limitan el alcance de la definición de los problemas y la consideración de soluciones alternativas, además de que restringen la selección de una solución óptima. Por desgracia, muchos de estos bloqueos conceptuales son inconscientes, y sólo cuando el individuo se enfrenta a problemas que no tienen solución a causa de los bloqueos conceptuales, se vuelve consciente de su existencia.

Hemos intentado hacerle consciente de sus propios bloqueos conceptuales al pedirle que solucione problemas sencillos que requieren que supere esas barreras mentales. Desde luego, no todos los bloqueos conceptuales son negativos; no todos los problemas deben enfrentarse mediante la solución creativa. Sin embargo, las investigaciones revelan que los individuos que han desarrollado habilidades de solución creativa de problemas son mucho más eficaces con los problemas complejos que requieren una búsqueda de soluciones alternativas que aquellos que tienen bloqueos conceptuales (Basadur, 1979; Collins y Amabile, 1999; Sternberg, 1999, Williams y Yang, 1999).

En la siguiente sección se presentan algunas técnicas y herramientas que ayudan a superar esos bloqueos y a mejorar las habilidades de solución creativa de problemas.

Superación de los bloqueos conceptuales

No podemos superar todos los bloqueos conceptuales al mismo tiempo, ya que la mayoría de ellos son producto de años de procesos de pensamiento que forman hábitos. Superarlos requiere práctica en pensar de distintas formas durante un largo periodo. Usted no se convertirá en un sujeto hábil para solucionar problemas con sólo leer este capítulo. Sin embargo, los estudios demuestran que al adquirir conciencia de los bloqueos conceptuales y al practicar las siguientes técnicas, las personas pueden mejorar sus habilidades de **solución creativa de problemas**.

ETAPAS DEL PENSAMIENTO CREATIVO

El primer paso para superar los bloqueos conceptuales es reconocer que la solución creativa de problemas es una habilidad que se puede desarrollar. La solución creativa de problemas no es una capacidad inherente que algunos individuos poseen en forma natural y otros no.

Jacob Rainbow, empleado de la oficina de patentes de Estados Unidos y poseedor de más de 200 patentes, describe el proceso creativo de la siguiente manera:

> *Usted necesita tres cosas para ser un pensador original. Primero, debe tener una enorme cantidad de información (una gran base de datos si le gusta ser ostentoso). Luego, debe estar dispuesto a seleccionar las ideas, sólo porque está interesado. Ahora, algunas personas podrían hacerlo, pero no se toman la molestia; les interesa hacer otra cosa. Es divertido tener una idea, y no importa si nadie la quiere. Sólo es divertido pensar en algo extraño y diferente. Y luego usted debe tener la capacidad de deshacerse de la basura que se le haya ocurrido. No sólo se nos ocurren buenas ideas. Y, por cierto, si no está bien capacitado pero tiene buenas ideas, y no sabe si son buenas o malas, entonces envíelas a la oficina de estándares, en el Instituto Nacional de Estándares, donde yo trabajo y nosotros las evaluamos, y las lanzamos. (Csikszentmihalyi, 1996, p. 48).*

En otras palabras, reúna mucha información, úsela para generar una gran cantidad de ideas, luego evalúelas y deshágase de las ideas malas. Los investigadores por lo general coinciden en que la solución creativa de problemas incluye cuatro etapas: *preparación, incubación, iluminación y verificación* (vea Albert y Runco, 1999; Nickerson, 1999; Poincare, 1921; Ribot, 1906, Wallas, 1926).

La **etapa de preparación** incluye el acopio de datos, la definición del problema, la generación de alternativas y el examen consciente de toda la información disponible. La principal diferencia entre la solución creativa y la solución analítica de problemas es la manera en que se realiza la primera etapa. Los individuos que resuelven problemas de manera creativa son más flexibles y hábiles para reunir datos, definir el problema, generar alternativas y analizar las opciones. De hecho, es en esta etapa en la que el entrenamiento en la solución creativa de problemas puede mejorar significativamente la eficacia, ya que las otras tres etapas no están sujetas a un trabajo mental consciente (Adams, 2001; Ward, Smith y Finke, 1999). Por lo tanto, la siguiente discusión se limita principalmente a mejorar el funcionamiento en esta primera etapa.

La **fase de incubación** incluye en su mayoría la actividad mental inconsciente en la que la mente combina pensamientos no relacionados en la búsqueda de una solución; no hay un esfuerzo consciente. La tercera etapa, la **iluminación**, se presenta cuando hay introspección y se articula una solución creativa. La **verificación** es la etapa final e implica evaluar la solución creativa en relación con algún estándar de aceptación.

En la etapa de preparación existen dos tipos de técnicas para mejorar las capacidades de solución de problemas creativos. Una técnica ayuda a los individuos a pensar y *definir los problemas en forma más creativa*; la otra los ayuda a reunir información y a *generar más soluciones alternativas* para los problemas.

Una diferencia importante entre quienes solucionan los problemas en forma eficaz y creativa y el resto de las personas, es que los primeros están menos limitados; se permiten ser más flexibles en las definiciones de los problemas y en el número de soluciones que identifican. Desarrollan un gran repertorio de métodos para la solución de problemas. En pocas palabras, se comportan de una manera que Csikszentmihalyi (1996) describió como "juguetona e infantil". Prueban más cosas y se preocupan menos por sus salidas en falso o por sus fracasos. Como lo explicó Interaction Associates (1971, p. 15):

> *La flexibilidad en el pensamiento es crucial para una buena solución de problemas. El individuo que soluciona problemas debe ser capaz de "bailar" conceptualmente alrededor del problema como un buen boxeador, esquivando y golpeando, sin dejarse atrapar en un lugar ni permitir que "lo fijen". En cualquier momento, quien es bueno para resolver problemas debe ser capaz de aplicar numerosas estrategias (para generar definiciones y soluciones alternativas). Además, el que es bueno para resolver problemas ha desarrollado, a través de su entendimiento de estrategias y experiencias en la solución de problemas, un sentido de la idoneidad de lo que probablemente será la estrategia más útil en un momento en particular.*

Ahora presentamos algunas herramientas y consejos que han probado ser muy eficaces y relativamente sencillos para ayudarle a "descongelar" su método analítico y escéptico normal para resolver problemas y a incrementar su actitud juguetona. Las herramientas se relacionan con: (1) la definición de problemas, y (2) la generación de soluciones alternativas.

MÉTODOS PARA MEJORAR LA DEFINICIÓN DE PROBLEMAS

Probablemente la definición del problema es el paso más crucial en la solución creativa de problemas. Una vez que se define el problema, resolverlo es relativamente sencillo. Sin embargo, como se explicó en la tabla 3.2, los individuos tienden a definir los problemas utilizando términos que les son familiares. Incluso los científicos bien capacitados adolecen de este problema: "Los buenos científicos estudian los problemas más importantes que creen poder resolver" (Medawar, 1967).

Cuando se enfrenta un problema nuevo o complejo, o que aparentemente no tiene una solución fácil de identificar, el problema permanece indefinido o se redefine en términos de algo conocido.

Por desgracia, no siempre los problemas nuevos son iguales a los del pasado, de manera que utilizar definiciones anteriores podría entorpecer el proceso de resolver los problemas presentes, o conducir a una solución errónea. La aplicación de técnicas para la definición creativa de problemas podría servir para que los individuos vean los problemas en formas alternativas, y para que sus definiciones tengan menos limitaciones. A continuación se analizan tres técnicas para mejorar y ampliar los procesos de definición.

Hacer familiar lo extraño y extraño lo familiar

Una técnica muy conocida y probada para mejorar la solución creativa de problemas se llama **sinéctica** (Gordon, 1961; Roukes, 1988). El objetivo de la sinéctica es ayudarle a expresar algo que usted no conoce en términos de algo que conoce, y luego revertir el proceso. Lo importante es que al analizar lo que usted conoce y aplicarlo a lo que no conoce, podrá desarrollar nuevas introspecciones y perspectivas. El proceso de la sinéctica se basa en el uso de analogías y metáforas, y funciona de la siguiente manera.

Primero plantee la definición de un problema (hacer familiar lo extraño). Luego, intente transformar esa definición para lograr que sea similar a algo completamente diferente que usted conozca mejor (hacer extraño lo familiar). Es decir, se utilizan analogías y metáforas (sinéctica) para crear esa distorsión. Posponga la definición original del problema mientras examina la analogía o la metáfora. Luego, imponga ese mismo análisis al problema original para ver qué nuevas ideas puede descubrir.

Por ejemplo, supongamos que definió el problema como una baja motivación entre los miembros de su equipo. Usted podría formular una analogía o una metáfora al contestar preguntas como las siguientes acerca del problema:

❑ ¿Qué me recuerda?

❑ ¿Cómo me hace sentir?

❑ ¿A qué es similar?

❑ ¿Cuál es su opuesto?

Sus respuestas, por ejemplo, podrían ser: este problema me recuerda tratar de sentir calor en un día frío (necesito más actividad). Me hace sentir como cuando visito la sala de un hospital (necesito sonreír y dejar mi egoísmo a un lado para sentir empatía con las personas).

Esto es similar al vestidor del equipo perdedor después de un concurso de atletismo (necesito encontrar una propuesta o meta alternativa). Esto no se parece a un automóvil bien afinado (necesito hacer un diagnóstico cuidadoso), etcétera. Las metáforas y las analogías deberán conectar algo de lo que usted está menos seguro (el problema original) con algo de lo que usted esté más seguro (la metáfora). Al analizar la metáfora o la analogía podrá identificar atributos del problema que antes no eran evidentes. Es probable que ocurra una nueva introspección y surjan ideas novedosas.

Se han generado muchas soluciones creativas por medio de esa técnica. Por ejemplo, William Harvey fue el primero en aplicar la analogía de la "bomba" al corazón, lo que llevó al descubrimiento del sistema circulatorio del cuerpo. Niels Bohr comparó el átomo con el Sistema Solar y sustituyó el arraigado modelo de Rutherford del "pudín de pasas" referente a los bloques de construcción de la materia. El consultor Roger von Oech (1986) ayudó a cambiar la suerte de una compañía de computadoras en apuros al aplicar la analogía de un restaurante a las operaciones de la empresa. Los problemas reales surgieron cuando se analizó el restaurante, no la empresa.

Se han hecho contribuciones importantes al campo del comportamiento organizacional al aplicar analogías a otros tipos de organización, como máquinas, cibernética o sistemas abiertos, campos de fuerza, clanes, etcétera. Probablemente las analogías más eficaces (llamadas parábolas) fueron las que utilizó Jesús de Nazareth para enseñar principios que, de otro modo, resultaban difíciles de entender para los individuos (por ejemplo, la del hijo pródigo, el buen samaritano, el pastor y su rebaño).

Algunos consejos para la construcción de analogías son:

- ❏ Incluir acción o movimiento en la analogía (por ejemplo, manejar un automóvil, cocinar un alimento, asistir a un funeral).
- ❏ Incluir objetos que pueden visualizarse en la analogía (por ejemplo, circos, juegos de fútbol, centros comerciales aglomerados).

- ❏ Elegir eventos o situaciones conocidos (por ejemplo, familias, besos, hora de ir a la cama).
- ❏ Tratar de relacionar cosas que no son evidentemente similares (por ejemplo, decir que una organización es como una gran multitud no es un símil tan enriquecedor como decir que una organización es como una prisión psíquica o un juego de póquer).

Se recomiendan cuatro tipos de analogías como parte de la sinéctica: **analogías personales**, en las que los individuos tratan de identificarse a sí mismos como el problema ("Si yo fuera el problema, ¿cómo me sentiría?, ¿qué me gustaría?, ¿qué me podría satisfacer?"); las **analogías directas**, en las que los individuos aplican hechos, tecnología y experiencia común al problema (por ejemplo, Brunel resolvió el problema de la construcción submarina al observar un gusano de barcos horadar un túnel dentro de un tubo); **analogías simbólicas**, en las que los símbolos o las imágenes se imponen en el problema (por ejemplo, modelar el problema en forma matemática o hacer un diagrama de flujo del proceso); y las **analogías de fantasía**, en las que los individuos hacen la pregunta "En mis sueños más salvajes, ¿cómo desearía que el problema se resolviera?" (por ejemplo, "desearía que todos los empleados trabajaran sin ninguna supervisión").

Ampliación de la definición

Existe una diversidad de formas para ampliar, alterar o remplazar la definición de un problema una vez que se ha especificado. Una forma es obligarse a generar al menos dos hipótesis alternativas para cada definición del problema; esto es, especificar como mínimo dos definiciones plausibles del problema, además de la que se aceptó originalmente. Piense en plural en vez de singular. En lugar de preguntar "¿cuál es el problema?", "¿qué significa esto?", "¿cuál será el resultado?", haga preguntas como "¿cuáles son los problemas?", "¿qué significados tiene esto?", "¿cuáles serán los resultados?".

Como ejemplo, observe la figura 3.8. Seleccione la figura que es distinta de todas las demás.

Figura 3.8 | **El problema de las cinco figuras**

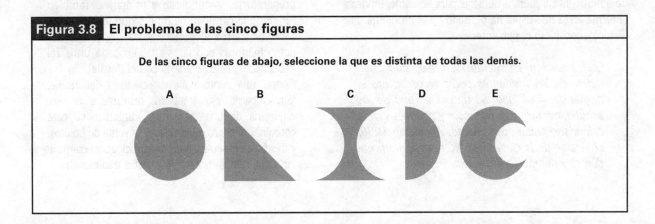

De las cinco figuras de abajo, seleccione la que es distinta de todas las demás.

A   B   C   D   E

La mayoría de las personas seleccionan primero la B. Si usted lo hizo, es lo correcto. Es la única figura que tiene todas las líneas rectas. Por otro lado, muy pocas personas seleccionan A. Si usted es una de ellas, también está en lo correcto. Es la única figura con una línea continua y ningún punto de discontinuidad. De manera alternativa, C también podría ser correcta, con la lógica de que es la única figura con dos líneas rectas y dos curvas. En forma similar, la D es la única con una línea recta y una curva, y la E es la única figura que no es simétrica o parcial. Lo importante es que puede haber más de una definición del problema, más de una respuesta correcta y más de una perspectiva desde la cual observar un problema.

Otra forma de ampliar las definiciones consiste en utilizar una lista de preguntas diseñadas para ayudar a los individuos a pensar en alternativas para sus definiciones aceptadas. Varios directivos creativos han compartido con nosotros algunas de sus preguntas más fructíferas, como:

❑ ¿Hay algo más?

❑ ¿Lo contrario es verdadero?

❑ ¿Es esto un síntoma de un problema más general?

❑ ¿Quién lo ve diferente?

Nickerson (1999) dio cuenta de un acrónimo comúnmente utilizado, SCAMPER, diseñado para traer a la mente preguntas relacionadas con: Sustitución, Combinación, Adaptación, Modificación (magnificación/minimización), Poner en otros usos, Eliminación y Reacomodo.

Como ejercicio, tómese un minuto para pensar en un problema que esté experimentando en la actualidad. Escríbalo para definirlo formalmente. Ahora manipule esa definición al contestar las cuatro preguntas de la lista. Si no se le ocurre ningún problema, trate de ejercitarse con el siguiente: "No soy tan atractivo/inteligente/creativo como me gustaría ser". ¿Cómo respondería las cuatro preguntas?

Inversión de la definición

Una tercera herramienta para mejorar y ampliar la definición del problema es la inversión de la definición del problema. Es decir, voltear el problema de cabeza, verlo de adentro hacia fuera o de atrás para adelante. Invierta la forma en la que usted ha pensado en el problema. Por ejemplo, considere el siguiente:

Una tradición en Sandusky, Ohio, que cualquiera de los residentes podía recordar, era el desfile del 4 de julio. Se trataba de uno de los acontecimientos más fastuosos y populares en el calendario anual de la ciudad. Ahora, en 1988, el alcalde de la ciudad recibió noticias sorprendentes y potencialmente desastrosas.

El estado de Ohio ordenaba que se contratara un seguro de responsabilidad para cada atracción (carros alegóricos, bandas, directores de bandas) que participara en el desfile. Para protegerse contra la posibilidad de una lesión o un accidente de cualquier participante del desfile, cada uno tenía que estar cubierto por un seguro de responsabilidad.

Desde luego, el problema consistía en que adquirir una póliza de seguro para cada participante requeriría mucho más gasto del que la ciudad podía afrontar. La cantidad de seguros requerida para ese gran número de participantes y equipo hizo imposible que la ciudad pudiera enfrentar ese gasto. Por una parte, el alcalde no quería verse obligado a cancelar una tradición importante que todos en la ciudad esperaban. Por otra, realizar el desfile alteraría el presupuesto de la ciudad. Si usted fuera asesor del alcalde, ¿qué le sugeriría?

Las alternativas que suelen sugerirse para este problema son las siguientes:

1. Tratar de negociar con una compañía de seguros para obtener una tarifa más baja. (Sin embargo, básicamente el riesgo se transfiere a la compañía de seguros).

2. Organizar actividades para reunir fondos y generar suficiente dinero para comprar la póliza de seguros, o encontrar un donante adinerado para que patrocine el desfile. (Sin embargo, esto podría desviar o competir con los donativos potenciales para otros organismos de servicio comunitario, como United Way, Cruz Roja, o las iglesias locales que también son patrocinadas por donadores de fondos y requieren contribuciones).

3. Cobrar una "cuota" a los participantes del desfile para cubrir el gasto del seguro. (Sin embargo, esto probablemente eliminaría a la mayoría de las bandas y carros alegóricos de las escuelas preparatorias, secundarias y primarias. También reduciría la cantidad de dinero que los constructores de carros alegóricos y las organizaciones patrocinadoras podrían gastar en cada uno. Tal vez este requisito acabaría con el desfile).

4. Cobrar una cuota a los espectadores del desfile. (Sin embargo, esto implicaría restringir el acceso, requeriría de una estructura administrativa para coordinar el cobro de la cuota y la venta de boletos, y destruiría el sentimiento de participación comunitario que caracterizaba a este desfile tradicional).

Cada una de estas sugerencias es buena, pero todas se basan en la misma definición del problema. Cada una supone que la solución del problema depende de resolver el asunto financiero relacionado con el pago del seguro de responsabilidad. Cada sugerencia, por lo tanto, implica cierto riesgo de dañar la naturaleza tradicional del desfile o de eliminarlo definitivamente. Si el problema se invierte, se vuelven evidentes otras respuestas que normalmente no se considerarían; esto es, se podría resolver la necesidad de un seguro de responsabilidad.

A continuación se muestra un extracto del reporte de periódico de cómo se enfrentó el problema.

Sandusky, Ohio (AP). El desfile del 4 de julio no fue cancelado aquí, sino que fue inmovilizado por la exigencia de un seguro de responsabilidad. La banda marchó sin desplazarse al ritmo de un tambor, y la reina hada saludó a sus súbditos desde un carro alegórico atado con cables al borde de la acera.

El acto comenzó a las 10 a.m. del viernes en Washington Row al norte de la ciudad y los participantes permanecieron ahí hasta el atardecer. "Muy honestamente, fue el tema de la responsabilidad", dijo Gene Kleindienst, superintendente de las escuelas de la ciudad y uno de los organizadores de la celebración. "Al no tener un desfile móvil, redujimos significativamente el tema de la responsabilidad", dijo.

El "desfile" inmóvil incluyó aproximadamente 20 carros alegóricos y exhibiciones hechas por grupos de la comunidad. Los juegos, las exhibiciones y los puestos de alimentos se ubicaron en un parque adyacente. La presidenta del desfile, Judee Hill, dijo que algunas personas no lo entendían. "Alguien me preguntó si había llegado tarde para el desfile, y le costó trabajo entender que el desfile sería allí todo el día", dijo.

Aquellos que no estaban confundidos, parecían apreciar las cualidades estacionarias del desfile. "Me gusta esto, puedo ver más", dijo William A. Sibley, de 67 años. "Tengo una ceguera del 80 por ciento. Ahora sé que hay algo ahí", dijo señalando a un carro alegórico.

La espectadora Emmy Platte prefirió el "desfile" inmóvil porque no recorrió "lo que parecían muchas millas", dejando exhaustos a los participantes. "No tenemos a las pequeñas líderes de bandas desmayándose en la calle", comentó.

La bastonera Tammy Ross dijo que su desempeño fue mejor al estar en un lugar fijo. "Uno

puede lanzar mejor el bastón. No se tiene que preocupar tanto de dejarlo caer", explicó. El señor Kleindienst dijo que las respuestas de la comunidad eran favorables. "Creo que hemos comenzado una nueva tradición", dijo.

Al invertir la definición, Sandusky no sólo eliminó el problema sin dañar la tradición y sin transferir el riesgo a la compañía de seguros o a otros grupos de la comunidad; agregó una nueva dimensión que permitió que al menos algunas personas disfrutaran el evento más que nunca.

Esta inversión es similar a lo que Rothenberg (1979, 1991) llamó **pensamiento janusiano**. Jano (o *Janus*, en latín) era el dios romano con dos caras que miraban en direcciones opuestas. El pensamiento janusiano implica tener pensamientos contradictorios al mismo tiempo, es decir, creer que dos ideas contrarias puedan ser ciertas al mismo tiempo. Después de estudiar a 54 artistas y científicos sumamente creativos (por ejemplo, ganadores del Premio Nobel), Rothenberg afirmó que la mayoría de los descubrimientos científicos y las obras maestras artísticas son productos del pensamiento janusiano. La gente creativa que formula activamente ideas opuestas y luego las resuelve, genera las contribuciones más valiosas a los mundos científico y artístico. A menudo ocurren saltos cuánticos en el conocimiento.

Un ejemplo es la cita de Einstein (1919, p. 1) de tener "el pensamiento más feliz de mi vida". Él desarrolló el concepto de que "para un observador en caída libre desde el techo de una casa no existe, durante su caída, el campo de gravedad... en sus alrededores inmediatos. Si el observador suelta cualquier objeto, permanecerá, en relación con él, en un estado de reposo. Por lo tanto, el observador (que cae) está justificado al considerar su estado como uno de reposo". En otras palabras, Einstein concluyó que dos estados aparentemente contradictorios podrían estar presentes en forma simultánea: movimiento y reposo. Esta idea lo condujo al desarrollo de su teoría general revolucionaria de la relatividad.

En otro estudio del potencial creativo, Rothenberg y Hausman (2000) encontraron que cuando a los individuos se les presentaba una palabra de estímulo y se les pedía asociarla con la primera palabra que les viniera a la mente, los estudiantes muy creativos, los científicos ganadores del Premio Nobel y los artistas ganadores de reconocimientos respondían con antónimos con mayor frecuencia que los individuos con creatividad promedio. Con base en estos resultados, Rothenberg argumentó que las personas creativas piensan en términos de opuestos más a menudo que el resto de las personas (también vea la investigación de Blasko y Mokwa, 1986).

Tabla 3.5	Técnicas para mejorar la definición de problemas

1. **Hacer familiar lo extraño y extraño lo familiar** (por ejemplo, analogías y metáforas).

2. **Ampliación de la definición** (por ejemplo, listas de preguntas y método SCAMPER).

3. **Inversión de la definición** (por ejemplo, el pensamiento janusiano y los opuestos).

Tabla 3.6	Técnicas para generar más alternativas

1. **Diferir el juicio** (por ejemplo, la lluvia de ideas).

2. **Ampliar las alternativas actuales** (por ejemplo, la subdivisión).

3. **Combinar atributos no relacionados** (por ejemplo, la síntesis morfológica y el algoritmo relacional).

Para nuestros propósitos, lo importante es invertir o contradecir la definición que ya está aceptada, con la finalidad de ampliar el número de perspectivas consideradas. Por ejemplo, un problema podría ser que hay demasiado entusiasmo en nuestro equipo en vez de (o además de) muy poco (tal vez se necesite más disciplina), o quizás los empleados necesitan menos motivación (más dirección) en vez de más motivación para incrementar la productividad. Los opuestos y las miradas hacia atrás a menudo incrementan la creatividad.

Estas tres técnicas para mejorar la definición creativa de problemas se resumen en la tabla 3.5. El objetivo no es ayudarle a generar definiciones alternativas sólo por hacerlo, sino para ampliar sus perspectivas, ayudarle a superar los bloqueos conceptuales y generar soluciones más elegantes (es decir, de alta calidad y parsimoniosas). Se trata de herramientas o técnicas que se pueden utilizar fácilmente cuando surge la necesidad de resolver problemas de manera creativa.

MANERAS DE GENERAR MÁS ALTERNATIVAS

Puesto que existe la tendencia a definir los problemas en términos de las soluciones disponibles (es decir, el problema se define como si ya tuviera un determinado conjunto de posibles soluciones, por ejemplo, March y Simon, 1958; March, 1999), la mayoría de nosotros consideramos un número mínimo y un margen reducido de alternativas en la solución de un problema. Sin embargo, la mayoría de los expertos coinciden en que las principales características de los individuos que solucionan problemas en forma creativa son su **fluidez** y su **flexibilidad de pensamiento** (Sternberg, 1999).

La fluidez se refiere al número de ideas o conceptos producidos en un tiempo dado. La flexibilidad se refiere a la diversidad de ideas o conceptos generados. Aunque la mayoría de las personas que solucionan problemas consideran unas cuantas alternativas homogéneas, los individuos creativos toman en cuenta muchas alternativas heterogéneas.

Las siguientes técnicas están diseñadas para mejorar su capacidad para generar un gran número y una amplia variedad de alternativas cuando se enfrente con problemas, ya sea a partir de imaginación, mejora, inversión o incubación. Las técnicas se resumen en la tabla 3.6.

Diferir el juicio

Probablemente el método más común para generar alternativas es la técnica de **lluvia de ideas** desarrollada por Osborn (1953). Esta herramienta es poderosa porque la mayoría de la gente hace juicios rápidos acerca de cada porción de información o cada solución alternativa que encuentra. La lluvia de ideas está diseñada para ayudar a la gente a generar alternativas de solución de problemas sin hacer evaluaciones prematuras y, por lo tanto, sin descartarlas. Se lleva a cabo reuniendo a un grupo de personas, las cuales simplemente comparten sus ideas acerca de un problema (una a la vez), mientras alguien registra todo lo que se dice. Existen cuatro reglas principales para la lluvia de ideas:

1. No se permite la evaluación de ningún tipo mientras se generan las alternativas. La energía individual se emplea en generar ideas, no en defenderlas.
2. Se alientan las ideas más extrañas y divergentes. Es más fácil conservar las alternativas que soltarlas.
3. La cantidad de ideas es más importante que la calidad. Dar mayor énfasis a la calidad propicia juicios y evaluación.
4. Los participantes deben construir sobre las ideas de los demás o modificarlas. Muchas ideas malas se vuelven buenas después de someterlas a alguna alteración.

La finalidad de la lluvia de ideas es utilizarla en un entorno de grupo para que los individuos se sientan estimulados a generar ideas. A menudo ocurre que, después de que se produce una gran cantidad de alternativas al comienzo de una sesión de lluvia de ideas, el número de éstas disminuye con rapidez. Sin embargo, no es adecuado detenerse en ese momento. Una vez que se han compartido todas las soluciones fáciles de identificar, entonces se producen las alternativas realmente creativas. Por eso, el grupo debe continuar su trabajo. Se deben aplicar algunas de las herramientas descritas en este capítulo para ampliar las definiciones y las alternativas.

A menudo la lluvia de ideas comienza con un aluvión de respuestas, el cual tiende a disminuir posteriormente. Si el ejercicio continúa y se alienta a los miembros para que prosigan, con frecuencia surgen ideas innovadoras cuando se sugieren alternativas menos comunes y menos conocidas. Después de esto, lo mejor es finalizar el proceso y empezar a refinar y a consolidar las ideas.

Investigaciones recientes revelan que la lluvia de ideas en grupo puede ser menos eficiente y más tardada que las formas alternativas de la lluvia de ideas, a causa de los oportunistas, las evaluaciones inconscientes, el bloqueo de producción, etcétera. Una técnica de lluvia de ideas alternativa ampliamente utilizada consiste en solicitar a los miembros de cada grupo que generen ideas por su cuenta y que luego las compartan con el grupo para su exploración y evaluación (Finke, Ward y Smith, 1992). Como alternativa, la lluvia de ideas electrónica, en la que los individuos utilizan salas de chat o sus propias computadoras para generar ideas, también ha mostrado resultados positivos (Siau, 1995). Lo que resulta claro de las investigaciones es que generar alternativas ante la presencia de otras personas produce más y mejores ideas de las que se producen de manera individual.

La mejor forma de conocer el poder de los grupos de lluvia de ideas es participar en uno. Pruebe el siguiente ejercicio basado en un problema real que experimentó un grupo de estudiantes y profesores de una universidad. Emplee al menos 10 minutos en un grupo pequeño, con una lluvia de ideas.

Los profesores de la escuela de negocios están cada vez más preocupados por la ética relacionada con la práctica moderna de las empresas. La reputación general de los ejecutivos de negocios está en riesgo; se les considera ambiciosos, deshonestos y poco confiables. ¿Qué podrían hacer los profesores o la escuela para resolver este problema?

¿Cómo definiría el problema? ¿Qué ideas se les ocurren? Generen la mayor cantidad posible de ideas, siguiendo las reglas de la lluvia de ideas. Después de por lo menos 10 minutos, evalúen la fluidez (el número) y la flexibilidad (la variedad) de las ideas que generaron como equipo.

Expansión de las alternativas actuales

En ocasiones no es posible realizar una lluvia de ideas en un grupo, o es demasiado costosa en términos del número de personas que participan y las horas requeridas. Los directivos que enfrentan un ambiente dinámico del siglo XXI podrían descubrir que la lluvia de ideas es demasiado ineficiente. Además, la gente a veces necesita un estímulo externo o una manera de superar los bloqueos conceptuales para poder generar nuevas ideas. Una técnica útil y disponible para expandir las alternativas es la **subdivisión**, lo que implica dividir un problema en partes más pequeñas. Esta es una técnica muy utilizada y probada para ampliar el conjunto alternativo.

Por ejemplo, March y Simon (1958, p. 193) sugirieron que la subdivisión mejora la solución del problema al incrementar la velocidad con la que se pueden generar y seleccionar las alternativas:

El modo de subdivisión influye en el grado en el que la planeación puede proceder simultáneamente en los diversos aspectos del problema. Cuanto más detallada es la factorización del problema, más actividad simultánea será posible y, por lo tanto, mayor será la velocidad de solución del problema.

Para ver cómo la subdivisión ayuda a desarrollar más alternativas y cómo acelera el proceso de la solución del problema, considere el ejercicio, común en la bibliografía de la creatividad, de mencionar usos alternativos para un objeto familiar. Por ejemplo, en un minuto, ¿cuántos usos puede mencionar para una pelota de ping pong? En sus marcas, listos... ¡fuera!

Cuantos más usos identifique, mayor será su fluidez de pensamiento. Cuanto más variada sea su lista, mayor será su flexibilidad de pensamiento. Tal vez incluyó lo siguiente en su lista: cebo para una caña de pescar, adorno navideño, juguete de un gato, perilla de cambio de velocidades, modelo para una estructura molecular, medidor de viento cuando se cuelga de un cordón, cabeza de un títere, pelota de básquetbol en miniatura. Su lista puede ser mucho más larga.

Ahora que tiene su propia lista, aplique la técnica de la subdivisión al identificar las características específicas de una pelota de ping pong; es decir, divídala en los atributos de sus componentes. Por ejemplo, peso, color, textura, forma, porosidad, fuerza, dureza, propiedades químicas y potenciales de conducción; todos son atributos de las pelotas de ping pong que ayudan a ampliar los usos que se le podrían ocurrir. Al dividir un objeto mentalmente en más atributos específicos, puede pensar en muchos más usos

APRENDIZAJE

alternativos (por ejemplo, reflector, soporte si se corta por la mitad, cama de insectos, bola para el sorteo de la lotería, inhibidor de corriente eléctrica, etcétera).

Un ejercicio que hemos utilizado con estudiantes y ejecutivos para ilustrar esta técnica consiste en pedirles que escriban todas las fortalezas directivas/gerenciales que creen que poseen. La mayor parte de la gente menciona 10 o 12 atributos con relativa facilidad. Luego analizamos los diversos aspectos del papel del director/gerente, las actividades en las que participa, los retos que enfrentan la mayoría de los ejecutivos desde dentro y fuera de la organización, y así sucesivamente. Entonces pedimos a las mismas personas que escriban otra lista de sus fortalezas como directivos/gerentes.

La lista es casi siempre el doble, o más, de extensa que la primera. Al identificar los subcomponentes de cualquier problema, se pueden generar muchas más alternativas que al considerar el problema como un todo. Haga la prueba.

Divida su vida en los diversos roles que desempeña (estudiante, amigo, vecino, líder, hermano, padre, esposo, etcétera). Si elabora una lista de las fortalezas relacionadas con cada rol, ésta será más larga que si sólo hace una lista general de fortalezas personales.

Combinación de atributos no relacionados

Una tercera técnica sirve para ampliar las alternativas al forzar la integración de elementos aparentemente no relacionados. Las investigaciones sobre la solución creativa de problemas indican que la capacidad de detectar relaciones comunes entre factores diferentes es un elemento importante para distinguir a los individuos creativos de los no creativos (Feldman, 1999). Dos formas de hacer esto son la síntesis morfológica (Koberg y Bagnall, 2003) y el algoritmo relacional (Crovitz, 1970). (Para revisiones de la literatura, vea Finke, Ward y Smith, 1992, y Starko, 2001).

La **síntesis morfológica** implica un procedimiento de cuatro pasos. Primero se anota el problema. Segundo, se mencionan los atributos del problema. Tercero, se nombran las alternativas de cada atributo. Cuarto, se combinan diferentes alternativas de la lista de atributos.

Esto parece un poco complicado, de manera que ilustraremos el procedimiento. Supongamos que enfrenta el problema de un empleado que se toma un descanso largo para el almuerzo casi todos los días, a pesar de que usted le recuerda que debe regresar al trabajo a tiempo. Piense en alternativas para resolver este problema. La primera solución que se le ocurre a la mayoría de la gente es sentarse a platicar con el empleado (o amenazarlo). Si eso no funciona, la mayoría reduciría su salario, lo cambiaría a un puesto de menor categoría, lo transferiría o, simplemente, lo despediría. Sin embargo, vea qué otras alternativas se podrían generar al utilizar una síntesis morfológica (vea la tabla 3.7).

Podrá ver cuántas alternativas más vienen a la mente cuando se unen los atributos que no están conectados de manera evidente. La matriz de atributos puede crear una lista muy larga de posibles soluciones. Para problemas más complicados (por ejemplo, cómo mejorar la calidad, cómo atender mejor a los clientes, cómo

---

Tabla 3.7	Síntesis morfológica

Paso 1. Planteamiento del problema: Casi todos los días, el empleado se toma un descanso largo para almorzar con sus amigos en la cafetería.

Paso 2. Principales atributos del problema:

CANTIDAD DE TIEMPO	HORA DE INICIO	LUGAR	CON QUIÉN	FRECUENCIA
Más de 1 hora	12 del mediodía	Cafetería	Amigos	Diariamente

Paso 3. Atributos de la alternativa

CANTIDAD DE TIEMPO	HORA DE INICIO	LUGAR	CON QUIÉN	FRECUENCIA
30 minutos	11:00	Oficina	Compañeros de trabajo	Semanalmente
90 minutos	11:30	Sala de conferencias	Jefe	Dos veces por semana
45 minutos	12:30	Restaurante	Equipo administrativo	Días alternados

Paso 4. Combinación de atributos

1. Almuerzo de 30 minutos comenzando a las 12:30 en la sala de conferencias con el jefe una vez por semana.

2. Almuerzo de 90 minutos comenzando a las 11:30 en la sala de conferencias con los compañeros de trabajo dos veces por semana.

3. Almuerzo de 45 minutos comenzando a las 11:00 en la cafetería con el equipo administrativo cada tercer día.

4. Almuerzo de 30 minutos comenzando a las 12:00 solo en la oficina en días alternados.

mejorar el sistema de recompensas, cómo conseguir un buen trabajo), el número potencial de alternativas es incluso mayor y, por lo tanto, para analizarlas se requiere de mayor creatividad.

La segunda técnica para combinar los atributos no relacionados en la solución de problemas, el **algoritmo relacional**, consiste en aplicar las palabras de conexión que fuerzan una relación entre dos elementos de un problema.

Por ejemplo, la siguiente es una lista de términos que asocian otras palabras, y que se conocen como palabras "relacionales":

acerca de	a través de	después
en contra	opuesto	o
fuera	en medio de	y
como	en	sobre
alrededor	todavía	porque
antes	entre	pero
así	entonces	aunque
por	abajo	para
desde	mediante	hasta
hacia	si	dentro
cerca	no	bajo
arriba	cuando	ahora
de	externamente	sobre
donde	mientras	con

Para ejemplificar el uso de esta técnica, supongamos que usted se enfrenta al siguiente problema: *Los clientes están insatisfechos con nuestro servicio*. Los dos elementos principales de este problema son los *clientes* y el *servicio*. Están conectados por la frase *están insatisfechos con* la técnica del algoritmo relacional, quitamos las palabras relacionales en el planteamiento del problema y las remplazamos con otras palabras relacionales para ver si es posible identificar nuevas ideas para soluciones alternativas. Por ejemplo, considere las siguientes conexiones en las que se utilizan nuevas palabras relacionales:

❏ Clientes *entre* el servicio (por ejemplo, los clientes interactúan con el personal de servicio)

❏ Clientes *como* servicio (por ejemplo, los clientes prestan servicio a otros clientes)

❏ Clientes *y* servicio (por ejemplo, los clientes y el personal de servicio trabajan en colaboración)

❏ Clientes *para* servicio (por ejemplo, grupos foco de clientes pueden ayudar a mejorar el servicio)

❏ Servicio *cerca* de los clientes (por ejemplo, cambiar la ubicación del servicio para estar más cerca de los clientes)

❏ Servicio *antes* de los clientes (por ejemplo, el servicio personalizado antes de que llegue el cliente)

❏ Servicio *a través* de los clientes (por ejemplo, valerse de los clientes para brindar un servicio adicional)

❏ Servicio *cuando* los clientes (por ejemplo, brindar servicio oportuno cuando los clientes lo desean)

Al vincular los dos elementos del problema en distintas formas, pueden formularse nuevas posibilidades para la solución del problema.

Consideraciones internacionales

La perspectiva adoptada en este capítulo tiene un claro sesgo hacia la cultura occidental. Se concentra en la solución de problemas analíticos y creativos como métodos para tratar temas específicos. Mejorar la creatividad tiene un propósito específico: resolver mejor ciertos tipos de problemas. Por otro lado, la creatividad en las culturas orientales a menudo se define de manera distinta. La creatividad está menos enfocada en crear soluciones que en descubrir la luz, el verdadero yo, o el logro de la totalidad o realización personal (Chu, 1970; Kuo 1996); tiene el objetivo de ponerse en contacto con el inconsciente (Maduro, 1976). Sin embargo, tanto en Oriente como en Occidente, la creatividad tiene una connotación positiva. Por ejemplo, los dioses de la creatividad son alabados en las culturas de África occidental (Olokun) y entre los hindúes (Vishvakarma) (BenAmos, 1986; Wonder y Blake, 1992), y a menudo la creatividad se considera en términos místicos o religiosos, y no en términos administrativos o prácticos.

Cuando se trata de fomentar la solución creativa de problemas en entornos mundiales o con individuos de distintos países, el modelo de Trompenaars y Hampden-Turner (1987, 2004) es útil para entender las diferencias internacionales que se deben tomar en cuenta. Por ejemplo, los países difieren en su orientación hacia un control interno (Canadá, Estados Unidos, Reino Unido) contra un control externo (Japón, China, República Checa). En las culturas con control interno, se supone que el entorno es susceptible de modificación, de manera que la creatividad se enfoca en atacar los problemas de forma directa. En las culturas con control externo, como los individuos asumen un menor control del entorno, la creatividad se enfoca menos en la solución de problemas y más en entender a la naturaleza y lograr un sentido de unidad con ella. Cambiar el ambiente no es el objetivo habitual.

De manera similar, las culturas que tienen una **orientación específica** (Suecia, Dinamarca, Reino Unido, Francia) son más proclives a desafiar el statu quo y buscar nuevas formas de enfrentar los problemas que las culturas que tienen una *cultura difusa* (China, Nigeria, India, Singapur), donde la lealtad, la totalidad y las relaciones de largo plazo tienen más probabilidades de inhibir el esfuerzo creativo individual.

Esto es parecido a las diferencias que encontramos en los países que favorecen el *universalismo* (Corea, Venezuela, China, India), en oposición al *particularismo*

(Suiza, Estados Unidos, Suecia, Reino Unido, Alemania). Las culturas que destacan el universalismo tienden a enfocarse en resultados generalizables y en reglas o procedimientos consistentes. Las culturas particularistas están más inclinadas a buscar desviaciones de la norma, por lo que muestran una mayor tendencia hacia las soluciones creativas.

En otras palabras, los directivos que alientan la superación de los bloqueos conceptuales y la solución creativa de los problemas encontrarán a algunos individuos más inclinados hacia los procedimientos orientados a las reglas de la solución analítica de problemas, y menos inclinados hacia la naturaleza juguetona y la experimentación asociadas a la solución creativa de problemas que otros.

Desde luego, no todos los problemas pueden someterse a estas técnicas y herramientas para la superación del bloqueo conceptual, ni todos los individuos tienen las mismas tendencias de bloqueo o están igualmente capacitados. Nuestra intención al presentar estas seis sugerencias es ayudarle a ampliar el número de opciones disponibles para definir problemas y generar alternativas adicionales. Las sugerencias son más útiles con problemas que no son directos, que son complejos o ambiguos, o que son imprecisos en su definición. Todos tenemos un increíble potencial creativo, pero el estrés y las presiones de la vida diaria, aunados a la inercia de los hábitos conceptuales, tienden a ocultar ese potencial. Los siguientes consejos servirán para que éste resurja.

Desde luego, leer acerca de estas técnicas o tener el deseo de ser creativo no es, por sí solo, suficiente para hacer de alguien un individuo hábil y creativo al solucionar problemas. Aun cuando las investigaciones confirman la eficacia de estas técnicas para mejorar la solución de problemas, ello depende de la aplicación y práctica, así como de un ambiente que facilite la creatividad. A continuación presentamos seis consejos prácticos que le ayudarán a desarrollar su capacidad para aplicar estas técnicas de forma eficaz y a mejorar su capacidad de solucionar problemas en forma creativa.

1. *Tómese un tiempo para relajarse.* Cuanto más intensamente trabaje, más necesitará descansos completos. Rompa de cuando en cuando su rutina. Esto liberará su mente y le dará espacio para nuevos pensamientos.
2. *Encuentre un lugar (espacio físico) donde pueda pensar.* Debe ser un lugar donde no haya interrupciones, al menos durante un tiempo. Reserve su mejor hora para pensar.
3. *Hable con otras personas acerca de las ideas.* El aislamiento produce mucho menos ideas que las conversaciones. Elabore una lista de personas que lo estimulan a pensar. Pase algún tiempo con ellas.
4. *Pida a otras personas sugerencias acerca de sus problemas.* Averigüe lo que otros piensan sobre éstos. No se avergüence de compartir sus problemas, pero tampoco deposite en los demás la responsabilidad de resolverlos.
5. *Lea mucho.* Con regularidad, lea al menos algo que no pertenezca a su campo. Registre los nuevos pensamientos surgidos a partir de su lectura.
6. *Protéjase de los "asesinos" de ideas.* No emplee su tiempo en los "hoyos negros", es decir, personas que absorben toda su energía sin darle nada a cambio. No permita que usted o los demás evalúen negativamente sus ideas demasiado pronto.

Usted descubrirá que estos consejos sirven no sólo para mejorar la solución creativa de los problemas, sino también para resolverlos de manera analítica. En la figura 3.9 se resumen los dos procesos de solución de problemas (analítico y creativo), así como los factores que debe tomar en cuenta al determinar cómo enfrentará cada tipo de problema. En resumen, cuando se enfrente a un problema directo (es decir, cuando los resultados sean predecibles y, además, disponga de información suficiente, y las conexiones entre los medios y los fines sean claras), las técnicas de solución analítica de problemas serán más adecuadas. Deberá aplicar los cuatro pasos distintos en secuencia. Por otro lado, cuando el problema no sea directo (es decir, cuando la información sea ambigua o no esté disponible y las soluciones alternativas no sean evidentes), tendrá que aplicar técnicas creativas para mejorar la definición del problema y la generación de alternativas.

Desde luego, descubrir su propio potencial creativo no es suficiente para convertirlo en un directivo de éxito. Un desafío importante es ayudar a que otras personas también lo descubran. Fomentar la creatividad entre las personas con las que trabaja es un reto tan grande como incrementar su propia creatividad. En esta última sección del capítulo analizamos brevemente algunos principios que le ayudarán a lograr la tarea de fomentar la creatividad.

PRINCIPIOS DE ADMINISTRACIÓN
Ni Percy Spencer ni Spence Silver podrían haber tenido éxito en sus ideas creativas si no hubiera existido un sistema de apoyo que fomentara la solución creativa de problemas. En cada caso estuvieron presentes ciertas características en sus organizaciones (fomentadas por los directivos que estaban a su alrededor), que hicieron

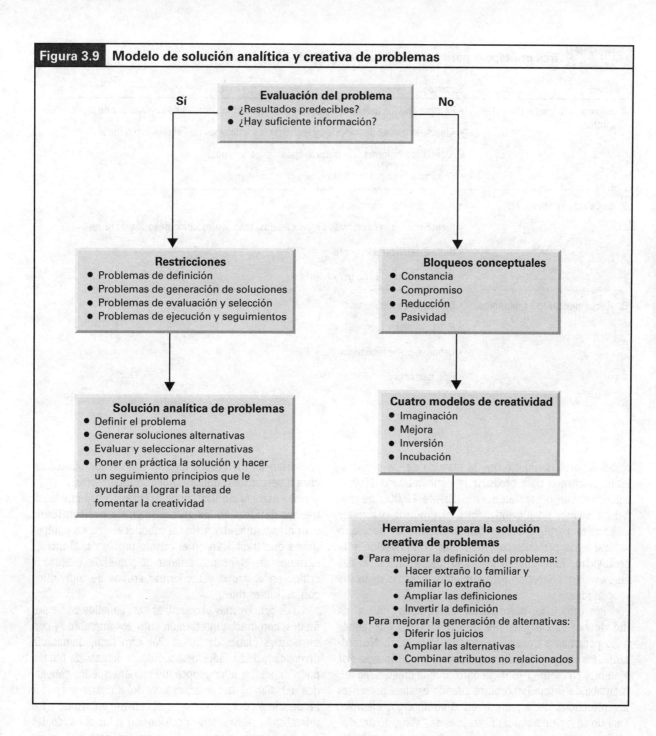

Figura 3.9 Modelo de solución analítica y creativa de problemas

Evaluación del problema
- ¿Resultados predecibles?
- ¿Hay suficiente información?

Sí   No

Restricciones
- Problemas de definición
- Problemas de generación de soluciones
- Problemas de evaluación y selección
- Problemas de ejecución y seguimientos

Bloqueos conceptuales
- Constancia
- Compromiso
- Reducción
- Pasividad

Solución analítica de problemas
- Definir el problema
- Generar soluciones alternativas
- Evaluar y seleccionar alternativas
- Poner en práctica la solución y hacer un seguimiento principios que le ayudarán a lograr la tarea de fomentar la creatividad

Cuatro modelos de creatividad
- Imaginación
- Mejora
- Inversión
- Incubación

Herramientas para la solución creativa de problemas
- Para mejorar la definición del problema:
  - Hacer extraño lo familiar y familiar lo extraño
  - Ampliar las definiciones
  - Invertir la definición
- Para mejorar la generación de alternativas:
  - Diferir los juicios
  - Ampliar las alternativas
  - Combinar atributos no relacionados

APRENDIZAJE

posibles sus innovaciones. En esta sección nos concentraremos en actividades que los directivos pueden realizar para fomentar la creatividad. En la tabla 3.8 se resumen tres principios administrativos que ayudan a alentar la solución creativa de problemas en los demás.

Separar a las personas; unir a las personas

El proyecto del magnetrón de Percy Spencer incluía un producto de consumo alejado de la principal línea de negocios de Raytheon, los misiles y otros contratos de defensa. El nuevo pegamento de Spence Silver fue el resultado

de una fuerza de tarea sobre un polímero adhesivo, desvinculada de las actividades normales de 3M. La computadora Macintosh fue desarrollada por una fuerza de tarea que laboró fuera de la empresa y a la que se le dio espacio y tiempo para trabajar en una computadora innovadora.

Muchas ideas nuevas provienen de individuos a los que se da tiempo y recursos, y se les permite trabajar alejados de las actividades normales de la organización. El establecimiento de zonas de entrenamiento, instalaciones de práctica y "campos de juego" es una forma útil para desarrollar tanto nuevas habilidades de negocios

Tabla 3.8 Tres principios para fomentar la creatividad

PRINCIPIO	EJEMPLOS
1. Separar a la gente; unir a la gente.	• Permitir que los individuos trabajen solos, así como con equipos y fuerzas de tarea. • Alentar informes de minorías y legitimar las funciones de "abogado del diablo". • Alentar la conformación heterogénea de los equipos. • Separar a los grupos o subgrupos en competencia.
2. Supervisar y estimular.	• Hablar con los clientes. • Identificar las expectativas de los clientes, tanto antes como después de la venta. • Responsabilizar a la gente. • Utilizar estímulos "de punta afilada".
3. Recompensar roles múltiples.	• Campeón de las ideas. • Patrocinador y mentor. • Orquestador y facilitador. • Romperreglas.

como deportivas. Puesto que la mayoría de los negocios están diseñados para producir la parte número 10,000 correctamente o para atender al cliente 10,000 de manera eficiente, no funcionan bien al producir o atender la primera parte. Por eso, con frecuencia es necesario separar a las personas para fomentar la innovación y la creatividad. Es el mismo principio que se utiliza al dar autonomía y discreción para que otras personas sigan sus propias ideas.

Por otro lado, la formación de equipos (unir a los individuos) es casi siempre más productivo que poner a las personas a trabajar de manera individual. No obstante, los equipos deben contar con ciertos atributos. Por ejemplo, Nemeth (1986) encontró que la creatividad aumentaba de forma importante cuando estaban presentes las influencias de la minoría en el equipo; por ejemplo, cuando se legitimaban las funciones de "abogado del diablo", cuando se incluía un reporte formal de la minoría en las recomendaciones finales y cuando los individuos asignados para trabajar en un equipo tenían antecedentes o puntos de vista divergentes. "Los individuos que se encuentran expuestos a los puntos de vista de la minoría se ven estimulados a atender más aspectos de la situación, piensan en formas más divergentes y tienen más probabilidades de detectar soluciones novedosas o de llegar a decisiones nuevas" (Nemeth, 1986, p. 25). Nemeth encontró que esos beneficios positivos se

presentan en los grupos incluso cuando los puntos de vista divergentes o minoritarios son incorrectos.

De manera similar, Janis (1971) encontró que la estrechez de ideas en los grupos (llamada **pensamiento grupal**) se superaba mejor al establecer grupos competitivos que trabajaran en el mismo problema, al incluir extraños en el grupo, asignar el papel de evaluador crítico en el grupo y conformar grupos de individuos con múltiples roles.

Los grupos más productivos son aquellos con roles fluidos, con mucha interacción entre los miembros y con estructuras planas de poder. Por otro lado, demasiada diversidad, demasiados desacuerdos y demasiada fluidez podrían desviar a los grupos, de manera que los "abogados del diablo" deben saber cuándo alinearse y apoyar las decisiones del grupo. Su papel consiste en ayudar a los miembros a reconsiderar decisiones o soluciones rápidas que no se sometieron a una reflexión profunda, y no en evitar la toma grupal de decisiones o la solución de problemas.

Por lo tanto, usted puede ayudar a fomentar la creatividad entre el personal que dirige, separando a las personas (por ejemplo, al asignarles un campo de entrenamiento, brindarles autonomía o animarlos a tomar iniciativas individuales), o bien, uniendo a las personas (por ejemplo, al asignarles un equipo, al permitir la influencia de las minorías y al fomentar la heterogeneidad).

Vigilancia y estímulo

Ni Percy Spencer ni Spence Silver tenían permitido trabajar en su proyecto sin asumir la responsabilidad. Los dos, finalmente, tenían que informar los resultados que lograban con sus experimentos e imaginación. Por ejemplo, en 3M se espera que las personas dediquen 15 por ciento de su tiempo a trabajar fuera de la empresa en ideas nuevas y creativas. Pueden incluso utilizar materiales y recursos de la empresa para trabajar en ello. No obstante, los individuos siempre son responsables de sus decisiones; necesitan demostrar los resultados de su "tiempo de juego". De hecho, responsabilizar a las personas de sus resultados es un motivador importante para mejorar el desempeño. Dos innovadores en la industria del entretenimiento resumieron este principio en las siguientes declaraciones:

"La última inspiración es la fecha de entrega; es cuando uno tiene que hacer lo que se debe hacer. El hecho de que dos veces al año el talento creativo estadounidense trabaje hasta la medianoche para tener algo preparado para una exposición comercial es muy bueno para la economía. Sin esta clase de presión, las cosas se volverían un puré de papas" (von Oech, 1986, p. 119).

Una de las formas en que Woody Morcott, ex director ejecutivo de Dana Corporation, responsabilizaba a su personal de su creatividad era exigiendo que cada empleado de la compañía enviara cada mes por lo menos dos sugerencias para mejorar. Al menos 70 por ciento de las nuevas ideas tenían que poder llevarse a cabo. Woody admitió que robó la idea durante una visita a una empresa japonesa donde se percató de que los trabajadores se amontonaban alrededor de una mesa garabateando notas sobre ideas que podrían mejorar el trabajo. En Dana, este requisito forma parte de las tareas laborales de cada empleado. Las recompensas también están asociadas a esas ideas. Una planta en Chihuahua, México, recompensa a los empleados con $1.89 por cada idea enviada y otros $1.89 si la idea se utiliza. "Convencemos a las personas de que son responsables de lograr que la planta continúe siendo competitiva a través de la innovación", dijo Morcott (comunicación personal).

Además de la responsabilidad, la creatividad se estimula por lo que Gene Goodson, de Johnson Controls, llamó "estímulos de punta afilada". Después de hacerse cargo de la sección automotriz de la empresa, Goodson descubrió que podía estimular la solución creativa de problemas al emitir ciertas órdenes que demandaran el uso de nuevos métodos para las tareas antiguas. Una de esas órdenes era: "No se permitirá más el paso a los montacargas en ninguna de nuestras plantas". La primera vez que se escuchó esa orden sonó absolutamente inaudita. Piénselo. Usted tiene una planta con decenas de miles de pies cuadrados en espacio de piso. Los puertos de carga están a cada lado del edificio, y muchas toneladas de materias primas pesadas se descargan cada semana para transportarlas de los puertos de carga a las estaciones de trabajo a lo largo de las instalaciones. La única forma de hacerlo es con montacargas. Eliminarlos arruinaría la planta, ¿correcto?

Incorrecto. Este estímulo "de punta afilada" demandó que los individuos que trabajaban en la planta encontraran la forma de colocar las estaciones de trabajo más cerca de las materias primas, instalar la zona de descarga de las materias primas más cerca de las estaciones de trabajo o cambiar el tamaño y las cantidades de material que se descargaba.

Las innovaciones que resultaron de eliminar los montacargas ahorraron a la empresa millones de dólares en el manejo de materiales y tiempo perdido; además, la calidad, la productividad y la eficiencia mejoraron de forma notable y permitieron que Johnson Controls captara a algunos de los negocios de sus competidores japoneses.

Uno de los mejores métodos para generar estímulos útiles consiste en estar al tanto regularmente de las preferencias, las expectativas y las evaluaciones de los clientes. Muchas de las ideas más creativas provienen de los clientes, los receptores de los bienes y servicios. Identificar sus preferencias por adelantado y conocer después sus evaluaciones de los productos o servicios son buenas formas de obtener ideas creativas y fomentar la imaginación, la mejora, la inversión y la incubación. Todos los empleados deberían estar en contacto regular con sus propios clientes, haciendo preguntas y supervisando el desempeño.

En resumen, usted puede fomentar la innovación al responsabilizar a las personas de las nuevas ideas y al darles estímulos con cierta periodicidad. Los estímulos más útiles, por lo general, provienen de los clientes.

Recompensar los roles múltiples

El éxito de las notas Post-it de 3M es más que una historia de la creatividad de Spence Silver. También ilustra la necesidad de que la gente ejerza múltiples roles en la innovación, y revela la importancia de reconocer y recompensar a aquellos que tienen dichas funciones. Sin varias personas con múltiples roles, el pegamento de Spence Silver tal vez seguiría en una repisa en algún lugar.

Existen cuatro roles que facilitan la creatividad de otras personas: el **campeón de ideas** (la persona que piensa en soluciones creativas para los problemas), el **patrocinador** o mentor (el individuo que ayuda a dar los recursos, el entorno y el ánimo para que el campeón de ideas trabaje en ellas), el **orquestador** o facilitador (la persona que une a los grupos de funciones múltiples y da el apoyo político necesario para facilitar la puesta en práctica de ideas creativas), y el **romperreglas** (aquel que va más allá de los límites y las barreras organizacionales para garantizar el éxito de la solución creativa). Cada uno de estos roles está presente en la mayoría de las innovaciones más importantes de las organizaciones, y todos se ilustran mediante el siguiente ejemplo de las notas Post-it.

Esta historia tiene cuatro partes importantes.

1. Spence Silver, al jugar con las configuraciones químicas que la literatura académica indicaba que no funcionarían, inventó un pegamento sin adherencia. Silver pasó años haciendo presentaciones a cualquiera en 3M que quisiera escuchar, tratando de colocar su pegamento en alguna división que pudiera encontrar una aplicación práctica para él, pero nadie se interesó.

2. Henry Courtney y Roger Merrill desarrollaron una sustancia que permitía que el pegamento se adhiriera a una superficie y no a las otras. Esto hizo posible fabricar un pegamento temporal / permanente, es decir, uno que se quitara con facilidad al tirar de la superficie que lo contenía, o que permaneciera para siempre si no se retiraba.

3. Art Fry encontró un problema que se adaptaba a la solución de Spence Silver. Descubrió una aplicación para el pegamento como un "mejor separador de libros" y un bloc de notas. En 3M no existía ningún equipo que cubriera sólo parte de un trozo de papel con el pegamento. Por lo tanto, Fry llevó equipo y herramientas de 3M al sótano de su propia casa, donde diseñó y fabricó una máquina para producir el precursor de las notas PostIt. Como la máquina de trabajo resultó demasiado grande para sacarla de su sótano, hizo un agujero en la pared para llevar el equipo de regreso a 3M. Luego reunió a ingenieros, diseñadores, directores de producción y operadores de maquinaria para demostrar la máquina prototipo y generar entusiasmo por la fabricación del producto.

4. Geoffrey Nicholson y Joseph Ramsey empezaron a promover el producto dentro de 3M. También enviaron el producto a las pruebas de mercado estándar de 3M, pero falló por completo. Nadie quería comprar un bloc de papel para notas. Pero cuando Nicholson y Ramsey rompieron las reglas de 3M y fueron personalmente a visitar los mercados de prueba y regalaron muestras, el público consumidor se volvió adicto al producto.

En este escenario, Spence Silver era tanto un *romperreglas* como un campeón de ideas. Art Fry fue también un campeón de ideas, pero lo más importante fue que organizó la reunión de varios grupos necesarios para hacer que la innovación cobrara vida. Henry Courtney y Roger Merrill ayudaron a patrocinar la innovación de Silver al encontrar la sustancia que permitiría que su idea funcionara. Geoff Nicholson y Joe Ramsey fueron *romperreglas* y patrocinadores de su oferta para hacer que el público aceptara el producto. En cada caso, no sólo todos estos individuos

desempeñaron roles únicos, sino que lo hicieron con un gran entusiasmo y ahínco. Tenían confianza en sus ideas y estaban dispuestos a ceder su tiempo y recursos para apoyar la empresa. Fomentaron el apoyo entre una diversidad de grupos, tanto dentro de sus propias áreas de experiencia como entre los grupos externos.

La mayoría de las empresas tienden a ceder ante aquellos que demuestran seguridad en sí mismos, que son persistentes en sus esfuerzos y que demuestran ser lo suficientemente astutos para convencer a los demás.

No todos pueden ser campeones de ideas. Pero cuando los directivos recompensan y reconocen a quienes patrocinan y organizan las ideas de los demás, la creatividad aumenta en las organizaciones; se forman equipos, los que apoyan la idea remplazan a los competidores, y surgen las innovaciones. El trabajo de los directivos que desean fomentar la creatividad consiste en facilitar el desarrollo de los roles múltiples. En la figura 3.10 se resume este proceso.

Resumen

En el siglo XXI, casi ningún directivo u organización puede permanecer estático, depender de prácticas obsoletas y evitar la innovación. En un ambiente de cambios rápidos, en el que la vida media del conocimiento es de aproximadamente tres años y la vida media de casi cualquier tecnología se mide en semanas y meses en vez de años, la

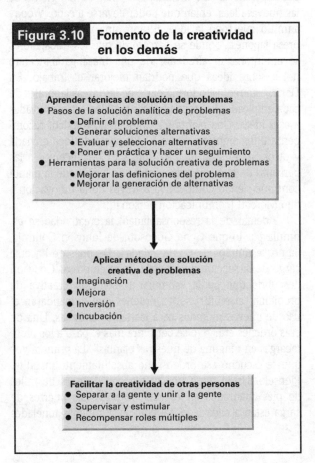

Figura 3.10 Fomento de la creatividad en los demás

Aprender técnicas de solución de problemas
- Pasos de la solución analítica de problemas
  - Definir el problema
  - Generar soluciones alternativas
  - Evaluar y seleccionar alternativas
  - Poner en práctica y hacer un seguimiento
- Herramientas para la solución creativa de problemas
  - Mejorar las definiciones del problema
  - Mejorar la generación de alternativas

Aplicar métodos de solución creativa de problemas
- Imaginación
- Mejora
- Inversión
- Incubación

Facilitar la creatividad de otras personas
- Separar a la gente y unir a la gente
- Supervisar y estimular
- Recompensar roles múltiples

solución creativa de problemas es cada vez más un requisito para el éxito.

La revolución digital ha hecho de la producción rápida de nuevas ideas casi una obligación. Desde luego, esto no implica negar la importancia de la solución analítica de problemas. La revolución de calidad de las décadas de 1980 y 1990 nos enseñó lecciones importantes acerca de procesos cuidadosamente diseñados, consecutivos, y de la solución analítica de problemas. Los índices de error, los tiempos de respuesta y las fechas de vencimiento no cumplidas disminuyeron de manera drástica cuando se institucionalizó la solución analítica de problemas en las compañías de manufactura y servicio.

En este capítulo estudiamos un modelo bien desarrollado para resolver problemas, el cual consiste en cuatro etapas separadas y en secuencia: definir un problema, generar soluciones alternativas, evaluar y seleccionar la mejor solución, y poner en práctica la solución elegida. Sin embargo, este modelo es especialmente útil para resolver problemas directos. Muchos de los problemas que enfrentan los directivos no son de este tipo, por lo que con frecuencia éstos se ven obligados a aplicar sus habilidades de solución creativa de problemas. Es decir, deben ampliar su perspectiva del problema y desarrollar soluciones alternativas que no son inmediatamente evidentes.

Analizamos cuatro tipos de creatividad y alentamos al lector a tomarlos en cuenta cuando necesite ser creativo.

Sin embargo, también ilustramos ocho bloqueos conceptuales importantes que inhiben las capacidades de solución creativa de problemas en la mayoría de las personas. Los bloqueos conceptuales son obstáculos mentales que restringen de manera artificial la definición y solución de los problemas, y que evitan que la mayor parte de las personas solucionen problemas en forma creativa y eficaz.

Superar estos bloqueos conceptuales es cuestión de desarrollar habilidades y de adquirir práctica para pensar; no es una capacidad innata. Todas las personas pueden desarrollar la habilidad de solucionar problemas de forma creativa mediante la práctica. El hecho de hacerse consciente de estos inhibidores del pensamiento ayuda a superarlos. También analizamos tres importantes técnicas para mejorar la definición creativa de los problemas y las tres técnicas principales para mejorar la generación creativa de soluciones alternativas. Se hicieron ciertas sugerencias para poner en práctica estas seis técnicas.

Concluimos ofreciendo algunos consejos acerca de cómo fomentar la creatividad entre las demás personas. Convertirse en un individuo que soluciona problemas de manera eficaz es importante, pero los directivos eficaces también fomentan esta capacidad en las personas con las que trabajan.

Guías de comportamientos

A continuación se presentan algunas sugerencias para guiar su práctica de la habilidad en la solución analítica y creativa de problemas.

A. Siga el procedimiento de cuatro pasos descrito en la tabla 3.1 para resolver problemas directos. Mantenga separadas las etapas y no tome atajos: defina el problema, genere soluciones alternativas, evalúe las alternativas, y seleccione y ponga en práctica la solución óptima.

B. Al enfrentar un problema difícil o complejo, recuerde que las soluciones creativas no necesitan ser el producto de ideas revolucionarias y novedosas. Usted dispone de cuatro tipos diferentes de creatividad: imaginación, mejora, inversión e incubación.

C. Trate de superar sus bloqueos conceptuales al hacer lo siguiente de manera consciente:
   ❏ Utilice un pensamiento lateral además del pensamiento vertical.
   ❏ Utilice varios lenguajes de pensamiento en vez de uno solo.
   ❏ Desafíe los estereotipos basados en experiencias pasadas.
   ❏ Identifique los temas implícitos y las similitudes entre factores aparentemente no relacionados.
   ❏ Suprima la información superflua y complete la información relevante al estudiar el problema.
   ❏ Evite limitar el problema de manera artificial.
   ❏ Supere cualquier falta de disposición a ser inquisitivo.
   ❏ Utilice el pensamiento de los hemisferios derecho e izquierdo del cerebro.

D. Para fomentar la creatividad, utilice técnicas que amplían la definición del problema, tales como:
   ❏ Hacer familiar lo extraño y extraño lo familiar, mediante metáforas y analogías.
   ❏ Plantear definiciones alternativas (opuestas) y aplicar una lista de verificación.
   ❏ Invertir la definición.

E. Para fomentar la creatividad, utilice técnicas que amplíen las soluciones alternativas posibles, como:
- ❏ Diferir los juicios.
- ❏ Subdividir el problema en sus atributos.
- ❏ Combinar atributos no relacionados del problema.

F. Fomente la creatividad entre sus compañeros/subordinados de trabajo, haciendo lo siguiente:
- ❏ Dar autonomía, permitiendo a los individuos que experimenten y pongan a prueba ideas.
- ❏ Colocar a las personas que tengan diferentes puntos de vista en equipos para que trabajen juntas en los problemas.
- ❏ Responsabilizar a los individuos por la innovación.
- ❏ Utilizar estímulos "de puntas afiladas" para fomentar nuevos pensamientos.
- ❏ Reconocer, recompensar y alentar los roles múltiples, incluyendo a los campeones de las ideas, los patrocinadores, los orquestadores y los romperreglas.

CASOS QUE SE RELACIONAN CON LA SOLUCIÓN DE PROBLEMAS

Coca frente a Pepsi

En la década de 1980, Coca-Cola Company estaba muy preocupada por su futuro. Su marca Coke mantenía una posición dominante en la participación de mercado en todo el mundo: 18 por ciento comparado con 4 por ciento de Pepsi-Cola. Sin embargo, la participación de mercado de Coke comenzó a erosionarse frente a Pepsi hasta que para finales de la década, había disminuido su participación de mercado hasta 12 por ciento, mientras que su competidora había aumentado hasta 11 por ciento. Lo que era aún más importante, Pepsi había lanzado la campaña comercial "El reto Pepsi", en el que se les pedía a los consumidores que eligieran entre Coke y Pepsi en pruebas ciegas de sabor. Pepsi afirmaba que su producto ganaba estas pruebas una y otra vez, llegando a decir que hasta los bebedores exclusivos de Coke habían preferido el sabor de Pepsi por encima del de Coke.

La dirección de Coca-Cola dijo que estas pruebas estaban amañadas o que eran simplemente una estrategia de mercadotecnia. Sin embargo, secretamente realizó sus propias pruebas en las que a bebedores de refrescos de cola se les ofrecían dos bebidas, una marcada como M y la otra como Q. Se les dio una bebida y se les pidió que identificaran el sabor de su preferencia. Para su disgusto, los ejecutivos de Coca-Cola encontraron el mismo resultado. Los bebedores de refrescos de cola preferían el sabor de Pepsi en 57 por ciento contra 43 por ciento del de Coca. El sabor más dulce y suave de Pepsi parecía ser preferido por un amplio margen. En una situación de mercado tan competitiva, en la que una décima de punto porcentual vale millones en utilidades, esta brecha era enorme.

Una de las alternativas de Coke era defender su participación de mercado continuando con la comercialización y publicidad de su producto, y asegurarse de que el posicionamiento de sus productos fuera más amplio y mejor que los de Pepsi. Esto es, una opción era asegurarse que los consumidores estuvieran simplemente más conscientes de Coke y tuvieran un acceso más sencillo a ella que a Pepsi.

Otra alternativa era realizar un esfuerzo considerable de investigación y desarrollo y encontrar un producto nuevo que igualara o superara el sabor de Pepsi entre los bebedores de refrescos de cola. Coke eligió esta última estrategia. El laboratorio de investigación y desarrollo gastó muchos millones para producir un nuevo producto llamado New Coke.

En pruebas de sabor ciegas, New Coke venció a Pepsi por un porcentaje que iba de 6 a 8 puntos entre los bebedores de refrescos de cola, así que Coke confiaba en que tenía en sus manos un producto ganador. El director ejecutivo de la empresa, Roberto C. Golzueta, anunció que esta era la "maniobra más segura que la empresa hubiera realizado alguna vez".

Con gran ostentación, la compañía anunció el lanzamiento de la New Coke asumiendo que sería un gran éxito de mercado y que detendría el ascenso de Pepsi en la participación de mercado. En lugar de eso, la New Coke fue un desastre de ventas. Sus ventas fueron pésimas y cayeron desde el principio. Los ejecutivos de Coca-Cola modificaron su estrategia para satisfacer las demandas de los consumidores para que la Coca original regresara. Con un nuevo producto en declive en el mercado y el abandono de la Coca original, los altos directivos se encontraban bajo una gran presión para responder rápidamente. El resultado, como todos sabemos, fue la reintroducción varios meses más tarde de la Coca Clásica (un producto de sabor supuestamente inferior), en un intento de salvar a la empresa.

Preguntas para análisis

3.1. ¿Qué bloqueos conceptuales experimentaron los ejecutivos de Coca?

3.2. ¿Cuál es la diferencia entre una prueba ciega de sabor y llevarse a casa un paquete de seis y consumirlo todo? ¿Cuáles supone que serían los resultados de esa prueba?

3.3. ¿Cómo explicar el éxito de Coca frente a Pepsi durante los últimos 20 años? ¿Qué aconsejaría ahora a Pepsi que hiciera?

3.4. ¿Qué cambios ocurren en los procesos de solución de problemas y de toma de decisiones cuando hay presiones de tiempo o una crisis?

3.5. Con los conocimientos que usted tiene acerca de la solución de problemas, ¿qué tipos de estrategias para superar los bloqueos conceptuales podrían ser útiles para los ejecutivos de Pepsi o de Coke? ¿Qué reglas generales serían relevantes en este tipo de situaciones?

3.6. ¿Qué aprendió de este caso que le serviría para aconsejar a otras organizaciones, por ejemplo, para que Microsoft proteja su mercado de Google, para que Barnes & Noble.com desplace a Amazon.com o para que American Greeting se convierta en la empresa dominante del negocio de las tarjetas de felicitación? ¿Qué consejos prácticos deriva de este caso clásico en el que falló la solución analítica del problema?

Creatividad en Apple

En su discurso anual en París en 2003, Steven Jobs, el festejado director ejecutivo de Apple Computer, Inc., orgullosamente describió a Apple en estos términos: "Innovar. Eso es lo que hacemos". Y han innovado. Jobs y sus colegas, Steve Wozniak y Mike Markkula, inventaron el mercado de la computadora personal en 1977 con la introducción de la Apple II. En 1980, Apple era el vendedor número uno de computadoras personales en el mundo. De hecho, su éxito ayudó a generar lo que ahora se conoce como Silicon Valley en California, la veta madre de la invención y producción de alta tecnología durante las siguientes tres décadas.

En 2008, la revista *Fortune* nombró a Apple la compañía más admirada de Estados Unidos, y de 2008 a 2012 de todo el mundo. El 30 de septiembre superó a Coca-Cola y se convirtió en la marca más valiosa del mundo en el informe de "Mejores marcas globales" de Omnicom Group. En mayo de 2013, Apple mantiene 408 tiendas minoristas en 14 países, además de la Apple Store e iTunes Store en línea, siendo esta última el detallista de música más grande del mundo. Apple es la corporación más grande del mundo que cotiza en Bolsa, con una capitalización de mercado estimada en $446 miles de millones en enero de 2014. A partir del primer trimestre de 2014, su crecimiento promedio de cinco años es 39 por ciento para el crecimiento de los ingresos y 45 por ciento para el crecimiento de beneficios netos. Es la nueva compañía más exitosa de todos los tiempos, en capitalización de mercado, ingresos y crecimiento, y sorprendentemente, en julio de 2011, debido a la crisis estadounidense del techo de la deuda, las reservas financieras de Apple fueron por poco tiempo mayores que las del gobierno de Estados Unidos.

Este éxito fue el resultado de la increíble inventiva y creatividad de Apple para desarrollar nuevos productos. Por otra parte, el mercado se está cuestionando si la compañía puede mantener ese ritmo y seguir siendo una fábrica de innovación de primer nivel.

Por supuesto, su éxito radica en el hecho de que creó el mercado de las computadoras personales, primero con Apple II y luego con las computadoras Macintosh y el sistema operativo OS. Creó la primera red de computadoras con sus máquinas Macintosh, en tanto que las PC basadas en Windows no entraron a una red sino hasta mediados de la década de 1990. Apple introdujo el primer aparato de cómputo manual basado en una pluma, conocido como Newton, seguido por un mouse inalámbrico, teclados con iluminación ambiental para trabajar en la oscuridad y la computadora más rápida del mercado en 2003. En ese mismo año, también introdujo la primera tienda de música digital legal para descargar canciones (iTunes) junto con su tecnología compatible, el iPod. A estos le siguieron iPhones, iPod táctiles, iPads, iTV, Apple Stores y iCloud. Los avances llegan ahora con los iCars. En otras palabras, Apple ha estado a la vanguardia de la innovación de productos y tecnología durante casi 40 años. Apple ha sido, tranquilamente y sin oposición, una de las compañías más innovadoras de del mundo y la más innovadora de su industria.

Si uno toma en serio los mensajes que en la actualidad se declaran con insistencia y de manera evidente en la prensa de negocios y en la sociedad global, la innovación y la creatividad son las claves del éxito: "renovarse o morir", "innovar o quedarse atrás", "ser creativo para tener éxito". Una propuesta fundamental sobre la que están basadas las sociedades capitalistas, progresistas, basadas en el mercado, es la idea de la destrucción creativa. Es decir, sin la creatividad y la innovación, los individuos y las organizaciones se convierten en víctimas de la segunda ley de la termodinámica: se desintegran, deterioran, desorganizan y mueren. Se requieren nuevos productos para mantener contentos a los consumidores. Lo obsoleto es ubicuo. En consecuencia, la innovación y la creatividad son la base del éxito. Para más pruebas, sólo revise los más de 300,000 títulos de libros que produce una búsqueda en Amazon con la palabra clave "innovación".

Por otro lado, considere algunas de las empresas más innovadoras en la historia reciente de Estados Unidos. El famoso centro de investigación de Xerox Corporation en Palo Alto —que dio al mundo la impresión con láser, el *ethernet*, programas compatibles con Windows, interfaces gráficas y el mouse— sobresale de manera especial por no haber producido dinero. Polaroid introdujo la idea de las imágenes instantáneas y aun así se declaró en bancarrota en 2001. El auge de internet a finales de 1990 fue una explosión de lo que ahora se considera una innovación sin valor. Y está el caso de Enron, que tal vez ha sido la empresa financiera más innovadora de la historia.

Por otro lado, Amazon, Southwest Airlines, eBay, Wal-Mart y Dell son ejemplos de compañías increíblemente exitosas, pero sin inventar ningún producto o tecnología. Se reconocen como compañías innovadoras y creativas, pero no en el mismo sentido que Apple. En vez de crear nuevos productos, han inventado nuevos procesos, nuevas formas de entregar productos, nuevos canales de distribución y nuevos métodos de marketing. Es bien sabido que Henry Ford no inventó el automóvil, sino que simplemente inventó una nueva forma de ensamblar un auto a un costo accesible para sus propios trabajadores. El tipo que inventó el automóvil difícilmente ganó un centavo por ello.

El problema es que la creatividad, tal como se aplica a los procesos de negocios (métodos de manufactura, ventas y marketing, sistemas de incentivos para los empleados o desarrollo de liderazgo), suele considerarse monótona, poco audaz, laboriosa, sin imaginación y aburrida. La gente creativa y las empresas creativas que vemos en los titulares por lo general son aquellas que tienen las grandes ideas de productos nuevos o características novedosas. No obstante, vea la lista de las 500 empresas de *Fortune* y juzgue cuántas son campeonas de productos y cuántas son campeonas de procesos. Decida usted quién impulsa el crecimiento económico: la buena innovación o la buena administración.

3.7. Considere los cuatro modelos de la creatividad. ¿Cuál(es) ha utilizado Apple? ¿Qué alternativas han empleado otras empresas de esta industria? ¿Qué alternativas podría poner en práctica Apple?

3.8. Supongamos que usted es asesor del director ejecutivo de Apple. ¿Qué consejo le daría para que Apple aprovechara su creatividad? ¿De qué manera podría la compañía ganar dinero con base en su tendencia a manejar la creatividad de ciertas formas?

3.9. ¿Cuáles son los principales obstáculos y bloqueos conceptuales que enfrenta Apple en este momento? ¿De qué deben cuidarse los empleados?

3.10. ¿Qué herramientas para fomentar la solución creativa de problemas son aplicables a Apple y cuáles podrían no ser funcionales? ¿Cuáles piensa usted que se utilizan más ahí?

PRÁCTICA **DE HABILIDADES**

EJERCICIOS PARA APLICAR LA SUPERACIÓN DE BLOQUEOS CONCEPTUALES

El objetivo de este ejercicio es que usted practique la solución de problemas, tanto analítica como creativa. A continuación se describen dos escenarios reales. Ambos incluyen problemas reales que enfrentan directivos reales. Son muy similares al tipo de problemas que enfrenta su propia escuela de negocios y muchas de las empresas locales. Su tarea en cada caso es identificar una solución para el problema. Usted enfrentará el problema en dos formas: primero, usará técnicas analíticas y, después, técnicas creativas para la solución de problemas. Deberá aplicar por su cuenta el primer método (la solución analítica de problemas). El segundo método (la solución creativa de problemas) lo trabajará en equipo. Su tarea consiste en aplicar los principios de la solución de problemas para obtener soluciones realistas, eficaces y de bajo costo para estos problemas. Considere cada escenario por separado. No deberá tomarle más de 10 minutos la tarea de la solución analítica del problema. Luego dedique 20 minutos a la tarea de resolver el problema de manera creativa.

Actividad individual: Solución analítica de problemas (10 minutos)

1. Después de leer el primer caso, escriba una definición específica del problema. ¿Qué problema definido con precisión va usted a resolver? Complete la oración: El problema que voy a resolver es...

2. Ahora identifique al menos cuatro o cinco soluciones alternativas. ¿Qué ideas tiene usted para resolver este problema? Complete esta oración: Las posibles formas de resolver este problema son...

3. Después, evalúe las alternativas que propuso. Asegúrese de no evaluarlas antes de proponer el conjunto completo. Evalúe el conjunto de alternativas con base en este criterio: ¿Esta alternativa resolverá el problema que usted ha definido? ¿Esta alternativa es realista en términos de costos? ¿Podría ponerse en marcha esta solución en un periodo breve?

4. Ahora escriba la solución que propuso para el problema. Especifique lo que debe hacerse y cuándo. Esté preparado para compartir esa solución con otros miembros del equipo.

Actividad en equipo: Solución creativa de problemas (20 minutos)

1. Ahora formen un equipo de cuatro o cinco personas. Cada una debe compartir su propia definición del problema. Es poco probable que todas sean iguales, así que asegúrese de mantener un registro de ellas. Agreguen al menos tres definiciones más plausibles del problema. Al hacerlo, utilicen al menos dos de las técnicas que estudiamos en el texto para ampliar la definición del problema. Cada definición debe diferir de las otras respecto de lo que es el problema y no sólo plantear distintas causas de éste.

2. Ahora examinen cada una de las definiciones propuestas. Seleccionen una en la que todo el equipo esté de acuerdo. Como es poco probable que puedan resolver múltiples problemas a la vez, seleccionen sólo una definición del problema en la que trabajarán.

3. Compartan las cuatro o cinco soluciones que propusieron de manera individual, incluso si no se relacionan con el problema específico que el equipo ha definido. Registren todas las alternativas que proponen los miembros del equipo. Después de que todos hayan compartido sus alternativas, generen al menos cinco soluciones alternativas adicionales al problema en las que estén de acuerdo. Utilicen al menos dos de las técnicas analizadas en el texto para ampliar las alternativas.

4. De todas las alternativas que propuso el equipo, seleccionen las cinco que consideren más creativas y con mayores probabilidades de éxito.

5. Seleccionen a un integrante de cada equipo para formar un jurado. Este grupo será el encargado de elegir al equipo con las alternativas más creativas y con más potencial de éxito para resolver el problema. Los miembros de un equipo no podrán votar por su propio grupo.

6. Ahora, cada equipo compartirá sus cinco alternativas con la clase. El jurado seleccionará al ganador.

Mejora en la clasificación

Al parecer, las escuelas de negocios perdieron la capacidad de evaluar su propia calidad y eficacia. Con el surgimiento de clasificaciones de las escuelas de negocios en los medios periodísticos, publicaciones como *Business Week, U.S. News and World Report* y *The Financial Times* parecen haberse adjudicado la función de juzgar la calidad. La Accreditation Association for Business Schools (AACSB, Asociación de Acreditación para las Escuelas de Negocios) evalúa principalmente las posibilidades de acreditación de las escuelas, con un resultado que va de 0 a 1, de manera que existe un amplio rango de calidad entre las instituciones acreditadas. Los medios periodísticos han establecido diferencias más refinadas al identificar las 50 escuelas mejor calificadas, o bien, la primera, segunda y tercera, o las primeras 20. Cada publicación basa su clasificación en criterios ligeramente diferentes, pero una parte importante de cada sistema de clasificación reside en el reconocimiento del nombre, la visibilidad o el reconocimiento público. En algunas encuestas, más de 50 por ciento de la evaluación se basa en la reputación o notoriedad de la escuela. Desde luego, esto es problemático, porque la reputación suele ser engañosa. Una encuesta reciente calificó a los programas de las licenciaturas de negocios de Harvard y Stanford entre los tres primeros del país, aunque ninguna de las dos escuelas cuenta con un programa académico de ese tipo. La escuela de derecho de Princeton se clasificó entre las primeras cinco en diversas encuestas, a pesar de que dicha escuela no existe.

Otros criterios considerados en varios servicios de clasificación incluyen la selectividad de los estudiantes, el porcentaje de egresados colocados en empleos, los salarios iniciales de los graduados, los costos de la colegiatura comparados con el salario de los egresados, las publicaciones del cuerpo docente, la satisfacción de los estudiantes, la satisfacción de los reclutadores, etcétera. Pero, sin duda, el reconocimiento del nombre es el factor individual más relevante, ya que sirve para predecir el número de solicitudes de estudiantes, la capacidad de contratar a profesores destacados, las oportunidades para recaudar fondos, las sociedades corporativas, etcétera.

Muchas escuelas de negocios han respondido a esta presión de adquirir más notoriedad lanzando campañas de publicidad, distribuyendo publicaciones internas en otras escuelas de negocios y en los medios de comunicación, y contratando personal adicional para promover la escuela. La mayoría de los decanos de las escuelas de negocios reciben un promedio de 20 publicaciones a la semana de otras escuelas de negocios, y un editor de *Business Week* informó que recibe más de 100 por semana. Algunos decanos resienten el hecho de que estos recursos se utilicen en este tipo de actividades, en vez de destinarse a mejorar la experiencia educativa de los estudiantes y los profesores. Ante la restricción de los recursos y los aumentos en las colegiaturas que incrementan el

PRÁCTICA

índice de precios al consumidor cada año, gastar dinero en una actividad impide invertirlo en otras. Sin embargo, la mayoría de los decanos reconoce que ésta es la forma de participar en el juego.

Como parte de una estrategia para incrementar su visibilidad, una escuela de negocios contrató al arquitecto de renombre mundial Frank O. Gehry para diseñar un nuevo edificio para la escuela de negocios. Se trata de un edificio de $70 millones que alberga todas las actividades educativas de la escuela. En la actualidad, esta escuela en particular no aparece entre las 20 mejores en las principales listas de clasificación. Sin embargo, igual que otras 75 escuelas de negocios en el mundo, podría alcanzar ese nivel. Es decir, a la escuela le gustaría desplazar a alguna de las que actualmente están clasificadas entre las primeras 20. Uno de los problemas de esta nueva construcción es que es tan poco común, tan vanguardista, que ni siquiera se le reconoce como un edificio. Al ver el inmueble por primera vez, algunas personas no lograron saber qué es lo que estaban mirando. Por otro lado, plantea la oportunidad de superar a otras escuelas mejor ubicadas en las clasificaciones si la institución adopta un método creativo. Desde luego, el desafío consiste en que nadie está totalmente seguro de cómo hacer que eso suceda.

Keith Dunn y el restaurante McGuffey's

Keith Dunn sabía exactamente qué esperar. Sabía qué pensaban sus empleados de él. Por esa razón, les había mandado el cuestionario. Necesitaba una inyección de confianza, sentir que sus empleados lo respaldaban mientras luchaba por construir McGuffey's Restaurants Inc., más allá de dos restaurantes y $4 millones en ventas anuales.

Mientras reunía los cuestionarios anónimos, Dunn regresó a su pequeña oficina corporativa en Asheville, Carolina del Norte. Con uno de sus socios a un lado, abrió el primer sobre con tanta ansiedad como un productor de Broadway que revisa las críticas de la noche de estreno. Sus ojos se enfocaron directamente en la pregunta que pedía a los empleados que calificaran el desempeño de los tres dueños en una escala del 1 al 10.

Un cero; el empleado había dibujado un grande y gordo cero. "Averigua de quién es esta letra", dijo a Richard Laibson, su socio.

Abrió otro sobre: un cero nuevamente; y otro. Un dos. "Despediremos a estas personas", dijo Dunn a Laibson fríamente. Otro cero.

Un uno.

"¡Ve a trabajar para alguien más, cretino!", gritó Dunn.

Pronto, estaba listo para despedir a 10 de sus 230 empleados. "Parece que mucha gente me odia", dice.

Sin embargo, al día siguiente, el enojo de Dunn cesó. "Uno piensa: He hecho todo esto por esa gente y ellos piensan que soy un cretino que no se preocupa por ellos", dijo. "Finalmente, uno tiene que mirarse al espejo y pensar: 'Tal vez tengan razón'".

Para Dunn, percatarse de eso era verdaderamente doloroso. Él había fundado la empresa tres años antes por frustración, luego del abuso que había sufrido cuando trabajaba para grandes cadenas de restaurantes. Si Dunn tenía una misión importante en McGuffey's era demostrar que los restaurantes no tenían por qué maltratar a sus empleados.

Creía que había tenido éxito. Antes de ver esas encuestas, él pensaba que McGuffey's era un lugar donde los empleados se sentían valorados, tomados en cuenta y apreciados. "No tenía idea de que estuviéramos tratando tan mal a la gente", dijo. En algún momento, en el transcurrir diario del negocio, había perdido la conexión con ellos y había dejado atrás a la empresa orientada hacia los empleados que él pensaba que estaba dirigiendo.

La odisea de 13 años de Dunn a través de algunas grandes cadenas de restaurantes lo dejó sintiéndose tan débil como una hamburguesa con queso después de un día bajo las lámparas de calor. Ponderosa en Georgia; Bennigan's en Florida y Tennessee; TGI Friday's en Texas, Tennessee e Indiana. En un periodo de seis meses en Friday's, consiguió dos ascensos, dos bonos y dos aumentos; luego, su jefe se fue, y a él lo despidieron. Eso fue todo. Dunn estaba harto de las grandes cadenas.

A la edad de 29 años volvió a Atlanta, la ciudad donde había asistido a Emory University para estudiar la licenciatura y donde comenzó a atender mesas en un restaurante local.

Fue allí donde conoció a David Lynn, el director general del restaurante, un hombre de 29 años, quien en ese entonces se sentía harto y admitía que estaba "empezando a perder la fe". Lynn y Dunn comenzaron a hacer planes para abrir su propio negocio, donde los empleados disfrutaran tanto el trabajo como los clientes la comida. Planearon dirigirse a los mercados más pequeños que las cadenas ignoraban. Con el financiamiento de un amigo, abrieron McGuffey's.

Honestos con sus metas orientadas a la gente, los socios trataron de hacer que los empleados se sintieran más apreciados de lo que ellos mismos se habían sentido en las cadenas. Les daban una bebida y un alimento gratis al final de cada turno, les permitían regalar aperitivos y postres, y les daban una semana de vacaciones pagadas al año.

Se desarrolló una camaradería especial entre los empleados. Después de todo, trabajaban en una industria en la que una tasa de rotación del 250 por ciento era lo más a lo que se podía aspirar. La víspera de la inauguración de McGuffey's, unos 75 empleados rodearon el árbol que estaba junto al bar, se tomaron de las manos y rezaron en silencio durante dos minutos. "Ese árbol tenía una energía especial", dice Dunn.

Tal vez así era. Para la tercera noche de operación, el McGuffey's con 230 asientos tenía una lista de espera. El comedor estaba tan aglomerado que, luego de tres meses, los dueños decidieron agregar un patio con 58 asientos. Luego tuvieron que volver a arreglar la cocina para satisfacer la demanda. En sus primeros tres meses y medio, McGuffey's logró ventas de aproximadamente $415,000, pero terminaron el año con $110,000 en números rojos, básicamente porque los socios pagaron la mayor parte de su deuda de $162,000 de inmediato.

El rumor del éxito del restaurante llegó a Hendersonville, Carolina del Norte, una ciudad de 30,000 habitantes, ubicada a unas 20 millas de distancia. El agente administrativo de un centro comercial (mejor dicho, "del" centro comercial) de ese lugar, realizó una visita para hablar con los socios y proponerles la apertura de una sucursal. Ellos hicieron algunas solicitudes audaces, le pidieron gastar $300,000 en renovaciones, incluyendo la adición de un patio y equipo mejorado. El agente estuvo de acuerdo. Con casi ninguna investigación de mercado, abrieron el segundo McGuffey's 18 meses más tarde. El primero, en Asheville, continuaba siendo un éxito, habiendo superado la marca de los $2 millones en ventas durante su primer año, con una pérdida marginal de apenas $16,000.

Hacia mediados del verano, el restaurante de Hendersonville con 200 asientos estaba generando $35,000 a la semana. "Vaya, ustedes deben estarse haciendo ricos", escuchaban los socios por todo el lugar. "¿Cuándo van a comprar sus propios aviones?". "Todos nos decían que no nos podíamos equivocar", afirmó Dunn. No obstante, el restaurante de Asheville estaba teniendo algunos problemas. Justo cuando abrió el restaurante McGuffey's de Hendersonville, las ventas en Asheville cayeron un 15 por ciento. Pero los socios ignoraron el hecho; algunos clientes vivían más cerca de Hendersonville, así que probablemente uno de los restaurantes estaba atrayendo a algunos de los comensales del otro. De cualquier forma, los clientes continuaban ahí. "Sólo estamos distribuyendo nuestro mercado en forma un poco más estrecha", dijo Dunn a sus socios. Cuando Asheville perdió otro 10 por ciento y Hendersonville un 5 por ciento, Dunn lo atribuyó al hecho de que la edad para beber se había elevado a 21 años en Asheville, lo que redujo las ventas de licor.

Hacia finales de ese año, la empresa registró casi $3.5 millones de ventas, con pérdidas nominales de aproximadamente $95,000. Pero la adulación y la expectativa de las grandes cantidades de dinero y los autos de lujo estaban empezando a nublar la verdadera razón por la que habían iniciado el negocio. "McGuffey's surgió de pura frustración", comentó Dunn. Pero la frustración había desaparecido. "Te llaman de tantas direcciones que pierdes la noción de dónde estás", dijo Laibson. "Hay cosas que uno simplemente olvida".

Lo que los socios olvidaron, al calor del éxito, eran sus raíces.

"El éxito alimenta al ego", dijo Dunn, "y el ego engendra desprecio". Dunn regresaba de las ferias comerciales o de las juntas de bienes raíces sintiéndose orgullosísimo. "¿No es emocionante?", preguntaba a algún empleado. "Abriremos un nuevo restaurante el año próximo".

PRÁCTICA

Cuando el empleado lo miraba sin decir nada, Dunn se resentía. "No entendía por qué no se sentían emocionados", comentó. No podía ver que mientras su mundo estaba en constante crecimiento y expansión, el mundo de sus empleados iba cayendo en picada. Ellos seguían atendiendo mesas o cocinando hamburguesas y pensaban: "Olvida el nuevo restaurante, no me has saludado en meses y, por cierto, ¿por qué no arreglas la máquina de té?".

"Me volví demasiado bueno y demasiado ocupado para dar inducción". Así que decidió grabar las sesiones de inducción para los nuevos empleados, y hacer un video justo como el que él vio cuando trabajó en Bennigan's. En el video, Dunn narraba a los nuevos empleados una de sus historias favoritas, la del cliente que camina en el restaurante de una cadena y se encuentra haciendo preguntas a un letrero automatizado, porque no podía encontrar a un ser humano. La moraleja: "McGuffey's nunca será tan impersonal para hacer que la gente hable con un letrero". Un video tal vez, pero un letrero, nunca.

Como Dunn no pasaba mucho tiempo en los restaurantes, no se percató de que los empleados se iban en multitudes. Incluso la salida de Tom Valdez, el director de cocina de Asheville, no había sido suficiente para quitarle el brillo a su "reluciente ego", como él lo llama.

Valdez había sido director de cocina de Dunn en TGI Friday's. Cuando el restaurante McGuffey's de Hendersonville estaba abriendo sus puertas, Dunn lo contrató como director de cocina. Unos meses más tarde, Valdez entró en la oficina de Dunn y anunció que regresaría a Indianápolis. "Hay demasiadas tonterías en este lugar", gruñó. "A ti no te importa tu personal". Dunn estaba impactado. "En cuanto abramos el siguiente restaurante, haremos las cosas como antes", respondió. Pero Valdez no cedió. "Keith", dijo amargamente, "estás resultando como todas las otras empresas". Dunn se encogió de hombros. "Somos una empresa grande, y tenemos que hacer las cosas como las empresas grandes", respondió.

Valdez salió y azotó la puerta. Dunn todavía no entendía que había empezado a imitar a las mismas compañías que tanto había detestado. Dejó de rebelarse contra ellas; bajo la presión intensa de una compañía en crecimiento, sólo quería dominar los métodos probados. "Estaba permitiendo que nuestra empresa se volviera como las compañías que odiábamos porque pensamos que era inevitable", reconoció.

Tres meses más tarde, los dos directivos principales de McGuffey's anunciaron que se trasladarían a la costa Oeste a iniciar su propia empresa. Dunn estaba muy contento: "Nuestros empleados aprenden tanto", presumía, "que están listos para abrir sus propios restaurantes".

Antes de que se fueran, Dunn se sentó con ellos en un salón en Hendersonville. "Así que", preguntó de manera casual, "¿qué creen que podríamos hacer para administrar mejor este lugar?". Tres horas más tarde, seguía escuchando. "El McGuffey's del que nos enamoramos ya no existe", concluyó uno de ellos tristemente.

Dunn estaba furioso. ¿Cómo podían sus empleados ser tan malagradecidos? ¿No podían ver cómo todos los demás estaban compartiendo el éxito? ¿Quién les había dado seguros médicos tan pronto como los socios pudieron pagarlos? ¿Quién les había dado seguro dental ese año? ¿Y quién (no porque alguien lo apreciara) estaba planeando establecer un plan de reparto de utilidades el año siguiente?

Las ventas de ambos restaurantes seguían menguando. Esta vez, no había cambios en las leyes del licor ni nuevos restaurantes a quiénes culpar. Como los empleados se sentían ignorados, resentidos y abandonados, los baños no se limpiaban tan bien como antes, la comida no llegaba tan caliente como antes, los meseros no sonreían con tanta frecuencia. Pero los dueños, absortos en sí mismos, no lo podían ver. Estaban sorprendidos. "Parecía que lo que había hecho crecer a nuestra empresa de pronto se había perdido", dijo Laibson.

Conmovido por todas las recientes deserciones, Dunn necesitaba un impulso de confianza. Así que envió un cuestionario de una página, en el que pedía a los empleados que calificaran el desempeño de los dueños. Estaba devastado por los resultados. Por curiosidad, más tarde Dunn fue con un asistente y le pidió un favor. "¿Podrías calcular nuestra tasa de rotación?". Vino la respuesta: "220 por ciento, señor".

Keith Dunn pensó en consultar a los expertos en administración a través de sus libros, grabaciones y discursos. "¿Quieren una administración orientada a la gente?", pensó. "Bien. Se las daré".

Dunn y Laibson habían pasado algunos meses visitando 23 de los mejores restaurantes del sureste. Mientras conducían durante horas, escuchaban grabaciones sobre administración, las detenían en los puntos clave y preguntaban: "¿Por qué no tenemos algo así?". Por la noche, leían libros de administración, subrayaban los párrafos significativos, buscando respuestas.

"Todos dicen que la clave está en las personas", comentó Dunn. Ambos determinaron: "Tenemos que empezar a pensar en nuestra gente como en un activo". "Y tenemos que incrementar el valor de ese activo". Dunn estaba emocionado ante la idea de dar a McGuffey's la forma de una pirámide invertida, con los empleados hasta arriba. Ahora sabía que conservar a los empleados significaba mantenerlos comprometidos.

Escuchó a un consultor sugerir que las empresas pequeñas mantenían comprometidos a los directivos al vincular su remuneración con el desempeño. McGuffey's administraba las metas de los directivos cada trimestre; si lograban la mitad de las metas, se embolsaban la mitad de sus bonos. ¿Suena razonable? No, afirmó el consultor, no puedes recompensar a los directivos por un trabajo a medias. Tiene que ser todo o nada. "De ahora en adelante", dijo Dunn a sus directivos con firmeza, "no hay medias tintas".

Dunn también organizó un concurso para los empleados. La competencia, había leído, era una buena forma de mantener a los empleados motivados.

Así nació el concurso "Es innegable que el cliente merece atención". En Hendersonville y Asheville dividió a los empleados en seis equipos. El equipo ganador obtendría $1,000. El premio dependía de hablar con los clientes, mantener limpio el restaurante y reunir fichas especiales por trabajo adicional realizado más allá de sus obligaciones.

Los empleados llegaban cada mañana, se ponían sus uniformes y se alistaban para la batalla. En pocas semanas, dos equipos tomaron la delantera. Los directivos también se veían revitalizados. Para Dunn, parecía como que harían lo que fuera, cualquier cosa, por mantener costos bajos en los alimentos, incrementar las ventas y mantener los márgenes de utilidad. Esto era justo lo que todos los consultores con honorarios altos habían prometido.

Pero después de casi seis meses, sólo los directivos de una de las tiendas parecían capaces de ganar todos los bonos de todo o nada. En las juntas y revisiones de directivos, Dunn comenzó a escuchar quejas. "¿Por qué los costos de mano de obra están tan fuera de línea?", preguntaba alguno. "Rayos, de cualquier forma no puedo ganar el bono", respondió un director, "así que, ¿para qué esforzarse?". "Mira, Keith", dijo otro director, "hace tanto tiempo que no veo un bono, que ya me olvidé de cómo son". Algunos directivos deseaban tanto obtener el bono que trabajaban con menos personal, no arreglaban el equipo y adquirían pocos suministros.

El concurso se vio afectado por los celos y la malicia. Tres equipos se quedaron muy atrás después del primer mes. Dentro de esos equipos la gente discutía y se quejaba todo el tiempo: "No podemos ganar, así que, ¿qué caso tiene?". Dunn no pudo evitar darse cuenta de que el concurso parecía haber tenido el efecto contrario al esperado. "Algunas personas estaban esforzándose realmente", comentó. Unos 12, para ser exactos. Los otros 100 estaban en verdad desmoralizados.

Dunn se sentía contrariado. Éstos eran los mismos empleados quienes, después de todo, habían afirmado que él no hacía lo suficiente por ellos. Pero está bien, él quería escuchar lo que ellos tenían que decir. "Obtener retroalimentación", decían los expertos en administración, "averigüe lo que piensan sus empleados". Dunn anunció que los dueños sostendrían reuniones informales una vez al mes.

"Éste es el momento de hablar", dijo Dunn a los empleados que se presentaron, los tres que estaban ahí. Así era la mayor parte del tiempo, con una asistencia de tres a cinco empleados, y los dueños alejando a otros de sus puestos en la cocina. Nada mejoraba y Dunn lo sabía. Ya tenía claro lo que no funcionaba; ahora sólo necesitaba saber qué era lo que funcionaría.

FUENTE: *Inc: The Magazine for Growing Companies*, por J. Hyatt. Copyright 1989 por Mansueto Ventures LLC. Reproducido con autorización de Mansueto Ventures LLC en formato de CD-ROM mediante Copyright Clearance Center.

PRÁCTICA

Práctica de la solución creativa de problemas

En un equipo de colegas, aplique todas las herramientas para la solución creativa de problemas que pueda, con la finalidad de desarrollar soluciones alternativas a cualquiera de las siguientes situaciones. Los equipos podrían elegir problemas diferentes y luego compartir sus soluciones con el resto de la clase. Si lo prefiere, podría utilizar un problema actual importante en vez de los problemas que se plantean a continuación. Trate de superar conscientemente sus bloqueos conceptuales y de aplicar los consejos que le ayuden a ampliar su definición del problema y las alternativas que considere relevantes. Tenga en mente los cuatro modelos de la creatividad.

Problema 1: En la actualidad los consumidores tienen acceso a cientos de canales de televisión y miles de programas de pago por evento. Una persona promedio se siente perdida. Sin un gran presupuesto para publicidad, muchas cadenas, ya no digamos muchos programas, simplemente pasan inadvertidos. ¿Cómo resolvería este problema?

Problema 2: En la prensa actual aparecen al menos 20 clasificaciones diferentes de universidades. Los estudiantes se sienten atraídos por escuelas bien clasificadas, y las mejores escuelas tienden a recibir más recursos que las mal clasificadas. ¿Qué se podría hacer para modificar la clasificación de su propia escuela?

Problema 3: En los últimos cinco años, Virgin Atlantic Airlines ha registrado un crecimiento de dos dígitos, mientras que la mayoría de las aerolíneas estadounidenses se han tenido que esforzar mucho para obtener utilidades. ¿Qué podría hacer la industria de las aerolíneas estadounidenses para cambiar esta situación?

Problema 4: La industria periodística ha decaído lentamente durante las últimas décadas. La gente consulta cada vez menos los periódicos para leer noticias. ¿Qué se podría hacer para revertir esta tendencia?

APLICACIÓN **DE HABILIDADES**

ACTIVIDADES PARA RESOLVER PROBLEMAS DE FORMA CREATIVA

Actividades sugeridas

3.11. Enseñe a alguien cómo resolver los problemas en forma creativa. Explique los lineamientos y dé ejemplos de su propia experiencia. Registre la experiencia en su diario.

3.12. Piense en un problema que sea importante para usted en este momento y que no tenga una solución evidente. Podría estar relacionado con su familia, sus experiencias en el salón de clases, su situación laboral o alguna relación interpersonal. Utilice los principios y las técnicas que se estudiaron en este capítulo para descifrar una solución creativa para ese problema. Dedique el tiempo necesario para hacer un buen trabajo, incluso si esto le lleva varios días. Describa la experiencia en su diario.

3.13. Ayude a dirigir un grupo (su familia, compañeros de habitación, club social, iglesia, etcétera) en un proceso cuidadosamente elaborado para la solución analítica de un problema (o un ejercicio de solución creativa de problemas), utilizando las técnicas que se estudiaron en es te capítulo. Registre la experiencia en su diario.

3.14. Redacte una carta para su decano o para el director ejecutivo de una empresa, en la que incluya soluciones para algún problema complicado que esté enfrentando su organización en este momento. Escriba sobre algún problema que a usted le interese. Asegúrese de sugerir soluciones. Esto requerirá que aplique con anticipación los principios de la solución de problemas analizados en este capítulo.

Plan de aplicación y evaluación

El objetivo de este ejercicio es ayudarle a aplicar este conjunto de habilidades en un entorno de la vida real, fuera del salón de clases. Ahora que se ha familiarizado con las guías de comportamiento que conforman la base de un desempeño eficaz de la habilidad, usted mejorará notablemente al practicar es tos lineamientos en un contexto de la vida diaria. A diferencia de una actividad en el salón de clases, donde la retroalimentación es inmediata y otros pueden ayudarle con sus evaluaciones, usted deberá realizar y evaluar esta actividad práctica por su cuenta. Esta actividad consta de dos partes. La parte I le ayudará a prepararse para aplicar las habilidades. La parte II le servirá para evaluar y mejorar su experiencia. Asegúrese de anotar las respuestas a cada reactivo. No tome atajos para saltarse pasos.

Parte 1: Planeación

3.15. Anote los dos o tres aspectos de esta habilidad que sean más importantes para usted. Podría tratarse de áreas de debilidad, áreas en las que desea mejorar o áreas que son más importantes para un problema que enfrenta en este momento. Identifique los aspectos específicos de la habilidad que usted quiere aplicar.

3.16. Ahora identifique el escenario o la situación en donde usted aplicaría esa habilidad. Establezca un plan de desempeño redactando una descripción de la situación. ¿Quién más estaría incluido? ¿Cuándo lo hará? ¿Dónde se hará?

　　　Circunstancias:
　　　¿Quién más?
　　　¿Cuándo?
　　　¿Dónde?

3.17. Identifique los comportamientos específicos en los que usted participará para aplicar esa habilidad. Plantee una definición operativa del desempeño de su habilidad.

3.18. ¿Cuáles son los indicadores de éxito en el desempeño? ¿Cómo sabrá usted que ha sido eficaz? ¿Qué indicará que se ha desempeñado en forma competente?

Parte 2: Evaluación

3.19. Una vez que haya aplicado lo que planeó, registre los resultados. ¿Qué sucedió? ¿Qué tanto éxito obtuvo? ¿Cuál fue el efecto en los demás?

3.20. ¿Cómo podría mejorar? ¿Qué modificaciones podría hacer la próxima vez? ¿Qué haría diferente en una situación similar en el futuro?

3.21. Al reflexionar sobre toda su práctica de habilidades y experiencias de aplicación, ¿qué aprendió?, ¿qué le sorprendió?, ¿en qué formas podría esta experiencia ayudarle a largo plazo?

CLAVES DE RESULTADOS Y DATOS COMPARATIVOS

✪ La clave de resultados para el siguiente instrumento se encuentra disponible en el sitio web de este libro.

Solución de problemas, creatividad e innovación

¿Qué tan creativo es usted?©

Clave de resultados

Encierre en un círculo y sume los valores asignados a cada reactivo.

REACTIVO	A. DE ACUERDO	B. INDECISO/NO SABE	C. EN DESACUERDO
1	0	1	2
2	0	1	2
3	4	1	0
4	−2	0	3
5	2	1	0
6	−1	0	3
7	3	0	−1
8	0	1	2
9	3	0	−1
10	1	0	3
11	4	1	0
12	3	0	−1
13	2	1	0
14	4	0	−2
15	−1	0	2
16	2	1	0
17	0	1	2
18	3	0	−1
19	0	1	2
20	0	1	2
21	0	1	2
22	3	0	−1

Reactivo	A. De Acuerdo	B. Indeciso/ No sabe	C. En Desacuerdo
23	0	1	2
24	–1	0	2
25	0	1	3
26	–1	0	2
27	2	1	0
28	2	0	–1
29	0	1	2
30	–2	0	3
31	0	1	2
32	0	1	2
33	3	0	–1
34	–1	0	2
35	0	1	2
36	1	2	3
37	2	1	0
38	0	1	2
39	–1	0	2

40. Las siguientes palabras tienen un valor de 2:

enérgico	perceptivo
ingenioso	innovador
original	exigente conmigo mismo
entusiasta	perseverante
dinámico	dedicado
flexible	valiente
observador	curioso
independiente	participativo

Las siguientes palabras tienen un valor de 1:

seguro	informal
detallista	alerta
inquieto	progresista
	de mente abierta

Las palabras restantes tienen un valor de 0.

Puntuación total _____

Datos comparativos (N = 5,000 estudiantes)

Puntuación Total	Puntuación Promedio	Cuartil Inferior	Segundo Cuartil	Tercer Cuartil	Cuartil Superior
	55.99	47 o menos	48–55	56–65	66 o más

Escala de actitud innovadora

Datos comparativos (N = 5,000 estudiantes)

Puntuación Total	Puntuación Promedio	Cuartil Inferior	Segundo Cuartil	Tercer Cuartil	Cuartil Superior
	72.41	66 o menos	67–73	74–79	80 o más

Clave de resultados

Sume los puntos que asignó a las alternativas "A", a las alternativas "B", a las alternativas "C" y a las alternativas "D". Luego divida entre 7 para obtener un resultado promedio para cada grupo de alternativas. Grafique sus puntuaciones en el perfil que aparece a continuación, uniendo las líneas para generar una figura en forma de cometa.

Total de As: _____/7   Puntuación promedio para A: _____ Imaginar

Total de Bs: _____/7   Puntuación promedio para B: _____ Incubar

Total de Cs: _____/7   Puntuación promedio para C: _____ Invertir

Total de Ds: _____/7   Puntuación promedio para D: _____ Mejorar

Datos comparativos (N = 5,000 estudiantes)

PUNTUACIONES DE LAS DIMENSIONES (PROMEDIOS)	PUNTUACIÓN PROMEDIO	CUARTIL SUPERIOR	SEGUNDO CUARTIL	TERCER CUARTIL	CUARTO CUARTIL
Imaginación	24.70	20 o menos	20.01–24.29	24.30–29.29	29.30 o más
Incubación	25.92	21.43 o menos	21.44–25.71	25.72–29.99	30 o más
Inversión	25.47	20.71 o menos	20.72–25.71	25.72–29.99	30 o más
Mejora	24.04	18.57 o menos	18.58–23.99	23.30–28.57	28.58 o más

Parte II

Habilidades interpersonales

CAPÍTULOS

4

Establecimiento de relaciones mediante una comunicación de apoyo

OBJETIVOS DE APRENDIZAJE

1. ESTABLECER RELACIONES DE APOYO, INCLUSO CUANDO SE DA RETROALIMENTACIÓN NEGATIVA

2. EVITAR ACTITUDES DEFENSIVAS Y DESACREDITACIÓN EN LA COMUNICACIÓN INTERPERSONAL

3. MEJORAR LA HABILIDAD PARA APLICAR LOS PRINCIPIOS DE LA COMUNICACIÓN DE APOYO

4. MEJORAR LAS RELACIONES MEDIANTE LAS ENTREVISTAS PARA LA ADMINISTRACIÓN DE PERSONAL

CUESTIONARIOS DE DIAGNÓSTICO PARA LA COMUNICACIÓN DE APOYO

A continuación se describen brevemente los instrumentos de evaluación de este capítulo. Los instrumentos indicados con ✪ se encuentran disponibles en el sitio web de este libro.

Complete todas las evaluaciones antes de iniciar la lectura de este capítulo.

Cuando termine de leer este capítulo, consulte su evaluación y compare sus respuestas con lo que ha aprendido.

✪ ❑ La *evaluación de comunicación de apoyo* mide el grado en el que usted demuestra comunicación de apoyo, especialmente, cuando ofrece retroalimentación negativa o correctiva.

✪ ❑ La *evaluación de estilos de comunicación* ayuda a identificar su estilo dominante de comunicación cuando enfrenta problemas o la necesidad de brindar ayuda.

Establecimiento de relaciones interpersonales positivas

Muchas investigaciones sustentan la idea de que las **relaciones interpersonales** positivas son fundamentales para generar energía positiva en la vida de las personas (Baker, 2000; Dutton, 2003). Cuando la gente experimenta interacciones positivas (aun cuando sólo se trate de encuentros temporales), se siente contenta, revitalizada y animada. Las relaciones positivas generan energía positiva. Todos hemos convivido con personas que nos dan energía y es agradable estar con ellas porque nos animan y ayudan a prosperar. También hemos convivido con individuos que ejercen el efecto contrario: nos sentimos agotados, menos animados y emocionalmente exhaustos cuando interactuamos con ellos. Este tipo de encuentros disminuyen nuestra energía.

Sin embargo, los efectos de las relaciones positivas son mucho más fuertes y más duraderos que el simple hecho de hacernos sentir felices o revitalizados. El que los individuos sean capaces de establecer relaciones que generen energía positiva tiene importantes consecuencias fisiológicas, emocionales, intelectuales y sociales. Por ejemplo, el bienestar físico de la gente se ve afectado de manera significativa por sus relaciones interpersonales.

Quienes tienen relaciones positivas se recuperan de una cirugía dos veces más rápido que los que tienen relaciones conflictivas o negativas; además, la incidencia de cáncer y ataques cardiacos es menor en ellos y se recuperan más rápido en caso de sufrir estas enfermedades; contraen menos enfermedades leves como resfriados, influenza o dolores de cabeza; manejan mejor el estrés y sufren un menor número de accidentes (en realidad, un accidente implica estar en el lugar equivocado en el momento incorrecto). Como podría esperarse, también tienen una mayor esperanza de vida. Estos beneficios se deben a que las relaciones positivas en realidad fortalecen los sistemas inmunitario, cardiovascular y hormonal (Dutton, 2003; Heaphy y Dutton, 2006; Reis y Gable, 2003).

Las relaciones positivas también ayudan a que las personas tengan un mejor desempeño en su trabajo y en las actividades, y a que aprendan de manera más eficaz; es decir, hacen que se sientan seguras y esto les permite concentrarse más en sus actividades (Carmelli, Brueller y Dutton, 2009). Se distraen menos por los sentimientos de ansiedad, frustración o incertidumbre que suelen acompañar a casi cualquier relación que no es positiva. La gente es más proclive a buscar información y recursos de personas con una energía positiva, y sus probabilidades de éxito son menores si tienen que interactuar con gente que les roba energía. La cantidad de intercambio de información, participación y compromiso con los demás es mucho mayor cuando las relaciones son positivas, de manera que la productividad y el éxito en el trabajo también son mucho mayores (consulte reseñas de algunos estudios en Dutton, 2003; Dutton y Ragins, 2007).

Las emociones positivas (como la alegría, la emoción y el interés) son producto de relaciones positivas; en realidad, estas emociones aumentan la capacidad mental. Por ejemplo, los sentimientos de alegría y entusiasmo crean el deseo de actuar, aprender y colaborar con los demás. Asimismo, cuando los individuos entablan relaciones positivas, aumentan no sólo la cantidad de información que pueden atender y que pueden procesar, sino también la calidad de los juicios que emiten y las decisiones que toman. De hecho, la capacidad intelectual aumenta (se amplía la agudeza mental), se aprende más y de manera más eficiente, y se cometen menos errores mentales (Fredrickson, 2001, 2009).

No nos sorprende que el desempeño dentro de las organizaciones también mejore cuando los empleados entablan relaciones positivas entre sí. Las relaciones positivas fomentan la cooperación, de manera que disminuyen los obstáculos (como los conflictos, los desacuerdos, la confusión y la ambigüedad, la competencia improductiva, el enojo o los agravios personales) para obtener un gran éxito en el desempeño (Cameron, Mora, Leutscher y Calarco, 2011). Los empleados se muestran más leales y comprometidos con su trabajo y con la empresa cuando existen relaciones positivas; el intercambio de información, el diálogo y la transferencia de conocimientos aumentan de manera significativa. La creatividad y la innovación, así como la capacidad del sistema para adaptarse a los cambios, son mucho más altas cuando las relaciones positivas caracterizan a la fuerza laboral (Gittell, 2003; Gittel, Cameron y Lim, 2006).

Es difícil encontrar una razón por la que la gente no desearía entablar e incrementar sus relaciones positivas con otros seres humanos, ya que tienen muchas ventajas y pocas desventajas. Desde luego, parecería que el establecimiento de este tipo de relaciones es una labor sencilla, pero es más fácil decirlo que hacerlo. No es difícil entablar relaciones positivas con personas similares a nosotros, o con las que nos atraen o se comportan según nuestras expectativas. Sin embargo, es difícil relacionarse con individuos bruscos, poco agradables o que cometen muchos errores. En otras palabras, el establecimiento de relaciones positivas en circunstancias negativas o con personas negativas requiere de habilidades especiales.

Sin duda, la habilidad más importante para establecer y fortalecer relaciones positivas es la capacidad de comunicarse de forma tal que se provoquen sentimientos de confianza, apertura y apoyo. En este capítulo nos concentraremos en ayudarle a desarrollar y mejorar esas habilidades.

Desde luego, todos nos comunicamos continuamente y sentimos que lo hacemos razonablemente bien. No habríamos llegado tan lejos en la vida sin ser capaces de comunicarnos de manera efectiva. Por otro lado, muchos estudios revelan que los problemas de comunicación son el principal obstáculo para entablar relaciones positivas y mostrar un desempeño adecuado en las organizaciones (Carrell y Willmington, 1996; Thorton, 1966). En este capítulo estudiaremos la habilidad más importante que los directivos eficaces deben poseer: la de sostener una comunicación que brinde apoyo.

La importancia de la comunicación efectiva

En la era de la comunicación moderna, los medios electrónicos son los que se utilizan con mayor frecuencia para transmitir mensajes a otras personas. Los mensajes que contienen 140 caracteres o menos dominan las relaciones interpersonales. Las encuestas indican con insistencia que la habilidad para comunicarse en forma efectiva cara a cara es, a juicio de los directivos, la característica más importante en la determinación de los ascensos (vea las encuestas reportadas por Brownell, 1986, 1990; Furnham, 2008; Goleman, 1998; Hargie, 1997; Randle, 1956; Steil, Barker y Watson, 1983). De hecho, se ha descubierto que la creciente dependencia de las formas electrónicas de comunicación (por ejemplo, mensajes de texto, Twitter) disminuye la habilidad de comunicarse de forma interpersonal (Nie, 2001).

No es de sorprender que la calidad de la comunicación entre los directivos y sus empleados sea bastante deficiente (Madlock, 2008; Schnake, Dumler, Cochran y Barnett, 1990; Yrle, Hartman y Galle, 2002), aun cuando sea la comunicación cara a cara o personal el principal factor para pronosticar el éxito administrativo. En un estudio de 88 organizaciones, tanto lucrativas como sin fines de lucro, Crocker (1978) encontró que de 31 habilidades evaluadas, las relacionadas con la comunicación interpersonal (incluyendo la de escuchar) fueron las consideradas como más importantes.

Al menos 80 por ciento de las horas de trabajo de un directivo se invierten en la comunicación verbal, de tal forma que no es de sorprender que se haya puesto mucha atención a una gran cantidad de procedimientos para mejorar la comunicación interpersonal. Los expertos han escrito ampliamente acerca de temas como comunicación, semántica, retórica, lingüística, cibernética, sintáctica, pragmática, proxémica y canalización; y se han publicado miles de libros sobre la naturaleza del proceso de comunicación: codificación, decodificación, transmisión, medios, percepción, recepción y ruido. De igual forma, existen volúmenes completos que exponen técnicas para hablar adecuadamente en público, para hacer presentaciones formales y sobre los procesos de comunicación organizacional. La mayoría de las universidades tienen departamentos académicos dedicados al campo de la comunicación oral, la mayoría de las escuelas de negocios ofrecen programas de comunicación para negocios y muchas organizaciones cuentan con departamentos de comunicación pública y especialistas en comunicación organizacional, como editores de boletines informativos y escritores de discursos.

Incluso con toda esta información disponible acerca del proceso de la comunicación, y a pesar de los recursos dedicados a mejorar la comunicación de muchas organizaciones, la mayoría de los directivos continúan reportando que su principal problema es la mala comunicación (McNaughtan, 2012; Schnake *et al.*, 1990). En un estudio de las principales organizaciones de manufactura que están experimentando cambios a gran escala formulamos dos preguntas clave: (1) ¿Cuál es el principal problema que enfrentan al tratar de realizar cambios organizacionales?, y (2) ¿cuál es el principal factor que explica su éxito pasado al manejar de manera eficaz el cambio organizacional? A ambas preguntas, la gran mayoría de los directivos dieron la misma respuesta: la comunicación.

Sin embargo, lo irónico es que la mayoría de las personas creen que son muy buenos comunicadores. Tienden a pensar que los problemas de comunicación son producto de la debilidad de otros y no de ellos, así que la motivación para mejorar con frecuencia es baja (Brownell, 1990; Carrell y Willmington, 1996; Cupach y Spitzberg, 2007; Golen, 1990).

EL INTERÉS POR LA EXACTITUD

Buena parte de lo que se ha escrito acerca de la comunicación interpersonal se concentra en la *exactitud* de la información que se transmite. Por lo general, se hace hincapié en asegurarse de que los mensajes se transmitan y se reciban con pocas alteraciones o variaciones de la versión original. En el inglés, en particular, se enfrenta el riesgo de una comunicación errónea entre las personas, por la sola naturaleza de ese idioma. Por ejemplo, en la tabla 4.1 se citan 22 ejemplos de palabras cuyo significado y pronunciación son completamente diferentes, dependiendo de las circunstancias. No nos sorprende que personas de otras culturas y cuya lengua natal es diferente del inglés tengan problemas para comunicarse con precisión en Estados Unidos

Esto, desde luego, no justifica la gran cantidad de variaciones que existen en los significados del idioma inglés en todo el mundo. Por ejemplo, en Inglaterra, a *billion* es un millón de millones, en tanto que en Estados

Tabla 4.1	Pronunciación inconsistente en el idioma inglés

- We *polish Polish* furniture. (Pulimos *mobiliario polaco*).

- He could *lead* if he would get that *lead* out. (Él podría dirigir si pudiera eliminar ese *plomo*).

- A farm can *produce produce*. (Una granja puede *producir productos*).

- The dump was so full it had to *refuse refuse*. (El depósito estaba tan lleno que se *negaron a rellenarlo*).

- The Iraqi soldiers decided to *desert* in the *desert*. (Los soldados iraquíes decidieron *desertar* en el *desierto*).

- The *present* is a good time to *present* the *present*. (El *presente* es buen momento para *presentar* el *regalo*).

- In the college band, a bass was painted on the head of the *bass* drum. (En la banda universitaria se pintó un *bajista* en la cabeza del bombo).

- The *dove dove* into the bushes. (La *paloma se metió* entre los arbustos).

- I did not *object* to that *object*. (Yo no me *opuse* a ese *propósito*).

- The insurance for the *invalid* was *invalid*. (Se *invalidó* el seguro del *inválido*).

- The bandage was *wound* around the *wound*. (La venda se *enrolló* alrededor de la *herida*).

- There was a *row* among the oarsmen about how to *row*. (Hubo una *discusión* entre los remeros acerca de cómo *remar*).

- They were too *close* to the door to *close* it. (Ellos estaban demasiado *cerca* de la puerta y no podían *cerrarla*).

- The buck *does* funny things when the *does* are present. (El macho *hace* cosas graciosas cuando hay *conejos hembras* presentes).

- They sent a *sewer* down to stitch the tear in the *sewer* line. (Enviaron a un *alcantarillero* a soldar la ruptura en el tubo del *drenaje*).

- She shed a *tear* because of the *tear* in her skirt. (Ella derramó algunas *lágrimas* por la *rasgadura* en su falda).

- To help with planting, the farmer taught his *sow* to *sow*. (El granjero enseñó a su *cerdo* a sembrar para que ayudara en la *siembra*).

- The *wind* was too strong to be able to *wind* the sail. (El *viento* era demasiado fuerte para poder *enrollar* la vela).

- After a *number* of Novocaine injections, my jaw got *number*. (Después de *varias* inyecciones de novocaína, sentí mi mandíbula más *adormecida*).

- I had to *subject* the *subject* to a series of tests. (Tuve que someter al *sujeto* a una serie de *pruebas*).

- How can I *intimate* this to my most *intimate* friend? (¿Cómo podría *insinuar* eso a mi amigo más *íntimo*?).

- I spent last *evening evening* out a pile of dirt. (La noche anterior la pasé *nivelando* un montón de tierra).

Unidos y Canadá, *a billion* equivale a mil millones; es fácil imaginar los malentendidos que surgen a menudo en las situaciones financieras. De manera similar, en una reunión en Estados Unidos, la expresión *table a subject,* significa posponer la discusión del tema; en una reunión en Inglaterra, en cambio, querrá decir que debe discutirse el tema en ese momento.

Por fortuna, recientemente se ha progresado mucho en la transmisión de mensajes precisos, es decir, se ha mejorado en términos de claridad y exactitud. Principalmente mediante el desarrollo de una tecnología compleja basada en información, se han hecho grandes avances para mejorar la velocidad de la comunicación y la precisión en las organizaciones. Las redes de cómputo con capacidades multimedia ahora permiten a los miembros de una organización transmitir mensajes, documentos, video y sonido de forma confiable casi a cualquier parte del mundo.

Sin embargo, no ha habido un progreso comparable en los aspectos interpersonales de la comunicación. Los individuos aún se ofenden unos a otros, pronuncian expresiones insultantes y se comunican en forma torpe; aún se siguen comunicando de forma brusca, insensible e infructuosa. En vez de entablar y fomentar relaciones positivas, dañan las relaciones existentes. La mayoría de las veces, el aspecto interpersonal de la comunicación es el que obstaculiza la transmisión eficaz del mensaje y no la incapacidad de transmitir información precisa (Cupach y Spitzberg, 2007; Golen, 1990).

La comunicación ineficaz ocasiona que los individuos se desagraden, se ofendan, se pierdan la confianza, rehúsen escucharse, no se pongan de acuerdo y surja una gran cantidad de problemas interpersonales. Estos problemas, a la vez, suelen ocasionar un flujo restringido de comunicación, mensajes imprecisos y malas interpretaciones de significados. En la figura 4.1 se resume este proceso.

Para ilustrar esto, considere la siguiente situación. Latisha está presentando en la organización un nuevo programa para el establecimiento de metas, con la finalidad de superar algunos problemas de productividad. Después de que Latisha termina su detallada presentación en la reunión del consejo directivo, José levanta la mano y dice: "En mi opinión, éste es un método simple para resolver nuestros problemas de productividad. Las cosas son mucho más complejas de lo que Latisha piensa. No creo que debamos perder nuestro tiempo con la aplicación de este plan".

Tal vez la opinión de José esté justificada, pero la forma en que transmitió el mensaje probablemente elimine la esperanza de que pueda manejarse con objetividad.

Es probable que Latisha escuche un mensaje como "Eres ingenua", "Eres estúpida" o "Eres incompetente". Por lo tanto, no nos sorprendería que su respuesta fuera defensiva o incluso hostil. Es probable que esto ponga en riesgo cualquier sentimiento positivo entre los dos, y que su comunicación disminuya para proteger la autoimagen. Los méritos de la propuesta se verán afectados por la actitud defensiva. Tal vez la comunicación futura entre los dos será mínima y superficial.

¿Qué es la comunicación de apoyo?

En este capítulo nos ocuparemos de un tipo de comunicación interpersonal que sirve para comunicarse de manera precisa y honesta, especialmente en circunstancias difíciles, sin arriesgar las relaciones interpersonales. No es difícil lograr una comunicación de apoyo (expresar seguridad, confianza y apertura) cuando las cosas marchan bien y las personas hacen lo que uno desea. Sin embargo, cuando alguien necesita corregir el comportamiento de otro individuo, cuando tiene que dar una retroalimentación negativa o cuando es necesario señalarle sus errores, es más difícil comunicarse de tal forma que se fomenten y fortalezcan las relaciones.

Este tipo de comunicación se llama **comunicación de apoyo**, y busca preservar o fomentar una relación positiva entre las personas en el momento en que intentan resolver algún problema, dar retroalimentación negativa o tratar un tema difícil. Esto permite comunicar información que no es halagüeña o resolver un asunto incómodo con otra persona, pero fortaleciendo la relación en el proceso.

Figura 4.1 | **Vinculaciones entre la comunicación inhábil y las relaciones interpersonales**

Transmisión brusca, insensible y poco hábil en los mensajes → Relaciones interpersonales distantes, desconfiadas y poco afectuosas → Información imprecisa, restringida y flujo de comunicación defectuoso

Tabla 4.2 Los ocho atributos de la comunicación de apoyo

• Congruente, no incongruente

Enfoque en mensajes honestos en los que las afirmaciones verbales concuerdan con los pensamientos y los sentimientos.

Ejemplo: "Tu comportamiento realmente me molesta".	***No***	*"¿Parezco molesto? No, todo está bien".*

• Descriptiva, no evaluativa

Centrada en describir un suceso objetivo, describir su reacción ante éste y sugerir una alternativa.

Ejemplo: "Esto es lo que ocurrió; ésta fue mi reacción. Ésta es una sugerencia que podría ser más aceptable".	***No***	*"Estás mal por haber hecho lo que hiciste".*

• Orientada al problema, no a la persona

Enfoque en los problemas y las cuestiones que pueden modificarse, y no en las personas y sus características.

Ejemplo: "¿Cómo podríamos resolver este problema?".	***No***	*"Por tu culpa, hay un problema".*

• Valida, no invalida

Enfoque en las afirmaciones que comunican respeto, flexibilidad, colaboración y áreas de acuerdo.

Ejemplo: "Tengo algunas ideas, pero, ¿tienes alguna sugerencia?".	***No***	*"No lo entenderías, así que lo haremos a mi manera".*

• Específica, no global

Enfoque en acontecimientos o comportamientos específicos, evitando afirmaciones generales, extremas o enunciados excluyentes.

Ejemplo: "Usted me interrumpió tres veces durante la reunión".	***No***	*"Usted siempre está tratando de llamar la atención".*

• Conjuntiva, no disyuntiva

Enfoque en afirmaciones que fluyan a partir de lo que se dijo antes y en facilitar la interacción.

Ejemplo: "En relación con lo que acaba de decir, quisiera plantear otro aspecto".	***No***	*"Quiero decir algo (sin importar lo que acabas de decir)".*

• Propia, no indirecta

Enfoque en asumir la responsabilidad de las propias declaraciones mediante el uso de pronombres personales ("Yo…").

Ejemplo: "He decidido rechazar su propuesta porque…".	***No***	*"Su idea es bastante buena, pero no se aprobará".*

• Escucha de apoyo, no escucha unilateral

Uso de diferentes respuestas adecuadas, con tendencia hacia las respuestas reflexivas.

Ejemplo: "¿Cuáles crees que son los obstáculos que entorpecen el camino de la mejora?".	***No***	*"Como dije antes, cometes demasiados el errores. No tienes un buen desempeño".*

La comunicación de apoyo tiene ocho atributos, los cuales se resumen en la tabla 4.2. Más adelante describiremos cada uno. Cuando se utiliza la comunicación de apoyo, no sólo se transmite un mensaje de manera precisa, sino que la relación entre las dos partes se fortalece y mejora como consecuencia del intercambio. Como resultado se generan sentimientos positivos y respeto mutuo. Las personas sienten mayor energía y ánimo, aun cuando la información que se comunica sea negativa.

La meta de la comunicación de apoyo no es simplemente agradar al otro o ser considerado una buena persona, ni se utiliza para generar aceptación social. Como se indicó antes, las relaciones interpersonales positivas tienen un valor práctico e instrumental en las organizaciones. Los investigadores han encontrado que las organizaciones que fomentan este tipo de relaciones registran una productividad más alta, resuelven más rápidamente los problemas, tienen una producción de mejor calidad, y experimentan menos conflictos y actos de rebeldía que los grupos y organizaciones cuyas relaciones son menos positivas (Huselid, 1995; Stephens, Heaphy y Dutton, 2012).

Además, es casi imposible brindar un servicio excelente al cliente (interno/externo) sin la comunicación de apoyo. Las habilidades de comunicación de apoyo se requieren para resolver las quejas de los clientes (interno/externo) y los malentendidos.

Por consiguiente, los directivos no sólo deben ser competentes en el uso de esta clase de comunicación, sino que también deben ayudar a sus subalternos a desarrollar esta aptitud. Por ejemplo, Hansen y Wernerfelt (1989) encontraron en 40 empresas importantes que la presencia de buenas relaciones interpersonales entre directivos y subalternos era tres veces más poderosa, para la predicción de la rentabilidad durante un periodo de cinco años, que las siguientes cuatro variables más poderosas (participación de mercado, intensidad del capital, tamaño de la empresa y tasa de crecimiento de las ventas) combinadas. Por lo tanto, la comunicación de apoyo no es sólo una "técnica para ser una persona agradable", sino una ventaja competitiva probada, tanto para los directivos como para las organizaciones.

Coaching y Consultoría

Una forma de ilustrar los principios de la comunicación de apoyo consiste en analizar las dos funciones más comunes que desempeñan los directivos, padres, amigos y compañeros de trabajo: brindar coaching y dar consultoría a los demás. En el coaching (entrenamiento), los directivos comparten sugerencias e información o establecen estándares para ayudar a otros a mejorar sus habilidades y comportamientos. En la consultoría u orientación, los directivos les ayudan a reconocer y a resolver problemas relacionados con su nivel de comprensión, emociones o perspectivas. De esta manera, las labores de coaching se enfocan en las habilidades, y la consultoría u orientación en las actitudes.

Las habilidades de coaching y consultoría también se aplican, por supuesto, a una amplia gama de actividades, como motivación de los demás, manejo de las quejas de los clientes, transmisión de la información negativa o delicada a niveles superiores, manejo de conflictos entre los individuos, negociación de cierto puesto, etcétera. Sin embargo, puesto que la mayoría de las personas participan en coaching y en consultoría en algún momento, mostraremos cómo se relacionan con la comunicación de apoyo y el fortalecimiento de las relaciones interpersonales.

El coaching y la consultoría u orientación ejercidos hábilmente son importantes en especial para: (1) recompensar el desempeño positivo, y (2) corregir los comportamientos o actitudes problemáticos. Ambas actividades se analizarán con detalle en el capítulo 6, "Motivación de los demás".

En ese capítulo se describirá *qué* hacer para recompensar y corregir comportamientos, mientras que aquí nos concentraremos en *cómo* hacerlo.

Lo que hace que el coaching y la consultoría sean tan desafiantes es el riesgo de ofender o aislar a los individuos cuando sus actitudes o comportamientos son inapropiados, incorrectos o perjudiciales. Este riesgo es tan alto que muchos directivos ignoran por completo los sentimientos y las reacciones de los demás al adoptar un método autoritario y obstinado, que parece afirmar: "O cambias o te despido". O bien, son suaves, evitan confrontaciones y sólo hacen insinuaciones por miedo a herir los sentimientos y destruir relaciones (el método "No te preocupes, sé feliz": "Está bien, no es tan malo"). Los principios que describimos en este capítulo no sólo facilitan la transmisión fiel del mensaje en situaciones delicadas, sino que su uso eficaz puede alentar niveles más altos de motivación y de productividad, y mejores relaciones interpersonales.

PROBLEMAS DE COACHING Y DE CONSULTORÍA

Las situaciones de coaching no son las mismas que las de consultoría, y entender las diferencias entre las dos es fundamental para desarrollar relaciones de apoyo sólidas. Para presentar las diferencias entre situaciones de coaching y de consultoría, considere los dos escenarios siguientes:

Jagdip Ahwal es director de la división de fuerza de ventas de su empresa, la cual fabrica y vende componentes para la industria aeroespacial. Se reporta directamente a usted. La división de Jagdip constantemente se equivoca en sus proyecciones de ventas, sus utilidades por vendedor están por debajo del promedio de la empresa, y él casi siempre entrega tarde sus reportes mensuales. Usted concertó una cita para visitar a Jagdip después de obtener las últimas cifras de ventas, pero él no estaba en su oficina cuando usted llegó. Su secretaria le dice que uno de los directores de ventas de Jagdip apareció repentinamente hace apenas unos minutos para quejarse de que algunos empleados estaban llegando tarde a trabajar y tomaban periodos de descanso extremadamente largos. Jagdip había acudido de inmediato con el director a su departamento de ventas para dar ánimos a los vendedores y recordarles las expectativas de desempeño. Usted espera 15 minutos hasta que regresa.

Betsy Christensen obtuvo el grado de maestría en Administración de empresas de una prestigiosa escuela que se encuentra entre las 10 mejores de Estados Unidos, y recientemente se integró a su empresa, en el grupo de planeación financiera. Llegó con muy buenas recomendaciones y acreditaciones. Sin embargo, parece estar tratando de mejorar su reputación a costa de los demás miembros del grupo.

Últimamente, usted ha escuchado cada vez más quejas de que Betsy actúa en forma arrogante, de que realiza autopromoción y de que critica de manera abierta el trabajo de los otros miembros del grupo. En la primera conversación que tiene con ella acerca de su desempeño en el grupo, ella negó que existiera un problema. Dijo que, en cualquier caso, estaba teniendo un efecto positivo en el grupo al elevar sus estándares. Usted programa otra reunión con Betsy después de esta última serie de quejas por parte de sus compañeros de trabajo.

¿Cuáles son los problemas de fondo en estos dos casos? ¿Cuál es, principalmente, un problema de coaching y cuál uno de consultoría? ¿Cómo los enfrentaría de manera que los asuntos se resolvieran y, al mismo tiempo, sus relaciones con Jagdip y Betsy se fortalecieran? ¿Qué diría y cómo lo diría para obtener los mejores resultados posibles? Este capítulo le ayudará a mejorar sus habilidades para manejar este tipo de conflictos de manera eficaz.

Aunque no existe una situación que sea totalmente adecuada para el coaching o para la consultoría, en el caso de Jagdip Ahwal la necesidad básica es de **coaching**. Este tipo de situaciones son aquellas en las que los directivos deben dar recomendaciones e información o un conjunto de estándares a los subalternos. Deben aconsejarlos sobre cómo realizar mejor su trabajo y se les debe capacitar para lograr un mejor desempeño. Los problemas de coaching suelen tener su origen en la falta de habilidad, información o comprensión insuficientes, o incompetencia por parte de los individuos. En estos casos, es importante la precisión de la información que transmiten los directivos. La otra persona debe entender con claridad cuál es el problema y cómo superarlo. Los entrenadores deportivos son los principales ejemplos.

En el caso de Jagdip Ahwal, aceptó que sus subalternos le delegaran responsabilidades y no los dejaba resolver sus propios problemas. En el capítulo 2, "Manejo del estrés y el bienestar", aprendimos que delegar hacia puestos superiores es una de las principales causas de la mala administración del tiempo. Jagdip se saturó de trabajo al no dejarles claro que ellos debían darle sugerencias de soluciones en vez de problemas, y al intervenir de manera directa en los conflictos de los subalternos de sus subalternos. No permitía a los empleados hacer su trabajo.

En los casos en que la persona trata de resolver todos los problemas y hacer todo el trabajo, la productividad suele resultar afectada. Jagdip necesita recibir coaching sobre cómo evitar que los subalternos le

deleguen responsabilidades, y cómo delegar responsabilidad y autoridad de manera efectiva. En el capítulo 6, "Motivación de los demás", y en el capítulo 8, "Facultar e involucrar a otros", se incluyen algunos lineamientos para diagnosticar las razones del mal desempeño y para delegar con eficacia.

El caso de Betsy Christensen ejemplifica un problema de **consultoría**. Los directivos necesitan dar orientación a otras personas en vez de darles coaching cuando surgen problemas relacionados con las actitudes defensivas, la personalidad, u otros factores vinculados con las emociones. La competencia o las habilidades de Betsy no constituyen un problema; sin embargo, su resistencia a reconocer que existe un problema o que es necesario un cambio de su parte, requiere de la consultoría del directivo. Betsy está altamente calificada para su puesto, de manera que el coaching no sería un método útil. En vez de ello, una meta importante de la consultoría sería ayudar a Betsy a reconocer que existe un problema, que su actitud es muy importante y que hay formas en que podría resolverlo.

El coaching es adecuado para problemas de aptitud, y la estrategia del directivo sería: "Puedo ayudarle a hacer esto mejor". La consultoría es adecuada para problemas de actitud, y la estrategia del directivo sería: "Puedo ayudarle a reconocer que hay un problema".

Aunque muchos problemas implican tanto el coaching como la consultoría, es importante reconocer la diferencia entre las situaciones que requieren de uno y de otra, ya que una incompatibilidad entre el problema y el método de comunicación podría agravar, más que resolver, el problema. Brindar dirección o asesoría (coaching) en una situación de consultoría a menudo incrementa las actitudes defensivas o la resistencia al cambio.

Por ejemplo, asesorar a Betsy Christensen sobre cómo hacer su trabajo o acerca de lo que no debe hacer (como criticar el trabajo de sus compañeros) probablemente sólo aumentaría su actitud defensiva, puesto que ella no percibe la existencia de ese problema. De manera similar, la consultoría en una situación que demanda coaching simplemente elude el problema y no lo resolvería. Por ejemplo, Jagdip Ahwal sabe que existe un problema, pero no cómo resolverlo. Lo que necesita es coaching, no reconocer el problema.

Sin embargo, la pregunta prevalece: "¿De qué manera podría dar coaching o consultoría de manera eficaz a otra persona? ¿Qué directrices de comportamiento me servirían para desempeñarme de manera adecuada en estas situaciones?". Tanto el coaching como la consultoría se basan en el mismo conjunto de principios fundamentales de comunicación de apoyo que se mencionan en la tabla 4.1, que ahora examinaremos con mayor detalle.

Tabla 4.3	Los dos principales obstáculos para la comunicación interpersonal efectiva

La comunicación de apoyo genera sentimientos de apoyo, comprensión y utilidad. Ayuda a superar los dos principales obstáculos que resultan de una comunicación interpersonal deficiente:

Actitud defensiva

• Un individuo se siente amenazado o atacado como resultado de la comunicación.

• La autoprotección se vuelve prioritaria.

• La energía se consume en defenderse y no en escuchar.

• La agresión, el enojo, la competitividad y la evasión son reacciones comunes.

Desacreditación

• Un individuo se siente incompetente, indigno e insignificante como resultado de la comunicación.

• Los intentos de restablecer la autoestima se vuelven prioritarios.

• La energía se consume tratando de destacar la propia importancia y no en escuchar.

• El exhibicionismo, el comportamiento egocéntrico, el aislamiento y la pérdida de motivación son reacciones comunes.

ACTITUD DEFENSIVA Y DESACREDITACIÓN

Si no se siguen los principios de la comunicación de apoyo cuando se brinda coaching o consultoría a los subalternos, se originan dos grandes obstáculos que conducen a diferentes resultados negativos (Brownell, 1986; Burleson, 2009, Cupach y Spitzberg, 2007; Czech y Forward, 2010; Gibb, 1961). Estos dos obstáculos son la actitud defensiva y la desacreditación (ver tabla 4.3).

La **actitud defensiva** es un estado físico y emocional en el cual uno se siente intranquilo, molesto, confundido y dispuesto a atacar (Gordon, 1988). Surge cuando una de las partes se siente amenazada o castigada como resultado de la comunicación. Si siento que me están atacando, me defenderé. Para la persona, la autoprotección se vuelve más importante que escuchar, de manera que la actitud defensiva bloquea tanto el mensaje como la relación interpersonal. La energía se consume tratando de forjar una defensa y no en escuchar. La agresión, la ira, la competitividad o la evasión son reacciones comunes.

El segundo obstáculo, la **desacreditación**, ocurre cuando una de las partes comunicantes se siente criticada, ineficiente o insignificante como resultado de la comunicación. Considera que se está cuestionando su valía, así que se siente sin valor o sin relevancia. Se concentra más en establecer su valía personal y su propia importancia que en escuchar. A menudo los individuos reaccionan con sentimientos de grandeza o comportamientos

exhibicionistas; hay pérdida de la motivación, aislamiento y pérdida de respeto por el comunicador ofensivo.

Los ocho atributos de la comunicación de apoyo que explicaremos e ilustraremos en las siguientes páginas sirven como guías de comportamiento para superar las actitudes defensivas y la desacreditación en el *coaching* y la consultoría. También son guías para saber cómo plantear una retroalimentación negativa y dar mensajes críticos de forma tal que se desarrollen y fortalezcan las relaciones.

Principios de la comunicación de apoyo

1. LA COMUNICACIÓN DE APOYO SE BASA EN LA CONGRUENCIA Y NO EN LA INCONGRUENCIA

La mayoría de los investigadores y observadores coinciden en que las mejores comunicaciones interpersonales y las mejores relaciones se basan en la **congruencia**. Es decir, lo que se comunica de manera verbal y no verbal debe ajustarse perfectamente con lo que el individuo está pensando y sintiendo (Dyer, 1972; Hyman, 1989; Knapp y Vangelisti, 1996; Rogers, 1961; Schnake *et al.*, 1990). La congruencia implica ser honesto y auténtico; comunicar lo que uno desea comunicar.

Existen dos tipos de **incongruencia**. El primer tipo es la incompatibilidad entre lo que uno experimenta y aquello de lo que uno es consciente. Por ejemplo, un individuo podría no estar consciente de experimentar enojo u hostilidad hacia otra persona, aunque realmente lo esté sintiendo. En casos graves, los terapeutas deben ayudar a los individuos a lograr mayor congruencia entre experiencia y conciencia. Las personas reprimen su ira, tristeza y miedo profundamente enraizados.

Una segunda clase de incongruencia, más estrechamente relacionada con la comunicación de apoyo, es la incompatibilidad entre lo que uno piensa o siente y lo que comunica. Por ejemplo, un individuo podría estar consciente de un sentimiento de enojo, pero negar su existencia. A veces las personas se sienten culpables de sus pensamientos o sentimientos, ya que los consideran inapropiados o incorrectos.

Cuando se entablan relaciones interpersonales, y cuando se imparte coaching y consultoría a otras personas, las expresiones genuinas, honestas y auténticas siempre son mejores que las expresiones artificiales o deshonestas. Las personas que esconden sus verdaderos sentimientos u opiniones, o las que no expresan lo que piensan, crean la impresión de que existe un plan oculto. Sus interlocutores sienten que hay algo que no se dice, o que hay una opinión o un pensamiento que no se expresa. Por lo tanto, confían menos en el comunicador y se dedican a tratar de descubrir cuál es el mensaje oculto, en vez de dedicarse a escuchar o a tratar de mejorar la relación. Ésta se vuelve superficial y en ella prevalece la desconfianza. Así que, a menos que la comunicación sea genuina, abierta y respetuosa, y también sea percibida como tal, pueden surgir falsas impresiones y conflictos de comunicación. La congruencia es un prerrequisito para la confianza y la confianza es el núcleo de las relaciones positivas.

Carl Rogers (1961) sugirió que la congruencia en la comunicación radica en "una ley general de las relaciones interpersonales". Después de 40 años de dar tratamiento clínico a los problemas psicológicos de sus pacientes, Rogers concluyó que esta ley era la clave fundamental de las relaciones interpersonales positivas. En concreto, cuando las personas tienen congruencia entre comunicación, experiencia y conciencia, sus relaciones interpersonales tienden a caracterizarse por una mayor confianza, mejor entendimiento y ajuste psicológico y mayores niveles de satisfacción en la relación. Por el contrario, cuando se presenta una incongruencia, la precisión de la comunicación y la satisfacción se deterioran, surgen malentendidos con mayor frecuencia, la relación se vuelve insatisfactoria y el ajuste psicológico es deficiente.

La congruencia también se refiere a la correspondencia entre el contenido de las palabras expresadas y el comportamiento y el tono de voz del comunicador. "Qué bonito día" podría significar lo opuesto si se murmura de manera sarcástica. "Estoy aquí sólo para ayudar" podría significar lo contrario si no se dice con sinceridad.

Desde luego, el esfuerzo por lograr la congruencia, ser honestos y abiertos o demostrar autenticidad no significa que debamos estallar de inmediato cuando nos sentimos molestos, o que no podamos reprimir ciertos sentimientos o emociones inadecuados (por ejemplo, la ira, la decepción o la agresión). También deben practicarse otros principios de la comunicación de apoyo, y no es conveniente lograr la congruencia a costa de cualquier otra consideración.

Por otro lado, en las interacciones problemáticas, cuando es necesario dar retroalimentación reactiva o cuando se corrigen comportamientos, los individuos son más proclives a expresar muy poca congruencia. Esto se debe a que tienen miedo de responder de una forma completamente honesta o no están seguras de cómo comunicarse en forma congruente sin ofender. Por lo general, la cuestión es que no saben *cómo* ser congruentes. Desde luego, decir de manera exacta lo que se siente en ocasiones podría ofender a la otra persona.

Considere el problema de un individuo que no está desempeñándose a la altura de las expectativas y que muestra una actitud indiferente aun después de haberle dado indicios de que la reputación de la empresa se está viendo afectada de manera negativa. ¿Qué se podría decir para fortalecer la relación con ese individuo y, al mismo tiempo, resolver el problema? ¿De qué manera sería posible expresar opiniones y sentimientos honestos sin juzgarlo? ¿Cómo ser honesto sin ofender a la otra persona?

Esto es todavía más difícil cuando uno considera la manera de responder con apoyo a alguien que siempre tiene mal aliento o que tiene malos modales al comer. Cuanto más personal o sensible sea la retroalimentación, es más difícil ser completamente congruente. Aquí es donde se deben poner en práctica más de un principio de comunicación de apoyo.

2. LA COMUNICACIÓN DE APOYO ES DESCRIPTIVA, NO EVALUATIVA

Es muy difícil ejercer la congruencia sin otras herramientas; es decir, si no utiliza otras reglas para la comunicación de apoyo probablemente no logrará sus objetivos. Si un amigo le pregunta "¿Cómo lo hice?", y en realidad no lo hizo muy bien, es difícil saber cómo responder con honestidad sin ser ofensivo. Nos preocupa lastimar los sentimientos de otras personas, así que la clave es separar la comunicación descriptiva de la comunicación evaluativa (Czech y Forward, 2013; Harvey y Harris, 2010).

La **comunicación evaluativa** hace un juicio o asigna una etiqueta a los individuos o a su comportamiento:

"Estás haciéndolo mal", "Eres un incompetente" o "Lo echaste a perder". Este tipo de evaluación por lo general provoca que los individuos se sientan atacados o denigrados y, en consecuencia, que respondan a la defensiva. Ven al comunicador como un juez. Ejemplos de respuestas probables son: "Yo *no* lo estoy haciendo mal", "Soy más capaz que *usted*" o "También podría dejarlo". Las discusiones, los resentimientos y la retirada emocional llevan a un deterioro de la relación interpersonal.

Hay una mayor tendencia a evaluar a otros cuando se trata de un tema con carga emocional o cuando el individuo se siente agredido a nivel personal. Por ejemplo, es más amenazador dar mensajes negativos cuando el otro puede resultar emocionalmente herido, como cuando se comenta sobre una cuestión delicada o personalmente importante. En ocasiones, la gente trata de resolver sus propios sentimientos negativos o ansiedades al etiquetar a los demás: "Eres un tonto" implica afirmar "por lo tanto, yo soy inteligente, y eso me hace sentir mejor". O podrían surgir sentimientos tan intensos que quizá se desee castigar a la otra persona por no cumplir con las expectativas o los estándares: "Lo que has hecho merece un castigo. Te lo ganaste". Muchas veces, las evaluaciones ocurren simplemente porque la persona no tiene otra alternativa en mente. No sabe cómo ser congruente sin criticar o evaluar a la otra persona.

Uno de los problemas de la comunicación evaluativa es su tendencia a perpetuarse. Por lo general, asignar una etiqueta a un individuo provoca que él le asigne una a usted, lo cual, a la vez, hará que usted se ponga a la defensiva.

No es difícil ver por qué no se da una comunicación efectiva cuando ambas partes están a la defensiva. Tanto la precisión de la comunicación como la calidad de la relación se debilitan, y sobrevienen las discusiones.

Una alternativa para la evaluación es la **comunicación descriptiva**. Como es difícil evitar evaluar a otra persona cuando no se cuenta con alguna estrategia alternativa, la comunicación descriptiva está diseñada para reducir la tendencia a evaluar o a perpetuar una interacción defensiva; permite ser congruente y auténtico, así como brindar apoyo. La comunicación descriptiva comprende tres pasos, los cuales se resumen en la tabla 4.4.

En primer lugar, *describa objetivamente su observación del suceso o el comportamiento que usted piensa que debe modificarse*. Hable de la manera más objetiva y desapasionada posible acerca de *lo que* ocurrió y no de la persona implicada. Identifique los elementos del comportamiento que alguien más pueda confirmar. El comportamiento se debe comparar con estándares aceptados, más que con opiniones o preferencias personales. Se deben evitar impresiones o atribuciones subjetivas de los motivos de la otra persona. El enunciado "Este mes has terminado menos proyectos que nadie en la división" o "Me di cuenta que hiciste varios comentarios en contra de la propuesta de JR" podría confirmarse mediante un registro objetivo; se relacionan estrictamente con el comportamiento o con un estándar objetivo, no con los motivos o las características personales del individuo.

Es menos probable que la otra persona sienta que se le está tratando de manera injusta, puesto que no se utiliza una etiqueta evaluativa para su comportamiento

Tabla 4.4	Comunicación descriptiva

Paso 1: Describa de manera objetiva el suceso, el comportamiento o la circunstancia.

- Evite acusaciones.
- Presente datos o evidencias.

Ejemplo: Tres clientes se han quejado conmigo este mes de que no has respondido a sus peticiones.

Paso 2: Concéntrese en el comportamiento y en su reacción, no en los atributos de la otra persona.

- Describa sus reacciones y sentimientos.
- Describa las consecuencias objetivas que han resultado o que resultarán.

Ejemplo: Estoy preocupado porque los clientes han amenazado con irse a otra parte si no somos más eficientes.

Paso 3: Concéntrese en las soluciones.

- Evite discutir acerca de quién tiene la razón.
- Sugiera una alternativa aceptable.
- Esté abierto a otras alternativas.

Ejemplo: Necesitamos recuperar su confianza y mostrarles nuestro interés. Sugiero ofrecerles un análisis gratuito de sus sistemas.

o para ella. Describir el comportamiento, a diferencia de evaluarlo, es en cierta manera neutral.

En segundo lugar, *describa sus reacciones (o las de otros) ante el comportamiento o describa sus consecuencias*. En vez de proyectar en otra persona la causa del problema, concéntrese en las reacciones o consecuencias que genera el comportamiento. Esto requiere que esté consciente de sus propias reacciones y que sea capaz de describirlas. El mejor método suele consistir en utilizar descripciones de los sentimientos con una sola palabra: "Me preocupa nuestra productividad", "me frustra su nivel de logros", "me sentí muy incómodo". De manera similar, puede señalar las consecuencias del comportamiento: "Este mes disminuyeron las utilidades", "bajaron los niveles de calidad del departamento" o "tus comentarios hicieron que otros participantes dejaran de hablar".

La descripción de sentimientos o consecuencias también disminuye la probabilidad de una actitud defensiva, puesto que el problema está enmarcado en el contexto de sus sentimientos o de las consecuencias objetivas, no en los atributos de la otra persona. Si esos sentimientos o consecuencias se describen sin hacer acusaciones, el enfoque se centrará en la solución del problema y no en la defensa de las evaluaciones. Es decir, si *yo* estoy preocupado, *tú* tienes menos razón para estar a la defensiva.

En tercer lugar, *sugiera una alternativa más aceptable*. Esto centra la discusión en la alternativa sugerida y no en la persona. También sirve para que el otro no se sienta humillado o criticado, puesto que se separa al individuo del comportamiento. La autoestima se protege ya que lo que se debe modificar es el comportamiento (algo controlable) y no la persona, que no se puede modificar.

Por supuesto, se debe tener cuidado de no transmitir el mensaje "No me gusta cómo son las cosas, así que, *¿qué* vas a hacer tú para remediarlo?". El cambio no necesariamente es responsabilidad de una de las partes comunicantes, sino que debe hacerse hincapié en encontrar una solución que sea aceptable para ambas partes, no en decidir quién tiene la razón o quién debe cambiar y quién no. Por ejemplo, "Sugiero que determines qué se deberá hacer para completar seis proyectos más de los que hiciste el último mes", o "Me gustaría ayudarte a identificar qué es lo que obstaculiza el logro de un alto rendimiento" o "Quizá quieras hacer algunas preguntas para reunir información antes de tomar una decisión final".

Una preocupación que se expresa en algunas ocasiones respecto a la comunicación descriptiva es que estos pasos quizá no funcionen, a menos que la otra persona también conozca las reglas. Hemos escuchado a la gente decir que si ambas personas tienen conocimientos acerca de la comunicación de apoyo, ésta funciona; de otro

modo, la persona que no desea brindar apoyo podría poner en riesgo cualquier resultado positivo.

Por ejemplo, la otra persona puede decir "No me importa lo que sientas", "tengo una excusa para lo que ocurrió, así que no es mi culpa", o "qué mal que te moleste, pero no voy a cambiar". ¿Cómo reaccionaría ante estas respuestas? ¿Abandonaría los principios de la comunicación descriptiva y se volvería evaluativo y defensivo? ¿Se enredaría en la discusión: "Sí lo eres", "no lo soy", "sí lo eres", "no lo soy"?

Hay una alternativa. Esta falta de interés o la reacción defensiva se convierte entonces en el problema fundamental. El problema del bajo desempeño será muy difícil de solucionar en tanto que el problema interpersonal más importante entre los dos sujetos esté bloqueando el progreso. En efecto, el enfoque debe cambiar del *coaching* a la consultoría, de concentrarse en la aptitud a enfocarse en la actitud. Si dos individuos no pueden trabajar de manera conjunta en el problema, no habrá ninguna comunicación productiva acerca de las consecuencias de un mal desempeño. En vez de ello, la comunicación debe concentrarse en la falta de interés por la relación o en los obstáculos que inhiben el trabajo conjunto para mejorar el desempeño. El hecho de mantenerse centrado en el problema, permanecer congruente y usar un lenguaje descriptivo se vuelve crucial.

Por consiguiente, no abandone los tres pasos; simplemente cambie el enfoque. Podría responder: "Me sorprende oírte decir que no te importa cómo me siento respecto a este problema (paso 1). Tu respuesta me preocupa, y pienso que podría tener implicaciones relevantes para la productividad de nuestro equipo (paso 2). Sugiero que dediquemos tiempo a tratar de identificar los obstáculos que, en tu opinión, podrían estar inhibiendo nuestra capacidad para trabajar juntos en este problema (paso 3)". O "Sugiero que pidamos a una tercera parte que nos ayude a poner nuestras diferencias en perspectiva".

Según nuestra experiencia, algunos individuos se muestran totalmente renuentes a mejorar, y otros se niegan por completo a trabajar en la solución del problema cuando creen que el comunicador tiene sus propios intereses. Sin embargo, la mayoría de las personas desean tener éxito en su desempeño, formar parte de un equipo productivo y satisfactorio, y ser colaboradores. Cuando las personas emplean los principios de comunicación de apoyo, no como herramientas de manipulación, sino como técnicas genuinas para fomentar el desarrollo y la mejora, es raro que la gente no acepte esas expresiones genuinas, auténticas y congruentes. Esto se aplica a todas las culturas del planeta.

Sin embargo, es importante recordar que los pasos de la comunicación descriptiva no implican que el cambio sea responsabilidad de una sola persona. Con frecuencia se debe alcanzar un punto intermedio en el que ambos individuos estén satisfechos (por ejemplo, una persona se vuelve más tolerante al trabajo pausado y la otra se vuelve más consciente de que debe tratar de trabajar con mayor rapidez). Es importante hacer un seguimiento de este tipo de sesiones de interacción con discusiones para vigilar y aclarar lo que se escuchó, cuáles fueron las reacciones y si hay algún progreso. Por ejemplo, los problemas de desempeño de un individuo podrían deberse a los malos hábitos de trabajo desarrollados a lo largo del tiempo. No es probable que tales hábitos cambien de forma abrupta, incluso si las sesiones de coaching marchan muy bien. Además, es importante asegurarse de que el mensaje o su intención no se malinterpreten después del hecho. Un paso crucial del seguimiento consiste en reforzar un sentimiento de interés y una preocupación genuinos.

Por supuesto que a veces es necesario hacer afirmaciones evaluativas, las cuales deben realizarse en términos de ciertos criterios o estándares establecidos (por ejemplo, "Tu comportamiento no concuerda con el estándar prescrito"), de algunos resultados probables (por ejemplo, "Seguir con tu comportamiento originará peores consecuencias") o de algunos éxitos del individuo (por ejemplo, "Este comportamiento no es tan bueno como tu comportamiento pasado"). Lo importante es evitar desacreditar a la otra persona o generar una actitud defensiva.

3. LA COMUNICACIÓN DE APOYO ESTÁ ORIENTADA AL PROBLEMA, NO A LA PERSONA

La comunicación orientada al problema se concentra en los problemas y en las soluciones más que en los atributos personales. La comunicación orientada hacia la persona se centra en las características del individuo, no en el suceso. La afirmación "Éste es el problema", en vez de "Tú eres el problema" ilustra la diferencia entre esas dos orientaciones. La comunicación orientada hacia el problema es útil aunque requiera de valoraciones personales, pues se concentra en comportamientos y acontecimientos. La comunicación orientada hacia la persona, por otra parte, muchas veces se enfoca en atributos personales que rara vez pueden modificarse o controlarse, y puede transmitir el mensaje de que el individuo no es apto.

Aseveraciones tales como "Eres dictatorial" y "Eres insensible" describen a la persona, en tanto que "Me ignoraron en la toma de decisiones" y "Dos personas vinieron a quejarse conmigo sobre el tono de la reunión" describen problemas. Atribuir culpas se orienta a la persona ("Es porque quieres tener control sobre los demás"), en tanto que describir comportamientos explícitos se orienta hacia el problema ("Hiciste varios comentarios sarcásticos en la reunión de hoy").

Uno de los problemas de la comunicación orientada a la persona es que, aunque la mayoría de la gente es capaz de modificar su comportamiento, pocos pueden cambiar su personalidad. Como por lo general nada puede hacerse para ajustar la comunicación orientada a la persona, este tipo de comunicación conduce a un deterioro en la relación más que a una solución del problema.

Los mensajes orientados a la persona a menudo tratan de persuadir al otro individuo de que "Así es como te deberías sentir" o "Ésta es la clase de persona que eres" (por ejemplo, "Eres un director incompetente, un empleado perezoso o un compañero de trabajo insensible"). Sin embargo, puesto que la mayoría de los individuos se aceptan a sí mismos como son, su reacción más común ante la comunicación orientada a la persona es defenderse de ésta o rechazarla de manera categórica. Aun cuando la comunicación sea positiva (por ejemplo, "Eres una persona maravillosa"), podría considerarse poco confiable si no está relacionada con un logro o con un comportamiento (por ejemplo, "Pienso que eres una persona estupenda por el excelente servicio que das a nuestra organización"). La ausencia de una referencia significativa es la debilidad principal de la comunicación orientada a la persona.

Al establecer relaciones de apoyo positivas, la comunicación orientada al problema también debe relacionarse con estándares o expectativas aceptados, más que con opiniones personales. Es más probable que las opiniones personales se interpreten como orientadas a la persona y que provoquen actitudes defensivas, que las aseveraciones en que el comportamiento se compara con un estándar o un desempeño aceptado. Por ejemplo, la afirmación "No me gusta cómo te vistes" expresa una opinión personal y, tal vez, provoque resistencia, especialmente si el que escucha no considera que las opiniones del comunicador sean más legítimas que las suyas. Por otro lado, la frase "Tu vestimenta no cumple con las normas de vestir de la empresa" o "En esta empresa se espera que todos usen corbata para trabajar" son comparaciones con estándares externos que tienen cierta legitimidad. Es menos probable que se originen sentimientos defensivos, puesto que las afirmaciones se dirigen al problema, no a la persona. Además, es más probable que otros individuos apoyen una afirmación basada en un estándar aceptado por la mayoría.

Los comunicadores de apoyo no tienen que evitar la expresión de sus opiniones o sentimientos personales acerca del comportamiento o de las actitudes de otros. Sin embargo, llegado el caso, deben recordar los siguientes principios adicionales.

4. LA COMUNICACIÓN DE APOYO VALIDA EN VEZ DE INVALIDAR A LAS PERSONAS

La **comunicación de validación** sirve para que las personas se sientan reconocidas, comprendidas, aceptadas y valoradas. La comunicación que **invalida** genera sentimientos negativos relacionados con la valía personal, la identidad y las relaciones con los demás. Niega la presencia, la singularidad o la importancia de otros individuos (Ellis, 2004; Waller, Corstorphine y Mountford, 2007). La observación de Barnlund (1968) de hace más de un cuarto de siglo es ahora más verdadera:

> *A menudo las personas no se toman el tiempo, no escuchan, no tratan de entender, sino que interrumpen, anticipan, critican o desdeñan lo que se dice; sus propios comentarios con frecuencia son vagos, incongruentes, poco concisos, falaces o dogmáticos. Como resultado, las personas muchas veces terminan la conversación sintiéndose más inadecuadas, más incomprendidas y más enajenadas que cuando comenzaron. (p. 618).*

La comunicación invalida cuando niega a la otra persona la oportunidad de entablar una conexión mutuamente satisfactoria o cuando ninguna de las partes logra hacer contribuciones. Cuando no se permite al otro terminar una oración, se adopta una postura competitiva de ganar o perder, se envían mensajes confusos o se descalifica a la otra persona por su contribución, la comunicación invalida. Se puede invalidar a las personas de cuatro formas principales: superioridad, rigidez, indiferencia e insensibilidad (Brownell, 1986; Cupach y Spitzberg, 1994; Sieburg, 1978; Steil *et al.*, 1983).

La comunicación orientada hacia la superioridad da la impresión de que el comunicador está informado y los demás son ignorantes, de que es oportuno y los demás no lo son, de que es competente y los demás sin incompetentes; o de que es poderoso, en tanto que los demás no lo son. Crea una barrera entre el comunicador y aquellos a quienes se envía el mensaje. La **comunicación orientada hacia la superioridad** puede tomar la forma de crítica, en la que los otros se ven tan mal que el comunicador se ve bien. O podría adoptar la forma de "competitividad", cuando el comunicador trata de elevarse a sí mismo en la estima de los demás. Una forma de competitividad es el ocultamiento de información, tanto de manera jactanciosa ("Si supieras lo que yo sé, te sentirías diferente") como mesurada, para tratar de que la gente se sienta confundida ("Si me hubieras preguntado, te habría dicho cómo evitar el error"). La jactancia casi siempre hace que los demás se

sientan incómodos, principalmente porque su intención es comunicar superioridad.

Otra forma común de comunicación orientada hacia la superioridad es el uso de lenguaje especializado, de acrónimos o de palabras para excluir a los demás o para crear barreras en una relación. Los médicos, los abogados, los empleados gubernamentales y muchos profesionistas son bien conocidos por el uso de jerga o de acrónimos, diseñados para excluir a los demás o para elevarse a sí mismos en vez de hacer más claro un mensaje. Hablar en un idioma en presencia de quienes no lo entienden también podría tener el objetivo de crear una imagen de exclusividad o superioridad. En la mayoría de los casos, el uso de palabras o de un idioma que el interlocutor no comprende es una falta de cortesía porque invalida a la otra persona.

La **comunicación rígida** es el segundo tipo principal de invalidación: la comunicación se presenta como absoluta, inequívoca o incuestionable. Ningún otro punto de vista u opinión podría tomarse en cuenta. Los individuos que se comunican en formas dogmáticas dando la imagen de un sabelotodo, muchas veces lo hacen con la finalidad de minimizar las contribuciones de los demás o para invalidar sus perspectivas.

No obstante, es posible comunicarse de manera rígida sin ser dogmáticos. La rigidez también se comunica mediante las siguientes formas:

❑ Reinterpretar todos los demás puntos de vista para que se adapten al propio.

❑ Nunca decir "No sé", sino tener una respuesta para todo.

❑ Parecer renuente a tolerar críticas o puntos de vista alternativos.

❑ Reducir temas complejos a definiciones o generalizaciones simplistas.

❑ Colocar signos de exclamación a las afirmaciones para crear la impresión de que esa expresión es la última palabra y la idea principal, o bien, para descalificarla.

❑ Resistencia a recibir retroalimentación personal.

La **indiferencia** se comunica cuando no se reconoce la existencia o la importancia de la otra persona. Esto podría hacerse mediante el silencio, al no emitir una respuesta verbal ante las aseveraciones del otro, al evitar el contacto visual o cualquier expresión facial, al interrumpir al otro en repetidas ocasiones, al usar palabras impersonales ("Uno no debe" en vez de "Tú no debes") o al realizar otras actividades durante una conversación.

Parecería que no se siente interés por la otra persona y se da la impresión de ser insensible a sus sentimientos o perspectivas. Ser indiferente implica excluir a los demás, tratarlos como si ni siquiera estuvieran presentes.

La **insensibilidad** implica que el comunicador no reconoce los sentimientos o las opiniones de los demás. Los considera ilegítimos ("No deberías sentirte de esa manera" o "Tu opinión es incorrecta") o los califica como ignorantes ("Tú no entiendes", "No estás bien informado" o, peor aún, "Tu pensamiento es simplista"). Ser insensible significa ignorar o restar importancia a los sentimientos o pensamientos de los demás. Sirve para excluir la contribución de la otra persona en la conversación o en la relación, y provoca que el otro sienta que no tiene autoridad o que carece de importancia.

La invalidación es más destructiva en las relaciones interpersonales que la crítica o el desacuerdo, ya que éstos validan a la otra persona mediante el reconocimiento de que lo que dice o hace es digno de corrección, respuesta o advertencia. Como planteó William James (1965), "no se puede diseñar un castigo más perverso, si eso fuera físicamente posible, que aquel en el que uno pudiera volverse translúcido en una sociedad y pasar absolutamente inadvertido para todos los miembros de ésta".

Por otra parte, la comunicación de validación provoca que los individuos se sientan reconocidos, comprendidos, aceptados y valorados. Posee cuatro atributos: es *igualitaria, flexible, bilateral y se basa en el acuerdo*.

La **comunicación respetuosa e igualitaria** (lo contrario a la comunicación orientada hacia la superioridad) es especialmente importante cuando una persona con un estatus más elevado interactúa con otra de un estatus más bajo. Por ejemplo, cuando existe una diferencia jerárquica entre los individuos, es fácil que los subalternos se sientan nulificados, puesto que tienen acceso a menos poder e información que sus directivos. Los comunicadores que brindan apoyo, en cambio, ayudan a que sus subalternos sientan que tienen interés en identificar y resolver los problemas al comunicarse con ellos en una actitud igualitaria. Tratan a sus subalternos como seres valiosos, competentes e introspectivos, y hacen hincapié en la solución conjunta de problemas en vez de proyectar una actitud de superioridad. Esto lo logran con el simple hecho de solicitar opiniones, sugerencias e ideas. No obstante, incluso si no existen diferencias jerárquicas, es importante comunicarse con respeto y con una actitud igualitaria. Por ejemplo, cuando se comunican personas de diferentes nacionalidades, grupos étnicos o géneros, algunas de ellas casi siempre tienden a sentirse excluidas o inferiores. En tales circunstancias, las afirmaciones igualitarias e incluyentes son especialmente importantes para fomentar las relaciones de apoyo.

La **comunicación flexible** es la disposición del individuo para comunicar la idea de que el otro posee datos y alternativas adicionales que podrían contribuir tanto a la solución del problema como a la relación; simplemente implica ser receptivo ante los demás, comunicar humildad genuina —no autodegradación ni debilidad— y manifestar la disponibilidad para aprender o estar abierto a nuevas experiencias. Esto implica mantenerse abierto a nuevas introspecciones. Como señaló Benjamin Disraeli: "ser consciente de que se es ignorante es el primer gran paso hacia el conocimiento".

Las percepciones y opiniones no se presentan como hechos en la comunicación flexible, sino que se plantean de manera provisional. No se exige la verdad absoluta de las opiniones o suposiciones, "Quizá me equivoque, pero… "es flexible; "Tengo razón" es inflexible. En vez de ello, se consideran modificables en caso de que se disponga de más datos. La comunicación flexible transmite la disposición a participar en una solución conjunta de problemas en vez de controlar a la otra persona o de asumir el papel de maestro. Sin embargo, ser flexible no es sinónimo de ser débil. Decir "Oh, no puedo decidirme" es indicador de falta de carácter, en tanto que decir "Tengo mis propias opiniones, pero ¿tú que piensas?" sugiere flexibilidad.

La **comunicación bidireccional** es un resultado implícito del respeto y la flexibilidad. Los individuos se sienten valiosos cuando les hacen preguntas, cuando se les da "espacio" para expresar sus opiniones y cuando se les anima a participar de manera activa en la relación interpersonal. El intercambio bidireccional comunica el mensaje de que la otra persona es valorada, lo cual es un prerrequisito para la colaboración y el trabajo en equipo (ver capítulo 9, "Formación de equipos efectivos y trabajo en equipo").

La comunicación de una persona valida a otra cuando *identifica áreas de acuerdo* y de compromiso conjunto. Una forma de expresar la validación basada en acuerdos consiste en identificar comportamientos, actitudes y consecuencias positivas. Casi todos los modelos de negociación, formación de equipos y resolución de conflictos recomiendan encontrar áreas de acuerdo en las que todos pueden coincidir. Los acuerdos permiten el progreso. De manera similar, el hecho de destacar factores positivos también genera energía positiva y la disposición al diálogo.

Algunos ejemplos incluyen señalar los aspectos importantes que destaca la otra persona antes que señalar los triviales, las áreas de acuerdo antes que las de desacuerdo, las ventajas de las aseveraciones de la otra persona antes que las desventajas, los cumplidos antes que las críticas y los siguientes pasos positivos antes que los errores del pasado. Lo importante es que validar al otro ayuda a crear sentimientos de valía personal y de confianza en sí mismo que podrían traducirse en mayor motivación propia y un mejor desempeño; de esto resultan relaciones positivas. La invalidación, por otra parte, rara vez origina resultados positivos, aun cuando es una forma común de respuesta cuando la gente siente la necesidad de criticar o corregir algo.

5. LA COMUNICACIÓN DE APOYO ES ESPECÍFICA (ÚTIL), NO GENERAL (INÚTIL)

Las afirmaciones específicas brindan apoyo porque identifican algo que se puede entender y poner en práctica fácilmente. En general, cuanto más específica sea una afirmación, más efectiva será para incrementar la motivación. Por ejemplo, la expresión "Tienes problemas para administrar tu tiempo" es muy general para ser útil, en tanto que "Dedicaste una hora a programar reuniones cuando eso lo puede hacer tu asistente" brinda información específica que podría servir como base para un cambio de comportamiento. La afirmación: "Tu comunicación necesita mejorar" no es tan útil como esta otra más específica: "En este ejercicio de representación de roles utilizaste afirmaciones evaluativas 60 por ciento del tiempo y afirmaciones descriptivas 10 por ciento".

Las afirmaciones específicas evitan posiciones extremas y absolutas. Las siguientes aseveraciones son extremas o generales (e inútiles), y provocan una actitud defensiva o desacreditación:

A: "Nunca pides mi consejo".
B: "Sí, siempre te consulto antes de tomar una decisión".

A: "No tienes consideración por los sentimientos de los demás".
B: "Sí la tengo. Siempre soy considerado".

A: "Este trabajo es detestable".
B: "Estás equivocado. Es un trabajo estupendo".

Otro tipo de comunicación general está representado por las afirmaciones disyuntivas, como "O haces lo que quiero o te despediré" o "La vida es una aventura audaz o no es nada" (Hellen Keller) y "Si Estados Unidos no reduce su deuda nacional, nuestros niños nunca alcanzarán el estándar de vida que disfrutamos hoy".

El problema con las afirmaciones extremas y las disyuntivas es que niegan cualquier alternativa. Las posibles respuestas del receptor de la comunicación están severamente restringidas. Contradecir o negar la afirmación suele provocar una actitud defensiva y discusiones. Una declaración de Adolfo Hitler en 1933 ilustra este aspecto: "Todos en Alemania son nacionalsocialistas; los pocos que no pertenecen al partido son lunáticos o idiotas".

A un amigo nuestro le pidieron que prestara sus servicios como consultor de un comité laboral y de administración de una compañía. En el momento en que entró a la sala y se le presentó como profesor, el dirigente del sindicato declaró: "O se va él o me voy yo". ¿Qué haría usted en esta situación?

¿Cómo utilizaría la comunicación de apoyo cuando el dirigente del sindicato hace una declaración general que lo excluye a usted o cancela las negociaciones? La respuesta de nuestro amigo fue: "Espero que haya más alternativas que ésa. ¿Por qué no las examinamos?". Esta respuesta permitió que la comunicación continuara y brindó la posibilidad de que se estableciera una relación de apoyo.

Las afirmaciones específicas son más útiles en las relaciones interpersonales porque se concentran en los comportamientos e indican grados en las posiciones. Las formas más útiles en los casos anteriores son las siguientes:

A: "Tomaste una decisión ayer sin pedir mi consejo".
B: "Sí, lo hice. Aunque generalmente prefiero contar con tu opinión, no pensé que fuera necesaria en este caso".

A: "Al ser sarcástico en tu respuesta a mi petición, me diste la impresión de que no te importan mis sentimientos".
B: "Lo siento. Sé que a menudo soy sarcástico sin pensar en cómo afecta esto a los demás".

A: "La presión de las fechas límite afecta la calidad de mi trabajo".
B: "Puesto que las fechas límite son parte de nuestro trabajo, analicemos formas de controlar la presión".

Las afirmaciones específicas podrían ser inútiles si se enfocan en asuntos sobre los que la otra persona no tiene control. "Odio cuando llueve", por ejemplo, podría aliviar alguna frustración personal, pero no se puede hacer nada para cambiar el clima. De manera similar, comunicar el mensaje (aun de manera implícita) "El sonido de tu voz (o tu personalidad, tu peso, tus gustos, tu forma de ser, etcétera) me molesta" sólo resulta frustrante para los individuos que interactúan. Por lo general, una afirmación como ésta se interpreta como un ataque personal. La reacción probable será "¿Qué puedo hacer al respecto?", o "Ni siquiera entiendo a qué te refieres". La comunicación específica es útil en la medida en que se enfoca en un problema o comportamiento identificable respecto al cual se puede hacer algo (por ejemplo, "Me molesta cuando hablas tan fuerte en la biblioteca que no dejas que los demás se concentren").

Incluso cuando se elogia a otra persona, es mejor ser específico que ser global o general. Por ejemplo, dar retroalimentación positiva a alguien al decirle "eres una persona agradable" no es tan útil como describir un incidente o un comportamiento que generó esa impresión; por ejemplo, "siempre que te veo estás sonriendo, y muestras interés por mi trabajo". Aunque es agradable escuchar ambos comentarios, el específico es mucho más útil que el general.

6. LA COMUNICACIÓN DE APOYO ES CONJUNTIVA, NO DISYUNTIVA

La **comunicación conjuntiva** está unida de alguna manera a mensajes previos; fluye de manera suave. La **comunicación disyuntiva** está desconectada de lo que se dijo antes.

La comunicación se puede volver disyuntiva al menos en tres formas. Primero, podría haber falta de igualdad de oportunidades para hablar. Cuando una persona interrumpe a otra, cuando alguien acapara la conversación o cuando dos o más personas tratan de hablar al mismo tiempo, la comunicación es disyuntiva. No hay una transición fluida entre una afirmación y la siguiente.

En segundo lugar, las pausas largas son disyuntivas. Cuando los interlocutores hacen pausas largas a la mitad de sus discursos o cuando hay largas pausas antes de las respuestas, la comunicación es disyuntiva. No todas las pausas implican un silencio total; el espacio podría llenarse con "ummm", "aaah" o la repetición de algún asunto que se haya expresado con anterioridad; en ese caso, la comunicación no avanza.

En tercer lugar, el control del tema podría estar desarticulado. Cuando una persona decide de manera unilateral cuál será el siguiente tema de conversación (lo contrario de haberlo decidido de manera bilateral), la comunicación es disyuntiva. Por ejemplo, los individuos podrían intercambiar temas que no tengan relación con lo que se acaba de decir, o podrían controlar el tema de comunicación del otro al decir lo que éste debería responder. Sieburg (1969) encontró que más de 25 por ciento de las afirmaciones hechas en las discusiones de grupos pequeños no se relacionaban entre sí ni reconocían a los interlocutores anteriores o a sus declaraciones.

Estos tres factores —hablar por turnos, administración de los tiempos y control de los temas— contribuyen a lo que se llama **"manejo de la interacción"**. En un estudio empírico acerca de las habilidades de comunicación percibidas, Wiemann (1977, p. 104) encontró que "cuanto más fluido es el manejo de la interacción, más competente parecerá el comunicador". Los individuos que esperaron su turno, que no dominaron con pausas ni acapararon el tiempo, y que relacionaron lo que ellos dijeron con lo que los otros habían dicho antes fueron calificados como comunicadores competentes. De hecho, en su estudio experimental se concluyó que el manejo de la interacción era la determinante más poderosa de

las habilidades de comunicación percibidas. Los individuos que utilizaron la comunicación conjuntiva fueron calificados como mucho más competentes en la comunicación interpersonal que aquellos cuya comunicación era disyuntiva.

Se puede ser un comunicador conjuntivo al hacer preguntas basadas directamente en las afirmaciones anteriores, al esperar que una oración esté completa antes de comenzar a dar su respuesta (por ejemplo, no completar el enunciado de alguien más), y al decir sólo tres o cuatro oraciones en un mismo lapso antes de hacer una pausa para dar oportunidad al otro de agregar lo que desee. Todos hemos participado en interacciones en las que una persona habla y habla sin permitir que los demás hagan comentarios o participen en la conversación. La interacción, el intercambio y el dar y recibir son necesarios para que haya una comunicación de apoyo. La figura 4.2 ilustra el continuum de las afirmaciones conjuntivas y disyuntivas.

7. LA COMUNICACIÓN DE APOYO ES PROPIA, NO INDIRECTA

Responsabilizarse de las propias aseveraciones y admitir que la fuente de las ideas es uno mismo y no otra persona o grupo es la **comunicación propia** o **directa**. El uso de palabras en primera persona, como "yo", "mi", "mío", son algunos de sus indicadores. Los **mensajes sin autor** o **comunicación indirecta** se manifiestan por el uso de palabras en tercera persona o en primera persona del plural, como "pensamos", "dicen", "uno podría decir". La comunicación indirecta se atribuye a una persona, grupo o fuente externa desconocida (por ejemplo, "mucha gente piensa"). Quien habla evita responsabilizarse del mensaje y, por lo tanto, participar en la interacción. Esto podría transmitir el mensaje de que es distante, que tiene poco interés por el receptor o que no tiene suficiente confianza en las ideas que expresa como para asumir la responsabilidad de éstas. Tener una relación de confianza depende mucho de la comunicación directa.

Glasser (1965, 2000) basó su enfoque de la salud mental (terapia de realidad) en el concepto de responsabilizarse o reconocerse como autor de la comunicación y el comportamiento. Según Glasser, las personas con buena salud mental aceptan la responsabilidad de sus afirmaciones y comportamientos. Por el contrario, aquellas con una salud mental no saludable atribuyen a alguien o algo más lo que sienten o dicen (por ejemplo, "no tengo la culpa de mi mal humor, se debe a que mi compañero de cuarto estuvo toda la noche despierto oyendo música a todo volumen"). Uno de los resultados de la comunicación impropia o indirecta es que el receptor nunca está seguro de quién es el titular del punto de

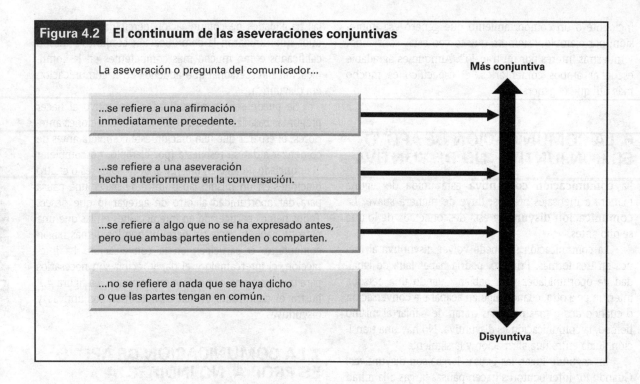

Figura 4.2   El continuum de las aseveraciones conjuntivas

La aseveración o pregunta del comunicador...

Más conjuntiva

...se refiere a una afirmación inmediatamente precedente.

...se refiere a una aseveración hecha anteriormente en la conversación.

...se refiere a algo que no se ha expresado antes, pero que ambas partes entienden o comparten.

...no se refiere a nada que se haya dicho o que las partes tengan en común.

Disyuntiva

vista que transmite el mensaje: "¿Cómo puedo responder si no sé a quién estoy contestando?". "Si no entiendo el mensaje, ¿a quién puedo preguntar, puesto que el mensaje representa el punto de vista de alguien más?".

Aún más, un mensaje implícito asociado con la comunicación indirecta es "Deseo mantener la distancia entre tú y yo". El emisor se comunica como un representante y no como un ser individual, como un transmisor del mensaje y no como un individuo interesado en la interacción. En contraste, la comunicación propia indica un deseo de participar en una relación y de actuar como un compañero o servir de ayuda.

Este último aspecto sugiere que cuando se actúa como coach o consejero se debe animar a los otros a responsabilizarse de sus afirmaciones. Esto se puede hacer por imitación, pero también pidiendo a la otra persona que replantee las aseveraciones impropias o indirectas, como en la siguiente conversación:

> *SUBALTERNO: Todos dicen que mi trabajo está bien.*
> *DIRECTIVO: ¿Así que nadie, además de mí, ha expresado nunca insatisfacción con tu trabajo o sugerido de qué manera lo podrías mejorar?*
> *SUBALTERNO: Bueno…, Mark se quejó de que busco pretextos y que lo dejo solo limpiando.*
> *DIRECTIVO: ¿Su queja fue justa?*
> *SUBALTERNO: Sí, creo que sí.*
> *DIRECTIVO: ¿Por qué buscaste pretextos?*

> *SUBALTERNO: Tenía mucho trabajo rezagado, y sentí que tenía demasiadas cosas que hacer.*
> *DIRECTIVO: ¿Esto sucede a menudo, tu trabajo se rezaga y buscas excusas?*
> *SUBALTERNO: Más de lo que quisiera.*

Aquí, el directivo utilizó preguntas conjuntivas para guiar al subalterno evitando que se liberara de la responsabilidad y reconociera un comportamiento que podría estar afectando el desempeño de otros.

8. LA COMUNICACIÓN DE APOYO REQUIERE ESCUCHAR, NO UNA FORMA DE COMUNICACIÓN UNILATERAL

Los siete atributos anteriores de la comunicación de apoyo se enfocan en la transmisión del mensaje, donde usted inicia la comunicación. Sin embargo, otro aspecto de la comunicación de apoyo (es decir, *escuchar* y *responder* de manera eficaz a las aseveraciones de alguien más) es al menos tan importante como la transmisión de mensajes de apoyo (Bodie, St. Cyr, Pence, Rold y Honeycut, 2012; Imhof y Janusik, 2006; Johnston, Reed y Lawrence, 2011). Como afirman Maier, Solem y Maier (1973, p. 311): "En cualquier conversación, el participante que habla más es el que aprende menos acerca de la otra persona. Por tanto, el buen supervisor debe convertirse en un buen oyente".

Nichols (2009) descubrió que cuando las personas se van haciendo mayores, son menos efectivas escuchando. En un estudio acerca de las habilidades para escuchar, se registró que 90 por ciento de los estudiantes de primer y segundo grado sabían hacerlo de manera efectiva, frente a 44 por ciento de los estudiantes de secundaria y solo 28 por ciento de estudiantes de preparatoria. Kramer (1997) descubrió que el hecho de tener buenas habilidades para escuchar explica 40 por ciento de la varianza de un liderazgo eficaz. En una encuesta con directores de personal en 300 negocios e industrias, que se llevó a cabo para determinar cuáles habilidades eran las más importantes para convertirse en directivo, Crocker (1978) informó que la habilidad de escuchar obtuvo la puntuación más alta. De manera similar, los individuos considerados como los más "sabios", o que poseen el atributo de la sabiduría (y que, por tanto, son las personas a quienes más se busca para interactuar) son también los mejores oyentes (Kramer, 2000; Sternberg, 1990).

Sin embargo, a pesar de su importancia para el éxito en las actividades directivas, y a pesar de que la mayoría de las personas invierten al menos 45 por ciento de su tiempo de la comunicación en escuchar, la mayoría no ha desarrollado esa habilidad. Las pruebas revelan, por ejemplo, que los individuos tienen una eficacia de alrededor de 25 por ciento como oyentes, es decir, escuchan y entienden alrededor de una cuarta parte de lo que se les está diciendo (Bostrom, 1997; Huseman, Lahiff y Hatfield, 1976). Geddie (1999) informó que en una encuesta realizada en 15 países, la habilidad para comunicarse menos desarrollada era la de escuchar.

Los individuos no escuchan de manera eficaz cuando están preocupados por satisfacer sus propias necesidades (por ejemplo, evitar humillaciones, persuadir a alguien, ganar una discusión, evitar quedar implicado), cuando han realizado un juicio previo o cuando mantienen actitudes negativas hacia el emisor o el mensaje. Puesto que un individuo escucha un promedio de 500 palabras por minuto, pero habla a una tasa de sólo 125 a 250 por minuto, la mente del oyente puede vagar hacia otras cosas la mitad del tiempo. Por lo tanto, ser un buen oyente no es una labor fácil ni automática, pues requiere del desarrollo de la habilidad de oír y entender el mensaje que envía otra persona. Al mismo tiempo, hay que ayudar a fortalecer la relación entre las partes que interactúan.

Responder

La gente no sabe que se le escucha a menos que haya algún tipo de respuesta. Podría tratarse de un simple contacto visual y de respuestas no verbales como sonrisas, movimientos de cabeza y contacto visual. Sin embargo, cuando se debe brindar coaching y consultoría también hay que seleccionar con cuidado de un repertorio de respuestas verbales que aclaran la comunicación y fortalecen la relación interpersonal. El sello distintivo de una persona que es un escucha activo y brinda apoyo es su capacidad de responder adecuadamente a las aseveraciones de los demás (Bostrom, 1997).

La idoneidad de una respuesta depende, hasta cierto punto, de si el centro de la interacción es principalmente el coaching o la consultoría. Por supuesto, rara vez se pueden separar estas actividades plenamente: el coaching eficaz a menudo implica la consultoría y la consultoría eficaz en ocasiones implica al coaching. Además, escuchar con atención supone el uso de una variedad de respuestas. Sin embargo, algunas de ellas son más adecuadas en ciertas circunstancias que otras.

En la figura 4.3 se mencionan los cuatro tipos principales de respuestas y se organizan en un continuum, que va desde la más directiva y cerrada hasta la menos directiva y más abierta.

Las respuestas cerradas eliminan la discusión de temas y brindan dirección a los individuos; representan

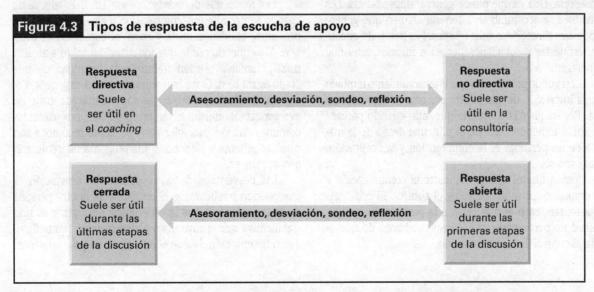

Figura 4.3 Tipos de respuesta de la escucha de apoyo

Respuesta directiva		Respuesta no directiva
Suele ser útil en el *coaching*	Asesoramiento, desviación, sondeo, reflexión	Suele ser útil en la consultoría
Respuesta cerrada		**Respuesta abierta**
Suele ser útil durante las últimas etapas de la discusión	Asesoramiento, desviación, sondeo, reflexión	Suele ser útil durante las primeras etapas de la discusión

métodos mediante los cuales el oyente puede controlar el tema de conversación. Las respuestas abiertas, por otro lado, permiten al emisor, y no al receptor, controlar el tema de conversación. Cada uno de estos tipos de respuesta tiene ciertas ventajas y desventajas, y ninguna es adecuada todo el tiempo o en cualquier circunstancia.

La mayoría de las personas tienen el hábito de confiar en exceso en uno o dos tipos de respuesta, que utilizan sin importar la circunstancia. Se ha descubierto que, en promedio, alrededor de 80 por ciento de las respuestas de la mayoría de las personas son evaluativas (Bostrom, 1997; Rogers, 1961). Sin embargo, la escucha de apoyo evita que la primera respuesta sea de evaluación y crítica; más bien, suele ser flexible en los tipos de contestación, al ajustar la respuestas a las circunstancias. A continuación se estudiarán los cuatro tipos principales de respuestas.

De asesoría

Suponga que alguien se le acerca y le dice "Tengo un problema con un amigo y no estoy seguro de qué hacer". Una **respuesta de asesoría** brinda dirección, evaluación, opinión personal o instrucciones. Tal respuesta impone en la otra persona su punto de vista y le da control sobre el tema de conversación.

Las ventajas de una respuesta de asesoría son que ayuda a la otra persona a entender algo que quizá no tenía claro, ayuda a identificar la solución de un problema y puede explicar cómo debería actuar o interpretar el problema. Es la más adecuada cuando el oyente tiene más experiencia que la otra persona o cuando ésta necesita dirección. La escucha de apoyo algunas veces implica que el oyente sea quien hable, pero esto suele ser adecuado sólo cuando se le solicita específicamente consejo o dirección. La mayoría de los oyentes tienden a recomendar y dirigir mucho más de lo necesario.

Hay cuatro desventajas posibles con las respuestas de asesoría. Una es que puede generar dependencia. Los individuos se acostumbran a tener a alguien que genere respuestas, dirección o aclaraciones. No tratan de encontrar respuestas y soluciones por ellos mismos, sino que los delegan.

Un segundo problema es que el asesoramiento también crea la impresión de que la otra persona no es comprendida. Rogers (1961) descubrió que, aun cuando parezca que están pidiendo consejo, el principal deseo de la mayoría de las personas es la comprensión y la aceptación, no el consejo.

Desean que el oyente comparta la comunicación y sea empático, pero no que tome el control. El problema del asesoramiento es que priva a la persona de la oportunidad de permanecer concentrada, además de que le quita el control de la conversación.

Un tercer problema del asesoramiento es que quien lo da tiende a concentrarse más en la legitimidad de la recomendación o en las soluciones que ofrece que en el hecho de escuchar de manera atenta. Cuando una persona tiene que dar consejo y dirección, tiende a enfocarse más en sus propias experiencias que en la experiencia del comunicador. Es difícil ser un buen oyente y un buen asesor al mismo tiempo.

Una cuarta desventaja potencial del asesoramiento es que podría hacer parecer que el comunicador no cuenta con la comprensión, la pericia, la introspección o la madurez necesarias para resolver su problema. El oyente puede dar la impresión de que piensa que necesita ayuda por su incompetencia.

Por consiguiente, cuando se le solicite una recomendación y ésta sea una respuesta apropiada, debe comunicarse como su opinión o experiencia, pero no como la única opción. Pregunte a la otra persona sobre su perspectiva o su reacción. Así, ella podrá aceptar o rechazar el consejo sin sentirse obligada a aceptarlo, ni pensar que le está rechazando a usted.

Desviación

Una **respuesta de desviación** desplaza el enfoque del problema del comunicador a uno seleccionado por el oyente. Los oyentes desvían la atención del problema o de la aseveración original. En esencia, cambian el tema o podrían sustituir su propia experiencia por la de la otra persona (por ejemplo, "Déjeme contarle algo parecido que me pasó") o introducir un tema totalmente nuevo (por ejemplo, "Esto me recuerda esa vez que…"). El oyente tal vez piense que a la persona no le queda claro el problema y que el uso de ejemplos o analogías resultará útil. O quizás piense que la persona necesita estar segura de que los demás han experimentado el mismo problema, y de que dispone de ese apoyo y comprensión.

Las respuestas de desviación son las más adecuadas cuando se necesita una comparación o algo de certeza; en ocasiones, brindan empatía y apoyo al comunicar el mensaje: "Te entiendo por lo que me sucedió a mí (o a alguien más)". También pueden transmitir la seguridad de que "todo estará bien. Otros han tenido la misma experiencia".

La desviación también es muy empleada para no avergonzar al emisor ni al receptor. Algunos ejemplos comunes cuando cualquier parte se siente incómoda son cambiar el tema y responder una pregunta diferente a la que se planteó.

Las desventajas de las respuestas de desviación es que pueden implicar que el problema de la otra persona no es importante o que la experiencia del oyente es más significativa que la suya. Esto podría generar competitividad o la sensación de que el oyente da un paso adelante.

La desviación podría interpretarse como "Mi experiencia es más valiosa para la discusión que la tuya". O simplemente podría cambiar el tema de algo que es importante y central para la otra persona a otro que no sea tan importante. ("Quiero hablar de algo que es importante para mí, pero cambiaste de tema para hablar de tu propia experiencia").

Las respuestas de desviación son las más efectivas cuando son conjuntivas, es decir, cuando están relacionadas de manera clara con lo que el comunicador acaba de decir, cuando la respuesta del oyente conduce directamente a las preocupaciones de la otra persona y cuando la razón para la desviación es clara. Esto es, la desviación produce resultados deseables si la otra persona se siente apoyada y comprendida, no invalidada por el cambio del tema.

Sondeo

Una **respuesta de sondeo** plantea una pregunta acerca de lo que la otra persona acaba de decir o del tema que ha comentado. La intención del sondeo es conseguir información adicional, ayudar a la otra persona a que hable más acerca del tema o ayudar al oyente a ser más empático y dar respuestas más adecuadas. Por ejemplo, una forma efectiva de evitar ser evaluador o crítico es seguir haciendo preguntas. Cuestionar ayuda al oyente a adoptar el marco de referencia de la persona, de tal manera que, en las situaciones de coaching, las sugerencias puedan ser específicas (no generales) y, en las situaciones de consultoría, las declaraciones puedan ser descriptivas (no evaluativas). Las preguntas tienden a llevar un tono más neutral que las declaraciones propias o directas.

Por ejemplo, un estudio sobre la comunicación en equipos de directivos de alto nivel reveló que los equipos con un alto desempeño mostraban un equilibrio entre la indagación (plantear preguntas o sondear) y el apoyo (declarar o defender una perspectiva), de manera que dedicaban la misma cantidad de tiempo y énfasis a cada elemento. Los equipos con un bajo desempeño estaban muy orientados al apoyo (es decir, a hablar y recomendar) y muy poco a la indagación y al sondeo (esto es, a preguntar) (Losada y Heaphy, 2004).

Sin embargo, cuestionar algunas veces puede tener el efecto negativo de desplazar el centro de atención de la aseveración de la persona a las razones que hay detrás de él. Las preguntas "¿Por qué piensas eso?", o "¿Por qué es un problema?" tal vez la presionen para que justifique un sentimiento o una percepción, en vez de sólo informar acerca de ello. De manera similar, las respuestas de sondeo podrían funcionar como un mecanismo para evitar la discusión de un tema o para dirigir el tema hacia lo que el receptor desea que se discuta (por ejemplo: "En vez de hablar de tus sentimientos por tu trabajo, dime por qué no

respondiste mi memorando"). Las respuestas de sondeo también podrían ocasionar que la persona pierda el control de la conversación, en especial cuando es necesario tratar temas difíciles (por ejemplo: "¿Por qué no te estás desempeñando conforme a tu potencial?" permite que surjan todo tipo de temas, algunos de los cuales tal vez no sean oportunos).

Se deben seguir dos consejos fundamentales para lograr que las respuestas de sondeo sean más eficaces. Uno es que las preguntas que interrogan por las causas (¿por qué...?) rara vez son tan efectivas como las que interrogan por las situaciones (¿qué...?). Las primeras suelen propiciar cambios en el tema, escapes y especulaciones, antes que información válida. Por ejemplo, la pregunta "¿Por qué te sientes así?" tal vez dé pie para aseveraciones fuera de lugar, como "Porque soy pelirrojo", "porque mi padre era alcohólico y mi madre me pegaba", o "porque la doctora Laura lo dijo". Éstos son ejemplos absurdos, pero ilustran lo ineficientes que podrían ser las preguntas de "por qué". Tal vez sea más fructífero preguntar "¿Qué quieres decir con eso?".

El segundo consejo es adecuar el sondeo a la situación. Existen cuatro tipos de sondeo útil. Cuando la aseveración de la persona no contiene suficiente información, o parte del mensaje no se entiende, se debe utilizar un **sondeo de ampliación** (por ejemplo, "¿Me podrías contar más acerca de eso?"). Cuando el mensaje es poco claro o ambiguo, es mejor un **sondeo de aclaración** (por ejemplo, "¿A qué te refieres con eso?"). Un **sondeo de repetición** funciona mejor cuando la persona está evadiendo un tema, no ha respondido a la pregunta anterior, o cuando una aseveración previa no es clara (por ejemplo, "Una vez más: ¿qué piensas de esto?"). Un **sondeo de reflexión** es más efectivo cuando se alienta al comunicador a continuar con el mismo tema, pero con mayor profundidad (por ejemplo, "¿Dijiste que te sientes desanimado?"). En la tabla 4.5 se resumen estas cuatro clases de preguntas o sondeos.

Las respuestas de sondeo son especialmente eficaces para convertir conversaciones hostiles o conflictivas en conversaciones de apoyo. El hecho de plantear preguntas a menudo convierte los ataques en consenso, las evaluaciones en descripciones, las aseveraciones generales en específicas, las afirmaciones indirectas en propias o las expresiones enfocadas en la persona en declaraciones centradas en el problema. En otras palabras, a menudo el sondeo se puede utilizar para ayudar a otros a utilizar la comunicación de apoyo cuando no se les ha capacitado para hacerlo.

Reflexión

El objetivo fundamental de la **respuesta reflexiva** es reflejar o repetir al comunicador el mensaje que se escuchó, y transmitir comprensión y aceptación de la persona.

APRENDIZAJE

Tabla 4.5	Cuatro tipos de respuestas de sondeo
TIPO DE SONDEO	**EXPLICACIÓN**
Sondeo de ampliación	Se utiliza cuando se necesita más información. ("¿Podrías contarme más acerca de eso?").
Sondeo de aclaración	Se utiliza cuando el mensaje es poco claro o ambiguo. ("¿Qué quieres decir con eso?").
Sondeo de repetición	Se utiliza cuando el tema cambia o cuando las aseveraciones son poco claras. ("Una vez más, ¿qué piensas acerca de eso?").
Sondeo de reflexión	Se utiliza para alentar más profundidad en el mismo tema. ("¿Dices que estás teniendo dificultades?").

Repetir el mensaje *en palabras diferentes* permite al emisor sentirse escuchado, entendido y libre para explorar el tema con mayor profundidad. La respuesta reflexiva implica parafrasear y aclarar el mensaje. En vez de sólo repetir la comunicación, los receptores que brindan apoyo también contribuyen a dar sentido, entendimiento y aceptación a la conversación, a la vez que permiten a la otra persona tratar los temas de su elección.

Athos y Gabarro (1978), Brownell (1986), Steil, Barker y Watson (1983), Wolvin y Coakley (1988) y otros autores argumentan que esta respuesta debería ser la más común en la comunicación de apoyo, y que debería dominar en las situaciones de coaching y consultoría. Esto conduce a una comunicación más clara, a la mayor cantidad de intercambios bidireccionales y a relaciones con mayores niveles de apoyo. Por ejemplo:

SUPERVISOR: Jerry, me gustaría que me contaras cualquier problema que hayas tenido con tu trabajo durante las últimas semanas.
SUBALTERNO: ¿No crees que deberían hacer algo con el sistema de aire acondicionado de la oficina? ¡Cada tarde esto se vuelve un horno! ¡Dijeron que lo iban a arreglar desde hace semanas!
SUPERVISOR: Parece que el retraso realmente te está empezando a enojar.
SUBALTERNO: ¡Claro que sí! Es terrible la forma en que el departamento de Mantenimiento está cometiendo equivocaciones en vez de hacerse responsables.
SUPERVISOR: Es frustrante... y desalentador.
SUBALTERNO: Así es y, por cierto, hay algo más que quiero decirte...

Una desventaja potencial en las respuestas reflexivas es que la persona puede sentir que el receptor no le entiende, no le escucha con atención o sólo está repitiendo lo que acaba de decir. Si pasa mucho tiempo escuchando los ecos de lo que acaba de decir, su respuesta podría ser: "Lo acabo de decir, ¿no me estás escuchando?". Las respuestas reflexivas, en otras palabras, podrían interpretarse como una "técnica" artificial o una respuesta superficial a un mensaje.

Por consiguiente, recuerde seguir las siguientes reglas cuando utilice las respuestas reflexivas:

1. Evite repetir la misma respuesta una y otra vez, como "Tú sientes que...", "¿Estás diciendo que...?" o "Lo que te escuché decir fue...".
2. Evite repetir las palabras del comunicador. En vez de ello, exprese en otros términos lo que acaba de escuchar, de una forma que sirva para asegurarse de que comprendió el mensaje y que su interlocutor sepa que usted le entendió.
3. Evite un intercambio en el cual usted no contribuya de manera equitativa a la conversación, es decir, evite que sólo se trate de una imitación. (Puede utilizar respuestas comprensivas o reflexivas y seguir asumiendo la misma responsabilidad por la profundidad y el significado de la comunicación).
4. Responda con enfoque personal en vez de manera impersonal. Responder a los individuos siempre es más importante que responder a las circunstancias o a los hechos.
5. Responda a los sentimientos expresados antes que responder al contenido. Cuando alguien expresa sentimientos, éstos son la parte más importante del mensaje. Si no se reconocen los sentimientos, podría obstaculizarse la habilidad para comunicarse de manera clara.
6. Responda con empatía y aceptación. Evite los extremos de la objetividad completa: por una parte, el desapego o el distanciamiento, y por la otra, un exceso de identificación (aceptar los sentimientos del otro como propios).

7. Evite expresar acuerdo o desacuerdo con las declaraciones. Utilice las respuestas para ayudar a la otra persona a explorar y analizar el problema. Más adelante podrá utilizar esta información para encontrar una solución.

La entrevista para la administración de personal

Los ocho atributos de la comunicación de apoyo no sólo son efectivos en el discurso normal y en las situaciones de resolución de conflictos, sino que también pueden aplicarse de manera más efectiva cuando las interacciones específicas con los subalternos se planean y se realizan con frecuencia. Una diferencia importante entre los directivos eficaces y los ineficaces es el grado en el que brindan a sus subordinados oportunidades para recibir retroalimentación habitual, para sentirse apoyados y alentados, y para recibir coaching y consultoría. No obstante, es difícil brindar estas oportunidades a causa de las enormes exigencias de tiempo que la mayoría de los directivos enfrentan. Muchos de ellos desean impartir coaching y consultoría, o capacitar y desarrollar a sus subalternos, pero simplemente nunca tienen tiempo. Por lo tanto, un mecanismo importante para aplicar la comunicación de apoyo y para brindar a los subalternos oportunidades de desarrollo y retroalimentación es la ejecución de **un programa de entrevistas para la administración de personal (EAP).**

Tal vez este programa sea la herramienta más utilizada por los directivos que asisten a los programas de educación que impartimos, cuando se comprometen a mejorar las relaciones con sus subalternos y los miembros de los equipos. Hemos recibido más retroalimentación acerca del éxito del programa EAP que de cualquier otra técnica de mejora de habilidades directivas que hayamos compartido. Se trata de una técnica sencilla y directa para poner en práctica la comunicación de apoyo y entablar relaciones positivas no sólo en organizaciones sino también en entornos familiares, grupos comunitarios, comunidades religiosas o equipos deportivos.

Un programa EAP es una reunión programada en forma habitual, individualizada, entre el directivo y sus subordinados. En un estudio del desempeño de los departamentos de trabajo y equipos permanentes en diferentes organizaciones, Boss (1983) encontró que la efectividad se incrementaba de manera significativa cuando los directivos llevaban a cabo reuniones privadas y habituales con los subalternos cada dos semanas o cada mes. En un estudio de organizaciones de salud que realizaban estas entrevistas individualizadas para la administración de personal y de otras que no las realizaban, se encontraron diferencias significativas en el desempeño organizacional,

en el desempeño y la satisfacción de los empleados, y en las puntuaciones en el manejo del estrés personal. Los centros que habían instituido un programa EAP tuvieron empleados con un rendimiento mucho mejor en todas las dimensiones de desempeño personal y organizacional. En la figura 4.4 se compara la efectividad del desempeño de los equipos y departamentos que pusieron en marcha el programa y aquellos que no lo hicieron.

Nuestra experiencia personal también coincide con los hallazgos empíricos. Hemos realizado entrevistas de administración de personal con individuos de los que somos responsables en una variedad de ambientes profesionales, comunitarios y religiosos. También hemos realizado estas sesiones con los miembros de nuestra familia en forma individual. Más que ser una imposición o un medio artificial de comunicación, estas sesiones (que se llevan a cabo de manera individual con cada niño o cada miembro de la unidad) han resultado increíblemente fructíferas. Como consecuencia, surgen lazos más estrechos, se comparten sentimientos e información de forma más abierta, y tanto nosotros como las personas que participan en los programas EAP esperamos las reuniones con gran entusiasmo.

El establecimiento de un programa EAP consta de dos pasos. En el primero se realiza una *sesión de negociación de roles*, en la cual se establecen las expectativas, las responsabilidades, los parámetros de evaluación, un informe de las relaciones, etc. De ser posible, esta reunión se lleva a cabo al inicio de la relación o cuando se decida llevar a cabo el EAP. Si esta reunión no se realiza, la mayoría de los individuos no tendrá una idea clara de qué se espera de ellos o sobre qué base se les evaluará. La mayoría de las personas tienen una idea clara de las responsabilidades de su trabajo por las descripciones formales de su puesto, pero las expectativas informales, las relaciones interpersonales, los valores y la cultura, y los procesos de evaluación por lo general no quedan muy claros. En una sesión de negociación de roles se trata esta incertidumbre.

El directivo y el subalterno negocian todos los temas relacionados con el trabajo que no estén regulados por las políticas o los reglamentos. Se lleva un registro escrito de los acuerdos y las responsabilidades que resulten de la reunión, para que sirva como contrato informal entre ambos. El objetivo de la sesión de negociación de roles es que ambas partes tengan muy claro lo que cada una espera de la otra, cuáles son las metas y los estándares, y cuáles son las reglas básicas de la relación. Puesto que esta negociación no se basa en el antagonismo, sino que busca generar apoyo y establecer una relación positiva, la interacción debe basarse siempre en los ocho principios de la comunicación de apoyo.

Cuando aplicamos el programa en la familia, estos acuerdos se centran en las tareas del hogar, la planeación

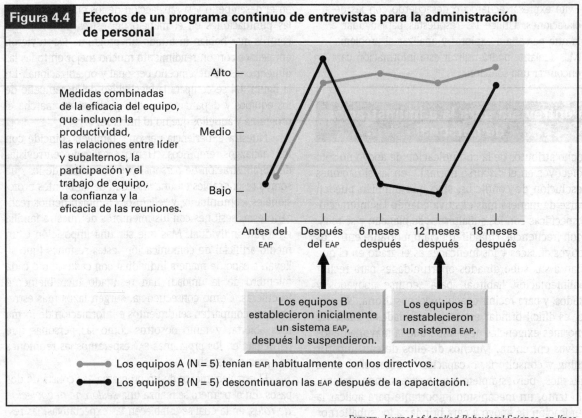

Figura 4.4 Efectos de un programa continuo de entrevistas para la administración de personal

Medidas combinadas de la eficacia del equipo, que incluyen la productividad, las relaciones entre líder y subalternos, la participación y el trabajo de equipo, la confianza y la eficacia de las reuniones.

Alto
Medio
Bajo

Antes del EAP | Después del EAP | 6 meses después | 12 meses después | 18 meses después

Los equipos B establecieron inicialmente un sistema EAP, después lo suspendieron.

Los equipos B restablecieron un sistema EAP.

━━●━━ Los equipos A (N = 5) tenían EAP habitualmente con los directivos.

━━●━━ Los equipos B (N = 5) descontinuaron las EAP después de la capacitación.

FUENTE: *Journal of Applied Behavioral Science*, en línea.

de las vacaciones, actividades de padres e hijos, reglas y valores familiares, etc. En resumen, esta sesión para la negociación de roles es simplemente una reunión para establecer las reglas básicas, dejar en claro las expectativas y especificar los estándares; brinda un fundamento para construir la relación y ayuda a fomentar un mejor desempeño tanto del directivo como del subalterno.

El segundo y más importante paso en un programa EAP es una serie de reuniones individuales continuas entre el directivo y cada uno de los subalternos. Estas reuniones son habituales (se realizan no sólo cuando surge una crisis o se comete un error) y privadas (los demás no las escuchan).

No se trata de una reunión del personal de un departamento, de una reunión familiar o de una reunión al final del día; la reunión debe ser individual. Nunca hemos visto que este programa funcione con menos de una reunión al mes, tanto en las organizaciones como en las familias. Muchas veces los directivos deciden realizarlas con mayor frecuencia, dependiendo del porcentaje de su trabajo y de las presiones de tiempo que enfrenten.

Estas reuniones brindan a ambas partes la oportunidad de comunicarse de manera libre, abierta y colaborativa. También ofrecen a los directivos la oportunidad de impartir coaching y consultoría a sus subalternos para ayudarlos a mejorar sus propias habilidades o su desempeño en el trabajo. Por lo tanto, cada reunión dura entre 45

y 60 minutos y se concentra en temas como los siguientes: (1) problemas administrativos y organizacionales; (2) compartir información; (3) asuntos interpersonales; (4) obstáculos para mejorar; (5) capacitación de habilidades administrativas; (6) necesidades individuales, (7) retroalimentación del desempeño laboral y de las habilidades personales, y (8) preocupaciones o problemas personales.

Esta reunión no es sólo un tiempo para sentarse y charlar, sino que tiene dos objetivos principales (y cruciales): alentar la mejora y fortalecer las relaciones. Si la reunión no produce una mejora, es que no se está realizando de manera correcta. Si las relaciones no se fortalecen con el tiempo, algo no está funcionando como debiera. La reunión siempre establece acciones que deben cumplirse antes de la siguiente reunión, algunas por parte del subalterno y otras por parte del directivo. El acuerdo sobre esas acciones se revisa al final de la reunión y nuevamente al inicio de la siguiente. Se asume la responsabilidad de mejorar.

No se trata de una reunión sólo para cumplir con el trámite. Si no hay acuerdos sobre las acciones específicas que se tomarán y la responsabilidad que se asumirá, la reunión podría ser una pérdida de tiempo para ambas partes; esto significa que las dos deben prepararse para la reunión y proponer temas para analizar. No es una sesión formal de evaluación convocada por el directivo, sino una sesión de desarrollo y mejora en la que tanto el directivo como el subalterno tienen interés. No sustituye a las sesiones formales de evaluación del desempeño, sino que las complementa. La finalidad de los programas EAP no es hacer evaluaciones o valoraciones del desempeño; más bien, brindan la oportunidad a los subalternos de reunirse con el directivo para resolver conflictos, reportar información, recibir coaching y consultoría, y mejorar el desempeño.

En consecuencia, ayudan a evitar interrupciones no programadas y reuniones grupales largas e ineficientes. En cada reunión se revisan los temas de acción de las reuniones anteriores, de manera que se fomenta la mejora continua. En otras palabras, las EAP se convierten en una actividad institucionalizada de mejora continua. También son fundamentales para fomentar la colaboración y el trabajo en equipo que se requieren en las organizaciones. En la tabla 4.6 se resumen las características del programa de entrevistas para la administración de personal.

La principal limitación para realizar estas sesiones de EAP es, desde luego, la falta de tiempo. La mayoría de la gente piensa que no puede incluir en su agenda un conjunto de sesiones individuales con cada uno de sus subordinados, hijos o miembros de su equipo. Sin embargo, en una investigación, Boss (1983) encontró que los equipos que instituyeron este programa obtuvieron diversos beneficios. No sólo incrementaron su efectividad, sino que también mejoraron la responsabilidad individual, la eficiencia de las reuniones de los departamentos y los flujos de comunicación. Los directivos descubrieron que lograban tener más tiempo discrecional, ya que el programa redujo las interrupciones, las reuniones no programadas, los errores y el tiempo necesario para resolver problemas. Además, los participantes definieron las reuniones como una experiencia exitosa en sí misma. Cuando tenía que comunicarse una corrección o retroalimentación negativa, y cuando se requería de coaching o consultoría (lo cual es normal en casi todas las relaciones entre directivos y subalternos en algún momento), la comunicación de apoyo ayudó a fortalecer las relaciones interpersonales al tiempo que se solucionaban los problemas y mejoraba el desempeño. En resumen, el hecho de dedicar tiempo a la interacción formal y estructurada entre directivos y subalternos, donde la comunicación de apoyo tiene un papel relevante, generó una mejora general en las organizaciones que pusieron en marcha el programa.

Tabla 4.6	Características de un programa de entrevistas de administración de personal

- La entrevista es habitual y privada.

- El principal objetivo de la reunión es la mejora continua del desempeño personal, interpersonal y organizacional, de manera que está orientada hacia la acción.

- Tanto el directivo como el subalterno preparan los temas planteados para la reunión. La reunión es para que ambos mejoren, no sólo para que el directivo realice una evaluación.

- Se permite tiempo suficiente para la interacción, por lo general, alrededor de una hora.

- Se utiliza comunicación de apoyo para lograr la solución conjunta de problemas y la mejora continua (tanto en el cumplimiento de actividades como en las relaciones interpersonales).

- El primer tema de la agenda es el seguimiento de las acciones acordadas en la reunión anterior.

- Los principales temas de la agenda para la reunión podrían ser:

  - Problemas directivos u organizacionales

  - Valores y visión organizacionales

  - Formas de compartir información

  - Asuntos interpersonales

  - Obstáculos para la mejora

  - Capacitación de habilidades administrativas

  - Necesidades individuales

  - Retroalimentación del desempeño laboral

  - Preocupaciones y problemas personales

- Las felicitaciones y los estímulos se entremezclan con la solución de problemas, pero se comunican con mayor frecuencia.

- Al final de la entrevista se revisan las acciones acordadas en la reunión.

Consideraciones internacionales

En otros capítulos señalamos la importancia de recordar que, en ocasiones, las diferencias culturales exigen la modificación de las habilidades que se analizan en este libro. Por ejemplo, en general, los directivos asiáticos son menos proclives a mostrarse abiertos en las etapas iniciales de una conversación y consideran a los directivos estadounidenses o latinos un poco impetuosos y agresivos, ya que éstos suelen mostrarse muy abiertos demasiado pronto. De manera similar, ciertos tipos de patrones de respuesta tienden a diferir entre las culturas; por ejemplo, las respuestas de desviación son más comunes en las culturas orientales que en las occidentales. Los patrones y las estructuras de lenguaje entre las culturas pueden ser sustancialmente diferentes y existen muchas evidencias de que los individuos son más eficaces a nivel interpersonal y manifiestan mayor inteligencia emocional cuando reconocen, valoran y aprovechan esas diferencias.

Por otro lado, aunque haya diferencias de estilo entre los individuos y entre las distintas culturas, existen ciertos principios que son fundamentales para una comunicación eficaz. La investigación sobre la comunicación interpersonal entre diferentes culturas y nacionalidades confirma que los ocho atributos de la comunicación de apoyo son efectivos en todas las culturas y nacionalidades (Gudykunst, TingToomey y Nishida, 1996; Triandis, 1994). Estos ocho factores tienen aplicación casi universal en la solución de problemas interpersonales.

Hemos utilizado el modelo de Trompenaars (1996, 1998) de la diversidad cultural para identificar diferencias fundamentales entre la gente que ha crecido en distintos contextos culturales. (En el capítulo 1 de este libro se presenta una explicación más detallada de estas dimensiones de valores).

Por ejemplo, existen diferencias entre una *orientación afectiva* y una *orientación neutral*. Las culturas afectivas (por ejemplo, Medio Oriente, Europa meridional, sur del Pacífico) tienden a dar respuestas más expresivas y personales que las culturas neutrales (como Asia Oriental, Escandinavia). Compartir datos personales y tocar temas delicados de manera rápida es cómodo para las personas de ciertas culturas, pero muy incómodo para otras. Por consiguiente, el momento oportuno y el ritmo de la comunicación variarán en las diversas culturas.

De manera similar, las culturas *particularistas* (como Corea, China e Indonesia) son más proclives a permitir que los individuos resuelvan sus problemas a su manera, en comparación con las culturas universalistas (como Noruega, Suecia y Estados Unidos), que prefieren un patrón o una estrategia común. Esto implica que las respuestas *reflexivas* son más comunes en las culturas particularistas, y que las respuestas de asesoría son más frecuentes en las culturas universalistas. Por ejemplo, cuando se supone que las personas tienen una gran autonomía individual, las respuestas de coaching (dirección, recomendación, corrección) son menos comunes que las de consultoría (empatía, sondeo, reflexión) en la solución de problemas interpersonales.

Sin embargo, las investigaciones de Trompenaars (1996), Gudykunst y TingToomey (1988) y otros señalan de manera clara que las diferencias entre culturas no son lo suficientemente grandes para negar o modificar de manera drástica los principios esbozados en este capítulo. A pesar de las diferencias en el contexto cultural de los individuos con los que usted interactúe, habilidades como centrarse en el problema, ser congruente y descriptivo, validar, ser específico, conjuntivo y responsable, y brindar apoyo al escuchar indican una competencia directiva que sirve para establecer relaciones interpersonales sólidas. La sensibilidad ante las diferencias y los estilos individuales es un prerrequisito importante para la comunicación efectiva.

Resumen

Las barreras más importantes para la comunicación efectiva en las organizaciones son interpersonales. En las dos últimas décadas se ha logrado gran progreso tecnológico para mejorar la fidelidad en la transmisión de mensajes en las organizaciones; sin embargo, los problemas de comunicación entre la gente aún persisten, sin importar sus relaciones o roles. Una razón principal de estos problemas es que gran parte de la comunicación no favorece una relación interpersonal positiva, sino que con frecuencia engendra desconfianza, hostilidad, actitudes defensivas, sentimientos de incompetencia y baja autoestima. Pregunte a cualquier directivo acerca de los problemas principales que enfrenta en su organización, y con toda seguridad los problemas de comunicación serán los más mencionados.

La comunicación disfuncional rara vez se relaciona con situaciones en las que se hacen elogios y felicitaciones, se otorgan bonos u ocurren otras interacciones positivas. La mayoría de los individuos no tienen dificultades para comunicarse de manera efectiva en situaciones positivas o de reconocimiento. Los patrones de comunicación más difíciles, y potencialmente más dañinos, son los que tienen más probabilidades de surgir cuando se da retroalimentación de un bajo desempeño, al decir "no" a una propuesta o petición, al resolver una diferencia de opinión entre dos personas, al corregir problemas de comportamiento, al recibir críticas, al dar retroalimentación que podría lastimar los sentimientos de los demás o al enfrentar otras interacciones negativas. Un directivo efectivo se caracteriza por manejar estas situaciones de tal manera que promueve el crecimiento interpersonal y genera relaciones positivas más firmes. El uso de la comunicación de apoyo, en vez de dañar una relación, la fomenta y fortalece, aun cuando se transmitan noticias negativas.

En este capítulo señalamos que los directivos efectivos (eficientes y eficaces) se adhieren a los principios de la comunicación de apoyo y, por lo tanto, garantizan una mayor claridad y entendimiento de los mensajes, al mismo tiempo que hacen sentir a las otras personas aceptadas, valoradas y apoyadas. Desde luego, es posible llegar a preocuparse demasiado por la técnica o por seguir una regla al tratar de incorporar estos principios y, de ese modo, anular la meta de brindar apoyo. Al enfocarse sólo en la técnica, en vez de en ser honesto y mostrar interés en la comunicación, uno puede volverse artificial, poco auténtico o incongruente. No obstante, si los principios se practican y se llevan a cabo de manera consciente en las interacciones cotidianas, se convierten en importantes herramientas para mejorar las habilidades de comunicación.

Guías de comportamiento

Las siguientes guías de comportamiento le ayudarán a practicar la comunicación de apoyo:

A. Diferencie entre situaciones de coaching, que requieren brindar recomendaciones y dirección para promover un cambio en el comportamiento, y las situaciones de consultoría en las que la comprensión y el reconocimiento del problema son los resultados deseables.

B. Comunique de manera congruente reconociendo sus verdaderos sentimientos y pensamientos; cerciórese de que sus aseveraciones concuerden con ellos y de comunicarlas de manera auténtica.

C. Al comunicarse de manera congruente evite generar respuestas de defensa o desacreditación. Para ello use las ocho reglas de la comunicación de apoyo.

D. Utilice expresiones descriptivas, no evaluativas. Describa de manera objetiva lo que ocurrió, sus reacciones a los sucesos y sus consecuencias objetivas, y sugiera alternativas aceptables.

E. Use expresiones orientadas al problema y no a la persona, es decir, concéntrese en referentes conductuales o características de los acontecimientos, no en los atributos de la persona.

F. Utilice expresiones de validación que reconozcan la importancia y la singularidad del otro. Comunique su interés en la relación demostrando su respeto por la otra persona, y manifieste su flexibilidad y humildad abriéndose a nuevas ideas o nueva información. Promueva intercambios bidireccionales en vez de dominar o interrumpir a su interlocutor. Identifique las áreas de acuerdo o las características positivas de la otra persona antes de señalar las áreas de desacuerdo o las características negativas.

G. Use expresiones específicas en vez de globales (disyuntivas "o bien o..."; o extremistas "blanco o negro") y, cuando se trate de corregir un comportamiento, enfóquese en las situaciones que estén bajo control de la otra persona y no en los factores que no se puedan cambiar.

H. Utilice afirmaciones conjuntivas que se refieran a lo que se dijo con anterioridad. Asegure la igualdad de oportunidades cuando hable con los demás participantes en la interacción. No haga pausas largas que agoten el tiempo. Sea cuidadoso de no controlar por completo el tema que se está discutiendo. Reconozca lo que los otros dijeron antes.

I. Haga propias sus aseveraciones y aliente a la otra persona a hacer lo mismo. Utilice términos personales ("yo") en vez de impersonales ("ellos").

J. Demuestre que es un escucha activo que apoya. Realice contacto visual y muestre sensibilidad de manera no verbal. Use diversas respuestas ante las aseveraciones de los demás, dependiendo de si está brindando coaching o consultoría. Prefiera las respuestas reflexivas.

K. Instaure un programa de entrevistas para la administración de personal con quienes estén bajo su responsabilidad, y utilice comunicación de apoyo para dar coaching y consultoría, fomentar el desarrollo personal y establecer relaciones positivas firmes.

CASOS QUE IMPLICAN EL ESTABLECIMIENTO DE RELACIONES POSITIVAS

Encuentre a alguien más

Ron Davis, el relativamente reciente director general del grupo de herramientas para maquinaria de Parker Manufacturing, se encontraba de visita en una de las plantas. Concertó una cita con Mike Leonard, el jefe de planta que se reportaba ante él.

RON: Mike, programé esta cita contigo porque he analizado los datos del desempeño y quiero darte alguna retroalimentación. Sé que no hemos platicado en persona antes, pero creo que es momento de que revisemos tu desempeño. Temo que algunas de las cosas que tengo que comentar no sean muy favorables.

MIKE: Bueno, ya que tú eres el nuevo jefe, supongo que tendré que escucharte. Ya he tenido antes reuniones como ésta con gente nueva que llega a mi planta y cree que sabe lo que sucede.

RON: Mira, Mike. Quiero que este sea un intercambio bidireccional. No estoy aquí para leerte una sentencia ni para decirte cómo hacer tu trabajo. Simplemente existen algunas áreas de mejora que deseo revisar.

MIKE: De acuerdo, claro. He escuchado eso antes. Pero tú convocaste a la reunión. Adelante y venga el regaño.

RON: Bien, Mike, no creo que esto sea un regaño. Sin embargo, hay varias cosas que debes escuchar. Una de ellas es lo que observé durante la visita a la planta. Creo que has intimado demasiado con parte de tu personal femenino. Tú sabes, alguna de ellas podría sentirse ofendida e interponer una demanda de acoso sexual contra ti.

MIKE: Oh, vamos. Nunca has estado en esta planta y no conoces las relaciones informales y amistosas que sostenemos. El personal de oficina y las mujeres del piso se sienten halagadas por un poco de atención ocasional.

RON: Tal vez, pero debes tener más cuidado. Quizá no seas tan sensible a lo que está sucediendo en realidad con ellas. Pero esto plantea otra cuestión que advertí: la apariencia de tu almacén. Tú sabes lo importante que es para Parker contar con un almacén ordenado y limpio. Cuando entré esta mañana, observé que no se encuentra tan arreglado y limpio como me gustaría verlo. El tener las cosas desordenadas habla mal de ti, Mike.

MIKE: Compararía mi planta con la de cualquiera en Parker en cuanto a limpieza. Quizá viste algunas herramientas fuera de lugar porque alguien acababa de utilizarlas, pero nos sentimos muy orgullosos de nuestra limpieza. No veo cómo puedes decir que las cosas se encuentran desordenadas. Nunca habías estado aquí, así qué, ¿quién eres tú para juzgar?

RON: Bien, me da gusto que seas sensible ante la cuestión de la limpieza. Sólo creo que deberías poner atención a ella, es todo. Además, con respecto a la pulcritud, observo que tú no estás vestido como un jefe de planta. Creo que estás creando una impresión de menor nivel al no usar corbata, por ejemplo. Los empleados podrían argmentar la informalidad en la vestimenta como una excusa para venir a trabajar con una indumentaria sucia, lo cual podría no ser seguro.

MIKE: Mira, no estoy de acuerdo en marcar una gran separación entre los directivos y los empleados. Creo que al vestirme como las personas del área de planta eliminamos muchas barreras. Además, no tengo dinero para comprar ropa que se ensucie de aceite cada día. Eso parece demasiado escrupuloso para mí.

RON: No quiero parecer escrupuloso, Mike. Pero considero que las cuestiones que te he comentado son importantes. Aunque existen algunos otros aspectos que deben corregirse. Uno de ellos es la apariencia de los informes que envías a las oficinas generales de la división. Contienen varios errores, faltas de ortografía y sospecho que también algunas cifras incorrectas. Me pregunto si estás prestando atención a estos informes. Parece que los revisas en forma superficial.

MIKE: Si algo nos sobra son los informes. Podría pasar tres cuartas partes de mi tiempo llenando formatos de comunicados y generando información para un directivo obsesionado con los números en las oficinas generales. Tenemos datos hasta las orejas. ¿Por qué no nos dan la oportunidad de hacer nuestro trabajo y eliminan todo ese papeleo?

RON: Sabes tan bien como yo, Mike, que debemos vigilar con sumo cuidado nuestra productividad, calidad y costos. Tan sólo debes tomar más en serio esta parte de tu responsabilidad.

MIKE: De acuerdo. No voy a pelear por esto. Es una batalla perdida para mí. Nadie en las oficinas generales disminuirá su petición de informes. Pero escucha, Ron, también tengo una pregunta para ti.

RON: De acuerdo. ¿De qué se trata?

MIKE: ¿Por qué no buscas a alguien más a quién fastidiar? Tengo que regresar al trabajo.

Preguntas para análisis

4.1. ¿Qué principios de comunicación y escucha de apoyo se quebrantan en este caso?
4.2. Si usted tuviera que modificar esta interacción para hacerla más productiva, ¿qué cambiaría?
4.3. Ordene en categorías cada expresión nombrando la regla de comunicación de apoyo que se ilustra o se viola.
4.4. Elabore una representación de roles donde se incluyan los problemas fundamentales que existen entre Ron y Mike. Identifique los principios que utilizó para convertirla en una conversación productiva. Si usted fuera Ron, ¿qué haría en su reunión de seguimiento con Mike?

Planes rechazados

El siguiente diálogo ocurrió entre dos empleados de una gran empresa. La conversación ilustra varias características de la comunicación de apoyo.

SUSETTE: ¿Cómo te fue en la reunión de ayer con el señor Schmidt?
LEONARDO: Bueno, estuvo… mmm…, no fue la gran cosa.
SUSETTE: Pareces muy molesto.

LEONARDO: Sí, lo estoy. Fue una experiencia completamente frustrante. Yo, mmm, bien, digamos que quisiera olvidarlo.

SUSETTE: Seguramente las cosas no salieron tan bien como esperabas.

LEONARDO: ¡Claro que no! Ese tipo es imposible. Creí que los planes que le envié estaban bastante claros y bien pensados. Pero él rechazó el paquete completo.

SUSETTE: ¿Quieres decir que no aceptó ninguno de ellos?

LEONARDO: Así es.

SUSETTE: He visto tu trabajo antes, Leonardo. Siempre has hecho un trabajo de primera. No puedo imaginar por qué Schmidt rechazó tus planes. ¿Qué dijo sobre ellos?

LEONARDO: Dijo que no eran realistas y que era muy complicado llevarlos a cabo y…

SUSETTE: ¿En serio?

LEONARDO: Sí, y cuando dijo eso yo sentí que me estaba atacando de manera personal. Por otro lado, yo también estaba molesto porque sentía que mis planes eran bastante buenos y, tú sabes, puse mucha atención a cada detalle.

SUSETTE: Estoy segura de ello.

LEONARDO: En realidad me molesta.

SUSETTE: Seguro que sí. Yo también me sentiría molesta.

LEONARDO: Schmidt tiene algo contra mí.

SUSETTE: Después de todo el esfuerzo que invertiste en esos planes, no pudiste averiguar si Schmidt te estaba rechazando a ti o a tus planes, ¿verdad?

LEONARDO: No. ¿Cómo podría saberlo?

SUSETTE: Entiendo tu confusión e incertidumbre al sentir que las acciones de Schmidt no fueron razonables.

LEONARDO: Simplemente, no comprendo por qué hizo eso.

SUSETTE: Seguro. Si dijo que tus planes no eran realistas, ¿a qué se refería? Quiero decir, ¿cómo puedes manejar un argumento como ése? Es demasiado general, sin sentido. ¿Mencionó algo específico? ¿Le pediste que señalara algunos problemas o que explicara los motivos de su rechazo de manera más clara?

LEONARDO: Buena pregunta, pero, mmm… ya sabes… Estaba tan desilusionado por el rechazo que me encontraba como fuera de este mundo. ¿Sabes a lo que me refiero?

SUSETTE: Claro. Es una experiencia que incapacita. Invertiste tanto personalmente que tratas de desprenderte lo más rápido posible para conservar la poca autoestima que queda.

LEONARDO: Así es. Sólo quería salir de ahí antes de que fuera a decir algo de lo que pudiera arrepentirme.

SUSETTE: Sin embargo, en el fondo de tu mente, tal vez pensaste que Schmidt no arriesgaría el futuro de la compañía sólo porque no le agradas personalmente. Pero… ¡los planes eran buenos! Fue difícil lidiar con esa contradicción en ese momento, ¿no es así?

LEONARDO: Exactamente. Sé que debí presionarlo para que me diera más información, pero, mmm… sólo permanecí ahí de pie como un tonto. ¿Qué se puede hacer ahora? Ya no tiene remedio.

SUSETTE: No creo que sea una pérdida total, Leonardo. Quiero decir, por lo que me has contado (lo que él comentó y lo que tú dijiste), no creo que se pueda llegar a una conclusión. Quizá no entendió los planes o quizá fue un mal día para él. Quién sabe. Podrían ser muchas cosas. ¿Qué te parecería tratar de que Schmidt precisara, preguntando por sus objeciones, una por una? ¿Crees que sería bueno hablar con él de nuevo?

LEONARDO: Bueno, podría tener una mayor certeza de la que tengo actualmente. Como están las cosas, no sabría por dónde comenzar a analizar o a modificar los planes. Y tienes razón, realmente no sé lo que Schmidt piense sobre mí o sobre mi trabajo. En ocasiones, simplemente reacciono o saco conclusiones con poca o ninguna evidencia.

SUSETTE: Quizá... sería bueno organizar otra reunión.

LEONARDO: Bien, creo que debo dejar esto y programar una cita con él para la próxima semana. Tengo curiosidad por saber cuál fue el problema, si los planes o yo. (Pausa) Gracias, Susette, por ayudarme con esto.

Preguntas para análisis

4.5. Ordene en categorías cada expresión según la característica de comunicación de apoyo o el tipo de respuesta que representa. Por ejemplo, como es evidente, la primera aseveración de Leonardo no es muy congruente, pero la segunda lo es un poco más.

4.6. ¿Cuáles aseveraciones de la conversación fueron las más útiles? ¿Cuáles fueron menos útiles o cuáles pudieron haber causado una actitud defensiva o bloquear la conversación?

4.7. Si usted fuera el coach de Susette, ¿qué haría para ayudarle a ser una comunicadora de apoyo más competente? ¿De qué manera daría coaching a Leonardo para qué pueda brindar más apoyo, aun cuando sea él quien enfrenta el problema?

PRÁCTICA *DE HABILIDADES*

EJERCICIOS PARA DIAGNOSTICAR LOS PROBLEMAS DE COMUNICACIÓN Y PROMOVER EL ENTENDIMIENTO

United Chemical Company

El papel del directivo implica no sólo brindar coaching y consultoría individual a un empleado, sino que también con frecuencia implica ayudar a otros para que comprendan los principios del coaching y de la consultoría. Algunas veces implica arbitrar las interacciones y, por ejemplo, ayudar a otros a aprender los principios correctos de la comunicación de apoyo. Esto forma parte de la actividad en este ejercicio. En un escenario de grupo, el coaching y la consultoría se vuelven más difíciles porque interactúan múltiples mensajes dirigidos por diversos motivos. Sin embargo, los comunicadores hábiles que brindan apoyo ayudan a que cada miembro del grupo se sienta apoyado y comprendido en la interacción, aunque la solución de un problema quizá no siempre sea la que ellos hubieran preferido.

Actividad

En este ejercicio usted deberá aplicar los principios de la comunicación de apoyo que ha leído en este capítulo. En primer lugar, necesitará formar grupos de cuatro personas cada uno. Después, lea el caso y asigne los siguientes papeles en su grupo: Max, Marquita, Keeshaun y un observador. Suponga que Max, Marquita y Keeshaun sostienen una reunión inmediatamente después de los incidentes del siguiente caso. Adopten los roles asignados y traten de resolver los problemas.

El caso

United Chemical Company es un gran fabricante y distribuidor de productos químicos, con cinco plantas de producción en Estados Unidos. La principal, en Baytown, Texas, no es sólo una planta de producción, sino que también es el centro de investigación e ingeniería de la empresa.

El grupo de diseño de procesos está formado por ocho ingenieros varones y su supervisor, Max Kane. El grupo ha trabajado en conjunto y de manera estable durante varios años, y sus miembros han desarrollado buenas relaciones. Cuando la carga de trabajo comenzó a aumentar, Max contrató a una nueva ingeniera en diseño, Marquita Davis, recién graduada del posgrado en una de las principales escuelas de ingeniería del país. Marquita fue asignada a un proyecto que expandiría la capacidad de una de las plantas existentes. Otros tres ingenieros en diseño fueron asignados al proyecto junto con Marquita: Keeshaun Keller (38 años de edad, 15 años en la empresa), Sam Sims (40 años de edad, 10 con la empresa) y Lance Madison (32 años de edad, ocho años con la empresa).

Como nueva empleada, Marquita estaba muy entusiasmada por la oportunidad de trabajar en United. Le gustaba mucho su empleo porque era desafiante y le ofrecía la oportunidad de aplicar gran parte del conocimiento que había obtenido en sus estudios universitarios. En el trabajo, Marquita era reservada en lo personal y en su labor de diseño. Sus relaciones con los otros miembros del proyecto eran amistosas, pero no sostenía conversaciones informales con ellos durante o después de las horas de trabajo.

Marquita era una empleada diligente que se tomaba su trabajo muy en serio. En las ocasiones en que surgía un problema difícil, se quedaba después de la hora de salida para encontrar una solución. Gracias a su perseverancia y a su formación más actualizada, Marquita por lo general concluía su parte de las diferentes etapas del proyecto varios días antes que sus colegas. Esto le irritaba un poco, pues, cuando eso ocurría, tenía que ir con Max para que le diera más trabajo que la mantuviera ocupada, en tanto sus compañeros terminaban sus actividades. Al principio ofreció ayudar a Keeshaun, Sam y Lance con sus labores, pero la rechazaron de manera brusca.

Casi cinco meses después de que Marquita se uniera al grupo de diseño, Keeshaun pidió ver a Max por un problema que tenía el grupo. La conversación entre Max y Keeshaun se desarrolló de la siguiente manera:

MAX: Keeshaun, entiendo que deseas discutir un problema conmigo.

KEESHAUN: Sí, Max, no quiero hacerte perder el tiempo, pero algunos de los otros ingenieros me pidieron que te comentara algo acerca de Marquita. Ella está molestando a todos con su actitud arrogante de sabelotodo. No es la clase de persona con la que quisiéramos trabajar.

MAX: No lo entiendo, Keeshaun. Es una excelente empleada, y su trabajo de diseño siempre está bien hecho y, por lo general, es impecable. Está haciendo todo lo que la empresa le pide.

KEESHAUN: La empresa nunca le ha pedido que altere el ánimo del grupo ni que nos diga cómo hacer nuestro trabajo. La hostilidad en nuestro grupo podría ocasionar, a la larga, una disminución en la calidad del trabajo de toda la unidad.

MAX: Te diré lo que haré. Marquita tiene una reunión conmigo la próxima semana para comentar su desempeño semestral. Me acordaré de tus opiniones, pero no te puedo prometer una mejora en lo que tú y otros creen que es una actitud arrogante.

KEESHAUN: El problema no es una mejora inmediata en su comportamiento, sino que ella trata de capacitar a otros cuando no tiene derecho de hacerlo. Muestra públicamente a los demás lo que deben hacer. Cualquiera pensaría que está dando una clase de diseño avanzado con todas sus fórmulas y ecuaciones sofisticadas e inútiles. Más vale que deje de hacerlo pronto, o algunos de nosotros se irá o solicitaremos que nos transfieran.

Durante la siguiente semana, Max pensó con cautela acerca de su reunión con Keeshaun. Sabía que éste era el líder informal de los ingenieros de diseño y que, por lo general, hablaba por los otros miembros del grupo. El jueves de la siguiente semana, Max llamó a Marquita a su oficina para su revisión semestral. A continuación se reproduce una parte de la conversación:

MAX: Hay otro aspecto que quisiera comentar contigo acerca de tu desempeño. Como te dije, tu desempeño técnico ha sido excelente; sin embargo, existen algunas cuestiones acerca de tu relación con los otros empleados.

MARQUITA: No entiendo. ¿De qué cuestiones estás hablando?

MAX: Bien, para ser específico, ciertos miembros del grupo de diseño se han quejado de tu aparente "actitud de sabelotodo" y de que tratas de decirles cómo hacer su trabajo. Vas a tener que ser paciente con ellos y no llamarles la atención en público en relación con su desempeño. Éste es un buen grupo de ingenieros, y su trabajo con el paso del tiempo ha llegado a ser más que aceptable. No quiero que haya ningún problema que disminuya la productividad del grupo.

MARQUITA: Permíteme hacer algunos comentarios. Primero que nada, nunca he criticado su desempeño ni ante ellos ni ante ti. Al inicio, cuando terminaba antes que ellos, les ofrecí ayuda con su trabajo, pero me contestaron con aspereza que no me metiera en sus asuntos. Entendí el argumento y me concentré sólo en mi parte del trabajo. Lo que debes saber es que, después de trabajar cinco meses en este grupo, he llegado a la conclusión de que están estafando a la empresa. Los otros ingenieros son haraganes; hacen el trabajo de una forma mucho más lenta de la que son capaces. Están más interesados en la música del radio de Sam, en el equipo de fútbol local y en el bar al que van a celebrar los viernes. Me da mucha pena, pero ésta no es la forma en la que he me han educado y capacitado. Y, por último, ellos nunca me han visto como una ingeniera calificada, sino como una mujer que ha roto su barrera profesional.

FUENTE: *Basado en United Chemical Company, Szilagyi, A. D. y M. J. Wallace. Organizational Behavior and Performance, tercera edición, pp. 204-205. © 1983. Glenview, IL: Scott Foresman, pp. 204–205. © 1983. Glenview, IL: Scott Foresman*

Byron contra Thomas

El coaching y la consultoría individuales eficaces son habilidades necesarias en muchos escenarios de la vida, no sólo en la administración. Es difícil imaginar a un padre, un compañero de cuarto, el entrenador de una liga infantil, una madre o un buen amigo que no se pudieran beneficiar de una capacitación en comunicación de apoyo. Sin embargo, puesto que este tipo de comunicación incluye tantos aspectos, algunas veces es difícil recordarlos todos. Es por eso que la práctica, la observación y la retroalimentación son tan importantes. Estos atributos de la comunicación de apoyo podrían llegar a formar parte de su técnica de interacción en tanto usted practique de manera concienzuda y reciba retroalimentación de un compañero.

Actividad

En el siguiente ejercicio, una persona debe representar el papel de Hal Byron y otro debe representar el papel de Judy Thomas. Para lograr que esta representación sea realista, no lean la descripción del otro papel. Cuando haya terminado de leer, realice una junta entre Hal Byron y Judy Thomas. Una tercera persona debe fungir como observador.

Hal Byron, jefe de departamento

Usted es Hal Byron, jefe del grupo de operaciones ("la oficina del fondo") de una gran corporación bancaria. Éste es su segundo año en el puesto y ha ascendido con rapidez en la institución. Le gusta trabajar en esta empresa, que tiene la reputación de ser una de las mejores de la región.

Una razón es que las oportunidades externas para desarrollo y capacitación en habilidades directivas están financiadas por el banco. Además, cada empleado tiene la oportunidad de una entrevista de administración de personal cada mes, y estas sesiones suelen favorecer el desarrollo y ser productivas.

Uno de los miembros del departamento, Judy Thomas, ha estado en este departamento durante 19 años, 15 de ellos en el mismo puesto. Ella es razonablemente buena en lo que hace, y siempre es puntual y eficiente. Suele terminar su trabajo antes que la mayoría de los empleados para tener tiempo de revisar a detalle el *American Banker* y *USA Today.* Casi se puede poner a tiempo el reloj a la hora en que Judy va al baño durante el día y a la hora en que hace la llamada para hablar con su hija cada tarde.

Usted considera que Judy, aun cuando es una buena empleada, carece de imaginación e iniciativa. Esto lo confirma su falta de méritos durante los últimos cinco años y el hecho de que ha permanecido en el mismo puesto durante 15 años. Se conforma con hacer justo lo que se le asigna, nada más. Sin embargo, al parecer, el antecesor de usted insinuó a Judy que podría esperar un ascenso, porque ella ha mencionado el asunto más de una vez. Como lleva tanto tiempo en el mismo puesto, está en el límite superior de su rango salarial, de manera que, sin una promoción, no podrá recibir un ajuste salarial mayor que el incremento en el costo de la vida.

Lo único que Judy hace más allá de los requisitos mínimos de su puesto es ayudar a capacitar al personal joven de nuevo ingreso al departamento. Es muy paciente y metódica con ellos, y parece sentirse orgullosa de ayudarlos a aprender los trucos del oficio. Ella no ha dudado en señalarle esta contribución. Por desgracia, esta actividad no califica a Judy para un ascenso, y no podría ser transferida al departamento de Capacitación y Desarrollo. Una vez, usted le sugirió que tomara algunos cursos en la universidad local, pagados por el banco, pero ella contestó que estaba muy vieja para ir a la escuela. Usted sospecha que podría sentirse intimidada porque carece de título profesional.

Por más que usted quisiera ascender a Judy, no parece haber alguna forma de hacerlo de manera lícita. Usted ha tratado de darle trabajo adicional, pero su productividad parece disminuir, en vez de aumentar. El trabajo tiene que hacerse, y aumentar sus funciones sencillamente le provocaría retrasos.

Tal vez la próxima entrevista sea la oportunidad para hablar con Judy sobre su desempeño y potencial. En verdad, usted no desea perderla como empleada, pero no habrá un cambio en la asignación de trabajo durante mucho tiempo a menos que ella modifique de manera notable su desempeño.

Judy Thomas, miembro del departamento

Usted es miembro del grupo de operaciones de una gran corporación bancaria. Ha trabajado en el banco durante 19 años, 15 de ellos en el mismo puesto. Le gusta la empresa por su ambiente amistoso y por su imagen prestigiosa en la región. Es agradable ser reconocida como empleada de esta empresa. Sin embargo, últimamente se ha sentido cada vez más insatisfecha al ver que una persona tras otra ingresa al banco y recibe un ascenso antes que usted. Su propio jefe, Hal Byron, es casi 20 años menor que usted. Otra mujer que se incorporó al banco en la misma época que usted ahora es vicepresidente. Usted no puede entender por qué la han ignorado; es eficiente y precisa en su trabajo, tiene un registro de asistencia casi perfecto y se considera a sí misma una buena empleada. Ha tomado la iniciativa en muchas ocasiones para ayudar a capacitar y dar inducción a la gente joven que ingresa al banco. Varios de ellos han escrito cartas diciendo lo importante que ha sido su ayuda para lograr un ascenso. ¡Usted ha hecho mucho bien!

Lo único que se le ocurre es que tienen algo en su contra por no tener un título universitario. Por otra parte, otros han ascendido sin título. Usted no ha aprovechado ninguno de los cursos pagados por el banco, porque, después de un largo día de trabajo, no está dispuesta a ir a clases durante otras tres horas. Además, sólo ve a su familia en la noche, y no desea estar lejos de ellos más tiempo. De cualquier modo, no necesita de grados académicos para realizar su trabajo.

Su entrevista mensual para la administración de personal con su jefe, Hal Byron, está próxima, y usted piensa que ha llegado el momento de obtener algunas respuestas. Varios asuntos necesitan una explicación. No sólo no la han ascendido, sino que ni siquiera ha recibido un incremento por méritos durante los últimos cinco años. No ha recibido ningún crédito por las contribuciones adicionales que ha realizado con los nuevos empleados, ni por su trabajo estable y confiable. ¿Acaso alguien la podría culpar por estar un poco amargada?

Ejercicio de escucha activa

Forme un grupo de tres compañeros que tengan diferentes opiniones acerca de cualquiera de los siguientes temas. Sostenga una conversación de 10 a 15 minutos sobre alguno de ellos; adopte una posición al respecto. Fundamente su punto de vista y convenza a sus compañeros de tener la razón. Cuando termine, responda el siguiente cuestionario y analicen juntos los resultados. Ofrezca a sus compañeros la retroalimentación útil que usted crea que pueda ser apropiada.

1. ¿Debió Estados Unidos invadir Irak en 2014?
2. ¿Se deben realizar abortos tardíos?
3. ¿Es el calentamiento global un problema crucial?
4. ¿Estados Unidos debe perseguir y deportar a los ilegales?
5. ¿El inglés debe convertirse en el idioma nacional de Estados Unidos?
6. ¿Los medios de comunicación internacionales tienen un prejuicio liberal?, ¿sería importante de alguna manera?
7. ¿La clasificación de las escuelas de negocios es útil o dañina?
8. ¿Quién es la persona más peligrosa del mundo?
9. ¿Se debería permitir que los deportistas profesionales compitan en los Juegos Olímpicos?
10. ¿Debe existir la Organización de las Naciones Unidas?

Califique a sus dos compañeros en los siguientes reactivos, utilizando la siguiente escala de evaluación:

1 = *Totalmente en desacuerdo*
2 = *En desacuerdo*
3 = *Ni de acuerdo ni en desacuerdo*
4 = *De acuerdo*
5 = *Totalmente de acuerdo*

REACTIVO	COMPAÑERO 1	COMPAÑERO 2
Mi compañero…		
1. mantuvo contacto visual e interés	1 2 3 4 5	1 2 3 4 5
2. utilizó el sondeo más que las sugerencias	1 2 3 4 5	1 2 3 4 5
3. interrumpió	1 2 3 4 5	1 2 3 4 5
4. manifestó un involucramiento emocional adecuado	1 2 3 4 5	1 2 3 4 5
5. empleó una variedad de tipos de respuestas.	1 2 3 4 5	1 2 3 4 5
6. utilizó respuestas reflexivas	1 2 3 4 5	1 2 3 4 5

Invierta la calificación en el reactivo 3 y sume las puntuaciones de cada compañero. Intercambien sus puntuaciones y analicen los resultados; dense retroalimentación útil.

ACTIVIDADES PARA COMUNICARSE
CON APOYO

Actividades sugeridas

4.8. Grabe una entrevista con alguien, como un compañero de trabajo, un amigo o su cónyuge. Enfóquese en algún problema o reto que esa persona esté enfrentando en este momento. Diagnostique la situación para determinar si usted debe ofrecerle coaching o consultoría. (Nuestra apuesta es que será esto último). Dirija una conversación en la que usted aplique los principios de la comunicación de apoyo analizados en este capítulo. (El caso de los proyectos rechazados brinda un ejemplo de tal entrevista). Use la grabación para determinar cómo podría mejorar sus propias habilidades de comunicación de apoyo.

4.9. Enseñe a algún conocido suyo los conceptos de la comunicación y la escucha de apoyo. Dé sus propias explicaciones y ejemplos de tal forma que esa persona entienda de lo que está hablando. Describa su experiencia en su diario.

4.10. Identifique a una persona con la que usted haya tenido un desacuerdo, dificultad o molestia en el pasado. Podría ser su compañero de cuarto, uno de sus padres, un amigo o un profesor. Acérquese a esa persona y pídale tener una conversación en la que hablen del problema interpersonal. Para tener éxito, descubra qué tan crucial es la comunicación de apoyo en la conversación. Cuando haya terminado, escriba la experiencia con tanto detalle como sea posible. ¿Qué dijo usted y qué fue lo que la otra persona dijo? ¿Qué fue lo más efectivo y qué fue lo que no funcionó tan bien? Identifique las áreas en las que necesita mejorar..

4.11. Escriba dos breves estudios de caso. En el primero describa una situación eficaz de coaching o consultoría y en el segundo otra que no lo haya sido. Los casos deben basarse en hechos reales, ya sea de su experiencia personal o de la de alguien a quien conozca bien. En sus casos utilice los principios de comunicación y escucha de apoyo.

Plan de aplicación y evaluación

El objetivo de este ejercicio es ayudarlo a aplicar este conjunto de habilidades en la vida real, fuera del escenario del salón de clases. Ahora que se ha familiarizado con las guías de comportamiento que constituyen la base de un desempeño efectivo de habilidades, mejorará más al practicar esas recomendaciones en un contexto cotidiano. A diferencia de la actividad en el salón de clases, donde la retroalimentación es inmediata y los demás le pueden ayudar con sus evaluaciones, esta actividad de aplicación de habilidades la debe completar y evaluar usted mismo. La actividad se divide en dos partes. La parte 1 le ayudará a prepararse para aplicar la habilidad y la parte 2 le ayudará a evaluar y mejorar su experiencia. Asegúrese de anotar las respuestas a cada reactivo. No tome atajos en el proceso saltándose pasos.

Parte 1: Planeación

4.12. Escriba los dos o tres aspectos de esta habilidad que sean los más importantes para usted. Pueden ser áreas de debilidad, áreas que usted desee mejorar o áreas que son las más relevantes en un problema que esté enfrentando en este momento. Identifique los aspectos específicos de esta habilidad que desee aplicar.

4.13. Ahora identifique el escenario o la situación en donde aplicará esta habilidad. Establezca un plan de desempeño escribiendo una descripción de la situación. ¿Quién más participará? ¿Cuándo lo hará? ¿Dónde se hará?

  Circunstancias:
  ¿Quién más?
  ¿Cuándo?
  ¿Dónde?

4.14. Identifique los comportamientos específicos que realizará para aplicar esta habilidad. Defina de manera operativa el desempeño de su habilidad.

4.15. ¿Cuáles serán los indicadores de éxito en el desempeño de la habilidad? ¿Cómo sabrá que ha sido eficaz? ¿Qué le indicará si tuvo un desempeño competente?

Parte 2: Evaluación

4.16. Después de que haya completado su práctica, registre los resultados. ¿Qué sucedió? ¿Qué tanto éxito obtuvo? ¿Cuál fue el efecto en los demás?

4.17. ¿Cómo podría mejorar? ¿Qué modificaciones haría en la siguiente ocasión? ¿Qué haría de manera diferente en una situación similar en el futuro?

4.18. Al revisar toda su práctica de habilidades y su experiencia en la aplicación, ¿qué ha aprendido? ¿Qué lo sorprende? ¿De qué manera le ayudará esta experiencia a largo plazo?de las vacaciones, actividades de padres e hijos, reglas y valores familiares, etc. En resumen, esta sesión para la negociación de roles es simplemente una reunión para establecer las reglas básicas, dejar en claro las expectativas y especificar los estándares; brinda un fundamento para construir la relación y ayuda a fomentar un mejor desempeño tanto del directivo como del subalterno.

CLAVES DE RESULTADOS Y DATOS COMPARATIVOS

⭐ Las claves de resultados para los siguientes instrumentos se encuentran disponibles en el sitio web de este libro.

Comunicación de apoyo

Estilos de comunicación

5

Ganar poder e influencia

OBJETIVOS DE APRENDIZAJE

1. INCREMENTAR EL PODER PERSONAL Y DEL PUESTO

2. UTILIZAR LA INFLUENCIA DE FORMA ADECUADA PARA LOGRAR UN TRABAJO EXCEPCIONAL

3. NEUTRALIZAR LOS INTENTOS INADECUADOS DE INFLUENCIA

A continuación se describen brevemente los instrumentos de evaluación de este capítulo. Los instrumentos indicados con ✪ y su clave de resultados se encuentran disponibles en el sitio web de este libro.

Complete todas las evaluaciones antes de iniciar la lectura de este capítulo y guarde sus respuestas.

Cuando termine de leer este capítulo, consulte su evaluación y compare sus respuestas con lo que ha aprendido.

✪ ❏ La evaluación de *ganar poder e influencia* mide el grado en el que usted demuestra sus habilidades para ganar poder e influencia en un contexto laboral.

✪ ❏ La evaluación de *uso de estrategias de influencia* mide sus preferencias por tres estrategias que se analizarán en este capítulo.

APRENDIZAJE **DE HABILIDADES** ⓘ

Construcción de una base sólida de poder y uso adecuado de la influencia

"La diferencia entre alguien capaz de expresar una idea y lograr que ésta se acepte en una empresa, y alguien incapaz no depende de quién tiene la mejor idea, sino de quién tiene habilidades políticas. Uno no nace con este tipo de habilidades; sino que las aprende. Se trata de un proceso práctico y metodológico en el que se explora el terreno político y se forman coaliciones, las cuales se encauzan para lograr que la idea se acepte". Ésta es la opinión de Samuel Bacharach, profesor de la Universidad de Cornell, quien ha dedicado su carrera a negociar en las empresas y en los poderosos sindicatos de Nueva York (Bacharach, 2005, p. 93).

En la actualidad, las habilidades políticas son especialmente importantes en la fuerza de trabajo, en la que los jóvenes directivos están ocupando puestos que, por tradición, estaban reservados para profesionales que habían librado numerosas batallas y quienes, gracias a su experiencia, conocían los pormenores y detalles de cómo ganar poder e influencia. El reto es especialmente difícil para la generación del Milenio (Y) (los nacidos entre 1985 y 1995, o generación de fin del milenio), quienes se incorporan a sus puestos con puntos de vista muy diferentes sobre cómo debe funcionar el poder. Según

Dan Schawbel, investigador y consultor, los miembros de la generación del Milenio (Y) rechazan fundamentalmente la idea de las jerarquías estrictas en el trabajo y creen que deben tener tanta voz como los profesionales de mayor rango y experiencia de sus organizaciones (Shawbel, 2012).

Esta puede ser la causa de que algunos de estos jóvenes directivos sin experiencia reporten dificultades para administrar "a los de arriba" (lograr que sus jefes los respeten) y "a los de abajo" (lograr que sus subalternos de más edad respeten su puesto) (Leger, 2000).

No existe nada más desmoralizante que creer que se cuenta con una idea nueva y creativa o con una perspectiva única para resolver un grave problema en una compañía, para después toparse con la rigidez organizacional. Esto es lo que a menudo experimentan muchos jóvenes recién graduados de la universidad que se incorporan a su puesto sintiéndose llenos de energía, optimistas y con una inquebrantable confianza en que sus "impresionantes" habilidades, formación de vanguardia e infatigable energía los impulsarán hacia arriba y a toda velocidad por la jerarquía corporativa. Sin embargo, muy pronto se desaniman y amargan. Culpan a la "vieja guardia" de proteger su territorio y de no abrirse a nuevas ideas. Un joven directivo declaró con desánimo: "Lo peor es saber que uno tiene una mejor solución que otro y ser incapaz de obtener los votos necesarios".

A pesar del desdén de los jóvenes de la generación del Milenio (Y) por las jerarquías, la mayoría de las organizaciones dependen de un estatus para determinar cómo se hacen las cosas. En consecuencia, los jóvenes directivos no pueden simplemente esperar que sus ideas hablen por sí mismas. Tienen que desarrollar habilidades para influir en los demás si quieren marcar la diferencia. Kerry Patterson y sus colegas, autores de *Influencer*, cuentan la historia de un grupo de empleados que habían recibido una capacitación valiosa y trataban de transferirla a su lugar de trabajo. Muchos no lograron hacerlo, pero los que pudieron poner en práctica las nuevas ideas mostraron un conjunto de habilidades que les permitieron ser influyentes. Ellos "desafiaron con destreza a su supervisor. Fueron sinceros con sus colegas que no llevaban su carga. Y, finalmente, fueron capaces de hablar con la directiva (los mismos ejecutivos más descreídos que sus colegas evitaban) sobre las políticas y las prácticas que creían que impedían las mejoras" (Patterson *et al.* 39). El desarrollo de la confianza y las habilidades para expresarse con eficacia marcó toda la diferencia para estos empleados.

Una visión equilibrada del poder

John Gardner señaló que "en este país, al igual que en la mayoría de las democracias, el poder tiene tan mala reputación que muchas personas se convencen de que no desean tener nada que ver con él" (1990). Para estas personas, el poder evoca imágenes de jefes dominantes y vengativos, y de subalternos manipuladores y astutos. Se asocia a turbias políticas de oficina en las que participan despiadados individuos que emplean como manuales de la guerrilla corporativa libros como *Winning through Intimidation (Triunfando mediante la intimidación)*, y quienes se apoyan en la filosofía de Heinrich von Treitschke: "Tu vecino, incluso cuando podría ser tu aliado natural en contra de otro poder que ambos temieran, siempre estará listo para atacar, y en la primera oportunidad, en cuanto pueda hacerlo con seguridad, tratará de beneficiarse a costa tuya. . . Quien no pueda incrementar su poder, lo verá disminuido si otros lo incrementan" (Mulgan, 1998, p. 68).

Quienes sienten aversión hacia el poder argumentan que enseñar a los directivos y candidatos a directivos la forma de incrementar su poder equivale a aprobar el uso de formas primitivas de dominación. Respaldan este argumento al recordar las devastadoras tragedias de abuso de poder corporativo en décadas recientes, como los arrogantes engaños de Jeff Skilling, que llevaron a la caída de Enron, o la manera en que Bernie Madoff se aprovechó de amigos de confianza cuando cometió la estafa piramidal más indignante de la historia.

Esta imagen negativa del "poder personal" es común sobre todo en las culturas que valoran más los atributos que los logros, y más el colectivismo que el individualismo (Triandis, 1994; Trompenaars, 1996). Los individuos que valoran el facultamiento creen que el poder reside en características estables y personales, como edad, género, nivel educativo, origen étnico o clase social. Por consiguiente, dirigir la atención a "tomar la delantera", "hacerse cargo" y "hacer que las cosas sucedan" parece ir en contra del orden social natural. Es probable que quienes otorgan gran valor al colectivismo también se preocupen porque consideran que poner demasiado énfasis en el incremento del poder de un solo individuo es contraproducente para la mayoría de los miembros del grupo. Por ello, algunos podrían pensar que el enfoque de este capítulo en desarrollar el poder individual posee una orientación cultural bastante "estadounidense". Reconocemos que los principios analizados aquí están orientados a los logros y los valores individualistas. Para aquellos que no se sientan cómodos comportándose según los lineamientos y principios de este capítulo, les sugerimos considerarlo como una "guía útil" para comprender la forma en que los directivos de empresas estadounidenses visualizan el poder y la manera en que las corporaciones estadounidenses lo manejan. Además, esperamos que los lectores comprendan que es muy probable que, en algún momento, deban interactuar con individuos de otras culturas, quienes probablemente creerán que algunas de estas estrategias no son efectivas o adecuadas.

Muchos académicos y líderes de negocios estadounidenses consideran al poder no como algo negativo en sí mismo, sino como una realidad esencial para tener éxito en las actividades directivas. Robert Dilenschneider, presidente y director ejecutivo de una compañía líder en relaciones públicas, afirma que "el uso de la influencia, en sí mismo, no es negativo. A menudo es benéfico. Como sucede con cualquier fuerza (desde un medicamento poderoso hasta la energía nuclear), lo que marca la diferencia es la moralidad con la que se emplea la influencia" (Dilenschneider, 1990, p. xviii; ver también Dilenschneider, 2007). El poder no necesariamente está asociado con la agresión, la fuerza bruta, la maña o el engaño; también puede verse como una señal de eficacia personal, como la habilidad de movilizar recursos para lograr un trabajo productivo. Las personas con poder moldean su entorno, en tanto que las personas que carecen de él son moldeadas por el ambiente.

El gurú de la administración, Warren Bennis, buscando los ingredientes por excelencia de los líderes eficaces, entrevistó a 90 personas que habían sido nominados por sus colegas como los más influyentes líderes en todos los ámbitos de nuestra sociedad. Bennis descubrió

Tabla 5.1	Indicadores de poder externo y ascendente de un directivo

Los directivos con poder son capaces de:

- Interceder a favor de alguien que tiene problemas.
- Conseguir un puesto en la jerarquía organizacional codiciada para un subalterno con talento.
- Obtener la aprobación de gastos que excedan el presupuesto.
- Incluir y excluir temas de la agenda en reuniones para establecer políticas.
- Tener acceso rápido a los responsables de tomar las decisiones.
- Mantener contacto habitual y frecuente con los responsables de tomar las decisiones.
- Adquirir información anticipada sobre decisiones y cambios en las políticas.

Fuente: *Reproducido con autorización de* Harvard Business *Review. Indicators of a Manager's Upward and Outward Power, en "Power Failures in Management Circuits", por R. Kanter, 57. Copyright © 1979 por Harvard Business School Publishing Corporation; todos los derechos reservados.*

que estos individuos compartían una característica importante: hacían que los *demás* se sintieran importantes. Eran influyentes porque usaban su poder para ayudar a los colegas y subordinados a lograr tareas excepcionales (Bennis y Nanus, 2003).

Una de las expertas clásicas del poder organizacional, Rosabeth Kanter, señaló que los directivos con poder pueden no sólo lograr más de forma personal, sino que también son capaces de transmitir más información y poner más recursos a disposición de sus subalternos. Por ese motivo, la gente tiende a preferir jefes con "autoridad". Generalmente, cuando los subalternos perciben que su jefe es un individuo con una gran influencia ascendente, sienten que tienen un estatus mayor dentro de la empresa y están más motivados. En contraste, Kanter argumenta que la falta de poder tiende a fomentar una actitud mandona en vez de un verdadero liderazgo. Y agrega: "Al menos en las grandes empresas, es la falta de poder lo que con frecuencia provoca una administración ineficaz y carente de objetivos, así como estilos directivos mezquinos, dictatoriales y orientados a reglas" (1979, p. 65).

Kanter (1979) identificó varios indicadores de poder externo y ascendente de los directivos dentro de las organizaciones, los cuales se presentan en la tabla 5.1. En cierto sentido, podrían funcionar como un conjunto de objetivos de comportamiento para nuestro análisis de la influencia y el poder.

Abuso de poder

Sin embargo, ¿qué podemos decir de la bien conocida afirmación de Lord Acton: "El poder corrompe, y el poder absoluto corrompe de manera absoluta"? Difícilmente

transcurre una semana sin que aparezca un encabezado en los periódicos con una nueva evidencia de esta observación aparentemente atemporal. ¿Acaso no sugiere esto que los directivos eficaces deberían evitar el poder porque de manera inevitable incurrirán en un "abuso de poder", al que le seguirá una muy probable caída?

En sus obras, Sófocles confronta al espectador con la imagen de grandes y poderosos gobernantes, transformados por sus éxitos en seres arrogantes e intolerantes al consejo y a las opiniones de los demás, si éstas son diferentes a las suyas. Al final, estos personajes son destruidos por eventos que no pueden controlar. Edipo encuentra su destrucción poco después de que la multitud exclama que "es casi como un dios" (lo cual él cree), y el rey Creón, en el apogeo de su poder político y militar, es derrocado por creer en la infalibilidad de sus juicios.

Los encabezados de las publicaciones de negocios con regularidad pregonan arrogantes aseveraciones surgidas de las élites de los negocios (Bunker, Kram y Ting, 2002). Aubrey McClendon, CEO de Chesapeake Energy, quien figuró entre los "Peores directores ejecutivos de 2012" de la revista *BusinessWeek*, personifica uno de los ejemplos más recientes (Lavelle, 2012). McClendon adoptó una postura claramente despreocupada hacia las finanzas de la compañía: utilizaba el avión de la empresa y el tiempo de sus empleados para sus propósitos personales, firmó un contrato de patrocinio corporativo para un equipo deportivo profesional que resultó ser suyo, consiguió más de mil millones de dólares en un periodo de tres años en préstamos no revelados en contra de sus participaciones en la compañía.

Sófocles nos advierte que nunca hay que envidiar al poderoso antes de ver la naturaleza de su destino. Los resultados de estudios sobre ejecutivos corporativos exitosos y fracasados sustentan la relevancia de esta advertencia atemporal (McCall y Lombardo, 1983; Shipper y Dillard, 2000). En el primer estudio de su tipo, académicos del Center for Creative Leadership identificaron a unos 20 ejecutivos que habían ascendido a la cima de sus empresas y los compararon con un grupo similar de 20 ejecutivos que no habían logrado alcanzar sus aspiraciones profesionales. Al inicio, los integrantes de ambos grupos tenían expectativas similares, y no había diferencias notables en cuanto a su preparación, pericia, educación, etc. Sin embargo, con el tiempo, el desarrollo profesional del segundo grupo se "descarriló" como resultado de las deficiencias que se mencionan en la tabla 5.2.

Resulta aleccionador observar cuántos de estos problemas se relacionan con el uso ineficiente del poder en las relaciones interpersonales. En general, este grupo tiende a respaldar la afirmación de Lord Acton, así como las advertencias de Sófocles: se les concedió poca autoridad y fracasaron en hacer algo valioso con ella.

Tabla 5.2	Características que destruyen la carrera de los directivos

- Insensibilidad hacia los demás; brusquedad e intimidación.
- Frialdad, actitud distante y arrogancia.
- Traición de la confianza de los demás.
- Ambición desmedida; practican el juego político y siempre intentan ascender.
- Incapacidad para delegar o conformar un equipo.
- Excesiva dependencia de los demás (por ejemplo, de un mentor).

FUENTE: *Basado en Psychology Today, Copyright © 2006 www.psychologytoday.com*

Esta observación es congruente con los resultados de la investigación de David McClelland, quien ha dedicado muchos años al estudio de lo que él considera una de las principales necesidades del hombre, la "necesidad de poder" (McClelland y Burnham, 2003). Según McClelland, que los directivos mantengan su poder o no a largo plazo depende de los motivos detrás de lo que hacen con él. Quienes lo utilizan para alcanzar las metas de la organización desarrollan una influencia sostenible, mientras que quienes lo usan para su provecho personal tienden a sucumbir al trágico legado de quienes abusan del poder. Las recientes investigaciones de laboratorio han comenzado a plasmar una imagen fascinante de cómo los motivos afectan al uso que las personas hacen del poder. Serena Chen y sus colegas han demostrado que cuando las personas que básicamente se interesan en sí mismas asumen una situación de poder, tienden a hacer que los demás trabajen más. Por el contrario, las personas con un fuerte sentido de responsabilidad social en realidad adoptan más trabajo para ellos mismos cuando asumen una posición de poder (Chen, Lee-Chai y Bargh, 2001). Estos y otros estudios sugieren que el poder no nos transforma, sino que *revela* nuestros verdaderos motivos. El poder tiene la capacidad de sacar lo mejor y lo peor en los grupos y las organizaciones, dependiendo de los motivos de su uso (Bunderson y Reagans, 2011).

La relación entre poder y efectividad personal que hemos señalado se ilustra en la figura 5.1. Tanto la falta de poder como el abuso del mismo son debilitantes y contraproducentes. En contraste, una cantidad suficiente de poder personal motivado por la responsabilidad social (es decir, una orientación a beneficiar a los demás) es lo que produce el facultamiento (empoderamiento).

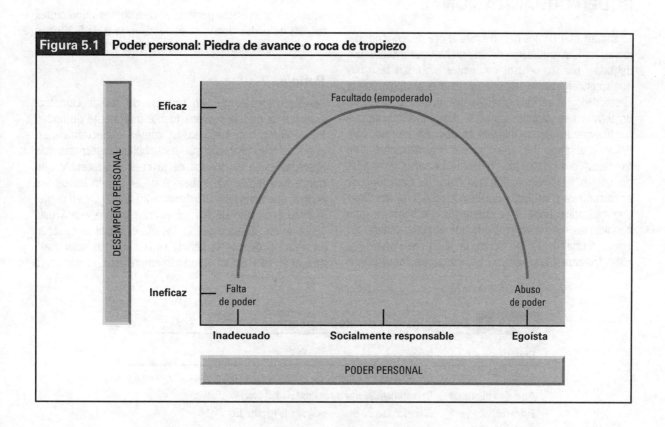

Figura 5.1 | **Poder personal: Piedra de avance o roca de tropiezo**

El propósito de este capítulo es ayudar a los directivos a "mantenerse en la cima de la curva del poder", tal como lo muestran los indicadores de poder organizacional de la tabla 5.1, que describe Kanter. Esto se logra con la ayuda de dos habilidades administrativas específicas:

❏ Ganar poder (vencer los sentimientos de impotencia), y
❏ Convertir el poder de manera eficaz en influencia interpersonal, de manera que eviten el abuso de poder.

Definiremos el poder como el potencial para influir en el comportamiento de otras personas. Hay una diferencia importante con las definiciones tradicionales que se enfocan en un control del comportamiento basado en la autoridad, como en el caso de los jefes "poderosos" que tienen autoridad sobre sus subalternos, o de los padres "poderosos" que tienen control sobre sus hijos. Junto con otros expertos en el tema, instamos a un cambio en la definición de poder, de "controlar a otros" a "ser capaz de hacer que las cosas sucedan".

ESTRATEGIAS PARA GANAR PODER ORGANIZACIONAL

El análisis que hemos hecho hasta ahora deberá considerarse como un argumento de que no hay que evitar el uso del poder por sus peligros inherentes, sino más bien hay que aprender a usarlo sabiamente. Esto es particularmente cierto dado los rápidos cambios que tienen lugar en las organizaciones: cambios como el trabajo a distancia, que implica que los líderes influyan en personas que no están físicamente presentes, o como las organizaciones "sin fronteras" compuestas por redes de personas que quizá no tengan relaciones jerárquicas entre sí. Cada uno de estos cambios contribuye a la evolución del rol del directivo tradicional hacia el de orientador y mentor. En estas condiciones, es menos probable que el poder emane del puesto formal de alguien dentro de la empresa que de su habilidad para desempeñarse. Estos aspectos convierten el

concepto de facultamiento (empoderamiento) en una idea especialmente importante para aumentar su eficacia en las organizaciones actuales.

Existen dos factores básicos que determinan el poder de un individuo dentro de una organización: los atributos personales y las características del puesto. Desde luego, la importancia de cada factor varía según el contexto organizacional. Por ejemplo, el título del puesto es sumamente relevante en un sistema con jerarquías marcadas, como el servicio militar o civil, y el poder personal puede ser más importante en ambientes donde no hay jerarquías. Sin embargo, los expertos tienden a estar de acuerdo en que desarrollar el poder del puesto y el poder personal es vital para el éxito directivo. Burt (1977), por ejemplo, argumentaba que los directivos con el poder de un puesto alto están en una mejor situación para aprovechar su poder personal gracias a que sus relaciones sociales les permiten apalancar sus conocimientos y habilidades personales. Por su parte, los individuos de estatus inferior pueden aumentar su poder personal si aprovechan cualquier puesto de poder que alcancen (Sauer, 2011). Por consiguiente, parece lógico que los directivos traten de incrementar su influencia dentro de una organización para aumentar ambas fuentes de poder.

FUENTES DE PODER PERSONAL

Cuatro características personales constituyen importantes fuentes de poder. Según se muestra en la tabla 5.3, éstas son *pericia, atractivo personal, esfuerzo* y *legitimidad*.

Pericia

Resulta evidente que, en una era de sofisticación tecnológica, la pericia sea una fuente importante de poder. En un entorno de negocios de comercio electrónico, en el que es más probable que las habilidades técnicas más buscadas estén en manos de jóvenes adolescentes que nunca han tenido un trabajo real —y no en las de sus padres, que han trabajado durante 20 años—, y en el que la edad promedio de los millonarios pronto estará más cerca de los 30 años que de los 60, es difícil rechazar la aseveración de que la pericia es la "moneda universal" que va en ascenso en el mundo empresarial. Cada vez es

Tabla 5.3	Determinantes del poder personal
CARACTERÍSTICA	**DESCRIPCIÓN**
Pericia	Conocimiento o experiencia relevantes para desarrollar la actividad.
Atractivo personal	Características deseables asociadas con la amistad.
Esfuerzo	Compromiso de tiempo mayor a lo esperado.
Legitimidad	Comportamiento congruente con los valores fundamentales de la organización.

más importante el conocimiento que las relaciones para conseguir un empleo; en particular los conocimientos de carácter técnico son determinantes para alcanzar posiciones avanzadas dentro de la organización. La **pericia** — o conocimiento relacionado con el trabajo— es el principal factor de regulación organizacional, ya que proviene de la educación formal, del aprendizaje adquirido de forma autodidacta, o bien, de la experiencia laboral.

Como el predominio de los puestos directivos no se encuentra en las pequeñas compañías "punto.com", sino en negocios más grandes y diversificados, consideraremos la pericia como una fuente de poder personal en entornos de organizaciones grandes. La pericia es especialmente importante en compañías bien establecidas, donde el proceso de toma de decisiones tiende a ser sumamente racionalizado (Bunderson, 2003; Pfeffer, 1977). En un ambiente en el que se supone que las decisiones se toman considerando de manera objetiva la información que sustenta cada alternativa, quienes posean el conocimiento necesario rápidamente obtendrán el poder porque serán considerados expertos confiables. Al mismo tiempo, la pericia en los jóvenes empleados puede ser problemática. Cuando es evidente que los subalternos tienen más pericia, sus jefes se pueden sentir envidiosos o amenazados. Por consiguiente, el subalterno hábil pondrá sus conocimientos a la disposición de manera tal que no amenace la credibilidad y el derecho de su jefe a tomar la decisión final.

Para alguien de estatus inferior, la pericia es un medio importante de lograr influencia. Es posible que las personas con un estatus menos formal en la organización sean menos visibles comparados con los altos directivos; sus trabajos suelen ser rutinarios, y sus actividades, por lo general, no están vinculadas con los objetivos y las cuestiones más esenciales de la empresa. Sin embargo, los miembros del personal administrativo pueden compensar un puesto de escaso poder mediante el desarrollo de pericia en un aspecto particular de la vida organizacional como, por ejemplo, el dominio de un nuevo sistema contable; el aprovechamiento de ventajas fiscales, regulaciones de seguridad y contaminación, o el conocimiento de precedentes legales recientes para efectuar adquisiciones.

Sin embargo, existe un callejón sin salida asociado al poder del experto. Convertirse en experto en una materia, por lo general, requiere de mucho tiempo y esfuerzo, y en las empresas que utilizan tecnologías que cambian con rapidez, los individuos deben actualizar en forma continua su habilidad técnica para evitar que su conocimiento se vuelva obsoleto (Grove, 1983). Considerando la inversión requerida para mantenerse actualizado en una determinada área de especialización, es fácil encasillarse como especialista. De hecho, ser un experto puede hacer que se convierta en un "obcecado cognitivo", lo que significa que llegue a ser menos flexible en la solución de problemas y en la generación de ideas (Dane, 2010). Si usted está interesado en obtener el puesto de directivo

general, esta percepción podría ser un obstáculo. Ante el ambiente dinámico que enfrentan las organizaciones actuales, el exceso de especialización puede ser una receta para la obsolescencia. Los jóvenes aspirantes a directivos deberán tener cuidado de no limitar sus oportunidades de progreso al concentrar su atención en aspectos muy específicos de las actividades de un negocio. Hacer esto resulta tentador para los individuos que se encuentran demasiado ansiosos por establecer una base de poder. Dentro de una organización siempre existen pequeños nichos que los novatos hambrientos de poder pueden dominar con rapidez. No es sino hasta que caen en la trampa del especialista que reconocen el valor de construir una amplia base de conocimiento sobre una gran variedad de actividades organizacionales, para incrementar sus posibilidades a largo plazo de conseguir un ascenso.

Atractivo personal

Consideraremos tres formas en las que el **atractivo personal** representa una fuente de poder: carisma, comportamiento agradable y características físicas.

El líder carismático ha sido tema de numerosos estudios académicos (Yukl, 2002). La palabra "carisma", de origen griego, significaba con el favor o la gracia de Dios. La idea de que los líderes carismáticos reciben el favor de Dios proviene de la observación de que algunas personas tienen una habilidad inusual para despertar veneración y entusiasmo: cualidades aparentemente místicas que no pueden adquirirse en un taller de desarrollo de habilidades. El carisma se refleja en comentarios como el siguiente: "Cuando ella realiza una presentación en una reunión directiva, su presencia es tan poderosa que cualquier mensaje suena bien"; "Su personalidad magnética le permite atraer a las personas más calificadas y dedicadas a su departamento; todo el mundo desea trabajar con ella". Estos comentarios anecdóticos coinciden con las investigaciones que muestran que el carisma de un líder está asociado con una actitud más positiva de los seguidores (Erez et al., 2008).

¿Qué características hacen que alguien sea carismático? En una investigación sobre el tema (Conger y Kanungo, 1998), se encontró que es más probable que los líderes sean considerados carismáticos si ellos (1) expresan una visión inspiradora; (2) incurren en el sacrificio personal e incluso arriesgan su bienestar al luchar por su visión; (3) recomiendan el uso de métodos no tradicionales ni convencionales para alcanzar metas comunes; (4) poseen un extraño sentimiento acerca de lo que es posible, incluyendo un agudo sentido de la oportunidad, y (5) demuestran sensibilidad ante las necesidades y preocupaciones de los seguidores. También se ha demostrado que los líderes de las empresas de alto desempeño (Agle et al., 2006) y las personas que son claves en la red de comunicación de su organización (Balkundi et al., 2011) tienen más

Tabla 5.4	Características de las personas agradables

Las personas nos parecen agradables cuando tenemos razones para creer que ellas:

- Pueden mantener una amistad abierta, honesta y leal.
- Fomentan la confianza al ser emocionalmente accesibles.
- Ofrecen aceptación y consideración positivas e incondicionales.
- Están dispuestas a hacer ciertos sacrificios si la relación así lo exige.
- Brindan reforzamiento social en forma de compasión o empatía.
- Participan en los intercambios sociales necesarios para mantener una relación.

FUENTE: *Adaptado de Canfield y LaGaipa, 1970.*

probabilidades de ser considerados carismáticos. Esta investigación implica que estudiar el carisma como un rasgo personal e innato sería un error. Los comportamientos y las características asociadas con el liderazgo carismático están lejos de ser místicos o misteriosos.

Existe una fuente relacionada de atractivo interpersonal que es algo más frívola pero igualmente poderosa. Los psicólogos sociales que han investigado el atractivo interpersonal han aislado varios comportamientos fundamentales que determinan lo que ellos llaman *comportamiento agradable*. Es el tipo de conductas que normalmente se asocia con la amistad. Los estudios de este tipo identifican varios factores importantes que fomentan el atractivo interpersonal; algunos de ellos se mencionan en la tabla 5.4 (Anderson, John, Keltner y Kring, 2001; Canfield y LaGaipa, 1970; Furman, 2001).

¿De qué manera podemos relacionar esta información acerca de la amistad con el duro mundo de la administración? ¿Implica esto que usted debería ser un buen amigo de sus compañeros de trabajo, subalternos o jefes? No necesariamente. Por lo general, no es adecuado entablar una estrecha amistad con un compañero de oficina; sin embargo, hay mayor probabilidad de que quienes muestran comportamientos agradables con sus compañeros ayuden a los demás a sentirse facultados (Hogg, 2001; Mechanic, 1962).

Existe una cantidad impresionante de evidencias que corroboran esta afirmación. Por ejemplo, las investigaciones muestran que es más probable que las personas que elaboran argumentos persuasivos sean más efectivos si agradan a su audiencia. Los individuos agradables se consideran más confiables e imparciales que los que no lo son. Los subalternos que agradan a su supervisor también tienden a recibir el beneficio de la duda en las evaluaciones de desempeño. Las investigaciones también muestran que los jefes emplean recompensas, en vez de coacción, para influir en los subalternos que les agradan (Allinson, Armstrong y Hayes, 2001; Tedeschi, 1974). De hecho,

un estudio mostró que cuando las personas eligen a sus compañeros de trabajo, la capacidad de ser agradable supera por completo a la habilidad; por lo general preferiríamos trabajar con una persona agradable que con alguien que es bueno en lo que hace (Casciaro y Lobo, 2008).

No queremos hacer demasiado hincapié en este aspecto ni deseamos sugerir que "las buenas personas" siempre ganan, pero existe una impresionante cantidad de evidencias de que las personas que tienen una personalidad agradable se vuelven más influyentes que quienes son desagradables. Sus argumentos reciben mayor credibilidad, es menos probable que sus intentos de influencia enfrenten resistencia y los compañeros de trabajo se sienten menos amenazados cuando esos individuos obtienen un ascenso.

El tercer componente del atractivo interpersonal, la *apariencia física*, funciona de manera independiente de la personalidad e incluso del comportamiento (Hosoda, StoneRomero y Coats, 2003; Langlois *et al.*, 2000). Los estudios demuestran que a la gente considerada atractiva también se le atribuyen características de personalidad socialmente deseables. Se tiende a suponer que tienen una vida muy exitosa, que desempeñan trabajos de prestigio y que tienen éxito como cónyuges y padres. También se considera que los individuos atractivos son dueños de su propio destino (que buscan sus propias metas y tienen una misión), en vez de estar determinados por las fuerzas del entorno. En general, parece que la gente supone que quienes son atractivos también son virtuosos y eficaces.

Existen muchas evidencias de que estas atribuciones no son del todo imaginarias. En ciertos aspectos, las personas atractivas *tienen* más éxito. Las investigaciones demuestran que, en promedio, las personas físicamente atractivas reciben mejores salarios que sus contrapartes (Judge, Hurst y Simon, 2009). Reflejo de un doble estándar social, las mujeres que tienen los salarios más altos tienen un peso corporal por debajo del promedio, mientras que los hombres reciben mejor paga cuando su peso corporal es mayor que el promedio (Judge y Cable, 2011). En un ambiente laboral, es más probable que el trabajo escrito de las personas atractivas se juzgue como de mayor calidad y que reciban mejores evaluaciones de desempeño por parte de sus supervisores que el resto de los empleados (Hosoda *et al.*, 2003; Langlois *et al.*, 2000).

Es difícil convertir los resultados acerca del atractivo personal en sugerencias específicas para el desarrollo personal. Como adulto, uno no puede hacer mucho para transformar radicalmente su apariencia básica. Sin embargo, esta información es muy relevante para los directivos por dos motivos. En primer lugar, en muchos de estos estudios, los investigadores simplemente usaron la vestimenta y el arreglo personal para distinguir a los sujetos de estudio "atractivos" de los que "no lo eran" (Thompson, 2001, p. 141). Por ello, no es necesario que muchas personas recurran a la cirugía plástica y a otras formas artificiales de mejoramiento físico para aumentar su autoestima. El arreglo personal importa mucho. En segundo lugar, las personas por lo general pueden mejorar las impresiones que despiertan en los demás sin importar sus características físicas. Transmitir un aire de confianza y amabilidad aumenta el atractivo personal que los demás perciben.

Esfuerzo

Una de las características más apreciadas de los empleados es un alto nivel de **esfuerzo**, ya que esto significa que serán personas responsables y confiables. Si se puede confiar en que un individuo se quedará hasta tarde después de una falla tecnológica para tener listo un pedido, en que tomará un vuelo muy temprano para visitar a un nuevo cliente prometedor, o en que tomará una clase nocturna para aprender a utilizar un nuevo software, entonces esa persona se ganará la confianza de sus compañeros de trabajo y de sus supervisores. Ser reconocido como alguien que hará "lo necesario" para cumplir con su trabajo es un valioso activo personal, especialmente en el clima laboral actual tan incierto y cambiante. Como declara un artículo clásico, los empleados que se esfuerzan en el trabajo tienden a hacer que sus supervisores abrumados se vean bien, creando así un sentido de deuda de los superiores en la jerarquía (Mechanic, 1962).

Además de crear un sentimiento de deuda u obligación, un gran esfuerzo podría destacar otras características personales. Por ejemplo, los individuos que trabajan arduamente en una actividad tienden a incrementar su conocimiento de la materia y a convertirse en expertos. Por lo tanto, es más probable que los demás los busquen para pedirles consejo en ese tema, y para que reúnan información relevante para otros miembros de la organización.

Los frutos del esfuerzo personal se observan en la carrera de George Bodenheimer, quien fue el presidente que más tiempo ocupó el puesto en los 30 años de historia de ESPN. A diferencia de la mayoría de los ejecutivos de la red, que son contratados de otras cadenas, Bodenheimer es un producto de la casa ESPN. Fascinado desde joven por la industria de la televisión por cable, decidió que quería trabajar para la reciente red de deportes. Sin embargo, al único puesto al que podía llegar era el de empleado de la sala de correo. Aun así, se dedicó con mucho entusiasmo y rápidamente llamó la atención de otros en la organización. Con los años, Bodenheimer trabajó en 15 puestos diferentes, en marketing, contabilidad y ventas, por citar algunas áreas. Su excelente ética laboral finalmente le llevó a realizar funciones ejecutivas. Bajo su dirección, ESPN expandió sus actividades en varios mercados. Bodenheimer ha llegado a ser conocido como un pionero de las industrias de cable y medios de comunicación.

Antes de terminar este tema, queremos establecer la diferencia entre esfuerzo extraordinario e imagen extraordinaria. Muchas personas se esfuerzan mucho en

Tabla 5.5	Manejo de la relación con el jefe

Asegúrese de entender a su jefe, incluyendo:

• Sus metas y objetivos

• Las presiones que tiene

• Sus fortalezas, debilidades y puntos ciegos

• Su estilo de trabajo preferido

Evalúese usted mismo, incluyendo:

• Sus fortalezas y debilidades

• Su estilo personal

• Su predisposición a depender en las figuras de autoridad

Desarrolle y mantenga una relación que:

• Satisfaga las necesidades y los estilos de usted y de su jefe

• Se caracterice por expectativas mutuas

• Mantenga a su jefe informado

• Se base en la confianza y la honestidad

• Utilice de forma selectiva el tiempo y los recursos de su jefe

FUENTE: *Adaptado y reproducido con autorización de Harvard Business Review, de J. J. Gabarro y J. P. Kotter, "Managing the Relationship with Your Boss", mayo-junio de 1993. Copyright 1993 por Harvard Business School Publishing Corporation; todos los derechos reservados.*

simplemente hacer un espectáculo e impresionar a los demás. Sólo aportar tiempo personal o llamar la atención de manera exorbitante a su propio esfuerzo puede resultar contraproducente, especialmente si no está produciendo un valor real a la organización. Con base en su extenso análisis de las relaciones efectivas jefe-subalterno en las grandes empresas, Jack Gabarro y John Kotter (2007) sugieren varios lineamientos relevantes para dirigir los esfuerzos en beneficio del jefe. Como se indica en la tabla 5.5, éstos incluyen comprender las presiones y prioridades del jefe, así como evaluar sus propias necesidades y fortalezas. Este conocimiento le ayudará a mejorar su desempeño al enfocar sus esfuerzos para maximizar su impacto.

Legitimidad

Otra importante fuente de poder personal es la **legitimidad**, la cual se logra cuando los actos son congruentes con el sistema de valores prevaleciente en la organización. La legitimidad incrementa la aceptación, y esta última es fundamental para la influencia personal. Por ejemplo, Bingham y sus colegas (Bingham *et al.*, 2014) han demostrado que los empleados que contribuyen a las metas ideológicas de sus organizaciones llegan a ser más

APRENDIZAJE

influyentes que los que simplemente se centran en salir adelante socialmente.

Los líderes de las empresas suelen estar atentos para defender los principales valores organizacionales y se esfuerzan en instruir a los recién llegados acerca de las formas adecuadas de pensamiento y de actuación. Con frecuencia, los miembros nuevos o los individuos externos no comprenden el papel crucial que la cultura desempeña en una organización. Podrían pensar que esa forma de hacer las cosas es peculiar o excesivamente convencional. Pero para los nuevos empleados es vital que aprecien lo importante que son los valores y la cultura de la organización para su propio éxito.

Los valores organizacionales son importantes tanto histórica como estratégicamente. Ésta es la razón: los buenos líderes comprenden que un prerrequisito para que su organización se convierta en un líder del mercado es que se la perciba como el único jugador del mercado (no sólo una empresa más de computadoras, por ejemplo). Ellos luchan para crear una cualidad distintiva que sea digna de recibir atención por parte de la comunidad financiera, los empleados y los clientes potenciales. Esto tal vez implique dar mayor importancia a la calidad, la economía, el valor, el servicio, la lealtad hacia los empleados, la participación cívica o cualquier otro valor fundamental. Esta cualidad única será la base del orgullo organizacional interno y de las proyecciones externas de excelencia.

El líder (con frecuencia, el fundador) expresa esta visión y la institucionaliza como parte de la cultura de la organización (Deal y Kennedy, 1982; Peters, 1978; Schein, 1999). Los líderes usan la cultura para expresar los "cómo" y los "por qué" de hacer negocios de manera "correcta". Por ejemplo, Harold Geneen, de ITT, insistía en "buscar los hechos inamovibles"; Tom Jones, de Northrop, destacaba que "todo el personal de Northrop trabaja en marketing"; John DeButts, de AT&T, anunciaba a sus empleados que "el sistema es la solución", y Ed Rust, de State Farm, con frecuencia preguntaba a sus colegas "¿cómo manejaría esto un buen vecino?".

A los miembros nuevos de una organización se les enseña el comportamiento aceptable mediante historias (el ingeniero que trabajó 72 horas continuas para sacar adelante un proyecto), ritos (ceremonias de graduación o de promoción) y símbolos (uniformes o el hecho de que los directivos no cuenten con oficinas privadas). El recién llegado inteligente ve más allá de los estatutos formales del puesto, indagando respuestas a preguntas como "¿Quiénes son las "vacas sagradas" de la empresa?", "¿Cuál es el origen del orgullo organizacional?", "¿Quiénes son los héroes corporativos?", "¿Cuáles son las tradiciones veneradas?".

Muchas de las prácticas organizacionales tienen sentido sólo cuando se observan como un apoyo simbólico de los valores fundamentales. Por ejemplo, una gran empresa aseguradora estipula que nadie puede ascender más allá de cierto nivel, en ningún departamento, a menos que cumpla con los requisitos para la certificación profesional de la industria aseguradora. Los empleados jóvenes que trabajan en el procesamiento de información, contabilidad o administración de personal, que se molestan porque se les exige tomar clases sobre los detalles del negocio de los seguros, pierden el significado simbólico de este requerimiento. Los fundadores de la empresa pensaron que la clave organizacional para el éxito era contar con una fuerza de trabajo profundamente comprometida con la meta global de proporcionar servicios y productos sobresalientes en la industria de los seguros, en lugar de una fuerza de trabajo demasiado anclada en los intereses de los departamentos. En esta compañía, tomar cursos sobre seguros se ha vuelto sinónimo del compromiso con la misión de la empresa, y el compromiso es la prueba de fuego para el avance dentro de la organización.

Esto no significa que alguien inconforme no pueda avanzar en el mundo corporativo; simplemente sugiere que esa persona estará sujeta a un estándar más alto en términos de otras fuentes de poder personal, como la pericia y el esfuerzo. Una conversación durante una reunión de revisión para determinar los ascensos en una empresa grande refleja esta actitud: "En ocasiones no sé de dónde proviene, pero es tan inteligente y trabaja tan arduamente que no tenemos otra opción que ascenderlo".

Antes de abandonar el tema de la cultura organizacional y la legitimidad personal, es importante tomar en cuenta una cuestión ética. Hemos descrito cómo la aceptación de la cultura de la organización ayuda a acumular poder, pero eso no significa que el estricto cumplimiento de ella sea correcto en el sentido moral, o indispensable para el beneficio de largo plazo de la empresa. De hecho, la evidencia sugiere que las organizaciones de éxito tienen miembros que son capaces tanto de ganar poder al adaptarse, como de utilizar ese poder para ir en contra del sistema prevaleciente de creencias cuando sea necesario (Pascale, 1985). Las creencias organizacionales incuestionables con frecuencia interfieren con la necesaria adaptación de una compañía a las cambiantes condiciones competitivas y regulatorias. Sin embargo, los cuestionamientos tienen más éxito cuando los presentan miembros cuyo compromiso con la organización ha sido el más leal. El hecho de "pagar las deudas" genera legitimidad, la cual es un requisito para la crítica efectiva.

En resumen, hemos destacado cuatro fuentes del poder personal, todas ellas enraizadas en las características individuales más que en los puestos que se ocupan o en los títulos que se ostentan. Estas características personales tienen algo en común: son los antecedentes de la confianza (Dirks y Ferrin, 2001; Hosmer, 1995). Un significado del término *confiable* es el de "encontrarse por encima de la sospecha". Por ello, los individuos cuyos

Tabla 5.6 Relación entre las fuentes de poder personal y la confianza

FUENTES DE PODER PERSONAL	CARACTERÍSTICA PERSONAL RELACIONADA	REQUISITOS PARA SER DIGNO DE CONFIANZA
Pericia	Confiabilidad	Habilidad: ¿*Podrá* cumplir con sus compromisos?
Esfuerzo	Responsabilidad	
Atractivo personal	Simpatía	Motivación: ¿*Cumplirá* sus compromisos?
Legitimidad	Digno de aceptación	

compañeros los consideran confiables son posibles candidatos para puestos de poder e influencia en las empresas, ya que la autoridad organizacional en sus manos será menos amenazante. Como se observa en la tabla 5.6, existe una relación directa entre las cuatro bases del poder personal que hemos analizado y los requisitos para la confianza personal. Básicamente, la integridad de las explicaciones, promesas o compromisos de un individuo está en función de dos factores: (1) ¿Qué tan probable es que la persona *sea capaz* de hacer lo que dice?, y (2) ¿Qué tan probable es que la persona *haga* lo que dice? En otras palabras, las cuestiones de confianza recaen en evaluaciones del probable desempeño con base en valoraciones de las habilidades y la motivación. Por eso, las empresas hacen gran hincapié en colocar a individuos con desempeño comprobado en puestos de alta confianza (o, en otras palabras, puestos de poder).

FUENTES DE PODER DEL PUESTO

No todo el poder surge de las características personales. También la naturaleza del puesto y las actividades laborales desempeñan un rol importante. Cuatro características importantes de un puesto explican su poder potencial en una empresa: *centralidad, flexibilidad, visibilidad* y *relevancia* (Fiol, O'Connor y Aguinis, 2001; Kanter, 1979; Pfeffer, 1994). Estas características se resumen en la tabla 5.7.

Centralidad

Con base en gran cantidad de datos reunidos desde 1993, una empresa de consultoría informa que "no lograr establecer relaciones firmes ni realizar trabajo de equipo adecuado con compañeros y subalternos es la principal causa del fracaso en 61 por ciento de los nuevos ascensos y contrataciones" (Fisher, 2005). Como sugiere este estudio, una de las formas más importantes de ganar poder en una compañía consiste en ocupar una posición de **centralidad** en una amplia red de relaciones. Las redes son cruciales para un desempeño efectivo por un motivo convincente: nadie cuenta con toda la información necesaria ni con los recursos para lograr lo que se espera de él. De hecho, en una investigación sobre los determinantes del desempeño directivo eficaz se encontró que un factor clave, que distingue a los individuos con un alto desempeño de aquellos con un bajo desempeño, era la habilidad para entablar relaciones informales por medio de redes. Los "lobos solitarios" de las redes informales fueron incapaces de reunir la información, los recursos y el apoyo necesario para realizar actividades importantes y poco comunes (Kaplan y Mazique, 1983; Sparrowe, Liden y Kraimer, 2001). Por otro lado, quienes contaban con amplias y diversas redes sociales ganaban salarios más elevados y tenían más éxito que quienes tenían contactos limitados (Pfeffer y Konrad, 1991; Sparrowe *et al.*, 2001).

El incremento del poder mediante el aumento de la centralidad dentro de una red de comunicación o

Tabla 5.7 Determinantes del poder del puesto

CARACTERÍSTICA	DESCRIPCIÓN
Centralidad	Acceso a la información dentro de una red de comunicación.
Flexibilidad	Cantidad de libertad concedida en un puesto.
Visibilidad	Grado en el que el desempeño es observado por personas influyentes en la empresa.
Relevancia	Ajuste entre las actividades asignadas y las prioridades de la compañía.

de un flujo de trabajo es un método muy distinto de las estrategias convencionales para acumular poder. Por lo regular, los jóvenes aspirantes de una organización piensan únicamente en términos del incremento de su poder mediante su ascenso en la jerarquía organizacional, ya que suponen de manera equivocada que el poder es derecho exclusivo de los puestos en el organigrama. Si no reciben un ascenso tan rápido como lo desean, suponen que tienen poder limitado para hacer cambios o lograr cosas extraordinarias. Los empleados sin experiencia e ineficaces se quejan de no contar con suficiente poder formal para lograr que el trabajo se lleve a cabo, y ambicionan la influencia que ejercen los niveles superiores.

Por el contrario, los miembros hábiles de la organización se dan cuenta de que el poder informal de las redes está a disposición de cualquiera en todos los niveles. Lo cierto es que el simple hecho de ser capaz de "leer" la red social está asociado con el poder. En un estudio clásico, Krackhardt (1990) halló que las personas que podían describir con más precisión la red de consejos de su organización (es decir, ellos sabían quiénes buscaban consejo de quién) eran consideradas por los demás como más poderosas. Numerosos estudios muestran que ser primordial en la red organizacional aumenta no solo el estatus percibido, sino también el salario y el éxito a largo plazo de la carrera profesional. Por tanto, es esencial que los nuevos miembros de la organización entiendan que el poder personal informal por lo general precede (no sucede) al poder organizacional formal. Un ascenso es el reconocimiento formal, por parte de la dirección, de que un individuo es capaz de hacer que el trabajo se lleve a cabo usando redes informales.

Uno de los resultados más interesantes de las investigaciones sobre la centralidad de las redes es que el *tipo* de red que se forja tiene mucha importancia. La mayoría de las personas desarrollan redes con otras que comparten antecedentes y experiencias comunes. Sus contactos sociales tienden a conocer a sus otros contactos sociales, así que la red se vuelve muy densa e interconectada. Ron Burt (1992) y otros argumentan que, por el contrario, las redes más eficaces son las que tienen muchos **agujeros estructurales**. Un agujero estructural existe cuando dos personas de su red no están conectadas entre sí. En esos casos, usted se convierte en un puente entre dos fuentes de información. Su valor aumenta porque puede controlar el flujo de información entre las partes y proporcionar un valor único a cada una de las dos personas con las que usted esté conectado.

Construir una red rica en agujeros estructurales no es natural para la mayoría de las personas. Significa expandirse para interactuar con individuos muy diversos. De hecho, un estudio demostró que ser un "inadaptado organizacional" con una trayectoria atípica de carrera

profesional puede en realidad *fortalecer* su influencia; unos antecedentes inusuales le dan a la persona oportunidades para llevar información única a la organización y negociar relaciones a partir de agujeros estructurales, dando así más oportunidades para influir (Kleinbaum, 2012). Gran cantidad de evidencia muestra que tener una red diversa aumenta la habilidad de desarrollar poder organizacional, sin importar el puesto. Una investigación reciente muestra que una red diversa también aumenta la creatividad (Sosa, 2011).

Un ejemplo llamativo de los beneficios de forjar una red diversa es Adam Rifkin. A comienzos de la década de 1990 era un estudiante de doctorado en Ingeniería computacional y fan de la banda Green Day. Creó una página web, una de las primeras de su tipo, para los fans de la banda. En 1994, recibió, vía correo electrónico, una queja de alguien que no estaba de acuerdo con la manera en que él había etiquetado a la banda como "punk". Rifkin decidió tomarse en serio el comentario. Se puso en contacto con la persona que se quejó y finalmente decidió cambiar su descripción de la banda. Con base en la experiencia, creó una página web independiente para dirigir a sus seguidores a otras bandas punk. El autor del mensaje electrónico quedó impresionado por la respuesta de Rifkin. Cinco años más tarde, Rifkin estaba trabajando en algunas ideas para nuevas empresas de los medios. Luchando por conseguir orientación y recursos, comenzó a buscar en su correo electrónico para ver quién podría ayudarle. Se encontró el mensaje que se quejaba de la página de Green Day y se puso en contacto con su autor, Graham Spencer. Desde aquel entonces, Spencer había fundado Excite, un motor de búsqueda pionero, y lo había vendido el año anterior por 6.7 mil millones de dólares. Spencer recordó a Rifkin y le ofreció ayuda. De esta manera, Rifkin creó algunas de las primeras empresas conjuntas de medios sociales más exitosas. Fue el fundador de Renkoo, que desarrolló aplicaciones de Facebook y MySpace que usan 36 millones de personas. Ahora Rifkin es el director ejecutivo de PandaWhale, una exitosa página web de redes sociales (Grant, 2013).

Este ejemplo ilustra los beneficios de usar las circunstancias impredecibles para establecer una amplia red de contactos. Uno de los errores más grandes que los individuos cometen al inicio de sus carreras como directivos es aislarse. Suponen que el progreso de su departamento es suficiente para avanzar en la organización. Como resultado, concentran toda su atención en cumplir con sus estrechas responsabilidades laborales y entablar relaciones sólidas con sus compañeros de trabajo inmediatos. Si se observan las organizaciones sólo en términos de estructuras verticales, se observará lo aislada que puede llegar a estar la red de comunicación de un solo departamento. Por el contrario, es importante convertirse en un actor central de la amplia red de comunicación de la organización, no sólo de la del departamento. Esto puede lograrse al comer con personas de otros departamentos, leer los informes anuales de todas las divisiones, ofrecerse como voluntario para actividades interdepartamentales y buscar puestos que incluyan labores que requieran trabajo con otros departamentos.

Es importante que los directivos que buscan formar amplias redes sociales comprendan que las relaciones sociales son muy distintas en diferentes entornos culturales. En específico, las investigaciones revelan que los individuos de distintas culturas difieren en términos del número y el tipo de amistades que suelen entablar en el trabajo, el grado en el que tal vez mezclen lazos sociales instrumentales y socioemocionales, y la fuerza y duración de sus relaciones (Morris, Podolny y Ariel, 2000). Por ejemplo, los vínculos de negocios en Estados Unidos se caracterizan por seguir las normas del mercado (deben ser redituables). En contraste, las relaciones de negocios en China se caracterizan por una orientación familiar (hay que hacer lo que sea necesario por la organización). Los vínculos en Alemania se rigen por una orientación legalburocrática (actuar según las reglas); las relaciones en España, por una orientación de afiliación (sociabilidad y amistad) (Morris *et al.*, 2000).

Flexibilidad

Un requisito esencial para construir una base de poder es la **flexibilidad** o discreción (es decir, la libertad de ejercer un juicio propio). A una persona con poca flexibilidad para improvisar, innovar o demostrar iniciativa, le será sumamente difícil ganar poder. Un puesto flexible tiene pocas reglas o rutinas establecidas que regulan la forma en que debe realizarse el trabajo. Además, la flexibilidad implica que cuando un directivo tiene que tomar una decisión no rutinaria, no es indispensable que obtenga la aprobación de un alto directivo. Las personas con puestos flexibles realizan tareas que les permiten utilizar y ejercer un considerable criterio personal.

La flexibilidad también se correlaciona con el ciclo de vida de un puesto. Es menos probable que las actividades nuevas sean tan rutinarias como las antiguas. De manera similar, la cantidad de reglas que rigen un puesto tiende a correlacionarse en forma directa con el número de individuos que lo han ocupado anteriormente. La misma lógica se aplica al ciclo de vida de un proceso de toma de decisiones. Cuanto más tiempo se haya reunido un grupo para analizar una cuestión, más difícil será obtener cierta cantidad de influencia sobre sus decisiones. En la historia del grupo se toman pronto las decisiones cruciales sobre la forma en que se realizará el análisis, las evidencias que se estudiarán y las alternativas relevantes. Por lo tanto, para marcar una diferencia, es importante ser un participante desde el inicio o hacerse cargo de nuevas funciones o actividades.

Un indicador de la cantidad de flexibilidad inherente a un puesto es el sistema de incentivos que lo rige. Si a las personas que ocupan un puesto se les recompensa por ser confiables y predecibles, esto indica que la organización castigará a quienes utilicen el criterio personal. Por otro lado, si se recompensa a los individuos por un desempeño poco común e innovador, se fomentará la libertad de criterio. Por ejemplo, una empresa podría enseñar a sus vendedores la forma de cerrar una venta, pero al mismo tiempo alentarlos para que encuentren nuevas formas de hacer esa labor. Los individuos que tienen una gran necesidad de poder deberán evitar un trabajo que se rija por el criterio del desempeño confiable, sin importar lo atractivo que parezca en otros aspectos, ya que éste los despojará de un necesario prerrequisito de poder.

Algunos directivos en puestos con poco criterio personal podrían sentirse completamente obstaculizados para usar la flexibilidad como fuente de poder. Sin embargo, la investigación reciente sugiere que las personas con una **personalidad proactiva** a menudo pueden crear su propio sentido de flexibilidad. La personalidad proactiva se ha definido como una tendencia a hacer algún cambio en el ambiente (Bateman y Crant, 1993). Las personas proactivas se concentran en encontrar nuevas oportunidades, tomar iniciativa y persistir en el proceso de llevar a cabo cambios positivos. Los académicos han ofrecido sólidas evidencias de que las personas proactivas consiguen ascensos más rápidamente y logran mejores salarios (Seibert *et al.*, 1999). También suelen recibir mejores evaluaciones de desempeño de sus supervisores, pero sólo si son expertos en forjar su red de tal forma que sus iniciativas tengan el apoyo de otros (Thompson, 2005). Lograr la flexibilidad laboral puede tener tanto que ver con el comportamiento propio del empleado como con las características de su rol. Esforzarse por lograr la flexibilidad tomando iniciativas personales para añadir valor a sus funciones y resolver los problemas es una técnica para aumentar el poder en puestos que por su naturaleza no permiten mucho criterio personal.

Visibilidad

Un inteligente ejecutivo alguna vez aconsejó a un joven aspirante egresado de la maestría en Administración: "La fórmula para ascender en el trabajo es un desempeño excelente multiplicado por la visibilidad". Como es evidente, un mal desempeño muy visible no conducirá a un ascenso laboral; sin embargo, el mensaje real de este consejo es que un desempeño excelente, pero poco conocido, tampoco lo logrará. Por supuesto, a nadie le gusta una persona que siempre está alardeando y exigiendo ser el centro de atención. Pero desarrollar su poder exige que logre una **visibilidad** en su organización, para que las personas le puedan reconocer y ver sus contribuciones.

Una manera de aumentar su visibilidad es impulsar el contacto frecuente con los altos directivos, los responsables de tomar decisiones y los líderes informales. Si sus actividades laborales normales no le ponen en contacto con la gente importante, puede aumentar su visibilidad mediante la participación en programas, reuniones y conferencias externas o de dentro de la empresa. Muchos jóvenes han asegurado una carrera mediante una presentación excelente en una convención de asociaciones comerciales o en una junta de consejo. Ofrecerse como voluntario para hacer presentaciones, y así actuar como la "cara" de su departamento, es un camino excelente para aumentar la visibilidad.

Al reconocer este argumento, un joven y enérgico ejecutivo de una gran corporación de Chicago aprovechó una oportunidad para impresionar al presidente del consejo. Luego de un conjunto extraño de circunstancias, se pidió al joven ejecutivo que fungiera como secretario en la junta directiva y que tomara notas en la reunión de accionistas. Asegurándose de llegar temprano, recibió a cada uno de los asistentes a la sala del consejo y luego los presentó con todos los demás miembros. El hecho de que este joven fuera capaz de que todos se sintieran a gusto (sin mencionar el hecho de recordar los nombres de un gran número de desconocidos) impresionó tanto al presidente del consejo que luego le brindó varias oportunidades para que ascendiera con rapidez dentro de la organización.

Es importante enfatizar la importancia del contacto directo para lograr visibilidad. Por ejemplo, los directivos sin experiencia con frecuencia suponen que recibirán el crédito por escribir un excelente informe; por desgracia, esto no siempre sucede. Si otro miembro del grupo ofrece una muy buena presentación del documento ante un comité ejecutivo, es probable que el presentador reciba mucho más crédito por el trabajo. Los ocupados ejecutivos tienden a impresionarse más por lo que observan en una reunión que por lo que leen en sus oficinas, especialmente si observan como sus colegas mueven con aprobación la cabeza o sonríen durante la presentación. Los beneficios de la reacción positiva suelen ir a las personas que están frente de ellos en ese momento.

Otra oportunidad importante para lograr visibilidad es la participación en grupos de trabajo para la solución de problemas. Solicitar a alguien que participe en estos espacios comunica a los demás que esa persona cuenta con experiencia valiosa. Y algo incluso más importante: si el informe del grupo de trabajo es bien recibido por los altos directivos, su nombre estará asociado al grupo responsable del "progreso", especialmente si llega en tiempo de incertidumbres o cambios. Por ejemplo, los gobernantes cuyos logros resaltan en forma notable desde una perspectiva histórica son aquellos que propusieron soluciones durante crisis graves. Recuerde que a Winston Churchill se le reconoce por haber ayudado a Gran Bretaña a sobrevivir durante la Segunda Guerra Mundial. En menor escala, en el contexto de una empresa, esta afirmación es igualmente verdadera. El poder que gana una persona es directamente proporcional a su visibilidad en el momento de manejar un cambio o una crisis.

Una fuente adicional de visibilidad es el reconocimiento del nombre. Los funcionarios gubernamentales elegidos por votación reconocen el valor de mantener sus nombres presentes frente al electorado, por lo que colocan carteles en los límites estatales y municipales, así como en las entradas de las terminales del transporte público dando la bienvenida a los viajeros. En las organizaciones existen oportunidades similares para incrementar la visibilidad. Por ejemplo, si su oficina envía información al público o a otros departamentos con regularidad, intente incluir una nota explicativa firmada. Si usted es nuevo en una empresa, preséntese ante los demás miembros. Si tiene una buena idea, comuníquela personalmente y de manera formal a las partes implicadas, y elabore un memorando de seguimiento. Si alguien logró algo importante recientemente, envíe una nota de felicitación y reconocimiento.

Relevancia

Todo esto nos lleva a la cuarta característica fundamental de los puestos con poder: la **relevancia**. Ésta implica asociarse con las actividades directamente relacionadas con los objetivos y temas centrales de una organización. Como lo expresó un directivo: "Mis colegas se interesan en mí porque las funciones que manejo son el fluido vital de la empresa mi presencia en sus oficinas implica que ahí existe una cuestión vital de un tipo o de otro, que requiere atenderse" (Kaplan y Mazique, 1983, p. 10).

Paul Lawrence y Jay Lorsch (1986) argumentaron en favor de la importancia de identificar la "cuestión competitiva dominante" de las compañías, es decir, la actividad organizacional que aparece como la principal responsable de la capacidad que tiene la empresa para competir eficazmente en su industria. La cuestión competitiva dominante de una organización depende de la industria en la que opera. Por ejemplo, las empresas que emplean una forma de tecnología de proceso de flujo, como las refinerías de petróleo y las plantas químicas, son las que más dependen de un marketing efectivo por su considerable inversión de capital y su reducida gama de productos. En contraste, las compañías que emplean una tecnología estándar de producción masiva (línea de ensamble), con una línea estable de productos y clientes establecidos, dependen más de la eficiencia de sus procesos de producción. Por último, las empresas de alta tecnología, o las compañías que fabrican productos diseñados para el cliente, tienen más éxito cuando cuentan con departamentos de investigación y desarrollo muy eficientes. Es más probable que los empleados que se aferran a una cuestión competitiva dominante de su organización particular desarrollen su poder con base en la relevancia.

Reflexionar sobre la relevancia puede ser especialmente importante para los empleados que trabajan en departamentos no relacionados directamente con la cuestión competitiva dominante de la organización. Por ejemplo, Tony Rucci, exdirector administrativo de Cardinal Health, argumenta que en el ambiente corporativo esbelto de hoy en día, los departamentos de recursos humanos tienen que demostrar a los directivos cómo contribuyen con el balance final. Como expresaba el *Wall Street Journal*: "un sólido departamento de recursos humanos se enfoca ahora en impulsar la productividad al ayudar a los empleados a entender mejor qué se espera de ellos y al mostrar a los directivos cómo ser más efectivos" (Rendon, 2010).

Estas tendencias tienen fuertes implicaciones para la relevancia. Un individuo que busca puestos influyentes debe ser sensible a lo notable de las actividades de su departamento para la empresa. Por ejemplo, es menos probable que un ingeniero de diseño logre influencia en una compañía petrolera que en una empresa de electrónica; los investigadores de operaciones tendrán mayor influencia dentro de compañías con líneas de productos establecidas y un proceso de producción de línea de ensamble. Es más probable que los especialistas en computación se sientan con poder en una empresa de desarrollo de software que en una compañía aseguradora o de servicios públicos. En estas últimas, la programación de computadoras se considera una función de apoyo, que sólo tiene un efecto indirecto sobre la rentabilidad.

Por supuesto, por lo general no es fácil cambiar las funciones sólo para aumentar la relevancia. Pero a menudo hay otras formas de aumentarla en el puesto; por ejemplo, asumir un rol de participación puede poner en contacto al individuo con funciones o proyectos importantes. Los empleados pueden actuar como un representante o defensor de proyectos o causas que son trascendentales para la organización. Otro rol fundamental es el del evaluador. Los puestos designados por la organización como puntos de verificación implican poder por el hecho de que crean dependencia. El rol del instructor o mentor de los nuevos miembros de una unidad de trabajo es otro puesto que entraña poder, ya que coloca al empleado en una posición que permite reducir la incertidumbre de los recién llegados y mejorar sustancialmente su desempeño. El personal de nuevo ingreso suele mostrarse aprensivo y valora que se le oriente. Además, el éxito en el desempeño de esta función despierta el respeto y la admiración de los colegas que se benefician de su capacitación efectiva.

En resumen, hemos analizado cuatro aspectos de los puestos organizacionales que son cruciales para ganar poder. Como se muestra en la tabla 5.7, la centralidad y la relevancia fomentan la obtención de poder mediante relaciones horizontales. Es decir, el poder que nace de la centralidad y la relevancia se basa en la relación que se

tiene con otros puestos y actividades laterales dentro de la organización. En cambio, la visibilidad y la flexibilidad están vinculadas al poder jerárquico. La flexibilidad refleja la cantidad de libertad que los superiores han conferido a un puesto. Un puesto muy visible posee lazos estrechos con niveles más altos de autoridad, por lo que un desempeño sobresaliente en un puesto así recibirá mayor reconocimiento, lo cual es un prerrequisito importante para el ascenso de un individuo en una organización.

TRANSFORMACIÓN DEL PODER EN INFLUENCIA

Una vez analizada la habilidad para ganar poder, estudiaremos la transformación del poder en influencia. Este concepto requiere que se comprenda la diferencia entre ambos conceptos. Como se indicó al inicio de este capítulo, muchos libros de amplia circulación sobre este tema sugieren que el poder es un fin en sí mismo. El objetivo aquí no es ayudar a las personas a ganar poder para su propio beneficio. Cuando el débil busca poder sólo porque está cansado de estar bajo presión, generalmente se volverá un tirano después de su ascenso. Sin embargo, aquí nos interesamos en ayudar a las personas a lograr lo excepcional en las organizaciones, reconociendo que esto, por lo general, requiere de influencia política. El bienintencionado, pero políticamente ingenuo, rara vez hace grandes contribuciones a las organizaciones. Por consiguiente, nos enfocaremos en la manera de ganar tanto influencia como poder.

Las personas con influencia tienen poder, pero no todas las personas con poder tienen influencia. La influencia en realidad implica asegurar el consentimiento de los demás para trabajar juntos en aras de alcanzar un objetivo. Muchas personas con poder no pueden lograr esto, como lo demuestra la incapacidad habitual de los presidentes de Estados Unidos para convencer al Congreso de aprobar lo que consideran una legislación esencial. Las habilidades para transformar el poder en influencia dependen de generar apoyo y compromiso en los demás, en vez de resistencia y resentimiento.

Estrategias de influencia

El poder se convierte en influencia cuando los demás aceptan comportarse según los deseos de quien detenta el poder. Las estrategias de influencia que utilizan los directivos para influir en los demás se clasifican en tres grandes categorías: *castigo, reciprocidad* y *razón* (Allen, Madison, Porter, Renwick y Mayer, 1979; Kipnis, 1987; Kipnis, Schmidt y Wilkinson, 1980). En la tabla 5.8 se listan estas estrategias y el método directo e indirecto correspondiente. En la tabla 5.9 se mencionan ejemplos específicos (Cialdini, 2001; Marwell y Schmitt, 1967).

Tabla 5.8 Estrategias de influencia

ESTRATEGIAS	MÉTODO DIRECTO	MÉTODO INDIRECTO
Castigo: obliga a los demás a hacer lo que usted dice.	1. Coerción (amenaza)	2. Intimidación (presión)
Reciprocidad: sirve para que los demás quieran hacer lo que usted dice.	3. Negociación (intercambio)	4. Congraciar (obligar)
Razón: muestra a los demás que es razonable hacer lo que usted dice.	5. Presentación de hechos (o necesidades)	6. Lo que usted dice apela a valores personales (o metas)

Tabla 5.9 Ejemplos de estrategias de influencia

CASTIGO (COERCIÓN E INTIMIDACIÓN)

Forma general:	"¡Si no haces X, te arrepentirás!".
Amenaza:	"Si no obedeces, te castigaré".
Presión social:	"Otros miembros de tu grupo han accedido, ¿qué decides?".
¿Tuviste suficiente?:	"Si accedes, dejaré de molestarte".
Carencia percibida y presión de tiempo:	"Si no actúas ahora, perderás esta oportunidad y causarás problemas a los demás".
Evitar ocasionar sufrimiento a los demás:	"Si no aceptas, otros saldrán lastimados o perjudicados".

RECIPROCIDAD (INTERCAMBIO Y CONGRACIAMIENTO)

Forma general:	"Si haces X, recibirás Y".
Promesa:	"Si accedes, te recompensaré".
Estima:	"La gente que valoras pensará mejor (o peor) de ti si accedes (o no accedes)".
Entrega previa:	"Haré por ti algo que te guste, así que ¿harías esto por mí?".
Obligación:	"Me debes obediencia por los favores pasados". (Aunque no di a entender que habría una obligación en el futuro).
Compromiso recíproco:	"Reduje mi oferta o precio inicial, y ahora espero que sea recíproco". (Sin importar lo irracional de mi postura inicial).
Escalamiento del compromiso:	"Sólo me interesa un pequeño compromiso". (Pero después regresaré por más).

RAZÓN (PERSUASIÓN BASADA EN HECHOS, NECESIDADES O VALORES PERSONALES)

Forma general:	"Quiero que hagas X, porque es congruente con/bueno para/necesario para...".
Evidencia:	"Estos hechos/opiniones de expertos demuestran las ventajas de mi posición/solicitud".
Necesidad:	"Esto es lo que necesito; ¿me ayudarás?".
Obtención de metas:	"Aceptar te permitirá alcanzar un objetivo personal importante".
Congruencia de valor:	"Esta acción es congruente con tu compromiso con X".
Habilidad:	"Esta iniciativa mejoraría si pudiéramos contar con tus habilidades o experiencia".
Lealtad:	"Ya que somos amigos/minoría, ¿harás esto?".
Altruismo:	"El grupo necesita tu apoyo, hazlo por el bien de todos".

Usted quizá tenga distintas reacciones ante estas listas. Algunas estrategias tal vez le parezcan particularmente efectivas, en tanto que otras le parecerán inadecuadas o incluso manipuladoras o deshonestas. Nuestro objetivo al mencionarlas no es sugerir que deban usarse todas; sólo presentamos el conjunto completo de estrategias de influencia para que usted seleccione de manera informada aquellas con las que se sienta más cómodo, y para que se dé cuenta cuando otros intenten influir en usted.

Estas tres estrategias de influencia dependen de distintos mecanismos para obtener cumplimiento y obediencia. El **castigo** se basa en una amenaza personal, la cual por lo regular surge de la autoridad formal. La forma directa de este método, la *coerción*, implica una amenaza explícita de imponer sanciones si no se obedece la voluntad del directivo. Al reconocer su vulnerabilidad ante las sanciones controladas por el jefe, los subalternos acceden de mala gana.

La *intimidación* es una forma indirecta de castigo, ya que la amenaza es sólo implícita. El estilo interpersonal intimidante del directivo sugiere la posibilidad de recibir sanciones organizacionales por la falta de cumplimiento, aun cuando no se trate de una amenaza explícita. La intimidación puede adoptar varias formas: por ejemplo, un directivo que critica en público el informe de un subalterno o que le ignora de manera sistemática durante las reuniones, o cuando se asignan tareas imposibles a los jóvenes ejecutivos.

Los actos de intimidación, por lo general, van acompañados de un énfasis especial sobre la autoridad de quien detenta el poder. El jefe intimidante suele asignar el trabajo en su oficina, de manera muy formal, haciendo referencia a la vulnerabilidad del individuo (por ejemplo, haciendo mención de su bajo nivel en la jerarquía o de su escasa antigüedad en la organización). Esto prepara el terreno para una amenaza implícita (por ejemplo: "Si las personas no están dispuestas a trabajar tiempo extra en este proyecto, las oficinas generales corporativas ejercerán presión sobre nuestro presupuesto y algunos de los empleados de más reciente contratación saldrán afectados").

La intimidación también se presenta mediante la presión de los compañeros. Los directivos que saben que la mayoría de sus subalternos respaldan una acción polémica podrían emplear dinámicas de grupo para obtener el respaldo de la minoría. Esto se hace avisando a la mayoría que la decisión debe ser unánime y que es su responsabilidad demostrar el liderazgo al garantizar el compromiso de todos los miembros; o bien, el directivo podría presionar directamente a los miembros del grupo que no han accedido, resaltando la necesidad de armonía, apoyo mutuo y trabajo por el bien común.

La segunda estrategia obtiene la obediencia de los demás apelando a la norma de **reciprocidad**. La reciprocidad funciona sobre el principio de satisfacer el interés de ambas partes. La forma directa de este enfoque implica una *negociación* en la que cada parte obtiene algo del intercambio. Al negociar, ambas partes están conscientes de los costos y beneficios asociados con el hecho de conseguir un acuerdo, y su negociación se basa en alcanzar un acuerdo que sea satisfactorio para ambos. Sin embargo, *congraciarse* es más sutil, e implica utilizar la cordialidad y recordar los favores del pasado para crear obligaciones sociales. Cuando se requiere de obediencia o apoyo, a los beneficiados se les recuerdan sus deudas. Un estudio reciente muestra que la avenencia es más eficaz cuando es sutil que cuando es explícita (Stern y Westphal, 2010). Otra investigación muestra que tiene efectos laterales negativos: los que reciben la amistad tienden a mostrar una confianza excesiva y poca disposición para hacer los cambios necesarios (Park *et al.*, 2011).

Los directivos usan la reciprocidad de varias formas, como llegar a acuerdos con líderes de opinión influyentes para que apoyen un nuevo programa, solicitar a los subalternos que trabajen tiempo extra a cambio de un fin de semana largo, hacer pequeños favores al jefe para poder tomar periodos más largos de comida ocasionalmente, y negociar formalmente con los miembros del personal administrativo para lograr que acepten labores no deseadas.

Al comparar las estrategias de castigo y reciprocidad, es evidente que la primera es más cuestionable éticamente que la segunda. Las estrategias de castigo ignoran los derechos de los demás y las normas de equidad, en tanto que la estrategia de reciprocidad respeta ambos. Un énfasis en el castigo provoca que se ignore la calidad de la relación que existe entre las partes, en tanto que la reciprocidad implica reconocer el valor de fortalecer su interdependencia.

El tercer método se basa en la habilidad persuasiva del directivo. En vez de buscar la obediencia al usar el puesto de autoridad, este enfoque apela a la **razón**. El directivo utiliza los beneficios inherentes de la solicitud para convencer a las personas de que obedezcan de forma voluntaria. Aquí, el objetivo es ayudar a que los demás vean por qué sus ideas tienen sentido. Las formas directas de la persuasión se basan en expresar *hechos o necesidades* convincentes que describan por qué la solicitud es esencial para la organización. Por ejemplo: "Si el turno a tu cargo no trabaja tiempo extra hoy, perderemos $5,000 en productos. ¿Pondrás de tu parte y nos ayudarás a resolver este problema?". En la forma indirecta de la razón, el directivo apela a los *valores o las metas personales* del otro. Esto podría incluir el deseo del otro de ser altruista, ser un miembro leal del equipo o ser respetado como un experto.

Como en ocasiones la persuasión se confunde con la manipulación, aquí es importante distinguir entre las dos. Una solicitud persuasiva es explícita y directa, en tanto que un acto de manipulación es implícito y engañoso. Quien persuade respeta la autonomía de quien toma la decisión y confía en su habilidad para juzgar la evidencia en forma efectiva. En contraste, quien manipula tiene poca consideración por las habilidades de quien toma la decisión y no confía en que tomará buenas decisiones. Los manipuladores tienen los mismos objetivos que los líderes autoritarios, sólo que utilizan tácticas más sutiles. Por lo tanto, ante el observador casual, a menudo parece que los directivos manipuladores utilizan un estilo de liderazgo democrático. De hecho, en realidad son "democráticos ficticios", ya que aunque sus acciones puedan parecer democráticas, no tienen ninguna intención de compartir el poder. Emplean el estilo democrático sólo porque éste hace que los demás estén menos a la defensiva y, por consiguiente, sean más vulnerables a sus iniciativas de poder (Dyer, 1972).

Ventajas y desventajas de cada estrategia

Como se muestra en la tabla 5.10, cada método tiene ventajas y limitaciones (Cuming, 1984; Mulder, Koppelaar, de Jong y Verhage, 1986). La estrategia de castigo genera una acción inmediata, y el trabajo se realiza exactamente conforme a las especificaciones del directivo; sin embargo, conlleva altos costos. De las tres estrategias, es la que con seguridad provocará resistencia. A la mayoría de la gente no le agrada que la obliguen a hacer algo. Los directivos eficaces emplean este método con moderación, reservándolo por lo general para momentos de crisis o como último recurso cuando las demás estrategias fallan. Es más adecuado para situaciones en que las metas de las partes compiten entre sí o son independientes. Este método únicamente es efectivo cuando el individuo percibe que el directivo tiene el poder y la decisión de cumplir su amenaza. De otra forma, la persona sobre la que recae la influencia podría considerar al directivo como fanfarrón. Además, las sanciones bajo amenaza deben ser lo suficientemente severas como para no considerar su desacato.

Cuando se emplea en forma repetida, el método del castigo genera resentimiento y aislamiento, los cuales con frecuencia provocarán una actitud de oposición abierta o encubierta. Puesto que estas condiciones tienden a reprimir la iniciativa y el comportamiento innovador (aun cuando se logre la obediencia), es probable que el desempeño organizacional se vea afectado.

La estrategia de reciprocidad permite que el directivo consiga obediencia sin generar resentimiento, ya que ambas partes se benefician del acuerdo. Resulta más apropiada cuando cada parte controla cierto resultado valorado por la otra parte, y cuando existen reglas establecidas que regulan la transacción, incluyendo cláusulas para

presentar quejas. Sin embargo, incluso en estas condiciones, la reciprocidad requiere cierto grado de confianza. Si los individuos no han cumplido acuerdos anteriores, su credibilidad como partes negociantes será dudosa. También es adecuada para situaciones en las que el directivo que detenta el poder necesita que el individuo realice tareas específicas y sin ambigüedades.

La principal desventaja de este método, cuando se emplea con frecuencia, es que genera una perspectiva sumamente materializada del trabajo. La otra persona comenzará a esperar que cada solicitud esté abierta a la negociación y que cada tarea concluida genere una recompensa de igual valor. En consecuencia, depender solamente de la reciprocidad puede socavar los niveles de compromiso de los empleados, quienes pueden empezar a considerar su trabajo de manera calculadora y minimizar la importancia de trabajar arduamente para alcanzar las metas organizacionales, sin importar la ganancia personal.

Las ventajas y desventajas del tercer método (la razón) son más complicadas. El objetivo de la estrategia racional es una forma más elevada de obediencia, es decir, un compromiso internalizado. En otras palabras, la meta es que el empleado decida obedecer de forma voluntaria. El compromiso depende de enseñar los principios adecuados y explicar las necesidades legítimas para después confiar en la buena intención y el juicio de los subalternos para actuar de manera adecuada. En su forma ideal, el compromiso disminuye la necesidad de supervisión e incrementa la iniciativa, el compromiso y la creatividad del subalterno.

La principal desventaja del enfoque racional o basado en la razón es la cantidad de tiempo que se requiere para generar la confianza y el entendimiento mutuo necesarios para que opere de manera efectiva. Este tiempo se incrementa conforme aumenta el número de individuos implicados. Además, como el éxito de esta estrategia requiere que haya una congruencia entre las metas y los valores, es difícil aplicar este método cuando las partes tienen orígenes diferentes, son partidarias de filosofías opuestas o se les asignan responsabilidades en conflicto (por ejemplo, mantener la calidad *versus* cumplir con fechas límite).

En sus estudios clásicos acerca de las estrategias de influencia, Schmidt y Kipnis (1987; Kipnis y Schmidt, 1988) brindan evidencias claras que sustentan los mayores beneficios del método basado en la razón. A las personas que confían principalmente en la razón y la lógica para influir sobre los demás, sus jefes los consideran mucho más efectivos y también reportan bajos niveles de estrés laboral y altos niveles de satisfacción laboral. En contraste, los individuos que utilizan de manera persistente cualquier otro método para lograr sus metas tienden a recibir calificaciones de desempeño más bajas

Tabla 5.10	Comparación entre las estrategias de influencia			
ESTRATEGIA DE INFLUENCIA	**CUÁNDO USARLA**	**POSIBLES VENTAJAS**	**POSIBLES DESVENTAJAS**	**POSIBLES QUEJAS**
Castigo	• Desigualdad de poder, a favor del influyente • El compromiso y la calidad no son importantes • Fuertes limitaciones de tiempo • Violación grave • El asunto no es importante para el individuo • Si el asunto fuera importante, habría pocas probabilidades de castigo • Solicitud específica y sin ambigüedades • Probable resistencia a la solicitud	• Acción rápida y directa	• Reprime el compromiso y la creatividad • Inseguridad del jefe • Provoca resentimiento • Es necesario incrementar la gravedad de las amenazas para mantener la presión	• Violación de derechos • Violaciones éticas
Reciprocidad	• Partes mutuamente dependientes • Cada parte posee recursos valiosos para la otra parte • Tiempo adecuado para negociar • Existen normas de intercambio establecidas • Las partes se consideran confiables • El compromiso con metas y valores generales no es crucial • Las necesidades son específicas y de corto plazo	• Baja incidencia de resentimiento • No se pide justificación de la solicitud	• Provoca una perspectiva material del trabajo (expectativa de recompensas específicas por acciones específicas) • Alienta a la gente a sentir que los términos de las asignaciones están abiertos a la negociación	• Injusticia, expectativas frustradas, manipulación
Razón	• Tiempo adecuado para un extenso análisis • Metas/valores comunes • Las partes comparten respeto/credibilidad mutuos • Las partes comparten una relación continua	• Se reduce la necesidad de supervisión	• Se requiere de mucho tiempo para crear confianza (el tiempo aumenta conforme se incrementa el número de individuos) • Se requieren metas y valores comunes	• Diferencia de opiniones, percepciones de prioridades en conflicto

APRENDIZAJE

y a experimentar niveles más altos de estrés personal e insatisfacción laboral.

En general, parece que las estrategias con números más altos de la tabla 5.8 son más efectivas que las que tienen números bajos. Este orden refleja el sistema global de valores representado aquí: lo directo es mejor que lo indirecto; lo abierto es mejor que lo cerrado; la negociación es mejor que la intimidación, y las solicitudes sinceras son mejores que los engaños.

Esta conclusión se justifica si se considera que es más probable que las estrategias con numeración mayor se perciban como justas e imparciales, en parte porque van acompañadas de una explicación. Investigaciones sobre el cambio organizacional han demostrado de manera consistente que las personas están más dispuestas a cambiar cuando comprenden las razones. Por ejemplo, en un estudio de 187 empleados de siete empresas, a quienes se había reubicado recientemente, consideraron que el proceso fue justo cuando comprendieron las razones de esa acción, a pesar de que sentían que su traslado había sido desfavorable (Daly, 1995).

Es importante señalar cómo deben tomarse en cuenta las preferencias culturales al elegir una estrategia de influencia. En primer lugar, ésta debe ser congruente con sus valores culturales personales. Segundo: debe ser congruente con los valores culturales de la persona sobre la que se desea influir. Tercero: debe ser congruente con el contexto general en el que se da la relación. Como un caso extremo de estos tres factores situacionales, imagínese a un directivo japonés tratando de influir sobre un empleado africano en una planta automotriz alemana. Sin duda alguna, nuestras afirmaciones sobre las ventajas y desventajas de estas tentativas de influencia están claramente enraizadas en las normas culturales tradicionales estadounidenses (que incluyen relaciones igualitarias, comunicación directa e individualismo). En contraste, los miembros de culturas que otorgan alto valor a la obligación social serían más proclives a favorecer las estrategias de influencia de reciprocidad. Además, las culturas que enfatizan los métodos de comunicación indirecta, como contar historias o hacer inferencias, tal vez prefieran las estrategias indirectas por encima de las directas. De igual forma, las personas que dan importancia particular a las relaciones jerárquicas podrían sentirse más cómodos con las estrategias de coerción (Thompson, 2001).

Aplicación de la influencia ascendente: Un caso especial de la estrategia de razonamiento

Existe una forma particular de influencia que requiere de atención especial. En el análisis de las "estrategias de influencia" nos enfocamos en influir en los demás "hacia abajo" (por ejemplo, subalternos) o lateralmente (por ejemplo, los compañeros de trabajo). El rol que obviamente falta en este conjunto de objetivos de influencia es "hacia el jefe". De acuerdo con el planteamiento de Kanter (1979) (analizado antes en este capítulo acerca de que el poder organizacional puede medirse en términos del propio control para hacer "excepciones a la regla"), es importante examinar estrategias para obtener la aprobación de solicitudes excepcionales al ejercer la influencia ascendente. Como recordará, en la tabla 5.1 se mencionaron varias excepciones que los subalternos consideran como el resultado de tener un "jefe con poder", incluyendo acciones como interceder favorablemente en beneficio de alguien en problemas, obtener un puesto deseado para un subalterno talentoso y lograr la aprobación de gastos que rebasan el presupuesto.

Considerando el énfasis que hemos puesto al hecho de usar el poder para ejercer una influencia positiva y constructiva en una organización, es importante subrayar los méritos de los directivos que utilizan su poder para beneficiar a sus subalternos al ejercer una influencia ascendente y hacia el exterior. Si los subalternos perciben que el poder del líder de su unidad los protegerá de presiones dañinas externas y que les ayudará a franquear barreras organizacionales artificiales para que realicen bien su trabajo, de manera natural, ellos se sentirán inclinados a fortalecer la base de poder de su jefe.

Un método para la influencia ascendente que está recibiendo mucha atención se denomina **venta de un tema** (Dutton y Ashford, 1993). Este método es el proceso de dirigir la atención de los líderes hacia las cuestiones o los problemas que más le preocupan a usted, sin importar los otros asuntos que compiten por su atención. Los temas que los ocupados líderes creen que merecen su atención son aquellos que perciben como los que más consecuencias pueden tener. Por lo tanto, una influencia ascendente eficaz implica que tiene que convencer a su jefe de que el tema específico que usted defiende es tan importante que requiere su atención oportuna. La tabla 5.11 contiene un resumen de las estrategias clave que pueden emplearse para ejercer influencia ascendente mediante la *venta* efectiva de un tema (Dutton y Ashford, 1993; Dutton y Duncan, 1987).

Michael Useem, director del Center for Leadership and Change Management, brinda otra perspectiva sobre la influencia ascendente. En una entrevista acerca de su libro *Leading Up: How to Lead Your Boss So You Both Win*, Useem dijo sin rodeos: "Si las personas tienen miedo de ayudar a sus líderes a dirigir, los líderes fracasarán" (Breen, 2001). Este autor ofrece varios consejos para lo que denomina "liderazgo de flujo ascendente". Primero, para guiar, primero se debe decir lo que se piensa. Señala que incluso se espera que los oficiales de la Marina notifiquen si alguno de sus superiores da una orden incorrecta. En segundo lugar, antes de guiar, se debe trabajar en equipo. Cuando las implicaciones de su mensaje exijan un cambio importante de curso, es especialmente importante trabajar con aliados, sobre todo con aquellos que agreguen credibilidad a sus argumentos. En tercer lugar, hay que guiar, no argumentar. Cuando se plantea un punto de vista opuesto, se debe mostrar el desacuerdo sin ser desagradable. Al ser un ejemplo de actitud abierta, apoyo y confianza, su manera de mostrar su desacuerdo podría ser el mensaje más importante, especialmente durante épocas de mucho estrés y conflictos. En cuarto lugar, no hay que tratar de ser todo para todos, o se terminará siendo nada para nadie. Los superiores están más dispuestos a escuchar malas noticias de los subalternos que tienen un juicio confiable y cuya lealtad es incuestionable. Tratar de tener a todos contentos provocará que los demás cuestionen su lealtad.

Tabla 5.11 Formas de vender temas de manera ascendente

PRINCIPIO	EXPLICACIÓN
Congruencia	El tema debe ser congruente con su puesto y sus funciones. Una persona del departamento de marketing que trata de vender un tema relacionado con las computadoras será menos eficaz que un especialista en informática.
Credibilidad	Conservar la credibilidad siendo honesto, abierto, directo y no egoísta. Demostrar que su interés en el tema no obedece a una mera ganancia personal. Los temas que parecen basarse en el egoísmo son más difíciles de vender.
Comunicación	Ganar o mantener acceso a una amplia red de comunicación. Utilizar múltiples canales de comunicación, incluyendo las conversaciones cara a cara, los memorandos escritos, los correos electrónicos, las conferencias, los recortes de periódicos, etcétera.
Compatibilidad	Seleccionar temas que sean concordantes y que estén en armonía con la organización. Evitar temas que contradigan la cultura de la empresa.
Capacidad de solución	El tema debe ser susceptible de solución. Dejar claro que el tema puede resolverse. Mostrar que existen alternativas de solución. Los asuntos irresolubles no llaman la atención.
Beneficios	Señalar con claridad los beneficios que tendría a largo plazo, para la empresa o para el directivo, ocuparse de ese tema. Cuantos más beneficios potenciales se perciban, mayor atención recibirá el asunto.
Pericia	Identificar la pericia o habilidad técnica que se necesita para resolver el problema. Es más probable que los temas llamen la atención si queda claro que la habilidad y experiencia necesaria para resolverlos reside en la empresa, o aún mejor, que pertenece al campo de acción del director o jefe.
Responsabilidad	Señalar la responsabilidad que tienen los niveles directivos superiores para ocuparse de ese tema. Destacar las consecuencias negativas asociadas con ignorar el tema o dejarlo sin resolver.
Presentación	Asegurarse de que el tema se presente de manera resumida, en términos emocionales positivos, con datos de apoyo e información original. La información compleja y extensa no llama la atención, por lo que el tema deberá explicarse en términos precisos y sencillos.
Asociación	Unir temas similares con otros asuntos importantes que interesen a los niveles directivos superiores. Señalar la relación que existe entre el tema y otros asuntos que ya se han atendido.
Coaliciones	El tema deberá ser apoyado por otras personas que secundarán e impulsarán a introducirlo en la agenda. Al crear coaliciones con individuos que apoyan el tema, éste será difícil de ignorar.
Visibilidad	Presentar y vender el tema en un foro público en vez de hacerlo en una reunión privada. Cuantos más individuos escuchen sobre el asunto, es más probable que llegue a la agenda del jefe.

FUENTE: *Adaptado de Dutton y Ashford, 1993.*

Actuar de manera asertiva: neutralizar los intentos de influencia

En general, los directivos son más eficientes cuando piensan que las demás personas son razonables, bien intencionadas y motivadas. Por desgracia, en algunos casos, estas suposiciones son falsas. Cuando esto sucede, es importante estar listo para protegerse de esfuerzos no deseados e inadecuados por parte de otros individuos para influir sobre nuestras acciones. Si recordamos la figura 5.1, la falta de poder es tan dañina para el desempeño personal como lo es el uso excesivo del mismo. Por lo tanto, es igual de importante ser hábil para resistir los intentos de influencia no deseados que para influir en el comportamiento de otras personas. Las tablas 5.8 y

5.9 contienen un impresionante arsenal de estrategias de influencia. ¿Será posible neutralizar el efecto de tal conjunto de herramientas tan bien desarrolladas y concebidas? Muchas personas sucumben ante estos intentos de influencia, ya sea porque no están conscientes de las dinámicas sociales que afectan sus decisiones, o porque se sienten obligadas a ceder sin oponer resistencia. La importancia de evitar relaciones en las que los individuos en puestos de poder intentan fomentar la dependencia en los demás ha sido el tema de investigaciones sobre los "efectos tóxicos de la tiranía en las organizaciones" (Bies y Tripp, 1998). En la tabla 5.12 se presenta un resumen de las características de los jefes abusivos, resultado de este estudio. A medida que analice las siguientes estrategias para neutralizar intentos inadecuados de influencia, tal vez

Tabla 5.12	Características de los jefes abusivos

- **Dirección minuciosa:** obsesionados con los detalles y la perfección.
- **Dirección ambigua con entrega decisiva:** consideran todo como prioridad, solicitan atención inmediata y meticulosa.
- **Cambios bruscos de humor:** dan respuestas impredecibles.
- **Obsesión con la lealtad y la obediencia:** "Estás conmigo o en mi contra".
- **Derogación de estatus:** critican a los subalternos en público, hasta el punto de ridiculizarlos.
- **Acciones caprichosas:** arbitrariedad e hipocresía.
- **Ejercen el poder para obtener ganancias personales:** se sienten con derecho de obtener el "botín de la victoria".

FUENTE: *Adaptado de Bies y Tripp, 1988.*

le resulte útil emplear estas características de las relaciones abusivas como un marco de referencia.

Neutralización de las estrategias de castigo utilizadas por otras personas

Las acciones coercitivas y de intimidación tienen el objetivo de crear un desequilibrio de poder basado en la dependencia. Ésta es la forma más perjudicial de influencia y, por lo tanto, debe resistirse de la manera más vigorosa y directa posible. Para esto se pueden emplear varios enfoques. Los siguientes métodos constituyen un arsenal de acciones de respuesta (y se recomienda considerarlas en el orden presentado, según sea necesario).

A. **Utilice el poder compensatorio para convertir la dependencia en interdependencia.** El principal motivo por el que los individuos (en particular los jefes) dependen en gran parte de la amenaza del castigo es que se aprovechan de la inequidad percibida del poder. Como es evidente, el jefe tiene la última palabra, pero cuanto mayor sea la discrepancia percibida en el poder, mayor será la tentación de manipular a quien carece de él. Para resistir al castigo, enfoque la atención de su jefe hacia su dependencia mutua, es decir, hacia su interdependencia. Señale las consecuencias negativas de no respetar sus derechos o de que usted no actúe en forma cooperativa. Como parte de este análisis, tal vez sea adecuado analizar medios más aceptables para satisfacer las demandas del jefe.

B. **Confronte en forma directa al individuo explotador.** Todos los individuos, sin importar su trabajo o estatus organizacional, deben proteger sus derechos personales. Uno de esos derechos es ser tratado como un adulto inteligente, maduro y responsable. Para interponer una queja de manera eficiente, los elementos clave incluyen describir el problema en términos de comportamientos, consecuencias y sentimientos, persistir hasta ser entendido y hacer sugerencias específicas. Estas técnicas podrían utilizarse para destacar la gravedad de sus preocupaciones. En caso necesario, deberá especificar las acciones que está dispuesto a emprender para detener el comportamiento coercitivo. Por ejemplo, delatar alguna irregularidad implicará presentar una queja ante un órgano de regulación externo.

C. **Resista en forma activa.** Como último recurso, deberá considerar la posibilidad de "atacar el fuego con el fuego". Podría requerirse una disminución del ritmo de trabajo, la desobediencia deliberada de las órdenes o reportar el problema a un directivo de nivel superior. De nuevo, este paso debe tomarse sólo después de que todos los demás esfuerzos por oponerse a las amenazas y demandas hayan fallado.

Neutralización de las estrategias de reciprocidad utilizadas por otras personas

Muchas de las estrategias de persuasión que se utilizan en las ventas y en la publicidad caen en esta categoría. En el mercado, su preocupación será evitar que lo timen. En el centro laboral, su preocupación será evitar que lo manipulen. Las siguientes acciones, ordenadas jerárquicamente, deberían ser útiles en cualquiera de las dos situaciones. De nuevo, comience con la primera respuesta y continúe con las siguientes, si fuere necesario.

A. **Analice la intención de cualquier regalo o actividad de favorecimiento.** Cuando se ofrece un favor o un regalo, deberá considerar los motivos de quien los otorga, la pertinencia de su comportamiento y las consecuencias probables de aceptarlo. Deberá hacerse preguntas como las siguientes: "¿Es probable que quien me obsequia se beneficie de esto?", "¿Es esta transacción inadecuada, ilícita o poco ética?", "¿Existe una expectativa establecida o implícita de reciprocidad, y me sentiría bien accediendo si el regalo o el favor no se hubieran presentado?". En resumen, cuando tenga dudas acerca de los motivos del benefactor, haga preguntas o rechace el regalo.

B. **Confronte a los individuos que utilizan tácticas de negociación manipuladoras.** Las técnicas comunes utilizadas en estas situaciones son el escalamiento de compromisos ("Sólo estoy interesado en un pequeño compromiso [por ahora]") y los compromisos recíprocos ("He modificado mi [extrema] postura inicial; ahora espero que tú [bajo el espíritu de un juego limpio] también ofrezcas un compromiso"). El simple hecho de poner atención a estos intentos de manipularlo aumentará su poder en la relación. Deje claro que usted no aprueba la estrategia de manipulación; luego proponga un intercambio de alternativas, destacando los méritos del caso o el verdadero valor del producto, por encima de la habilidad de los negociadores. Entonces será capaz de remodelar el proceso de intercambio y evitar que lo manipulen.

C. **Rehúse negociar con individuos que emplean tácticas de alta presión.** Si los pasos 1 y 2 fallan, rehúse continuar la discusión a menos que se abandonen las técnicas agresivas, como la imposición de restricciones de tiempo poco razonables o el énfasis en el limitado suministro de un producto o servicio. Si sospecha que la dinámica del proceso de negociación podría estar empañando su buen juicio sobre el valor del objeto o la importancia del asunto, pregúntese: "¿Me interesaría este artículo si existiera una oferta ilimitada y no hubiera restricción de tiempo para tomar la decisión?". Si la respuesta es negativa, abandone el proceso de negociación o concentre su atención en su inequidad. Al desviar su atención del contenido al proceso, usted neutralizará la ventaja de un negociador más poderoso o con más experiencia. Al negarse a continuar, a menos que se eliminen las restricciones artificiales de tiempo y oferta, usted podrá establecer términos más justos de intercambio.

Neutralización de estrategias basadas en la razón utilizadas por otras personas

Aunque las estrategias basadas en la razón son los intentos más equitativos de influencia, pueden crear o exaltar condiciones de inequidad. Las siguientes pautas ordenadas deberán ayudarle a evitar estas situaciones:

A. **Explique los efectos adversos que su aceptación ejercerá sobre su desempeño.** Con frecuencia, las grandes prioridades de los demás son secundarias para usted. Que alguien presente un argumento legítimo y convincente no lo obliga a acceder a la solicitud. Por ejemplo, una solicitud podría ser razonable, pero el momento en que se presenta es inadecuado; la obediencia tal vez ocasione que no logre cumplir con una fecha límite o que no dé buen servicio a sus clientes. Deberá analizar estas inquietudes con la persona influyente. Al reconocer la necesidad de la otra persona, explicar

sus inquietudes en relación con su obediencia y luego ayudar a buscar alternativas, evitará saturarse de compromisos sin ofender a nadie.

B. **Defienda sus derechos personales.** Si ha empleado el paso 1 y la persona que realiza la solicitud persiste, dirija la discusión a sus derechos personales. Si con frecuencia los individuos acuden a usted por ayuda porque no saben administrar bien su tiempo o sus recursos, apele a su sentido de justicia; pregúnteles si consideran correcto que usted se atrase en su trabajo para que ellos puedan salir de un apuro. Los compañeros de trabajo tienen el derecho de solicitar su ayuda en una situación difícil, pero usted también tiene el derecho de negarse cuando las solicitudes, incluso las razonables, lo coloquen en una situación de desventaja o cuando se deban a la negligencia o la dependencia excesiva de los demás.

C. **Rehúse firmemente cumplir con la solicitud.** Si sus esfuerzos por explicar los motivos que le impiden aceptar no funcionan, deberá negarse firmemente y finalizar la discusión. Algunas personas creen que su caso es tan apremiante que les cuesta trabajo creer que los demás no aceptarán. Si su compañero de trabajo sigue sin aceptar una respuesta negativa, probablemente se deba a que tal respuesta no ha sido lo suficientemente firme. Como último recurso, podría tener que buscar el apoyo de una autoridad superior.

Resumen

En la figura 5.2 se destacan las dos habilidades analizadas en este capítulo: ganar poder y la transformación de poder en influencia. Iniciamos con el análisis de las fuentes de poder, como los atributos personales y las características del puesto. Es necesario desarrollar ambos aspectos si se desea incrementar al máximo el propio potencial como individuo poderoso. Tanto una persona fuerte en un puesto débil como una persona débil en un puesto fuerte se encuentran en desventaja. La situación ideal radica en ser una persona fuerte en un puesto fuerte.

Un directivo debe establecer una base de poder para que el trabajo se realice y lograr compromisos en relación con objetivos importantes. Sin embargo, el poder sin influencia no es suficiente. Por consiguiente, hemos analizado la forma de convertir uno en otra mediante la selección de una estrategia de influencia adecuada y su ejecución, de forma tal que se reduzca la resistencia. En general, es más probable que esto ocurra cuando los directivos utilizan las estrategias con los números más altos de la tabla 5.8. La persuasión tiende a forjar confianza y a alentar el compromiso interno, en tanto que la coerción y la intimidación reducen la confianza, producen únicamente una aceptación superficial y fomentan el servilismo.

Figura 5.2 Modelo de poder e influencia

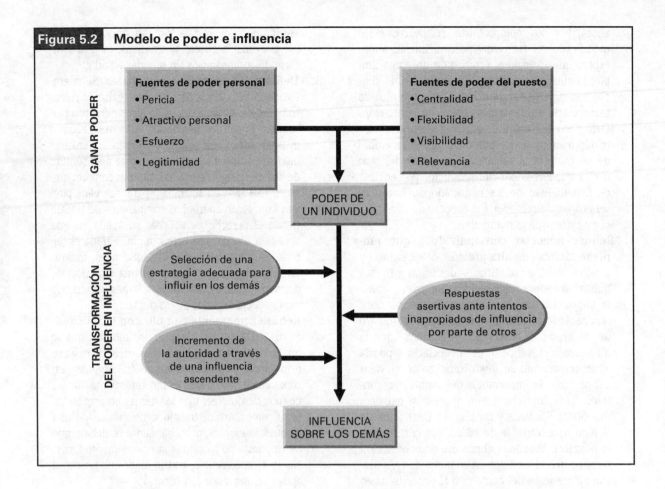

El uso descontrolado del poder tiende a incrementar la resistencia entre los subalternos, lo cual, a su vez, deteriora la base de poder del directivo. Además, transforma la naturaleza de la administración de los subalternos por parte del directivo. Cuanto mayor sea la dominación que ejerza un directivo sobre sus subalternos, más dependientes se volverán éstos de las iniciativas del primero. Como resultado, los directivos tenderán a sobrevalorar su contribución a las actividades de desempeño de sus empleados ("Sin mí, estarían perdidos"). Este exagerado sentido de la importancia personal alienta el abuso del poder que debilita la influencia del directivo e incluso podría dar pie a que los demás exijan su renuncia. Así pues, el abuso del poder es destructivo, tanto a nivel organizacional como personal.

No es necesario abusar del poder. Los directivos que ejercen el poder de manera efectiva trabajan dentro de las limitaciones aceptadas, pero encuentran las formas de hacer bien las cosas. Asumen toda la responsabilidad por el desempeño de sus subalternos, así como por su compromiso con su trabajo y con su pertenencia a la organización.

La transformación del poder en influencia no sólo debe ir hacia abajo (es decir, hacia los subalternos de la organización), sino también hacia arriba (es decir, hacia los jefes de la organización). Los intentos desatinados por influir de manera ascendente podrían minar rápidamente la carrera de un directivo, en tanto que una adecuada influencia ascendente suele mejorarla notablemente. Al ayudar a establecer la agenda de los altos directivos (venta de un tema) y al trabajar para el éxito de los mismos (beneficiar al jefe), la influencia de un directivo aumenta de forma significativa. Sin embargo, al aplicar estos dos principios, los directivos deben encontrarse motivados no por una sed de engrandecimiento propio, sino por el deseo honesto de beneficiar a su empresa y de fortalecer la posición de sus jefes.

El consejo del fallecido A. Bartlett Giamatti, ex director de la Universidad de Yale y delegado de la Liga Mayor de Béisbol, sería una conclusión adecuada para este análisis: "Es mucho mejor concebir el poder como el conocimiento de cuándo no se debe utilizar todo el poder que uno detenta... Aquel que sabe cómo contener y liberar en forma efectiva el poder descubre... que éste fluye de regreso hacia él" (1981, p. 169).

Guías de comportamiento

La dirección efectiva dentro de una organización implica la ganancia de poder y el ejercicio sensato de la influencia. Los siguientes son algunos lineamientos fundamentales para ganar poder:

1. Incremente su poder personal en la empresa mediante las siguientes acciones:
   - ❏ Desarrollar sus conocimientos y habilidades hasta el punto de convertirse en un experto reconocido.
   - ❏ Aumentar su atractivo personal ante los demás, por ejemplo, promoviendo los atributos de la amistad (autenticidad, acercamiento, aceptación, validación de la autoestima, tolerancia e intercambio social) y prestando atención a su apariencia profesional.
   - ❏ Ser extremadamente confiable y, cuando sea adecuado, esforzarse más de lo esperado.
   - ❏ Incrementar su legitimidad adecuando sus comportamientos y decisiones con los valores centrales de la organización.

2. Incremente la centralidad de su puesto por medio de:
   - ❏ Ampliar los contactos de su red de comunicación.
   - ❏ Mantenerse al tanto de la información relevante.
   - ❏ Actuar como fuente de información para otros.

3. Incremente el alcance y la flexibilidad de su trabajo por medio de:
   - ❏ Reducir el porcentaje de actividades rutinarias.
   - ❏ Ampliar la variedad y novedad de las actividades.
   - ❏ Concebir ideas retadoras.
   - ❏ Participar en nuevos proyectos.
   - ❏ Colaborar en las primeras etapas de los procesos de toma de decisiones.
   - ❏ Buscar trabajos fuera de lo común y orientados al diseño, en vez de trabajos repetitivos y orientados al mantenimiento.

4. Incremente la visibilidad de su desempeño laboral por medio de las siguientes acciones:
   - ❏ Ampliar el número de contactos que tiene con miembros de la alta dirección.
   - ❏ Realizar presentaciones orales del trabajo escrito.
   - ❏ Participar en grupos de trabajo para la solución de problemas.
   - ❏ Invitar a los altos directivos para que le ayuden a dar importantes reconocimientos dentro de su grupo de trabajo.
   - ❏ Enviar notas personales de felicitación o notas de portada para los informes, o información útil.

5. Incremente la relevancia de sus labores para la empresa al:
   - ❏ Convertirse en un coordinador interno o un representante externo.
   - ❏ Brindar servicios e información a otras unidades.
   - ❏ Supervisar y evaluar actividades dentro de su propia unidad.
   - ❏ Ampliar el dominio de sus actividades laborales.
   - ❏ Participar en actividades centrales para las más altas prioridades de la organización.
   - ❏ Convertirse en instructor o fungir como mentor de los nuevos miembros.

Los lineamientos generales para influir sobre otras personas de manera efectiva implican ajustar su estrategia de influencia a situaciones específicas, actuar en forma asertiva cuando otras personas intenten influir sobre usted de manera inapropiada, y facultar a otros individuos. En general, utilice las estrategias basadas en la razón con más frecuencia que las estrategias de intercambio, y las estrategias de reciprocidad con más frecuencia que las amenazas de castigo. Utilice métodos abiertos y directos antes que métodos indirectos y manipuladores.

6. Utilice las estrategias basadas en la razón cuando:
   - ❏ Existan pocas restricciones de tiempo.
   - ❏ La iniciativa y la innovación sean vitales.
   - ❏ Exista una gran confianza interpersonal.

APRENDIZAJE

❏ La relación sea de largo plazo.
❏ No exista un grave conflicto interpersonal.
❏ Las metas personales sean congruentes y ambas partes las respeten.
❏ Sea importante para la otra persona comprender los motivos por los que se hace la solicitud.

7. Utilice las estrategias de reciprocidad cuando:
   ❏ Las partes sean mutuamente dependientes.
   ❏ Existan reglas claras y específicas para regular los contactos interpersonales.
   ❏ El compromiso a largo plazo hacia metas y valores comunes no sea importante.
   ❏ Exista tiempo suficiente para alcanzar acuerdos satisfactorios.

8. Utilice las estrategias de castigo cuando:
   ❏ Exista un gran desequilibrio de poder entre las partes.
   ❏ El compromiso actual de la otra persona no sea crucial.
   ❏ La calidad y la innovación no sean importantes.
   ❏ La oposición sea aceptable (por ejemplo, cuando exista personal de reemplazo, en caso necesario).
   ❏ Sea posible una gran supervisión.
   ❏ No existan otras opciones.

9. Para neutralizar las estrategias basadas en la razón empleadas por otros:
   ❏ Explique las consecuencias negativas de aceptar.
   ❏ Defienda sus derechos.
   ❏ Rehúse firmemente cumplir con la solicitud.

10. Para neutralizar las estrategias de influencia recíproca empleadas por otros:
    ❏ Analice el contexto de cualquier actividad que implique dar favores o regalos.
    ❏ Confronte a los individuos empleando técnicas de escalamiento o de compromiso.
    ❏ No negocie con individuos que empleen técnicas agresivas.

11. Para neutralizar las estrategias de influencia de castigo empleadas por otros:
    ❏ Utilice poder compensatorio para convertir la dependencia en interdependencia.
    ❏ Confronte directamente al individuo que intenta influir en usted.
    ❏ Resista en forma activa.

12. Para vender temas en la agenda de sus superiores:
    ❏ Seleccione asuntos que sean congruentes con su puesto o sus funciones.
    ❏ Presente el tema en forma honesta y sin egoísmo.
    ❏ Comunique el tema ampliamente.
    ❏ Seleccione un tema que sea compatible con la cultura organizacional.
    ❏ Seleccione un tema que tenga solución.
    ❏ Aclare los beneficios que se obtendrán.
    ❏ Identifique la pericia necesaria.
    ❏ Señale la responsabilidad que tiene la alta gerencia en relación con el asunto.
    ❏ Sea breve, utilice metáforas emocionales y brinde datos de apoyo e información novedosa.
    ❏ Vincule el tema con otros asuntos importantes similares.
    ❏ Encuentre partidarios con ideas afines.
    ❏ Utilice foros públicos.

UN CASO QUE IMPLICA PODER E INFLUENCIA

Dynica Software Solutions

Dynica Technologies anunció recientemente sus planes para construir una nueva fábrica en River Woods, la cual reemplazará a las instalaciones originales de la empresa, adyacentes a sus oficinas centrales en Edgemont. Cuando anunció su nueva planta, la empresa declaró que, en lo posible, integraría al personal de la fábrica de Edgemont, y que los trabajadores que no alcanzaran un lugar serían transferidos a otras fábricas de Dynica en estados vecinos.

La gerencia de Dynica considera que las instalaciones de River Woods serán la planta del futuro, ya que permitirá llevar a cabo procesos con costos más bajos, requerirá menor cantidad de mano de obra y funcionará con estándares medioambientales de vanguardia. En un comunicado de prensa reciente, el director general de Dynica señaló que remplazarían una de las plantas menos ecológicas de la industria con una fábrica que será más "verde" que cualquiera de las fábricas de los competidores.

Una nueva estructura administrativa descentralizada. En el pasado, un vicepresidente dirigía las actividades de marketing de la empresa desde la oficina central. Las operaciones de manufactura y otros departamentos estaban bajo el control del vicepresidente general de la compañía. En este arreglo funcional centralizado ninguna de las cuatro plantas de la empresa contaba con un director general, sino que los departamentos de cada planta se reportaban de manera directa a su contraparte funcional en la oficina central (por ejemplo, el director de Producción, el director de Ingeniería). En contraste, el nuevo director de la planta de River Woods sería el responsable de administrar todas las funciones y a todo el personal, con excepción de las áreas de Marketing y Ventas.

Existe un consenso general entre el equipo de niveles directivos superiores de que la viabilidad a largo plazo de la empresa depende del éxito de esta iniciativa. Sin embargo, algunos de ellos se han mostrado preocupados por la difícil tarea que enfrentará el director general de River Woods. Se refieren específicamente al cambio de las líneas funcionales de comunicación y responsabilidad hacia un enfoque a nivel de planta, así como al reto de incrementar las habilidades de los obreros de Edgemont, además de experimentar con las nuevas aplicaciones de los procesos avanzados de manufactura para el diseño y la producción, y enfrentarse a las inevitables quejas de los empleados de una pequeña ciudad, quienes no están satisfechos con sus nuevas tareas y que podrían convertirse en los catalizadores para la afiliación sindical de la fábrica.

Preguntas para análisis

5.1. Si usted formara parte del comité de selección para el puesto de director de planta de River Woods, y con base en lo que aprendió en este capítulo sobre las fuentes de poder personal, describa cuáles cree que serían las características ideales de un candidato.

5.2. Si le ofrecieran el nuevo puesto de director de planta de River Woods, y con base en lo que aprendió en este capítulo sobre las fuentes de poder personal, ¿qué medidas tomaría para asegurarse de que, como primer director general de la empresa, contara con el poder necesario para cumplir con sus obligaciones?

5.3. Utilice la información sobre las estrategias de influencia que se describieron en la segunda mitad de este capítulo y establezca estrategias para los desafíos que probablemente enfrentaría si aceptara el puesto de director de planta de River Woods.

EJERCICIO PARA GANAR PODER

Reparación de las fallas de poder en los circuitos directivos

Rosabeth Kanter (1979) argumenta que gran parte de lo que se considera "administración deficiente" en las organizaciones simplemente es el resultado de individuos que protegen sus reducidas bases de poder. La autora propone que, en vez de criticar a estos directivos y calificarlos de incompetentes, se refuercen sus sentimientos de poder personal. Si se resuelve el problema real de la percepción de falta de poder, los síntomas indeseables de un liderazgo inadecuado a menudo desaparecen. Este punto de vista coincide con los principios analizados en este capítulo.

Actividad

En este ejercicio se le pide que aconseje a personas que se sienten carentes de poder. Para cada una de las siguientes situaciones, forme grupos y explore las oportunidades para incrementar la base de poder de estos tres individuos. Prepárese para dar un informe de sus recomendaciones.

Situación 1: Directiva de una tienda departamental

Hace seis meses, Kate Shalene fue ascendida de su puesto de asociada de ventas a gerente del departamento de accesorios en una lujosa tienda departamental. Se sentía orgullosa de su nuevo ascenso, pero está sorprendida al descubrir que cada vez tiene menos poder. Este puesto, en vez de ser un trampolín, se está convirtiendo cada vez más en un callejón sin salida. Los directivos con mayor jerarquía tenían aproximadamente su misma edad y esperaban una expansión de la empresa que nunca se materializó. Ella no era parte fundamental de la organización y sentía que nadie se fijaba en su persona, a menos que cometiera un error. Se esperaba que apoyara a sus subalternos, pero nunca le devolvían el favor. Se esperaba que aceptara sus duras críticas sin contar con el apoyo de sus superiores. En general, sentía como si constantemente la estuvieran "presionando por ambos lados". Su trabajo estaba muy limitado por reglas, así que tenía muy poco criterio personal en lo que hacía o cómo lo hacía. Tenía sólo un control modesto sobre los pagos o las prestaciones de sus subalternos, pues el acuerdo sindical dejaba poca flexibilidad. Así que sentía que carecía de poder para recompensarlos o castigarlos en formas realmente significativas.

Como resultado, descubrió que cada vez se volvía más hábil para imponer reglas que consiguieran que los subalternos hicieran lo que ella quería. Se volvió cada vez más envidiosa de cualquier reconocimiento y éxito logrado por sus subalternos, así que tendió a aislarles de las personas de más alto nivel en la organización y de la información completa. Perdió su afición por la informalidad y se volvió cada vez más rígida en el seguimiento de los procedimientos operativos establecidos. Como era de esperar, sus subalternos estaban cada vez más resentidos y eran menos productivos.

Situación 2: Experto en recursos humanos

Shawn Quinn llegó a la organización hace un año como experto en recursos humanos. Creía que el puesto sería una forma de lograr una gran visibilidad ante los directivos de primer nivel, pero en vez de ello se sintió aislado y olvidado. Como empleado administrativo, casi no tenía autoridad para la toma de decisiones, excepto en su estrecha área de conocimiento. La mayoría de los sucesos de la organización ocurrían sin su intervención. La innovación y la actividad emprendedora estaban totalmente fuera de su alcance. Mientras que algunos de los jefes de Finanzas y Marketing recibían oportunidades para su desarrollo profesional, nadie parecía preocuparse de que él se volviera más experimentado y capaz. Lo veían sólo como un especialista. Como sus labores no requerían que trabajara con nadie fuera de su división, tenía pocas oportunidades de cultivar relaciones que pudieran ayudarlo a establecer contacto con alguien cercano a los altos niveles.

Lo que le dolió fue que varias veces habían contratado a un consultor para que trabajara en proyectos que formaban parte de su área. Pensaba que si llevaban consultores para hacer su trabajo, entonces él no sería muy importante para la organización.

Shawn se sentía cada vez más preocupado por su territorio. No deseaba que otros intervinieran en su área de especialización. Trató de demostrar su competencia ante los demás, pero cuanto más lo hacía, más se le encasillaba como un especialista fuera de la corriente principal de la organización. En especial, sentía que estaba perdiendo terreno en su carrera.

Situación 3: Directora de Finanzas

May Phelps ha sido la directora de finanzas durante tres años. Cuando obtuvo el puesto, pensó que había alcanzado su máxima meta profesional. Ahora no está tan segura. Con sorpresa, descubrió una enorme cantidad de limitantes a su discrecionalidad e iniciativa. Por ejemplo, había tantas demandas y detalles asociados con el trabajo, que nunca tenía tiempo para participar en ningún plan a largo plazo. Parecía que siempre había una crisis más que demandaba su atención. Por desgracia, la mayoría de las limitantes provenían de fuentes que estaban fuera de su control, como regulaciones gubernamentales, demandas de una mayor responsabilidad asignada por el consejo de directores y accionistas, relaciones sindicales, estatutos de igualdad de oportunidades, etcétera. Se había creado una reputación de directiva exitosa al ser emprendedora, creativa e innovadora, pero ninguna de esas cualidades parecía ser adecuada para las demandas de su trabajo actual. Además, como estaba tan ocupada en presentar reportes financieros directivos, cada vez se alejaba más del flujo de la información en la organización. Debía guardar la confidencialidad de algunos asuntos, lo cual provocaba que los demás no estuvieran dispuestos a compartir información con ella. Tenía asistentes con la tarea de supervisar la empresa y darle información, pero a menudo sentía que sólo le decían lo que ella quería escuchar.

May había empezado a oír rumores de que ciertos grupos con intereses especiales estaban exigiendo que la separaran del cargo. En respuesta, ella se volvió más dictatorial y defensiva, y como consecuencia la organización se volvió más conservadora y orientada hacia el control. Sintió que estaba atrapada en una espiral en descenso, pero no encontraba la forma de revertir esa tendencia. Ella piensa: "Siempre creí que el dicho 'la soledad de la cumbre' era sólo una metáfora".

EJERCICIO PARA USAR LA INFLUENCIA DE MANERA EFECTIVA

Los directivos reciben poder formal en una organización en función de su posición de autoridad. Sin embargo, muchas veces descubren que esta autoridad no se traduce fácilmente en influencia real. En particular, cuando trabajan con compañeros, descubren que es necesario desarrollar relaciones informales mediante, por ejemplo, tratos y argumentos persuasivos. Estas relaciones forman la base de influencia real en una organización.

Actividad

Después de leer el siguiente caso, asuma los roles de los miembros del equipo de Ann Lyman, una ejecutiva de marketing recién contratada. Forme pequeños grupos y lleven a cabo una discusión de equipo informal en la que diseñen un plan para influir en los colegas y superiores de Ann para que apoyen su propuesta. Primero, decidan qué estrategia general de influencia (o combinación de estrategias) es la más adecuada para esta situación. Segundo, utilicen la tabla 5.7 y recomienden acciones específicas para poner en marcha su estrategia general. Preparen una presentación de sus sugerencias, incluyendo justificaciones.

La propuesta de Ann Lyman

Ann Lyman acaba de ser contratada por Challenge Products Corporation (CPC) como alta ejecutiva de marketing para la división de Aparatos electrónicos. Su experiencia en Pearces, un importante competidor, le había dado la reputación de ser una directiva creativa y trabajadora. Su departamento en Pearces incrementó sus ventas al menos 15 por ciento anual durante los cinco años anteriores e incluso fue citada en un importante artículo de *Contemporary Management*. Esta combinación de competencia y visibilidad fue lo que atrajo la atención de John Dilworth, el director ejecutivo de Challenge. John estaba preocupado por la reducción durante los dos últimos trimestres de las ventas de aparatos electrónicos, los cuales representaban el principal negocio de CPC, y no podía arriesgarse a perder participación de mercado.

En el pasado, los productos de CPC habían tenido una participación tan grande en sus mercados que, irónicamente, el marketing no se consideraba muy importante. El área de Producción hacía alarde de su alta calidad y sus precios bajos; el departamento de Compras enfatizaba su contribución por mantener bajos los costos, y el área de Ingeniería destacaba la durabilidad de sus diseños. Como muchos decían, los productos de CPC "se vendían solos".

Pero eso fue antes de que los productos de imitación y más baratos provenientes de Asia inundaran las tiendas de descuento. CPC no podía esperar más la gran lealtad del cliente, simplemente porque era la marca más antigua, la más conocida y la más confiable del anaquel. Ann estaba convencida de que, para que CPC siguiera siendo una empresa competitiva, tenía que expandir su línea de productos, ofreciendo más opciones a diferentes precios. También creía que era necesario expandir la producción para incluir "diseños de moda" que atrajeran al estilo de vida moderno de los adultos jóvenes.

Estos cambios tenían ramificaciones de gran alcance para otros departamentos de CPC. Por un lado, implicaban que Ingeniería tendría que reducir su ciclo de diseño, dar servicio de asistencia a una gama más amplia de productos y enfatizar las características orientadas hacia el cliente, antes que las funcionales. Era obvio que estos cambios no agradarían al departamento de Producción, el cual protegía celosamente sus largas rachas de producción basadas en pedidos estandarizados y relativamente pocos cambios en los modelos. También enfatizaba la facilidad de fabricación y ensamble. Además, se pediría al departamento de Compras que encontrara nuevas alternativas de proveedores de partes no estandarizadas, lo cual haría más difícil obtener descuentos sobre volumen y asegurar la calidad.

Después de tres meses en el puesto, Ann sintió que estaba preparada para mostrar a John su propuesta. Presionó a su equipo para dar los toques finales antes de que John se fuera dos semanas de vacaciones a Lake Tahoe. No se decepcionó: él pensó que era una propuesta triunfadora. Estaba emocionado y listo para echar a andar el proyecto. Pero también era realista acerca de la dificultad que enfrentaría al convencer a los otros de que esos cambios eran necesarios. Sin duda, las contrapartes de Ann en Producción, Compras e Ingeniería pondrían objeciones. "Será una labor difícil, pero pienso que tienes buenas ideas", concluyó. "Mientras estoy fuera, me gustaría que diseñaras un plan para obtener la cooperación de los otros departamentos. Puedes contar con mi apoyo general, pero por la cultura de esta organización, no existe la costumbre de enviar decretos. Tendrás que arreglártelas para conseguir su apoyo de alguna otra forma".

EJERCICIOS PARA NEUTRALIZAR INTENTOS DE INFLUENCIA NO DESEADOS

Un aspecto importante de volverse poderoso e influyente consiste en reducir la dependencia inadecuada. Por supuesto, la interdependencia social y laboral es parte integral de la vida de una organización saludable. La mayoría de las formas de interdependencia son naturales y sanas. Sin embargo, algunas veces los individuos intentan convertir la interdependencia en dependencia ejerciendo una influencia inapropiada. Su objetivo es incrementar su poder sobre los otros al crear un gran desequilibrio de poder.

Actividad

En cada una de las siguientes representaciones de roles, asuma el papel de una persona que tiene que resistirse a la influencia indeseable (Betty o Pat). Antes de comenzar con la representación de roles, repase las guías de comportamiento relevantes (guías 9 a 11, en la página 251), determine qué combinación es la más adecuada y planee su estrategia para resolver este problema. No lea las descripciones de los otros personajes (Bill o Lynn). Después de la representación de roles, un observador designado le dará retroalimentación.

La comida rápida de Cindy

Betty, directora adjunta

Usted es la directora adjunta de Cindy's, una franquicia de comida rápida en una ciudad con gran población universitaria. Usted es una de los pocos estudiantes empleados que se quedó después de graduarse, ya que no estaba preparada para mudarse por obligaciones familiares, y de todas formas no había muchos trabajos en la localidad. La primavera anterior a la graduación, el dueño le ofreció el puesto de directora adjunta. La oportunidad era perfecta, ya que la oferta aliviaría la presión de conseguir puestos de enseñanza en los que no estaba verdaderamente interesada. Su trabajo en Cindy's había motivado su interés en los negocios, en tanto que su experiencia para formarse como maestra no había sido muy exitosa. Aunque sus padres no estaban muy contentos de haber pagado durante años costosas colegiaturas en una escuela privada de humanidades para que usted terminara "cocinando hamburguesas", sus sentimientos cambiaron cuando les explicó las oportunidades que tendría de progresar y posiblemente adquirir una franquicia. "Además", les dijo, "sólo estaré en este puesto durante tres años, y después podré decidir si solicito el puesto de directora o busco nuevamente un empleo como docente".

Es difícil creer que han pasado dos años desde su graduación. Bill, su jefe, ha hecho un meticuloso trabajo al ayudarla a entender los trucos del oficio de directivo. La ha hecho trabajar mucho, pero también la ha capacitado. Usted se siente en deuda con él por su ayuda. Se han vuelto muy buenos amigos, aunque sus ocasionales chistes groseros y sus comentarios sexistas con los empleados durante el descanso en la trastienda la hacen sentir incómoda.

Una noche, después de que el resto del equipo se ha ido a casa, usted está terminando su trabajo de oficina del día. Quedarse hasta esta hora de la noche era la única desventaja de su trabajo. Justo cuando estaba dispuesta a apagar las luces, llega Bill. No es inusual que llegue a dar un vistazo a la hora del cierre. Es soltero, le gusta ir a jugar bolos después del trabajo y algunas veces pasa por el restaurante de camino a casa. Usted se está poniendo su abrigo cuando él le pide que entre a su oficina, cierra la puerta y empuja una silla junto a usted. "Betty, he estado observando tu desempeño con atención. Trabajas arduamente. A los empleados les gusta tu estilo administrativo y a mí también me agrada. Creo que tengo posibilidades de que me transfieran a una sucursal mucho más grande en Cincinnati. Me gustaría salir de esta pequeña ciudad y tener más visibilidad al estar más cerca de las oficinas generales corporativas".

Usted comienza a sentirse un poco nerviosa al notar que él acerca su silla hacia usted. "Pienso que tú serías realmente un buen remplazo, pero aún no has completado tu periodo como directiva adjunta. Así que necesito pedir un permiso especial a la política corporativa, y tendré que hablarle bien de ti al dueño. Sin embargo, existe cierto riesgo para mí, ya que el directivo regional es muy rígido con las reglas, y le he pedido que me recomiende para el puesto de Cincinnati. Sin embargo, estoy dispuesto a correr ese riesgo en ciertas condiciones". Mientras espera una respuesta, usted sabe muy bien hacia dónde se dirige esta conversación.

Bill, directivo

Betty le atrae desde hace algún tiempo. La encuentra muy atractiva y disfruta de su compañía. Muchas veces ha inventado excusas para tener pláticas personales o estar a solas con ella. Usted cree que Betty también lo considera atractivo. Parece que se ha mostrado más

PRÁCTICA

amigable últimamente. Usted cree que quiere quedarse con su puesto o que le está enviando señales de que le gustaría llevar su relación más allá de los límites estrictamente profesionales, o ambas.

Además, usted siente que ella le debe algo; usted ha hecho un gran esfuerzo para capacitarla y le ha insinuado al dueño que piensa que Betty podría estar lista para un ascenso.

De 9:00 a 7:30

Pat Simpson, encargada de préstamos

Usted es miembro de una pequeña compañía de préstamos para consumo. El equipo de trabajo está formado por usted, otro empleado y una secretaria. El mes pasado, una gran institución financiera adquirió su empresa e hizo algunos cambios en el personal. El otro empleado de préstamos, con quien había trabajado por cuatro años, fue sustituido por Lynn Johnson. Lynn y usted se conocen desde hace años, cuando entraron a la compañía casi al mismo tiempo. De hecho, trabajaron juntas en la oficina de Ann Arbor durante un año. En ese tiempo, ambas eran solteras y juntas disfrutaban de la vida nocturna en Detroit. Supo que Lynn seguía soltera "disfrutando de la vida". En contraste, usted se casó hace tres años. Quería trabajar con Lynn de nuevo, pero se preguntaba si la falta de interés de usted en la vida nocturna local afectaría su relación. Lynn tenía la reputación de ser capaz, pero perezosa. Se le conoce por aceptar una gran cantidad de solicitudes de préstamos y después negociarlas o lisonjear a los colaboradores para que le ayudaran con el arduo proceso de verificación de créditos. Usted se pregunta si esta práctica tiene algo que ver con el hecho de que el tío de Lynn sea un socio fundador del banco.

Después de la llegada de Lynn, usted se impresiona por la diferencia en su actitud laboral y estilo de vida. "¡Qué diferencia hacen tres años!", piensa. Usted y su antiguo compañero de oficina, Jim, están casados, y prefieren trabajar intensamente de las 9:00 a las 5:15, y almuerzan cuando es conveniente. Usted y Jim tenían una excelente relación de trabajo, y el volumen de préstamos de su oficina crecía de manera estable. Incluso hubo alguna discusión sobre la posibilidad de aumentar el tamaño del equipo. En contraste, Lynn prefiere las mañanas pausadas que comienzan en serio alrededor de las 10:30, los almuerzos largos y el trabajo ajetreado entre las 4:00 y las 7:30 p.m.

Usted y su esposo tienen algunos problemas y siente que es muy importante estar en casa por las tardes. Su esposo comenzó a asistir a clases nocturnas y se va a la escuela a las 8:00 de la noche. El programa educativo es una experiencia difícil e intensiva de tres años. Por desgracia, el nivel de estrés ya parece insoportable. Cuando se queda en la oficina hasta tarde, no sólo no cenan juntos, sino que sólo se ven hasta después de clases, cuando ambos están tan cansados que no tienen oportunidad de disfrutar tiempo de calidad. La mayoría de los fines de semana están dedicados a las tareas escolares.

Como el equipo de trabajo es tan pequeño, la diferencia en los ritmos de trabajo está creando una situación difícil para usted. Lynn no funciona muy bien por la mañana y ha empezado a irritarse cuando usted sale corriendo de la oficina a la hora de cierre. Últimamente, su relación se ha vuelto tensa. Usted maneja la mayoría de los negocios que se hacen en la mañana, come su almuerzo en su escritorio y termina su papeleo a más tardar a las 5:30. En contraste, Lynn alcanza su mayor ritmo de trabajo alrededor de las 4:00. Como las reglas de la compañía exigen que se verifiquen las aprobaciones de los préstamos de los demás, Lynn se vuelve irritable cuando usted le dice que no se puede quedar después de las 5:30 para verificar el trabajo de ella. Algunas tardes usted ha cedido y se queda hasta las 7:00 u 8:00, pero su esposo se molesta mucho. Cuando no se queda tarde, en la mañana encuentra una pila de papeles sobre su escritorio, y esto dificulta sus reuniones con nuevos clientes. Muchas veces Lynn ha tratado de que usted haga las verificaciones de sus solicitudes de crédito, diciendo que la presión de nuevos negocios era demasiado grande.

¡Algo tiene que cambiar! Usted decide ir a almorzar con Lynn y decirle cómo se siente.

Lynn Johnson, encargada de préstamos

Usted ha laborado en esta empresa durante 10 años y es muy buena en su trabajo. Durante ese tiempo ha rechazado ofertas de grandes instituciones financieras porque le gusta la flexibilidad de trabajar en una oficina pequeña. Además, su familia goza de una buena situación económica y no le preocupa ganar mucho dinero.

En todas las demás oficinas, sus colaboradores han estado dispuestos a adecuarse a su estilo de trabajo. La han reconocido como una de las mejores agentes de crédito de la empresa (tener el apellido adecuado no lastima a nadie), así que hacen concesiones a su excentricidad.

No obstante, su nueva compañera de oficina (y usted pensaba que una antigua amiga) es la excepción. Desde que usted llegó, la relación ha sido tirante debido a sus diferentes horarios. No entiende por qué no puede haber más tolerancia para su estilo de trabajo. Después de todo, usted hace el trabajo y eso es lo que cuenta. Además, sus solicitudes de ayuda son razonables; otros colaboradores siempre han estado dispuestos a colaborar.

Al pensar acerca de la inminente discusión, se da cuenta de lo importante que es para usted que Pat cambie sus hábitos de trabajo y se adecue a los suyos. En verdad espera poder convencerla de que se adapte y de que le ayude cuando se atrase. "Para eso son los colaboradores (y los viejos amigos), ¿no es así?", usted medita de camino al trabajo. Durante la charla, planea subrayar la pertinencia de sus solicitudes. Nadie ha objetado nunca tan vigorosamente; ¿por qué lo habría de hacerlo Pat? Si eso no funciona, piensa proponer una negociación. Tal vez podría hablarle bien de Pat a su tío, uno de los fundadores de la empresa. La carrera de Pat no ha despegado precisamente, y tal vez quiera cambiarse a una oficina más grande en una ciudad de mayores dimensiones. Tal vez la asciendan a ejecutiva encargada de préstamos.

APLICACIÓN **DE HABILIDADES**

ACTIVIDADES PARA
GANAR PODER E INFLUENCIA

Actividades sugeridas

5.4. Seleccione a un amigo o compañero que se haya quejado con usted de sentirse sin poder en un puesto organizacional. Podría tratarse de una persona que tenga un puesto de liderazgo relativamente insignificante en una institución educativa o un puesto de nivel bajo en una organización laboral. Quizás el individuo sienta que sus habilidades personales rebasan los requerimientos del puesto. Siéntese con esa persona y enséñele la guía para ganar poder en una organización. (Puede usar el cuestionario de evaluación, disponible en el sitio web del libro). Durante la conversación, diseñe un plan de acción específico para incrementar las bases de poder personal y del puesto. Comente los resultados de este plan con su amigo y elabore un informe de su éxito.

5.5. Utilice las guías de comportamiento para ganar poder y desarrolle un plan para incrementar su poder en un entorno laboral. Describa el escenario, incluyendo los factores que considere responsables de sus sentimientos de falta de poder. Utilice su puntuación en el cuestionario de evaluación disponible en el sitio web del libro como ayuda para el diagnóstico. Formule una estrategia detallada para incrementar su poder personal y del puesto. Informe sus resultados y describa los beneficios de ganar más poder.

5.6. Analice sus esfuerzos para influir en los demás a través del tiempo. Utilice el modelo de las tres estrategias de influencia para catalogar sus estrategias. Piense por qué utilizó cada estrategia. ¿Utilizó de manera repetida una o dos estrategias o varió su método según las circunstancias? Lleve un registro de los resultados de cada intento. ¿Tuvo más éxito con alguna de las estrategias? Luego, seleccione a una persona a la que haya intentado influir, con la cual haya tenido una relación larga y constante. Analice las estrategias de influencia alternativas con esa persona y pregúntele qué efecto tendría en su relación el uso frecuente de cada método.

5.7. Vea al menos dos dramas realistas (película, obra de teatro, serie de televisión). Observe las estrategias de influencia que utilizan los diferentes personajes. ¿Qué forma de influencia usaron con mayor frecuencia, y por qué? ¿Acaso ciertas personas mostraron preferencia por alguna estrategia en particular? Si es así, ¿estaba basada en atributos personales, roles de género, relaciones con autoridad u otros factores situacionales? ¿Qué tanto éxito tuvieron esos intentos de influencia, y qué efecto provocaron en las relaciones?

5.8. Identifique una relación específica donde alguien le pida regularmente la realización de actividades que usted considera inapropiadas. Utilice las guías relevantes para resistir la influencia no deseada, y formule la estrategia para responder de manera asertiva al siguiente intento. Haga una representación de roles de este enfoque con un amigo o colaborador e incorpore sus sugerencias. Después de llevar a cabo su plan, informe el resultado. ¿Cuál fue la reacción? ¿Tuvo éxito al comunicar su posición? ¿Se alcanzó un acuerdo más justo respecto a las interacciones futuras? Con base en esta experiencia, examine otras relaciones en las que este enfoque podría ser adecuado.

Plan de aplicación y evaluación

El objetivo de este ejercicio es ayudarlo a aplicar este conjunto de habilidades en la vida real y fuera del escenario del salón de clases. Ahora que se ha familiarizado con las guías de comportamiento que constituyen la base de un desempeño eficiente de habilidades, mejorará incluso más al aplicar esas guías en un contexto cotidiano. A diferencia de la actividad en el salón de clases, donde la retroalimentación es inmediata y los demás lo pueden ayudar con sus evaluaciones, esta actividad de aplicación de habilidades la deberá realizar y evaluar por su cuenta. Esta actividad consta de dos partes. La parte 1 le ayudará a prepararse para aplicar la habilidad. La parte 2 le servirá para evaluar y mejorar su experiencia. Asegúrese de anotar las respuestas a cada pregunta. No salte etapas, siga el proceso completo.

Parte 1. Planeación

5.9. Escriba cuáles son los dos o tres aspectos de esta habilidad más importantes para usted. Pueden ser áreas de debilidad, las áreas que desea mejorar o las áreas más relevantes para un problema que esté enfrentando en este momento. Identifique los aspectos específicos de esta habilidad que desee aplicar.

5.10. Ahora identifique el escenario o la situación en donde usted aplicará esa habilidad. Establezca un plan de desempeño al anotar una descripción de la situación. ¿Quién más estará implicado? ¿Cuándo lo hará? ¿Dónde se llevará a cabo?
Circunstancias:
¿Quién más?
¿Cuándo?
¿Dónde?

5.11. Identifique comportamientos específicos que realizará para aplicar esta habilidad. Defina de manera operativa su desempeño de habilidades.

5.12. ¿Cuáles son los indicadores de éxito en el desempeño? ¿Cómo sabrá que ha sido eficaz? ¿Qué le indicará que se ha tenido un desempeño competente?

Parte 2. Evaluación

5.13. Cuando termine su práctica, registre los resultados. ¿Qué ocurrió? ¿Cuánto éxito obtuvo? ¿Cuál fue el efecto en los demás?

5.14. ¿Cómo podría mejorar? ¿Qué modificaciones haría la próxima vez? ¿Qué haría diferente en una situación similar en el futuro?

5.15. Reflexione acerca de toda su experiencia de aplicación y práctica. ¿Qué aprendió? ¿Qué le sorprendió? ¿Qué utilidad podría tener esta experiencia a largo plazo?

CLAVES DE RESULTADOS Y DATOS COMPARATIVOS

✪ La clave de resultados para los siguientes instrumentos se encuentra disponible en el sitio web de este libro.

Ganar poder e influencia
Uso de estrategias de influencia

6

Motivación de los demás

OBJETIVOS DE APRENDIZAJE

1. DIAGNOSTICAR PROBLEMAS DE DESEMPEÑO LABORAL

2. MEJORAR LAS HABILIDADES LABORALES DE LOS DEMÁS

3. PROMOVER UN AMBIENTE DE TRABAJO MOTIVADOR

A continuación se describen brevemente los instrumentos de evaluación de este capítulo. Los instrumentos indicados con ✪ y su clave de resultados se encuentran disponibles en el sitio web de este libro.

Complete todas las evaluaciones antes de iniciar la lectura de este capítulo.

Después de terminar las evaluaciones, grabe su respuesta en su disco duro. Cuando termine de leer este capítulo, consulte su evaluación y compare sus respuestas con lo que ha aprendido.

✪ ☐ La evaluación del *diagnóstico de un desempeño deficiente e incremento de la motivación* mide el grado en el que usted demuestra competencia para motivar a los demás de tal forma que pueda adaptar su aprendizaje a sus necesidades específicas.

✪ ☐ La *evaluación del desempeño laboral* evalúa su propia motivación y desempeño en un ambiente laboral actual (o reciente).

APRENDIZAJE **DE HABILIDADES**

Incremento de la motivación y del desempeño

Los grupos de enfoque organizados por Intermountain Healthcare, una empresa para el cuidado de la salud establecida en Utah que cuenta con más de 23,000 empleados, reveló que la mayoría de los empleados de primera línea no abandonaría sus empleos a menos que otro empleador les ofreciera un incremento de 20 por ciento en su salario y un aumento de 30 por ciento en prestaciones. Este tipo de compromiso es un activo suma-mente valorado en nuestra economía actual. La mayoría de las organizaciones luchan por retener a sus mejores trabajadores y motivarlos para que tengan un alto ren-dimiento. Los comentarios de tres de los empleados de primera línea de Intermountain Healthcare revelan que un ambiente laboral motivador y los valores claros de la organización son los que impulsan su fuerte compromiso (entrevista con Alison Mackey).

"Nunca había trabajado en un lugar donde la gente se preocupara tanto por sus empleados. Y por eso pode-mos dar la vuelta y ofrecer lo mismo a nuestros clientes".

"Pienso que [Intermountain Healthcare] es un sis-tema que se preocupa por sus empleados y por esa razón puede atraer a colaboradores con sólidos conocimientos técnicos y experiencia con el trato con la gente".

"Los valores que Intermountain Healthcare representa hacen que no me quiera ir nunca" (base de datos del cues-tionario de opinión de los empleados de Intermountain Healthcare).

Los esfuerzos que esta organización realiza para crear un ambiente de trabajo con tanta motivación han mejorado su atención clínica y sus utilidades. Gallup Organization ha honrado a Intermountain Healthcare nombrándola tres años consecutivos uno de los "Excelentes lugares para trabajar" en Estados Unidos, un honor que recibieron sólo 32 compañías en 2013. *Modern Healthcare* la coloca de manera consistente cerca de la cima de sus 100 Sistemas integrados de salud (tercer puesto en 2013).

Organizaciones como Intermountain Healthcare, que tienen empleados muy motivados y comprometidos, están bien equipadas para competir en cualquier mercado, ya sea el del cuidado de la salud o el de la industria pesada. Como cualquier habilidad distintiva, el compromiso de los empleados es difícil obtener (si no fuera así, no tendría un valor competitivo).

Después de ganar su séptimo título sin precedente como entrenador de la NBA, le preguntaron a Phil Jackson qué método utilizaba para motivar a los jugadores profesionales de básquetbol. "Yo no motivo a mis jugadores. Usted no puede motivar a alguien, todo lo que se puede hacer es proveer un entorno motivador y los jugadores se motivarán solos" (Jackson, 2000). Creemos que la imagen del "direc-tivo como entrenador" y la "motivación como facilitación" que sugiere uno de los entrenadores de mayor éxito de nues-tro tiempo ofrece el marco adecuado para nuestro análisis.

No importa si los directivos trabajan con un grupo de empleados del acero, programadores de cómputo, artistas o jugadores de básquetbol, en todos los casos enfrentan el reto común de crear un ambiente de trabajo motivador, en el que haya más probabilidades de que los empleados se motiven a sí mismos.

En este capítulo se describe un proceso de seis pasos para alcanzar esta meta. No obstante, para preparar el terreno de nuestro análisis, comenzaremos con uno de los problemas más molestos que enfrentan los directivos: cómo identificar las causas subyacentes del desempeño deficiente de un empleado. Los directivos que no apliquen bien este paso tendrán poco éxito en ayudar a sus subalternos porque probablemente estarán tratando de resolver el problema equivocado.

Diagnóstico de problemas en el desempeño laboral

Los supervisores tienden a considerar que la causa de un desempeño laboral deficiente siempre es una baja motivación (Bitter y Gardner, 1995). Es decir, cuando los empleados no cumplen con sus expectativas de desempeño, los supervisores suelen culparlos por su compromiso y esfuerzo insuficientes. La tendencia a hacer suposiciones apresuradas acerca de las causas de los hechos es un ejemplo de lo que los psicólogos denominan atribución (Ross, 1977; Choi, Nisbett y Norenzayan, 1999). Como los supervisores, por lo general, creen que si trabajan más arduamente tendrán un mejor desempeño, suponen que lo mismo es cierto para sus empleados, sin importar sus ambientes de trabajo o recursos. El problema de atribuir el problema a esta causa es que conduce a soluciones simplistas, que evocan al siguiente proverbio chino: "Por cada cien hombres que cortan las hojas de un árbol enfermo, sólo uno se inclina a inspeccionar las raíces".

Consideremos algunas condiciones laborales que ilustran la necesidad de "inclinarse e inspeccionar las raíces" del inadecuado desempeño laboral observado. Se estima que una tercera parte de los empleados estadounidenses son asignados a horarios irregulares (que muchas veces implican trabajo nocturno), conocidos como turnos alternados. En un artículo reciente acerca de los retos que enfrentan los individuos que trabajan así, se cuenta la historia de un supervisor que buscaba la aprobación del departamento de Recursos humanos para despedir a un empleado porque no se "concentraba en su trabajo", ya que a menudo vagaba y hablaba con los demás, y en ocasiones se quedaba dormido. El supervisor concluyó que el empleado carecía de la motivación para el puesto. Sin embargo, la investigación sobre trabajadores de este régimen desafía la explicación simplista planteada como "desempeño deficiente igual a baja motivación y compromiso". Por ejemplo, los trabajadores que alternan turnos duermen dos o tres horas menos por noche que los trabajadores diurnos, y son cuatro o cinco veces más proclives a sufrir trastornos digestivos porque consumen alimentos de baja calidad a deshoras; además, 80 por ciento de ellos reportan fatiga crónica, 75 por ciento manifiestan sentirse aislados en el trabajo, y el consumo de drogas y alcohol es tres veces mayor entre los individuos que trabajan por turnos de manera permanente que en un horario laboral tradicional (Perry, 2000). Es evidente que en la historia hay mucho más que una deficiente motivación.

Para evitar caer presas de diagnósticos simplistas y mal informados de los problemas en el desempeño laboral, los directivos necesitan un modelo que guíe su proceso de indagación. Varios académicos organizacionales (por ejemplo, Gerhart, 2003; Steers, Porter y Bigley, 1996; Vroom, 1964) han resumido las determinantes del desempeño laboral de la siguiente manera:

$$\text{Desempeño} = \text{habilidad} \times \text{motivación (esfuerzo)}$$

donde

$$\text{Habilidad} = \text{aptitud} \times \text{capacitación} \times \text{recursos}$$

$$\text{Motivación} = \text{deseo} \times \text{compromiso}$$

De acuerdo con estas fórmulas, el **desempeño** es el producto de la habilidad multiplicada por la motivación; la **habilidad** es el producto de la aptitud multiplicada por la capacitación y los recursos; y la **motivación** es el producto del deseo y el compromiso. La función multiplicadora de estas fórmulas sugiere que todos los elementos son esenciales. Por ejemplo, los empleados que tienen una motivación de 100 por ciento y una habilidad requerida para desempeñar una actividad de 75 por ciento podrían mostrar un desempeño por arriba del promedio. Sin embargo, si estos individuos tienen sólo 10 por ciento de la habilidad requerida, es probable que no haya motivación alguna que les permita desempeñarse de manera satisfactoria.

La *aptitud* se refiere a las habilidades y destrezas innatas que el individuo aporta a un trabajo. Éstas incluyen capacidades mentales y físicas, aunque para muchos puestos orientados a la persona también implican características de la personalidad. La mayoría de nuestras habilidades inherentes pueden mejorar mediante la educación y la *capacitación*. De hecho, gran parte del origen de la "habilidad natural" en los adultos puede rastrearse a experiencias previas de mejoramiento, como seguir el ejemplo de las aptitudes sociales de los padres o de los hermanos mayores. Sin embargo, es útil considerar la capacitación como un componente separado de la habilidad, puesto que representa un mecanismo importante para mejorar el desempeño de los empleados. Las destrezas se deben evaluar durante el proceso de selección, al analizar si los candidatos presentan las habilidades requeridas para el puesto. Si un candidato tiene deficiencias menores en dichas competencias, pero muchas otras características deseables, se podría utilizar un programa de capacitación intensiva para incrementar su habilidad para desempeñar el trabajo.

El tercer componente de nuestra definición de habilidad es contar con los *recursos* adecuados. Con frecuencia, se coloca a individuos sumamente hábiles y bien capacitados en situaciones que inhiben el desempeño

APRENDIZAJE

laboral. En concreto, no se les dan los recursos (técnicos, de personal, políticos) para que lleven a cabo las actividades asignadas de manera efectiva.

La motivación representa el *deseo* y el *compromiso* de un empleado para desempeñarse, y se manifiesta en un esfuerzo relacionado con el trabajo. Algunas personas desean realizar una actividad (gran deseo), pero se distraen o se desaniman con facilidad (poco compromiso). Otros se esfuerzan trabajando (alto compromiso), pero su trabajo carece de inspiración (poco deseo).

La primera pregunta de diagnóstico que debe hacer el supervisor acerca de un empleado con bajo rendimiento es "¿Es esto un problema de habilidad o de motivación?". La respuesta a esta pregunta tiene consecuencias de gran alcance para las relaciones directivo-subalterno. La investigación ha demostrado que cuando los directivos perciben que los empleados carecen de motivación, tienden a aplicar más presión sobre ellos. En ocasiones, justifican la elección de una estrategia de influencia enérgica con base en la "actitud negativa" del subalterno, en su "hostilidad hacia la autoridad" o en su "falta de dedicación". Por desgracia, si la valoración del directivo es incorrecta, y el desempeño inadecuado se relaciona en realidad con la habilidad y no con la motivación, su reacción de presión agravará el problema. Si los empleados que muestran un desempeño deficiente consideran que la administración no es sensible a sus problemas (como una falta de recursos, de una capacitación adecuada o de horarios laborales poco realistas), tienden a perder la poca motivación que tuvieran. Su deseo y compromiso disminuirán en respuesta a las acciones insensibles y de "puño de hierro" de la administración. Al ver esta respuesta, la dirección pensará que esto confirma su diagnóstico original, y empleará tácticas de influencia aún más intensas para obligar a la obediencia. El círculo vicioso resultante es sumamente difícil de romper y destaca el alto riesgo que supone un diagnóstico impreciso de los problemas relacionados con el bajo desempeño.

En este capítulo examinaremos los dos componentes del desempeño con mayor detalle, comenzando con la habilidad. Analizaremos las manifestaciones de la falta de habilidad y de motivación, sus causas y algunas sugerencias de soluciones. Dedicaremos más atención a la motivación, puesto que es más importante para las interacciones cotidianas del directivo y el subalterno. Aun cuando la habilidad tiende a permanecer estable durante largos periodos, la motivación fluctúa, por lo que requiere de vigilancia más cercana y estimulación frecuente.

Mejoramiento de las habilidades de los individuos

La falta de habilidad de una persona podría inhibir su buen desempeño por varias razones. Es probable que la competencia se haya evaluado de manera inadecuada durante el proceso de selección previo a la contratación, que los requerimientos técnicos de un puesto se hayan incrementado de manera radical, o que alguien que se desempeñaba muy bien en un puesto haya ascendido a un puesto de nivel más alto que es demasiado demandante. (El principio de Peter establece que a las personas, por lo general, se les asciende a un puesto que está por encima de su nivel de competencia). Además, es probable que el apoyo de recursos materiales y humanos se haya reducido a causa de los recortes del presupuesto organizacional.

Como señala Quick (1977, 1991), los directivos deben estar atentos a cualquier signo de deterioro en la habilidad de los individuos. A continuación hay tres señales de peligro para los puestos administrativos:

A. **Refugiarse en una especialidad.** Los directivos muestran signos de una habilidad insuficiente cuando no responden a las situaciones mediante la gestión administrativa, sino retrayéndose en su especialidad técnica. Esto suele ocurrir cuando se sienten inseguros acerca de problemas ajenos a su área de experiencia y pericia. Anthony Jay, en *Management and Machiavelli* (1967), llamó "Jorge I" a este tipo de directivo en honor al rey de Inglaterra, quien después de subir al trono, continuó preocupado con los asuntos de Hannover, Alemania, de donde provenía.

B. **Enfocarse en el desempeño pasado.** Otra señal de peligro consiste en medir el valor que uno tiene para la empresa en términos del desempeño pasado o sobre la base de estándares anteriores. Algunos comandantes de caballería de la Primera Guerra Mundial confiaron en sus obsoletos conocimientos de cómo tener éxito en las campañas militares y, como resultado, fracasaron de manera irremediable en el combate mecanizado. Esta forma de obsolescencia es común en organizaciones que no logran modificar su misión en respuesta a las condiciones cambiantes del mercado.

C. **Exagerar aspectos de la función de liderazgo.** Los directivos que han perdido la confianza en sus habilidades tienden a estar muy a la defensiva. A menudo esto provoca que exageren un aspecto de su función gerencial. Es probable que deleguen la mayor parte de sus responsabilidades porque ya no se sienten competentes para desempeñarlas bien. O podrían convertirse en administradores de minucias, que examinan cada detalle con tal profundidad que pierden de vista su valor práctico. Otros se convierten en "abogados del diablo", pero en vez de estimular la creatividad, su negativismo obstaculiza los esfuerzos de cambiar los aspectos familiares.

Existen cinco herramientas principales disponibles para superar los problemas de desempeño deficiente causados por una falta de habilidad: *reabastecimiento, reentrenamiento, reajuste, reasignación* y *liberación.* Las analizaremos en el orden en el que el directivo debería considerarlas.

La opción de **reabastecimiento** se enfoca en si el empleado recibe los recursos necesarios para hacer el trabajo, que incluyen al personal, el presupuesto y la autoridad política. El hecho de preguntar "¿Tiene todo lo necesario para desempeñar este trabajo de manera satisfactoria?" permite al subalterno expresar su frustración por no contar con un apoyo adecuado. Ante la tendencia natural de los individuos a atribuir sus errores a causas externas, los directivos deberían explorar con detalle las quejas de sus subalternos acerca de la falta de apoyo para determinar su validez. Aunque los empleados exageren sus demandas, si el directivo inicia de esta manera su discusión acerca del bajo desempeño, ellos verían en esa actitud un indicio de su voluntad para ayudarlos a resolver el problema desde su perspectiva, antes que una señal de insistencia para encontrar las fallas.

La siguiente opción menos amenazante es el **reentrenamiento**. Según la American Society for Training and Development, en el año 2011, las compañías estadounidenses gastaron más de $156 mil millones en la capacitaci y desarrollo de sus empleados. Aproximadamente 30 por ciento de esa cantidad (casi $50 mil millones) se dedicaron a capacitadores y otros recursos externos a las compañías (Miller, 2012). Éste es un gasto considerable para las empresas estadounidenses, aunque sus razones son claras. En primer lugar, la tecnología cambia con tal rapidez, que las habilidades de los empleados se vuelven obsoletas en poco tiempo. Se estima que 50 por ciento de las habilidades de los empleados caducan en un lapso de tres a cinco años (Moe y Blodget, 2000). En segundo lugar, los individuos por lo general ocupan varios puestos a lo largo de sus carreras, y cada uno de ellos demanda diferentes habilidades. Por último, los cambios demográficos de nuestra sociedad conducirán a una fuerza laboral cada vez más envejecida. Para seguir siendo competitivas, cada vez más empresas deben retener a sus empleados más antiguos.

Los programas de capacitación pueden adoptar diversas formas. Por ejemplo, muchas empresas utilizan instrucción técnica interactiva y juegos de negocios que simulan los problemas que los directivos tienen más posibilidades de enfrentar. Formas más tradicionales de capacitación incluyen cursos universitarios subsidiados y seminarios de administración o técnicos que se imparten en la misma compañía. Algunas firmas han experimentado con permisos sabáticos para liberar a los directivos o a los especialistas técnicos de las presiones del trabajo, de manera que puedan concentrarse en su actualización. El tipo de capacitación con mayor auge es el "aprendizaje a distancia" basado en internet. La American Society for Training and Development informa que los métodos de enseñanza basados en la tecnología representan ahora

41.7 por ciento de todo el aprendizaje formal entre las empresas de la lista de *Fortune 500* (Miller, 2012).

Sin embargo, en muchos casos, el reabastecimiento y el reentrenamiento no bastan para solucionar un desempeño deficiente. Cuando esto sucede, el siguiente paso por explorar es el **reajuste** del individuo con bajo desempeño a las actividades que realiza. Aunque el subalterno permanece en su puesto, se analizan los componentes de su trabajo, y se exploran las diferentes combinaciones de actividades y habilidades que sirven para cumplir con los objetivos organizacionales y que conforman un trabajo gratificante y significativo. Por ejemplo, se podría llamar a un asistente para que maneje muchos de los detalles técnicos del puesto de un supervisor de primera línea, otorgando así más tiempo al supervisor para que se concentre en el desarrollo de su personal o para que elabore un plan de largo plazo y lo presente a la alta dirección.

Si es imposible efectuar una revisión de la descripción de un puesto o si ésta resulta inadecuada, la cuarta alternativa consiste en **reasignar** a la persona con bajo rendimiento, ya sea a un puesto de menor responsabilidad o a uno que requiera menor conocimiento técnico o menos habilidades interpersonales. Por ejemplo, si a un especialista de un hospital le resulta cada vez más difícil mantenerse al corriente de los nuevos procedimientos médicos, pero ha demostrado habilidades directivas, podría ser transferido a un puesto administrativo de tiempo completo.

La última opción es la **liberación**. Si el reentrenamiento y la redefinición creativa de las actividades laborales no funcionan, y no existe la posibilidad de una reasignación dentro de la empresa, el directivo debe considerar la separación del empleado de la organización. Esta opción suele estar limitada por acuerdos sindicales, políticas corporativas, consideraciones de antigüedad y regulaciones gubernamentales. Sin embargo, con frecuencia las personas con bajo desempeño crónico, que podrían ser despedidas, continúan en la compañía porque la dirección prefiere evitar una tarea desagradable y, en vez de ello, se decide mantener a estos individuos "en la banca", fuera del flujo principal de actividades, donde no ocasionen ningún problema. Aun cuando esta decisión esté motivada por razones humanitarias ("No creo que soporte un despido"), casi siempre produce el efecto contrario. Las acciones tomadas para proteger a un empleado improductivo de la vergüenza del despido sólo dan paso a la humillación de ser ignorado. Es evidente que el despido es una medida drástica que no puede tomarse a la ligera. Sin embargo, al considerar esta opción, deben evaluarse de forma cuidadosa las consecuencias que tiene para los empleados improductivos y sus colaboradores el hecho de dejarlos permanecer en el trabajo después de que las cuatro acciones anteriores no han tenido éxito.

Este enfoque de manejo de los problemas de habilidad se refleja en la filosofía de Wendell Parsons, director ejecutivo de StampRite. Él afirma que uno de los aspectos más desafiantes de la administración es ayudar a los empleados a reconocer que no siempre es posible mejorar y progresar en el trabajo. Al respecto, aclara: "Si un empleado de mucho tiempo baja el ritmo, trato de hablar con él y decirle cuánto aprecio su conocimiento y experiencia, pero también que su producción ha decaído mucho. Si el sujeto está aburrido y yo no puedo ofrecerle un cambio, lo aliento a enfrentar el hecho y considerar la posibilidad de hacer otra cosa con su vida" (Nelton, 1988).

Promoción de un ambiente laboral motivador

El segundo componente del desempeño de los empleados es la motivación. Aunque es importante ocuparse de la capacitación y las necesidades de apoyo de los subalternos, así como participar de manera activa en el proceso de contratación y adaptación del puesto para garantizar una aptitud adecuada, la influencia de las acciones del directivo en la motivación cotidiana de sus subalternos es igualmente esencial. De hecho, investigaciones recientes muestran que mejorar las habilidades de alguien no incrementa su motivación tanto como las actividades específicamente diseñadas para mejorarla (Kaifeng *et al.*, 2012). Los directivos eficaces destinan tiempo considerable para acrecentar y fortalecer la motivación de sus subalternos.

En una de las contribuciones fundamentales para el pensamiento directivo, Douglas McGregor (1960) introdujo el término *teoría X* para referirse al estilo directivo caracterizado por una supervisión cerrada. La suposición básica de esta teoría es que la gente en realidad no desea trabajar con ahínco o asumir responsabilidades. Por lo tanto, para lograr que se realice el trabajo, los directivos deben coaccionar, intimidar, manipular y supervisar muy de cerca a sus empleados. En contraste, McGregor favorece la *teoría Y* de los trabajadores, la cual sostiene que éstos, en esencia, quieren hacer un buen trabajo y asumir más responsabilidad; por lo tanto, la función de

la administración es ayudarlos a alcanzar su potencial mediante la canalización productiva de su motivación inherente para triunfar. Por desgracia, McGregor consideraba que la mayoría de los directivos se adhieren a las suposiciones de la *teoría X* acerca de los motivos de los trabajadores.

El supuesto predominio de la perspectiva de la *teoría X* plantea una serie interesante de preguntas acerca de la motivación. ¿Cuál es el propósito de enseñar habilidades de motivación a los directivos? ¿Los directores deben aprender estas habilidades para ayudar a sus empleados a desarrollar su potencial? O bien, ¿se las estamos enseñando para que puedan manipular de manera más eficaz el comportamiento de sus empleados? ¿Acaso tienen el tiempo y la capacidad cognoscitiva para atender simultáneamente el estado de ánimo de los empleados y las "utilidades" de la organización?

Los estudios contemporáneos, así como el éxito obtenido por los elogiados programas de motivación organizacional (Harter, Schmidt y Hayes, 2002), apoyan la idea de que las inquietudes acerca del estado de ánimo y el desempeño están de verdad relacionados. Como se observa en la figura 6.1, los programas de motivación eficaces no sólo pueden, sino que *deben* enfocarse en aumentar tanto la satisfacción como la productividad. Los directivos que enfatizan la satisfacción y excluyen el desempeño serán considerados individuos agradables, pero su estilo administrativo **indulgente** menoscaba el desempeño de la organización.

Un fuerte énfasis en el desempeño sin tomar en cuenta la satisfacción también es ineficaz. En este caso, en vez de ser indulgente, el directivo es **impositivo** y le interesa muy poco la forma en que se sienten los empleados en relación con su trabajo. El jefe da órdenes y ellos deben acatarlas. Los empleados explotados son infelices, y los empleados infelices podrían buscar empleo con la competencia. Así pues, aunque la imposición podría incrementar la productividad en el corto plazo, sus efectos a largo plazo por lo general disminuyen la productividad

| Figura 6.1 | Relación entre satisfacción y desempeño |

debido a un mayor ausentismo, rotación de personal y, en algunos casos, incluso sabotaje y violencia.

Cuando los directivos no se muestran interesados ni en la satisfacción ni en el desempeño, **ignoran** sus responsabilidades y las realidades de su organización. La negligencia resultante refleja una *falta* de administración. Paralizados ante la disyuntiva de destacar el desempeño o la satisfacción, que consideran opciones mutuamente excluyentes, no eligen ninguna. La negligencia resultante, si se les permite continuar, podría conducir en última instancia al fracaso de la unidad de trabajo.

La estrategia de motivación **integradora** destaca por igual el desempeño y la satisfacción. Los directivos eficaces son capaces de combinar lo que parecen ser fuerzas rivales: sacan provecho de la aparente tensión entre la productividad y la satisfacción de los empleados para impulsar nuevos enfoques creativos para la motivación. Sin embargo, esto no significa que ambos objetivos puedan satisfacerse por completo en cada caso específico. Algunos beneficios y desventajas ocurren de manera natural en las situaciones laborales. Sin embargo, en el largo plazo, a ambos objetivos se les debe conceder la misma importancia.

La perspectiva integradora de la motivación propone que, aunque no se puede desestimar la importancia de que los empleados se sientan bien con lo que hacen y con el trato que reciben, esta preocupación no debe eclipsar la obligación que tiene la administración de responsabilizar a los empleados por los resultados. Los directivos deben evitar caer en la doble trampa de trabajar para mejorar el estado de ánimo de los subordinados por su propio bien o presionar por resultados de corto plazo a expensas del compromiso a largo plazo. Los mejores directivos cuentan con un personal productivo que también se siente satisfecho con su ambiente laboral (Kotter, 1996).

Elementos de un programa eficaz de motivación

Ahora hablaremos del principal tema de este análisis: un programa paso a paso para crear un proyecto motivacional integrador y sinérgico basado en la convicción de que los empleados pueden tener un alto rendimiento y sentirse personalmente satisfechos al mismo tiempo. Los principales supuestos de este marco de referencia se resumen en la tabla 6.1.

Es útil observar que las ideas prevalecientes entre los estudiosos de las organizaciones respecto a las relaciones entre la motivación, la satisfacción y el desempeño cambiaron de manera notable durante las décadas pasadas. Cuando los autores tomaron sus primeros cursos académicos en esta materia, aprendieron el siguiente modelo:

Satisfacción → Motivación → Desempeño

Sin embargo, en el transcurso de nuestra carrera, hemos observado las siguientes críticas a este punto de

Tabla 6.1	Principales supuestos de nuestro marco de referencia

1. Los empleados suelen comenzar motivados. Por lo tanto, la falta de motivación es una respuesta aprendida, a menudo fomentada por malos entendidos o expectativas poco realistas.
2. El papel de la dirección consiste en crear un ambiente laboral de apoyo, de resolución de conflictos, en el que prevalezca el valor de la facilitación y no el del control.
3. Las recompensas deben fomentar un alto rendimiento personal, que sea congruente con los objetivos de la administración.
4. La motivación funciona mejor cuando está basada en el autocontrol.
5. Los empleados deben recibir un trato equitativo.
6. Los subordinados merecen una retroalimentación honesta y oportuna sobre su desempeño laboral.

vista de que "las vacas contentas dan más leche" en lo que respecta al desempeño de los empleados.

En primer lugar, conforme los investigadores recababan datos longitudinales acerca de los factores de predicción del desempeño, descubrieron que la lógica causal de la satisfacción, la motivación y el desempeño era errónea. Por razones que analizaremos más adelante en este capítulo, ahora se cree que:

Motivación → Desempeño → Satisfacción

En segundo lugar, las correlaciones entre estas tres variables eran muy bajas, lo que sugirió que era necesario añadir una gran cantidad de factores a este modelo básico. Por ejemplo, ahora sabemos que el desempeño conduce a la satisfacción cuando es claro para el empleado que las recompensas se basan en el desempeño, en comparación con la antigüedad o la pertenencia. Añadir recompensas justas (más comúnmente conocidas como resultados) a esta fórmula ha mejorado tanto nuestra comprensión de la motivación que se ha incorporado en un modelo mejorado:

Motivación → Desempeño →
Resultados → Satisfacción

El resto de este capítulo es básicamente un recuento de las mejoras que se hicieron durante las últimas décadas a este modelo básico de "cuatro factores" de la motivación laboral. También presentaremos varios factores adicionales que —sabemos ahora— deben incluirse en un programa completo de motivación. Por ejemplo, al principio de este capítulo introdujimos la idea de que el desempeño de los individuos depende *tanto* de su motivación *como* de su habilidad. Esto sugiere que debemos añadir la habilidad al modelo básico como un segundo factor (además de la motivación) que contribuye al desempeño. Cada una de las siguientes secciones de este capítulo introduce variables adicionales que, al igual que la habilidad, hay que agregar al modelo básico de cuatro factores. La tabla 6.2 ilustra los principales elementos del modelo completo, en la forma de seis preguntas de diagnóstico, organizadas respecto al modelo de motivación de "cuatro factores". Se utilizará un modelo que engloba estas preguntas para resumir nuestra presentación al final del capítulo (figura 6.5), y en la sección Práctica de habilidades (figura 6.7) se describirá una herramienta de diagnóstico basada en estas preguntas.

ESTABLECIMIENTO DE EXPECTATIVAS CLARAS DE DESEMPEÑO

Como se muestra en la tabla 6.2, los primeros dos elementos de nuestro programa motivacional integral se enfocan en el vínculo motivación → desempeño. Comenzamos con la función que tiene el directivo de establecer expectativas claras, y después hablaremos de su función de permitir que los miembros de un grupo de trabajo satisfagan tales expectativas.

Con base en los datos reunidos desde 1993, Right Management Consultants informó que una tercera parte de los directivos que cambian de empleo fracasan en su nuevo puesto durante los primeros 18 meses (Fisher, 2005). Según este estudio, el principal consejo para lograr un buen comienzo consiste en preguntar al jefe qué es lo que espera exactamente de usted, y qué tan rápido se supone que debe hacerlo. Sin embargo, irónicamente, quienes ocupan puestos directivos tienen menos probabilidades de recibir una descripción clara del puesto o de las expectativas detalladas del desempeño que quienes entran a puestos básicos. Con mucha frecuencia la actitud de la organización parece ser "se paga a la gente para que sepa sin que se le explique".

Los análisis acerca del establecimiento de metas a menudo hacen referencia a una conversación reveladora entre Alicia en el País de las Maravillas y el gato de Cheshire. Al llegar a un cruce de caminos, Alicia preguntó al gato cuál debía elegir. Como respuesta, el gato preguntó a Alicia hacia dónde se dirigía. Al descubrir que Alicia no tenía en mente ningún destino real, el gato le aconsejó de manera acertada que cualquier decisión sería buena. Es sorprendente la frecuencia con que los supervisores violan la noción de sentido común de que es necesario asegurarse de que los subordinados a su cargo entiendan no sólo qué camino deben tomar, sino también cuál sería el ritmo aceptable para recorrerlo.

Con esta parábola en mente, los directivos deben comenzar evaluando el clima motivacional de su entorno

Tabla 6.2	Seis elementos de un programa integrador de motivación

Motivación → Desempeño

1. Establecer metas moderadamente difíciles que sean comprendidas y aceptadas.
   Hay que preguntar: "¿Los subalternos entienden y aceptan mis expectativas de desempeño?".

2. Eliminar obstáculos personales y organizacionales para el desempeño.
   Hay que preguntar: "¿Los subalternos consideran que es posible lograr esta meta o expectativa?".

Desempeño → Resultados

3. Utilizar las recompensas y la disciplina de manera adecuada para eliminar comportamientos inaceptables y alentar un desempeño excepcional.
   Hay que preguntar: "¿Los subalternos creen que tener un alto desempeño brinda más recompensas que tener un desempeño promedio o bajo?".

Resultados → Satisfacción

4. Brindar incentivos relevantes internos y externos.
   Hay que preguntar: "¿Los subalternos consideran que las recompensas utilizadas para alentar un alto desempeño merecen el esfuerzo?".

5. Distribuir las recompensas de forma equitativa.
   Hay que preguntar: "¿Los subalternos creen que los beneficios relacionados con el trabajo se distribuyen de manera justa?".

6. Dar recompensas oportunas y una retroalimentación específica, precisa y honesta del desempeño.
   Hay que preguntar: "¿Estamos sacando el mayor provecho de nuestras recompensas al entregarlas de manera oportuna como parte del proceso de retroalimentación?".
   Hay que preguntar: "¿Los subalternos saben dónde se ubican en términos de su desempeño actual y oportunidades a largo plazo?".

laboral mediante la pregunta: "¿Existe acuerdo y aceptación de las expectativas de desempeño?". La base de un programa de motivación eficaz es un adecuado **establecimiento de metas** (Locke y Latham, 2002). Quizá ningún otro concepto del campo del comportamiento organizacional ha recibido más apoyo empírico que el de que un buen establecimiento de metas aumenta el esfuerzo individual. Las metas parecen ser particularmente eficaces para aumentar el desempeño en personas con un alto nivel de meticulosidad (Colbert y Witt, 2009). Una gran cantidad de estudios también demuestran que los grupos con metas se desempeñan mucho mejor que los grupos que no las tienen. La teoría del establecimiento de metas sugiere que éstas se asocian a un mejor desempeño porque movilizan esfuerzos, dirigen la atención y alientan la persistencia y el desarrollo de estrategias (Sue-Chan y Ong, 2002). Sin embargo, no todas las metas funcionan bien. Las metas tienen que tener características concretas para que marquen la diferencia en el esfuerzo y el desempeño. El establecimiento eficaz de metas tiene tres componentes fundamentales: un buen *proceso* de establecimiento, las *características* correctas de las metas y una *retroalimentación* consistente.

El primer requisito para una meta efectiva es adoptar un buen **proceso de establecimiento de metas**. Las investigaciones han demostrado que es más probable que las personas *compren* las metas si forman parte del proceso en el que se aprobaron. Los grupos de trabajo se desempeñan mejor cuando los miembros eligen sus metas que cuando éstas se les asignan (SueChan y Ong, 2002).

Sin embargo, algunas veces es difícil permitir una amplia participación en el establecimiento de las metas de trabajo. Por ejemplo, es probable que una unidad de programación informática no tenga mucho que decir acerca de qué programas de aplicación se asignarán al grupo o qué prioridad se otorgará a cada nueva actividad. Sin embargo, el directivo podría solicitar la participación de los miembros de la unidad en la decisión del tiempo que se asignará a cada actividad ("¿Cuál sería una meta realista para completar esta actividad?") o en la decisión de quién debe hacer cada parte del trabajo ("¿Qué tipo de programa te resultaría desafiante?").

Si pasamos del proceso al contenido, los estudios demuestran que las **características de la meta** afectan de manera significativa las probabilidades de alcanzarla (Locke y Latham, 2002). Las metas efectivas son *específicas, coherentes* y con una *dificultad apropiada*.

Las metas que son **específicas** son cuantificables, sin ambigüedades y conductuales. Las metas específicas reducen los malos entendidos acerca de qué comportamientos serán recompensados. Advertencias como "sé confiable", "trabaja arduamente", "toma la iniciativa" o "haz tu mejor esfuerzo" son muy generales y difíciles de medir y, por lo tanto, tienen un valor motivacional limitado. En contraste, cuando se nombró a un nuevo vicepresidente de Operaciones en una gran fábrica de acero del medio oeste de Estados Unidos, él se fijó tres metas: reducir la devolución de producto terminado en 15 por ciento (calidad); reducir el periodo promedio de envío en dos días (satisfacción del cliente) y responder a todas las sugerencias de los empleados durante las primeras 48 horas (participación de los empleados). Estas metas fácilmente cuantificables dieron como resultado un aumento del desempeño.

Las metas también deben ser **coherentes**. Una diligente asistente de la vicepresidencia de un gran banco metropolitano se queja de que no puede incrementar el número de informes que escribe en una semana y la cantidad de tiempo que pasa "en el piso" tratando con empleados y clientes. Las metas que son incoherentes (en el sentido de que son lógicamente imposibles de cumplir de manera simultánea) crean frustración y evasión. Un estudio reciente mostró que las organizaciones que fijan muchas metas con poca relación entre ellas, producen un "congelamiento del desempeño", en la que los empleados se paralizan ante la confusión sobre qué comportamiento es el más importante (Ethiraj y Levinthal, 2009). Cuando los subalternos se quejan de que las metas son incompatibles o incoherentes, los directivos deben ser lo suficientemente flexibles como para reconsiderar sus expectativas.

Una de las características más importantes de las metas es que tengan una **dificultad apropiada** (Knight, Durham y Locke, 2001). En términos sencillos, las metas difíciles despiertan más motivación que las fáciles. Una explicación de esto se conoce como "motivación del logro" (Atkinson, 1992; Weiner, 2000). Según esta perspectiva, los empleados motivados evalúan las actividades nuevas en términos de sus posibilidades de éxito y de la importancia del logro anticipado. Alcanzar una meta que cualquiera puede lograr no es recompensa suficiente para los individuos altamente motivados. Para sentirse exitosos, deben creer que un logro es significativo. Ante su deseo de éxito y logro, es evidente que estos empleados se sentirán más emocionados con metas desafiantes, pero alcanzables.

Aunque no existe un parámetro de dificultad único para todas las personas, es importante tener en mente que las altas expectativas suelen promover un desempeño elevado, mientras que las bajas expectativas disminuyen el desempeño (Davidson y Eden, 2000). Como dijo un directivo experimentado: "Obtenemos aproximadamente lo que esperamos". Warren Bennis, autor de *The Unconscious Conspiracy: Why Leaders Can't Lead*, coincide con lo anterior. "En un estudio con maestros de escuela, se encontró que cuando tenían expectativas altas de sus alumnos, eso era suficiente para originar en éstos un incremento de 25 puntos en sus cocientes intelectuales" (Bennis, 1984, 2003).

Además de elegir el tipo correcto, un programa efectivo de metas también debe incluir **retroalimentación**. La cual brinda oportunidades para aclarar las expectativas, modificar la dificultad de las metas y obtener reconocimiento. Por lo tanto, es importante ofrecer oportunidades de comparación a los empleados para determinar cómo se están desempeñando. Estos informes de progreso a lo largo del camino son especialmente importantes cuando es muy largo el tiempo que se requiere para completar una actividad o alcanzar una meta. Por ejemplo, la retroalimentación es muy útil para proyectos como el desarrollo de un gran programa de cómputo o la recaudación de un millón de dólares para obras de caridad locales. En estos casos, la retroalimentación debe vincularse al cumplimiento de las etapas intermedias o a la terminación de componentes específicos.

ELIMINACIÓN DE OBSTÁCULOS PARA EL DESEMPEÑO

Uno de los ingredientes principales de un programa efectivo de metas es un ambiente laboral que brinde apoyo. Después de establecer las metas, los directivos deben enfocarse en facilitar el éxito en el cumplimiento concentrándose en el componente de la habilidad dentro de la fórmula del desempeño. Pueden comenzar preguntando: "¿Los subalternos sienten que es posible alcanzar esta meta?". La administración debe ayudar de muchas maneras: asegurarse de que el empleado tenga la aptitud requerida para el puesto, brindar la capacitación necesaria, ofrecer los recursos necesarios y fomentar la cooperación y el apoyo de otras unidades de trabajo.

Es responsabilidad del directivo lograr que las rutas que conduzcan hacia las metas señaladas sean más fáciles para los subalternos.

Ayudar a que las rutas de los empleados hacia sus metas sean más fáciles es la esencia de la **teoría del liderazgo "camino-meta"** (House y Mitchell, 1974; vea también Schriesheim y Neider, 1996; Shamir, House y Arthur, 1993), que se ilustra en la figura 6.2. Esta teoría responde a la pregunta: "¿Qué tanta ayuda debe brindar un directivo?". Como respuesta, el modelo propone que el nivel de participación debería variar según lo que necesiten los subalternos, qué tanto esperan y qué tanto disponen de la ayuda de otras fuentes de la empresa.

La teoría comienza su respuesta a estas preguntas al concentrarse en dos *características de las actividades de los empleados*: la estructura y la dificultad. Una actividad muy estructurada (es decir, que tiene un elevado grado de orden y de dirección, y es fácil de realizar) no requiere de una extensa dirección administrativa. Si los directivos ofrecen demasiados consejos darán la impresión de ser controladores, mandones o fastidiosos, ya que los subalternos saben claramente lo que deben hacer. Por otro lado, en el caso de una tarea difícil y sin estructura (es decir, ambigua), las instrucciones y la amplia participación de los directivos en actividades de solución de problemas se percibirán de forma constructiva y satisfactoria.

El segundo factor que afecta el grado adecuado de participación de la administración es la *expectativa de los subalternos*. Una característica que moldea dichas expectativas sobre la participación de los directivos es el deseo de autonomía. Los empleados que aprecian su autonomía

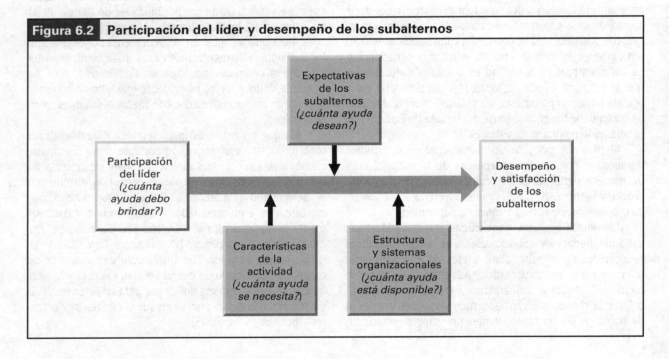

Figura 6.2 Participación del líder y desempeño de los subalternos

Participación del líder (¿cuánta ayuda debo brindar?)

Expectativas de los subalternos (¿cuánta ayuda desean?)

Características de la actividad (¿cuánta ayuda se necesita?)

Estructura y sistemas organizacionales (¿cuánta ayuda está disponible?)

Desempeño y satisfacción de los subalternos

e independencia prefieren directivos con un estilo de liderazgo muy participativo, ya que les brinda mayor libertad para controlar lo que hacen. En contraste, las personas que buscan la ayuda de los demás para tomar decisiones, establecer prioridades y resolver problemas prefieren una mayor participación de los supervisores.

Otra característica que influye en las expectativas de los empleados son sus propios niveles de habilidad y experiencia. Los empleados capaces y experimentados sienten que necesitan menos ayuda de sus directivos porque están capacitados de manera adecuada, saben cómo obtener los recursos necesarios y son capaces de manejar enredos políticos con sus contrapartes en otras unidades. Por otro lado, para los empleados relativamente nuevos o con habilidades limitadas, es frustrante sentir que su directivo no tiene tiempo ni está interesado en escuchar preguntas básicas.

El tercer elemento que el modelo camino-meta considera importante para decidir qué tanta participación deben mostrar los directivos es la *disponibilidad de apoyo de la empresa*. La participación directiva debe complementar, en lugar de duplicar, las fuentes organizacionales de apoyo. En concreto, los jefes inmediatos deben involucrarse más en situaciones donde las normas de desempeño no son claras, las recompensas organizacionales son insuficientes y los controles que rigen el desempeño son inadecuados.

En resumen, el modelo camino-meta anima a los ejecutivos a ajustar su estilo de dirección a las condiciones de los empleados, como se muestra en la tabla 6.3. La participación evidente de los directivos debe estar en función de la naturaleza del trabajo y el apoyo de la organización, así como de las habilidades y la experiencia de los empleados. Si los directivos son insensibles ante tales factores, es muy probable que algunos subalternos consideren la participación de los superiores como una interferencia, en tanto que otros se sentirán perdidos.

REFORZAMIENTO DE LOS COMPORTAMIENTOS QUE MEJORAN EL DESEMPEÑO

En referencia al modelo básico de motivación de los "cuatro factores", ahora desplazaremos nuestra atención de los antecedentes del desempeño laboral (la relación motivación → desempeño) a sus consecuencias (la relación desempeño → resultados). Una vez que el directivo ha establecido metas claras y que se han trazado las rutas para alcanzarlas, el siguiente paso de un programa eficaz de motivación consiste en fomentar el logro de la meta al relacionar el desempeño con los resultados extrínsecos (recompensas y disciplina), y promover los resultados intrínsecos.

La pregunta relevante de diagnóstico aquí es: "¿Los subalternos sienten que tener un alto desempeño es más gratificante que tener un rendimiento bajo o promedio?". Para crear un ambiente donde la respuesta a esta pregunta sea "sí", los directivos deben considerar dos principios relacionados: (1) en general, los ejecutivos deben vincular las recompensas con el desempeño y no con la antigüedad o afiliación, y (2) los directivos deben utilizar la disciplina para extinguir comportamientos contraproducentes y usar recompensas para reforzar comportamientos productivos.

Empleo de recompensas como reforzadores

Cuando los directivos vinculan comportamientos deseados con recompensas, refuerzan ese comportamiento (Luthans y Stajkovic, 1999; Stajkovic y Luthans, 2001). Estas recompensas también indican al resto de la organización qué es lo que más se valora. Ed Lawler, una de las principales autoridades en los sistemas de recompensas, pone de relieve este aspecto cuando declara: "Muchas veces, los primeros sistemas de recompensas de una organización

Tabla 6.3	Factores que influyen en la participación de los directivos		
Factores		Condiciones adecuadas para una alta participación directiva	Condiciones adecuadas para una baja participación directiva
Estructura de la actividad		Bajas	Altas
Dominio de la actividad		Bajas	Altas
Deseo de autonomía del subalterno		Bajas	Altas
Experiencia del subalterno		Bajas	Altas
Habilidades del subalterno		Bajas	Altas
Fuerza de las normas grupales		Bajas	Altas
Efectividad de los controles y las recompensas de la organización		Bajas	Altas

son especialmente importantes para formar su cultura. Refuerzan ciertos patrones de comportamiento e indican qué tanto valora la organización a las distintas personas. También atraen a cierto tipo de empleados, y en pequeños detalles, indican qué representa a la compañía y cuáles son sus valores" (Lawler, 2000a, p. 39).

Algunas prácticas modernas de administración parecen desafiar el principio de que las recompensas deben estar vinculadas al desempeño. Muchas compañías reducen las distinciones entre los trabajadores al brindar beneficios universales atractivos como instalaciones recreativas, servicios de biblioteca, guarderías y programas de adquisición de acciones para todos los empleados. Una empresa aeronáutica francesa trató de ayudar a los empleados a impulsar una conexión más fuerte con la compañía permitiéndoles usar las herramientas y el tiempo del trabajo para crear artefactos personales (Anteby, 2008). Cognex Corporation ofrece incentivos como películas y refrescos gratuitos en el cine local o el uso de una limusina por cinco horas. Su director ejecutivo, el Dr. Robert J. Shillman dice "Si das a las personas $500 dólares, los depositarán en el banco y no lo recordarán. Nos gusta invertir en cosas memorables que les entusiasme y no olviden" (Lublin, 2006).

Aunque dar a los empleados "premios" que mejoran su vida efectivamente produce cierta motivación, cuando los beneficios universales son el centro de un programa de incentivos, la organización corre el riesgo de debilitar la motivación de las personas con alto rendimiento. Aunque hay evidencia de que algunas compañías disminuyen la rotación de personal al emplear incentivos creativos, enfocarse exclusivamente en darlos a todo mundo puede tener un costo. Ignorar el vínculo vital entre el desempeño y las recompensas puede dificultar a las organizaciones atraer y retener a los individuos con el mejor desempeño (Pfeffer, 1995).

Este análisis del uso adecuado de las recompensas nos recuerda la necesidad de tomar en consideración los valores culturales y las expectativas. Por ejemplo, los individuos provenientes de culturas colectivistas tienden a favorecer las recompensas entregadas a nivel de grupo (Graham y Trevor, 2000; Parker, 2001; Triandis, 1994). Esto implica que, además de examinar todos los factores que los directivos deben considerar para desarrollar los incentivos, también deben tener en cuenta las diversas suposiciones culturales de los empleados acerca de cuál es la unidad de análisis adecuada (el grupo o el individuo) para medir y recompensar el desempeño. Si un directivo planea un sistema de bonos para una unidad de trabajo constituida por una combinación de individuos con perspectivas de valor colectivistas e individualistas, deberá buscar formas de incluir esas perspectivas conflictivas en el diseño del programa de bonos. También es importante señalar que las recompensas no financieras (como los premios) pueden ser un elemento valioso en un programa

eficaz de reforzamiento del desempeño. Lawler considera que las compañías podrían obtener el mayor efecto motivacional de los programas de recompensas si siguen los siguientes consejos: (1) entregar públicamente las recompensas; (2) entregar premios sólo ocasionalmente; (3) instaurar un proceso de recompensas con credibilidad; (4) mencionar en la ceremonia de entrega de premios a los ganadores anteriores, y (5) asegurarse de que el premio sea significativo dentro de la cultura organizacional (Lawler, 2000a, pp. 7273).

El papel reforzador de las acciones de los directivos

Un programa motivacional eficaz va más allá del diseño del sistema organizacional de recompensas, incluyendo el pago del salario, los ascensos, etcétera. Los directivos también deben reconocer que sus interacciones diarias con los subalternos constituyen una fuente importante de motivación. Es difícil, incluso para los ejecutivos muy sensibles y conscientes, entender plenamente el efecto que tiene su actuación en el comportamiento y las actitudes de sus subalternos. Por desgracia, algunos ni siquiera tratan de observar esos efectos. Cuando los directivos no están conscientes de su impacto en la motivación de los empleados, en realidad refuerzan los comportamientos *indeseables*. A esto se le llama "la insensatez de recompensar A, mientras se espera que ocurra B" (Kerr, 1995). Tomemos el ejemplo de un vicepresidente de Investigación y desarrollo con baja tolerancia al conflicto que genuinamente quiere que sus equipos de trabajo generen productos creativos. Pero si recompensa de manera consistente sólo a los equipos que evitan el desacuerdo, entonces sus empleados pueden pensárselo dos veces antes de exponer ideas creativas y desafiantes. De cierta manera, recompensar sólo la unidad y la armonía significa que, sin querer, está *castigando* a los grupos de trabajo que tratan de ir más allá del *status quo*. En otras palabras, "espera B" (creatividad), pero "recompensa A" (conformismo).

Lo que se debe y no se debe hacer para propiciar que los subalternos tengan más iniciativa, como se observa en la tabla 6.4, demuestra el poder de las acciones de los directivos para modelar el comportamiento. Las acciones y las reacciones que tal vez parezcan insignificantes ante los ojos del jefe a menudo tienen fuertes efectos reforzadores o de extinción en los subalternos. De ahí que se afirme que "los directivos obtienen lo que refuerzan, no lo que desean" y "la gente hace lo que se revisa, no lo que se espera". De hecho, el potencial reforzador de las reacciones de los directivos ante el comportamiento de los subalternos es tan fuerte que se ha argumentado que "la mejor forma de cambiar el comportamiento de un individuo en el lugar de trabajo consiste en modificar el comportamiento de su directivo" (Thompson, 1978, p. 52). Ante la gran influencia que estos tienen sobre la

| **Tabla 6.4** | **Guías para fomentar la iniciativa de los subalternos** |

LO QUE SE RECOMIENDA HACER	LO QUE SE RECOMIENDA EVITAR
Pregunte: "¿Cómo vamos a hacer esto? ¿En qué puedo contribuir a este esfuerzo? ¿De qué manera usaremos este resultado?". Esto implica su interés por el trabajo y los resultados.	Sugerir que la actividad es completa responsabilidad de los empleados, y que si fallan están solos. El fracaso individual implica un fracaso organizacional.
Muestre interés y una actitud de análisis, haciendo preguntas diseñadas para obtener información de los hechos.	Actuar como interrogador, haciendo preguntas tan rápido como puedan ser contestadas. Asimismo, evitar preguntas que requieran sólo de respuestas "sí" o "no".
Mantener tanto como sea posible el análisis y la evaluación en manos de los empleados al preguntarles su opinión sobre diversos temas.	Reaccionar a sus presentaciones de forma emocional.
Presentar hechos acerca de las necesidades, los compromisos, las estrategias, etcétera, de la organización, que les permita mejorar e interesarse en mejorar lo que se proponen hacer.	Exigir un cambio o una mejoría en un tono de voz prepotente o de una forma aparentemente arbitraria.
Pedirles que investiguen o analicen con mayor profundidad, en el caso de que usted considere que han ignorado algunos aspectos o exagerado otros.	Tomar sus documentos de planeación y tacharlos, cambiar las fechas o anotar "no sirve" junto a ciertas actividades.
Pedirles que regresen con sus planes después de haber tomado en cuenta esos temas.	Reformular sus planes a menos que sus esfuerzos repetidos no muestren mejora.

FUENTE: *Reproducido con autorización de Simon & Schuster Adult Publishing Group, de Putting Management Theories to Work de Marion S. Kellogg, revisado por Irving Burstiner. Copyright © 1979 por Prentice Hall. Todos los derechos reservados.*

APRENDIZAJE

motivación de sus subalternos para alcanzar un desempeño óptimo, es importante que aprendan a utilizar las recompensas y los castigos de manera eficaz para producir los resultados positivos y deseados de manera consistente.

Uso adecuado de las recompensas y la disciplina

Los psicólogos denominan "condicionamiento operante" al proceso de modelar el comportamiento de los demás al vincularlo con recompensas y castigos (Komaki, Coombs y Schepman, 1996). Este modelo utiliza una amplia variedad de estrategias motivacionales que incluyen la presentación o eliminación de reforzadores positivos o negativos. Aunque existen importantes diferencias teóricas y experimentales en estas estrategias, como la que hay entre el reforzamiento negativo y el castigo, para el propósito de nuestro análisis nos concentraremos en tres tipos de respuestas de los directivos ante el comportamiento de los empleados: ausencia de respuesta (ignorar), respuesta negativa (disciplina) y respuesta positiva (recompensa).

Los psicólogos han demostrado que la ausencia de respuesta ante un comportamiento lleva a la eliminación (o "extinción") de ese comportamiento.

Sin embargo, es engañoso transferir la estrategia de extinción del laboratorio del psicólogo al ambiente de trabajo del directivo. En la mayoría de las situaciones directivas, las personas interpretan una ausencia de respuesta a su comportamiento como un signo positivo ("Supongo

que nadie tiene objeciones a lo que estoy haciendo"). Si su secretaria tímidamente deja un informe retrasado en su escritorio, y usted ignora su comportamiento porque está ocupado con otros asuntos, ella podría sentirse tan aliviada de no haber recibido un regaño por su retraso que en realidad recibe un reforzamiento.

Este sencillo ejemplo destaca un punto importante: cualquier comportamiento que se exhibe en forma constante enfrente de un jefe se está recompensando, sin importar la intención del jefe. Por lo tanto, si un empleado siempre llega tarde o continuamente entrega un trabajo descuidado, el directivo debe preguntarse de dónde proviene el reforzamiento para ese comportamiento. En tanto que la extinción tiene una función importante en el proceso de aprendizaje cuando se realiza en condiciones estrictamente controladas de laboratorio, es una técnica menos útil en el escenario organizacional porque la interpretación de una supuesta respuesta neutral es imposible de controlar.

Irónicamente, algunas veces los directivos emplean sin querer la extinción precisamente de manera equivocada. Un estudio fascinante demostró cómo la ausencia de reconocimiento erosiona la persistencia de las personas. Se pidió a los estudiantes objeto de análisis que completaran unos documentos sin sentido para obtener unas recompensas financieras mínimas, y se les dijo que podían dejar de participar cuando quisieran.

Cada vez que los estudiantes terminaban un formulario, se lo pasaban al experimentador, quien bien reconocía el documento (lo miraba y asentía con la cabeza antes de colocarlo en un montón), lo ignoraba (no lo miraba antes de colocarlo en el montón) o lo trituraba (lo trituraba inmediatamente sin mirarlo siquiera). Como puede suponer, los sujetos cuyo trabajo era triturado fueron los que primeros se retiraron del experimento. Pero lo más sorprendente es que los sujetos cuyo trabajo era ignorado se retiraron casi tan rápidamente del experimento como aquellos cuyo trabajo fue triturado (Ariely, Kamenica y Prelc, 2008). No reconocer los buenos comportamientos de un empleado puede extinguirlo casi tan rápidamente como si destruyera su trabajo.

Dado que la extinción como herramienta directiva es problemática, el centro de nuestro análisis será el uso adecuado de las estrategias disciplinarias y de recompensa, como se muestra en la figura 6.3.

El enfoque **disciplinario** implica responder de forma negativa ante el comportamiento de un empleado, con la intención de desalentar la incidencia futura de tal comportamiento. Por ejemplo, si un empleado llega tarde constantemente, el supervisor podría sancionarlo con la esperanza de que esta acción disminuya su impuntualidad. Llamar la atención a los subalternos por no obedecer las reglas de seguridad es otro ejemplo.

El enfoque de **recompensa** consiste en asociar los comportamientos deseados con consecuencias valoradas por el empleado. Cuando un aprendiz completa un informe de manera oportuna, el supervisor deberá elogiarlo por su prontitud.

Si un alto ejecutivo toma la iniciativa de resolver por su cuenta un problema difícil y que requiere de mucho tiempo, podría recibir tiempo adicional para disfrutar algún destino turístico al final de un viaje de negocios. Por desgracia, incluso recompensas tan sencillas como éstas son la excepción y no la regla. La doctora Noelle Nelson,

autora de un libro sobre el poder que tiene el aprecio en el lugar de trabajo (2005), señala que, según datos del Departamento del Trabajo de Estados Unidos, la principal razón por la que las personas renuncian a su empleo es porque no se sienten apreciadas. Además, hace referencia a una encuesta de Gallup, cuyo informe reveló que 65 por ciento de los empleados afirmó no haber recibido una sola palabra de elogio o reconocimiento durante el año anterior. Al reflexionar acerca de estos datos, Nelson comenta que incluso los empleados más eficientes y con más energía se sienten mal cuando no se les reconoce su buen trabajo y sólo reciben atención cuando cometen errores.

Tanto la disciplina como la recompensa son técnicas útiles y viables, y cada una tiene su lugar en el repertorio motivacional eficaz de un directivo. Sin embargo, como se muestra en la figura 6.3, cada técnica está asociada con diferentes metas de modelación del comportamiento. La disciplina se debe utilizar para erradicar comportamientos inadecuados. Sin embargo, una vez que el comportamiento del individuo ha alcanzado un nivel aceptable, las respuestas negativas no impulsan el comportamiento hasta un nivel excepcional. Es difícil alentar a los empleados a desempeñar comportamientos excepcionales a través de regaños, amenazas o formas de disciplina de este tipo. La parte izquierda de la figura 6.3 indica que los subalternos trabajan para eliminar una respuesta indeseable y no para ganar una recompensa anhelada. Los empleados tienen control para lograr lo que desean sólo mediante el reforzamiento positivo y, por lo tanto, mediante el incentivo de alcanzar un nivel de desempeño excepcional.

El énfasis que se observa en la figura 6.3 acerca de hacer coincidir la disciplina y las recompensas con los comportamientos inaceptable y aceptable, respectivamente,

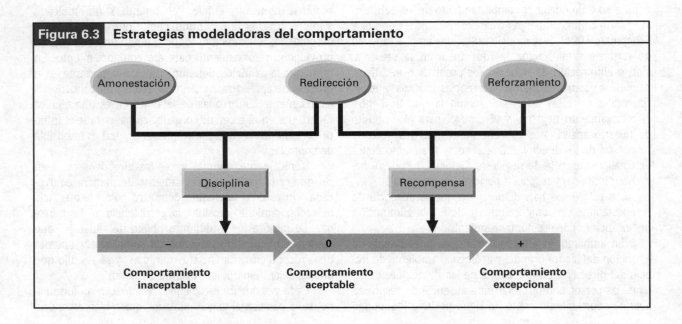

Figura 6.3 | **Estrategias modeladoras del comportamiento**

Amonestación — Redirección — Reforzamiento

Disciplina — Recompensa

–   0   +

Comportamiento inaceptable   Comportamiento aceptable   Comportamiento excepcional destaca dos malos manejos comunes de los principios del reforzamiento. En primer lugar, los empleados de alto rendimiento con frecuencia se molestan cuando sienten que "la administración es muy condescendiente con aquellos que siempre están echando a perder las cosas". Algunos directivos, creyendo que una buena práctica administrativa consiste en mostrarse siempre optimistas y contentos, y desalentar interacciones negativas, tratan de subestimar la gravedad de los errores al ignorarlos, al tratar de atenuar las consecuencias reparando ellos mismos las fallas, o al alentar a los individuos de alto desempeño a ser más tolerantes y pacientes. Otros directivos se sienten tan incómodos al confrontar los problemas de desempeño personal que están dispuestos a pasar por alto todos los errores, con excepción de los más atroces. Aunque hay mucho que decir acerca de los directivos que tienen una actitud positiva y dan a los individuos de bajo desempeño el beneficio de la duda, su falta de capacidad para sancionar y redirigir comportamientos inadecuados conduce a dos resultados indeseables: el estado de ánimo de la unidad de trabajo se ve seriamente amenazado y los comportamientos de las personas con desempeño deficiente no mejoran.

De la misma manera que a algunos directivos les desagrada sancionar a los empleados con bajo desempeño, a otros se les dificulta recompensar el desempeño excepcional. Como resultado, los subalternos se quejan de que al directivo "nada le satisface". Esta segunda aplicación inadecuada de la estrategia de modelación del comportamiento de respuesta negativa es tan disfuncional como el uso indiscriminado de los elogios. Estos directivos creen, de manera errónea, que la mejor forma de motivar a la gente es mantener siempre expectativas un poco más altas que el mejor desempeño de sus subalternos y después reprenderlos por sus imperfecciones. En el proceso, corren el riesgo de agotar a su equipo o, sin saberlo, alentar un rendimiento más bajo ("de todas formas nos van a criticar, entonces, ¿por qué trabajar tanto?"). Además, irónicamente, este método crea una situación competitiva y de autoderrota en la que los subalternos buscan los errores del jefe. ¡Y cuanto mayores sean éstos, mejor!

Por desgracia, muchos directivos en realidad creen que ésta es la mejor manera de administrar en cualquier situación. Definen su función como la de un "perro ovejero", que ronda el perímetro del grupo, y muerde las pezuñas de aquel que comience a descarriarse. Establecen un rango bastante amplio de comportamientos aceptables y después limitan sus interacciones con los empleados sancionando a los que traspasan esos límites. Este estilo administrativo negativo e inconexo crea un ambiente de trabajo desmoralizante y no fomenta un desempeño excepcional. En vez de ello, los empleados se sienten motivados a quitarse del camino del jefe y a evitar hacer cualquier cosa poco común o que no se haya intentado con anterioridad. La innovación y la participación se extinguen, y el desempeño mediocre se vuelve no sólo aceptable, sino deseable.

Una vez analizadas las consecuencias de la aplicación inadecuada de las recompensas y de la disciplina, dirigiremos nuestra atención al uso adecuado de las técnicas para modelar el comportamiento. El sello distintivo de los directivos excepcionales es su habilidad para promover un comportamiento fuera de serie en sus subalternos. Esto se logra mejor al poner en marcha un proceso de nueve pasos para modelar el comportamiento, el cual se puede aplicar a una amplia gama de comportamientos de los subalternos. Esos pasos pueden aplicarse tanto para corregir comportamientos inaceptables como para transformar comportamientos aceptables en excepcionales. Están diseñados para evitar los efectos dañinos que, por lo general, se asocian con el uso inadecuado de la disciplina, tal como se analizó en la sección anterior (Wood y Bandura, 1989). También aseguran el uso adecuado de las recompensas.

Estrategias para modelar el comportamiento

En la tabla 6.5 se muestran los nueve pasos para mejorar los comportamientos, los cuales están organizados en tres grandes iniciativas: *amonestación, redirección* y *reforzamiento*. Como se observa en la figura 6.5, los pasos 1 a 6 (amonestación y redirección) se utilizan para extinguir comportamientos inaceptables y remplazarlos con otros aceptables. Los pasos 4 a 9 (redirección y reforzamiento) se utilizan para transformar comportamientos aceptables en excepcionales.

Cuando se aplica una **amonestación**, hay que tener en mente un principio importante: la medida disciplinaria debe aplicarse inmediatamente después del comportamiento inadecuado y se centrará sólo en el problema específico. Éste no es el momento adecuado para traer a colación problemas añejos o acusaciones insustanciales. La discusión deberá dirigirse a eliminar el problema de comportamiento, no a provocar que el subalterno se sienta mal. Enfocarse en un comportamiento específico disminuye la probabilidad de que el empleado vea la amonestación como un ataque hostil generalizado.

Después de la amonestación, es importante **redirigir** los comportamientos inadecuados hacia canales apropiados. El proceso de redirección ayuda a los empleados a entender la manera en que podrían recibir recompensas en el futuro y les aclara la manera exacta en que pueden mejorar. Se debe tener en mente que la meta de cualquier retroalimentación negativa debería ser transformar los comportamientos inadecuados en adecuados, y *no* sólo castigar a alguien.

Por último, los efectos negativos de una amonestación desaparecen con rapidez si el directivo comienza a usar recompensas para **reforzar** los comportamientos deseables poco tiempo después. Esta meta sólo se alcanza si

Tabla 6.5	Guías para mejorar el comportamiento

Amonestación

1. Identifique el comportamiento inadecuado específico. Dé ejemplos. Indique que la acción debe detenerse.
2. Señale el efecto que tiene el problema en el desempeño de los demás, en la misión de la unidad, etcétera.
3. Haga preguntas acerca de las causas y explore soluciones.

Redirección

4. Describa los comportamientos o estándares esperados. Asegúrese de que el empleado comprenda y esté de acuerdo en que éstos son razonables.
5. Pregunte si la persona cumplirá.
6. Brinde apoyo adecuado. Por ejemplo, elogie otros aspectos del trabajo, identifique beneficios personales y grupales del cumplimiento; asegúrese de que no existan problemas laborales que obstaculicen el logro de sus expectativas.

Reforzamiento

7. Identifique recompensas que sean valiosas para el empleado.
8. Vincule el logro de los resultados deseados con la mejora gradual y continua.
9. Recompense todas las mejoras del desempeño en forma oportuna y honesta (incluyendo el uso de elogios).

los empleados saben cómo pueden recibir consecuencias positivas y perciben que las recompensas disponibles son valiosas para ellos (un tema que se analizará con detalle más adelante).

Fomento de resultados intrínsecos

Hasta ahora nuestro análisis de la relación desempeño → resultados se ha enfocado en los **resultados extrínsecos**, como el pago del salario, los ascensos y los elogios que no están bajo el control del empleado. Además, el potencial motivador de una actividad se ve afectado por sus **resultados intrínsecos**, que la persona experimenta individualmente como resultado del éxito en el desempeño de una actividad. Éstos incluyen la sensación de tener un propósito, los sentimientos de logro y autoestima, y el desarrollo de nuevas habilidades.

Los directivos eficaces entienden que las recompensas intrínsecas son fundamentales para el desempeño del trabajo. No importa cuántas recompensas externas controladas utilice el directivo, si los empleados consideran que su trabajo es poco interesante e insatisfactorio, el desempeño sufrirá las consecuencias. Algunas personas tienen necesidades más fuertes de recompensas intrínsecas que otros. Por ejemplo, los investigadores han descubierto que el nivel de satisfacción laboral reportado por personas muy inteligentes está estrechamente ligado al grado de dificultad que encuentran al desempeñar su trabajo (Ganzach, 1998). También los jóvenes empleados parecen dar más importancia a las recompensas intrínsecas y a la relevancia. La generación "Y" o del Milenio (aquellos nacidos entre las décadas de 1980 y 2000) a menudo ha sido descrita como idealista y enfocada en

trabajar en aquello que sirva a una causa. Adam Grant, autor de *Give and Take*, afirma que las personas se desempeñan mejor en su trabajo cuando están enfocadas en ayudar y dar a los demás.

Por ejemplo, su investigación demostró que los estudiantes que trabajaban en una recaudación telefónica para una universidad (llamando a antiguos alumnos para solicitar donaciones) aumentaron la eficacia de sus recaudaciones en 400 por ciento después de escuchar a un becario describir cómo esas donaciones de antiguos alumnos le habían ayudado personalmente. El efecto de esa única conversación seguía teniendo consecuencias en el desempeño de los empleados tres meses después (Grant, 2011). Los investigadores también hallaron que muchos empleados anhelan un sentido de "vocación" en el trabajo, es decir, la creencia de que trabajan en lo que tenían que trabajar y que esa labor sirve a una causa importante. Un ejemplo es un estudio de cuidadores en un zoológico, cuyo sentido de vocación los impulsaba a dedicar un enorme esfuerzo y grandes sacrificios en el trabajo por sus animales, aun cuando sus recompensas extrínsecas eran escasas (Bunderson y Thomson, 2009). En el caso de los empleados que buscan recompensas intrínsecas a través de su trabajo, la motivación puede ser menos una cuestión de ofrecer las recompensas adecuadas y más de ajustar con precisión el puesto y la persona que lo ocupa.

Motivación de los trabajadores mediante el rediseño del trabajo

El **diseño del trabajo** es el proceso de hacer coincidir las características del puesto con las habilidades y los intereses de los empleados. Un modelo clásico de diseño

Figura 6.4 Diseño de puestos altamente motivadores

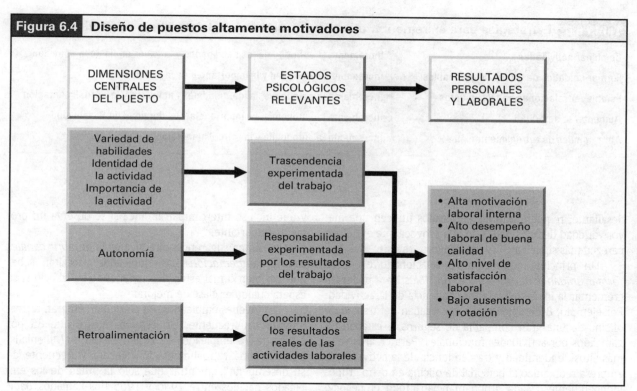

FUENTE: *Hackman/Oldham, Work Redesign,* © 1980. Reimpreso con permiso de Pearson Education, Inc.

laboral propone que hay características particulares del puesto que explican su potencial de motivación. En la figura 6.4 se muestra la relación entre las principales dimensiones del puesto, los estados psicológicos que producen en los empleados, y los resultados laborales y personales (Hackman y Oldham, 1980).

Diversos estudios empíricos han encontrado que estas cinco dimensiones centrales del puesto (variedad de habilidades, identidad de la actividad, importancia de la actividad, autonomía y retroalimentación) tienen una relación positiva con la satisfacción laboral.

Cuanto mayor sea la variedad de habilidades que utilice una persona al desempeñar su trabajo, más percibirá la actividad como significativa y valiosa. De manera similar, cuanto mayor sea la oportunidad que tenga un individuo al desempeñar un trabajo completo desde el principio hasta el final (identidad de la actividad) y cuanto mayor sea el efecto directo que el trabajo tiene en la labor o la vida de otras personas (trascendencia de la actividad), más significativo será el trabajo para el empleado. Por otra parte, cuando el trabajo requiere de pocas habilidades, sólo se desempeña parte de una actividad, o pareciera que tiene escasa repercusión en los demás, la importancia que se le asigna suele ser baja.

Además, a mayor autonomía en el trabajo (por ejemplo, libertad de elegir cómo y cuándo hacer determinadas labores), mayor responsabilidad sienten los empleados por su éxito y fracaso. El aumento en la responsabilidad

incrementa el compromiso con el propio trabajo. La autonomía se puede fomentar estableciendo horarios de trabajo flexibles, descentralizando la toma de decisiones o eliminando los controles formales, como validar la tarjeta en el reloj checador. La autonomía parece especialmente importante para los empleados que realizan labores intelectualmente muy exigentes (Haas, 2010).

Por último, cuanto mayor sea la cantidad de retroalimentación que reciban los empleados acerca de qué tan bien desempeñan su trabajo, más conocimiento tendrán sobre cómo mejorar. Investigaciones recientes demuestran que las personas invierten más tiempo en las actividades que les brindan más y mejor retroalimentación (Northcraft, Schimdt y Ashford, 2011). El directivo podría ofrecerles retroalimentación directamente o crear oportunidades para que la obtengan mediante el contacto directo con los clientes.

Al destacar estas cinco dimensiones centrales del puesto, el directivo puede mejorar el potencial de motivación de sus subordinados. Los empleados que tienen puestos bien diseñados los disfrutan más porque los segundos son intrínsecamente satisfactorios.

Este análisis del diseño laboral sugiere cinco guías de acción para los directivos, las cuales podrían ayudar a incrementar los resultados personales y laborales deseables (se resumen en la tabla 6.6). La primera consiste en *combinar actividades*. Por definición, una combinación de actividades es una asignación laboral más compleja y

Tabla 6.6	**Estrategias para incrementar el potencial motivacional del trabajo asignado**
Combinar actividades →	Incrementa la variedad de las habilidades y la importancia de la actividad
Formar unidades de trabajo identificables →	Incrementa la identidad y la importancia de la actividad
Establecer relaciones con los clientes →	Incrementa la autonomía, la identidad de la actividad y la retroalimentación
Aumentar la autoridad →	Incrementa la autonomía, la importancia y la identidad de la actividad
Abrir canales de retroalimentación →	Incrementa la autonomía y la retroalimentación

desafiante; requiere que los empleados utilicen una mayor variedad de habilidades, lo que provoca que el trabajo parezca más significativo y con mayores retos.

Un principio administrativo relacionado es el de *formar unidades de trabajo identificables*, para poder incrementar la identidad y la trascendencia de la actividad. Por ejemplo, 80 empleados se encargaban del trabajo de oficina de una gran compañía de seguros, y estaban organizados por actividades funcionales. Para crear niveles más altos de identidad y trascendencia de la actividad, la empresa reorganizó al personal de oficina en ocho grupos independientes. Cada grupo manejaba todo el negocio asociado con un tipo específico de clientes. Como resultado, experimentaron un mayor sentido de trascendencia porque usaban una mayor variedad de habilidades, terminaban toda una actividad y podían ver con más claridad sus contribuciones.

La tercera directriz para mejorar los puestos es *establecer relaciones con los clientes*. Una relación con el cliente implica un vínculo personal constante entre un empleado (el productor) y el cliente (el consumidor). El establecimiento de esta relación puede incrementar la autonomía, la identidad de la actividad y la retroalimentación. Interactuar con los beneficiarios del trabajo de un individuo puede tener un efecto sorprendente en su esfuerzo y eficacia (como ocurrió con los empleados de recaudación de fondos por teléfono que mencionamos en la sección anterior). Un ejemplo de una organización que se toma en serio este principio es Caterpillar, Inc., que asigna miembros de cada grupo de la división de investigación y desarrollo para que tengan contacto constante con sus principales clientes.

La cuarta sugerencia, *aumentar la autoridad*, se refiere a otorgar más autoridad a los empleados para tomar decisiones relacionadas con el trabajo. Conforme los supervisores delegan más autoridad y responsabilidad, sus subalternos perciben un aumento en la autonomía, importancia e identidad de la actividad. Históricamente, los trabajadores de las líneas de ensamble de automóviles han tenido poca autoridad en la toma de decisiones. Sin embargo, en conjunto con un creciente énfasis en la calidad, muchas plantas ahora permiten que los trabajadores ajusten su equipo, rechacen materiales defectuosos

y que incluso interrumpan la línea si se observa un problema importante.

La última sugerencia directiva es la de *abrir canales de retroalimentación*. Los empleados necesitan saber qué tan bien o mal están desempeñando su trabajo si se espera cualquier clase de mejora.

Los jóvenes empleados, en particular, esperan retroalimentación frecuente. Un estudio mostró que 85 por ciento de los empleados de la generación Y (Millenialls) quieren "una retroalimentación sincera y frecuente de su desempeño", mientras que solo la mitad de los empleados nacidos entre 1946 y 1965 (los llamados *babyboomers*) la quieren. Esta tendencia ha llevado a algunas organizaciones a buscar mecanismos creativos para brindar más retroalimentación a sus empleados. Por ejemplo, Ernst & Young ha desarrollado un sistema llamado "zona de retroalimentación", que permite a los empleados solicitar o enviar retroalimentación en cualquier momento (Hite, 2008). Los sistemas de retroalimentación abierta dan a los empleados una gran oportunidad de entender cómo se están desempeñando, y aumenta su motivación potencial para esforzarse en hacerlo mejor.

El registro general de las intervenciones del rediseño del puesto es impresionante. Históricamente, las empresas que rediseñan con cuidado sus puestos normalmente informan un incremento sustancial en la productividad, en la calidad del trabajo y en la satisfacción de los empleados (que se refleja en tasas más bajas de ausentismo). Por ejemplo, entre los primeros resultados del movimiento de rediseño de puestos estaban los siguientes: la Social Security Administration de Estados Unidos incrementó la productividad en 23.5 por ciento en un grupo de 50 empleados; General Electric registró un incremento de 50 por ciento en la calidad de sus productos como resultado de un programa de rediseño de puestos, y la tasa de ausentismo entre los operadores de procesamiento de datos de Travelers Insurance disminuyó 24 por ciento (Kopelman, 1985).

En resumen, los directores deben reconocer que tanto los resultados extrínsecos como los intrínsecos son ingredientes necesarios de los programas motivacionales eficaces. Como la mayor parte de la gente desea actividades laborales interesantes y desafiantes más que las recompensas materiales, los buenos salarios y la seguridad laboral no serán suficientes para superar los efectos negativos que surgen cuando las personas sienten que sus habilidades están subutilizadas. Además, dado que las preferencias y los valores individuales varían, los directivos no deben suponer que un programa de motivación que refuerza el desempeño, y que depende de los resultados y de una evaluación limitada, será capaz de satisfacer las necesidades y los intereses de un amplio grupo de individuos. Esto nos lleva al tema de la importancia de las recompensas.

ENTREGA DE RECOMPENSAS VALIOSAS

Una vez que se estableció un vínculo entre el desempeño y los resultados (recompensas y disciplina) como parte de un programa motivacional integral, ahora pasaremos al eslabón final del modelo de los cuatro factores de la motivación: resultados → satisfacción. En las siguientes secciones analizaremos los tres elementos restantes del programa motivacional, tal como se muestra en la tabla 6.2. Se ha demostrado que cada uno de estos elementos afecta la satisfacción de los empleados con sus resultados laborales. La probabilidad de que una recompensa refuerce realmente un comportamiento específico de mejoramiento de desempeño depende de la medida en que el destinatario de la recompensa: (1) realmente valore el resultado; (2) crea que el proceso de asignación de la recompensa se manejó de manera justa, y (3) reciba la recompensa en el momento oportuno.

Comenzamos este análisis con la pregunta 4 de diagnóstico: "¿Los subalternos sienten que vale la pena esforzarse por las recompensas empleadas para alentar el alto rendimiento?". Uno de los mayores errores que los directivos cometen al poner en marcha un programa de recompensas es malinterpretar las preferencias de sus subalternos. Por ejemplo, los directivos suponen con frecuencia que la mayoría de las personas prefieren remuneraciones en efectivo, pero, según un estudio que realizó la Universidad de Chicago en 2004, el desempeño mejora mucho más rápido cuando se relaciona con recompensas que *no implican dinero en efectivo* (14.6 por ciento de aumento con el efectivo y 38.6 por ciento con recompensas de otro tipo) (Cook, 2005, p. 6). Los directivos deben entender mejor las necesidades y motivaciones personales de sus empleados antes de adoptar un incentivo específico.

Necesidades personales y motivación personal

Una de las teorías de la motivación más perdurables se basa en nuestra comprensión científica de las necesidades humanas. El **modelo de las necesidades jerárquicas** afirma que la gente está motivada para satisfacer

Tabla 6.7	Comparación de las teorías de las necesidades jerárquicas
MASLOW	**ALDERFER**
Autorrealización	Crecimiento
Estima	
Pertenencia	Relación
Seguridad	
Fisiológicas	Existencia

su necesidad fundamental no satisfecha; es decir, sólo cuando se haya satisfecho una necesidad del nivel más bajo, se activará una de nivel más alto. Tal vez el ejemplo más conocido de un modelo de necesidades jerárquicas sea el que propuso Abraham Maslow (1970), quien postuló cinco niveles de necesidades, empezando por las *fisiológicas* y seguidas por las de *seguridad, pertenencia, estima* y *autorrealización*. Clay Alderfer (1977) propuso un modelo jerárquico más sencillo que contenía sólo tres niveles o categorías: *existencia, relación* y *crecimiento*. Al igual que Maslow, Alderfer propuso que las necesidades satisfechas se vuelven inactivas hasta que un cambio dramático en las circunstancias incrementa su relevancia. Por ejemplo, un ejecutivo de nivel medio que es despedido durante una fusión hostil, podría descubrir de pronto que su interés por su crecimiento personal se ve opacado por una necesidad apremiante de seguridad. El problema con las teorías de las necesidades jerárquicas es que, aunque nos ayudan a entender los procesos generales del desarrollo desde la infancia hasta la edad adulta, no son muy útiles para entender los niveles de motivación cotidianos de los empleados de mayor edad. En la tabla 6.7 se comparan esos modelos de necesidades jerárquicas.

Una perspectiva alternativa se puede encontrar en el **modelo de necesidades manifiestas** de Murray (McClelland, 1971, p. 13). Murray propone que se puede clasificar a los individuos según la intensidad de sus diversas necesidades. En contraste con los modelos jerárquicos, donde las necesidades están ordenadas con base en su fuerza inherente (el hambre es una necesidad más fuerte que la autorrealización), Murray argumenta que los individuos tienen necesidades divergentes y muchas veces en conflicto. Este autor propuso cerca de dos docenas de necesidades, pero estudios posteriores sugieren que sólo tres o cuatro de ellas son relevantes para el centro laboral, como las necesidades de *logro, afiliación* y *poder*.

La **necesidad de logro** se define como "el comportamiento personal de un individuo dirigido a competir contra un estándar de excelencia" (McClelland, Arkinson, Clark y Lowell, 1953, p. 111). Los individuos con una alta necesidad de logro exhiben: (1) la tendencia a establecer metas con dificultad moderada; (2) un fuerte deseo de asumir una responsabilidad personal en las actividades laborales; (3) el decidido propósito de realizar una tarea, y (4) un fuerte deseo de recibir retroalimentación detallada sobre el desempeño. El nivel de la necesidad de logro ha demostrado ser un buen factor de pronóstico del desempeño laboral. Además, tiene una alta correlación con la preferencia de la persona por un trabajo enriquecedor con mayor responsabilidad y autonomía.

La segunda necesidad que plantea Murray, la **necesidad de afiliación**, implica depender de otros individuos con la finalidad de sentirse seguro y aceptado (Birch y Veroff, 1966, p. 65). Las personas con una elevada necesidad de afiliación tienden a mostrar: (1) un interés sincero por los sentimientos de los demás; (2) la tendencia a concordar con las expectativas de los demás (en especial las de aquellas personas cuya afiliación valoran), y (3) un fuerte deseo de reafirmación y aprobación de los demás. A diferencia de la necesidad de logro, la necesidad de afiliación no parece estar fuertemente correlacionada con el desempeño laboral.

La **necesidad de poder** completa el modelo de Murray, y representa el deseo de influir en los demás y de controlar el entorno. Los individuos con una gran necesidad de poder buscan puestos de liderazgo y tienden a influir en otros de manera muy abierta y directa. McClelland y Burnham (2003) sugieren que existen dos manifestaciones de la necesidad de poder. Los individuos con una elevada necesidad de *poder personal* tienden a buscar poder e influencia para su propio beneficio. Para ellos, el control, el dominio y la conquista son importantes indicadores de eficiencia personal. Estos líderes inspiran a sus subalternos a llevar a cabo proezas heroicas, pero para beneficio del líder, no de la organización. En contraste, las personas con una gran necesidad de *poder institucional* están más orientados a utilizar su influencia para alcanzar las metas del grupo o de la organización. Según Mc Clelland, estos individuos: (1) se sienten individualmente responsables del logro de los propósitos de la organización; (2) gustan de hacer el trabajo de manera ordenada; (3) a menudo están dispuestos a sacrificar sus propios intereses por el bien de la organización; (4) tienen un firme sentido de la justicia y la equidad, y (5) buscan el consejo de los expertos y no actúan a la defensiva cuando se critican sus ideas.

Uso de las teorías de las necesidades para identificar resultados valiosos para el individuo

El conocimiento de las teorías de las necesidades ayuda a los directivos a comprender si las recompensas organizacionales son reforzadores valiosos para individuos concretos. En la práctica, esto significa que los directivos tienen que entender qué es lo que motiva a cada uno de sus subalternos. En la tabla 6.8 se indica la dificultad de esta tarea. Los resultados de esta investigación destacan las diferencias en lo que los diversos tipos de miembros de empresas tienden a considerar como los aspectos sumamente motivadores de su trabajo. Por ejemplo, mientras que, en promedio, los empleados de este estudio asignaron el mayor valor a "trabajo interesante" y el valor más bajo a "ayuda comprensiva para los problemas personales", se observan diferencias significativas en la puntuación otorgada a estos dos resultados entre las categorías de género, edad e ingreso. En la columna de la izquierda, es fácil detectar preferencias de resultados igualmente disímiles, expresadas por diferentes grupos de empleados, para gran parte de los otros beneficios y recompensas que las empresas de negocios suelen utilizar para atraer, conservar y motivar a sus empleados.

En síntesis, no nos sorprende que las personas con distintos perfiles demográficos y económicos tengan necesidades diferentes y, por lo tanto, manifiesten diversas expectativas cuando llegan al centro laboral. Pero al menos un estudio de investigación sugiere que los directivos no son especialmente buenos para predecir la manera en que sus subalternos ordenarán los resultados que se indican en la tabla 6.8 (LeDue, 1980). De forma más específica, esta investigación sugiere que los directivos tienden a basar sus respuestas a la pregunta "¿qué motiva a sus subalternos?" en dos supuestos erróneos. En primer lugar, suponen que las preferencias de sus subalternos son bastante homogéneas; en segundo lugar, consideran que sus preferencias personales son similares a las de sus subordinados. Sabiendo esto, los datos que se muestran en la tabla 6.8 indican la facilidad con que los directivos con cierto perfil de género, edad e ingreso interpretan erróneamente y de manera sistemática las principales necesidades de los subalternos que presentan un perfil diferente. Además, no es difícil imaginar las circunstancias individuales que provocan que las preferencias de un sujeto difieran de manera significativa de las de otras personas con un perfil demográfico y económico similar. En resumen, estos datos indican que es importante que los directivos conozcan lo suficientemente bien a sus empleados para que puedan ajustar de manera adecuada las expectativas de desempeño individual y grupal con los resultados personalmente relevantes.

La importancia de contar con esta información específica por persona se ilustra en el caso de un agente de bolsa que fue ascendido a directivo de oficina porque la administración en la oficina matriz creyó que "era el individuo más calificado y que más se lo merecía". Por desgracia, no le preguntaron si deseaba el ascenso; supusieron que, como ellos habían trabajado con ahínco para competir por sus puestos gerenciales, todos los empleados que trabajaban mucho tenían la misma motivación. Dos semanas después de recibir su "recompensa" por un desempeño excepcional, el gran vendedor convertido en directivo estaba en el hospital por una enfermedad relacionada con el estrés.

Los directivos eficaces obtienen información sobre las necesidades y los valores personales a través de pláticas frecuentes de apoyo, generalmente informales, con su personal, sobre las expectativas, responsabilidades, retos y oportunidades. Cuando participe en pláticas como ésta, es importante recordar que siempre hay términos medios entre las recompensas que los empleados podrían valorar. En teoría, todos valoran todo, pero en la realidad debemos tomar decisiones difíciles sobre qué reforzadores usar, y esas decisiones reflejan nuestras necesidades y valores subyacentes. Así pues, es especialmente revelador ver la manera en que un empleado responde ante la idea de que el nuevo puesto de un colega ofrece oportunidades de un mejor salario, pero a expensas de estar lejos de casa tres noches a la semana. O bien, la oportunidad de participar en el diseño de una nueva línea de productos también implica más horas de trabajo, mayores niveles de estrés personal y la posibilidad de que el hecho de no cumplir con expectativas elevadas se refleje de forma negativa en los miembros del equipo.

Los datos que se reportan en la tabla 6.8 también son importantes para los individuos que deben determinar el salario y el paquete de prestaciones de toda una organización.

Al observar estos resultados, es fácil encontrar diferencias entre las puntuaciones de los obreros y el personal de oficina, de los trabajadores calificados y no calificados, así como de los empleados de nivel más bajo y más alto. Al reconocer la gran diversidad de preferencias de resultados entre las diferentes jerarquías de empleados en la mayoría de los grandes negocios, muchas empresas, desde bancos de inversión como Morgan Stanley, hasta compañías manufactureras como American Can, han experimentado con sistemas de incentivos "estilo cafetería" (Abbott, 1997; Lawler, 1987). Este modelo adopta las conjeturas de relacionar la pertenencia de un individuo a la organización y el desempeño laboral con los resultados que considera más valiosos, al permitir que los empleados participen en el proceso de ajuste. Con este modelo, los empleados reciben cierta cantidad de créditos de trabajo

APRENDIZAJE

Tabla 6.8 — Lo que desean los empleados, ordenados por subgrupos

	Todos los empleados	Hombres	Mujeres	Menos de 30 años	31-40	41-50	Más de 50 años	Menos de $25,000	$25,001-$40,000	$40,001-$50,000	Más de $50,000	Obreros no calificados	Obreros calificados	Personal de oficina no calificado	Personal de oficina calificado	Bajo sin subalternos	Medio sin subalternos	Alto sin subalternos
Trabajo interesante	1	1	2	4	2	3	1	5	2	1	1	2	1	1	2	3	1	1
Reconocimiento pleno del trabajo realizado	2	2	1	5	3	2	2	4	3	3	2	1	6	3	1	4	2	2
Sensación de estar enterado de todo	3	3	3	6	4	1	3	6	1	2	4	5	2	5	4	5	3	3
Seguridad del puesto	4	5	4	2	1	4	7	2	4	4	3	4	3	7	5	2	4	6
Buenos salarios	5	4	5	1	5	5	8	1	5	6	8	3	4	6	6	1	6	8
Crecimiento y progreso dentro de la organización	6	6	6	3	6	8	9	3	6	5	7	6	5	4	3	6	5	5
Buenas condiciones de trabajo	7	7	10	7	7	7	4	8	7	7	6	9	7	2	5	7	7	4
Lealtad personal con los empleados	8	8	8	9	9	6	5	7	8	8	5	8	9	9	8	8	8	7
Disciplina moderada	9	9	9	8	10	10	10	10	9	9	10	7	10	10	9	9	9	10
Ayuda comprensiva para los problemas personales	10	10	7	10	8	10	6	9	10	10	9	10	8	8	10	10	10	9

*Ordenado del 1 (el más alto) al 10 (el más bajo).

Fuente: *Cortesía de George Mason University. Los resultados provienen de un estudio de 1,000 empleados, realizado en 1995.*

que se basan en el desempeño, la antigüedad o la dificultad de la actividad, y luego pueden intercambiarlos por una gran variedad de prestaciones, incluyendo paquetes de seguros más amplios, servicios de planeación financiera, previsiones de ingresos por discapacidad, prestaciones para vacaciones más largas, reembolso de colegiaturas para programas educativos, etcétera.

SER JUSTO Y EQUITATIVO

Una vez que se han determinado las recompensas adecuadas para cada empleado, el directivo debe decidir cómo distribuirlas (Cropanzano y Folger, 1996). Esto implica cuestiones de equidad. Cualquier beneficio de las recompensas valiosas será negado si el personal siente que no está recibiendo lo justo. La pregunta relevante de diagnóstico en este caso es: "¿Los subalternos consideran que los beneficios relacionados con el trabajo se distribuyen de manera justa?". (Como en la sección anterior, aquí nos referiremos únicamente a las recompensas. Sin embargo, se aplican los mismos principios al uso equitativo de la disciplina).

La **equidad** se refiere a la percepción que tienen los empleados de la justicia de las recompensas. Las evaluaciones de la equidad se basan en un proceso de comparación social en el que los empleados comparan de manera individual lo que obtienen de la relación laboral (resultados) con lo que aportan a dicha relación (insumos). Los resultados incluyen aspectos tales como salario, prestaciones adicionales, mayor responsabilidad y prestigio, en tanto que los insumos podrían incluir las horas de trabajo y la calidad del trabajo, así como la escolaridad y la experiencia. Los empleados comparan la proporción de sus resultados e insumos con las proporciones correspondientes de otras personas, a quienes se considera como un grupo de comparación adecuado. El resultado de esta comparación es la base de las creencias acerca de la equidad.

Si los empleados perciben inequidad cuando comparan su proporción de resultados e insumos con los de similares a ellos, estarán motivados a restaurar la equidad de alguna manera. Una forma de hacerlo es mediante cambios en el comportamiento. Por ejemplo, podrían pedir un aumento salarial (buscan aumentar sus resultados), disminuir su esfuerzo en el trabajo o buscar excusas para no hacer actividades difíciles (disminuir sus insumos). Los empleados también podrían restaurar la equidad a través de ajustes cognitivos. Por ejemplo, podrían racionalizar que sus insumos no son tan valiosos como ellos pensaban (es decir, que sus talentos o capacitación están muy por detrás de los de sus colegas) o que sus compañeros en realidad trabajan con más empeño (o con más eficacia) de lo que pensaban.

La trascendencia del deseo de las personas por la equidad subraya la necesidad de que los directivos supervisen muy de cerca la manera en que los subalternos la perciben (Janssen, 2001). En algunos casos, el directivo podría enterarse a través de conversaciones con los subordinados que

sus procesos de comparación eran erróneos. Por ejemplo, los empleados podrían malinterpretar el valor asignado a varios insumos, como la experiencia contra la pericia, o la cantidad contra la calidad; o bien, podrían tener puntos de vista poco realistas acerca de su propio desempeño o del de los demás. Dado que la mayoría de la gente cree que sus habilidades de liderazgo son mejores que las del resto de las personas, estas discrepancias son comunes.

Sin embargo, a menudo estas conversaciones revelan inequidades reales. Por ejemplo, es probable que la tarifa que gana por hora un trabajador no coincida con la reciente mejora de sus habilidades o con el incremento de sus responsabilidades laborales. El acto de identificar y corregir inequidades legítimas genera lealtad y compromiso entre los empleados. Por ejemplo, un directivo de la industria de la computación sintió que un rival deshonesto había recibido injustamente el ascenso que él merecía. Al utilizar la política de puertas abiertas de la empresa, llevó su caso a un nivel más alto. Después de una profunda investigación, la decisión se revocó y el rival recibió una amonestación. La respuesta del individuo fue: "Después de que me prestaron su apoyo, nunca podría abandonar la empresa".

Lo que nunca se debe olvidar acerca de la equidad y la justicia es que estamos tratando con percepciones. En consecuencia, ya sean precisas o distorsionadas, legítimas o infundadas, en la mente de quien percibe son tanto precisas como legítimas, mientras no se demuestre lo contrario. Un principio básico de la psicología social plantea que "aquello que se percibe como real es real en sus consecuencias". Por lo tanto, los directivos eficaces deben realizar constantes "verificaciones de la realidad" en las percepciones que sus subalternos tienen acerca de la equidad, mediante preguntas como las siguientes: "¿Qué criterios para los ascensos, los aumentos de salario, etcétera, cree usted que la administración debe utilizar más o menos?"; "En lo que se refiere a otras personas similares a usted en esta organización, ¿siente que sus actividades laborales, ascensos y otros aspectos son adecuados?"; "¿Por qué piensa usted que Alice fue ascendida recientemente y Jack no?".

ENTREGA DE RECOMPENSAS OPORTUNAS Y RETROALIMENTACIÓN PRECISA

Hasta ahora hemos hecho hincapié en que los empleados tienen que comprender y aceptar los estándares de desempeño; deberían sentir que la dirección está trabajando arduamente para ayudarlos a alcanzar sus metas de desempeño, considerar que las recompensas internas y externas disponibles son atractivas, creer que las recompensas y las sanciones se distribuyen con justicia, y deberían sentir que esos resultados se aplican principalmente con base en el desempeño.

Todos estos elementos son necesarios para un programa motivacional eficaz, pero no son suficientes. Como señalamos antes, un error común es suponer que todas las recompensas son reforzadoras. De hecho, el potencial reforzador de una "recompensa" depende de que en la mente de quien la recibe esté vinculada con los comportamientos específicos que desea fortalecer quien otorga la recompensa. ("Cuando me comporté de la manera X, recibí el resultado Y, y, puesto que valoro Y, voy a repetir X"). La habilidad de quienes reciben la recompensa para hacer esta conexión mental reforzadora (comportamiento X resultado Y) se relaciona con dos aspectos sobre la entrega de la recompensa: (1) el tiempo que transcurre entre la emisión del comportamiento deseable y la recepción de la recompensa, y (2) qué tan específica es la explicación sobre la recompensa. Éstos son los dos últimos componentes de nuestro programa motivacional. Por lo tanto, la sexta y última pregunta de diagnóstico incluye dos partes. La primera es: "¿Estamos aprovechando al máximo nuestras recompensas al entregarlas de manera oportuna como parte del proceso de retroalimentación?".

Como regla general, cuanto más prolongado sea el retraso en la entrega de las recompensas, menor será su valor de reforzamiento. De manera irónica, en el peor de los casos, el hecho de entregar una recompensa en el momento incorrecto, en realidad podría reforzar comportamientos no deseados. Por ejemplo, si un directivo ofrece a un subalterno un aumento de sueldo que merecía desde hace mucho tiempo, sólo cuando se queja acerca de la injusticia del sistema de recompensas, podría estar reforzando las quejas más que el buen desempeño laboral. Además, si no se entrega una recompensa inmediatamente después de un comportamiento deseado, será aún más difícil para los empleados mantener ese comportamiento en el futuro, ya que pueden perder la confianza en que las recompensas seguirán a sus esfuerzos sostenidos.

Por desgracia, aunque el momento preciso es un factor crucial para el potencial reforzador de una recompensa, a menudo se ignora en la práctica directiva cotidiana. El aparato administrativo formal de muchas organizaciones a menudo retrasa durante meses la retroalimentación de las consecuencias del desempeño de los empleados. Es común que se restrinjan los análisis profundos del desempeño laboral a entrevistas de evaluación formales, las cuales suelen llevarse a cabo cada seis o 12 meses. ("Tendré que revisar este asunto de manera oficial más tarde, así que, ¿por qué hacerlo dos veces?"). El problema con esta práctica común es que el retraso resultante entre el desempeño y los resultados diluye la eficacia de cualquier recompensa o medida disciplinaria derivadas del proceso de evaluación.

En contraste, los directivos eficaces entienden la importancia de las recompensas inmediatas y espontáneas. Utilizan el proceso formal de evaluación del desempeño

para hablar de sus tendencias a largo plazo en el desempeño, resolver los problemas que afectan el rendimiento y establecer metas en esa esfera. Sin embargo, no esperan que estos análisis generales y poco frecuentes alteren de manera significativa la motivación de los empleados.

Por ello, confían en la retroalimentación breve, frecuente y sumamente visible del desempeño.

Peters y Waterman, en su libro clásico *In Search of Excellence* (1988), ponen de relieve la importancia de la inmediatez al relatar la siguiente anécdota sorprendente:

> *En sus inicios, Foxboro necesitaba con urgencia un adelanto tecnológico para sobrevivir. Una tarde, a última hora, un científico llegó corriendo a la oficina del presidente con un prototipo en operación. Atónito por la elegancia de la solución y confundido sobre la forma de premiarlo, el presidente se inclinó hacia delante en su silla, buscó en casi todos los cajones de su escritorio, encontró algo, se inclinó sobre el escritorio hacia el científico y dijo: "¡Tome!". En sus manos había un plátano, la única recompensa que tenía al alcance. Desde ese entonces, el pequeño prendedor del "plátano dorado" ha sido la distinción más alta para el logro científico en Foxboro. (pp. 70-71).*

La conclusión para una dirección eficaz es clara: las recompensas eficaces son recompensas espontáneas. Los programas de recompensas que se vuelven muy rutinarios y, en especial los que están vinculados con los sistemas formales de evaluación del desempeño, pierden su capacidad de entregar la recompensa de manera inmediata.

Existe un segundo aspecto crítico del momento del reforzamiento: la consistencia en la entrega de las recompensas. A la entrega de una recompensa cada vez que ocurre un comportamiento se le conoce como reforzamiento continuo. La entrega de las recompensas de manera intermitente (siempre se usa la misma, pero no se otorga después de cada comportamiento) se conoce como reforzamiento parcial o intermitente. Ningún método es mejor; ambos poseen ventajas y desventajas. El reforzamiento continuo es la forma más rápida de establecer nuevos comportamientos. Por ejemplo, si un jefe premia de manera consistente a un subalterno por escribir informes usando el formato preferido del directivo, el subalterno adoptará inmediatamente ese estilo para recibir más y más recompensas eventuales. Sin embargo, si el jefe de repente toma un permiso de ausencia larga, el comportamiento aprendido será muy vulnerable a la extinción, puesto que se interrumpe el patrón de reforzamiento. En contraste, aunque el reforzamiento parcial da como resultado un aprendizaje muy lento, éste suele ser muy resistente a la extinción. La persistencia asociada al comportamiento del jugador ilustra la naturaleza adictiva del programa de reforzamiento intermitente. No saber cuándo se recibirá el siguiente reforzador preserva la idea de que el gran premio está sólo a un intento más.

Es importante saber que los sistemas de reforzamiento continuo son muy escasos en las organizaciones, a menos que estén implícitos de manera mecánica en el trabajo, como en el caso del plan de pago por pieza o a destajo. Pocas veces se recompensa a los individuos cada vez que hacen una buena presentación o que manejan de manera eficaz la queja de algún cliente. Cuando reconocemos que la mayor parte del trabajo que no se realiza en la línea de ensamble de una empresa, generalmente, se rige por un plan de reforzamiento intermitente, entendemos algunos de los aspectos más frustrantes de la función de un directivo. Por ejemplo, esto ayuda a explicar por qué los nuevos empleados parecen tardar una eternidad en entender cómo quiere el jefe que se hagan las cosas. También sugiere por qué es tan difícil extinguir los comportamientos obsoletos, especialmente los de los colaboradores más antiguos.

Esto nos lleva a la segunda mitad de la sexta pregunta de diagnóstico, relacionada con la precisión de la retroalimentación: "¿Los subalternos saben dónde se ubican en términos del desempeño actual y de las oportunidades a largo plazo?". Además del momento de la retroalimentación, su contenido afecta de manera importante su potencial de reforzamiento. Como regla general, para incrementar el potencial motivacional de la retroalimentación del desempeño, se debe ser muy específico (mencionando ejemplos siempre que sea posible). Tenga en mente que la retroalimentación, positiva o negativa, es en sí misma un resultado. El objetivo principal de dar a la gente retroalimentación acerca de su desempeño consiste en reforzar los comportamientos productivos y extinguir los contraproducentes. Pero esto sólo ocurre si la retroalimentación se enfoca en comportamientos específicos. A modo de ejemplo, compare el valor del reforzamiento de los siguientes mensajes igualmente positivos: "Usted es un gran miembro de este equipo: no podríamos seguir adelante sin usted"; "Usted es un gran miembro de este equipo. En especial, usted está dispuesto a hacer lo que sea necesario para cumplir con las fechas límite".

Es particularmente importante que los directivos den una retroalimentación precisa y honesta cuando el desempeño de una persona sea marginal o esté por debajo del estándar. Existen muchas razones por las que los directivos son renuentes a "decir las cosas como son" cuando tratan con personas con bajo desempeño. Es desagradable dar malas noticias de cualquier clase. Por lo tanto, es fácil justificar la información negativa suavizada, en especial cuando es inesperada, considerando que se está haciendo un favor al receptor. En la práctica, pocas veces es mejor que una persona con bajo rendimiento no reciba retroalimentación detallada, honesta y precisa. Cuando ésta es muy general o incluye señales contradictorias, la mejora es sumamente difícil. Y si la persona realmente no es adecuada para un puesto en particular, entonces nadie se beneficia al retrasar la búsqueda de otras oportunidades de trabajo.

Cuando los directivos no están dispuestos a dar una retroalimentación negativa o pesimista, muchas veces se debe a que no están dispuestos a pasar el tiempo suficiente con los empleados que la recibirán para ayudarles a entender sus deficiencias, poner la cuestión en perspectiva, considerar opciones y explorar las posibles soluciones. Algunas veces es más fácil transferir a una persona con un expediente de bajo rendimiento o expectativas poco realistas al siguiente supervisor, que enfrentar el problema de manera directa, brindar una retroalimentación honesta y constructiva, y ayudar al empleado a responder de manera adecuada. Es por eso que la habilidad directiva de comunicar con apoyo la información negativa del desempeño es una de las más difíciles de dominar (y, por consiguiente, una de las más apreciadas). Si usted está particularmente interesado en pulir esta habilidad, le recomendamos revisar las técnicas específicas descritas bajo el título "Uso adecuado de las recompensas y la disciplina".

Resumen

Nuestro análisis del mejoramiento del desempeño laboral se enfocó en las habilidades directivas específicas conductuales y analíticas. Primero se examinó la diferencia fundamental entre habilidad y motivación. Después se comentaron varias preguntas de diagnóstico para determinar si el desempeño inadecuado se debía a habilidades insuficientes. Se describió un proceso de cinco pasos para manejar los problemas de habilidad (reabastecimiento, reentrenamiento, reajuste, reasignación y liberación). Se introdujo el tema de la motivación haciendo hincapié en la necesidad de asignar igual importancia a los aspectos de la satisfacción y del rendimiento. La parte restante de este capítulo se enfocó en la segunda habilidad, al presentar seis elementos de un modelo integrador de la motivación.

El resumen del modelo que se ilustra en la figura 6.5 (y su versión "diagnóstica", que se analiza en figura 6.7 de la sección Práctica de habilidades) destaca el análisis de una versión ampliada del modelo motivacional de los "cuatro factores" básicos. El modelo resultante integral subraya el papel necesario de los diferentes componentes, así como la interdependencia entre éstos. Los directivos hábiles incorporan todos los componentes de este modelo a sus esfuerzos motivacionales, en vez de concentrarse sólo en un subconjunto favorito. No existen atajos para una dirección eficiente. Todos los elementos del proceso de motivación deben incluirse en un programa total e integrado para mejorar el desempeño y la satisfacción.

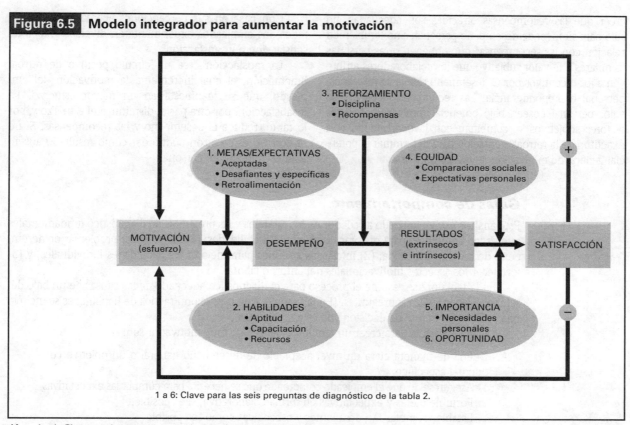

Figura 6.5 | **Modelo integrador para aumentar la motivación**

3. REFORZAMIENTO
• Disciplina
• Recompensas

1. METAS/EXPECTATIVAS
• Aceptadas
• Desafiantes y específicas
• Retroalimentación

4. EQUIDAD
• Comparaciones sociales
• Expectativas personales

MOTIVACIÓN (esfuerzo) → DESEMPEÑO → RESULTADOS (extrínsecos e intrínsecos) → SATISFACCIÓN

2. HABILIDADES
• Aptitud
• Capacitación
• Recursos

5. IMPORTANCIA
• Necesidades personales
6. OPORTUNIDAD

+

−

1 a 6: Clave para las seis preguntas de diagnóstico de la tabla 2.

Nota: 1 a 6: Clave para las seis preguntas de diagnóstico de la tabla 6.2.

El hecho de que el diagrama de flujo comience con la motivación es importante, porque hace explícita nuestra suposición de que las personas en un inicio están motivados para trabajar arduamente y desempeñarse bien. Debemos recordar que la motivación se manifiesta como un esfuerzo en el trabajo, y que el mismo está constituido por deseo y responsabilidad. Esto significa que los empleados motivados tienen el deseo de iniciar una actividad y el compromiso de realizarla lo mejor posible.

El hecho de que su motivación se mantenga con el tiempo depende de los elementos restantes del modelo, los cuales en realidad son amplificaciones de las relaciones motivación → desempeño, desempeño → resultados, y resultados → satisfacción. Estos vínculos cruciales del proceso motivacional se podrían resumir como preguntas ponderadas por los individuos a quienes se les pide que trabajen con más ahínco, que cambien su rutina de trabajo, o que se esfuercen por alcanzar un nivel de calidad más alto. Primero, "si hago un mayor esfuerzo, ¿tendré probabilidades de cumplir con las expectativas de desempeño?". Segundo, "¿mi nivel de desempeño importa en esta organización?". Tercero, "¿es probable que ser una persona con un alto desempeño implique una recompensa individual?".

Si iniciamos por la parte izquierda del modelo, observamos que la combinación de metas y habilidades determina la medida en la que el esfuerzo se convierte

exitosamente en desempeño. En la teoría del "camino-meta" del liderazgo se destaca la importancia de hacer coincidir el trabajo correcto con la persona adecuada, así como la de brindar los recursos y la capacitación necesarios. Estos factores se deben combinar con un establecimiento eficaz de metas (entender y aceptar metas con dificultad moderada) si se desea que el mayor esfuerzo produzca un mayor desempeño.

La siguiente sección del modelo se enfoca en el reforzamiento de un buen desempeño, en términos tanto del incremento de la frecuencia de comportamientos que mejoren el desempeño, como en la vinculación de los resultados con el éxito en el logro de las metas. Es importante recordar que, en general, las personas están motivadas tanto por los resultados extrínsecos como por los intrínsecos. Además, el directivo eficaz es experto en el uso de una gama completa de herramientas para modelar el comportamiento, que abarca desde la disciplina hasta las recompensas. Aunque nuestro análisis se concentró más en las recompensas que en la disciplina, cuando se enfrenta el reto de brindar retroalimentación constructiva del desempeño, aunque negativa, y de desarrollar un plan conjunto para la corrección, la tabla 6.5 ofrece un conjunto de guías útiles.

En lo que se refiere al segmento resultados → satisfacción del modelo, destaca la importancia de la equidad percibida y del valor de la recompensa. Los empleados deben creer que las recompensas ofrecidas son adecuadas, no sólo para su nivel de desempeño personal, sino también en relación con las recompensas que obtienen otras personas "similares". El valor subjetivo que los colaboradores atribuyen a los incentivos por el desempeño refleja su relevancia personal o preponderancia. Las recompensas con escaso valor personal poseen bajo potencial motivacional. Estos factores subjetivos se combinan con la oportunidad y la exactitud de la retroalimentación para determinar el potencial general de motivación de las recompensas.

Con base en sus percepciones acerca de los resultados, los empleados experimentarán diversos grados de satisfacción o insatisfacción.

La satisfacción crea un círculo positivo de retroalimentación, el cual incrementa la motivación del empleado, que se manifiesta en un mayor esfuerzo. La insatisfacción, por otra parte, disminuye el esfuerzo y, por lo tanto, reduce el desempeño y las recompensas. Si no se corrige, este patrón podría dar como resultado ausentismo o rotación de personal.

Guías de comportamiento

Este análisis está organizado alrededor de los modelos y las preguntas de diagnóstico fundamentales que sirven como base para mejorar las siguientes habilidades: (1) diagnosticar problemas de desempeño de manera adecuada; (2) iniciar las acciones para mejorar las habilidades individuales, y (3) fortalecer los aspectos motivacionales del entorno laboral.

En la tabla 6.2 se resume el proceso para el diagnóstico adecuado de las causas de un bajo desempeño laboral en seis preguntas. (En la figura 6.7 de la sección Práctica de habilidades se incluye una versión del "árbol de decisión" de estas preguntas).

Las guías básicas para crear un ambiente de trabajo muy motivador son:

A. Defina de manera clara un nivel aceptable de desempeño general o un objetivo conductual específico.
   ❏ Asegúrese de que el empleado comprende qué se necesita para cumplir las expectativas.
   ❏ Formule metas y expectativas en forma colaborativa, si es posible.
   ❏ Establezca metas tan desafiantes y específicas como sea posible.
B. Ayude a eliminar todos los obstáculos para alcanzar los objetivos de desempeño.
   ❏ Asegúrese de que el empleado cuente con información técnica, recursos financieros, personal y apoyo político adecuados.
   ❏ Si la falta de habilidad parece estar obstaculizando el desempeño, utilice medidas correctivas como el reabastecimiento, el reentrenamiento, el reajuste, la reasignación o la liberación.
   ❏ Adapte su nivel de participación como líder a la cantidad de ayuda que una persona espera y necesita, y también a la cantidad de apoyo disponible.
C. Logre que las recompensas y la disciplina dependan de un buen desempeño o del acercamiento al objetivo de rendimiento.
   ❏ Examine con cuidado las consecuencias conductuales de no responder. (Ignorar un comportamiento rara vez se interpreta como una respuesta neutral).
   ❏ Use la disciplina para extinguir comportamientos contraproducentes y utilice recompensas para reforzar los comportamientos productivos.
D. Cuando se necesite disciplina, manéjela como una experiencia de aprendizaje para el empleado.
   ❏ Identifique el problema específico y explique cómo debe corregirse.
   ❏ Utilice las guías de amonestación y redirección de la tabla 6.5.
E. Transforme los comportamientos aceptables en excepcionales.
   ❏ Recompense cada nivel de mejora.
   ❏ Utilice las guías de redirección y recompensa de la tabla 6.5.
F. Utilice recompensas reforzadoras que sean valiosas para el empleado.
   ❏ Permita la flexibilidad en la selección personal de recompensas.
   ❏ Brinde recompensas externas valiosas, así como trabajo satisfactorio y gratificante (satisfacción intrínseca).
   ❏ Para que conserven su valor, no utilice las recompensas en exceso.
G. Verifique periódicamente las percepciones de los subalternos en relación con la equidad de la distribución de las recompensas.
   ❏ Corrija las percepciones erróneas relacionadas con las comparaciones de equidad.

H. Dé recompensas oportunas y retroalimentación precisa.
   ❑ Reduzca el intervalo entre los comportamientos y la retroalimentación del desempeño, incluyendo la entrega de recompensas o sanciones. (La retroalimentación espontánea es la que mejor modela las acciones).
   ❑ Realice evaluaciones específicas, honestas y precisas del desempeño actual y de las oportunidades de largo plazo.

ANÁLISIS **DE HABILIDADES**

CASO RELACIONADO
CON PROBLEMAS DE MOTIVACIÓN

Electro Logic

Electro Logic (EL) es una pequeña empresa de investigación y desarrollo localizada en una población estudiantil del medio oeste de Estados Unidos, adyacente a una importante universidad. Su principal misión es realizar investigación básica y desarrollar una nueva tecnología llamada "Muy rápida, muy precisa" (MRMP). Fundada hace cuatro años por Steve Morgan, profesor de ingeniería eléctrica e inventor de la tecnología. EL está financiada principalmente por contratos gubernamentales, aunque este año planea comercializar la tecnología y los dispositivos MRMP a empresas no gubernamentales.

El gobierno está muy interesado en MRMP, ya que mejorará la tecnología de los radares, la robótica y otras importantes aplicaciones de defensa. Hace poco, EL recibió el contrato gubernamental más grande concedido a una pequeña empresa para investigar y desarrollar ésta o cualquier otra tecnología. Se acaba de completar la fase I del contrato, y el gobierno acordó contratarla también para la fase II.

En la figura 6.6 se presenta el organigrama de EL. Actualmente cuenta con 75 miembros, y alrededor de 88 por ciento de ellos pertenecen al área de ingeniería. En la tabla 6.9 se incluye la jerarquía de los puestos de ingeniería. Se supone que los jefes de equipo se designan con base en su conocimiento de la tecnología MRMP y en sus habilidades para administrar personal. En la práctica, el presidente de EL selecciona cuidadosamente a estas personas a partir de lo que algunos podrían considerar lineamientos arbitrarios: la mayoría de los líderes de equipo fueron o son alumnos del presidente. No existe un marco de tiempo predeterminado para ascender en la jerarquía. Sin embargo, los aumentos salariales están directamente relacionados con las evaluaciones del desempeño.

Los técnicos trabajan de manera directa con los ingenieros. Por lo general, cuentan con un diploma de bachillerato, aunque algunos también tienen estudios universitarios. Han recibido capacitación para el puesto, aunque algunos han asistido a algún programa de la universidad local sobre fabricación de microtecnología. Los técnicos desempeñan las actividades triviales del departamento de ingeniería: ejecutan pruebas, construyen tableros de circuitos, fabrican circuitos integrados MRMP, etcétera. La mayoría de ellos son empleados de tiempo completo que cobran por hora.

El equipo administrativo está compuesto por el jefe del equipo (con una maestría en administración de negocios de una universidad de renombre), contadores, el director de personal, artistas gráficos, un agente de compras, un contralor de proyectos, editores y escritores técnicos, y secretarias. El personal administrativo está integrado, en su mayor parte, por mujeres. Todos son empleados que trabajan por hora, con excepción del líder del equipo, el director de personal y el contralor de proyectos. Los artistas gráficos, los escritores y los editores técnicos son empleados de medio tiempo.

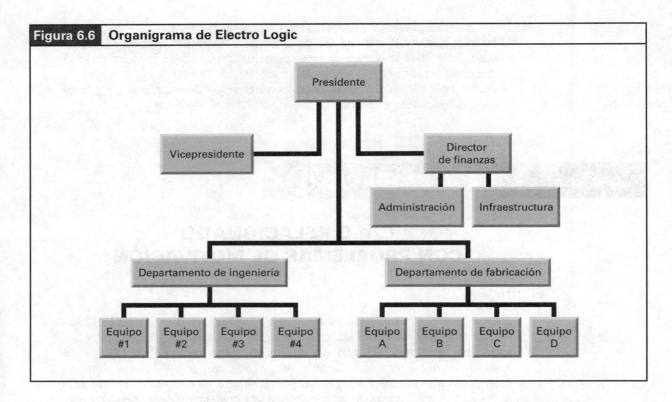

Figura 6.6 **Organigrama de Electro Logic**

El personal de infraestructura está compuesto por el jefe del equipo y el personal de mantenimiento. EL está instalada en tres edificios y la principal responsabilidad del personal de infraestructura consiste en garantizar el buen funcionamiento de las instalaciones de cada edificio. Además, a menudo se les solicita para remodelar partes de los edificios conforme el equipo sigue creciendo.

EL anticipa una gran campaña de reclutamiento para mejorar el equipo en general. En particular, está buscando más ingenieros y técnicos. Sin embargo, antes de arrancar esta campaña de reclutamiento, el presidente de EL contrató a un consultor externo para evaluar las necesidades de personal, así como el estado de ánimo y la eficiencia general de la empresa. El consultor ha estado observando a EL durante casi tres semanas y ha escrito algunas notas sobre sus impresiones y análisis de la empresa.

Tabla 6.9	Puestos y requisitos de ingeniería
PUESTO	**REQUISITOS**
Jefe/Gerente del equipo técnico	Licenciatura en Ciencias e Ingeniería eléctrica, maestría en Ciencias e Ingeniería eléctrica.
Director técnico	Doctorado, maestría en Ciencias e Ingeniería eléctrica con dos años de experiencia industrial; Licenciatura en Ciencias e Ingeniería eléctrica con cinco años de experiencia industrial.
Director de Área de investigación	Doctorado con dos años de experiencia industrial Licenciatura en Ciencias e Ingeniería eléctrica o maestría en Ciencias e Ingeniería eléctrica con siete años de experiencia industrial.
Científico de investigación	Doctorado con experiencia adecuada en investigación.
Científico de investigación, nivel superior	Doctorado con experiencia adecuada en investigación y en la industria.

Notas del consultor sobre las observaciones de Electro Logic

Instalaciones: Electro Logic (EL) se localiza en tres edificios. Dos son casas remodeladas y otro es un antiguo edificio de escuela. Los directivos e ingenieros de nivel superior se ubican en este último y los demás están repartidos entre las dos primeras.

Reuniones: Cada semana se realizan reuniones de personal en el edificio principal para analizar objetivos, y para elaborar y revisar gráficas de avances.

Interacción social: Un grupo central de empleados interactúa con frecuencia en actividades sociales como equipos deportivos y fiestas. El personal administrativo celebra los cumpleaños en el trabajo, y en ocasiones asiste el presidente.

Asignación del trabajo: Los ingenieros solicitan diversas actividades al personal de apoyo, el cual está integrado por técnicos y empleados de la unidad administrativa. Evidentemente, el personal utiliza su criterio al asignar prioridades a las demandas de trabajo basadas en la buena relación y el desempeño del trabajo.

Rotación: La rotación más alta se da entre el personal administrativo y los técnicos. Las entrevistas de salida con los ingenieros indican que abandonan el empleo por el estilo que tiene la empresa para manejar las crisis, o porque buscan mejores oportunidades de progreso profesional y seguridad en organizaciones más grandes, o por los sentimientos de frustración general ante la "jerarquía de mandos" de la compañía. Los ingenieros con mayores responsabilidades y autoridad tienden a renunciar.

Salarios y prestaciones: En general, los salarios en el son marginales, según los estándares nacionales y locales. Un pequeño grupo de científicos e ingenieros reciben salarios elevados y un paquete de prestaciones muy atractivo, incluyendo la opción de compra de acciones. Los salarios y las prestaciones de los nuevos ingenieros suelen estar vinculados al nivel percibido de su experiencia.

Oficinas e instalaciones: Sólo el presidente de EL, el vicepresidente y el director de finanzas tienen sus propias oficinas. Los ingenieros están agrupados por proyecto en cubículos. Hay muy poca privacidad en estas áreas de trabajo, y el ruido de la impresora compartida es una fuente de distracción. El jefe de administración comparte uno de estos cubículos con el director de personal, el jefe de infraestructura y el contralor de proyectos. Una de las tres secretarias que hay en cada edificio se ubica cerca del área de recepción. El edificio más grande tiene una sala de descanso para empleados con tres máquinas expendedoras. También hay un puesto de café y té. Los edificios más pequeños tienen sólo una máquina de refrescos en el área de recepción.

Entrevistas del consultor con los empleados

Después de hacer estas observaciones, el consultor concertó entrevistas con una muestra representativa del personal con la finalidad de elaborar una encuesta para todos los empleados. A continuación se presentan extractos de esas entrevistas.

Pat Klausen, miembro del equipo técnico, nivel superior

CONSULTOR: ¿Qué aspecto de Electro Logic (EL) le brinda la mayor satisfacción?

PAT: En realidad, disfruto el trabajo. Me refiero a que siempre me ha gustado la investigación, y trabajar con MRMP es una oportunidad increíble. El simple hecho de trabajar con Steve (presidente de EL e inventor de MRMP) de nuevo es emocionante. Hace seis años fue mi profesor de posgrado. A él realmente le gusta trabajar cerca de su personal (quizás algunas veces demasiado cerca). En ocasiones no necesito tanta supervisión.

CONSULTOR: ¿Cuál es el aspecto menos satisfactorio de su trabajo?

PAT: Quizás el hecho de que nunca estoy totalmente seguro de que recibiremos financiamiento el mes siguiente, por los problemas de presupuesto de la defensa y el carácter provisional de nuestra investigación. Tengo una familia en quién pensar y este lugar no es el más estable en términos de su situación financiera. Tal vez esto cambie una vez que ingresemos más en la producción comercial. ¿Quién sabe?

CONSULTOR: Usted ha comentado algunos aspectos generales positivos y negativos acerca de ᴇʟ. ¿Podría ser más específico acerca de las experiencias cotidianas? ¿Qué es lo bueno y lo malo de trabajar aquí cada día?

PAT: ¿Está seguro de que no se van a tomar represalias contra alguien? Bueno. En general no estoy satisfecho con el hecho de que muy a menudo terminamos cambiando caballos a la mitad del río, no sé si me comprende. Durante los siete meses pasados, tres de mis ingenieros y cuatro de mis técnicos fueron retirados de mi proyecto y transferidos a otros proyectos con fechas de entrega más cercanas que la mía. Ahora estoy frente a una fecha de entrega inminente y se supone que voy a tener más personal, pero tendré que dedicar tanto tiempo a ponerlos al tanto que tiene más sentido que yo termine el proyecto solo. Por otro lado, Steve me dice constantemente que debemos comprometernos con las metas generales de ᴇʟ y no sólo con nuestros proyectos individuales. Usted sabe, tenemos que "jugar en equipo", "ser buenos miembros de la familia". Sin embargo, es difícil lidiar con esto cuando se acercan los plazos y uno sabe que su puesto está en juego, no importa si participa en un equipo o no. No obstante, si uno soporta esta clase de cosas y no se queja, los jefes lo tratan bien. Sin embargo, me parece que existe una forma mejor de manejar estos proyectos.

CONSULTOR: ¿Cuáles son los aspectos positivos de su trabajo diario?

PAT: Bien, es genial trabajar con la gente de aquí. Saben lo que hacen o pueden aprender con rapidez. Tiendo a ser sociable y en realidad me gusta convivir con ellos. Jugamos softbol y básquetbol juntos, y hacemos reuniones y otras actividades. Me gusta eso. Tengo buenos amigos aquí y eso sirve para que mis órdenes de trabajo se completen rápido, usted sabe a lo que me refiero.

Bob Christensen, miembro del equipo técnico

CONSULTOR: Usted dijo antes que Steve fue su asesor en su maestría en Ciencias. Así que lo conoce desde hace mucho tiempo.

BOB: Sí, es cierto. Conozco al profesor Morgan —a Steve— hace casi ocho años. Fue mi profesor en la licenciatura y después, por supuesto, fue mi asesor en el programa de maestría de dos años, y ahora he estado trabajando con él en Electro Logic (ᴇʟ) desde hace dos años.

CONSULTOR: Al parecer, le gusta trabajar con Steve.

BOB: Por supuesto. Pero en realidad ya no trabajo directamente con él. Lo veo en las reuniones, pero eso es todo.

CONSULTOR: ¿Así que no es su supervisor inmediato?

BOB: No, pero por la cantidad de tiempo que paso con mi supervisor, Steve bien podría serlo. Mi jefe y yo nos reunimos quizá una vez cada tres semanas por casi una hora para ver si todo va bien, y nada más. El resto del tiempo estoy por mi cuenta. Antes hablaba con Steve cuando tenía preguntas, pero ahora está tan ocupado que es difícil verlo; es necesario hacer una cita con algunos días de anticipación.

CONSULTOR: ¿Usted piensa que su supervisor trata a todo su equipo de esta forma?

BOB: Para ser honesto, he escuchado algunas quejas. De hecho, hace unos seis meses la situación estaba tan mal que algunos compañeros y yo tuvimos una reunión con él. Prometió que estaría más cerca de nosotros y lo estuvo, durante casi un mes. Después comenzamos a elaborar una nueva propuesta, así que, una vez más, no ha estado disponible. En realidad, nada ha cambiado. Estamos por finalizar la propuesta, y es importante que yo lo vea y le haga preguntas. Algunos de los últimos borradores que le envié los devolvió, rescritos según su propio estilo, y sin ninguna explicación de los cambios. Algunas veces pienso que me trata como a alguien que no sabe nada, como si no estuviera capacitado. Creo que su puesto está en riesgo en este proyecto, pero algunas veces parece que finge estar muy ocupado para evitar hablar conmigo.

Chris Chen, científico investigador

CONSULTOR: ¿Qué características debe tener una persona si quiere trabajar como científico investigador en Electro Logic (EL)?

CHRIS: Bien, sin duda, el conocimiento técnico es importante. Cuando he entrevistado a recién egresados universitarios para puestos de nivel inicial, siempre me intereso en el promedio que obtuvieron. Me gusta ver promedios de 10, si es posible. Sin embargo, los científicos investigadores experimentados suelen demostrar su conocimiento técnico en su historial de publicaciones. Así que leo sus trabajos. También pienso que un científico investigador tiene que motivarse a sí mismo, no buscar el elogio de los demás; especialmente aquí. Si uno desea que alguien le diga que hizo un buen trabajo, se quedará esperando mucho tiempo. No tengo claro que los científicos investigadores en realidad recibamos el apoyo que necesitamos del resto del personal. A menudo las órdenes de trabajo se pierden o se posponen por una u otra razón. Parece que los miembros de nivel superior consiguen más técnicos que los científicos, y desde luego obtienen mayor atención de Steve. Circula el rumor de que estos empleados obtienen aumentos de salario más elevados que los científicos; al parecer, para mantener los salarios en una tasa equilibrada —usted sabe—, se supone que ellos son más valiosos para la compañía. Por supuesto, todo mundo sabe que la mayoría de los miembros de alto nivel son los estudiantes más antiguos de Steve, así que él los cuida realmente bien. Una de las cosas que en verdad me molesta es que tengo que mantener mi historial de publicaciones para conservar mis opciones de desarrollo de carrera. No obstante, las publicaciones son mal vistas porque quitan tiempo del trabajo. Incluso me han dicho que mi trabajo no puede ser publicado por los derechos de autor o que el Departamento de la Defensa considera la información como clasificada. Sin embargo, si alguien importante trabaja conmigo y necesita publicar, entonces se le da todo el apoyo.

CONSULTOR: Parece que está muy a disgusto con su trabajo.

CHRIS: No es tanto mi trabajo. En realidad, estoy muy contento haciéndolo: es vanguardista, después de todo. El problema es que nunca estoy lo suficientemente seguro hacia dónde va el trabajo. Hago mi parte en un proyecto y, a menos que salga a hablar con otras personas, nunca conozco los resultados finales del proyecto total. Eso es algo con lo que uno aprende a vivir aquí: formar parte de un sistema que no es particularmente abierto.

Meg Conroy, asistente del director administrativo

CONSULTOR: Ha estado aquí poco tiempo, ¿es correcto?

MEG: Es verdad, poco más de un año.

CONSULTOR: ¿Por qué aceptó este trabajo?

MEG: Bueno, estaba en el último semestre de la universidad y buscaba trabajo, igual que la mayoría de los alumnos que están a punto de graduarse. Mi novio de ese entonces —ahora mi esposo— trabajaba en Electro Logic (EL) y se enteró de que había un puesto vacante, así que presenté mi solicitud.

CONSULTOR: ¿Así que en la universidad usted se especializó en negocios?

MEG: Oh, no. Yo me especialicé en historia.

CONSULTOR: ¿Le gusta su trabajo?

MEG: Ofrece muchas cosas. Recibo un salario muy bueno por lo que hago, y estoy aprendiendo mucho. Sólo deseo que la compañía me deje tomar algunas clases del área de administración, como contabilidad. Los auditores hacen preguntas muy difíciles. Steve dice que deberíamos conseguir a un experto, aunque yo seguiría siendo la responsable de supervisar al personal.

CONSULTOR: ¿Existe algún aspecto específico de su trabajo que realmente considere satisfactorio?

MEG: Bien, déjeme pensar. Creo que me gusta el hecho de que tengo que hacer muchas actividades diferentes, así que las cosas no me aburren. Odiaría hacer lo mismo día tras día. Muchas veces voy a la biblioteca a hacer investigación sobre diferentes temas, y es agradable, porque salgo de la oficina.

CONSULTOR: ¿Qué no le gusta acerca de su trabajo?

MEG: Bien, muchas veces tengo la sensación de que la dirección no nos toma en serio. Usted sabe, los ingenieros podrían hacer su trabajo bien sin nosotros, o al menos eso creen. La estructura completa del departamento muestra que somos el departamento multiusos. Si alguien no encaja en ningún lugar, lo mandan aquí. Quizás esto se deba en parte a que nuestro departamento está integrado principalmente por mujeres; de hecho, he escuchado que 95 por ciento de ellas desempeñan funciones administrativas. Algunas veces es difícil trabajar con los ingenieros porque tratan a uno como si no supiera nada, y siempre quieren que las cosas se hagan a su manera. Evidentemente, los ingenieros obtienen el dinero y la consideración y, sin embargo, nosotros contribuimos bastante al equipo, como diría Steve. Pero las palabras de elogio no son tan impresionantes como las acciones. Claro, tenemos nuestras fiestas de cumpleaños, pero aun eso parece un poco condescendiente. Rara vez sabemos lo que sucede en el área de investigación. He preguntado a varios ingenieros acerca de aspectos específicos, y ellos sólo me observan con una mirada vacía y me dan una respuesta realmente simplista. Me parece que si uno realmente quiere formar una familia, como dice el presidente, no puede tratar a la gente del departamento administrativo como un mal pariente.

P. J. Ginelli, técnico

CONSULTOR: Supe que acaba de pasar su evaluación de desempeño semestral. ¿Cómo le fue?

P. J.: Como yo esperaba. Sin sorpresas.

CONSULTOR: ¿Considera útiles estas evaluaciones?

P. J.: Seguro. Trato de saber qué piensa mi supervisor de mi trabajo.

CONSULTOR: ¿Es todo?

P. J.: Bien, supongo que es una buena oportunidad de entender lo que desea mi supervisor. Algunas veces no es tan claro durante el resto del año. Supongo que los jefes le plantean metas específicas antes de hablar conmigo, así que él es claro y, por lo tanto, yo también.

CONSULTOR: ¿Le gusta lo que hace?

P. J.: Oh, sí. La mejor parte es que no estoy en el edificio principal y no tengo que estar a la altura de la gente "importante", usted sabe. He oído de otros técnicos que esas personas pueden ser una verdadera molestia (tratan de ser agradables y todo, pero en realidad sólo fastidian). Quiero decir, ¿cómo puede uno cumplir con su trabajo cuando el presidente está observándolo todo el tiempo? Por otro lado, supongo que si el presidente sabe el nombre de uno, eso es bueno en el momento de los ascensos y los aumentos. Pero mi jefe saca la cara por sus técnicos; gracias a él tenemos un trato justo.

CONSULTOR. ¿Piensa que podrá progresar en Electro Logic (EL)?

P. J.: ¿Progresar? ¿Quiere decir, convertirme en ingeniero o algo así? No, y en realidad no deseo eso. Todos a mi alrededor me presionan para que avance. Tengo miedo de decir a la gente cómo me siento en realidad por temor a que decidan que no encajo en este entorno de alta tecnología. No deseo ser la "oveja negra de la familia". Me gusta estar donde estoy y si los aumentos siguen llegando, me seguirá gustando. Una de mis hijas ingresará a la universidad el próximo año y necesito el dinero para costear sus estudios. Trabajo muchas horas extra, en especial cuando se acercan las fechas de entrega. Supongo que la prisa al final de los contratos les provoca fuertes dolores de cabeza a algunos, pero a mí no me importa. De otra forma, el trabajo es muy lento, pero al menos siempre tengo trabajo. Aunque mi familia desearía que mi horario fuera más predecible.

CONSULTOR: ¿Piensa que continuará trabajando para EL?

P. J.: No estoy seguro de querer responder a eso. Digamos sólo que los resultados de mi evaluación de desempeño fueron buenos y que espero ver una mejoría en mi salario. Me quedaría por eso.

Chalida Montgomery, técnica

CONSULTOR: En general, ¿cuáles son sus impresiones acerca del trabajo que desempeña en Electro Logic (EL)?

CHALIDA: Bien, siento que mi trabajo es muy bueno, pero también creo que desempeño actividades más bien aburridas y tediosas. Según lo que dice mi supervisor, lo que hago es lo que hacen los estudiantes de ingeniería eléctrica en su último año de clases. Supe que su proyecto final era hacer un tablero de circuitos, y eso es lo que hago, día tras día.

CONSULTOR: ¿Qué le gustaría hacer?

CHALIDA: Bien, sería agradable poder ofrecer algunas ideas para los diseños de estos tableros. Sé que no tengo doctorado ni nada, pero tengo mucha experiencia. Sin embargo, como soy técnica, los ingenieros en realidad no sienten que tenga mucho que ofrecer (aunque construyo los tableros y al ver los diseños sé cuál hará lo que el diseñador desea que haga). También me gustaría supervisar a otros técnicos de mi departamento. Usted sabe, alguna clase de ascenso estaría bien. De hecho, muchos técnicos me preguntan cómo hacer cosas y, desde luego, yo les ayudo, pero ellos obtienen el crédito. Por aquí, uno debe tener un documento que diga que tiene estudios para que le permitan oficialmente ayudar a otros.

Preguntas para análisis

6.1. Utilice las guías de comportamiento y la figura 6.5 como auxiliares de diagnóstico. ¿Cuáles son las fortalezas y debilidades de Electro Logic (EL) desde una perspectiva motivacional?

6.2. ¿Cuáles son los temas de acción de alta prioridad que usted incluiría en el informe de consultoría para Steve Morgan, presidente de EL? Céntrese en acciones específicas que él podría iniciar para que se aprovechen más las habilidades del personal y se promueva un entorno de trabajo más motivador.

EJERCICIOS PARA DIAGNOSTICAR PROBLEMAS DE DESEMPEÑO LABORAL

El diagnóstico adecuado es un aspecto fundamental del manejo eficaz de la motivación. A menudo los directivos se frustran porque no entienden las causas de los problemas de desempeño que observan. Tal vez experimenten con diferentes "terapias", pero la ineficiencia de este proceso de ensayo y error muchas veces sólo incrementa su nivel de frustración. Además, los malos entendidos que los acompañan añaden tensión a la relación entre el ejecutivo y el subalterno. Esto suele empeorar aún más el problema de desempeño, lo que a la vez provoca que el directivo recurra a medidas más drásticas, estableciéndose así una espiral viciosa descendente.

El modelo de diagnóstico del desempeño de la figura 6.7 ofrece una forma sistemática para que los directivos y los subalternos señalen con precisión y en colaboración las causas de la insatisfacción y de los problemas de desempeño. Se supone que los empleados trabajarán arduamente y tendrán un buen rendimiento si el entorno laboral alienta estas acciones. En consecuencia, más que sacar conclusiones de que el mal desempeño se deriva de deficiencias en la personalidad o de una mala actitud, este proceso de diagnóstico sirve a los directivos para enfocar su atención en mejorar los sistemas de selección, diseño del puesto, evaluación del desempeño y asignación de recompensas. De esta manera, se examinan los pasos específicos necesarios para alcanzar las metas laborales y las expectativas de la dirección, con la finalidad de precisar por qué está fallando el desempeño de un empleado.

Figura 6.7 | Modelo de diagnóstico del desempeño

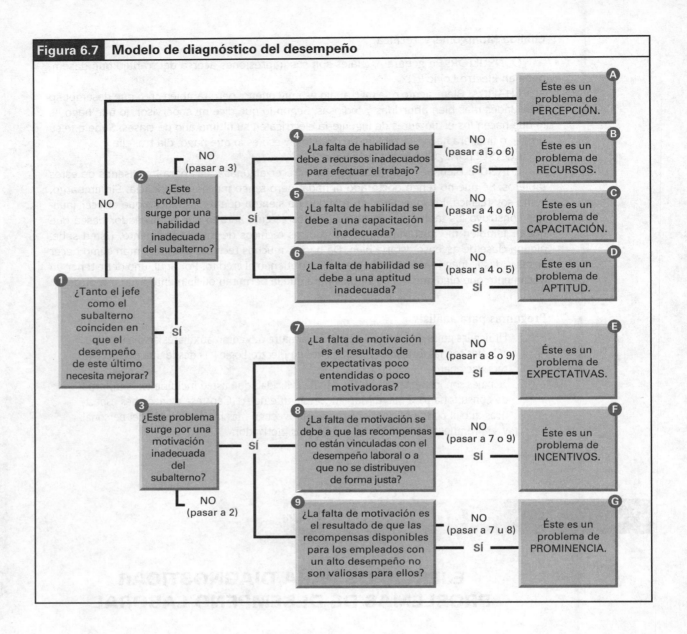

El subalterno con bajo rendimiento y el directivo deben seguir el proceso lógico de descubrimiento del modelo, paso a paso. Deben comenzar con un examen de las percepciones actuales del cumplimiento, así como con la comprensión de las expectativas de desempeño, para continuar después a lo largo del modelo hasta que se hayan identificado los problemas de rendimiento. El modelo se enfoca en siete de estos problemas.

☐ **Problema de percepción.** "¿Está usted de acuerdo en que su desempeño está por debajo de lo esperado?". Un problema de percepción sugiere que el directivo y el subalterno tienen diferentes puntos de vista acerca del nivel actual de desempeño de este último. A menos que este desacuerdo se resuelva, es inútil continuar con el proceso de diagnóstico. Todo el proceso de solución de problemas se basa en la premisa de que ambas partes reconocen la existencia de un problema y que están interesadas en resolverlo. Si no existe un acuerdo, el director se debe concentrar en resolver la discrepancia de percepciones, incluyendo la aclaración las expectativas actuales (problema 5).

❑ **Problema de recursos.** "¿Cuenta con los recursos necesarios para desempeñar bien su trabajo?". La habilidad tiene tres componentes, y éstos se deben analizar en el orden que indica el modelo. Este orden reduce las reacciones defensivas de un subalterno. Es probable que el desempeño deficiente provenga de la falta de apoyo de recursos. Los recursos comprenden el material y el apoyo de personal, así como la cooperación de grupos de trabajo interdependientes.

❑ **Problema de capacitación.** "¿La falta de capacitación interfiere con su desempeño laboral?". En ocasiones se pide a los individuos que desempeñen actividades que exceden su nivel actual de habilidad o conocimiento. Por lo general, este problema se resuelve mediante capacitación o estudios adicionales.

❑ **Problema de aptitud.** "¿Siente que éste es el trabajo o la combinación de actividades laborales correctos para usted?". De los tres problemas de habilidad, éste es el más difícil de resolver porque es el básico. Si se han analizado, sin éxito, las soluciones del reabastecimiento (brindar recursos adicionales) y de reentrenamiento, entonces tal vez se requieran medidas más drásticas, incluyendo el reajuste de los requisitos del puesto actual del empleado, reasignarlo a otro puesto o, en el último de los casos, liberarlo de la organización.

❑ **Problema de expectativas.** "¿Cuáles son sus expectativas de desempeño para este puesto? ¿Cuáles cree que son mis expectativas?". Este problema es consecuencia de una comunicación deficiente de las metas y los requisitos del puesto. En algunos casos, las metas planteadas difieren de las deseadas. En otras palabras, el empleado trabaja hacia una meta, en tanto que el supervisor desea otra. Esto suele ocurrir cuando los subalternos no participan lo suficiente en el proceso del establecimiento de las metas o los estándares. Cuando esto origina expectativas irreales o impuestas, la motivación se ve afectada.

❑ **Problema de incentivos.** "¿Cree que las recompensas están vinculadas con su desempeño en este puesto?". El individuo no cree que el "desempeño hace la diferencia", o bien, ha recibido retroalimentación y reforzamiento insuficientes por su desempeño. El directivo debería preguntar también: "¿Cree que las recompensas se están distribuyendo de manera equitativa?". Esto brinda la oportunidad de discutir los criterios que utilizan los subalternos para juzgar la imparcialidad. Muchas veces se utilizan estándares no realistas.

❑ **Problema de prominencia.** "¿Son atractivos los incentivos de desempeño para usted?". La prominencia se refiere a la importancia que un individuo atribuye a las recompensas disponibles. Muchas veces, los incentivos que se ofrecen para fomentar un desempeño elevado no son muy valiosos para un individuo determinado. Los directivos tienen que ser creativos al generar una amplia gama de recompensas y ser flexibles al permitir que sus subalternos elijan entre diferentes recompensas.

Actividad

Opción 1:

Lea el caso "Joe Chaney" y, de manera individual, utilice el modelo de diagnóstico (ver la figura 6.7) para identificar los posibles problemas de desempeño. Después, comente en pequeños grupos sus evaluaciones individuales y formule preguntas específicas que se deben plantear a Joe para que identifique con precisión y desde su punto de vista, los obstáculos para que logre un alto desempeño. Por último, organice una lluvia de ideas para sugerir posibles soluciones. Prepárese para que su grupo realice una representación de roles de una entrevista con Joe para solucionar los problemas.

Opción 2:

Aplique el cuestionario de evaluación del desempeño laboral a varios empleados. Utilice la clave de resultados que se incluye en el sitio web para clasificar los obstáculos que reportan los evaluados para lograr un alto desempeño y sentirse satisfechos. Luego, reúnanse en grupos pequeños, y cada grupo deberá asumir el papel de un equipo de trabajo que tiene la responsabilidad de analizar los datos del cuestionario que respondieron los empleados. Analice los patrones que encuentren en los datos, así como las posibles soluciones a estos problemas, utilizando las guías de comportamiento y los modelos motivacionales del capítulo. Prepare un informe sobre su análisis y recomendaciones para cambios específicos.

Joe Chaney

Joe Chaney se unió a una empresa de arquitectos hace dos años como dibujante. Tiene 35 años y ha tenido esa función desde que se graduó de una carrera técnica de dos años, después de estudiar la preparatoria. Se casó y tiene cuatro niños. Ha trabajado para cuatro empresas de arquitectura en el transcurso de 12 años.

Joe ingresó con recomendaciones mediocres de sus jefes anteriores, pero usted lo contrató porque necesitaba ayuda urgente. Su empresa ha tenido una carga de trabajo sumamente elevada gracias a un auge en la industria de la construcción local. El resultado es que muchas de las prácticas que contribuyen a un entorno laboral de apoyo y bien administrado se han ignorado. Por ejemplo, usted no puede recordar la última vez que llevó a cabo una revisión formal del desempeño o que ofreció alguna orientación de carrera. Además, la tradición de cerrar la oficina temprano los viernes para festejar una reunión social se abandonó desde hace mucho tiempo. Por desgracia, la tensión en la oficina es muy elevada algunos días a causa de las grandes presiones de tiempo y la falta del personal adecuado. El trabajo nocturno y durante los fines de semana se ha vuelto la norma más que la excepción.

En general, usted ha estado gratamente sorprendido por el desempeño de Joe. Hasta hace poco, trabajaba arduamente y producía un trabajo de alta calidad. Además, con frecuencia se ofrecía de manera voluntaria para realizar proyectos especiales, hacía muchas sugerencias para mejorar el entorno laboral, y había demostrado poseer grandes conocimientos prácticos del negocio de la construcción y de la arquitectura. Sin embargo, durante los últimos meses, su desempeño decayó. Ya no se le ve tan entusiasmado con su trabajo, y muchas veces lo ha encontrado soñando despierto sentado frente a su escritorio. Además, ha tenido varias discusiones acaloradas con arquitectos acerca de las especificaciones y los procedimientos de diseño adecuados para proyectos recientes.

Después de uno de estos desacuerdos, usted alcanzó a oír que Joe se quejaba con un compañero de trabajo: "Nadie aquí respeta mi opinión. Sólo soy un dibujante de bajo nivel. Sé tanto como esos arquitectos fanfarrones, pero como no tengo un título, ignoran mis aportaciones, y estoy atascado aquí haciendo el trabajo pesado. Para empeorar las cosas, mi esposa tuvo que conseguir un empleo para contribuir con los gastos de nuestra familia. Debo ser la persona peor pagada de esta empresa". Cuando un compañero le preguntó por qué no conseguía un título universitario de arquitecto, Joe respondió: "¿Tienes idea de cuán difícil es llevar el pan a la mesa, pagar una hipoteca en Seattle, trabajar tiempo extra, ser un padre y esposo razonablemente bueno, y además ir a la escuela nocturna? Por favor, ¡sé realista!".

Evaluación del desempeño laboral

Responda a las siguientes aseveraciones con base en su situación laboral actual.

Escala de evaluación

1 Totalmente en desacuerdo

2 En desacuerdo

3 Neutral

4 De acuerdo

5 Totalmente de acuerdo

_____ 1. Mi supervisor y yo estamos de acuerdo en la calidad de mi desempeño.

_____ 2. Siento que tengo la capacitación adecuada para realizar mis actividades laborales actuales.

_____ 3. Creo que mis destrezas y habilidades innatas concuerdan muy bien con las responsabilidades de mi puesto.

_____ 4. Creo que poseo los recursos y suministros adecuados para hacer bien mi trabajo.

_____ 5. Entiendo las expectativas de mi jefe y, por lo general, siento que son realistas.

_____ 6. Creo que las recompensas se distribuyen de manera justa, con base en el desempeño.

_____ 7. Las recompensas y oportunidades que puedo recibir por un buen desempeño me resultan personalmente atractivas.

_____ 8. Mi supervisor indica que no estoy desempeñándome tan bien como debiera, pero no estoy de acuerdo.

_____ 9. Podría hacer un trabajo mucho mejor si recibiera más capacitación.

_____ 10. Creo que mi trabajo es demasiado difícil para mi nivel de habilidad.

_____ 11. Creo que mi desempeño laboral está obstaculizado por la falta de suministros y recursos.

_____ 12. Creo que las expectativas de mi jefe son poco claras y realistas.

_____ 13. Creo que mi jefe tiene favoritismos al asignar las recompensas.

_____ 14. Considero que las recompensas y oportunidades disponibles para las personas con un alto desempeño no son muy atractivas.

EJERCICIO PARA MODELAR COMPORTAMIENTOS INACEPTABLES

Shaheen Matombo

Uno de los aspectos más desafiantes de la administración es corregir los comportamientos inadecuados. Por lo general, los directivos no toman medidas suficientes para transformar acciones negativas en positivas. Entre estas medidas insuficientes está el hecho de suponer que ignorar los errores del empleado hará que desaparezcan, premiar los aspectos positivos del desempeño de un individuo con la esperanza de que esto lo anime a reencauzar las energías improductivas, discutir los problemas en términos generales y vagos en una reunión con la intención de que la persona improductiva "entienda la indirecta" y cambie, y enfadarse con un individuo y demandarle que "se corrija".

Actividad

Adopte el papel de Andre Tate en el siguiente caso. Después de leerlo, revise la guía de comportamiento que aparece en el formato de retroalimentación del observador al final del capítulo. En grupos pequeños, determinen cómo resolverían el problema. Prepare una representación de roles de su discusión con Shaheen Matombo. Después de la discusión, los observadores asignados darán retroalimentación sobre su desempeño utilizando el formato mencionado como guía. A menos que se le asigne ese rol, no lea las instrucciones para Shaheen antes de la entrevista.

Andre Tate, directivo

Shaheen ha sido miembro de su personal sólo por tres meses. Usted no sabe mucho de ella; tan sólo que es una madre soltera que recientemente ingresó a la fuerza laboral después de un divorcio difícil. A menudo llega de 10 a 20 minutos tarde en las mañanas. Usted es director de una oficina de relaciones muy ajetreadas con los clientes en una empresa de servicios. Los teléfonos comienzan a sonar desde las 8:00 a.m. Cuando ella llega tarde, usted tiene que contestar el teléfono y esto interrumpe su agenda de trabajo. Esta mañana usted está especialmente molesto. Shaheen lleva 25 minutos de retraso y los teléfonos suenan sin cesar. Como usted tiene que contestarlos, le resultará muy difícil terminar una tarea importante para la fecha límite del mediodía. Cada minuto que pasa usted se molesta más.

Mientras está en medio de una conversación telefónica especialmente desagradable con un cliente iracundo, mira por la ventana y ve a Shaheen dando pasos largos para llegar al edificio.

Usted piensa: "Esto es ridículo, voy a poner un alto a su impuntualidad. Quizá sólo debo amenazarla con despedirla si no se corrige". Después de una reflexión más profunda, se da cuenta de que eso sería impráctico, especialmente durante este periodo de reducción de gastos, luego de que se rechazó un aumento en las tarifas. Ante los rumores acerca de un posible congelamiento en las contrataciones, usted sabe que será difícil cubrir cualquier vacante.

Además, Shaheen es una muy buena empleada cuando está ahí. Es concienzuda y tiene un talento natural con los clientes molestos. Por desgracia, le ha tomado mucho más tiempo de lo esperado aprender el programa de cómputo para recuperar información de las cuentas de los clientes. Con frecuencia tiene que poner las llamadas en espera mientras pide ayuda. Estas interrupciones han tendido a incrementar una relación ya de por sí tensa con el resto del personal de la oficina. Le ha resultado difícil encajar socialmente; los demás son mucho más jóvenes y han trabajado juntos durante varios años. Shaheen es la primera nueva contratación desde hace mucho tiempo, así que los otros no están acostumbrados a que ingrese un nuevo miembro. Tres personas se han quejado con usted por las constantes interrupciones de Shaheen. Sienten que a causa de esto, su productividad disminuirá. Además, parece que ella espera que todos dejen lo que están haciendo cada vez que tiene una pregunta. Ellos creían que su carga de trabajo disminuiría al contratar a una nueva persona, pero ahora tienen sus dudas. (En el pasado, usted tenía tiempo suficiente para capacitar al personal de nuevo ingreso, pero su jefe lo ha mantenido ocupado en un gran proyecto durante casi un año).

Shaheen entra a la oficina aturdida y despeinada. Tiene una expresión de "lo siento" en su cara. Usted le indica con la mano que responda la línea telefónica parpadeante y después garabatea una nota en una libreta mientras termina su llamada: "¡Te veo en mi oficina a las 12:00 en punto!". Es momento de que vaya al fondo de la influencia perjudicial de Shaheen en las actividades que, de otra forma, fluirían con facilidad.

Shaheen Matombo, miembro del personal

¡Vaya, qué mañana! El padre de la niñera murió durante la noche, y ella llamó del aeropuerto a las 6:30 de la mañana diciendo que estaría fuera de la ciudad durante tres o cuatro días. Trató de localizar a tres niñeras sustitutas que suelen estar disponibles, hasta que finalmente encontró a alguien que podía cuidar a Keen, su hijo de tres años. Después, Shayla, su hija que estudia primero de secundaria, se cambió de ropa cinco veces hasta que estuvo segura de tener la apariencia perfecta para su primera foto del anuario. Es un milagro que Buddy, su hijo mayor, se levantara solo de la cama después de haber dormido únicamente cinco horas. Además del fútbol y el teatro, ahora se unió a un equipo de ajedrez, y tuvo su primer torneo la noche anterior. ¿Por qué tuvo que llevarse a cabo una noche antes de su examen final de física? Esta mañana usted desearía tener su talento natural para hacer tantas actividades. Cuando dejó a los niños, ya tenía 10 minutos de retraso. Luego ocurrió ese aparatoso accidente en la autopista que provocó los embotellamientos de tránsito.

Cuando por fin dejó la rampa de salida del centro, se percató de que llevaba casi 20 minutos de retraso. Mientras busca con desesperación un lugar de estacionamiento en la calle, comenzó a sentir pánico. "¿Cómo le voy a explicar esto a Andre? Va a estar furioso. Estoy segura de que está molesto por mis retrasos crónicos. Sobre todo, es evidente que se siente decepcionado por mi falta de habilidades para el cómputo, y estoy segura de que los otros se han quejado por tener que entrenar a alguien nuevo". Usted está segura de que una de las razones por las que obtuvo el trabajo es porque había tomado un curso de computación en la universidad local de la comunidad. Por desgracia, no fue de mucha ayuda para el programa de cómputo increíblemente complejo que utiliza en el trabajo. (Parece desafiar toda convención lógica).

"¿Qué le voy a decir sobre mis continuos retrasos para llegar al trabajo?". Por desgracia, no hay una respuesta fácil. "Quizá mejore conforme los niños y yo nos acostumbramos a esta nueva rutina. Es muy difícil dejar a los niños en la parada del autobús y con la niñera, trasladarme en 20 minutos y llegar justo a las 8:00. Me pregunto si me permitirían llegar a las 8:30

y sólo tomar media hora para el almuerzo. Quedarme más tarde no funcionaría porque ellos apagan las computadoras a las 5:00, a menos que hubiera trabajo de oficina que pudiera hacer durante media hora".

¿Y qué decir de los problemas con la computadora y con los otros miembros del personal? "Tarde o temprano me va a reclamar todo eso. ¿Es mi culpa no pensar como una computadora? Tal vez algunas personas sean capaces de sentarse y comprender este programa en un par de horas, pero yo no. Así que, ¿es mi culpa o deberían darme más capacitación? Quisiera que los demás no fueran tan cerrados y estuvieran dispuestos a ayudarme. Me pregunto por qué son así las cosas. Pareciera que tienen miedo de que me vuelva tan buena como ellos si comparten su experiencia conmigo. Desearía que Andre tuviera más tiempo para ayudarme a aprender los trucos del oficio, pero parece que siempre está en reuniones".

"Bien, quizá voy a entenderlo esta mañana. Nunca había llegado tan tarde. Tal vez estaré de regreso en casa de tiempo completo más pronto de lo planeado".

APLICACIÓN DE HABILIDADES

ACTIVIDADES PARA MOTIVAR A OTROS

Actividades sugeridas

6.3. Identifique una situación en la que tenga la responsabilidad de otra persona cuyo desempeño esté significativamente por debajo de sus expectativas. Utilice el cuestionario de evaluación del desempeño laboral que se encuentra en la sección Práctica de habilidades, para recabar información sobre la forma en que la persona percibe la situación. Emplee el modelo de diagnóstico (árbol de decisiones) de esa sección e identifique específicamente los problemas de desempeño percibidos. Compare estos resultados con sus propios puntos de vista de la situación. Lleve a cabo una entrevista con el subordinado y analice los resultados, enfatizando las áreas de desacuerdo. Con base en este análisis, formule un plan de acción que ambas partes acepten. Si detecta habilidades inadecuadas, siga los pasos correctivos de reabastecimiento, reentrenamiento, reajuste, reasignación y liberación. Si el problema consiste en un esfuerzo insuficiente, utilice los pasos de la amonestación, redirección y recompensa que se estudiaron en este capítulo como recurso para esta discusión. Aplique este plan durante un tiempo y después, informe los resultados.

6.4. Piense en algún aspecto de su propio trabajo en el que sienta que el desempeño está por debajo de sus expectativas (o de las de otros). Utilice el cuestionario de evaluación del desempeño laboral (evaluación de habilidades) e identifique los obstáculos específicos para mejorar el desempeño. Después, desarrolle un plan para superar estos obstáculos, incluyendo la obtención del compromiso de los demás. Comente su plan con las personas que se verán afectadas por su implementación y establezca un conjunto de acciones que todas las partes acepten. Aplique el plan durante un tiempo y después, informe los resultados. ¿Cuánto éxito obtuvo al hacer los cambios? ¿Su rendimiento mejoró como se esperaba? Con base en esta experiencia, identifique otros aspectos de su trabajo que podría mejorar de manera similar.

6.5. Identifique cuatro o cinco situaciones en las que suela manifestar un comportamiento punitivo. Éstas podrían incluir a amigos, miembros de la familia o compañeros de trabajo. Examine estas situaciones e identifique una donde el castigo (disciplina) no esté funcionando. Utilice los lineamientos de la amonestación, redirección y recompensa con la finalidad de diseñar un plan específico para modelar el comportamiento de otro individuo, de tal forma que pueda comenzar a premiar acciones positivas. Informe sus resultados. Con base en esta experiencia, considere cómo podría utilizar esta estrategia en otras situaciones similares.

6.6. Utilice el modelo de seis pasos para crear un ambiente de trabajo motivador (ver tabla 6.2), diseñe un plan específico para administrar una nueva relación (por ejemplo, un nuevo subalterno) o una nueva fase en una antigua relación (por ejemplo, un amigo, un miembro de la familia o un subalterno que esté por comenzar a trabajar en un nuevo proyecto). Anote las instrucciones específicas para llevar a cabo cada uno de los seis pasos. Comente su plan con esa persona y pida sugerencias para mejorarlo. Asegúrese de que sus percepciones acerca de los aspectos clave del plan coincidan con las de la otra persona. Ponga en marcha su plan durante un tiempo y después, informe los resultados. Con base en esta experiencia, identifique los cambios que serían adecuados en situaciones similares.

FUENTE: *J. Richard Hackman y Greg R. Oldham. Work Redesign © 1980. Reproducido electrónicamente con autorización de Pearson Education, Inc., Upper Saddle River, New Jersey.*

Plan de aplicación y evaluación

El objetivo de este ejercicio es ayudarlo a aplicar este conjunto de habilidades en la vida real y fuera del escenario del salón de clases. Ahora que se ha familiarizado con las guías de comportamiento que constituyen la base de un desempeño eficiente de habilidades, mejorará más probando esas guías en el contexto cotidiano. A diferencia de la actividad en el salón de clases, donde la retroalimentación es inmediata y los demás podrían ayudarlo con sus evaluaciones, esta actividad de aplicación de habilidades la debe completar y evaluar por su cuenta. Esta actividad consta de dos partes. La parte I le ayudará a prepararse para aplicar la habilidad. La parte II le servirá para evaluar y mejorar su experiencia. Asegúrese de anotar las respuestas de cada reactivo. No utilice atajos al saltarse etapas.

Parte I. Planeación

6.7. Escriba los dos o tres aspectos de esta habilidad que sean los más importantes para usted. Podrían ser áreas de debilidad, las áreas que más desea mejorar, o las áreas más relevantes para un problema que esté enfrentando en este momento. Identifique los aspectos específicos de esa habilidad que desee aplicar.

6.8. Ahora identifique el escenario o la situación en donde aplicará esa habilidad. Establezca un plan de desempeño anotando una descripción de la situación. ¿Quién más participará? ¿Cuándo lo hará? ¿Dónde se llevará a cabo?

      Circunstancias:
      ¿Quién más?
      ¿Cuándo?
      ¿Dónde?

6.9. Identifique comportamientos específicos que realizará para aplicar esta habilidad. Redacte una definición operativa del desempeño de la habilidad.

6.10. ¿Cuáles son los indicadores de éxito en el desempeño? ¿Cómo sabrá que ha sido eficaz? ¿Qué le indicará que se ha desempeñado en forma competente?

Parte II. Evaluación

6.11. Una vez que haya completado la puesta en práctica, registre los resultados. ¿Qué pasó? ¿Cuánto éxito obtuvo? ¿Qué efecto tuvo en los demás?

6.12. ¿Cómo podría mejorar? ¿Qué modificaciones haría la próxima vez? ¿Qué haría diferente en una situación similar en el futuro?

6.13. Al revisar toda la práctica de la habilidad y la experiencia aplicada, ¿qué aprendió? ¿Qué le sorprendió? ¿De qué manera le ayudará esta experiencia en el largo plazo?

PRÁCTICA DE HABILIDADES
Ejercicio para modelar comportamientos inaceptables

Formato de retroalimentación del observador

PUNTUACIÓN

1 = Baja
5 = Alta

Amonestación

_____ 1. ¿Identificó el comportamiento inadecuado específico? ¿Dio ejemplos, indicó que el comportamiento debía detenerse?

_____ 2. ¿Indicó el efecto que tendrá el problema sobre el desempeño de los demás, la misión de la unidad, etcétera?

_____ 3. ¿Planteó preguntas acerca de las causas y analizó soluciones?

APLICACIÓN

Redirección

_____ 4. ¿Describió los comportamientos o estándares esperados? ¿Se aseguró de que el individuo comprendiera y coincidiera en que eran razonables?

_____ 5. ¿Preguntó al individuo si estaba dispuesto a obedecer?

_____ 6. ¿Ofreció el apoyo adecuado? Por ejemplo, ¿elogió otros aspectos del trabajo del individuo, identificó los beneficios personales y grupales de obedecer, y se aseguró de que no hubiera obstáculos legítimos para el conocimiento de las expectativas establecidas?

Reforzamiento

_____ 7. ¿Identificó recompensas que fueran valiosas para el individuo?

_____ 8. ¿Vinculó el logro de resultados deseables con una mejoría continua y creciente?

_____ 9. ¿Recompensó las mejoras en el desempeño (incluyendo elogios) de una manera oportuna y honesta?

Comentarios:

_____

_____

_____

_____

_____

CLAVES DE RESULTADOS Y DATOS COMPARATIVOS

⭐ Las claves de resultados para los siguientes instrumentos se encuentran disponibles en el sitio web de este libro:

Diagnóstico de un desempeño deficiente e incremento de la motivación

Evaluación del desempeño laboral

7

Manejo de conflictos

OBJETIVOS DE APRENDIZAJE

1. DIAGNOSTICAR LA RAÍZ Y LA FUENTE DE LOS CONFLICTOS

2. UTILIZAR ESTRATEGIAS ADECUADAS PARA EL MANEJO DE CONFLICTOS

3. RESOLVER CONFRONTACIONES INTERPERSONALES MEDIANTE LA COLABORACIÓN

A continuación se describen brevemente los instrumentos de evaluación de este capítulo. Los instrumentos indicados con ✪ y su clave de resultados se encuentran disponibles en el sitio web de este libro.

Complete todas las evaluaciones antes de iniciar la lectura de este capítulo.

Después de terminar las evaluaciones, grabe su respuesta en su disco duro. Cuando termine de leer este capítulo, consulte su evaluación y compare sus respuestas con lo que ha aprendido.

✪ ❏ La evaluación del *manejo de conflictos interpersonales* mide el grado en el que usted demuestra competencia para manejar el conflicto en un contexto laboral.

✪ ❏ La evaluación de *estrategias para el manejo de los conflictos* mide sus preferencias entre cinco estrategias diferentes para el manejo de conflictos que se comentarán en este capítulo.

APRENDIZAJE **DE HABILIDADES**

Manejo de conflictos interpersonales

No sólo es probable que existan conflictos por diversos asuntos en los altos niveles directivos, sino que también son valiosos. El conflicto brinda a los ejecutivos un rango de información más amplio, un entendimiento más profundo de los asuntos y un conjunto más rico de posibles soluciones. [En nuestro estudio de 10 años] encontramos que la alternativa al conflicto no suele ser el acuerdo, sino la apatía y la falta de compromiso. En los mercados dinámicos, es más probable que las decisiones estratégicas de éxito surjan en el seno de equipos que promueven un conflicto activo y amplio sobre los asuntos, sin sacrificar la rapidez. La clave para hacerlo consiste en mitigar el conflicto interpersonal. (Eisenhardt, Kahwajy y Bourgeois, 1997, pp. 84-85).

Una de las principales causas del fracaso en los negocios entre las empresas más grandes es que existe un grado excesivo de acuerdo entre los altos directivos. La falta resultante de tensión entre las perspectivas contendientes fomenta un clima de complacencia. Este problema se complica cuando el consejo de administración no asume un papel de supervisión más intenso.

Tiende a evitar los conflictos con los integrantes del equipo administrativo interno que se muestran unidos en las cuestiones fundamentales y muy confiados en sus puestos. Aunque con frecuencia los directivos consideran la ausencia de desacuerdo como señal de un buen liderazgo, en realidad indica una falta de contacto con los cambios significativos que ocurren en el mundo de los negocios (Argenti, 1976).

El conflicto es parte esencial y omnipresente de la vida organizacional. De hecho, ante las tendencias actuales de los negocios hacia una fuerza laboral diversa, la globalización y la fusión de empresas, la forma en que las diferentes organizaciones y culturas manejan los conflictos es un factor de pronóstico del éxito organizacional cada vez más importante (Seybolt, Derr y Nielson, 1996; Tjosvold, 1991; Memeth, 2004). El conflicto es el alma de las organizaciones vibrantes, progresistas y estimulantes. Enciende la creatividad, estimula la innovación y alienta el mejoramiento personal (Blackard y Gibson, 2002; Farh, Lee y Farh, 2010; Pascale, 1990; Wanous y Youtz, 1986).

Al respecto, Andrew Grove, ex presidente de Intel, comentó: "Parece que muchos directivos piensan que es imposible enfrentar algo o a alguien sin rodeos, incluso en los negocios. En contraste, nosotros en Intel creemos que la esencia de la salud corporativa consiste en manifestar un problema en forma abierta y tan pronto como

| Figura 7.1 | Relación entre el nivel del conflicto y los resultados organizacionales |

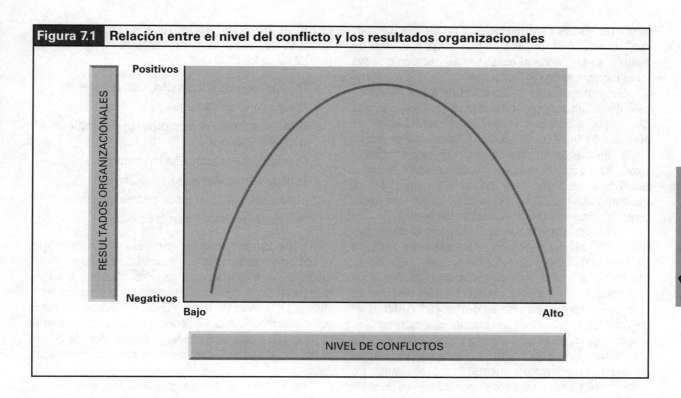

sea posible, incluso si esto provoca una confrontación. Enfrentar los conflictos es fundamental en la administración de cualquier negocio. Como resultado, la confrontación (enfrentar cuestiones en las que existe desacuerdo) sólo podría evitarse por cuenta y riesgo del directivo. La politiquería en el lugar de trabajo crece de manera silenciosa en la oscuridad, como los hongos: tampoco puede soportar la luz del día" (Grove, 1984).

Sin embargo, hay suficientes pruebas de que el conflicto muchas veces produce resultados dañinos. El conflicto interpersonal menoscaba la energía y daña el espíritu. Asimismo, algunos tipos de conflicto, sin importar su frecuencia, suelen producir resultados disfuncionales, como los conflictos de personalidad y las discusiones sobre asuntos que no pueden modificarse.

Como se muestra en la figura 7.1, los académicos por lo general coinciden en que algunos conflictos son tanto inevitables como benéficos en las organizaciones eficaces (Brown, 1983). Como se ilustra en esta figura, parece que cierto nivel moderado del tipo adecuado de conflicto es saludable para la mayoría de las empresas.

SENTIMIENTOS ENCONTRADOS ACERCA DEL CONFLICTO

El reconocido psicólogo estadounidense, Abraham Maslow (1965) observó que las personas por lo general tienen un alto grado de ambivalencia respecto al valor del conflicto.

Por un lado, indicó que los directivos aprecian *intelectualmente* el valor del conflicto y la competencia. Coinciden en que es un ingrediente necesario del sistema de la libre empresa. Sin embargo, sus actos muestran una tendencia a evitar conflictos siempre que sea posible. Esta perspectiva ambivalente del conflicto aparece reflejada en *Moneyball*, un libro y su posterior adaptación al cine, sobre el equipo de béisbol de los Atléticos de Oakland y su gerente general, Billy Bane, basado en el libro de Michael Lewis:

Beane creía que los cazatalentos y los gerentes de béisbol se habían aferrado a la tradición al depender de falsas suposiciones sobre qué información estadística importaba para predecir el éxito futuro de un jugador. Por ejemplo, creía que los datos estadísticos como el promedio de bateo o las bases robadas eran reliquias del siglo pasado y que ya no eran buenos indicadores del potencial de un jugador en el juego moderno. Como gerente de los Atléticos, Beane estaba a favor de usar un nuevo método estadístico para evaluar a los jugadores. *Moneyball* representa las cruentas y frecuentes batallas que Beane tuvo con sus cazatalentos y el entrenador del equipo cuando desafiaba sus suposiciones. Beane era una fuente constante de conflictos, en parte debido a sus ideas revolucionarias y en parte por su obstinada determinación a forzar el cambio en la organización. En un punto, supuestamente puso en su lugar a los miembros de su personal diciendo: "Vamos a hacer funcionar a la organización de arriba abajo. Estamos controlando

APRENDIZAJE

jugadores. Ese es nuestro trabajo y no me disculpo por eso" (Lewis, 2014, p. 138). La resistencia a las ideas de Beane y su tendencia al conflicto casi impiden que sus ideas lograran apoyo.

Sin embargo, bajo la dirección de Beane, Oakland pasó de ser un perenne debilucho en las Ligas Mayores de Béisbol a aparecer cuatro veces consecutivas de playoffs (2000-2003). En 2002, Atléticos fue el primer equipo en más de un siglo en ganar 20 juegos consecutivos. Otros equipos adoptaron rápidamente los métodos estadísticos de Beane para evaluar a los jugadores. A pesar de todos sus éxitos, Beane sigue siendo una figura controvertida entre la administración del béisbol.

La tensión entre la aceptación intelectual de los méritos del conflicto y el rechazo emocional a éste se ilustra en un estudio clásico de toma de decisiones (Boulding, 1964). Se formaron numerosos grupos de directivos para resolver un problema complejo. Se les dijo que un equipo de expertos juzgaría su desempeño en términos de cantidad y calidad de las soluciones generadas. Los grupos eran idénticos en tamaño y composición, excepto que la mitad de ellos incluía a un "cómplice". Antes de que el experimento comenzara, el investigador dio instrucciones a ese sujeto para que interpretara el papel de "abogado del diablo". Ese individuo rebatiría las conclusiones del grupo y forzaría a los demás a examinar de manera crítica sus suposiciones y la lógica de sus argumentos. Al final del periodo de solución de problemas, se compararon las recomendaciones hechas por ambos conjuntos de grupos. Los que tenían "abogados del diablo" tuvieron un desempeño significativamente mejor en la actividad; habían generado más alternativas, y sus propuestas se consideraron superiores. Después de un pequeño descanso, se reagrupó a los directivos y se les dijo que realizarían una actividad similar durante la siguiente sesión. Sin embargo, antes de que comenzaran a discutir el siguiente problema, se les dio permiso para eliminar a un miembro. En los grupos que incluían un cómplice, a éste se le pidió que se fuera. El hecho de que cada grupo de alto rendimiento expulsara a su única ventaja competitiva, porque ese miembro provocaba que los demás se sintieran incómodos, demuestra una reacción muy común ante el conflicto: "Sé que tiene resultados positivos para el desempeño de la organización en general, pero no me gusta cómo me hace sentir en lo personal".

Creemos que gran parte de la ambivalencia hacia el conflicto se deriva de la falta de confianza en el conocimiento personal y las propias habilidades para manejar las confrontaciones tirantes y emocionalmente intensas. Un estudio de 10 años que llevó a cabo Kathy Eisenhardt y sus colegas de la Universidad de Stanford (Eisenhardt *et al.*, 1997) ofrece una guía importante.

En su artículo de *Harvard Business Review* reportaron: "El reto es alentar a los miembros de los equipos directivos a discutir sin destruir su capacidad de trabajar juntos" (p. 78). ¿Qué hace esto posible? Los autores identifican varias "reglas de compromiso clave" para el manejo eficaz de los conflictos:

- ❏ Trabajar con más información, y no con menos.
- ❏ Concentrarse en los hechos.
- ❏ Desarrollar múltiples alternativas para enriquecer el nivel de debate.
- ❏ Compartir metas acordadas en conjunto.
- ❏ Infundir humor al proceso de decisión.
- ❏ Mantener una estructura de poder equilibrada.
- ❏ Resolver asuntos sin forzar el consenso.

Hasta ahora, hemos determinado lo siguiente: (1) el conflicto interpersonal en las organizaciones es inevitable; (2) los conflictos sobre asuntos o hechos (y no las diferencias de la personalidad) mejoran la toma de decisiones; (3) a pesar de la aceptación intelectual del valor del conflicto existe la tendencia generalizada a evitarlo y, (4) la clave para incrementar el propio nivel de comodidad con el conflicto consiste en dominar determinadas habilidades.

De acuerdo con nuestra orientación del desarrollo de habilidades, el resto de este capítulo se dedica a incrementar su confianza basada en la competencia. Con base en las numerosas investigaciones sobre este tema, parece que los individuos que manejan los conflictos adecuadamente deben ser diestros en el uso de tres habilidades esenciales. Primero, deben ser capaces de diagnosticar en forma precisa los tipos de conflicto, incluyendo sus causas. Por ejemplo, los directivos deben entender la manera en que las diferencias culturales y otras formas de diversidad demográfica pueden originar conflictos en las empresas. Segundo, luego de identificar las fuentes del conflicto y de considerar el contexto y las preferencias personales para enfrentarlo, los directivos deben ser capaces de seleccionar una estrategia adecuada para manejar el conflicto. Tercero, los directivos hábiles deben ser capaces de resolver los conflictos interpersonales de manera efectiva, sin dañar las relaciones entre los individuos en conflicto. Ahora examinaremos estas tres amplias destrezas directivas.

Diagnóstico del tipo de conflicto interpersonal

Puesto que existen muchos tipos de conflictos interpersonales, nuestra primera actividad para el desarrollo de habilidades implica el arte de hacer un diagnóstico. En cualquier tipo de escenario clínico, desde la medicina hasta la administración, se sabe que una intervención eficaz se basa en un diagnóstico preciso. La figura 7.2 presenta un sistema de clasificación para diagnosticar el *tipo de conflicto*, con base en dos características fundamentales de identificación: la raíz y la fuente.

| Figura 7.2 | Clasificación de diferentes tipos de conflicto |

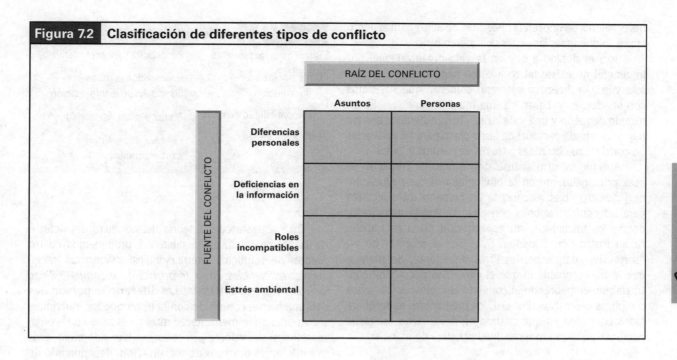

Al entender la *raíz del conflicto*, logramos apreciar la esencia del desacuerdo (lo que está alimentando el conflicto), y al conocer más sus orígenes, o la *fuente del conflicto*, entendemos mejor cómo comenzó (la chispa).

RAÍZ DEL CONFLICTO

Podemos clasificar los conflictos en términos de si están enfocados principalmente en las *personas* o en los *asuntos* (Eisenhardt *et al.*, 1997; Jehn y Mannix, 2001). En otras palabras, los conflictos pueden ser de relaciones entre las personas (por ejemplo, tensiones por la personalidad o diferencias en los valores, resentimientos por sucesos pasados, sentirse ofendido por algo que alguien dijo), o por ideas, propuestas, intereses o recursos que compiten. La diferencia entre los conflictos enfocados en la persona y los enfocados en los asuntos nos ayuda a entender por qué algunos directivos creen que el conflicto es el alma de su organización, en tanto que otros consideran que cada conflicto la desgasta. Las investigaciones demuestran que los conflictos enfocados en las personas amenazan la eficacia, mientras que los conflictos basados en los asuntos, por lo general, mejoran el desempeño, siempre y cuando la gente se sienta psicológicamente segura en el trabajo (Bradley *et al.*, 2012) y tengan las habilidades para manejarlos eficaz y abiertamente (Bradley *et al.*, 2013; De Dreu y Weingart, 2002; Jehn, 1997). Por lo tanto, en general, cuando las personas hablan acerca de los beneficios del "conflicto productivo", se refieren al conflicto enfocado en los asuntos.

Por supuesto, todos los conflictos interpersonales implican gente, pero el **conflicto enfocado en las personas** se refiere al tipo de confrontaciones "personales" en las que existe un alto nivel de afectividad y donde tal vez la reacción emocional intensa se incremente por la indignación moral. Las acusaciones por daños, demandas de justicia y resentimientos son las marcas distintivas de los conflictos personales. Estos son sumamente difíciles de resolver, y los efectos que tienen a largo plazo en las relaciones interpersonales podrían ser devastadores. Cuanto más dure este tipo de conflicto, más grande será el abismo entre las partes.

Los conflictos orientados a las personas consumen una enorme cantidad de tiempo en las organizaciones. Una encuesta informa que los gerentes estiman que 18 por ciento de su tiempo laboral está ocupado tratando con conflictos personales. Esa cantidad es aproximadamente nueve semanas de gestión administrativa cada año dedicadas a esta actividad no productiva (Messmer, 1996).

En contraste con los tirantes conflictos enfocados en las personas, los **conflictos enfocados en los asuntos** son más parecidos a negociaciones racionales, las cuales podrían considerarse "un proceso de toma de decisiones interpersonales, mediante el cual dos o más individuos acuerdan cómo asignar recursos escasos" (Thompson, 2001, p. 2). En los conflictos basados en asuntos, los directivos negociadores por lo general actúan como agentes, representando los intereses de su departamento, función o proyecto. Aunque los negociadores tienen prioridades en conflicto sobre cómo se deben utilizar los recursos escasos, la mayoría de los negociadores reconocen la necesidad de llegar a un acuerdo amistoso que todas las partes consideren justo.

Esto es debido a que en la vida organizacional por lo general no existe tal cosa como negociaciones de una sola vez. Un directivo veterano comentó que sus tratos con los demás se basan en una máxima sencilla: "Es un mundo pequeño y una vida larga", lo que significa que no hay una ventaja personal de largo plazo para las ganancias de corto plazo obtenidas a través de medios injustos.

Aunque nuestro análisis del manejo de conflictos se basa principalmente en la bibliografía de las negociaciones, nuestro objetivo consiste en preparar a los lectores para las confrontaciones con alto contenido emocional, donde los iniciadores sin capacitación intentan transferir su frustración a alguien más. Ser el receptor de un "sorpresivo ataque personal" es debilitante, de manera que lo más probable es que el agraviado poco hábil contraataque, empeorando el conflicto con otras acusaciones o réplicas defensivas. Por eso, los mediadores experimentados coinciden en que cuando un desacuerdo "se torna personal", a menudo se vuelve imposible de manejar.

FUENTE DEL CONFLICTO

Ahora pasamos de la comprensión de la raíz o el contenido de un conflicto (¿de qué se trata?) a la fuente u origen del conflicto (¿cómo se inició?). Los directivos, en especial aquellos que se sienten incómodos con el conflicto, muchas veces se comportan como si el conflicto interpersonal fuera el resultado de defectos de personalidad. Etiquetan a las personas que con frecuencia se involucran en conflictos como "buscapleitos" o "mala influencia", e intentan transferirlas o hacerlas a un lado como una forma de resolver los desacuerdos. Aunque algunos individuos parecen ser proclives a crear problemas y ser desagradables aun en las mejores circunstancias, en realidad sólo son responsables de un pequeño porcentaje de los conflictos organizacionales (Hines, 1980; Schmidt y Tannenbaum, 1965).

Esta proposición se apoya en una investigación sobre evaluaciones del desempeño (Latham y Wexley, 1994). Se ha demostrado que los directivos suelen atribuir el bajo desempeño a las deficiencias personales de los empleados, como pereza, falta de habilidad o escasa motivación. Sin embargo, cuando se interroga a los empleados acerca de las causas de su bajo desempeño, por lo general lo explican en términos de problemas en su entorno, como recursos insuficientes o falta de cooperación de los compañeros. Si bien en este caso es evidente una maniobra para defenderse, la línea de investigación sugiere que los directivos deben evitar la tendencia a asumir que comportamientos negativos implican personas negativas. De hecho, las personas que muestran comportamientos ásperos o agresivos a menudo tienen buenas intenciones, pero no tienen habilidades para manejar experiencias emocionales intensas.

Tabla 7.1	Fuentes de conflicto
Diferencias personales	Percepciones y expectativas
Deficiencias en la información	Información errónea y distorsión de la información
Incompatibilidad de roles	Metas y responsabilidades
Estrés ambiental	Escasez de recursos e incertidumbre

En contraste con la teoría del conflicto del defecto de la personalidad, en la tabla 7.1 proponemos cuatro fuentes de conflictos interpersonales: *diferencias personales, deficiencias en la información, incompatibilidad de roles* y *estrés ambiental*. Las **diferencias personales** son una fuente común de conflicto porque los individuos incorporan diferentes antecedentes a sus roles en las organizaciones; sus valores y necesidades han sido moldeados por diferentes procesos de socialización, dependiendo de sus tradiciones culturales y familiares, nivel de educación, cantidad de experiencia, etcétera. Como resultado, sus interpretaciones de los acontecimientos y sus expectativas acerca de las relaciones con los demás dentro de la empresa varían de manera considerable. Los conflictos que se derivan de necesidades y valores personales incompatibles son algunos de los más difíciles de resolver. A menudo llegan a tener un alto contenido emocional y a adoptar connotaciones morales. En estas condiciones, un desacuerdo acerca de *lo que es correcto* se convierte con facilidad en una discusión más amarga acerca de *quién tiene razón desde el punto de vista moral.*

A primera vista, podría parecer que las diferencias personales y el conflicto enfocado en las personas son lo mismo, pero no es así. Tal vez sea útil considerar las diferencias personales como un conjunto de lentes que cada miembro de la organización usa para dar sentido a las experiencias cotidianas y hacer juicios de valor, en términos de lo que es bueno o malo, adecuado e inadecuado. Cuando alguien ha usado unos lentes específicos, o perspectiva, durante mucho tiempo, se convierte en una creencia fuertemente arraigada que el individuo nunca cuestiona. Es fácil ver cómo los desafíos a estas interpretaciones muy arraigadas del mundo pueden disparar los conflictos interpersonales. Sin embargo, esto no significa necesariamente que el conflicto se haga personal. Aun cuando las creencias firmes de alguien sean desafiadas, aún tienen que decidir el camino que seguirá la confrontación, en términos de si se concentrarán en los asuntos (por ejemplo, el hecho de que uno y otro tienen diferentes puntos de vista o valores) o en las personas (por ejemplo, cuestionamiento de la capacidad, determinación, aceptación, comprensión, etcétera).

Esta observación es especialmente relevante para los directivos que trabajan en un entorno organizacional caracterizado por una amplia diversidad demográfica y de valores. Por un lado, una fuerza laboral diversa puede convertirse en un activo empresarial estratégico (Cox, 1994), pero por otro, las personas muy diferentes tienden a involucrarse en conflictos muy intensos, lo que puede convertirse en un pasivo empresarial (Lombardo y Eichinger, 1996; Pelled, Eisenhardt y Xin, 1999). Según varios estudios de diversas organizaciones (Cox y Blake, 1991; Morrison, 1996), algunos de los beneficios del manejo efectivo de una fuerza laboral diversa y bien administrada que se citan constantemente son:

❏ Reducción de costos al disminuir las tasas de rotación entre los empleados de grupos minoritarios.

❏ Mejora de las capacidades de creatividad y de solución de problemas gracias a un rango más amplio de perspectivas y actitudes culturales.

❏ Percepciones de justicia y equidad en el lugar de trabajo.

❏ Mayor flexibilidad que influye de manera positiva en la motivación y minimiza el conflicto entre las demandas laborales y no laborales (por ejemplo, familia, intereses personales, tiempo libre).

Un estudio reciente sugiere que aunque los equipos diversos pueden tener menos confianza en su desempeño que los grupos homogéneos, en realidad obtuvieron un mejor desempeño (Phillips, Liljenquist y Neale, 2009). Sin embargo, los beneficios de la diversidad no llegan sin desafíos. Piense en el antiguo adagio que reza "para crear una chispa hay que frotar entre sí dos sustancias diferentes". La chispa de la creatividad en los grupos también puede requerir algunos roces entre las diferentes perspectivas e ideas. Por ejemplo, imagine un equipo con un miembro que es extremadamente despreocupado y casual por naturaleza, y que disfruta generando ideas imaginativas. En contraste, otro miembro es sumamente formal, ansioso y perfeccionista. Es obvio que estas dos personas pueden originar un conflicto basado en las personas a raíz de las molestias que surgen de dos estilos diferentes. Por otro lado, si estos dos individuos pueden aprender a manejar sus diferencias entre ellos, podrían tener una gran sinergia: el perfeccionismo puede ser la conducta adecuada que ayude al creativo a examinar sus ideas con detalle para su puesta en marcha.

Los conflictos interpersonales también pueden ocurrir porque los individuos que provienen de diferentes grupos étnicos y culturales a menudo tienen puntos de vista muy distintos acerca del valor de los conflictos interpersonales (Adler, 2002; Trompenaars, 1994, 1996). En otras palabras, nuestros antecedentes culturales colorean nuestras ideas acerca de por qué cosas vale la pena "luchar" y lo que constituye "una pelea justa" (Sillars

y Weisberg, 1987; Weldon y Jehn, 1995; Wilmot y Hocker, 2001). El potencial de un conflicto dañino es incluso mayor cuando las confrontaciones implican a los miembros de grupos mayoritarios y minoritarios dentro de una empresa. Aquí es donde los directivos "sensibles a la diversidad" podrían ser útiles al plantearse preguntas tales como: ¿Ambos participantes provienen de grupos mayoritarios de la organización? Si uno de ellos pertenece a una cultura minoritaria, ¿en qué medida se valora la diversidad en la organización? ¿En qué medida los miembros de estas culturas mayoritarias y minoritarias entienden y valoran los beneficios de una fuerza laboral diversa para nuestra organización? ¿Este individuo o grupo minoritario en particular ha tenido un historial de conflictos dentro de la empresa? Si es así, ¿existen problemas más generales respecto al reconocimiento de las diferencias personales que haya que resolver?

Las **deficiencias en la información** constituyen la segunda fuente o causa de conflicto entre los miembros de una organización. Es probable que no se reciba un mensaje importante, que se malinterpreten las instrucciones de un jefe o que quienes toman las decisiones lleguen a conclusiones diferentes porque utilizan distintas bases de datos. Los conflictos que se basan en información errónea o en malos entendidos tienden a ser fácticos; por lo tanto, la aclaración de los mensajes previos o la obtención de información adicional suelen resolver el conflicto. Esto tal vez implique redactar nuevamente las instrucciones del jefe, corregir fuentes de datos contradictorias o redistribuir copias de mensajes entregados erróneamente. Este tipo de conflictos es común en las empresas, pero también es fácil de resolver. Como los sistemas de valores no se ven amenazados, tales confrontaciones tienden a ser menos emocionales. Una vez que la falla en el sistema de información se repara, las personas en conflicto por lo general pueden resolver su desacuerdo con un mínimo de resentimiento. Por ejemplo, una empleada se sintió profundamente lastimada cuando un proyecto que esperaba supervisar fue asignado a otro colega. Al suponer que su gerente estaba de alguna manera disgustado con ella, mantuvo su distancia y comenzó a interpretar todo lo que su jefe hacía como evidencia de su insatisfacción con ella. Sólo después descubrió que su jefe la había retirado del proyecto porque sabía que ella estaba propuesta para un ascenso que la hubiera impedido hacerse cargo del proyecto. Por supuesto, su resentimiento desapareció y se disculpó con su supervisor por contribuir a un conflicto basado en información incompleta.

Una tercera fuente de conflictos es la **incompatibilidad de roles**, que es inherente a las organizaciones complejas donde las actividades de los miembros son sumamente interdependientes. Este tipo de conflicto se ejemplifica con las acostumbradas discrepancias de metas entre el personal de línea y de staff, las áreas de producción y ventas, o marketing e investigación y desarrollo (I y D).

Cada unidad tiene diferentes responsabilidades en la organización y, como resultado, cada una otorga distinto nivel de prioridad a las metas organizacionales (por ejemplo, satisfacción del cliente, calidad del producto, eficiencia en la producción y cumplimiento de las regulaciones gubernamentales). Esto también es común en las empresas cuyas múltiples líneas de producto compiten por recursos escasos.

Durante los inicios de Apple Computer, la división Apple II producía gran parte de los ingresos de la empresa. Se consideraba a Macintosh, la división de nueva creación, como un proyecto especulativo imprudente. La rivalidad natural se agravó cuando un defensor de las Macintosh se refirió al equipo de Apple II como una "división de producto aburrida e insípida". Como este tipo de conflicto surge por la incompatibilidad fundamental de las responsabilidades de los puestos de los empleados en conflicto, a menudo sólo se resuelve con la mediación de un superior común.

Otra fuente importante de conflicto es el **estrés inducido por el ambiente**. Cuando una organización se ve forzada a operar con un presupuesto austero, es más probable que sus miembros se vean implicados en conflictos por reclamo de áreas de competencia y solicitud de recursos. La escasez tiende a disminuir la confianza, a incrementar el etnocentrismo y a reducir la participación en la toma de decisiones. Éstas son las condiciones ideales para incubar el conflicto interpersonal (Cameron, Kim y Whetten, 1987).

Cuando un gran banco del este anunció un importante recorte, la amenaza a la seguridad de los empleados fue tan grave que dañó relaciones laborales cercanas y de mucho tiempo. Ni las amistades fueron inmunes a los efectos del estrés causado por la escasez. Los antiguos cuartetos de golf y los compañeros de viaje al trabajo se desintegraron porque la tensión entre los miembros era muy alta.

Otra condición del entorno que promueve el conflicto es la incertidumbre. Cuando los individuos se sienten inseguros de la posición que ocupan en una organización, se vuelven muy ansiosos y propensos al conflicto. Este tipo de "conflicto por frustración" muchas veces surge de cambios repetidos y rápidos. Si las actividades asignadas, la filosofía administrativa, los procedimientos de contabilidad y las líneas de autoridad cambian con frecuencia, a los miembros se les dificulta hacer frente al estrés resultante, y es posible que surjan conflictos agudos y amargos derivados de asuntos aparentemente triviales. Estos conflictos suelen ser intensos, pero se disipan rápidamente una vez que el cambio comienza a convertirse en rutina y los niveles de estrés de los individuos disminuyen.

Cuando una importante fábrica de alimentos para mascotas anunció que una tercera parte de sus directivos tendría que apoyar a un tercer turno nuevo, la temida alteración de las rutinas personales y familiares provocó que muchos directivos pensaran en enviar su currículo a otras compañías. Además, la incertidumbre en torno a quiénes se pediría que trabajaran de noche fue tan grande que incluso el trabajo administrativo rutinario se vio alterado por las actitudes extremas y la lucha interna.

Antes de concluir este análisis de las diferentes fuentes de conflictos interpersonales, es útil señalar que las personas de determinados orígenes culturales podrían generar diferentes tipos de conflicto. Por ejemplo, una de las principales dimensiones de los valores culturales que emerge de la trascendental investigación de Geert Hofstede (1980) es la tolerancia a la incertidumbre. En algunas culturas, como la japonesa, existe una gran evasión a la incertidumbre, en tanto que otras culturas, como la estadounidense, son mucho más tolerantes a ese factor. Al generalizar a partir de esos hallazgos, si una empresa estadounidense y una japonesa crearan una compañía conjunta en una industria conocida por sus ventas altamente volátiles (por ejemplo, circuitos integrados de memoria de corta duración), cabría esperarse que los directivos japoneses experimentaran un mayor conflicto provocado por la incertidumbre que sus contrapartes estadounidenses. En contraste, puesto que la cultura estadounidense asigna un gran valor al individualismo (otra de las dimensiones básicas de los valores culturales de Hofstede), se esperaría que los directivos estadounidenses en esta empresa sufrieran un mayor nivel de conflicto a raíz de la interdependencia de sus roles con sus contrapartes japonesas.

Selección del método adecuado para el manejo de los conflictos

Ahora que hemos examinado varios tipos de conflicto en términos de su raíz y de sus fuentes, enfocaremos nuestra atención a las estrategias para manejar conflictos de cualquier tipo. Según se reveló en el cuestionario de la evaluación previa, las respuestas de los individuos ante las confrontaciones interpersonales tienden a agruparse en cinco categorías: *coacción, complacencia, evasión, compromiso* y *colaboración* (Volkema y Bergmann, 2001). Estas respuestas pueden organizarse a lo largo de dos dimensiones, como se muestra en la figura 7.3 (Ruble y Thomas, 1976). Estos cinco modelos de conflicto reflejan diferentes grados de cooperación y asertividad. Una respuesta cooperativa busca satisfacer las necesidades del individuo que interactúa, en tanto que una respuesta asertiva se centra en las necesidades de la propia persona. La dimensión de cooperación refleja la importancia de la relación, en tanto que la dimensión de asertividad refleja la importancia del asunto. Como verá en el siguiente análisis, la capacidad de cooperación y la asertividad no son mutuamente excluyentes.

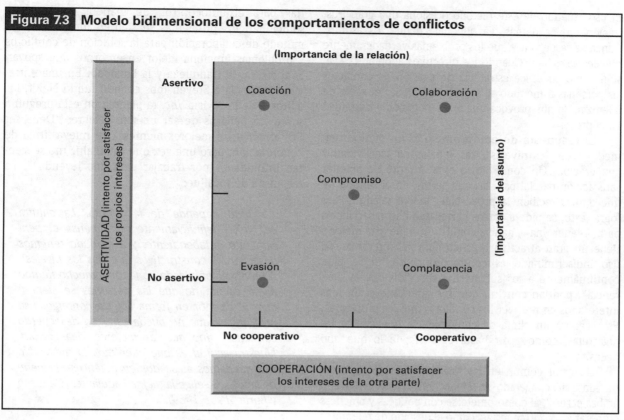

Figura 7.3 | **Modelo bidimensional de los comportamientos de conflictos**

(Importancia de la relación)

Asertivo

Coacción

Colaboración

ASERTIVIDAD (intento por satisfacer los propios intereses)

Compromiso

(Importancia del asunto)

Evasión

Complacencia

No asertivo

No cooperativo

Cooperativo

COOPERACIÓN (intento por satisfacer
los intereses de la otra parte)

FUENTE: *Adaptado de Ruble & Thomas, 1976.*

La **respuesta de coacción** (asertiva, no cooperativa) es un intento de satisfacer las propias necesidades a costa de las necesidades del otro individuo. Esto podría lograrse mediante el uso de la autoridad formal, de amenazas físicas, de tácticas manipuladoras o ignorando las demandas de la otra parte. El uso descarado de la autoridad en la propia oficina ("Yo soy el jefe, así que lo haremos a mi manera") u otras formas de intimidación reflejan un estilo de liderazgo egoísta que puede ser una falta de autoconfianza del líder. Los directivos que dependen de las estrategias de coacción simplemente ignoran las propuestas que amenacen sus intereses personales y pueden usar tácticas manipuladoras para lograr lo que quieren, aun cuando se esfuercen en parecer democráticos en su estilo de liderazgo.

El problema con el uso reiterado de este método para el manejo de los conflictos es que engendra hostilidad y resentimiento. Aunque es probable que los observadores admiren intelectualmente a los líderes autoritarios o manipuladores porque aparentan conseguir un gran arreglo, sus estilos directivos suelen generar una reacción violenta en el largo plazo, conforme las personas están cada vez menos dispuestas a absorber los costos emocionales, y trabajan para socavar la base del poder del líder autoritario.

El **método de complacencia** (cooperativo, no asertivo) satisface los intereses de la otra parte mientras descuida los propios. Por desgracia, algunos consejos de administración adoptan un método de complacencia con la dirección de empresas fracasadas y, por consiguiente, descuidan sus responsabilidades esenciales de supervisión. La dificultad del uso habitual de ese método es que se inclina por la preservación de una relación amistosa a expensas de la valoración de los asuntos de manera crítica y de proteger los derechos individuales. Esto podría traer como resultado que los otros se aprovechen de uno, disminuyendo la autoestima al darse cuenta de que los demás lo están utilizando para lograr sus objetivos, mientras uno fracasa en lograr cualquier avance personal.

La **respuesta de evasión** (no cooperativa, no asertiva) descuida los intereses de ambas partes al esquivar el problema o posponer una solución. La evasión es una respuesta con la que todos pierden porque asegura que no se cumpla ninguno de los verdaderos intereses de ambas partes. Ésta suele ser la respuesta de los directivos mal preparados en el aspecto emocional para manejar el estrés asociado con las confrontaciones, o podría reflejar el reconocimiento de que una relación no es lo suficientemente fuerte para absorber los efectos de un conflicto intenso.

El uso repetido de este método ocasiona una gran frustración en los demás, ya que parece que los asuntos nunca se resuelven y que los problemas verdaderamente difíciles se evitan. Cuando los directivos adoptan la evasión como su única estrategia de evasión de conflictos las personas a menudo se apresuran a llenar el vacío de liderazgo, lo que provoca una gran confusión y hostilidad en el proceso.

La **respuesta de compromiso** es un punto intermedio entre los niveles altos y bajos de asertividad y cooperación. Un compromiso es el intento de obtener satisfacción parcial para las dos partes, en el sentido de que ambas reciben la proverbial "media tajada". Para lograr esto, se pide a ambas partes que hagan sacrificios para obtener una ganancia común. Aunque este método tiene un gran atractivo práctico para los directivos, su uso indiscriminado es contraproducente. Si se pide continuamente a los subalternos que "dividan la diferencia", podrían concluir que sus directivos están más interesados en resolver los conflictos que los problemas. Esto genera un clima de conveniencia que alienta las jugarretas, como pedir hasta el doble de lo que uno necesita.

Un error común en las fusiones consiste en hacer un hincapié exagerado en el hecho de "ser justos con ambas partes", al comprometerse con políticas y prácticas corporativas contrapuestas, como el despido de miembros sobrantes del equipo. Cuando las decisiones se toman sobre la base de "repartir el dolor por igual" o "usar la mitad de los procedimientos de ustedes y la mitad de los nuestros", más que sobre la base del mérito, entonces la armonía toma prioridad sobre el valor. Paradójicamente, las acciones que se llevan a cabo en aras de "mantener la paz entre las familias fusionadas" muchas veces terminan siendo tan ilógicas e imprácticas que la unión emergente está condenada a operar bajo una rutina de confusiones y conflictos internos constantes.

El **método de colaboración** (cooperativo, asertivo) es un intento de resolver por completo los problemas de ambas partes. A menudo se le denomina método de "solución de problemas". En esta modalidad, el objetivo consiste en encontrar soluciones a las causas del conflicto, que sean satisfactorias para ambas partes, en vez de encontrar la falla o culpar a alguien. De esta forma, ambas partes pueden sentir que han "ganado". Es la única estrategia en la que todos ganan de las cinco que hemos mencionado. Aunque el método de colaboración no es idóneo para todas las situaciones, cuando se usa de manera adecuada tiene el efecto más benéfico para las partes implicadas: fomenta las normas de colaboración y confianza, en tanto que admite el valor de la asertividad; además, anima a los individuos a que enfoquen sus conflictos en los problemas y en los asuntos más que en las personalidades. Por último, cultiva las habilidades necesarias para el autocontrol, de manera que quienes solucionan los problemas se sienten fortalecidos. El método de colaboración para la solución de conflictos y problemas funciona mejor en entornos que apoyan la apertura, la franqueza y la igualdad. En una entrevista realizada a Steven Jobs cuando fundó NeXT, los editores de la revista *Inc.* le plantearon esta pregunta sobre los peligros de ser un jefe célebre: "Debe ser útil atraer a las mejores mentes a su nueva firma de computación, pero una vez que están ahí, ¿no se sienten intimidados por trabajar para una leyenda?". La respuesta de Jobs fue:

Todo depende de la cultura. La cultura de NeXT definitivamente recompensa el pensamiento independiente, y a menudo tenemos desacuerdos constructivos (a todos los niveles). A un nuevo empleado no le toma mucho tiempo darse cuenta de que las personas se sienten bien al disentir en forma abierta conmigo. Eso no significa que no pueda estar en desacuerdo con ellos, sino que las mejores ideas ganan. Nuestra actitud es que queremos lo mejor. No nos quedamos atascados en quién es el dueño de la idea. Se elige la mejor y adelante. (Gendron y Burlingham, 1989).

En la tabla 7.2 se comparan los cinco métodos para el manejo de conflictos. En esta tabla se exponen los fundamentos de cada método, incluyendo su finalidad, la manera en que ese objetivo se refleja en términos de la expresión de un punto de vista, así como su fundamento. Además, se resumen los posibles resultados de cada método.

Un área importante de la investigación organizacional ofrece más perspectivas a los cinco métodos de manejo de los conflictos que acabamos de describir. Los académicos de las **estrategias de la negociación** han mostrado que las personas por lo general adoptan uno de dos enfoques generales a sus negociaciones: *distributivo* o *integrador*. Los negociadores que adoptan una perspectiva de **negociación distributiva** tienden a suponer que los recursos son escasos y limitados, así que sus negociaciones se enfocan en repartir un "mismo pastel". Por el contrario, las personas que negocian con una **perspectiva integradora** buscan formas de colaboración para "expandir el pastel" al evitar las posturas fijas e incompatibles (Bazerman y Neale, 1992; Murnighan, 1992, 1993; Thompson, 2001). Debido a la suposición de que los recursos son escasos, los negociadores distributivos tienden a asumir una postura competitiva y antagonista. Creen que una parte sólo puede mejorar a expensas de la otra parte.

En consecuencia, a menudo pasan por alto oportunidades para buscar la colaboración como una estrategia

Tabla 7.2	Comparación de los cinco métodos para el manejo de conflictos			
MÉTODO	**OBJETIVO**	**PUNTO DE VISTA**	**FUNDAMENTO**	**POSIBLE RESULTADO**
1. Coacción	Salirse con la suya.	"Sé lo que está bien. No cuestionen mi juicio o mi autoridad".	Es mejor arriesgarse a generar algunos sentimientos negativos que abandonar un asunto con el que estás comprometido.	Usted se siente justificado, pero la otra parte se siente derrotada y posiblemente humillada.
2. Evasión	Evitar tener que enfrentar el conflicto.	"Soy neutral en este asunto". "Déjeme pensarlo". "Ese es un problema de alguien más".	Los desacuerdos son malos por naturaleza porque crean tensiones.	Los problemas interpersonales no se resuelven, lo que origina frustración a largo plazo, manifestada de diversas formas.
3. Compromiso	Llegar a un acuerdo con rapidez.	"Busquemos una solución con la que ambos podamos vivir, para así continuar con nuestro trabajo".	Los conflictos prolongados distraen al personal de su trabajo y generan sentimientos adversos.	Los participantes se condicionan a buscar soluciones rápidas más que eficaces.
4. Complacencia	No molestar a la otra persona.	"¿Qué puedo hacer para que te sientas bien en esta confrontación?". "Mi postura no es tan importante para arriesgarnos a que surjan sentimientos negativos entre nosotros".	Mantener relaciones armónicas debe ser nuestra prioridad.	Es probable que el otro se aproveche de usted.
5. Colaboración	Resolver el problema en conjunto.	"Esta es mi postura, ¿cuál es la tuya?". "Estoy comprometido a encontrar la mejor solución posible". "¿Qué sugieren los hechos?".	Las posturas de ambas partes son igualmente importantes (aunque no necesariamente igualmente válidas). Debería darse la misma importancia a la calidad del resultado y a la equidad del proceso de la toma de decisiones.	Es muy probable que el problema se resuelva. Además, ambas partes están comprometidas con la solución y se sienten satisfechas de haber sido tratadas de forma justa.

de manejo de conflictos. En el mejor de los casos, suelen inclinarse hacia el compromiso, lo cual significa que pueden dejar pasar soluciones creativas en las que todos ganen.

En contraste, los negociadores integradores abordan las negociaciones con una predisposición a encontrar resultados de "ganarganar". Adoptan técnicas de solución de problemas en lugar de una postura adversaria. Les interesa encontrar la mejor solución para ambas partes, en vez de elegir entre las soluciones preferidas de una y otra (De Dreu, Koole y Steinel, 2000; Fisher y Brown, 1988). Por supuesto, las soluciones en las que todos ganan no siempre son posibles, pero es mucho más probable que los negociadores integradores las descubran que aquellos que adopten un método distributivo para negociar. Como muestra la tabla 7.3, la colaboración es la única estrategia directiva que es integradora por naturaleza.

Tabla 7.3	Comparación entre las estrategias de negociación y de manejo de los conflictos		
Estrategias de negociación	Distributiva		Integradora
Estrategias de manejo de conflictos	Compromiso Coacción Complacencia Evasión		Colaboración

ELEGIR ENTRE LAS CINCO ESTRATEGIAS

Aunque la colaboración es la única estrategia para el manejo de conflictos que busca producir resultados en los que todos ganen, no siempre es la mejor estrategia a usar. De hecho, cada una de las cinco estrategias tiene su lugar.

De tal forma que la pregunta para los buenos directivos no es "¿cuál es el mejor?" sino "¿cuál debo emplear en *esta* situación?". La pertinencia de una estrategia administrativa depende de su congruencia con las preferencias personales y con las consideraciones situacionales.

PREFERENCIAS PERSONALES

Como se observa en el cuestionario de estrategias para el manejo de los conflictos, disponible en el sitio web de este libro, es importante que conozcamos nuestras preferencias personales para manejar los conflictos. Si no nos sentimos cómodos con un método en particular, es poco probable que lo usemos, no importa qué tan convencidos estemos de que es la mejor herramienta disponible para una situación conflictiva específica. Aunque existen numerosos factores que influyen en nuestras preferencias personales para manejar los conflictos, entre ellos las diferencias básicas de personalidad, hay dos especialmente notables: la cultura étnica y el género.

Las investigaciones sugieren que la *cultura étnica* afecta fuertemente las preferencias individuales a las cinco estrategias de manejo de conflictos (Seybolt *et al.*, 1996; Weldon y Jehn, 1995). Por ejemplo, las personas de las culturas asiáticas tienden a preferir los estilos no antagónicos de la complacencia y la evasión (Rahim y Blum, 1994; TingToomey *et al.*, 1991; Xie, Song y Stringfellow, 1998), a diferencia de los estadounidenses y los sudafricanos, quienes prefieren el método de coacción (Rahim y Blum, 1994; Seybolt *et al.*, 1996; Xie *et al.*, 1998). En general, el compromiso es el método preferido más común entre las culturas (Seybolt *et al.*, 1996), tal vez porque el compromiso podría considerarse como la alternativa menos costosa y el método que alcanza con mayor rapidez niveles de justicia aceptables para ambas partes.

Las investigaciones sobre la relación entre el estilo preferido para el manejo de los conflictos y el *género* son menos claras. En algunos estudios se informa que los varones son más proclives a utilizar la respuesta de coacción, mientras que las mujeres tienden a seleccionar el método del compromiso (Kilmann y Thomas, 1977; Ruble y Schneer, 1994). En contraste, otros estudios revelaron que el género tiene escasa influencia en las respuestas preferidas de los individuos ante los conflictos (Korabik, Baril y Watson, 1993). En general, parece que el género no es un fuerte factor de predicción de la preferencia de los estilos de manejo de conflictos, sino que las personas todavía se aferran a las expectativas de los roles de género sobre las preferencias de manejo de conflictos (Keashly, 1994).

Aun cuando las personas tengan preferencias por alguna estrategia de manejo de conflictos en particular, es importante señalar que esas preferencias son sólo tendencias generales. La mayoría de las personas puede recurrir a más de un único estilo de manejo de conflictos. Se trata de una aclaración importante porque, ante la gran variedad de causas o formas de conflictos, se podría suponer que un manejo eficaz del conflicto requeriría del uso de más de un método o más de una estrategia.

La investigación sobre este asunto es reveladora. En un estudio clásico sobre este tema, se pidió a 25 ejecutivos que describieran dos situaciones conflictivas: una con resultados negativos y otra con resultados positivos (Phillips y Cheston, 1979). Luego, los incidentes se clasificaron en términos del método empleado para manejar el conflicto. Como se muestra en la figura 7.4, hubo 23 incidentes de coacción; 12 de solución de problemas; 5 de compromiso, y 12 de evasión. Hay que reconocer que se trata de una muestra muy pequeña de directivos, pero los resultados son llamativos. Por ejemplo, la coacción fue por mucho la estrategia más usada (el doble de incidentes que del de solución de problemas, y casi cinco veces más que de compromiso). Esto es sorprendente dado que el estudio también mostró que era probable que la coacción produjera malos resultados. Por el contrario, la solución colaborativa de problemas siempre estaba ligada a resultados positivos, y la evasión por lo general conducía a resultados negativos.

Si es evidente que la coacción no es la mejor de las estrategias de manejo de conflictos, ¿por qué los ejecutivos de alto nivel tienen tanta inclinación a usarla? Una posible respuesta es la rapidez. Un estudio de las estrategias de influencia preferidas por más de 300 directivos en tres naciones (Kipnis y Schmidt, 1983) ofrece la evidencia de esta suposición. En ese estudio se reportó que cuando los subalternos se muestran renuentes a obedecer una solicitud, los directivos ejercen su facultad de ordenar y tienden a replegarse en el poder superior e insistir en la obediencia. Este patrón estaba tan arraigado, que los autores del estudio propusieron una "ley de hierro del poder: cuanto mayor sea la discrepancia del poder entre la influencia y la meta, mayor será la probabilidad de que se usen más estrategias directivas de influencia" (p. 7).

Un segundo hallazgo destacado en la figura 7.4 es que algunos métodos para manejar los conflictos nunca se emplean para manejar determinados tipos de conflictos. En particular, los directivos no informaron de un solo caso de solución de problemas o de compromiso cuando la fuente del conflicto residía en problemas de índole personal. Estos métodos se utilizaban sobre todo para manejar conflictos que implicaban metas incompatibles y sistemas conflictivos de recompensas entre departamentos.

Se pueden extraer dos conclusiones de la investigación acerca del uso de los diferentes métodos para manejar conflictos. Primero, ninguno de los métodos sirve para manejar todos los tipos de conflictos. Segundo, los directivos enfrentan mejor los conflictos si se sienten cómodos utilizando diversos métodos (Savage *et al.*, 1989). Estas

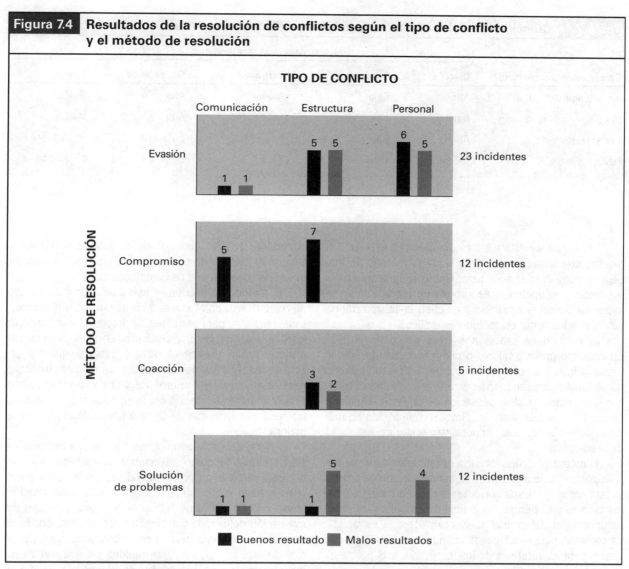

FUENTE: *Basado en The Regents de la Universidad de California. Reproducido de California Management Review, vol. 21, núm. 4.*

conclusiones señalan la necesidad de entender las condiciones bajo las que cada técnica de manejo de conflictos es más eficaz. En la tabla 7.4 se resumen las circunstancias situacionales que apoyan el uso de cada estrategia.

CONSIDERACIONES SITUACIONALES

En la tabla 7.4 se identifican cuatro importantes circunstancias específicas de incidentes que se podrían utilizar para elegir el método adecuado para manejar el conflicto.

A. ¿Qué tan importante es el tema en disputa? (En la tabla, "Alta" significa sumamente importante; "Baja" significa no muy importante).

B. ¿Qué tan importante es la relación? ("Alta" significa asociación crucial, en curso, única en su clase; "Baja" significa transacción de una sola vez, para la que ya existen alternativas disponibles).

C. ¿Cuál es el nivel relativo de poder o autoridad entre los individuos en conflicto? ("Alto" significa que el actor tiene mayor estatus que el otro individuo en conflicto; "Igual" significa que las dos partes son compañeros; "Bajo" significa que el actor tiene menor estatus que el otro individuo en conflicto).

D. ¿En qué medida el tiempo es una limitante significativa para resolver el conflicto? ("Alta" significa que el conflicto se debe resolver rápidamente; "Baja" significa que el tiempo no es un factor importante).

Tabla 7.4	Coincidencia del método de manejo de conflictos con la situación				
	MÉTODO DE MANEJO DE CONFLICTOS				
CONSIDERACIONES SITUACIONALES	COACCIÓN	COMPLACENCIA	COMPROMISO	COLABORACIÓN	EVASIÓN
Importancia del asunto	Alta	Baja	Media	Alta	Baja
Importancia de la relación	Baja	Alta	Media	Alta	Baja
Poder relativo	Alta	Baja	Equal	Bajo-alto	Igual
Limitación de tiempo	Media-alta	Media-alta	Baja	Baja	Media-alta

La ventaja de esta tabla es que permite evaluar con rapidez una situación y decidir si cierto método de manejo de conflictos es adecuado. Como se indicará en las siguientes descripciones, es importante recordar que no todos los aspectos situacionales tienen la misma importancia al seleccionar un método específico.

El método de coacción es más adecuado cuando un conflicto implica valores o políticas y cuando uno se siente obligado a defender la postura "correcta", cuando no es tan importante mantener una estrecha relación de apoyo y cuando existe la sensación de urgencia. Un ejemplo de tal situación sería un directivo que insiste en que un becario obedezca las importantes reglas de seguridad de la empresa.

El método de complacencia es más adecuado cuando la importancia de mantener una buena relación de trabajo supera todas las demás consideraciones. La naturaleza de los asuntos y el tiempo disponible desempeñan un papel secundario al determinar la elección de esta estrategia. La complacencia es adecuada cuando los asuntos no son vitales para los intereses de los implicados y el problema se debe resolver rápido.

Tratar de establecer un compromiso es más adecuado cuando los asuntos son complejos y de importancia moderada, cuando no hay soluciones sencillas y ambas partes tienen un fuerte interés en diferentes facetas del problema. El otro requisito situacional esencial es contar con el tiempo necesario para la negociación. El caso representativo es una sesión de negociación entre los representantes de la dirección y de los empleados para evitar una amenaza de huelga. La experiencia demuestra que las negociaciones funcionan mejor entre partes que tienen el mismo poder y que están comprometidas en mantener una buena relación a largo plazo.

El método de colaboración es el más adecuado cuando los asuntos son cruciales, cuando es importante mantener una relación de apoyo entre compañeros y cuando no existen restricciones de tiempo. Aunque la colaboración también puede ser un método efectivo para resolver conflictos entre un superior y un subalterno, es importante señalar que cuando un conflicto implica a iguales, el método de colaboración es más recomendable que el de coacción o el de complacencia.

El método de evasión es más adecuado cuando uno no corre riesgos en el asunto y no hay una razón interpersonal relevante para participar, sin importar si el conflicto implica a un superior, un subalterno o un compañero. Aunque serían preferibles otras estrategias que tengan altas probabilidades de resolver los problemas sin dañar relaciones, como el compromiso y la colaboración, éstas se descartan por la presión del tiempo. De vez en cuando, las presiones extremas de tiempo hacen de la evasión la mejor estrategia.

Ahora, debemos admitir que ésta es una perspectiva muy racional de cómo seleccionar los métodos adecuados para resolver un conflicto. Tal vez usted se pregunte si es realista creer que, al calor de una confrontación emocional, el individuo retrocederá y hará este tipo de evaluación deliberada y sistemática de la situación. Pero las mejores personas para manejar conflictos aprenden a realizar este análisis con gran rapidez y a responder casi instintivamente con una estrategia que es adecuada a la ocasión.

Aunque lo animamos a que adopte un método analítico y reflexivo para resolver conflictos, esto no significa que usted dé por hecho que la otra parte adopte la misma estrategia. Por ejemplo, cuando en los conflictos participan personas de tradiciones culturales muy diferentes, es común que su falta de acuerdo acerca de cómo resolver sus diferencias, o incluso sobre la importancia de resolverlas imposibilite su objetivo de alcanzar una verdadera solución en colaboración. Si las partes de un conflicto tienen puntos de vista muy diferentes respecto al tiempo, el poder, la ambigüedad, las normas o la importancia de las relaciones, cabe esperar que tengan dificultades para acordar el curso de acción adecuado para resolver el conflicto (Trompenaars, 1994). En términos simples: si no se coincide en *cómo* se llegará a un acuerdo, no es muy benéfico discutir en *qué* puede consistir ese acuerdo.

Por lo tanto, los individuos que manejan bien los conflictos deben esforzarse en aclarar suposiciones, interpretaciones y expectativas al inicio del proceso de manejo del conflicto.

Para resumir esta sección, sin importar sus preferencias personales por algún estilo de manejo de conflictos, es importante ampliar su "zona de comodidad" y que se vuelva competente en la aplicación de la gama completa de opciones. También es importante acoplar la estrategia del manejo de conflictos con los factores situacionales sobresalientes, incluyendo la importancia del asunto y de la relación, el poder relativo y las limitaciones de tiempo. Por último, es importante que los individuos en conflicto analicen sus ideas respecto al proceso adecuado para resolver sus diferencias, en especial cuando provienen de entornos muy diferentes.

Resolución de confrontaciones interpersonales mediante el método de colaboración

Ahora dejaremos el tema de cuándo usar cada uno de los métodos y estudiaremos la forma de utilizar adecuadamente el método de colaboración cuando las circunstancias lo apoyen. Decidimos enfocarnos en este método por dos razones. Primero, como se señaló a lo largo de todo el análisis, la colaboración es el mejor método general. En cierto sentido, los directivos eficaces consideran este método como su "opción predeterminada", a menos que exista una fuerte razón que los obligue a probar otra estrategia. La segunda razón es que éste es el más difícil de llevar a la práctica de manera eficaz. En el estudio de Kipnis y Schmidt (1983), analizado antes, la mayoría de los directivos mostraron un apoyo general para el método de colaboración, pero cuando las cosas no marchaban como ellos deseaban, regresaban a un método directivo. En contraste, para los ejecutivos es bastante sencillo ceder o imponer su voluntad, pero resolver las diferencias de una forma verdaderamente colaborativa es un proceso complicado y desafiante. Como resultado, cuando las condiciones indican que el método de colaboración es el más adecuado, los directivos poco hábiles a menudo eligen los métodos menos desafiantes. Para que desarrolle su destreza en el uso del método de colaboración, lo que resta de este capítulo describe las guías de comportamiento para resolver las confrontaciones interpersonales en colaboración.

ESQUEMA GENERAL PARA LA SOLUCIÓN DE PROBLEMAS EN COLABORACIÓN

La adición de "solución de problemas" a este título exige una breve explicación. Cuando las dos partes en conflicto acuerdan trabajar en colaboración para encontrar una solución, en esencia están acordando compartir una actitud o un valor.

En cierto sentido, acuerdan no obligar a la otra parte a aceptar una solución unilateral. No obstante, el desarrollo de habilidades requiere más que un ajuste de la actitud: necesitamos entender las competencias reales requeridas para la resolución eficaz de conflictos. Describimos un proceso de solución de problemas que ofrece un método razonado, deliberado y ordenado para la resolución de conflictos, que permita a ambas partes cumplir su compromiso de trabajar juntos. Este método estructurado es especialmente útil cuando se aplica a los conflictos enfocados en las personas. En tales situaciones, es útil contar con un esquema para organizar los pensamientos y controlar las emociones.

Comenzaremos nuestra discusión del proceso de resolución de conflictos en colaboración mediante la introducción de un esquema general de seis pasos, adaptados de la bibliografía sobre la negociación integradora que se describió con anterioridad (Stroh, Northcraft y Neale, 2002). Después usaremos este panorama general para desarrollar un conjunto más detallado de guías para la solución de problemas.

A. **Establecer metas superiores.** Para fomentar un clima de colaboración, las dos partes en conflicto deben enfocarse en lo que tienen en común. Por ejemplo, las partes pueden acordar que la meta compartida es incrementar la productividad, reducir costos, disminuir el tiempo de diseño o mejorar las relaciones entre los departamentos. Comenzar con metas compartidas sensibiliza a las partes acerca de los beneficios mutuos de resolver sus diferencias. Este paso se caracteriza por una pregunta general: "¿Qué metas comunes apoyan estas discusiones?".

B. **Separar a las personas del problema.** Una vez aclarados los beneficios mutuos detrás del conflicto, las partes deben enfocarse después en el asunto real: solucionar el problema (en oposición a "corregir" a otra persona). Es más probable que las confrontaciones interpersonales generen satisfacción mutua si las partes despersonalizan su desacuerdo y suprimen sus deseos personales de venganza o de competitividad. En otras palabras, se considera a la otra parte como el defensor de un punto de vista y no como un rival. El individuo que soluciona problemas diría: "Ésta es una postura irracional", en vez de "Tú eres una persona irracional".

C. **Enfocarse en los intereses, no en las posturas.** Las posturas son demandas o afirmaciones; los intereses constituyen la razón que subyace en las demandas. La experiencia indica que es más fácil establecer un acuerdo en relación con los intereses, porque tienden a ser más generales y multifacéticos. Este paso supone la redefinición y la ampliación de los problemas para hacerlos más manejables. Implica preguntar "por qué" para llegar al corazón de las necesidades de la otra persona. Una afirmación de colaboración característica es: "Ayúdame a entender por qué defiendes esa postura".

D. **Inventar opciones para obtener ganancias mutuas**. Este paso consiste en generar soluciones creativas. Al enfocar la atención de ambas partes en una lluvia de ideas de soluciones novedosas en las que ambas partes podrían coincidir, la dinámica interpersonal cambia de manera natural al basarse en la competencia y no en la colaboración. Además, cuanto mayor sea el número de opciones y combinaciones para explorar, mayor será la probabilidad de encontrar un punto medio. Este paso se podría resumir de la siguiente manera: "Ahora que entendemos mejor las preocupaciones y los objetivos subyacentes del otro, hagamos una lluvia de ideas para encontrar formas de satisfacer nuestras necesidades".

E. **Usar criterios objetivos para evaluar las alternativas**. Sin importar qué tan colaboradores sean los participantes, lo más probable es que existan algunos intereses irreconciliables. En vez de verlos como oportunidades para someter a prueba las voluntades, es mucho más productivo determinar qué es justo. Esto requiere que ambas partes examinen la forma en que se juzgará la equidad. Un cambio en el pensamiento de "obtener lo que quiero" a "decidir qué es lo más lógico" fomenta una actitud abierta y razonable. Alienta a las partes a evitar un exceso de confianza o de compromiso con su postura inicial. Este método se caracteriza por la pregunta: "¿Cuál es la forma justa para evaluar los méritos de nuestros argumentos?".

F. **Definir el éxito en términos de ganancias reales, no de pérdidas imaginarias**. Si un directivo desea 10 por ciento de aumento y recibe sólo 6 por ciento, podría considerar ese resultado como una mejora de 6 por ciento o como un déficit de 40 por ciento. La primera interpretación se enfoca en las ganancias, la segunda en las pérdidas (en este caso, en las expectativas no cumplidas). El resultado es el mismo, pero la satisfacción del directivo varía de manera sustancial. Es importante reconocer que nuestra satisfacción con un resultado se ve afectada por los parámetros que usamos para juzgarlo. Al reconocer esto, quien soluciona los problemas con base en la colaboración facilita la resolución al juzgar el valor de las soluciones propuestas en contra de estándares razonables. Esta perspectiva se refleja en la pregunta: "¿Este resultado constituye una mejora significativa a partir de las condiciones actuales?".

LAS CUATRO FASES DE LA SOLUCIÓN DE PROBLEMAS EN COLABORACIÓN

Observe cómo el método de solución de problemas fomenta la colaboración al mantener el proceso centrado en los *problemas compartidos* y en *compartir las soluciones*. Es importante recordar esto, en especial cuando se utiliza el método de colaboración para resolver un conflicto centrado en las personas. Por el grado de dificultad inherente a esta actividad, continuaremos empleando el contexto de conflicto centrado en las personas en el resto de nuestro análisis. Para revisar información sobre el manejo de conflictos enfocados en los asuntos utilizando diferentes estrategias de negociación, vea Murnighan (1992, 1993) y Thompson (2001).

Hemos organizado nuestro análisis detallado de las guías de comportamiento alrededor de las cuatro fases del **proceso de solución de problemas**: (1) *identificación del problema*; (2) *generación de la solución*; (3) *formulación del plan de acción y acuerdos*, e (4) *implementación y seguimiento*. En medio de una discusión acalorada, las primeras dos fases son los pasos más cruciales, así como los más difíciles de llevar a cabo de manera eficaz. Si usted es capaz de llegar a un acuerdo respecto a cuál es el problema y cómo intenta resolverlo, los detalles del acuerdo, incluyendo el plan de seguimiento, surgirán de manera natural. En otras palabras, estamos otorgando mayor importancia al desarrollo de habilidades en los casos donde es más necesaria la destreza para poner en marcha el proceso.

También hemos organizado nuestras guías en torno a los roles específicos de un conflicto. Por lo general en las confrontaciones participan al menos dos actores: el que **inicia** y **el que responde**. A veces, un conflicto de dos partes representa un reto mayor para los que responden porque ellos tienen la responsabilidad de transformar una queja en una discusión encaminada a resolver problemas. Esto requiere de mucha paciencia y confianza en uno mismo, pues los iniciadores poco hábiles suelen comenzar la discusión culpando por el problema a quien responde. En esta situación, un individuo encargado de responder que carece de habilidades se mostrará a la defensiva y buscará una oportunidad para "emparejar el marcador".

Si esta dinámica en la que todos pierden continúa, generalmente se requiere de un **mediador** para enfriar el conflicto, restablecer la comunicación constructiva y ayudar a que las partes concilien sus puntos de vista. La presencia de un mediador libera parte de la presión de quien responde porque un árbitro imparcial ayuda a movilizar la confrontación a través de las fases de solución del problema.

Las siguientes guías ofrecen un modelo para representar los roles del iniciador, del que responde y del mediador, de tal forma que pueda solucionarse el problema. En nuestro análisis de cada uno de los roles, supondremos que los otros participantes en el conflicto no se están comportando de acuerdo con las guías prescritas.

Iniciador: Identificación del problema

A. Reconozca que el problema es suyo.
Es importante reconocer que cuando uno está molesto y frustrado, el problema es de uno y no de la otra persona. Usted puede sentir que su jefe o un compañero son la fuente de su problema, pero el primer paso para resolverlo es reconocer que usted es responsable de sus sentimientos. Suponga que alguien entra a su oficina con un puro encendido sin preguntar si está permitido fumar. El hecho de que su oficina va a oler mal por el resto del día podría enfurecerlo, aunque dicho olor no represente un problema para su huésped fumador. Una forma de determinar quién es el dueño de un problema consiste en identificar qué necesidades no se están satisfaciendo. En este caso, su necesidad de un ambiente de trabajo limpio no se satisface, así que la oficina olorosa es su problema.

La ventaja de reconocer que un problema es de uno, cuando se registra una queja, es que reduce la actitud defensiva (Adler, Rosenfeld y Proctor, 2001; Alder y Rodman, 2003). Para que usted solucione su problema, el que responde no debe sentirse amenazado por su planteamiento inicial del asunto. Al comenzar la conversación con la solicitud de que el otro le ayude a resolver su problema, usted de inmediato establece una atmósfera para la solución. Por ejemplo, usted puede decir: "Bill, ¿tienes unos minutos? Tengo un problema que necesito comentar contigo".

B. Describa en forma concisa su problema en términos de comportamientos, consecuencias y sentimientos.
Gordon (2000) planteó un modelo útil para recordar cómo expresar en forma efectiva el asunto: "Tengo un problema. Cuando tú haces X, resulta Y, y yo siento Z". Aunque no recomendamos la memorización de fórmulas para mejorar nuestras habilidades de comunicación, tener este modelo en mente le ayudará a identificar tres elementos esenciales en su "planteamiento del problema".

Primero, describa los comportamientos específicos (X) que sean un problema para usted. Esto le ayudará a evitar la tendencia reflexiva cuando esté molesto para dar retroalimentación que sea evaluadora y no específica. Una manera de hacerlo es especificar las expectativas o los estándares que se hayan violado. Por ejemplo, un subalterno podría haber olvidado una fecha de entrega para

terminar una tarea asignada, su jefe podría encargarse gradualmente de actividades que antes delegaba en usted o un colega del departamento de contabilidad podría haber fallado en repetidas ocasiones al darle la información requerida para una presentación importante.

Segundo, determine las consecuencias específicas observables (Y) de esos comportamientos. El simple hecho de decir a los demás que sus acciones le están ocasionando problemas suele ser un estímulo suficiente para lograr un cambio. En ambientes con ritmos de trabajo rápidos, las personas suelen volverse insensibles al efecto de sus actos. Su intención no es ofender, sino que están tan ocupados cumpliendo las fechas límite relacionadas con "la entrega del producto" que ignoran la sutil retroalimentación negativa de los demás. Cuando esto ocurre, dirigir su atención hacia las consecuencias de sus comportamientos a menudo los impulsa a cambiar.

Por desgracia, no todos los problemas se pueden resolver con esa facilidad. En ocasiones, los infractores están conscientes de las consecuencias negativas de su comportamiento y, no obstante, persisten en él. En tales casos, este método aún podría ser útil para alentar una discusión estimulante encaminada a la solución de problemas, ya que plantea las preocupaciones de una forma inofensiva. Es probable que los comportamientos de quienes responden estén limitados por las expectativas de su jefe o por el hecho de que su departamento aún no cuenta con personal suficiente. Tal vez quienes responden no sean capaces de modificar esas limitaciones, pero este método los animará a comentarlas con usted para que puedan resolver juntos el problema.

Tercero, describa los sentimientos (Z) que experimenta como resultado del problema. Es importante que quien responde entienda que el comportamiento no sólo es inconveniente; es necesario explicarle cómo le está afectando a nivel personal al provocar sentimientos de frustración, enojo o inseguridad. Explique cómo esos sentimientos interfieren con su trabajo, que le impiden concentrarse, congeniar con los clientes y apoyar a su jefe, o estar dispuesto a hacer los sacrificios personales necesarios para cumplir con las fechas de entrega.

Recomendamos usar este modelo de tres pasos como guía general. El orden de los componentes podría variar y no se debe usar las mismas palabras todo el tiempo. Observe cómo los elementos del modelo "XYZ" se usan de diferentes maneras en la tabla 7.5.

C. Evite sacar conclusiones evaluativas y atribuir motivos al que responde.
Cuando los intercambios entre las dos partes en conflicto adquieren un tinte de venganza, cada una suele tener una perspectiva diferente acerca de la justificación de los actos de los demás. Por lo general, cada uno cree que es víctima de la agresión del otro. En los conflictos internacionales, las naciones antagónicas a menudo creen que están actuando en forma defensiva y no ofensiva. De manera similar, en

Tabla 7.5	Ejemplos del método "XYZ" para plantear un problema

Modelo:

"Tengo un problema. Cuando haces X (comportamiento), resulta Y (consecuencias), y me siento Z".

Ejemplos:

Tengo que decirte que me molesta (sentimientos) que hagas bromas acerca de mi mala memoria frente a otras personas (comportamiento). De hecho, me enojo tanto que empiezo a traer a colación tus errores para vengarme (consecuencias).

Tengo un problema. Cuando dices que estarás aquí a las seis para nuestra cita y llegas después de las siete (comportamiento), la cena se arruina y se nos hace tarde para ir al espectáculo que planeamos (consecuencias). Me siento herido porque parece que no soy tan importante para ti (sentimientos).

Los empleados desean que la dirección sepa que hemos tenido dificultades últimamente porque no nos avisan con antelación las ocasiones en que necesitan que trabajemos tiempo extra (comportamiento). Tal vez esto explique algunas de las quejas y la falta de cooperación que han mencionado (consecuencias). De cualquier manera, queremos aclarar que esta política ha provocado que muchos de los empleados estén muy resentidos (sentimientos).

Fuente: *Adaptado de Adler, 1977.*

los conflictos de menor escala, cada uno podría tener percepciones distorsionadas de su propio daño y de los motivos del "ofensor" (Kim y Smith, 1993). Por lo tanto, cuando exponga su problema, evite los riesgos de hacer acusaciones, inferir las intenciones o motivaciones, o atribuir el comportamiento indeseable del que responde a la incompetencia personal. Expresiones como "siempre me interrumpes", "no has sido justo conmigo desde el día en que no estuve de acuerdo contigo en la reunión del consejo" y "nunca tienes tiempo para escuchar nuestros problemas y sugerencias porque administras muy mal tu tiempo" son ineficaces para iniciar un proceso de solución de problemas.

Otra clave para reducir una actitud defensiva consiste en retrasar la propuesta de una solución hasta que ambas partes coincidan en la naturaleza del problema. Cuando usted se molesta mucho por el comportamiento de alguien y siente que es necesario presentar una queja, a menudo se debe a que la persona ha violado seriamente sus expectativas. Por ejemplo, podría sentir que su jefe debió haber sido menos dogmático y escuchado más durante una entrevista de establecimiento de metas. En consecuencia, usted podría sentirse tentado a sugerir inmediatamente un estilo más democrático o sensible.

Además de provocar una actitud defensiva, la principal desventaja de iniciar la solución de un problema con una sugerencia de corrección es que impide el proceso de solución. Antes de completar la fase del planteamiento, ya se pasó de inmediato a la fase de generación de soluciones, con base en la suposición de que uno conoce todas las razones y las limitaciones del comportamiento de la otra persona. Ambos generarán soluciones mejores y más aceptables si presentan su planteamiento del problema y lo analizan a fondo antes de sugerir posibles soluciones.

D. Persista hasta que el asunto se entienda. Hay momentos en los que el individuo que responde no recibirá o no reconocerá con claridad ni siquiera el mensaje expresado de la forma más eficiente. Supongamos, por ejemplo, que usted comparte el siguiente problema con un compañero de trabajo:

Algo me ha estado molestando y necesito compartir mis preocupaciones contigo. Francamente, me siento incómodo (sentimiento) con tu uso excesivo de groserías (comportamiento). No me importa un ocasional "demonios" o "maldita sea", pero las otras palabras me molestan mucho. Últimamente he estado evitándote (consecuencias), y eso no es bueno porque interfiere con nuestra relación de trabajo, así que quería que supieras cómo me siento.

Cuando usted comparte sus sentimientos en esta forma no evaluativa, es probable que la otra persona entienda su posición y tal vez trate de modificar su comportamiento para satisfacer sus necesidades. Por otro lado, existen muchas respuestas a su comentario poco satisfactorias:

Oye, actualmente todo mundo habla así. Y además, tú también tienes tus errores, ¡tú lo sabes! [Su compañero de trabajo se vuelve defensivo, racionaliza y contraataca].

Sí, supongo que digo muchas malas palabras. Tendré que trabajar en ello algún día. [Comprende el sentido general de su mensaje, pero no advierte qué tan grave es el problema para usted].

Escucha, si continúas enojado porque olvidé avisarte de la reunión del otro día, puedes estar seguro de que estoy verdaderamente apenado y de que no lo haré otra vez. [Total malentendido].

Hablando de esquivar, ¿has visto a Chris últimamente? Me pregunto si tiene algún problema. [Está desconcertado por su frustración y cambia el tema].

En cada caso el compañero de trabajo no entiende o no quiere reconocer el problema. En estas situaciones usted debe reiterar su preocupación hasta que la otra parte reconozca que hay un problema que debe resolverse. De otra forma, el proceso de solución del problema terminará en este punto y nada cambiará. Las afirmaciones repetidas pueden adoptar la forma de expresar la misma frase varias veces o de reiterar su preocupación con diferentes palabras o ejemplos, que usted crea que podrían mejorar la comprensión. Para evitar introducir nuevas preocupaciones o pasar de un modo descriptivo a uno evaluativo, considere la fórmula "XYZ" de retroalimentación.

E. Fomente la discusión bidireccional. Puede establecer un mejor clima de solución de problemas al invitar a quien responde a expresar opiniones y hacer preguntas. Tal vez exista una explicación razonable para el comportamiento perturbador del otro; la persona podría tener una visión radicalmente diferente del asunto. Cuanto más pronto se introduzca esta información a la conversación, habrá mayores probabilidades de que se resuelva.

Como regla general, el iniciador debe mantener breve su afirmación de inicio. Cuanto más extensa sea la declaración inicial del problema, más probable será que genere una reacción defensiva. Cuanto más hablemos, más exaltados nos sentiremos y más probabilidad tendremos de violar los principios de una comunicación de apoyo. Como resultado, la otra parte comienza a sentirse amenazada, empieza a planear mentalmente una refutación o un contraataque y deja de escuchar de manera empática nuestras preocupaciones. Una vez que esta dinámica se impone en la discusión, el método de colaboración suele descartarse en favor de las estrategias de complacencia o de coacción, dependiendo de las circunstancias. Cuando esto ocurre, es poco probable que los actores lleguen a una solución mutuamente satisfactoria para su problema sin la intervención de un tercero.

E. Administre su agenda: Trate problemas múltiples o complejos de manera creciente. Una forma de abreviar su planteamiento inicial consiste en tratar los problemas complejos en forma creciente. En vez de plantear una serie de problemas al mismo tiempo, concéntrese desde el inicio en un problema simple o rudimentario. Luego, conforme se logre comprender la perspectiva de la otra parte y se comparta cierto éxito en la solución del problema, podrá discutir temas más desafiantes.

Esto es especialmente útil cuando se trata de resolver un problema con alguien que es importante para su desempeño laboral, pero que no ha tenido una larga relación con usted. Cuanto menos familiarizado esté con las opiniones y la personalidad del otro individuo, así como con los aspectos situacionales que influyen en su comportamiento, más deberá concebir la discusión para la solución del problema como una misión para conocer los hechos y establecer una buena relación. Esto se realiza mejor si concentra su planteamiento inicial como la manifestación específica de un problema más general y luego abriendo la conversación a quien responda. Por ejemplo: "Bill, tuvimos dificultades para lograr que el pedido estuviera listo a tiempo ayer. ¿Cuál crees que fue el problema?".

Iniciador: Generación de soluciones

G. Enfóquese en las similitudes como base para solicitar un cambio. Una vez que ambas partes entendieron el problema con claridad, la discusión debe dirigirse a la fase de generación de soluciones. La mayoría de los individuos comparten al menos algunas metas personales y organizacionales, creen en muchos de los mismos principios directivos fundamentales y operan bajo limitaciones similares. Estas similitudes podrían servir como punto de partida para generar soluciones. El método más directo para modificar el comportamiento ofensivo del otro consiste en hacer una solicitud. La legitimidad de una solicitud será más evidente si está ligada a intereses comunes, los cuales incluyen valores compartidos (como tratar a los colaboradores en forma justa y cumplir los compromisos) o limitaciones compartidas (como tener los informes a tiempo y operar bajo restricciones presupuestales). Señalar la manera en que un cambio en el comportamiento del otro podría afectar positivamente su destino compartido reducirá la actitud defensiva: "Jane, uno de los motivos por el que todos nos esforzamos tanto para construir este equipo de auditoría es el apoyo mutuo. Todos estamos muy presionados para terminar este trabajo en la fecha límite de entrega del tercer trimestre, que es la próxima semana. ¿Reconsiderarías tu actitud de no trabajar tiempo extra al menos hasta que salgamos juntos de esta crisis?".

Quien responde: Identificación del problema

Ahora cambiamos nuestra atención al **punto de vista del individuo que responde**, quien se supone que es la fuente del problema. En un escenario laboral, ese podría ser usted si uno de sus empleados le dice que está haciendo demandas poco realistas, un supervisor le reclama que no está siguiendo los procedimientos adecuados o si una compañera de trabajo le acusa de atribuirse el crédito por las ideas que ella generó. Las siguientes directrices muestran cómo responder al comportamiento del iniciador para que puedan tener una experiencia fructífera de solución de problemas.

A. Establezca un clima para la solución conjunta del problema al mostrar interés y preocupación genuinos. Cuando una persona se queje con usted, no lo tome a la ligera. Aunque esto parezca evidente, los directivos a menudo cometen el error de tratar de quitarse rápidamente el problema porque están muy ocupados en otros asuntos. En consecuencia, a menos que la condición emocional de la otra persona exija enfrentar el problema de manera inmediata, a veces es mejor fijar una fecha para otra reunión si las presiones actuales del tiempo le hacen difícil dar a quien se queja la atención que se merece.

En la mayoría de los casos, el iniciador estará esperando que usted establezca el tono de la reunión. La cooperación se debilitará con rapidez si reacciona de forma exagerada o se pone a la defensiva. Incluso si no está de acuerdo con la queja y cree que carece de fundamento, debe responder con empatía al planteamiento del problema del iniciador. Para ello, transmita una actitud de interés y sensibilidad mediante su postura, tono de voz y expresiones faciales.

Uno de los aspectos más difíciles de establecer el clima idóneo para su discusión es responder en forma adecuada a las emociones del iniciador. Algunas veces usted tendrá que dejar que la persona se desahogue antes de tratar la parte sustancial de una queja específica. En algunos casos, el efecto terapéutico de expresar las emociones negativas al jefe será suficiente para satisfacer al subalterno. Esto ocurre con frecuencia en los puestos de gran presión, donde los temperamentos estallan fácilmente como resultado del intenso estrés.

Sin embargo, un arrebato emocional podría ser muy dañino para la solución del problema. Si un empleado comienza a atacarle verbalmente (o a alguien más) y pareciera que está más interesado en la revancha que en solucionar un problema interpersonal, quizá necesite interrumpirlo y establecer algunas reglas para resolver el problema en colaboración. Al explicar con tranquilidad a la otra persona que usted está dispuesto a discutir un problema genuino, pero que no tolerará ataques personales o ser el chivo expiatorio, determinará con rapidez las verdaderas intenciones del iniciador. En la mayoría de los casos, la persona se disculpará, imitará el tono emocional de usted y empezará a hacer un planteamiento útil del problema.

B. Busque información adicional y esclarecedora del problema al hacer preguntas. Como se observa en la figura 7.5, los iniciadores no capacitados suelen presentar quejas tan generales y evaluativas que no sirven como planteamientos útiles del problema. Es difícil entender cómo se debe responder a un comentario general y vago, como "nunca me escuchas durante nuestras reuniones", seguido por un comentario crítico y de evaluación, como "es evidente que no estás interesado en lo que tengo que decir". Si ustedes van a transformar una queja personal en un problema conjunto, deben redirigir la conversación, de acusaciones generales y evaluativas, a descripciones de comportamientos específicos.

El problema es que cuando usted está confundido sobre lo que considera acusaciones injustas e injustificadas, es difícil evitar defenderse. ("Ah, sí, no había querido decir esto de ti antes, pero ya que has tocado el tema..."). La mejor forma de mantener su mente concentrada en transformar un ataque personal en un problema identificado de manera conjunta es limitando sus respuestas a preguntas. Como lo plantean los autores del libro *Crucial Conversations*: "en el momento en que la mayoría de las personas se enfurecen, tenemos que ser curiosos" (Patterson *et al.*, 2012, p. 157). Si se dedica a plantear preguntas esclarecedoras, conseguirá información de mejor calidad y demostrará su compromiso para resolver el problema en conjunto.

Como se observa en la figura 7.5, una de las mejores maneras de lograr esto consiste en pedir ejemplos ("¿Me podrías dar un ejemplo de lo que hice durante alguna reunión de personal que te haya hecho pensar que no estaba escuchando lo que decías?"). Al basar nuestra discusión en los lineamientos del iniciador del método "XYZ", tal vez sería útil pedir ejemplos de sus acciones ofensivas y de sus consecuencias dañinas, así como de los sentimientos negativos ("¿Me podrías dar un ejemplo específico de mis comportamientos que te preocupan?", "Cuando hice eso, ¿cuáles fueron las consecuencias específicas para tu trabajo?", "¿Cómo te sentiste cuando ocurrió eso?").

C. Coincida con algún aspecto de la queja. Éste es un aspecto importante, difícil de aceptar para algunas personas, ya que se preguntan cómo es posible coincidir en algo que ellos no creen que sea cierto. También podrían mostrarse preocupados de reforzar un comportamiento de inconformidad. En la práctica, quizás este paso sea la mejor forma de probar si el que responde está comprometido a utilizar el método de colaboración para el manejo del conflicto, en vez de los métodos de evasión, coerción o complacencia. Quienes utilizan la coacción harán rechinar sus dientes mientras escuchan al iniciador, sólo esperando encontrar una falla que puedan usar para lanzar un contraataque. O bien simplemente responderán: "Lo siento, pero yo soy así. Simplemente te tendrás que acostumbrar". Los complacientes se disculparán y pedirán perdón. Los individuos que evitan los conflictos reconocerán y coincidirán con las preocupaciones del iniciador, pero sólo de manera superficial, ya que lo único que les interesa es terminar cuanto antes la molesta conversación.

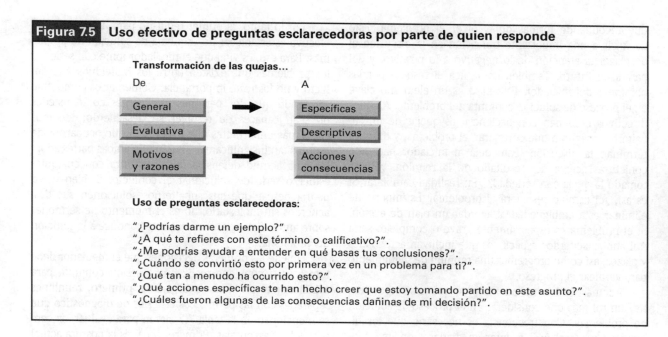

Figura 7.5 | **Uso efectivo de preguntas esclarecedoras por parte de quien responde**

Transformación de las quejas...

De → A

General → Específicas

Evaluativa → Descriptivas

Motivos y razones → Acciones y consecuencias

Uso de preguntas esclarecedoras:

"¿Podrías darme un ejemplo?".
"¿A qué te refieres con este término o calificativo?".
"¿Me podrías ayudar a entender en qué basas tus conclusiones?".
"¿Cuándo se convirtió esto por primera vez en un problema para ti?".
"¿Qué tan a menudo ha ocurrido esto?".
"¿Qué acciones específicas te han hecho creer que estoy tomando partido en este asunto?".
"¿Cuáles fueron algunas de las consecuencias dañinas de mi decisión?".

En contraste, los colaboradores demostrarán su preocupación tanto por la cooperación como por la asertividad al buscar los aspectos en la presentación del iniciador con los que genuinamente estén de acuerdo. Por lo general es posible aceptar el punto de vista del otro sin arriesgar su propia postura. Aun en el asalto verbal más malicioso y hostil (el cual podría ser más un reflejo de la inseguridad del iniciador que una evidencia de las incompetencias de usted), por lo general existe algo de verdad. Por ejemplo, hace algunos años, un joven profesor de una escuela de negocios, a quien se estaba evaluando para un ascenso, recibió una evaluación injusta de uno de sus colegas de alto nivel. Como el profesor sabía que esa persona estaba atravesando por una crisis familiar, podría haber considerado la crítica como irrelevante y tendenciosa. Sin embargo, una frase en particular: "Estás atorado en una línea estrecha de investigación" seguía rondando su cabeza. Había algo ahí que no podía ignorarse. Como resultado de convertir un reproche reivindicativo en una sugerencia válida, consideró si tenía alguna validez. Finalmente, el joven profesor tomó esta pequeña idea (que había sido enterrada entre las causas de la injusta decisión del colega) y tomó la principal decisión de su carrera que le produjo resultados muy positivos. Además, al dar crédito de forma pública al colega de alto nivel por su sugerencia, fortaleció en gran medida la relación interpersonal.

Existen varias formas en las que se puede expresar el acuerdo con un mensaje sin aceptar todas sus ramificaciones (Adler *et al.*, 2001). Usted podría encontrar un elemento de verdad, como ocurrió en el incidente que se acaba de relatar. O bien, podría coincidir en principio con el planteamiento: "Estoy de acuerdo en que los directivos deberían dar un buen ejemplo", "Estoy de acuerdo en que es importante que los vendedores estén en la tienda cuando ésta abre". Si no logra encontrar algo sustancioso para coincidir con el otro, siempre podrá ponerse de acuerdo con la percepción de la situación del iniciador: "Bien, puedo entender por qué podría usted pensar eso. Conozco personas que de manera deliberada evaden sus responsabilidades". O bien, coincidir con los sentimientos de la persona: "Es evidente que nuestra primera discusión le molestó mucho".

En ninguno de estos casos usted está coincidiendo necesariamente con las conclusiones o evaluaciones del iniciador, ni está haciendo concesiones respecto a su postura; usted está tratando de entender, de promover la solución del problema y no una discusión. Los iniciadores suelen prepararse para una sesión de quejas al catalogar mentalmente toda la evidencia que apoya su punto de vista. Una vez que comienza la discusión, introducen toda la evidencia que sea necesaria para lograr que su argumento sea convincente; es decir, continúan argumentando hasta que usted esté de acuerdo. En consecuencia, establecer una base común de acuerdo es fundamental para progresar hacia la siguiente etapa de la solución del problema.

Quien responde: Generación de soluciones

D. Pida sugerencias de alternativas aceptables. Una vez que se tiene la certeza de haberse entendido por completo la queja del iniciador, se avanza a la fase de generación de soluciones al pedir a este último que recomiende formas de resolver el problema. Esto da lugar a una importante transición en la discusión al desplazar la atención de lo negativo a lo positivo, y del pasado al futuro. También comunica el respeto por las opiniones del iniciador. Este paso es un elemento clave en el proceso de solución conjunta del problema. Algunos directivos escuchan con paciencia las quejas de un subalterno, aseguran que corregirán el problema, y después terminan la discusión. Esto deja al iniciador haciendo conjeturas acerca del resultado de la reunión. ¿Habrá tomado la queja con seriedad? ¿En realidad cambiará? Si es así, ¿el cambio resolverá el problema? Es importante eliminar esta ambigüedad al acordar un plan de acción. Si el problema es especialmente grave o complejo, sería útil anotar acuerdos específicos que incluyan actividades y plazos, así como programar una reunión de seguimiento para verificar el progreso.

Además de los iniciadores y de quienes responden, hay un rol más que considerar en el proceso de solución de problemas. Con frecuencia es necesario que los directivos (u otros) funjan como mediadores en una confrontación entre dos partes (Karambayya y Brett, 1989; Kressel y Pruitt, 1989; Stroh *et al.*, 2002). El objetivo de los siguientes lineamientos es ayudar a los mediadores a evitar los riesgos comunes relacionados con ese rol, como se muestran en la tabla 7.6.

Mediador: Identificación del problema

A. Reconozca que el conflicto existe y proponga un método de solución de problemas para resolverlo. Cuando se solicita la participación de un mediador, significa que los individuos en conflicto no han logrado solucionar el problema.

Por lo tanto, el primer requisito para una mediación efectiva es establecer un esquema de solución de problemas. Para eso, es vital que el mediador tome con seriedad los problemas que existen entre los individuos en conflicto y no los reste importancia. Comentarios como "me sorprende que dos personas inteligentes como ustedes no sean capaces de resolver su desacuerdo; tenemos cosas más importantes que hacer aquí que ocuparnos de asuntos tan insignificantes" harán que ambas partes adopten una actitud defensiva que interferirá con cualquier esfuerzo serio de solucionar el conflicto. Si bien usted podría desear que sus subalternos solucionen sus desacuerdos sin molestarlo, no es el momento de sermones sobre autosuficiencia. Rara vez esto conduce a la solución del problema.

Una de las primeras decisiones que el mediador debe tomar es si conviene realizar una sesión conjunta para solucionar el problema u organizar, primero, reuniones separadas con las partes. Los criterios de diagnóstico que se mencionan en la tabla 7.7 sirven para evaluar las ventajas y las desventajas. Primero, ¿cuál es la postura actual de las personas en conflicto? ¿Están ambos conscientes de que existe un problema? ¿Están igualmente motivados para trabajar en la solución del mismo? Cuanto más similar sea la conciencia y la motivación de las partes, más productiva será una sesión conjunta. Si existe una grave discrepancia en su nivel de conciencia y de motivación, el mediador deberá esforzarse por reducirla a través de reuniones individuales antes de citar en conjunto a las partes en conflicto.

Segundo, ¿cuál es la relación actual entre los participantes? ¿Su trabajo exige que interactúen con frecuencia? ¿Una buena relación de trabajo es fundamental para su

---

Tabla 7.6   Diez maneras de fracasar como mediador

1. Después de haber escuchado el argumento brevemente, comience a comunicar de manera no verbal su incomodidad con la discusión (por ejemplo, inclínese hacia atrás en su asiento, comience a mostrarse inquieto).

2. Comunique su acuerdo con una de las partes (por ejemplo, mediante expresiones faciales, postura, posición de la silla, comentarios reforzadores).

3. Diga que usted no debería estar hablando acerca de este tipo de cosas en el trabajo o donde otros podrían escucharlo.

4. Desaliente la expresión de las emociones. Sugiera que sería mejor dejar la discusión para después, cuando ambas partes se hayan tranquilizado.

5. Sugiera que ambas partes están equivocadas. Señale los inconvenientes de ambos puntos de vista.

6. A la mitad de la discusión, sugiera que tal vez usted no es la persona que debería ayudarlos a resolver ese problema.

7. Vea si puede lograr que ambas partes lo ataquen.

8. Minimice la gravedad del problema.

9. Cambie el tema (por ejemplo, pida un consejo para resolver uno de sus problemas).

10. Exprese lo desagradable que es para usted que las dos partes estén experimentando un conflicto (por ejemplo, sugiera que podría afectar la solidaridad dentro del grupo de trabajo).

Fuente: *Adaptado de Morris y Sashkin, 1976.*

Tabla 7.7 Elección de un formato para la mediación de conflictos

Factores	Reuniones conjuntas	Primero reuniones separadas
Conciencia y motivación		
• Ambas partes están conscientes del problema.	Sí	No
• Están igualmente motivados para resolver el problema.	Sí	No
• Lo aceptan a usted como legítimo mediador.	Sí	No
Naturaleza de la relación		
• Ambos tienen el mismo estatus.	Sí	No
• Ambos trabajan juntos habitualmente.	Sí	No
• En general, tienen una buena relación.	Sí	No
Naturaleza del problema		
• Se trata de un problema aislado (no recurrente).	Sí	No
• La queja es importante y fácil de verificar.	Sí	No
• Ambos coinciden en las causas básicas del problema.	Sí	No
• Ambos comparten valores y prioridades de trabajo.	Sí	No

APRENDIZAJE

desempeño laboral individual? ¿Cómo era su relación en el pasado? ¿Cuál es la diferencia de su estatus formal dentro de la organización? Como se dijo antes, las sesiones conjuntas de solución de problemas son más productivas cuando participan personas con el mismo estatus que necesitan trabajar juntos de manera regular. Esto no significa que no deban realizarse reuniones conjuntas entre un supervisor y un subalterno, sino que se necesita tener más cuidado al organizar dicha reunión. En específico, si un jefe de departamento se ve envuelto en un conflicto entre un empleado y un supervisor, deberá asegurarse de que el primero no piense que esa reunión servirá como excusa para que los dos directivos ataquen a alguien que trabaja por hora.

Sostener reuniones de investigación de hechos con cada una de las partes por separado antes de organizar una reunión conjunta es muy útil cuando las personas tienen una historia de conflictos recurrentes, en especial si éstos deberían haberse resuelto sin la ayuda de un mediador. Este historial a menudo sugiere que las partes carecen de habilidades para manejar conflictos o resolver problemas; también podría existir un conjunto más amplio de factores que están más allá de su control. En tales situaciones, algunas sesiones individuales de *coaching* previas a la reunión conjunta le permitirán entender mejor las verdaderas causas y mejorar las habilidades de las personas para resolver sus diferencias. Dar seguimiento a estas reuniones privadas con una sesión conjunta de solución de problemas, en la que el mediador adiestre a ambas partes mediante el

proceso de resolver sus conflictos, podría ser una experiencia de aprendizaje positiva.

Tercero, ¿cuál es la naturaleza del problema? ¿La queja es importante en esencia y es fácilmente verificable? Si el problema surgió por un conflicto en las responsabilidades de los puestos y las acciones de las dos partes son del conocimiento público, entonces podría ser preferible una sesión conjunta para la solución del problema. Sin embargo, si la queja se debe a diferencias en el estilo administrativo, en los valores, en las características personales, etcétera, reunir a ambos inmediatamente después de que se interpuso la queja podría afectar de forma muy negativa el proceso de la solución del problemas, porque podría interpretarse como amenazas a la imagen personal de una o de ambas partes. Para evitar que las personas se sientan en la reunión como si estuvieran en medio de una emboscada, usted deberá discutir las quejas personales graves con ellos de antemano y en privado.

B. Al indagar la perspectiva de ambas partes, mantenga una postura neutral respecto a los implicados, si no es que también de los asuntos. La mediación eficaz requiere imparcialidad. Si un mediador manifiesta una marcada preferencia personal a favor de una de las partes en una sesión conjunta de solución de problemas, tal vez el otro simplemente se vaya. Sin embargo, es más probable que ese sesgo personal surja en las conversaciones privadas con los individuos en conflicto. Expresiones como "¡no puedo creer que él en realidad hiciera eso!" o "parece que todos tienen problemas en el trabajo con Charlie últimamente" dan a entender que el mediador está tomando partido, y cualquier intento de parecer imparcial en una reunión conjunta se interpretará como una farsa para apaciguar a la otra parte. Sin importar qué tan bien intencionados o justificados puedan ser esos comentarios, destruyen la credibilidad del mediador a largo plazo. En contraste, los mediadores eficaces respetan los puntos de vista de ambas partes y se aseguran de que se expresen de manera adecuada las dos perspectivas.

En ocasiones no es posible ser imparcial en ciertos asuntos. Una persona podría violar la política de la empresa, participar en una competencia poco ética con un colega o quebrantar un acuerdo personal. En tales casos, el reto del mediador es separar la ofensa del ofensor. Si una persona está claramente en el error, el comportamiento inadecuado debe corregirse, pero de tal forma que el empleado no sienta que su imagen o sus relaciones de trabajo se han deteriorado de manera permanente. Esto se logra con mayor eficacia cuando la corrección ocurre en privado.

C. Funja como facilitador, no como juez. Cuando las partes deben trabajar en conjunto y tienen un historial de problemas interpersonales crónicos, a menudo es más importante enseñarles habilidades de solución de problemas que resolver un conflicto específico. Esto se logra cuando el mediador adopta el papel de facilitador. Es importante que el mediador evite sucumbir a "dar su veredicto" con comentarios como "bien, tú eres el jefe, dinos qué es lo correcto". El problema cuando un mediador asume el papel de juez es que pone en funcionamiento un proceso incompatible con la solución eficaz de problemas interpersonales. Las partes se dedican a persuadir al mediador de su inocencia y de la culpabilidad del adversario, más que a luchar por mejorar su relación de trabajo con la ayuda del mediador. Las partes implicadas trabajan para establecer hechos acerca de lo que sucedió en el pasado más que para lograr un acuerdo acerca de lo que debe ocurrir en el futuro. En consecuencia, un aspecto clave de la mediación eficaz consiste en ayudar a los implicados a analizar diversas alternativas sin una actitud de crítica.

D. Maneje la discusión para asegurar equidad: Mantenga la discusión orientada en el asunto y no orientada en la persona. Es importante que el mediador mantenga una atmósfera de solución de problemas durante la discusión. Esto no quiere decir que las expresiones emocionales fuertes deban suprimirse. La gente a menudo asocia la solución de problemas eficaz con una discusión calmada y muy racional de los temas. Sin embargo, es probable que las discusiones tranquilas y racionales no resuelvan los problemas, y las expresiones apasionadas no tienen que ser insultantes. El aspecto fundamental del proceso es que debe centrarse en los asuntos y en las consecuencias que tendría un conflicto persistente sobre el desempeño. Los buenos mediadores centran la discusión en comportamientos específicos, no en "singularidades de la personalidad". Las atribuciones de motivos o la excesiva generalización de sucesos específicos acerca de las características personales de cada uno distraen a los implicados del proceso de solución del problema. Es importante que el mediador establezca y mantenga estas reglas del juego.

También es importante que el mediador se asegure de que ninguna de las partes domine la discusión. Un equilibrio relativo en el nivel de intervenciones mejora la calidad del resultado final. También incrementa la probabilidad de que ambas partes acepten la decisión final, pues existe una alta correlación entre los sentimientos provocados por el proceso de solución del problema y las actitudes ante la solución final. Si una de las partes tiende a dominar la discusión, el mediador podría ayudar a equilibrar el intercambio al hacer preguntas individuales más directas a quien hable menos: "Ahora que hemos escuchado el punto de vista de Bill acerca del incidente, ¿qué piensas tú?". "Ese es un aspecto importante, Brad, vamos a asegurarnos de que Brian esté de acuerdo, ¿cómo te sientes, Brian?".

Mediador: Generación de soluciones

E. Explore opciones al concentrarse en los intereses y no en las posturas. Como se señaló antes en esta sección, las posiciones son demandas, en tanto que los intereses son las necesidades, los valores, las metas o las preocupaciones que subyacen en las demandas. Enfocarse sólo en las posiciones puede hacer que los implicados sientan que tienen diferencias irreconciliables. Los mediadores pueden ayudar examinando los intereses que subyacen a las posiciones.

Corresponde al mediador ayudar las partes a descubrir sus intereses no revelados, a dónde convergen y en dónde entran en conflicto. Para hacer evidentes los intereses de las partes, haga preguntas que indaguen "por qué". Por ejemplo, "¿Por qué adoptaron esa postura?", "¿Por qué les interesa esto?". Considere que tal vez no exista una respuesta sencilla y única a estas preguntas. Es probable que cada una de las partes represente varios elementos, cada uno con un interés especial.

Una vez que cada parte ha expresado sus intereses subyacentes, ayúdelos a identificar áreas de acuerdo y reconciliación. Es común que los individuos que participan en un conflicto intenso piensen que se encuentran en extremos opuestos en todos los aspectos, es decir, que no tienen nada en común. Ayudarles a reconocer que existen áreas de acuerdo y reconciliación a menudo produce un cambio radical en la resolución de conflictos añejos.

F. Asegúrese de que todas las partes entiendan y apoyen plenamente la solución acordada, y establezca procedimientos de seguimiento. Las últimas dos fases del proceso de solución de problemas son: (1) un acuerdo sobre un plan de acción, y (2) el seguimiento del mismo. Ambas se analizarán dentro del contexto del papel del mediador, aunque son igualmente importantes para los otros roles.

Un error común de los mediadores ineficaces es que terminan la discusión de manera prematura, suponiendo que una vez que el problema se ha resuelto en principio, los sujetos en conflicto podrán solucionar los detalles por sí mismos. O bien, el mediador tal vez supone que, como uno de los participantes recomendó una solución que parece razonable y susceptible de ponerse en práctica, el otro estará dispuesto a llevarla a cabo.

Para evitar estos errores, es indispensable permanecer comprometido en el proceso de mediación hasta que ambas partes hayan acordado un plan de acción detallado. Usted podría considerar la posibilidad de utilizar el modelo familiar de planeación (quién, qué, cómo, cuándo y dónde) como una lista de verificación para asegurarse de que el plan está completo. Explore con cuidado si cualquiera de las partes está vacilante ("Tom, percibo que no estás tan entusiasmado como Sue con este plan. ¿Hay algo que te moleste?").

Cuando esté seguro de que ambos apoyan el plan, verifique que estén conscientes de sus respectivas responsabilidades, y después sugiera un mecanismo para supervisar el progreso. Por ejemplo, programe otra reunión formal o pase a visitar a ambos individuos en sus oficinas para obtener un informe del progreso. Sin menoscabar el valor del acuerdo obtenido, por lo general es recomendable alentar modificaciones de "buena fe" para precisar asuntos del plan de acción que no se contemplaron. Considere la posibilidad de llevar a cabo una reunión de seguimiento para festejar el éxito en la resolución del conflicto y discutir las "lecciones aprendidas" para situaciones futuras.

Resumen

El conflicto es un tema difícil y controvertido. En la mayoría de las culturas tiene connotaciones negativas porque va en contra de la noción de que debemos convivir con los demás siendo amables y amistosos. Aunque muchos entienden el valor del conflicto, se sienten incómodos confrontándolo. Su incomodidad podría ser el resultado de una falta de comprensión del proceso del conflicto, así como de la falta de capacitación para manejar las confrontaciones interpersonales de manera efectiva. En este capítulo examinamos estos temas mediante la introducción de habilidades analíticas y conductuales.

Un modelo resumido del manejo del conflicto, que se muestra en la figura 7.6, contiene cuatro elementos: (1) diagnóstico de las fuentes del conflicto; (2) selección de una estrategia adecuada para manejar el conflicto; (3) implementación eficaz de la estrategia usando cuando sea posible un proceso de solución colaborativa de problemas, que deberá conducir al (4) éxito en la resolución del conflicto. Observe que el resultado final de nuestro modelo es la resolución exitosa de los conflictos. De acuerdo con nuestra aseveración inicial, de que el conflicto desempeña un papel importante en las organizaciones, nuestra observación final es que el objetivo del manejo eficaz de los conflictos es el éxito en la solución de disputas, no la eliminación de los conflictos.

El elemento diagnóstico del resumen de nuestro modelo contiene dos componentes relevantes. Primero, la evaluación de la fuente o el tipo de conflicto brinda información de las "razones" de una confrontación. Hemos considerado cuatro causas comunes de conflicto: diferencias personales, discrepancias en la información, incompatibilidad de roles y el estrés inducido por el entorno. Estos "tipos" de conflicto difieren tanto en su frecuencia como en su intensidad. Por ejemplo, a menudo ocurren conflictos basados en la información, pero se resuelven fácilmente porque los participantes enfrentan pocos riesgos personales en el resultado. En contraste, los conflictos surgidos por diferencias en las percepciones y en las expectativas suelen ser intensos y difíciles de mitigar.

El segundo componente importante del proceso de diagnóstico consiste en evaluar los aspectos situacionales relevantes, así como determinar el conjunto factible de respuestas. Los factores contextuales relevantes incluyen la importancia del asunto, la importancia de la relación, el poder relativo de los individuos en conflicto y el grado en el que el tiempo es un factor limitante.

El objetivo de la fase de diagnóstico del modelo es elegir con sensatez entre los cinco métodos del manejo de conflictos: la evasión, el compromiso, la colaboración, la coacción y la complacencia. Éstos reflejan diferentes grados de asertividad y cooperación, o la prioridad que se otorga a la satisfacción de los propios intereses frente a los intereses de la otra parte, respectivamente.

Como se muestra en la figura 7.6, las preferencias personales, que reflejan la cultura étnica, el género y la personalidad de un individuo, desempeñan un papel fundamental en nuestras estrategias del manejo del conflicto. Si nos sentimos cómodos con un método, será más probable que lo usemos en forma eficaz. Sin embargo, como los individuos que solucionan eficazmente los problemas necesitan sentirse cómodos usando diferentes herramientas, uno no debe ignorar una herramienta adecuada simplemente porque su uso podría resultarle incómodo. Por esta razón, es importante que las personas que manejan conflictos amplíen su "zona de comodidad" natural mediante actividades para desarrollar habilidades.

Figura 7.6 Resumen del modelo para el manejo de conflictos

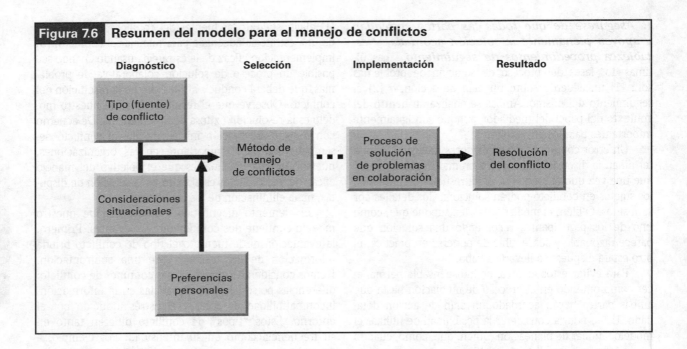

Por eso decidimos enfocarnos, como se observa en la figura, en la implementación de un método para el manejo de conflictos, que generalmente es el más efectivo pero también el más desafiante: la solución de problemas en colaboración.

Guías de comportamiento

El manejo eficaz de conflictos implica tanto elementos conductuales como analíticos. El proceso analítico incluye el diagnóstico de las causas de un conflicto, así como entender las principales consideraciones situacionales que necesitan tomarse en cuenta al seleccionar la estrategia adecuada para manejar el conflicto. El elemento conductual del proceso entraña la implementación de la estrategia elegida en forma efectiva para tener éxito en una resolución del conflicto.

Las guías de comportamiento para el diagnóstico del manejo de conflictos incluyen las siguientes:

A. Recabe información acerca de las fuentes del conflicto. Identifique la fuente al analizar cuál es la raíz del conflicto. Las cuatro fuentes o tipos de conflicto son las diferencias personales (percepción y expectativas); la información deficiente (mala información y mala interpretación); roles incompatibles (metas y responsabilidades), y el estrés del entorno (escasez de recursos e incertidumbre).

B. Examine los aspectos situacionales relevantes, incluyendo la trascendencia del asunto, la importancia de la relación, el poder relativo de los implicados y el grado en el que el tiempo es un factor.

C. Tome en cuenta sus preferencias personales para el uso de varios métodos para manejar los conflictos. Estas preferencias tienden a reflejar elementos importantes de su identidad personal, incluyendo la cultura étnica, el género y la personalidad.

D. Utilice el método de colaboración para manejar los conflictos, a menos que las condiciones específicas dicten el uso de un método alternativo.

Las guías de comportamiento que ofrecemos a continuación reflejan nuestro énfasis en la solución colaborativa de problemas como la estrategia preferida para el manejo de los conflictos cuando las circunstancias lo permitan.

Las guías de comportamiento para el método de colaboración (en la solución de problemas) para manejar los conflictos se resumen más adelante. Se organizaron de acuerdo con tres roles. Para cada rol se especifican los lineamientos de las fases de identificación del problema y de generación de soluciones. Las guías para las fases del plan de acción y del seguimiento son las mismas para los tres roles.

INICIADOR

Identificación del problema

A. Reconozca que el problema es suyo.
- ❏ Describa de manera breve el problema en términos de comportamientos, consecuencias y sentimientos. ("Cuando haces X, sucede Y, y me siento Z").
- ❏ Apéguese a los hechos (por ejemplo, utilice un incidente específico para ilustrar las expectativas o estándares que se violaron).
- ❏ Evite sacar conclusiones evaluativas y atribuir motivos a la persona que responde.

B. Persista hasta hacerse entender; fomente la discusión bidireccional.
- ❏ Replantee sus preocupaciones o dé ejemplos adicionales.
- ❏ Evite introducir temas adicionales o dejar que la frustración amargue su tono emocional.
- ❏ Invite al que responde a hacer preguntas y a expresar otro punto de vista.

C. Maneje la agenda con cuidado.
- ❏ Trate los diversos problemas de forma creciente; de lo sencillo a lo complejo, de lo fácil a lo difícil, de lo concreto a lo abstracto.
- ❏ Evite estancarse en un solo asunto. Si se llega a un callejón sin salida, amplíe la discusión para incrementar la probabilidad de un resultado integrador.

Generación de soluciones

A. Haga una petición.
- ❏ Enfóquese en aquellas cosas que tengan en común (principios, metas, limitaciones) como base para recomendar las alternativas preferidas.

QUIEN RESPONDE

Identificación del problema

A. Establezca una atmósfera adecuada para la solución conjunta del problema.
- ❏ Muestre interés y preocupación genuinos. Responda con empatía, aun si está en desacuerdo con la queja.
- ❏ Responda de manera adecuada a las emociones del iniciador. Si es necesario, deje que la persona se desahogue antes de enfrentar la queja.

B. Busque información adicional acerca del problema.
- ❏ Haga preguntas que canalicen las expresiones del iniciador de lo general a lo específico y de lo evaluativo a lo descriptivo.

C. Coincida con algún aspecto de la queja.
- ❏ Señale su disposición a considerar la posibilidad de hacer cambios al estar de acuerdo en hechos, percepciones, sentimientos o principios.

Generación de soluciones

A. Pida sugerencias y recomendaciones.
- ❏ Evite debatir los méritos de una sola sugerencia; organice una lluvia de ideas de múltiples alternativas.

MEDIADOR

Identificación del problema

A. Reconozca que existe un conflicto.
- ❏ Seleccione el escenario más adecuado (conferencia individual o en grupo) para dar asesoría o investigar los hechos.
- ❏ Proponga un método de solución de problemas para resolver el conflicto.

B. Mantenga una postura neutral.
- ❏ Asuma el papel de facilitador, no de juez. No reste importancia al problema ni recrimine a los implicados por su incapacidad para resolver sus diferencias.
- ❏ Sea imparcial con los implicados y con los asuntos (siempre y cuando no se haya violado ninguna política).
- ❏ Si se requiere una medida correctiva, ésta debe aplicarse en privado.

C. Maneje la discusión para garantizar equidad.
- ❏ Enfoque la discusión en la repercusión que tendrá el conflicto sobre el desempeño y en el efecto negativo que tendría si éste continúa.
- ❏ Mantenga la discusión orientada hacia el asunto, no hacia la persona.
- ❏ No permita que ninguna de las partes domine la discusión. Haga preguntas directas para mantener el equilibrio.

Generación de soluciones

A. Explore las opciones enfocándose en los intereses que subyacen en las posturas expresadas.
- ❏ Explore las razones detrás de los argumentos o las demandas de los individuos en conflicto.
- ❏ Ayude a los implicados a encontrar coincidencias en sus metas, valores y principios.
- ❏ Use los puntos de coincidencia para generar múltiples alternativas.
- ❏ Mantenga un estilo poco crítico.

TODOS LOS ROLES

Plan de acción y seguimiento

A. Asegúrese de que todas las partes coincidan y apoyen un plan.
- ❏ Asegúrese de que el plan sea lo suficientemente detallado (quién, qué, cómo, cuándo y dónde).
- ❏ Verifique la comprensión de cada acción específica, así como el compromiso.

B. Establezca un mecanismo de seguimiento.
- ❏ Determine puntos de referencia para medir el progreso y asegurar la responsabilidad.
- ❏ Fomente la flexibilidad para ajustar el plan a las circunstancias emergentes

---

ANÁLISIS **DE HABILIDADES** 🔍⁺

CASO RELACIONADO CON EL CONFLICTO INTERPERSONAL

Educational Pension Investments

Educational Pension Investments (EPI), ubicada en Nueva York, invierte fondos de pensión para instituciones educativas. Emplea a casi 75 personas, 25 de las cuales eran responsables de actividades reales de inversión. La empresa maneja aproximadamente $5,000 millones en activos y obtuvo una ganancia cercana a los $10 millones.

La empresa fue fundada hace casi 30 años por un grupo de profesionales académicos que buscaba controlar el destino de sus años de retiro, recabando inversiones que serían constantes y seguras. La empresa ha sufrido el acelerado cambio tecnológico y la volatilidad económica. El liderazgo ha resistido de manera consistente oportunidades para "volverse grandes" y, en vez de ello, se mantuvieron con inversiones menos rentables, pero relativamente más seguras.

Dan Richardson tiene el grado de maestría en administración de empresas por Wharton y es uno de los fundadores originales de EPI. Inició trabajando en el departamento de Investigación y desde entonces ha participado en todos los departamentos. Los demás socios, cómodos con la naturaleza flexible pero conservadora de Dan, lo eligieron para el puesto de director general hace 13 años. Después de ello, Dan fue conocido como "el gran regulador". Trabaja arduamente para asegurar que todos los socios participen en las decisiones. Con el paso de los años, se convirtió en confidente de los demás ejecutivos y mentor de la siguiente generación. Los empleados de EPI buscan su liderazgo y sus consejos. La filosofía administrativa de Dan se basa en el concepto de lealtad. Como le gusta decir: "mi padre fue banquero en un pequeño pueblo y me decía 'cuida a los demás y ellos te cuidarán'. Suena trillado, lo sé, sin embargo, creo firmemente en esa filosofía".

Dada la práctica de Dan de invertir en forma consistente y segura, el crecimiento de EPI no los mantiene al mismo ritmo de otras oportunidades de inversión. Como resultado, Dan, a regañadientes, comenzó a considerar las ventajas de un método de inversión más arriesgado. Esta consideración fue impulsada también por las expresiones de varios de los analistas más jóvenes, quienes comenzaban a referirse a EPI como "aburrida". Algunos de ellos abandonaban EPI para ocupar cargos en empresas más agresivas.

Una tarde, Dan platicó sobre esta cuestión con su compañero de tenis y amigo de muchos años, Mike Roth, quien también es agente de inversiones en otra empresa. Después de terminar su maestría en Administración en la Universidad de Illinois, sus logros en investigación le brindaron amplios reconocimientos. Todos lo respetaban por sus conocimientos, su trabajo ético y por su misteriosa habilidad para predecir las tendencias.

Cuando Mike escuchó las preocupaciones de Dan sobre la imagen de EPI y la necesidad de un enfoque de mayor empuje, sugirió a su amigo que lo que EPI necesitaba era sangre nueva, alguien que pudiera infundir entusiasmo a la organización, alguien como él. Le comentó a Dan: "Yo podría ayudar a que las cosas sigan. De hecho, he estado desarrollando algunos conceptos que serían perfectos para EPI".

Dan llevó la idea de contratar a Mike a la siguiente reunión de personal, aunque la propuesta fue recibida con cautela y escepticismo. "Claro que ha tenido una brillante carrera en papel", dijo un socio directivo, "pero nunca ha permanecido en un lugar lo suficiente como para validar su éxito. Observa su currículo. Durante los últimos siete años ha trabajado para cuatro empresas distintas, en cuatro puestos diferentes".

"Es cierto", dijo Dan, "pero todas sus referencias son buenas. De hecho, se le ha descrito como una estrella naciente: es emprendedor y productivo. Es justo lo que necesitamos para que nos ayude a explorar nuevas oportunidades".

Otro socio agregó: "Un amigo mío trabajó con Mike hace tiempo y me comentó que, aunque definitivamente es muy bueno, es un verdadero inconforme, tanto en términos de filosofía de inversión como de estilo de vida. ¿Es esto lo que realmente queremos en EPI?".

Durante la discusión, Dan defendió el historial laboral de Mike. En varias ocasiones destacó su impresionante desempeño; eludió las preocupaciones por la reputación de Mike afirmando que era un amigo leal y de confianza. Los demás socios aceptaron contratarlo, sobre todo por las recomendaciones de Dan, aunque con cierta renuencia. Cuando Dan ofreció el trabajo a Mike, le prometió la libertad y flexibilidad para operar un segmento del fondo como él lo deseara.

Mike aceptó el trabajo y desempeñó sus responsabilidades en EPI de manera sobresaliente. De hecho, él fue en gran parte responsable del incremento del 150 por ciento en los activos administrados por la compañía. Sin embargo, se pagó un precio por este incremento. Desde el día en que se incorporó, los analistas con poca experiencia disfrutaron mucho trabajar con él. Les atraía su estilo novedoso y fresco, y se sentían motivados por los espectaculares resultados. Esto generó resentimiento entre los demás socios, quienes pensaban que Mike estaba presionando demasiado para que se modificaran las tradiciones probadas de la empresa. No era raro que surgieran fuertes discusiones en las reuniones de personal, donde uno u otro de los socios estuvieron a punto de estallar. Durante este tiempo, Dan intentó apaciguar la situación y mantener una atmósfera de confianza y lealtad.

Mike parecía indiferente a toda la agitación que ocasionaba; era optimista acerca de las oportunidades potenciales de crecimiento. Creía que la tecnología activada por voz, la impresión en 3D y las bases de datos en la nube eran las "olas del futuro". Por eso, quería dirigir su cartera de inversiones hacia estas tecnologías emergentes. "Las inversiones en acciones de pequeñas empresas dentro de estas industrias, en conjunto con una estrategia enérgica y oportuna en el mercado, deberían generar un incremento de 50 por ciento en el desempeño". Él obtuvo apoyo para esta idea no sólo entre los miembros más jóvenes de EPI, sino también entre los directivos de los fondos de pensión que invertían con EPI. Mike defendía esta postura y cuestionaba abiertamente la filosofía tradicional. "Debemos arriesgar la seguridad y obtener un crecimiento real mientras podamos", comentaba Mike, "si no lo hacemos, perderemos la confianza de los inversionistas y, por último, los perderemos a ellos".

La mayoría de los altos directivos no estaban de acuerdo con él, ya que afirmaban que la mayoría de sus inversionistas preferían la seguridad por encima de todo lo demás. Tampoco estaban de acuerdo con las utilidades proyectadas; pensaban que podrían "registrar un aumento en el rendimiento sobre la inversión de 8 a 12 por ciento, para luego caer nuevamente a 4 por ciento. Mucho depende de los datos que se utilicen". A menudo le recordaban a Mike: "El método fundamental de la empresa es ofrecer fondos mutuos de inversión seguros y moderados para que inviertan los fondos de pensión académicos. Ésa es la filosofía que utilizamos para solicitar las inversiones originalmente, y es el método que estamos obligados a mantener".

Transcurrieron varios meses y la discordia entre el grupo de directivos se agudizó. Mike empezó a criticar a sus detractores en conversaciones con los empleados más jóvenes. Además, asignó a los empleados del departamento de Investigación actividades relacionadas con inversiones de alta tecnología, distrayéndolos de investigar alternativas más tradicionales. Esto interrumpía la operación de otros directivos, ya que el desempeño de sus fondos dependía de la información oportuna de los analistas y de otro personal de apoyo. En medio de una corriente de tensión que se extendía con rapidez, uno de los socios fundadores, Tom Watson, se acercó a Dan un día. De trato conservador, Watson es el socio que recorre las oficinas y que siempre tiene tiempo para detenerse y conversar un poco. Comenzó la conversación.

"Dan, hablo en nombre de la mayoría del personal directivo cuando te digo que nos encontramos bastante preocupados por el método de Mike. Nos hemos expresado bastante bien para que Mike nos comprenda; sin embargo, sus acciones desafían todo lo que hemos dicho. Él es una catástrofe a punto de explotar".

"Comprendo tu inquietud, Tom", respondió Dan. "también estoy preocupado. Tenemos la oportunidad de atraer nuevos negocios mediante algunas de las ideas nuevas de Mike. Y el personal más joven está muy contento de trabajar en sus proyectos. Sin embargo, ha provocado una revuelta".

Tom coincidió. "La verdadera cuestión es que EPI ya no presenta una imagen unificada. Mike está desafiando abiertamente los objetivos establecidos de nuestra organización. Y, a algunos de nuestros clientes más antiguos, eso no les agrada".

"Es cierto, Tom. Por otro lado, algunos de nuestros clientes más nuevos se sienten muy motivados por el método de Mike, y su registro de logros es realmente impresionante".

"Vamos, Dan. Tú y yo sabemos que muchos expertos creen que el mercado se está sobrecalentando. Las utilidades de Mike en el papel podrían quedar incineradas pronto si los déficit presupuestales y comerciales no se revierten. No podemos arriesgar la reputación de la empresa en unas cuantas acciones tecnológicas de alta volatilidad. Dan, los demás socios están de acuerdo. Mike debe apegarse a la filosofía y a las prácticas administrativas de esta organización, o de lo contrario, que renuncie".

Reflexionando sobre la situación, dan se dio cuenta de que enfrentaba el reto más complicado de su carrera. Sentía un compromiso personal muy fuerte para ayudar a que Mike triunfara. No sólo lo había contratado por encima de las objeciones de varios colegas; le había ayudado personalmente a aprender los "trucos" en EPI. Más allá de ello, a Dan le preocupaba mucho la promesa que le había hecho a Mike de que tendría la libertad y flexibilidad para desempeñar los requerimientos del puesto como él quisiera. Sin embargo, esta flexibilidad claramente había ocasionado problemas dentro de EPI.

Finalmente, doblegándose ante la presión de sus compañeros, Dan convocó a Mike a una reunión, esperando encontrar alguna base para un entendimiento. Esta fue su conversación:

DAN: Sé que conoces el tipo de inquietudes que los socios han expresado respecto a tus métodos.

Mike: Supongo que has platicado con Tom. Bueno, tuvimos un pequeño desacuerdo al principio de la semana.

Dan: La forma como lo comenta Tom es que tú estás desafiando intencionalmente los objetivos e insubordinándote.

MIKE: Bueno, es sólo que Watson considera el cambio progresivo como un intento de restarle poder.

Dan: No es tan simple, Mike. Cuando fundamos EPI, todos acordamos que una posición conservadora era lo mejor. Y justo ahora, cuando los indicadores económicos no se ven muy fuertes, muchos expertos coinciden en que sigue siendo la mejor alternativa.

MIKE: Dan, ¿de qué vas a depender?, ¿de las predicciones o del desempeño? Estas inquietudes son sólo nubes de humo para desviar la atención del historial por debajo del promedio que tienen otros ejecutivos de cuenta. Las antiguas creencias deben cambiarse y finalmente desecharse. ¿De qué otra manera vamos a progresar y a alcanzar a nuestros competidores?

DAN: Estoy de acuerdo en que necesitamos cambiar Mike, pero de manera gradual. Tú tienes grandes ideas y un magnífico instinto, pero no puedes cambiar una empresa con 30 años de antigüedad de la noche a la mañana. Podrías ayudarme a promover el cambio, pero estás yendo demasiado rápido; los demás no pueden seguir ese paso. La velocidad del cambio es tan importante como la dirección.

MIKE: Precisamente. Y a esta velocidad, no hace mucha diferencia con la dirección que hemos tomado.

DAN: Vamos, Mike. No seas tan desconsiderado. Si sólo dejaras de insistir que los demás vean de cerca tu registro de desempeño e intentaras ver la situación desde su perspectiva, podríamos tranquilizar las cosas por aquí. Y entonces podríamos comenzar a crear un consenso. *(Las emociones de Mike revelan su impaciencia con el ritmo de la organización, por lo que se altera).*

MIKE: Siempre he admirado tu juicio y valoro tu amistad, pero honestamente creo que te estás engañando a ti mismo. Piensas que puedes lograr que esta empresa parezca progresista (sacudiéndose su sosa imagen) sin asumir ningún riesgo y sin irritar a nadie. ¿Estás interesado en la apariencia o en la sustancia? Si buscas la apariencia, entonces contrata a algún buen elemento para el área de relaciones públicas. Si buscas la sustancia, entonces respáldame y alcanzaremos logros inusitados. Salta la cerca, Dan, antes de que termines astillado.

DAN: Mike, simplemente no es tan fácil. Yo no soy EPI, sencillamente soy su guardián. Sabes que aquí tomamos las decisiones por consenso; ésa es la columna vertebral de esta organización. Para avanzar, debe obtenerse la confianza de los demás, especialmente la confianza de los altos directivos. Francamente, tu reputación como disidente hace difícil alentar la confianza y la lealtad hacia tus planes.

MIKE: Conocías mi estilo cuando me contrataste. ¿Recuerdas cómo hiciste hincapié en la promesa de flexibilidad y autonomía? Ya no estoy obteniendo eso, Dan. Todo lo que recibo son reclamos, incluso aunque esté trabajando en círculos alrededor de tus conservadores amigos.

DAN: Bueno, eso puede ser cierto. Pero tu extravagancia…

MIKE: Oh, claro. El auto deportivo, el estilo de vida de soltero, la oficina desordenada. Pero, nuevamente, eso es apariencia, Dan, no sustancia. El desempeño es lo que cuenta. Eso es lo que me ha llevado tan lejos, y es mi boleto de salida. Sabes que podría entrar a cualquier empresa de la ciudad y escribir mi propio plan.

DAN: Bien, no hay motivo para ser tan arrebatado.

MIKE: ¿Honestamente crees que esto podría salvarse? Creo que no. Tal vez sea momento para mí de ir a otra parte. En todo caso, ¿no fue por ello por lo que me trajiste aquí? *(Dan, sintiéndose incómodo, desvía la mirada de sus ojos y la vuelve hacia el horizonte de Nueva York. Después de una larga pausa, continúa, sin dejar de mirar por la ventana).*

DAN: No lo sé, Mike. Siento que he fallado. Mi grandioso experimento sobre el cambio ha polarizado la oficina; tenemos una guerra entre dos ejércitos ahí afuera. Por otro lado, tú has hecho un trabajo realmente bueno aquí. EPI sin duda perderá una buena parte de sus clientes si nos abandonas. Tienes seguidores leales, tanto entre los clientes como entre el personal. Si abandonas esto, también ellos lo harán, junto con la oportunidad de cambiar nuestra imagen.

MIKE: Es común en ti, Dan, tomar esto en forma personal. Caramba, tomas todo de manera personal. Incluso cuando te gano en el tenis. Tu corazón está en el lugar adecuado, simplemente parece que no puedes dar el golpe definitivo. Tú y yo sabemos que EPI necesita un cambio de imagen. Pero parece que aún no está preparada para ello y, desde luego, no estoy dispuesto a moverme con lentitud.

DAN: Sí, quizás así sea. Simplemente es difícil rendirse… [*larga pausa*]. Bueno, ¿por qué no platicamos más sobre esto después de la recepción de esta noche? Ven y verás a Joanie y a los niños. Además, me muero por mostrarte mi nuevo bote.

MIKE: No entiendo lo que ves en la navegación. Es una pérdida de tiempo, permanecer perezosamente a la deriva de tranquilas brisas.

DAN: Guarda tus comentarios para después, "rey de la velocidad". Debo prepararme para la noche.

Preguntas para análisis

7.1. ¿Cuáles son las fuentes del conflicto en este caso?

7.2. ¿Qué métodos para el manejo de conflictos utilizan los actores en esta situación? ¿Qué tan eficaz fue cada uno?

7.3. Con base en las guías de comportamiento para el método de colaboración, ¿qué podría haber hecho Dan para manejar este conflicto de manera más eficiente?

PRÁCTICA DE HABILIDADES

EJERCICIO PARA DIAGNOSTICAR LAS FUENTES DE CONFLICTO

Problemas en la administración de SSS Software

Para manejar los conflictos interpersonales de manera eficaz, es importante estar consciente de las señales tempranas de advertencia. También es indispensable comprender las causas subyacentes de los desacuerdos. El conflicto que se ignora o que se maneja sin eficacia, interfiere con el desempeño del grupo de trabajo. Una clave para manejar los conflictos de forma adecuada es reconocerlos en sus primeras etapas y comprender sus raíces.

Actividad

Lea los siguientes memorandos, faxes, correos de voz y mensajes de correo electrónico. A medida que analice cada uno de estos documentos, busque evidencia de conflictos organizacionales. Identifique cuáles serían los dos conflictos más importantes que usted, en el lugar de Chris Perillo, debería atender. Inicie su análisis de estos conflictos identificando las probables fuentes o causas. Utilice la figura 7.2 como herramienta de diagnóstico para identificar el tipo de conflicto, con base en su fuente y en su raíz. Prepárese para presentar su análisis, junto con evidencia de apoyo proveniente de los memorandos. Además, comparta sus ideas respecto a la forma en que este análisis de las causas del conflicto influiría en su método para resolverlo.

MEMORANDOS, CORREOS ELECTRÓNICOS, FAXES Y CORREOS DE VOZ RECIBIDOS EN SSS SOFTWARE

ELEMENTO 1: CORREO ELECTRÓNICO

PARA: Todos los empleados
DE: Roger Steiner, director ejecutivo
FECHA: 15 de octubre

Me complace anunciar que Chris Perillo es el nuevo vicepresidente de operaciones para servicios de salud y financieros. Chris será responsable de manera inmediata de todas las operaciones administradas anteriormente por Michael Grant. Chris tendrá responsabilidad total de diseño, desarrollo, integración y mantenimiento de software personalizado para los sectores de salud y financiero/bancario. Esta responsabilidad incluye todos los asuntos técnicos, financieros y de personal. También administrará nuestro programa de soporte e integración de software para la fusión recientemente anunciada de tres grandes organizaciones de mantenimiento de la salud. También será responsable de nuestro proyecto anunciado recientemente con un consorcio de bancos y empresas financieras que operan en Tanzania. Este proyecto representa una oportunidad emocionante para nosotros, y su experiencia es la ideal para la actividad.

Chris llega a este puesto con un título de licenciatura en Ciencias de computación del Instituto Tecnológico de California y una maestría en administración de la Universidad de Virginia. Comenzó como miembro de nuestro personal técnico/profesional hace seis años y ha prestado sus servicios durante tres años como director de grupo apoyando proyectos nacionales e internacionales para nuestro sector de aerolíneas, incluyendo nuestro reciente trabajo para el consorcio European Airbus.

Estoy seguro de que todos se unirán conmigo para felicitar a Chris por este ascenso.

ELEMENTO 2: CORREO ELECTRÓNICO

PARA: Todos los directivos
DE: Hal Harris, vicepresidente de Relaciones públicas y comunitarias
FECHA: 15 de octubre

Para su información, el siguiente artículo apareció el jueves en la página principal de la sección de negocios del periódico *Los Angeles Times*.

En un movimiento que podría causar problemas a SSS Software, Michael Grant y Janice Ramos dejaron la compañía para ingresar a Universal Business Solutions Inc. Los analistas del sector ven el movimiento como una victoria más para Universal Business Solutions Inc., en su batalla contra SSS Software por una porción del creciente negocio de desarrollo e integración de software. Tanto Grant como Ramos habían trabajado con SSS Software por más de siete años.

Grant fungió recientemente como vicepresidente de operaciones de toda la empresa SSS Software en dos sectores de la industria: salud y hospitales, y financiero y bancario. Ramos lleva a Universal Business Solutions Inc. su experiencia especial en el área en crecimiento de la integración y el desarrollo internacional de software.

Al respecto, Hillary Collins, analista de la industria de Merrill Lynch, declaró: "La pérdida de personal clave frente a un competidor a menudo puede ocasionar problemas a compañías como SSS Software. Grant y Ramos poseen conocimientos acerca de las limitaciones estratégicas y técnicas de SSS Software. Será interesante ver si pueden explotar este conocimiento para dar ventaja a Universal Business Solutions Inc".

ELEMENTO 3: CORREO ELECTRÓNICO

PARA: Chris Perillo
DE: Paula Sprague, asistente ejecutiva de Roger Steiner
FECHA: 15 de octubre

Chris, sé que en tu puesto anterior como directivo del grupo en la división de Servicios a aerolíneas probablemente conociste a la mayoría de los directivos de grupo de la división de Servicios de salud y financieros, pero pensé que te gustaría tener más información personal acerca de ellos. Todos se reportarán directamente ante ti en el equipo de administración.

Grupo # 1: Bob Miller, caucásico de 55 años, casado (con Anna), tiene dos hijos y tres nietos. Activo en la política local republicana. Bien visto como un directivo "que no interfiere" y que encabeza un equipo de alto rendimiento. Juega golf regularmente con Mark McIntyre, John Small y un par de vicepresidentes de otras divisiones.

Grupo # 2: Wanda Manners, caucásica de 38 años, soltera, con un hijo en edad escolar. Entusiasta de la buena salud, ha participado en varias carreras de maratón. Algo de experiencia en Alemania y Japón. Considerada una administradora muy emprendedora con un enfoque constante en las actividades que se están realizando. Es la primera persona en llegar cada mañana.

Grupo # 3: William Chen, hombre de 31 años de ascendencia china, casado (con Harriet), tiene dos hijos pequeños de su primer matrimonio. Le gusta el tenis y es bastante bueno para jugarlo. Una estrella en ascenso dentro de la empresa, es muy respetado por sus compañeros como un "hombre de acción" y como buen amigo.

Grupo # 4: Leo Jones, caucásico de 36 años, casado (con Janet) y tiene una hija pequeña. Recientemente regresó de una licencia por paternidad. Ha realizado muchos viajes relacionados con los proyectos, ya que habla tres idiomas. Le gusta el hockey desde que pasó un tiempo en Montreal. Se le considera un directivo fuerte que obtiene el mayor rendimiento de su personal.

Grupo # 5: Mark McIntyre, caucásico de 45 años, casado con Mary Theresa, una ejecutiva del sector bancario; no tiene hijos. Mucha experiencia en Alemania y Europa Oriental. Está escribiendo una novela de misterio. Siempre ha sido un "buen jugador de equipo", pero algunos miembros de su personal técnico no son muy respetados y no ha solucionado el problema.

Grupo # 6: John Small, caucásico de 38 años, recientemente divorciado. Tiene tres hijos que viven con su ex esposa. Un individuo sociable a quien le gustan los deportes. Pasó mucho tiempo en México y América Central antes de llegar a SSS Software. Recientemente se ha dedicado a conseguir contratos con el gobierno federal. Un directivo promedio; ha tenido algunos problemas para que su personal cumpla con la agenda.

Grupo # 7: Este puesto está vacante desde que Janice Ramos se fue. Roger piensa que debemos cubrir este puesto con rapidez. Ponte en contacto conmigo si quieres información de cualquier candidato dentro de la empresa para algún puesto.

Grupo # 8: Marcus Harper, afroamericano de 42 años, casado (con Tamara), tiene dos hijos adolescentes. Recientemente ganó un premio en un concurso de fotografía local. Se le considera un directivo fuerte que se lleva bien con sus compañeros y que trabaja turnos largos.

Servicio a clientes: Armand Marke, de 38 años, divorciado. Aficionado al baloncesto. Nativo de Armenia. Anteriormente fue directivo de grupo. Trabajó arduamente para establecer la línea telefónica de servicios técnicos, pero ahora casi la ha dejado de lado.

Administradora de oficina: Michelle Harrison, caucásica de 41 años, soltera. Creció en un rancho y todavía monta a caballo cada vez que puede. Es una administradora estricta.

Hay muchos buenos elementos aquí, pero no funcionan bien como equipo directivo. Creo que Michael tuvo algún favoritismo, especialmente con Janice y Leo. Hay algunas camarillas en este grupo y no estoy segura de qué tan efectivamente las manejó Michael. Creo que será un desafío para ti conformar un equipo unido.

ELEMENTO 4: CORREO ELECTRÓNICO

PARA: Chris Perillo
DE: Wanda Manners, directora del grupo 2
FECHA: 15 de octubre

CONFIDENCIAL Y RESTRINGIDO

Aunque sé que eres nuevo en el puesto, creo que es importante comunicarte cierta información que acabo de obtener en relación con el trabajo de desarrollo que terminamos recientemente para First National Investment. Nuestro proyecto implicó el desarrollo de software de la administración de activos para manejar sus fondos internacionales. Fue un proyecto muy complejo por los tipos de cambio tan volátiles y las herramientas de proyección que tuvimos que desarrollar.

Como parte de este proyecto, tuvimos que integrar el software y los informes con todos sus sistemas existentes y sus mecanismos para informar. Para hacer esto, nos dieron acceso a todo su software (en gran parte fue desarrollado por Universal Business Solutions Inc.). Desde luego, firmamos un acuerdo en el que reconocíamos que el software al cual se nos dio acceso estaba patentado y que nuestra consulta era únicamente para el propósito de nuestro trabajo de integración de sistemas asociado con el proyecto.

Por desgracia, me enteré de que algunas partes del software que desarrollamos de hecho "toman prestados" algunos elementos de complejos programas de aplicación desarrollados por Universal Business Solutions Inc. para First National Investment. Me parece evidente que uno o más de los diseñadores de software del grupo 5 (el grupo de Mark McIntyre) de forma inapropiada "tomaron prestados" algunos algoritmos desarrollados por Universal Business Solutions Inc. Estoy segura de que el hacer eso nos ahorró tiempo considerable de desarrollo en algunos aspectos del proyecto. Es poco probable que First National Investment o Universal Business Solutions Inc. se enteren de este asunto.

Por último, First National Investment está utilizando con éxito el software que desarrollamos y están muy satisfechos con el trabajo que realizamos. Terminamos el proyecto a tiempo y por debajo del presupuesto. Quizá sepas que nos han invitado a concursar en varios proyectos importantes.

Siento haber llamado tu atención sobre este asunto tan delicado, pero pensé que deberías estar enterado.

ELEMENTO 5A: CORREO ELECTRÓNICO

PARA: Chris Perillo
DE: Paula Sprague, asistente ejecutiva de Roger Steiner
FECHA: 15 de octubre
ASUNTO: Carta de c.a.r.e. Services (copias anexas)

Roger me pidió que trabajara en este proyecto de c.a.r.e. y, desde luego, quiere acciones rápidas. Gran parte del personal está programado para trabajar sin descanso durante las próximas dos semanas. Yo sabía que Elise Soto y Chu Hung Woo tienen la experiencia para trabajar en este sistema y cuando hablé con ellos, me dijeron que estaban relativamente libres. Les pedí que reservaran tentativamente las próximas dos semanas y quería que estuvieras al tanto. Espero que esto te quite una "papa caliente" de las manos.

ELEMENTO 5B: COPIA DE UN FAX

c.a.r.e.
Child and Adolescent Rehabilitative and Educational Services
A United Way Member Agency
200 Main Street
Los Ángeles, California 90230

FECHA: 11 de octubre
Roger Steiner, director ejecutivo
SSS Software
13 Miller Way
Los Ángeles, California 90224

Estimado Roger:

Esta carta es un seguimiento a nuestra conversación después de la junta de consejo de anoche. Aprecio sus comentarios durante la junta de consejo acerca de la necesidad de elaborados sistemas de computación dentro de las organizaciones no lucrativas, y especialmente aprecio su generosa oferta de que SSS Software nos brinde ayuda para resolver el problema inmediato con nuestro sistema de contabilidad. Luego de que el consejo votó en favor de despedir al consultor en informática, estoy muy preocupada por tener nuestros informes a tiempo para cumplir con el ciclo de obtención de fondos estatales.

Gracias de nuevo por ofrecernos su ayuda ante esta crisis.

Atentamente,

Janice Polocizwic

Janice Polocizwic

Directora ejecutiva

ELEMENTO 5C: COPIA DE UNA CARTA

SSS SOFTWARE
13 Miller Way
Los Ángeles, CA 90224

FECHA: 12 de octubre

Janice Polocizwic
Directora ejecutiva, c.a.r.e. Services
200 Main Street
Los Ángeles, California 90230

Estimada Janice:

Recibí su fax del 11 de octubre. Le pedí a Paula Sprague, mi asistente ejecutiva, que disponga personal para que trabaje en su sistema de contabilidad lo antes posible. Ella se pondrá en contacto con usted muy pronto.

Atentamente,

Roger Steiner

Roger Steiner

cc: Paula Sprague, asistente ejecutiva

ELEMENTO 6: CORREO ELECTRÓNICO

PARA: Michael Grant
DE: Harry Withers, personal técnico del grupo 6
FECHA: 12 de octubre

PERSONAL Y CONFIDENCIAL

Nuestro equipo está teniendo dificultades para cumplir con el plazo del 5 de noviembre para el proyecto Halstrom. Kim, Fred, Peter, Kyoto, Susan, Mala y yo hemos estado trabajando en el proyecto durante varias semanas, pero estamos teniendo algunos problemas y podríamos necesitar tiempo adicional. Dudo al escribir este mensaje, pero el problema principal es que nuestro director de grupo, John Small, está teniendo una relación con Mala. Por otro lado, Mala recibe el apoyo de John para sus ideas y las presenta al equipo como componentes indispensables del proyecto. Sobra decir que esto ha generado algunos problemas en el grupo. La experiencia de Mala es muy valiosa, pero Kim y Fred, quienes han trabajado intensamente en el proyecto, no quieren trabajar con ella. Además, un miembro del equipo no ha estado disponible recientemente porque ha tenido que brindar cuidado a uno de sus hijos. El compromiso con el proyecto y el ánimo del equipo han caído en picada. Sin embargo, haremos nuestro mejor esfuerzo para terminar el proyecto lo antes posible. Mala estará de vacaciones las próximas dos semanas, así que espero que algunos de nosotros podamos terminarlo en su ausencia.

ELEMENTO 7: MENSAJE DE CORREO DE VOZ

Hola, Michael. Habla Jim Bishop, de United Hospitals. Quería hablar con usted acerca del proyecto de aseguramiento de calidad en el que ustedes están trabajando para nosotros. Cuando José Martínez comenzó a hablar con nosotros, me impresionó su amabilidad y experiencia. Sin embargo, recientemente no ha logrado mucho y parece distante y tenso en las conversaciones. Hoy le pregunté acerca del calendario del proyecto y me pareció que estaba a la defensiva y no en total control de sus emociones. Estoy bastante preocupado por nuestro proyecto.
Por favor, llámeme.

ELEMENTO 8: MENSAJE DE CORREO DE VOZ

Hola, Michael. Habla Armand. Quería hablar contigo acerca de algunos asuntos de la línea telefónica de servicios técnicos. He recibido algunas cartas de clientes de la línea telefónica que se han quejado de largas demoras para que un técnico les conteste el teléfono; también nos reportan que se han encontrado con técnicos que no saben lo suficiente para resolver problemas y, en ocasiones, han recibido un trato grosero. Sobra decir que estoy bastante preocupado por estas quejas.

Creo que la calidad general del personal de la línea telefónica es muy buena, pero continuamos cortos de personal, incluso con las nuevas contrataciones. Los técnicos nuevos parecen buenos, pero están trabajando en la línea de asistencia antes de haber terminado totalmente su capacitación. Antolina, nuestra mejor técnica, a menudo trae a su hijo al trabajo, lo cual se suma a la locura que hay aquí.

Creo que debes saber que tenemos mucho estrés por aquí. Hablaré contigo pronto.

ELEMENTO 9: MENSAJE DE CORREO DE VOZ

Hola, Chris. Habla Pat. Felicidades por tu ascenso. Definitivamente eligieron a la persona correcta. Son excelentes noticias, para mí también. Has sido un mentor fabuloso hasta ahora, así que espero aprender mucho de ti en tu nuevo puesto. ¿Qué te parece ir a comer la próxima semana?

ELEMENTO 10: MENSAJE DE CORREO DE VOZ

Chris, habla Bob Miller. Pensé que te gustaría saber que la broma de Joe durante nuestra reunión de planeación perturbó a algunas de las mujeres de mi grupo. Sinceramente, creo que están exagerando, en especial porque todos sabemos que éste es un buen lugar para trabajar, tanto para hombres como para mujeres. Llámame si quieres platicar sobre esto.

ELEMENTO 11: MENSAJE DE CORREO DE VOZ

Hola. Habla Lorraine Adams, de Westside Hospital. Leí en *Los Angeles Times* que usted ocupará el puesto de Michael Grant. No nos conocemos todavía, pero su división terminó recientemente dos grandes proyectos millonarios para Westside. Michael Grant y yo hablamos acerca de una pequeña conversión de una parte del software existente para que sea compatible con los nuevos sistemas. El proveedor original dijo que ellos harían el trabajo, pero se han estado retrasando, y necesito moverme rápidamente. ¿Podría ver si Harris Wilson, Chu Hung Woo y Elise Soto están disponibles para hacer este trabajo lo antes posible? Ellos participaron en el proyecto original y trabajan bien con nuestro personal.

Hmmm… *(larga pausa)*, supongo que debo decirle que recibí una llamada de Michael ofreciendo hacer ese trabajo. Pero creo que debemos quedarnos con SSS Software. Llámeme.

ELEMENTO 12: MENSAJE DE CORREO DE VOZ

Hola Chris, habla Roosevelt Moore. Soy miembro de tu personal técnico/profesional. Yo me reportaba ante Janice Ramos, pero ya que ella dejó la empresa, pensé en transmitirte mis preocupaciones directamente. Me gustaría concertar una cita para hablar contigo acerca de mis experiencias desde que regresé después de seis semanas de licencia por paternidad. Han asignado algunas de mis responsabilidades principales a otros. Parece que estoy fuera del ruedo y me pregunto si mi carrera está en riesgo. Además, me preocupa que no me apoyen o que no me consideren seriamente para la vacante que dejó la salida de Janice. Francamente, siento que me están fastidiando por haber tomado mi permiso. Me gustaría hablar contigo esta semana.

ELEMENTO 13: MENSAJE DE CORREO ELECTRÓNICO

PARA: Michael Grant
DE: José Martínez, personal técnico del grupo 1
FECHA: 12 de octubre

Me gustaría programar una reunión contigo lo antes posible. Sospecho que recibirás una llamada de John Bishop, de United Hospital, y quiero asegurarme de que escuches mi versión de la historia primero. He estado trabajando en un diseño personalizado de sistema para garantía de calidad utilizando una variación del producto J3 que desarrollamos hace algunos años. Tenían una serie de requisitos especiales y algunas rarezas en sus sistemas de contabilidad, así que he tenido que trabajar jornadas sumamente largas; he trabajado mucho para cumplir con sus exigencias, pero siguen cambiando las reglas fundamentales. Yo sigo pensando que solamente estoy trabajando en otro J3, pero han estado interfiriendo con un diseño elegante que he desarrollado. Parece que no avanzo nada en este proyecto. Hace un rato tuve una fuerte discusión con su contralor. Me pidió otro cambio mayor. He estado discutiendo en relación con su fecha límite y creo que este proyecto me está exigiendo demasiado. Luego, Jim Bishop me preguntó si el sistema ya estaba funcionando. Yo estaba alterado por la discusión con el contralor, así que le hice un comentario sarcástico. Me miró de manera extraña y solamente se retiró de la oficina.

Me gustaría hablar contigo acerca de esta situación lo antes que puedas.

ELEMENTO 14: MENSAJE DE CORREO ELECTRÓNICO

PARA: Chris Perillo
DE: John Small, director del grupo 6
FECHA: 15 de octubre

Bienvenido a bordo, Chris. Tengo muchas ganas de conocerte. Solamente quería comentarte algo acerca del sustituto de Janice Ramos. Un miembro de mi personal técnico, Mala Abendano, tiene la habilidad y el empuje para ser una excelente directora de grupo. La he animado a que solicite el puesto. Me daría gusto hablar contigo más de esto cuando te parezca conveniente.

ELEMENTO 15: MENSAJE DE CORREO ELECTRÓNICO

PARA: Chris Perillo
DE: Paula Sprague, asistente ejecutiva de Roger Steiner
FECHA: 15 de octubre

Roger me pidió que te informara acerca del gran contrato que obtuvimos en Tanzania. Eso implica que un equipo de cuatro directivos hará un breve viaje para determinar las necesidades actuales. Asignarán a su personal técnico las actividades para desarrollar aquí un sistema y software durante los próximos seis meses, y luego los directivos y quizás algunos miembros del equipo pasarán alrededor de 10 meses en Tanzania, para dirigir la implementación. Roger pensó que tal vez querrías tener una reunión inicial con algunos de tus directivos para verificar su interés y disposición para realizar este tipo de actividad. Roger apreciaría un correo electrónico con tus ideas acerca de los asuntos a discutirse en esta reunión, consideraciones adicionales acerca de enviar personal a Tanzania y de cómo formarás un equipo eficaz para trabajar en este proyecto. El memorando del 15 de octubre que te envié te dará la información que necesitarás para comenzar a tomar estas decisiones.

ELEMENTO 16: MENSAJE DE CORREO ELECTRÓNICO

PARA: Chris Perillo
DE: Sharon Shapiro, vicepresidente de recursos humanos
FECHA: 15 de octubre

ASUNTO: Próxima reunión

Quiero ponerte al día acerca del efecto que tuvo la broma de carácter sexual de John Small en la reunión de planeación de la semana pasada. Varias empleadas han estado francamente disgustadas y se han reunido de manera informal para hablar de ello. Decidieron hacer una reunión con toda la gente preocupada por este tipo de comportamientos en toda la empresa. Pienso asistir, así que te mantendré informado.

ELEMENTO 17: MENSAJE DE CORREO ELECTRÓNICO

PARA: Todos los directivos de SSS Software
DE: Sharon Shapiro, vicepresidente de recursos humanos
FECHA: 15 de octubre
ASUNTO: Ascensos y contrataciones externas

Ascensos y contrataciones externas de este año, actualizadas a la fecha (enero a septiembre)

Nivel	Raza					Género		
	Caucásico	Afro-americano	Asiático	Hispanic	Nativo estadounidense	M	H	Total
Contrataciones a nivel ejecutivo	0	0	0	0	0	0	0	0
	(0%)	(0%)	(0%)	(0%)	(0%)	(0%)	(0%)	
Ascensos a nivel ejecutivo	0	0	0	0	0	0	0	0
	(0%)	(0%)	(0%)	(0%)	(0%)	(0%)	(0%)	
Contrataciones a nivel administrativo	2	1	0	0	0	2	1	3
	(67%)	(33%)	(0%)	(0%)	(0%)	(67%)	(33%)	
Ascensos a nivel administrativo	7	0	1	0	0	7	1	8
	(88%)	(0%)	(12%)	(0%)	(0%)	(88%)	(12%)	
Contrataciones a nivel técnico/profesional	10	6	10	2	0	14	14	28
	(36%)	(21%)	(36%)	(7%)	(0%)	(50%)	(50%)	
Ascensos a nivel técnico/profesional	0	0	0	0	0	0	0	0
	(0%)	(0%)	(0%)	(0%)	(0%)	(0%)	(0%)	
Contrataciones a nivel no administrativo	4	10	2	4	0	6	14	20
	(20%)	(50%)	(10%)	(20%)	(0%)	(30%)	(70%)	
Ascensos a nivel oficinista	NA	NA	NA	NA	NA	NA	NA	NA

Informe de clasificación de empleados (ICO) de SSS Software al 30 de junio

Nivel	Caucásico	Afro-americano	Asiático	Hispanic	Nativo estadounidense	M	H	Total
						Raza	Género	
Ejecutivo	11	0	1	0	0	11	1	12
	(92%)	(0%)	(8%)	(0%)	(0%)	(92%)	(8%)	
Administrativo	43	2	2	1	0	38	10	48
	(90%)	(4%)	(4%)	(2%)	(0%)	(79%)	(21%)	
Técnico/ profesional	58	20	37	14	1	80	50	130
	(45%)	(15%)	(28%)	(11%)	(1%)	(62%)	(38%)	
Oficinista	29	22	4	4	1	12	48	60
	(48%)	(37%)	(7%)	(7%)	(2%)	(20%)	(80%)	
Total	141	44	44	19	2	141	109	250
	(56%)	(18%)	(18%)	(8%)	(1%)	(56%)	(44%)	

NOTA: *El ejercicio de SSS Software se utiliza con autorización. Copyright © 1995 por Susan Schor, Joseph Seltzer y James Smither. Todos los derechos reservados.*

EJERCICIOS PARA SELECCIONAR UNA ESTRATEGIA ADECUADA PARA EL MANEJO DE CONFLICTOS

No todos los conflictos son iguales; por lo tanto, no se deben manejar exactamente de la misma forma. Los directivos eficientes son capaces de evaluar con precisión las verdaderas causas del conflicto y de compaginar cada tipo de conflicto con una estrategia de manejo adecuada.

Actividad

Para cada una de las siguientes escenas breves, seleccione la estrategia de manejo de conflictos más adecuada. Consulte la tabla 4 para acoplar los factores situacionales con las estrategias.

Bradley's Barn

Usted decidió llevar a su familia a un restaurante local especializado en cortes de carne, Bradley's Barn, para celebrar el cumpleaños de su hijo. Usted es padre soltero, por lo que llegar a casa del trabajo a tiempo para preparar una buena cena es muy complicado. Al entrar al restaurante, solicita a la anfitriona que le asigne una mesa en la sección de no fumadores, ya que su hija, Shauna, es alérgica al humo del tabaco. Cuando se dirige a su mesa, observa que el restaurante está demasiado lleno para ser lunes por la noche.

Una vez que usted y sus hijos se sientan y han ordenado, su conversación gira en torno a los planes familiares para las siguientes vacaciones. En medio de la conversación general hace una pequeña broma con su hijo acerca de si es o no demasiado grande para usar "la corona" durante la cena (una tradición familiar en los cumpleaños).

De repente, se percata de que su hija está estornudando y que sus ojos comienzan a llorar. Voltea alrededor y observa un animado grupo de personas de negocios sentados en la mesa de atrás, y todos están fumando. Su impresión es que se encuentran celebrando algún tipo de ocasión especial. Al observar nuevamente a Shauna, se da cuenta de que debe hacer algo con rapidez. Le pide a su hijo que acompañe a Shauna afuera mientras usted se apresura hacia la parte de enfrente del restaurante y encuentra a la anfitriona.

Preguntas para análisis

7.4. ¿Cuáles son los factores situacionales sobresalientes?

7.5. ¿Cuál es la estrategia de manejo de conflicto más adecuada?

Avocado Computers

Cuando el director de Avocado Computers enfrentó problemas de producción con su planta automatizada, lo contrató a usted, que se encontraba trabajando para un competidor. Esto implicó un importante aumento de sueldo y la oportunidad de manejar una planta de producción de vanguardia. Además, existían muy pocas directoras de producción en Silicon Valley. Actualmente lleva un año en el empleo y ha sido emocionante observar a su grupo trabajando como equipo para resolver problemas, mejorar la calidad y finalmente lograr que la planta funcione a toda su capacidad. En general, Bill, el dueño, también ha sido un beneficio. Es dinámico, justo y un líder probado en la industria. Usted se siente afortunada de ocupar un puesto codiciado, en una empresa "estrella" y en una industria en crecimiento.

Sin embargo, existe un detalle que le molesta. Bill es verdaderamente riguroso en cuanto a la limpieza, el orden y la apariencia. Quiere que todos los robots estén pintados del mismo color, que los componentes dentro de las computadoras estén alineados perfectamente en un entramado, que los trabajadores utilicen batas limpias, y que el piso esté "tan higiénico como para comer sobre él". A usted le molesta esta compulsión. "Claro", piensa usted, "eso podría impresionar a los clientes corporativos potenciales cuando los invitemos a dar un recorrido por la planta de producción, pero, ¿realmente es tan importante? Después de todo, ¿quién va a observar el diseño simétrico en el interior de sus computadoras? ¿Por qué les importaría a los clientes el color de los robots que fabricaron su computadora? Y, ¿a quién le gustaría celebrar un día de campo dentro de una fábrica?".

Hoy es su primera entrevista de evaluación anual de desempeño con Bill. Para prepararse para la reunión, él le envió un memorando señalando las "fortalezas" y las "debilidades". Usted observa con orgullo el número de rubros listados en la primera columna. Es evidente que Bill está satisfecho con su trabajo. Sin embargo, se siente un poco ofendida por el único rubro de preocupación: "Requiere mantener unas instalaciones más limpias, incluyendo la apariencia de los empleados". Usted medita sobre esta "falla", pensando cómo responder en su entrevista.

Preguntas para análisis

7.6. ¿Cuáles son los factores situacionales sobresalientes?

7.7. ¿Cuál es la estrategia de manejo de conflicto más adecuada?

Phelps, Inc.

Usted es Philip Manual, director de ventas de la empresa de productos para oficina Phelps, Inc. Su personal vende productos sobre todo a pequeños negocios de la zona metropolitana de Los Ángeles. Phelps tiene un desempeño promedio para un mercado en rápido crecimiento. El nuevo presidente de la compañía, José Ortega, está ejerciendo mucha presión sobre usted para que incremente las ventas. Usted siente que el principal obstáculo es la política de extensiones de crédito de la compañía. Celeste, la jefa de la oficina de crédito, insiste en que todos los clientes nuevos llenen una extensa solicitud de crédito. Los riesgos del crédito deben ser bajos; los términos del crédito y los procedimientos de cobranza son inflexibles.

Usted es capaz de comprender su punto de vista, pero considera que es poco realista. La competencia es mucho más indulgente en sus análisis crediticios, extiende el financiamiento a riesgos más elevados, sus términos de préstamos son más favorables y es más flexible en el cobro de pagos vencidos. Su personal de ventas a menudo se queja de que no están "jugando en igualdad de circunstancias" contra la competencia. Cuando usted comunicó esta preocupación a José, él dijo que quería que usted y Celeste arreglaran ese asunto. Sus instrucciones no dieron muchas pistas acerca de sus prioridades sobre esta cuestión. "Seguro que necesitamos incrementar las ventas, pero la pequeña falla de negocios en esta área es la más alta del país, así que tenemos que ser cuidadosos en no tomar malas decisiones crediticias".

Usted decide que es momento de tener una seria discusión con Celeste. Hay muchos intereses en juego.

Preguntas para análisis

7.8. ¿Cuáles son los factores situacionales sobresalientes?

7.9. ¿Cuál es la estrategia de manejo de conflictos más adecuada?

EJERCICIOS PARA RESOLVER CONFLICTOS INTERPERSONALES

La base para manejar los conflictos consiste en resolver las confrontaciones intensas y con una gran carga emocional. Hemos analizado los lineamientos para utilizar el método de colaboración (en la solución de problemas) para el manejo de conflictos en esas situaciones. Si suponemos que el método de colaboración es el adecuado para una situación en particular, las directrices generales podrían ser utilizadas por un iniciador, por el individuo que responde o por un mediador.

Actividad

A continuación se describen tres situaciones que entrañan un conflicto interpersonal y un desacuerdo. Cuando termine de leer la descripción de los roles asignados, repase las guías de comportamiento respectivas. No lea ninguna de las otras descripciones de los roles, excepto las que se le hayan asignado.

En el primer ejercicio (Alisa Moffatt), los estudiantes que representarán el papel de Alisa practicarán la aplicación de las guías para el papel del iniciador. En el segundo ejercicio (¿Podrá encajar Larry?), los estudiantes que interpretarán el papel de la jefa de Larry, Melissa, practicarán los lineamientos de quien responde. En el tercer ejercicio (Reunión en la Compañía Manufacturera Hartford), los alumnos designados para interpretar el papel de Lynn Smith aplicarán los lineamientos para resolver conflictos entre subalternos. En cada ejercicio se asignará un observador para que dé retroalimentación de su desempeño a los intérpretes de Alisa, Melissa y Lynn, mediante el formato para el observador que aparece al final del capítulo.

Alisa Moffatt

Alisa Moffatt, gerente de producción, Sunburst Solutions

Alisa Moffatt fue la cuarta de siete hijos de una familia humilde del Sur Profundo. Cuando tenía 14 años, sus padres trasladaron a la familia a la rural Wisconsin, con la esperanza de que sus hijos tuvieran mejores oportunidades de educación. Los Moffatt escogieron un vecindario donde la gran mayoría de los estudiantes eran caucásicos. Querían que sus hijos se sintieran orgullosos de su herencia afroestadounidense, pero también querían que aprendieran a destacarse en un ambiente donde fueran minoría étnica. Los padres de Alisa batallaron para cuidar a la familia mientras trabajaban en múltiples empleos. Ellos tenazmente enfatizaban la importancia de la educación e insistían en un trabajo escolar sobresaliente.

Alisa prosperó en la preparatoria, logrando el mejor promedio general de su clase. También encontró un grupo de amigos de apoyo que pensaban igual sobre su compromiso para asistir a la universidad. Aun cuando era la única afroestadounidense de su generación, se sentía aceptada por sus compañeros. Pero a menudo sentía que sus profesores y los administradores de la escuela la trataban de forma diferente. Sentía que algunos le hablaban de forma condescendiente mientras que otros la trataban con una amabilidad superficial, como si la tuvieran que tratar con delicadeza. Una vez, un consejero escolar le aconsejó que considerara asistir a una escuela técnica en lugar de aplicar para una carrera universitaria de cuatro años porque, dijo, "podrías descubrir que encajas mejor en ese tipo de ambiente". El comentario enfureció a Alisa, porque sintió que el consejero la estaba juzgando por su raza. Pero sus padres le aconsejaron que lo dejara pasar y demostrara sus habilidades mediante su trabajo.

Después de su graduación, Alisa fue aceptada en varias de las universidades más importantes, pero decidió quedarse cerca de casa y asistió a la Universidad de Wisconsin, con especialización en matemáticas. Al final del primer año, y después de mucha angustia personal, decidió declarar abiertamente su homosexualidad. Al principio sus padres quedaron conmocionados y disgustados, lo que le causó a ella una gran confusión emocional. Estaba sorprendida y lastimada porque algunos de sus nuevos amigos ya no querían saber nada de ella. Al semestre siguiente, las calificaciones de Alisa se vinieron abajo, y ella perdió el interés en sus estudios. Pasó un semestre en período de prueba académica y luego cambió su especialidad dos veces. De hecho, hasta consideró abandonar definitivamente la universidad. Sin embargo, recordó el compromiso de sus padres con la educación y todos los sacrificios que habían hecho por ella. Aun cuando estaban esforzándose por entender su orientación sexual, quería honrar los valores de sus padres y seguir con su educación para forjarse una vida mejor que la que ellos tuvieron.

Con una resolución renovada, Alisa volvió su atención de nuevo a los estudios. Descubrió una pasión por los negocios y cambió su especialidad (otra vez) a la administración. Con el tiempo, sus padres se volvieron más comprensivos y la apoyaron más. Después de cinco años en la universidad, Alisa se graduó con una calificación promedio de 3.4, bastante lejos de sus objetivos originales, pero un logro del que estaba orgullosa, teniendo en cuenta las adversidades que enfrentó.

Después de graduarse, Alisa consideró varias ofertas de empleo, incluyendo un programa rápido de desarrollo administrativo para una corporación importante en Chicago. Sin embargo, no podía dejar de pensar en sus padres y decidió que lo más importante que podía hacer era recuperar su relación con ellos. Rechazó sus lucrativas ofertas de empleo y en lugar de eso regresó a su pueblo natal y encontró trabajo en el departamento de Recursos Humanos de una pequeña fábrica de allí. Fue un tiempo de sanación con su familia, pero frustrante a nivel profesional. Al trabajar en un ambiente sindicalizado, Alisa luchaba por conseguir el respeto de los obreros. Sospechaba que tanto su género como el color de su piel tenían algo que ver con que los empleados se refirieran a ella como "arrogante" y "superior". Y aunque no había comentado nada sobre su orientación sexual en este pueblo bastante conservador, se preguntaba si las risitas ocasionales significaban que las personas sospechaban que era homosexual.

Después de cuatro años de frustración profesional, y a instancias de sus padres, Alisa decidió hacer una maestría en administración de empresas. Después de aprobar fácilmente el examen de admisión, Alisa fue aceptada en el programa de maestría de la Universidad Northwestern de Chicago. Se sintió revigorizada por el ambiente intelectual del programa y obtuvo un sentido de dirección del que había carecido durante años. Ese primer año, conoció a Jocelyn Walker, una estudiante afroestadounidense que hacía el doctorado en química en Northwestern. Se hicieron buenas amigas, un año después se fueron a vivir juntas y comenzaron una relación de largo plazo. Las dos se graduaron juntas y Jocelyn recibió una oferta para enseñar en una universidad en el área de Phoenix. Alisa estaba emocionada cuando pudo afianzar un puesto en Sunburst Solutions, una empresa de tecnología de alto crecimiento en Phoenix. Fue contratada como gerente de uno de los varios departamentos de producción para supervisar de manera directa a ocho técnicos principiantes.

Alisa se sorprendió al saber que era la primera afroestadounidense en asumir un puesto directivo en la joven empresa. También era el único miembro de la comunidad de homosexuales, bisexuales y transgéneros en los niveles directivos. Se encontró muy vigilada en el trabajo por su orientación sexual y raramente mencionaba a Jocelyn ante los demás. Con el tiempo se enteró de que había unos cuantos técnicos del nivel principiante que eran gays. Sin embargo, dos de ellos le comentaron que era mejor no sacar el tema de la orientación sexual en Sunburst por el prejuicio débilmente velado. Esto hizo que Alisa fuera aún más precavida sobre hablar de su vida privada en el trabajo y así se encontró de forma natural acercándose más hacia sus colegas gays en un nivel social. No obstante, después de seis meses en la oficina, el director de la división de Alisa, Kyle Huang, comenzó a hacer comentarios sutiles a Alisa que sugerían que él pensaba que ella no se estaba llevando bien con sus colegas de nivel directivo. Por ejemplo, un día él le dijo de pasada: "¿Así que supongo que hoy también comerás con todos tus amigos obreros?".

La relación de Alisa con Kyle, su supervisor directo, fue tensa desde el principio. Kyle, de 37 años, era del tipo "escalador corporativo" decidido a lograr sus objetivos. También estaba muy orgulloso de no ocultar sus puntos de vista conservadores y disfrutaba el debate político. Kyle era el oído del presidente de Sunburst, quien le consideraba su protegido. Alisa sentía que Kyle se comunicaba diferente con ella que con los otros directivos de su división. Era rápido para corregirla y parecía que cuestionaba sus decisiones, a veces incluso retaba sus planes en frente de sus subalternos. Alisa sentía que, otra vez, tenía que ir más allá de los estándares usuales para demostrarse a sí misma.

Con quien mejor podía desahogar sus frustraciones era con Jocelyn. "Estoy tan cansada de ser siempre cuestionada", le dijo a Jocelyn una tarde. "Siento como que he pasado toda mi vida tratando de superar estereotipos. Estoy agotada. No puedo ser simplemente yo en el trabajo. Y Kyle me trata como si yo fuera una incompetente aun cuando mis resultados son tan buenos como los de cualquier otro gerente de la compañía. Sus prejuicios son tan obvios. Hoy anunció que le iba a pedir a Dale Westlund que fuera el intermediario con un gran cliente nuevo de Texas. Dale fue contratado en Sunburst al mismo tiempo que yo, pero tiene menos experiencia. Dirige otro departamento de producción, pero el producto de mi departamento es mucho más importante para el cliente que el suyo. Y escucha esto: la mayoría del equipo de administración del nuevo cliente es negro. Yo hubiera sido la opción obvia para representar a la compañía, así que es una bofetada que no me hayan elegido. Tengo que pensar que para él es incómodo que alguien homosexual represente a la empresa".

"Sé a qué te refieres", dijo Jocelyn. "No creo que las personas siempre sean irrespetuosas, pero pueden ser bastante transparentes sobre su rechazo. Precisamente el otro día mencioné a uno de mis colegas de nivel superior que vivía con mi novia. Puso una cara de conmoción y luego dijo 'Ojalá no me lo hubieras dicho'. No creo que él quisiera menospreciarme, pero realmente me dolió".

"Ayer también me pasó algo doloroso", dijo Alisa pensativamente. "Estaba tomando café en la sala de descanso y oí a una de las gerentes hablar con alguien en la entrada. Se quejaba de que le habían hecho un mal corte de cabello y le estaba diciendo a la otra que ahora su cabello era 'tan malo como el de Alisa, 'atrevido y de marimacho'. Luego dijo: 'Quizá ella debería hacerse un cambio de sexo y terminar con esto'. Me senté en la sala de descanso tratando de no llorar y preguntándome si había vuelto a la preparatoria. Ella no supo que yo la había oído, pero aun así, no estoy segura que ahora pueda mirarla a la cara".

"En cualquier caso no estoy segura de que sea muy bueno confrontarla", se compadeció Jocelyn. "Supongo que todo lo que puedo hacer es estar por encima de la pelea... tratar a los demás con el respeto que creo que todos merecen, y esperar que las personas me respeten por eso. No tengo tiempo de ser una académica de éxito y de llevar una batalla contra cada prejuicio que veo".

Alisa pareció dudar. "Los prejuicios de Kyle me están retrasando. Si no lo confronto sobre la manera condescendiente en la que me habla, ¿cómo me sentiré segura y con credibilidad ante los demás? Realmente me parece que es discriminación que haya elegido a Dale antes que a mí en la asignación del nuevo intermediario. Quiero decir que está usando mi sexualidad como un factor en mis oportunidades de carrera. ¿En qué punto tengo que dar mi opinión para defenderme?".

Kyle Huang, director de producción, Sunburst Solutions

Kyle Huang, de 37 años, ha vivido toda su vida en Arizona, y ahora es el director de varios departamentos de producción de Sunburst Solutions en Phoenix. Supervisa a los gerentes de cada departamento, quienes a su vez supervisan a los 8 a 12 técnicos de nivel principiante. Kyle ha trabajado en Sunburst durante casi una década y ha prosperado allí. El presidente de la compañía es amigo de su padre, y ha tratado a Kyle como un protegido promisorio. Kyle espera un ascenso a vicepresidente en uno o dos años. Uno de sus objetivos para mejorar sus oportunidades de ascenso es aumentar la diversidad del personal de la división de producción. Sunburst ha recibido quejas de algunos de sus clientes, así como de varios empleados, de que su cultura es demasiado homogénea. Aunque Kyle, acérrimo conservador político, escogió Sunburst en parte porque mucha gente allí compartía sus valores, también está convencido de que la compañía tiene que adoptar perspectivas más diversas para mantener su creatividad y ventaja competitiva.

Contratar a Alisa Moffatt, egresada del programa de maestría en administración de empresas de la Universidad de Northwestern, fue un golpe maestro. Fue la primera afroestadounidense contratada a nivel directivo en Sunburst, y la segunda mujer. No fue hasta un par de meses después de su incorporación que Kyle se dio cuenta de que Alisa era homosexual, y que vivía con una pareja del mismo sexo, otra primera vez en los niveles directivos. La educación conservadora de Kyle no lo había preparado para apreciar el estilo de vida de Alisa. Se sentía un poco incómodo a su lado y le preocupaba pensar en qué haría si ella se manifestaba a favor de los derechos de los homosexuales en el ambiente conservador de Sunburst. Hasta ese momento, Alisa nunca había tocado ese tema y él ha decidido que la vida personal de Alisa no debe ser un problema en el lugar de trabajo en tanto ella cumpla con su deber y no levante olas.

Sin embargo, la presentación de Alisa en Sunburst ha sido escabrosa. Kyle ha notado que ella parece tímida e insociable en las reuniones con sus colegas directivos. En lugar de socializar con los gerentes, prefiere pasar el tiempo con un grupo de técnicos, algunos de los cuales él cree que también son homosexuales. La preocupación de Kyle es que Alisa está perdiendo oportunidades de crear una red de contactos con sus colegas, lo que significa que no ha desarrollado el nivel de confianza con ellos, algo que es muy importante para la colaboración entre los departamentos.

Kyle también ha descubierto que es difícil dar asesoría a Alisa. Cuando él le da un consejo constructivo, ella invariablemente aparta la mirada, lo que deja a Kyle preguntándose si ella está rechazando su consejo o si no lo entiende. Siente que tiene que repetirle sus sugerencias varias veces sólo para asegurarse de que ella las registre. Un par de veces él perdió la calma y se impacientó con ella en público. Después se sintió mal por ello, pero Alisa nunca sacó el tema.

Kyle estaba conversando con el vicepresidente de producción, Howard Graham, cuando surgió el "problema Alisa" (como ocurre con frecuencia). "Mira Howard, volvería a contratar a Alisa en un segundo. Sé que es una de las gerentes más inteligentes que tenemos. No fue sólo una contratación de prueba. El problema es que parece que ella viene a la defensiva y no tengo idea de cómo abordar ese problema".

Howard respondió: "Estoy de acuerdo. Hay un potencial sin explotar ahí. Realmente la necesitamos para lograr una historia de éxito y mostrar que tenemos una cultura de bienvenida. ¿Estás seguro de que no hay nada más que puedas hacer para sacarla de su concha? Francamente, me sorprendió un poco que no la pidieras ser el contacto con nuestro nuevo cliente de Texas. Eso hubiera sido un punto de inflexión para ella si la hubiéramos mostrado ese tipo de confianza".

"Sabes Howard", dijo Kyle después de reflexionar un poco. "Lo pensé mucho tiempo. Alisa dirige un producto que le importa mucho al cliente, así que en cierta manera hubiera sido lógico asignárselo a ella. Pero la razón por la que le pedí a Dale que lo hiciera es que sé que él puede hacer que la gente se sienta a gusto. Probablemente Dale no es tan brillante como Alisa, y ciertamente tiene menos experiencia como supervisor, pero es excelente desarrollando relaciones entre los departamentos. Y luego está el tema de que Alisa es homosexual. Nuestro cliente de Texas es una empresa de propiedad privada que lleva sus valores conservadores a flor de piel. No creo que Alisa pueda conectar con ellos".

"Entiendo, Kyle", respondió Howard. "Pero posiblemente estamos sentando un precedente aquí. Esta asignación podría significar que Dale progrese más rápidamente que Alisa en la orga-

350 CAPÍTULO 7 MANEJO DE CONFLICTOS

nización. Si ella siente que está más calificada, y de alguna manera lo está, entonces podría interpretar esta decisión como discriminatoria debido a su raza... o quizá por su preferencia sexual".

"No es para nada el caso. Estoy tomando una decisión de negocios", dijo Kyle rotundamente. "Tengo otros planes para ayudar a Alisa a avanzar. De hecho, tengo en mente un proyecto especial para ella. Necesitaré un par de meses antes de tenerlo listo para hacerlo público. Mientras tanto, necesito un diplomático para el cliente de Texas. Es por eso que elegí a Dale. Si Alisa convierte esto en un tema de razas, o de orientación sexual, entonces está muy equivocada".

¿Podrá encajar Larry?

Melissa, Office Manager

Usted es directora de un equipo de auditoría enviado a Bangkok, Tailandia, para representar a una importante compañía contable internacional con oficinas generales en Nueva York. Usted y Larry, uno de sus auditores, se trasladaron a Bangkok para realizar una operación de auditoría. Larry es casi siete años mayor que usted y tiene cinco años más de antigüedad en la empresa. Su relación se ha vuelto muy tensa desde que a usted la designaron recientemente como directora de oficina. Usted considera que recibió el ascenso porque logró establecer una excelente relación de trabajo con el personal tailandés y con una amplia gama de clientes internacionales. En contraste, Larry dijo a otros miembros del personal que su ascenso simplemente reflejaba el gran énfasis de la empresa en la acción afirmativa. Él ha tratado de aislarla de todo el personal masculino de contabilidad al centrar la plática en los deportes, los centros nocturnos locales, etcétera.

Usted está sentada en su oficina, leyendo algunos nuevos procedimientos de informe complicados que acaban de llegar de la oficina matriz. Su concentración de pronto se ve interrumpida por un fuerte golpe en la puerta. Sin esperar una invitación para entrar, Larry irrumpe en su oficina. Está visiblemente molesto, y no es difícil para usted sospechar por qué está de tan mal humor.

Usted publicó recientemente las asignaciones de auditoría para el siguiente mes y programó a Larry para un trabajo que usted sabía que no le gustaría. Larry es uno de sus auditores de alto nivel y la norma de la compañía es que ellos obtengan las mejores asignaciones. Este trabajo en particular requería que pasara las siguientes dos semanas lejos de Bangkok, en un pueblo lejano, trabajando con una compañía cuyos registros estaban evidentemente mal organizados.

Por desgracia, ante la escasez de personal, se había visto obligada a asignar a Larry varias de estas aburridas auditorías. Pero ésa no era la única razón. Recientemente usted recibió varias quejas del personal subalterno (todos tailandeses) de que Larry los trataba de manera condescendiente. Sentían que Larry siempre estaba buscando la oportunidad de darles órdenes, como si fuera su supervisor y no un mentor experimentado que brinda apoyo. Como resultado, la oficina entera funciona mejor cuando envía a Larry fuera de la ciudad a un proyecto individual durante varios días. Esto evita que entre a su oficina a decirle cómo hacer su trabajo; además, en su ausencia, el estado de ánimo del resto del equipo de auditoría es significativamente más alto.

Larry cierra de un golpe la puerta y comienza a expresar su enojo sobre esta asignación.

Larry, auditor de alto nivel

¡En realidad lo tienen en la mira! Melissa intencionalmente está tratando de reducir su estatus en la oficina. Sabe que las normas de la empresa establecen que los auditores de alto nivel deben obtener los mejores trabajos. Usted ha pagado sus cuotas y ahora espera que lo traten con respeto. Además, ésta no es la primera vez que ocurre esto. Desde que la nombraron directora, ha tratado de mantenerlo fuera de la oficina el mayor tiempo posible.

Pareciera que no quisiera tener cerca a su rival de liderazgo. Cuando le pidieron que fuera a Bangkok, usted supuso que sería el director de la oficina por su antigüedad en la empresa. Está convencido de que la decisión de elegir a Melissa es otro indicador de la discriminación en contra de los hombres blancos.

En las reuniones de personal, Melissa ha hablado acerca de la necesidad de ser sensibles con los sentimientos del personal de oficina, así como con los clientes en este escenario multicultural. "¡Y ella es quien predica acerca de sensibilidad! ¿Qué hay de mis sentimientos? ¡Por Dios!", usted se pregunta. Esto no es más que un juego directo de poder. Es probable que ella se sienta insegura por ser la única mujer contadora en la oficina y por haber recibido un ascenso por encima de alguien con más experiencia. La decisión de mandarme fuera de la ciudad es un caso claro de "ojos que no ven, corazón que no siente".

Bien, pues no va a ser tan fácil. Usted no va a obedecer ni a dejar que ella lo trate de manera injusta. Es la hora de la verdad. Si ella no está de acuerdo en cambiar esta asignación y disculparse por la forma en que lo ha estado tratando, presentará una queja formal ante su jefe en la oficina de Nueva York. Está preparado para enviar su renuncia si la situación no mejora.

Reunión en la Compañía Manufacturera Hartford

La Compañía Manufacturera Hartford es la subsidiaria más grande de Connecticut Industries. Desde finales de la Primera Guerra Mundial, cuando se fundó, la Manufacturera Hartford se convirtió en el líder industrial del noreste. El promedio anual de sus ventas es de alrededor de $25 millones, con un crecimiento aproximado de 6 por ciento anual. Cuenta con más de 850 empleados en producción, ventas y marketing, contabilidad, ingeniería y administración.

Lynn Smith es el director general. Ha estado en este puesto un poco más de dos años y es muy respetado por sus subalternos. Tiene la reputación de ser firme, pero justo. Estudió ingeniería en la universidad, así que tiene una mente técnica, y con frecuencia le gusta caminar por el área de producción para ver cómo marchan las cosas. También es conocido por enrollar las mangas de su camisa para ayudar a resolver algún problema en el taller. No está en contra de codearse incluso con los empleados del nivel más bajo en la jerarquía. Por otra parte, trata de dirigir una empresa rígida, y los empleados se apegan bastante bien a las actividades que se les asignan. Tiene expectativas de un alto desempeño, especialmente de los empleados que ocupan puestos directivos.

Richard Hooton es el director de producción de Manufacturera Hartford. Ha trabajado en la empresa desde que tenía 19 años, cuando laboraba en el muelle. Ha pasado por todos los niveles y ahora, a los 54 años de edad, es el directivo con mayor antigüedad. Hooton tiene sus propias ideas de cómo deben manejarse las cosas en producción, y está renuente a tolerar la intervención de cualquiera, incluso la de Lynn Smith. Como ha trabajado para la empresa durante tanto tiempo, siente que la conoce mejor que cualquiera, y cree que en parte es responsable de su éxito. Su meta principal es mantener el área de producción funcionando sin problemas y con eficiencia.

Bárbara Price es la directora de ventas y marketing. Se unió a la compañía hace 18 meses, después de haber terminado su maestría en administración de empresas en Dartmouth. Antes de regresar a la escuela por su título de posgrado, ocupó el puesto de asistente del director de marketing en Connecticut Industries. Price es una empleada muy meticulosa y está ansiosa de progresar. Su principal objetivo, que nunca ha dudado en hacer público, es convertirse algún día en directora general. Bajo su dirección, las ventas de Manufacturera Hartford aumentaron el año pasado, hasta alcanzar niveles sin precedentes.

Chuck Kasper es el director regional de ventas de la zona de Nueva York. Se reporta directamente ante Bárbara Price. La región de Nueva York representa el mercado más grande de Manufacturera Hartford, y Chuck es el vendedor más competente de la compañía. Ha entablado relaciones personales con varios clientes importantes en su región y parece que algunas ventas se deben tanto a Chuck Kasper como a los productos de Manufacturera Hartford. Chuck ha trabajado para la empresa durante 12 años, todos ellos en ventas.

Es viernes por la tarde, y mañana al mediodía Lynn Smith viajará a Copenhague para asistir a una importante reunión con inversionistas extranjeros potenciales. Estará fuera dos semanas. Antes de irse, hay varios asuntos en la bandeja de entrada de su correo que deben recibir atención. Convoca a una reunión con Richard Hooton y Bárbara Price en su oficina. Justo antes de que la reunión comience, Chuck Kasper llama y pregunta si puede estar presente en la reunión durante algunos minutos, pues está en la ciudad y tiene algo importante que discutir con Lynn Smith y con Richard Hooton. Smith le da permiso de asistir a la reunión, ya que tal vez no habrá otra oportunidad para reunirse con Kasper antes del viaje. La junta congrega, por lo tanto, a Smith, Hooton, Price y Kasper.

Actividad

Formen grupos de cuatro. Cada persona interpretará el papel de uno de los personajes del equipo administrativo de la Compañía Manufacturera Hartford. Se asignará una quinta persona para que actúe como observador y dé retroalimentación al final de la reunión, mediante el formato de retroalimentación del observador incluido al final del capítulo. En las figuras 7.7, 7.8 y 7.9 se reproducen las cartas que recibió Lynn Smith y que se describen en el caso. Sólo la persona que interprete a Lynn Smith deberá leerlas, y nadie leerá las instrucciones dirigidas a quienes interpreten los papeles de los demás miembros del personal. (Lynn Smith presentará las cartas durante la reunión).

Lynn Smith, director general

Hoy llegaron tres cartas y usted las considera lo suficientemente importantes para prestarles atención antes de irse de viaje. Cada carta representa un problema que requiere acción inmediata, y usted necesita el compromiso de miembros clave del personal para resolverlos. A usted le preocupa esta reunión, ya que estos ejecutivos no trabajan muy bien en conjunto, como a usted le gustaría.

Por ejemplo, es muy difícil lograr que Richard Hooton sea preciso. Siempre sospecha de los motivos de los demás y tiene reputación de no tomar decisiones difíciles. En ocasiones usted se pregunta cómo alguien puede convertirse en jefe de producción de una importante compañía manufacturera evadiendo asuntos controvertidos y culpando a otros por los resultados.

En contraste, Bárbara Price es muy directa. Usted siempre sabe dónde está parada. El problema es que algunas veces no se toma el suficiente tiempo para analizar un problema antes de tomar una decisión. Tiende a ser impulsiva y se muestra ansiosa de tomar una decisión, ya sea buena o mala. Su método general para resolver los desacuerdos entre departamentos consiste en lograr compromisos rápidos. Usted está especialmente molesto por el método que utilizó para solucionar el problema de incentivar las ventas; estaba convencido de que debía hacerse algo para incrementar las ventas durante los meses de invierno. Con renuencia, accedió al programa de incentivos porque no quería desanimar su iniciativa. Sin embargo, no está convencido de que ése sea el camino correcto, ya que, con franqueza, no está aún seguro de cuál sea el problema real.

Chuck Kasper es un típico director de ventas agresivo y "sin compromisos". Es inflexible e intransigente. Es bueno en el campo porque consigue que el trabajo se haga, pero algunas veces desespera al personal corporativo por su estilo "extremoso" sin compromiso. También es muy leal a su equipo de ventas, así que usted está seguro de que se tomará en serio la queja acerca de Sam St. Clair.

Figura 7.7

T. J. Koppel, Inc.

Contadores generales
8381 Spring Street
Hartford, Connecticut 06127

10 de febrero de 2001

Sr. Lynn Smith
Director general
Compañía Manufacturera Hartford
7450 Central Avenue
Hartford, CT 06118

Estimado señor Smith

Como lo solicitó el mes pasado, ya completamos la auditoría financiera de la Compañía Manufacturera Hartford. Encontramos que los procedimientos contables y el control fiscal son muy satisfactorios. Le adjunto un informe más detallado de estas cuestiones. Sin embargo, durante nuestro examen de los informes de la empresa, descubrimos que el departamento de Producción ha incurrido de manera constante en un exceso de costos durante los dos trimestres anteriores. El costo por unidad de producción está aproximadamente 5 por ciento por arriba del presupuesto. Si bien éste no es un problema grave, considerando la solvencia de su empresa, consideramos que sería prudente atenderlo.

Atentamente

T. J. Koppel

TJK: srw

En contraste con los estilos de estas personas, usted ha tratado de emplear un método integrador de solución de problemas: concentrarse en los hechos, tratar con igualdad las aportaciones de todos y mantener las conversaciones acerca de temas controvertidos enfocados en el problema. Desde de que asumió el puesto hace dos años, una de sus metas ha sido la de promover el trabajo en equipo con su personal.

[*Nota:* Para más información acerca de cómo podría tratar los asuntos de estas cartas en su reunión de personal, revise el método de colaboración de la tabla 7.2, así como las guías de comportamiento del mediador al final de la sección Aprendizaje de habilidades de este capítulo].

Figura 7.8

ZODIAC INDUSTRIES
6377 Atlantic Avenue
Boston, Massachusetts 02112

8 de febrero de 2001

Sr. Lynn Smith
Director general
Compañía Manufacturera Hartford
7450 Central Avenue
Hartford, CT 06118

Estimado señor Smith:

Hemos comprado sus productos desde 1975 y hemos estado muy satisfechos de las relaciones con su personal de ventas. Sin embargo, últimamente hemos tenido un problema que requiere de su atención. Su representante de ventas en la región de Boston, Sam St. Clair, se ha presentado en nuestra empresa al menos en tres ocasiones actuando y oliendo como si estuviera bajo la influencia del alcohol. No sólo eso, sino que nuestro último pedido se registró de forma incorrecta, por lo que recibimos las cantidades equivocadas de productos. Estoy seguro de que no es su costumbre poner la reputación de su empresa en manos de alguien como Sam St. Clair, por lo que le sugiero que asigne a otra persona para cubrir esta región. Nosotros no podemos tolerar, y estoy seguro de que otras empresas de Boston tampoco, esta clase de relación. Aunque consideramos que sus productos son excelentes, nos veremos obligados a encontrar otros distribuidores si no se toman las medidas necesarias.

Atentamente,

Miles Andrew
Jefe de compras

:ms

Richard Hooton, director de producción

Las únicas veces que tuvo problemas importantes con la producción fue cuando los jóvenes sabelotodo recién salidos de la universidad llegaron y trataron de cambiar las cosas. Con sus conceptos de administración progresistas, aunados a capacitación confusa de "eficacia interpersonal", provocaron más problemas que soluciones. Los mejores métodos de producción se han aplicado durante años en la empresa, y aún no ha conocido a alguien que pueda renovar su sistema.

Por otra parte, usted respeta a Lynn Smith como director general. Como tiene la experiencia y la capacitación adecuadas, e interviene en la parte de producción de la organización, muchas veces le ha dado buenos consejos y ha mostrado un interés especial. Sin embargo, generalmente le deja hacer lo que usted considera que es lo mejor y pocas veces establece métodos específicos para realizar las actividades.

Figura 7.9

Compañía Manufacturera Hartford
7450 Central Avenue
Hartford, Connecticut 06118

"Una subsidiaria de CONNECTICUT INDUSTRIES"

Memorando

PARA: Lynn Smith, director general
DE: Bárbara Price, supervisora general, ventas y marketing
FECHA: 11 de febrero de 2007

Señor Smith:

En respuesta a sus preocupaciones, hemos establecido varios programas de incentivos para nuestro equipo de ventas con la finalidad de
incrementar las ventas durante estos meses que, de acuerdo con lo que
ha sucedido anteriormente, son menos productivos. Hemos establecido competencia entre las regiones, y el vendedor de la región con
mayores ventas recibe un reconocimiento en el boletín informativo de
la empresa, así como una placa grabada. Instituimos el premio de "vacaciones en Hawai" para el mejor vendedor de la empresa, así como la
entrega de bonos en efectivo para cualquier vendedor que consiga un
pedido de un cliente nuevo. Sin embargo, a pesar de que los incentivos
empezaron a aplicarse el mes pasado, las ventas no se han incrementado. De hecho, dos regiones han disminuido sus compras en 5 por
ciento, en promedio.

¿Qué sugiere usted que hagamos ahora? Anunciamos que los incentivos se aplicarían durante este trimestre, pero, al parecer, no han surtido
efecto. No sólo eso, sino que no estamos en condiciones de sufragar
los gastos con el presupuesto actual y, a menos que las ventas aumenten, estaremos en números rojos.

Con pesar, recomiendo que abandonemos el programa.

Su método general para enfrentar los problemas es evitar la controversia. Se siente incómodo
cuando el departamento de producción se convierte en el chivo expiatorio de los problemas de
la compañía. Como se trata de un negocio de manufactura, parece que todos tratan de culpar al
departamento de producción de todos los problemas. Durante años consideró que la empresa se
estaba olvidando de lo que hace mejor: la producción en masa de algunos productos estandarizados. En vez de ello, la tendencia de marketing y ventas es la de presionar para fabricar cada vez
más productos, reducir los tiempos de entrega, e incrementar la capacidad de fabricar productos a
la medida. Estas acciones han aumentado los costos, ocasionando retrasos significativos en la producción y tasas de devolución más altas.

[*Nota*: Durante la próxima reunión, usted deberá adoptar el método de evasión que se describe
en la tabla 7.2. Defienda su territorio, culpe a los demás, evite adoptar una postura y hacerse responsable de tomar una decisión controvertida].

Bárbara Price, directora de ventas y marketing

Usted está ansiosa por impresionar a Lynn, pues tiene en la mira un puesto que quedará vacante a finales del año en la casa matriz, Connecticut Industries. Esto significaría un ascenso para usted. Una recomendación positiva de Lynn Smith sería de mucho peso en el proceso de selección. Considerando que tanto Manufacturera Hartford como Connecticut Industries están dominadas en su mayoría por hombres, usted está satisfecha con el rápido avance en su carrera y espera mantenerlo.

Actualmente le preocupa la sugerencia que hizo Lynn Smith hace algún tiempo, de que atendiera el problema de reducción en las ventas durante los meses de invierno. Usted puso en marcha un programa de incentivos muy recomendado por un analista de la industria en una conferencia de comercio a la que asistió recientemente. Éste consiste en tres programas de incentivos separados: (1) competencia entre las regiones; el vendedor de la región con más ventas vería su foto en el boletín de la empresa y recibiría una placa grabada; (2) unas vacaciones en Hawai para el mejor vendedor de la compañía, y (3) bonos en efectivo para los vendedores que consiguieran pedidos de clientes nuevos. Por desgracia, estos incentivos no han funcionado. No sólo las ventas no han aumentado en toda la empresa, sino que han disminuido en promedio 5 por ciento en dos regiones. Usted avisó al equipo de ventas que los incentivos se aplicarían durante este trimestre, pero si las ventas no mejoran, su presupuesto estaría en números rojos. Usted no presupuestó los premios, pues esperaba un incremento en las ventas mayor que el ajuste en el costo de los incentivos.

Por supuesto, fue una mala idea (no está funcionando) y debería eliminarse de inmediato. Usted se siente un poco avergonzada por este proyecto fallido, pero es mejor detener las pérdidas y probar otra estrategia en vez de continuar apoyando lo que obviamente considera un mal proyecto.

En general, se siente muy segura y tiene confianza en usted misma. Considera que la mejor manera de realizar el trabajo es mediante la negociación y el compromiso. Lo importante es tomar una decisión en forma rápida y eficiente. Quizá no todo el mundo obtenga exactamente lo que desea, pero al menos puede cumplir con su trabajo. No hay blancos y negros en este negocio, sino únicamente "grises" que pueden negociarse para evitar que el proceso administrativo se hunda a causa de la "parálisis por el análisis". A usted le impacientan los retrasos ocasionados por los estudios intensivos y las investigaciones detalladas. Coincide con Tom Peters: la acción es la marca de los directivos de éxito.

[*Nota*: Durante esta reunión, utilice el método de compromiso que se describe en la tabla 7.2. Haga lo que sea necesario para ayudar al grupo a tomar una decisión rápida, de manera que pueda continuar con las demandas apremiantes de su trabajo].

Chuck Kasper, director regional de Ventas

Usted no va a menudo a las oficinas generales de la empresa porque sus contactos con los clientes absorben la mayor parte de su tiempo. Generalmente trabaja entre 50 y 60 horas a la semana, y se siente orgulloso del trabajo que realiza. También siente una obligación especial con sus clientes para darles el mejor producto disponible a la brevedad posible. Este sentido de la obligación proviene no sólo de su compromiso con la compañía, sino también de las relaciones personales que sostiene con muchos de los clientes.

Últimamente ha estado recibiendo cada vez más quejas de sus clientes por los retrasos en las entregas de los productos de Manufacturera Hartford. El tiempo que transcurre entre el momento de efectuar el pedido y la entrega va en aumento, y algunos de los clientes se han visto muy perjudicados por los retrasos. Usted interrogó de manera formal al departamento de Producción para descubrir cuál es el problema. Ellos le contestaron que están produciendo con tanta eficiencia como les es posible, y no ven nada de malo en esas prácticas. Incluso el asistente de Richard Hooton sugirió que éste era otro ejemplo de las expectativas poco realistas de la fuerza de ventas.

No sólo las ventas se verán afectadas negativamente si esos retrasos continúan, sino que la reputación con sus clientes se verá dañada. Usted les prometió que el problema se resolvería rápidamente y que los productos empezarían a llegar a tiempo. Sin embargo, como Richard Hooton es tan rígido, usted casi está seguro de que no obtendrá ningún resultado al hablar con él. Es probable que su subalterno haya copiado esa actitud negativa de Hooton.

En general, Hooton es un empleado de producción de la década de 1980 a quien el resto de la empresa está empujando hacia la nueva era. La competencia es diferente, la tecnología es distinta, y la administración también, pero Richard se niega a cambiar. Usted necesita tiempos de entrega más cortos, una gama más amplia de productos y la capacidad de fabricar a la medida del cliente. Desde luego, esto implicaría más trabajo para el área de producción, pero otras compañías están brindando esos servicios con aplicaciones de alta tecnología. Es evidente que Manufacturera Hartford se está quedando atrás en la curva de aprendizaje.

En vez de atender los problemas reales, la casa matriz, con su característico estilo de arrogancia, anunció un plan de incentivos. Esto implica que ubican el problema en el campo, no en la fábrica. El plan generó enojo en buena parte de su personal; ellos consideran que los están presionando para incrementar sus esfuerzos, cuando en realidad lo que sucede es que no reciben el apoyo de Hartford para hacer su trabajo. Desde luego, les agradaron los premios, pero la forma en que el plan se presentó los hizo sentir como si no estuvieran trabajando lo suficiente. Ésta no es la primera vez que usted ha cuestionado el juicio de Bárbara, su jefa. Sin lugar a dudas, ella es inteligente y trabajadora, pero no parece muy interesada en lo que pasa en el campo. Además, no suele ser muy receptiva ante las "malas noticias" que representan las quejas del equipo de ventas y de los clientes.

[*Nota*: Durante esta reunión, use el método de coacción para el manejo de conflictos y negociaciones que se describe en la tabla 7.2. Sin embargo, no sobreactúe su parte, porque es el director regional de ventas, y si Bárbara continúa su rápido ascenso en la organización, usted podría ocupar su puesto].

APLICACIÓN DE HABILIDADES

ACTIVIDADES PARA MEJORAR LAS HABILIDADES DE MANEJO DE CONFLICTOS

Actividades sugeridas

7.10. Seleccione un conflicto específico con el que esté muy familiarizado. Emplee el esquema para identificar las fuentes del conflicto que se estudiaron en este capítulo y analice esta situación con cuidado. Podría ser útil comparar su percepción de la situación con la de los observadores informados. ¿Qué tipo de conflicto es? ¿Por qué ocurrió? ¿Por qué continúa? Luego, utilice las guías para seleccionar una estrategia adecuada de manejo de conflictos e identifique el método general que sería el más recomendable para esta situación. Considere tanto las preferencias personales de las partes implicadas como los factores situacionales relevantes. ¿Es éste el método que las partes involucradas han estado usando? Si no, intente introducir una perspectiva diferente en la relación y explique por qué considera que sería más fructífera. Si las partes han usado este método, analice con ellos por qué no ha tenido éxito hasta ahora. Comparta la información acerca de las guías de comportamiento específicas o las tácticas de negociación que podrían incrementar la eficacia de sus esfuerzos.

7.11. Seleccione a tres personas que provengan de diferentes entornos culturales y que tengan experiencia trabajando fuera de su cultura nativa. Analice con ellos las fuentes (en especial las diferencias personales) de los conflictos que han experimentado en el trabajo. Pregúnteles acerca de sus preferencias al enfrentar situaciones conflictivas. ¿Qué estrategias prefieren usar? ¿Cómo intentan por lo general resolver sus conflictos? ¿Cuáles son los fatores situacionales relevantes que influyen en la forma en que manejan las situaciones problemáticas con individuos de otras culturas y con individuos de su propia cultura? Con la ayuda de estas tres personas, identifique guías de comportamiento específicas para manejar un conflicto de manera más eficaz con otras personas, desde sus respectivas culturas.

7.12. Identifique una situación en la que otro individuo haga algo que necesite corregirse. Utilice las guías para la persona que responde, en el marco de la solución de un problema en colaboración y elabore un plan para analizar sus preocupaciones con ese individuo. Incluya un lenguaje específico diseñado para expresar su caso de manera asertiva, sin ocasionar una reacción defensiva. Haga una representación de roles de esta interacción con un amigo e incorpore cualquier sugerencia para mejorar. Haga su presentación ante la persona e informe sus resultados. ¿Cuál fue la reacción? ¿Tuvo éxito al equilibrar la asertividad con el apoyo y la responsabilidad? Con base en esta experiencia, identifique otras situaciones que considere que deberían modificarse y siga un procedimiento similar.

7.13. Ofrézcase a servir de mediador para resolver un conflicto entre dos individuos o grupos. Utilice las guías para aplicar el método de colaboración en el caso del mediador, y diseñe un plan de acción antes de intervenir. Asegúrese de considerar cuidadosamente si es adecuado o no sostener reuniones privadas con cada una de las partes implicadas antes de la sesión de mediación. Informe la situación y su plan. ¿Cómo se sintió? ¿Qué medidas específicas funcionaron bien? ¿Cuál fue el resultado? ¿Qué haría diferente? Con base en esta experiencia, revise su plan para usarlo en situaciones similares.

7.14. Identifique una situación difícil que entrañe negociaciones. Esto podría implicar transacciones en el trabajo, en la casa o en la comunidad. Revise las guías para la negociación integradora e identifique las tácticas específicas que planea usar. Redacte preguntas y respuestas específicas a posibles iniciativas de la otra parte. En particular, anticipe la manera en que podría manejar el hecho de que la otra parte utilice una estrategia de negociación distributiva. Programe una reunión de negociación con la parte implicada y ponga en marcha su plan. Después de la sesión, platique de lo ocurrido con un compañero de trabajo o amigo. ¿Qué aprendió? ¿Qué tanto éxito obtuvo? ¿Qué cosas haría en forma diferente? Con base en esta experiencia, modifique su plan y prepárese para aplicarlo en situaciones similares.

Plan de aplicación y evaluación

El objetivo de este ejercicio es ayudarlo a aplicar este conjunto de habilidades en la vida real y fuera del escenario del salón de clases. Ahora que se ha familiarizado con las guías de comportamiento que constituyen la base de un desempeño eficiente de habilidades, mejorará más probando esas guías en el contexto cotidiano. A diferencia de la actividad en el salón de clases, donde la retroalimentación es inmediata y los demás podrían ayudarlo con sus evaluaciones, esta actividad de aplicación de habilidades la debe completar y evaluar por su cuenta. Esta actividad consta de dos partes. La parte 1 le ayudará a prepararse para aplicar la habilidad y la parte 2 le servirá para evaluar y mejorar su experiencia. Asegúrese de anotar las respuestas de cada reactivo. No utilice atajos al saltarse etapas.

Parte 1. Planeación

7.15. Escriba los dos o tres aspectos de esta habilidad que sean los más importantes para usted. Podrían ser áreas de debilidad, las áreas que más desea mejorar, o las áreas más relevantes para un problema que esté enfrentando en este momento. Identifique los aspectos específicos de esta habilidad que desee aplicar.

7.16. Ahora identifique el escenario o la situación en donde aplicará esa habilidad. Establezca un plan de desempeño anotando una descripción de la situación. ¿Quién más participará? ¿Cuándo lo hará? ¿Dónde se llevará a cabo?
   Circunstancias:
   ¿Quién más?
   ¿Cuándo?
   ¿Dónde?

7.17. Identifique los comportamientos específicos que le permitirán aplicar esta habilidad. Redacte una definición operativa del desempeño de la habilidad.

7.18. ¿Cuáles son los indicadores de éxito en el desempeño? ¿Cómo sabrá que ha sido eficaz? ¿Qué le indicará que se ha desempeñado en forma competente?

Parte 2. Evaluación

7.19. Una vez que haya completado la parte 1, registre los resultados. ¿Qué pasó? ¿Cuánto éxito obtuvo? ¿Qué efecto provocó en los demás?

7.20. ¿Cómo podría mejorar? ¿Qué modificaciones haría la próxima vez? ¿Qué haría diferente en una situación similar en el futuro?

7.21. Al revisar toda la práctica de la habilidad y la experiencia aplicada, ¿qué aprendió? ¿Qué le sorprendió? ¿De qué manera le ayudará esta experiencia en el largo plazo?

PRÁCTICA DE HABILIDADES
Ejercicios para resolver conflictos interpersonales

Formato de retroalimentación para el observador

PUNTUACIÓN

1 = Baja

5 = Alta

Iniciador

_____ Reconoció que el problema era suyo, incluyendo los sentimientos.

_____ Evitó hacer acusaciones o atribuir motivos; se apegó a los hechos.

_____ Describió el problema de forma breve (comportamientos, resultados, sentimientos).

_____ Especificó las expectativas o los estándares que se violaron.

_____ Persistió hasta que hubo entendimiento.

_____ Fomentó una interacción bidireccional.

_____ Se aproximó a diversos asuntos de manera creciente (de lo sencillo a lo complejo, de lo fácil a lo difícil).

_____ Apeló a las coincidencias entre los implicados (metas, principios, limitaciones).

_____ Hizo una solicitud específica de cambio.

El que responde

_____ Estableció un ambiente adecuado para resolver el problema en conjunto.

_____ Mostró preocupación e interés genuinos.

_____ Respondió adecuadamente a las emociones del iniciador.

_____ Evitó un comportamiento defensivo o reacciones exageradas.

_____ Buscó información adicional acerca del problema (pasó de lo general a lo específico, de lo evaluativo a lo descriptivo).

APLICACIÓN

_____ Se concentró en un asunto a la vez y, de forma gradual, amplió el alcance de la discusión; buscó una solución integradora.

_____ Coincidió con algunos aspectos de la queja (hechos, percepciones, sentimientos o principios).

_____ Pidió sugerencias para hacer cambios.

_____ Propuso un plan de acción específico.

Mediador

_____ Reconoció la existencia de un conflicto; trató el conflicto y a sus partes con seriedad.

_____ Desglosó temas complejos, separó lo relevante de lo irrelevante; comenzó con un problema relativamente sencillo.

_____ Ayudó a que los implicados evitaran posturas arraigadas al explorar intereses comunes.

_____ Mantuvo una postura neutral (de facilitador y no de juez) e imparcial hacia los asuntos y hacia las partes involucradas.

_____ Mantuvo las interacciones orientadas hacia los asuntos (por ejemplo, señaló los efectos que podría tener el conflicto sobre el desempeño).

_____ Se aseguró de que ninguno de los participantes dominara la conversación; hizo preguntas para mantener el equilibrio.

_____ Mantuvo el conflicto en perspectiva al destacar áreas de coincidencia.

_____ Ayudó a generar múltiples alternativas, surgidas a partir de metas, valores o principios comunes.

_____ Se aseguró de que ambas partes se sintieran satisfechas y se comprometió con la resolución propuesta.

Comentarios:

CLAVES DE RESULTADOS Y DATOS COMPARATIVOS

⭐ La clave de resultados para los siguientes instrumentos se encuentra disponible en el sitio web de este libro.

Manejo de conflictos interpersonales
Estrategias para el manejo de los conflictos

Parte III

Habilidades grupales

8

Facultar e involucrar a otros

OBJETIVOS DE APRENDIZAJE

1. FACULTAR A LOS DEMÁS

2. FACULTAMIENTO PERSONAL

3. INVOLUCRAR A OTROS CON EFICACIA

A continuación se describen brevemente los instrumentos de evaluación de este capítulo. Los instrumentos indicados con ✪ y sus claves de resultados se encuentran disponibles en el sitio web de este libro.

    Complete todas las evaluaciones antes de iniciar la lectura de este capítulo y guarde sus respuestas.

    Cuando termine de leer este capítulo, consulte su evaluación y compare sus respuestas con lo que ha aprendido.

✪ ❑ El instrumento de *facultamiento y delegación eficaces* evalúa su competencia para facultar a otras personas con las que labora y el grado en el que puede involucrar de manera eficaz a otras personas en el trabajo.

✪ ❑ La *evaluación del facultamiento personal* mide el grado al que experimenta un entorno de facultamiento en el desempeño de sus funciones en el trabajo o como estudiante.

Facultamiento e involucramiento

Muchos libros de administración están orientados a ayudar a directores/gerentes a saber cómo controlar el comportamiento de los demás, cómo mejorar el desempeño de los empleados, conseguir su obediencia o influirlos para el logro de determinados objetivos. Este libro también aborda habilidades que lo ayudarán a motivar a los demás a hacer lo que usted desee (vea el capítulo 6, "Motivación de los demás") o a ganar poder e influencia sobre ellos (vea el capítulo 5, "Ganar poder e influencia"). Sin embargo, este capítulo se concentra en la habilidad llamada **facultamiento** *(empoderamiento)*, y en cómo involucrar a otros en tareas de manera eficaz.

    El facultamiento se basa en un conjunto de supuestos diferentes de los asociados con motivar o influir a los demás (vea los capítulos 5 y 6). Facultamiento implica dotar de libertad a las personas para realizar con éxito *lo que ellas deseen*, en vez de lograr q*ue hagan lo que uno quiere*. Los directivos que facultan a su personal suprimen los controles, las restricciones y los límites, en vez de motivar, dirigir o estimular su comportamiento. Más que una estrategia de "presión", en la que los directivos inducen a los empleados a responder en formas deseables a través de alicientes y técnicas de influencia, el facultamiento es una estrategia de "incentivos". Está enfocada en los métodos que los directivos pueden utilizar para diseñar una situación laboral que vigorice y motive

intrínsecamente a los empleados. Así, los empleados realizan sus tareas debido a que son movidos y atraídos internamente hacia ellas y no porque exista un sistema de recompensas extrínseco o se aplique una técnica de influencia.

    Sin embargo, facultar conlleva algunos dilemas. Por un lado, las evidencias demuestran que los empleados facultados son más productivos, están más satisfechos y son más innovadores; también generan productos y servicios de mayor calidad que los empleados no facultados (Babakus, Yavas, Karatepe y Avci, 2003; Greenberger y Stasser, 1991; Spreitzer, 1992). Las organizaciones son más eficaces cuando sus trabajadores están facultados (Conger y Kanungo, 1988; Gecas, 1989, Pieterse, Van Knippenberg, Schippers, y Stam, 2010; Seibert, Wang y Courtright, 2011).

    Por otro lado, el facultamiento implica ceder control y permitir que otros sean quienes tomen decisiones, establezcan metas, logren resultados y sean recompensados. Significa que es muy probable que esos otros reciban el crédito del éxito. Los directivos con grandes necesidades de poder y control (vea McClelland, 1975) enfrentan un desafío cuando se espera que sacrifiquen sus necesidades en beneficio de los demás. Quizá se pregunten: "¿Por qué otros obtienen el crédito cuando yo soy el responsable? ¿Por qué debo permitir que otros ejerzan el poder, e incluso facilitarles que adquieran más, cuando yo deseo recibir las recompensas y el reconocimiento?".

La respuesta es que no es necesario sacrificar las recompensas, el reconocimiento o la eficacia deseados para ser un directivo y facultador hábil. Por el contrario, a través del verdadero facultamiento, los directivos pueden multiplicar su propia eficacia. Gracias al facultamiento ellos y sus organizaciones se vuelven más eficientes (Maynard, Gilson y Mathieu, 2012). Sin embargo, para la mayoría de los directivos, el facultamiento es una habilidad que debe desarrollarse y practicarse porque, a pesar de ser un concepto bastante difundido en la bibliografía especializada, su práctica en la administración moderna es extremadamente escasa. Encuesta tras encuesta reportan que la mayoría de los empleados no se sienten facultados, no se les involucra en las tareas y no creen que su trabajo marque una diferencia (por ejemplo, Asplund y Blacksmith, 2012).

En este capítulo iniciaremos con el análisis de las dimensiones básicas del facultamiento y, en particular, de la manera de habilitar e involucrar con eficacia. En la segunda parte del capítulo analizaremos una situación especial en la que el facultamiento es esencial: involucrar a otros en el trabajo. Concluiremos con un modelo y una lista de las directrices conductuales para lograr el éxito en el facultamiento y el involucramiento de los demás.

Significado de facultamiento

Facultar significa habilitar; ayudar a las personas a desarrollar un sentimiento de confianza en sí mismas; ayudarlas a superar sentimientos de impotencia o abandono, y alentarlas a emprender acciones. Significa fomentar la motivación intrínseca para actuar. Las personas habilitadas no sólo poseen los recursos para lograr algo, sino que gracias al facultamiento, también su concepto de sí mismas ha cambiado.

Es importante observar que el facultamiento y el poder no son lo mismo. Facultar no implica sólo la mera cesión de poder a otros. Ambos conceptos denotan la capacidad de lograr resultados pero, como la tabla 8.1 lo ilustra, estos conceptos tienen contrastes y diferencias. Por ejemplo, el poder puede ser otorgado, pero el facultamiento debe ser aceptado. Es decir, no se puede realmente facultar a los demás; sólo es posible propiciar las circunstancias para que las personas se faculten a sí mismas.

Como se explicó en el capítulo sobre ganar poder e influencia, la adquisición del poder se basa en diversos factores personales y factores propios del puesto. En cada caso, para que alguien tenga poder, es necesario que los demás lo reconozcan, sigan su liderazgo y acepten su influencia. La fuente subyacente de su poder son las demás personas.

Por ejemplo, quizá usted tenga poder debido a que cuenta con más recursos o apoyo político que otros. Por tanto, puede recompensar a otros y tener *poder de recompensa*; o bien, puede tener la capacidad de penalizar o sancionar a los demás como resultado de la propia fuerza o apoyo, y entonces tendrá *poder de coacción*. Quizá su título o puesto sean la fuente de su poder sobre otros, por lo que su poder será un *poder tradicional*. O tal vez podría tener conocimientos o información de la que otros carezcan y, entonces, tendrá un *poder por pericia*. O quizá, tenga una personalidad carismática o atractiva y su poder será un *poder referente*. French y Raven (1960) consideraron estos cinco factores como las principales bases del poder. Sin importar si éstos son los cinco únicos factores que crean poder o existen otros, es posible transmitir cada uno de ellos a otra persona, pero cada uno dependerá de que los demás los reconozcan. Cada uno se puede conferir a alguien más.

Sin embargo, se podría facultar a una persona aunque nadie reconociera sus atributos personales o su posición. Víctor Frankl, Nelson Mandela y Mahatma Gandhi son ejemplos de personas que, a pesar de la ausencia de los atributos de poder antes mencionados, conservaron un facultamiento o autoridad pleno en circunstancias desalentadoras (es decir, en prisión y en ambientes intolerantes). Esto fue posible gracias a que la fuente de su autoridad era interna y no resultado de la aceptación social, el apoyo político o un título. Cada persona acepta y crea el facultamiento para sí mismo.

Tabla 8.1	Diferencia entre poder y facultamiento	
PODER	**FACULTAMIENTO**
Capacidad de hacer que los demás hagan lo que uno desee	Capacidad de hacer que los demás hagan lo que desean
Obtener más implica quitarlo a otros	Obtener más no afecta la cantidad que otros obtengan
Proviene de una fuente externa	Proviene de una fuente interna
En última instancia, lo tiene muy poca gente	En última instancia, todos pueden tenerlo
Lleva a la competencia	Lleva a la cooperación

Además, si yo me vuelvo más poderoso, generalmente implica que los demás tendrán menos poder. Si tengo el poder para hacer que alguien actúe conforme a mis deseos, pero éstos no son los mismos que los suyos, mi poder y el suyo entrarán en conflicto. En última instancia, ésta es la razón de que relativamente pocos individuos tengan poder. En las organizaciones, el poder está en manos de unos cuantos. Además, las luchas de poder son casi universales en las organizaciones e incluso en grupos pequeños. Quién tiene el suficiente poder para salirse con la suya es un problema común que casi siempre produce a conflictos internos.

En cambio, en el caso del facultamiento, todas las personas pueden estar facultadas sin afectar la posición de las demás. Esto simplemente ocasiona que cada una de ellas tenga la capacidad de lograr lo que elija. De hecho, el facultamiento promueve la cooperación y la colaboración, y no el conflicto.

Una clave para facultar con éxito es comprender sus componentes centrales. En la siguiente sección, resumimos las cinco dimensiones clave del facultamiento y ofrecemos lineamientos para promoverlo. Considere esas cinco dimensiones una especie de fórmula: un signo de multiplicación se inserta entre cada una de las dimensiones. Es decir, si una dimensión está ausente o es cero, entonces el valor del facultamiento también será cero. Las cinco dimensiones deben estar presentes para propiciar el facultamiento.

Dimensiones del facultamiento

En uno de los mejores estudios empíricos acerca del facultamiento realizados, Spreitzer (1992) identificó cuatro dimensiones del facultamiento. Hemos agregado una dimensión más a su modelo, con base en la investigación de Mishra (1992). Investigaciones posteriores confirmaron que a fin de facultar a otros con éxito, es necesario sembrar estas cinco cualidades en las personas que se pretende facultar. El facultamiento diestro implica producir: (1) un sentido de *autoconfianza*; (2) un sentido de *autodeterminación;* 3) un sentido de *relevancia personal*; (4) un sentido de *significado*, y (5) un sentido de *confianza* (vea la tabla 8.2). Cuando estas cinco dimensiones del facultamiento están presentes, las evidencias empíricas son muy claras: los individuos y las organizaciones tienen un mejor desempeño y las empresas funcionan mejor de lo habitual (también vea Maynard, Gilson y Mathieu, 2012).

Tabla 8.2	Cinco dimensiones fundamentales del facultamiento
DIMENSIÓN	**EXPLICACIÓN**
Autoconfianza	Sensación de competencia personal
Autodeterminación	Sensación de elección personal
Relevancia personal	Sensación de ser capaz de causar un alto impacto
Significado	Sensación de valor en la actividad
Confianza	Sensación de seguridad

Desde luego, nadie puede obligar a otra persona a facultarse, pero al fomentar un ambiente en el que estén presentes los cinco factores se hace más probable que las personas acepten hacerlo. Las personas facultadas no sólo son más productivas, sino que también se sienten más confiadas, sienten más libertad, se sienten más importantes y cómodas en su trabajo y ambiente laboral.

Luego de explicar las cinco dimensiones, daremos algunas directrices para fomentar cada una de ellas.

AUTOCONFIANZA

Cuando se faculta a las personas, adquieren un sentido de **autoconfianza**, es decir, sienten que poseen la capacidad y la competencia para desempeñarse con éxito. Las personas facultadas no sólo se sienten *competentes*, sino que *confían* en que pueden desempeñarse adecuadamente. Son más seguras de sí mismas, tienen un sentido de dominio personal y creen que pueden aprender y crecer para enfrentar nuevos retos (vea Bandura, 1989, Bennis y Nanus, 1985; Conger y Kanungo, 1988; Gecas, 1989, Zimmerman, 1990). Algunos autores consideran que la autoconfianza es el elemento más importante del facultamiento, porque de él depende que las personas intenten y persistan en el logro de tareas difíciles (Biron y Bamberger, 2010).

Es probable que de una fuerte convicción en la propia eficacia dependa incluso la decisión del individuo de enfrentar situaciones determinadas... Se involucran en actividades y se conducen con seguridad porque se consideran a sí mismos capaces de manejar situaciones que, de otro modo, resultarían intimidantes... Las expectativas de eficacia determinan cuánto se esforzarán y por cuánto tiempo persistirán ante los obstáculos y las experiencias adversas. (Bandura, 1977, pp. 193-194).

Nuestro colega Roger Goddard y sus colaboradores descubrieron que este sentido de autoconfianza entre los estudiantes en el salón de clases (a lo que él denominó sentimiento de "eficacia colectiva") es el factor predictivo más preciso del éxito en la escuela (Goddard, Hoy y Hoy, 2002). Es decir, cuando los estudiantes creen en sí mismos, cuando tienen confianza en que tendrán éxito y fe en que el resultado será exitoso, muestran un desempeño académico significativamente más alto; sus calificaciones son altas, sus puntuaciones en pruebas de matemáticas y lectura son mejores, y disminuye la frecuencia de ausentismo y retardos. La eficacia colectiva es un factor importante para determinar esos resultados que la raza, el género, el nivel socioeconómico, asistir a una escuela pequeña o grande, urbana o suburbana; o la composición étnica del grupo (vea también Caprara, Vecchione, Alessandri, Gerbino y Barbanelli, 2011).

Se han realizado muchas investigaciones adicionales sobre las consecuencias de la autoconfianza y su opuesto, el sentimiento de impotencia, en relación con la salud física y psicológica (Bandura, 2012; Xanthopoulou, Bakker y Fischbach, 2013). Por ejemplo, se ha encontrado que la autoconfianza es un factor relevante para superar fobias y ansiedades (Bandura, 1986); el abuso de alcohol y drogas (Seeman y Anderson, 1983); trastornos alimentarios (Schneider y Agras, 1985); adicción al tabaco (DiClemente, 1985), depresión (Seligman, 1975), y para aumentar la tolerancia al dolor (Neufeld y Thomas, 1977). La recuperación de enfermedades y lesiones, así como ante la pérdida de un empleo o algún fracaso, es más eficaz y más rápida entre quienes poseen este sentido de autoconfianza, debido a que presentan una mayor capacidad de adaptación tanto a nivel físico como psicológico, y porque están mejor preparados para cambiar los comportamientos negativos (Brouwer, *et al.*, 2010; Gecas, Self y Ray, 1988; Schwalbe y Gecas, 1988).

Bandura (1977, 2012) sugirió hay tres condiciones necesarias para que las personas perciban este sentido de autoconfianza: (1) la creencia en su capacidad de desempeñar una tarea; (2) la creencia en su capacidad de hacer el esfuerzo necesario, y (3) la creencia de que ningún obstáculo externo les impedirá concluir la tarea. Además de estas tres prescripciones, sugeriremos más adelante otros métodos para mejorar la autoconfianza.

AUTODETERMINACIÓN

Las personas facultadas también tienen un sentido de **autodeterminación**, lo que significa que sienten que *tienen opciones*. "Poseer autodeterminación que significa experimentar una libertad de elección al iniciar y regular sus propios actos" (Deci, Connell y Ryan, 1989, p. 580). Las personas perciben este sentido de autodeterminación cuando se involucran voluntaria e intencionalmente en las actividades, y no cuando se les obliga o se les prohíbe participar (Deci y Ryan, 2012). Sus acciones son consecuencia de la libertad y la autonomía personales.

Los individuos facultados tienen alternativas y un sentido de libertad; por tanto, desarrollan un sentido de responsabilidad y titularidad de sus actividades (Rappoport, Swift y Hess, 1984; Rose y Black, 1985; Staples, 1990; Zimmerman, 1990). Son capaces de tomar la iniciativa por cuenta propia, tomar decisiones independientes y probar nuevas ideas (Conger y Kanungo, 1988; Thomas y Valthouse, 1990, Vogt y Murrell, 1990). En vez de sentir que sus acciones son predeterminadas, controladas por fuerzas externas, o inevitables, experimentan un *locus* de control interno.

Investigaciones demuestran que un fuerte sentido de autodeterminación está asociado a varias consecuencias positivas en el lugar de trabajo, por ejemplo, un menor distanciamiento en el entorno de trabajo (Maddux, 2002); mayor satisfacción laboral (Organ y Green, 1974); niveles superiores de desempeño laboral (Anderson, Hellreigel y Slocum, 1977); mayor actividad emprendedora e innovadora (Hammer y Vardi, 1981); altos niveles de participación laboral (Runyon, 1973), y menor tensión laboral (Gemmill y Heisler, 1972). En el área médica se ha descubierto que los pacientes que "rechazan el rol pasivo tradicional e insisten en ser participantes activos de su propia terapia" se recuperan con mayor rapidez de enfermedades graves (Gecas, 1989, p. 298). A las personas a las que se ayuda a sentir que tienen un impacto personal en lo que les sucede, incluso en cuanto a los efectos de una enfermedad, tienen mayores posibilidades de experimentar resultados positivos que quienes carecen de ese sentimiento (Weinstein y Deci, 2011).

La autodeterminación está asociada más directamente con el hecho de tener la libertad de elegir entre alternativas de *métodos* utilizados para realizar una tarea, la cantidad de *esfuerzo* que se invertirá, el *ritmo* del trabajo y el *lapso* en el que se debe realizar. Las personas facultadas sienten la titularidad de las actividades que realizan, porque pueden determinar cómo, cuándo y qué tan rápido se terminan. Desde luego, tener opciones es el componente esencial de la autodeterminación. Más adelante daremos sugerencias para fomentar la autodeterminación.

RELEVANCIA PERSONAL

Las personas facultadas sienten que, cuando actúan, pueden producir un resultado. Piense en el puesto de una línea de ensamblaje donde un trabajador está encargado de apretar una tuerca y que si lo hace mal, alguien más en la línea corregirá el error. Esa persona sentirá que su influencia sobre el resultado final es mínima o que su esfuerzo tiene poco efecto sobre el resultado final.

Por otro lado, las personas con un sentido de relevancia personal piensan que sus esfuerzos producirán un resultado. La relevancia personal es "la creencia del individuo de que en un momento dado su capacidad producirá un cambio en la dirección deseada" (Greenberger, Stasser, Cummings y Dunham, 1989, p. 165). Es la convicción de que, mediante los propios actos, uno puede contribuir en lo que sucede. Se tiene una sensación de control, de que es posible *influir*.

Los individuos facultados no creen que los obstáculos del ambiente externo controlen sus acciones, sino que creen que esos obstáculos pueden ser superados (Thornton y Tizard, 2010). Creen que poseen un *control activo*, que les permite alinear el ambiente con sus deseos, a diferencia de un *control pasivo*, en el que sus deseos se alinean con las demandas del ambiente (vea Greenberger y Stasser, 1991; Rappoport *et al.*, 1984; Rothbaum, Weisz y Snyder, 1982; Thomas y Velthouse, 1990; Zimmerman y Rappoport, 1988). En vez sólo reaccionar ante lo que ven a su alrededor, las personas con un sentido de relevancia personal tratan de ejercer su influencia sobre lo que ven. Para sentirse facultado, se debe percibir no sólo que lo que uno hace produce un efecto, sino que uno mismo puede producir el efecto.

Tener un sentido de relevancia personal se relaciona con el *locus* de control interno analizado en el capítulo sobre el autoconocimiento, pero no es lo mismo. (Usted respondió ese cuestionario sobre el *Locus* de control en el capítulo 1). Aprendió que la mayoría de las personas han desarrollado una orientación hacia el *locus* de control interno o externo, lo cual caracteriza su actitud general ante la vida. Sin embargo, ayudar a las personas a experimentar el facultamiento, significa ayudarlos a desarrollar el sentimiento de que pueden producir el resultado deseado, sin importar la dimensión de su personalidad. Más adelante se presentan algunas ideas sobre cómo fomentar el sentido de relevancia personal.

Algunas investigaciones sugieren que las personas están motivadas intrínsecamente para buscar el sentido de relevancia personal o control (Spreitzer, 2008; White, 1959). Todos luchamos por mantener el sentido de control de nosotros mismos y de nuestras situaciones. De hecho, incluso las pequeñas pérdidas de control personal pueden ser dañinos tanto física como emocionalmente. Por ejemplo, se ha encontrado que la pérdida de control puede conducir a la depresión, estrés, ansiedad, baja moral, pérdida de productividad, agotamiento, impotencia aprendida e incluso mayores tasas de mortandad (vea Greenberger y Stasser, 1991; Langer, 1983; Xanthopoulou, Bakker y Fischbach, 2013). Por tanto, tener un sentido de control personal sobre los resultados o consecuencias, parece ser necesario para la salud tanto como el facultamiento.

Por otra parte, incluso las personas con mayor facultamiento son incapaces de controlar completamente todo lo que les sucede. Nadie puede producir todas las consecuencias que desee. No obstante, el facultamiento sirve para que las personas aumenten la cantidad de resultados personales controlables. Esto suele ser cuestión de identificar en qué áreas es posible aplicar la relevancia personal.

SIGNIFICADO

Las personas facultadas tienen sentido de significado. Valoran el propósito o los resultados de la actividad en la que participan. Sus ideales y estándares son congruentes con lo que hacen. La actividad "cuenta" en su propio sistema de valores. Sienten no sólo que son capaces de generar un resultado, sino que creen y les interesa lo que producen (Bennis y Nanus, 1985; Block, 1987; Bunderson y Thompson, 2009; Conger y Kanugo, 1988; Manz y Sims, 1989). Por tanto, el significado se refiere a la percepción de producir *valor*.

Las actividades llenas de significado crean un sentido de propósito, pasión o misión en las personas. En vez de consumir la energía y entusiasmo, son su fuente. Para la mayoría de las personas, el simple hecho de recibir un pago, de ayudar a la organización a ganar dinero o de realizar un trabajo no es suficiente para alcanzar el sentido de significado. Se requiere que algo más personal y lleno de valor se relacione con esa actividad. Casi toda la gente desea dedicarse a algo que producirá un beneficio perdurable, algo que mejorará el mundo o que esté asociado con un valor personal.

Beneficiarse personalmente de una actividad no garantiza significado. Por ejemplo, servir a los demás quizá no brinde recompensas personales, pero es mucho más significativo que un trabajo por el que se recibe un pago considerable. Por otro lado, participar en actividades que carecen de significado crea agotamiento, falta de compromiso o aburrimiento. Por lo tanto, son necesarios otros incentivos, como beneficios o pagos adicionales, para lograr que las personas se comprometan con su trabajo. Desafortunadamente, estos incentivos adicionales son costosos para las organizaciones y representan gastos sin valor agregado que restringen la eficacia y efectividad organizacionales. Es muy costoso para las empresas demandar trabajo con poco o ningún significado para los empleados.

Las investigaciones sobre el tema han encontrado que cuando las personas realizan un trabajo con significado para ellos, se comprometen e involucran más con él (Wrzesniewski, 2012). Concentran más su energía y son más persistentes en el logro de las metas deseadas que cuando el trabajo carece de significado. La autoestima de las personas aumenta, se emocionan y apasionan por sus tareas cuando éstas son significativas. Las personas facultadas y con sentido de valía personal son más innovadoras, más influyentes en los altos niveles jerárquicos y más eficaces que las personas con bajas puntuaciones en el área del significado (Bramucci, 1977; Deci y Ryan, 1987; Pratt y Ashforth, 2003; Spreitzer, 1992; Vogt y Murrell, 1990, Wrzesniewski, 2003).

CONFIANZA

Finalmente, las personas facultadas tienen un sentido de confianza. Confían en que serán tratados con justicia y equidad. Tienen la seguridad de que, aunque ocuparan posiciones subordinadas, el resultado final de sus acciones será de justicia y bienestar, y no de daño o dolor. Esto significa, generalmente, que confían en que las personas con autoridad o poder no las dañarán ni lastimarán, y que actuarán imparcialmente. Sin embargo, incluso cuando los poderosos no actúan con integridad ni justicia, las personas facultadas aún conservan este sentido de *seguridad personal*. La confianza se pone en los principios, no en las personas. También implica que los individuos están dispuestos a colocarse en una situación de vulnerabilidad (Zand, 1972), porque tienen fe en que, en última instancia, no sufrirán ningún daño como resultado de esa confianza (Barber, 1983; Deutsch, 1973; Luhmann, 1979; Mishra, 1992).

¿Cómo puede una persona mantener la confianza y el sentido de seguridad, incluso cuando está atrapada en una circunstancia que parece injusta, inequitativa o hasta peligrosa? Por ejemplo, en su lucha por lograr la independencia de India, Gandhi determinó que quemaría los pases que el gobierno británico requería que portaran todos los indios nativos, pero no los de los ciudadanos británicos. Gandhi convocó a una reunión y anunció públicamente su intención de resistirse ante esta ley y quemar los pases de cada uno de los indios que lo apoyaban. En un famoso incidente, después de que Gandhi quemara varios pases, la policía británica lo golpeó con macanas. A pesar de la golpiza, Gandhi continuó quemando pases.

¿Dónde está la confianza o el sentido de seguridad en este caso? ¿Por qué el facultamiento de Gandhi subsistió aún después de ser golpeado por la policía? ¿En qué confiaba Gandhi? ¿Estaba facultado o no?

La respuesta es que el sentimiento de seguridad de Gandhi no provenía de las autoridades británicas, sino de su fe en los principios que creía. Su sentimiento de seguridad se basaba en que creía en que hacer lo correcto siempre lleva a la consecuencia correcta.

Investigaciones sobre la confianza también han descubierto una gran cantidad de resultados positivos (Lau, Lam y Wen, 2013). Por ejemplo, las personas con altos niveles de confianza son más aptas para remplazar la superficialidad y las apariencias con intimidad y franqueza. Tienen más facilidad para ser abiertos, honestos y congruentes que engañosos o superficiales. Están orientados a la búsqueda y la libertad, son más seguros y están más dispuestos a aprender. Son buenos para establecer relaciones interdependientes, y les agrada la cooperación y están más dispuestos a asumir riesgos en los grupos que las personas desconfiadas.

Las personas confiadas tienen una gran disposición a tratar de llevarse bien con los demás y hacer aportaciones en un equipo. También revelan más de sí mismos, son más honestos en sus comunicaciones y escuchan con atención a los demás. Muestran menor resistencia al cambio y pueden lidiar con traumas inesperados que quienes tienen bajos niveles de confianza. Los individuos que confían en los demás tienen mayores probabilidades de ser dignos de confianza y de mantener altos estándares éticos personales (vea Gibb y Gibb, 1969; Golembiewski y McConkie, 1975; Mishra, 1992). Confiar en los demás, en otras palabras, permite a las personas actuar de una manera confiada y franca, sin perder energía en mecanismos de autoprotección o en juegos políticos, tratando de ocultar sus motivos personales (Chan, Taylor y Markhan, 2008). En resumen, un sentido de confianza faculta a las personas haciéndolas sentir seguras.

REVISIÓN DE LAS DIMENSIONES DEL FACULTAMIENTO

El principal tema de nuestro análisis hasta ahora ha sido demostrar que fomentar los cinco atributos del facultamiento en los individuos produce resultados positivos. Las investigaciones sobre cada una de las cinco dimensiones del facultamiento —la *autoconfianza* (sentido de competencia); la *autodeterminación* (sentido de elección), la *relevancia personal* (sentido de efecto); el *significado* (sentido de valor), y la confianza (sentido de seguridad)— apoyan el hecho de que cuando las personas se sienten facultadas se producen muchas ventajas personales y organizacionales. Por otro lado, cuando las personas no se sienten facultadas, sino impotentes, desamparadas y alienadas, las consecuencias negativas no se hacen esperar. Ayudar a las personas a desarrollar ciertos sentimientos sobre sí mismas y su trabajo los ayuda a tener comportamientos más eficaces.

Algunos estudiantes incrédulos (y algunos gerentes/directores) han argumentado que facultar a las personas no es necesario y que además constituye pérdida de tiempo en muchas situaciones, pues siempre habrá "aprovechados". Sostienen que muchos individuos no desean el facultamiento; simplemente desean participar al mínimo posible. No desean participar en equipos o clases. Les apena tomar la iniciativa y les agradaría más seguir instrucciones.

Sin embargo, esto ocurre cuando las personas no valoran el resultado del trabajo asignado (ausencia de un sentido de valor), cuando creen que alguien más producirá el resultado sin su participación (ausencia de sentido de relevancia personal) o cuando sienten que no pueden contribuir (ausencia de autoconfianza). Por otra parte, cuando están presentes las cinco dimensiones del facultamiento, casi todos participan activamente y desean el facultamiento.

Una investigación de Hackman y Oldham (1980) descubrió que más del 80 por ciento de los empleados tienen una fuerte "necesidad de crecimiento", o el deseo de atreverse y contribuir en su trabajo. Promover las cinco dimensiones del facultamiento responde a esta necesidad inherente de crecimiento y contribución.

La siguiente sección de este capítulo analizará las acciones específicas que los directivos pueden emprender para estimular el facultamiento.

Cómo desarrollar el facultamiento

Las personas tienden a experimentar el facultamiento en entornos que los ayudan a florecer, cuando son exitosas y su trabajo es satisfactorio. Sin embargo, tienen una necesidad especial de facultamiento cuando se enfrentan a situaciones amenazantes, confusas, excesivamente controladas, coercitivas o aislantes; cuando experimentan sentimientos inapropiados de dependencia o falta de adaptación; cuando sienten reprimida su capacidad de hacer lo que desean; cuando se sienten inseguros de cómo comportarse, cuando sienten que alguna consecuencia

negativa es inminente y cuando no se sienten apreciados o recompensados. El facultamiento, en otras palabras, le importa casi a cualquier persona en casi cualquier circunstancia.

Las investigaciones de varios académicos (Bandura, 1986, 2012; Hackman y Oldman, 1980; Quinn y Spreitzer, 1997; Wrzesniewski, 2003, 2012) han producido al menos nueve prescripciones para fomentar el facultamiento. Estas prescripciones ayudan a producir el sentido de competencia, elección, impacto, valor y seguridad. Éstas incluyen; (1) articular visión y metas claras; (2) fomentar experiencias de dominio personal; (3) modela; (4) brindar apoyo; (5) lograr un entusiasmo emocional; (6) dar la información necesaria; (7) ofrecer los recursos necesarios; (8) conectar con los resultados, y (9) crear confianza. Cada una de estas recomendaciones se analiza en la siguiente sección. La figura 8.1 ilustra su relación con las cinco dimensiones centrales del facultamiento.

Algunas de estas prescripciones son similares a las directrices conductuales encontradas en los capítulos acerca del establecimiento de relaciones mediante una comunicación de apoyo, ganar poder e influencia, y motivar a los demás. Como no existe una perfecta separación entre los conjuntos de habilidades para comunicarse, influir en los demás y motivarlos, es inevitable cierto grado de traslape entre ellos. Por otro lado, el contexto del facultamiento ofrece una perspectiva diferente para algunos de los lineamientos antes explicados.

UNA META CLARA

Un ambiente en el que los individuos puedan sentirse facultados requiere que se les guíe hacia una meta clara sobre lo que se desea lograr y cómo pueden contribuir. Muchas investigaciones confirman que tener metas motiva a las personas a lograr mejores rendimientos que si no las tuvieran (Rawsthorne y Elliot, 1999; Ryan y Deci, 2000).

Es lógico que si le asignan una tarea, pero no le dan objetivos ni estándares de desempeño, será poco probable que tenga un buen desempeño que si tuviera claro su objetivo y el nivel de desempeño que se espera de usted. Si deseamos un alto desempeño, casi siempre establecemos las metas como una forma de lograrlo. Locke y Latham (1990) identificaron los siguientes atributos de las metas más eficaces, los cuales se conocen con el acrónimo SMART (por las siglas en inglés de *Specific, Measurable, Aligned, Reachable y Timebound*, es decir, metas específicas, medibles, alineadas, alcanzables y con límite de tiempo):

Figura 8.1 — Relaciones entre las dimensiones y prescripciones para el facultamiento

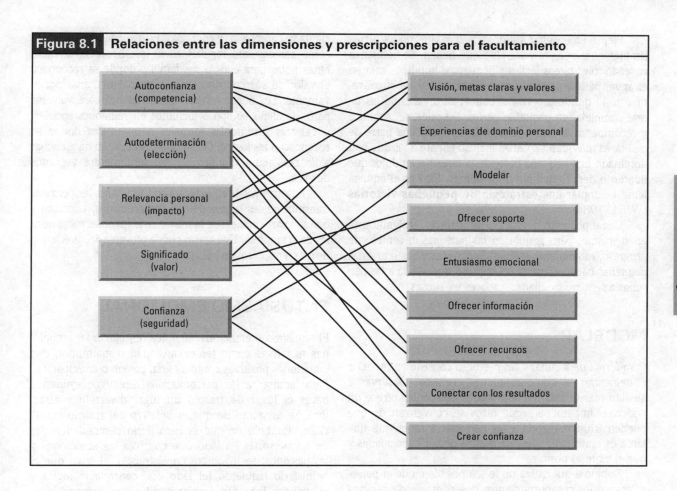

- ❑ *Metas específicas:* Metas identificables, conductuales y observables.

- ❑ *Metas medibles:* Metas que se pueden evaluar objetivamente y respecto a las cuales es posible determinar el nivel de consecución exitosa.

- ❑ *Metas alineadas:* Metas congruentes con los objetivos generales de la organización o consistentes con los valores de la persona y de la organización.

- ❑ *Metas realistas:* Metas cuya consecución es posible, no son sólo una fantasía o locura. Ser realista no significa que sean fáciles de lograr, porque las metas difíciles son mejores fuentes de motivación y predicen niveles más altos de logro que las metas fáciles (Locke y Latham, 2006).

- ❑ *Metas con límite de tiempo:* Metas en las que se especifica una fecha límite de consecución. Las metas que no tienen una fecha límite no son eficaces.

El punto es que las personas sean facultadas con la ayuda de metas SMART que les ayuden a comprender mejor cómo lograr un resultado valioso.

PROMOVER EXPERIENCIAS DE DOMINIO PERSONAL

Bandura (1986) encontró que lo más importante que se puede hacer para facultar a otras personas es ayudarlas a experimentar dominio personal ante algún desafío o problema. Al realizar con éxito una actividad, vencer a un oponente o resolver un problema, las personas desarrollarán el sentido de dominio. El dominio personal se puede fomentar ofreciendo a las personas la oportunidad de lograr con éxito tareas cada vez más difíciles, que a su vez conducirán al logro de metas más grandes y deseadas. La clave consiste en comenzar con actividades fáciles y luego progresar poco a poco hasta que la persona sienta que domina alguna tarea desafiante completa (vea también Paglis, 2010).

Piense en enseñar a niños a nadar. Uno no los arroja simplemente al agua y les pide que naden. Se comienza enseñándoles tareas fáciles y pequeñas: hundir la cara en el agua, patear, ayudarse con sus brazos, y así sucesivamente. El dominio personal comienza dividiendo las tareas complejas en pequeñas partes. Después, se reconoce y recompensa el logro exitoso de una pequeña parte de una tarea más grande. Quizá incluso aliente a los que han dominado una pequeña parte de la tarea haciéndolos que lideren o den el ejemplo a los demás. Esto es el equivalente a adoptar una **estrategia de pequeñas victorias** (Weick, 1984).

Cada pequeño logro puede parecer insignificante en sí mismo, pero genera en las personas el sentido de progreso, movimiento y éxito. Reconocer y celebrar estas pequeñas batallas suscita un impulso que ayuda a las personas a sentirse facultadas, capaces y exitosas.

MODELAR

Otra forma de facultar a las personas consiste en modelar o demostrar el comportamiento correcto. Observar a alguien más triunfar en actividades desafiantes ofrece un poderoso ímpetu para que otros se convenzan de que pueden triunfar. Ayuda a las personas a saber que una tarea es realizable, que está dentro de sus capacidades y que el éxito es posible.

Debido a que quizá no le sea posible modelar personalmente los comportamientos deseados a cada persona que desee empoderar, quizá pueda mostrarles a otras personas que han tenido éxito en circunstancias similares. O quizá le sea posible asociarlos con modelos de rol visibles que les puedan servir de ejemplos o mentores.

Piense en lo que sucede cuando una barrera o límite se rompe. Por ejemplo, en el atletismo de pista y campo, cuando John Thomas rompió la marca de salto de altura de 2.10 metros y Roger Bannister rompió el récord de una milla en cuatro minutos, otros atletas no tardaron en romper esas marcas. Pero antes de que se rompiera se les consideraba insalvables. Era preciso que se demostrara que la barrera podía derribarse para que otros experimentaran el facultamiento necesario para creer que era posible ese logro.

BRINDAR APOYO

Una cuarta técnica para ayudar a los demás a experimentar el facultamiento consiste en brindarles apoyo social y emocional. Para facultarlas, necesitan sentirse elogiadas, alentadas, aprobadas y confiadas. Esto puede ser tan simple como apreciar con regularidad lo que hacen bien, escribirles notas para ellos o sus familias donde se reconozca el valor de sus contribuciones o retroalimentarlas positivamente. Les puede ofrecer oportunidades para volverse parte de algún equipo o incluirlos en reuniones sociales, o celebrar ceremonias formales o informales donde se reconozcan los logros. Quizá sólo sea cuestión de escuchar a las personas y comprender sus sentimientos y puntos de vista.

En otras palabras, usted puede facultar a las personas transmitiéndoles la idea de que son aceptados, valorados y que son parte integral de la misión o de los objetivos generales de la empresa. Este apoyo puede provenir del directivo o de los compañeros de trabajo.

ENTUSIASMO EMOCIONAL

El entusiasmo emocional significa remplazar las emociones negativas como temor, ansiedad o malhumor, con emociones positivas como alegría, pasión o anticipación. Para facultar a las personas, los directivos ayudan a hacer el lugar de trabajo un lugar divertido y atractivo. Se aseguran de que el objetivo del trabajo quede claro. También de que el hemisferio cerebral derecho de las personas (el lado que controla las emociones y las pasiones) se involucre en el trabajo, al igual que el hemisferio izquierdo (el lado que controla la lógica y el análisis). Infunden energía positiva a su personal y como consecuencia, aumenta el facultamiento y el desempeño (Esmaeili, *et al.*, 2011).

Bandura (1977) encontró que la ausencia de entusiasmo emocional positivo dificulta, si no imposibilita, facultar a las personas. No obstante, la excitación emocional no sólo significa tocar cornetas, aumentar los decibeles, escuchar discursos o crear emociones superficiales. En cambio, la excitación emocional ocurre cuando lo que las personas hacen está conectado con los valores que más aprecian. Para sentirse facultados, los trabajadores deben ver que lo que hacen todos los días está asociado con algo importante para ellos. Los empleados se emocionan más por ejemplo cuando trabajan en la mejora de la humanidad, en la mejora de la calidad de vida de las personas y en el crecimiento y desarrollo individual, que cuando reciben un incremento salarial de 10 por ciento o alcanzan una meta de utilidades. Esto no quiere decir que lograr metas financieras no sea importante, sino que el entusiasmo emocional se asocia más con los valores personales que con la rentabilidad organizacional.

El entusiasmo emocional también se asocia con los atributos del trabajo que las personas realizan. El siguiente aforismo demuestra mejor esta conexión: "*Las personas están dispuestas a pagar por el privilegio de trabajar más arduamente que lo que trabajarían cuando se les remunera*". (Coonradt, 2007). Considere lo que sucede a mediados de noviembre en Utah y Colorado cuando la primera nevada importante cae sobre las estaciones de esquí. El ausentismo en el trabajo y las escuelas se incrementan. Las personas sacrifican el salario de un día, se calzan sus esquís de $400, sus botas de $300, su traje de esquí de $500, compran $100 de gasolina para conducir al centro de esquí más cercano, pagan $115 por un boleto para el teleférico, almuerzan un *hotdog* de $35 y regresan al final del día completamente exhaustas, después de haber pagado por el privilegio de trabajar con más ahínco que lo que trabajarían cuando son remunerados.

La pregunta es, ¿por qué? ¿Por qué las personas gastarán más dinero para trabajar con más ahínco, agotarse, soportar condiciones ambientales adversas y arriesgar sus cuerpos que lo que tolerarían en sus trabajos cotidianos? La respuesta es obvia. Es recreación. Es divertido. Da energía y disfrute. Las personas se sienten facultadas".

Los atributos que crean este tipo de excitación emocional también se pueden aplicar al escenario laboral. Estos atributos hacen que las actividades sean divertidas y recreativas, y pueden ser tan típicas del trabajo como lo son del esparcimiento (Duckworth, Peterson, Matthews y Kelly, 2007). Por ejemplo, toda recreación tiene una *meta* clara (ganar, superar una marca personal). Sin una meta claramente definida, nadie se entusiasma. Esa meta siempre se compara con un estándar que interesa a las personas (por ejemplo, ganar el campeonato de la NCAA, ganar 300 puntos en una tirada de bolos). Además, los sistemas de *puntuación* y *retroalimentación* son objetivos, autodirigidos y continuos. Por ejemplo, en el básquetbol todos saben que un tiro libre siempre vale un punto, que el ganador es el equipo que encesta más canastas y que en todo momento se conoce la puntuación exacta del juego. Una razón por la que entusiasma tanto ver los deportes es porque en todo momento sabemos la puntuación. Esto por desgracia es poco común en la mayoría de los lugares de trabajo y salones de clases. Cuando conocemos la puntuación, aumenta la excitación emocional.

Además, en la recreación se identifica claramente cuando algo se *sale del límite*. Todos conocen las consecuencias de patear un balón de soccer fuera de la línea, de batear una pelota de béisbol a la izquierda de la tercera base, o de pisar más allá de la zona de salida en el salto de longitud. Todo esto está fuera de los límites y todos saben que salirse del límite detiene la acción.

Es posible facultar a las personas mediante la activación emocional, y no sólo animando, dando discursos carismáticos y fomentando una atmósfera de trabajo divertida, sino aprovechando algunos de los principios de la recreación que fomentan las emociones: metas claras, puntuación y retroalimentación objetivas, autodirigidas y continuas, y la definición clara de lo que es un comportamiento que se sale de los límites.

OFRECER INFORMACIÓN

Kanter (1983) identificó a la información como una de las "herramientas de poder" directiva/gerencial más importantes. Cuando un ejecutivo ofrece a su gente más información, estas personas obtendrán un sentido de facultamiento y tenderán a trabajar de manera productiva, exitosa y congruente con sus deseos. En realidad usted mejora su base de poder involucrando a otras personas en la consecución de resultados deseables. Con más información, las personas tienden a experimentar más autodeterminación, control personal y confianza. El sentido de facultamiento resultante mejora la probabilidad de que otros lo apoyen e intenten ayudarlo. Ofrecer información a la gente hace que tiendan a colaborar más con usted (Gilbert, Laschinger y Leiter, 2010).

Es posible sobrecargar a la gente con mucha información y provocarles ansiedad y agotamiento con demasiados datos. Pero en nuestra experiencia, la mayoría de las personas sufren más por tener muy poca información que por tener demasiada. Block (1987) argumenta:

Compartir tanta información como sea posible es lo opuesto a la noción que priva en el ejército de que sólo las personas que "necesitan saber" deben ser las informadas. Nuestra meta es hacer que la gente conozca sus planes, ideas, cambios tan pronto como sea posible... Si estamos tratando de crear la mentalidad de que todos son responsables del éxito del negocio, entonces nuestra gente necesita información completa. (p. 90).

Nuestra propia investigación confirma la importancia de dar información para mejorar el facultamiento (Cameron, Freeman y Mishra, 1993). Por ejemplo, en un estudio entrevistamos cada seis meses a CEOs de empresas grandes y reconocidas para evaluar los cambios y las estrategias organizacionales que estaban utilizando para enfrentar una disminución en sus ingresos. Una empresa no progresaba en mejorar su situación financiera. El CEO fue muy cuidadoso en compartir la información sobre finanzas, productividad, costos e indicadores generales de la empresa únicamente con su alto equipo directivo. Nadie más en la empresa tenía acceso a esa información. Sin embargo, el cambio de CEO de la empresa produjo un cambio drástico en la política de difusión de la información. El nuevo CEO empezó a difundir la información entre todos los empleados de la empresa. Ningún dato se consideró información exclusiva de la alta dirección. Los empleados de limpieza tenían el mismo acceso a ella que los vicepresidentes.

El facultamiento resultante que los empleados experimentaron provocó consecuencias espectaculares. Las mejoras propuestas por los empleados presentaron un marcado aumento, así como la confianza y la moral de los trabajadores, y el repunte financiero resultante hizo que el CEO pareciera un genio. Él atribuyó su éxito a su disposición para facultar a los empleados al compartir con ellos la información que necesitaban para mejorar.

OFRECER RECURSOS

Además de brindar información, el facultamiento también se promueve dando a las personas otros tipos de recursos que les ayuden a cumplir sus funciones. En este sentido, se puede facultar a los demás actuando más como un bloqueador de un equipo de fútbol que como mariscales de campo. Es decir, ser menos un director o comandante y más un proveedor de recursos (crear tiempo para que otros lancen un pase o entreguen el balón en la mano) y eliminador de obstáculos (bloquear la línea defensiva) que el centro de atención. Cuando faculta a los demás, su misión principal es ayudarlos a cumplir sus objetivos.

Por ejemplo, esto significa asegurarse de que reciban una capacitación y experiencias de desarrollo adecuadas, soporte técnico y administrativo; espacio, tiempo, personal o equipo necesarios; acceso a redes de comunicación e interpersonales que faciliten su trabajo. Esto no significa, desde luego, que las personas facultadas obtengan todo lo que desean. Es poco realista asumir que existen recursos ilimitados, incluyendo su tiempo y atención.

Por otra parte, los recursos más importantes que puede proporcionar son los que ayudan a la gente a controlar su propio trabajo y sus vidas, es decir, aquellos que fomentan su sentido de autoconfianza y autodeterminación. Cuando los individuos sienten que tienen lo necesario para alcanzar el éxito y poseen la libertad para buscar lo que desean lograr, su desempeño es mucho mejor que cuando no disponen de ese tipo de recursos (Spreitzer, 1992).

Entre a la página de Zappos.com o About Google, y vea un breve video o dos. Verá empresas completamente dedicadas a facultar a sus empleados, a cuidar

de sus clientes, de su trabajo y de unos a otros. Bill Marriott de Marriott Corporate ha dicho que "Los clientes ocupan el segundo lugar; los empleados, el primero". Está convencido de que facultar a sus empleados con los recursos necesarios garantiza un espectacular servicio al cliente.

CONEXIÓN CON LOS RESULTADOS

Una de las lecciones importantes aprendidas por las empresas estadounidenses de manufactura tras la llegada de las industrias japonesas de automóviles y productos electrónicos a su país, fue que se faculta más a los empleados cuando éstos pueden ver los resultados de su trabajo. Por ejemplo, para las compañías estadounidenses resultaba sorprendente que sus contrapartes japonesas visitaran con regularidad a los clientes en sus casas o lugares de trabajo, observaran cómo se utilizaban los productos que elaboraban sus empleados y recibieran retroalimentación directa de los usuarios finales. Esta conexión con el cliente final aumentaba el facultamiento de los empleados, además de ser una fuente valiosa de ideas para mejorar (Dorio y Shelley, 2011). Las personas se sienten motivadas en el trabajo cuando interactúan con los clientes finales para ver los efectos de su desempeño.

Una idea parecida es autorizar a los empleados para resolver problemas cuando es necesario. Cuando se dio libertad a los empleados para resolver un problema, responder de inmediato a las quejas de un cliente o reparar un error al instante sin tener que obtener aprobación, no sólo aumentaba en gran medida la satisfacción de los clientes (una mejora promedio del 300 por ciento), sino que los empleados se sentían también mucho más facultados.

Otra manera muy eficaz de mejorar la motivación y satisfacción es crear una **identidad de la actividad**, es decir, la oportunidad de lograr una tarea completa (Hackman, Oldham, Janson y Purdy, 1975). Las personas se frustran y se sienten impotentes cuando realizan sólo una parte de la actividad, cuando nunca ven el resultado y el impacto de su esfuerzo y su trabajo. Contar con una identidad de la actividad implica que los individuos puedan planear, realizar actividades y evaluar el éxito de sus esfuerzos. Los resultados y efectos de lo que se logra se pueden valorar. En otras palabras, para sentirse facultado, es necesario saber si se realizó con éxito el trabajo asignado, y si ese trabajo marcó alguna diferencia en el éxito general de su unidad de trabajo. Cuanto más clara sea la conexión, más facultados nos sentimos.

CREAR CONFIANZA

Una técnica adicional para generar facultamiento consiste en crear un sentido de confianza entre los empleados hacia el líder. En vez de estar a la defensiva y sentirse desconfiados, los empleados sienten la seguridad de que el directivo y la organización son honorables y que tienen las mejores intenciones. Esta certidumbre ayuda a eliminar la incertidumbre, la inseguridad y la ambigüedad, y crea un entorno de seguridad y confianza.

Existen al menos dos razones por las que las personas se sienten más facultadas conforme aumenta su confianza hacia su líder o directivo. Primero, se evitan los comportamientos desgastantes e improductivos asociados a la desconfianza y las sospechas. Cuando las personas desconfían unas de otras, no escuchan, no se comunican con claridad, no se esfuerzan y no colaboran. Por otro lado, cuando existe confianza, las personas tienen la libertad de experimentar, aprender y contribuir sin temor a las consecuencias.

En segundo lugar, las personas admirables y honorables siempre transmiten energía positiva a los demás y los hacen sentir aceptados y capaces. Por esta razón, las universidades anuncian cuántos de sus profesores han ganado el Premio Nobel, cuántos de sus jugadores de fútbol americano han ganado el trofeo Heisman, el número de profesores destacados dentro de su equipo docente en las escuelas de negocios, así como los logros notables de sus mejores alumnos. Aunque los demás miembros de la universidad no tengan nada que ver con esos logros, gracias a ellos mejoran su autoimagen y su facultamiento porque pertenecen a la misma organización. Por las mismas razones, fomentar la confianza en un directivo ayuda a los empleados a desarrollar el sentido de facultamiento.

Para crear estos sentimientos de confianza y fiabilidad son especialmente importantes cinco factores: (1) *confiabilidad*; (2) *equidad*; (3) *interés*; (4) *apertura*, y (5) *competencia*. Los directivos generan confianza y, por lo tanto, facultan a los demás, conforme manifiestan estas cinco características que están relacionadas con la honorabilidad.

❑ *Confiabilidad*. Si desea que las personas confíen en usted, usted debe ser confiable. Esto significa que debe ser congruente, digno de confianza y estable. Sus acciones deben ser coherente con sus palabras y con sus actitudes.

❑ *Equidad*. Debe ser equitativo y justo y no tomar ventaja de nadie. Cuando haga juicios, los empleados deben saber claramente qué criterios y estándares utilizará para juzgar a los demás. Estos juicios deben ser vistos como justos e imparciales.

❑ *Interés*. Debe mostrar interés personal por los demás y ayudarlos a sentirse importantes. Puede lograrlo señalando las fortalezas y contribuciones de los demás y utilizando una comunicación constructiva y comprensiva cuando corrija los errores o dé retroalimentación negativa a los demás.

❑ *Apertura*. Debe fomentar la confianza mientras permanece abierto y accesible. Esto significa que debe compartir la información de manera transparente y honesta, y no guardar secretos que pudieran dañar a otros. Esto no sugiere que no pueda mantener la confidencialidad, sino que los empleados no deben preocuparse por motivos ocultos que pudieran afectarlos.

❑ *Competencia*. Las personas deben saber que su director es competente. Necesitan tener la seguridad de que cuenta con la capacidad, la experiencia y el conocimiento necesarios para realizar las actividades y resolver los problemas. Sin alardear de su competencia experta, debe inspirar en sus empleados la idea de que pueden confiar en su habilidad y capacidades.

El poder de crear confianza en los empleados se puede constatar en entrevistas realizadas a varios CEOs. No pierda de vista la función fundamental de la confianza en el directivo (vea Cameron *et al.*, 1993; Mishra, 1992).

Si ellos no creen en lo que les estoy diciendo, si piensan que sólo son tonterías, no esperen que se esfuercen. No harán nada diferente; no estarán abiertos al cambio a menos que entiendan y confíen en que las cosas de las que hemos hablado son verdaderas. Pienso que la confianza es la cuestión más importante.

Lo más importante en mi organización es esto: ser honesto. No mienta. Diga lo que es. Correcto, incorrecto o diferente. Diga la verdad.

Todo el personal está dedicado un 150 por ciento a ayudarse unos a otros. Nadie puede hacerlo solo, así que necesitan mucho a los demás. Y aquí entra la apertura y la confianza. Debe ser franco, ser abierto y honesto. Debe crear confianza.

Los directivos exitosos infunden confianza, son auténticos, honorables y dignos de confianza.

APRENDIZAJE

REPASO DE LOS PRINCIPIOS DEL FACULTAMIENTO

La tabla 8.3 resume la lista de acciones que hemos analizado en páginas anteriores, sobre las nueve recomendaciones del facultamiento. Es una lista de recomendaciones para facultar a otras personas. No todas estas sugerencias son relevantes para cada circunstancia o persona, pero desarrollar la habilidad del facultamiento depende, al menos en parte, de conocer las alternativas y saber cómo implementarlas. Esta lista no es exhaustiva; otras actividades podrían ser igual de eficaces para facultar a las personas. Sin embargo, las nueve prescripciones y sugerencias relacionadas con cada una representan acciones que usted querrá practicar si quiere mejorar

su competencia para facultar a los demás. La sección Práctica de habilidades de este capítulo le brinda la oportunidad de hacerlo.

Las investigaciones sugieren que las personas más facultadas están más inclinadas a facultar a los demás. Por esa razón incluimos al inicio de este capítulo un instrumento de evaluación que sirve para medir el nivel de facultamiento que tiene en su trabajo. Sus puntuaciones en el instrumento *Evaluación del facultamiento personal* indican qué tanto su trabajo lo faculta en términos de autoconfianza, autodeterminación, control personal, significado y confianza. Saber qué es lo que brinda el sentido de facultamiento podría serle útil al pensar en formas de facultar a los demás. Asimismo, mediante el otro instrumento que respondió (Facultamiento y delegación

Tabla 8.3	Sugerencias prácticas para facultar
Comunique una visión, metas claras y valores de la organización	
• Cree una imagen del futuro deseado.	
• Utilice imágenes verbales y lenguaje emocional para describir la visión.	
• Identifique acciones y estrategias específicas que conducirán a la visión.	
• Establezca metas SMART.	
• Asocie la visión y las metas con valores personales y organizacionales.	
Fomente experiencias de dominio personal	
• Divida las actividades en tareas grandes y asigne una parte a la vez.	
• Asigne primero las actividades sencillas y después las difíciles.	
• Destaque y celebre los pequeños triunfos.	
• Amplíe paulatinamente las responsabilidades laborales.	
• Dé cada vez mayor responsabilidad para resolver problemas.	
Modele comportamientos exitosos	
• Demuestre la realización exitosa de las actividades.	
• Llame la atención hacia otras personas que han tenido éxito.	
• Facilite la interacción con otros modelos de roles.	
• Consiga un orientador.	
• Establezca una relación de mentor.	
Brinde apoyo	
• Elogie, aliente, exprese aprobación y reafirme.	
• Envíe cartas o notas de aprecio a los miembros de la familia o a los compañeros de trabajo.	
• Dé retroalimentación regular.	
• Fomente actividades sociales informales para aumentar la cohesión.	
• Supervise de manera menos estricta y otorgue más tiempo.	
• Celebre ceremonias de reconocimiento.	

Tabla 8.3	Continuación

Produzca emociones positivas

- Fomente actividades que faciliten la formación de amistades.
- Envíe periódicamente mensajes divertidos.
- Utilice superlativos en la retroalimentación.
- Destaque la compatibilidad entre valores personales importantes, así como metas y valores organizacionales.
- Aclare el efecto sobre el cliente final.
- Fomente los atributos de la recreación en el trabajo: metas claras, sistemas de registro eficaz de resultados y de retroalimentación, y comportamiento fuera de los límites.

Dé información

- Dé toda la información relevante para la actividad.
- Brinde información técnica y datos objetivos continuamente.
- Transmita información relevante entre unidades y entre funciones.
- Permita el acceso a la información o a personas con altos niveles de responsabilidad.
- Facilite el acceso a la fuente de información.
- Aclare los efectos que tienen los actos sobre los clientes.

Ofrezca recursos

- Brinde capacitación y experiencias de desarrollo.
- Dé apoyo técnico y directivo.
- Brinde el tiempo, el espacio o el equipo necesarios.
- Garantice el acceso a redes de información relevante.
- Otorgue mayor discreción para utilizar los recursos.

Conecte con los resultados

- Brinde oportunidades para interactuar directamente con aquellos que reciben el servicio o el producto.
- Otorgue autoridad para resolver problemas en el momento.
- Dé retroalimentación inmediata, no filtrada y directa acerca de los resultados.
- Cree una identidad para la actividad, con la oportunidad de realizar una actividad completa.
- Aclare y mida los efectos, así como los resultados directos.

Cree confianza

- Muestre confiabilidad y congruencia.
- Muestre equidad y justicia.
- Manifieste interés y preocupación personal.
- Muestre apertura y honestidad.
- Demuestre competencia y conocimientos expertos.

eficaces) podrá determinar en qué grado su comportamiento ayuda a facultar a las personas con las que trabaja y cuán efectivo es para involucrar a los demás. Estos instrumentos evalúan si realiza los comportamientos que se analizaron con anterioridad, así como su eficacia para involucrar a otros.

Inhibidores del facultamiento

Si los datos son contundentes en cuanto a que el facultamiento produce mejores resultados y a que las mejores técnicas para incrementar el facultamiento son claras, ¿por qué es tan poco común que las empresas faculten a su personal? ¿Por qué la mayoría de las personas se sienten ajenas a su trabajo y poco comprometidas? (Cameron, Dutton y Quinn, 2003).

En su libro sobre facultamiento directivo, Peter Block (1987) señaló que el facultamiento es muy difícil de lograr:

> Muchos directivos han intentado una y otra vez abrir la puerta de la participación de la gente, sólo para darse cuenta de que no quieren atravesarla. [En un estudio de directivos a quienes les ofrecieron la responsabilidad total de sus áreas de trabajo], sólo aproximadamente 20 por ciento de los gerentes asumieron la responsabilidad, cerca de 50 por ciento de los directivos pusieron a prueba con cautela la sinceridad de la oferta y luego, durante un periodo de seis meses, empezaron a tomar sus propias decisiones. La parte frustrante del esfuerzo fue que el otro 30 por ciento se negó por completo a asumir el control; se aferró con fuerza a su dependencia y continuó quejándose de que los directivos de nivel superior no hablaban en serio y de que no contaban con suficiente personal o recursos para hacer el trabajo. Las características singulares de su situación provocaron que los esfuerzos para crear una administración participativa resultaran infructuosos. (p. 154).

Muchos directivos y empleados no aceptan el facultamiento y se muestran incluso más renuentes a proporcionarlo. Varias encuestas han examinado las razones de que los directivos no estén dispuestos a facultar a sus empleados (Byham, 1988; Newman y Warren, 1977; Preston y Zimmerer, 1978), y esas razones pueden clasificarse en tres amplias categorías.

ACTITUDES ACERCA DE LOS SUBORDINADOS

Las personas que evitan facultar a los demás a menudo piensan que sus subalternos no son lo suficientemente competentes para cumplir con el trabajo, que no están interesados en asumir más responsabilidades, que están saturados de trabajo y que son incapaces de absorber más responsabilidades, que requerirían demasiado tiempo de capacitación, o que no deberían participar en actividades o responsabilidades que comúnmente realiza alguien más. Piensan que el problema de la falta de facultamiento reside en otras personas, no en ellos mismos. Piensan: "Estoy dispuesto a facultar a mi gente, pero simplemente no aceptarán la responsabilidad". Por otra parte, como se señaló antes, estas suposiciones son más comunes en los directivos que las utilizan como excusa para evitar facultar a los empleados. La gran mayoría de las personas buscan el facultamiento (Kanter, 2008).

INSEGURIDADES PERSONALES

Algunas personas temen perder el reconocimiento y las recompensas asociadas con el cumplimiento exitoso de una tarea si facultan a los demás. No están dispuestos a compartir su experiencia o "secretos comerciales" por el temor de perder su poder o puesto. No toleran la ambigüedad y esto hace que crean que deben conocer todos los detalles de los proyectos que les asignan. O bien, prefieren trabajar solos en vez de dejar que otros participen, o no están dispuestos a absorber los costos que supondría que los subordinados se equivocaran.

Piensan: "Estoy dispuesto a facultar a los demás, pero si lo hago, estropearán todo o se adjudicarán el triunfo". Por desgracia, cuando la gente trata de convertirse en héroe, cuando desea obtener toda la gloria o evitar que participen otras personas, casi nunca logran lo que podrían si aprovecharan la experiencia y la energía de los demás. Hay una gran abundancia de datos que demuestran que los equipos facultados tienen un mejor desempeño incluso que el individuo más competente (vea el capítulo 9, "Formación de equipos efectivos y trabajo en equipo").

NECESIDAD DE CONTROL

Las personas que no están dispuestas a facultar también tienen una gran necesidad de asumir el control, de dirigir y regular lo que sucede. Suponen que la ausencia de dirección y metas claras producirán confusión, frustración y fracaso entre los empleados. Consideran que la dirección de los superiores es imprescindible. Piensan: "Estoy dispuesto a facultar a las personas, pero requieren instrucciones claras y un conjunto de directrices claras; de otro modo, la falta de instrucciones les creará confusión".

Aunque es verdad que las metas claras y las instrucciones específicas mejoran el desempeño, las metas fijadas por los propios individuos siempre son más motivadoras que las metas establecidas por alguien más. Por lo tanto, las personas tendrán un mejor desempeño si están facultadas para establecer sus propias metas, en vez de que alguien más las imponga como prerrequisito del éxito.

SUPERAR LOS FACTORES INHIBIDORES

Desde luego, las razones relacionadas con estos inhibidores podrían ser en parte ciertas, pero le impedirán alcanzar el éxito asociado con un facultamiento hábil. Y si demuestra la disposición y valentía para facultar a los demás, el éxito aún requerirá una implementación hábil. De hecho, cuando el facultamiento es incompetente la eficacia de una organización y de sus empleados disminuye.

Por ejemplo, se ha encontrado que dar a los empleados libertad sin instrucciones claras o sin recursos suficientes, les provoca daños psicológicos, manifestados como una mayor depresión (Alloy, Peterson, Abrahamson y Seligman, 1984), mayor estrés (Averill, 1973), un desempeño menos eficiente y menor satisfacción laboral (Greenberger *et al.*, 1989), menor estado de alerta e incluso una mayor tasa de mortalidad (Langer y Rodin, 1976). Desde luego, estas consecuencias negativas están relacionadas no sólo con un facultamiento incompetente, sino que se han observado en situaciones en las que el intento de facultamiento fue poco hábil y eficiente. El punto es que las directrices ofrecidas anteriormente no son sólo ideas interesantes, sino que son necesarias para representar el valor que el facultamiento eficaz produce.

Promover el involucramiento

La situación en la que el facultamiento es más necesario es cuando otras personas deben participar para terminar una tarea. Desde luego, si una persona trabaja sola, saber cómo facultar a los demás es irrelevante. Por otro lado, es imposible que los directivos realicen todo el trabajo necesario para cumplir la misión de una empresa, por lo que debe involucrar a otros el trabajo y delegar la responsabilidad en otras personas. Por ello, es necesario facultar a los empleados para que puedan realizar las actividades organizacionales. Sin involucrar a otros y facultarlos, ninguna organización o directivo disfrutarán de un éxito perdurable.

Involucrar a otros se ha convertido en un tema muy popular en la última década, pero su significado se ha vuelto cada vez más ambiguo. En ocasiones el involucramiento se utiliza como sinónimo de moral alta, satisfacción, lealtad, compromiso y acciones automotivadas. Algunos autores igualan el hecho de promover el involucramiento con el "liderazgo de apoyo" o ayudar a los demás a florecer en un contexto laboral (Greenleaf, 2002).

En este capítulo daremos un enfoque muy específico al involucramiento y nos centraremos en cómo ayudar a los demás a participar más en el trabajo y alcanzar el éxito. Se utiliza un marco empíricamente validado para dar respuesta a tres preguntas: ¿*cuándo*, a *quién* y *cómo* debo involucrar para lograr resultados?

Involucrar a otros de manera eficaz tiene varias ventajas además de sólo lograr más trabajo. Como se muestra en la tabla 8.4, también beneficia a los que se involucra.

En específico, involucrar a otros con facultamiento puede ayudar a desarrollar las capacidades y el conocimiento de los subordinados, por lo que su eficacia personal aumenta. Puede ser una técnica para fomentar las experiencias de dominio personal. Involucrar a otros también puede demostrar confianza en la persona a quien se le asignan tareas. Mishra y Mishra (2013) resumen una investigación de acuerdo con la cual las personas que perciben confianza por parte de sus directivos son mucho más eficaces que quienes no se sienten de esa forma. Involucrar a otros aunado con el facultamiento puede mejorar el compromiso de las personas a quienes se encomienda una tarea. Las investigaciones revelan consistentemente una relación positiva entre la oportunidad de participar en el trabajo y la satisfacción, la

Tabla 8.4	Ventajas de involucrar a otros
VENTAJA	**EXPLICACIÓN**
Tiempo	Incrementa el tiempo discrecional con que el director puede contar.
Desarrollo	Desarrolla el conocimiento y las capacidades de los involucrados.
Confianza	Demuestra confianza en los involucrados.
Compromiso	Aumenta el compromiso de aquellos a quienes se involucra.
Información	Aumenta la toma de decisiones con mejor información.
Eficiencia	Aumenta la eficiencia y disminuye el tiempo en la toma de decisiones.
Coordinación	Fomenta la integración laboral entre los involucrados.

productividad, el compromiso, la aceptación del cambio y el deseo de trabajar como consecuencias (Lorinkova, Pearsall y Sims, 2013).

Aumentar el involucramiento también ayuda a mejorar la calidad de la toma de decisiones aportando más información y acercando más la fuente del problema, que lo que un directivo podría lograr solo. Involucrar a quienes tienen acceso directo a información relevante puede mejorar la eficiencia (requiere menos tiempo y recursos) y la eficacia (ayuda a tomar una mejor decisión).

Por último, promover el involucramiento puede aumentar la coordinación e integración del trabajo asegurando que la información y el rendimiento de cuentas final se compartan y no sean sólo responsabilidad de una persona. Mejorar el involucramiento, en otras palabras, pueden asegurar que las diferentes tareas no tengan efectos contradictorios. Involucrar a otros de manera competente puede producir las cinco dimensiones del facultamiento: un sentido de competencia, elección, impacto, valor y seguridad.

Ahora presentamos algunas directrices sobre cuándo involucrar a otros, a *quiénes* involucrar y por último, *cómo* involucrar de manera eficaz a otras personas para terminar una tarea.

DECIDIR CUÁNDO INVOLUCRAR A OTROS

Promover el involucramiento implica decidir, antes que nada, cuándo involucrar a otros en las actividades y cuándo efectuarlas uno mismo. Para determinar cuándo es más oportuno involucrar a otros, se deben plantear cinco preguntas básicas (Vroom y Yetton, 1973; Vroom y Jago, 1974). Las investigaciones de Vroom indican que si sigue las directrices ofrecidas por estas preguntas, tendrá casi cuatro veces más probabilidades de lograr éxito en los resultados que cuando no lo haga. Esas preguntas son lineamientos útiles para determinar si debe involucrar a una o a varias personas.

1. *¿Otras personas cuentan con la información o experiencia necesaria (o mejor)?* En muchos casos, otras personas quizá estén mejor calificadas que usted para tomar decisiones y realizar las actividades, ya que están más familiarizadas con las preferencias de los clientes, los costos ocultos, los procesos de trabajo, etcétera. Es probable que estén más cerca de las operaciones cotidianas.
2. *El compromiso de las demás personas, ¿es fundamental para la implementación exitosa?* La participación en el proceso de toma de decisiones

incrementa el compromiso con la decisión final. Cuando los empleados realizan su trabajo con cierta libertad (es decir, qué trabajo hacer, cómo y cuándo hacerlo), por lo general, participan en el proceso de toma de decisiones para garantizar su cooperación. Si bien la participación tiende a alargar el proceso de decisión, disminuirá el tiempo necesario para llevarla a la práctica.

3. *Las habilidades de las personas, ¿aumentarán con el involucramiento?* Involucrar a otros puede convertirse rápidamente en un mecanismo indeseable si se considera como un medio del jefe para deshacerse de las tareas indeseables. Por lo tanto, involucrar a otros debe ser una práctica consistente y no utilizarse sólo cuando el trabajo es excesivo. Debe reflejar una filosofía administrativa general que enfatice el desarrollo y el apoyo a los empleados. Mejorar las habilidades y los intereses de los demás debería ser un motivo central para involucrar a otros en esas actividades.
4. *Las personas, ¿comparten con usted y entre ellas valores y perspectivas comunes?* Si las personas no comparten un punto de vista similar entre sí y con usted, es probable que se perpetúen soluciones inaceptables, los medios inadecuados y los errores rotundos. Esto a su vez aumenta la necesidad de supervisar y vigilar de manera más estricta y frecuente. Articular una misión clara y objetiva para todos adquiere un carácter crucial. En particular, se debe saber con claridad por qué se realizará el trabajo. Coonradt (2007) descubrió que a las personas importantes siempre se les dice por qué, mientras que a las que no lo son tanto, únicamente, se les dice qué, cómo o cuándo. Explicar por qué un trabajo es significativo crea una perspectiva común.
5. *¿Hay tiempo suficiente para involucrar a otros de manera eficaz?* Se requiere tiempo para ahorrar tiempo. Para evitar los malos entendidos, es necesario invertir el suficiente tiempo en explicar la tarea, y analizar los procedimientos y opciones aceptables. Se debe disponer de tiempo para una capacitación adecuada, para preguntas y respuestas, y para poder verificar el progreso.

Mejorar el involucramiento depende de una respuesta afirmativa a cada una de las preguntas anteriores. Si no existen todas estas condiciones cuando se está considerando el involucramiento, su eficacia será menos probable. Se requerirá más tiempo, se obtendrá menor calidad, mayor frustración y menor facultamiento. Sin embargo, una respuesta negativa a cualquiera de las preguntas anteriores no necesariamente significa que nunca será posible involucrar a otros de manera eficaz, ya que es posible modificar las situaciones para que las personas obtengan más información, desarrollen perspectivas comunes, tengan el tiempo necesario para involucrar a otros actividades, etcétera.

DECIDIR A QUIÉN INVOLUCRAR

Una vez que se ha decidido involucrar a otros, deberá considerar si involucrar a una sola persona o a todo un equipo. Si decide formar un equipo, también deberá decidir cuánta autoridad se otorgará a cada uno de sus miembros. Por ejemplo, deberá determinar si el equipo sólo investigará el problema y explorará alternativas, o si tomará la decisión final. También deberá definir si usted participará o no en las deliberaciones del equipo. En la figura 8.2 se presenta un modelo que le ayudará a decidir a quién involucrar en una tarea (individuos o equipos), y si debe actuar de manera activa en el equipo.

La figura 8.2 se construyó como un "diagrama de árbol" que le permite hacer preguntas y, como resultado de la respuesta a cada una, desplazarse a lo largo del camino hasta seleccionar una alternativa final (Huber, 1980; Vroom y Jago, 1974). He aquí cómo funciona:

Figura 8.2	Modelo para decidir cuándo involucrar a una persona o a un equipo

Preguntas	1. ¿Debo involucrar a otras personas?	2. ¿Debo dirigir a otros para que formen un grupo?	3. ¿Debo dar al grupo autoridad para la toma de decisiones?	4. ¿Debo participar en el grupo?
Alternativa apropiada	SÍ → NO →	SÍ → NO →	SÍ → NO →	SÍ → Equipo autodirigido / NO →
	Tome la decisión usted mismo	Consulte con otros pero tome una decisión personal	Consulte con el equipo pero tome una decisión personal	Permita que el equipo decida
Consideraciones	*Involucre a otros cuando:*	*Forme un equipo cuando:*	*Involucre a otros en un equipo cuando:*	*Participe en el equipo cuando:*
	1. Posean información o habilidades relevantes.	1. La interacción aclare o estructure un problema.	1. El equipo tenga un desempeño competente y esto le ahorre tiempo.	1. Nadie más en el equipo tenga liderazgo.
	2. Su aceptación y comprensión sean importantes.	2. La interacción aumente la motivación.	2. La motivación de los miembros del equipo pueda aumentar.	2. El equipo necesite la información que sólo usted posee.
	3. Se genere desarrollo personal.	3. Los desacuerdos puedan llevar a mejores soluciones.	3. Exista el suficiente talento e información entre los miembros del equipo.	3. Su perspectiva no perturbe el libre flujo de ideas, información o sentimientos.
	4. El tiempo no sea un factor crucial.	4. No surjan conflictos disfuncionales.		4. Su tiempo se utilice más productivamente en el equipo.
	5. No surjan conflictos.	5. El tiempo no sea un factor crucial.		

Si usted fuera un directivo que tuviera que decidir si incluir a otras personas en una tarea o una decisión, debería analizar la siguiente pregunta: "¿Debo involucrar a otros en esta tarea o decisión?". Si decide que las personas no cuentan con la suficiente información o habilidades relevantes, que no es importante su aceptación, que los miembros del equipo no tendrán un desarrollo personal, que hay poco tiempo, o que surgirán conflictos entre ellos, deberá responder "no" a la pregunta. Por tanto, el árbol recomienda no involucrar a otros la tarea y que tome usted mismo la decisión. Si, por el contrario, responde "sí" a la pregunta, deberá proseguir con la siguiente pregunta: "¿Debo dirigir a estas personas para que formen un equipo?".

Analice las cinco consideraciones relativas a esa pregunta y luego continúe con el modelo. Cualquiera de las consideraciones relativas a una pregunta podría generar una respuesta negativa. La alternativa con mayor participación y facultamiento consiste en involucrar a otros el trabajo en un equipo y luego participar como miembro en él. Desde luego, la respuesta de menor facultamiento implica hacer el trabajo usted mismo.

DECIDIR CÓMO INVOLUCRAR A OTROS

Cuando ha tomado la decisión de involucrar a otros en una actividad y ha identificado a las personas adecuadas para este fin, ha iniciado el involucramiento. Los resultados positivos de involucrar a otros dependen de que los directivos sigan los 10 principios del proceso.

1. *Comenzar con la finalidad en mente.* Es necesario que articule con claridad de los resultados que desee obtener a partir de la actividad delegada. Tenga en claro qué se debe lograr, por qué es importante y los beneficios que se obtendrán. A menos que las personas sepan por qué es importante una tarea y qué se desea lograr al realizarla, será poco probable que actúen.

2. *Identificar fronteras.* Además de los fines deseados, debe especificar con claridad las restricciones bajo las cuales se realizará la tarea. Cada organización tiene reglas y procedimientos, restricciones de recursos o fronteras que limitan el tipo de acción que se puede emprender. Todo esto debe precisarse con claridad antes de involucrar a otros. Por ejemplo, tener claras las fechas de entrega, el tiempo límite para presentar informes y a quién se deben presentar.

3. *Especificar el nivel de iniciativa.* Debe definir el nivel de iniciativa esperado. Ningún otro descuido en el proceso de involucrar a otros ocasiona

más confusión que no definir las expectativas respecto al nivel de iniciativa esperado o permitido. Al menos son posibles cinco niveles de iniciativa, cada uno de los cuales puede variar en términos del facultamiento otorgado a las personas. Estos niveles de iniciativa difieren en términos de la cantidad de control permitido sobre los tiempos y el contenido del trabajo. Las cinco alternativas son:

❑ *Esperar a que se indique qué hacer.* Actuar únicamente después de haber recibido instrucciones específicas. Esta alternativa supone un involucramiento mínimo pues no permite que las personas tomen ninguna iniciativa. No hay control sobre los tiempos, ni del contenido, es decir, sobre lo que debe hacerse.

❑ *Preguntar qué se debe hacer antes de actuar.* Se otorga cierta libertad a las personas en cuanto al control sobre los tiempos de la tarea, pero no sobre su contenido. Las personas pueden formular sus propias ideas para realizar la tarea, pero como no se puede hacer nada sino hasta se aprueben las propuestas, este involucramiento es muy restringido.

❑ *Recomendar, luego actuar.* Esta es una forma más amplia de involucrar a otros porque las personas tienen cierta libertad sobre los tiempos y el contenido de la asignación. Sin embargo, son posibles al menos tres tipos distintos de recomendaciones, cada una con un distinto nivel de involucramiento. Una consiste en que las personas reúnan información, la presenten ante usted y después usted decida lo que se debe hacer. Otra es que las personas determinen varios cursos de acción para cada parte de la actividad, permitiéndole a usted elegir el curso que se seguirá. Otra posibilidad es planear todo el curso de acción para realizar la tarea y lograr que todo el paquete sea aprobado de inmediato. Cada una de estas tres recomendaciones está asociada con un tipo de involucramiento cada vez más amplio.

❑ *Actuar e informar de inmediato los resultados.* Las personas son libres para actuar por su propia iniciativa, pero deben informarle inmediatamente después de terminar, para asegurar que sus acciones sean correctas y compatibles con sus objetivos. Se podría permitir a las personas realizar sólo una parte de la actividad a la vez y reportar los resultados de cada etapa. O bien, se les podría permitir realizar toda la tarea e informar una vez que hayan obtenido el resultado final. Desde luego, la última alternativa es la de involucramiento más amplio. Pero esto no será posible a menos que los subalternos posean la capacidad, información, experiencia o madurez necesarias.

❑ *Iniciar la acción y reportar sólo de manera rutinaria*. Las personas tienen el control completo sobre los tiempos y el contenido de las tareas asignadas. Sólo se informa por rutina para mantener la coordinación. Si las personas tienen la capacidad, información, experiencia y madurez suficientes, este nivel de iniciativa supone no sólo el mayor involucramiento de todos, sino también constituye el que tiene más probabilidades de generar el más alto grado de satisfacción y motivación entre las personas (Hackman y Oldham, 1980).

Es importante que no olvide definir con claridad el nivel de iniciativa que espera de los participantes.

4. *Permitir la participación*. Otras personas tienen más disposición a aceptar plenamente las tareas asignadas, realizarlas de forma competente y experimentar el facultamiento cuando ayudan a decidir en qué tareas se les involucrará y en qué momento. Con frecuencia no es posible permitir completa libertad de elección sobre esos aspectos, pero el hecho de dar a la gente la oportunidad de decidir cuándo se realizarán las actividades, cómo se determinará la responsabilidad, cuándo comenzará el trabajo, o qué métodos y recursos se utilizarán para lograrlas, aumenta la participación de las personas. Usted debe alentar a los demás a hacer preguntas y buscar información concerniente a las tareas asignadas, y las personas también deben sentir la libertad para expresar sus ideas sobre los parámetros de la asignación.

5. *Empate la autoridad con la responsabilidad*. Es muy importante empatar la responsabilidad conferida con la cantidad de autoridad otorgada. Nada es más frustrante y desalentador que recibir una determinada responsabilidad pero no tener la autoridad para llevar a cabo la tarea. Una parte importante de desarrollar el sentido de autodeterminación y de control personal —ambas dimensiones cruciales del facultamiento— es garantizar que la responsabilidad y la autoridad conferidas sean coincidentes.

Aunque usted no puede delegar la responsabilidad *final* por las actividades asignadas, sí pueden delegarles la responsabilidad *principal*. Esto significa que, al final de cuentas, la responsabilidad será sólo suya. La responsabilidad por

un fracaso no puede simplemente transferirse. Ésta es la responsabilidad final. Por otro lado, usted delega la responsabilidad principal, lo que significa que puede conferir a otras personas la responsabilidad de obtener los resultados deseados, pero suya será la responsabilidad final del éxito o fracaso.

6. *Ofrecer el apoyo adecuado*. Cuando involucra a otros, debe apoyarlos tanto como sea posible. Esto implica hacer que los otros sean conscientes, presentarles expectativas claramente establecidas, brindar información relevante y asegurarse de que los recursos necesarios estén disponibles. Este apoyo ayuda no sólo al logro de las tareas, sino que también comunica su interés y preocupación.

Otra forma de apoyo es el reconocimiento público, no la culpa pública. Aunque se haya delegado la responsabilidad principal, el hecho de señalar los errores o las fallas frente a los demás avergüenza a los empleados, genera actitudes defensivas, da la impresión de que usted está tratando de evadir sus responsabilidades y garantiza que los empleados estén menos dispuestos a tomar la iniciativa en el futuro. La corrección de errores, las críticas al trabajo y la retroalimentación negativa sobre el desempeño laboral debe hacerse en privado, donde es más probable resolver los problemas y mejorar la capacitación.

7. *Enfocar la responsabilidad en los resultados*. Una vez que se ha involucrado a otros y se otorga la autoridad, en general debe abstenerse de vigilar de cerca la manera en que se realizan las actividades. La supervisión excesiva de los métodos destruye las cinco dimensiones del facultamiento: la autoconfianza, la autodeterminación, el control personal, el significado y la confianza. Después de todo, la meta principal es la consecución exitosa de una tarea, y no el uso de sus métodos preferidos. Desde luego esto supone que exista un acuerdo sobre los niveles aceptables de desempeño, de manera que debe especificar con claridad qué nivel de calidad o de desempeño es el que usted espera.

8. *Ser consistente*. El momento ideal para involucrar a otros es antes de tener la necesidad de hacerlo. Si usted involucra a otros sólo cuando está sobrecargado de trabajo o muy estresado puede ocasionar dos problemas. Primero, se pasa por alto la razón principal de involucrar a otros: ayudar a las personas a desarrollar sus potenciales. Sentirán que son sólo meras "válvulas de escape" para liberar su estrés y no miembros valiosos de un equipo. En segundo lugar, no habrá tiempo para capacitar, para brindar la información necesaria

o para participar en discusiones bidireccionales. En lugar de mejorar el involucramiento, creará resistencia o sentimientos negativos en las personas.

Otra clave es involucrar a otros tanto en tareas placenteras como en las que no lo son. En ocasiones sentirá la tentación de reservar para usted mismo las tareas que le agraden y pasar el trabajo menos deseable a los demás. Es fácil ver las consecuencias dañinas que esto tiene en el ánimo, la motivación y el desempeño de los empleados. Cuando las personas sienten que se les toma en cuenta sólo para realizar el "trabajo sucio", se menoscaba el facultamiento. Por tanto, ser consistente significa que debe involucrar a otros de una manera continua, no sólo cuando esté saturado de trabajo, y tanto en las tareas placenteras como en las que no lo son.

9. *Evitar la delegación ascendente.* Aunque es importante involucrar a otros para que se desarrollen, también debe tener cuidado de evitar la "delegación ascendente", lo que sucede cuando otras personas tratan de que usted resuelva sus problemas o que asuma la responsabilidad de su trabajo. Por ejemplo, supongamos que alguien a quien ha encargado una tarea le dice: "Tenemos un problema. Esto no está saliendo muy bien. ¿Qué me sugiere que haga?". Si usted contesta: "Bueno, no estoy seguro. Déjeme pensarlo y le avisaré más tarde", usted estará asumiendo la responsabilidad de la tarea, y acabará reportando a la persona en la que originalmente había delegado la responsabilidad. Usted habrá aceptado el involucramiento ascendente y esto impedirá que la otra persona experimente el empoderamiento.

Una forma de evitar el involucramiento ascendente consiste en insistir a las personas a quienes ha involucrado que desarrollen sus propias soluciones. En vez de prometer al empleado un informe de las deliberaciones del directivo, una respuesta más adecuada sería: "¿Qué recomendaría usted?", "¿qué alternativas deberíamos considerar?", "¿qué ha hecho hasta ahora?", "¿cuál considera que sería un buen primer paso?". En vez de compartir los problemas y pedir consejos, el facultamiento de las personas aumentará si comparten y proponen soluciones o recomendaciones.

10. *Aclarar las consecuencias.* Sea claro sobre las consecuencias de lograr una tarea con éxito. Cuáles son las recompensas del éxito, cuáles serán las oportunidades, qué impacto tendrá en la misión de la organización, qué aprendizaje y desarrollo puede ocurrir, qué beneficios reportará a los demás, etcétera.

Cuando la gente es consciente de que puede hacer una diferencia, de que su contribución es significativa y de que puede cosechar algunas retribuciones, el involucramiento exitoso es mucho más probable. Pero lo más importante es que cuanto más resalte la importancia del trabajo o el valor que está siendo producido, más personas facultadas habrá en el trabajo.

REPASO DE LOS PRINCIPIOS DEL INVOLUCRAMIENTO

Le hemos presentado 10 principios que resumen *cómo* involucrar a otros, 5 criterios para determinar *cuándo* hacerlo y 4 preguntas para identificar a quién involucrar en el trabajo. Los resultados de varias investigaciones muestran con claridad que cuando promueve el involucramiento con facultamiento, suelen presentarse las siguientes consecuencias:

❑ Las personas aceptan con facilidad la oportunidad de asumir las responsabilidades delegadas.

❑ El trabajo tiene altas probabilidades de ser realizado con éxito.

❑ La moral y la motivación de los empleados permanecen altas.

❑ La capacidad de solución de problemas se incrementa.

❑ Se dispone de más tiempo libre.

❑ Las relaciones interpersonales se fortalecen.

❑ Las personas tienen una mayor tendencia a ayudarse entre ellas y a comportarse de manera sociable.

En la figura 8.3 se resumen las relaciones entre estos principios.

Consideraciones internacionales

En ocasiones, el facultamiento y el involucramiento con facultamiento son malinterpretados como un método blando de dirección, la anulación de la responsabilidad de los líderes, una invitación para que los subalternos manejen la organización y una receta para el desastre. Con frecuencia leemos en las revistas y periódicos sobre líderes fuertes, directivos visionarios y jefes decididos. Se le da mucha atención a la gente que "asume el control de toda situación" y "permanece al timón del barco".

Con una definición así se puede entender que el facultamiento no sea una alternativa popular en muchas

Figura 8.3 | Relaciones entre los principios del involucramiento eficaz

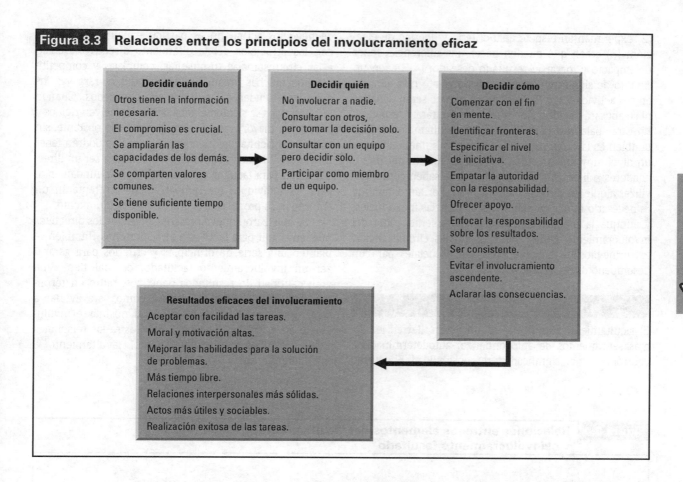

Decidir cuándo

Otros tienen la información necesaria.

El compromiso es crucial.

Se ampliarán las capacidades de los demás.

Se comparten valores comunes.

Se tiene suficiente tiempo disponible.

Decidir quién

No involucrar a nadie.

Consultar con otros, pero tomar la decisión solo.

Consultar con un equipo pero decidir solo.

Participar como miembro de un equipo.

Decidir cómo

Comenzar con el fin en mente.

Identificar fronteras.

Especificar el nivel de iniciativa.

Empatar la autoridad con la responsabilidad.

Ofrecer apoyo.

Enfocar la responsabilidad sobre los resultados.

Ser consistente.

Evitar el involucramiento ascendente.

Aclarar las consecuencias.

Resultados eficaces del involucramiento

Aceptar con facilidad las tareas.

Moral y motivación altas.

Mejorar las habilidades para la solución de problemas.

Más tiempo libre.

Relaciones interpersonales más sólidas.

Actos más útiles y sociables.

Realización exitosa de las tareas.

APRENDIZAJE

culturas donde, por ejemplo, domina la idea del *universalismo*, el *individualismo*, la *especificidad* y la *orientación hacia los atributos*. (Recuerde que en el capítulo 1 aprendimos que el modelo de Trompenaars [1996, 1998] clasifica a las culturas con base en siete dimensiones: *universalismo* contra *particularismo*, *individualismo* contra *comunitarismo*, *neutralidad* contra *afectividad*, *especificidad* contra *difusión*, *logro* contra *atributos*, *control interno* contra *control externo*, y orientación hacia el *pasado*, el *presente* o el *futuro*). A veces se considera que el facultamiento contradice algunos de estos valores, ya que el hecho de ser congruente con las reglas y los procedimientos (universalismo), en vez de alentar la experimentación y la innovación en equipo, podría hacer menos deseable al facultamiento. Enfocarse en el desempeño individual (individualismo) más que en el esfuerzo colectivo también parece contradecir al facultamiento y el involucramiento. Una participación muy limitada en el ambiente laboral o en la tarea asignada (especificidad), en vez de desempeñar varios roles y establecer relaciones profundas con los colaboradores, también podría considerarse como incongruente con el facultamiento y el involucramiento. Enfocarse en el estatus, el título

y el puesto tradicional (atribución), en vez de borrar las fronteras jerárquicas y resaltar el mérito o la contribución, también podría parecer contrario a las metas del facultamiento. Por lo tanto, parecería que el facultamiento es un concepto más aceptable en las culturas con una fuerte orientación hacia el particularismo, la colectividad, los valores difusos y el logro.

Por otro lado, muchas investigaciones han revelado que los principios del facultamiento y el involucramiento analizados en este capítulo, son aplicables en la mayoría de las culturas. Es un error creer que estos principios no son eficaces en las culturas orientales igual que en las occidentales, en Europa occidental, en América del Sur, o en África o en las islas polinesias. Los principios del facultamiento son relevantes tanto para viejos como jóvenes, hombres y mujeres, países del hemisferio norte o del hemisferio sur.

Esto se debe a que los cinco principios del facultamiento están conectados con las necesidades humanas fundamentales que trascienden culturas nacionales o étnicas. Prácticamente todos tienen un mejor desempeño cuando están expuestos a un ambiente en el que: (1) se sienten capaces, confiados y competentes;

(2) experimentan respeto a su criterio y libertad de elección; (3) creen que pueden hacer una diferencia, tener un impacto y lograr el resultado deseado; (4) tienen un sentido de significado, valor y un propósito más elevado en sus actividades, y (5) confían en que no serán dañados ni se abusará de ellos, sino que se les honrará y respetará. En otras palabras, la clave para un facultamiento eficaz también es la clave para un desempeño humano eficaz a un nivel muy fundamental. Los líderes fuertes no son luchadores solitarios, sino individuos que saben cómo movilizar a quienes dirigen y administran. Por tanto, aunque es necesario tomar en cuenta las diferencias individuales, y aunque la práctica tanto del facultamiento como del involucramiento podría variar según las circunstancias, los principios de facultamiento son esenciales para un desempeño directivo eficaz.

Resumen

El facultamiento significa ayudar a desarrollar en los demás sentimientos de autoconfianza, autodeterminación, control personal, significado y responsabilidad. El entorno de negocios actual no es particularmente compatible con los principios del facultamiento directivo. Debido a las circunstancias turbulentas, complejas y competitivas que muchas organizaciones enfrentan, rara vez los directivos tienden a facultar a sus empleados. Cuando los directivos se sienten amenazados, se vuelven rígidos y buscan un mayor control sobre la gente. No obstante, sin empleados facultados, las organizaciones no podrán tener un éxito perdurable. Por lo tanto, aprender a ser un directivo hábil para facultar es una competencia fundamental para los individuos que probablemente enfrentarán un entorno poco propenso a la práctica del facultamiento.

Se analizaron nueve prescripciones que los directivos pueden seguir para facultar a otras personas. También se planteó una serie de principios y criterios para garantizar un involucramiento facultado, el cual tiene una gran cantidad de resultados benéficos, tanto en términos del cumplimiento de tareas, como para ayudar a otras personas a dar lo mejor de sí mismas e involucrarse en el trabajo. La figura 8.4 ilustra las relaciones entre los diferentes elementos del facultamiento e involucramiento.

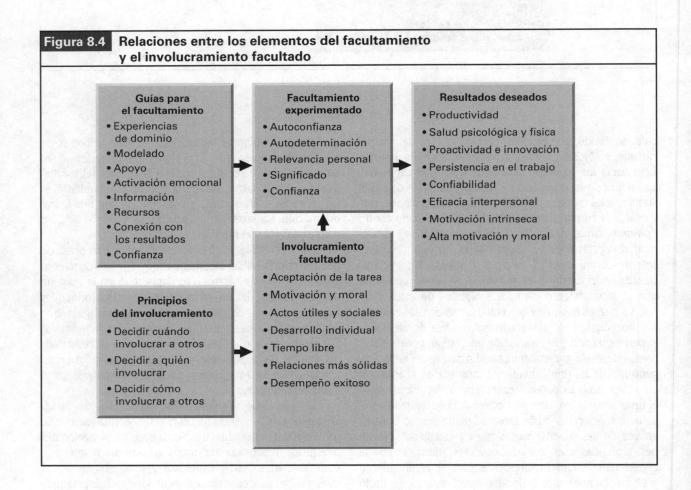

Figura 8.4 **Relaciones entre los elementos del facultamiento y el involucramiento facultado**

Guías para el facultamiento
- Experiencias de dominio
- Modelado
- Apoyo
- Activación emocional
- Información
- Recursos
- Conexión con los resultados
- Confianza

Facultamiento experimentado
- Autoconfianza
- Autodeterminación
- Relevancia personal
- Significado
- Confianza

Resultados deseados
- Productividad
- Salud psicológica y física
- Proactividad e innovación
- Persistencia en el trabajo
- Confiabilidad
- Eficacia interpersonal
- Motivación intrínseca
- Alta motivación y moral

Principios del involucramiento
- Decidir cuándo involucrar a otros
- Decidir a quién involucrar
- Decidir cómo involucrar a otros

Involucramiento facultado
- Aceptación de la tarea
- Motivación y moral
- Actos útiles y sociales
- Desarrollo individual
- Tiempo libre
- Relaciones más sólidas
- Desempeño exitoso

Guías de comportamiento

Los siguientes lineamientos son útiles para cuando faculte e involucre a otros. *Para asegurar el facultamiento de las personas, siga estas directrices:*

A. Fomente la autoconfianza y el sentido de competencia promoviendo experiencias de dominio personal y señalando modelos exitosos.

B. Promueva la autodeterminación o el sentido de elección personal brindando alternativas e información a las personas.

C. Fomente el sentido de relevancia y de impacto personal permitiendo a los involucrados ver las repercusiones que tiene su trabajo en los usuarios finales.

D. Fomente un significado o un sentido de valor al aclarar la visión, metas y valores, procurando vincularlos con algo que posea un valor inherente.

E. Fomente la confianza o un sentido de seguridad apoyando y creando confianza, pero sobre todo siendo congruente, honesto, abierto y justo.

F. Involucre a otros en el trabajo de manera eficaz utilizando las directrices del capítulo para determinar *cuándo*, *a quién* y *cómo* involucrar a otros el trabajo de manera eficaz.

ANÁLISIS DE HABILIDADES

CASOS RELACIONADOS CON EL FACULTAMIENTO Y EL INVOLUCRAMIENTO

Cuidando la tienda

El 1 de enero, Ruth Cummings fue formalmente nombrada gerente de sucursal de la tienda Saks Fifth Avenue en un suburbio de Denver. Su jefe, Ken Hoffman, le asignó la siguiente tarea para su primer día de trabajo: "Ruth, te dejo a cargo de esta tienda. Tu trabajo consistirá en administrarla hasta convertirla en una de las mejores tiendas del sistema. Tengo mucha confianza en ti, así que no me decepciones".

Una de las primeras tareas que Ruth llevó a cabo fue contratar a un asistente administrativo encargado de manejar los inventarios. Como consideró que ésta era una parte importante del puesto, decidió pagar a su asistente un poco más de lo que ganaban los vendedores de alto nivel en la tienda. Pensó que gracias a su asistente administrativo tendría tiempo para manejar los asuntos de marketing, ventas y personal, áreas que consideraba cruciales para el éxito de la tienda.

Sin embargo, al cabo de una semana recibió una llamada de Hoffman: "Dime, Ruth: escuché que contrataste a un asistente administrativo para manejar los inventarios. ¿No crees que eso sea un poco riesgoso? Además, creo que pagar a un asistente más que a tu mejor vendedor daña la moral del personal de la tienda. Me hubiera gustado que consultaras esto conmigo antes de tomar la decisión. Esto sienta un mal precedente para las otras tiendas y hace que parezca que ignoro lo que está sucediendo en las sucursales".

Tres semanas más tarde, Ruth apareció en un programa local de mediodía para analizar las nuevas tendencias de la moda. Se había esforzado tanto para contactar a los conductores del programa, que pensó que una exposición pública como ésta incrementaría la visibilidad de su tienda. Aunque el tiempo en televisión fue de sólo 10 minutos, se sintió muy complacida con su desempeño y con la oportunidad de tener una aparición pública.

Esa noche más tarde, mientras estaba en su casa, recibió otra llamada de Hoffman: "¿No conoces la política de Saks? Cualquier aparición en televisión a nombre de la tienda debe ser autorizada por la oficina principal. Por lo general, son los representantes de la tienda matriz quienes aparecen en este tipo de programas porque son capaces de mostrar mejor nuestra mercancía. Estuvo muy mal que no notificaras tus intenciones a alguien. Esto podría resultar muy vergonzoso para mí".

Justo antes de Pascua, uno de los vendedores se acercó a Ruth en la tienda. Un cliente había pedido que le cobraran a crédito aproximadamente $3,000 de porcelana para un regalo de su esposa. Esta persona había sido cliente de la tienda desde hacía varios años y Ruth lo había visto en diversas ocasiones, pero las reglas de la tienda indicaban que no se podía hacer un cobro a crédito por más de $1,000, bajo ninguna circunstancia. Informó al cliente que no estaba autorizada para aceptar un cargo a crédito por esa cantidad, pero que si él visitaba la tienda principal en Denver, tal vez podría llegar allá a un acuerdo.

Hoffman, iracundo, llamó más tarde ese día: "¿Qué rayos estabas pensando, Ruth? Hoy vino un cliente a la tienda principal y dijo que no le quisiste hacer una venta porque el cargo era demasiado alto. ¿Sabes desde hace cuánto tiempo ha sido nuestro cliente? ¿Sabes cuánto dinero gasta en la tienda cada año? De verdad espero no haberlo perdido como cliente por este error tuyo. Estoy muy molesto contigo. Tienes que aprender a usar la cabeza".

Por varios días Ruth pensó en esa conversación hasta que al fin decidió ver a Ken Hoffman. Llamó a su secretaria para programar una cita para el siguiente día.

Preguntas para análisis

8.1. ¿Qué lineamientos relacionados con el facultamiento quebrantó Ken Hoffman? ¿Cuáles quebrantó Ruth Cummings?

8.2. ¿Qué lineamientos relacionados con el involucramiento quebrantó Ken Hoffman? ¿Cuáles quebrantó Ruth Cummings?

8.3. ¿Qué asuntos deben discutir Ruth Cummings y Ken Hoffman en su reunión? Mencione los temas específicos que deben tratar.

8.4. ¿Qué preguntas debería hacer Ruth a Ken que le ayuden a adquirir los elementos necesarios de facultamiento? ¿Qué preguntas debe hacer Ken a Ruth para garantizar el éxito de ella?

8.5. Si usted fuera un consultor externo invitado a la reunión, ¿qué consejo daría a Ken? ¿Qué consejo daría a Ruth?

Cambio en la cartera

Es usted el jefe de una unidad de personal que se reporta ante el vicepresidente de Finanzas, quien le ha pedido que elabore un informe sobre la cartera actual de la empresa, incluyendo recomendaciones para modificar los criterios actuales de selección. La eficiencia del sistema existente ha sido puesta en tela de juicio dadas las condiciones actuales del mercado, además de existir bastante insatisfacción con las tasas de rendimiento prevalentes.

Usted planea escribir el informe, pero en este momento no sabe qué enfoque debería utilizar. Su especialidad es el mercado de bonos y sabe muy bien que conocer detalladamente el mercado bursátil mejoraría en gran medida el valor del informe. Por fortuna, cuatro miembros de su personal son especialistas en diferentes segmentos del mercado bursátil. Como equipo, poseen un gran caudal de conocimientos sobre los detalles de las inversiones. Sin embargo, pocas veces se ponen de acuerdo sobre la mejor forma de lograr algo cuando se trata de filosofía y estrategias de inversión.

Tiene seis semanas para entregar el informe. Ha empezado a familiarizarse con la cartera actual de la empresa, y la dirección le ha dado un conjunto específico de requisitos que cualquier cartera debe satisfacer. Su problema inmediato es idear algunas alternativas a las prácticas actuales de la empresa y seleccionar las más prometedoras para hacer un análisis detallado en su informe.

Preguntas para análisis

8.6. ¿Usted debe tomar esta decisión solo? ¿Por qué?

8.7. Si usted respondiera afirmativamente a la pregunta: "¿Debo involucrar a los demás?", ¿qué alternativa de la figura 8.2 debería utilizar para tomar una decisión? Justifique su elección.

8.8. ¿Cuáles son las consideraciones más importantes para decidir a quién involucrar en esta actividad?

8.9. Si va a involucrar a otras personas, ¿cuánto facultamiento deben tener? ¿Qué haría usted específicamente para lograr el nivel adecuado de facultamiento?

PRÁCTICA   DE HABILIDADES

EJERCICIOS PARA EL FACULTAMIENTO

Executive Development Associates

Suponga que usted es Mary Ann O'Connell, directora general de Executive Development Associates. Su empresa lleva a cabo actividades de colocación, capacitación y desarrollo, planeación de carrera y servicios de búsqueda de talentos para una gran cantidad de compañías de *Fortune* 500. Durante los últimos tres días ha estado en la reunión del consejo corporativo en las Montañas Rocosas y confía en que su secretaria sólo le enviará los mensajes más importantes o urgentes. Cuando iba de regreso a casa del aeropuerto el lunes por la noche, pasó por su oficina sólo para revisar su correo y mensajes electrónicos. Además de una multitud de llamadas telefónicas pendientes, aquí le presentamos los mensajes recuperados de su correo electrónico y de su bandeja de memorandos.

Actividad

1. Para cada mensaje, trace el plan específico que implementará para facultar eficazmente a otras personas para resolver estos problemas. Determine a quién involucrar, qué nivel de iniciativa se debe emplear, qué acciones podría emprender usted para garantizar el facultamiento, qué responsabilidad se debe asignar, etcétera.

2. Anote las acciones que emprendería en respuesta a cada asunto. En la siguiente página se incluye una hoja de trabajo para recordarle los aspectos que debe tomar en cuenta mientras registra sus respuestas.

3. Después de responder cada asunto, forme un equipo y comparta sus planes. Proporcione retroalimentación a cada uno sobre aquello en lo que es especialmente bueno, lo que podría mejorar y lo que podría agregarse al plan de acción de cada persona. En particular, ¿qué principios de facultamiento se incluyeron, cuáles se omitieron y cuáles se contradicen?

Solución de problemas mediante la hoja de trabajo del facultamiento

Para cada mensaje, escriba su plan de acción. Este plan debería incluir respuestas a las siguientes preguntas. No todas las preguntas son relevantes para cada mensaje, aunque la mayoría lo son, y pueden guiar su plan de acción. Después de haber redactado sus propias respuestas, forme un equipo; cada uno debe compartir su plan con los demás. Retroaliméntense unos a otros sobre qué es especialmente bueno, qué podría mejorarse y qué podría agregarse a cada plan de acción.

1. ¿A quién se debe involucrar para resolver este asunto? ¿Formaría usted un equipo?

2. ¿Qué tipos de experiencias de dominio personal podrían proporcionarse a los participantes? ¿Podría usted modelar un comportamiento exitoso?

3. ¿Qué clase de apoyo, información y recursos podrían ofrecerse?

4. ¿De qué manera provocará una motivación emocional para crear confianza en los demás?

5. ¿Cuáles son las consideraciones principales para decidir si debe involucrar a otros en cada tarea?

6. Si opta por involucrar a otros , ¿qué haría para:

comenzar con la finalidad en mente?
identificar fronteras?
especificar el nivel de iniciativa?
permitir la participación?
empatar la autoridad con la responsabilidad?
brindar apoyo?
conservar la responsabilidad?
asegurar la consistencia?
evitar la delegación ascendente?
aclarar las consecuencias?

MEMORÁNDUM INTERNO

CENTRO DE PROCESAMIENTO DE DATOS

FECHA: 15 de junio
PARA: Mary Ann O'Connell, directora general
DE: Roosevelt Monroe, para el personal de procesamiento de datos

Tras revisar la auditoría del último trimestre, es evidente que la cantidad de quejas que nuestro grupo está recibiendo de personas de toda la empresa está en aumento. Para nosotros el problema es muy evidente. Simplemente se trata de que, en los últimos años, han evolucionado diversos sistemas de software en varios de nuestros departamentos, los cuales son incompatibles y cada vez es más difícil coordinar las actividades entre las diferentes unidades. Como usted sabe, a causa de esas incompatibilidades, algunos datos se han tenido que capturar dos o tres veces en diferentes sistemas.

El problema es que nuestros empleados, por no mencionar a nuestros clientes, están cada vez más impacientes por la lentitud de nuestras entregas, y nos culpan por completo de este cuello de botella. Sin embargo, pensamos que el creciente número de denuncias en la auditoría trimestral nos distrae de la verdadera causa del problema.

Le enviamos este memorando como grupo para invitarla a resolver este problema tan pronto como sea posible. Como mínimo, debería tratarse en nuestra próxima reunión de personal del martes. Hasta ahora, el personal que procesa los datos se ha responsabilizado por la lentitud del procesamiento, aunque en realidad es culpa del sistema y no de nuestra unidad.
Esperamos tener noticias de usted el martes.

MEMORÁNDUM INTERNO

DEPARTAMENTO DE RECURSOS HUMANOS

FECHA: 15 de junio
PARA: Mary Ann
DE: Lucy

Me emocionó mucho tu discurso en la reunión de directivos de la semana pasada, en el que estableciste un nuevo reto para los altos ejecutivos. Con el nuevo entorno competitivo que enfrentamos, tu visión sobre nuestro futuro nos emociona y desafía, y creo que es un importante paso hacia adelante. Realmente aclara los factores de éxito clave que deben impulsar nuestro negocio.

En particular, considero que tu directriz para todos los altos ejecutivos de difundir la visión por toda la empresa incluso entre los propios subalternos es una buena manera de transmitir el mensaje. Sin embargo, en tu discurso hiciste una afirmación que me preocupa. Dijiste: "Antes solíamos pagar a partir de la generación de nuevas cuentas, ingresos trimestrales, índices de satisfacción de los clientes y del diseño de nuevos productos. Nuestro nuevo barómetro será si la visión ha sido bien difundida por todas sus unidades".

Francamente, me siento confundida sobre cómo mediremos esta directriz. Como la persona debe aplicar los sistemas de evaluación y remuneración, no estoy segura de qué criterios o qué indicadores utilizaremos para determinar el éxito. Me temo que provocaremos insatisfacción si no delineamos algo específico. Nuestro personal, en especial los que tal vez no muestren un buen desempeño, pensarán que el sistema es muy arbitrario. ¿En verdad pretendes que cambiemos los sistemas de evaluación y remuneración para incluir este nuevo criterio? ¿Cómo sugieres que midamos un desempeño eficaz? ¿Qué deseas que haga para apoyar tus declaraciones? ¿En verdad era tu intención hacer tal afirmación?

Esto un tema urgente, porque tengo una reunión de personal el martes por la tarde, y prometí tener una respuesta para entonces. He estado posponiendo este asunto hasta tener oportunidad de hablar contigo.

COPIA DE UNA CARTA

MIDWEST STATE UNIVERSITY

24 de mayo
Estimada Mary Ann O'Connell:

Me alegra haberme unido a Executive Development Associates tras varios años de trabajar en Midwest State University. Como usted sabe, dejar Midwest State ha sido un acontecimiento traumático para mí, y eso es lo que me ha motivado a hacerle una petición. Estoy convencido de que la razón de que no haya tenido un puesto permanente en Midwest State fue la falta de claridad respecto a las expectativas sobre cuáles eran mis responsabilidades y cuáles eran los criterios para el éxito.

Sé que su empresa es muy profesional y que los empleados tienen mucha libertad, pero siento la necesidad de conocer algunos requisitos específicos de mi desempeño. Estoy seguro de que puedo ser un buen elemento para su compañía, pero quiero saber con claridad cuáles son sus expectativas.

Solicité a su secretaria una cita con usted el próximo martes. ¿Sería tan amable de especificar el conjunto de responsabilidades y expectativas de mi puesto como instructor del departamento de Capacitación y desarrollo? Si es posible, me gustaría tenerlos por escrito para evitar cualquier malentendido. Espero hablar con usted el martes.

Gracias por tu consideracion.

Sinceramente,

Lester Escarcha

MEMORÁNDUM INTERNO

CAPACITACIÓN Y DESARROLLO

FECHA: Lunes a.m.
PARA: Mary Ann
DE: Pam
ASUNTO: Servicio de jurado de Tom Kinnir

Sé que acaba de regresar, pero tenemos una emergencia.

Esta mañana Tom me acaba de notificar que ha sido seleccionado para servir como jurado y, ¡qué prácticamente lo han secuestrado! (¿Puedes creerlo?) Santo cielo, Mary Ann, esto no podría ocurrir en peor momento. Tom es nuestro experto en costeo basado en procesos, así que el único que puede enseñar el tema. ¿Cuál es el problema?, pensarás. El problema es que tendremos más de 100 capacitadores corporativos que vendrán el viernes a un seminario, pero no tenemos nada preparado. Tom dijo que tiene algunas notas y transparencias en su escritorio, pero había planeado dedicar esta semana completa a diseñarlo y prepararlo. Ninguno de nosotros domina el tema y ni siquiera estamos seguros de qué información necesitamos, qué datos recopilar, quién dirá qué y qué contenidos daremos. ¡Ayuda! Contamos con este seminario para cubrir el presupuesto de este trimestre y estamos un poco molestos con Tom por esperar hasta el último momento. ¿Qué hacemos ahora?

Por cierto, ¿qué tal las Montañas Rocosas?

MEMORÁNDUM INTERNO

DEPARTAMENTO DE REUBICACIÓN

FECHA: Lunes a.m.
PARA: Mary Ann O'Connell
DE: Aneil Mishra
ASUNTO: Cierre de planta pendiente

Quizá no escuchaste las noticias del fin de semana. Se anunció en el periódico que Detroit Manufacturing se ha acogido a la protección del Capítulo 11 y que están cerrando su planta de Toledo. Esto significa que alrededor de 4,000 personas se quedarán sin empleo.

Si queremos este negocio, tenemos que empezar a movernos de inmediato. Estarán esperando propuestas de compañías de reubicación la próxima semana. Tenemos que elaborar nuestra propuesta, identificar al personal, determinar un presupuesto y tener preparada una presentación en uno o dos días.

Parece ser una excelente oportunidad. Pasaré por tu oficina mañana cuando regreses.

Facultamiento personal

En este ejercicio, su tarea será identificar formas de incrementar el facultamiento de los estudiantes que se gradúan este año en su propia institución. Deberá utilizar los principios de facultamiento de este capítulo para identificar formas específicas para incrementar el facultamiento de este grupo de personas. En términos prácticos, ¿qué podría hacer para facultar a los demás?

Asegúrese de no sólo identificar lo que otros son capaces de hacer, qué podría implementar la dirección o qué podría ocurrir hipotéticamente. Más bien identifique factores prácticos y realistas que podrían facultar a este grupo de graduados. ¿Qué podrían hacer como grupo? ¿Qué podría hacer usted? ¿Qué responsabilidad personal podrían asumir en su propio facultamiento?

No trate este ejercicio como un caso hipotético o fantástico. Identifique comportamientos reales que pudiera practicar para incrementar el facultamiento. Utilice las sugerencias del texto, así como otras que usted agregue a esas listas.

	Cosas que se pueden hacer para mejorar el facultamiento en el grupo de graduandos
Autoconfianza (competencia personal)	
Autodeterminación (elección personal)	
Relevancia personal (impacto personal)	
Significado (valor personal)	
Confianza (seguridad personal)	

Ahora forme un equipo con tres o cuatro colegas. Comparta sus ideas con el grupo. Para cada dimensión del facultamiento, identifique las ideas más interesantes propuestas por los miembros del equipo. Agregue al menos una idea nueva a su lista. También identifique cuándo y cómo implementará en la realidad su lista. Recurra a su equipo para especificar los comportamientos reales que podría poner en marcha.

Decisión de involucrar a otros

Involucrar a otros es una de las habilidades directivas más engañosas, porque parece muy fácil de llevar a cabo. Sólo hay que decir a alguien lo que tiene que hacer y lo hará, ¿no es así? Por desgracia esto rara vez sucede, por lo que este ejercicio está diseñado para ayudarle a determinar cuándo y cómo involucrar a otros de manera más eficaz. Para realizar este ejercicio necesitará utilizar el modelo de la figura 8.2.

En cada uno de los dos escenarios siguientes, plantee las siguientes preguntas:

❑ *¿Debo involucrar a otras personas o tomar yo solo la decisión?*

❑ *Si decido involucrar a otras personas, ¿debo dirigirlos para formar un equipo o debo consultarlos a cada uno y tomar yo solo la decisión?*

❑ *Si formo un equipo, ¿debo delegar en el equipo la autoridad para la toma de decisiones, o debo consultar con él pero tomar yo mismo la decisión?*

❑ *Si involucro al equipo, ¿debo participar en éste o debo dejar que él decida?*

Una vez que haya tomado una decisión sobre cómo manejar cada uno de estos dos escenarios, forme un equipo de colegas. Comparta su decisión y sus razones con los miembros del equipo. Lleguen a un consenso respecto a la estrategia más adecuada para cada uno de estos dos casos. Con fines comparativos, al final del capítulo se incluye un análisis de expertos de los dos casos, que se ofrece sólo para enriquecer la discusión de su equipo.

Solicitud de emergencia

Es el supervisor general de una planta y siete líneas de producto, en las que trabajan cuatro de sus ocho encargados, deben modificarse temporalmente para satisfacer una solicitud urgente de un cliente importante. Naturalmente usted desea minimizar en lo posible esta alteración. No hay personal adicional disponible y el tiempo para completar el nuevo proyecto es restringido. La fábrica es nueva y es la única planta industrial en una región económicamente deprimida, donde la agricultura es la actividad preponderante. Usted cuenta con que todos den su mejor esfuerzo para sacar la tarea adelante. Los salarios de la planta son muy superiores a los salarios de las granjas, y el trabajo de los empleados depende de la rentabilidad de esta planta, el primer desarrollo industrial en el área en 15 años. Sus subalternos casi no tienen experiencia y los ha estado supervisando más de cerca que si la planta estuviera en una zona industrial consolidada y sus empleados tuvieran más experiencia. La alteración implica sólo procedimientos estándar y rutinarios para alguien con su experiencia. La supervisión eficaz no entraña ningún problema. Su problema es cómo reprogramar el trabajo para cumplir con esta emergencia dentro del límite de tiempo con el mínimo de alteración para las líneas de producto existentes. Su experiencia en estos asuntos debe permitirle idear una manera de cumplir este pedido, pero con las menores alteraciones posibles de sus líneas de producción existentes.

Guerra biológica

Es el vicepresidente ejecutivo de una pequeña fábrica de productos farmacéuticos. Tiene la oportunidad de concursar por un contrato relacionado con armas biológicas para el Departamento de Defensa. El contrato es ajeno a las actividades cotidianas de su negocio; sin embargo, podría ser rentable ya que parte de la capacidad de una de sus plantas está subutilizada y los procesos de manufactura son compatibles. Ya ha redactado el documento que acompañará la oferta, y ahora tiene el problema de determinar el valor en dólares de la cotización que considere que le hará ganar la licitación. Si la oferta es demasiado alta, perderá ante alguno de sus competidores; si es demasiado baja, corre el riesgo de perder dinero en el programa. Hay muchos factores que debe considerar para tomar esta decisión, como el costo de las nuevas materias primas y la carga administrativa adicional que supone relacionarse con un nuevo cliente, sin mencionar los factores que probablemente influyan en las ofertas de sus competidores, como cuánto necesitan este contrato en particular. Ha estado ocupado recopilando los datos necesarios para tomar esta decisión, pero aún hay varios factores que desconoce, uno de los cuales implica al director de la planta donde se fabricarían los nuevos productos. De todos sus subalternos, sólo él es capaz de estimar los costos de adaptar el equipo actual para su nuevo propósito, además necesitará su cooperación y apoyo para cumplir con las especificaciones del contrato. Sin embargo, en una charla inicial con él, cuando se enteró de la posibilidad del contrato, se opuso terminantemente a la idea. La experiencia que él tiene no lo ha preparado especialmente para evaluar este tipo de proyectos; por ello usted no se ha dejado influir por sus opiniones. Por la naturaleza de sus argumentos, usted deduce que su oposición se debe a motivos ideológicos más que económicos. Usted sabe que alguna vez él participó en una organización local en pro de la paz, y que fue uno de los más fuertes opositores de la empresa a las guerras de Vietnam y del Golfo Pérsico.

APLICACIÓN DE HABILIDADES

ACTIVIDADES PARA EL FACULTAMIENTO Y EL INVOLUCRAMIENTO

Actividades sugeridas

8.10. Enseñe a alguien más (su cónyuge, un colega o su jefe) a facultar a los demás y a involucrar a otros de manera eficaz. Incluya los principios de la tabla 8.3 en su análisis. Utilice sus propios ejemplos e ilustraciones.

8.11. Entreviste a un directivo sobre sus prácticas de facultamiento. Trate de determinar lo que es específicamente eficaz, lo que no funciona, lo que se percibe como condescendencia y lo que motiva a los demás a tener un buen desempeño. Identifique en qué grado el directivo conoce y utiliza los principios analizados en la sección Aprendizaje de habilidades de este capítulo.

8.12. Piense en una situación que usted enfrente ahora y en la que le gustaría recibir ayuda. Podría tratarse de una actividad que desee lograr, de una decisión difícil que tomar o de un equipo que desee formar. Asegúrese de pensar en algo que requiera la participación de otras personas.

Escriba acciones específicas que pudiera emprender para facultar a otros. ¿Cómo podría ayudarles para que hagan lo que desean y, al mismo tiempo, lograr que hagan lo que usted desea?

8.13. Programe una reunión con un directivo que no sea muy bueno para facultar. (Encontrar a esa persona no será difícil, porque muchos líderes tienden a ser más autoritarios y burocráticos que facultadores). Como estudiante que ha practicado y aprendido a facultar e involucrar a otros, comparta lo que sabe y sugiera cómo ayudar a ese directivo a mejorar.

Plan de aplicación y evaluación

El objetivo de este ejercicio es ayudarlo a aplicar este conjunto de habilidades en la vida real y fuera del escenario del salón de clases. Ahora que conoce las directrices conductuales que constituyen la base de un desempeño eficaz de habilidades, mejorará incluso más aplicando dichas directrices en el contexto cotidiano. A diferencia de la actividad en el salón de clases, donde la retroalimentación es inmediata y los demás podrían ayudarlo con sus evaluaciones, esta actividad de aplicación de habilidades la debe completar y evaluar usted mismo. Esta actividad consta de dos partes. La parte 1 le preparará para aplicar la habilidad. La parte 2 le ayudará a evaluar y mejorar su experiencia. Asegúrese de anotar las respuestas de cada reactivo. No utilice atajos saltándose pasos.

Parte 1. Planeación

8.14. Escriba los dos o tres aspectos de esta habilidad que sean los más importantes para usted. Podrían ser áreas de debilidad, las áreas que más desea mejorar, o las áreas más relevantes para el problema que esté enfrentando ahora. Identifique los aspectos específicos de esta habilidad que desee aplicar.

8.15. Ahora identifique el escenario o la situación en donde aplicará esa habilidad. Formule un plan de desempeño anotando una descripción de la situación. ¿Quién más estará involucrado? ¿Cuándo lo hará? ¿Dónde se llevará a cabo?
    Circunstancias:
    ¿Quién más?
    ¿Cuándo?
    ¿Dónde?

8.16. Identifique los comportamientos específicos que realizará para aplicar esta habilidad. Elabore una definición operativa del desempeño de la habilidad.

8.17. ¿Cuáles son los indicadores de éxito en el desempeño? ¿Cómo sabrá que ha sido eficaz? ¿Qué le indicará que se ha desempeñado en forma competente?

Parte 2. Evaluación

8.18. Una vez que haya completado la primera parte, anote los resultados. ¿Qué sucedió? ¿Qué tanto éxito tuvo? ¿Cuál fue el efecto en los demás?

8.19. ¿Cómo podría mejorar? ¿Qué cambiaría la próxima vez? ¿Qué cambiaría en una situación similar en el futuro?

8.20. Tras revisar toda la experiencia de práctica y habilidad, ¿qué aprendió? ¿Qué le sorprendió? ¿De qué manera le ayudará esta experiencia en el largo plazo?

CLAVES DE RESULTADOS Y DATOS COMPARATIVOS

✪   Las claves de resultados para los siguientes instrumentos se encuentran disponibles en el sitio web de este libro.

Facultamiento y delegación eficaces
Evaluación del facultamiento personal

EVALUACIÓN **DE HABILIDADES**

■ Comportamientos para el desarrollo de equipos
■ Diagnóstico de la necesidad de formación de equipos

APRENDIZAJE **DE HABILIDADES**

■ Ventajas de los equipos
■ Desarrollo de equipos
■ Liderando equipos
■ Pertenencia a un equipo
■ Resumen
■ Guías de comportamiento

ANÁLISIS **DE HABILIDADES**

■ Equipo de ELITE del *Tallahassee Democrat*
■ El incidente de la caja registradora

PRÁCTICA **DE HABILIDADES**

■ Roles de liderazgo en equipos
■ Ejercicio de diagnóstico y desarrollo de equipos
■ Ganar la guerra del talento
■ Ejercicio del desempeño de equipo

APLICACIÓN **DE HABILIDADES**

■ Actividades sugeridas
■ Plan de aplicación y evaluación

CLAVES DE RESULTADOS Y DATOS COMPARATIVOS

9

Formación de equipos efectivos y trabajo en equipo

OBJETIVOS DE APRENDIZAJE

1. DIAGNOSTICAR Y FACILITAR EL DESARROLLO DE EQUIPOS

2. FORMAR EQUIPOS DE ALTO DESEMPEÑO

3. FACILITAR EL LIDERAZGO DE EQUIPOS

4. FOMENTAR LA AFILIACIÓN EFICAZ A LOS EQUIPOS

CUESTIONARIOS DE DIAGNÓSTICO PARA LA FORMACIÓN DE EQUIPOS EFECTIVOS

COMPORTAMIENTOS PARA EL DESARROLLO DE EQUIPOS

A continuación se describen brevemente los instrumentos de evaluación de este capítulo. El instrumento indicado con ✪ y su clave de resultados se encuentran disponibles en el sitio web de este libro.

Complete todas las evaluaciones antes de iniciar la lectura de este capítulo y guarde sus respuestas.

Cuando termine de leer este capítulo, consulte su evaluación y compare sus respuestas con lo que ha aprendido.

✪ ☐ La *evaluación de comportamiento para el desarrollo de equipos* mide el grado en que usted demuestra comportamiento de liderazgo efectivos cuando es el líder de un equipo, así como el grado en que usted es un miembro eficaz de un equipo.

☐ El *diagnóstico de la necesidad de formación de equipos* le ayudará a identificar el grado al que un equipo que conoce bien o un equipo del que forma parte tiene la necesidad de desarrollarse y mejorar.

DESARROLLAR EQUIPOS EFECTIVOS Y TRABAJO EN EQUIPO

Sección de evaluación

DIAGNÓSTICO DE LA NECESIDAD DE FORMACIÓN DE EQUIPOS

Se ha descubierto que el trabajo en equipo afecta drásticamente el desempeño organizacional. Algunos directivos han atribuido a sus equipos su éxito en lograr resultados increíbles. Sin embargo, los equipos no siempre funcionan en todas las organizaciones. Por tanto, los directivos deben decidir cuándo formar equipos. Para determinar qué tanto necesita su empresa formar equipos, responda el siguiente cuestionario.

Piense en una organización en la que participe (o en la que participará) que necesite realizar una tarea, suministrar un servicio o tenga la encomienda de lograr un resultado. Responda estas preguntas con esa empresa en mente.

Escala de puntuación

Anote un número en la escala del 1 al 5 en el espacio de la izquierda. 1 indica escasa evidencia; 5 indica mucha evidencia.

_____ 1. La producción ha disminuido o es menor a la deseada.

_____ 2. Hay quejas, agravios o desánimo, o van en aumento.

_____ 3. Hay conflictos u hostilidad entre los miembros, o van en aumento.

_____	4. Hay confusión sobre las actividades asignadas, o las relaciones con otras personas no son claras.
_____	5. Faltan metas claras y compromiso con las metas.
_____	6. Se observa apatía o falta de interés, y hay poca participación por parte de los miembros.
_____	7. Hay carencia de innovación, imaginación o iniciativa, y asunción de riesgos.
_____	8. Son comunes las reuniones ineficaces e ineficientes.
_____	9. Las relaciones laborales entre niveles y unidades son insatisfactorias.
_____	10. Es evidente la falta de coordinación entre funciones.
_____	11. Hay poca comunicación, las personas tienen miedo de hablar, nadie escucha y la información no se comparte.
_____	12. Hay falta de confianza tanto entre miembros como entre líderes y miembros.
_____	13. Se toman decisiones que algunos integrantes no comprenden o con las que no están de acuerdo.
_____	14. Las personas sienten que no se recompensa el trabajo bien hecho o que las recompensas se aplican de manera injusta.
_____	15. No se alienta a los individuos a trabajar juntos por el bien de la organización.
_____	16. Los clientes y los proveedores no participan en la toma de decisiones de la empresa.
_____	17. Las personas trabajan con demasiada lentitud y hay mucha redundancia de funciones.
_____	18. Deben encararse asuntos y desafíos que requieren la participación de más de una persona.
_____	19. Las personas deben coordinar sus actividades para realizar el trabajo.
_____	20. Se enfrentan retos difíciles que nadie puede resolver o diagnosticar.
_____	**Total**

FUENTE: _Adaptado de Diagnosing the Need for Team Building, William G. Dyer (1987),_ Team Building: Issues and Alternatives, _Reading, MA: Addison Wesley. Reproducido con autorización de Addison-Wesley._

APRENDIZAJE *DE HABILIDADES*

Todos hemos escuchado hablar de la importancia de los equipos. Desde la evolución hasta los equipos deportivos, desde las corporaciones hasta la política, siempre se enfatiza el valor del trabajo en equipo y el desarrollo de equipos. Por ejemplo:

"El trabajo en equipo es el motor que permite a la gente común lograr resultados poco comunes". (Andrew Carnegie)

"Debemos empeñarnos en mantenernos unidos, o con toda seguridad nos liquidarán separados". (Benjamin Franklin)

"En la larga historia de la humanidad (y del reino animal, también) aquellas personas que aprendieron a colaborar e improvisar fueron las que han prevalecido de manera más eficaz". (Charles Darwin)

"Reunirse es un inicio. Mantenerse unidos es un progreso. Trabajar en conjunto es un éxito". (Henry Ford)

"Las cosas grandiosas en los negocios nunca las logra un solo individuo. Las logra un equipo de personas". (Steven Jobs)

"El talento hace ganar partidos, pero el trabajo en equipo y la inteligencia hace ganar campeonatos". (Michael Jordan)

"El principal ingrediente del estrellato es el resto del equipo". (John Wooden)

"¡El equipo! ¡El equipo! ¡El equipo!" (Bo Schembechler, ex entrenador de futbol de la Universidad de Michigan)

Las ventajas de los equipos

Una de las principales razones del énfasis en los equipos es que participar en ellos es divertido para la mayoría de las personas. Hay algo inherentemente atractivo en involucrarse en el trabajo en equipo. Considere, por ejemplo, dos anuncios que aparecen uno junto a otro en un periódico metropolitano, ambos solicitan personal para cubrir el mismo tipo de puesto (se presentan en la figura 9.1). Aunque ninguno de los dos es negativo o inapropiado, son notoriamente diferentes. ¿Cuál empleo preferiría usted? ¿En cuál empresa preferiría trabajar? Para la mayoría, el trabajo enfocado en el equipo parece mucho más deseable. Este capítulo se enfoca en ayudarlo a prosperar en este tipo de escenario.

Figura 9.1 | Anuncio de empleo orientado a equipos y tradicional

Nuestro equipo necesita un buen asociado de mantenimiento con múltiples aptitudes

A nuestro equipo le falta un buen jugador. Únete a nuestro equipo de hábiles asociados de mantenimiento que trabajan en conjunto para dar soporte a nuestros equipos de ensamblado en American Automotive Manufacturing.

Buscamos a una persona versátil con habilidades en una o más de las siguientes áreas: habilidad para montar y operar diferentes tipos de maquinaria de soldado, conocimiento de arco eléctrico y soldaduras M.I.G., disposición para trabajar en proyectos detallados por largos periodos de tiempo, y conocimientos generales del proceso de manufactura automotriz. La disposición para aprender todas las habilidades de mantenimiento es imprescindible. Debe saber trabajar en equipo, tener excelentes habilidades interpersonales y estar motivado para trabajar en un entorno altamente participativo.

Envíe su currículum a:

AMM

American Automotive Manufacturing
P.O. Box 616
Ft. Wayne, Indiana 48606
Incluya su número telefónico.
Responderemos todas las solicitudes.

Técnico de mantenimiento / Soldador

Empresa líder en manufactura automotriz está en busca de un Técnico de mantenimiento / Soldador. El puesto requiere la capacidad de armar y operar distintos tipos de maquinaria de soldadura y conocimientos generales del proceso de producción automotriz. Se requieren graduados de escuela vocacional o con 3 a 5 años de experiencia laboral. Salario competitivo, prestaciones de ley y reembolso educativo.

Entrevistas lunes 6 de mayo, en el Holiday Inn South, 300 Semple Road, de 9:00 a.m. a 7:00 p.m. Favor de traer su talón de pago como comprobante de su último empleo.

NMC

National Motors Corporation
5169 Blane Hill Center
Springfield, Illinois 62707

Sin importar si es estudiante, directivo, subordinado o ama de casa, es casi imposible evitar ser miembro de un equipo. En la vida cotidiana siempre se presenta algún tipo de trabajo en equipo. La mayoría de nosotros somos miembros de grupos de discusión, grupos de amigos, grupos de vecinos, equipos deportivos o incluso familias en las que se realizan actividades y ocurren interacciones interpersonales. En otras palabras, los equipos son grupos de individuos que realizan actividades interdependientes, en donde las personas se ven influidas por la interacción y se consideran a sí mismas como una entidad única. Los temas analizados en este capítulo son aplicables a los equipos en la mayoría de los escenarios, aunque nos enfocaremos principalmente en los entornos empresariales y no en los de los hogares, salones de clases o el mundo de los deportes. Sin embargo, los principios aquí analizados relativos al desempeño, liderazgo y la participación efectiva son prácticamente los mismos en todos estos escenarios.

Por ejemplo, los equipos facultados, los grupos de trabajo autónomos, los equipos semiautónomos, los equipos autodirigidos, los equipos autodeterminados, las tripulaciones, los pelotones, los equipos multifuncionales, los equipos directivos, los **círculos de calidad**, los equipos de proyectos, las fuerzas de tarea, los equipos virtuales, los grupos de respuesta ante emergencias y los comités son ejemplos de las diversas manifestaciones del trabajo en equipo que se analizan en los textos académicos y en los que se basan varias investigaciones. Nos enfocaremos en ayudarle a desarrollar las habilidades relevantes en la mayoría de estas situaciones, ya sea como líder o como miembro del equipo.

Dado el impulso que han recibido los equipos en la última década dentro de las organizaciones laborales, es muy importante desarrollar habilidades para colaborar con otros. Por ejemplo, el 79 por ciento de las empresas de *Fortune* 1000 informó que utiliza equipos de trabajo autodirigidos, y el 91 por ciento manifestó recurrir a los grupos de trabajo de empleados (Lawler, 1998; Lawler, Mohrman y Ledford, 1995). Más de dos tercios de los estudiantes universitarios participan en un equipo organizado, y casi nadie puede graduarse de una escuela de negocios sin participar en un proyecto en equipo o en una actividad grupal. Los equipos son comunes tanto en la vida laboral como en la escuela. En otras palabras, ser capaz de dirigir y administrar equipos, así como de trabajar en ellos, se ha convertido en un requisito típico en la mayoría de las organizaciones. Una encuesta reveló que la habilidad más solicitada para incorporarse a una compañía fue la capacidad de trabajar en equipo (Wellins, Byham y Wilson, 1991).

Una razón del auge del trabajo en equipo es que cada vez más datos revelan mejoras en la productividad, la calidad y el ánimo cuando se utilizan los equipos. Muchas empresas han atribuido su mejor desempeño directamente a la implementación de equipos de trabajo en el entorno laboral (Cohen y Bailey, 1997; Guzzo y Dickson, 1996; Hamilton, Nickerson y Owan, 2003; Katzenbach y Smith, 1993, Senge, 1991). Por ejemplo, gracias al uso en sus organizaciones:

❏ Shenandoah Life Insurance Company, con sede en Roanoke, Virginia, ahorró $200,000 anuales debido a la reducción de sus necesidades de personal, a la vez que incrementó 33 por ciento su volumen.

❏ Westinghouse Furniture Systems aumentó 74 por ciento su productividad en tres años.

❏ AAL incrementó 20 por ciento su productividad, redujo 10 por ciento su personal y aumentó 10 por ciento sus transacciones.

❏ Federal Express tuvo una reducción de 13 por ciento en sus errores de servicio.

❏ Carrier redujo el tiempo de carga y descarga de dos semanas a dos días.

❏ La planta de Volvo en Kalamar disminuyó 90 por ciento el número de defectos.

❏ La planta de General Electric en Salisbury, Carolina del Norte, incrementó 250 por ciento su productividad en comparación con otras plantas de GE que fabrican el mismo producto.

❏ La planta de cerámica celular de Corning disminuyó los defectos de 1,800 partes por millón a 9 partes por millón. El servicio de operadora de AT&T en Richmond mejoró 12 por ciento la calidad de sus servicios.

❏ La planta de válvulas de Dana Corporation en Minneapolis redujo el tiempo de entrega a clientes de seis meses a seis semanas.

❏ Las plantas de General Mills que implementaron el trabajo en equipo aumentaron su productividad un 40 por ciento en comparación con las plantas que no contaban con este tipo de organización.

❏ Una planta de prendas de vestir aumentó su productividad un 14 por ciento gracias al sistema de producción basado en equipos.

La tabla 9.1 presenta las relaciones positivas entre la participación de los empleados en equipos y varias dimensiones de efectividad empresarial y laboral. Lawler, Mohrman y Ledford (1995) encontraron que las empresas que han implementado enérgicamente el trabajo en equipos se han vuelto más efectivas tanto a nivel organizacional como a nivel individual y en prácticamente todas las categorías de desempeño. En las empresas sin equipos, o en las que rara vez se utilizaban, la efectividad fue baja en todas las categorías.

Desde luego, el desempeño y la utilidad de los equipos pueden verse afectadas por una gran variedad de factores. La simple existencia de un equipo no garantiza su eficiencia. Por ejemplo, la historia de una portada de *Sports Illustrated* designó al equipo de básquetbol los Clippers de Los Ángeles, de la NBA, como el peor equipo en la historia de los deportes profesionales (Lidz, 2000), lo que demuestra que el simple hecho de que un grupo de personas muy talentosas se reúnan no significa que el resultado sea un equipo efectivo. Sin embargo, en los últimos años, los Clippers se han convertido en uno de los mejores equipos de basquetbol en la Costa Oeste de los Estados Unidos.

Hackman (1993) identificó una serie de inhibidores comunes de la efectividad del desempeño de un equipo, tales como recompensar y reconocer a los individuos y no al equipo, perder la estabilidad en la conformación del equipo con el paso del tiempo, no dar libertad a los miembros del equipo, coartar la interdependencia entre los integrantes del equipo y no lograr orientar a todos sus miembros. Al respecto, Verespei (1990) observó:

> *Con mucha frecuencia, los directivos leen las historias de éxito y EN ESE MOMENTO ordenan a sus empresas adoptar equipos de trabajo. Sin embargo, los equipos no siempre funcionan e, incluso, podrían ser la solución equivocada para la situación en cuestión.*

El instrumento "Diagnóstico de la necesidad de formación de equipos", que se encuentra en la sección Evaluación de habilidades de este capítulo, le ayudará a determinar la efectividad del desempeño de los equipos de trabajo en los que usted participa y qué tan necesaria es su formación. Con frecuencia, los equipos tardan mucho en tomar decisiones, pueden impedir la acción eficaz debido a su aislamiento y pueden crear confusión, conflicto y frustración entre sus miembros. Todos nos hemos sentido irritados por ser miembros de un equipo ineficiente, un equipo dominado por una sola persona, un equipo con miembros perezosos o uno que compromete sus estándares a cambio de que todos estén de acuerdo. El adagio común de que "un camello es un caballo diseñado por un equipo" ilustra una de las muchas posibles desventajas de un equipo.

Por otra parte, se ha realizado un gran número de investigaciones para identificar los factores asociados con el buen desempeño de los equipos. Se han estudiado factores como la *composición del equipo* (es decir, la heterogeneidad de sus miembros, el tamaño del equipo, la familiaridad entre los miembros), su motivación (es decir, su potencia, sus metas, las recompensas que se le ofrecen, su retroalimentación), el *tipo de equipo* (virtuales, tripulaciones, círculos de calidad) y la *estructura del*

CRITERIOS DE DESEMPEÑO	PORCENTAJE QUE INDICA MEJORAS
Cambio del estilo gerencial a uno más participativo	78
Mejores procesos y procedimientos organizacionales	75
Mejor toma de decisiones gerenciales	69
Aumento de la confianza de los empleados en la dirección	66
Mejor implementación de la tecnología	60
Eliminación de niveles gerenciales de supervisión	50
Mejores niveles de salud y seguridad	48
Mejores relaciones sindicales con la dirección	47

CRITERIOS DE DESEMPEÑO	PORCENTAJE QUE INDICA EL IMPACTO POSITIVO
Calidad de productos y servicios	70
Servicio al cliente	67
Satisfacción de los empleados	66
Calidad de la vida laboral de los empleados	63
Productividad	61
Competitividad	50
Rentabilidad	45
Ausentismo	23
Rotación	22

(N = 439 de las empresas de *Fortune* 1000)

FUENTE: *Impact of involvement in teams on organizations and workers, Lawler, E. E., Mohman, S. A., & Ledford, G. E. (1992).*
Creating high performance organizations: Practices and results of employee involvement and total quality in Fortune 1000 companies.
Reimpreso con el permiso de John Wiley & Sons, Inc.

mismo (la autonomía de sus miembros, sus normas, sus procesos de toma de decisiones) para determinar cuál es la mejor manera de formar y liderar equipos (vea las revisiones detalladas de Cohen y Bailey, 1997; Guzzo y Dickinson, 1996; Hackman, 2003; Shuffler, Burke, Kramer y Salas, 2012).

Tan sólo en la última década se han publicado varios miles de estudios sobre los grupos y equipos. Se han estudiado a fondo los equipos de trabajo autodirigidos, de solución de problemas, de terapia; las fuerzas de tarea, los grupos de crecimiento interpersonal, los de proyectos de estudiantes, entre muchos otros. Las investigaciones abarcan desde equipos que se reúnen sólo una sesión hasta aquellos que se reúnen durante varios años. En cuanto al tipo de miembros, se han estudiado equipos conformados por niños o personas de edad avanzada, por altos ejecutivos u obreros, estudiantes o profesores, voluntarios o presidiarios, atletas profesionales o infantes. Se han analizado los indicadores que

predicen el desempeño del equipo tales como los roles de sus miembros, los procesos cognitivos inconscientes, su dinámica, las estrategias de solución de problemas, los patrones de comunicación, las acciones de liderazgo, las necesidades interpersonales, la calidad de la toma de decisiones, la innovación y la productividad (por ejemplo, Ancona y Caldwell, 1992; Gladstein, 1984; Senge, 1991; Wellins *et al.*, 1991; Shuffer, Burke, Kramer y Salas, 2012).

No dedicaremos más de este capítulo a revisar la extensa bibliografía relacionada con los equipos, ni la gran cantidad de factores de los que depende su desempeño. En cambio, nos concentraremos en algunas habilidades fundamentales que le ayudarán a dirigir y participar eficazmente en la mayoría de los equipos. En particular, nos enfocaremos en los equipos que deben realizar una tarea. Podría tratarse de un equipo de trabajo en el empleo, un grupo de estudiantes que pretenden desarrollar un proyecto, un equipo especializado que analiza un asunto o un equipo autodirigido en una empresa de servicios. Independientemente de cómo esté integrado el equipo, usted querrá mejorar sus habilidades para ayudarlo a convertirse en una unidad de alto desempeño. El éxito del equipo es un factor crítico en la mayoría de los éxitos individuales de las personas.

Primero nos concentraremos en ayudarle a entender cómo se desarrollan los equipos y cómo diagnosticar los problemas más comunes en cada una de las cuatro etapas de su desarrollo. Cuando lidere o se convierta en miembro de un equipo, conocer las fases del desarrollo y las cuestiones predecibles que surgirán le dará ventaja y le ayudará a ser un líder e integrante más eficaz.

EJEMPLO DE UN EQUIPO EFECTIVO

Para ilustrar algunos de los principios que analizamos en este capítulo, describiremos brevemente uno de los esfuerzos de equipo más eficaces que conocemos. Se trata del equipo formado para planear y llevar a cabo el apoyo logístico a las tropas estadounidenses en la Guerra del Golfo Pérsico (Tormenta del desierto), el conflicto originalmente motivado por la invasión de Irak a Kuwait. El general Gus Pagonis fue nombrado líder de ese equipo, el cual se organizó a raíz de que el presidente Bush anunciara que enviaría tropas a Arabia Saudita para repeler la agresión iraquí en Kuwait.

Las tareas que Pagonis enfrentó eran titánicas. Tenía a su cargo formar un equipo capaz de transportar a más de medio millón de personas y sus artículos personales al otro lado del mundo con muy poca anticipación. Sin embargo, transportar personas era sólo parte del reto. Apoyarlos una vez que llegaran, posicionarlos para la batalla, apoyar sus planes bélicos y luego llevarlos, con todo y su equipamiento, de regreso a casa en un tiempo récord fueron desafíos incluso mayores.

Fue necesario planear, trasladar y servir más de 122 millones de comidas (una cantidad casi igual a los alimentos que consumen todos los residentes de Wyoming y Vermont en tres meses). Se tuvo que bombear más o menos la misma cantidad de gasolina (1,300 millones de galones) que se consume en Montana, Dakota del Norte e Idaho en un año, para abastecer a los soldados que condujeron a través de una distancia total de casi 83 millones de kilómetros. Fue necesario transportar, coordinar, alimentar y albergar a carpinteros, cajeros, sepultureros, trabajadores sociales, médicos y una enorme cantidad de personal de apoyo, además de trasladar tanques y municiones. Se tuvieron que diseñar e instalar más de 500 nuevas señales de tránsito para ayudar a las personas que hablaban distintos idiomas a desplazarse por el monótono terreno de Arabia Saudita. Se procesaron y clasificaron 500 toneladas de correo todos los días. Se negociaron y cumplieron más de 70,000 contratos con proveedores. Todo el equipo automotor de color verde olivo (más de 12,000 vehículos con orugas y 117,000 vehículos con ruedas) tuvo que pintarse de color café, para camuflarse en el desierto, y luego pintarse nuevamente de verde para regresarlo a casa. Los soldados tuvieron que entrenarse para adaptarse a una cultura desconocida, intolerante a los típicos momentos de relajación de los soldados. Se tuvieron que distribuir provisiones en diferentes lugares sin previo aviso, algunas de ellas detrás de las filas enemigas, en medio del fragor de la batalla. El control del tránsito fue monumental, como lo demuestra un punto de revisión clave cerca del frente, donde pasaron 18 vehículos por minuto, siete días a la semana, 24 horas al día durante seis semanas. Se tuvo que transportar, atender o detener a más de 60,000 prisioneros de guerra del bando enemigo.

Como la guerra terminó mucho antes de lo previsto, se presentó un desafío incluso más intimidante: enviar todas esas provisiones y personal de regreso a casa. La mayor parte del equipo, las municiones y los alimentos tuvieron que ser devueltos a casa porque habían sido desempacados, pero en su mayoría no habían sido utilizados. Para esto fue precisa una limpieza profunda que eliminara los microorganismos y volver a empacar grandes cantidades de provisiones. Como se tuvo que dividir a los grandes contenedores en unidades más pequeñas durante la guerra, se requirió el doble de tiempo para recolectar y embarcar los materiales desde Arabia Saudita de lo que se tardaron en enviarlos allá. No obstante, el personal estaba tan ansioso de volver a casa al final de la campaña, que la presión por la rapidez era al menos tanta como al inicio de la guerra. En pocas palabras, el equipo de Pagonis se enfrentó a tareas a escalas sin precedentes y decidió realizarlas en un tiempo tan corto que se consideraría impensable de no haberse logrado.

Las habilidades de formación de equipos y de trabajo en equipo utilizadas para cumplir con estas tareas se detallan en el libro de Pagonis, *Moving Mountains*. Pagonis fue condecorado con la Estrella de Plata durante la Tormenta del desierto, por su liderazgo sobresaliente en el campo de batalla. Ayudó a planear y ejecutar la famosa "carrera final" que tomó completamente por sorpresa al ejército iraquí. La mayoría de los observadores ahora coinciden en que fue el éxito del equipo de logística lo que en realidad logró la victoria en la Guerra del Golfo Pérsico para Estados Unidos y salvó decenas de miles, si no es que cientos de miles de vidas. En las secciones siguientes utilizamos extractos de la descripción del funcionamiento de ese equipo para ilustrar los principios de la formación de equipos y liderazgo efectivos.

Desarrollo de equipos

Sin importar si su rol es de líder o de miembro del equipo, para ser efectivo en esas circunstancias es importante entender que todos los equipos tienen sus etapas de desarrollo. Estas etapas producen cambios en la dinámica de cada equipo y modifican las relaciones entre sus miembros, así como el comportamiento del líder. En esta sección se describen las cuatro principales etapas que experimentan los equipos, desde las primeras del desarrollo (cuando el equipo aún se está esforzando por convertirse en una entidad coherente) hasta una etapa de desarrollo más maduro (cuando el equipo se ha vuelto una entidad muy efectiva, sin dificultades en su funcionamiento). Deseamos que sepa cómo diagnosticar la etapa del desarrollo en la que se encuentra su equipo y qué tipo de comportamiento será el más efectivo para mejorar su desempeño.

Desde principios del siglo xx se han identificado patrones predecibles en el desarrollo de los equipos (Dewey, 1933; Freud, 1921). De hecho, a pesar de la diversidad en la composición, los objetivos y la longevidad de los equipos investigados en una amplia gama de estudios, se ha encontrado que las etapas del desarrollo de los grupos y de los equipos son sorprendentemente similares (Cameron y Whetten, 1984; Hackman, 2003; Quinn y Cameron, 1983). Las investigaciones indican que los equipos tienden a desarrollarse en cuatro etapas separadas y secuenciales. Tuckman (1965) llamó a esas etapas **formación**, **normatividad**, **enfrentamiento** y **desempeño**. Estos términos aún son muy utilizados en la actualidad [la segunda y la tercera etapas de Tuckman se invirtieron en este capítulo con base en el trabajo de Greiner, 1972; Cameron y Whetten, 1981; y Bonebright, 2010].

La tabla 9.2 resume las cuatro principales etapas de desarrollo. Para que los equipos sean efectivos y sus integrantes se beneficien más por su pertenencia a ellos, los equipos deben atravesar las primeras tres etapas de desarrollo para poder alcanzar la etapa 4. En cada etapa predominan desafíos y problemas únicos, y es diagnosticándolos y enfrentándolos de la manera adecuada que el equipo madura y se vuelve más eficaz. Para cada una de las cuatro etapas, primero identificaremos los principales problemas y preguntas de los miembros, y luego las respuestas de la dirección que ayudarán al equipo a trascender efectivamente esa etapa de su desarrollo.

ETAPA DE FORMACIÓN

Cuando los miembros del equipo se reúnen por primera vez son como una audiencia al inicio de un concierto. No constituyen un equipo, sino una congregación de individuos que comparten un entorno común. Algo debe suceder para que sientan que conforman una unidad cohesiva. Por ejemplo, cuando uno se reúne por primera vez con un grupo de personas, es muy probable que no se sienta como parte del grupo de inmediato. Tal vez surjan diversas preguntas en su mente, como:

- ❏ ¿Quiénes son estas personas?
- ❏ ¿Qué se espera de mí?
- ❏ ¿Quién será el líder?
- ❏ ¿Qué se supone que ocurrirá?

Tabla 9.2	Cuatro etapas del desarrollo de equipos
ETAPA	**EXPLICACIÓN**
Formación	El equipo se enfrenta a la necesidad de familiarizarse con sus miembros, su finalidad y su estructura. Se deben formar relaciones y establecer la confianza. Es necesaria una dirección clara por parte de los líderes del equipo.
Normatividad	El equipo debe lograr la cohesión y la unidad, diferenciar roles, identificar las expectativas de los miembros y aumentar su compromiso. Es necesario que los líderes del equipo retroalimenten a los miembros y fomenten su compromiso con la visión.
Enfrentamiento	El equipo se enfrenta a desacuerdos, al egocentrismo de sus miembros y a la necesidad de manejar conflictos. Algunos de esos desafíos son la violación a las normas y expectativas, y la necesidad de superar la irracionalidad grupal. Se requiere que los líderes del equipo se concentren en mejorar los procesos, reconocer los logros, y promover relaciones provechosas para todos.
Desempeño	El equipo enfrenta la necesidad de mejorar, innovar, trabajar con rapidez y aprovechar las habilidades fundamentales continuamente. Se requiere que los líderes del equipo patrocinen las nuevas ideas de los miembros, coordinen su implementación y promuevan el desempeño extraordinario.

Las principales preguntas que los participantes de un nuevo equipo se plantean tienen que ver con establecer un sentido de seguridad y dirección, orientación y comodidad en la nueva situación. En ocasiones, son los miembros del nuevo equipo quienes formulan estas preguntas; otras veces son un poco más que sensaciones generales de malestar o desconexión. La incertidumbre y la ambigüedad tienden a predominar mientras los individuos tratan de comprender y encontrar una estructura. Como el equipo carece de una historia compartida, no hay unión entre sus miembros. Por lo tanto, las relaciones interpersonales típicas que predominan en esta etapa están marcadas por:

- ❑ Silencio
- ❑ Timidez
- ❑ Dependencia
- ❑ Superficialidad

Aunque algunas personas entran a un equipo con gran entusiasmo y muchas expectativas, por lo general se muestran renuentes a demostrar sus emociones a los demás hasta que empiezan a sentirse en confianza. Además, sin conocer las reglas y límites, sienten que es riesgoso hablar o incluso hacer preguntas. Cuando el grupo se reúne por primera vez, rara vez los miembros están dispuestos a cuestionar activamente al líder, aunque prevalezca la incertidumbre. Cuando un líder hace preguntas acerca de los miembros del equipo, pocas veces alguien aprovecha la oportunidad de responder. Al contestar, las respuestas son breves. Hay poca interacción entre los miembros del equipo, la mayor parte de la comunicación está dirigida hacia el líder o hacia la persona a cargo, y cada individuo suele pensar más en sí mismo que en el equipo. Las interacciones tienden a ser formales y reservadas. Los comportamientos congruentes se ocultan en aras de la autoprotección.

Las personas comenzarán a sentirse como parte de un equipo hasta que conozcan las reglas y los límites de su escenario. No saben en quién confiar, quién tomará la iniciativa, qué constituye un comportamiento normal o qué tipo de interacciones son adecuadas. Aún no constituyen un verdadero equipo, sino sólo un conjunto de individuos. Por lo tanto, la tarea del equipo en esta etapa no se enfoca tanto en producir un resultado sino en desarrollar al equipo mismo. Ayudar a que los miembros del equipo se sientan cómodos entre ellos es más importante que el cumplimento de tareas. Para ayudar a administrar un equipo de manera efectivo en esta primera etapa de desarrollo, deberá:

- ❑ Orientar a los miembros y responder las preguntas.
- ❑ Establecer la confianza.
- ❑ Entablar relaciones con los líderes.
- ❑ Establecer claramente la finalidad, normas, procedimientos y expectativas.

Esta etapa puede ser breve y no es buen momento para la discusión libre y abierta, ni la toma de decisiones consensuadas con el fin de lograr algún resultado. Más bien se requiere de dirección, claridad y estructura. La primera tarea consiste en asegurarse de que todos los miembros del equipo se conozcan entre sí y aclaren sus dudas. Es probable que en esta etapa la participación sea relativamente escasa, por lo que los integrantes podrían tender a omitir las presentaciones y las instrucciones. En cualquier caso, si los retos de esta etapa no son resueltos de la manera adecuada, el desempeño de los equipos no será el mejor.

En el caso del equipo de logística del Golfo Pérsico, su primera tarea fundamental consistió en establecer con claridad ciertos objetivos, reglas, plazos y recursos. Cada miembro del equipo debía sentirse cómodo siendo parte de una entidad:

El equipo comenzó a trabajar con un sentido redoblado de urgencia. Pronto estuvieron totalmente familiarizados con el plan trazado. Rápidamente llegamos a comprender en conjunto nuestro papel en la escena. Nuestra sesión... fue muy exitosa, sobre todo porque desde el inicio teníamos una estructura bien definida. Trabajamos con la mira puesta en metas claramente expresadas, y había un límite de tiempo establecido para mantenernos en la dirección correcta. Y, por último, nuestras diversas experiencias se complementaron. Nos necesitábamos unos a otros y lo sabíamos. (Pagonis, 1993, pp. 82-83).

ETAPA DE NORMATIVIDAD

Una vez que los miembros del equipo están orientados, conocen con claridad las metas del equipo y han aceptado su lugar en el mismo, el principal reto consiste en crear una unidad cohesiva, el "sentido de equipo". En la primera etapa se aclaran las normas, las reglas y las expectativas, pero también debe desarrollarse una cultura implícita de equipo, así como relaciones informales entre los miembros. La necesidad de transformar a un grupo de individuos que compartan una meta común en una unidad altamente cohesiva es la motivación que conduce al equipo hacia una nueva etapa de desarrollo, la etapa de la normatividad. Cuanto más interactúen los miembros del equipo, más comportamientos y puntos de vista comunes desarrollarán; experimentarán cierta presión para cumplir con las expectativas de otros miembros, y el equipo comenzará a desarrollar un carácter y una cultura propios. Todos hemos experimentado una fuerte presión por parte de los compañeros y éste es el ejemplo más claro de la dinámica en esta etapa del desarrollo del equipo. Una nueva cultura cohesiva determinará la cantidad de trabajo que realiza el equipo, su estilo de comunicación y los métodos utilizados para resolver los problemas, e incluso la vestimenta de sus miembros.

En otras palabras, la principal preocupación de los miembros del equipo ya no es superar la incertidumbre de la etapa de formación; en este punto lo es el desarrollo de normas de un grupo unificado. Las preguntas típicas de los miembros del equipo durante esta etapa son:

❏ ¿Cuáles son las normas y los valores del equipo?
❏ ¿Cómo puedo llevarme mejor con todos los demás?
❏ ¿Cómo puedo demostrar mi apoyo a los demás?
❏ ¿Cómo puedo encajar?

Durante la etapa de normatividad, los miembros del equipo se alegran de ser parte de él y comienzan a valorar las metas del equipo más que sus metas personales. Las necesidades de los individuos se satisfacen a través de los logros conjuntos. No es el líder ni un solo integrante quienes asumen la responsabilidad de resolver los problemas, enfrentar y corregir los errores, y asegurar el éxito, sino el equipo. La atmósfera del equipo se caracteriza por los acuerdos y la disposición de mantener la armonía. Los individuos experimentan sentimientos de lealtad hacia el equipo y las relaciones interpersonales que más caracterizan a los miembros del equipo incluyen:

❏ Cooperación
❏ Conformidad estándares y expectativas
❏ Mayor atracción interpersonal
❏ Pasar por alto los desacuerdos

En esta etapa de normatividad es cuando los equipos efectivos alientan los roles de desarrollo de relaciones. Se fomenta la participación de todos los miembros del equipo. Para administrar de manera efectiva esta segunda etapa de desarrollo es necesario:

❏ Mantener la unidad y la cohesión.
❏ Facilitar la participación y el facultamiento.
❏ Mostrar apoyo a todos los miembros de equipo.
❏ Retroalimentar a los miembros sobre su desempeño individual y de equipo.

Sin embargo, en esta etapa de desarrollo podría surgir un problema importante: se trata de la creciente incapacidad del equipo para generar diversidad y distintos puntos de vista. Aunque es probable que los miembros se sientan sumamente satisfechos con su estrecha unión, el equipo se arriesga a desarrollar lo que se conoce como pensamiento *grupal* (Janis, 1972). El pensamiento grupal

ocurre cuando la cohesión y la inercia desarrolladas en un equipo impiden el buen proceso de toma de decisiones o la solución de los problemas. La preservación del equipo tiene prioridad sobre las decisiones adecuadas o la alta calidad en el desempeño de tareas. No hay suficiente diferenciación ni desafíos para el estado mental del equipo.

Pensamiento grupal

En una investigación, Irv Janis (1972) relata el caso de varios equipos de alto desempeño que en un momento dado mostraron un desempeño ejemplar, pero en otro actuaron de manera desastrosa. Su ejemplo clásico fue el gabinete del presidente John F. Kennedy. En el caso de la crisis de misiles en Cuba, este equipo tomó lo que se considera la mejor serie de decisiones tomadas en el manejo de la Crisis de Misiles Cubanos, gracias a las cuales se impidió que la ex Unión Soviética colocara misiles en Cuba, a través de la arriesgada confrontación por parte de Kennedy y su gabinete. Sin embargo, éste fue el mismo equipo que tomó decisiones desastrosas en el conocido fiasco de Bahía de Cochinos, en el que el derrocamiento planeado y fallido del gobierno de Fidel Castro en Cuba se convirtió en una pesadilla logística, una confluencia de indecisiones y una derrota vergonzosa para el mismo equipo que posteriormente tendría un alto desempeño.

¿Cuál fue la diferencia? ¿Por qué el mismo equipo tuvo resultados diametralmente opuestos? Según Janis se debió al pensamiento grupal. Este fenómeno suele presentarse cuando los equipos atorados en la etapa de normatividad desarrollan los siguientes atributos:

❏ *Ilusión de invulnerabilidad.* Los miembros se sienten seguros de que el éxito pasado del equipo continuará ("Debido a nuestra historia de éxitos, no podemos fallar").

❏ *Estereotipos compartidos.* Los miembros ignoran la información contradictoria al desacreditar su fuente ("Esta gente simplemente no comprende estas cosas").

❏ *Racionalización.* Los miembros racionalizan y desechan las amenazas para generar consensos. ("Conocemos sus motivos erróneos para no estar de acuerdo con nosotros").

❏ *Ilusión de moralidad.* Los miembros piensan que, como individuos morales, no tienen probabilidades de tomar decisiones equivocadas ("Este equipo nunca tomaría una mala decisión conscientemente ni haría algo inmoral o antiético").

❏ *Autocensura.* Los miembros no expresan sus temores y tratan de minimizar sus dudas ("Si los demás piensan de esa forma, entonces debo estar equivocado").

❑ *Presión directa.* Se sanciona a los miembros que exploran puntos de vista diferentes ("Si no estás de acuerdo, puedes irte del equipo").

❑ *Protección mental.* Los miembros protegen al equipo contra su exposición a ideas perturbadoras ("No los escuches; debemos mantener a raya a los agitadores").

❑ *Ilusión de unanimidad.* Los miembros concluyen que el equipo ha alcanzado un consenso cuando sus miembros más elocuentes están de acuerdo ("Si algunos de los miembros más fuertes expresan su acuerdo, debe haber un consenso").

El problema del pensamiento grupal es que orilla a los equipos a cometer más errores de lo normal. Por ejemplo, considere el siguiente escenario que se observa comúnmente.

Un líder convoca a una reunión con su equipo debido a que no desea cometer un grave error de juicio. Durante el proceso de análisis de un tema, el líder expresa su preferencia por una opción. Otros miembros del equipo, queriendo parecer solidarios, presentan argumentos que justifican la decisión. Uno o dos miembros intentan sugerir alternativas, pero son rechazados por la mayoría. La decisión se toma incluso con mayor convicción que lo normal porque todos están de acuerdo, pero las consecuencias son desastrosas. ¿Qué sucedió en este caso?

Aunque el líder convocó al equipo para evitar tomar una mala decisión, en realidad, el pensamiento grupal aumentó la probabilidad de error en la decisión. Sin el apoyo social del equipo, era probable que el líder hubiera actuado con más cautela al implementar la decisión incierta pero que él prefería.

Para manejar esta tendencia a desarrollar un pensamiento grupal, el equipo debe pasar de la etapa de normatividad a la de enfrentamiento; debe desarrollar atributos que fomenten la diversidad, la heterogeneidad e incluso el conflicto en los procesos del equipo. En particular, Janis hace las siguientes sugerencias para evitar el pensamiento grupal:

❑ *Evaluadores críticos.* Se debe designar al menos a un miembro del equipo para desempeñar el papel de crítico o evaluador de las decisiones del equipo.

❑ *Discusión abierta.* El líder no debe expresar una opinión al inicio de una reunión del equipo, sino que debe alentar la discusión abierta de las distintas perspectivas de los miembros.

❑ *Subgrupos* Podrían formarse varios subgrupos en el equipo para desarrollar propuestas independientes.

❑ *Expertos externos.* El objetivo es que los expertos externos escuchen y critiquen el razonamiento de las decisiones del equipo.

❑ *Abogado del diablo.* Designar al menos a un miembro del equipo para que desempeñe el rol de "abogado del diablo" durante la discusión, si parece que existe demasiada homogeneidad en las opiniones.

❑ *Reuniones de segunda oportunidad.* Esto sugiere meditar sobre la decisión del equipo y retomarla al día siguiente. Se debe alentar la expresión de los cambios de opinión de los miembros del equipo.

En otras palabras, los equipos que se encuentran en la etapa normativa se convierten en entidades altamente cohesivas e integradas y, aunque esto es muy importante para producir el compromiso y el trabajo en equipo, también podría crear la tendencia a dar preponderancia al involucramiento y buenos sentimientos a expensas de todo lo demás. Es necesario tener un sentimiento familiar cohesivo para unir a los miembros y crear una identidad singular; sin embargo, si se elimina información importante, si se ignoran puntos de vista opuestos o se castiga cualquier manifestación de inconformidad, esto podría tener resultados desastrosos. Los equipos efectivos también deben pasar a la siguiente etapa de desarrollo, la etapa de enfrentamiento.

ETAPA DE ENFRENTAMIENTO

Si bien la atmósfera confortable que desarrollan los miembros del equipo en la etapa de la normatividad podría generar una cantidad exagerada de acuerdo y homogeneidad, también podría producir el fenómeno contrario. Es decir, una vez que los miembros se sienten cómodos en el equipo, a menudo comienzan a explorar diferentes roles. Por ejemplo, algunos se sienten inclinados a ser facilitadores de tareas, enfocándose en la realización de las tareas, mientras otros se inclinan hacia el desarrollo de relaciones, enfocándose en las dinámicas interpersonales. Esta diferenciación de los roles invariablemente lleva al equipo a la etapa de enfrentamiento, es decir una fase de posibles conflictos y desapego.

Desempeñar diferentes roles ocasiona que los miembros del equipo desarrollen distintas perspectivas e ideas que desafían el liderazgo y la dirección del equipo. Prácticamente todo equipo efectivo pasa por una etapa en la que sus miembros cuestionan la legitimidad de la dirección, al líder, los roles, las opiniones o decisiones de los demás y los objetivos de las tareas. Hasta ahora, el equipo se había caracterizado principalmente por la armonía y el consenso. Las diferencias individuales se habían eliminado con la finalidad de crear un sentido de equipo. Sin embargo, esa condición no será perdurable porque llegará un momento en que los integrantes del equipo se sentirán incómodos por perder su identidad individual, ocultar sus sentimientos o reprimir sus puntos de vista diferentes. Por tanto, el éxito a largo plazo del equipo dependerá de qué tan bien maneje la etapa de enfrentamiento. Las preguntas comunes que surgen en la mente de los miembros del equipo son:

- ❏ ¿Cómo manejaremos los desacuerdos?
- ❏ ¿Cómo podemos tomar decisiones en medio de un clima de desacuerdo?
- ❏ ¿Cómo comunicaremos la información negativa?
- ❏ ¿Quiero seguir participando en el equipo?
- ❏ ¿Qué tanto puedo traspasar los límites?

Un antiguo proverbio del Oriente Medio reza: "Todo sol hace desierto". De manera similar, cuando se forma algo positivo como un equipo, será inevitable el surgimiento de pugnas, cierto malestar y la necesidad de superar algunos obstáculos para que el equipo prospere. El equipo debe aprender a lidiar con la adversidad, en especial la creada por sus propios miembros. Es necesario obstaculizar la tendencia hacia pensamiento grupal. Si los miembros del equipo están más interesados en mantener la paz que en resolver los problemas y realizar las tareas, nunca serán efectivos. Nadie quiere permanecer en un equipo que no permite la individualidad y la singularidad, y que desea conservar la armonía sobre el cumplimiento de la metas. En consecuencia, cuando el equipo ataca los problemas y cumple con los objetivos, quizá se sacrifique la armonía.

Desde luego, los miembros del equipo no dejan de interesarse por sus compañeros y continúan comprometidos con el equipo y su éxito. No obstante, comienzan a tomar partido y descubren que son más compatibles con algunos integrantes que con otros, y que comulgan más con ciertos puntos de vista. Esto provoca:

- ❏ La formación de coaliciones o camarillas.
- ❏ La competencia entre los integrantes.
- ❏ Desacuerdos con el líder.
- ❏ Desafío de los puntos de vista de los demás.

Por ejemplo, durante la Tormenta del desierto, una jerarquía militar relativamente rígida, aunada a la apremiante misión que debía desplegarse, impidió importantes desviaciones de las normas y reglas establecidas; sin embargo, cuando se desarrolló el equipo de Pagonis, surgieron pequeñas desvíos. Los miembros del equipo de logística pintaron logotipos personales en algunos tanques y camiones, asignaron nombres sarcásticos en código a personas y lugares, y era cada vez más común que los mandatos superiores fueran desafiados en las salas de reunión. En ocasiones, esta forma de poner a prueba las normas y los límites es únicamente una necesidad de expresar la individualidad, mientras que en otras situaciones es producto de fuertes sentimientos de que el equipo podría mejorar. Las principales tareas o problemas que debe resolver el equipo en esta etapa son:

- ❏ Manejar conflictos.
- ❏ Legitimar expresiones productivas de la individualidad.
- ❏ Convertir el desapego en interdependencia.
- ❏ Fomentar los procesos de construcción de consenso en un entorno de perspectivas heterogéneas.
- ❏ Fomentar las expresiones de desacuerdo constructivas.

Los conflictos, la formación de coaliciones y el desapego crean condiciones que podrían provocar que se cuestionen las normas y los valores del equipo. Sin embargo, en vez de eliminarlos o de resistirse a ellos, los equipos efectivos alientan a sus miembros a convertir esos desafíos en sugerencias constructivas para mejorar. Es importante que los integrantes del equipo se sientan capaces de expresar con legitimidad su condición única e idiosincrasia personal, siempre y cuando no sean destructivas para el equipo en general.

Investigaciones sobre los equipos han revelado que cuando estos enfrentan dificultades o problemas complejos, son mucho más efectivos cuando poseen cierto grado de heterogeneidad que cuando todos sus miembros actúan, creen y ven las situaciones de la misma manera (Campion, Medsker y Higgs, 1993; Hackman, 2003; Shin, Kim, Lee y Bian, 2012). La diversidad es positiva porque fomenta la creatividad, la individualidad y las soluciones a los problemas difíciles (Cox, 1994). Se ha dicho que "los equipos simplifican los problemas complejos". El problema es que "los equipos también complican los problemas sencillos", de manera que la diversidad y la heterogeneidad no siempre son aconsejables. De hecho, las primeras dos etapas del desarrollo de los equipos cumplen el propósito de reducir la diversidad y la heterogeneidad. Sin embargo, en estas etapas, mantener la flexibilidad en el equipo implica aceptar la tolerancia a la individualidad y promover cambios y mejoras.

La filosofía del general Pagonis para manejar las diferencias consistía en fomentar su expresión:

La clave consiste en estar abierto a diferentes experiencias y perspectivas. Si uno no es capaz de tolerar distintos tipos de personas, será poco probable que aprenda de distintos puntos de vista. Los líderes efectivos alientan las opiniones opuestas, una fuente importante de vitalidad. Esto es válido sobre todo en la milicia, donde las buenas ideas vienen en una variedad increíble de "empaques". (Pagonis, 1993, p. 24).

En la etapa del enfrentamiento, surgen tensiones entre las fuerzas que empujan al equipo hacia la cohesión y las que lo empujan hacia una diferenciación. Mientras se promueven fuertes lazos de unidad en el equipo, los individuos comienzan a diferenciarse entre sí y a adoptar roles únicos. Todo esto se complementa. Pero esta complementariedad de roles en realidad podría fomentar la cohesión del equipo y la productividad, más que el conflicto, siempre y cuando:

❏ Se identifique un enemigo externo (no uno entre ellos) como meta para la competencia.

❏ Se refuerce el compromiso de reconocer el desempeño de todo el equipo.

❏ Se mantengan claras la visión y las metas superiores.

❏ Se conviertan a los estudiantes en maestros al hacer.

❏ Los miembros enseñen los valores y la visión del equipo a los demás.

El equipo de logística de Pagonis ilustra el valor de las primeras tres sugerencias anteriores: Identificar un enemigo externo, el reconocimiento a nivel de equipo y la visión.

Ante la presencia del enemigo, nuestra fortaleza fue la flexibilidad, no sólo como individuos sino también como grupo. Las organizaciones deben ser lo suficientemente flexibles para adaptarse y ajustarse a su entorno cambiante. Pero la flexibilidad puede degenerar en caos cuando no existen metas bien establecidas... Una vez que todos en la organización comprenden las metas, entonces cada persona se fijará varios objetivos para lograr esas metas dentro de su propia esfera de actividad... Cuando eso funciona, mejoran la cooperación y la colegialidad, y se minimizan los enfrentamientos internos y las actuaciones por debajo de lo óptimo. (Pagonis, 1993, p. 83).

El proceso utilizado eficazmente por Xerox Corporation con el que hizo frente a la cruenta competencia de sus competidores externos ejemplifica muy bien la cuarta sugerencia anterior. La figura 9.2 ilustra el proceso implementado por Xerox, en el que los miembros se

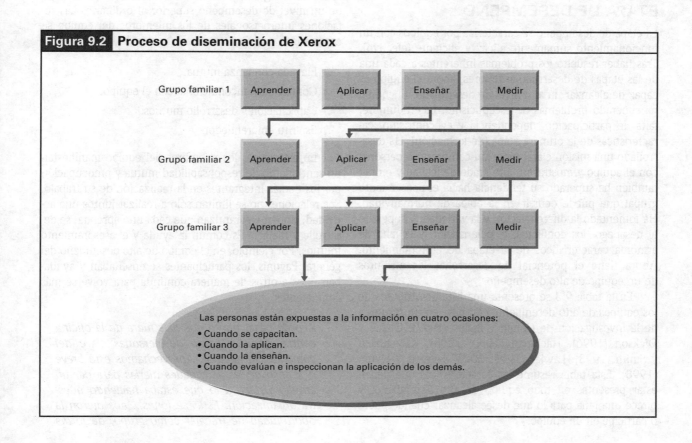

Figura 9.2 **Proceso de diseminación de Xerox**

Grupo familiar 1: Aprender — Aplicar — Enseñar — Medir

Grupo familiar 2: Aprender — Aplicar — Enseñar — Medir

Grupo familiar 3: Aprender — Aplicar — Enseñar — Medir

Las personas están expuestas a la información en cuatro ocasiones:

- Cuando se capacitan.
- Cuando la aplican.
- Cuando la enseñan.
- Cuando evalúan e inspeccionan la aplicación de los demás.

convirtieron en líderes para garantizar la implementación de una visión y procesos comunes en toda la empresa. Para asegurarse de que todas las unidades y todos los directivos trabajaran en armonía, la empresa se dividió en equipos familiares jerárquicos. Después se implementó un proceso de cuatro etapas:

1. *Aprender.* Se enseñaron y analizaron los principios, la visión y los valores centrales.

2. *Aplicar.* Se elaboraron planes de acción y de mejoras.

3. *Enseñar.* Se enseñaron los principios y las experiencias de éxito al siguiente equipo familiar de la jerarquía.

4. *Inspeccionar/ Evaluar.* Se midió y monitoreó el desempeño y los planes de acción de este equipo familiar de nivel jerárquico más bajo.

Los equipos fueron expuestos a la información deseada en cuatro ocasiones: cuando la aprendieron, cuando la aplicaron, cuando la enseñaron y cuando la evaluaron. Y lo más importante fue que como los miembros del equipo participaron en enseñar a los demás, aumentó su compromiso con el equipo, a pesar de la diferenciación de sus roles.

ETAPA DE DESEMPEÑO

La etapa de desempeño se caracteriza por equipos con un funcionamiento sumamente eficaz y eficiente (efectivo). Tras haber resuelto los problemas inherentes a cada una de las etapas de desarrollo anteriores, ahora el equipo es capaz de alcanzar un alto nivel de desempeño. El equipo ha superado problemas de escepticismo, incertidumbre, falta de participación, dependencia y egocentrismo, características de la primera etapa (de formación). Ha desarrollado una misión clara, tener un compromiso personal con el equipo y mostrar un alto grado de lealtad y moral; también ha superado su tendencia hacia el pensamiento grupal que puede ocurrir en la etapa de normatividad. Ha fomentado la diferenciación y la variedad, y superado el desapego, los conflictos, la polarización y la falta de armonía característicos de la etapa de enfrentamiento. Ahora tiene el potencial de desarrollar los atributos de un equipo de alto desempeño.

En la tabla 9.3 se presenta una lista de atributos de los equipos de alto desempeño, con base en un resumen de la investigación de Cohen y Bailey (1997), Guzzo y Dickson (1996), Hackman (1990; 2003), Katzenbach y Smith (1993), Lawler (1998, 2003) y Yeatts y Hyten (1998). Esta tabla resume las características que deben estar presentes en todo equipo de alto desempeño, y ofrece una guía para lo que desee alcanzar cuando lidere o participe en un equipo.

Desde luego, en la etapa de desempeño el equipo no está exento de desafíos. Los problemas comunes que suelen dominar a los miembros de los equipos de alto desempeño son:

❏ ¿Cómo podemos ayudarnos unos a otros a progresar?

❏ ¿Cómo podemos promover la innovación y la creatividad continuas?

❏ ¿Cómo podemos aprovechar nuestra competencia fundamental?

❏ ¿Cómo podemos mantener un nivel alto de energía en el equipo?

Las preguntas de los integrantes del equipo en esta etapa dejan de ser estáticas para volverse dinámicas. El foco de su interés ya no es el mero logro de los objetivos sino promover el cambio y las mejoras para lograr un desempeño altamente positivo. Los logros han dejado de ser el objetivo y ahora lo es la mejora continua. Hasta este punto, el equipo ha estado tratando de manejar y resolver los asuntos que conducen a tres resultados fundamentales: (1) cumplimiento de tareas u objetivos; (2) coordinación e integración de los roles de los miembros del equipo, y (3) garantizar el bienestar personal de todos los integrantes. Ahora puede enfocarse en el logro de un nivel de desempeño superior al ordinario. Las relaciones interpersonales de los miembros del equipo se caracterizan por su:

❏ Elevada confianza mutua.

❏ Compromiso incondicional con el equipo.

❏ Capacitación y desarrollo mutuos.

❏ Espíritu emprendedor.

En esta etapa, los miembros del equipo manifiestan un sentimiento de responsabilidad mutua y preocupación por los demás integrantes en la realización de su trabajo. Sus relaciones no se limitan sólo a realizar juntos una actividad, sino que garantizan que cada uno aprenda, se desarrolle y mejore. Es común la ayuda y el asesoramiento mutuos. Por ejemplo, en el equipo de alto desempeño del general Pagonis, los participantes se enseñaban y ayudaban unos a otros de manera continua para volverse más competentes.

Acordé pasar uno o dos días fuera de la oficina central con un grupo de personas clave del comando [el equipo]. Aprovechamos este breve descanso de las actividades diarias para dar un amplio vistazo a lo que estaba haciendo nuestra organización. Estas sesiones... nos dieron la oportunidad de trabajar como grupo, de forma

Tabla 9.3 — Algunos atributos de los equipos de alto desempeño

- **Resultados del desempeño**

  Los equipos de alto desempeño hacen cosas. Producen algo; no se limitan a discutir. Sin logros, los equipos se disuelven y con el tiempo pierden efectividad.

- **Propósito y visión específicos y compartidos**

  Cuanto más específico sea el propósito, será posible un mayor compromiso, confianza y coordinación. Los individuos no trabajan para sí mismos, trabajan para los demás buscando la realización de un propósito compartido. El propósito compartido podría equivaler a una visión motivadora de lo que el equipo debe lograr.

- **Responsabilidad interna mutua**

  El sentido de responsabilidad interna es mucho mayor que cualquier responsabilidad impuesta por un jefe o alguien externo. Un equipo de alto desempeño se caracteriza por la autoevaluación y la responsabilidad.

- **Desaparición de las distinciones formales**

  Los miembros del equipo hacen lo necesario para contribuir al trabajo, sin importar sus títulos o puestos anteriores. Ser parte del equipo y los roles de cada miembro son más importantes que el estatus externo.

- **Roles laborales compartidos y coordinados**

  Las personas siempre trabajan en coordinación con los demás miembros del equipo. El resultado deseado es un solo producto grupal, no un conjunto de productos individuales.

- **La ineficiencia e ineficacia que conduce a la efectividad**

  En un inicio los equipos pueden no ser efectivos, debido a que permiten participar y compartir en gran medida, y posibilitan la influencia mutua en cuanto al propósito y la desaparición de los roles. Conforme el equipo se desarrolla, sus integrantes llegan a conocerse tan bien que son capaces de anticipar los movimientos de cada uno, y se vuelven mucho más efectivos que las personas que trabajan de manera individual.

- **Calidad extraordinariamente alta**

  Los equipos producen resultados que superan los estándares actuales de desempeño. Sorprenden y deleitan a los diversos interesados con niveles de calidad inesperados y sin precedentes. No se tolera la mediocridad, por lo que los estándares de desempeño son muy altos.

- **Mejora creativa y continua**

  Los procesos y las actividades de los equipos se caracterizan por innovaciones a gran escala y pequeñas mejoras sin fin. La insatisfacción con el *statu quo* genera un constante flujo de ideas nuevas, experimentación y búsqueda del progreso.

- **Gran credibilidad y confianza**

  Existe una confianza implícita entre los integrantes del equipo, defienden a los miembros que no están presentes y entablan relaciones de interdependencia. Las actividades y las interacciones entre los miembros del equipo se caracterizan por la integridad personal y la honestidad.

- **Claridad de las competencias centrales**

  Los talentos únicos y las ventajas estratégicas del equipo y de sus miembros son claros. Se comprende plenamente la manera en que estas capacidades se podrían utilizar para alcanzar los objetivos del equipo. Las actividades extrañas y las desviaciones de la misión central del equipo tienen baja prioridad.

APRENDIZAJE

enfocada... Desde el primer día impartí clases abiertas y largas, donde analizamos escenarios y posibles soluciones. Yo planteaba preguntas al grupo: "Tienen un barco que atracó en Ad Dammam esta mañana. Está listo para ser descargado y se descompone la grúa que hay a bordo. ¿Cuál sería nuestra solución?". En forma colectiva, el grupo trabajaba para llegar a varias soluciones... Estas sesiones de grupo tenían muchos propósitos útiles. Evidentemente, llamaron la atención hacia los posibles desafíos para que pudiéramos estar mejor preparados en caso de que se presentaran... Y algo igualmente importante: promovieron un análisis colaborativo entre diversos rangos y disciplinas. (Pagonis, 1993, pp. 101, 177).

Además de las relaciones multifacéticas y del compromiso incondicional entre ellos, los miembros de equipos de alto desempeño también asumen la responsabilidad en forma individual para mejorar de manera continua el equipo y sus procesos. Son comunes la experimentación, el aprendizaje por ensayo y error, las discusiones libres acerca de nuevas posibilidades y la responsabilidad personal de todos por mejorar el desempeño. El equipo adopta un conjunto de comportamientos que ayudan a fomentar y perpetuar esta etapa de desarrollo, como los siguientes:

❏ Aprovechar sus competencias centrales.
❏ Fomentar la innovación y la mejora continuas.
❏ Mejorar las relaciones florecientes.
❏ Alentar los comportamientos positivos diferentes.

En esta etapa, los equipos más efectivos desarrollan la capacidad de lograr un desempeño superior a la norma. Sus resultados son extraordinarios. Ensanchan los límites de lo posible y exhiben comportamientos diferentes y positivos. Por ejemplo, tras superar las primeras tres etapas del desarrollo en la Guerra del Golfo Pérsico, el equipo de logística del general Pagonis pasó a una etapa caracterizada por su desempeño sobresaliente y superior a los niveles esperados. En una ocasión, Pagonis dirigió a dos miembros del equipo para que solucionaran el problema de proveer alimentos dignos a las tropas de combate en las líneas del frente.

Imaginen estar en algún desierto remoto y desolado por semanas, o incluso meses, consumiendo raciones de comida deshidratada o empacada al alto vacío. Un día, sin previo aviso, llega a su campamento un vehículo extraño con la leyenda "Wolfmobile". Los paneles laterales se abren y una tripulación sonriente ofrece cocinarle una hamburguesa. "¿Acompañada de papas? ¿Qué tal una Coca Cola?". El estado de ánimo se disparaba en cada lugar donde llegaban los Wolfmobiles, un poco de sabor de hogar en el desierto. (Pagonis, 1993, p. 129).

Este incidente ilustra la principal oportunidad que caracteriza a la cuarta etapa del desarrollo: Ayudar a los miembros del equipo a ir más allá de un simple logro en su trabajo y mantener buenas relaciones interpersonales para mejorar y elevar el desempeño del equipo. Este nivel de desempeño desencadena tanta energía positiva que se vuelve imposible que el equipo retroceda a un nivel de desempeño menor.

Un ejemplo del poder de los equipos con alto desempeño y de sus efectos sobre sus miembros es la historia que nos contó nuestro amigo Bob Quinn (2005) en la que un alto ejecutivo de una importante manufacturera expresaba la frustración que sentía por su compañía. "El problema con mi empresa", se lamentaba, "es que es incapaz de un

desempeño excelente". Ilustró su frustración relatando el siguiente incidente.

Un día ocurrió un problema importante en la línea de ensamble de su planta, por lo que se tuvo que suspender la producción en línea para repararla. El problema era grave y requirió la presencia de trabajadores de diversos turnos. Como gesto de buena voluntad, el ejecutivo compró el almuerzo (pizza, salchichas y bebidas gaseosas) para todos los empleados que estaban haciendo un esfuerzo adicional por la empresa. Realizaron el trabajo con un alto nivel de calidad y en tiempo récord. Tiempo después, un representante del departamento de finanzas entró a la oficina del ejecutivo, lanzó una hoja de papel sobre el escritorio y exclamó: "No podemos pagar esta cuenta por el almuerzo. Usted sabe que la política corporativa prohíbe comprar comida para los empleados con el presupuesto. No le rembolsaremos esta factura".

Desde luego, nadie podría culpar al representante del departamento de Finanzas, ya que sólo estaba haciendo su trabajo y cumpliendo reglas. Sin embargo, el ejecutivo respondió atónito: "Mire, no puedo hacer las mismas cosas que siempre hemos hecho y esperar resultados diferentes. De vez en cuando debo violar las reglas si queremos alcanzar la excelencia o un desempeño extraordinario. El hecho de invitar el almuerzo a esos empleados marcó una diferencia. Fue la razón de nuestro éxito".

"Este incidente únicamente demuestra que mi empresa no soporta la excelencia. No toleran ser extraordinarios", dijo el ejecutivo. Nuestro amigo Bob simplemente propuso al ejecutivo que se rindiera, obedeciera las reglas y cumpliera con las expectativas, que dejara de tratar de alcanzar niveles extraordinarios de éxito. No obstante, la respuesta del ejecutivo fue convincente y es ejemplo del poder que tienen dos equipos de alto desempeño en esta cuarta etapa de desarrollo: "No puedo dejar de intentarlo. Una vez que experimenté la excelencia, el desempeño normal ya no es suficientemente bueno. No puedo quedarme de brazos cruzados y dejar de luchar por lograr resultados extraordinarios".

Desde luego y por desgracia, no todos los equipos que se encuentran en esta cuarta etapa son sobresalientes, la **desviación positiva** es inusual. Pero una vez que los miembros del equipo experimentan este tipo de excelencia, el desempeño de equipo de las primeras tres etapas del desarrollo nunca volverá a ser satisfactorio. Algunas de las recomendaciones para lograr estos niveles de éxito extraordinario se enfatizan en las siguientes secciones mientras analizamos las habilidades necesarias para liderar equipos y ser miembros eficaces de éstos.

Desde luego, un factor importante en la creación de equipos efectivos es el rol del líder. Sin embargo, como lo señaló Hackman (2003), lo que marca la diferencia no es el *estilo* personal del líder. Muchos estilos de liderazgo pueden ser eficaces y ninguno tiene ventajas específicas sobre los demás. Más bien, son las capacidades y habilidades del líder, o las herramientas y técnicas que se ponen en práctica, las que determinan el desempeño efectivo o no efectivo del equipo. Aquí destacamos dos aspectos de especial importancia en el liderazgo de los equipos. Estos dos aspectos del liderazgo de equipos se observan no sólo en el general Pagonis, sino que son considerados en la literatura académica como los factores fundamentales para liderar a casi cualquier tipo de equipo (Edmonson, 1999; Hackman, 1990). El primero consiste en desarrollar credibilidad e influencia entre los miembros del equipo; y el segundo, en establecer una visión y metas motivadoras para el equipo.

DESARROLLO DE LA CREDIBILIDAD

Los líderes eficaces cuentan con el respeto y el compromiso de los miembros del equipo; es decir, han desarrollado credibilidad (Kouzes y Posner, 1987, 2011). Desarrollar la credibilidad y capacidad para influir en los miembros del equipo es el principal reto que enfrentan los líderes. Dar instrucciones, establecer metas o tratar de motivar a los miembros del equipo son esfuerzos inútiles si primero no se ha establecido la credibilidad y el respeto (Helliwell y Huang, 2011). El general Pagonis describió este desafío de liderazgo de la siguiente manera:

En los comandos alrededor del mundo, he encontrado una y otra vez que mis tropas se involucran más en su trabajo y se muestran más motivadas cuando entienden y se comprometen con las metas finales de la operación. Cuando se trata de motivar, la razón cuenta mucho más que el rango. Y la motivación es la raíz de todo el progreso organizacional. Con el paso de los años he desarrollado un estilo de liderazgo muy peculiar. El estilo de dirigir de Gus Pagonis, como el de todos los demás, es único. Esto significa que tengo que tomar decisiones. ¿Qué si yo preferiría tener al mejor oficial de operación de puerto del mundo, si esta persona realmente no conociera mi estilo? O bien, ¿preferiría tener al segundo mejor oficial de operación de puerto del mundo que conociera bien mi estilo y que se sintiera cómodo con él? La respuesta es evidente; no podíamos perder el tiempo luchando con nuestros propios sistemas. Y algo igualmente importante:

no podíamos perder tiempo para que un nuevo elemento tratara de impresionarme o caerme bien. Necesitábamos un cuerpo instantáneo de líderes, fortalecido por un frente unido. Necesitábamos saber que podríamos depender uno del otro de manera incondicional. Necesitábamos confiar en que la misión, y no el avance personal, sería siempre lo principal en la mente de cada participante. (Pagonis, 1993, pp. 78, 84).

En capítulos anteriores identificamos maneras de aumentar la influencia (capítulo 5) y la confianza (capítulo 8) de un directivo, ambos componentes de la credibilidad. En este capítulo destacamos otros comportamientos específicos que podríamos utilizar para ayudar a desarrollar credibilidad de liderazgo en un equipo.

Desde luego, los miembros del equipo no seguirán a un individuo en el que no confían, que sea hipócrita o deshonesto, o que esté motivado por la ambición personal y no por el bienestar del equipo. De hecho, Kouzes y Posner (2011) identificaron la credibilidad como el requisito más importante para el liderazgo eficaz. Una vez que se ha desarrollado la credibilidad se pueden establecer metas para el equipo, y éste será capaz de avanzar hacia un alto desempeño. Los siete comportamientos que se resumen en la tabla 9.4 son fundamentales para desarrollar y conservar la credibilidad y la influencia entre los miembros del equipo. Aunque tales comportamientos son sencillos y directos, existe un gran cúmulo de evidencias académicas que sustentan su eficacia (véase Cialdini, 1995; Druskat y Wheeler, 2000; Hackman, 2003; Katzenbach y Smith, 1993; Kramer, 1999; Manz y Sims, 1987; Turner, 2000).

1. *Demostrar integridad.* El principal comportamiento que genera credibilidad de liderazgo es demostrar integridad. Ser íntegro significa hacer lo que uno dice, comportarse de manera congruente con sus valores y ser creíble en sus afirmaciones. A las personas que dicen algo pero hacen otra cosa, que dan retroalimentaciones deshonestas o que no cumplen las promesas se les percibe como personas sin integridad y son ineficaces como líderes de equipos.

2. *Ser claro y congruente.* Expresar certidumbre acerca de lo que uno quiere y hacia dónde va, sin ser dogmático o necio, ayuda a generar confianza en los demás. Tener un carácter débil o puntos de vista incongruentes inhibe la credibilidad. El electorado en muchos países considera que sus políticos tienen muy baja credibilidad porque la mayoría suelen hacer afirmaciones incongruentes y modifican sus opiniones dependiendo de la audiencia (Cialdini, 1995). Por otro lado, se puede

Tabla 9.4	Formas de desarrollar la credibilidad del líder del equipo

Los líderes de equipos desarrollan credibilidad entre los miembros:

- Demostrando integridad, representando autenticidad y exhibiendo congruencia (Predicar con el ejemplo).

- Siendo claros y consistentes en cuanto a lo que desean lograr (Confiabilidad y transparencia).

- Creando energía positiva al ser optimistas y amables (Ayudar a otros a dar lo mejor de sí mismos).

- Utilizando puntos en común y reciprocidad (Sentar bases).

- Administrando los consensos y desacuerdos entre los miembros del equipo utilizando argumentos unilaterales o bilaterales de la manera adecuada: los unilaterales en situaciones en las que todos los miembros concuerdan, y bilaterales cuando el consenso no prevalece (Técnicas de influencia eficaz).

- Compartiendo información sobre el equipo, ofreciendo perspectivas de las fuentes externas y alentando la participación (Informar e involucrarse).

confiar en que las personas con credibilidad sean consistentes y transparentes.

3. *Transmitir energía positiva.* Mantener el optimismo y ser amable. La mayoría de los equipos no tienen un desempeño efectivo cuando hay una atmósfera de crítica, desesperanza o negatividad. Criticar a los miembros del equipo, a los anteriores líderes, a gente ajena al equipo e incluso criticar las circunstancias del entorno, no suelen ayudar a que un equipo tenga un buen desempeño. Los individuos y los equipos tienen un mejor desempeño cuando existe energía positiva (optimismo, elogios, celebraciones de éxito y reconocimiento del progreso). Esto no significa ser poco realista o demasiado optimista, sino que cuando uno es considerado como una fuente de energía positiva y entusiasmo, su credibilidad e influencia entre los miembros de su equipo son mayores.

4. *Utilizar puntos en común y reciprocidad.* Si expresa opiniones que los miembros del equipo comparten, será más probable que acepten sus opiniones posteriores. Si desea promover cambios en el equipo o dirigirlo hacia un resultado en apariencia riesgoso o incómodo, comience por expresar los puntos en los que usted y el equipo coincidan. Podría ser tan sencillo como "sé que todos tienen agendas muy ocupadas" o "hay una gran diversidad de opiniones en torno al tema". Este tipo de afirmaciones funcionan debido al principio de la reciprocidad. Los miembros del equipo tenderán a concordar con usted si con anterioridad recibieron algo de usted, aun-

que esto sea una simple opinión en común con ellos. Una vez que expresado su acuerdo, podrá dirigirlos hacia las metas o los objetivos que los llevarán más lejos o que podrían resultarles incómodos o inciertos.

5. *Administrar el acuerdo y el desacuerdo.* Cuando los miembros del equipo están inicialmente de acuerdo con usted, utilizar un argumento unilateral será más efectivo. Es decir, presente sólo un punto de vista y respáldelo con evidencias. Cuando los miembros del equipo estén en desacuerdo con usted, utilice argumentos bilaterales. Es decir, primero presente ambos lados de un caso y luego muestre por qué su propio punto de vista es mejor que la perspectiva opuesta. Recuerde que cuando los miembros del equipo concuerden con sus opiniones, sus primeras aseveraciones tendrán más peso y serán recordadas durante más tiempo. Cuando disientan, sus últimas aseveraciones tendrán más peso.

6. *Alentar y asesorar.* Alentar significa ayudar a los demás a desarrollar valor, para enfrentar la incertidumbre, superar el nivel de su desempeño actual o alterar el *statu quo.* Alentar a los miembros del equipo no sólo implica elogiarlos y apoyarlos, sino ofrecerles asistencia y recursos. El *coaching,* como se explicó en el capítulo 4, significa ayudar a mostrar el camino, ofrecer información o consejo, y ayudar a los miembros del equipo con los requerimientos de trabajo. Alentar y asesorar implica ofrecer tanto comentarios de reforzamiento positivo como consejos y dirección útiles.

7. *Compartir información.* Desarrollar credibilidad significa llegar a comprender las perspectivas de los miembros del equipo, así como sus talentos y recursos. Conocer bien a los miembros del equipo es crucial para un liderazgo exitoso. Una forma de lograrlo es utilizar el principio de "revisión frecuente", que esencialmente consiste en hacer preguntas y verificar regularmente a los miembros del equipo para determinar los niveles de consenso, los obstáculos, las insatisfacciones, las necesidades y los problemas interpersonales o del equipo. Y lo más importante: la credibilidad aumenta conforme se comparte el conocimiento. Ser la fuente de donde otros adquieren la información que necesitan es una forma rápida de desarrollar la credibilidad e influencia, por tanto compartir es fundamental (Mesmer-Magnus, DeChurch, 2009; Srivastava, Bartol y Locke, 2006).

Como afirmó el general Pagonis:

Mantener (a los miembros del equipo) al tanto de las acciones, así como de sus motivos, pone a todos en condiciones de igualdad en cuanto a la información. Creo que la información es poder, pero sólo si se comparte... Desde el inicio adquirí el hábito de colar a John Carr en las sesiones de información con CINC (el general Schwarzkopf y otros) para que pasara mis diapositivas en el proyector. De esa forma estaba tan informado y actualizado acerca de los planes de CINC como yo. (Pagonis, 1993, pp. 88, 131).

ESTABLECIMIENTO DE METAS SMART Y DE METAS EVEREST

Una vez que los miembros del equipo tienen confianza en el líder, entonces será posible que éste identifique las metas que el equipo sea capaz de lograr, así como los niveles de desempeño al que los miembros puedan aspirar.

Existen dos tipos de metas que caracterizan a los equipos de alto rendimiento, y los líderes deben identificarlas y adoptarlas. Las primeras se denominan *metas SMART* y las segundas se conocen como *metas Everest*. El objetivo de establecer metas claras es que cada integrante del equipo responda de manera similar a la siguiente pregunta: ¿Qué estamos tratando de lograr? Los líderes que expresan con claridad los resultados deseados por el equipo tienen mayores posibilidades de obtener un alto desempeño. De hecho, el desempeño orientado al logro de metas siempre supera al desempeño que no se basa en metas (Locke, 1990). En la figura 9.3 se ilustra este aspecto.

La figura muestra que cuando los individuos *carecen de metas* ("Esta es tu tarea. Hazla"), su desempeño tiende a ser bajo y la mayoría de las personas se desempeñarán a un nivel mínimo cuando no tienen la certeza del estándar que deben alcanzar. Sin embargo, la asignación de una *meta fácil* ("El promedio diario es de 10, pero basta con que hagas 4") orilla a un desempeño incluso más bajo. Las personas tienden a trabajar para cumplir el estándar establecido, y cuando éste es fácil, no se esfuerzan. El establecimiento de *metas generales* ("Haz tu mejor esfuerzo") produce un mejor desempeño que las metas fáciles, pero la asignación de *metas difíciles* ("el promedio diario es de 10, pero tú debes hacer 12")

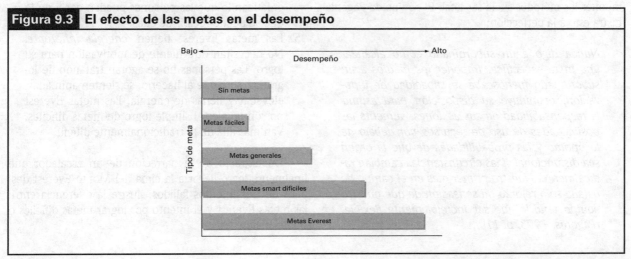

Figura 9.3 **El efecto de las metas en el desempeño**

FUENTE: *"Practicing Positive Ledership"*, Cameron, K. (2013).

conduce a niveles mucho más altos de desempeño. No obstante, las metas que producen los niveles más altos de desempeño son las metas difíciles que reúnen cinco características. El acrónimo SMART identifica esos atributos. Las metas SMART (por las siglas de *Specific, Measurable, Aligned, Reachable* y *Time-bound*, es decir, metas específicas, medibles, alineadas, alcanzables y con límite de tiempo) son:

❑ Específicas: La meta es clara, y se identifican objetivos y estándares precisos.
❑ Medibles: La meta se puede evaluar y cuantificar. El nivel del logro de la meta es evidente.
❑ Alineadas: La meta es congruente con las metas de toda la organización. El personal no busca sus propios objetivos independientemente de su equipo.
❑ Realistas: Aunque la meta es difícil e incrementa el desempeño, no es poco realista ni temeraria.
❑ Con límite de tiempo: Se establece un plazo o una fecha de terminación, de manera que el logro de la meta no queda abierto.

Considere la diferencia entre la declaración de una meta como "seremos los mejores de nuestra industria" y la declaración de una meta SMART: "Lograremos una mejora del 5 por ciento en la entrega puntual de nuestros productos para final del trimestre". Esta meta es más motivadora porque es específica, medible, alineada con los resultados básicos, realista y con un límite de tiempo. Ofrece a las personas algo fácil de entender y hacia dónde encaminar sus esfuerzos.

Sin embargo, es importante distinguir entre plantear metas motivadoras e identificar los métodos para alcanzarlas. Lo primero especifica el objetivo. Los métodos especifican los medios para lograrlo. Plantear metas es crucial para tener éxito como líder de un equipo, pero imponer los métodos suele ser letal. El equipo de Pagonis ilustra esto a la perfección:

> *Nunca digo a un subordinado cómo alcanzar una meta específica. Imponer los medios a un subordinado menoscaba su capacidad de innovación, disminuye su disposición para asumir la responsabilidad de sus acciones, aumenta las posibilidades de uso de recursos por debajo de lo óptimo y las probabilidades de que la orden sea disfuncional si las circunstancias cambian radicalmente. Nuestro primer mes en el campo de batalla sólo reforzó mi sensación de que nuestro equipo tendría que ser increíblemente flexible. (Pagonis, 1993, p. 119).*

El segundo tipo de meta que establecen los líderes eficaces son las *metas Everest* (Cameron, 2013). Estas metas van más allá del establecimiento de metas normales. Representan un logro superior o extraordinario, o un resultado por encima de la norma. Su logro exige todo lo que los individuos pueden dar. De la misma manera en que se vislumbra la cima del Monte Everest y se planea la forma de llegar a ella, una meta Everest es clara y convincente; sirve como punto focal unificador, promueve el espíritu de equipo, compromete a las personas, y genera entusiasmo y energía positiva. Una meta Everest es estimulante porque se conecta con una profunda pasión. Las personas la captan de inmediato, sin mayores explicaciones. Una meta Everest es visionaria, no sólo táctica o estratégica, y produce una sensación de bienestar entre las personas involucradas en su consecución. Exige un esfuerzo extraordinario y quizá algo de suerte.

Hay cinco atributos que caracterizan a las metas Everest:

1. Las metas Everest representan una *desviación positiva*. Superan cualquier expectativa y representan logros extraordinarios.
2. Las metas Everest representan el valor inherente. Poseen un *profundo significado y propósito*. Lograr los resultados es valioso por sí mismo y no es sólo un medio para lograr un fin.
3. Las metas Everest poseen un *sesgo afirmativo*. No se enfocan meramente en resolver problemas, reducir obstáculos, superar retos o eliminar dificultades. En cambio, se enfocan en las oportunidades, posibilidades y potenciales.
4. Las metas Everest implican una *contribución*. Se enfocan en beneficiar a los demás o contribuir en algo, más que en simplemente recibir reconocimientos o recompensas. Las metas Everest enfatizan lo que las personas pueden dar y no lo que se puede recibir de ellas.
5. Las metas Everest tienen *energía inherente*. No necesitan otra fuente de motivación para su logro. Las personas no se agotan tratando de lograrlas, sino que al hacerlo, se sienten animadas, elevadas y llenas de energía. Las metas Everest no son iguales al simple logro de metas difíciles. Van más allá de lo tradicionalmente difícil.

Un extracto de la narración de un escalador que finalmente logró llegar a la cima del Monte Everest después de tres intentos fallidos, ilustra la diferencia entre las metas Everest y el intento por lograr metas difíciles o tradicionales.

Me percaté de algo en esa noche, en la oscuridad del Everest. Entendí que la verdadera victoria no tenía nada que ver con derrotar a alguien, ser el primero en cruzar la línea o con llegar a la cima. La victoria nunca es externa, sino que es una satisfacción interna, una sensación interior y profunda de orgullo y alegría. Sólo nosotros podemos evaluar el éxito desde nuestro interior. No tiene nada que ver con la forma en que los demás perciben nuestros logros. Más bien consiste en la manera en que percibimos nuestros propios esfuerzos... El éxito no implica estar en lo alto de un podio o recibir las felicitaciones de los demás, o llegar a la cumbre... implica dar lo mejor de uno mismo... Creo que en cualquier situación de la vida, si uno da todo lo posible, en realidad puede tener éxito... Nuestro objetivo en la vida no es superar a los demás, sino superarnos a nosotros mismos, romper nuestras propias marcas, que hoy sea mejor que ayer, esforzarnos en nuestro trabajo más que antes. Las palabras de Gandhi nos iluminan: "Un esfuerzo total es una victoria completa"...

He llegado a entender que, para mí, esta idea del éxito es al revés. De hecho, un fin tradicional (la cima, una medalla olímpica de oro, riquezas) sólo es una herramienta de navegación, una brújula que orienta el proceso. Para mí, mi objetivo es lograr una mayor profundidad y amplitud de carácter. Mido el éxito en términos de una mayor integridad, mejores habilidades de comunicación y de negocios, y una mayor motivación personal para ser más fuerte. En términos más simples, mi meta es conocerme internamente y ser consciente del exterior tanto como sea posible. El proceso, la experiencia, la lucha, las lecciones ganadas a pulso son fines en sí mismos. (Clarke y Hobson, 2005, pp. 168, 169).

Desde luego, identificar una meta de esta magnitud no es automático ni fácil. Metas así no brotan de nuestras bocas simplemente. La mayoría de las personas identifican unas cuantas a lo largo de su vida. Pero articularlas como líder de un equipo crea automáticamente pasión, compromiso y energía positiva. Estas metas son capaces de enardecer a los miembros del equipo, aumentar su innovación, su cohesión y su desempeño, a niveles nunca antes vistos. Los equipos más eficaces en la historia han sido guiados por metas Everest.

Ejemplos de empresas de alto desempeño que establecieron metas Everest son Ford Motor Company, cuando estableció la meta de democratizar el automóvil a principios del siglo xx; Boeing, cuando decidió instaurar en el mundo la era de los jets (en la década de 1950), o

Sony cuando cambió la imagen de productos japoneses de baja calidad (en la década de 1960); Apple cuando se planteó que cada persona poseyera una computadora (en la década de 1980), o CK Prahalad de la University of Michigan, quien se propuso capacitar laboralmente a 500,000 indios en 10 años (a principios del siglo xxi).

En resumen, ser el líder eficaz de un equipo requiere dos habilidades fundamentales que no suelen recibir la atención adecuada: (1) desarrollar la credibilidad entre los miembros del equipo, y (2) establecer metas smart y metas Everest para el equipo. Aunque, desde luego, éstas no son las únicas habilidades que poseen los líderes efectivos, sin estas dos capacidades centrales es poco probable que los equipos logren altos niveles de desempeño propios de la etapa 4.

CONSIDERACIONES INTERNACIONALES

Hemos señalado a lo largo de este libro que las personas manifiestan diferencias en valores y orientaciones dadas sus diferentes culturas (Trompenaars, 1996, 1998). Diagnosticar, entender y aprovechar las diferencias individuales es una habilidad crucial de los directivos competentes. Las siete orientaciones de valores que identificó Trompenaars son de gran utilidad para identificar esas diferencias individuales. Es decir, es posible comprender las diferencias entre las personas evaluando qué tanto enfatizan la orientación hacia un valor sobre su opuesto: *universalismo* frente a *particularismo*, *individualismo* frente a *comunitarismo*, *neutralidad* frente a *afectividad*, *especificidad* frente a *valores difusos*, *logros* frente a *atributos*, *control interno* frente a *control externo* y orientación hacia el *pasado*, el *presente* o el *futuro*. El primer capítulo de este libro ofrece una explicación más detallada de estas dimensiones de valores.

Es probable que las diferencias individuales exijan ciertas modificaciones a estos comportamientos de liderazgo de equipo. Por ejemplo, si usted está dirigiendo un equipo con miembros de culturas con una orientación *colectivista* a diferencia de una *individualista* (por ejemplo, México, Japón, Francia, Filipinas), los miembros del equipo querrán participar en la creación y la articulación de metas. Se sentirán menos cómodos con metas que provengan de un solo líder, independientemente de su credibilidad e influencia. Por tanto, la meta Everest y las correspondientes metas smart deberán diseñarse con la participación activa de los miembros del equipo.

De manera similar, los miembros de equipos de países donde predomina una cultura *neutral* a diferencia de una cultura *afectiva* (por ejemplo, Corea, China, Japón, Nueva Zelanda) podrían sentirse desanimados por un lenguaje lleno de superlativos y pasión. Su orientación hacia el cumplimiento de las tareas y los datos duros podrían silenciar sus respuestas al lenguaje emocional. En consecuencia, plantear su meta Everest teniendo en cuenta enunciación ayudará a hacerla más motivadora.

Por otra parte, la diversidad de los valores culturales de las distintas nacionalidades no es tan determinante para anular la eficiencia general de las dos habilidades fundamentales mencionadas con anterioridad: desarrollar credibilidad y articular metas. Los datos de miles de directivos de todo el mundo respaldan la eficiencia de estas dos habilidades fundamentales en los líderes de equipos, sin importar las diferencias nacionales (vea Trompenaars y Hampden-Turner, 1998). Quizá deba pensar en la necesidad potencial de modificar su comportamiento según la composición de su equipo; sin embargo, esta composición del equipo no será un factor tan determinante sobre la eficiencia como las habilidades de liderazgo que usted demuestre. (Para consultar una revisión de las influencias de la composición de los equipos, vea Guzzo y Dickson, 1996).

Pertenencia a un equipo

La mayoría de las veces no seremos los líderes de los equipos en los que participemos. Aunque querrá prepararse para los roles de liderazgo que desempeñará en el futuro, la mayor parte del tiempo será miembro activo de un equipo y trabajará para el bien común del grupo, en vez de ser la persona a cargo. No obstante, sus contribuciones serán valiosas para su equipo, a pesar de no ser propias de una posición de liderazgo. Por fortuna, sus contribuciones pueden tener un impacto significativo sobre el desempeño del equipo.

Una de las afirmaciones más sorprendentes del general Pagonis cuando revisaba los resultados de la Tormenta del Desierto, en relación con el desempeño de su equipo, en situaciones en las que no actuó como líder activo es la siguiente:

> Me encuentro con respuestas de escepticismo e incluso de incredulidad, cuando comento que no emití ni una sola orden durante la guerra en tierra. Esto es apenas un leve atisbo de verdad. Sí, las personas buscaron y obtuvieron guía. Pero los individuos a mi cargo sabían exactamente lo que debían hacer en casi todos los casos concebibles. Habían sido entrenados y estaban motivados para pensar por sí mismos. Sentí que incluso podrían lidiar con lo inconcebible. (Pagonis, 1993, p. 148).

Los miembros del equipo no sólo fueron guiados por una meta general y un claro entendimiento de lo que debían lograr, sino que se habían convertido en un equipo con un desempeño extraordinariamente alto gracias a los roles que desempeñaron. Pagonis lo describió de esta

forma: "A decir verdad, invertimos menos tiempo en la logística, y más como directivos, reparadores, bomberos, confesores y porristas. Simplemente no había nadie más alrededor que realizara estas funciones" (p. 87).

En esta sección señalamos dos habilidades asociadas con la pertenencia a un equipo: desempeñar roles ventajosos y dar retroalimentación útil a los demás. Estas habilidades no son complicadas, no obstante son altamente eficaces para ayudar a los miembros a influir el éxito de su equipo (vea Parker, 1996).

ROLES VENTAJOSOS

La mayoría de los equipos enfrentan dos retos principales: (1) realizar la tarea asignada, y (2) desarrollar unidad y colaboración entre los miembros. Como miembro de un equipo, podrá empeorar o inhibir los dos desafíos al menos tanto como lo podría si fuera el líder. Todos hemos formado parte de equipos que congenian fácilmente, que son capaces de obtener resultados con rapidez y eficiencia, y en los que es divertido participar. Esas dinámicas no suceden por casualidad, sino que dependen de ciertos roles fundamentales que desempeñan sus miembros.

Se han realizado numerosas investigaciones acerca del poder de la presión grupal y de la influencia que ejerce cada miembro del equipo en los demás. Los experimentos clásicos de Solomon Asch (1951) fueron algunos de los primeros en destacar la influencia que ejercen unos miembros sobre otros. Por ejemplo, los experimentos de Asch demostraron que cuando otros miembros del equipo expresaban de manera verbal que estaban de acuerdo con una declaración evidentemente falsa (por ejemplo, "el gobierno federal controla el mercado bursátil"), la persona observada también tendía a verbalizar su aprobación de la declaración evidentemente falsa, a pesar de disentir de ella. Esto comprobó que las declaraciones y el comportamiento de los miembros del equipo influían de manera drástica en el comportamiento de los demás.

Desde luego, la mayoría de los equipos no opera con tácticas de presión evidentes, pero el desempeño del equipo puede mejorar en gran medida al hacer que sus miembros desempeñen ciertos roles que faciliten el cumplimiento de las tareas y la cohesión del grupo.

Existen dos tipos principales de roles que mejoran el desempeño del equipo: Los **roles que facilitan las tareas** y los **roles que desarrollan relaciones** (Schein, 1976). Es difícil que para los miembros de los equipos estos dos tipos de roles tengan la misma importancia, pues la mayoría de las personas tiende a contribuir más en una de estas áreas que en la otra; es decir, algunos miembros del equipo tienden a enfocarse más en el cumplimiento de tareas, mientras que otros se enfocan más en las relaciones. Los roles que facilitan las actividades son aquellos que ayudan al equipo a lograr sus resultados u objetivos.

Tabla 9.5 Roles facilitadores de tareas

ROL	EJEMPLOS
Dar dirección	"Ésta es la forma en que nos indicaron que realizáramos la tarea".
	"Todos escriban sus ideas, después compártanlas".
Buscar información	"¿A qué te refieres con eso?".
	"¿Alguien más tiene información acerca de esto?".
Informar	"Aquí unos datos relevantes".
	"Quiero compartir información que puede ser útil".
Elaborar	"Con base en tu idea, tengo una alternativa adicional".
	"Un ejemplo de lo que acabas de decir es...".
Estimular	"Sólo nos quedan 10 minutos, necesitamos avanzar con mayor rapidez".
	"No podemos darnos por vencidos ahora. Estamos cerca de terminar la propuesta".
Monitorear	"Háganse cargo de la primera recomendación, yo me ocuparé de la segunda".
	"Estos son algunos criterios que podemos usar para determinar nuestro éxito".
Analizar procesos	"Parece como si el nivel de energía en el equipo estuviera comenzando a declinar".
	"He observado que las mujeres están participando menos que los hombres en nuestro equipo".
Pruebas de realidad	"Veamos si en esto en realidad es práctico".
	"¿Consideras esto factible dados nuestros recursos?".
Hacer cumplir	"Estamos comenzando a flaquear en nuestros compromisos; mantengámonos firmes en ellos".
	"Dado que acordamos no interrumpirnos, sugiero apegarnos a lo pactado".
Sintetizar	"Me parece que estas son las conclusiones a las que llegamos".
	"En resumen, has tocado tres puntos...".

APRENDIZAJE

En la tabla 9.5 se identifican los roles más comunes que facilitan las actividades. Éstos son:

❑ *Dar dirección.* Identificar formas de proceder o alternativas para buscar y aclarar metas y objetivos.

❑ *Buscar información.* Hacer preguntas, analizar brechas de conocimiento, solicitar opiniones, creencias y puntos de vista.

❑ *Dar información.* Proporcionar datos, enunciar hechos y opiniones, y enfatizar conclusiones.

❑ *Elaborar.* Construir sobre las ideas expresadas por los demás; dar ejemplos.

❑ *Instar.* Exhortar a los miembros del equipo a que se mantengan firmes en el cumplimiento de la tarea y enfocados en lograr las metas del equipo.

❑ *Monitorear.* Verificar el progreso, desarrollar formas de medir del éxito y ayudar a mantener la responsabilidad de los resultados.

❑ *Analizar el proceso.* Analizar los procesos y los procedimientos que utiliza el equipo para mejorar la eficiencia y la puntualidad.

❑ *Probar la realidad.* Explorar si las ideas presentadas son prácticas o factibles; aterrizar los comentarios en la realidad.

❑ *Hacer cumplir.* Ayudar a reforzar las reglas de equipo y los estándares, y mantener los procedimientos acordados.

❑ *Sintetizar.* Combinar ideas y resumir los puntos tocados por el equipo; ayudar a los miembros a comprender las conclusiones a las que han llegado.

Cuando usted desempeña roles que facilitan las tareas, ayuda al equipo a trabajar en forma más eficiente y eficaz para lograr sus objetivos. Sin contar al menos con un miembro que desempeñe roles facilitadores de tareas, los equipos tardarán más en lograr sus objetivos y se les dificultará más mantenerse concentrados. En su papel como miembro del equipo, descubrirá que a veces es útil interpretar el rol de facilitador de las actividades. A veces lo más importante es mantener al equipo enfocado "en la tarea". Estos roles cobran especial importancia cuando:

❏ El progreso hacia el cumplimiento de la meta es lento.

❏ Cuando el equipo se desvía de su tarea.

❏ Cuando existe presión de tiempo.

❏ Cuando la tarea es compleja o ambigua y no está claro cómo se debe proceder.

❏ Cuando nadie más está ayudando al equipo a cumplir con la tarea.

No se necesita ser un maestro en la tarea en cuestión para ser un facilitador eficaz. De hecho, el simple hecho de reconocer que el equipo necesita un facilitador de la tarea es parte importante de ser un miembro eficaz del equipo. En la mayoría de los equipos eficaces existen varios miembros que desempeñan estos roles de facilitación de las tareas.

Además cumplir tareas, una cantidad abrumadora de evidencias sugiere que los equipos de alto desempeño ponen mucha atención a las cuestiones interpersonales; son cohesivos, interdependientes y existe un afecto positivo entre sus miembros (Cohen y Bailey, 1997; Druskat y Wolff, 1999; Dutton, 2003; Gully, Divine y Whitney, 1995; Mullen y Copper, 1994; Parker, 1996). Los roles encargados del desarrollo de relaciones son aquellos que enfatizan los aspectos interpersonales del equipo. Se enfocan en ayudar a los miembros del equipo a sentirse bien con los demás, a disfrutar el trabajo en equipo y a mantener una atmósfera libre de tensiones. La tabla 9.6 presenta los roles más comunes para el desarrollo de relaciones:

❏ *Apoyador.* Elogia las ideas de los demás, es amistoso y señala las contribuciones de los integrantes.

❏ *Armonizador.* Es un mediador cuando surgen diferencias entre los miembros, y busca puntos de acuerdo en las disputas y conflictos de opinión.

Tabla 9.6	Roles encargados del desarrollo de relaciones
ROL	**EJEMPLOS**
Apoyador	"¡Tus ideas son sensacionales!".
	"En verdad aprecio tu honestidad y franqueza. Es estimulante".
Armonizador	Escucho que los dos están diciendo esencialmente lo mismo".
	"Los desacuerdos que se están expresando no parecen tener tanta importancia".
Mitigador de la tensión	"¡Ánimo, vamos a tranquilizarnos".
	"Esto me recuerda la nueva mesa de conferencia que compramos. Podemos dormir 12 personas en ella".
Confrontador	"¿Qué tiene que ver lo que estás diciendo con este asunto".
	"No estás asumiendo tanta responsabilidad como los otros miembros del equipo".
Activador	"¡Tus ideas son fantásticas".
	"Este equipo es el grupo más agradable en el que he estado en mucho tiempo".
Desarrollador	"¿Cómo puedo ayudarte?".
	"Permíteme ayudarte con eso".
Constructor de consensos	"Parece que todos estamos diciendo lo mismo".
	"¿Podemos al menos coincidir en el punto número 1, aunque discrepemos del resto?".
Empático	"Sé cómo te sientes".
	"Esto debe ser un tema muy sensible para ti dada tu experiencia personal".

- *Mitigador de la tensión.* Utiliza bromas y sentido del humor para reducir la tensión y relajar a los demás.
- *Confrontador.* Desafía los comportamientos improductivos o negativos; ayuda a asegurar comportamientos adecuados en el equipo.
- *Activador.* Motiva a los demás para que realicen su mayor esfuerzo; irradia entusiasmo.
- *Desarrollador.* Ayuda a los demás a aprender, crecer y lograr; orienta y asesora a los miembros del equipo.
- *Constructor de consensos.* Ayuda a crear solidaridad entre los miembros del equipo, alentando los acuerdos y ayudando a que las interacciones sean armónicas.
- *Empático.* Refleja los sentimientos del grupo y expresa empatía y apoyo hacia los demás.

Todos hemos estado en un equipo, o en una clase, donde un compañero es gracioso, se relaciona activamente con los demás o les brinda apoyo de manera especial. En condiciones como esas, la química del grupo mejora; es más fácil trabajar y se disfruta más ser un miembro del equipo; existe cierto magnetismo y energía positiva. Las personas tienden a asumir mayores responsabilidades, colaboran y se esfuerzan más por alcanzar consensos. Éstos son los resultados de desempeñar roles que desarrollan relaciones. Ayudan al equipo a trabajar en conjunto de manera más eficaz.

Sin estos roles que facilitan las tareas y desarrollan relaciones, será más difícil que los equipos tuvieran un buen desempeño. Algunos miembros deben asegurarse de que los equipos cumplan sus labores, en tanto que otros deben fortalecer y conservar los lazos interpersonales de los integrantes. Por lo general, no se trata de los mismos individuos y, en ciertos momentos, distintos roles pueden cobrar más importancia que otros. La clave consiste en lograr un equilibrio entre los roles orientados hacia las actividades y los roles de desarrollo de relaciones que se manifiestan en el equipo. El fracaso de muchos equipos se debe a que se vuelven unidimensionales; por ejemplo, cuando enfatizan exclusivamente la realización de tareas o el desarrollo de relaciones.

ROLES IMPRODUCTIVOS

Desde luego, cada rol podría tener sus desventajas si se realiza de manera ineficiente o en circunstancias inapropiadas. Por ejemplo, el rol de *elaboración* podría perturbar un equipo que está tratando de tomar una decisión rápida; la *mitigación de la tensión* podría ser molesta si el equipo está tratando de ser serio; la labor de *hacer cumplir* podría crear resistencia cuando el equipo ya está experimentando altos niveles de presión; la *construcción de consensos* podría ocultar las diferencias reales de opinión y la tensión entre los miembros del equipo.

Incluso hay más probabilidad de desempeñar roles improductivos, que de llevar a cabo inadecuadamente roles vinculados con las tareas o con las relaciones. Los roles improductivos impiden que el equipo o sus miembros alcancen todo su potencial, además de bajar la moral y la cohesión del equipo. Se les conoce como **roles de bloqueo**. Señalamos algunos aquí porque cuando analice los equipos a los que pertenece podrá reconocer su existencia y será capaz de confrontarlos. Entre los de los roles de bloqueo más comunes están:

- *El dominante.* Habla demasiado o interrumpe en exceso.
- *El analizador excesivo.* Examina cada detalle con exceso y se pierde en los detalles.
- *El obstructor.* Impide al grupo tomar una decisión o terminar una tarea al desviar la discusión, mostrarse reacio a llegar a un acuerdo, repetir antiguos argumentos ya superados y perder el tiempo.
- *El pasivo.* Está poco dispuesto a participar en la actividad del equipo; se mantiene al margen o se niega a interactuar con los demás; espera que otros hagan el trabajo del equipo.
- *El generalizador excesivo.* Lleva las cosas fuera de proporción y saca conclusiones infundadas.
- *El indagador de fallas.* No está dispuesto a ver el mérito de las ideas de los demás o critica a los otros en exceso.
- *El que toma decisiones precipitadas.* Toma decisiones antes de que las metas se expresen, se comparta la información, se analicen las alternativas o se definan los problemas.
- *El que presenta opiniones como hechos.* No examina la legitimidad de las propuestas y considera las opiniones como verdades.
- *El que rechaza.* Suele rechazar las ideas por la persona que las plantea, y no por sus méritos o la propuesta misma.
- *El que exhibe su rango.* Utiliza el estatus, experiencia o título para lograr que se acepten las ideas, en vez de analizar y examinar su valor.
- *El que opone resistencia.* Bloquea todos los intentos de cambio, mejora o progreso; se muestra reticente y con una actitud negativa ante casi cualquier sugerencia por parte de los demás miembros del equipo.
- *El que desvía la atención.* No permanece concentrado en el tema que el equipo está analizando; cambia el tema de discusión o hace comentarios que desvían la atención de los puntos principales.

Cada uno de estos roles de bloqueo tiene el potencial de inhibir la eficiencia y eficacia (efectividad) de una tarea, ya que perjudica el estado de ánimo, destruye el consenso, crea conflictos, obstaculiza el progreso e impide que se tomen buenas decisiones informadas. Al momento de reconocer la práctica de roles de bloqueo, querrá confrontar este comportamiento improductivo de manera honesta y abierta, y utilizar la comunicación de apoyo para sugerir roles más útiles. Cuando se familiarice con los roles de facilitación de tareas y de desarrollo de relaciones, será capaz de ayudar a otros a volver más eficaces sus equipos.

PROPORCIONAR RETROALIMENTACIÓN

Cuando ofrezca retroalimentación a los demás, ya sea correctiva como respuesta a roles improductivos o meras sugerencias para la mejora del equipo, querrá recordar distintas reglas probadas. Cuando ofrezca retroalimentación a alguien (miembros del equipo, miembros de la familia, colegas o incluso extraños) deberá utilizar los siguientes principios de retroalimentación eficaz resumidos en la tabla 9.7:

❏ *Enfocar la retroalimentación en el comportamiento, no en las personas.* Los individuos pueden controlar y cambiar su comportamiento. No pueden cambiar sus personalidades ni sus características físicas. Por ejemplo, decir "sus comentarios no se relacionan con el tema" es más eficaz que afirmar "eres muy ingenuo".

❏ *Enfocar la retroalimentación en observaciones, no en deducciones, y en descripciones, no en juicios.* Los hechos y la evidencia objetiva son más dignos de confianza y más aceptables que las opiniones y conjeturas. Por ejemplo, decir, "La evidencia no

sustenta tu argumento" es más eficaz que "No entiendes nada, ¿verdad?".

❏ *Enfocar la retroalimentación en el comportamiento relacionado con una situación específica, de preferencia con el "aquí y ahora", y no en comportamientos abstractos o pasados.* Las personas se frustrarán si usted no puede señalar el incidente o comportamiento específico al que se está refiriendo. Del mismo modo, las personas no pueden cambiar algo que ya sucedió. Por ejemplo, decir "Todavía no concuerdas con el comentario de alguien" es más eficaz que asegurar "Siempre has sido un problema en este equipo".

❏ *Enfocar la retroalimentación en compartir ideas e información y no en dar consejos.* A menos que se solicite, hay que evitar hacer demandas o dar instrucciones directas. En cambio, se debe ayudar a los receptores a ser quienes identifiquen los cambios y las mejoras. Por ejemplo, preguntar "¿Cómo sugieres salir de este estancamiento y continuemos avanzando?" es más eficaz que "Esto es lo que debemos hacer ahora".

❏ *Enfocar la retroalimentación en la cantidad de información que el receptor puede utilizar, y no en la cantidad que a uno le gustaría otorgar.* La sobrecarga de información ocasiona que las personas dejen de escuchar. Por otro lado, la falta de información puede ocasionar frustración y malos entendidos. Por ejemplo, decir "Parece que llegaron a una conclusión antes de que se presentaran todos los hechos" es más eficaz que "Aquí tiene algunos datos que debe considerar y aquí hay más, y aquí otros más, y otros más".

❏ *Enfocar la retroalimentación en el valor que puede tener para el receptor, no en la liberación emocional que signifique para uno.* La retroalimentación debe ser en beneficio del receptor y no servir como válvula de escape para uno. Por ejemplo, "Debo decir que escucharte hablar tanto me causa muchos problemas

Tabla 9.7 Reglas para una retroalimentación eficaz en los equipos	
RETROALIMENTACIÓN EFICAZ	RETROALIMENTACIÓN INEFICAZ
Enfocarse en comportamientos	Enfocarse en la persona
Enfocarse en observaciones	Enfocarse en deducciones u opiniones
Enfocarse en descripciones	Enfocarse en evaluaciones
Enfocarse en una situación o incidente específicos	Enfocarse en situaciones generales o abstractas
Enfocarse en el presente	Enfocarse en el pasado
Enfocarse en compartir ideas e información	Enfocarse en dar consejos
Dar retroalimentación valiosa para el receptor	Dar retroalimentación que sirva de liberación emocional
Dar retroalimentación en el lugar y momento adecuados	Dar retroalimentación cuando a usted le convenga

y no es muy útil para el grupo" es mucho más eficaz que decir "Te estás comportando como un estúpido y realmente me estás haciendo enfadar".

❑ *Enfocar la retroalimentación en el tiempo y el lugar adecuados para que los datos personales se compartan en momentos pertinentes.* Cuanto más específica sea la retroalimentación, o cuanto más se relacione con un contexto específico, más útil será. Por ejemplo, afirmar "Me gustaría tocar con usted un asunto durante el descanso" es más eficaz que "Usted cree que su título le da el derecho a obligarnos a estar de acuerdo con usted, pero lo único que está consiguiendo es molestarnos".

CONSIDERACIONES INTERNACIONALES

Es posible que estas habilidades de los miembros de los equipos pudieran requerir de ciertas modificaciones en distintos contextos internacionales en equipos compuestos por individuos provenientes de distintas naciones (Trompenaars y Hampen-Turner, 1998). Si bien las habilidades de los miembros del equipo analizadas anteriormente son eficaces en un contexto global, sería ingenuo esperar que todos reaccionen de la misma forma ante los roles de los miembros del equipo.

Por ejemplo, en culturas que enfatizan la *afectividad* (como Irán, España, Francia, Italia, México), las confrontaciones personales y la demostración de emociones son más aceptables que en culturas que son más *neutrales* (como Corea, China, Singapur, Japón), donde las referencias personales son más ofensivas. El sentido del humor y la demostración de entusiasmo son más aceptables en las culturas afectivas que en las neutrales. De igual manera, es probable que las diferencias de estatus sean más importantes en las culturas orientadas a los *atributos* (por ejemplo, República Checa, Egipto, España, Corea) que en las culturas orientadas al *logro* (como Estados Unidos, Noruega, Canadá, Australia y el Reino Unido), en las que el conocimiento y las habilidades tienden a ser más importantes. Apelar a los datos y a los hechos en estas últimas tendría más peso que en las primeras.

Por ejemplo, también podría surgir algún malentendido en las culturas que consideran distintos *esquemas temporales*. Mientras que algunas culturas consideran esquemas temporales de corto plazo "justo a tiempo" (por ejemplo, Estados Unidos), otras utilizan esquemas temporales futuros o de largo plazo (por ejemplo, Japón). Se dice que Japón hizo una propuesta para comprar el Parque Nacional de Yosemite en California. Lo primero que los japoneses enviaron fue un plan de negocios a 250 años. La reacción de las autoridades californianas fue: "Caramba, eso son 1,000 informes trimestrales". En otras palabras, la urgencia de movilizar a un equipo hacia el logro de una tarea, puede ser diferente según los diferentes grupos culturales. Algunas culturas (por ejemplo, Japón) se sienten más cómodas al dedicar grandes periodos de tiempo al desarrollo de relaciones antes de comenzar a realizar una tarea.

Resumen

Todos somos miembros de diversos equipos: en el trabajo, la casa y la comunidad. La presencia de equipos en el lugar de trabajo se está generalizando cada vez más porque han demostrado ser herramientas poderosas para mejorar el desempeño de individuos y organizaciones. Por lo tanto, es importante adquirir habilidades para dirigir y participar en equipos.

Desde luego, el simple hecho de reunir a ciertas personas y asignarles una tarea no las convierte en un equipo eficaz. Los estudiantes suelen quejarse de la excesiva cantidad de trabajos en equipo que se realizan en escuelas de negocios, pero en su mayoría estas experiencias no son sino la práctica repetitiva de reunir individuos y asignarles una tarea. En este capítulo revisamos tres tipos de habilidades de equipo: diagnosticar y facilitar el desarrollo de los equipos, liderar un equipo y ser un miembro eficaz de uno de ellos. La figura 9.4 ilustra la relación que guardan estas tres habilidades clave con los equipos de alto desempeño. Se trata de tres habilidades que seguramente usted habrá utilizado en el pasado; no obstante, para ser un directivo hábil necesitará perfeccionar su capacidad para aplicarlas de manera competente.

Guías de comportamiento

A. Aprenda a diagnosticar en qué etapa está operando su equipo con la finalidad de facilitar su desarrollo y desempeñar adecuadamente su rol. Conozca las características clave de las etapas de formación, normatividad, enfrentamiento o tormenta, y desempeño.

B. Proporcione estructura y claridad en la etapa de formación; ofrezca apoyo y aliento en la etapa de normatividad; independencia y exploración en la etapa de enfrentamiento o tormenta; y fomente la innovación y las desviaciones positivas en la etapa de desempeño.

C. Cuando dirija un equipo, primero desarrolle credibilidad para que los miembros del equipo lo sigan.

Figura 9.4 | Habilidades gerenciales para equipos de alto desempeño

Liderar equipos
- Desarrollar credibilidad
- Articular una visión

Pertenencia al equipo
- Desempeñar roles de facilitación de tareas
- Desempeñar roles de desarrollo de relaciones
- Ofrecer retroalimentación

Desarrollo de equipos
- Diagnosticar la etapa de desarrollo
- Promover el desarrollo de equipos y el alto desempeño

Equipos de alto desempeño
- Resultados deseados
- Propósito compartido
- Responsabilidad
- Distinciones confusas
- Roles coordinados
- Eficiencia y participación
- Alta calidad
- Mejora continua creativa
- Credibilidad y confianza
- Competencia central

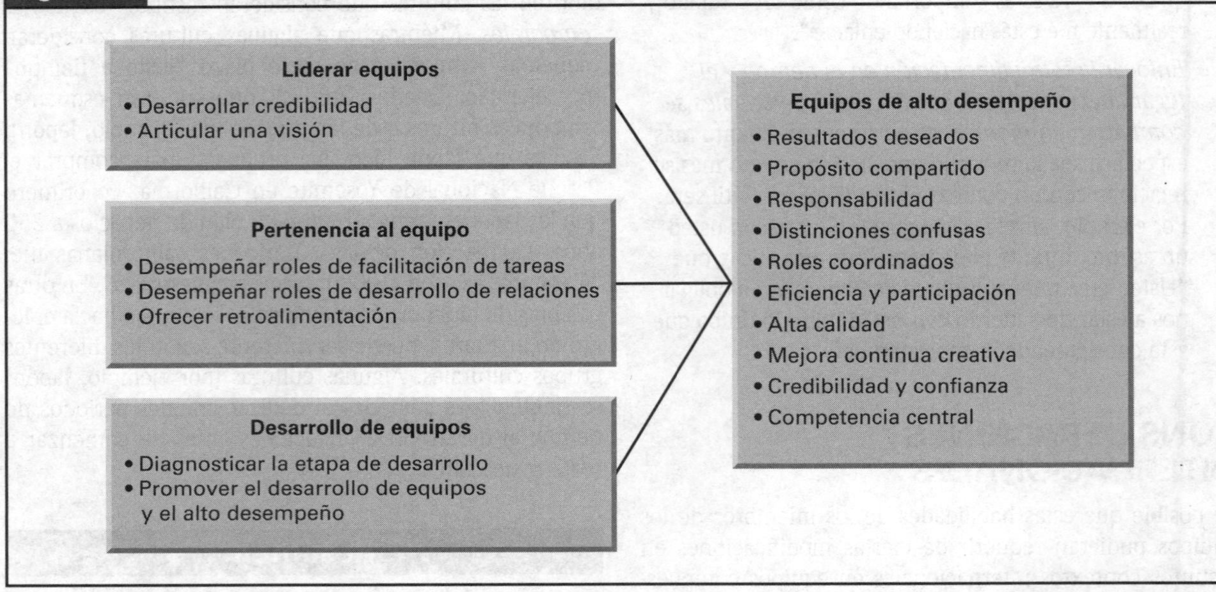

D. Con base en la credibilidad adquirida, establezca dos metas con el equipo: metas SMART y metas Everest.
E. Como miembro del equipo, facilite la realización de las tareas alentando el desempeño de los diferentes roles que se listan en la tabla 9.5.
F. Como miembro del equipo, facilite el desarrollo de buenas relaciones alentando la participación de los diferentes roles que se listan en la tabla 9.6.
G. Al encontrar miembros que bloquean el desempeño del equipo con comportamientos problemáticos, confronte directamente el comportamiento o aísle al elemento problemático.
H. Proporcione retroalimentación efectiva a los miembros obstructores del equipo, de acuerdo con la tabla 9.7.

ANÁLISIS DE HABILIDADES

CASOS RELACIONADOS CON LA FORMACIÓN DE EQUIPOS EFICACES

El equipo ELITE del *Tallahassee Democrat*

Katzenbach y Smith (1993, pp. 67-72), como parte de su amplia investigación acerca de los equipos, estudiaron la formación de un equipo en el Tallahassee Democrat, el último periódico importante que aún quedaba en Tallahassee, Florida. A continuación se describe la forma en que se desempeñó el equipo, autodenominado "ELITE", a lo largo del tiempo. Todos los incidentes y los nombres son reales. A medida que vaya leyendo la descripción, busque indicios de cada una de las etapas de desarrollo del equipo.

El director general del **Democrat**, Fred Mott, se percató del deterioro en la rentabilidad y la circulación de la mayoría de los periódicos metropolitanos antes que la mayoría de sus contrapartes. En parte, Mott imitó el ejemplo de Jim Batten, quien hizo de la "obsesión por el cliente" el tema central de su esfuerzo de renovación corporativa poco después de convertirse en el director general de Knight-Ridder. Sin embargo, el mercado local también influyó el pensamiento de Mott. El *Democrat* era el único periódico de Tallahassee e hizo dinero a pesar de su historial de servicio a clientes; no obstante, Mott estaba convencido de que nunca crecerían en el futuro a menos que el periódico aprendiera a servir a sus clientes de una forma "muy superior a las que privaban en el mercado". La historia del equipo ELITE en realidad comienza con la formación de otro equipo compuesto por Mott y sus subalternos directos. El grupo directivo sabía que no podían esperar a que la cultura de "obsesión por el cliente" permeara en la organización a pesar de las gigantescas barreras que separaban las áreas de producción, circulación y publicidad; antes debían cambiar ellos mismos. Admitieron que el hecho de que ellos se involucraran en "luchas de poder y señalamientos", se había vuelto demasiado común.

Gracias a las frecuentes reuniones de cada lunes por la mañana, los miembros del grupo de Mott comenzaron a "conocer las fortalezas y debilidades de los demás, a 'desnudar sus almas' y a desarrollar cierto nivel de confianza". Pero sobre todo lograron esto concentrándose realmente en el trabajo que podrían realizar juntos. Por ejemplo, en un inicio acordaron crear un presupuesto para que el periódico funcionara como un equipo y no como un conjunto de individuos independientes que desempeñaban diferentes funciones.

Con el tiempo, el cambio de comportamiento de los altos mandos comenzó a notarse. Por ejemplo, una de las mujeres que más adelante se unió al equipo ELITE observó que la imagen de los directivos de alto nivel asistiendo a sus "sagradas reuniones de los lunes por la mañana" realmente marcó una diferencia para ella y los demás. "Veía cómo se desarrollaba todo y pensaba '¿por qué están tan contentos?'".

Eventualmente, una vez que los líderes del equipo adquirieron más fuerza y confianza, desarrollaron una aspiración mayor: enfocarse en el cliente y derribar las barreras que existían a través de la amplia base del periódico…

Sin embargo, a un año de haber formado el nuevo equipo, Mott estaba frustrado e impaciente. Ni el departamento de servicio a clientes, ni una serie de encuestas aplicadas a los clientes, ni los recursos adicionales invertidos para abordar el problema, ni todas las exhortaciones por parte la dirección habían logrado algún cambio. Los errores en los anuncios persistían y los vendedores aún se quejaban de no tener tiempo suficiente para los clientes. De hecho, la nueva unidad se había convertido en otra barrera organizacional.

Las encuestas aplicadas a los clientes revelaron que demasiados anunciantes aún consideraban que el *Democrat* era insensible a sus necesidades, y que les preocupaban más sus procedimientos internos y sus fechas límite. Además de los datos arrojados por las encuestas, el personal del periódico tenía otras evidencias. Por ejemplo, en una ocasión, llegó por fax un anuncio escrito con descuido; en el anuncio parecía que "un ratón había corrido por toda la hoja". No obstante, el anuncio había pasado por el escrutinio de siete empleados y probablemente hubiera llegado a imprimirse si no fuera literalmente ilegible. Como alguien comentó: "No era el trabajo de nadie asegurarse de que estuviera bien escrito. Si los empleados pensaban que su trabajo tan sólo consistía en transcribirlo o pegarlo, simplemente lo pasaban". Este fax en particular, conocido cariñosamente como "el fax de las huellas de ratón", se convirtió en el símbolo del desafío esencial que el *Democrat* enfrentaba.

En ese entonces, Mott se enteró de los programas de calidad de Motorola y de la meta de cero defectos. Decidió seguir el consejo de Dunlap y crear un equipo especial de empleados encargados de eliminar todos los errores en los anuncios. Ahora Mott admite que no creía que el personal de primera línea pudiera convertirse en un equipo tan unido como el que conformaban él y sus subalternos directos. Por eso asignó a Dunlap, su hombre de confianza, como líder del equipo que fue bautizado como equipo ELITE, nombre que aludía a su encomienda de eliminar errores *(ELIminate The Errors)*.

Un año después, Mott había recuperado su fe en los equipos. Bajo el liderazgo de ELITE, la precisión publicitaria, nunca antes evaluada por el periódico, se elevó de forma impor-

ANÁLISIS

tante y permaneció por arriba del 99 por ciento. Las pérdidas a causa de los errores, que antes alcanzaban los $10,000 al mes, disminuyeron casi a cero. Los vendedores confiaban plenamente en la capacidad del departamento de servicio a clientes y deseaban tratar los anuncios como si de cada uno dependiera la existencia del *Democrat*. Y las encuestas revelaron un cambio positivo enorme en la satisfacción de los anunciantes. Para Mott todo esto era un milagro.

Sin embargo, el impacto de ELITE se hizo sentir más allá de los números; el equipo rediseñó por completo el proceso mediante el cual el *Democrat* vendía, creaba, producía y facturaba los anuncios. Pero lo más importante es que estimuló y fomentó la obsesión por el cliente y la cooperación de distintas funciones necesaria para que el proceso siguiera adelante. En efecto, este equipo conformado principalmente por empleados de mostrador, transformó a toda una organización en lo relativo al servicio a los clientes.

Desde sus inicios ELITE obtuvo muchos logros. Mott asignó al grupo una meta de desempeño clara (eliminar los errores) y una fuerte mezcla de habilidades (12 de los mejores empleados de todos los departamentos del periódico). Se comprometió a dar seguimiento al proyecto prometiendo en la primera reunión que "implementaría cualquier solución propuesta". Además, el movimiento de "obsesión por el cliente" de Jim Batten estimuló a la fuerza de tareas.

Sin embargo, fue necesario algo más que un buen inicio y un tema corporativo de gran alcance para lograr que ELITE se convirtiera en un equipo de alto desempeño. En este caso, los compromisos personales comenzaron a aumentar de manera imprevista durante los primeros meses, conforme el equipo trataba de enfrentar su desafío. Al principio, los miembros del grupo pasaban más tiempo culpándose en vez de detectar los errores de publicidad. No fue sino hasta que uno de ellos mostró el famoso "fax de las huellas del ratón" y contó la historia, que el grupo comenzó a admitir que todos (y no los demás) tenían la culpa. Uno de los miembros recuerda: "Tuvimos algunas discusiones bastante fuertes. Incluso hubo lágrimas en esas reuniones".

La respuesta emocional preparó al grupo para cumplir la tarea y para una mejor convivencia. Cuanta más cercanía había entre ellos, más se enfocaban en el reto. ELITE decidió observar cuidadosamente el proceso completo a través del cual se vendía, creaba, imprimía y facturaba un anuncio. Después de hacerlo, el equipo identificó patrones en los errores, la mayoría de los cuales podían atribuirse a presiones de tiempo, una comunicación deficiente y una actitud negativa.

El compromiso reinante entre los miembros impulsó a ELITE a expandir continuamente sus aspiraciones. Si bien el grupo ELITE inició con la responsabilidad de eliminar errores, terminó por derribar las barreras funcionales, rediseñar todo el proceso publicitario, refinar los estándares y las mediciones del servicio a clientes y, por último, logró transmitir su propia marca de "obsesión por el cliente" a todo el *Democrat*. Por ejemplo, inspirado en ELITE, un equipo de producción comenzó a llegar al trabajo a las 4:00 am, para aliviar las presiones de tiempo que se presentarían más tarde en la jornada laboral.

Hasta el día de hoy, el espíritu de ELITE vive en el *Democrat*. "No hay un inicio ni un final", afirma Dunlap. "Cada día experimentamos algo y aprendemos de ello". El espíritu de ELITE convirtió a todos en ganadores (los clientes, los empleados, la dirección e incluso los líderes corporativos de Knight-Ridder). El director general, Jim Batten, estaba tan impresionado que accedió a pagar para que los directivos de otros periódicos de Knight-Ridder visitaran al *Democrat* y aprendieran de la experiencia de ELITE. Y, por supuesto, las 12 personas que se comprometieron entre sí y con su periódico pudieron ejercer su influencia y vivir una experiencia que ninguno de ellos olvidará.

FUENTE: The Tallahassee Democrat's Elite Team Katzenbach, *Jon R. y Douglas K. Smith (1993) The Wisdom of Teams. Harvard Business School Press, pp. 67-72.*

Preguntas para análisis

9.1. ¿Cuáles fueron las etapas de desarrollo del equipo ELITE? Identifique ejemplos específicos de cada una de las cuatro etapas de desarrollo en el caso.

9.2. ¿Cómo explica que el equipo lograra esta situación de alto desempeño? ¿Cuáles fueron los principales factores predictivos?

9.3. ¿Por qué el equipo de alta dirección de Mott no alcanzó un alto nivel de desempeño? ¿Qué faltaba en su equipo? ¿Por qué se necesitaba un equipo ELITE?

9.4. Sugiera qué debe hacer Mott ahora para aprovechar la experiencia del equipo ELITE. Si se convirtiera en consultor del *Tallahassee Democrat*, ¿qué consejo daría a Mott sobre cómo aprovechar la formación de equipos?

El incidente de la caja registradora

Lea la siguiente descripción. Luego complete el ejercicio de tres etapas, las primeras dos usted solo y la segunda en equipo. Cada etapa tiene un límite de tiempo.

Apenas había apagado las luces de su tienda, cuando apareció un hombre exigiendo dinero. El dueño abrió la caja registradora. El contenido de la caja fue extraído y el hombre se marchó a toda prisa. Se notificó a la policía de inmediato.

Paso 1: Cuando termine de leer estas instrucciones, cierre su libro. Sin releer la descripción del escenario, rescríbalo de la forma más exacta que sea posible. Describa el incidente lo mejor que pueda utilizando sus propias palabras.

Paso 2: Suponga que usted observó el incidente descrito en el párrafo anterior. Más tarde un reportero le hace preguntas acerca de lo que leyó para escribir un artículo para el periódico local. Responda de manera individual las preguntas del reportero. No hable con nadie más acerca de sus respuestas. Anote S, N o NS en la columna de respuesta. Como los reporteros siempre están presionados por el tiempo, no tarde más de dos minutos en realizar el paso 2.

Respuesta

S   Sí o verdadero

N   No o falso

NS   No sabe, o no hay forma de saber

Paso 3: El reportero quiere entrevistar a todo su equipo. En equipo analicen las respuestas a cada pregunta y lleguen a una decisión en la que todo el equipo esté de acuerdo. No vote ni regatee. El reportero desea saber lo que ustedes acordaron. Completen la discusión de su equipo en 10 minutos.

Declaraciones acerca del incidente

"Como reportero, estoy interesado en cómo se desarrolló este incidente. ¿Podría decirme qué ocurrió? Me gustaría que respondiera las siguientes 11 preguntas".

Enunciado

Solo   *Equipo*

—————— —————— 1. ¿Apareció un hombre después de que el dueño apagó las luces de la tienda?

—————— —————— 2. ¿El ladrón era hombre?

—————— —————— 3. ¿Es verdad que el hombre no exigió dinero?

ANÁLISIS

4. El hombre que abrió la caja registradora, era el dueño, ¿correcto?

5. ¿El dueño de la tienda extrajo el contenido de la caja registradora?

6. De acuerdo, entonces alguien abrió la caja registradora, ¿correcto?

7. Déjeme entender, luego de que el hombre que exigió dinero extrajera el contenido de la caja registradora, ¿huyó?

8. En el interior de la caja registradora había dinero, ¿pero usted no sabe cuánto?

9. ¿El ladrón exigió dinero al dueño?

10. De acuerdo, en resumen, ¿el incidente se refiere a una serie de acontecimientos en los cuales sólo tres personas están implicadas: el dueño de la tienda, un hombre que exigió dinero y un miembro de la policía?

11. Permítame asegurarme que he entendido. ¿Es verdad que ocurrieron los siguientes sucesos: Alguien exigió dinero, la caja registradora fue abierta, se extrajo su contenido y un hombre salió corriendo de la tienda?

Cuando su equipo haya tomado una decisión y terminen la entrevista con el reportero, el profesor dará las respuestas correctas. Calcule cuántas respuestas tuvo correctas por su cuenta y luego calcule cuántas respuestas correctas obtuvo su equipo. Además, compare su propia descripción del incidente con la descripción real de la escena. ¿Cómo le fue? ¿Qué tan exacta fue su descripción?

Preguntas para análisis

9.5. ¿Cuántos individuos lo hicieron mejor por su cuenta que en equipo? (En términos generales, más del 80 por ciento de las personas no son tan eficaces como el equipo).

9.6. ¿Qué cambios se necesitarían para que la puntuación de su equipo sea aún mejor?

9.7. ¿Cómo explica el desempeño superior de la mayoría de los equipos, incluso sobre los mejores individuos?

9.8. ¿En qué condiciones los individuos obtendrían mejores resultados que los equipos al tomar decisiones?

PRÁCTICA DE HABILIDADES

EJERCICIOS PARA EL DESARROLLO DE EQUIPOS EFICACES

Roles de liderazgo en equipos

Suponga que ha sido nombrado líder de un equipo de colegas. En cada uno de los siguientes escenarios, identifique las principales cuestiones que deberá abordar y las acciones clave que deberá emprender para garantizar el éxito de su equipo. ¿Cuál es su rol como líder?

9.9. El equipo se acaba de reunir por primera vez, y ésta es su primera junta.

9.10. Se une a un equipo que ha estado junto en varias reuniones, pero por desgracia tiene antecedentes de ser demasiado improductivo, indisciplinado y fiestero.

9.11. Su equipo está experimentando muchos conflictos entre sus miembros. Existen puntos de vista fuertemente arraigados que parecen ser incompatibles. Han comenzado a surgir facciones dentro del equipo.

9.12. Su equipo está bien estructurado y es altamente funcional. Usted desea asegurarse de que el alto nivel de desempeño no sólo continúe, sino que mejore.

Ejercicio de diagnóstico y desarrollo de equipos

Para ayudarle a mejorar su capacidad de diagnosticar la etapa de desarrollo de un equipo, piense en alguno al que pertenezca en la actualidad. Si forma parte de un equipo en esta clase, selecciónelo. También podría elegir uno de su trabajo, su iglesia, su comunidad o de otra clase en la escuela. Resuelva los tres pasos del siguiente ejercicio:

Paso 1: Utilice las siguientes preguntas para determinar la etapa de desarrollo en la que opera su equipo. Asigne una puntuación para cada etapa de desarrollo de su equipo. Identifique cuál es la etapa en la que parece operar de manera más consistente.

Paso 2: Identifique qué acciones o intervenciones llevarían a su equipo a la siguiente etapa de desarrollo superior. Especifique qué dinámicas deben cambiar, qué necesitan hacer los miembros del equipo y la manera en que el líder podría promover un mayor desarrollo para el equipo.

Paso 3: Comparta sus puntuaciones y sugerencias con otros estudiantes de su clase en grupos pequeños, y agregue al menos una buena idea del diagnóstico de otro estudiante a su propio diseño.

Utilice la siguiente escala para calificar a su equipo, justo ahora.

Escala de evaluación

1 No es característico de mi equipo.
2 No es muy característico de mi equipo.
3 Característico de mi equipo.
4 Muy característico de mi equipo.

Etapa 1

———— 1. No todos tienen claros los objetivos y las metas del equipo.

———— 2. No todos conocen personalmente a los demás miembros del equipo.

———— 3. Sólo unos pocos miembros del equipo tienen una participación activa.

———— 4. Las interacciones entre los miembros del equipo son muy seguras o un tanto superficiales.

———— 5. Aún no se desarrolla confianza entre todos los miembros del equipo.

———— 6. Parece que muchos miembros del equipo necesitan la dirección del líder para participar.

PRÁCTICA

Etapa 2

_____ 7. Todos los miembros conocen los objetivos y las metas del equipo y están de acuerdo con ellos.

_____ 8. Los miembros del equipo se conocen entre sí.

_____ 9. Los miembros del equipo son muy cooperadores y participan activamente en las actividades del equipo.

_____ 10. Las interacciones entre los miembros del equipo son amistosas, personales y profundas.

_____ 11. Se ha establecido un nivel cómodo de confianza entre los miembros del equipo.

_____ 12. Existe una fuerte unidad dentro del equipo, y los miembros se sienten parte de un grupo especial.

Etapa 3

_____ 13. Los miembros del equipo expresan abiertamente los desacuerdos y los puntos de vista diferentes.

_____ 14. Existe competencia entre algunos miembros del equipo.

_____ 15. Algunos miembros del equipo no siguen las reglas o las normas establecidas.

_____ 16. Dentro del equipo existen subgrupos o coaliciones.

_____ 17. Algunos asuntos provocan desacuerdos importantes cuando son analizados por el equipo y algunos miembros toman partido.

_____ 18. La autoridad o la competencia del líder del equipo se cuestiona o se desafía.

Etapa 4

_____ 19. Los miembros están comprometidos con el equipo y cooperan activamente para mejorar su desempeño.

_____ 20. Los miembros del equipo están en libertad de probar nuevas ideas, experimentar, compartir algo poco ortodoxo o hacer algo novedoso.

_____ 21. Los miembros del equipo manifiestan un alto nivel de energía, y las expectativas de desempeño son muy altas.

_____ 22. Los miembros del equipo no siempre están de acuerdo, pero existe un alto nivel de confianza; todas las personas son respetadas, por lo que los desacuerdos se resuelven en forma productiva.

_____ 23. Los miembros del equipo están comprometidos a ayudarse unos a otros para tener éxito y mejorar, por lo que el engrandecimiento personal es mínimo.

_____ 24. El equipo puede tomar decisiones rápidas sin sacrificar la calidad.

Puntuación

Sume las puntuaciones de los reactivos de cada etapa de desarrollo del equipo. Por lo general, una etapa se destaca con claridad por tener las puntuaciones más altas. Las etapas de los equipos se presentan en secuencia, así que la etapa con las puntuaciones más altas suele ser la dominante. Con base en estas puntuaciones, identifique formas de llevar al equipo al siguiente nivel.

Total de reactivos de la etapa 1 _____

Total de reactivos de la etapa 2 _____

Total de reactivos de la etapa 3 _____

Total de reactivos de la etapa 4 _____

Ganar la guerra del talento

En este ejercicio formará equipos de seis miembros. Su equipo tendrá un objetivo general por lograr, y cada miembro del equipo tendrá objetivos individuales. El ejercicio se completa en siete pasos y tardará en completar los pasos del 1 al 6 un total de 50 minutos.

Paso 1: En su equipo, lea la escena de la siguiente página acerca de lo difícil que es atraer y retener a los empleados talentosos en las empresas del siglo XXI. El objetivo de su equipo es generar dos ideas innovadoras, pero factibles, para retener a los buenos profesores en el sistema de escuelas públicas. Tendrá 15 minutos para desarrollar las ideas.

Paso 2: Cuando todos los equipos finalicen la actividad, cada uno tendrá dos minutos para presentar las dos ideas. Estas ideas se evaluarán y se seleccionará un equipo ganador con base en los siguientes criterios:

❏ Que las ideas sean factibles y costeables.

❏ Que las ideas sean interesantes, innovadoras y originales.

❏ Que las ideas tengan una buena oportunidad de marcar una diferencia si se llevan a la práctica.

Paso 3: Además de la actividad en equipo, cada individuo deberá representar tres roles durante la discusión. Más adelante se presenta la lista de los roles asignados. Los miembros del equipo pueden seleccionar los roles que deseen desempeñar o el profesor podría asignarlos. Un objetivo de esta actividad individual es fomentar la práctica de los roles que facilitan la actividad o de los roles para crear relaciones en el escenario de un equipo, de manera que usted debe tomar estas actividades con seriedad. Sin embargo, recuerde que tiene sólo 15 minutos. Cuando su equipo termine la actividad, cada miembro calificará la eficiencia de los demás respecto a qué tan bien representaron sus roles y cuánto ayudaron al equipo a cumplir su tarea. Tendrá cinco minutos para asignar las puntuaciones.

Nombre del miembro del equipo	Roles	Puntuación del desempeño (1) baja – (10) alta Retroalimentación del desempeño
1	Dar dirección Apresurar Hacer cumplir	
2	Buscar información Dar información Elaborar	

(continúa)

(continuación)

NOMBRE DEL MIEMBRO DEL EQUIPO	ROLES	PUNTUACIÓN DEL DESEMPEÑO (1) BAJA – (10) ALTA RETROALIMENTACIÓN DEL DESEMPEÑO
3	Monitorear	
	Probar la realidad	
	Sintetizar	
4	El que analiza procesos	
	El que brinda apoyo	
	El que confronta	
5	Armonizar	
	Mitigador de la tensión	
	Activador	
6	Desarrollador	
	Constructor de consensos	
	Empático	

Paso 4: Cada miembro del equipo utiliza el formato anterior para evaluar el desempeño y dar retroalimentación a cada uno de los integrantes. Cuando llene el formato, asegúrese de enfocarse en qué tan bien desempeñó cada uno de los miembros los roles que le fueron asignados. Identifique al menos algo que haya observado en el desempeño de cada miembro del equipo para que pueda dar retroalimentación personal a cada uno. Recuerde que el objetivo general de este ejercicio es practicar el desempeño eficaz de los roles en equipos y dar retroalimentación a los miembros del equipo. Tienen cinco minutos para esta actividad de evaluación.

Paso 5: Cuando los equipos terminen su actividad, seleccionarán a un representante de cada uno para evaluar la calidad de las ideas producidas por cada equipo. Con base en los resultados de esta deliberación, se anunciará a un equipo ganador. (Otros estudiantes de la clase querrán observar y calificar el desempeño de este equipo evaluador y de sus miembros al hacer su selección). El equipo evaluador tendrá 10 minutos para seleccionar al equipo ganador.

Paso 6: Los equipos se reunirán nuevamente para una retroalimentación personal. Cada miembro del equipo tendrá tres minutos para dar retroalimentación a los demás integrantes con base en el formato de evaluación presentado. Dar esa retroalimentación tardará un total de 20 minutos.

Paso 7: Analice en clase lo que observó en relación con los roles de los miembros del equipo. En especial, reflexione acerca de su propia experiencia al tratar de desempeñar esos roles y de lo que, al parecer, resultó más efectivo para facilitar la realización de la tarea e incrementar la cohesión del equipo.

Escenario del problema

Una preocupación común para casi cualquier persona y que ha sido expresada por los altos ejecutivos de la mayoría de las empresas de la "vieja economía" es cómo atraer y retener el talento directivo. Con la esperanza de que en los próximos años la economía crezca al menos tres veces más que el mercado laboral, el desafío consistirá en encontrar colaboradores competentes. La llegada de las punto com, empresas con gran crecimiento, de alto riesgo y de alto rendimiento ha creado un entorno increíblemente difícil para las organizaciones cuya principal ventaja competitiva es el capital intelectual y el talento humano. Los cazadores de talentos, las empresas capitalistas e incluso los clientes de las compañías están tratando a toda costa de atraer el talento directivo. Una encuesta reciente entre banqueros de inversión de Wall Street reveló que más de la mitad habían recibido ofertas de empleo por parte de alguna empresa de Internet. Armadas con un capital de riesgo y planes de negocios que prometen rápidas ofertas públicas, es fácil ver por qué muchas empresas están teniendo éxito atrayendo el talento directivo de las compañías tradicionales. No son inusuales los planes de remuneración de siete cifras.

En este entorno altamente competitivo, donde el capital intelectual es muy valioso, considere la dificultad que enfrentan las organizaciones no lucrativas, los gobiernos locales o estatales, las organizaciones artísticas o las instituciones educativas cuyos presupuestos están muy por debajo del mundo de altos precios de la "nueva economía". ¿Cómo competirán por el talento cuando no pueden igualar ni acercarse a los salarios de las empresas cuya capitalización de mercado excede el producto interno bruto de muchos países africanos?

En especial, el sistema de educación pública estadounidense se ha visto afectado en gran medida por este entorno. En la actualidad, Estados Unidos gasta más por cada niño que ningún otro país, y los costos de la educación están aumentando con mucha mayor rapidez que el índice de precios al consumidor. Sin embargo, bien se sabe que más de una cuarta parte de los alumnos de escuelas públicas abandonan los estudios antes de graduarse de bachillerato, y entre los que permanecen, el porcentaje que aprueba los exámenes de habilidades es sumamente bajo (en algunos distritos escolares es menor al 10 por ciento). El promedio de permanencia de los maestros en escuelas públicas es menor de siete años y va disminuyendo rápidamente conforme estos empleados del conocimiento logran encontrar puestos en algún otro lugar, donde ganan tres o cuatro veces más que en una escuela. Agregue a eso las dificultades cada vez mayores en las aulas, derivadas de que muchos estudiantes provienen de hogares con un solo padre, viven en circunstancias económicas marginales, reciben amenazas de violencia o presentan un comportamiento perturbado; todo ello permite entender por qué la docencia es una profesión difícil, aunque la remuneración fuera más alta.

Varias alternativas se han propuesto, pero pocos han examinado a fondo el problema de la atracción y retención de maestros. Su trabajo como equipo consistirá en identificar dos respuestas a la siguiente pregunta: ¿Cómo podemos atraer y retener a los maestros en las escuelas públicas de Estados Unidos? Quizá desee tomar en cuenta lo que se está haciendo en sistemas escolares de otros países o en sistemas escolares estadounidenses efectivos.

Ejercicio del desempeño de equipo

El propósito de este ejercicio es ayudarle a practicar la dinámica de la formación, desarrollo y desempeño efectivo de los equipos. La parte más importante de este ejercicio es que practique el liderazgo y la pertenencia a un equipo de manera eficaz, y que diagnostique con precisión la etapa del desarrollo de un equipo y usted pueda comportarse de manera adecuada.

Su profesor formará grupos de cinco miembros. Su trabajo como equipo consiste en crear una estrella de cinco puntas tal como las que dibujaba cuando era niño (vea la figura 9.5). Hará esto con un trozo de cuerda atada por los extremos, formando un círculo. Realice el ejercicio de la siguiente manera:

1. Encontrará un trozo de cuerda de 15 metros en el piso. Cada miembro de su equipo rodeará la cuerda y la tomará con ambas manos. Una vez que sostengan la cuerda, no la podrán soltar hasta que el ejercicio haya terminado.

Figura 9.5 Estrella de cinco puntas

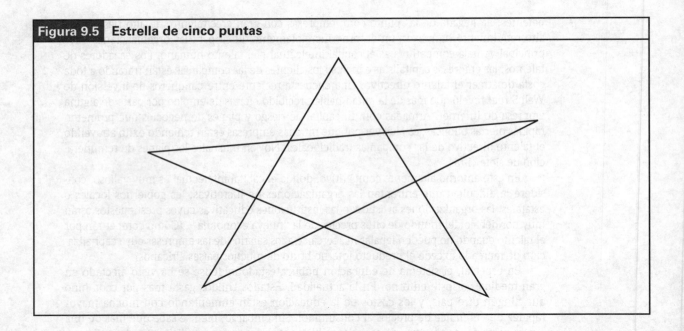

2. Se les darán cinco minutos para planear cómo formarán la estrella, con los cruces apropiados. Nadie podrá moverse durante este periodo de planeación de cinco minutos. Deberán permanecer en el lugar donde se encuentran. No se permite practicar.

3. Una vez terminada la sesión de planeación de cinco minutos, ya no podrán hablar en voz alta. La tarea deberá realizarse en completo silencio. No podrá comunicarse verbalmente con ninguno de los demás miembros de su equipo. Sólo se permite la comunicación no verbal. Recuerde: una vez que tome en sus manos la cuerda, no podrá soltarla.

4. Cuando el profesor dé la señal, empezarán a moverse para formar la estrella de cinco puntas. Cuando terminen, colocarán la cuerda sobre el piso, justo en el lugar en donde están parados. Una vez que la cuerda esté en el piso, ya no podrán arreglarla ni moverla. La cuerda deberá representar con exactitud la posición de cada miembro de su equipo.

5. El profesor evaluará la calidad de sus resultados y luego se anunciará cuál es el equipo ganador.

Cuando terminen la actividad, analicen las siguientes preguntas:

9.13. Como equipo, ¿qué resultó especialmente eficaz y qué ineficaz para realizar la tarea con anticipación?

9.14. ¿Qué indicios sobre las etapas iniciales del desarrollo de los equipos utilizaron?

9.15. ¿Qué ocurrió con la dinámica de su equipo durante la realización tarea? ¿Pasaron de una etapa a otra? ¿Al final lograron ser un equipo de alto desempeño?

9.16. ¿Qué roles de liderazgo y de pertenencia al equipo desempeñaron usted y sus compañeros? ¿Cuáles fueron los más eficaces?

9.17. ¿Cuáles fueron las diferencias entre los equipos que lograron la actividad con mayor rapidez y con el mayor nivel de calidad en comparación con el resto de los equipos?

9.18. ¿Qué hicieron para compensar la prohibición de comunicarse como equipo durante la tarea?

9.19. Si tuviera que realizar otra tarea con el equipo, ¿qué desearía hacer de manera diferente para ser más eficiente y eficaz (efectivo)?

ACTIVIDADES PARA LA FORMACIÓN DE EQUIPOS EFICACES

Actividades sugeridas

9.20. Enseñe a alguien más a determinar en qué etapa de desarrollo se encuentra un equipo y qué comportamientos son más efectivos en cada una.

9.21. Analice las características de un equipo al que pertenezca. Determine cómo podría mejorar su funcionamiento. Con base en los atributos de los equipos de alto desempeño, identifique qué se podría hacer para mejorar su desempeño.

9.22. Realice un análisis de roles de una reunión de equipo real en la que sus miembros estén tratando de tomar una decisión, resolver un problema o examinar un asunto. ¿Qué rol desempeñó cada quién? ¿Qué miembros del equipo ayudaron más? ¿Qué miembros del equipo ayudaron menos? Dé retroalimentación al equipo sobre los roles que desempeñaron; indique qué roles faltaron y qué mejoras podrían haber mejorado la efectividad del equipo.

9.23. Escriba una declaración de visión formal para un equipo que esté dirigiendo. Asegúrese de que la visión posea los atributos de la declaración de visión efectiva y activadora analizados en el capítulo. Identifique lo que podría hacer en específico para que los miembros del equipo se comprometan con esa visión.

9.24. Elabore un análisis profundo de un líder eficaz que conozca. Concéntrese en particular en cómo ha obtenido ese líder credibilidad y cómo puede seguir influyendo en los miembros del equipo. Identifique lo que sus seguidores dicen acerca de la credibilidad, no sólo lo que dice el líder.

9.25. Enseñe o asesore a alguien acerca de cómo convertirse en líder y miembro efectivo de un equipo. Demuestre o ejemplifique las habilidades que le enseñe a esa persona.

Plan de aplicación y evaluación

Este ejercicio pretende ayudarlo a aplicar este conjunto de habilidades en un escenario de la vida real y fuera del salón de clases. Ahora que se ha familiarizado con las guías de comportamiento que constituyen la base de un desempeño efectivo de habilidades, mejorará más probando esas guías en el contexto cotidiano. A diferencia de una actividad en el salón de clases, donde la retroalimentación es inmediata y los demás podrían ayudarlo con sus evaluaciones, esta actividad de aplicación de habilidades la deberá completar y evaluar por su cuenta. Esta actividad consta de dos partes. La parte 1 le ayudará a prepararse para aplicar la habilidad. La parte 2 le servirá para evaluar y mejorar su experiencia. Asegúrese de anotar las respuestas de cada reactivo. No utilice atajos saltándose etapas.

Parte 1. Planeación

9.26. Escriba los dos o tres aspectos de esta habilidad que sean los más importantes para usted. Podrían ser áreas de debilidad, las áreas que más desea mejorar o las áreas más relevantes para un problema que esté enfrentando en este momento. Identifique los aspectos específicos de esta habilidad que desee aplicar.

9.27. Ahora identifique el escenario o la situación en donde aplicará esa habilidad. Establezca un plan de desempeño anotando una descripción de la situación. ¿Quién más participará? ¿Cuándo lo hará? ¿Dónde se llevará a cabo?

Circunstancias:

¿Quién más?

¿Cuándo?

¿Dónde?

9.28. Identifique los comportamientos específicos que realizará para aplicar esta habilidad. Determine las operaciones requeridas para poner en práctica sus habilidades.

9.29. ¿Cuáles son los indicadores de éxito en el desempeño? ¿Cómo sabrá que ha sido efectivo? ¿Qué le indicará que se ha desempeñado en forma competente?

Parte 2. Evaluación

9.30. Una vez que haya completado la parte 1, registre los resultados. ¿Qué sucedió? ¿Cuánto éxito obtuvo? ¿Qué efecto provocó en los demás?

9.31. ¿Cómo podría mejorar? ¿Qué cambios haría la próxima vez? ¿Qué haría diferente en una situación similar en el futuro?

9.32. Al revisar toda la práctica de sus habilidades y la experiencia aplicada, ¿qué aprendió? ¿Qué le sorprendió? ¿Cómo le ayudará esta experiencia en el largo plazo?

CLAVES DE RESULTADOS Y DATOS COMPARATIVOS

La clave de resultados para el siguiente instrumento se encuentra disponible en el sitio web de este libro.

Comportamientos para el desarrollo de equipos

Diagnosticar la necesidad de formar equipos

Datos comparativos (N = 10,000 estudiantes)

PUNTAJE TOTAL	MEDIA	CUARTIL INFERIOR	SEGUNDO CUARTIL	TERCER CUARTIL	CUARTIL SUPERIOR
	54.22	38 o menor	39-52	53-69	70 o mayor

FUNCIONES DE LIDERAZGO EN LOS EQUIPOS
(Ejemplos de respuestas correctas)

ESCENARIO 1

1. Explique las metas y objetivos del equipo.
2. Asegúrese de que las personas se conozcan entre ellas.
3. Dé la oportunidad a los miembros de hacer preguntas. Aborde las incertidumbres.
4. Establezca una relación entre usted y cada miembro del equipo.
5. Desarrolle la confianza.

ESCENARIO 2

1. Facilite la participación de todos los miembros del equipo.
2. Promueva la cohesión del equipo, de manera que la presión de los compañeros hacia la conformidad sea fuerte.
3. Ofrezca retroalimentación honesta y constructiva.
4. Impida el pensamiento grupal estableciendo subgrupos, abogados del diablo o evaluadores críticos.
5. Establezca un sentido de identidad y propiedad del equipo.

ESCENARIO 3

1. Haga que sea legítimo que los miembros del equipo disientan con otros de manera positiva.
2. Asegure el cuestionamiento y la escucha respetuosa y de apoyo.
3. Trabaje por la interdependencia y no por la independencia, para que las personas puedan trabajar de manera colaborativa.
4. Encuentre puntos de acuerdo.
5. Refuerce la meta y el propósito del equipo.

ESCENARIO 4

1. Fomente el espíritu emprendedor y las ideas innovadoras.
2. Impulse la desviación positiva y los niveles de desempeño extraordinariamente altos.
3. Aproveche a los miembros del equipo más positivos y activadores.
4. Trabaje para mantener altos niveles de apertura y confianza entre los miembros del equipo.
5. Articule y refuerce una meta Everest.

CLAVES DE RESULTADOS Y DATOS COMPARATIVOS

10

Liderar el cambio positivo

OBJETIVOS DE APRENDIZAJE

1. APRENDER A CREAR UNA DESVIACIÓN POSITIVA EN LAS ORGANIZACIONES

2. DESARROLLAR LA CAPACIDAD DE LIDERAR CAMBIOS POSITIVOS

3. ADQUIRIR LA HABILIDAD DE MOVILIZAR LAS CAPACIDADES DE LOS DEMÁS PARA LOGRAR UN CAMBIO POSITIVO

CUESTIONARIOS DE DIAGNÓSTICO PARA LIDERAR EL CAMBIO POSITIVO

A continuación se describen brevemente los instrumentos de evaluación de este capítulo. El instrumento indicado con ✪ y su clave de resultados se encuentran disponibles en el sitio web de este libro.

Complete todas las evaluaciones antes de iniciar la lectura de este capítulo y guarde sus respuestas.

Cuando termine de leer este capítulo, consulte su evaluación y compare sus respuestas con lo que ha aprendido.

✪ ☐ La evaluación *Liderar el cambio positivo* mide el grado en el que usted lidera de manera eficaz el proceso de cambio y, en especial, el grado en el que ha desarrollado las habilidades para liderar cambios positivos.

☐ El *Ejercicio de retroalimentación del reflejo de lo mejor de uno mismo* le ofrece información sobre sus mayores fortalezas, su comportamiento cuando da lo mejor de sí mismo y las maneras en las que contribuye de manera distintiva.

LIDERAR EL CAMBIO POSITIVO

Sección de evaluación

EJERCICIO DE RETROALIMENTACIÓN DEL REFLEJO DE LO MEJOR DE UNO MISMO

Todos podemos recordar nuestros momentos extraordinarios, aquellos en los cuales sentimos que expresamos y pusimos en práctica lo mejor de nosotros mismos, y los demás estuvieron de acuerdo. Estas coincidencias se graban en nuestra mente como momentos en los que nos sentimos vivos, en contacto con nuestro ser más íntimo, y en los que buscamos desarrollar todo nuestro potencial como seres humanos. Con el tiempo, estas experiencias quedan reunidas en la mejor descripción de uno mismo. Para integrar la mejor descripción de uno mismo es importante basarse en lo que nuestros seres queridos perciben; ellos nos brindan información única y valiosa sobre nuestras fortalezas y talentos perdurables. El ejercicio de retroalimentación del reflejo de lo mejor de uno mismo nos da la oportunidad de recibir retroalimentación respecto a quiénes somos cuando hacemos nuestro mayor esfuerzo. Para consultar una explicación detallada de este ejercicio, así como de las investigaciones que sustentan su eficacia para ayudar a las personas a mejorar su liderazgo, visite www.bus.umich.edu/positive y haga una búsqueda con el término "POS teaching tools".

En este ejercicio obtendrá, de otras personas que lo conozcan bien, información acerca de usted mismo. En la sección Práctica de habilidades de este capítulo se le pedirá elaborar el mejor autorretrato a partir de esta retroalimentación. El primer paso consiste en recabar información. A continuación encontrará cómo hacerlo.

Identifique a 20 personas que lo conozcan bien. Pueden ser colegas (actuales o anteriores), amigos (antiguos o recientes), familiares, vecinos, compañeros de clase o cualquier persona que haya tenido un amplio contacto con usted. Seleccione a personas que le darán una opinión honesta. Cuanto más diverso sea el grupo, mejor. También tome en cuenta que, debido a las restricciones de tiempo, quizá no todos puedan responderle. Necesitará un mínimo de 10 respuestas para completar esta parte de la tarea, pero trate de conseguir retroalimentación de por lo menos 20 individuos.

Redacte la solicitud de retroalimentación utilizando la muestra de correo electrónico incluida abajo y envíela a las 20 personas elegidas. A pesar de que elaborar esta solicitud le parecerá extraño y difícil, por lo general las personas suelen considerar esta evaluación como una actividad de profundo aprendizaje y estarán dispuestas a participar. En realidad, descubrirá que este ejercicio fortalecerá muchas de sus relaciones.

FUENTE: *Roberts, L.M., Spreitzer; G., Dutton, J. Quinn, R., Heaph, E. Barker, B (2005). How to play to your strengths, Harvard Business Review, 83: 75-80.*

Muestra de solicitud de retroalimentación por correo electrónico

Estoy tomando un curso en el que se me pide que elabore un perfil de mis fortalezas. Debo contactar a 20 personas que me conozcan bien. Te invito a ayudarme con este ejercicio. Debo pedir a cada persona que relate tres historias en las que yo haya demostrado mis mejores fortalezas.

Para esto deberás pensar en nuestras interacciones e identificar las situaciones en que mi desempeño ha sido el mejor. Por favor, da ejemplos para que yo pueda entender la situación y las características que describes. He anexado algunos ejemplos adjuntos del formato que deben tener las historias. Utilízalos como guía.

Ejemplos de retroalimentación:

1.   ***Una de tus mayores fortalezas es:*** *La habilidad para lograr que las personas trabajen juntas y que den todo de sí para lograr una tarea.*

Por ejemplo, recuerdo cuando: *Estuvimos trabajando en el proyecto Alpha. Teníamos el tiempo encima y el estrés se acumulaba. Comenzamos a rendirnos y a concentrarnos sólo en entregar a tiempo. Te percataste de que no estábamos haciendo nuestro mejor esfuerzo y detuviste al grupo para replantear nuestro enfoque. Preguntaste si sólo queríamos cumplir con el requisito o si en realidad queríamos hacer un trabajo importante y bien hecho. Nos recordaste de qué éramos capaces, y cómo cada uno de nosotros podía contribuir para lograr un mejor resultado. Nadie hubiera pensado en decir eso. Como resultado, entregamos a tiempo un trabajo del que todos nos sentimos orgullosos.*

2.   ***Una de tus principales fortalezas es:*** *Estar feliz en todo momento.*

Por ejemplo, recuerdo cuando: *Acabábamos de perder el juego del campeonato de la liga y nos sentíamos realmente tristes. Todos sabíamos que podíamos haber jugado mejor y nos sentíamos muy desalentados. Tú fuiste capaz de animarnos y hacernos sentir mejor, y no de una forma superficial ni tonta, sino expresando un placer genuino por tener la oportunidad de jugar y de estar juntos como amigos. De verdad te admiro por esa capacidad de ver lo bueno en una situación adversa y ser una persona tan positiva.*

3. Una de tus principales fortalezas es: *Tu capacidad de persistir ante las adversidades.*
Por ejemplo, recuerdo cuando: *Habíamos incumplido con nuestra fecha límite para entregar un informe importante. Frank renunció y estábamos faltos de personal. En vez de desanimarte, lograste concentrarte más que nunca antes. Creo que trabajaste 48 horas seguidas sin dormir. Me asombró que pudieras generar un producto de esa calidad en esas condiciones.*

Tu retroalimentación para mí: Por favor, dame tres ejemplos de mis fortalezas que hayas observado, completando las siguientes afirmaciones.

1. Una de tus principales fortalezas es:
Por ejemplo, recuerdo cuando:

2. Una de tus principales fortalezas es:
Por ejemplo, recuerdo cuando:

3. Una de tus principales fortalezas es:
Por ejemplo, recuerdo cuando:

Por favor, envíame tus respuestas por correo electrónico antes de [anotar una fecha]. Agradezco tu cooperación. Compartiré contigo lo que haya aprendido.

Cuando reciba esta retroalimentación me orientarán para desarrollar una descripción de la mejor versión de mí.

Fuente: *Adaptado de, "Reflected best-self exercise: Assignment and instruction for participants". Center for Positive Organizational Scholarship, Ross School of Business, University of Michigan, Product #01B, 2003.*

APRENDIZAJE DE HABILIDADES

La palabra **liderazgo** suele utilizarse como un término muy general, que describe prácticamente cualquier comportamiento deseable en un directivo. El término "buen liderazgo" se utiliza con frecuencia para explicar el éxito de casi cualquier desempeño organizacional positivo, desde el aumento en el precio de las acciones y las tendencias alcistas de la economía nacional, hasta la felicidad de los empleados. Las portadas de las revistas divulgan los logros excepcionales de los líderes, y la persona en la cima de la jerarquía casi siempre es la que recibe el crédito por el éxito o el fracaso. Los entrenadores son despedidos cuando los jugadores no tienen un buen desempeño, los directores generales pierden sus empleos cuando los clientes eligen a un competidor, y los presidentes son destituidos cuando la economía va mal.

Por el contrario, los líderes son considerados héroes cuando sus organizaciones son exitosas (por ejemplo, Gandhi, Welch, Jobs, Buffett). Como chivo expiatorio o como héroe, el líder es una imagen que predomina en la sociedad moderna. Sin embargo, hablando más racionalmente, la mayoría reconocemos que detrás del éxito organizacional hay mucho más que sólo el comportamiento del líder; también sabemos que el liderazgo es una de las influencias más importantes para el buen desempeño de una empresa (Cameron, 2012; Cameron y Lavine, 2006; Pfeffer, 1998).

Algunos autores han hecho la distinción entre los conceptos de liderazgo y de administración (Kotter, 1999; Tichy, 1993, 1997). El *liderazgo* se describe como el actuar de las personas en condiciones de cambio; es decir, cuando las organizaciones son dinámicas y están experimentando una transformación, las personas exhiben liderazgo. Por otra parte, tradicionalmente la *administración* se ha asociado con conservar la estabilidad, lo cual es el trabajo del director. Se dice que los líderes se concentran en mantener el rumbo, iniciar el cambio y crear algo, mientras que el directivo se enfoca en mantener la estabilidad, controlar las variaciones y mejorar el desempeño. Asociamos al liderazgo con el dinamismo, la vitalidad y el carisma; y a la administración con lo predecible, el equilibrio y el control. Por tanto, con frecuencia el liderazgo se define como "hacer lo correcto", mientras que la administración se define como "hacer las cosas bien".

No obstante, investigaciones recientes han revelado con claridad que tales distinciones entre el liderazgo y la administración, adecuadas quizá en décadas anteriores, han dejado de tener sentido (Cameron y Lavine, 2006; Cameron y Quinn, 1999; Quinn, 2000, 2004). No es posible que los administradores tengan éxito si no son buenos líderes, ni que los líderes tengan éxito sin ser buenos administradores. Las organizaciones y las personas ya no pueden limitarse a conservar su estabilidad y a hacer las cosas bien, sin preocuparse por hacer lo correcto. Tampoco basta con mantener la estabilidad del sistema sin buscar cambiar y mejorar, ni es suficiente mantener el desempeño actual sin crear algo, así como no es posible concentrarse sólo en el equilibrio y el control sin enfocarse también en la energía y el carisma. La administración y el liderazgo eficaces son inseparables; las habilidades que ambos exigen son las mismas (Cameron, Quinn, DeGraff y Thakor, 2014).

Ninguna organización en el entorno posindustrial y turbulento del siglo XXI sobrevivirá sin personas capaces de proporcionar tanto dirección como liderazgo. Si bien actividades paradójicas como liderar el cambio y administrar la estabilidad, establecer una visión y cumplir con los objetivos, romper las reglas y monitorear el cumplimiento, también son imprescindibles para el éxito. Los individuos que son directivos efectivos la mayor parte del tiempo también son líderes efectivos. Las habilidades necesarias tanto para ser un líder como para un ser administrador eficaz y eficiente (efectivos) son prácticamente idénticas.

Por otra parte, Quinn (2004) nos recuerda que ninguna persona es líder todo el tiempo. El liderazgo es una condición *temporal* en la que se despliegan ciertas habilidades y competencias.

> *Comprender que el liderazgo es un estado temporal, dinámico nos lleva a replantearnos radicalmente cómo pensamos, actuamos y desarrollamos el liderazgo. Descubrimos que la mayor parte del tiempo, la mayoría de las personas, incluyendo a los directores generales, presidentes y primeros ministros, no son líderes. Descubrimos que cualquier persona podría ser líder. La mayoría de las veces, ninguno de nosotros es líder. (Quinn, 2004).*

En este capítulo nos enfocamos en la actividad más común propia del liderazgo: liderar el cambio. Es más probable que involucrándonos en esta tarea se manifieste el estado temporal de liderazgo. Es decir, a pesar de la imagen heroica de los líderes, todas las personas son capaces de desarrollar las habilidades necesarias para liderar el cambio. Nadie nació como líder ni carece de las habilidades necesarias para serlo. Todos pueden (y la mayoría lo logran) ser líderes en algún momento. Por otra parte, liderar con éxito el cambio implica un conjunto de habilidades complejas y difíciles de dominar, de manera que se requiere ayuda para lograrlo. Eso es debido a las dificultades asociadas al cambio.

Cambio creciente y omnipresente

No es novedad que nuestro mundo es dinámico, turbulento e incluso caótico. Casi nadie trataría de pronosticar con certidumbre cómo será el mundo dentro de 10 años. Las cosas cambian con mucha rapidez. Por ejemplo, sabemos que la tecnología existente hace posible instalar una computadora completa en un reloj de pulsera y que ahora se están diseñando "máquinas" del tamaño de una molécula. La vida media de cualquier tecnología que se nos ocurra (desde computadoras complejas y artefactos nucleares, hasta software) es menor de seis meses. Cualquier dispositivo puede reproducirse en menos de medio año.

Quizá el mapa del genoma humano sea una de las fuentes más importantes del cambio, no sólo porque hace posible modificar un plátano para convertirlo en un medio para vacunar contra la malaria, sino porque el desarrollo de órganos nuevos y la regulación fisiológica prometen transformar radicalmente el estilo de vida de la población. Al momento de escribir esto, se han patentado más de 100 animales completos. Mientras que producir una alternativa genérica a un medicamento tardaba 10 años en 1965, en la actualidad, el proceso tarda aproximadamente 1 día. En 1980, ensamblar 12,000 pares de bases de ADN tardaba 1 año; para 1999, tardaba menos de un minuto y ahora es posible ensamblar millones de pares de bases en menos de un segundo. Entre el origen de la humanidad y 2003, el planeta produjo un exabyte de datos, pero ahora producimos un exabyte de datos a diario. ¿Quién puede predecir los cambios que se generarán? Por tanto, no sólo es que el cambio esté presente en todos lados y de manera permanente, sino que casi todos predicen que aumentará exponencialmente.

La necesidad de marcos de referencia

Los **marcos de referencia** o teorías confieren estabilidad y orden a un mundo en constante cambio. Para ilustrar la importancia de los marcos de referencia, considere un sencillo experimento realizado por el ganador del Premio Nobel, Herbert A. Simon. Se mostró un tablero de ajedrez con las piezas colocadas a la mitad de una partida a sujetos experimentales. Algunos de ellos eran expertos jugadores de ajedrez; otros eran novatos. A todos se les permitió observar el tablero por 10 segundos y luego se retiraron las piezas. Después se pidió a los sujetos que colocaran de nuevo las piezas en el tablero, tal como estaban antes de retirarlas. Como el experimento se realizó en una computadora, era muy sencillo retirar las piezas del tablero y generar muchos ensayos para cada persona. Cada ensayo mostraba una distinta configuración de un juego de ajedrez.

La pregunta investigada fue: ¿Qué grupo sería mejor en volver a colocar las piezas de ajedrez: los jugadores novatos o los expertos? Después de 10 segundos de observar el tablero, ¿qué personas recordarían con mayor exactitud la ubicación de cada pieza? Se podrían elaborar argumentos para explicar el desempeño de cada grupo.

Por un lado, la mente de los novatos estaría libre de ideas preconcebidas. Observarían el tablero con una mirada fresca. Esto es similar a la respuesta de la pregunta: ¿Cuándo es el mejor momento para enseñar un idioma a una persona, a los tres años de edad o a los 30? El hecho de que niños de tres años puedan aprender un nuevo idioma con mayor rapidez que las personas de 30, sugiere que los novatos en el ajedrez también podrían ser mejores en esta actividad porque carecen de ideas preconcebidas. Por otro lado, el argumento opuesto plantea que la experiencia debe ser de alguna utilidad, y que la familiaridad de los jugadores experimentados con el tablero de ajedrez debería permitirles mayor éxito.

Los resultados del experimento fueron impactantes. Los novatos remplazaron con exactitud las piezas menos del 5 por ciento de las veces. Los jugadores experimentados colocaron las piezas con exactitud más del 80 por ciento de las veces. Cuando los jugadores de ajedrez experimentados observaban el tablero, identificaban patrones conocidos, o lo que podríamos llamar marcos de referencia. Declararon que: "Eso se parece a la defensa de Leningrado, salvo que este alfil está fuera de lugar y estos dos peones están acomodados de

forma diferente". Los jugadores experimentados identificaban los patrones con rapidez, y luego ponían atención a las pocas excepciones en el tablero. Los novatos, por otro lado, necesitaban concentrarse en cada pieza como si todas fueran una excepción, ya que no tenían ningún patrón (o marco de referencia) que guiara sus decisiones.

Los marcos de referencia tienen la misma función para los administradores/directores. Permiten aclarar situaciones complejas o ambiguas. Las personas que conocen los marcos de referencia son capaces de manejar efectivamente situaciones complejas porque pueden responder a menos excepciones. Los individuos sin marco de referencia deben reaccionar a cada elemento de información como si fuera un evento único o una excepción. Los directivos más exitosos cuentan con marcos de referencia más útiles y numerosos. Cuando enfrentan una nueva situación, no se sienten abrumados ni tensos pues tienen marcos de referencia que les ayudan a simplificar y aclarar lo que les resulta desconocido.

En este capítulo le ofrecemos un marco de referencia de gran utilidad para gestionar el cambio. Pero nos interesa no sólo que sepa administrar el cambio y aprenda a lidiar con el entorno caótico que priva en la actualidad, sino que además sea hábil liderando *cambios positivos*. No es lo mismo liderar cambios positivos que administrarlos.

Para ilustrar la diferencia entre el cambio común y el cambio positivo, considere el continuum de la figura 10.1 (Cameron, 2003a). Muestra una línea que representa el

| Figura 10.1 | Continuum de la desviación negativa y positiva |

Individual:	Desviación negativa	Normal	Desviación positiva
Fisiológico *(Investigación médica)*	Enfermedad	Salud	Vitalidad
Psicológico *(Investigación psicológica)*	Enfermedad	Salud	Flujo

Organizacional y directivo:
(Investigación directiva y organizacional)

Ingresos	No rentable	Rentable	Generoso
Eficacia	Ineficaz	Eficaz	Excelente
Eficiencia	Ineficiente	Eficiente	Extraordinario
Ética	Propenso a errores	Confiable	Sin fallas
Relaciones	Poco ético	Ético	Virtuoso
Adaptación	Conflictivo	Compatible	Considerado
	Rigidez ante amenaza	Valiente	Floreciente

Brechas de déficit   *Brechas de abundancia*

FUENTE: *Cameron. 2003b.*

desempeño normal y saludable en el medio, con un desempeño negativo y enfermizo en el lado izquierdo y un desempeño inusualmente positivo en el derecho. La mayoría de las organizaciones y gerentes luchan por mantener el desempeño a la mitad del continuum: saludable, eficaz, eficiente, confiable, compatible y ético. Es en el medio del continuum donde las cosas parecen más cómodas.

Nos referimos al extremo izquierdo del continuum como una **desviación negativa**. Esto abarca errores, equivocaciones y problemas. La mayoría de los directivos invierten mucho tiempo tratando de que sus empleados y sus unidades se aparten del extremo de la desviación negativa del continuum y se acerquen al punto medio más aceptable. Las personas que exhiben una desviación negativa están bajo una gran cantidad de presión.

Sin embargo, la misma presión se ejerce sobre las personas que están en la parte derecha del continuum. Por ejemplo, piense en personas que conozca y que exhiban una desviación positiva en el trabajo: con un desempeño sin errores, exitosas en todo lo que hacen y constantemente extraordinarias. Son demasiado perfectas, por lo que incomodan a los demás y los hacen sentir culpables. Son personas que rompen los récords, a quienes acusamos de presumir. Hay mucha presión para lograr que su desempeño esté dentro de un rango normal. La mayoría de las veces insistimos en que los demás permanezcan en un rango intermedio. Se considera que ubicarse en el lado derecho o en el izquierdo del continuum es contrario a las reglas. La resistencia ocurre tanto ante el cambio regular —de la desviación negativa al desempeño normal— como ante el cambio positivo que se da del desempeño normal a la desviación positiva.

Por lo general, los líderes y los directivos son responsables de asegurar que sus empresas operen en el rango intermedio de la figura 10.1. Están consumidos por los problemas y los desafíos que amenazan a sus organizaciones desde el lado izquierdo del continuum (por ejemplo, comportamiento poco ético, empleados o clientes insatisfechos, pérdidas económicas, etc.). La mayoría de los líderes y directivos se contentan con lograr que sus organizaciones se ubiquen en un punto intermedio (rentable, eficaz, confiable). De hecho, casi toda la investigación organizacional y administrativa se enfoca en cómo asegurar que las empresas se desempeñen dentro de un rango normal (Cameron 2014).

El extremo derecho del continuum en la figura 10.1 representa a las organizaciones desviadas positivamente, es decir, las que se esfuerzan por ser extraordinariamente positivas. En vez de sólo ser eficaces, eficientes y confiables, podrían luchar por ser benevolentes, prósperas y perfectas.

El lado derecho del continuum se conoce como el **enfoque de abundancia** para el desempeño. El lado izquierdo del continuum se denomina **enfoque del déficit** para el desempeño (Cameron, 2012; Cameron y Lavine, 2006). Se ha puesto mucha más atención a resolver problemas, vencer obstáculos y competidores, eliminar errores, ser rentable y cerrar las brechas deficitarias que a identificar los aspectos de prosperidad y que dan vida a las organizaciones. Se da más importancia a cerrar las brechas deficitarias que a cerrar las brechas de abundancia (Cameron, 2008). Nuestro colega Jim Walsh (1999) encontró que palabras como "ganar", "derrotar" y "competencia" han dominado la prensa de negocios durante las últimas dos décadas, mientras que palabras como "virtud", "interés" y "compasión" pocas veces aparecen en ese contexto. Por tanto, se sabe menos sobre cómo administrar el lado derecho del continuum de la figura 10.1, dado que la mayoría de las investigaciones sobre el liderazgo, la administración y las organizaciones se ha interesado en los puntos izquierdo y central del continuum. Liderar el cambio suele implicar cerrar las brechas deficitarias. Sin embargo, en este capítulo nos concentramos en liderar cambios que cierren las brechas de abundancia.

Un marco de referencia para liderar el cambio positivo

Liderar el cambio positivo es una habilidad directiva que busca desencadenar el potencial humano positivo. El cambio positivo permite que los individuos experimenten aprecio, energía positiva, vitalidad y significado en su trabajo. Se enfoca en crear abundancia y bienestar humano. Fomenta la desviación positiva; reconoce que el cambio positivo involucra tanto al corazón como a la mente.

Ejemplo de un caso Un ejemplo de este tipo de cambio ocurrió en un hospital de Nueva Inglaterra que enfrentó una crisis de liderazgo cuando el querido vicepresidente de Operaciones fue obligado a renunciar (Cameron, 2012; Cameron y Caza, 2002). Para la mayoría de los empleados era el directivo más innovador y eficaz del hospital, y un verdadero modelo de energía y cambio positivos. Después de su renuncia, el caos reinó en la organización. Los conflictos, las traiciones, las críticas y los sentimientos contenciosos permearon el sistema. Finalmente, un grupo de empleados pidió al consejo directivo que remplazara al presidente y CEO con el vicepresidente que habían despedido. El liderazgo sufría de poca confiabilidad y el desempeño del hospital se estaba deteriorando. Al final, los esfuerzos de cabildeo tuvieron éxito y lograron que el presidente renunciara, y que el popular vicepresidente fuera recontratado como presidente y CEO.

A seis meses de su regreso, las difíciles condiciones financieras del hospital llevaron al CEO a anunciar un recorte de personal de 10 por ciento. El hospital enfrentó pérdidas de millones de dólares. El recién contratado CEO se vio obligado a suprimir los puestos de algunas de las personas que habían apoyado su regreso. Esto aumentó las probabilidades de un mayor número de efectos negativos del recorte: pérdida de lealtad y ánimo, percepciones de injusticia y duplicidad, culpas y acusaciones. Según las investigaciones sobre los efectos de los recortes de personal, era casi seguro que el clima tumultuoso, caótico y antagónico continuara (Cameron, Whetten y Kim, 1987; Datta, Guthrie, Basuil y Pandey, 2010).

Pero ocurrió lo opuesto. Luego de su regreso, el nuevo CEO orquestó esfuerzos para liderar un cambio positivo en la organización, y no sólo para manejar el cambio requerido. Se concentró en cerrar las brechas de abundancia, y no sólo las deficitarias. Se enfocó conscientemente en el cambio positivo más que en seguir las fórmulas normales para el cambio. Institucionalizó el perdón, el optimismo, la confianza y la integridad. En toda la empresa las historias de actos compasivos, de amabilidad y valor eran el pan nuestro de cada día.

Un ejemplo de esto fue el caso de un enfermero a quien se le diagnosticó cáncer terminal. Cuando se divulgó la enfermedad de este hombre, los médicos y el personal de todas las áreas del hospital donaron sus días de vacaciones y sus permisos de ausencia para que él continuara cobrando un salario aunque no pudiera trabajar. Por fortuna, los días que se reunieron expiraron justo antes de que muriera, así que nunca perdió su trabajo y recibió un salario hasta el último de sus días.

Los empleados también informaron que se perdonó formalmente el daño individual y organizacional ocasionado por el recorte anunciado (como los amigos que perdieron el empleo y la reducción del presupuesto, por ejemplo). Los empleados olvidaron sus resentimientos y avanzaron hacia un futuro optimista. Un indicador fue el lenguaje utilizado en toda la empresa, caracterizado por palabras como amor, esperanza, compasión, perdón, humildad, especialmente cuando se hacía referencia al líder que anunció las acciones de reducción de personal.

> *Estamos en el competido mercado de la atención médica, así que nos hemos diferenciado gracias a nuestra cultura compasiva y de interés en los demás... No quiero sonar reiterativo, pero de verdad amamos a nuestros pacientes... A las personas realmente les gusta mucho su trabajo, y sus familiares también nos aprecian... Incluso cuando tuvimos que sufrir un recorte,*

> *[nuestro líder] mantuvo los niveles más altos de integridad. Habló con la verdad y lo compartió todo. Por ser genuino y su interés personal se granjeó el apoyo de todos... No fue difícil perdonar. (Respuestas representativas de una entrevista a empleados de un grupo de enfoque, 2002).*

Incluso el rediseño arquitectónico del hospital era un reflejo de su enfoque positivo hacia el cambio, ya que creó una atmósfera más humana para los pacientes y comunicaba el virtuosismo de la organización. Por ejemplo, se introdujeron camas matrimoniales en la sección de maternidad (de las que antes se carecía) para que los nuevos papás pudieran dormir con sus esposas en vez de sentarse en una silla toda la noche; se construyeron habitaciones comunales para reuniones entre los seres queridos; colocaron alfombra en algunos pasillos y pisos; se permitió la entrada de mascotas entrenadas para reconfortar y alegrar a los pacientes; se colgaron en las paredes pinturas originales que mostraban temas optimistas e inspiradores; todas las estaciones de enfermería fueron colocadas dentro del campo de visión de los pacientes; en la sección de maternidad se instalaron jacuzzis, y se preparaban alimentos especiales adaptados a las preferencias dietéticas de las pacientes, etc. Los empleados indicaron que el hecho de liderar el cambio positivo (y no sólo administrarlo) fue crucial para la recuperación y la prosperidad. Actividades, procesos y un lenguaje especial fueron los factores más importantes del porqué de la renovación de la empresa que dieron los empleados. La figura 10.2 ilustra la recuperación financiera asociada con el enfoque del hospital en el virtuosismo.

Cinco habilidades para liderar el cambio positivo En este capítulo se revisan las cinco habilidades directivas fundamentales y las actividades requeridas para liderar de manera eficaz un cambio positivo: (1) establecer un clima de positividad; (2) desarrollar la disposición para el cambio; (3) articular una visión de abundancia; (4) generar compromiso con esa visión, y (5) crear un cambio positivo sustentable (Avey, Wernsing y Luthans, 2008; Cameron y Ulrich, 1986). La figura 10.3 resume estos pasos que se analizan más adelante.

Desde luego, no todos los líderes del cambio positivo son CEO ni ocupan puestos de poder. Por el contrario, el liderazgo más importante que se presenta en las organizaciones, por lo general, se da en departamentos, divisiones y equipos, y lo encarnan individuos que asumen un estado temporal de liderazgo (Meyerson, 2001; Quinn, 2004). En otras palabras, estos principios se aplican tanto al directivo novato como al ejecutivo experimentado.

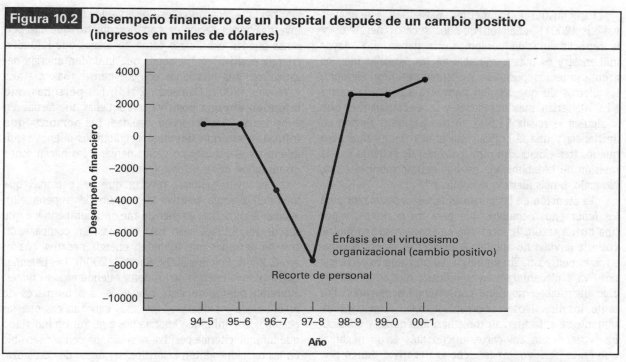

Figura 10.2 **Desempeño financiero de un hospital después de un cambio positivo (ingresos en miles de dólares)**

Énfasis en el virtuosismo organizacional (cambio positivo)

Recorte de personal

(eje vertical: Desempeño financiero — 4000, 2000, 0, −2000, −4000, −6000, −8000, −10000)

(eje horizontal: Año — 94–5, 95–6, 96–7, 97–8, 98–9, 99–0, 00–1)

Fuente: *Cameron, Bright, & Caza, 2003.*

ESTABLECER UNA ATMÓSFERA CON ACTITUDES POSITIVAS

El paso inicial y más importante para liderar un cambio positivo consiste en preparar el camino para establecer un clima que propicie actitudes positivas. Como el cambio constante es común en todas las organizaciones, la mayoría de los directivos se enfocan casi todo el tiempo en sus aspectos negativos o problemáticos. Las dificultades y obstáculos captan más nuestra atención que los acontecimientos placenteros y agradables.

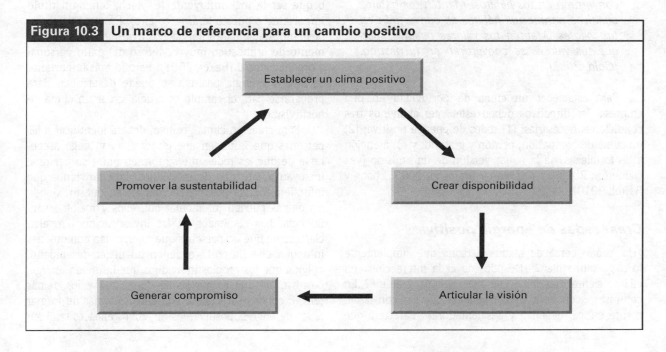

Figura 10.3 **Un marco de referencia para un cambio positivo**

Establecer un clima positivo

Promover la sustentabilidad

Crear disponibilidad

Generar compromiso

Articular la visión

Para ilustrarlo, Baumeister, Batslavsky, Finkenauer y Vohs (2001) señalaron que los sucesos negativos y la retroalimentación desaprobatoria tienen una mayor influencia y es más perdurable en las personas que los acontecimientos positivos y alentadores. Por ejemplo, los efectos de que alguien entrara a su casa y robara $1,000, serían más duraderos y le afectarían más que si alguien le regala $1,000. Si tres personas elogian su apariencia y una la critica, esta crítica tendrá más peso que los tres elogios. En otras palabras, de acuerdo con la revisión de la bibliografía de Baumeister sobre el tema, "lo malo es más fuerte que lo bueno".

La atención de las personas tiende a ser mayor para los fenómenos negativos que para los positivos, y por una buena razón. Ignorar una amenaza negativa podría costarle la vida; no atender a los acontecimientos negativos es peligroso. Sin embargo, ignorar una experiencia positiva y placentera sólo significaría que se perdió de algo disfrutable; no tiene consecuencias mayores. Por tanto, los directivos y las organizaciones —que constantemente se enfrentan a problemas, amenazas y obstáculos— tienden a enfocarse mucho más en lo negativo que en lo positivo; las tendencias negativas tienen preponderancia. Entonces, liderar un cambio positivo implica ir en contra de la corriente. No es necesariamente algo natural. Por otra parte, la afirmación de Mahatma Gandhi ilustra la necesidad de una actitud positiva, por más difícil que sea:

Mantén tus pensamientos positivos, porque tus pensamientos se convertirán en tus palabras. Mantén tus palabras positivas porque tus palabras se convertirán en tus acciones. Mantén tus acciones positivas porque tus acciones se convertirán en tus hábitos. Mantén tus hábitos positivos porque tus hábitos se convertirán en tus valores. Mantén tus valores positivos porque tus valores se convertirán en tu destino. (Gold, 2002).

Para establecer un clima de positividad en una empresa, los directivos deben establecer al menos tres condiciones necesarias: (1) redes de energía positiva; (2) un clima de compasión, perdón y gratitud, y (3) atención a las fortalezas y a la mejor versión de uno mismo (vea Cameron, 2013; Fredrickson y Branigan, 2005; Zhang y Bartol, 2010).

Crear redes de energía positiva

¿Ha estado cerca de alguna persona que simplemente lo haga sentir bien? ¿Después de cada interacción con ella se siente más feliz, con más energía y ánimo? En contraste, ¿conoce a alguna persona que sea constantemente crítica, negativa y desalentadora? ¿Pareciera que

esas personas acaban con su reserva de energía positiva? Investigaciones recientes han descubierto que las personas pueden clasificarse como "personas que infunden energía positiva" o "personas que infunden energía negativa" en sus relaciones con los demás (Baker, Cross y Wooten, 2003; Cameron, 2013). Las **personas que infunden energía positiva** son aquellas que fortalecen a los demás y los llenan de vitalidad. Las **personas que infunden energía negativa** debilitan los buenos sentimientos y el entusiasmo de los demás y los hacen sentir disminuidos, devaluados o agotados.

Las investigaciones revelan que las personas que infunden energía positiva tienen un desempeño alto, ayudan a los demás a tener un mejor desempeño y a que sus organizaciones sean más exitosas, en comparación con las personas que infunden energía negativa (Baker *et al.*, 2003; Powley, 2009; Ramlall, 2008). Las personas que agotan la energía de los demás tienden a ser críticas, expresan puntos de vista negativos, son incapaces de involucrar a los demás y son más egocéntricas que las personas que infunden energía positiva. Ser un individuo que infunde energía positiva se relaciona con ser sensible en las relaciones interpersonales, ser digno de confianza, manifestar apoyo a los demás con sus comentarios, participar de manera activa (y no pasiva) en las interacciones sociales, tener un pensamiento flexible y tolerante, y mostrar una actitud altruista. No necesariamente son carismáticos, demasiado entusiastas o revoltosos, sino optimistas y magnánimos, y los demás se sienten mejor al estar cerca de ellos.

Estudios recientes descubrieron que ser alguien que infunde energía positiva en una organización determina cuatro veces más el éxito que ser el centro de una red de información (ser la persona más informada) o que ser la más influyente (es decir, tener un título importante o puesto jerárquico alto). En otras palabras, la manifestación de energía positiva suele ser un elemento de pronóstico muy poderoso del éxito personal y organizacional (Baker, 2001). Pero lo más importante es que la energía positiva se puede desarrollar. Para prepararse para el cambio es crucial crear un clima de positivismo.

Para crear un clima positivo, deberá identificar a las personas que infunden energía positiva y luego asegurarse de que las redes que se formen entre su personal incluyan a este tipo de individuos. Los individuos que infunden energía positiva se colocan en puestos donde los demás puedan interactuar con ellos y recibir su influencia. Los resultados de las investigaciones revelan claramente que las personas que interactúan con quienes infunden energía positiva tienen un mejor desempeño, al igual que los propios individuos que infunden energía positiva, así que asegúrese de que usted y los demás tengan contacto frecuente con ellos. Además de formar redes de energía positiva, los directivos eficaces también fomentarán la energía positiva en los demás: (1) al ejemplificar o modelar la energía positiva; (2) al reconocer y recompensar a las personas que infundan energía positiva, y (3) al brindar oportunidades para que los individuos establezcan amistades en el trabajo (algo que, por lo general, genera energía positiva).

Garantizar una atmósfera de compasión, perdón y gratitud

Un segundo aspecto de un clima de positividad es la demostración adecuada de compasión, perdón y gratitud en las organizaciones. Quizá estos términos le parezcan un tanto acaramelados y suaves (e incluso ajenos a un análisis serio del desarrollo de habilidades para el mundo de los negocios tan competitivo). Sin embargo, investigaciones recientes revelan que estos factores son importantes para pronosticar el éxito organizacional. Las empresas que obtuvieron las puntuaciones más altas en estos atributos tuvieron un desempeño mucho mejor que las demás (Cameron, 2003b). Es decir, cuando los directivos y líderes fomentaron un comportamiento compasivo entre los empleados, perdonaron sus errores y fallas, y la gratitud resultante de sucesos positivos, sus organizaciones mostraron resultados sobresalientes en rentabilidad, productividad, calidad, innovación y retención de clientes. Los ejecutivos que reforzaron estas virtudes tuvieron más éxito en sus estados financieros (Cameron, Mora, Leutscher y Calarco, 2011; Rego, Ribeiro y Cunha, 2010).

Prestar atención a estos conceptos simplemente implica reconocer que los empleados tienen problemas humanos, es decir, sienten dolor, experimentan dificultades y enfrentan injusticias en el trabajo y en su vida personal. Por ejemplo, piense en personas que conoce, que actualmente enfrentan una enfermedad familiar grave, que experimentan el fracaso de una relación, que tratan con compañeros de trabajo o asociados hostiles y desagradables, o que enfrentan una sobrecarga de trabajo y agotamiento. Muchas organizaciones no permiten que los problemas personales obstaculicen el cumplimiento del trabajo. Los problemas humanos quedan en segundo plano en relación con los problemas laborales. Sin importar lo que esté sucediendo a nivel personal, las responsabilidades y las expectativas del desempeño se mantienen inalterables.

Sin embargo, para liderar un cambio positivo, los directivos deben crear un clima en el que se reconozcan los problemas humanos y donde se puedan producir la curación y la recuperación. Como los cambios siempre conllevan dolor, malestar y perturbación, los líderes del cambio positivo son sensibles a los problemas humanos que podrían sabotear muchos esfuerzos de cambio. Sin una reserva de buena voluntad y sentimientos positivos, todo cambio fracasará. Por lo tanto, desencadenar la tendencia inherente de las personas a sentir compasión, a perdonar los errores y a expresar gratitud ayuda a construir el capital humano y reservar lo que se necesita para liderar con éxito un cambio positivo. (Hazen, 2008) ¿Cómo podría ocurrir eso?

Compasión. Kanov y sus colaboradores (2003) descubrieron que la **compasión** surge en las organizaciones cuando los directivos fomentan tres aspectos: la **percepción colectiva**, el **sentimiento colectivo** y la **respuesta colectiva** (vea también Boyatzis, Smith y Blaize, 2006). Cuando las personas sufren o experimentan una dificultad, lo primero es percatarse de lo que está ocurriendo o simplemente percibirlo. Por ejemplo, existe una regla de hierro en Cisco Systems, donde se debe notificar al CEO, John Chambers, dentro de las 48 horas posteriores a la muerte o enfermedad grave de cualquier empleado de Cisco o de algún miembro de su familia. El personal está pendiente de los compañeros que necesiten ayuda.

El segundo paso consiste en permitir la expresión de emociones colectivas. Celebrar acontecimientos en los que las personas puedan compartir sentimientos (como dolor, apoyo o amor) sirve para crear un clima de compasión. Por ejemplo, el funeral de un ejecutivo que acababa de fallecer y en el que el CEO lloró, fue una señal poderosa para los miembros de la organización de que responder en forma compasiva al sufrimiento humano era importante para la organización (Frost, 2003).

El tercer paso es la respuesta colectiva, que significa que el directivo debe asegurarse de que haya una respuesta adecuada cuando se necesite una sanación o recuperación. Entre las consecuencias de la tragedia del 11 de septiembre de 2001 se observaron muchos ejemplos de compasión (y de no compasión) en organizaciones de todo el país. Aunque algunos líderes ejemplificaron el interés y la compasión en las respuestas que dieron, otros reprimieron el proceso de recuperación (vea Dutton, Frost, Worline, Lilius y Kanov, 2002).

Perdón La mayoría de los directivos asumen que el **perdón** tiene un lugar secundario en un entorno laboral. Ante los estándares de alta calidad, la necesidad de eliminar errores y la obligación de hacer las cosas "bien desde la primera vez", los directivos suponen que no pueden permitir que los errores queden impunes; perdonar los errores sólo alentaría a los empleados a ser descuidados e irreflexivos. Sin embargo, el perdón y los altos estándares son compatibles. Esto se debe a que el perdón no es igual a disculpar, condonar, excusar, olvidar, negar, minimizar o confiar (Enright y Coyle, 1998).

Perdonar no implica absolver al ofensor de una sanción (es decir, disculpar) o afirmar que la ofensa es adecuada, que no es grave o que está olvidada (es decir, condonada, excusada, negada o minimizada). No es necesario borrar el recuerdo de la ofensa para que ocurra el perdón. En vez de ello, el perdón en una organización incluye la capacidad de abandonar el resentimiento, la amargura y la culpa justificadas, y en su lugar adoptar enfoques positivos y de cara al futuro en respuesta al daño (Bright y Exline, 2012; Caldwell y Dixon, 2010; Cameron y Caza, 2002).

Por ejemplo, puesto que en casi todas las interacciones humanas, en especial en las relaciones cercanas, ocurren ofensas y desacuerdos menores, la mayoría de las personas practican el perdón. Sin el perdón, las relaciones serían efímeras y las organizaciones se desintegrarían ante los altercados, conflictos y hostilidades. Por ejemplo, una de las razones del éxito en la formación de la Unión Europea fue el perdón (Glynn, 1994). Hablando en forma colectiva, los franceses, holandeses y británicos perdonaron a los alemanes por las atrocidades de la Segunda Guerra Mundial, así como lo hicieron otras naciones perjudicadas por el conflicto. Asimismo, el perdón recíproco demostrado por Estados Unidos y Japón luego de la Segunda Guerra Mundial ayuda a explicar el floreciente intercambio económico y social que se desarrolló en las décadas posteriores. Por otro lado, la ausencia de paz en ciertas regiones del mundo desgarradas por la guerra podría explicarse, al menos en parte, por la renuencia de las organizaciones y naciones a perdonarse entre sí por invasiones pasadas (Helmick y Petersen, 2001).

La importancia del perdón dentro de las empresas y las sociedades se ilustra a través de la descripción de Desmond Tutu, ganador del Premio Nobel de la Paz, de Sudáfrica después del apartheid:

> A fin de cuentas, uno descubre que sin el perdón no hay futuro. Reconocemos que es imposible reconstruir el pasado a través del castigo... No tiene ningún caso exigir venganza ahora, sabiendo que esto sería la causa de venganzas futuras por parte de los descendientes de los castigados. La venganza sólo produce venganza. La venganza destruye a los que la exigen y a los que se intoxican con ella... por lo tanto, el perdón es una necesidad absoluta para que el ser humano continúe su existencia. (Tutu, 1998, p. xiii; 1999, p. 155).

El perdón se fomenta en las organizaciones cuando los directivos:

1. Reconocen el trauma, el daño y la injusticia que los miembros de su organización han experimentado, pero definen la ocurrencia de sucesos dolorosos como una oportunidad para avanzar hacia una nueva meta.

2. Asocian los resultados de la empresa (sus productos y servicios) con un propósito más elevado que transmite un significado personal a los miembros de la organización. Este propósito más elevado remplaza el enfoque en el yo (por ejemplo, retribución, autocompasión) con un enfoque en un objetivo más alto.

3. Mantienen estándares elevados y comunican el hecho de que el perdón no es sinónimo de tolerar errores o disminuir expectativas. Se valen del perdón para facilitar la excelencia rehusándose a concentrarse en lo negativo y enfocándose en lograr la excelencia.

4. Brindan apoyo al comunicar que el desarrollo y el bienestar de los seres humanos forman una parte tan importante de las prioridades de la organización como el equilibrio financiero. Este tipo de apoyo sirve para que los empleados observen un ejemplo de cómo superar el daño.

5. Prestan atención al lenguaje, para que términos como perdón, compasión, humildad, valor y amor sean aceptables; este lenguaje proporciona una base humanística sobre la cual ocurre la mayor parte del perdón.

Gratitud. Observar actos de compasión y perdón, o ser su beneficiario, crea un sentimiento de gratitud en las personas. La **gratitud** es fundamental en las organizaciones porque genera un comportamiento recíproco, equidad y justicia (por ejemplo, devolver un favor, hacer el bien a cambio de recibir un bien, ser justo). Simmel se refirió a la gratitud como "la memoria moral de la humanidad... si cada acción de gratitud... se eliminara de manera repentina, la sociedad (al menos como la conocemos) se desmembraría" (1950, p. 388).

Se ha encontrado que los sentimientos de gratitud tienen efectos notables sobre el desempeño individual y organizacional. Por ejemplo, Emmons (2003) indujo sentimientos de gratitud en los estudiantes al pedirles que llevaran diarios como parte de una tarea que duraría todo el semestre. A algunos estudiantes se les pidió escribir en sus "diarios de gratitud" todos los días o una vez por semana. Es decir, relataban por escrito incidentes que ocurrían durante el día (o la semana) por los que se sentían agradecidos. A otros estudiantes se les asignó la tarea de relatar por escrito incidentes frustrantes, e incluso a otros se les pidió que describieran acontecimientos o incidentes neutrales. A diferencia de los estudiantes que describieron frustraciones y sucesos neutrales, los estudiantes que tenían diarios de gratitud experimentaron menos malestares físicos, como dolores de cabeza, resfriados, etcétera; se sentían mejor con su vida como un todo; eran más optimistas acerca de la siguiente semana; mostraban estados de mayor alerta, atención, determinación y energía; manifestaron menos conflictos en su vida; tuvieron más comportamientos altruistas hacia otras personas; tuvieron un sueño de mejor calidad y experimentaron el sentimiento de estar más conectados con los demás. Asimismo, faltaron menos a la escuela, fueron más puntuales, y el promedio de sus calificaciones fue más alto. Los sentimientos de gratitud tuvieron un efecto significativo en su desempeño en el salón de clases y en su vida personal.

McCraty y Childre (2004) explicaron el efecto positivo de la gratitud en la vida de las personas. Estudiaron el ritmo cardiaco de individuos al experimentar condiciones laborales estresantes y frustrantes, y lo compararon con los cambios que ocurrían cuando se sometía a los individuos a una situación de gratitud. En la figura 10.4 se observan las diferencias. Durante los primeros 100 segundos, el patrón errático y desordenado del latido cardiaco indica una situación de frustración y estrés, mientras que los siguientes 100 segundos del patrón de latido cardiaco muestran una situación de aprecio y gratitud. Es fácil observar por qué el desempeño y la salud mejoran mediante la gratitud.

Emmons también descubrió que las expresiones de gratitud de una persona tendían a motivar a los demás a expresar gratitud, de manera que cuando se expresa la gratitud se presenta un ciclo virtuoso que se perpetúa a sí mismo. La gratitud provoca comportamientos positivos en los demás (por ejemplo, son más proclives a prestar dinero, a brindar apoyo compasivo o a tener un comportamiento de reciprocidad). Por ejemplo, el hecho de que el mesero escriba a mano "gracias" en la factura del restaurante produce un aumento de 11 por ciento en las propinas, mientras que los trabajadores sociales realizan un 80 por ciento más de visitas si se les agradece su presencia (McCullough, Emmons y Tsang, 2002). La gente responde positivamente a las expresiones de gratitud. De esa manera, la gratitud no sólo ayuda a que las personas se *sientan* bien, sino que también les ayuda a *hacer* el bien.

Usted puede fomentar la gratitud en una empresa simplemente diciendo "gracias" con frecuencia y de forma evidente, incluso por pequeñas acciones y éxitos. ¿Alguna vez agradece a los guardias, a los trabajadores de servicios de alimentos o al personal de mantenimiento de su edificio por ejemplo? Expresar gratitud tendrá un efecto poderoso en el desempeño.

Prestar atención a las fortalezas y a lo mejor de la persona

Identificar las fortalezas de los individuos (o lo que hacen bien) y luego aprovecharlas, es más benéfico que identificar las debilidades (o lo que los individuos hacen mal) y tratar de corregirlas. Por ejemplo, los directivos que pasan más tiempo con sus empleados más fuertes (en vez de hacerlo con los más débiles) logran duplicar la productividad. En las empresas donde los empleados tienen la oportunidad de "hacer cada día lo que saben hacer mejor", la productividad es 1.5 veces mayor que en las organizaciones normales. Los empleados que reciben retroalimentación sobre sus fortalezas tienden más a comprometerse y a ser más productivos que quienes reciben retroalimentación sobre sus debilidades. Los estudiantes que reciben retroalimentación sobre sus talentos faltan menos a clases, tienen menos retardos y una puntuación promedio más alta que los estudiantes que no reciben retroalimentación sobre sus talentos. Los buenos lectores mejoran más en clases de lectura rápida, diseñadas para mejorar las habilidades de lectura, que los malos lectores (Biswas-Diener, Kashdan, T.B. y Manhas, 2011; Clifton y Harter, 2003).

Otro ejemplo de este principio proviene de un estudio de equipos de directivos de nivel superior que participaban en la planeación estratégica de sus organizaciones. Losada y Heaphy (2004) estudiaron a 60 equipos de altos directivos que se reunieron para fijar objetivos, refinar presupuestos e identificar planes para el año siguiente. El estudio se enfocó en investigar por qué algunos equipos y sus organizaciones tuvieron un mejor desempeño que los otros. Los equipos fueron clasificados como grupos de alto, medio o bajo desempeño, con base en las mediciones de desempeño, productividad, satisfacción del cliente y calificaciones de los asociados

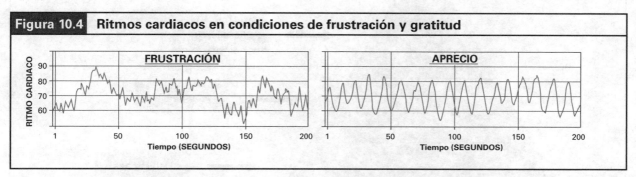

| Figura 10.4 | Ritmos cardiacos en condiciones de frustración y gratitud |

Estos son patrones de ritmo cardiaco resultado de un estado indicado de frustración seguido por una condición inducida de gratitud.
Fuente: *McCraty y Childre (2004) "The Grateful Heart". En Emmons, R. A. y Mc Cullough, M. E. (eds.).* The Psychology of Gratitude *(pp. 230255). Nueva York: Oxford University Press.*

a la competencia de los líderes. Para explicar las diferencias entre los grupos, se registraron y analizaron cuidadosamente los patrones de comunicación de los equipos. El factor más importante para pronosticar el éxito (que fue cuatro veces más influyente para pronosticar el éxito que cualquier otro factor) fue la proporción de comentarios positivos con respecto a los comentarios negativos. Los comentarios positivos son aquellos que expresan aprecio, apoyo, ayuda o elogios. Los comentarios negativos expresan críticas, desaprobación o culpa. Los resultados de la investigación fueron sorprendentes. En los equipos de alto desempeño, la proporción de comentarios positivos y negativos fue de 5 a 1, es decir, se hicieron cinco veces más comentarios positivos que negativos. En los equipos de desempeño promedio, la proporción fue de 1 a 1. En los equipos de bajo desempeño la proporción fue de 0.36 a 1. En otras palabras, en los equipos de bajo desempeño hubo tres comentarios negativos por cada comentario positivo.

Observe que la razón de positividad no es 100:1 o 5:0. Es decir, los comentarios críticos y correctivos siempre son necesarios y no pueden ignorarse. Pero los comentarios negativos son más eficaces si ocurren en un clima de positividad. La cantidad de comunicación positiva entre los miembros del equipo, en comparación con la comunicación negativa, predice el desempeño de sus organizaciones. Esta relación es la misma para los equipos atléticos, sesiones legislativas y funcionamiento familiar (Cameron, 2012). Por tanto, en nuestros equipos y organizaciones, su razón de comunicación positiva con respecto a la negativa tendrá un impacto importante en el desempeño de los demás.

Retroalimentación de lo mejor de la persona Una técnica que los directivos pueden utilizar para promover y construir sobre los aspectos positivos y las fortalezas se denomina proceso de **"retroalimentación de lo mejor de la persona"** (Quinn, Dutton y Spreitzer, 2003). Se trata de una técnica desarrollada y utilizada ampliamente en la escuela de negocios Ross School of Business de la Universidad de Michigan, y que ha sido adoptada por varias universidades y corporaciones. Está diseñada para retroalimentar a las personas acerca de sus fortalezas y capacidades únicas. No es común dar este tipo de información a la gente, pero al recibirla, los individuos pueden aprovechar sus fortalezas únicas de forma positiva. La figura 10.5 ilustra el tipo de retroalimentación que resulta de este ejercicio.

Inicie por la parte inferior de la figura. La mayoría de las personas tienen muchas debilidades (áreas que no están desarrolladas, áreas en las que no están informadas y áreas en las que tienen pocas habilidades). La mayoría de los sistemas de retroalimentación proporcionan información sobre lo que son esas áreas y nuestra situación en comparación con las capacidades de otras personas en esas áreas. Están marcadas como **debilidades** en la figura 10.5. También hay áreas en las que nuestro desempeño es competente. Lo hacemos bien, aunque no de manera sobresaliente, pero lo suficientemente bien. Son áreas de **competencia**. Una tercera categoría está constituida por áreas de habilidades bien desarrolladas. Nuestro desempeño es sobresaliente en algunas áreas; tenemos habilidades o talentos especiales, y nos desempeñamos mejor que la mayoría de las personas. Éstas son áreas de **fortaleza**. Finalmente, todos tenemos áreas que son únicas

---

Figura 10.5 | **Debilidades, competencias, fortalezas y rasgos únicos de una persona**

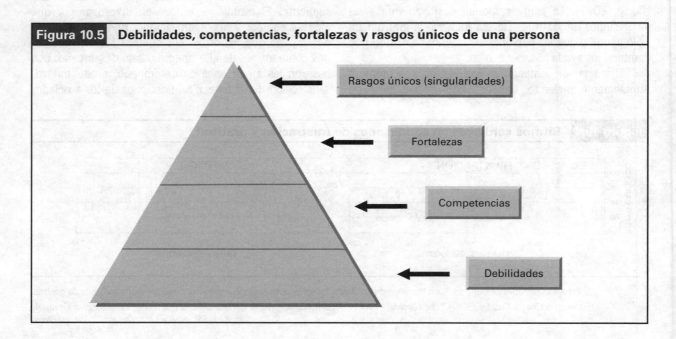

para nosotros. Si no contribuimos con lo que tenemos o no compartimos nuestras capacidades o dones, nadie más tendrá la capacidad de hacerlo. Nuestro talento o habilidad es especial. Nos referimos a esta área como **singularidad**. Las investigaciones indican que aprovechar nuestras fortalezas y singularidades produce más éxito que trabajar arduamente y superar las debilidades, aunque estas últimas sean más numerosas y evidentes (Clifton y Harter, 2003; Rath, 2001).

Si participó en un proceso de retroalimentación de la mejor versión de uno mismo como parte de la sección de evaluación previa de las habilidades en este capítulo, entonces recibió retroalimentación que identifica sus principales fortalezas y talentos únicos, información que es poco común y extremadamente valiosa. Estos temas representan sus fortalezas y singularidades.

El poder de esta retroalimentación es que viene en forma de incidentes e historias, no de números o líneas de tendencia, por lo que está relacionada directamente con sus comportamientos y habilidades. Éstas son las fortalezas y singularidades que pueden aprovechar y expresar con mayor frecuencia. Este tipo de retroalimentación ni siquiera menciona las debilidades o desventajas, así que no lo motiva a superar las áreas de deficiencia. En su lugar lo ayuda a desarrollar estrategias para aprovechar la mejor versión de uno mismo.

Desde luego, ignorar por completo las debilidades y las incompetencias tampoco es sano. Enfocarse exclusivamente en lo positivo y pasar por alto las debilidades importantes no es bueno para ser productivo a la larga. Es sólo que la mayoría de los individuos y organizaciones se concentran en lo negativo y tienden a ignorar, o al menos a menospreciar, lo positivo. La técnica de la retroalimentación de la mejor versión de uno mismo es una forma de contrarrestar esa tendencia.

Resumen   Muy pocas personas viven o trabajan en una clima organizacional positivo en el que les sea posible prosperar y experimentar energía positiva. Por tanto, el papel del líder del cambio positivo consiste en facilitar y promover esas características. En la tabla 10.1 se resumen algunos comportamientos específicos que podrían ponerse en marcha. Construir redes de energía positiva, promover la compasión, el perdón y la gratitud, aprovechar las fortalezas de los demás y utilizar la comunicación positiva son pasos iniciales para liderar de manera eficaz el cambio positivo.

CREAR LA DISPOSICIÓN PARA EL CAMBIO

Además de establecer un clima de positividad, las personas deben sentir la necesidad de cambio y entender su importancia y urgencia. Un clima positivo es un fundamento crucial, pero liderar un cambio positivo implica hacer participar a los individuos en el proceso real de cambio. Por tanto, el segundo paso para liderar un cambio positivo es alentar la disposición entre las personas que están implicadas en él. Para ello, existen muchas técnicas, pero aquí se mencionan cuatro.

Referencias de las mejores prácticas y comparación del desempeño actual con los más altos estándares

Una forma de alentar la disposición para el cambio es comparar los niveles actuales de desempeño con los estándares más altos que pueda encontrar. Identificar quién más se desempeña en niveles espectaculares ayuda a establecer un estándar al que el personal podría aspirar. Identifica un blanco de oportunidad y se le conoce como **estándar de referencia o** *benchmarking*; implica encontrar modelos a seguir, estudiarlos con detalle y luego planear cómo superar ese desempeño. El principio es parecido a disparar delante de un blanco móvil para acertarle. No significa copiar a otros; significa aprender de ellos y superarlos. El desempeño planeado va más allá de las mejores prácticas; de otra forma, el estándar de referencia sería sólo un mimetismo.

❏ **Estándares comparativos**, o comparar el desempeño actual con personas u organizaciones similares (por ejemplo, "Así es como estamos en relación con nuestros mejores competidores").

❏ **Estándares de metas**, o comparar el desempeño actual con las metas establecidas públicamente (por ejemplo, "Así es como estamos con respecto a las metas que fijamos").

❏ **Estándares de mejoramiento**, o comparar el desempeño actual con las mejoras del pasado (por ejemplo, "Así es como estamos en comparación con nuestras tendencias de mejora del año pasado").

❏ **Estándares ideales**, o comparar el desempeño actual con un estándar ideal o perfecto (por ejemplo, "Aquí es donde estamos con respecto a un estándar de cero defectos").

❏ **Expectativas de los integrantes del grupo de interés (internos o externos)**, o comparar el desempeño actual con las expectativas de los clientes, empleados y otros miembros (por ejemplo, "Éste es nuestro desempeño en relación con la satisfacción de las demandas de los clientes").

Por supuesto, la elección del estándar de comparación más adecuado depende de qué estándar es más legítimo para los integrantes de la organización y cuál se considera alcanzable. El propósito de estas comparaciones es destacar las oportunidades disponibles encontrando un nivel más alto de desempeño y demostrando la posibilidad de alcanzarlo.

Tabla 10.1	**Cómo establecer un clima de positividad**

1. Crear redes de energía positiva.

   - Identificar a aquellos que infunden energía positiva en lugares donde los demás puedan interactuar con ellos y recibir su influencia.

   - Modelar energía positiva.

   - Reconocer y recompensar a los individuos que infunden energía positiva.

   - Brindar oportunidades para entablar amistades estrechas en el trabajo.

2. Asegurarse de establecer un clima de compasión, perdón y gratitud.

   - Fomentar la atención colectiva hacia los problemas humanos.

   - Facilitar la expresión de emociones colectivas.

   - Facilitar la respuesta colectiva ante las dificultades, el sufrimiento o el malestar.

   - Reconocer pública y personalmente los traumas y el daño.

   - Identificar resultados con objetivos superiores para que las personas traten de obtenerlos.

   - Mantener estándares elevados y ver hacia el futuro después de los errores.

   - Apoyar a las personas que han resultado dañadas.

   - Poner atención al lenguaje para que las palabras que expresan virtuosismo se vuelvan aceptables.

   - Expresar gratitud con frecuencia y de manera evidente, incluso por actos pequeños.

   - Dar seguimiento a las actividades que van bien (no sólo de lo que va mal).

3. Identificar y retroalimentar a las personas sobre sus fortalezas y competencias únicas.

   - Establecer un proceso de retroalimentación de la mejor versión de uno mismo.

   - Pasar tiempo con los empleados de mejor desempeño.

   - Trabajar para aprovechar las fortalezas en vez de enfocarse en superar las debilidades.

   - Hacer cinco comentarios positivos por cada comentario negativo al interactuar con los demás.

Identificar los estándares de referencia también ayuda a garantizar que se adopte la nueva información, nuevas ideas y nuevas perspectivas, y que los estándares que antes se consideraban imposibles de lograr, ahora sean realistas. Estudiar a otras personas que hacen el mismo trabajo pero de una mejor manera que uno, puede lograrse promoviendo visitas, celebrando eventos de aprendizaje (simposios y coloquios) o conferencias, creando equipos de estudio y programando visitas a otros sitios. El objetivo es despertar a las personas para que sean conscientes de que existen mejores formas de hacer las cosas y que echen a un lado su dependencia de las prácticas pasadas.

Instituir eventos simbólicos

Para liderar con éxito el cambio positivo es necesario señalar el final de la antigua manera de hacer las cosas y el inicio de una nueva. Una manera eficaz de lograrlo es usar un acontecimiento que signifique un cambio positivo o un nuevo futuro.

Por ejemplo, durante la década de 1980, Chrysler vivió días muy oscuros. La empresa estaba en bancarrota y nadie sabía con certeza si lograría sobrevivir. Lee Iacocca fue contratado como el nuevo CEO. Decenas de miles de automóviles estaban detenidos en el "banco de ventas" (el término de Chrysler para designar los automóviles estacionados en los lotes) esperando ser vendidos. En su primer discurso a puerta cerrada con los altos ejecutivos, Iacocca anunció que cancelaría el banco de automóviles. Todos los automóviles del banco de ventas se venderían a "precios muy bajos". "Pero", dijo, "quiero conservar uno. Ya saben lo que algunas personas hacen cuando terminan de pagar su hipoteca: queman el documento en el jardín delantero. ¡Yo quiero quemar este último automóvil en el jardín delantero de las oficinas corporativas, para que todo mundo sepa que se terminó!" (Cameron, 1985). De hecho, se realizó un evento simbólico en el que el último automóvil del banco de ventas fue quemado, lo que marcó el inicio de un nuevo futuro bajo el mando de Iacocca.

Las imágenes simbólicas fueron mucho más poderosas que el simple hecho de plantearlo en un discurso. Lo importante es que las imágenes simbólicas se dirigen a los corazones y a las mentes, y ese recurso es necesario para que ocurra un cambio positivo.

Crear un lenguaje

Otra forma de alentar la disposición para el cambio es ayudar a los miembros de la organización a utilizar un lenguaje diferente al describir las antiguas realidades. Al utilizar un lenguaje nuevo, las perspectivas cambian. Por ejemplo, una meta fundamental para la división de parques temáticos de Disney Corporation consiste en brindar el mejor servicio del mundo; el problema es que la mayoría de los empleados que son contratados para los meses de verano son estudiantes universitarios que trabajan de manera temporal, y no están muy interesados en ser barrenderos de parques o cajeros de puestos concesionados. Para enfrentar este reto Disney se asegura de que todos los empleados nuevos sepan con claridad que fueron contratados mediante una convocatoria para hacer una audición y no por el departamento de personal. Ellos son miembros del reparto, no empleados. Visten disfraces, no uniformes. Atienden a los invitados y miembros del público, no a turistas. Trabajan en atracciones, no en juegos o salones. Tienen papeles asignados dentro del espectáculo y representan personajes (incluso como guardias de seguridad), no sólo realizan un trabajo. En horario laboral están sobre el escenario y deben salir de él para relajarse, comer o socializar.

La intención de este lenguaje alternativo es cambiar la percepción que estos empleados tienen de su trabajo, colocarlos en un estado mental que, de otra manera, no adoptarían. En Disney, los empleados de verano están en el negocio del espectáculo (en el escenario, representando un papel, actuando para una audiencia). El cambio del lenguaje ayuda a reactivar antiguas interpretaciones y a crear otras nuevas.

Bennis y Nanus (1984) observaron que los líderes de mayor éxito en la educación, el gobierno, los negocios, las artes y la milicia son aquellos que han desarrollado un lenguaje especial. Lo más notable es la ausencia en su vocabulario de la palabra *fracaso*. Estos individuos simplemente no se han permitido a sí mismos, ni han permitido a los demás a su alrededor, aceptar la posibilidad del fracaso. Se utilizan términos alternativos como desaceleración temporal, salida en falso, mala interpretación, error, situación embarazosa, tropiezo, obstáculo, decepción o asunto no exitoso. Estos líderes utilizan un lenguaje alternativo con la finalidad de interpretar la realidad para sus organizaciones, fomentar la disposición para hacer nuevos intentos y alentar la tendencia hacia un cambio positivo. Este lenguaje comunica el hecho de que el fracaso no es una opción. El éxito está a la vuelta de la esquina.

Superar la resistencia

Todo cambio siempre crea resistencia entre las personas. Debido a que el cambio siempre es incómodo y produce incertidumbre sobre el futuro, la mayoría de las personas tiende a resistirse de alguna forma. Las tres técnicas para crear una buena disposición, mencionadas con anterioridad, serán útiles, pero además le serán útiles las siguientes ideas. Su finalidad es hacer que las personas que generalmente obstaculizarían el cambio se conviertan en promotores y defensores.

- ❏ Identificar quiénes se resisten al cambio, quiénes permiten el cambio, quiénes ayudarán al cambio y quienes serán los defensores del cambio. Fomente a los defensores y a los primeros seguidores. Reconózcalos y aliéntelos para que estimulen a los demás.
- ❏ Fomente la participación de los demás en la planeación y ejecución del cambio. La participación casi siempre reduce la resistencia y promueve el apoyo de los demás.
- ❏ Identifique los beneficios, las ventajas y las posibilidades futuras asociadas con el cambio. Muestre cuáles son las posibles consecuencias negativas de que el cambio no resulte exitoso. Identifique los ejemplos de los éxitos pasados.
- ❏ Cuide la autoestima de las personas que se resisten al cambio. No los obligue a cumplir. No denigre sus puntos de vista. Encuentre formas de legitimar sus opiniones, temores y lógica, pero ayúdeles a ver más allá de los obstáculos.
- ❏ Encuentre áreas comunes de acuerdo. La regla de oro para una negociación exitosa es hallar algo en lo que ambas partes puedan estar de acuerdo y construir a partir de eso. Para superar la resistencia, aplica la misma regla. Identificar algo que todos tengan en común y aprovechar este punto de acuerdo para avanzar a partir de él.

Resumen

La creación de una disposición es un paso diseñado para movilizar a los individuos de la organización a participar activamente en el proceso de cambio positivo. Implica algo más que sólo alertar a las personas. Hacer que la gente se sienta incómoda es una recomendación frecuente para lograr que se prepare para el cambio, y con frecuencia funciona. Sin embargo, hacer que las personas se sientan incómodas por lo general implica provocar miedo, crisis o condiciones negativas. Desde luego, no hay duda de que el cambio también ocasiona un malestar. Las relaciones interpersonales, el poder y el estatus, y las formas rutinarias de comportamiento se ven interrumpidos por el cambio, de manera que este último dista mucho de interpretarse como una condición positiva. Por otro lado, liderar un cambio positivo se enfoca en las formas de crear una disposición que despierte las motivaciones positivas en vez de resistencia y proporciona alternativas optimistas en lugar de temor. Los estándares de modelos a seguir, los símbolos positivos y el nuevo lenguaje son tres formas prácticas de hacerlo, tal como se resume en la tabla 10.2.

Por supuesto, establecer un clima positivo y alentar la disposición para el cambio es poco productivo si no

Tabla 10.2	Crear la disposición en los demás para trabajar por un cambio positivo

1. Establecer estándares de referencia, y comparar el desempeño actual con los estándares más altos.
   - Presentar a otras personas similares como ejemplos.
   - Utilizar metas establecidas como estándares.
   - Utilizar mejoras del pasado como estándares.
   - Utilizar un ideal como estándar.
   - Utilizar las expectativas de los demás como estándares.
2. Instituir acontecimientos simbólicos para indicar el cambio positivo.
   - Interpretar acontecimientos o actividades como indicadores del inicio de una nueva era.
   - Reforzar el cambio deseado manejando las interpretaciones y las imágenes mentales que las personas tienen de determinados incidentes.
   - Dar la misma importancia al significado del cambio que a su sustancia.
3. Crear un nuevo lenguaje que ilustre lo que es el cambio positivo.
   - Utilizar palabras asociadas con el cambio, que atrapen la imaginación de las personas.
   - Utilizar un lenguaje inspirador y apasionado.
   - Utilizar palabras que comuniquen y refuercen el nuevo rumbo deseado.
4. Superar la resistencia
   - Identificar a los oponentes, a los que ayudan y los que defienden el cambio. Reforzar a los defensores y a los primeros seguidores.
   - Fomentar la participación.
   - Identificar los beneficios, las ventajas y las posibilidades futuras.
   - Preservar la autoestima de los oponentes.
   - Hallar puntos de acuerdo.

existe una idea clara de hacia dónde se dirige el cambio positivo. A esto se debe que la tercera etapa en el marco de referencia se refiera a articular una visión de abundancia clara y motivadora.

ARTICULAR UNA VISIÓN DE ABUNDANCIA

El cambio positivo rara vez ocurre sin que un líder articule una **visión de abundancia** (vea la figura 10.1). Por abundancia nos referimos a la visión de un futuro positivo, una condición de progreso y algo que trascienda nuestra propia vida y tenga un impacto perdurable. Las visiones de abundancia son diferentes de las visiones para lograr metas o de eficacia, como ganar cierta utilidad porcentual, convertirse en el número 1 del mercado o recibir el reconocimiento del personal. Se trata de visiones que se dirigen al corazón y también a la mente.

Por ejemplo, la visión de Richard Bogomolny, el CEO de Finast Supermarkets en Cleveland, Ohio, era mejorar la calidad de vida de los residentes de las áreas pobres de Cleveland, quienes, de otra forma, jamás habrían tenido acceso a una tienda de comestibles de precios razonables. Invirtió en supermercados nuevos y modernos en los barrios urbanos pobres, y abasteció los anaqueles con comida de grupos étnicos poco común en las tiendas suburbanas, proporcionando un ambiente de seguridad y limpieza, mientras ofrecía precios competitivos frente a los de los centros comerciales suburbanos. Las tiendas Finast se han convertido en sitios de reunión para barrios enteros, han dado capacitación a quienes habían estado desempleados por largo tiempo y, además, se convirtieron en una inversión altamente rentable para la compañía (Bollier, 1996). Sin la declaración concisa del líder de una visión de abundancia, las tendencias hacia solucionar problemas, resolver obstáculos y hacer que el dinero impulse el cambio positivo.

La mayoría de las organizaciones cuentan con algún tipo de declaración de misión o han establecido metas, pero una **declaración de visión** —en especial una visión de abundancia— es algo diferente. Las visiones incluyen valores y principios universales que guían el comportamiento, proporcionan un sentido de dirección, ayudan a identificar lo que depara el futuro, dan una idea de las posibilidades y no sólo de las probabilidades, y evocan un significado más profundo que las declaraciones de misión o de metas. Infunden optimismo y esperanza y evocan un significado más profundo que las declaraciones de misión o las metas (Nahrgang, *et al.*, 2013). Las visiones de abundancia poseen varias características importantes centrales para el proceso de cambio positivo.

Incluir aspectos de los hemisferios cerebrales derecho e izquierdo

Los neurocirujanos descubrieron desde hace muchos años que el cerebro consta de dos hemisferios, que en realidad pueden funcionar en forma independiente cuando se separan quirúrgicamente. El hemisferio izquierdo controla el lado derecho del cuerpo, pero también las actividades cognoscitivas racionales como el pensamiento secuencial, la lógica, la deducción, el pensamiento numérico, etcétera. Actividades como la lectura, la resolución de problemas matemáticos y el análisis racional están dominadas por el *pensamiento del hemisferio izquierdo del cerebro.*

Por su lado, el hemisferio derecho controla el lado izquierdo del cuerpo, así como las actividades cognoscitivas no racionales, como la intuición, la creatividad, la fantasía, las emociones, las imágenes pictóricas y la imaginación. Quizá la composición musical, el relato de historias y la creación artística estén muy relacionados con el *pensamiento del hemisferio derecho del cerebro.*

Desde luego, ninguno de los dos hemisferios opera de manera autónoma con respecto al otro, y ambos tipos de actividades mentales son necesarios para realizar tareas complejas. Y ahí está precisamente lo importante. Las declaraciones de visión de los líderes deben incluir metas, objetivos y planes de acción racionales (componentes del hemisferio izquierdo), así como metáforas, lenguaje pintoresco e imaginación (componentes del hemisferio derecho). Por desgracia, la mayoría de los directivos y casi todas las organizaciones enfatizan los elementos del lado izquierdo del cerebro en su declaración de misión o en sus documentos de planeación estratégica (por ejemplo, su prioridad es aumentar la participación de mercado, en convertirse en líderes de la industria o en aumentar los estándares de calidad), pero dan poca importancia al lenguaje excitante, a las imágenes del futuro, o de las emociones de los miembros.

En la sección Análisis de habilidades de este capítulo se presentan diversas declaraciones de visión corporativa que podrá analizar. Observe las diferencias entre ellas en cuanto a cómo enfatizan el pensamiento del hemisferio derecho del cerebro y el del hemisferio izquierdo.

Articular la visión con base en el *hemisferio izquierdo del cerebro* resulta más fácil al responder a las siguientes preguntas:

❑ ¿Cuáles son nuestras fortalezas más importantes como organización? ¿Dónde reside nuestra ventaja estratégica?

❑ ¿Cuáles son los principales problemas y obstáculos que enfrentamos? ¿Qué obstrucciones hay en el camino a una mejora significativa?

❑ ¿Cuáles son los principales recursos que necesitamos? ¿Qué información se requiere?

❑ ¿Quiénes son nuestros principales clientes? ¿Cómo debemos responder a sus expectativas?

❑ ¿Qué resultados cuantificables lograremos? ¿Cuáles criterios debemos monitorear?

La expresión de la visión desde el punto de vista del *hemisferio derecho del cerebro* se facilita al responder a las siguientes preguntas:

❑ ¿Qué es lo mejor que podemos lograr? ¿Qué representa el máximo desempeño?

❑ ¿Qué historias o acontecimientos podemos comunicar para caracterizar lo acontecimientos que representamos?

❑ ¿Qué metáforas o analogías podemos utilizar para identificar cómo será el futuro de nuestra organización?

❑ ¿Qué símbolos son adecuados para ayudar a captar la imaginación de las personas?

❑ ¿Qué lenguaje inspirador y emotivo puede ejemplificar aquello en lo que creemos?

Las declaraciones de visión más motivadoras (por ejemplo, el discurso de Churchill "Nunca te rindas", el de Kennedy, "No preguntes qué puede hacer tu país por ti"; el de Mandela, "Un sueño por el que estoy preparado para morir"; el de Martin Luther King, "Tengo un sueño") contienen elementos de los hemisferios cerebrales izquierdo y derecho. Para los líderes del cambio positivo ambos son igualmente importantes cuando expresan sus declaraciones de visión.

Crear declaraciones de visión interesantes

Murray Davis (1971) publicó un artículo que se ha convertido en un clásico que analiza qué hace que ciertos tipos de información se consideren muy interesantes o poco interesantes. Según Davis poco tiene que ver la veracidad de la información. Lo interesante para las personas depende del grado en que la información sea contraria a sus suposiciones sostenidas débilmente y desafíe el *statu quo.* Cuando la nueva información coincide con lo que las personas ya saben, éstas tenderán a desestimarla por considerarla como resultado del sentido común. Si la información nueva contradice o desafía abiertamente la suposición más arraigada o los valores centrales de los miembros de la organización, se considerará ridícula, absurda o blasfema. La información que se considera interesante es la que ayuda a generar nuevas formas de ver el futuro, que desafía el estado actual de las cosas (pero no los valores centrales). Se crean perspectivas y la nueva información atrae a las personas porque las hace pensar, o porque descubre nuevas formas de hacerlo (vea Bartunek, Rynes e Ireland, 2006).

Las declaraciones de visión inspiradoras son interesantes; desafían, estimulan, confrontan y alteran la forma de pensar en el pasado y el futuro. No contienen mensajes extravagantes ni arrogantes, tan sólo son provocadoras. Por ejemplo, Ralph Peterson, CEO de CH2MHill (una gran empresa dedicada a cuestiones ambientales e ingenieriles), indicó que la "inmortalidad corporativa" era el objetivo máximo de la compañía, es decir, la empresa estaba en el negocio para crear resultados cuya duración transcenderían la vida de la misma empresa. Jeffrey Schwartz, CEO Timberland, la empresa en el ramo de la ropa y el calzado, adoptó una visión basada en hacer el bien para lograr buenos rendimientos (es decir, el virtuosismo organizacional es de la misma importancia que la rentabilidad organizacional). Tom Gloucer, antiguo CEO de Reuters, planteó la visión de que Reuters se convertiría en la compañía de más rápido crecimiento en el mundo. Steven Jobs, antiguo CEO de Apple, promovió la visión de una personal: una computadora por todo el mundo.

Desde luego, estos ejemplos no pretenden ilustrar las mejores declaraciones de visión, ni siquiera son declaraciones de visión que puedan llenar de energía a alguien a nivel personal. Pero en cada caso, fueron capaces de transmitir un mensaje fuerte y motivador a los miembros de sus organizaciones. Ayudaron a plasmar una imagen mental. Y lo lograron principalmente debido a que estas declaraciones de visión son interesantes y transmiten energía positiva a los demás.

Incluir pasión y principios

Las visiones de abundancia se basan en los valores centrales en los que creen los miembros de la organización, y por los se apasionan. Este tipo de declaraciones de visión incrementan el deseo de las personas de afiliarse con el líder y la organización. Una visión enfocada "incrementar la productividad" es menos inspiradora y vigorizante que una visión basada en "cambiar la vida de las personas". "Ser rentables" es menos magnético que "ayudar a la gente a florecer".

Además, los elementos de la visión deben redactarse utilizando superlativos. Observe la diferencia en los sentimientos que le despiertan las siguientes comparaciones: "un desempeño fenomenal" contra "exitoso", "participar apasionadamente" contra "comprometerse", "un crecimiento explosivo" contra "un buen progreso" o "productos sorprendentes" contra "artículos útiles". Las visiones que incluyen frases como las primeras generan más entusiasmo y pasión que las inspiradas en las segundas.

Considere como ejemplo de este tipo de lenguaje la declaración de visión de John Sculley, ex CEO de Apple Computer Company:

Todos formamos parte de la aventura de crear una corporación extraordinaria. Lo que pretendemos hacer en los años venideros no tienen precedentes... "Una persona, una computadora" sigue siendo nuestro sueño... La idea de cambiar el mundo nos apasiona. Queremos convertir las computadoras personales en un estilo de vida en el trabajo, la escuela y el hogar. El personal de Apple es transformador de paradigmas... Queremos ser el catalizador para descubrir nuevas formas en que la gente pueda hacer las cosas... La forma de Apple inicia con una pasión por crear productos sorprendentes con un gran contenido de valor distintivo... Hemos elegido caminos para Apple que nos llevarán a ideas maravillosas con las que aún no hemos soñado. (Sculley, 1987).

La declaración de la visión debe ser directa y simple. Un error común de los líderes son sus declaraciones de visión tan complicadas, extensas y multifacéticas. La mayoría de los grandes líderes afirman tener sólo tres o cuatro objetivos principales en mente. Sus visiones ayudan a las personas a enfocarse.

Vincular la visión a un símbolo

Las declaraciones eficaces de visión son las que están vinculadas a símbolos. Es algo más que un acontecimiento simbólico que promueve la disposición para el cambio. Las personas deben asociar la visión con algo tangible que vean o escuchen. La visión no sólo indica las expectativas y el rumbo a los individuos en sus actividades cotidianas, sino que deben recordarla constantemente a través de un símbolo. Ese símbolo podría ser un logotipo, la frase de un discurso, una bandera, una estructura física o cualquier objeto que recuerde hacia dónde está llevando la visión a la organización.

El cambio que experimentó Ford Motor Company después de que William Clay Ford tomara el mando se simbolizó mediante la reincorporación del óvalo azul de Ford al edificio de las oficinas corporativas. Chrysler retomó su clásico logotipo que sustituyó a la estrella de cinco puntas. Malden Mills reconstruyó la planta que había sido consumida por el fuego en el mismo lugar para simbolizar el compromiso humano y la compasión corporativa. Las estructuras que reemplazaron a las torres del World Trade Center están orientadas específicamente para simbolizar un futuro positivo e inspirador tras la devastadora tragedia. Logotipos como los arcos dorados, la "palomita" (*swoosh*) de Nike o Mickey Mouse se publicitan cuidadosamente, e incluso se protegen, debido a

Tabla 10.3 Cómo articular una visión de abundancia

1. Enfocarse en crear una desviación positiva y no en corregir una desviación negativa.
   - Enfocarse en las posibilidades más que las probabilidades.
   - Enfocarse en alcanzar un rendimiento extraordinario y espectacular, y no en sólo ganar o ser visto como exitoso.
2. Incluir imágenes para el hemisferio izquierdo mediante preguntas como las siguientes:
   - ¿Cuáles son nuestras fortalezas más importantes como organización?
   - ¿Cuáles son los principales problemas y obstáculos que enfrentamos?
   - ¿Cuáles son los principales recursos que necesitamos?
   - ¿Qué se debe hacer para responder a las expectativas de los clientes?
   - ¿Qué resultados cuantificables lograremos?
   - ¿Cuáles son los criterios que debemos monitorear?
3. Incluir imágenes para el hemisferio derecho planteando preguntas como las siguientes:
   - ¿Qué representa el máximo desempeño?
   - ¿Qué símbolos, metáforas o historias pueden ayudar a atrapar la imaginación de las personas?
   - ¿Qué lenguaje animado e inspirador puede ejemplificar nuestras creencias?
4. Lograr que la visión sea interesante desafiando las suposiciones sostenidas débilmente.
   - Asociar la visión con valores clave que tengan un significado personal.
   - Asegurar un mensaje simple y directo.
   - Utilizar un lenguaje apasionante e inspirador.
5. Asociar la visión con un símbolo para que las personas la recuerden constantemente.
   - Crear imágenes visuales como logotipos, banderas o señales.
   - Asegurarse de que el símbolo visual esté estrechamente relacionado con la visión de manera que se convierta en un recordatorio constante.

los mensajes "simbólicos" que comunican acerca de las compañías que representan.

La tabla 10.3 resume algunos comportamientos específicos que se podrían utilizar para articular una visión de la abundancia de alto impacto.

GENERAR UN COMPROMISO CON LA VISIÓN

Una vez que se ha articulado esta visión de abundancia, los líderes deben ayudar a los miembros de la organización a comprometerse, adherirse y adoptar la visión como propia y a trabajar para concretarla. La finalidad de una visión es movilizar la energía y el potencial humano de aquellos encargados de concretarla y que se verán afectados por ella. Existen varias formas de generar compromiso con una visión, y entre ellas están las cuatro que se analizan a continuación. Otras se analizan a detalle en los capítulos dedicados a la motivación, el facultamiento y el trabajo en equipo.

Aplicar los principios de la recreación

Chuck Coonradt (2007) identificó un interesante principio: *"Las personas pagarán por el privilegio de trabajar con más ahínco de lo que trabajarán cuando son remuneradas por hacerlo".* Piense en ello por un momento. Las personas están dispuestas a gastar más dinero por trabajar con más ahínco que cuando son remuneradas por hacerlo. En otras palabras, en ciertas circunstancias, las personas se sienten más comprometidas a realizar un trabajo que les cuesta dinero, que a hacer un trabajo por el que reciben dinero. En ocasiones la gente está dispuesta a pagar por trabajar, mientras que no trabajaría si se le pagara por ello. ¿Cómo es eso posible? ¿En qué casos esto sería posible?

Considere el siguiente ejemplo hipotético. Suponga que vive en Utah, es invierno y, al llegar al trabajo, descubre que el calefactor está descompuesto. Cuando la temperatura desciende a 18°C, se pone un abrigo. A los 15°C se queja de que hace demasiado frío para trabajar. A los 12°C se retira, seguro de que nadie esperaría que trabajara en semejantes condiciones adversas. Entonces se pone su atuendo para esquiar de $300, toma sus esquíes y botas de $750 y se dirige rápidamente hacia las pistas para pagar $75 por un boleto de subida, $25 de gasolina y $30 por un almuerzo de comida chatarra. Pasará todo el día con una temperatura de 12°C esforzándose mucho más al esquiar de lo que lo hubiera trabajado en la empresa, donde estaría percibiendo una remuneración.

Si esto le parece extraño, piense en las altas tasas de ausentismo en las empresas y en las escuelas cuando cae la primera nevada en los campos de esquí, o cuando las olas son altas en las ciudades cercanas a la playa o el primer día de la temporada de caza o pesca. Por lo general, las personas preferirán pagar para trabajar con mayor ahínco que lo que trabajarían si se les pagara por ello.

Bueno, dirá, es diferente porque se trata de divertirse. Y tiene razón. Pero no hay ninguna razón por la que el trabajo propio de un empleo regular no se caracterice por los mismos principios que la recreación. En otras palabras, lo que hace que las personas *deseen* realizar un trabajo recreativo también puede ser lo que los haga estar comprometidos con su empleo. Un **trabajo recreativo** tiene al menos cinco características típicas (Coonradt, 2007).

1. Las metas se definen con claridad.
2. El registro de puntajes es objetivo, autodirigido, auditado por los compañeros y comparado con el desempeño anterior.
3. La retroalimentación es frecuente.
4. Hay elección personal; las reglas son consistentes y no cambian sino hasta que la temporada ha terminado.
5. Hay un ambiente competitivo.

Considere el ejemplo del fútbol americano. Cada año, la Universidad de Michigan atrae a un promedio de casi 106,000 aficionados por juego, cada uno de los cuales sabe con exactitud cuál es la meta: anotar más puntos que el oponente. No hay necesidad de un sistema periódico de evaluación del desempeño, ya que el marcador cambia sólo cuando un equipo cruza la línea de anotación o anota un gol de campo. No hay duda acerca de cómo proceder. La retroalimentación no sólo es frecuente, sino continúa. Si el reloj avanza, detienen el juego. Nadie consideraría jugar si no se llevara un control constante del tiempo y el marcador.

Dentro de las reglas del juego, cada participante y aficionado tiene poder de decisión. Los jugadores pueden ir a toda velocidad o no; los aficionados pueden gritar o no; el equipo puede correr con la pelota o dar un pase. Nadie obliga a las personas a desempeñar un rol que no desean. Existe coordinación y control porque todos conocen las reglas y éstas no cambian. Un fuera de juego es un

fuera de juego, un primero y diez es un primero y diez, y una anotación es una anotación. Cuando un receptor se abre y realiza una atrapada sencilla en la zona de anotación, nadie imaginaría a un comité de la NCAA deliberando acerca de cuántos puntos vale esa anotación. Nadie diría: "Atrapada fácil; muy abierta; vale sólo 4.5 puntos". Nadie aceptaría eso y 112,000 personas se volverían locas. En la recreación, las reglas simplemente no cambian.

Además, el ambiente es de competencia, tanto contra un oponente como contra el desempeño pasado. El estímulo de competir contra algo es divertido. Pero jugar contra un oponente que es mucho menos hábil y ganarle 100 a 0 no es tan divertido.

A pesar de la motivación y el compromiso inherentes asociados a estos principios, muchos líderes son inconsistentes al respecto. No han establecido una visión clara y precisa; no hay un sistema de evaluación objetivo y autoadministrado. El sistema de evaluación es controlado por los directivos de nivel superior, en lugar de ser continuo y auditado por los compañeros, como ocurre en la recreación. Los criterios de evaluación son vagos y se aplican de manera inconsistente. La retroalimentación de la organización sólo se ofrece cuando se tabulan los estados de resultados trimestrales y suele enfocarse en los errores. Con mucha frecuencia, la libertad personal está restringida, como lo demuestran las estructuras burocráticas elaboradas que son comunes en la mayoría de las grandes compañías. Los criterios de éxito a menudo cambian a mitad del juego, en especial si un nuevo directivo se hace cargo. Además, la mayoría de los empleados nunca ven cómo su trabajo contribuye a alcanzar la meta final, o ganarle a un competidor.

Lo importante es que una forma en que los líderes pueden generar un compromiso con la visión consiste en identificar metas claras y congruentes con la visión (Nahrgang, *et al.*, 2013). Identificar los criterios que indicarán el progreso hacia la precisión de la visión, que cada miembro de la organización puede monitorear. Ofrecer mecanismos para una retroalimentación frecuente con los integrantes de la organización. Dar a los empleados la posibilidad de elegir y la mayor libertad posible. Permitir que las reglas y las expectativas del juego sean consistentes y estables. Identificar un estándar competitivo para evaluar el desempeño. Al igual que el compromiso con la recreación, si el compromiso con la visión se basa en principios similares, también se volverá fuerte y duradero. Las personas se sentirán inclinadas a esforzarse por concretar la visión.

Garantizar compromisos públicos

Otra forma bien documentada de aumentar el compromiso con una visión es hacer que las personas declaren sus compromisos en voz alta, en público. Las personas se sienten motivadas a que su comportamiento sea congruente con sus declaraciones públicas (Salancik, 1977). La necesidad interna de congruencia asegura que las declaraciones públicas sean seguidas por acciones coherentes. Luego de hacer pronunciamientos públicos, los individuos se muestran más comprometidos y exhiben un comportamiento más coherente con aquello que declaran (Baker, 2001; Cialdini, 2008).

Durante la Segunda Guerra Mundial, por ejemplo, los buenos cortes de carne eran escasos en Estados Unidos. Lewin (1951) encontró que existía una gran diferencia entre el nivel de compromiso de los compradores que prometían en voz alta comprar cortes de carne más abundantes pero menos deseados (por ejemplo, hígado, riñones, sesos) y el de quienes hacían la misma promesa en privado.

En otro estudio, estudiantes universitarios se dividieron en dos grupos. Todos los estudiantes establecieron metas sobre cuánto leerían y qué calificaciones obtendrían en los exámenes. Sólo se permitió a la mitad de los estudiantes expresar en voz alta sus compromisos al resto de la clase. A la mitad del semestre, los estudiantes que expresaron sus metas públicamente mejoraron en promedio un 86 por ciento. Los estudiantes que no lo hicieron registraron una mejoría promedio del 14 por ciento.

Cuando la Tennessee Valley Authority (TVA) intentó construir una presa a finales de la década de 1940, se enfrentó a la resistencia vehemente de los granjeros locales, ya que los terrenos se inundarían. Para superar esta resistencia y conseguir el compromiso de los granjeros con el proyecto, TVA los convirtió en miembros del consejo supervisor de los trabajos de construcción. Esos granjeros locales comenzaron a realizar declaraciones públicas en nombre del proyecto de la TVA, y con el paso del tiempo terminaron muy comprometidos con él (Selznick, 1949).

Lo importante es que se logrará liderar de manera más eficaz el cambio positivo, si se busca la oportunidad para que los demás hagan declaraciones públicas a favor de la visión o para que la reformulen. Asignar individuos para que representen la visión con los grupos externos o con otros empleados, o formar grupos de discusión para que otros puedan ayudar a refinar o aclarar la visión son ejemplos de cómo se pueden crear más oportunidades para hacer declaraciones públicas con la finalidad de incrementar el compromiso.

Instituir una estrategia de pequeños triunfos

Las personas se comprometen más con el cambio cuando atestiguan el progreso o el éxito logrado. Todos estamos más comprometidos con los ganadores que con los perdedores. Los aficionados asisten a más juegos cuando su equipo tiene una buena temporada que cuando no la ha tenido. Las personas que afirman haber votado por un candidato ganador siempre superan por mucho el número real de votos recibidos. En otras palabras, cuando tenemos éxito, o cuando progresamos, estamos más comprometidos a responder de forma positiva, a seguir ese camino y a ofrecer nuestro apoyo.

Los líderes del cambio positivo brindan esta clase de apoyo identificando los pequeños triunfos (se habló sobre esta estrategia en el capítulo 2 cuando se tocó el tema del manejo del estrés y en el tema de solución de problemas y facultamiento). Esta estrategia de los pequeños triunfos puede aplicarse a una gran variedad de actividades para el desarrollo de habilidades, de manera que repetiremos parte de su análisis. El mensaje principal es que identificar y hacer públicos los pequeños triunfos crea compromiso e ímpetu para el cambio deseado (Weick, 1981). Por ejemplo, hemos observado líderes al comienzo de una nueva iniciativa de cambio, que empiezan con cambios pequeños, como una nueva capa de pintura, eliminar espacios de estacionamiento reservados, agregar una vitrina para exhibir premios, colocar una bandera, organizar actos sociales con regularidad, instituir un sistema de sugerencias, etcétera. Cada uno de estos pequeños cambios está diseñado para crear compromiso con el cambio visualizado.

En otras palabras, una estrategia de pequeños triunfos tiene la finalidad de provocar un ímpetu al crear cambios menores y rápidos. La regla básica para los pequeños triunfos es: *Encontrar algo que sea fácil de cambiar. Cambiarlo. Publicarlo o reconocerlo públicamente. Luego, encontrar un segundo aspecto que sea fácil de cambiar, y repetir el proceso.*

Los pequeños triunfos generan compromiso porque: (1) reducen la importancia de cualquier otro cambio ("No es gran cosa realizar este cambio"); (2) reducen las demandas en cualquier grupo o individuo ("No hay mucho qué hacer"); (3) mejoran la confianza de los participantes ("Al menos puedo hacer eso"); (4) ayudan a evitar la resistencia o las represalias ("Aunque estén en desacuerdo, sólo una pequeña pérdida"); (5) atraen aliados y crean el efecto de querer unirse a los ganadores ("Quiero ser parte de este éxito"); (6) crean una imagen de progreso ("Las cosas parecen estar avanzando"); (7) si no funcionan provocan sólo una pequeña decepción ("No hubo un daño importante y no tuvo efectos duraderos"), y (8) ofrecen iniciativas en múltiples áreas ("La resistencia no puede coordinarse u organizarse en una sola área") (Weick, 1993).

Es decir, podrá aumentar el compromiso de los demás con su visión aplicando los principios del trabajo recreativo, ofreciendo la oportunidad de expresar de manera pública el compromiso y celebrando las pequeñas victorias. Como se resume en la tabla 10.4, puede crear compromiso con lo que usted *diga*, con lo que usted *haga* y con lo que usted *recompense*, pero, sin consistencia y frecuencia, no necesariamente con lo que usted *quiera*.

Tabla 10.4   Cómo generar compromiso con la visión

1. Aplicar los principios de la recreación al trabajo asociado con la visión:
   - Definir con claridad las metas.
   - Asegurarse de que las evaluaciones sean objetivas, autodirigidas, auditadas por los compañeros y que se puedan comparar con el desempeño anterior.
   - Proporcionar retroalimentación frecuente (o continua).
   - Brindar oportunidades para la elección personal de metas.
   - Asegurarse de que las reglas sean consistentes y no cambien.
   - Fomentar un ambiente competitivo.

2. Brindar oportunidades para que las personas se comprometan públicamente con la visión:
   - Celebrar eventos donde la gente pueda expresar verbalmente su compromiso.
   - Pedir a las personas que enseñen a otros la visión o que logren que se comprometan con ella.

3. Instituir una estrategia de pequeños triunfos:
   - Encontrar algo que sea fácil de cambiar.
   - Cambiarlo.
   - Hacer público el cambio.
   - Repetir el proceso muchas veces.

PROMOVER LA SUSTENTABILIDAD

El reto final de los líderes del cambio positivo es lograr que el cambio sea sustentable. Los generales del ejército estadounidense se refieren a este paso como **"creación de un ímpetu irreversible"**, es decir, hay que asegurarse de que el cambio positivo gane tal impulso que no pueda revertirse (U.S. Army, 2003). El objetivo consiste en garantizar que aunque el líder se vaya, el cambio positivo continuará gracias al ímpetu sostenible que generó.

Desde luego, promover la sustentabilidad no sucede con rapidez, y los cuatro pasos anteriores para el cambio positivo (establecer una atmósfera positiva, crear buena disposición, articular una visión y generar un compromiso) primero se deben completar con éxito. Pero, sin sustentabilidad los otros pasos se vuelven irrelevantes porque el cambio no durará. Será un inicio falso temporal. Por lo que, ¿cómo promueve la sustentabilidad para un cambio positivo? Ofrecemos tres sugerencias para lograrlo.

Convertir a los estudiantes en maestros

Las más de las veces suponemos que el líder es el responsable de articular la visión de abundancia, y que todos los demás la escuchan y la aceptan. Los maestros enseñan lo que los alumnos necesitan aprender para el examen. La persona al mando indica la dirección y los demás lo siguen.

Sin embargo, los líderes más eficaces ofrecen a todos la oportunidad para articular la visión o enseñar a los demás el cambio positivo deseado. Este proceso requiere que cada persona desarrolle un "punto de vista fácil de enseñar" (Tichy, 1997). Esto significa que usted puede creer en algo y después ser capaz de explicar qué es y por qué. En otras palabras, las personas llegan a un punto en el que son capaces de manifestar la visión con sus propias palabras. Se les brindan oportunidades de enseñar a los demás lo que entienden por cambio positivo. Se les pide que desarrollen su propia perspectiva del cambio positivo en una forma que se pueda explicar y ejemplificar a otros individuos. Se les transforma de estudiantes u oyentes a maestros o visionarios.

Investigadores de National Training Laboratories en Bethel, Maine, desarrollaron una **"escalera de aprendizaje"** (vea la figura 10.6). En sus estudios encontraron que las personas recuerdan el 5 por ciento de lo que escuchan en una conferencia, el 10 por ciento de lo que leen, el 20 por ciento de lo que ven en un video, el 30 por ciento de lo que ven en una demostración, el 50 por ciento de lo que discuten en un grupo, el 75 por ciento de lo que aplican y el 90 por ciento de lo que enseñan a los demás. Es decir, al enseñar a alguien la visión o el cambio positivo que se busca, las personas lo recuerdan, se comprometen y lo hacen parte de su propia agenda personal.

Figura 10.6 | Escaleras de aprendizaje (del NTL Institute)

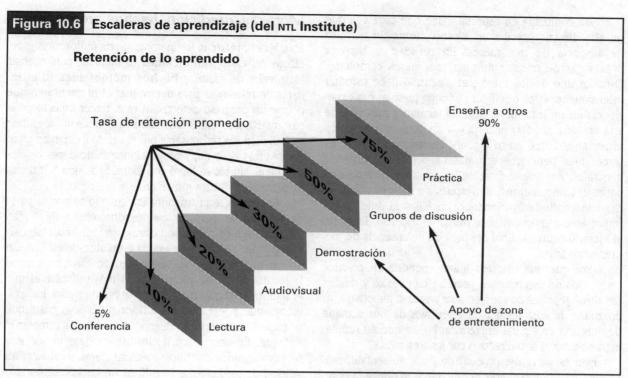

Retención de lo aprendido

FUENTE: *The Learning Stairs; NTL Institute for Applied Behavioral Science, 1091 South Bell Street, #300, Arlington, VA 22202.*

Una manifestación de este principio ocurrió en Xerox, bajo la dirección de Rex Kern, un líder notable que cambió por completo a la empresa a finales de la década de 1980 y principios de la de 1990. Kern se concentró en institucionalizar rápidamente un proceso de cambio positivo para lo cual convirtió a los estudiantes en maestros. Pasó algún tiempo compartiendo su visión del cambio positivo con su equipo principal de liderazgo. Luego pidió a esos líderes que aplicaran lo que habían escuchado, es decir, que implementaran sus agendas personales de acción y que realizaran cambios personales.

Luego les pidió que enseñaran la visión del cambio positivo a alguien más, y esto fue lo más importante. ¿A quién le enseñarían? Al siguiente nivel de líderes en la empresa. También les pidió evaluar o monitorear el cambio positivo, para encontrar identificadores cuantificables, hechos memorables y datos duros que garantizaran que el cambio positivo en verdad se estuviera produciendo. Fue una forma de evitar promesas sin resultados. ¿Qué evaluaron? Las agendas de acción y los experimentos directivos efectuados por los líderes a los que habían enseñado. El proceso continuó permeando a todos los niveles organizacionales.

En otras palabras, cada persona fue expuesta a la visión en cuatro ocasiones: cuando la aprendió de su líder, cuando la aplicó, cuando la enseñó a otros, y cuando la evaluó. En menos de año, Xerox logró resultados sorprendentes. Se reconoce ampliamente que este proceso fue fundamental para cambiar por completo a Xerox como empresa y para colocar a Rex Kern como uno de los grandes líderes corporativos del siglo XXI.

Desarrollar capital humano

El **capital humano** se refiere a los recursos inherentes en los seres humanos que son empleados en una organización. Como el capital financiero, el capital humano puede emplearse, gastarse o desarrollarse. Para que un cambio positivo tenga poder duradero, para que trascienda la vida del líder, el personal de toda la organización debe haber desarrollado la capacidad de liderar la visión, de instituir el cambio positivo y de persistir bajo su propia iniciativa. En otras palabras, el capital humano bien desarrollado siempre es el principal factor predictivo del crecimiento financiero.

Ninguna compañía puede ser rentable a lo largo del tiempo sin un capital humano bien desarrollado (es decir, sin contar con empleados capaces y hábiles). Institucionalizar el cambio positivo es posible cuando las personas en toda la organización desarrollan la capacidad de liderar un cambio positivo por sí mismos. Desde luego, esto sucede de muchas formas, pero un buen ejemplo del principio fundamental lo constituye una gran empresa asiática en la que realizamos una investigación.

Esta compañía en especial exige que cada vez que un alto directivo reciba un ascenso, tome un permiso de ausencia de tres meses. En realidad la persona debe dejar de trabajar durante tres meses completos. Durante uno de los meses, el ejecutivo debe estudiar intensamente ética o religión, y luego plasmar esa experiencia en un informe escrito. El siguiente mes se pide a la persona estudiar historia o a un personaje histórico importante y que luego elabore un informe escrito. El tercer mes tiene que estudiar negocios, en términos generales. Así que al final de los tres meses debe preparar tres documentos. Si después de los tres meses el negocio continúa funcionando sin fallas ni dificultades importantes, entonces se le otorga el ascenso. Es decir, el ascenso ocurre al final del periodo de ausencia de tres meses, no antes.

¿Por qué una empresa grande pondría en práctica un sistema de ascensos tan peculiar, con costos y riesgos tan altos? ¿Por qué no simplemente enviar al directivo a un programa de educación para ejecutivos de una semana de duración en alguna universidad? ¿Por qué no simplemente retirar al alto directivo por los tres meses?

Esto es parte del proceso de crear sustentabilidad. La ausencia de tres meses del directivo le ofrece la oportunidad de autodesarrollo, enriquecimiento personal, y ampliación de horizontes. Se les pide estudiar religión o ética porque todas las decisiones de negocios se basan en cierto conjunto de valores o normas. La empresa desea asegurarse de que estas personas inviertan su tiempo de forma inteligente mediante su propio sistema de valores. Para evitar la trampa de adoptar una orientación a corto plazo, el estudio de la historia les ayuda a ampliar sus puntos de vista y a asegurarse de no repetir los errores del pasado. Estudiar los principios de negocios les ayuda a ampliar su base de conocimientos y competencias.

Sin embargo, lo más importante es que la ausencia de tres meses es en realidad una prueba. El valor fundamental en esta compañía es que si se quiere ser exitoso se debe desarrollar un buen capital humano; por tanto, el permiso de ausencia sirve como prueba para saber si el directivo en realidad ha desarrollado bien a sus empleados. Si el desempeño de la organización es menos eficaz cuando los subalternos están a cargo, entonces el directivo no merece el ascenso. Todos los directivos son responsables de desarrollar a los demás hasta volverlos tan competentes como ellos para liderar el cambio positivo.

No obstante, la clave para garantizar que el cambio positivo continúe consiste en contar con individuos capaces. Ofrecer a los miembros de la organización oportunidades de desarrollo, es decir, oportunidades para incrementar su conjunto de habilidades, es una inversión a largo plazo para el futuro de la empresa y para el éxito continuo del cambio positivo.

Métricas, medición, hechos memorables

Establecer **métricas** (o un conjunto de indicadores específicos del éxito), **mediciones** (o métodos para evaluar los niveles de éxito) y **hechos memorables** (o estándares de referencia para determinar el momento en que ocurre un progreso detectable) es el tercer aspecto de la sustentabilidad. Estos tres factores ayudan a garantizar que alguien sea responsable por el cambio, dejan en claro si hay progreso o no, y proporcionan indicadores visibles de que el cambio se logró con éxito. El adagio "Obtienes lo que mides" ilustra muy bien este principio.

El cambio se institucionaliza cuando se vuelve parte de lo que las personas se responsabilizan de lograr. Cuando las mediciones son claras, los individuos tienden a responder a ellas. Si se evalúa a un alumno en función de sus puntuaciones en el examen en clase, ignorando la lectura adicional que realice, lo más probable es que el alumno dedique más tiempo a estudiar para los exámenes que a leer material adicional. Es sólo hasta que se mide con un criterio distinto que se logra cambiar el enfoque. En consecuencia, institucionalizar un cambio positivo significa identificar métricas claras, establecer un sistema de medición, e identificar un hecho memorable que indique cuándo se deberá lograr el cambio.

Un ejemplo de lo anterior es el enfoque de Jan Carlzon (1987) para institucionalizar su visión en la, en ese entonces, atribulada Scandinavian Airlines:

Los empleados en todos los niveles deben saber con exactitud cuál es el objetivo y la mejor manera de lograrlo. Una vez que el personal de la primera línea... haya asumido la responsabilidad de tomar decisiones específicas, estos empleados deberán contar con un sistema de retroalimentación preciso que determine si las decisiones que han tomado los conducirán al logro de las metas generales de la compañía... La necesidad de medir resultados es determinante para los empleados dedicados al servicio a clientes, pero que no tienen un contacto directo con ellos. Los vendedores de boletos obtienen retroalimentación inmediata sobre el desempeño de su trabajo cientos de veces al día por parte de los clientes a los que atienden. Sin embargo, otros empleados, como los que manejan el equipaje, no tienen esas ventajas. De hecho, cargar y descargar el equipaje es quizá el trabajo más ingrato que tenemos en SAS... Los que manejan el equipaje nunca tienen contacto con los pasajeros y, por lo tanto, nunca reciben ningún tipo de retroalimentación positiva ni negativa de ellos. Frente a esta carencia, necesitan metas claras y otros medios que midan si están cumpliendo con sus objetivos. (pp. 108–109).

Las claves para establecer métricas, mediciones y hechos memorables eficaces para un cambio positivo son:

1. Identificar dos o tres métricas o indicadores que especifiquen el resultado que se debe lograr. (Un error común es medir demasiados factores. El secreto está en centrarse en algunos cuantos aspectos fundamentales). No debe tratarse de métricas asociadas con el esfuerzo o con los métodos, sino que se deben enfocar en los resultados. En específico, deben referirse a los resultados deseados y establecidos en la visión de abundancia. En SAS Airlines una métrica incluiría el tiempo que transcurre entre la llegada del avión a la puerta de desembarque y la primera maleta que se entrega en la banda de equipaje.

2. Determinar un sistema de medición. Se deben recopilar datos a ciertos intervalos de tiempo, en formas específicas. Podría consistir en informes, encuestas o reuniones cara a cara. En SAS se llevan bitácoras diarias del desempeño del personal que maneja el equipaje. Estas mediciones no se enfocan en las horas trabajadas o en cuántas maletas se manejan, sino en los resultados deseados, es decir, la exactitud y la rapidez de entrega.

3. Especificar los hechos memorables, lo que significa que en cierto momento se habrá alcanzado una cantidad de progreso cuantificable. Por ejemplo, a fin de mes, los tiempos del personal de equipaje mejorarán un 1 por ciento. Al final del año mejorará un 15 por ciento. Los hechos memorables simplemente crean un marco temporal para dar seguimiento al progreso real.

En suma, promover la sustentabilidad de una visión de abundancia y del cambio positivo depende de hacerla parte de la vida cotidiana y del comportamiento habitual de los individuos en toda la organización. Ningún cambio positivo puede sobrevivir si tan sólo depende del líder. En la tabla 10.5 se incluyen comportamientos específicos que están relacionados con esas estrategias.

Resumen

La mayoría de los modelos de cambio se concentran en superar desafíos, vencer obstáculos y resolver problemas. En este capítulo se identifica un modelo alternativo del cambio, cuya meta consiste en crear abundancia y cambios extraordinariamente positivos. Este tipo de cambio desencadena algo conocido como el *efecto del heliotropo* (Cameron, 2013).

Para explicar el efecto del heliotropo, le plantearemos la siguiente pregunta: ¿Qué sucede si uno coloca una planta junto a una ventana? La respuesta es que la planta empezará a inclinarse hacia la luz, ya que todo sistema viviente muestra una inclinación natural hacia la energía positiva (hacia la luz) y una tendencia a alejarse de la oscuridad. Esto se debe a que la luz da vida y transmite energía, y todos los sistemas vivientes se inclinan hacia lo que da la vida.

Cuando una persona es capaz de fomentar el cambio positivo en las organizaciones, activa el efecto heliotropo y logra resultados que, de otra manera, serían imposibles. Fomentar el virtuosismo, la energía positiva, las fortalezas, los objetivos de aspiración y un lenguaje inspirador son formas de fomentar el efecto heliotropo. Este efecto ha sido demostrado de muchas formas

Tabla 10.5	Cómo institucionalizar la visión y crear un ímpetu irreversible

1. Convertir a los estudiantes en maestros.
   - Brindar oportunidades para que las personas desarrollen un punto de vista fácil de enseñar.
   - Asegurarse de pedir a los demás que articulen la visión por sí mismos.
2. Construir capital humano.
   - Asegurar oportunidades de capacitación y desarrollo para los demás, con la finalidad de que puedan convertirse en líderes del cambio positivo.
   - Alentar la formación de redes y amistades que brinden apoyo.
3. Identificar métricas, medición y hechos memorables.
   - Determinar cuándo se alcanzará un progreso mensurable.
   - Determinar cuáles serán los criterios específicos para evaluar el éxito.
   - Establecer cómo se determinará el éxito en el logro de la visión.
   - Ser responsable del éxito del cambio positivo.

dentro de las organizaciones y en los individuos (a nivel fisiológico, psicológico, emocional, visual y social) (vea Cooperrider, 1990; Cameron, 2003b, 2012, 2013; Bright, Cameron y Caza, 2006). Dicho efecto también está documentado en un estudio de Cameron y Lavine (2006).

En este capítulo presentamos un marco de referencia sencillo y fácil de recordar para lograr el cambio positivo y provocar el efecto heliotropo. Se explicaron cinco conjuntos de habilidades y actividades: (1) establecer un clima de positividad; (2) alentar la disposición para el cambio; (3) articular una visión de abundancia; (4) generar compromiso con la visión, e (5) institucionalizar el cambio positivo. A continuación se ofrecen guías de comportamiento específicas para implementar este modelo del cambio.

Guías de comportamiento

En la figura 10.7 se resume el conjunto de habilidades necesarias para liderar un cambio positivo. Como el cambio es tan generalizado en las organizaciones, cada líder debe lidiar con él gran parte del tiempo. Sin embargo, un cambio positivo tendrá que luchar contra corriente y contra las tendencias de la mayoría de los líderes. Las preocupaciones negativas y enfocadas en los problemas consumen a la mayoría de los directivos. Liderar un cambio positivo requiere de

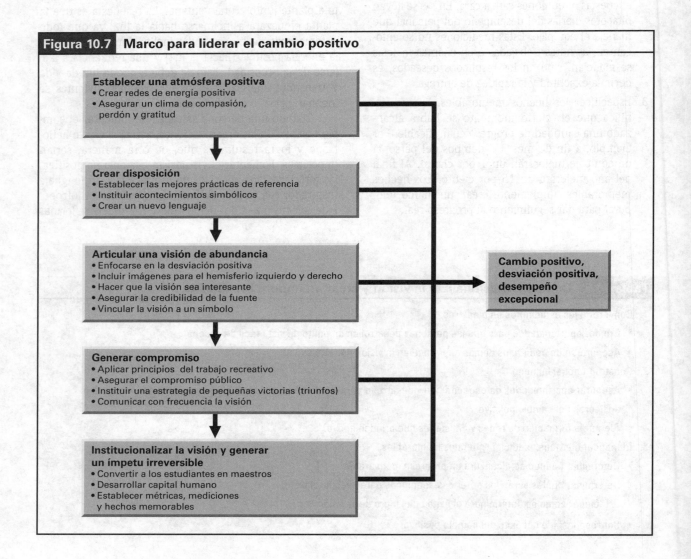

Figura 10.7 | **Marco para liderar el cambio positivo**

Establecer una atmósfera positiva
- Crear redes de energía positiva
- Asegurar un clima de compasión, perdón y gratitud

Crear disposición
- Establecer las mejores prácticas de referencia
- Instituir acontecimientos simbólicos
- Crear un nuevo lenguaje

Articular una visión de abundancia
- Enfocarse en la desviación positiva
- Incluir imágenes para el hemisferio izquierdo y derecho
- Hacer que la visión sea interesante
- Asegurar la credibilidad de la fuente
- Vincular la visión a un símbolo

Generar compromiso
- Aplicar principios del trabajo recreativo
- Asegurar el compromiso público
- Instituir una estrategia de pequeñas victorias (triunfos)
- Comunicar con frecuencia la visión

Institucionalizar la visión y generar un ímpetu irreversible
- Convertir a los estudiantes en maestros
- Desarrollar capital humano
- Establecer métricas, mediciones y hechos memorables

Cambio positivo, desviación positiva, desempeño excepcional

un conjunto de habilidades diferentes. Las siguientes son guías de comportamiento para lograr un cambio positivo:

A. Establezca un clima de positividad mediante la creación de redes de energía positiva, garantizando un clima de compasión, perdón y gratitud, así como identificando las fortalezas y competencias únicas de las personas y retroalimentarlas al respecto.

B. Cree disposición en los demás para buscar un cambio positivo, para ello establezca estándares de referencia y compare el desempeño actual con los estándares más altos, instituya eventos simbólicos que sirvan para señalar un cambio positivo, y cree un nuevo lenguaje que ilustre el cambio positivo.

C. Articule una visión de abundancia, para esto enfóquese en crear una desviación positiva en vez de corregir la desviación negativa; incluya imágenes de los hemisferios izquierdo y derecho del cerebro; haga que la visión sea interesante y retadora, desafiando las suposiciones débilmente sostenidas, y garantice la credibilidad de la visión y del visionario.

D. Genere un compromiso con la visión aplicando los principios característicos del trabajo de recreación asociados con la visión, brinde oportunidades para que las personas se comprometan públicamente con la visión, instituya una estrategia de pequeños triunfos y comunique la visión con frecuencia.

E. Promueva la sustentabilidad de la visión o genere un ímpetu irreversible convirtiendo a los estudiantes en maestros. Para ello, ayude a las personas a desarrollar puntos de vista que sean fáciles de enseñar, y a que articulen ellas mismas la visión; construya capital humano e identifique métricas, mediciones y hechos memorables para el éxito.

ANÁLISIS DE HABILIDADES

CASOS RELACIONADOS CON LA IMPLEMENTACIÓN DE UN CAMBIO POSITIVO

Declaraciones de visión corporativa

A continuación se presentan ejemplos de cuatro declaraciones de visión de líderes de empresas reconocidas, con sede en Estados Unidos: Google, Toyota, Johnson & Johnson y Microsoft. En su momento, cada uno de los dirigentes de estas compañías fue considerado como el líder del cambio de mayor éxito en el mundo. Analice sus declaraciones a partir de los principios analizados en la sección Aprendizaje de habilidades de este capítulo.

❑ ¿Qué tan eficaces son cada una de estas declaraciones de visión?

❑ Con base en las declaraciones de sus líderes, ¿qué tan exitosas cree que serían estas empresas?

❑ ¿Cuáles son sus sugerencias de mejora?

10 conclusiones a las que Google ha llegado

1. Enfocarse en el usuario, y todo lo demás vendrá solo.

Desde el principio nos concentramos en ofrecer al usuario la mejor experiencia posible. Ya sea que estemos diseñando un nuevo buscador para Internet o un nuevo detalle que mejore la apariencia de la página principal, somos muy cuidadosos en asegurarnos de que le sirvan a **usted** y no a una meta o a un resultado interno. La interfaz de nuestra página principal es clara y sencilla, y las páginas se cargan al instante. Nunca hemos vendido sitios publicitarios en los resultados de las búsquedas, y la publicidad no sólo está marcada claramente como tal, sino que ofrece contenido relevante y no es distractora. Y cuando creamos nuevas herramientas y aplicaciones, creemos que deben trabajar tan bien que usted no piense que se hubiera diseñado de una forma diferente.

2. Es mejor hacer una sola cosa verdaderamente bien.

Investigamos. Con uno de los grupos de investigación más grandes del mundo enfocado de manera exclusiva en resolver problemas de búsqueda, sabemos cómo hacer bien las cosas y cómo podríamos mejorarlas. A través de la iteración continua de problemas difíciles, hemos sido capaces de resolver asuntos difíciles y mejorar continuamente el servicio que ya ha hecho de la búsqueda de información una experiencia rápida y perfecta para millones de personas. Nuestra dedicación a mejorar las búsquedas nos ayuda a aplicar a nuevos productos lo que hemos aprendido, como Gmail y Google Maps. Esperamos aplicar el poder de la búsqueda en áreas hasta ahora inexploradas, y ayudar a las personas a tener acceso y usar aún más la creciente información en su vida.

3. Rápido es mejor que lento.

Sabemos que su tiempo es valioso, por eso cuando busca una respuesta en la web la quiere de inmediato, y nuestra meta es complacerlo. Quizá seamos la única empresa en el mundo que puede decir que su meta es que la gente salga de su página lo más rápido posible. Al eliminar el exceso de bits y bytes de nuestras páginas y al incrementar la eficacia de nuestro entorno de servicio, hemos superado en numerosas ocasiones nuestras propias marcas de velocidad, por lo que el tiempo promedio de respuesta en una búsqueda es de una fracción de segundo. En cada producto que ofrecemos, pensamos en la rapidez, ya sea una aplicación móvil o Google Chrome, un buscador diseñado para ser lo bastante veloz para la web moderna. Y seguimos trabajando para lograr que lo sea todavía más.

4. La democracia en la web funciona.

El buscador Google funciona porque se basa en los millones de individuos que publican enlaces en los sitios de Internet para ayudar a determinar qué otros sitios ofrecen un contenido de valor. Evaluamos la importancia de cada página web utilizando más de 200 señales y diversas técnicas, como nuestro algoritmo patentado PageRank™, el cual analiza cuáles son los sitios que han recibido más "votos" de otras páginas como las mejores fuentes de información. A medida que la web crece, este método mejora, ya que cada nueva página se convierte en otra fuente de información y en otro voto por contar. Del mismo modo, estamos trabajando para desarrollar software de fuentes abiertas, donde la innovación es fruto del esfuerzo colectivo de muchos programadores.

5. Usted no necesita estar ante su escritorio para requerir una respuesta.

El mundo es cada vez más móvil: la gente quiere tener acceso a la información dondequiera que esté, siempre que la necesite. Estamos explorando nuevas tecnologías y ofrecemos novedosas soluciones para servicios móviles que ayudan a las personas de todo el mundo a realizar varias actividades con su teléfono, desde revisar su correo electrónico y su agenda, hasta ver videos, sin dejar de mencionar las muy diversas formas de tener acceso al buscador Google en un teléfono. Además, esperamos añadir más innovaciones a los usuarios móviles de todo el mundo con Android, una plataforma móvil gratuita y de fuente abierta. Android brinda la apertura que permitió a Internet entrar al mundo móvil. No sólo beneficia a los consumidores, quienes tienen más opciones y experiencias móviles nuevas e innovadoras, sino que también ofrece oportunidades de negocios a los portadores, fabricantes y creadores.

6. Usted puede ganar dinero sin hacer ningún daño.

Google es un negocio. Las utilidades que generamos provienen de la tecnología de búsqueda que ofrecemos a las empresas y de la venta de la publicidad que exhibimos en nuestro sitio y en otros sitios de Internet. Cientos de miles de anunciantes de todo el mundo utilizan AdWords para promocionar sus productos; cientos de miles de publicistas aprovechan nuestro programa

AdSense para colocar anuncios relevantes de acuerdo con el contenido de sus sitios. Para asegurarnos de estar sirviendo a todos nuestros usuarios (ya sean anunciantes o no), contamos con un conjunto de principios orientadores para nuestros programas y prácticas de publicidad:

❏ No permitimos que los anuncios se muestren en nuestras páginas de resultados a menos que sean relevantes para el lugar donde se presentan. Además, creemos firmemente en que los anuncios pueden brindar información útil si, y sólo si, son relevantes para lo que usted está buscando; por eso es posible que ciertas búsquedas no incluyan ningún anuncio.

❏ Creemos que la publicidad puede ser efectiva sin que necesariamente sea llamativa. No aceptamos anuncios emergentes (pop-ups), ya que interfieren con su necesidad de observar el contenido que solicitó. Hemos descubierto que los anuncios de texto que son relevantes para quien los lee generan tasas mucho más elevadas de clics que los anuncios que aparecen de forma aleatoria. Cualquier anunciante, ya sea pequeño o grande, puede aprovechar este medio dirigido con suma precisión.

❏ La publicidad que aparece en Google siempre se identifica claramente como "vínculos patro-cinados", de manera que no compromete la integridad de nuestros resultados de búsqueda. Nunca manipulamos el orden para colocar a nuestros socios en los primeros lugares de los resultados de búsqueda, y nadie puede comprar un mejor indicador de relevancia de la página. Nuestros usuarios confían en nuestra objetividad y ninguna ganancia de corto plazo podría justi-ficar una traición a esa confianza.

7. Siempre hay más información allá afuera.

Una vez que fuimos capaces de listar más páginas HTML en Internet que cualquier otro servicio de búsqueda, nuestros ingenieros enfocaron su atención en la información que aún no era accesible. En ocasiones sólo era cuestión de integrar nuevas bases de datos en las búsquedas, como añadir la búsqueda de un número telefónico y una dirección, y un directorio de negocios. Otros problemas requirieron un poco más de creatividad, como la capacidad de buscar nuevos archivos, patentes, revistas científicas, miles de millones de imágenes y millones de libros. Y nuestros buscadores continúan indagando formas de llevar toda la información del mundo a las personas que buscan respuestas.

8. La necesidad de información no tiene fronteras.

Nuestra empresa fue fundada en California, pero nuestra misión consiste en facilitar el acceso a la información de todo el mundo, y en cualquier idioma. Para ello, contamos con oficinas en docenas de países, mantenemos más de 150 registros de dominio, y proporcionamos más de la mitad de nuestros resultados a individuos que viven fuera de Estados Unidos. Ofrecemos la interfaz de búsqueda de Google en más de 110 idiomas, ofrecemos a los usuarios la posibilidad de restringir el contenido de los resultados escritos en su propio idioma, y deseamos ofrecer el resto de nuestras aplicaciones y productos en todos los idiomas posibles. Con nuestras herramientas de traducción, la gente puede descubrir contenidos escritos al otro lado del mundo en idiomas que no entiende. Con estas herramientas y la ayuda de traductores voluntarios, hemos podido mejorar mucho tanto la variedad como la calidad de los servicios que podemos ofrecer incluso en los rincones más remotos del mundo.

9. Usted puede ser serio sin vestir un traje formal.

Nuestros fundadores crearon Google en torno a la idea de que el trabajo debe ser desafiante, y que el desafío debe ser divertido. Creemos que las ideas grandiosas y creativas se vuelven posibles con la cultura organizacional correcta, y eso no sólo implica tener lámparas de piedra y esferas de hule en nuestras oficinas. Enfatizamos los resultados de equipo y el orgullo por los logros individuales que contribuyen a nuestro éxito general. Invertimos mucho en nuestros empleados, individuos energéticos y apasionados de diversos orígenes con estilos creativos de trabajo, juego y vida. Tal vez nuestra atmósfera sea casual, pero conforme surgen nuevas ideas en la fila del café, en una reunión de equipo o en el gimnasio, esas ideas se reflexionan, se prueban y se ponen en práctica a toda velocidad, y quizá se conviertan en la plataforma de lanzamiento de un nuevo proyecto destinado a difundirse mundialmente.

10. Grandioso no es suficientemente bueno.

Consideramos que ser grandioso en alguna actividad es el punto de partida y no la finalidad. Establecemos metas que sabemos que aún no podemos alcanzar, porque sabemos que al esforzarnos por alcanzarlas lograremos llegar más lejos de lo que pensábamos. A través de la innovación y la repetición, deseamos adoptar aquello que funciona bien y mejorar en formas inesperadas a partir de ahí. Por ejemplo, cuando uno de nuestros ingenieros se dio cuenta de que la búsqueda funcionaba bien al anotar las palabras con la ortografía correcta, se preguntó qué pasaría con los errores tipográficos; eso lo condujo a crear un verificador de textos intuitivo y más útil.

Aunque usted no sepa con exactitud qué está buscando, encontrar una respuesta en la web es nuestro problema, no el suyo. Tratamos de anticiparnos a las necesidades que nuestra audiencia global aún no ha expresado, y satisfacerlas con productos y servicios que establezcan nuevos estándares. Cuando lanzamos Gmail, tenía más espacio de almacenamiento que cualquier otro servicio de correo disponible. En retrospectiva, ofrecer eso parece una necesidad evidente, pero porque ahora contamos con nuevos estándares para el almacenamiento del correo electrónico. Éste es el tipo de cambios que deseamos hacer, y siempre estamos buscando nuevos lugares para establecer una diferencia. A fin de cuentas, nuestra constante insatisfacción con el estado actual de las cosas se convierte en el motor que está detrás de todo lo que hacemos.

Actualización: Escribimos estas 10 ideas hace varios años. De vez en cuando revisamos la lista para ver si aún es válida. Esperamos que lo sea o usted puede indicarnos lo contrario (septiembre 2009).

FUENTE: *Utilizado con autorización de google.com/corporate/tenthings.html*

Misión y principios guía de Toyota

Establecidos en 1990, revisados en 1997. (Traducción del original en japonés).

1. Honrar el lenguaje y el espíritu de la ley de cada nación y realizar actividades corporativas abiertas y justas para ser un buen ciudadano corporativo del mundo.

2. Respetar la cultura y las costumbres de cada país, y contribuir al desarrollo económico y social mediante actividades corporativas en las comunidades.

3. Dedicarnos a ofrecer productos limpios y seguros, y a mejorar la calidad de vida en cualquier lugar mediante todas nuestras actividades.

4. Crear y desarrollar tecnologías avanzadas y ofrecer productos y servicios sobresalientes que cubran las necesidades de los clientes en todo el mundo.

5. Fomentar una cultura corporativa que incremente la creatividad individual y el valor del trabajo en equipo, y al mismo tiempo honrar la confianza y las consideraciones mutuas, así como el respeto entre la fuerza laboral y la administración.

6. Buscar el crecimiento en armonía con la comunidad global mediante una administración innovadora.

7. Trabajar con socios de negocios en la investigación y creación para lograr un crecimiento y beneficios mutuos estables y de largo plazo, mientras seguimos abiertos a nuevas sociedades.

Cinco principios básicos de Toyota

❏ Ser siempre fiel a sus obligaciones, contribuyendo así a la empresa y al bienestar general.

❏ Ser siempre estudioso y creativo, luchando por estar a la vanguardia de la época.

❏ Ser siempre práctico y evitar las frivolidades.

❏ Luchar siempre por crear un clima hogareño en el trabajo, que sea cálido y amistoso.

❏ Ser siempre respetuosos de Dios, y recordar ser agradecidos todo el tiempo.

FUENTE: *Basado en la traducción inglesa de la declaración de misión de la década de 1990, www.toyota.com*

Johnson & Johnson
Nuestro credo
James Burke, CEO

Creemos que nuestra primera responsabilidad es con los médicos, enfermeras y pacientes, con las madres y padres y todos los demás que utilizan nuestros productos y servicios. Para responder a sus necesidades, todo los que hagamos debe ser de primera calidad. Debemos luchar constantemente por reducir nuestros costos a fin de mantener precios razonables. Los pedidos de los clientes deben ser atendidos rápidamente y con precisión. Nuestros proveedores y distribuidores deben tener la oportunidad de conseguir una ganancia justa.

Somos responsables ante nuestros empleados, los hombres y mujeres que trabajan con nosotros en todo el mundo. Cada uno de ellos debe ser considerado como persona. Hemos de respetar su dignidad y reconocer su mérito. Deben tener un sentido de seguridad en su trabajo. La retribución tiene que ser justa y adecuada, y las condiciones de trabajo limpias, ordenadas y seguras. Debemos tener en mente la manera de ayudar a nuestros empleados a cumplir con sus responsabilidades familiares. Los empleados deben sentirse libres para presentar sugerencias y quejas. Debe existir igual oportunidad de empleo, desarrollo y ascensos para aquellos que estén calificados. Nuestros directores deben ser competentes, y sus acciones han de ser justas y éticas.

Somos responsables ante las comunidades en las que vivimos y trabajamos e igualmente ante la sociedad mundial. Debemos ser buenos ciudadanos-apoyar las obras de beneficio comunitario y cargar con nuestra justa porción de impuestos. Debemos fomentar el avance cívico y una mejor sanidad y educación. Debemos mantener en buen estado los bienes que tenemos el privilegio de usar, protegiendo el ambiente y los recursos naturales.

Nuestra responsabilidad final es con nuestros accionistas. Nuestras actividades deben proporcionar una ganancia razonable. Debemos experimentar con nuevas ideas, continuar la investigación, desarrollar programas innovadores y pagar por nuestros errores. Se debe comprar nuevo equipo, proporcionar nuevas instalaciones y lanzar nuevos productos. Han de crearse reservas para proveer en tiempos adversos cuando operemos de acuerdo a estos principios, los accionistas obtendrán una ganancia justa.

Johnson & Johnson

Fuente: Cortesía de Johnson & Johnson.

Bill Gates
Extractos de 2004

Microsoft se basó en la innovación y nuestro futuro depende de ello. Nos encontramos en una posición extraordinaria para entregar aún más valor a los clientes mediante una amplia gama tecnologías, diseñadas para que puedan complementarse entre sí y con muchos productos y servicios de terceros. A esto nos referimos cuando hablamos de *innovación integrada*, que es fundamental para nuestra estrategia de negocios.

Para impulsar la innovación, Microsoft tiene un compromiso de largo plazo con la investigación y el desarrollo. Lo que hemos invertido hasta ahora ha producido casi todos los productos exitosos que ofrecemos en la actualidad, y ha creado un cúmulo cada vez más valioso de propiedad intelectual. En el año fiscal de 2004 solicitamos más de 2,000 patentes de algunas de nuestras innovaciones recientes. El siguiente año, planeamos obtener otras 3,000 patentes, lo que nos convierte en uno de los mayores propietarios de patentes del mundo. Nuestras innovaciones están disponibles para su uso general en los productos de otros mediante nuestros programas de licencias de patentes.

Un punto clave de nuestra innovación es la seguridad. Más allá de los avances en Windows XP SP2, estamos desarrollando tecnologías avanzadas que servirán para aislar las computadoras de los ataques de Internet y hacerlas más resistentes cuando esto suceda. Estamos ayudando a los clientes a mantener sus sistemas actualizados con nuestros programas más recientes y más seguros.

Además, estamos colaborando con otros líderes de la industria para desarrollar más respuestas comunitarias eficaces ante las amenazas a la seguridad, y trabajamos estrechamente con los gobiernos de todo el mundo para que los criminales cibernéticos sean castigados. Con la ayuda de este método amplio y multifacético, nuestra meta consiste en proporcionar mejoras importantes a la seguridad, y ayudar a preservar los beneficios de la tecnología para todos.

Nuestra innovación también se enfoca en oportunidades de mercado emocionantes en todos nuestros negocios, las cuales creemos que tienen un gran potencial de crecimiento durante los próximos años.

Conforme innovamos en tecnología, también nos enfocamos en una ejecución precisa. En particular, estamos trabajando para entregar una experiencia sin igual al cliente y a los socios. En toda la empresa hemos creado nuevas formas de escuchar, de retroalimentar y de sistemas de respuesta que nos acerquen más a los clientes y que respondan con rapidez y de manera adecuada. Gracias a las tecnologías automatizadas de reporte de errores hemos identificado la gran mayoría de los colapsos de las computadoras y los congelamientos notificados por los clientes, y nuestro sistema de respuesta de campo fortalecido ha resuelto favorablemente la mayoría de los problemas no técnicos que informan los clientes.

Microsoft es un fuerte competidor y siempre lo será. Al mismo tiempo, estamos comprometidos en mantener relaciones positivas dentro de nuestra industria, incluso con los competidores, y en fomentar relaciones firmes con los gobiernos. También estamos comprometidos en contribuir a que la tecnología sea más segura y más fácil de usar. Trabajamos para ayudar a proteger la seguridad en línea de los niños, por ejemplo, mediante nuestra sociedad con el Centro Internacional de Niños Perdidos y Explotados. Estamos profundamente comprometidos con los esfuerzos que hace la industria por proteger la privacidad en línea de las personas, luchar contra el problema del robo de identidad y reducir la epidemia del correo basura.

FUENTE: *Reporte anual 2004. Reproducido con autorización de Microsoft Corporation.*

Preguntas para análisis

Primero responda las siguientes preguntas de manera individual, y luego forme un equipo con sus compañeros y compartan sus respuestas. Lleguen a un consenso con respecto al orden de importancia.

Paso 1: Ordene a las siguientes cuatro empresas con base en las declaraciones de sus famosos líderes en relación con sus empresas (número 1 = la mejor y 4 = la peor).

1. ¿Cuál de las declaraciones de visión cree que representa el liderazgo positivo más eficaz?

     _____   _____   _____   _____

2. Con base en esas declaraciones, ¿cuál es su pronóstico del éxito futuro que tendrá cada compañía en los siguientes 10 años, de la más a la menos exitosa? Ignore el estado de salud de la industria (por ejemplo, computadoras, automóviles, software, productos farmacéuticos), y pronostique qué futuro tendrá cada compañía dentro de su propia industria a partir de esas declaraciones.

     _____   _____   _____   _____

3. ¿Cuál declaración tiene la visión más clara y más inspiradora para el futuro?

     _____   _____   _____   _____

4. ¿Cuál declaración cree que se ha institucionalizado más ampliamente y cuál menos?

     _____   _____   _____   _____

Paso 2: Con base en lo que se sabe acerca de liderar el cambio positivo, ¿qué consejo daría a cada uno de estos líderes si tuviera que hacer sugerencias sobre la forma más eficaz de establecer un clima de positividad, crear disposición para el cambio, articular una visión de abundancia, generar compromiso y promover la sustentabilidad?

Jim Mallozzi: Implementar el cambio positivo en la división de bienes raíces y reubicaciones de Prudential

En una extensa entrevista a Jim Mallozzi, CEO de Prudential Real Estate and Relocation Company, Jim describe las muchas formas en que ha implementado los principios relacionados con el modelo de cambios positivos descrito en este capítulo. Entre las prácticas positivas que Jim implementó están utilizar las redes de energía positiva para crear un "equipo de cambio", desarrollar una red de reciprocidad entre el personal de la empresa, articular metas Everest, promover el liderazgo positivo entre el equipo de altos directivos, celebrar las fortalezas, éxitos y logros, implementar la retroalimentación de la mejor versión de uno mismo, y demostrar interés y compasión a clientes actuales y clientes potenciales. A consecuencia de estas iniciativas, Jim logró mejoras radicales en el desempeño financiero, mejoró las puntuaciones de satisfacción de los clientes y mejoró de manera importante el compromiso de los empleados. Esta entrevista ofrece ejemplos de cómo puede un líder tener un impacto importante en el desempeño de su organización aplicando de manera creativa el cambio organizacional positivo.

Ha sido nombrado CEO de la división de bienes raíces y reubicación de Prudential. ¿Cuáles fueron los desafíos y obstáculos que encontró?

En el verano de 2009, cuando los mercados financieros estaban recuperándose de una de las peores recesiones desde la gran depresión, me pidieron tomar el control del negocio de Bienes Raíces y Reubicación (PRERS) de Prudential. La parte de los bienes raíces se encarga de vender franquicias de bienes raíces residenciales y comerciales a través de Norteamérica. La división de reubicación ayuda a las familias a mudarse por todo el mundo. Atiende a empleados del gobierno estadounidense y de grandes corporaciones. Cuando asumí el cargo en otoño de 2009, estábamos enfrentando una pérdida de 70 millones de dólares al año. La empresa había perdido 140 millones de dólares el año anterior. Me percaté de que la organización simplemente no tenía confianza en sí misma. El estado de ánimo en nuestra empresa y entre nuestros clientes era bajo, por lo que llamé a mi amigo Kim Cameron y le pedí que me ayudara con el esfuerzo de cambio. Comencé haciendo que Kim trabajara con nuestro equipo de altos directivos, al que llamamos la "Banda de los 30". Algunos de ellos estaban muy renuentes; otros tenían curiosidad. Por fortuna, todos fueron muy pacientes.

¿Qué hizo específicamente con su equipo de altos directivos? ¿Cómo comenzó el proceso de recuperación de la empresa?

Comenzamos con varios ejercicios que tenían la finalidad de mostrarles a las personas que cosas fabulosas pueden suceder cuando se les pide que sean positivos y que ayuden a lograr lo que se está tratando de alcanzar. Un ejercicio muy simple con el que comenzamos en nuestro equipo de altos directivos fue este: seleccionar tres personas, uno a la vez y decirles a tres cosas que valoraran de ellos. En la América corporativa, y en la mayoría de los lugares en la vida, las personas suelen decir, "Hay tres cosas que necesito que cambies". Rara vez te dirán, "Hay tres cosas en las que eres fabuloso". Cuando haces eso, la energía aumenta. Comenzamos con ese simple pero poderoso ejercicio, y esto capturó la atención de la gente.

¿Esta actividad se transmitió al resto de la organización?

Aproximadamente cuatro meses después de nuestra gran convención anual. Invitamos a 2500 agentes de bienes raíces de todo el país. Esta fue mi primera presentación ante este grupo como nuevo CEO. A la mitad de mi discurso de apertura, pedí que encendieran las luces. Le pedía todos que sacaran sus Blackberries y iPhones que los encendieran en lugar de apagarlos. Les pedí que mandaran un mensaje de texto o correo electrónico con una gran idea: cómo conseguir un nuevo cliente, cómo cerrar una venta, cómo conservar a un cliente de por vida. Dije: "Tomen su mejor idea, la que sea definitivamente la mejor y compártanla. Hágalo ahora mismo". Pedí a alguien que me trajeran mi Blackberry al escenario y yo también participé. Hicimos eso por cuatro o cinco minutos y después los invité a continuar haciéndolo durante las siguientes 36 horas, hasta el final de la convención. ¿Sabes cuántas ideas surgieron? Más de 2,200. Hemos usado esas ideas durante los últimos 15 meses. Hemos tomado esa simple idea de reciprocidad (tan sólo pida ayuda y nunca sabrá de dónde puede provenir) y estamos integrándola en la cultura de la empresa, y ahora estamos usando la tecnología y las redes sociales para mantenerla viva las 24 horas del día los 7 días de la semana. Hemos tenido un progreso impresionante en los objetivos cuantificables como aumento de ingresos, mantener bajos los costos, aumentar el servicio al cliente y en última instancia retornar a la rentabilidad. Para que logremos cualquiera de estos objetivos, es necesario recurrir a muchísimas fuentes de inspiración.

¿Qué diferencias ha visto entre el cambio positivo y el enfoque habitual de cambiar?

Al igual que la mayoría de las empresas, hacemos encuestas a clientes donde 5 es excelente y 1 es negativo. Siempre hemos estado obsesionados por las puntuaciones de 1, 2 y 3, y tratamos de deshacernos de ellas. Para implementar cambios positivos intentamos algo diferente. Decidimos enfocarnos en las puntuaciones de 4 y 5 y descifrar por qué somos excelentes. Queremos saber cómo ser una empresa de 5: cómo definirlo, cómo medirlo, cómo replicarlo. Estuve en Francia hace tres o cuatro semanas. Estaba hablando sobre los principios positivos con nuestros empleados franceses, y estaban teniendo algunos problemas. Les pregunté, "¿Cómo lograr ser 5s?" Me miraron con un rostro de extrañeza. Me preguntaba si esto se debía a un problema de traducción del idioma. ¿Lo debo decir en francés? Me respondieron: "No, ni siquiera medimos nada superior al 3". Así que les pregunté: "¿Cómo sabes cuándo han sido excelentes?". Esto fue una idea complemente nueva para ellos. Dijeron, "No sabemos". Después les pedí que intentaran algo. "Díganme cuándo han sido excelentes. Díganme cuándo han visto a su organización en su mejor forma". Una persona se levantó y dijo, "Bien, hemos visto a nuestros empleados en su mejor forma, y nos hemos visto a nosotros como un 5, sólo hoy. Hemos tenido gente en el aeropuerto Charles De Gaulle las 24 horas del día, los 7 días de la semana durante la última semana dando la bienvenida a empleados reubicados que están siendo devueltos a este país después de ser obligados a evacuar Japón después del terremoto y tsunami". Somos una empresa dedicada a la reubicación, así que ayudamos a esas personas a mudarse. Dijo: "Tuvieron que dejar todas sus pertenencias atrás. No tenían un lugar dónde vivir. Se vieron obligados a regresar a este país. Los recibíamos en el aeropuerto, los ayudamos a encontrar un lugar dónde vivir, les dimos agua embotellada al salir del avión, les ayudamos a regresar a Francia tan pronto como pudimos. Ninguna otra empresa está haciendo eso. Somos los únicos que hicimos eso en beneficio de nuestros clientes". Y dije, "Ahí está. Son un 5. Están ayudando a la gente en la situación más vulnerable de sus vidas. Eso hay que celebrarlo. Es una desviación positiva y es lo que los hace tan diferentes de los demás". Mi trabajo no sólo en Francia, sino en toda la empresa es simplemente asegurarme de que la gente tenga la visión y las herramientas, y después salirme del camino, porque ellos son los que lo lograrán. Es importante tratar de crear una cultura que no sólo permita sino que fomente la desviación positiva.

Hizo cambiar notablemente sus puntuaciones de satisfacción de cliente. ¿Puede explicar cómo lo logró?

Establecimos la meta de asombrar positivamente a nuestros mejores clientes. Por ejemplo, hace aproximadamente 18 meses visité nuestras operaciones en Londres y me reuní con varios clientes. British Petroleum (BP) es uno de nuestros clientes europeos. Hablé sobre el cambio positivo y cómo estábamos intentando cambiar la cultura de nuestra empresa. Dije que quería involucrarlos y aprender de ellos. Después, casi tres o cuatro semanas después, ocurrió el derrame petrolero del Deep Water Horizon con la desafortunada pérdida de una docena o más de vidas y una de las catástrofes ambientales más grandes de la historia. Se podía ver en la televisión que las personas de BP estaban siendo bombardeadas en Estados Unidos y en todo el mundo la prensa global reportaba sus tiempos de reacción, qué estaban haciendo, qué no estaban haciendo, etcétera. El personal de BP se sentía muy mal por todo esto. Por lo que llamé al director de recursos humanos a quien conocía, y le dije: "Escucha, puedo ver lo que está pasando en Estados Unidos. Siento mucho que esto esté sucediéndote. Comprendo que estás tratando de mudar a mucha gente al área del Golfo para lidiar con esta crisis. Me gustaría ofrecerte los servicios de nuestra compañía, sin costo, por lo que dure esta crisis". Dijo: "¿Cómo me haces una oferta así?". "La respuesta muy sencilla es que todos somos responsables de lo que está sucediendo en el Golfo. Todos necesitamos tratar de ayudar de maneras grandes y pequeñas. Esta es la mejor forma que se me ocurre de ayudarte. Si quieres aceptar esta oferta, grandioso, si no, también está bien. Yo lo comprenderé". Dos días más tarde recibí una llamada de las personas de BP. Dijeron: "Bien, primero que nada, muchas gracias por su llamada. Ha habido varios proveedores con los que actualmente hacemos negocios en todo el mundo. La mayoría nos han pedido que les hagamos un cheque. Usted fue el único que nos ofreció ayuda gratuita. Probablemente no aceptemos la oferta, pero apreciamos mucho el gesto". Dije: "Está bien. Si cambian de parecer, estaremos felices de hacer lo que sea necesario para ayudar". Bien, efectivamente, seis meses más tarde decidieron lanzar una licitación para un nuevo proveedor de servicios de reubicación. Nos invitaron a participar. Desde luego, el final de la historia aún está por escribirse. No sabemos qué vaya a resultar de todo esto. Pero usamos este ejemplo con nuestros asociados para alentarlos a ser positivamente extravagantes. Está bien ayudar a los demás y no esperar nada a cambio. Cuando lo hacemos cosas fabulosas pueden suceder.

¿Cómo extendió el cambio positivo al resto de la organización?

Conforme comenzamos a introducir el cambio positivo a nuestra organización, comenzamos con la "Banda de los 30". Pero sabíamos que necesitábamos difundir el mensaje a nuestros 1,300 empleados en siete países que representaban a más de 30 culturas. Sabíamos que necesitaríamos de alguna ayuda. Así que identificamos a un conjunto de personas positivamente desviadas y positivamente estimulantes. No eran las personas más experimentadas o de mayor edad, sino personas que proporcionaban a la organización una mejora real. Seleccionamos a 26 de estas personas de todo el mundo y las trajimos a nuestras oficinas centrales. Para algunos de ellos era su primer viaje a Estados Unidos. Hablé sobre cómo deseábamos cambiar a la empresa y les dije que necesitaba su ayuda. Estaban muy emocionadas por el reto. Les encargué presentar los principios de cambio positivo a 90 por ciento de nuestros asociados en todo el mundo en 60 días, por lo que al menos 1,100 personas tenían conocimientos prácticos de lo que significaba un cambio positivo en 60 días. Eso implicaba que los miembros del equipo de cambio tenían que comprender qué era el cambio positivo y que tuvieran la habilidad de enseñarlo a los demás. Después dije, "Díganme qué necesitan para lograr el reto. Voy a salir de la habitación y regresaré en un par de horas. Trabajen

ANÁLISIS

LIDERAR EL CAMBIO POSITIVO Capítulo 10 479

con Kim y díganme qué necesitan para lograrlo". Regresó un par de horas más tarde y dijeron, "Bien, Jim estamos dispuestos a aceptar el reto, pero hay cuatro cosas que necesitamos de ti". ¿Y sabes qué? En menos de 60 días habían logrado no sólo el 90 por ciento sino el 93 por ciento. Nuestras puntuaciones de la opinión de empleados ascendieron en 9 de 10 categorías. Ahora han creado un esfuerzo independiente de continuar llevando los principios de cambio positivo a nuestra organización. Ver esto es algo fabuloso.

¿Todos se unieron? ¿Logró una aceptación del 100 por ciento para adoptar una perspectiva positiva?

Mi propia experiencia es que del 50 al 60 por ciento de las personas, con suerte, se harán notar. Cerca del 20 al 30 por ciento de las personas se quedan al margen y dicen: "¿Son las ocurrencias de la gerencia de Jim para hoy?" Aproximadamente el 10 por ciento de las personas rechazarán positivamente todo de lo que estoy hablando. Simplemente dicen: "Esto no tiene sentido. Lo siento, no está funcionándome". Y está bien. No peleo con ellas. Quedarán fuera de lo que estamos tratando de impulsar en la organización, así que deben ir a un lugar que se adapten. Rápidamente los aliento a que vayan ahí. En los últimos 18 meses he realizado muchas labores de reclutamiento a niveles de alta dirección y de nivel intermedio para nuestra empresa, y las personas quieren unirse a una empresa orientada positivamente, a pesar de que se les pide que acepten un salario igual o menor. Cuanto más joven es la persona, más sincera es.

Fuente: *Adaptando de Cameron, K.S. y Plews E. (2012) "Positive leadership in Action".* Organizational Dynamics, *41: 99–105.*

Preguntas para el análisis

10.1. ¿Qué elementos de cambio positivo observa que haya implementado Jim Mallozzi?

10.2. ¿De qué formas trató Jim de promover la desviación positiva en el desempeño?

10.3. ¿Qué aspectos del cambio positivo omitió? ¿Cuál sería su consejo para él para lograr avances en promover la sustentabilidad?

10.4. ¿Cuál fue la visión de abundancia de Jim?

EJERCICIOS SOBRE LA IMPLEMENTACIÓN DE UN CAMBIO POSITIVO

El mejor autorretrato

En la sección Evaluación de habilidades de este capítulo se le sugirió participar en un poderoso proceso de evaluación que revelará la mejor versión de usted mismo, o las fortalezas y contribuciones únicas que usted exhibe. Si obtuvo esa retroalimentación, querrá analizar los datos para crear un retrato de la mejor versión de usted mismo. Lea toda su retroalimentación y tome notas acerca de los comentarios fundamentales. Busque los puntos en común entre los individuos que le proporcionaron esa retroalimentación. Cree temas en los que haya encontrado similitudes y vincúlelos con los ejemplos. Tal vez le sea útil usar una tabla como la siguiente:

PUNTOS/TEMAS EN COMÚN	EJEMPLOS DADOS	MI INTERPRETACIÓN
1. Creativo	1. Constructor innovador de nuevos proyectos en el trabajo. 2. Encuentra nuevas soluciones a antiguos problemas. 3. Guía al equipo a transformarse a sí mismo.	Mis ideas tienden a ser interesantes y creativas. Tiendo a aportar nuevas ideas a las personas con las que trabajo. Mi enfoque para resolver problemas es innovador.
2.	1. 2. 3.	
3.	1. 2. 3.	

Paso 1: Ahora, elabore un autorretrato de su mejor versión, que incluya la sabiduría que demuestran los datos. Identifique sus mejores momentos, así como los atributos y las capacidades que manifiesta. Redacte al menos un párrafo en el que se describa en tercera persona, utilizando los datos sobre sus mejores momentos. A continuación se presentan algunas preguntas de reflexión que podría considerar mientras describe su autorretrato.

❏ ¿Qué aprendió acerca de sus fortalezas y singularidades fundamentales?

❏ ¿Qué le sorprendió de la retroalimentación que recibió?

❏ ¿Qué circunstancias hacen surgir su mejor desempeño?

❏ ¿Cómo pretende dar seguimiento o aprovechar esta retroalimentación?

❏ ¿Qué implicaciones de carrera o de vida tiene esta retroalimentación?

❏ ¿Qué ha cambiado, o podría cambiar, como resultado de esta retroalimentación?

Anote sus conclusiones y sus comentarios después de leer detenidamente la retroalimentación. Escribirlo tendrá un efecto de aclaración y de enfoque, y es poco probable que obtenga esta clase de datos muy a menudo en su vida. No pierda la oportunidad de crear algo significativo para usted.

Paso 2: Lea la descripción de sus mejores momentos con un equipo de compañeros. Solicite una retroalimentación verbal acerca de lo que escribió. Con esto, sus compañeros le ayudarán a aclarar y a especificar sus mayores atributos.

FUENTE: *www.bus.umich.edu/positive*, término de búsqueda *"Reflected Best Self Exercise"*

Ejercicio de diagnóstico organizacional positivo

Paso 1: Seleccione una organización que pueda diagnosticar. Si actualmente no trabaja en una empresa, ni funge como voluntario ni dirige alguna, seleccione su propia escuela o universidad. Su objetivo consiste en identificar las fortalezas, las experiencias más elevadas y ejemplos de desviaciones positivas en la organización, más que los problemas y los retos. Las organizaciones no acostumbran reunir este tipo de datos, por lo que no se pregunta al personal con frecuencia esta clase de información. Sin embargo, en cada empresa algo funciona bien. Cuando se les induce a hacerlo, las personas siempre pueden identificar hechos que son espectaculares en su organización.

Además, las preguntas que hacemos y el lenguaje que utilizamos sirven para determinar nuestra visión del futuro. Las personas se sienten más cómodas dirigiéndose hacia un futuro incierto si traen consigo episodios del pasado. Esto es, cuando han experimentado éxito en el pasado, se muestran más dispuestas a buscar una visión del futuro, sabiendo que han logrado un éxito extraordinario en algún momento anterior. Confían en que lo pueden lograr otra vez.

A continuación se presentan algunos ejemplos de preguntas que usted debe hacer para diagnosticar los aspectos positivos de una organización, un grupo o incluso su propia familia.

❑ *La mejor de su género:* póngase en los zapatos de los clientes. ¿Qué dirían ellos que hace de esta organización la mejor que hay en su género?

❑ *Carreras:* ¿Qué le gusta tanto de esta organización que le hace desear venir a trabajar cada día?

❑ *Liderazgo:* ¿Quiénes son los líderes en su organización que usted admira más y por qué? ¿Qué es lo que hacen?

❑ *Comunicación:* ¿Cuándo tuvo un intercambio extremadamente satisfactorio y productivo con alguien que le interese mucho?

❑ *Trabajo en equipo:* ¿Cuándo se ha sentido satisfecho por una cooperación y un trabajo en equipo extraordinarios en esta organización?

❑ *Cultura:* ¿Qué es especialmente divertido, vigorizante, revitalizante acerca de la cultura organizacional? ¿Qué hace que se sienta activo?

❑ *Aspiración:* ¿Cuáles son sus aspiraciones más altas en esta organización? ¿Qué espera realmente?

❑ *Trabajo:* ¿Cuál es el mayor logro que ha visto en este trabajo? ¿Qué logro ha superado las expectativas de todos?

Cuando haga este tipo de preguntas, detectará que la persona que responde muestra mayor entusiasmo, y notará que se va liberando una energía positiva. Esto contrasta con las preguntas más comunes utilizadas en el diagnóstico organizacional:

❑ ¿Cuáles son sus principales desafíos y problemas?

❑ ¿Cuáles son sus deficiencias?

❑ ¿Qué resulta problemático para las personas en esta organización?

❑ ¿Qué necesita arreglarse?

❑ ¿En qué áreas está perdiendo sus objetivos?

❑ ¿Quién tiene un mejor desempeño que usted y por qué?

Diseñe su propio formato de entrevista para hacer un diagnóstico positivo de una organización, un grupo o una familia. Utilice las preguntas positivas anteriores como una guía. Entreviste a una muestra representativa del personal de esa organización (o a todos los miembros de su familia).

Paso 2: Ahora, escriba el equivalente de la mejor imagen de la organización. Plantee las siguientes preguntas.

- ❑ ¿Cuáles son las fortalezas y cualidades únicas de esta organización?
- ❑ ¿En qué formas podría sacar ventaja de las competencias de la organización?
- ❑ ¿Cuál es la visión que impulsa a la organización?
- ❑ ¿Qué recomendaciones haría para un cambio positivo?

Agenda para un cambio positivo

Escriba un plan detallado para liderar un cambio positivo en una organización en la que esté participando. No necesita ser el líder formal de esa organización, ya que la mayor parte del cambio verdadero se inicia en lugares dentro de la organización que no son la oficina del líder. Muchos grandes líderes simplemente aprovechan las ideas y agendas de su personal.

Al elaborar su plan, considere las siguientes preguntas con ideas muy específicas y viables. No diga simplemente algo como "trataré mejor a las personas". Eso no es lo suficientemente específico y no identifica una acción. En vez de eso, diga "elogiaré a alguien cada día". Eso es más fácil de realizar y de medir.

1. ¿En qué forma trabajará para crear una atmósfera laboral positiva? ¿Qué hará en realidad?
2. ¿De qué manera fomentará la disposición en los demás para que busquen un cambio positivo?
3. ¿Cuál es su visión específica de abundancia? ¿Cómo la comunicará para que sea aceptada y vigorizante para las personas?
4. ¿Cómo generará un compromiso con esa visión entre los demás? Describa acciones específicas.
5. ¿Qué hará para institucionalizar y generar un impulso irreversible para su cambio positivo?

Ahora, identifique las actividades específicas que necesitará realizar personalmente para ejemplificar y modelar su cambio positivo. ¿Cómo mejorará su propia credibilidad?

APLICACIÓN **DE HABILIDADES** 🔧

ACTIVIDADES PARA LIDERAR UN CAMBIO POSITIVO

Actividades sugeridas

10.6. Encuentre a alguien que conozca bien que esté trabajando en una organización. Enséñele los principios para liderar un cambio positivo. Utilice los conceptos, principios, técnicas y ejercicios presentados en este capítulo. Describa lo que enseñó y registre los resultados en su diario.

10.7. Realice un análisis sistemático de los sucesos que ocurren en su vida por los que se sienta agradecido. ¿Qué va bien y qué hace que la vida valga la pena vivirse? Considere su trabajo, familia, escuela y vida social. Lleve un "diario de gratitud" al menos por un semestre (o un trimestre). Haga anotaciones al menos una vez por semana. Observe qué otras cosas cambian en su vida en comparación con lo que hacía antes de que escribiera el diario.

10.8. Identifique al menos a una persona en su círculo de conocidos que le infunda de energía positiva. Cuando está cerca de ella, simplemente se siente mejor. Asegúrese de interactuar con esa persona de forma frecuente y continua.

10.9. Identifique una referencia de mejor práctica. Es decir, encuentre a una persona o una organización que sea única al representar lo mejor que hay en alguna categoría. Trate de identificar qué es lo que explica ese desempeño extraordinario. ¿Qué factores podrían generalizarse para los demás o para otros entornos?

10.10. Identifique un símbolo que pueda servir como recordatorio constante de su propia visión de abundancia (o la de su organización). Seleccione algo que transmita energía positiva y que cada vez que lo vea pueda recordarle que está buscando una visión significativa e inspiradora.

10.11. Establezca una relación cercana con algún mentor, que puede ser alguien con quien trabaja o estudia. Su mentor podría ser un profesor, un alto directivo o alguien que tenga más experiencia que usted. Esa relación debe fomentar su autoestima y ser vigorizante. Sin embargo, asegúrese de que la relación sea recíproca y no unidireccional.

Plan de aplicación y evaluación

El objetivo de este ejercicio es ayudarlo a aplicar este conjunto de habilidades en la vida real y fuera del escenario del salón de clases. Ahora que se ha familiarizado con las guías de comportamiento que constituyen la base de un desempeño eficiente de habilidades, mejorará más probando esas guías en el contexto cotidiano. A diferencia de la actividad en el salón de clases —donde la retroalimentación es inmediata y los demás podrían ayudarlo con sus evaluaciones—, debe completar y evaluar esta actividad de aplicación de habilidades por su cuenta. Esta actividad consta de dos partes. La parte 1 le ayudará a prepararse para aplicar la habilidad. La parte 2 le servirá para evaluar y mejorar su experiencia. Asegúrese de anotar las respuestas de cada reactivo. No omita etapas.

Parte 1. Planeación

10.12. Escriba los dos o tres aspectos de esta habilidad que sean los más importantes para usted. Podrían ser áreas de debilidad, las áreas que más desea mejorar, o las áreas más relevantes para un problema que esté enfrentando en este momento. Identifique los aspectos específicos de esta habilidad que desee aplicar.

10.13. Ahora identifique el escenario o la situación en donde aplicará esa habilidad. Establezca un plan de desempeño anotando una descripción de la situación. ¿Quién más participará? ¿Cuándo lo hará? ¿Dónde se llevará a cabo?

Circunstancias:

¿Quién más?

¿Cuándo?

¿Dónde?

10.14. Identifique comportamientos específicos que llevará a cabo para aplicar esta habilidad. Elabore una definición operativa del desempeño de la habilidad.

10.15. ¿Cómo sabrá que ha sido eficaz? ¿Qué le indicará que se ha desempeñado en forma competente?

Parte 2. Evaluación

10.16. Una vez que haya completado su ejercicio, registre los resultados. ¿Qué pasó? ¿Cuánto éxito obtuvo? ¿Qué efecto tuvo en los demás?

10.17. ¿Cómo podría mejorar? ¿Qué modificaciones haría la próxima vez? ¿Qué haría diferente en una situación similar en el futuro?

10.18. Al revisar toda la práctica de la habilidad y la experiencia aplicada, ¿qué aprendió? ¿Qué le sorprendió? ¿De qué manera le ayudará esta experiencia en el largo plazo?

CLAVES DE RESULTADOS Y DATOS COMPARATIVOS

⭐ La clave de resultados para el siguiente instrumento se encuentra disponible en el sitio web de este libro.

Evaluación de liderar el cambio positivo

Ejercicio de retroalimentación del reflejo de lo mejor de uno mismo™

Este ejercicio no tiene una solución o datos comparativos. Las respuestas variarán entre los estudiantes.

Parte IV

Habilidades específicas de comunicación

MÓDULOS

APRENDIZAJE **DE HABILIDADES**

- Elaboración de presentaciones orales y escritas
- Elementos esenciales de las presentaciones eficaces
- Resumen y guías de comportamiento

PRÁCTICA **DE HABILIDADES**

- Hablando como líder
- Círculos de calidad en Battle Creek Foods

Elaboración de presentaciones orales y escritas

OBJETIVOS PARA EL DESARROLLO DE HABILIDADES

- ELABORAR PRESENTACIONES ORALES QUE CAUSEN IMPACTO Y SEAN ATRACTIVAS
- ESCRIBIR DE MANERA PERSUASIVA Y CLARA
- RESPONDER DE MANERA ADECUADA A LAS PREGUNTAS Y RETOS

Elaboración de presentaciones orales y escritas

Taylor Billingsley fue contratada como representante de ventas en Apex Communications Corporation en 1972. Gracias a la capacitación y a su arduo trabajo, fue subiendo por la escala organizacional para llegar finalmente a ocupar el puesto de vicepresidente de Personal. Aunque había anticipado que este puesto requeriría algunos ajustes, los desafíos que enfrentó durante sus primeras semanas en el cargo la tenían muy sorprendida. Taylor tenía muchas ideas para hacer que la división de Personal funcionara con mayor eficiencia, pero casi de inmediato se dio cuenta de que tenía que convencer a los demás de adoptarlas. Además, tenía que desarrollar credibilidad, es decir, debía lograr que sus empleados y los interesados externos entendieran y apreciaran sus compromisos personales y su estilo administrativo.

Desde sus primeros días en el puesto, Taylor tuvo varias oportunidades de comunicar su filosofía y expectativas en muchas de las reuniones con los departamentos de su división. Algunas de esas reuniones fueron formales, como en la que ella aceptó el cargo; otras fueron más informales, como los almuerzos con los jefes de división. Inmediatamente después del anuncio de su nombramiento, escribió un comunicado a los jefes de su división y a sus empleados, en el que planteaba algunas de sus ideas para que el departamento avanzara. En memorándums individuales, presentó un nuevo proyecto al departamento de desarrollo de personal y al de prestaciones financieras, donde les alentaba a esforzarse para desarrollar una nueva política para los equipos de investigación.

Luego, Taylor comenzó a visitar a las personas que trabajaban en su división. Habló con varios empleados personalmente y respondió a las preguntas que algunos grupos informales le plantearon. Le habían solicitado un informe por escrito sobre el ánimo de los empleados de su división para el CEO. Los últimos informes financieros de la oficina de contraloría de la empresa revelaron que las cifras trimestrales habían presentado un descenso inesperado; parecía que ciertos costos habían tenido un drástico aumento. Preocupada, ajustó un informe que había escrito para una reunión programada con los altos ejecutivos regionales con el fin de reflejar estos nuevos sucesos. Más tarde habló con un grupo de empleados reunidos en la cafetería, con la intención de tranquilizarlos por un posible un recorte de personal. En otro complejo corporativo ubicado en un rudo entorno urbano, las tareas se complicaron más. Los empleados criticaban abiertamente a la empresa y cuestionaban gran parte de la información que Taylor presentaba. Después de estas reuniones tuvo que participar como oradora en una cena de la Cámara de Comercio.

Taylor Billingsley estaba experimentando los desafíos propios de la administración en su nuevo puesto. En las primeras dos semanas habló con docenas de grupos sobre múltiples temas y escribió más informes y memorandos. En sus comunicaciones, no se limitaba a presentar datos, sino que expresaba apoyo, señalaba nuevos rumbos, generaba entusiasmo, comunicaba su interés, creaba buena voluntad y promovía el valor del trabajo en equipo. Algunas situaciones demandaban mensajes amables y ceremoniosos, pero otros eran desafiantes. Algunos mensajes transmitían información conocida por todos; otros exigían su capacidad de encontrar las palabras correctas para transmitir sus ideas. Al final de las dos primeras semanas, Taylor comenzó a apreciar la importancia de las habilidades de comunicación.

Los directivos tienen que dominar los elementos básicos de la comunicación pública y ser lo suficientemente flexibles para adaptarlos a diversas situaciones (Barrett, 1977; Mambert, 1976; Peoples, 1988; Sanford y Yeager, 1963; Wilcox, 1967). Es probable que usted, como Taylor Billingsley, se encuentre alguna vez comunicándose con distintos públicos a través de discursos y documentos escritos. Como Taylor, quizá usted también descubra que su eficacia como directivo depende en gran parte de su capacidad de comunicarse con sus compañeros de trabajo y clientes. Por desgracia, no es poco común que los nuevos directivos carezcan de estas habilidades. Según una encuesta reciente de importantes reclutadores de personal, la principal deficiencia de los graduados universitarios actuales es la falta habilidades de comunicación oral y escrita (*Endicott Report*, 1992). Los investigadores han observado que de muy poco sirven los programas de capacitación si el personal no cuenta con habilidades básicas como la escritura (Maruca, 1996). Considerando que las habilidades para expresarse en forma oral y escrita son fundamentales para la buena administración, y que muchos empleados nuevos también son relativamente débiles en estas áreas, es necesario reflexionar sobre la manera en que los directivos podrían desarrollar estas dos habilidades esenciales. Primero nos concentraremos en los ingredientes básicos de una buena comunicación y luego examinaremos los requisitos específicos del habla y de la escritura.

Elementos esenciales de presentaciones eficaces

¿Cómo puede una persona cubrir todos los requisitos de comunicación necesarios para ser un buen directivo? Existen cinco pasos básicos para realizar presentaciones eficaces, que llamaremos las cinco reglas. Estas cinco reglas son secuenciales, puesto que cada etapa se construye sobre la anterior. La buena comunicación depende en gran parte de la previsión y preparación adecuadas. Como se muestra en la figura A.1, los primeros tres pasos implican preparación; el cuarto y el quinto se enfocan en la presentación oral o escrita. Una preparación adecuada es la piedra angular de una comunicación eficaz (Collins y Devanna, 1990; Gelles-Cole, 1985; Wells, 1989).

1. Formule una *estrategia* orientada a la audiencia y la ocasión específicas. En esta etapa se desarrollan los objetivos relacionados con la audiencia y la situación.
2. Desarrolle una *estructura* clara. Esta etapa traduce su estrategia general en un contenido específico.
3. *Apoye* sus ideas con ejemplos, ilustraciones y materiales adaptados según la audiencia; esto le permitirá reforzarlas.
4. Prepare el material para crear un *estilo* de presentación que realce las ideas. La forma de presentar las ideas suele ser tan importante como lo que se presenta.
5. *Complemente* la presentación con respuestas seguras e informadas a las preguntas y los desafíos. Su desempeño en una discusión espontánea, o en un intercambio de memorandos debe ser tan impresionante e informativo como el contenido que se presenta.

Hemos afirmado a lo largo de este libro que el desempeño personal eficaz depende de las habilidades, el conocimiento y la práctica. Esto es particularmente cierto en el caso de la comunicación. La clave para sentir confianza al hacer presentaciones orales y escritas es la preparación y la práctica. Si usted sigue los cinco pasos básicos, estará preparado para transmitir mensajes eficaces. En las siguientes secciones se presentarán guías específicas para implementar los cinco pasos.

ELABORAR UNA ESTRATEGIA ESPECÍFICA

Identifique su propósito

Michael Sheehan, un importante consultor de comunicaciones entre cuyos clientes se encuentran CEOs de las empresas más importantes y candidatos presidenciales, afirma que su regla número uno para lograr una comunicación efectiva es la siguiente: "Conozca su objetivo, conozca su audiencia. Suena fácil, pero en realidad se trata del arte más difícil de la comunicación" (Reingold, 2004). De acuerdo con esta recomendación, antes de recabar información o escribir notas, debe saber con claridad cuál es su objetivo general al hablar o escribir. ¿Está tratando de motivar, informar, persuadir, demostrar o enseñar? Sin importar si está informando, demostrando una técnica o rindiendo un informe, su propósito general es comunicar. Cuando su propósito sea informar, el objetivo será la transmisión y retención de ideas y hechos. Por otro lado, cuando intente motivar a los empleados para mejorar la producción, convencer a los demás de adoptar sus ideas o fomentar el orgullo de pertenecer a la empresa, su objetivo general será persuadir. La persuasión precisa usar un lenguaje motivador y argumentos convincentes, así como adaptarse a la audiencia. De su objetivo general dependerá la forma en que estructure su mensaje, complemente sus ideas e imprima su estilo de presentación. Por eso es importante primero identificar su objetivo general.

Su objetivo específico será más fácil de determinar una vez que haya identificado su objetivo general (vea la figura A.2). Puede determinar su objetivo específico preguntándose: "¿Qué quiero que mis escuchas aprendan?", o "¿Qué comportamientos o actitudes deseo que adopten?". Quizá su respuesta sea: "Quiero que mis escuchas aprendan los seis pasos de nuestro nuevo procedimiento de contabilidad", o "Deseo que dediquen más tiempo a los clientes". Cada uno de estos enunciados expresa un objetivo específico. Determina la manera en que adaptará el resto de su preparación a su audiencia y las demandas de la situación.

Figura A.1 **Las 5 reglas para una presentación eficaz**

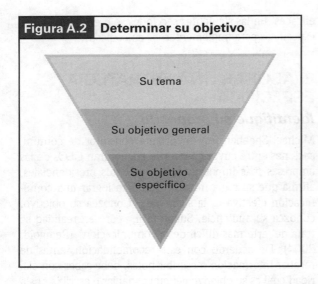

Figura A.2 Determinar su objetivo

Su tema

Su objetivo general

Su objetivo específico

si el material se relaciona con algo que ya sabe, si se replantea y repite, si se refuerza con ayudas visuales y si se limita a tres o cinco ideas nuevas. Los escuchas motivados recordarán más información, así que al inicio de su mensaje explíqueles cómo pueden usarla.

Las actitudes hacia su mensaje es un factor crucial que hay que considerar. Los receptores hostiles no aprenden con tanta rapidez como los receptores dispuestos a aprender. Si su audiencia es hostil, comience por fijar metas realistas. Si trata de hacer demasiado, podría desencadenar un efecto de búmeran en el que la audiencia se vuelva aún más hostil. Enfatice los puntos en común compartiendo valores similares o metas paralelas. Por ejemplo, podría señalar que el incremento de utilidades es benéfico para todos en la empresa o que de todos depende que las condiciones de la planta mejoren.

En caso de una audiencia hostil o poco comprometida, desarrolle un mensaje bidireccional (vea la tabla A.1). Presente dos facetas del tema. Utilice argumentos fuertes basados en evidencias lógicas y amplias (Sprague y Stuart, 1996). Elija un lenguaje neutral cuando desarrolle sus ideas. En estas situaciones también es importante desarrollar su credibilidad. Muéstrese calmado, justo, razonable y bien informado. Haga bromas sobre usted mismo para relajar la tensión (Sprague y Stuart, 1996).

Adapte el mensaje a la audiencia específica

El éxito de su comunicación depende, en parte, del entendimiento y la receptividad de su audiencia.

La clave para desarrollar un mensaje adecuado para la audiencia consiste en comprender cuál es su conocimiento sobre el tema, su actitud hacia el mensaje y las expectativas que tengan de su presentación. Si los receptores ya saben lo que desea enseñarles, se aburrirán y quizá se vuelvan hostiles. Comience con lo que ellos ya saben y luego extiéndase sobre eso. Si está enseñando un nuevo procedimiento contable, comience por el que sus oyentes ya utilizan y vaya agregando pasos nuevos. Recuerde que la gente retiene mucha más información

Cubra las demandas de la situación

Las expectativas de los receptores acerca de su presentación también son importantes. Con frecuencia la situación determina expectativas, como el nivel de formalidad. Algunas situaciones exigen presentaciones más formales. Si se dirigirá a un consejo directivo, debe prepararse con sumo cuidado. Por otro lado, si se le solicitan comentarios

Tabla A.1 Mensajes unilaterales frente a bilaterales

Debe utilizar mensajes unilaterales cuando:

• Su audiencia ya favorezca su postura.

• Su audiencia, en general, no tenga un nivel educativo muy alto o no esté bien informada acerca del tema.

• Requiera que su audiencia se comprometa públicamente.

Debe utilizar mensajes bilaterales cuando:

• Su audiencia en un inicio esté en desacuerdo con su posición.

• Su audiencia, tenga un alto nivel educativo general o esté bien informada acerca del tema.

• No logre persuadir a la audiencia sobre el tema.

Las investigaciones sugieren que la mejor forma de presentar un mensaje bilateral consiste en dar primero los argumentos que apoyan su posición. Organice esos argumentos empezando con el más débil y terminando con el más fuerte. Luego, presente el argumento de su opositor. Organice los argumentos opositores comenzando con el más fuerte y terminando con el más débil. De esta manera aprovechará la tendencia de su audiencia a recordar lo más reciente que escuchó: su argumento fuerte y el argumento débil de la oposición.

FUENTE: *Adaptada de Sproule, 1991.*

en el momento, no es adecuado ni práctico llevar un discurso preparado. En este caso se permite presentar más comentarios espontáneos. La comunicación escrita también implica ciertas expectativas. La invitación a un día de campo de la organización se podría publicar en tableros de avisos, pero las invitaciones a una junta del consejo directivo se envían de forma individual. Algunas situaciones son engañosas. Por ejemplo, la televisión a menudo parece informal; sin embargo, debe pensar cuidadosamente todos sus comentarios. Los banquetes y las ceremonias podrían alentar una atmósfera informal y amistosa, pero no se deje engañar. No se trata de las mismas situaciones que las reuniones de dos personas o de un grupo pequeño.

Los escenarios de las presentaciones de negocios podrían implicar numerosas restricciones que usted debe anticipar. (Recuerde que la preparación y la presentación son claves para una comunicación eficaz). Considere las siguientes posibilidades que se presentan comúnmente. La reunión está por terminar, así que debe condensar su presentación de veinte minutos en sólo cinco. Prepare una versión breve que destaque la información que ayudará a su estrategia. Después de presentar la propuesta de comité para cambiar los procedimientos del servicio a clientes, que el comité estudió durante tres meses, una persona influyente que no es miembro del comité comunica el planteamiento de una propuesta competidora. Prepárese para responder a las críticas específicas a su propuesta mientras mantiene un tono de profesionalismo cordial.

El lenguaje también dependerá de la situación. Las situaciones formales exigen enunciados con una estructura más correcta y un lenguaje más formal. Las expresiones coloquiales y una gramática menos rígida pueden ayudar a relajar el momento en un entorno informal. Determine las expectativas de su audiencia y adapte su lenguaje a ellas. La mayoría de los expertos coinciden en que su lenguaje debe ser un poco más intenso que el de su audiencia.

DESARROLLAR UNA ESTRUCTURA CLARA

Comience con un pronóstico

En general, una introducción eficaz logra tres cosas. Primero, capta la atención de los que escuchan y establece el tono del mensaje. Segundo, ofrece a la audiencia una razón para escuchar o leer. Finalmente, les da un mapa o un rápido esbozo del mensaje.

En una reunión de supervisores, podría iniciar su plática sobre un nuevo plan para lograr cambios en la producción de la siguiente manera: "¿Se dan cuenta de que no hemos cambiado nuestro proceso básico de producción en cuatro años? Durante ese tiempo, siete nuevos competidores han incursionado en el mercado y hemos perdido 9 por ciento de nuestra participación de mercado. Pero con tres cambios podríamos aumentar nuestra producción y, con esto, generar 3 por ciento más de utilidades y aumentos salariales para el siguiente año fiscal. Primero, reorganizamos la Bahía 2; segundo, instalamos una pista entre el almacén de partes y la línea de ensamblaje, y tercero, establecemos una conexión telefónica entre almacén y línea. Permítanme dedicar unos minutos a explicarles los detalles de cada cambio y por qué estos cambios nos permitirán ahorrar dinero".

Esta introducción captará la atención de su audiencia porque retrata la inmediatez del problema y muestra por qué están tan implicados en lo que usted tiene que decirles. Al establecer el contexto más general de mayor competencia, usted intensificará las razones para que lo escuchen y neutralizará las posibles resistencias al cambio, lo que es común en las organizaciones.

Elija un patrón de organización adecuado

La organización de un mensaje es un aspecto fundamental porque afecta la comprensión del mensaje. Los escuchas retienen más cuando los mensajes están organizados. La organización también afecta su credibilidad como orador o escritor. Una persona organizada refleja una imagen más positiva que una que no lo es y la organización afecta el cambio de actitud. Es más probable que pueda impactar a sus escuchas con su punto de vista si éste se encuentra organizado. Por último, un mensaje organizado tiene más probabilidades de ser recordado por quien lo escucha y, por lo tanto, de influir a los escuchas.

Existen muchos patrones de organización entre los cuales elegir (vea la tabla A.2). En general, usted debe ordenar sus pensamientos utilizando procesos continuos, como tiempo, dirección, procesos causales, o secuencia de solución de problemas, complejidad, espacio o familiaridad. Una técnica relacionada consiste en organizar su material como una serie de respuestas a preguntas comunes. Otra técnica común es la llamada de emparedado, porque incluye tres pasos. Primero, usted enfatiza las ventajas del plan. Segundo, evalúa en forma realista los riesgos o las preocupaciones asociados con éste. Tercero, refuerza los beneficios al mostrar cómo se compensan los costos, cómo minimizar los riesgos proponiendo salvaguardas o cómo se podría superar la resistencia al cambio.

Conforme planea su mensaje, considere la orientación de sus escuchas. La principal pregunta que se debe plantear es: "¿Qué es lo que piensa o ya sabe mi audiencia?". Comience desde ese punto, luego oriéntese hacia el conocimiento o punto de vista deseado.

La comunicación escrita y la oral varían en la cantidad de información detallada que puede comunicarse en un solo esfuerzo. Dado que se puede volver a leer un memorándum o un informe, el receptor no tiene que

APRENDIZAJE

Tabla A.2   Patrones comunes de organización

ESTRATEGIA	EXPLICACIÓN
Cronológica	Traza el orden de los acontecimientos en una secuencia temporal (como pasado, presente y futuro, o primer paso, segundo y tercero).
Espacial	Ordena las ideas principales en términos de distancia física (como norte, centro y sur) o dirección entre uno y otro (como interno y externo).
Causal	Desarrolla ideas a partir de la causa (como diagnosticar la enfermedad a partir de sus causas) hasta el efecto o los resultados causados (por ejemplo, de los síntomas a la enfermedad).
Temática	Menciona los aspectos del tema (como tamaño, color, forma o textura).
Secuencia motivada de Monroe	Sigue un proceso de cinco pasos: 1. Captar la atención 2. Mostrar una necesidad 3. Presentar una solución 4. Visualizar los resultados cuando se implementa la solución 5. Invoca acciones para poner en marcha la solución
Orden de familiaridad-aceptación	Comienza con lo que la audiencia sabe y cree, y se dirige hacia ideas nuevas.
Orden de indagación	Desarrolla de manera secuencial el tema, de la misma forma en que usted adquiere la información o resuelve un problema.
Pregunta-respuesta	Plantea y responde una serie de preguntas de la audiencia.
Problema-solución	Primero establece la existencia de un problema y luego desarrolla un plan para resolverlo.
Orden de eliminación	Investiga todas las soluciones disponibles y elimina de manera sistemática cada posibilidad hasta que queda sólo una.

recordar toda la información. Sin embargo, los discursos no pueden volverse a escuchar. Es más importante limitar la cantidad de información que se presenta oralmente. ¿Cuántas ideas puede transmitir en un discurso? La mayoría de los oradores prefieren tres ideas principales, pero muchos escuchas pueden recordar hasta cinco. El límite aproximado de la memoria inmediata a corto plazo de una persona es de siete elementos de información en un momento dado. Como la gente debe recordar lo que usted dijo para poder actuar en consecuencia, divida su discurso en no más de cinco partes principales para permitir que sus ideas sean fáciles de recordar (Miller, 1967). Si su presentación es extensa, considere la posibilidad de utilizar auxiliares visuales, como diapositivas de PowerPoint o resúmenes escritos para reforzar el mensaje.

Utilice transiciones o señales para indicar su progreso

Es importante que al inicio de su mensaje provea a su audiencia con un mapa. No se detenga ahí. Continúe ayudándolos a seguirlo a través de su exposición. Para ello señale el cambio de una idea a otra resumiendo la primera y anunciando la siguiente. Esto es muy importante en la comunicación oral ya que la audiencia escuchará su mensaje sólo una vez, por eso es fundamental que usted incluya señales durante el discurso. Deberá indicar las principales transiciones entre las ideas, como: "Acabamos de ver cómo operan los dos tipos estándar de almacenamiento de datos; ahora veamos las ventajas y desventajas de cada sistema". En la comunicación escrita, las transiciones se señalan separando, numerando o utilizando viñetas para resaltar la información. Puede dirigir la atención de sus lectores hacia las palabras clave escribiéndolas en cursivas o negritas.

Concluya con un comentario contundente

Dos importantes conceptos psicológicos están presentes en la comunicación: la primacía y la novedad. La primacía es la primera impresión recibida y la novedad es la última. La gente tiende a recordar lo primero y lo último que lee o escucha en los mensajes. Es fácil entender por qué las partes más importantes de cualquier presentación son la primera y la última impresión que crean. En su introducción, usted establece un sentimiento inicial que matiza el resto de la presentación, y la impresión creada durante la conclusión influye en la evaluación general que hace la audiencia de su mensaje. Como éstos son los segmentos más importantes de su presentación, requieren una mayor preparación. Debe planear su mensaje teniendo en mente el comienzo y el fin, es decir, debe considerar la declaración de su objetivo específico mientras desarrolla su introducción y conclusión. Algunas personas escriben la conclusión primero, porque esto les permite organizar el resto de su material para que fluya de forma natural hacia la conclusión.

Cierre su discurso o mensaje escrito resumiendo sus ideas. La investigación indica que este tipo de refuerzo ayuda a los receptores a retener la información. Por lo general, las personas recuerdan menos del 20 por ciento de lo que escuchan o leen. Si presenta una vista previa de la información en su introducción, la refuerza en resúmenes internos y la sintetiza en la conclusión, incrementará las posibilidades de que los receptores recuerden sus ideas.

Las últimas declaraciones después de su resumen deben crear una sensación de cierre y añadir más probabilidades de recordar su mensaje. Estas afirmaciones pueden adoptar diversas formas. Podría incitar a la acción, reforzar el compromiso de la audiencia hacia la tarea o establecer sentimientos de buena voluntad (vea la tabla A.3 para mayores sugerencias). Por ejemplo, podría enfatizar la legitimidad mencionando diversas citas de expertos, destacar el tema "estoy aquí para ayudar", pronosticar condiciones futuras, acentuar la utilidad de su propuesta enfatizando el efecto que tendrá el resultado final o utilizar una exhortación emocional para incrementar el compromiso y la lealtad.

SUSTENTE SUS ARGUMENTOS

Elija diversos apoyos

Existen muchas razones para utilizar materiales de apoyo, o evidencia, conforme desarrolla su mensaje. La mayoría de las investigaciones concluyen que el material de apoyo marca la gran diferencia en el efecto que las ideas producen. Esto es verdad incluso si sus receptores no lo conocen bien o si consideran que su credibilidad es de moderada a baja. ¿Qué tipo de apoyo debe elegir? En la tabla A.4 se ilustran algunos de los muchos tipos de materiales de apoyo disponibles. Los mensajes son más fuertes cuando se sustentan con material de apoyo variado. Por ejemplo, es conveniente reforzar datos estadísticos acerca del reparto de utilidades con un caso específico, como la forma en que esos números afectarán a un empleado en la línea de ensamble.

Considere a sus escuchas cuando elija el apoyo

Los tipos de materiales de apoyo que elija dependen en parte de su audiencia. Si la evidencia es nueva para ellos, tendrá mayor efecto. Las cintas de video, las grabaciones o las fotografías también tienen un efecto

Tabla A.3	Tipos de introducciones y conclusiones

Cuando elija una introducción o conclusión, pregúntese si esta orienta a su audiencia, a sus objetivos y señala con claridad el inicio o conclusión de su discurso.

1. Refiérase al tema u ocasión.
2. Utilice una referencia personal o un saludo.
3. Plantee una pregunta retórica.
4. Haga una declaración asombrosa.
5. Utilice una cita.
6. Cuente una historia divertida.
7. Utilice un ejemplo.
8. Apele o rete.
9. Utilice el suspenso.
10. Apele al interés personal del receptor.
11. Utilice un apoyo visual.
12. Refiérase a un incidente reciente.
13. Elogie a la audiencia o a un miembro de la audiencia.
14. Refiérase al orador anterior.
15. Demande una acción específica.

Tabla A.4	Tipos de materiales de apoyo
Ejemplos	Casos específicos que ilustren o aclaren una idea. Por ejemplo, "nuestras plantas de Detroit y Sacramento utilizan círculos de calidad".
Estadísticas	Cifras que expresan relaciones de magnitud, segmentos o tendencias. Por ejemplo: "En la actualidad el 32 por ciento de nuestros empleados participa en la toma de decisiones de círculos de calidad, y eso representa un incremento del 17 por ciento con respecto a los dos últimos años".
Testimonio	Las opiniones o conclusiones de otras personas, particularmente de expertos. Por ejemplo: "Después de estudiar nuestras plantas, el profesor Henry Wilson, de la Escuela de Negocios de Harvard, comentó que los empleados estadounidenses no se sienten motivados por el grupo. Concluyó que, por esa razón, no se podía esperar que los empleados estadounidenses tuvieran una buena respuesta para los círculos de calidad".

importante. Las personas que son muy dogmáticas se ven más afectadas por la evidencia que el resto. La gente tiende a creer en evidencias que coinciden con su propia postura más que con las que no concuerdan. Así que su postura inicial determina qué tanto considerarán creíbles las evidencias. Si sus receptores consideran que la fuente o el tipo de información son creíbles, su presentación será más eficaz (vea la tabla A.5).

Utilice apoyos visuales

Existen tantas razones para utilizar apoyos visuales como tipos de ellos (vea la tabla A.6). Los apoyos visuales ayudan a los individuos a procesar y recordar datos (Seiler, 1971). Además de mejorar la comprensión y la memoria, los apoyos visuales aumentan el poder de persuasión de sus ideas si comprometen a los receptores

activamente en el intercambio de comunicación. Su credibilidad y su capacidad de persuasión mejoran gracias a los apoyos visuales adecuados. Con estas funciones en mente, recuerde que los apoyos visuales deben ser simples, claros y profesionales (vea la tabla A.7). La finalidad de un apoyo visual es mejorar su presentación, no remplazarla ni distraer a su audiencia. Por desgracia, muchos profesionales ignoran esto y tratan las presentaciones como exhibiciones de transparencias, en las cuales el centro de atención se vuelve lo que se muestra en pantalla o los efectos de sonido, y no el presentador.

Las gráficas elaboradas por computadora son un gran complemento para sus ideas principales con materiales visuales. Sin embargo, también tienden a crear imágenes y sonidos desordenados y excesivos que distraen a la audiencia de su mensaje estratégico. Seleccione

Tabla A.5	Uso de materiales de apoyo

Existen muchas investigaciones sobre el uso de materiales de apoyo o evidencias en las presentaciones orales. Según ellas se presentan los siguientes patrones:

1. Si su credibilidad es de baja a moderada, tal vez las evidencias aumenten la eficacia de su persuasión.

2. Parece haber una diferencia mínima entre evidencia emocional y lógica.

3. En general, es mejor utilizar evidencia que no hacerlo.

4. Parece que existe poca diferencia entre fuentes sesgadas y fuentes objetivas en su efecto final sobre la audiencia.

5. Un buen discurso puede mejorar la fuerza de la evidencia cuando se ignoran las fuentes o tienen poca credibilidad.

6. La evidencia puede reforzar la eficacia de la persuasión a largo plazo.

7. La evidencia es más eficaz cuando los receptores no están familiarizados con ella.

8. La gente tiende más a creer en evidencias que coinciden con su propia postura.

9. Las personas muy dogmáticas se ven más afectadas por la evidencia que el resto.

10. La evidencia produce un mayor cambio de actitud cuando se da información sobre la calidad de la fuente.

11. Los oradores con baja credibilidad se consideran más creíbles cuando citan evidencias.

12. El uso de evidencias irrelevantes o fuentes de baja calidad pueden producir un efecto opuesto al que pretende el orador.

FUENTE: *De Persuasion: Reception & Responsibility, 6a. edición por Larson. © 1992. Reproducido con autorización de Wadsworth, una división de Thomson Learning: www.thomsonrights.com. Fax 800 730-2215.*

Tabla A.6	Funciones de los apoyos visuales

De acuerdo con las investigaciones, utilizar apoyos visuales eficaces en una presentación oral:

• Hace que su presentación sea 50% más memorable.

• Aclara en gran medida la información detallada o compleja.

• Le confiere una imagen más profesional y de mejor preparación.

• Acelera la toma grupal de decisiones.

• Reduce el tiempo de la reunión hasta en 28%.

• Hace que su mensaje sea 43% más persuasivo.

FUENTE: *Osborn & Osborn, 1991, y Gronbeck et al., 1992.*

y diseñe los apoyos visuales para reforzar su estrategia y aclarar sus ideas. Recuerde que cada tipo de apoyo visual comunica información en forma distinta. En general, los apoyos visuales como transparencias, fotografías y carteles ayudan a la audiencia a *sentirse*

como usted. Enriquecen la dimensión emocional de una presentación. Por otro lado, los materiales descriptivos o escritos ayudan a la audiencia a *pensar* como usted. Las cifras y los cuadros refuerzan los procesos cognitivos; las fotografías refuerzan los procesos afectivos. Utilice tablas y gráficas para enfatizar relaciones y patrones, no para comunicar informes detallados. Si fuera necesario, distribuya copias de cuadros y tablas.

UTILICE UN ESTILO MEJORADO

Hasta este punto, la preparación de mensajes orales y escritos es muy similar. Si pretende dar un discurso o escribir un memorando, necesita desarrollar su estrategia al identificar sus objetivos, estructurar su mensaje y sustentar sus ideas con evidencias. El cuarto paso requiere que nos refiramos por separado a los mensajes orales y a los escritos porque son formas de comunicación con estilos muy diferentes. Nos enfocaremos primero en las presentaciones orales.

Tabla A.7	Lista de control para el uso de apoyos visuales

Mientras prepara sus apoyos visuales, plantéese las siguientes preguntas:

❑ ¿Puedo evitar que el apoyo visual se convierta en el aspecto más importante de mi discurso? ¿Será algo más que sólo un adorno?

❑ ¿Puedo traducir cifras complejas en gráficas de barras o de líneas para facilitar una mayor comprensión?

❑ ¿Me siento cómodo utilizando el apoyo visual? ¿He practicado con él para usarlo de manera natural y no interrumpir el flujo de ideas en mi discurso?

❑ ¿Es lo suficientemente grande para que todos lo vean sin esfuerzo?

❑ ¿Todo el material impreso es breve y nítido?

❑ ¿El apoyo visual es colorido y atractivo?

❑ Los estudios demuestran que el color incrementa el recuerdo de la información.

❑ ¿Mis apoyos visuales son profesionales, es decir, ordenados, atractivos y precisos?

❑ ¿Hice los arreglos necesarios para usar apoyos visuales especiales con anticipación?

❑ ¿Puedo utilizar el apoyo visual sin bloquear la visibilidad de mi audiencia hacia él? ¿Seré capaz de mantener buen contacto visual con mi audiencia mientras utilizo el apoyo visual?

❑ ¿Puedo evitar tener que estirar mi cuerpo para ver el material o agitar el auxiliar visual frente a mi rostro?

❑ ¿Puedo evitar distraer a mi audiencia al mantener el auxiliar visual cubierto y fuera de la vista antes y después de usarlo?

❑ ¿Qué haré si el auxiliar visual no funciona? ¿Estoy preparado para contingencias inesperadas, como una bombilla fundida del proyector o una sala que no pueda oscurecerse?

❑ ¿He planeado la ayuda de voluntarios en caso de que se requiera?

❑ ¿Se requerirá un señalador?

❑ ¿Las gráficas estarán aseguradas para que no las tenga que buscar en el piso a la mitad de mi discurso?

❑ ¿Estoy utilizando diversos apoyos visuales para aumentar el interés de mi audiencia?

❑ Si voy a utilizar material escrito, ¿puedo ajustarme a la distracción que habrá al momento de distribuirlo? ¿Puedo competir con las personas que leerán el material escrito en vez de escucharme?

❑ ¿El ruido de un proyector u otro aparato podría opacar mi voz?

EL ESTILO EN LA COMUNICACIÓN ORAL

Prepare sus notas

Lo que distingue a los presentadores eficaces es su aparente falta de esfuerzo. Algunos oradores tienen tal dominio de su material que parecen estar improvisando. Casi todos preferimos ese estilo de conversación (vea la tabla A.8). Pero no se deje engañar por las apariencias. Horas de preparación y práctica preceden al desempeño real. Ya le hemos presentado los tres pasos de la preparación, pero, ¿cómo se desarrolla la cuarta etapa de la preparación de una comunicación oral?

Después de considerar su estrategia, estructura y sustento de forma cuidadosa debe preparar sus notas. Para hacer esto, simplemente anote sus principales ideas en un bosquejo sencillo, siguiendo los patrones de organización que haya elegido. Lo que haga a continuación dependerá de su método de presentación. Con frecuencia utilizará un estilo de conversación que no requiere memorizar o leer el mensaje; a esto se le llama improvisación. Las presentaciones improvisadas son adecuadas porque son naturales y flexibles, y son idóneas para la mayoría de las situaciones. Para prepararlas, copie las palabras clave en tarjetas de notas para ayudar a la memoria; las páginas estándar a menudo son distractoras. Escriba citas, datos estadísticos o cualquier información que requiera palabras exactas o cifras. Resalte los lugares donde pretenda utilizar auxiliares visuales y donde vaya a hacer pausas para las preguntas o presentar alguna exposición. Para ensayar, repase el discurso expresando sus ideas en un lenguaje que parezca natural. Tal vez descubra que expresa las ideas con distintas palabras cada vez. Eso está bien. Incrementará la calidad de conversación de su discurso porque sus palabras serán más propias de un estilo oral y de la expresión natural. Le ayudará a desarrollar flexibilidad, permitiéndole ajustarse a distintas palabras y flujos de ideas.

Si la ocasión es formal y exige palabras exactas o una prosa exquisita, debe preparar un manuscrito palabra por palabra para memorizarlo o leerlo. Luego debe ensayar con el manuscrito, tratando de lograr un flujo en el diálogo tan natural como sea posible. Esta forma de presentación es poco común, pero podría requerirse para analizar temas legales y financieros, hacer anuncios a la prensa o conducir ceremonias especiales. De otra manera, evite utilizar libretos escritos o memorizarlos porque esto interrumpe el flujo natural del estilo conversacional e interrumpe el contacto visual con su audiencia. Como los manuscritos primero se elaboran de forma escrita, por lo general adoptan el estilo de un lenguaje escrito. A menos que tenga práctica como escritor de discursos, su manuscrito sonará como un discurso escrito en vez de oral (vea la tabla A.9).

Practique su presentación

Es adecuado que ensaye su presentación en condiciones simuladas (en una habitación similar, con una audiencia que le pueda dar sugerencias para mejorar). Cronometre su presentación para que sepa si es necesario ampliar o recortar ideas. Las investigaciones revelan que practicar un discurso por periodos breves durante el transcurso de varios días es más útil para reducir la ansiedad y mejorar la memoria que una práctica concentrada. Practique el discurso para usted mismo durante el desayuno, en su descanso, mientras se dirige a una reunión a media tarde y antes de dormir. La práctica distribuida es más eficiente y arroja mejores resultados que la práctica concentrada.

Practique utilizando sus apoyos visuales

Esto le ayudará a acostumbrarse a manejarlos y a darle cierta idea de cuánto tiempo durará su discurso si incluye apoyos visuales. Prepárese para lo inesperado. ¿Qué pasaría si el ruido de un avión que en ese momento pasa por el cielo apaga su voz? ¿Qué pasaría si de pronto el micrófono no funciona, se abre una ventana o si la temperatura de la sala de presentación se vuelve extremadamente alta? Compense las pequeñas interrupciones

---

Tabla A.8	Diferencias entre hablar en público y la conversación

Según la sabiduría popular, dar un discurso es igual que platicar con otra persona. Aunque la mayoría de la gente prefiere un estilo de conversación similar a hablar en público, existen al menos tres diferencias importantes entre dar un discurso y sostener una conversación:

1. Hablar en público es una labor mucho más estructurada. Requiere una planeación y un desarrollo más detallados. Se pueden imponer límites específicos de tiempo, y el orador no tiene la ventaja de ser capaz de responder en forma individual a quienes lo escuchan.

2. Hablar en público requiere de un lenguaje más formal. El uso de expresiones coloquiales, jerga y gramática deficiente disminuye la credibilidad del orador, incluso en las situaciones de discursos informales. Los que escuchan suelen reaccionar de forma negativa ante malas elecciones de lenguaje. De hecho, muchos estudios demuestran que ciertos tipos de lenguaje, como el obsceno, disminuyen de manera drástica la credibilidad del orador.

3. Hablar en público requiere un método diferente de transmisión. Se debe ajustar el volumen y la proyección de la voz del orador, la postura debe ser correcta, y se deben evitar los ademanes y hábitos verbales que distraen.

FUENTE: Adaptada de *Lucas, 1989.*

Tabla A.9	Diferencias entre los estilos oral y escrito

¿Por qué reconocemos al instante un discurso memorizado? ¿Por qué la transcripción de una reunión suena extraña? La respuesta a ambas preguntas es que el estilo oral difiere del estilo escrito. Los manuscritos de discursos que se memorizan revelan su estilo escrito y las conversaciones que se leen revelan su estilo oral. El estilo oral y el estilo escrito difieren de las siguiente manera:

1. La longitud promedio de un enunciado es menor en las conversaciones (unas 16 palabras).

2. El vocabulario es más limitado al hablar que al escribir. "Yo" y "usted" o "tú" conforman casi el 8 por ciento de las palabras que se utilizan al hablar; casi la mitad del vocabulario total que utilizamos al hablar comprende menos de 50 palabras.

3. El vocabulario hablado consiste de palabras más cortas.

4. Los oradores utilizan más palabras para referirse a ellos mismos como "yo", "mi" y "nosotros"; los que escuchan califican esto como más interesante.

5. Al hablar se utilizan más términos calificadores (como "muchos", "varios" y "demasiados") y términos totalitarios (como ninguno, nunca y siempre).

6. Al hablar se utilizan más frases y términos que indican duda, como "me parece que", "aparentemente", "en mi opinión" y "tal vez".

7. Al hablar se utilizan pocas cifras exactas.

8. Los oradores utilizan más expresiones coloquiales.

Una observación final sobre el lenguaje: existe cierta evidencia de que utilizamos la diversidad léxica como un indicador del nivel socioeconómico, las habilidades y las similitudes percibidas del orador.

FUENTE: *Copyright 1978 de Oral and Written Style, por L. Einhorn. Reproducido con autorización de Taylor & Francis Group, LLC. www.taylorandfrancis.com.*

disminuyendo su ritmo, eleve un poco el volumen de su voz y continúe. Alentará a la audiencia a escuchar su mensaje en vez de distraerse momentáneamente. Para otras interrupciones, una buena regla consiste en responder de la misma manera que usted lo haría si formara parte de la audiencia. Quítese el saco si hace demasiado calor, cierre la ventana, levante la voz si el auditorio no lo puede escuchar o haga pausas para lograr que se capte una idea compleja.

Mientras practica, piense cómo canalizará su ansiedad. La mayoría de los oradores informan que se sienten ansiosos antes de hablar; es normal. Para manejar su ansiedad, conviértala en energía positiva. Prepárese con mucha anticipación para el discurso (desarrolle sus ideas, susténtelas y practique la manera en que las expresará). Incluso si está ansioso, tendrá algo importante que decir. Tal vez sea útil visualizar la situación del discurso. Cierre los ojos, relájese y piense cómo se va a sentir y cómo lo mirarán los miembros de la audiencia. Espere sentir un poco de pánico momentáneo mientras se levanta para hablar, pero éste desaparecerá conforme su discurso avance. Recuerde pensar en sus ideas y no en lo nervioso que se siente. Concéntrese en el mensaje. También recuerde que la ansiedad de hablar en realidad nunca se elimina. Muchos oradores experimentados aún sienten pánico escénico. La ventaja de la experiencia es que uno aprende a convertir la ansiedad

en energía y entusiasmo. Eso le da una chispa adicional mientras habla. Nunca diga a su audiencia que está nervioso. Esto distraerá la atención de sus ideas hacia su ansiedad. Por lo general, la audiencia no puede saber si un orador está nervioso; sólo él lo sabe y debe mantenerlo en secreto.

Transmita un entusiasmo controlado por su tema

Cuando se realizó una encuesta con 1,200 personas en la que se les pidió que identificaran las características de las presentaciones eficaces (Peoples, 1988), los resultados contenían adjetivos como flexible, cooperativa, orientada a la audiencia, agradable e interesante. Lo sorprendente de estos resultados fue que sólo el último reactivo de la lista de 12 características sobresalientes estaba relacionado específicamente con el contenido de las presentaciones. Esto sugiere que la explicación anterior acerca de un formato eficaz, aunque necesario, no es suficiente para garantizar el éxito. En otras palabras, una presentación poco concisa y mal organizada con toda seguridad producirá una evaluación negativa en general. Por otro lado, una presentación bien organizada, muy lógica y fácil de seguir que se transmite de manera inadecuada, tampoco será apreciada. Este estudio sugiere que el estilo es extremadamente importante en la comunicación oral.

Años de investigación sobre la forma en que los estudiantes evalúan el desempeño de la enseñanza en los salones de clase han demostrado de manera consistente que el sello de un buen maestro es el entusiasmo. Los estudiantes perdonarán otras deficiencias si es evidente que al profesor le gusta mucho el tema y está genuinamente interesado en transmitir ese aprecio a los estudiantes. Lo mismo ocurre con los expositores. Su postura, tono de voz y sus expresiones faciales son importantes indicadores de su actitud. Hable de pie; si es posible, muévase en ocasiones y utilice ademanes para comunicar una actitud de honestidad. Recuerde que su audiencia se contagiará de su entusiasmo.

Aunque el entusiasmo es importante, debe ser controlado. No confunda el entusiasmo con el escándalo. Una buena regla es utilizar tonos de voz e inflexiones vigorosas, pero adecuadas para una conversación. Evite vociferar o sermonear a su auditorio. Asegúrese de que puede ser escuchado con facilidad y que su tono es lo suficientemente empático para transmitir con eficacia el significado. En general, su discurso debe parecerse a una conversación animada o vivaz.

Enriquezca el mensaje con su estilo

Otra clave para mantener la atención del auditorio es un estilo eficaz. El contacto visual es la herramienta más importante para captar la atención de la audiencia. Esto hace que los miembros de la audiencia sientan que están participando en una discusión individual y casi privada con usted. En la cultura occidental se valora el hecho de ser directos y honestos. Una de las expresiones de estos valores es el contacto visual directo. Un contacto visual eficaz implica mirar directamente a los miembros de la audiencia, uno a la vez, de manera aleatoria al girar la cabeza. En general, cuanto más pequeño sea el grupo, más podrá mirar a cada persona. Mantener el contacto visual también es la principal fuente de retroalimentación de la audiencia durante su presentación. Si su auditorio parece confundido, tal vez deba detenerse y revisar sus ideas clave.

Es importante utilizar el espacio físico y los movimientos del cuerpo para enriquecer su mensaje. Recuerde que las presentaciones son como películas, no como fotografías. Hay que alternar movimientos y permanecer estático, hablar y escuchar, hacer y pensar. Intercale su discurso con el uso de la pizarra, la demostración, la participación de la audiencia y los auxiliares audiovisuales para que ninguna actividad ocupe una porción mayoritaria de la presentación. Condimente su presentación con anécdotas personales, referencias a miembros del grupo, hechos inusitados, información vital e imágenes vibrantes. Siempre que sea adecuado, arregle el área del podio para permitir el movimiento

físico; esto le permitirá señalar ideas importantes, indicar transiciones, establecer contacto con una persona que haga una pregunta, resaltar el interés de segmentos específicos de la audiencia, y para ayudar a los oyentes a permanecer alerta al reenfocar su atención.

Otros aspectos del espacio físico afectan la calidad de su presentación. De ser posible, arregle el área del podio y la forma en que se sentará el auditorio, para eliminar cualquier distracción. En entornos más íntimos, agrupe a los participantes para que haya menos espacio entre ellos. Elimine del podio materiales innecesarios o de distracción, como equipo, letreros y pantallas que no se utilicen. Mantenga sus auxiliares visuales cubiertos hasta que se utilicen y mantenga limpia la pizarra. Enfoque la atención de su auditorio en usted y en su mensaje.

Podría utilizar el espacio para comunicar intimidad o distancia. Ubíquese aproximadamente a la mitad del auditorio de derecha a izquierda y en un punto donde pueda mantener un contacto visual cómodo. Con esto en mente, podrá alterar el estilo de su presentación de manera deliberada para incrementar el contacto con los miembros de la audiencia. Colóquese más cerca si pretende establecer intimidad o tensión; aléjese a una distancia más cómoda cuando sus ideas sean neutrales.

Los ademanes también resultan útiles en una presentación. Deben parecer espontáneos y naturales para que puedan reforzar su mensaje, más que quitarle la atención. Deben ser relajados, no rígidos. Utilícelos para acentuar su modo normal de expresión. Hasta cierto punto, cuando se concentre en su mensaje y no en sus movimientos, los ademanes apropiados saldrán de manera natural. Recuerde que sus ademanes deben ser suaves, relativamente lentos, ni demasiado bajos (por debajo de su cintura), ni demasiado altos (por arriba de sus hombros), ni demasiado amplios (a más de 60 cm de su cuerpo). Si utiliza un podio, permanezca ligeramente atrás o a un lado para que no oculte sus movimientos de la visión de su audiencia. Las reglas generales para los ademanes cambian conforme se incrementa su audiencia. Debe adaptarse a grupos grandes al hacer ademanes más evidentes o más notorios.

Evite cualquier ademán o movimiento que distraiga de su mensaje. Son molestos los movimientos irrelevantes, como hacer sonar monedas en un bolsillo, jugar con las notas, cambiar de un pie a otro, acomodarse el cabello o ajustarse los lentes. De hecho, cualquier movimiento que se repita con demasiada frecuencia provoca una distracción. Practique utilizando una variedad de movimientos del cuerpo para ilustrar o describir, enumerar, agregar énfasis o dirigir la atención. Para variar, algunos ademanes deben incluir la parte superior completa del cuerpo, no sólo su mano dominante.

EL ESTILO EN LA COMUNICACIÓN ESCRITA

Al igual que la comunicación oral, la comunicación escrita es una habilidad que puede aprenderse. La comunicación escrita sigue los mismos tres pasos de preparación que la comunicación oral. El redactor determina las estrategias, la estructura y el sustento antes de plasmar sus ideas en el papel. Al igual que sucede con las presentaciones eficaces, un buen escrito requiere de un análisis cuidadoso de la audiencia y la situación. En un entorno de negocios, "cada documento es una respuesta a un problema o una oportunidad que requiere que se logre cierto consenso o que se tome alguna acción" (Poor, 1992, p. 38).

Existen diferencias significativas entre los estilos de comunicación oral y escrito. La comunicación escrita, aunque carece de la dimensión interpersonal de la inmediatez, ofrece una enorme ventaja sobre la comunicación oral: perdura. Los documentos escritos pueden conservarse, estudiarse, duplicarse y archivarse para el futuro. Esto significa que, en esencia, son capaces de transmitir información mucho más detallada. Aunque la comunicación escrita ofrece estas ventajas, también demanda diferentes aspectos del comunicador; la comunicación escrita exige precisión.

Desarrolle precisión mecánica en su escritura

Su imagen profesional se juzga por la apariencia de su comunicación escrita. Tachones, borrones, errores tipográficos o cualquier otro descuido demerita su mensaje escrito, al igual que los ademanes torpes pueden distraer la atención de su mensaje oral. También se requiere precisión gramatical: errores de ortografía, de puntuación y gramaticales son señales de redactores con escasa educación. Desde luego, ésta no es la imagen que usted desea transmitir. Tal vez cuente con la ayuda de una secretaria o un empleado de oficina encargado de detectar y corregir estos problemas. Sin embargo, cuando firma o avala de alguna forma el producto final, sólo usted es responsable por cualquier error que éste pueda contener. Es esencial desarrollar el hábito de revisar cuidadosamente los borradores finales antes de firmarlos.

Las violaciones a las reglas gramaticales y de puntuación pueden afectarlo y no solamente en su credibilidad. También podrían interrumpir a su lector. Si el lector se distrae con errores tipográficos, gramática confusa o pronombres ambiguos, sus ideas podrían perderse y esos errores perjudicarían el efecto de su mensaje. Algunos reclutadores desechan currículos que contienen errores de escritura. Su razonamiento es que si los aspirantes a un puesto no se toman el tiempo de corregir un breve currículum, también podrían ser descuidados en el trabajo. Algunos lectores se sienten insultados por una gramática deficiente; otros

se consideran automáticamente superiores al escritor. Aunque éstas tal vez no sean reacciones lógicas, pueden ocurrir y, lo que es más importante, bloquean la eficacia del emisor. Tal vez piense que una gramática y una puntuación correctas no son asuntos trascendentales. Quizá no lo sean, pero usted se arriesga cada vez que presenta un texto descuidado a otro lector. Considere la campaña de Charles Day para un puesto en un gobierno local. Sus volantes de campaña, entregados de casa en casa, llevaban la leyenda: "Vote por Charles Day para el consego escolar". ¿Usted querría votar por un hombre que al parecer no sabe escribir correctamente, para que tome decisiones sobre asuntos académicos de las escuelas de su vecindario? La impresión es que si usted no tiene el tiempo o la motivación para revisar sus propios escritos, no pondrá atención a los detalles en el trabajo de los demás.

Desarrolle precisión factual en sus escritos

Es importante presentar los hechos correctamente. Si envía un memorando citando a una reunión, pero registra una fecha incorrecta para su realización, sufrirá las consecuencias de incomodar a los demás. La precisión es fundamental, pero ése sólo es el inicio. Depende del escritor construir enunciados que transmitan el mensaje con toda claridad al lector. Muchas veces los escritores conocen los hechos, pero omiten importantes detalles al escribirlos. La omisión ocurre cuando usted conoce todos los hechos o las circunstancias, y mientras escribe, supone que el lector también los conoce. Escriba teniendo en mente al lector. Esto supone que usted ha analizado quiénes son sus lectores y sabe qué información necesitan y esperan. ¿Qué información básica es importante que sus lectores conozcan para poder entender su mensaje? En vez de iniciar con la parte central del mensaje, primero dé los antecedentes, como: "En respuesta a su memorándum del 2 de febrero, en el que solicita correcciones a nuestra política sobre las quejas, hemos tomado tres acciones. Primero...". Si no está seguro sobre qué incluir, pida a alguien que no conozca los detalles de la situación que lea lo que escribió.

La ambigüedad es otra barrera para una escritura clara. Muchas veces escribimos como hablamos, construyendo frases como lo haríamos en forma oral. A diferencia de los oradores, los escritores no tienen la posibilidad de utilizar indicios no verbales para transmitir significados o asociaciones específicos. Como es probable que los lectores no tengan la posibilidad de hacer preguntas o de recibir retroalimentación inmediata, ellos mismos deben determinar las asociaciones. Considere cómo la ambigüedad provoca la falta de significado real y preciso en el siguiente memorando:

La siguiente reunión del departamento está programada para la próxima semana. Matt Olsen pidió a Leo Robinson que prepare un informe acerca de las elecciones del sindicato. Su informe irá después de los anuncios. Elegiremos nuevos funcionarios en la siguiente reunión.

Este comunicado no aprueba el examen estándar de escritura clara. Si el memorándum se envió el viernes y se recibió el lunes, ¿en qué semana será la reunión? ¿Quién dará el informe? El adjetivo posesivo "su" es un tanto confuso. ¿En qué "siguiente" reunión será la elección de funcionarios? ¿Será en la que se menciona en el memorando o en otra "siguiente reunión"? Como esto puede crear confusión, molestia y pérdida de tiempo, un comunicado escrito con tanto descuido podría tener un efecto adverso en la relación entre el emisor y los receptores, que afectaría su comunicación posterior. Visto de esa manera, los memorándums que un directivo escribe habitualmente son un factor importante para manejar las relaciones de manera estratégica y productiva.

Redacte mensajes escritos con precisión verbal

Lograr una precisión verbal no es lo mismo que lograr una precisión mecánica o factual. La precisión verbal se basa en la exactitud de las palabras elegidas para expresar las ideas. En un mundo ideal, las palabras podrían dar el significado exacto que usted busca, pero las palabras no pueden reproducir la realidad. Más bien, las palabras son símbolos de objetos e ideas. Agregue a esta representación inexacta los sutiles matices de significado del propio lector y podrá ver por qué es difícil lograr precisión verbal. Dicho de otra manera, una palabra tiene dos niveles de significado: uno denotativo, es decir, el significado acordado por la mayoría de las personas que utilizan la palabra, y uno connotativo, que se refiere a la dimensión personal del significado que el receptor da a la palabra.

La comunicación depende de una mezcla de los significados denotativos y connotativos. Considere el sustantivo *Greenpeace*. Su referencia denotativa es de una organización ambiental internacional específica. El significado connotativo varía ampliamente. Para muchos ambientalistas, Greenpeace está al frente de una cruzada valiosa; para algunos gobiernos y empresas, en cambio, la organización es una molestia, en el mejor de los casos. Éstas son las referencias connotativas de una sola palabra. Considere la dificultad para crear la mezcla correcta de significados denotativos y connotativos en documentos completos. Debe tener presentes los dos tipos de significados de las palabras que utiliza. Es probable que a menudo reconozca su propio significado connotativo, pero que no esté consciente de cómo podrían reaccionar los demás. Aunque la connotación suele ser un asunto personal, podría tratar de juzgar este significado pensando desde el punto de vista de sus receptores. ¿Cuál será su reacción más probable?

La clave para la precisión verbal en la escritura es la claridad. Las preguntas fundamentales que debe hacerse son: "¿La palabra o frase transmite el significado sin confusión?", o "¿cualquier persona que lea este comunicado por primera vez podría comprender las ideas de manera directa y sencilla?". Una pregunta secundaria es si el mensaje escrito comunica significados no intencionales estimulados por los significados connotativos de palabras o frases. El efecto de las connotaciones una vez más subraya la importancia de conocer a su audiencia y de estar consciente de lo que es apropiado para una u otra audiencia.

Sea consciente del tono

El tono de su escritura está directamente relacionado con su dicción o con la elección de palabras. Por ejemplo, compare estas dos declaraciones: "nuestra compañía adquirirá el producto" y "lo compraremos". La segunda suena más informal porque utiliza un pronombre y un sujeto tácito. En general, las palabras y los enunciados más extensos tienden a transmitir un tono más formal.

Utilizar el nivel adecuado de formalidad en sus escritos requiere que analice la naturaleza de la situación de la escritura. Una invitación a una recepción para el consejo directivo de una empresa requiere un lenguaje formal. Si está escribiendo a extraños o a funcionarios de alto nivel jerárquico, es más seguro ser formal. Cuando se comunica de manera lateral o hacia abajo de la jerarquía, la comunicación podría ser informal. Sin embargo, una carta para reprender a un subalterno debe redactarse en un tono formal.

El tono de la escritura de negocios va más allá de su formalidad relativa. Refleja la naturaleza del escritor como persona y, por lo tanto, afecta los sentimientos del lector hacia el escritor. Su efecto puede ser significativo y a menudo inesperado. Por ejemplo, una carta sucinta podría interpretarse como sarcástica o de enojo a pesar de que el escritor no haya albergado esa intención. Considere a un cliente que escribe una extensa carta expresando sus problemas con un producto. Qué pensaría el cliente si le respondieran de esta forma: "Gracias por su carta del 12 de enero. Siempre disfrutamos tener noticias de nuestros clientes". Aunque esta respuesta lleva implícita signos de cortesía, parece poco sincera y hasta sarcástica. Difícilmente parece que quien la responde leyó la carta del cliente (no dice nada acerca de su contenido) o que haya disfrutado el leerla. Aunque la respuesta muestra precisión mecánica y con respecto a los hechos, el tono es inapropiado y potencialmente dañino para la relación con ese cliente.

En la mayoría de los casos, incluso las noticias decepcionantes se pueden expresar de manera positiva. Considere a un empleador que responde al aspirante a un puesto con el siguiente escrito: "En una empresa tan respetada como la nuestra, rara vez tenemos el tiempo para considerar solicitudes como la suya". No sólo está comunicando malas noticias, sino que, además, el tono arrogante humilla al solicitante sin ninguna necesidad. Una respuesta con un tono más positivo podría ser: "Leímos su solicitud con interés, pero actualmente no tenemos un puesto vacante en su especialidad. Reciba nuestros mejores deseos en la continuación de su búsqueda". Las noticias siguen siendo malas, pero el tono educado muestra respeto por el aspirante y promueve una imagen profesional de la compañía.

Compare el siguiente enunciado y su versión más positiva: "Ante la alta demanda reciente, no podremos enviar los artículos que ordenó sino hasta el 15 de julio" y "Aunque la demanda reciente ha sido muy elevada, el 15 de julio podremos enviar los artículos ordenados". Una pequeña variación en la redacción cambia un tono de indolencia por uno de ayuda.

En la mayoría de los casos de redacción de negocios se debe ser cordial. Es necesario expresar tacto y amistad acordes con la relación con el lector. Esta actitud tendrá un efecto positivo en la elección de palabras, lo que a la vez transmitirá un tono apropiado.

Un área moderna de los textos de negocios, donde el hecho de no prestar atención al tono ha provocado muchos sentimientos negativos y pérdida de tiempo, es el correo electrónico. Por su naturaleza, el correo electrónico alienta el intercambio rápido, en especial cuando los empleados ocupados enfrentan una bandeja de entrada llena de mensajes, muchos de los cuales son imprudentes o poco claros. El correo electrónico no es una conversación telefónica en la que el tono de voz y otras señales pueden aclarar lo que se quiere decir y en la cual se leen los indicios orales de quien escucha. Sin embargo, muchas personas que se comunican por correo electrónico parecen haber olvidado la diferencia. No establecen el contexto de su mensaje; no dan la información antecedente requerida; no organizan su mensaje y tampoco eligen las palabras de forma cuidadosa para transmitir un tono cordial. Al no tomarse el tiempo para considerar su mensaje dependiendo de la situación y del receptor, quienes envían mensajes de correo electrónico podrían transmitir tonos exigentes, inapropiados o de desaprobación si sus solicitudes no se satisfacen con rapidez. El antagonismo creado por el tono inadecuado de los mensajes de correo electrónico podría retrasar la solución del problema de negocios que se enfrenta, y afectar de manera negativa las relaciones de trabajo de quienes se comunican por este medio.

Utilice el formato adecuado

Nos guste o no, las primeras impresiones cuentan, incluso en la comunicación escrita. El descuido sugiere que el escritor no toma el mensaje con seriedad; los formatos extraños o poco convencionales indican que el escritor es ignorante o poco profesional. Usted debería familiarizarse con la distribución física de las cartas, los memorándums, las propuestas y otros formatos escritos habituales en la comunicación de negocios. Otros esperan que usted posea este conocimiento básico; existen muchos manuales y programas de cómputo para guiarle en el uso de estos formatos. Algunas empresas cuentan con guías de estilo que describen con precisión los formatos para todos los documentos que representen a la compañía.

Aunque existen varios formatos aceptables para la comunicación escrita, como las cartas de negocios, el lector debe ser capaz de percatarse de la información específica con un vistazo. En la carta de negocios, esta información incluye el supuesto receptor de la carta, el remitente, la dirección del remitente para recibir respuesta, cualquier anexo y los receptores de las copias de la carta. Toda esta información está separada del cuerpo de la carta y debe distinguirse con claridad.

Como el memorando tiene la intención de comunicar asuntos dentro de una organización, su formato es distinto al de las cartas. En vez del membrete de las cartas de negocios, se utiliza un membrete de memorando. La información básica también se obtiene de un vistazo. La parte superior del memorando debe incluir encabezados tales como: Para, De, Fecha y Asunto. En general, los saludos y las despedidas no se consideran necesarios dentro de la organización.

Las propuestas son mucho más extensas y requieren de atención especial a la información de apoyo, como tablas, gráficas y cuadros. Las mejores formas de representar dichos datos pueden encontrarse en fuentes fácilmente disponibles sobre escritos de negocios.

Cualquiera que sea el formato final, existe un objetivo en toda la comunicación de negocios escrita: el mensaje debe ser sencillo, directo y claro. Cualquier cosa que interrumpa el movimiento del lector a través de su escrito limita su eficacia. Cualquier imprecisión (falla mecánica, omisión de hechos o una palabra extraña) llama la atención hacia ella y, al igual que un ademán extraño en la comunicación oral, desvía la atención de sus ideas. Como escritor, usted debe tratar de lograr una transmisión clara y directa de su mensaje.

COMPLEMENTE SU PRESENTACIÓN RESPONDIENDO PREGUNTAS Y DESAFÍOS

Prepárese cuidadosamente para manejar las preguntas

Responder a las preguntas y objeciones es parte vital del proceso de comunicación porque permite interactuar directamente con quienes lo escuchan. Podemos saber lo que piensan y conocer sus respuestas a nuestras ideas gracias a sus preguntas; es una vía de dos sentidos.

La clave para formular respuestas eficaces es la misma que para desarrollar buenos discursos: una preparación cuidadosa. Lea extensamente y hable con expertos en su campo. No lea solamente el material que sustenta su punto de vista, sino también lea lo que dice la oposición. La mejor defensa suele ser una buena ofensiva, y ésta no es la excepción. Pida a sus colegas que critiquen su material, discuta sus preguntas y objeciones con ellos, y recopile documentos o pruebas de apoyo. También puede practicar sus respuestas. Comience pensando lo que su audiencia podría preguntar o encuentre a alguien que esté en contra de su postura y pídale que le prepare una lista de preguntas. Luego, practique sus respuestas a esas preguntas.

A pesar de sus mejores esfuerzos, la respuesta de la audiencia podría ser sumamente hostil. No tema mostrar su desacuerdo. Tal vez las personas no estén de acuerdo con usted, pero respetarán su sinceridad. Si alguien le lanza una pregunta difícil, no se disculpe ni salga del paso con palabras vacías y respuestas inadecuadas. Sea honesto y directo; si no conoce la respuesta, lo mejor es decirlo. Invítelos a analizar el problema más adelante y dé seguimiento a esta invitación. La próxima vez que alguien le haga esa misma pregunta, usted estará preparado.

Responda a las objeciones de manera ordenada

En general, responda las preguntas en forma tan concisa como sea posible. Divagar al responder le dará una imagen de evasión e inseguridad. También sugiere incapacidad para pensar de forma concisa. Puede responder a las objeciones en cuatro pasos:

1. *Replantee la objeción.* Esto le da tiempo de pensar, muestra su interés y asegura que todos entienden la pregunta. El replanteamiento reconoce la objeción y la aclara para todos en la audiencia.
2. *Exprese su postura.* Haga una declaración concisa y directa de lo que cree para dejar en claro su postura.
3. *Respalde a su postura.* Ésta es la parte esencial de la respuesta. Ofrezca evidencias que demuestren que su postura es la correcta.
4. *Indique la importancia de su refutación.* Muestre el efecto de adoptar su postura. Ofrezca las razones para hacerlo.

Al seguir los cuatro pasos que describimos, una buena respuesta a una objeción podría adoptar la siguiente forma:

1. Joe planteó que un sistema de administración por objetivos no funcionaría en nuestra fábrica porque los supervisores no desean la intervención del piso de corte (replanteamiento de la objeción).

2. Pienso que un sistema de administración por objetivos funcionará e incrementará la satisfacción de los trabajadores (expresión de su postura).
3. Baso mi postura en un conjunto de estudios que se efectuaron en nuestra planta de Newark el año pasado. La producción aumentó en un 0.5 por ciento durante el primer mes y, lo más importante, los trabajadores reportaron mayor satisfacción laboral. También solicitaron menos días de ausencia por enfermedad (respaldar la postura).
4. Si nuestra planta es similar a la de Newark (y pienso que sí lo es), entonces creo que nuestros supervisores notarán los mismos beneficios aquí. Hasta que Joe pueda darnos una razón para permanecer con el sistema actual, pienso que debemos probar el nuevo. Estamos a favor de obtener mayor producción y mayor satisfacción laboral (importancia de la refutación).

Practique este formato para incorporarlo hasta que se vuelva automático. Construya su propio caso mientras responde a la objeción. Como este formato afirma racionalmente su postura, también incrementa su credibilidad. Asimismo, aumenta las probabilidades de que los demás estén de acuerdo con usted.

Mantenga el control de la situación

Necesita equilibrar la sensibilidad a la retroalimentación y la flexibilidad para responder a preocupaciones legítimas con la necesidad de evitar intercambios prolongados e improductivos. Reconocer el derecho que tienen todos de hacer preguntas y de ofrecer posturas alternativas es importante porque garantiza el respeto de los miembros de la audiencia. Por otro lado, usted también tiene el derecho de decidir lo que es relevante para su consideración. No debe permitir que uno o dos miembros de su audiencia determinen el ritmo o la dirección de su presentación. Esto lo colocaría en una posición de debilidad y socavaría su credibilidad. Si debe alterar su postura, asegúrese de que la mayoría de sus receptores lo vean como un cambio responsable y no como un esfuerzo por aplacar la voz de una minoría.

Mantenga los intercambios en un nivel intelectual. Las discusiones y refutaciones pueden degenerar en situaciones ofensivas que sirven poco. Es mucho más probable que ocurra una comunicación eficaz cuando se impone la calmada voz de la razón que cuando usted riñe con su audiencia.

Pronto aprenderá que los individuos no siempre hacen preguntas sólo cuando quieren información. Algunos buscan atención; otros tratarán de sabotear su postura si perciben sus ideas como una amenaza. La planeación de estas posibilidades le dará más opciones; la previsión le permitirá responder de manera adecuada. Podría responder a las preguntas hostiles con más preguntas, anulando los argumentos de su interlocutor y retomando la ofensiva. O bien podría ampliar la discusión. No quede atrapado en una discusión con una persona. Aliente la participación de otros para determinar si se trata de una preocupación aislada o de un asunto legítimo. Por último, podría expresar su disposición para analizar asuntos especiales o detallados, pero difiera la discusión extensa hasta el final de su presentación.

Resumen y guías de comportamiento

Un aspecto fundamental de la administración es la comunicación, y las presentaciones formales son una herramienta esencial de comunicación. Por lo tanto, los directivos eficaces deben ser capaces de crear mensajes informativos y persuasivos eficaces. Usted puede mejorar su forma de hablar y de escribir mediante la preparación y práctica constantes. En este módulo se han establecido varias guías que se basan en el modelo de las cinco reglas:

1. Formule una *estrategia* para una audiencia y ocasión específicas.
2. Desarrolle una *estructura* clara.
3. *Apoye* sus puntos con evidencia adaptada a su audiencia.
4. Practique presentar su material con un *estilo* que mejore sus ideas.
5. *Complemente* su presentación respondiendo de manera eficaz a las preguntas y desafíos.

Estrategia

1. Identifique sus propósitos generales y específicos.
2. Adapte su mensaje a su audiencia.
   - ❏ Comprenda sus necesidades, deseos, nivel de conocimiento y actitud hacia su tema.
   - ❏ Asegúrese de que su enfoque está centrado en la audiencia.
   - ❏ Presente ambas caras del asunto si su audiencia es hostil o le falta comprometerse.
3. Satisfaga las demandas de la situación.
   - ❏ Las situaciones más formales demandan un lenguaje formal y un discurso rigurosamente estructurado.
   - ❏ Las situaciones informales permiten un uso menos rígido del lenguaje.

Estructura

4. Comience con un pronóstico de sus ideas principales.
   - ❏ Atrape la atención de su audiencia desde el principio.
   - ❏ Deles una razón para escuchar o leer.
   - ❏ Deles una estructura del mensaje que puedan seguir.
5. Elija cuidadosamente el patrón de organización.
   - ❏ Comience con lo que su audiencia ya sabe o piensa.
   - ❏ Utilice la organización para aumentar su credibilidad.
   - ❏ Vaya de lo familiar a lo desconocido, de lo sencillo a lo complejo, de lo viejo a lo nuevo, o utilice otro tipo de procesos continuos para organizar sus pensamientos.
   - ❏ No transmita más de tres a cinco ideas principales en una comunicación oral.
6. Utilice transiciones para señalar su progreso.
7. Concluya con un comentario contundente.
   - ❏ Aproveche una mayor atención de la audiencia para concluir su mensaje.
   - ❏ Concluya y refuerce a través de un resumen de sus ideas.
   - ❏ Utilice sus últimas declaraciones para incitar a la acción, reforzar el compromiso con la acción o establecer un sentimiento de buena voluntad.

Apoyo

8. Elija diversos apoyos.
   - ❏ El apoyo más eficaz es el que no conoce su audiencia.
   - ❏ El apoyo incrementa su credibilidad.
   - ❏ Puede utilizar una amplia gama de materiales de apoyo.

9. Considere a su audiencia cuando elija el apoyo.
   - ❏ Las evidencias nuevas y los videos grabados en vivo tienen mayor efecto.
   - ❏ La postura inicial de la audiencia determina el grado en que considerará creíble la evidencia.
   - ❏ Es mejor utilizar evidencias que no hacerlo.
10. Utilice apoyos visuales.
   - ❏ Los apoyos visuales tienen un gran efecto en la comprensión y retención.
   - ❏ Los apoyos visuales también incrementan la persuasión.
   - ❏ Utilice apoyos visuales sencillos y eficaces.

Estilo en la comunicación oral

11. Prepare sus notas.
   - ❏ Recuerde que el efecto crucial está en el estilo de conversación.
   - ❏ La presentación informal requiere notas limitadas combinadas con la práctica frecuente de un estilo.
   - ❏ Las situaciones formales demandan un fraseo preciso que requiere un discurso manuscrito o memorizado.
12. Practique su presentación.
   - ❏ Utilice la práctica distribuida más que la práctica concentrada.
   - ❏ Practique el uso de sus auxiliares visuales y prepárese para lo inesperado.
   - ❏ Planee para canalizar su ansiedad al hablar.
13. Transmita entusiasmo controlado por su tema.
   - ❏ Los oradores eficaces comunican emoción por sus temas.
   - ❏ Su postura, tono de voz y expresiones faciales indican su actitud.
   - ❏ Su discurso debe parecerse a una conversación animada.
14. Involucre a su audiencia ofreciéndole un estilo eficaz.
   - ❏ El contacto visual es la herramienta más esencial.
   - ❏ Utilice un espacio físico y el movimiento del cuerpo para avivar su mensaje.
   - ❏ Utilice el espacio para comunicar intimidad o distancia.
   - ❏ Utilice ademanes para acentuar su modo normal de expresión.
   - ❏ Evite cualquier movimiento que distraiga a la audiencia de su mensaje.

Estilo en la comunicación escrita

15. Desarrolle precisión mecánica en su escritura.
   - ❏ Proyecte una imagen profesional.
   - ❏ Los errores podrían distraer a sus lectores y perturbar el efecto de su mensaje.
16. Sea preciso al describir los hechos en su escritura.
   - ❏ La precisión garantiza que su mensaje sea comunicado con claridad.
   - ❏ La ambigüedad evita la precisión factual.
17. Construya mensajes escritos con precisión verbal.
   - ❏ Las palabras no pueden reproducir la realidad.
   - ❏ Considere los significados denotativos y connotativos de las palabras mientras las escribe.
   - ❏ La clave para la precisión verbal es la claridad.
18. Preste atención al tono.
   - ❏ El tono está directamente relacionado con la elección de las palabras.
   - ❏ Ajuste el tono de su mensaje a la formalidad de la situación.
   - ❏ El tono afecta los sentimientos de los lectores hacia el redactor.
   - ❏ La escritura debe expresar una cordialidad apropiada.
   - ❏ Es preferible utilizar frases positivas que negativas.
19. Utilice el formato adecuado
   - ❏ Usted es responsable de crear una impresión de profesionalismo.
   - ❏ Las cartas de negocios, los memorandos y las propuestas tienen formatos especiales.

Complemento: *preguntas y respuestas*

20. Anticipe las preguntas y prepare cuidadosamente las respuestas.
    - ❏ Ensaye respuestas a preguntas difíciles.
    - ❏ Maneje a los receptores hostiles siendo honesto y directo.
21. Responda a las objeciones en forma ordenada.
    - ❏ Replantee la objeción.
    - ❏ Exprese su postura.
    - ❏ Respalde su postura.
    - ❏ Indique el significado de su refutación.
22. Mantenga el control de la situación.
    - ❏ Equilibre las demandas de individuos específicos con el interés del grupo.
    - ❏ Mantenga los intercambios a un nivel intelectual.
    - ❏ Anticipe cómo manejará a quienes hacen preguntas para cumplir fines personales ajenos a la presentación.

PRÁCTICA **DE HABILIDADES** ☑

EJERCICIOS PARA ELABORAR PRESENTACIONES ORALES Y ESCRITAS EFICACES

Hablando como líder

Como vimos en el caso inicial acerca de Taylor Billingsley, de Apex Communications, uno de los principales retos que enfrentan los líderes es la necesidad de elaborar una amplia gama de presentaciones. Los comunicadores eficaces deben tener la habilidad de informar y de inspirar; deben ser capaces de manejar audiencias hostiles, así como de impresionar a expertos y fomentar la confianza en los novatos. Deben ser hábiles para crear consenso, indicar nuevas direcciones y explicar temas complejos. Este ejercicio de Richard Linowes, que aquí se presenta adaptado, ofrece la oportunidad de practicar las habilidades orales en diversos temas de liderazgo.

Tarea

Para practicar la interpretación de este importante rol de liderazgo, prepare una plática y un memorando acerca de uno de los temas que se proponen. Su discurso debe durar de tres a cinco minutos, a menos que se le indique algo distinto. Su memorando no debe exceder de dos páginas. Debe crear un contexto para su comunicación, suponiendo que desempeña un rol directivo en una organización conocida. Antes de comenzar, explique los detalles del contenido a su audiencia (en un resumen oral o escrito). Explique brevemente su posición organizacional, la conformación de la audiencia y las expectativas que tiene la audiencia acerca de su presentación. (Para el memorando, anexe una página con una declaración de antecedentes). El contenido específico de su comunicación es menos importante que la forma en que lo prepare y qué tan persuasivamente lo comunique. Prepárese para responder preguntas y retos.

Al preparar su presentación, revise las guías de comportamiento al final de la sección Aprendizaje de habilidades. La lista de verificación de este ejercicio también le será útil. Recibirá retroalimentación basada en los criterios del Formato de retroalimentación del observador.

Temas para discursos de liderazgo

1. **Hacerse cargo de un grupo establecido.** El orador es un director recientemente asignado a un grupo que ha trabajado en conjunto bajo la administración de otros directivos desde hace algún tiempo.
2. **Anuncio de un nuevo proyecto.** El orador anuncia un nuevo proyecto a los miembros de su departamento y pide que todos apoyen este esfuerzo.
3. **Solicitud de un mejor servicio a los clientes.** El orador está motivando a todos los empleados para ser tan atentos y serviciales con los clientes como sea posible.
4. **Solicitud de un trabajo de excelencia y alta calidad.** El orador está motivando a todos los empleados a desempeñar su trabajo con el compromiso de satisfacer los estándares más altos posibles.
5. **Anuncio de la necesidad de reducciones de costos.** El orador solicita que cada quien busque formas de reducir costos y comenzar inmediatamente a disminuir los gastos.
6. **Celebración de un trabajo bien hecho.** El orador felicita a un grupo de personas que han trabajado arduamente por un largo periodo para lograr resultados sorprendentes.
7. **Calmar a un grupo de personas atemorizadas.** El orador intenta restituir la calma y la confianza en aquellos que sienten pánico al enfrentar acontecimientos de negocios preocupantes.
8. **Enfrentar una oposición desafiante.** El orador presenta una postura personal ante una audiencia crítica, incluso hostil.
9. **Mediación entre partes contrarias.** El orador funge como juez o árbitro entre dos grupos que tienen una postura completamente opuesta en un tema fundamental.
10. **Asumir responsabilidad por los errores.** El orador es el vocero de una institución cuyos actos han producido un resultado desafortunado que afecta a la audiencia.
11. **Reconvenir por comportamientos inaceptables.** El orador habla con ciertos individuos que no han logrado desempeñarse a la altura de los niveles requeridos.
12. **Solicitud de concesiones especiales.** El orador presenta el caso de una institución que busca ciertos derechos que deben ser autorizados por algún organismo externo.

Lista de verificación para desarrollar presentaciones eficaces

1. ¿Cuáles son mis objetivos generales y específicos?
2. ¿Cuál es el contexto de mi comunicación? (Mi audiencia, la situación, etcétera).
3. ¿Cómo abriré y cerraré la comunicación?
4. ¿Cómo organizaré mi información?
5. ¿Cómo obtendré y mantendré la atención de mi audiencia?
6. ¿Qué materiales de apoyo utilizaré?
7. ¿Qué auxiliares visuales (gráficas, cuadros, objetos, etcétera) utilizaré?
8. ¿Cómo adaptaré la presentación a mi audiencia?
9. ¿Qué formato utilizaré en mi presentación?
10. ¿Qué preguntas o respuestas es probable que se presenten?

Círculos de calidad en Battle Creek Foods

Una herramienta administrativa muy difundida en Japón es utilizada ampliamente por las empresas estadounidenses. En forma irónica, el estadounidense Edward Deming fue el primero en presentar el concepto de "control estadístico de calidad", una herramienta administrativa, a los japoneses en los primeros años posteriores a la Segunda Guerra Mundial. Los japoneses combinaron estas ideas con la suposición de que la persona que realiza un trabajo es quien mejor sabe cómo identificar y corregir sus problemas. Como resultado, los japoneses, con la ayuda de Deming, desarrollaron el "círculo de calidad". Un círculo de calidad es un grupo de personas (generalmente alrededor de 10) que se reúnen en forma periódica para analizar y desarrollar soluciones a problemas relacionados con la calidad, la productividad o el costo de un producto.

El objetivo de este ejercicio es brindarle la oportunidad de hacer una presentación acerca de este importante tema.

Actividad

Usted es el director de personal de Battle Creek Foods, una compañía productora de cereales para el desayuno que ocupa una posición de liderazgo. La productividad ha estado decayendo en toda la industria y su organización está comenzando a sufrir los efectos de ello en la rentabilidad. En respuesta, el comité ejecutivo corporativo le ha solicitado que realice una presentación oral de 20 minutos (o preparar un memorando de cinco páginas) sobre los círculos de calidad (cc). El comité ha escuchado que su principal competidor ha implementado cc en diversas plantas, y quiere escuchar su recomendación acerca de si Battle Creek Foods debe seguir su ejemplo. La única exposición previa del comité a los cc es lo que cada miembro ha leído en la prensa. Utilice el siguiente material de referencia y elabore una presentación acerca de los círculos de calidad. Explique la estructura y el proceso de los cc, así como sus ventajas y desventajas. La sección final de la presentación debe incluir una recomendación en cuanto a la adopción de esa práctica en las plantas de la compañía. Prepárese para hacer frente a preguntas y desafíos.

Al elaborar su presentación, consulte las guías de comportamiento para presentaciones eficaces al final de la sección Aprendizaje de habilidades y la lista de verificación del ejercicio anterior. Recibirá retroalimentación con base en el Formato de retroalimentación del observador.

Un vistazo a algunas evidencias

Los círculos de calidad, en general, parecen estar haciendo una contribución positiva a la calidad de los productos, a las utilidades, al estado de ánimo e incluso a la asistencia de los empleados (DuBrin, 1985, pp. 174-185). La atención generalizada que han recibido los cc en los años recientes ha provocado lógicamente que los hombres de negocios y los investigadores los evalúen. Aquí nos basaremos en varios tipos de métodos de evaluación, y mostraremos primero la evidencia positiva y luego la negativa.

Resultados favorables con los cc

Honeywell, una empresa de alta tecnología en electrónica, se ha convertido en un pionero en la aplicación de los cc en Norteamérica. Actualmente, Honeywell opera varios cientos de cc en Estados Unidos. Por lo general, alrededor de media docena de trabajadores de ensamblado se reúnen cada dos semanas con un supervisor de primer nivel o un líder de equipo. "Creemos que este tipo de programa administrativo participativo no sólo aumenta la productividad", afirma Joseph Riordan, director de Honeywell Corporate Productivity Services, "sino que también mejora la calidad de la vida laboral de los empleados. Los trabajadores de línea sienten que participan más en la acción. Hemos encontrado que, como resultado, mejora la calidad de trabajo y el ausentismo se reduce. Con este tipo de participación, en muchos casos hemos sido capaces de incrementar la capacidad de una línea sin agregar herramientas o turnos".

Honeywell utilizó el método de círculos de calidad para manejar el problema de ganar una licitación renovable para un contrato gubernamental. "Ésta era una situación", relata Riordan, "en la que ya habíamos reducido la tasa de rechazos, donde todo el aprendizaje efectivamente había dado avance al proceso". El problema se asignó al círculo de calidad representante de esa área de trabajo en particular. "Hicieron la sugerencia de automatizar más el proceso, lo que nos permitía mejorar nuestra posición competitiva en aproximadamente un 20 por ciento y ganar el contrato".

En un intento por determinar si los cc resultaban adecuados para las empresas estadounidenses, un equipo de investigadores estableció un experimento de campo con duración de un año en una instalación de fabricación de piezas metálicas en una empresa de productos electrónicos.

Se establecieron once círculos de calidad, con un promedio de nueve empleados de producción cada uno. El desempeño se evaluó mediante un sistema de supervisión computarizado, creado por el sistema de información del desempeño de empleados que ya existía en la empresa. Se tomaron medidas tanto de calidad como de cantidad. También se evaluaron las actitudes de los empleados, utilizando el método de Calificación Potencial de Motivación (cpm) de la encuesta Hackman-Oldham Job Diagnostic.

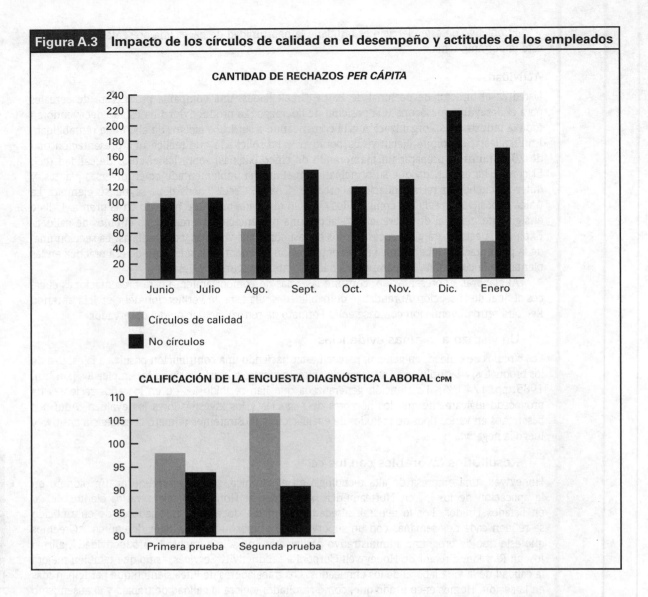

Figura A.3 | **Impacto de los círculos de calidad en el desempeño y actitudes de los empleados**

CANTIDAD DE RECHAZOS *PER CÁPITA*

■ Círculos de calidad
■ No círculos

CALIFICACIÓN DE LA ENCUESTA DIAGNÓSTICA LABORAL cpm

El principal resultado del programa de cc fue su efecto positivo en la tasa de rechazos, como se muestra en la mitad superior de la figura A.3. Tres meses después de que inició el programa, las tasas de rechazos per cápita de los participantes en el círculo de calidad bajaron entre un tercio y un medio respecto a las tasas anteriores. Sorpresivamente, las tasas de rechazos del grupo de control se incrementaron durante el mismo periodo.

Una explicación que ofrecieron los investigadores para estos resultados es que los miembros del círculo consideraron los temas de comunicación interna como un aspecto de alta prioridad. Por ejemplo, uno de los proyectos iniciales efectuados mediante los cc fue mejorar los manuales y procedimientos de capacitación, incluyendo la traducción de los materiales a la lengua materna de los trabajadores si éstos así lo deseaban. La atención cuidadosa para una mejor capacitación en los aspectos fundamentales evitó muchos errores.

Los miembros del círculo también cometieron menos errores. Además, era menos costoso reutilizar o moldear las partes defectuosas que fabricaron los miembros del círculo. La explicación de estos resultados es que la capacitación de círculos de calidad instruye a los empleados a dar prioridad a los problemas con base en el efecto económico que tienen para la compañía. Los ahorros en costos generados por la menor tasa de rechazo representaron una utilidad del 300 por ciento sobre el costo de la inversión en el programa.

El efecto de los CC sobre el nivel de satisfacción laboral de los participantes fue igualmente impresionante. Los resultados que se muestran en la figura A.3 indican que hubo un aumento en la Calificación del Potencial de Motivación (CPM) de las personas que participaron en los círculos, en tanto que el grupo de control mostró una disminución. No hubo otros cambios en el ambiente laboral que pudieran provocar un efecto en el grupo experimental en forma distinta que al grupo de control. Por lo tanto, los investigadores concluyeron que la mejoría en las actitudes laborales de los empleados podía atribuirse al programa de capacitación en círculos y a la actividad de solución de problemas. La característica laboral sobre la que más influyó la actividad de calidad fue la variedad de habilidades: el grado en el que un puesto requiere diversas habilidades.

Resultados negativos con los círculos de calidad

A pesar de los resultados favorables reportados, también ha habido muchos resultados negativos. Una revisión de los resultados de la primera etapa de actividad de los CC en Estados Unidos reveló que el 75 por ciento de los programas inicialmente exitosos ya no estaban en operación luego de algunos años. Incluso Lockheed, uno de los pioneros estadounidenses en emplear este método, había disminuido su participación con círculos de calidad. Robert Cole, una autoridad reconocida en el estudio de la fuerza laboral japonesa, hizo los siguientes comentarios pesimistas:

El hecho es que los círculos no funcionan muy bien en muchas compañías japonesas. Incluso en las plantas reconocidas por tener los mejores programas operativos, la dirección sabe que tal vez sólo una tercera parte de los círculos están funcionando bien, una tercera parte en el límite y otra simplemente no contribuye. En cuanto a la retórica del voluntariado, en numerosas empresas, los trabajadores claramente perciben la actividad de los círculos como coercitiva. Las empresas níponas enfrentan una lucha continua por revitalizar la actividad de los círculos de calidad para asegurarse de que no degenere en un comportamiento ritualista.

En un estudio de círculos de calidad en 29 compañías, realizado por Mathew Goodfellow, se encontró que sólo ocho de ellas eran rentables en términos de ganancias en productividad. El consultor administrativo Woodruff Imberman investigó los 21 casos de CC que no tuvieron éxito y encontró cuatro principales causas del fracaso. Primero, en muchas compañías a los empleados les disgustaba intensamente la administración. Su antagonismo llegó hasta los círculos de calidad, que algunos empleados percibían como una treta de la dirección para reducir el pago por tiempo extra y la fuerza laboral al incrementar la productividad.

En segundo lugar, la mayoría de las organizaciones hicieron un mal trabajo al hacer la presentación de los CC. En vez de tener discusiones individuales con los empleados, utilizaron diagramas, folletos y presentaciones administrativas formales. Los trabajadores se preguntaban: "¿Y yo qué gano con esto?"

Tercero, los supervisores elegidos para dirigir los círculos recibieron cierta capacitación en relaciones humanas y dinámica de grupos, pero sintieron que muy poca de esa información satisfizo las necesidades específicas de sus propios departamentos.

En cuarto lugar, la mayoría de las 21 empresas consideraban a los programas de CC únicamente como una forma de mejorar la eficiencia de las técnicas de producción. No se dieron cuenta de que los CC no pueden tener éxito a menos que la alta dirección esté dispuesta a cambiar su filosofía para enfatizar las buenas relaciones entre los empleados, y entre la administración y la fuerza de trabajo. Esto último indica la importancia de establecer las condiciones que permitan que un programa de círculos de calidad tenga éxito.

Elementos clave de un programa exitoso

Los programas de círculos de calidad muestran alguna variación de una empresa a otra, sin importar si se dedican a la manufactura o a los servicios. Difieren con respecto a la frecuencia de sus reuniones, cuánta autoridad se otorga al líder o supervisor del equipo, si existe un facilitador de grupo además de un supervisor, y cuánta coordinación existe con el departamento de control de calidad. Con base en los juicios de varios observadores, los programas exitosos tienen ciertos elementos en común.

Los círculos de calidad funcionan mejor en empresas donde ya existen buenas relaciones entre los empleados y la dirección. No es muy probable que los cc tengan éxito en las empresas donde existen fuertes conflictos entre el sindicato y la administración, o donde existen altos niveles de desconfianza entre los empleados y los directivos.

La dirección está comprometida con el programa. Sin el compromiso de los directivos de nivel superior no es aconsejable iniciar un programa de cc. En vez de eso, el director de un proyecto de círculos de calidad primero debe elaborar informes acerca de otras compañías donde los cc hayan tenido éxito, y presentarlos a los directivos de alto nivel.

Los líderes de los círculos de calidad utilizan un estilo de liderazgo participativo. Laurie Fitzgerald, un consultor de CC, defiende el concepto del líder como un "trabajador para los miembros". Cuando el líder del círculo asume un papel muy autoritario, los miembros por lo general no responden.

Seleccionar a las personas y el área correctas. Para que los círculos de calidad sean efectivos, el director del programa tiene que ser entusiasta, persistente y trabajador. El facilitador o líder de equipo debe ser enérgico y cooperador. Otro paso importante para lograr que el programa funcione es la selección de un área de la empresa donde uno pueda esperar cooperación y entusiasmo de los participantes.

Las metas de los programas se establecen de manera explícita. Los objetivos deben aclararse para evitar una confusión o expectativas irracionales del programa de círculos de calidad. Entre las metas de los programas de cc se incluyen mejorar la calidad del producto, aumentar la productividad, mejorar las comunicaciones entre empleados y supervisores, disminuir los costos de productos, mejorar la calidad de vida laboral y preparar al personal para actividades de supervisión futuras.

El programa se anuncia adecuadamente en toda la empresa. Una vez que el programa se pone en marcha, se debe difundir información al respecto ampliamente en toda la compañía. Una mejor comunicación causa menos resistencia y menos rumores negativos acerca del programa. El contenido de la comunicación debe ser abierto y positivo.

El programa comienza y crece lentamente. Una introducción gradual del programa sirve para exponer al personal a nuevos conceptos y para reducir las dudas acerca de su propósito y mérito potencial.

El programa de cc se adapta para satisfacer las necesidades de la empresa. Una fuente sutil de fracaso en algunos programas de cc es el uso de un conjunto de procedimientos que no se ajustan a las circunstancias locales. Un participante de un cc cuyo trabajo es el procesamiento de datos podría tener dificultades para traducir un caso de la industria aeroespacial. Un compromiso factible es el de impartir una capacitación estándar como marco de referencia y, a partir de ello, resolver los problemas específicos de la empresa.

Los círculos de calidad se utilizan como método para el desarrollo de los empleados. Un propósito fundamental de estos círculos es fomentar el desarrollo personal de los empleados que participan. Si los directivos pretenden establecer un cc como herramienta para obtener una ganancia personal, será mejor que no lo pongan en marcha.

La dirección está dispuesta a otorgar reconocimiento para las ideas que se originen en los círculos de calidad. Si la dirección intenta manipular a los voluntarios de los círculos o quitarles el crédito por las mejoras, lo más probable es que el programa tenga resultados adversos. Se perderá más de lo que se ganará.

La participación es voluntaria. Al igual que sucede con el enriquecimiento de los puestos y todas las formas de administración participativa, la preferencia de los empleados es un factor importante. Los empleados que desean contribuir con sus ideas por lo general se desempeñan mejor que los que son asignados arbitrariamente a los círculos de calidad.

Los logros de los círculos de calidad se reconocen como resultado del esfuerzo del grupo, y no de los individuos. Reconocerlos como grupo disminuye los alardes y la competitividad, e incrementa la cooperación y la interdependencia dentro del grupo o departamento. Los círculos de calidad, y no los empleados en forma individual, deben recibir el crédito por las innovaciones y sugerencias para mejorar.

Se brinda amplia capacitación. Los voluntarios del programa por lo general necesitan cierta capacitación en las técnicas de conferencia o dinámica de grupos. Como mínimo, el líder del círculo necesitará habilidades en métodos de participación en grupo. De otra manera, terminará dando sermones acerca de temas como el mejoramiento de la calidad y la productividad. Los líderes y los participantes también necesitarán capacitación en relación con cualquier método estadístico o de solución de problemas que se utilice. A continuación se mencionan las ocho principales técnicas de solución de problemas y sus propósitos:

1. La lluvia de ideas sirve para identificar todos los problemas, incluso aquellos que están más allá del control de los miembros del círculo.
2. Se utiliza una hoja de verificación para registrar los problemas dentro de la esfera de influencia de los círculos de calidad durante cierto periodo.
3. El diagrama de Pareto ilustra gráficamente los datos de la hoja de verificación para identificar los problemas más graves, es decir, el 20 por ciento de los problemas que ocasionan el 80 por ciento de los errores principales.
4. Un diagrama de causa y efecto ilustra gráficamente el origen de un problema en particular.
5. Los histogramas o gráficas de barras se elaboran para mostrar la frecuencia y la magnitud de los problemas específicos.
6. Los diagramas de dispersión identifican las principales áreas de defectos, las cuales aparecen como grupos densos de puntos en las imágenes que representan a los productos.
7. Las gráficas y tablas de control ayudan a supervisar el proceso de producción y se comparan con las muestras de producción.
8. La estratificación, que generalmente se logra al inspeccionar los mismos productos de diferentes áreas de producción, hace aleatorio el proceso de muestreo.

Se alienta la creatividad. Como se ilustró anteriormente, la lluvia de ideas o sus variaciones se acoplan en forma natural al método y la filosofía de los círculos de calidad. Mantener una actitud de que "cualquier cosa se puede hacer" es sumamente importante, incluso si las ideas generales se deben refinar más adelante. Si el líder o los miembros cancelan las ideas a medio procesar, la generación de ideas se extinguirá con rapidez.

Los proyectos se relacionan con las responsabilidades laborales actuales de los miembros. Los círculos de calidad no son arenas para la especulación acerca del trabajo de los demás. Las personas hacen sugerencias acerca de cómo mejorar la calidad del trabajo por el que ya son responsables. Sin embargo, deben estar dispuestas a incorporar la información de clientes y proveedores.

Argumentos a favor y en contra de los círculos de calidad

Un argumento importante a favor de los círculos de calidad es que representan un vehículo eficiente y de bajo costo para liberar el potencial de creatividad de los empleados. En el proceso, se logran los objetivos altamente deseables, como mejoras en la calidad tanto de los productos como de la vida laboral. De hecho, los círculos de calidad se consideran parte de la calidad del movimiento de la vida laboral.

Otra característica favorable de estos círculos es que todos los perciben de manera positiva: la dirección, los empleados, los sindicatos y los accionistas. Por lo tanto, una empresa que contemple la ejecución de dicho programa no tiene el riesgo de oposición interna ni externa. (Sin embargo, es concebible que haya oposición si la dirección no actúa a partir de las sugerencias de los círculos de calidad).

Los círculos de calidad contribuyen a la efectividad organizacional de otra forma importante. Han surgido como método útil para desarrollar a directivos en el presente y en el futuro. Recientemente, una importante firma de manufactura de cómputo estableció un programa de círculos de calidad. Luego de que el programa había estado operando durante dos años, el director de capacitación observó que los supervisores que eran líderes de círculos de calidad se mostraban significativamente más seguros de sí mismos, tenían más conocimientos y eran más equilibrados que otros supervisores que asistían a un programa de capacitación regular. El director consideró

PRÁCTICA

que la participación de los supervisores en los programas y las actividades de los círculos de calidad había sido la principal causa de esta diferencia.

Una importante crítica de los círculos de calidad es que muchos no son efectivos en términos de costos. Además, todavía más pesimista es la crítica de que los éxitos informados de los CC podrían atribuirse a otros factores distintos al programa de círculos de calidad. Una explicación es que la atención que la dirección presta a los empleados podría ser la fuerza detrás del aumento de la productividad y la mejora del estado de ánimo (el bien conocido efecto Hawthorne). Otra posible explicación del éxito de los programas de los círculos de calidad es que las mejoras se deben a una mejoría en la dinámica de los grupos y en las técnicas de solución de problemas. Por lo tanto, no es necesario implementar un programa completo de CC para lograr estos beneficios.

Una de las principales críticas a los círculos de calidad es que tal vez no sean adecuados para los empleados estadounidenses. Matsushita Electric, usuario líder del método de círculos de calidad en Japón, no utiliza los círculos en su planta de Estados Unidos (ubicada en Chicago) porque considera que los trabajadores estadounidenses no son compatibles con las actividades de círculos de calidad. Tal vez la directiva de Matsushita crea que los estadounidenses se centran demasiado en sí mismos para poder orientarse hacia un grupo.

Es posible demostrar que los círculos de calidad provocan fricciones y confusión de roles entre el departamento de control de calidad y los mismos grupos. A menos que la dirección defina cuidadosamente la relación de los círculos de calidad frente a frente con el departamento de control de calidad, resultará inevitable mucha duplicación de esfuerzos (y por lo tanto, un desperdicio de recursos).

La participación exclusiva de voluntarios en los círculos de calidad podría originar la pérdida de ideas potencialmente valiosas. Muchas personas no asertivas tienden a rehuir los compromisos de participación en los círculos de calidad, a pesar de tener valiosas ideas para mejorar el producto.

Es probable que algunos empleados que participan de manera voluntaria en los círculos de calidad lo hagan por las razones equivocadas. El círculo de calidad podría desarrollar la reputación de ser "una buena forma de alejarse de la línea momentáneamente y disfrutar de un descanso y una buena charla". (Para contrarrestar el abuso del programa de los círculos de calidad, los miembros del grupo podrían supervisar la calidad de las aportaciones de cada uno de los miembros de su propio grupo).

Guías para la acción

Un paso estratégico inicial para implementar un círculo de calidad consiste en aclarar las relaciones entre el círculo y el departamento formal de control de calidad. De otra manera, el departamento de control de calidad podría percibir al círculo de calidad como una redundancia de sus esfuerzos o una amenaza. Un arreglo eficaz es que el círculo de calidad complemente al departamento de control de calidad; así, este departamento no estará sujeto a la pérdida de autoridad.

La participación en el círculo de calidad debe ser voluntaria y sobre una base de rotación. En muchos casos, a un miembro del equipo pronto se le terminarán las ideas frescas para una mejora de calidad. La rotación de los participantes dará lugar a la generación de una muestra más amplia de ideas. La experiencia sugiere que el tamaño del grupo debe limitarse a nueve miembros.

Los círculos de calidad deben organizarse con base en un programa piloto. Conforme los círculos produzcan resultados y ganen la aceptación de los directivos, así como de los empleados, podrían expandirse mientras aumenta su demanda.

No se debe hacer hincapié en las utilidades financieras inmediatas o en los incrementos de la productividad como resultado de los círculos de calidad. El programa debe verse como un proyecto a largo plazo que elevará la conciencia de calidad de la organización. (Sin embargo, como se señaló en el informe de Honeywell, los resultados positivos inmediatos a menudo están próximos.

La administración debe hacer buen uso de muchas de las sugerencias que resultan del círculo de calidad, y definir los límites de poder y autoridad del mismo. Por una parte, si no se adopta ninguna de las sugerencias del círculo de calidad, éste perderá efectividad como agente del cambio. Los miembros del círculo se desanimarán al percibir su falta de influencia. Por otro lado, si el círculo tiene demasiado poder y autoridad, se considerará como un cuerpo de gobierno para efectuar un cambio técnico. En tales circunstancias, el personal podría utilizar el círculo con fines políticos. Un individuo que quiera lograr la autorización de una modificación técnica podría tratar de influir en un miembro del círculo de calidad para sugerir esa modificación durante una reunión del grupo.

La capacitación en dinámica de grupos y los métodos de administración participativa son especialmente útiles. También podría ser útil designar a un facilitador de grupo desde el principio (un consultor interno o externo) que ayude al grupo a desarrollarse con mayor suavidad.

Formato de retroalimentación del observador

Puntuación

1 = Bajo
5 = Alto

Estrategia

_____ 1. Identificó los objetivos generales y específicos.

_____ 2. Adaptó el mensaje a las necesidades, las actitudes, el nivel de conocimiento y otros aspectos de la audiencia.

_____ 3. Cubrió las expectativas de la audiencia utilizando un lenguaje y un estilo adecuados.

Estructura

_____ 4. Comenzó con un adelanto de las ideas principales y cautivó el interés de los miembros de la audiencia al darles una razón importante para escuchar.

_____ 5. Eligió una estructura de organización adecuada, por ejemplo, pasó de lo familiar a lo extraño, y de lo sencillo a lo complejo.

_____ 6. Utilizó transiciones, incluyendo resúmenes internos para indicar el progreso.

_____ 7. Concluyó con un comentario contundente, reforzó las ideas principales y resumió las acciones clave.

Apoyo

_____ 8. Utilizó una diversidad de información de apoyo, ejemplos y otros recursos para incrementar la credibilidad y el entendimiento de las ideas principales.

_____ 9. Utilizó material adecuado para la audiencia apoyo (tanto en términos de contenido como de formato de la evidencia e ilustraciones).

_____ 10. Empleó auxiliares visuales eficaces y sencillos para aumentar la comprensión y la retención del mensaje.

Estilo en la comunicación oral

_____ 11. Utilizó notas para crear un estilo conversacional.

_____ 12. Es evidente que ensayó la presentación, incluyendo el uso de auxiliares visuales.

_____ 13. Transmitió entusiasmo controlado por el tema mediante el tono de voz, la postura y las expresiones faciales.

_____ 14. Comprometió al auditorio a través de un contacto visual eficaz, el arreglo físico de la sala y los ademanes adecuados.

PRÁCTICA

Estilo en comunicación escrita

_____ 15. El documento fue técnicamente exacto, es decir, no contenía errores que modificaran el mensaje.

_____ 16. El documento era preciso en relación con los hechos, es decir, el contenido era exacto.

_____ 17. La elección de palabras permitió comunicar el mensaje en forma clara y sin ambigüedades.

_____ 18. El tono se ajustaba al tema y a la audiencia (por ejemplo, el grado de formalidad, las emociones, la franqueza).

_____ 19. Utilizó el formato adecuado al tipo de correspondencia.

Complemento: preguntas y respuestas

_____ 20. Manejó las preguntas y los desafíos de manera reflexiva, espontánea y asertiva

_____ 21. Respondió a las objeciones de manera ordenada; por ejemplo, replanteó las objeciones, reafirmó su postura, ofreció mayor sustento para su postura y explicó la importancia de su refutación.

_____ 22. Mantuvo el control de la reunión equilibrando las demandas de individuos específicos con los intereses del grupo, y al mantener la discusión enfocada en los temas.

APRENDIZAJE DE HABILIDADES

- Planear y realizar entrevistas
- Tipos específicos de entrevistas organizacionales
- Resumen y guías de comportamiento

PRÁCTICA DE HABILIDADES

- Evaluación del programa de inducción para empleados de nuevo ingreso
- Entrevista de evaluación del desempeño con Chris Jakobsen
- Entrevista para la selección de empleados en Smith Farley Insurance

Realización de entrevistas

OBJETIVOS PARA EL DESARROLLO DE HABILIDADES

- ADOPTAR GUÍAS GENERALES PARA ENTREVISTAS EFECTIVAS

- APLICAR GUÍAS APROPIADAS PARA ENTREVISTAS DE RECOPILACIÓN DE INFORMACIÓN

- UTILIZAR GUÍAS APROPIADAS PARA ENTREVISTAS DE SELECCIÓN DE EMPLEADOS

- IMPLEMENTAR GUÍAS ADECUADAS PARA ENTREVISTAS DE EVALUACIÓN DEL DESEMPEÑO

Planear y realizar entrevistas

Exceptuando las conversaciones, las entrevistas son quizá la forma de comunicación más frecuente (Sincoff y Goyer, 1984) y sin lugar a dudas ocurren con regularidad en las organizaciones. Mediante entrevistas, las personas solicitan puestos, reúnen información y desempeñan sus labores. Los directivos entrevistan a sus subordinados para revisar su desempeño, asesorarlos y entrenarlos.

Las entrevistas son tan comunes que suelen darse por sentadas. Las personas perciben las entrevistas simplemente como conversaciones durante las cuales se recopila información. Si bien las entrevistas son parecidas a las conversaciones, existen diferencias importantes. Una **entrevista** es una forma especializada de comunicación realizada para un objetivo específico relacionado con una actividad (Downs, Smeyak y Martin, 1980; López, 1975). De hecho, una razón por la que algunos directivos son malos entrevistadores es que tratan esta "comunicación intencional" de manera demasiado casual, como una mera conversación. Como resultado de su mala planeación y descuido en el manejo del proceso de entrevista, no logran cumplir su objetivo y a menudo alejan al entrevistado en ese proceso.

Estos resultados se ilustran en la siguiente entrevista de consultoría entre Joe Van Orden, director de servicios administrativos, y Kyle Isenbarger, consultor administrativo de su equipo de trabajo (DuBrin, 1981).

JOE: Kyle, programé esta reunión porque quiero hablar contigo sobre ciertos aspectos de tu trabajo. Mis comentarios no son muy favorables.

KYLE: Dada la autoridad formal que tienes sobre mí, supongo que no tengo elección. Continúa.

JOE: No soy un juez leyendo un veredicto; quiero conocer tu opinión.

KYLE: Pero convocaste la reunión; sigue con tus quejas. Ninguna de ellas tiene fundamento. Recuerdo una vez cuando estábamos almorzando y me dijiste que no te gustaba que utilizara un traje café con camisa azul. Yo pondría eso en la categoría de lo que carece de fundamento.

JOE: Me da gusto que hayas sacado a colación el tema de la apariencia. Creo que das una impresión por debajo del estándar a los clientes. Un consultor debe verse impecable, en especial con las tarifas que cobramos. Con frecuencia das la impresión de que no puedes comprarte buena ropa. Tus pantalones se han holgado por el uso. Tus corbatas están pasadas de moda y muchas veces tienen manchas de comida.

KYLE: La empresa podrá cobrar esas altas tarifas, pero con el dinero que recibo no me es posible comprar ropa elegante. Además, no me interesa tratar de impresionar a los clientes con mi atuendo. No he recibido ninguna queja de ellos.

JOE: Sin embargo, considero que tu apariencia debe corresponder más con la de un hombre de negocios. Ahora hablemos de otra cosa. Una auditoría rutinaria a tu cuenta de gastos ha revelado una práctica que a mi parecer es inapropiada. Incluiste la cena de un cliente en jueves por la noche, durante tres semanas consecutivas, mientras que tu boleto de avión indica que volviste a casa a las tres de la tarde cada semana. Ese tipo de comportamiento no es profesional. ¿Cómo explicas los cargos de estas cenas inexistentes?

KYLE: El boleto de avión puede decir 3 p.m., pero con nuestro impredecible clima, el vuelo bien puede haber venido retrasado. Si como en el aeropuerto, mi esposa no tendrá que arriesgarse a prepararme la cena y luego desperdiciarla. La comida es muy cara.

JOE: Pero, ¿cómo puedes cenar a las tres de la tarde en el aeropuerto?

KYLE: Considero cualquier alimento después de la una de la tarde como cena.

JOE: Está bien, por ahora. Quiero comentar sobre tus informes para los clientes. Tanta negligencia es inaceptable. Sé que eres capaz de realizar un trabajo más meticuloso. Vi un artículo que preparaste para su publicación que es de primera clase y profesional. No obstante, en un informe escribiste mal el nombre de la empresa del cliente. Eso es inaceptable.

KYLE: Una buena secretaria debería haber notado ese error. Además, nunca he asegurado ser capaz de escribir informes perfectos. Sólo cuento con un tiempo límite al día para escribir informes.

Las entrevistas eficaces no sólo se dan. Al igual que otras actividades de comunicación con un objetivo, las entrevistas deben planearse y ejecutarse de manera adecuada. Para ayudarle a convertirse en un entrevistador eficaz, esta sección incluye una serie de guías organizadas de acuerdo con el esquema que se muestra en la figura B.1. Primero presentamos guías generales para planear y realizar entrevistas; éstas se dividen en dos etapas: planear la entrevista y llevarla a cabo. Después de este análisis, le daremos guías más específicas para realizar entrevistas especializadas con objetivos limitados: reunir información, seleccionar empleados nuevos y revisar el desempeño de los subordinados.

PLANEAR LA ENTREVISTA
Establecer el objetivo y la agenda

Como sucede con cualquier comunicación planeada, es necesario definir con claridad los objetivos de la entrevista. En una entrevista, así como en una presentación oral, uno debe preguntarse qué quiere lograr. ¿Desea recopilar información?, ¿persuadir?, ¿aconsejar?, ¿evaluar? Debe considerar no sólo lo que desea lograr en términos del *contenido* de la entrevista, también debe tomar en cuenta la *relación* que desea establecer con el otro participante. Considere quién es su compañero de entrevista y de qué manera afectará lo que usted diga a la relación existente. Esto se asemeja al proceso de adaptar el mensaje a su audiencia en una presentación oral, aunque en cierta forma es más fácil,

ya que sólo hay un miembro en su "audiencia" de entrevista. También debe considerarse la situación en la que tendrá lugar la entrevista. ¿Los participantes están bajo presión de tiempo? ¿Puede arreglárselas para que no lo interrumpan?

Una vez que haya determinado su objetivo, desarrolle una agenda. Decida qué tipo de información necesita obtener según su objetivo. Después elabore una lista de temas a cubrir durante la entrevista. Aunque no es necesario que estos temas tengan algún orden en particular, quizá desee ordenarlos según sus prioridades.

Formular buenas preguntas que fomenten el intercambio de información

Su objetivo y su agenda determinarán la naturaleza de sus preguntas y éstas son los medios fundamentales para obtener información en una entrevista. Cualquiera puede hacer preguntas, pero sólo un entrevistador bien preparado hace preguntas efectivas (aquellas que revelan la información que se requiere). Asegúrese de expresar con claridad sus preguntas y de que éstas produzcan la información que usted desea. Es muy importante que se adapte a su entrevistado, así que plantéele sus preguntas en un lenguaje que pueda entender y de una manera que mejore su relación con él.

Existen distintos tipos de preguntas dependiendo de los efectos que desee producir y sus objetivos de recopilación de información. Las **preguntas abiertas**, como "¿Cómo va tu trabajo?", o "¿Cómo ha afectado la nueva regulación al estado de ánimo del departamento?", ofrecen información general. Utilice preguntas abiertas cuando desee que el entrevistado hable libremente sobre cómo se siente, sus prioridades y cuánto sabe acerca de un tema. Las preguntas abiertas permiten establecer una buena relación. Es difícil recordar las respuestas a las preguntas abiertas, en particular si el entrevistado no deja de hablar. Además, las preguntas abiertas consumen mucho tiempo y, utilizadas en exceso, dificultarán el control del entrevistador sobre la misma. Sin embargo, si está buscando información amplia y general, hágalas.

Si, por otra parte, precisa de información específica, haga preguntas cerradas. Las **preguntas cerradas**, como "¿Cuál fue su último empleo?", o "¿Preferiría trabajar en el proyecto A o en el proyecto Z?", limitan las respuestas que el entrevistado puede dar. Utilícelas cuando tenga poco tiempo o desee aclarar un aspecto de una pregunta abierta. En la tabla B.1 se presentan sugerencias de cuándo utilizar preguntas abiertas o cerradas.

Preste mucha atención a la forma de expresar sus preguntas. Un entrevistador sin preparación con

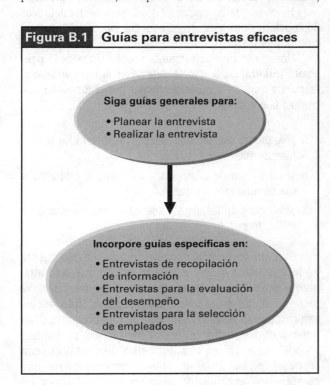

Figura B.1 **Guías para entrevistas eficaces**

Siga guías generales para:
- Planear la entrevista
- Realizar la entrevista

Incorpore guías específicas en:
- Entrevistas de recopilación de información
- Entrevistas para la evaluación del desempeño
- Entrevistas para la selección de empleados

Tabla B.1 Cuándo utilizar preguntas abiertas y cuándo preguntas cerradas

Utilice preguntas abiertas cuando desee:

• Descubrir las prioridades del entrevistado.

• Descubrir el marco de referencia del entrevistado.

• Permitir al entrevistado expresar libremente sus opiniones.

• Determinar qué tan profundos son los conocimientos del entrevistado.

• Evaluar qué tan organizado es el entrevistado.

Utilice preguntas cerradas cuando quiera:

• Ahorrar tiempo, energía y dinero.

• Mantener el control sobre la entrevista.

• Obtener información muy específica del entrevistado.

• Alentar al entrevistado a reconstruir algún acontecimiento específico.

• Alentar a una persona tímida para que hable.

• Evitar explicaciones extensas del entrevistado.

• Aclarar algún punto expresado como respuesta a una pregunta abierta.

FUENTE: *Adaptada de Downs, Smeyak y Martin, 1980.*

frecuencia hará preguntas difíciles de responder o que impedirán respuestas abiertas y honestas. Un ejemplo es la **pregunta de doble contenido**:

❑ Si hubiera algo que lo hiciera quedarse, ¿qué sería?

❑ Si no tuviera otra opción que usar este sistema, ¿cómo lo utilizaría de manera productiva?

❑ ¿Por qué deberíamos adoptar este plan de seguros si ninguno de nuestros competidores lo ha hecho?

Cada una de estas preguntas asume una condición con la que el entrevistado puede no estar de acuerdo, para después hacer que la apoye o la defienda. La primera pregunta asume que el entrevistado está buscando una razón para quedarse; la segunda, que el sistema puede utilizarse en forma productiva; la tercera, que el plan tiene algo malo. Tales preguntas podrían suscitar respuestas hipotéticas que probablemente no reflejen la postura honesta del entrevistado.

Otra pregunta problemática es la **pregunta bipolar falsa**. Una pregunta bipolar ofrece al entrevistado dos opciones: "¿Votó usted a favor o en contra del contrato sindical?". Ésta podría ser una pregunta pertinente y legítima. Sin embargo, suponga que plantea esta pregunta: "¿Usted aprueba o desaprueba trabajar tiempo extra?".

La mayoría de las personas no aprueban o desaprueban por completo el tiempo extra; sin embargo, esta pregunta obliga a los entrevistados a elegir entre opciones limitadas o falsas, ninguna de las cuales tiende a representar su verdadera postura en relación con un tema. Por tanto, si usted utiliza preguntas bipolares, asegúrese de que las opciones que ofrece sean las únicas dos opciones posibles; de otra forma, obtendrá información imprecisa.

Un último tipo de pregunta problemática es la **pregunta guiada**, en la que se deja saber al entrevistado la respuesta que usted quiere escuchar por la forma en que plantea la pregunta:

❑ ¿No piensa que utilizar este plan resolverá los problemas que hemos tenido?

❑ ¿Está a favor de esta política, así como lo están todos sus compañeros de trabajo?

❑ Sin lugar a dudas, usted quiere lo mejor para su familia, ¿o no?

Para un entrevistado astuto será fácil darse cuenta de lo que usted quiere escuchar, por lo que será altamente probable que obtenga respuestas sesgadas. Se recomienda formular preguntas guiadas cuando se buscan respuestas sesgadas. Por ejemplo, la pregunta: "Sin lugar a dudas, usted quiere lo mejor para su familia, ¿o no?" sería útil en una entrevista de ventas cuando se desea persuadir a un cliente potencial para que compre una enciclopedia. Sin embargo, si usted no

PREGUNTA DE DOBLE CONTENIDO	PROBLEMA	MEJOR PREGUNTA
1. Si hubiera algo por lo cual se quedaría, ¿qué sería?	La pregunta ignora la razón detrás de la decisión del entrevistado e implica que se puede modificar.	¿Por qué desea dejar nuestra organización? (Permita que el entrevistado responda). ¿Hay algo que se pueda hacer para que cambie su opinión?
2. Si no tuviera otra opción, más que usar este sistema, ¿cómo lo utilizaría de manera productiva?	La pregunta evita un análisis abierto del sistema y obliga al entrevistado a defenderlo.	¿Cuáles cree usted que son los beneficios de este sistema? (Permita que el entrevistado responda). ¿Cuáles considera que son las desventajas de este sistema?
3. ¿Por qué debemos adoptar este plan de seguros cuando ninguno de nuestros competidores lo ha adoptado?	La pregunta levanta la sospecha de que algo está mal con el plan y exhorta al entrevistado a mostrarse suspicaz en vez de evaluar el plan.	¿Piensa usted que debemos adoptar este seguro? (Permita que el entrevistado responda). ¿Cree que nos ofrece nuevos beneficios? (Permita que el entrevistado responda). ¿Algunos de nuestros competidores lo han adoptado?

PREGUNTA BIPOLAR FALSA	PROBLEMA	MEJOR PREGUNTA
1. ¿Prefiere trabajar con otras personas o trabajar solo?	La pregunta supone que sólo existen dos posibles opciones.	¿Trabaja bien con otras personas? (Podría ir seguida de un sondeo adecuado).
2. ¿Aprueba o desaprueba el contrato sindical?	La pregunta supone que sólo hay dos formas de ver el tema.	¿Qué piensa acerca del contrato sindical?

PREGUNTA GUIADA	PROBLEMA	MEJOR PREGUNTA
1. ¿No cree que utilizar este plan resolverá los problemas que hemos tenido?	La pregunta identifica la respuesta esperada, dificultando al entrevistado mostrarse en desacuerdo.	¿Considera que este plan será útil para resolver los problemas que hemos tenido?
2. ¿Está a favor de esta política, al igual que todos sus compañeros de trabajo?	La pregunta coloca al entrevistado en la postura de tomar partido "correcto".	¿Cuál es su actitud hacia esta política? Este producto ofrece algunas ventajas reales.
3. Desde luego, usted quiere lo mejor para su familia, ¿o no?	La pregunta asocia la respuesta con una meta deseada (obtener lo mejor para la familia), por lo que dificulta al entrevistado dar una respuesta negativa.	¿Podría otorgarme un poco de su tiempo para hablarle al respecto?

es consciente de haber hecho una pregunta guiada, no sabrá si está recibiendo una respuesta sesgada, lo que puede generar un serio problema. En la tabla B.2 se ofrecen formas de replantear estos tres tipos de preguntas mal construidas.

Estructurar la entrevista utilizando auxiliares

Después de determinar el objetivo y la agenda, y luego de formular sus preguntas, el siguiente paso en la preparación de una entrevista es desarrollar la estructura. Para hacer esto, deberá pensar en tres cosas: la guía de la entrevista, la secuencia de las preguntas, y las transiciones. La guía de la entrevista es un esbozo de los temas y subtemas que desea cubrir, por lo general con preguntas específicas bajo cada encabezado. En otras palabras, es la versión final de la agenda. Los formatos de guías de entrevistas alternativas se analizarán más adelante.

Mientras elabora la guía de la entrevista, también necesita prestar atención a la secuencia de las preguntas, es decir, cómo se interconectarán. Los dos tipos más comunes de secuencias de preguntas son la **secuencia de embudo** y la **secuencia de embudo invertido**.

La secuencia de embudo comienza con preguntas generales y luego avanza hacia preguntas cada vez más específicas. La secuencia de embudo invertido modifica este orden, comenzando con preguntas

APRENDIZAJE

Tabla B.3	Secuencias de preguntas de embudo y de embudo invertido

Embudo: De lo general a lo específico

   ¿Cómo se siente en relación con las nuevas regulaciones para fumar en el edificio?

   ¿Son justas?

   ¿Cómo están reduciendo estas regulaciones el tabaquismo entre los empleados?

Embudo invertido: De lo específico a lo general

   ¿Cómo están reduciendo el tabaquismo entre los empleados estas regulaciones?

   ¿Cree usted que estas regulaciones son justas?

   En general, ¿cómo se siente con respecto a estas nuevas regulaciones?

Utilice la secuencia de embudo cuando:

- Desee descubrir el marco de referencia del entrevistado.
- Desee evitar el sesgo en el entrevistado.
- Desee ampliar al máximo su capacidad para sondear temas.
- El entrevistado esté dispuesto a hablar sobre esos temas.

Utilice la secuencia de embudo invertido cuando:

- Desee obtener información específica antes de las reacciones generales.
- Desee motivar a un entrevistado renuente.
- Desee refrescar la memoria del entrevistado.

Fuente: *Adaptado de Downs et al., 1980.*

específicas, para luego avanzar hacia preguntas más abiertas hacia el final. En la tabla B.3 se presentan ejemplos de estas dos secuencias. Su decisión de qué secuencia utilizará depende de lo que quiera lograr en la entrevista. En la tabla B.3 también se resumen las situaciones en que debe utilizar cada una de estas secuencias, dependiendo de sus metas.

Luego de establecer la secuencia de sus preguntas, debe considerar qué tipos de transiciones podría utilizar para que el entrevistado lo siga. Las transiciones en una entrevista desempeñan la misma función que los cambios en una presentación oral: sirven para que los escuchas se mantengan enfocados y conscientes de la ubicación del conferencista en términos de la organización general. Es difícil preparar con anticipación las transiciones en las entrevistas no estructuradas, aunque un buen entrevistador recordará que las transiciones deben utilizarse cuando ocurre un cambio de tema. Una simple declaración, como: "Ya veo lo que está diciendo acerca de esa situación. ¿Cree que me podría ayudar con otro tema?", le permitirá cambiar de un tema a otro. También podría utilizar un breve resumen de las respuestas del entrevistado para cerrar un tema antes de pasar al siguiente.

Planear el entorno para mejorar la relación

La ubicación de la entrevista puede tener un efecto importante sobre la atmósfera y el resultado. Si realiza la entrevista en su oficina o en la sala de juntas de una empresa, creará una atmósfera formal; si la lleva a cabo en un lugar más neutral, como un restaurante, el clima será más relajado. La elección del entorno depende de sus metas para la entrevista. Lo más importante con respecto al entorno es que, de ser posible, fomente el tipo de comunicación que usted busca.

Anticipar los problemas y preparar las respuestas

Cuando se prepare para una entrevista, debe considerar los tipos de problemas podría enfrentar. Imagine cómo respondería el entrevistado a lo que usted tiene que preguntar y prepárese para sus objeciones y preguntas. Considere la personalidad del entrevistado y cómo tendrá usted que adaptarse para permitir que la persona se explaye o para controlar la tendencia de éste a dominar.

Anticipe cuánto tiempo necesitará para hacer sus preguntas y de cuánto tiempo dispone el entrevistado.

Tabla B.4 Lista de control de preparativos para la entrevista

1. ¿He determinado mi objetivo general?

2. ¿He anotado mis objetivos específicos y mi agenda?

   a) ¿Sé exactamente lo que deseo lograr en términos del contenido?

   b) ¿Sé exactamente lo que deseo lograr en términos de la relación con el entrevistado?

3. ¿Todas mis preguntas están apegadas a mis objetivos y mi agenda?

4. ¿Mis preguntas están planteadas con claridad y en un lenguaje que el entrevistado pueda entender?

5. ¿Mis preguntas están planteadas sin ningún sesgo?

6. ¿Elegí una estructura de entrevista adecuada para la situación?

7. ¿Elegí una secuencia de preguntas adecuada para la situación de entrevista?

8. ¿Identifiqué posibles transiciones para utilizarlas en la entrevista?

9. ¿Elegí el entorno físico adecuado para los temas que se tratarán y para el entrevistado?

10. ¿Planeé formas de enfrentar los problemas que podrían surgir durante la entrevista?

Cada entrevista planteará problemas únicos. Si puede planear algunas de estas situaciones, será capaz de manejarlas mejor durante la entrevista real que si no las considera en absoluto.

En la tabla B.4 se presenta una lista de control para ayudar a preparar una entrevista.

REALIZACIÓN DE LA ENTREVISTA

Combine una preparación minuciosa con una implementación sensible. Debido a que una entrevista es una situación de comunicación interpersonal, en esta sección revisaremos brevemente el concepto de comunicación de apoyo aplicado a las entrevistas. Luego estudiaremos las tres etapas de la entrevista (introducción, cuerpo y conclusión) y analizaremos las funciones de cada una. Ofreceremos sugerencias para desarrollar las habilidades necesarias para realizar una entrevista en forma eficaz. Por último, comentaremos las formas para registrar la información de la entrevista.

Establecer y mantener una atmósfera de comunicación de apoyo

La atmósfera de la entrevista se refiere al tono y a la atmósfera general en que ocurre la entrevista. Una entrevista, como cualquier otro acto de comunicación interpersonal, debería ser una interacción de apoyo en la que los participantes se sientan libres de comunicarse con precisión. Usted establece la atmósfera de la entrevista durante la introducción, cuando empieza a entablar una buena relación con el entrevistado. En general debe tratar de establecer un clima cómodo, abierto y libre de incongruencias. Para mantener un clima productivo y de apoyo es necesario analizar y adaptarse constantemente a la interacción a medida que ésta se desarrolla. Cuando sienta que ya no hay un clima de apoyo, aléjese del nivel de contenido de la entrevista y ocúpese del nivel de relación. Considere este extracto de una entrevista para obtener información:

ENTREVISTADOR: Gracias por tomarse tiempo para hablar hoy conmigo.

ENTREVISTADO: Oh, no hay problema, ¿qué puedo hacer por usted?

ENTREVISTADOR: Bien, me preguntaba si era posible que hablara un poco acerca del incidente ocurrido en el piso de ventas la semana pasada. Primero, ¿tiene idea de cómo inició todo?

ENTREVISTADO: No, en realidad no. Yo estaba haciendo mi trabajo y, de pronto, ahí estaban los dos.

ENTREVISTADOR: Ya veo. ¿No los escuchó hablar antes de que comenzaran a pelear?

ENTREVISTADO: No, como le dije, parece que todo comenzó de la nada.

ENTREVISTADOR: ¿No estaba usted poniendo atención?

ENTREVISTADO: ¿Cómo iba yo a saber que iban a pelear?

Llegado este momento, es evidente que las preguntas están comenzando a irritar al entrevistado. El entrevistador ha seguido insistiendo en un tema que el entrevistado considera que ya ha sido analizado lo suficiente. Ahora el entrevistador debe evitar este punto y tratar de calmar el malestar del entrevistado antes de continuar.

> ENTREVISTADOR: Tiene razón. Usted realmente no tenía la posibilidad de anticipar esta situación. Sin embargo, tal vez pueda describirme lo que sucedió después de la pelea.

Es probable que en este momento el entrevistado dude en dar toda la información. Tal vez el entrevistador tenga que seguir fortaleciendo el apoyo de la relación hasta que el entrevistado se sienta lo suficientemente cómodo para responder a las preguntas.

Para lograr un clima de apoyo no basta con comportamientos verbales. Escuchar en forma analítica también es esencial para mantener el clima adecuado de una entrevista. Si usted no demuestra que está escuchando y respondiendo a lo que dice el entrevistado, éste se rehusará a seguir hablando con usted. En pocas palabras, es necesario que escuche para lograr la *comprensión* del contenido de la entrevista, sentir *empatía* por el entrevistado y *evaluar* la información y los sentimientos del mismo (Stewart y Cash, 1985).

Introducción de la entrevista

La comunicación de apoyo comienza inmediatamente en la introducción, donde usted establece el tono y el clima de la entrevista. Debe saludar al entrevistado de tal manera que lo ayude a establecer una buena relación. Las impresiones creadas durante los primeros minutos de una entrevista son determinantes para su éxito (Stewart y Cash, 1985). Por tanto, debe tratar de causar una impresión lo más favorable posible. Inmediatamente después de saludar, deberá motivar al entrevistado a participar gustosamente en el diálogo. Para lograr esto podría solicitarle su ayuda al entrevistado o comentarle por qué lo ha elegido a él como fuente de información. Por último, la introducción debe ofrecer orientación respecto al contenido completo. Debe decir al entrevistado: (1) el objetivo de la entrevista; (2) de qué manera su participación permitirá satisfacer ese propósito, y (3) cómo se utilizará la información obtenida. La introducción debe terminar con la transición hacia el cuerpo de la conversación. El uso de un enunciado de transición, como "Ahora, permítame comenzar por preguntar...", o "Ahora que usted comprende lo que sucederá en los próximos minutos, pasemos a las preguntas", indica al entrevistado que la entrevista "real" está a punto de comenzar.

Desarrollo del cuerpo de la entrevista

Por lo general, el cuerpo de la conversación estará basado en la guía de la entrevista, que es una secuencia predeterminada de preguntas. Existen tres tipos de guías: estructuradas, semiestructuradas y no estructuradas. Si la guía de la entrevista es estructurada, usted simplemente leerá las preguntas de la guía y registrará las respuestas del entrevistado. Una guía semiestructurada comprende una variedad de preguntas recomendadas para cada tema, de donde el entrevistador puede seleccionar las más adecuadas para un candidato específico. Un ejemplo de guía para una entrevista de empleo semiestructurada se presenta en la tabla B.5.

Si la guía de entrevista es no estructurada, entonces utilizará la guía sólo como agenda. Por ejemplo, una guía de entrevista no estructurada para una conversación de renuncia al trabajo podría incluir simplemente unos cuantos temas de discusión, como: "¿Qué le gustó y qué le disgustó acerca del trabajo y de la empresa?", "¿por qué se va?", "¿alguna sugerencia para mejorar?". En una entrevista no estructurada, el entrevistado necesitará que usted lo anime a responder a sus preguntas de la forma más detallada posible. Para alentar respuestas completas, usted deberá seguir las respuestas iniciales con preguntas de sondeo. El sondeo dependerá directamente de su capacidad para escuchar bien y analizar el contenido y la información relacionada que el entrevistado le ofrece. Es poco habitual planear de antemano las preguntas de sondeo, porque usted no puede pronosticar cómo responderá el entrevistado. Usted querrá sondear cuando sienta que no está recibiendo una respuesta adecuada a su pregunta, por cualquier razón.

El tipo de sondeo que elija dependerá de las respuestas de su entrevistado y del tipo de información que desee encontrar. Si considera que la respuesta es superficial o inadecuada debido a la falta de información, es recomendable utilizar un **sondeo de ampliación**, como:

- ❑ "Hábleme más al respecto".
- ❑ "¿Por qué opina que sucedió en esa forma?".
- ❑ "¿Estaba ocurriendo algo más en ese momento?".

Si necesita aclarar la información que el entrevistado ofrece, utilice un **sondeo de aclaración**, como:

- ❑ "¿Qué significa para usted la satisfacción laboral?".
- ❑ "Usted mencionó no estar feliz con esta política. ¿Podría decirme con exactitud qué aspectos lo hacen sentir así?".
- ❑ "Anteriormente mencionó que le gusta trabajar con otras personas. ¿Podría darme un ejemplo específico?".

El **sondeo reflexivo** se utiliza cuando se requiere una explicación o aclaración. Es de naturaleza no directi-

Tabla B.5	Ejemplos de preguntas para una entrevista de trabajo	

EDUCACIÓN	EXPERIENCIA LABORAL	AUTOEVALUACIÓN
• ¿Qué le atrajo más de su carrera?	• ¿Cómo obtuvo su empleo actual?	• ¿Qué sabe acerca de nuestra industria o empresa?
• ¿Cuál fue su experiencia universitaria más satisfactoria?	• ¿Qué actividades ocupan la mayor parte de su tiempo?	• ¿Qué le interesa acerca de nuestro producto o servicio?
• ¿Qué materias le fueron más difíciles de dominar? ¿Por qué?	• ¿Qué aspectos de su trabajo le gustan más y cuáles menos?	• ¿Cuál es su objetivo de carrera a largo plazo?
• Si tuviera que empezar de nuevo sus estudios universitarios, ¿qué cursos tomaría?	• ¿Cuál ha sido su mayor frustración y su mayor alegría?	• ¿Cuáles son sus principales fortalezas y debilidades?
• ¿Qué dificultades experimentó en su relación con otros estudiantes con los profesores?	• ¿Qué aspectos le gustan y le disgustan de su supervisor?	• ¿Qué ha hecho que haya demostrado iniciativa y disposición para trabajar con esmero?
• ¿Qué aprendió de sus actividades extracurriculares?	• ¿Qué críticas a su trabajo ha recibido?	• ¿Qué piensa usted que determina el progreso de una persona en una buena empresa?
		• ¿Cuáles son sus planes para mejorar a nivel personal durante este año?
		• ¿Cuáles son las tres cosas más importantes en su vida?

va y, por lo general, refleja o repite algún aspecto de la respuesta que el entrevistado acaba de darle:

❏ "¿Piensa entonces que esta política funcionará?".
❏ "¿Está diciendo que su supervisor no ofrece el tipo de supervisión que usted necesita?".
❏ "¿Es correcto asumir que usted estaría dispuesto a reubicarse?".

Si el entrevistado no responde a su pregunta, quizá deba utilizar un **sondeo de repetición**. Simplemente, parafrasee la pregunta o repítala palabra por palabra. Si quiere que el entrevistado continúe hablando libremente, utilice el *silencio* para alentarlo a continuar. El silencio tiende a comunicarle al entrevistado que espera más de él. Pero tenga cuidado de no esperar demasiado: dé al entrevistado el tiempo suficiente para pensar, pero no tanto que lo incomode. Respuestas como "ya veo", "mmm" y "bien, continúe" son formas no directivas y no evaluativas para alentar al entrevistado a hablar. La tabla B.6 resume estos sondeos e indica cuándo utilizarlos.

El uso eficaz de las preguntas de sondeo quizá sea la habilidad más importante pero la más difícil que un entrevistador puede desarrollar. Con mucha frecuencia un entrevistador termina una entrevista y piensa en todos los temas que podría haber abordado de haber realizado los sondeos adecuados. O quizá la entrevista fue ineficiente porque el entrevistador sondeó temas irrelevantes y, por tanto, empleó demasiado tiempo recopilando información inútil. Un entrevistador eficaz debe saber cuándo sondear y cuándo detenerse. Si usted ha hecho una planeación adecuada, estará consciente de los temas que desea cubrir y con qué profundidad. Siga tanto las pistas que le dé su entrevistado como su agenda para determinar cuándo y cuánto sondear de los temas.

Conclusión de la entrevista

La tercera etapa de la entrevista es la conclusión. Cuando termine una entrevista, debe cumplir cuatro propósitos. Primero, asegúrese de indicar explícitamente que la entrevista está a punto de terminar. Diga algo como: "Bien, son todas las preguntas que tengo", o "Usted ha sido de gran ayuda". Esto sirve para que el entrevistado entienda que si tiene alguna pregunta, es el momento de hacerla. Segundo, trate de resumir la información que obtuvo. Esto sirve para verificar la exactitud de la información que acaba de obtener y el entrevistado puede corregir sus impresiones si alguna le parece equivocada. Tercero, comunique al entrevistado lo que va a suceder después: ¿Necesitarán reunirse de nuevo? ¿Realizará usted un informe? Por último, asegúrese de seguir reforzando la relación agradeciéndole por el tiempo y sus bien pensadas respuestas.

Tabla B.6	Tipos de sondeos y cuándo utilizarlos

- Utilice un sondeo de *ampliación* cuando considere que una respuesta es superficial o inadecuada de alguna manera:

  Entrevistador: ¿Cómo ha podido adaptarse a las responsabilidades de su nuevo empleo?

  Entrevistado: Bueno, cada día enfrento un nuevo desafío.

  Entrevistador: Platíqueme algo más acerca de un desafío específico.

- Utilice un sondeo de *aclaración* cuando necesite esclarecer la información que da el entrevistado.

  Entrevistador: ¿Cómo se siente al trabajar tiempo extra?

  Entrevistado: Bueno, algunas veces está bien.

  Entrevistador: ¿Podría decirme específicamente cuándo estaría dispuesto a trabajar tiempo extra?

- Utilice un sondeo *reflexivo* cuando quiera explicación o aclaración, pero de una manera no directiva:

  Entrevistador: Así que, ¿cómo se está adaptando a sus nuevas responsabilidades?

  Entrevistado: Bueno, cada día enfrento un nuevo desafío.

  Entrevistador: ¿De verdad? ¿Algo nuevo cada día?

- Utilice un sondeo de *repetición* cuando el entrevistado no responda a su pregunta:

  Entrevistador: ¿Cuál considera como el aspecto más difícil de su trabajo?

  Entrevistado: Bueno, no es una pregunta fácil. Mi supervisor dice que tengo problemas para cumplir con las cuotas de productividad.

  Entrevistador: Pero, ¿cuál cree usted que sea el aspecto más difícil de su trabajo?

- Utilice el *silencio* cuando quiera alentar al entrevistado a seguir hablando:

  Entrevistador: ¿Cree usted que debemos continuar nuestra política en relación con el ausentismo?

  Entrevistado: Sí, lo creo.

  Entrevistador: (pausa de 10 segundos)

  Entrevistado: Sí, pienso que es una buena política porque...

Registro de la información

Aunque haya planeado la entrevista a la perfección y haya realizado todas las preguntas y los sondeos correctos, si no logra recordar con precisión la información obtenida, la entrevista no puede considerarse como un éxito. Después de todo, usted preparó y llevó a cabo la entrevista para obtener información y no porque deseaba conversar con alguien. Lo primero que necesita reconocer es que la memoria no basta. Confiar únicamente en la memoria deja abierta la posibilidad de olvidar información o de reajustarla para satisfacer sus propias necesidades. Incluso si resume la entrevista tan pronto como termine, corre el riesgo de reinterpretar la información en formas que se alejan de la intención del entrevistado. Sin embargo, si resumir la entrevista es su opción preferida, asegúrese de escribir el resumen inmediatamente después de haber terminado. Además, quizá desee utilizar su guía de entrevista como base para elaborar el resumen: revise sus preguntas y escriba las respuestas del entrevistado.

Una mejor forma de recordar la información es tomar notas durante la entrevista. Asegúrese de avisar al entrevistado que lo hará. Tome las notas con la mayor discreción posible, para no incomodar al entrevistado. Aprenda cómo escribir notas mientras mantiene el contacto visual con el entrevistado. Ésta es una habilidad difícil de dominar, pero es posible; los periodistas la utilizan de manera cotidiana. Desarrolle su propia taquigrafía para tomar notas y no registrar la entrevista de forma literal. Si necesita una transcripción literal de la entrevista, utilice una grabadora. Primero, pregunte al entrevistado si tiene algún inconveniente en que se utilice una grabadora.

Mantenga la grabadora fuera de la vista si es posible, para que ni usted ni el entrevistado se sientan amenazados por ella. Otra forma para recordar la información de la entrevista consiste en pedir a un segundo entrevistador que participe en la entrevista. Luego de la entrevista, hablar con él los ayudará a revisar los recuerdos de cada uno de lo ocurrido.

Tipos específicos de entrevistas organizacionales

La información presentada en las secciones anteriores le ayudará a planear y a realizar casi cualquier tipo de entrevista. Sin embargo, aquí presentamos tipos especiales que se deben planear y considerar. En esta sección describiremos brevemente los tipos más comunes de entrevistas organizacionales, y aplicaremos los principios descritos anteriormente a temas y circunstancias específicos.

ENTREVISTAS PARA RECABAR INFORMACIÓN

La entrevista para obtener información es la que se realiza con más frecuencia en las empresas y también es la que más se parece a una conversación. Utilice este tipo de entrevista cuando necesite información sobre diversos hechos relacionados con un asunto o deba ayudar a solucionar un problema. Si trata estas actividades de búsqueda de datos como entrevistas, podrá para recabar más información precisa y útil, porque planeará con anticipación. Desde luego, necesita seguir los pasos de planeación analizados con anterioridad: determinar un objetivo general y elaborar una agenda, desarrollar preguntas y la estructura de la entrevista, planear el entorno y anticipar los problemas.

Asimismo, la entrevista para recabar datos es la única en la que puede elegir al experto. En otras entrevistas organizacionales, como la entrevista de selección o evaluación del desempeño, usted tiene pocas opciones respecto a los empleados. Sin embargo, cuando desea recabar información acerca de algún tema o problema, usted elige al entrevistado. Esta elección se basa en dos factores: quién *puede* darle la información que necesita y quién *está dispuesto* a hacerlo (Stano y Reinsch, 1982). Es muy frecuente que los entrevistadores hablen con los empleados con buena disposición, pero que carecen de la información necesaria. Por ejemplo, suponga que su organización está considerando establecer un horario de trabajo flexible y que a usted le asignaron la responsabilidad de escribir un reporte de factibilidad. Aunque quizás obtenga algunas opiniones interesantes de un colega acerca de las ventajas de dicho horario, sería mejor si usted pudiera encontrar a un experto en horarios flexibles para su entrevista. Por otro lado, si quisiera averiguar qué tan bien recibido sería ese cambio, entonces hablaría con los colegas en vez de hacerlo con un experto.

La naturaleza de una entrevista para recabar información debe ser tal que empleado no se percate de que está siendo entrevistado. Por lo tanto, es más difícil mantener al entrevistado concentrado en el tema y atento a sus preguntas. Más que en ninguna otra entrevista, como entrevistador debe actuar de manera flexible y adaptarse a su interlocutor. Elija un entorno físico que aliente la plática y fomente una atmósfera apropiada. La secuencia de embudo funciona bien en las entrevistas para recabar información porque permite obtener de inmediato información general y conocer los sentimientos del entrevistado respecto al tema. Sin embargo, el embudo invertido podría ser una mejor elección si debe entrevistar a varias personas acerca del mismo tema y necesita ser consistente al evaluar sus respuestas.

ENTREVISTAS DE SELECCIÓN DE PERSONAL

La entrevista de empleo se utiliza para ayudar a que los miembros actuales de la empresa elijan a los nuevos miembros. Durante la entrevista de selección, el entrevistador trata de evaluar si los candidatos a un puesto se adaptarán a la organización y si cuentan con las habilidades necesarias para el puesto. Además, el entrevistador a menudo trata de presentar favorablemente la organización al candidato. Las preguntas que se hacen durante la entrevista de selección se refieren a cuatro temas generales: experiencia laboral previa, escolaridad y capacitación, características de personalidad y actividades e intereses relacionados. La naturaleza del puesto y el entrevistado determinarán qué temas destacarán.

Como se observa en la tabla B.7, existen tres fuentes de información que debe revisar al formular preguntas para una entrevista de selección:

1. Revise la *descripción de puesto* para evaluar las habilidades técnicas y la experiencia que se requieren. Revise también el ambiente laboral para determinar las cualidades personales deseables. Las preguntas se formulan con base en estas revisiones. Evite hacer únicamente preguntas genéricas.

2. Consiga el *formato de evaluación* que utiliza su empresa para evaluar a los posibles empleados. Asegúrese de que algunas de sus preguntas se relacionen con los temas de ese formato de evaluación. Por ejemplo, si uno de los temas en el formato es la habilidad de comunicación, haga preguntas que se refieran específicamente a ese tema. En tal caso, quizá desee preguntar al aspirante acerca de sus habilidades de escritura y cómo las ha utilizado en el pasado.

- Utilice la *descripción del puesto* para elaborar preguntas acerca de habilidades relacionadas con la actividad laboral y de las características personales.

- Utilice el *formato de evaluación* para la entrevista de selección con la finalidad de elaborar preguntas que le ayuden a evaluar al aspirante con base en los criterios generales de su empresa para contratar empleados.

- Utilice el *currículum* y la *carta de presentación* para elaborar preguntas acerca de las habilidades específicas y de la experiencia laboral del aspirante.

3. Una última pieza de información que debe utilizar para elaborar preguntas para una entrevista de selección es el *currículum* y la *carta de presentación* del aspirante. Hay que leer cuidadosamente estos documentos. Si existen lapsos entre los empleos, hay que preguntar al aspirante al respecto. Si la información en el currículo es demasiado general, habrá que hacer preguntas para obtener datos específicos. Cabe recordar que la mayoría de las personas escriben el currículo con un objetivo en mente: conseguir una entrevista. Por lo tanto, la información tiende a ser un resumen de todos los buenos aspectos de la carrera de esa persona hasta la fecha. Además, toda la información suele estar escrita en un lenguaje brillante. Es necesario estar preparado para indagar más allá de ese lenguaje con la finalidad de obtener información aclaratoria. Por ejemplo, suponga que se encuentra este párrafo en la carta de presentación: "Tengo muchos años de experiencia en puestos de liderazgo". Evidentemente, querrá pedir a este aspirante información más específica: "¿Cuántos años?", "¿Qué clase de puestos fueron?", "¿Cuáles fueron sus responsabilidades específicas de liderazgo?".

Al elaborar preguntas de entrevista, cerciórese de incluir algunas que aborden experiencias específicas. Por ejemplo, podría preguntar algo como "¿Me puede contar de alguna vez en que haya cumplido alguna meta planeada?". El entrevistado podría mostrarse renuente a ser específico, pero usted debe sondear hasta que proporcione información útil, específica y que describa su comportamiento.

¿Por qué la información descriptiva del comportamiento es tan importante? Muchos expertos creen que la mejor forma de pronosticar el desempeño laboral futuro es evaluando el comportamiento previo. Si puede averiguar cómo se comportó el entrevistado en situaciones reales en el pasado, que hayan sido similares a las que probablemente enfrentará en su organización, usted podría determinar si su estilo se ajusta a su empresa y si trabajará bien con los demás miembros.

Asegúrese de plantear series equilibradas de preguntas: pida información tanto negativa como positiva, ya que esto le ayudará a obtener una imagen completa del entrevistado y a revelar sesgos ocultos. Por ejemplo, después de una pregunta positiva, tal vez podría continuar con algo como "Bueno, ahora hábleme de una ocasión en la que no haya alcanzado una meta que se planteó". De nuevo, asegúrese de que la persona le dé información conductual específica.

En conclusión, recuerde que su principal objetivo en una entrevista de selección es encontrar un individuo que esté calificado para un puesto específico en su organización. En la tabla B.8 se detalla un proceso de seis pasos (que se identifica con el acrónimo PEOPLE) utilizado por una empresa importante para ayudar a los entrevistadores a cumplir con su objetivo. Luego se presenta el modelo de entrevista general delineado en la primera mitad de este apéndice.

ENTREVISTAS DE EVALUACIÓN DEL DESEMPEÑO

La entrevista de evaluación del desempeño por lo general forma parte de un sistema de evaluación profesional más amplio. La meta de este sistema es evaluar a un miembro de una organización o dar retroalimentación a un subalterno sobre formas para mejorar su desempeño en un puesto. Aunque cada organización difiere en los detalles de la aplicación del sistema de evaluación del desempeño, existen algunos aspectos comunes.

Por lo general, antes de la entrevista de evaluación del desempeño, el subalterno, el superior o ambos preparan evaluaciones escritas. Existen muchos tipos de formatos de evaluación, incluyendo un formato de ensayo, en el que el directivo hace una descripción del trabajo del subalterno, sin un formato establecido; las *clasificaciones de elección forzada*, en las que el directivo elige entre muchos enunciados uno que describa al subalterno en cierta área, o una *escala de calificación gráfica*, en la que el directivo califica al subalterno en diversas áreas en una escala numérica del 1 al 7. Sin embargo, en la mayoría de los casos se le pedirá que respalde su evaluación del subordinado con información específica y concreta. Por ejemplo, si está utilizando una escala de calificación gráfica e indica que el empleado se desempeñó de manera insatisfactoria, debe explicar en términos objetivos por qué hizo esa evaluación. El subalterno tiene derecho de saber y usted tiene la responsabilidad de respaldar sus decisiones con evidencias.

Tabla B.8	**Formato de entrevista de selección (Proceso de orientación PEOPLE)**

P = Preparación

1. Revisar la solicitud, el currículo, las transcripciones y otra información antecedente.
2. Preparar tanto preguntas generales como individuales y específicas.
3. Preparar arreglos adecuados en el ambiente físico.

E = Establecer una buena relación.

1. Tratar de que el aspirante se sienta cómodo.
2. Transmitir un interés genuino.
3. Comunicar una actitud de apoyo con la voz y los modales.

O = Obtener información

1. Hacer preguntas.
2. Sondear.
3. Escuchar de manera cuidadosa.
4. Observar a la persona (vestimenta, modales, lenguaje corporal).

P = Proporcionar información.

1. Describir oportunidades laborales presentes y futuras.
2. Presentar las características positivas de la compañía.
3. Responder a las preguntas del aspirante.

L = Llevar al cierre

1. Aclarar las respuestas.
2. Brindar la oportunidad al aspirante de dar información final.
3. Explicar qué ocurrirá después.

E = Evaluar

1. Evaluar si las habilidades técnicas se ajustan a los requisitos del puesto.
2. Juzgar cualidades personales (liderazgo, madurez, orientación de equipo).
3. Hacer una recomendación.

APRENDIZAJE

Es responsabilidad del entrevistador preparar la estructura de la entrevista de evaluación del desempeño. El entrevistador debe establecer una hora y un lugar definidos para la misma, considerando los efectos que estas decisiones tendrán en la entrevista y el entrevistado. El entrevistador debe decidir acerca del objetivo general de la entrevista y la agenda. Los temas comunes que a menudo surgen en las entrevistas de evaluación del desempeño incluyen conocimiento del trabajo, desempeño laboral, misión y funciones del puesto, metas y oportunidades de carrera y habilidades interpersonales.

El aspecto difícil de la entrevista de evaluación del desempeño es que las personas tienden a sentirse intimidadas al evaluar a los demás o al ser evaluadas de forma individual. Es probable que los dos participantes en una entrevista de evaluación del desempeño se sientan aprensivos. Como entrevistador, necesita asegurar al entrevistado que usted realiza la entrevista de evaluación del desempeño como un medio de contribuir al desarrollo del entrevistado. No olvide que a la gente no le gusta que la critiquen y que usted deberá equilibrar sus críticas con reafirmaciones y comentarios positivos de su desempeño.

Al realizar una entrevista de evaluación del desempeño debe decidir sus objetivos de antemano; éstos dictarán la forma de la entrevista. En general, hay tres tipos de

REALIZACIÓN DE ENTREVISTAS   Módulo B   **529**

Tabla B.9	Tipos de entrevistas para evaluación de desempeño
Entrevista de decir y vender	
Se utiliza únicamente para evaluación. El directivo informa al empleado los resultados de la entrevista y luego lo convence de que siga recomendaciones para mejorar.	
Entrevista de decir y escuchar	
Se utiliza únicamente para evaluación. El directivo informa al empleado los resultados de la evaluación y luego escucha sus reacciones a la misma sin emitir juicios.	
Entrevista de solución de problemas	
Se utiliza para contribuir al desarrollo de los empleados. El directivo no ofrece una evaluación, sino que deja que el empleado decida cuáles son sus áreas débiles y trabaja con él para desarrollar un plan de mejora.	
Entrevista de modelo mixto	
Se utiliza para evaluar y contribuir al desarrollo de los empleados. El directivo inicia la entrevista con una sesión de solución de problemas y concluye con un método de decir y vender más directo.	

entrevistas de evaluación que buscan satisfacer objetivos específicos (Maier, 1958), y un cuarto tipo podría utilizarse para satisfacer múltiples objetivos (Beer, 1987). Estos tipos de entrevista se resumen en la tabla B.9.

El primer tipo de entrevista de evaluación se conoce como entrevista de *decir y vender*. Este método es evaluativo. Primero, usted *le dice* al subalterno cómo lo evalúa y luego le *vende* las formas que eligió para mejorar su desempeño. Este tipo de entrevista se utiliza cuando usted debe ser muy claro acerca de sus expectativas. Este formato también es eficaz con los empleados jóvenes a quienes se les dificulta autoevaluarse, con empleados muy leales o con aquellos que se identifican mucho con la organización o con el evaluador, y con empleados que no desean opinar sobre la manera de cómo desarrollar su trabajo o papel en la organización (Downs *et al.*, 1980).

Sin embargo, si desea permitir que el empleado responda a su evaluación, debe utilizar el formato de evaluación de *decir y escuchar*. En esta entrevista, primero se *le dice* al empleado su evaluación; luego se *escuchan* sus reacciones sin mostrar acuerdo ni desacuerdo. El objetivo de esta entrevista es el de evaluar, pero también el de escuchar los puntos de vista del subalterno y trabajar con él para ayudarle a aceptar su evaluación. Escuchar activamente con el objetivo de ayudar al subalterno a manejar los sentimientos provocados por la evaluación y el desempeño pasado le ayudará a completar con éxito una evaluación de decir y escuchar. Este tipo de entrevista funciona mejor con individuos que tienen una gran necesidad de participar en su trabajo, con entrevistados

que tienen casi el mismo estatus que el entrevistador y con subalternos con un alto nivel de escolaridad (Downs *et al.*, 1980).

El tercer tipo general de evaluación del desempeño es la entrevista de *solución de problemas*. En esta entrevista, evaluar a la persona ya no es la meta; el papel del evaluador consiste en ayudar al empleado a desarrollar un plan para mejorar su desempeño. Las deficiencias en el desempeño están determinadas por el subalterno, no por el supervisor. La meta del entrevistador es evitar juicios y evaluaciones; en vez de ello, debe ofrecer sugerencias para solucionar los problemas definidos por el entrevistado. Usted forma una sociedad con el subalterno para resolver los problemas que él o ella mencionen.

Por último, si sus objetivos son realizar una evaluación y ofrecer *coaching* encaminado al desarrollo, podría elegir una entrevista de *modelo mezclado* (Beer, 1987). En este tipo de entrevista de evaluación, usted comienza con un marco de referencia de solución de problemas y termina la entrevista con un enfoque más directo de decir y vender. De esta manera, puede ayudar a que un subalterno cumpla las metas de desarrollo y ofrecerle su propia evaluación y plan de desarrollo.

Independientemente del tipo que elija, una entrevista de evaluación del desempeño debe contener todos los elementos de una entrevista general: entablar una buena relación y orientar al entrevistado sobre el tema, llevar a cabo la entrevista con una actitud de apoyo y concluir especificando lo que va a suceder después. Además, la entrevista de evaluación del desempeño suele incluir el análisis de un plan específico para mejorar o cambiar.

Resumen y guías de comportamiento

Aunque muchas personas consideran que las entrevistas son un proceso que simplemente sucede; aquí hemos argumentado que las entrevistas eficaces requieren de planeación y reflexión. Los pasos que se muestran en la figura B.1 constituyen un marco de referencia para mejorar sus habilidades para realizar entrevistas. El primer paso, una preparación detallada, es esencial para tener éxito en una entrevista. La planeación implica tomar decisiones respecto a los objetivos, las preguntas, la estructura, el entorno y las respuestas a problemas previstos. Durante la entrevista real, trabaje para establecer y mantener una atmósfera productiva y de apoyo. Tenga en mente que cada entrevista debe incluir introducción, cuerpo y conclusión, y que necesita desarrollar formas para registrar la información que obtenga durante ella.

Existen diversos tipos de entrevistas organizacionales, pero las más comunes son la entrevista para recabar información, la entrevista de selección de personal y la entrevista de evaluación del desempeño. Cada una tiene distintos objetivos y medios específicos para lograrlos. Sea flexible en cómo realiza estas entrevistas. Al igual que en cualquier actividad de comunicación, debe adaptarse a la situación, a su personalidad y a la persona con la que está conversando.

Entrevistar es una habilidad directiva vital. Cuando una entrevista se realiza adecuadamente, le dará información que de otra manera no podría obtener. Entonces esta información puede sustentar mejor las decisiones que tome al desempeñar su función en la organización.

A continuación presentamos guías de comportamiento generales para planear y realizar entrevistas. En los formatos de retroalimentación del observador, incluidos en los ejercicios de la sección Práctica de habilidades, se incorporan guías específicas para entrevistas especializadas.

Planeación de la entrevista

1. Especifique sus propósitos y planee una agenda.
   - ❏ Determine su objetivo general: obtener información, persuadir, disciplinar o evaluar.
   - ❏ Elabore una agenda, dando prioridad a todos los temas.
2. Formule preguntas.
   - ❏ Determine el tipo de preguntas (cerradas o abiertas) que serán congruentes con los objetivos.
   - ❏ Redacte preguntas específicas para cada tema en la agenda. Utilice un lenguaje adecuado en sus preguntas.
   - ❏ Use un lenguaje apropiado.
   - ❏ Evite preguntas sesgadas o guiadas.
3. Desarrolle la guía de la entrevista.
   - ❏ Seleccione el formato adecuado: estructurado, semiestructurado o no estructurado.
   - ❏ Utilice la secuencia de preguntas de embudo o de embudo invertido.
   - ❏ Formule enunciados de transición entre los temas.
4. Seleccione un ambiente que sea congruente con sus objetivos.
5. Identifique dificultades potenciales que podrían surgir durante la entrevista y desarrolle planes de contingencia.

Conducción de la entrevista

6. Establezca y mantenga una atmósfera de apoyo.
   - ❏ Salude al entrevistado e inicie una conversación social breve.
   - ❏ Fomente una atmósfera de comunicación positiva mediante el análisis y la adaptación constante del proceso de la entrevista.
   - ❏ Utilice habilidades eficaces para escuchar y lenguaje no verbal (contacto visual, postura y ademanes) para fomentar la cooperación.
7. Introduzca la entrevista.
   - ❏ Comunique el objetivo de la entrevista.
   - ❏ Deje en claro los roles del entrevistado y del entrevistador.

❏ Especifique la estructura temporal de la entrevista.

❏ Indique cómo se utilizará la información.

❏ Utilice una transición para señalar el inicio de la entrevista.

8. Realice la entrevista.

❏ Utilice la guía de entrevista para manejar el flujo de la conversación.

❏ Utilice las preguntas de sondeo cuando se requiera ampliación o aclaración.

❏ Sea flexible y adaptable al flujo de la entrevista.

9. Concluya la entrevista.

❏ Señale que la entrevista está a punto de terminar.

❏ Resuma la información que recopiló.

❏ Aclare los detalles o la información técnica.

❏ Describa lo que sucederá como resultado de la entrevista.

❏ Fortalezca la relación al expresar aprecio.

10. Registre el contenido de la entrevista, utilizando el formato adecuado.

❏ Escriba un resumen inmediatamente después de la entrevista.

❏ Tome notas durante la entrevista (manteniendo el contacto visual).

❏ Si es necesario, utilice una grabadora (con el permiso del entrevistado).

❏ Pida ayuda a un segundo entrevistador para mejorar su memoria.

PRÁCTICA **DE HABILIDADES**

EJERCICIOS PARA ENTREVISTAR CON OBJETIVOS ESPECIALES

Evaluación del programa de inducción para empleados de nuevo ingreso

Trabaja para una empresa de electrónica de alta tecnología, recientemente adquirida por un gran corporativo. Su empresa fabrica componentes de alta tecnología para equipo de comunicación de uso gubernamental. En la historia de la empresa es un periodo emocionante aunque algo confuso. Es bien sabido que la nueva matriz, BETA Products, es una empresa inspirada en el modelo japonés: enfatiza la importancia de los altos niveles de productividad, y del compromiso y la lealtad de los empleados.

Dentro de dos semanas BETA enviará a un equipo de administración de recursos humanos a inspeccionar su organización. Enviaron de antemano una lista de lo que desean revisar, en la cual figura su nuevo programa de inducción para empleados. Su jefe, el vicepresidente de Recursos humanos, le ha encargado preparar un informe de 30 minutos de duración acerca de este programa para la fuerza de tareas de BETA. En específico, le ha pedido entrevistar a representantes de diversos grupos en su organización para determinar sus percepciones de los méritos y las deficiencias del programa.

En la actualidad, cuando un empleado nuevo ingresa a su organización, es sometido a una extensa sesión de inducción. Durante esta sesión, el nuevo empleado se reúne con un miembro del departamento de Recursos humanos para aprender las políticas y los procedimientos de la compañía, y recibir el manual del empleado. Esta sesión puede durar de dos a tres horas, dependiendo de los participantes. Al final de la sesión, al nuevo empleado se le asigna un mentor, un miembro del departamento de Empleados de nuevo ingreso que haya trabajado en la empresa por lo menos durante un año. El papel del mentor consiste en ayudar al nuevo empleado a familiarizarse con su trabajo y sus compañeros. Se espera que el mentor se reúna con el nuevo colaborador de manera más o menos regular al menos durante seis meses. La relación puede continuar si ambas partes están de acuerdo. Este programa de inducción ha sido utilizado durante tres años aproximadamente, pero nunca se ha evaluado de manera formal.

Tarea

Para completar esta tarea, usted ha programado entrevistas con diversos jefes de departamento, mentores y personal en capacitación. Prepare la entrevista que realizaría con la persona que se le ha asignado, a fin de obtener información acerca del programa de inducción. Antes de comenzar esta actividad, revise las guías de comportamiento para planear una entrevista eficaz al final de la sección Aprendizaje de habilidades. También deberá consultar las tablas B.1 a B.3 y la B.6. En pequeños grupos, compare sus preguntas con otras. ¿Qué pasó por alto? ¿Qué preguntas necesitan ser reformuladas? ¿Qué tipos de sondeos podrían ser necesarios? Después de esta discusión, formen grupos de tres personas e intercambien roles como entrevistador, entrevistado y observador. No vea las siguientes descripciones de los roles mientras planea este ejercicio. Los observadores deben comentar lo observado utilizando el formato de retroalimentación.

Descripciones de los roles para los entrevistados

Persona en capacitación

Acaba de enterarse de que será entrevistado en relación con el programa de mentores en el que ha estado participando durante los últimos tres meses. Se siente muy satisfecho con el programa y le gustaría que continuara; de hecho, algún día quisiera ser mentor de empleados de nuevo ingreso.

Muchos de sus amigos han señalado que usted tiende a hablar muy rápido, a hacerlo en demasía y que suele dominar la conversación. Se ha percatado de que cuando se pone nervioso o participa en un tema, en verdad habla mucho. Se siente ansioso por ello dado su involucramiento en el programa ya que ha escuchado rumores de que podría ser eliminado, lo cual sería terrible. En realidad desea que el entrevistador sepa cuánto ha aprendido de su mentor y de todo el programa de inducción. Lo que tiene que decir es importante y se quiere asegurar de que el entrevistador escuche todos los aspectos positivos que usted tiene que decir acerca del programa.

Su actitud hacia el programa es particularmente positiva porque contrasta con la experiencia que tuvo en su trabajo anterior. En esa organización apenas le dieron una visión general acerca de los beneficios de la empresa mediante una presentación en video. Además, como no había un programa estándar de mentores, los nuevos empleados se las tenían que arreglar por su cuenta; no se les daba una idea clara de lo que la compañía esperaba de ellos, como tampoco ninguna motivación, y no se alentaba ningún sentido de participación en un esfuerzo de grupo. Como resultado, existía gran confusión y malos entendidos. Aquí, en contraste, usted aprecia que ha podido obtener respuestas a sus preguntas de una persona. En general, considera que este método le permitió dominar su puesto con mucha rapidez.

Jefe de departamento

Acaba de enterarse de que será entrevistado acerca del programa de mentores y considera que esto no podía haber ocurrido en peor momento. Acaba de perder a uno de sus mejores empleados y ha estado tratando de encontrar a alguien que lo remplace. Realmente no le interesa dedicar tiempo a pensar en esta entrevista o participar en ella. Preferiría utilizarlo en entrevistas de empleo para encontrar a un nuevo asistente.

De hecho, con frecuencia se siente incómodo en entrevistas de cualquier tipo. Como es tímido, este tipo de conversación formal cara a cara siempre lo hace sentir incómodo. No le importa tanto cuando usted es el entrevistador (al menos tiene cierto control sobre la situación), pero cree que nunca ha sido un buen entrevistado. Las preguntas directas lo hacen sentir como si estuviera en un juicio y como consecuencia se retrae y parece que no quiere cooperar o incluso que está a la defensiva.

Piensa que el entrevistador debería hablar con personas implicadas más directamente en el programa. En realidad no tiene mucho que ver con este último, ya que sólo pone en contacto a las personas. El programa parece funcionar bien, pero sin duda el personal en capacitación aprendería con igual rapidez si buscara sus propios mentores. Sabe que muchos miembros de su personal sienten que el programa vale la pena, así que lo respaldará, aunque lo haga con renuencia. Sin embargo, preferiría escribir una evaluación del programa que tener que hablar acerca de ello con una persona casi extraña.

Mentor

Se acaba de enterar de que será entrevistado acerca del programa de mentores, en el que ha participado durante seis meses. Cuando se convirtió en mentor se sentía emocionado con las posibilidades. Sin embargo, ahora la experiencia ha demostrado que el programa es una pérdida de tiempo. Con demasiada frecuencia, el personal en capacitación utiliza a sus mentores como apoyo, tanto en el trabajo como en su vida social. El programa inspira una dependencia que considera contraproducente y constituye una pérdida de tiempo.

Se ha visto en la necesidad de tener que hacer prácticamente el trabajo de los individuos en capacitación, porque se acostumbraron a confiar en su experiencia. Se le ha ocurrido que quizá esto sea resultado de su propia personalidad (siempre está demasiado dispuesto a ayudar), pero también ha observado este comportamiento en otros mentores y empleados en capacitación.

Además, no ha observado ninguna diferencia significativa en la productividad entre los empleados que han pasado por el programa y los que no lo han hecho. Es más, a juzgar por el desarrollo de las relaciones sociales, cree que quizá la productividad haya disminuido: hay demasiados chismes y errores, y falta concentración en las tareas.

Considera que la empresa debería abandonar el programa. Aunque una breve inducción podría ser útil a los empleados recién contratados, ya no es posible justificar más el tiempo que usted dedica al programa, con base en los resultados. Incluso esta evaluación del programa le está quitando su valioso tiempo.

Formato de retroalimentación del observador

PUNTUACIÓN

1 = Baja

5 = Alta

Introducción

1. El entrevistador,

_____ ¿dio un saludo amistoso?

_____ ¿comenzó a entablar una buena relación?

_____ ¿planteó el objetivo?

_____ ¿orientó al entrevistado?

_____ ¿habló de tomar notas o de grabar la entrevista?

Cuerpo

2. El entrevistador,

_____ ¿empleó una secuencia adecuada de preguntas?

_____ ¿utilizó diversos tipos de preguntas?

_____ ¿utilizó resúmenes y transiciones internos?

_____ ¿respondió al entrevistado con buenas preguntas secundarias (sondeos)?

_____ ¿usó el silencio cuando era apropiado?

_____ ¿mantuvo una buena relación con el entrevistado?

_____ ¿manejó bien al entrevistado problemático?

Cierre

3. El entrevistador,

_____ ¿hizo una recapitulación?

_____ ¿mantuvo o promovió una buena relación interpersonal?

_____ ¿indicó lo que ocurriría con la información?

_____ ¿programó otra reunión, en caso pertinente?

_____ ¿agradeció al entrevistado?

Comportamientos no verbales

4. El entrevistador,

_____ ¿vistió ropa adecuada?

_____ ¿mantuvo contacto visual con el entrevistado?

_____ ¿utilizó ademanes adecuados?

_____ ¿empleó un tono de voz adecuado?

_____ ¿mantuvo una buena postura?

_____ ¿parecía entusiasmado e interesado en lo que el entrevistado tenía que decir?

_____ ¿tomó notas discretamente?

_____ ¿evitó pausas verbales, como oh, mmm, etcétera?

Comentarios:

PRÁCTICA

Entrevista de evaluación del desempeño con Chris Jakobsen

Información de antecedentes para Pat Ginelli

Es vicepresidente de la división de Créditos comerciales del Firstbank, un banco mediano con licencia estatal. Durante cuatro años ha trabajado en Firstbank y ha realizado varias entrevistas de evaluación del desempeño. Durante su estancia, las utilidades de su división han aumentado en un 45 por ciento. Su meta consiste en aumentar este nivel otro 15 por ciento antes de que termine el próximo año. Para hacerlo, necesita tener un personal que conozca de créditos, sea emprendedor, dinámico y dedicado que trabaje para usted.

Chris Jakobsen ha estado trabajando para Firstbank por tres años. Esta será la primera vez que revisará el desempeño de Chris, pues lo han transferido a su departamento hace cinco meses para cubrir el puesto vacante que dejó Helen Smith, quien había trabajado en la división de Créditos personales. Luego de revisar el currículum de Chris y sus evaluaciones del desempeño anteriores estuvo de acuerdo con su transferencia. Chris parecía estar calificado para el puesto, y sus informes de evaluación del desempeño indicaron que este iba de superior al promedio hasta sobresaliente. Por desgracia, usted está sumamente decepcionada por el desempeño de Chris en su departamento. Para ser un empleado bancario tan antiguo, parece estar muy poco familiarizado con los procedimientos y el protocolo establecidos. La semana pasada aseguró a una clienta que no habría problema para obtener la aprobación de su solicitud de crédito. Ella quería abrir una boutique en un edificio renovado en el centro de la ciudad. Sin embargo, el comité de revisión la rechazó porque el edificio no se ajustaba a las normas.

Existen otras deficiencias en el desempeño de Chris. A diferencia de Helen, Chris parece pasar por alto varios detalles. A menudo ignora información acerca de solicitudes de crédito, ocasionando retrasos innecesarios en el proceso. Además, no parece ser capaz siquiera de cumplir con su carga de trabajo. Manejar el papeleo de rutina le toma el doble de lo esperado y parece totalmente desconcertado con el sistema de información computarizado de su departamento. Debido a un ambiente de inversión favorable y a la reciente apertura de un parque industrial, la carga de trabajo de su grupo aumentó un 50 por ciento respecto al año anterior. Usted simplemente no puede tolerar el hecho de tener que trabajar más tiempo para asegurarse de que Chris haga las cosas bien desde la primera vez.

Entre los puntos favorables de Chris están que es sumamente puntual y que su asistencia ha sido perfecta. También mantiene muy limpia su área de trabajo y se enorgullece de su apariencia. Además, como nativo de la comunidad y líder cívico activo, tiene muy buenos contactos en la comunidad empresarial. También es muy evidente que a todos les agrada; es jovial y agradable. Es ocurrente y aviva incluso la junta de personal más rutinaria y aburrida. Le encanta invitar a sus compañeros de trabajo a la hora feliz después de la oficina. Por desgracia, a veces pierde la perspectiva y llega demasiado lejos. De hecho, usted se ha preguntado cómo un espíritu libre como él terminó en un empleo en una institución bancaria. Sin duda, su actitud choca con la personalidad de usted, que es más formal y reservada, pero no se puede negar que él tiene encanto y clase.

En general, Chris parece tener mucho potencial, pero en el mejor de los casos su desempeño laboral actual es sólo promedio (una calificación de "lo esperado" en el formato de su empresa). Simplemente no se ha aplicado en su nuevo puesto. Usted se pregunta si éste es el trabajo correcto para él o si tal vez no ha tenido la capacitación adecuada. Usted pasó algún tiempo integrando a Chris con el grupo, y asignó a Jim, un veterano del departamento, para que actuara como su mentor. Sin embargo, en retrospectiva, el reciente auge de los negocios locales ha impedido que usted y Jim ayuden a Chris para que aprenda a desenvolverse. Las jornadas laborales de usted parecen estar llenas de reuniones con inversionistas locales y planificadores de la ciudad. Sin embargo, le molesta que Chris nunca haga preguntas. Si necesita ayuda con los aspectos técnicos del puesto, ¿por qué nunca pide ayuda?

Usted programó la entrevista con Chris para ese día más tarde en su oficina. Sabe que su revisión lo entristecerá y tal vez lo ponga a la defensiva. Evidentemente, tiene altas aspiraciones para subir de nivel en el banco y ha recibido retroalimentaciones muy positivas en el pasado. Debe idear alguna forma para que él mejore. En la actualidad su departamento tiene poco personal, así que todos deben contribuir con su parte.

Mientras piensa en la desagradable responsabilidad que le espera, reflexiona: "Caramba, en verdad extraño a Helen. Con ella nunca hubiera tenido este tipo de conversación".

Actividad para Pat Ginelli

A fin de prepararse para esta entrevista, complete un borrador del formato de evaluación del desempeño incluido en el Anexo 1 (el formato se encuentra después de la tarea sobre Chris). Continuando con la práctica estándar, usted entregó a Chris una copia en blanco del formato y le pidió que hiciera una autoevaluación. Llevará su formato contestado a la entrevista.

Después de haber completado su borrador, identifique el tipo de entrevista de evaluación del desempeño que considere más adecuada para esta situación (vea la tabla B.9). También repase las guías de comportamiento al final de la sección Aprendizaje de habilidades. Luego formule una serie de preguntas que compaginen con su estrategia general. Por último, anticipe las preguntas y las objeciones que Chris podría plantear y prepare las respuestas. Comparen sus planes en pequeños grupos y hagan revisiones. Utilice la lista de control de entrevista de la tabla B.4 como guía para su discusión.

Una vez que termine su discusión en el pequeño grupo, prepárese para realizar la entrevista con Chris. No lea la información de antecedentes del rol de Chris antes de hacer la entrevista. Un observador utilizará el formato de retroalimentación para usted.

Información de antecedentes para Chris Jakobsen

Ha trabajado durante tres años en Firstbank, un banco mediano con licencia estatal. Casi todo ese tiempo trabajó en la división de Créditos personales como agente de préstamos. Le gustaba su trabajo, sus clientes y las personas con las que trabajaba. Esperaba que su primer movimiento dentro de Firstbank fuera un ascenso dentro de la división de Créditos personales. Sin embargo, hace cinco meses fue transferido a la división de Créditos comerciales para sustituir a una empleada que había ocupado ese puesto por 10 años. En realidad no deseaba esa transferencia, pero se percató de que ese movimiento le daría más posibilidades para el siguiente ascenso. Su anterior supervisor le indicó que no tendría que permanecer en ese puesto durante mucho tiempo si continuaba recibiendo buenas puntuaciones en sus formatos de evaluación del desempeño, y siempre había recibido calificaciones sobresalientes o por arriba del promedio. También argumentó que usted realmente necesitaba entrar en contacto con otros departamentos del banco y trabajar con otros directivos. Su nueva jefa, Pat Ginelli, se está convirtiendo en una estrella en el banco.

Cree que su nueva supervisora, Pat, será bastante dura con usted. Se siente frustrado y molesto porque no cree que haya habido ningún cambio en su esfuerzo o compromiso. Desde que llegó al departamento, la actitud de Pat hacia usted ha sido muy distante y formal. Sabe que Pat piensa que la persona que usted sustituyó era una excelente colaboradora que contribuyó en gran parte a la meta de lograr un 15 por ciento de incremento en las utilidades este año. No obstante, ella no esperará que usted retome inmediatamente el trabajo donde lo dejó una veterana con 10 años de antigüedad en el puesto.

Además está el problema de la capacitación. Ella prometió darle una inducción completa cuando usted llegó, pero en vez de eso le asignaron a Jim como mentor. Él parecía sincero e interesado en ayudarle y le dijo que le hiciera preguntas siempre que necesitara ayuda. Sin embargo, cuando usted preguntó acerca del procedimiento de solicitud de crédito del departamento, él comenzó a hacerle sentir como un tonto por realizar semejantes preguntas básicas, así que nunca más regresó. Además, Pat siempre está en alguna reunión. Usted se da cuenta de que ella está trayendo negocios importantes para el banco, así que considera inoportuno distraerla con sus preguntas básicas.

Esta falta de apoyo ha ocasionado que usted cometa algunos errores, debidos principalmente al cambio de procedimientos entre los departamentos de créditos personales y comerciales. En su antiguo puesto tenía mucha mayor autonomía y autoridad, tal vez porque los préstamos eran mucho menores. Además hay muchas más regulaciones gubernamentales que hay que observar aquí. También extraña el contacto cercano con las personas que caracterizaba a su puesto anterior. Esa fue la razón por la que aceptó su primer trabajo en el banco. Usted siempre ha sido alguien muy orientado hacia la gente y le agrada poder ayudar a los demás. Ahora parece que está sumido entre papeles de trabajo y reuniones de comité.

Hay días en que se arrepiente de haber aceptado la oferta de transferencia. No está seguro de que por dar este paso para progresar haya valido la pena perder lo que disfrutaba en su puesto anterior.

Tarea para Chris Jakobsen

Tiene programada su entrevista con Pat en la oficina de ella. A fin de prepararse para la entrevista, Pat le pidió completar una copia del formato de evaluación del desempeño como autoevaluación. Antes de la entrevista, llene el formato del Anexo 1. No lea la información de los antecedentes del rol de Pat.

Anexo 1 Entrevista con Chris Jakobsen

Evaluación de desempeño del empleado

DATOS COMPLETOS

NOMBRE   Jakobsen
FECHA DE NACIMIENTO   22/6/65
AÑOS DE EMPLEO   3
UBICACIÓN DE LA OFICINA SUCURSAL 4   DEPARTAMENTO 9
DEPARTAMENTO   Comercial

TÍTULO DE PUESTO ACTUAL   Funcionario de préstamos
CÓDIGO DE CONVERSIÓN   32
AÑOS EN EL PUESTO ACTUAL 6 meses
NÚM. DE SEGURIDAD SOCIAL 555-33-9999
ESCOLARIDAD: Licenciatura en Administración de empresas

Seleccione el enunciado, bajo cada una de las siguientes categorías, que mejor describa a la persona.

Calidad del trabajo

Excelencia general de resultados con respecto a la precisión, minuciosidad, confiabilidad, sin supervisión cercana.

_____   Calidad excepcionalmente alta. Exacto, preciso y rápido en forma consistente para detectar errores en el trabajo propio y de los demás.

_____   El trabajo a veces es superior a lo esperado y por lo regular preciso. Necesidad nimia de tareas que deben rehacerse. El trabajo en general cumple con los estándares.

_____   Trabajador cuidadoso. Necesita rehacer una pequeña cantidad del trabajo. Las correcciones se realizan en un tiempo razonable. En general cumple con los estándares normales.

_____   Con frecuencia por debajo de una calidad aceptable. Inclinado a ser descuidado. Necesita rehacer una cantidad moderada de trabajo. La corrección toma tiempo excesivo.

_____   El trabajo casi siempre carece de algún valor. Rara vez cumple con los estándares normales. Hay una cantidad excesiva de trabajo que debe rehacerse.

Cantidad de trabajo

Considere la cantidad de trabajo útil durante el periodo transcurrido desde la última evaluación. Compare la producción de trabajo que ha establecido para el puesto.

_____ La producción supera los estándares en forma consistente. Por lo general es un trabajador rápido. La cantidad de producción es excepcional.

_____ Mantiene una alta tasa de producción. Con frecuencia excede los estándares. Realiza más del esfuerzo normal.

_____ La producción es regular. Cumple con los estándares de manera consistente. Trabaja a una velocidad promedio constante.

_____ Con frecuencia entrega una cantidad de trabajo menor a lo normal. Productor de bajo rendimiento.

_____ Su producción es baja de manera consistente. Empleado excesivamente lento. Producción inaceptable.

Cooperación

Considere la actitud del empleado hacia el trabajo, hacia sus compañeros y hacia los supervisores. ¿El empleado aprecia la necesidad de entender y ayudar a resolver problemas con los demás?

_____ Siempre congenia con los demás y es cooperativo. Entusiasta y alegremente servicial en las emergencias. Bien aceptado por sus compañeros.

_____ Coopera bien. Entiende y cumple con todas las reglas. Por lo general demuestra una buena actitud. Es aceptado por sus compañeros.

_____ Suele ser amable y cooperativo. Sigue órdenes, pero a veces necesita recordatorios. Se lleva bien con sus compañeros.

_____ Hace específicamente sólo lo que se le solicita. A veces se queja acerca de seguir instrucciones. Renuente a ayudar a los demás.

_____ Poco amistoso y no coopera. Se niega a ayudar a los demás.

Conocimiento del empleo

Grado al que el empleado ha aprendido y comprendido los diversos procedimientos del puesto y sus objetivos.

_____ Comprensión excepcional de todas las fases. Demuestra un deseo poco común de adquirir información.

_____ Conocimiento profundo en la mayoría de las fases. Tiene interés y potencial para un crecimiento personal.

_____ Conocimiento adecuado para un desempeño normal. No busca el desarrollo de manera voluntaria.

_____ Conocimiento insuficiente del puesto. Se resiste a la crítica y a las instrucciones.

_____ No muestra comprensión alguna de los requisitos del puesto.

Confiabilidad

La confiabilidad del empleado al desempeñar las actividades asignadas en forma precisa y dentro del tiempo asignado.

_____ Excepcional. Se le puede dejar solo y establecerá sus prioridades para cumplir con las fechas límite.

_____ Muy confiable. Supervisión mínima necesaria para cumplir con las actividades.

_____ Confiable en la mayoría de las actividades. Requiere una supervisión normal. Empleado productivo.

_____ Necesita seguimiento frecuente. Necesita estímulos excesivos.

_____ Siempre pospone el trabajo. Requiere un control fuera de toda proporción.

PRÁCTICA

Asistencia y puntualidad

Considere el registro del empleado, su confiabilidad y capacidad para desempeñar el puesto dentro de las reglas de trabajo de la unidad.

_____ Cumplimiento y entendimiento inusual de la disciplina laboral. La rutina generalmente excede lo normal.

_____ Excelente. Cumple con las reglas y ofrece voluntariamente su tiempo cuando aumenta la carga de trabajo.

_____ Normalmente confiable. Rara vez necesita un recordatorio de las reglas aceptadas.

_____ Necesita supervisión cercana en esta área. Inclinado a reincidir sin disciplina estricta.

_____ Poco confiable. Se opone a las reglas normales. Con frecuencia desea privilegios especiales.

Conocimiento de la política y los objetivos de la empresa

Aceptación, comprensión y promoción de las políticas y los objetivos de la compañía en el área de responsabilidad del puesto del empleado.

_____ Apreciación e implementación plena de todas las políticas. Capacidad extraordinaria para expresar objetivos y alentar a los demás a cumplir con éstos.

_____ Refleja su conocimiento de casi todas las políticas relacionadas con el puesto.

_____ Comprensión aceptable pero bastante superficial de los objetivos del puesto.

_____ Conocimiento limitado de las metas del puesto o de la empresa. Mentalmente restringido.

_____ No tiene suficiente información o comprensión para permitir una eficiencia mínima.

Iniciativa y juicio

Capacidad e interés para sugerir y desarrollar ideas y métodos nuevos; el grado de sensatez de estas sugerencias y decisiones normales. Tiene iniciativa e ingenio.

_____ Capacidad superior para pensar en forma inteligente.

_____ Pleno de recursos. Pensador claro, por lo general toma decisiones inteligentes.

_____ Bastante progresivo, con un sentido común normal. A menudo necesita motivación.

_____ Rara vez hace sugerencias. Es necesario supervisar sus decisiones antes de llevarlas a cabo.

_____ Necesita instrucciones detalladas y supervisión estrecha. Tendencia a suponer y a malinterpretar.

Potencial técnico o de supervisión

Considere la capacidad del empleado para enseñar e incrementar las habilidades de los demás, para motivar y liderar, para organizar y asignar trabajo, y para comunicar las ideas.

_____ Líder consumado que puede ganarse el respeto de los demás e inspirarlos para desempeñarse. Comunicador, planificador y organizador desenvuelto y hábil.

_____ Tiene capacidad de logro y dirige mediante el ejemplo más que por la técnica. Habla y escribe bien, y puede organizar y planear con ayuda.

_____ Bastante bien informado sobre temas relacionados con el puesto, pero tiene algunos problemas para comunicarse con los demás. No hace distinciones en la palabra escrita o hablada.

_____ Poca capacidad de implementación. Parece poco interesado en enseñar o en ayudar a los demás. Hábitos orales y de escritura descuidados.

_____ Incapaz de ser objetivo o de razonar con lógica. Poco elocuente y de expresión forzada.

Puntuación general

Existen cinco alternativas en cada categoría. La primera alternativa vale 5 puntos, y la última alternativa vale 1. Coloque un número del 1 al 5 junto a cada una de las alternativas seleccionadas y sume el total de la puntuación de las nueve categorías. Luego seleccione el resultado general apropiado.

_____ Sobresaliente (de 45 a 39)
_____ Superior a lo esperado (de 38 a 32)
_____ Esperado (de 31 a 23)
_____ Menor a lo esperado (de 22 a 16)
_____ Insatisfactorio (de 15 a 9)

Formato de retroalimentación del observador

PUNTUACIÓN

1 = Baja

5 = Alta

Introducción

1. El entrevistador,
_____ ¿utilizó un saludo apropiado?
_____ ¿entabló una buena relación?
_____ ¿orientó al entrevistado acerca de la entrevista?
_____ ¿se refirió a tomar notas?

Cuerpo

2. El entrevistador,
_____ ¿elogió las fortalezas de la persona?
_____ ¿se enfocó en preocupaciones específicas?
_____ ¿comparó las percepciones de los problemas?
_____ ¿hizo un sondeo para indagar causas subyacentes?
_____ ¿llegó a un acuerdo en cuanto a las expectativas y metas del desempeño?
_____ ¿discutió planes específicos de acción para mejorar las deficiencias?
_____ ¿se refirió específicamente al formato de evaluación?

Conclusión

3. El entrevistador,
_____ ¿dio al entrevistado la oportunidad de hacer sugerencias y hacer preguntas?
_____ ¿resumió la entrevista?
_____ ¿especificó cuándo se realizaría la siguiente evaluación del desempeño?

Comportamientos no verbales

4. El entrevistador,
_____ ¿utilizó comportamientos no verbales para mantener una atmósfera abierta y una buena relación?
_____ ¿evitó el uso de expresiones como "eeh" y "mmm"?
_____ ¿mantuvo una buena postura?
_____ ¿mantuvo contacto visual?

Comentarios:

PRÁCTICA

Entrevista para la selección de empleados en Smith Farley Insurance

Smith Farley es una empresa de seguros que ha experimentado un rápido crecimiento con sede en Peoria, Illinois. Ofrece líneas de seguros generales, incluyendo seguros de automóviles, contra incendio y de gastos médicos. Se enorgullece de sus tarifas competitivas, de tener agentes con excelentes relaciones y de ofrecer un servicio de reclamación rápido. Los empleados de la empresa aprecian su política de no despedir al personal, otorgar pagos y prestaciones generosas, y su cultura orientada a la familia. Después de Caterpillar, es el empleador más grande de la comunidad, lo cual enorgullece a sus integrantes.

Smith Farley fue la primera compañía en computarizar el negocio de los seguros. Los agentes y empleados de reclamaciones realizan gran parte de sus negocios utilizando computadoras portátiles en sus oficinas y en el campo de trabajo. Además, los agentes y los empleados de reclamaciones están comunicados entre sí y con las oficinas regionales a través de una red. Esto permite una rápida transferencia de información, como cambios de tarifas, nuevas aplicaciones y reclamaciones.

Para apoyar este sistema de cómputo a gran escala, la empresa ha instalado un equipo informático de vanguardia en sus 10 centros de oficinas regionales. Además, la empresa tiene un gran departamento de desarrollo y mantenimiento de software que ha duplicado su tamaño en los últimos cinco años y ahora emplea a 800 programadores, quienes por lo general han sido reclutados directamente de la universidad. Aunque no es imprescindible contar con experiencia previa, cualquier destreza relevante puede ayudar a que los nuevos programadores asciendan rápidamente a los puestos directivos o técnicos superiores.

Los programadores y analistas utilizan lenguajes de programación típicos para desarrollar aplicaciones de cómputo para el negocio de los seguros (por ejemplo, nuevos formatos de solicitud de clientes y de manejo de reclamaciones), para los empleados de la oficina central corporativa (por ejemplo, registros de contabilidad y de personal) y el propio sistema de cómputo (procedimientos y controles internos). Los puestos de procesamiento de datos van de un diseño extremadamente técnico de redes de cómputo complejas al mantenimiento de rutina de los programas existentes.

Todos los programadores de nuevo ingreso tienen que asistir a una escuela durante 16 semanas, donde reciben inducción acerca de la empresa y del departamento de Procesamiento de datos, una actualización rápida sobre los lenguajes y las herramientas de programación relevantes, y una descripción de la cultura corporativa. Para satisfacer la fuerte demanda de aplicaciones de cómputo, el departamento de Procesamiento de datos fue autorizado para contratar dos grupos de 60 programadores por año.

Para atraer programadores a la empresa, Smith Farley ofrece salarios iniciales superiores promedio y ascensos rápidos durante los primeros cinco años. Después de eso, pueden optar por una carrera técnica, lo que los conduce hacia un alto puesto de analista que paga un salario aproximadamente $10,000 superior al salario promedio en la industria, o pueden continuar con la carrera administrativa. El alto desempeño consistente de la empresa y su expansión continua del procesamiento de datos ofrecen una gran oportunidad de ascensos hacia puestos superiores.

Usted es J. R. Henderson, un empleado con 20 años de antigüedad en Smith Farley. Durante los últimos 10 años ha trabajado en el departamento de personal, principalmente entrevistando a candidatos para puestos en el departamento de Procesamiento de datos. Disfruta su trabajo (el contacto constante con graduados universitarios jóvenes y entusiastas es vigorizante), pero a veces considera que la necesidad de hacer tantos viajes es demasiado pesada.

Por ejemplo, la siguiente semana usted viajará a tres ciudades: primero a Bloomington, que está muy cerca, después a Nueva Orleáns y finalmente a Atlanta. Además de las entrevistas de campo habituales que usted ha programado en esas áreas, ha recibido varios currículums en respuesta a anuncios publicados en periódicos locales. Tras revisar solicitudes, tres de ellas llamaron su atención, así que organizó entrevistas para los tres aspirantes durante este viaje.

Tarea

Revise los Anexos 1 al 5 y prepare una lista de preguntas que plantearía a estos tres aspirantes. Utilice el formato de planeación de la guía de entrevista que se incluye al final del capítulo y revise las preguntas generales que debería hacer a los tres. Además, elabore varias preguntas específicas que le gustaría hacer a los candidatos que se le asignen, con base en sus currículos y sus cartas de presentación.

Revise sus preguntas propuestas en grupos pequeños. ¿Qué aspectos pasó por alto? ¿Qué preguntas requieren replantearse o eliminarse?

Utilice las preguntas que considere como las más adecuadas y prepárese para realizar entrevistas de selección con estos aspirantes en la clase. Antes de cada entrevista, piense en las preguntas que cada aspirante podría hacer respecto a la empresa, la comunidad de Peoria, y los puestos específicos disponibles. Además, identifique sus "argumentos de venta", es decir, las características específicas de la empresa, la comunidad y los puestos que considere que cada candidato encontraría más atractivos. También revise las guías de comportamiento generales y el método PEOPLE de seis pasos para las entrevistas de selección (tabla B.8). Recuerde: el proceso de entrevistas influye en el contenido de la información intercambiada.

Después de la entrevista, dedique unos minutos a evaluar la entrevista en cada uno de los siete criterios de la guía de la entrevista (5 = alta, 1 = baja). Justifique sus puntuaciones con comentarios específicos. Luego dé un informe verbal al observador asignado a su entrevista; incluya una recomendación. (Suponga que el observador es el director de reclutamiento de su empresa). Luego de su informe, con respecto a los criterios relacionados con la propia entrevista (en comparación con los antecedentes del rol asignado), comente sus observaciones con el entrevistado. Después de estos comentarios, el observador le dará retroalimentación de su desempeño como entrevistador utilizando como guía el formato de retroalimentación del observador.

Anexo 1 Anuncio de empleo de Smith Farley Insurance

A. PUESTOS VACANTES

1. *Programador/analista.* Vacantes para el puesto de procesamiento de datos en empresa de seguros de automóviles y de vida. El aspirante conseguirá el puesto de programador/analista después de completar el programa de capacitación de *16 semanas.* Esta persona será capacitada en las habilidades de programación necesarias, ya sea para desarrollar programas nuevos o para revisar programas de procesamiento de datos que ayuden a administrar más de 10 millones de pólizas de seguros de automóviles, de vida, contra incendios y de gastos médicos.

2. *Analista.* Vacante de capacitador para apoyar operaciones de cómputo y obtener el puesto de *analista* al concluir un programa de capacitación de *nueve meses.* El apoyo para operaciones de cómputo tendrá la responsabilidad de auxiliar a las oficinas regionales de procesamiento de datos, con tareas como desarrollo de procedimientos operativos, desarrollo y manejo de capacitación, resolución de problemas y coordinación para implementar sistemas nuevos, y cambios importantes en las oficinas regionales de procesamiento de datos.

B. ESPECIALIDADES CONSIDERADAS

Estamos reclutando para tres departamentos de procesamiento de datos (procesamiento de datos de automóviles, procesamiento de datos de seguros de vida y apoyo a operaciones de cómputo), cada uno con distintos requisitos, que son los siguientes:

1. *Procesamiento de datos de automóviles:* De preferencia, egresados de licenciaturas en Ciencias de cómputo aplicadas, Tecnología de cómputo y Administración de sistemas de información, pero se considerarán otras licenciaturas con antecedentes académicos de 12 a 15 horas en Informática. Es muy importante contar con un promedio de calificaciones general de *3.0.*

   Es importante el análisis lógico, además de habilidades de solución de problemas y comunicación, para el desempeño laboral esperado. Los candidatos deben haber cursado *COBOL, C, C++ o Java.*

2. *Procesamiento de datos de seguros de vida.* Se aceptan egresados de la mayoría de las licenciaturas (es decir, Matemáticas, Administración o carreras relacionadas, Inglés, Música y Ciencias). Los estudiantes deben tener un interés verdadero y aptitudes para el procesamiento de datos. Sólo serán considerados los estudiantes con un promedio de calificaciones general de *3.5.*

3. *Apoyo para operaciones de cómputo.* Se aceptan egresados de la mayoría de las licenciaturas en Administración (es decir, Negocios, Administración de empresas, Finanzas, Economía, Contabilidad, etcétera, con antecedentes académicos de 6 a 10 horas en informática). De preferencia, un promedio de calificaciones general de *3.0.*

Los estudiantes deben tener un interés verdadero y aptitudes para el procesamiento de datos.

C. REQUISITOS DE CIUDADANÍA

Deben ser ciudadanos o residentes permanentes.

D. UBICACIÓN

Estos puestos se llevarán a cabo en las oficinas corporativas en Peoria, Illinois.

Anexo 2 Guía de entrevista para el procesamiento de datos (PD)

NOMBRE DEL SOLICITANTE _____ ESCUELA_____

FECHA DE LA ENTREVISTA _____ PROMEDIO DE CALIFICACIONES _____

UBICACIÓN_____ HORA_____ LICENCIATURA_____

CRITERIO	ENFOQUE	PREGUNTAS GENERALES	PREGUNTAS ESPECÍFICAS SEGÚN EL ASPIRANTE
Aptitud/ conocimiento	Determinar si la exposición y la retención de un lenguaje de cómputo de alto nivel y los métodos de desarrollo son adecuados.	De los cursos de PD que ha tomado, ¿cuál fue el más benéfico y por qué? Explicar con detalle la actividad de PD más difícil que haya enfrentado. ¿Cómo se calificaría como programador y por qué? ¿Cómo se interesó por primera vez en el PD?	
Interés/ experiencia	Determinar si el interés y registro de éxito en los estudios o trabajo en PD se han mantenido (por más de 2 años).	¿Qué le gusta más de eso? ¿Qué le gusta menos? ¿Podría dar un ejemplo de una experiencia relacionada con PD que haya sido satisfactoria para usted? ¿No satisfactoria?	
Capacidad para trabajar con otras personas	Determinar el éxito para lograr resultados en un esfuerzo de equipo.	¿Cuál es su meta profesional? ¿Trabaja mejor de manera individual o en grupo? Describa una situación en la que haya trabajado como miembro de un equipo. ¿Qué método utilizó para unir a las personas y establecer un método común para la actividad?	

Criterio	Enfoque	Preguntas generales	Preguntas específicas según el aspirante
Compromiso/ iniciativa	Determinar nivel de éxito para completar las actividades en vista de la complejidad, la adversidad, la carga laboral, el nivel de conocimientos, etcétera.	¿Qué métodos utiliza para lograr que las personas acepten sus ideas o metas? ¿Cuál ha sido un gran obstáculo que haya tenido que superar para llegar adonde se encuentra ahora? ¿Considera que es un individuo con iniciativa, o se desenvuelve mejor efectuando los planes de los demás?	
Comunicación	Determinar la calidad de la expresión oral y escrita.	¿Prefiere escribir un informe o hacerlo de manera verbal? ¿Por qué? ¿Piensa que sabe escuchar? ¿Qué cualidades se requieren para saber escuchar? ¿Cómo maneja una situación cuando está explicando algo y la otra persona no entiende?	
Solución de procesos/ Toma de decisiones	Determinar si el aspirante tiene antecedentes de desarrollo de proyectos relativamente complejos.	En su opinión, ¿cuáles son los problemas más difíciles que un programador/ analista enfrenta? ¿Qué fortalezas particulares posee que le ayudan a enfrentar esos problemas? ¿Qué métodos de diseño utiliza para programar? Describa cómo los utiliza. Describa el programa más complejo que haya escrito.	
Otros:	Estabilidad Madurez Liderazgo Apariencia personal		

PRÁCTICA

Anexo 3 Currículum

William L. Henderson II

Campus

700 North Camden #107

Normal, IL 61761

(309) 454–6178

Casa

1915 Western Hills

Arlington Heights, IL 60004

(312) 255–5738

OBJETIVO	*Analista/procesamiento de datos*
ESCOLARIDAD LOGROS EDUCATIVOS	Illinois Wesleyan University, Bloomington, Illinois Título esperado en 2007

OBJETIVO — *Analista/procesamiento de datos*

ESCOLARIDAD
LOGROS EDUCATIVOS — Illinois Wesleyan University, Bloomington, Illinois
Título esperado en 2007
Especialidad: Ciencias de cómputo   Promedio: 3.75
Administración de empresas   Promedio: 3.03

ACTIVIDADES
ESTUDIANTILES — Lista de decano, semestre de primavera 2007
Reconocimiento ACM, semestre de primavera 2007
ILLINOIS WESLEYAN UNIVERSITY

Miembro de la fraternidad Gamma Ray Social (3 años)
    Presidente de la clase Pledge; actividades internas;
    intramuros; Presidente del consejo; Comité social.
Miembro del equipo de fútbol Varsity (2 años)

RESUMEN LABORAL
(medio tiempo durante
la universidad) — CENTRAL STATES INSURANCE, Bloomington, IL Programación corporativa
Autos/divisional
Puesto: Becario en PD

ILLINOIS WESLEYAN UNIVERSITY, Bloomington, IL
Oficina de Admisiones
Puesto: Ayudante de consultoría de admisiones

Laboratorio de cómputo
Puesto: Asistente de laboratorio

(Veranos) — PREMIER CHECK PRINTERS, INC., Des Plaines, IL
Prensas de impresión (2 años)
Puesto: Ayudante de imprenta/operación

SOFTWARE, ETC., Arlington Heights, IL
Ventas, inventario, embarques, pedidos, administración parcial

Puesto: Vendedor

DISPONIBILIDAD
REFERENCIAS — Junio de 2008
Referencias disponibles a la solicitud de los interesados

Anexo 4 Currículum

Bryan E. Jensen
4364 Peachtree Place
Lilburn, Georgia 30247
Casa (404) 3818909

OBJETIVO
ANTECEDENTES — *Líder de proyecto/Analista de sistemas* con potencial para supervisión Anticipé el declive de los empleos en el sector manufacturero y me capacité en Ciencias de cómputo. Actualmente cuento con dos títulos adjuntos y cuatro años de experiencia intensiva. Acepté un puesto temporal en Caterpillar para obtener experiencia. La recesión económica en el Medio Oeste aceleró mi reubicación en Atlanta. Acepté el puesto actual para ampliar mi experiencia. Ahora estoy buscando un puesto de carrera permanente en una empresa del Medio Oeste ubicada en una ciudad "más pequeña". Seré valioso para una compañía progresista. Estoy muy motivado, soy ingenioso, soy versátil, trabajo bien con otras personas y estoy preparado para aceptar responsabilidad.

HARDWARE	IBM 370, modelos 3090E, 3083, 3084, 4341; IBM PC/XT; 486, Power PC
	Herramientas básicas: Knowledgeware GAMMA

SOFTWARE   Bases de datos: IMSDL/I, DBIISQL, Access, Oracle Comunicaciones: IMS-MFS, TSOISPF

Lenguajes: C, C++, Java

Relacionados: BTS, DDLTO, FileaidIMS, Datavatage, IMSOnline, SPUFI, QMF, OS/MVSXA, JES2, Fileaid, Panvalet, Infopac, SDSF, JES Master, Design/I, AllInOne, Diagram Master, Excel, Word, PowerPoint, Dreamweaver

EXPERIENCIA

Continental Service Corporation, Macon, Georgia (Corporativo)

Analista de sistemas senior / Líder de equipo

Planeación guiada, estimaciones, análisis y desarrollo de áreas principales de sistemas de facturación IMB DB/DC. Tiene una base de 2.5 millones de clientes y se encuentra en 42 estados. Uso de la metodología de ciclo de vida Method/1. Utilicé Pacdesign (Yourdon) para diseño de sistemas y Pacbase para cumplimiento de entregas y generación de códigos.

01/04 a 03/07   *Banco de la Reserva Federal,* Savannah, Georgia (Corporativo)

Líder de proyectos (10/06 a 03/07)

Supervisé a ocho analistas y programadores durante la implementación de un sistema de facturación para distritos de la Reserva Federal dentro de Estados Unidos. Presenté informes de estatus escritos y orales, revisiones del desempeño de empleados, y cálculos y programas de planeación de tiempo para los directivos de nivel superior.

(09/05 a 10/06)

Dirigí el desarrollo del sistema de facturación IMS DB/DC. Analicé los requisitos para producir diagramas de flujo de datos y modelo de datos lógicos. Participé en la presentación del sistema en equipos. Elaboré especificaciones del programa. Investigué y resolví problemas de generación de códigos. Brindé apoyo a otros miembros del equipo.

(01/05 a 08/05)

Recibí el Premio al Mérito por desempeño sobresaliente. Diseñé, programé y probé una interfaz de contabilidad en todas las aplicaciones de IBM y la rama de Unisys. Ofrecí capacitación y apoyo durante las pruebas paralelas y la aceptación del sistema contable. Redirigí los esfuerzos de instalación para un módulo de depósito de contabilidad que estaba retrasado. Brindé apoyo de producción a un sistema de contabilidad que se acababa de implementar.

(04/04 a 12/04)

Instalé un software contable de cinta. Modifiqué todos los JCL para los estándares de distrito. Instalé y modifiqué el sistema de entrega de trabajo. Documenté e instruí a los usuarios acerca del sistema y los resultados de cada puesto.

(01/04 a 03/04)

Diseñé, escribí, probé y documenté programas de sistema IMB DB/DC utilizados para reportar las cantidades en dólares de cheques al salir de la Reserva.

03/03-12/03   *Caterpillar Tractor Company,* Chicago, Illinois (Corp.) Programador

Programé, probé y documenté programas IMS DB/DC de especificaciones de sistema de administración de personal y material (para iniciarse en 01/04).

03/03 a 12/03   Operario de comercio especializado (último puesto por recorte de personal)
04/97 a 06/01

ESCOLARIDAD   Illinois Central College; East Peoria, Illinois: 2001, Adjunto en Ciencias Aplicadas, Tecnología de Procesamiento de Datos, Bradley University; Peoria, Illinois (19981999). Adjunto de tiempo parcial en Manufacturing B. S. Illinois Central College; East Peoria, Illinois: 1995. Adjunto en Ciencias Aplicadas, Tecnología de Manufactura.

DATOS   Casado, un hijo. Disfruto actividades al aire libre. Muy motivado.
PERSONALES   Referencias disponibles a la solicitud de los interesados.

Anexo 5 Currículum

Mary Lynn Smith
3922 North Blair Street
Nueva Orleáns, Louisiana 70117
(504) 945–6077

OBJETIVOS PROFESIONALES

Puesto a nivel de ingreso en investigación de inteligencia artificial con una empresa industrial y posterior capacitación administrativa en dicha empresa.

ESCOLARIDAD

Dillard University, División de Ciencias Naturales, Nueva Orleáns, LA.
Título en Ciencias administrativas, especialidad en Matemáticas con curso en Informática, mayo de 1999; promedio: 3.58/4.0 (general), 3.84/4.0 (especialidad)

Cursos en Matemáticas:

Cálculo I, II, III	Variables complejas	
Álgebra moderna I y II	Álgebra real	Ecuaciones diferenciales
Cálculo avanzado	Álgebra lineal	Estadística para ingeniería

Cursos en informática:

Fundamentos de Cómputo Análisis	BASIC	BASIC avanzado
de sistemas	Pascal	FORTRAN

RECONOCIMIENTOS Y ACTIVIDADES

Beca académica universitaria, en las listas universitarias y nacionales del decano, Sociedades Honorarias Kappa Beta Alpha y Beta Kappa Tau Honor, Sociedad de Matemáticas Kappa Delta Pi y Coro de Conciertos de Dillard University.

EXPERIENCIA LABORAL

Computer Services, Inc., Operador de sistemas / procesador de nóminas, Verano, 2007.
—Realicé respaldos de sistema, verificación de archivos, programación y procesamiento de nómina.
—Verifiqué cifras de nómina y preparé declaraciones de impuestos.
Black Computer Operators Association, Maestra, 8/06.

—Preparé al equipo de ciencias de cómputo del sur de Nueva Orleáns para una competencia nacional.

El equipo de Ciencias de cómputo del sur de Nueva Orléans quedó en primer lugar en dicha competencia.

Escuela primaria Washington, Minicampamento de Verano, Maestra, 7/06 a 8/06.

—Enseñé a los niños cómo utilizar computadoras y software educativo.

Formato de retroalimentación del observador

PUNTUACIÓN

1 = Baja
5 = Alta

Introducción

1. El entrevistador,

_____ ¿dio un saludo apropiado?

_____ ¿entabló una buena relación?

_____ ¿orientó al entrevistado acerca de la entrevista?

_____ ¿utilizó una transición adecuada hacia el cuerpo de la entrevista?

Cuerpo

2. El entrevistador,

_____ ¿definió con claridad la estructura de la entrevista?

_____ ¿utilizó transiciones entre los temas?

_____ ¿hizo preguntas basadas en la información disponible y las necesidades?

_____ ¿sondeó cuando fue necesario?

_____ ¿solicitó ejemplos conductuales?

Cierre

3. El entrevistador,

_____ ¿ofreció información organizacional o del puesto?

_____ ¿invitó a hacer preguntas?

_____ ¿respondió las preguntas del entrevistado en forma adecuada y específica?

_____ ¿informó cuándo y cómo se pondrá en contacto con el entrevistado?

Comportamientos no verbales

4. El entrevistador:

_____ ¿se mostró seguro de sí mismo?

_____ ¿su vestimenta era adecuada?

_____ ¿se expresó en forma apropiada?

_____ ¿actuó con entusiasmo?

_____ ¿su estilo de lenguaje fue adecuado?

_____ ¿mantuvo contacto visual?

_____ ¿utilizó ademanes adecuados?

Comentarios:

PRÁCTICA

- Conducir reuniones efectivas: guía breve para directivos y participantes de juntas de trabajo
- Las 5 "P" de las reuniones eficaces
- Sugerencias para miembros del grupo
- Resumen y guías de comportamiento

- Preparación y conducción de reunión de equipo en SSS Software
- Diagnóstico de roles
- Hoja de trabajo para evaluar reuniones

Conducción de reuniones de trabajo

OBJETIVOS PARA EL DESARROLLO DE HABILIDADES

- IMPLEMENTAR GUÍAS PARA PLANEAR Y CONDUCIR REUNIONES EFECTIVAS
- AUMENTAR EL VALOR DE LAS REUNIONES

Conducir reuniones efectivas: guía breve para directivos y participantes de juntas de trabajo

Convertirse en un hábil planeador y conductor de reuniones (o administrador de reuniones) es requisito para lograr la eficacia directiva y organizacional. Esta habilidad es crucial por varias razones. Una de ellas es que el directivo pasa gran parte de su tiempo en juntas. En un estudio de la compañía 3M, realizado a finales de la década de 1980, se descubrió que las reuniones de trabajo ocupan un gran porcentaje de la semana laboral de un directivo. Los autores de la investigación citada encontraron que, en los últimos 10 años, el número de reuniones se había duplicado. A medida que se va avanzando en la jerarquía organizacional, la necesidad de organizar reuniones de trabajo aumenta de manera sustancial. Cuanto más alto sea el rango, mayor será el número de juntas a las que éste debe asistir (3M, 1994).

Una segunda razón es el importante costo que representan las reuniones de trabajo. La investigación encontró que la remuneración de los directivos "que sólo están ahí" casi se había triplicado. Aproximadamente el 15 por ciento del presupuesto de personal de la mayoría de las empresas se utilizó para asuntos relacionados con reuniones de trabajo y, en la última década, la necesidad de estas reuniones ha aumentado sustancialmente. Con organizaciones que tienen menos niveles jerárquicos y enfatizan la importancia del trabajo de equipo, el número de reuniones ha crecido en forma exponencial.

Una tercera razón es que, donde en realidad se toman o analizan la mayoría de las decisiones corporativas, es precisamente en las reuniones. Por tanto, el tema de la calidad de las decisiones (la cantidad de resultados útiles de una reunión) es transcendental para el bienestar de la empresa. Un director hábil de estas reuniones será capaz de "producir" una junta de trabajo que genere decisiones de alta calidad, no sus propias decisiones, sino las decisiones que de verdad reflejan las opiniones del grupo.

La cuarta razón tiene qué ver con la idea de una vida integral, en contraposición al concepto de vivir para trabajar. En estos tiempos de organizaciones sin fronteras, las habilidades que son útiles en el trabajo también lo son fuera del ámbito laboral. Muchas personas invierten parte sustancial de su tiempo en reuniones no orientadas al trabajo. Por ejemplo, cualquier trabajo voluntario comunitario, actividad religiosa o participación en consejos de arte, programas juveniles y asociaciones cívicas requiere numerosas

reuniones. Un fracaso en estas áreas podría tener un gran efecto en nuestra estructura social. Robert Putnam, de la Universidad de Harvard, desarrolló una tesis acerca del declive del "capital social" en la sociedad estadounidense (Putnam, 2000). Al parecer, las actividades colectivas están en decadencia en varias organizaciones. Esto se debe en parte a la desorganización que frustran a los participantes de las reuniones en vez de ayudarles a contribuir con las metas de la organización. Sencillamente, las personas no están dispuestas a desperdiciar su tiempo.

Como las reuniones son una actividad tan difundida, tanto dentro como fuera del entorno laboral, administrarlas/conducirlas hábilmente tiene recompensas importantes, más allá de las relacionadas con la organización de equipos. Si se manejan de forma adecuada, las reuniones pueden generar decisiones de mayor calidad que las tomadas de manera individual. La frase "si se manejan de forma adecuada" es clave: lo contrario las convierte en la máxima pérdida de tiempo cívica y organizacional. De hecho, son capaces de frenar a la compañía por las pésimas decisiones que se toman cuando entran en juego factores problemáticos como la insensatez (Tuchman, 1984), el pensamiento grupal (Janis, 1983), la paradoja de Abilene (Harvey, 1974), el modelo del bote de basura de elección organizacional (Cohen, March y Olsen, 1972) o el "síndrome de la rana hervida" (Tichy y Devanna, 1986).

Las 5 "P" de las reuniones eficaces

Los administradores de reuniones eficaces conocen las cinco etapas de preparación para llevar a cabo reuniones de trabajo: (1) propósito; (2) participantes; (3) planeación; (4) participación, y (5) perspectiva.

1. Propósito

El **propósito** se refiere a la razón por la que se realiza una reunión. Una reunión cumple tres funciones: hacer anuncios, tomar decisiones y generar una lluvia de ideas. De estas tres, sólo las dos últimas son las verdaderas razones para organizar una reunión. Cuando la información puede transmitirse mediante un memorándum o una llamada telefónica, cuando las personas no estén preparadas, cuando no puedan asistir, cuando el costo de la reunión sea superior a la ganancia potencial o cuando no exista ventaja alguna para sostener una reunión, ésta no se debe realizar (3M, 1994). En resumen: si no es para tomar decisiones o generar lluvias de ideas, más vale cancelar la reunión.

Las reuniones productivas son *resultado* de la buena toma de decisiones y lluvias de ideas. La reunión se debe realizar cuando una o más de las siguientes condiciones se presenten:

Expresamos nuestro agradecimiento hacia John Tropman, quien preparó esta sección, con base en el material que los autores utilizaron en ediciones anteriores.

□ *Compartir información.* Cuando una sola persona no monopolice toda la información requerida, cuando se estimule la generación de ideas al reunir a las personas y cuando no esté claro qué información se requiere o está disponible.

□ *Construcción de compromiso.* Cuando sea necesario que las personas se comprometan con un curso de acción, así como con su planeación y ejecución.

□ *Difusión de información y retroalimentación.* Cuando sea necesario que muchas personas reciban el mismo mensaje en la misma forma, el correo electrónico es lo más adecuado. Sin embargo, cuando el asunto principal no sea difundir información, sino medir la reacción y resolver un asunto, entonces una reunión será de gran utilidad.

□ *Solución de problemas.* Cuando los grupos superen el desempeño de los mejores individuos en tareas complejas y la toma decisiones de alta calidad donde sean necesarias diversas políticas o información. Por tanto, se deben organizar reuniones que tengan como finalidad manejar problemas complejos y establecer opciones para decisiones mediante la lluvia de ideas.

2. Participantes

La segunda *P*, **participantes**, se refiere a los convocados a la reunión. Para organizar una reunión eficaz, es importante determinar el *tamaño*, la *composición* y las *habilidades* de cada participante. Las reuniones pueden fracasar por la asistencia de demasiados o de muy pocos participantes. Si una reunión es demasiado grande, se corre el riesgo de que la discusión sea superficial y difusa: pocos miembros tendrían la oportunidad de participar. Por otra parte, si una reunión es demasiado pequeña, no se compartirá suficiente información y los problemas no se resolverán de manera adecuada. Los números nones de participantes funcionan mejor porque los pares tienden más a generar polarización dentro del grupo.

La composición de la reunión se refiere a las tres principales dimensiones duales:

□ Homogeneidad–heterogeneidad

□ Competencia–cooperación

□ Actividad–proceso

Los miembros de un grupo homogéneo tienen antecedentes, personalidades, conocimientos o valores similares. Los grupos homogéneos producen menos conflictos y desacuerdos, pero sus resultados pueden ser insignificantes y sin creatividad. Por otro lado, los grupos heterogéneos suscitan mayores diferencias entre los individuos, las cuales generan críticas y disputas, pero también encierran el potencial de crear soluciones más novedosas y complejas para los problemas.

Las investigaciones sobre el efecto de la competencia-cooperación en las reuniones de solución de problemas arrojan resultados muy convincentes. Los grupos cuyos miembros trabajan hacia el logro de una meta común y son cooperativos tienen un desempeño más eficaz y sus miembros tienen niveles más altos de satisfacción que los grupos cuyos miembros luchan por satisfacer sus necesidades individuales o buscan metas en competencia. Los grupos cooperativos también revelan una comunicación interpersonal más eficaz, divisiones más completas de las tareas, mayores niveles de participación y mejor desempeño.

En cuanto a la dimensión de tarea-proceso, las reuniones son más eficaces si los participantes generan un equilibrio entre tareas y procesos. Los participantes orientados a las tareas son "todo negocios" y no toleran las bromas ni las discusiones sobre sentimientos y amistades. La tarea se cumple en forma eficiente, pero la satisfacción tiende a ser baja. Los participantes orientados al proceso enfatizan la participación y el espíritu de equipo. Son sensibles a los sentimientos y a la satisfacción de los participantes. Son capaces de sacrificar los logros en favor de la alegría de los miembros. (Esto a la larga se convierte en una mala elección; la mayor satisfacción proviene de los logros). En el caso de los participantes en una reunión, es aconsejable que no dejen de utilizar su estilo (tarea o proceso) acostumbrado, sino que más bien "hagan lo que no se está haciendo". Si la dimensión del proceso es excesiva, enfatice la tarea. Si existe el pensamiento de "todo por la tarea", entonces añada un poco de proceso.

Las *habilidades* son las competencias que los participantes aportan a la reunión. Podemos pensar en conjuntos de habilidades *generales* y *específicas*. En general, los cuatro conjuntos de habilidades genéricas que Cohen, March y Olsen (1972) identificaron deben estar presentes en la reunión *al mismo tiempo*. Primero están los que conocen los problemas: los participantes que tienen cierto conocimiento del problema que se discute. En segundo lugar están las personas que aportan las soluciones: los participantes que son creativos e imaginativos, pero que tal vez ignoran los problemas. En tercer lugar están los controladores de los recursos: los participantes que autorizan dinero, personal y recursos necesarios para la mayoría de las decisiones, por lo que es indispensable incluirlos. Por último están los "encargados de tomar decisiones en busca de trabajo": los "arzobispos organizacionales" que "bendicen" o confirman las decisiones. Si todos estos conjuntos de habilidades coinciden en el mismo espacio al mismo tiempo, y el proceso es bueno, la probabilidad de una decisión de alta calidad (oportuna, creativa y participativa) es enorme. En términos de habilidades específicas, el conocimiento específico que podría requerirse para una determinada situación podría evaluarse al planear la reunión, utilizando la regla de las mitades, que se mencionará más adelante en este apartado.

Es posible que las personas puedan duplicar sus funciones y satisfacer más de una de estas categorías. Eso está bien. Sólo asegúrese de contar con todas.

3. Planeación

La tercera *P*, la **planeación**, se refiere a completar una agenda para la reunión. La justificación para una reunión suele ser clara (por ejemplo, necesitamos determinar cómo llevar combustible a las tropas en el frente) y las personas indicadas están presentes, sin embargo, estas parecen titubear, es decir, vagar sin rumbo, o son incapaces de llegar a una decisión final. En tales reuniones a menudo el líder comienza diciendo: "Tenemos un problema que considero debemos analizar". El líder asume erróneamente que como existe un problema y todos los participantes lo entienden, la reunión tendrá éxito. Sin embargo, lo más probable es que los participantes lleguen a la reunión sin preparación, desconozcan información esencial, no tengan claros sus roles específicos y se sientan confundidos acerca de cómo lograr el objetivo. O por el contrario, quien planea la reunión quizá trate de incluir demasiados temas en una sola reunión, programar numerosas presentaciones, cubrir demasiados documentos o analizar demasiados negocios. Gracias a numerosas investigaciones se han derivado ciertas reglas para planear reuniones eficaces (Tropman, 1996). A continuación se presenta una lista de las más importantes:

Regla de las mitades. La persona encargada de programar la reunión debe tener en sus manos los temas de una agenda para una reunión próxima a más tardar a la mitad del periodo de tiempo entre la última reunión y la siguiente. Si las reuniones son semanales, quien elabore la agenda debe reunir los temas para la siguiente reunión amediados de la semana. Esto le permitirá dedicar tiempo a clasificar y agrupar los temas, manejar algunos de los temas individualmente fuera de la reunión, y elaborar y dar seguimiento la agenda correspondiente con anticipación. También le permitirá administrar las habilidades especiales requeridas para completar la agenda.

Regla de los sextos. Alrededor de dos tercios de la agenda deben estar centrados en cuestiones de la agenda actual. El tercio restante se subdivida en dos sextos. Uno de esos sextos del tiempo de la reunión se empleará para dar seguimiento a temas de la agenda pasada. El sexto restante de la reunión se dedicará a generar una lluvia de ideas para el futuro. De esa forma se mantendrá la continuidad de todos los temas y se evitará que algunos queden en el olvido.

Regla de los informes. Las reuniones avanzan mejor si se *omite* la ronda habitual de "informes" y si sus datos se reorganiza en temas específicos, como anuncios, decisiones o lluvia de ideas.

Regla de los tres cuartos. Los paquetes de información, como las minutas de la junta anterior y las agendas, deberán enviarse a los participantes de las reuniones una vez que hayan transcurrido tres cuartas partes del tiempo entre las mismas. Por ejemplo, si se programa una reunión semanal, el paquete se debe enviar aproximadamente dos días antes de la siguiente convocatoria.

Regla de la agenda. Las agendas para las reuniones deben estar redactadas con verbos activos o resúmenes de enunciados, no con una sola palabra. Por ejemplo, en vez de decir "minutas", utilice "aprobar minutas". En lugar de "informe de producción" utilice "informar programa de producción". Esto aclara y promueve los objetivos de la reunión. La figura C.1 ilustra este proceso.

Regla de los tercios. Todas las reuniones se dividirán en tres partes: (1) periodo inicial, en el que se tocan los temas menos difíciles, mientras llegan los que vienen demorados y la gente comienza a participar en el tema; (2) periodo de trabajo arduo en el que se consideran los temas más difíciles, y (3) periodo de descompresión en el que la reunión comienza a disolverse. Los *temas de instrucción* se manejarán en el primer periodo, los *temas de decisión* en el segundo y los temas de *discusión* se tratarán en el tercer periodo.

Regla de resumen ejecutivo. Los informes enviados a los participantes de la reunión siempre contendrán resúmenes ejecutivos o memorándums de las opciones. El resumen ejecutivo debe enfatizar los aspectos cla-

Figura C.1	Reunión de cada semana	
1. Aprobar minuta		2:00–2:05
2. Anuncios		2:05–2:10
	Pedido de nuevos escritorios	
	$1,000 a cada cuenta	
3. Ubicación de retiro (Acción)		2:10–2:15
	Key West parece mejor	
4a. Selección del proveedor (Acción)		2:15–2:25
	Un nuevo proveedor de empaques	
	está dispuesto a hacer más negocios.	
4b. Eliminación de los empaques inservibles (Acción)		2:25–2:35
	¿Desecho? ¿Venderlos en el extranjero/reciclarlos?	
5. Permiso para el embarque (Acción)		2:35–3:00
	¿Embarcar parte con desperdicio?	
	¿Dar descuento?	
6. Mejorar la calidad (Ideas)		3:00–3:38
7. Levantar la sesión		3:38–3:40

FUENTE: *John Tropman.*

ve y las conclusiones del informe. Un memorándum de opciones resumirá las alternativas que se deben analizar para tomar una decisión. Con esto se evita la necesidad de manejar muchas hojas para encontrar la información relevante y desperdiciar el tiempo de la reunión revisándolas.

Regla de la campana de la agenda. Es la regla más específica acerca de cuándo deben cubrirse ciertos tipos de temas de la agenda. Estos temas se deberán considerar en orden ascendente de controversia, luego se debe concentrar la atención en los temas de análisis y descompresión de los mismos. En la figura C.2 se muestra una campana típica de agenda para una reunión.

Regla de integridad de la agenda. Se deben analizar todos los temas de la agenda y evitar los que no estén incluidos. Esta regla garantiza que los participantes no desvíen el rumbo de la reunión con temas tangenciales para los que nadie se ha preparado o sobre los que no se cuente con información suficiente.

Regla de integridad temporal. Esta regla es simple: comience y termine a tiempo. Durante la reunión, siga un horario, para garantizar que cada uno de los temas de la reunión recibirá un tiempo adecuado, que quienes lleguen tarde no sean esperados para empezar y que se tenga la certeza de la hora a la que terminará la reunión.

Regla de las minutas. Las minutas de las reuniones deben tener tres características: la relevancia de la agenda (la información registrada se refiere a un tema de la agenda), la importancia del contenido (escriba las minutas siguiendo la agenda para facilitar encontrar el material pertinente con una revisión rápida) y el enfoque en la decisión (en la minuta refleje las decisiones, conclusiones y acciones acordadas, no los procesos por los que se llegó a las decisiones). Luego de anotar un breve resumen de cada tema, deje en blanco una línea y coloque la acción o el resultado en un recuadro. Aquí es donde se anotan los nombres, los tiempos, etcétera. Así, es fácil que todos vean el tema fundamental.

Estas 10 reglas de preparación de reuniones garantizan que cuando los individuos lleguen a una reunión, ésta contará con una estructura y un plan para lograr una reunión productiva y eficiente.

4. Participación

La cuarta *p*, **participación**, se refiere al proceso real de las reuniones y los métodos utilizados para asegurar que la reunión incluya a todos los presentes.

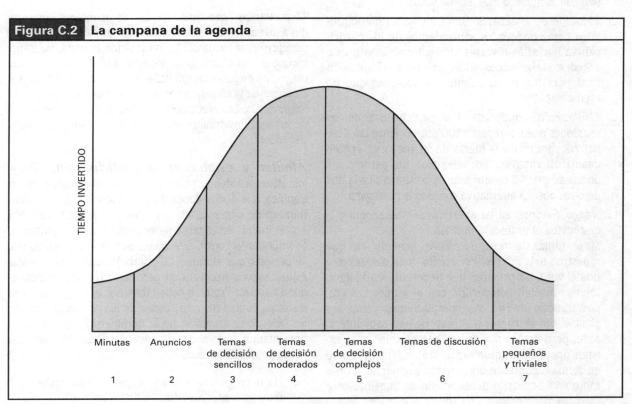

| Figura C.2 | La campana de la agenda |

FUENTE: *John Tropman.*

Presentar a los integrantes. Es necesario presentar a los participantes en la reunión y ayudarlos a que se sientan cómodos juntos, en especial si los temas que se tratarán son polémicos.

Establecer reglas básicas. Se debe explicar cuánta participación se espera, qué variaciones de la agenda estarán permitidas y cómo se manejará el tiempo. Establecer una estructura para la reunión al inicio sirve para seguir el orden de la reunión.

Establecer reglas de decisión. Las reglas de decisión son normas que permiten que los integrantes se sientan cómodos. Estas deben establecerse al inicio de la reunión. Debido a que no existen reglas de decisión neutrales, los administradores de las reuniones por lo general tienen que utilizar varias a la vez (una actividad intelectual compleja). Las más comunes son la regla extensiva, la regla intensiva, la regla de participación, la regla del experto y la regla del poder.

La *regla extensa* es la de la mayoría. Cada participante vota por las alternativas y aquellas con la mayoría de votos serán las ganadoras. Sin embargo, existen variaciones a esta regla que deben señalarse:

- ❑ *El total más alto.* Cuando se consideren más de dos alternativas, es probable que ninguna obtenga la mayoría de votos, por lo que se adoptará la alternativa con el número más alto de votos.

- ❑ *Votación de prueba.* Se toma un voto sin compromiso para conocer los sentimientos de los participantes hacia las diversas alternativas. Esto puede suceder varias veces antes de tomar la decisión final para tomar en cuenta las opciones que no reciben apoyo.

- ❑ *Calificación ponderada.* Los participantes de las reuniones pueden repartir 100 puntos entre las alternativas para medir la fuerza de su apoyo. Si existen cuatro alternativas, por ejemplo, un participante podría asignar 90 puntos a una y 5 puntos a cada una de otras dos. La alternativa con más puntos gana.

- ❑ *Rango.* Se ordenan las alternativas y se adoptará la que reciba el promedio más alto.

Si se utiliza la *regla intensiva*, ganarán los que muestren más interés. Por medio de la discusión, y no del voto, las personas que tienen un sentimiento intenso pueden compartirlo con el grupo. Los grupos tratarán de ser tan complacientes como sea posible. Sin embargo, si la mayoría está muy interesada, pero no "lo más interesada posible", o si existen dos grupos interesados profundamente, pero en forma distinta, se presentarán problemas. Por lo tanto será necesario hacer acopio de imaginación e intentos por obtener una solución que complazca tanto a los que no están muy convencidos como a los que sí lo están.

En la *regla de participación*, la persona o el subgrupo que tiene que realizar alguna acción es quien elige o toma la decisión. Su participación obligada les da una visión particular, que no siempre es la mejor opción. Si se utiliza la *regla del experto*, ganará el participante que tiene a la ley o a la ciencia de su parte (sin embargo, ni la ciencia ni la ley son infalibles). El jefe ganará si se aplica la *regla del poder.*

Cualquiera de estas reglas puede funcionar, pero las decisiones de calidad con las mayores ganancias (y, por lo tanto, con mayor poder de contacto) por lo general son producto del consenso. En este caso, consenso significa que se toma una decisión que satisface —y que puede demostrar que lo hace— cada una de las reglas: satisface a la mayor cantidad de individuos con sentimientos intensos, a los que deben actuar, a los expertos y al jefe.

A veces es necesario proceder "con base en principios". Es posible coincidir en ciertos principios generales aunque no se logre llegar a un acuerdo en todos los detalles específicos. Se aceptan los principios, mas no la propuesta completa. Por ejemplo, usted y su pareja pueden decidir "en principio" cenar comida italiana el viernes por la noche. Por el momento, los detalles (por ejemplo, si saldrán a un restaurante, o quién cocinará en caso de que decidan quedarse en casa) quedarán sin resolverse, antes de explorar cada uno de ellos.

Use varios medios. A fin de mantener interesados a los participantes de la reunión, utilice diversos medios para presentar los datos. La información impresa, las transparencias, las diapositivas, los rotafolios, los videos y los diagramas de pizarrón son útiles para mantener el interés e incrementar la eficiencia con la que se presenta y procesa la información. Los participantes deben utilizar al menos dos de sus sentidos durante una reunión (por ejemplo, la vista y el oído).

Alentar y establecer la participación. Todos los asistentes deben participar equitativamente; esto no significa que todos deben hacer exactamente el mismo número de comentarios. Aquellos con más información o más interés en el tema participarán más. Sin embargo, es importante controlar a quien participe demasiado o a la persona que domine la discusión, así como alentar a quienes podrían contribuir, pero que no se sienten inclinados a hacerlo. También debe mantenerse la equidad entre distintos puntos de vista, para que los representantes de un lado de la discusión no la dominen. A continuación presentamos formas de promover la discusión entre los participantes de la reunión:

- ❑ Haga preguntas abiertas en vez de preguntas que puedan contestarse con un "sí" o un "no".

- ❑ Haga preguntas utilizando el lenguaje de los participantes en vez de utilizar jerga o terminología extraña.

- Aliente a los asistentes a compartir experiencias personales relacionadas con el tema que se esté tratando.

- Utilice ejemplos de su propia experiencia para aclarar ideas.

- Mantenga contacto visual con quienes esté hablando y resuma sus argumentos al terminar sus declaraciones.

- Pregunte a los miembros del equipo sus reacciones a los comentarios de otros participantes de la reunión.

- Cuando sea pertinente, invite a los demás a responder una pregunta que se le haga a usted.

- Recuerde que la comunicación incluye dos facetas: la parte de datos (información) y la parte de buena relación (conexión y sentimientos). Asegúrese de atender ambas partes.

- Como líder asegúrese de facilitar la discusión más que de dominarla.

Resuma

Cierre la reunión resumiendo las decisiones tomadas, las tareas asignadas, el progreso alcanzado, los puntos clave discutidos y lo aprendido en la reunión. Revise las acciones sobre las que se informará en la siguiente reunión. Promueva el sentimiento de logro entre los participantes por haber invertido su tiempo en la junta. Quizá sea buen momento para anticipar la siguiente junta al determinar cuándo se distribuirán la minuta y la agenda de la próxima reunión y los preparativos necesarios.

5. Perspectiva

La última *p* es la **perspectiva**. La perspectiva nos hace ver las reuniones a la distancia. Esto significa evaluar cada junta de trabajo y, cada cierto tiempo, valorar las decisiones y el proceso de las series de reuniones. Al final de cada una, por ejemplo, podría utilizarse la metodología MDI (Mantener, Detener e Iniciar) para realizar una evaluación rápida y sencilla. Se entrega un hoja de papel a cada participante y se les pide que respondan debajo de cada una de las tres letras *M, D, I. M* significa "mantener" (lo que salió bien en la reunión y que debemos conservar o ampliar); *D* significa "detener" (lo que fue improductivo de esta reunión y debe detenerse o eliminarse); *I* significa "iniciar" (lo que no sucedió en esta reunión y que deba iniciarse). Quizá reciba respuestas irrelevantes (por ejemplo, "mejores bocadillos"), pero es posible encontrar patrones de retroalimentación serios para mejorar las reuniones constantemente. La siguiente semana se entregan los resultados (en forma de resumen) a los participantes y se les informa la manera en que se está utilizando su retroalimentación para mejorar las reuniones.

Sugerencias para miembros del grupo

Hasta ahora, en este análisis de la administración eficaz de las reuniones, nos hemos concentrado en el papel del administrador (el que convoca, planea y conduce la reunión). Este rol es fundamental para el éxito de cualquier actividad de grupo. Sin embargo, los participantes de las reuniones también son responsables de la eficacia del encuentro. Es importante para cada participante apreciar el efecto de su contribución, tanto para incidir en los resultados de las reuniones a corto plazo, como en la forma de afectar sus oportunidades profesionales en el largo plazo. El éxito de la reunión es responsabilidad de todos los asistentes, e incluso de quienes no están presentes, en el sentido de que estos últimos tienen la responsabilidad anunciar con anticipación sus puntos de vista. Las mejores reuniones son aquellas donde los administradores y los otros participantes se sienten responsables del liderazgo de la reunión.

A continuación se presentan diversas guías para contribuir a hacer que una reunión sea eficaz desde una perspectiva diferente de la de un directivo:

1. *Determine si necesita asistir a la reunión.* No asista únicamente porque lo invitaron. Si tiene duda acerca de si la agenda de la reunión le concierne, discuta con el organizador de la junta por qué cree que su presencia sería necesaria. De acuerdo con la regla de los tres cuartos, sabrá en detalle lo que se tratará de manera más o menos específica. Esta información debería serle de utilidad.

2. *Prepárese.* Familiarícese con la agenda y prepare algún informe que ayude a que *los demás* comprendan ciertos temas. Prepare preguntas que le ayuden a entender ciertos asuntos.

3. *Sea puntual.* Quienes llegan tarde no sólo desperdician el tiempo de los demás al retrasar la reunión o requerir resúmenes de lo que sucedió, sino que también dañan la conformación de un equipo eficaz y afectan el estado de ánimo.

4. *Solicite que se aclaren los puntos que sean imprecisos o ambiguos.* Es común que los demás participantes tengan las mismas preguntas, debido a que son demasiado tímidos para expresarlas.

5. *Al dar información, sea preciso y directo.* No aburra a los demás con anécdotas y detalles irrelevantes.

6. *Escuche.* Mantenga contacto visual con quien esté hablando y trate de descubrir las ideas implícitas detrás de los comentarios. Trate de percibir el efecto de su comportamiento no verbal sobre los oradores, como moverse en su asiento, dibujar o leer.

7. *Apoye a los demás miembros del equipo.* Siga las guías para la comunicación de apoyo; reconozca y construya a partir de los comentarios de los demás. (Por ejemplo, "Como dijo Jane,...").

8. *Asegure una participación equitativa.* Tome la iniciativa para promover la participación de los demás, a fin de utilizar los talentos de todos. Esto es especialmente importante si conoce la información esencial de puntos de vista específicos que no se incluyen en la discusión. Esto podría rectificarse al alentar a aquellos que rara vez participan. (Por ejemplo, "Jim, tu unidad trabajó en algo similar el año pasado. ¿Cómo fue tu experiencia?").

9. *Base los desacuerdos en principios.* Si es necesario estar en desacuerdo o cuestionar los comentarios de los demás, siga las guías para un manejo colaborativo de conflictos presentadas en este libro. Por ejemplo, base sus comentarios en principios o valores comunes. ("Esa es una idea interesante, Bill, ¿pero cómo se relaciona con el interés del presidente por reducir costos?").

10. *Actúe y reaccione de tal manera que el desempeño del grupo mejore.* Olvide por un momento sus agendas personales y trabaje a favor de las metas grupales.

Resumen y guías de comportamiento

Las reuniones de trabajo son parte importante de la vida organizacional, sobre todo para los directivos. Pocas iniciativas importantes son posibles sin el esfuerzo extensivo e intensivo de grupos. Sin embargo, las reuniones figuran entre los aspectos peor logrados de la participación organizacional. Para evitar reuniones mal administradas, se presentó el método de las cinco "p":

1. **Propósito**. Utilice las reuniones para cumplir con los siguientes propósitos:
   - ❏ Decisiones
     - ❏ Un problema complejo requiere solución utilizando la experiencia de varias personas.
     - ❏ Es necesario incrementar el compromiso de los miembros del grupo con una decisión o con ellos mismos.
   - ❏ Lluvia de ideas
   - ❏ Es necesario explorar las ideas acerca de un problema, como:
     - ❏ Causas que lo precipitaron y condiciones predisponentes
     - ❏ ¿Cuál es la raíz del problema?
     - ❏ ¿Hay formas más efectivas y eficientes para enfrentar este problema?
     - ❏ ¿Cuál es la evidencia?
     - ❏ ¿Qué demuestra esa evidencia?
   - ❏ Anuncios
     - ❏ Se debe compartir la información en forma simultánea entre diversas personas.

2. **Participantes**. Decida a quién y a cuántas personas invitar dependiendo de lo siguiente:
   - ❏ El tamaño del grupo adecuado a la actividad. (Para grupos interactivos, cinco a siete participantes suelen trabajar mejor).
   - ❏ Que exista un equilibrio entre individuos con una fuerte orientación a la actividad y los individuos con una fuerte orientación a los procesos grupales.
   - ❏ Los individuos deben compartir algunas metas o valores comunes.
   - ❏ Deben estar representados toda la experiencia y el conocimiento relevantes.
   - ❏ La composición del grupo debe reflejar las metas de esta reunión. (La homogeneidad alienta la solidaridad y el compromiso; la heterogeneidad fomenta la creatividad y la innovación).

❑ Asegúrese de contar con la asistencia de individuos que tengan habilidades generales para conocer y solucionar el problema, controlar los recursos y tomar decisiones fundamentales.

3. **Planeación**. Como preparación para la reunión, asegúrese de lo siguiente:
   ❑ Proporcione el espacio físico adecuado, equipo audiovisual y otros recursos logísticos necesarios.
   ❑ Al ordenar la secuencia de los temas de la agenda y asignar un tiempo a cada uno, establezca las prioridades.
   ❑ Prepare y distribuya una agenda antes de la reunión o al inicio de ésta.
   ❑ Elija la estructura del formato de toma de decisiones más adecuada para cada tema (por ejemplo, discusión de grupo ordinaria, lluvia de ideas o una de varias técnicas de construcción de consenso).

4. **Proceso**. Al manejar la dinámica de grupos, especifique la duración esperada y enfatice las actividades específicas siguiendo los siguientes lineamientos:
   ❑ Establezca reglas básicas del proceso, como la manera en que las decisiones se tomarán.
   ❑ Permita que los miembros se conozcan entre sí (si es necesario) y hágalos sentir cómodos.
   ❑ Cuando el pensamiento crítico sea importante, evite expresar fuertes opiniones personales. También asigne la función de evaluador crítico a los miembros del grupo.
   ❑ Mantenga el flujo de la reunión utilizando presentaciones con datos informativos.
   ❑ Aliente al grupo a no desviarse de las tareas asignadas.
   ❑ Maneje la discusión para lograr una participación equitativa.
   ❑ Desaliente la evaluación prematura de ideas.
   ❑ Evite el "ocio social" asignando responsabilidades específicas y enfatizando la importancia del trabajo grupal.
   ❑ Desaliente la "avaricia conceptual" (la de aquellos que optan por "soluciones rápidas").
   ❑ Contrarreste la tendencia natural de los grupos a tomar decisiones riesgosas hablando con los participantes antes de la reunión para poder detectar las tendencias que prevalecerán en la discusión. (La regla de las mitades lo ayudará a obtener esta información).
   ❑ Aprenda a lidiar con los miembros que interrumpen utilizando comunicación de apoyo y habilidades de manejo de conflicto mediante la colaboración.
   ❑ Concluya la reunión resumiendo lo que se logró, revisando las actividades y haciendo arreglos para reuniones posteriores, si fuere necesario.

5. **Perspectiva**. Evalúe cada reunión utilizando la metodología MDI (Mantener, Detener e Iniciar) preguntando lo siguiente:
   ❑ ¿Qué puntos salieron bien durante la reunión que se deban mantener?
   ❑ ¿Qué fue improductivo que debamos detener o eliminar?
   ❑ ¿Qué no sucedió en esta reunión que debamos iniciar en el futuro?

6. **Miembros del grupo.** Fomente la dinámica constructiva de grupos como participante haciendo lo siguiente:
   ❑ Dedique tiempo a prepararse para la reunión y a comprender con claridad sus objetivos.
   ❑ Muestre respeto a los demás miembros del grupo siendo puntual y dejando a un lado sus agendas personales.
   ❑ Escuche a los demás miembros del grupo, apóyelos, aclare y construya sobre los comentarios de los demás.
   ❑ Aliente la participación de todos los miembros.

EJERCICIOS PARA LA CONDUCCIÓN DE REUNIONES

Preparación y conducción de reunión de equipo en SSS Software

Parte 1

Consulte el ejercicio de los mensajes recibidos en SSS Software, incluido al final de esta sección. Asuma el papel de Chris Perillo. Dado que es nuevo en su puesto, decide convocar una reunión con algunos o todos sus subalternos directos mañana por la tarde (martes). Desea ponerse al tanto, así como tratar temas de negocios que aparecieron en su correo electrónico, en sus mensajes telefónicos y en memorandos.

1. Revise cada uno de los 16 temas del ejercicio de los mensajes recibidos en SSS Software. Es el "negocio" que debe tratar en esta reunión.
2. Determine el *propósito* de la reunión, quiénes serán los *participantes* de la reunión (que deben asistir), el *plan* (escriba una agenda y determine la duración de la misma), así como el *proceso* que seguirá, utilizando las guías de comportamiento correspondientes.

Parte 2

3. Ahora seleccione a las otras nueve personas que asistirán a la reunión y asígneles roles en el Grupo de Servicios Médicos y Financieros. Cada miembro del equipo deberá interpretar su rol asignado de manera realista, aunque no existiera suficiente información específica al respecto en los memorándums. Cada miembro deberá actuar como si estuviera asistiendo a la primera reunión de equipo con un nuevo líder. Cada uno deberá estar preparado para hacer recomendaciones en relación con cada elemento incluido entre los mensajes acerca de su papel. El equipo debe estar formado por:

   Chris Perillo, vicepresidente

   Bob Miller, director del Grupo 1

   Wanda Manners, directora del Grupo 2

   William Chen, director del Grupo 3

   Leo Jones, director del Grupo 4

   Mark McIntyre, director del Grupo 5

   John Small, director del Grupo 6

   Marcus Harper, director del Grupo 8

   Armand Marke, director de Servicio a clientes

   Michelle Harrison, administradora de la oficina

4. Al concluir la reunión, los observadores asignados darán retroalimentación mediante el uso de la Hoja de trabajo para evaluar reuniones.

Diagnóstico de roles

Este ejercicio tiene la intención de ayudarle a identificar y practicar el desempeño eficaz de roles en las reuniones.

Más adelante se presenta un conjunto de roles organizados en tres categorías. Como usted está observando una reunión de equipo, marque los roles que interpretan los miembros del equipo que está observando cada vez que hagan un comentario o muestren comportamientos que coincidan con alguno de los roles que se mencionan a continuación. Si está analizando a su propio equipo después de que terminó su reunión, anote los nombres de los miembros del grupo junto a los roles que interpretaron. (Vea los capítulos sobre la construcción de equipos efectivos y trabajo de equipo para obtener mayor información acerca de esos roles).

Roles que facilitan las tareas
Proporcionar dirección
Buscar datos
Dar información
Elaborar documentos
Coordinar
Supervisar
Analizar procesos
Probar la realidad
Imponer
Resumir

Papeles de proceso (construcción de relaciones)
Apoyar
Armonizar
Liberar la tensión
Vigorizar
Desarrollar
Facilitar
Procesar

Roles de bloqueo
Analizar en exceso
Generalizar en exceso
Buscar fallas
Tomar decisiones prematuras
Presentar opiniones como hechos
Rechazar
Usar el rango
Dominar
Obstruir

¿Qué sugerencias tiene para mejorar el desempeño de los miembros del equipo? Identifique algunas propuestas específicas para un mejor desempeño de los roles en la reunión. ¿Quién podía haber hecho más y quién podía haber hecho menos? ¿Por qué?

Hoja de trabajo para evaluar reuniones

Es importante que a los individuos que planean reuniones, las conducen y participan en ellas se les pida periódicamente que evalúen la eficacia del tiempo empleado en reuniones. La siguiente hoja de trabajo se podría utilizar para ese propósito.

Para obtener experiencia en la evaluación de reuniones, utilice las siguientes preguntas para valorar la eficacia de un proyecto relacionado con el trabajo o con la clase, o de una reunión de personal.

1. ¿Cuál es el objetivo específico de la reunión?
2. ¿A quiénes se invitó? ¿Cómo fueron convocados? ¿Fue adecuada la forma en que se anunció la reunión? (Por ejemplo, cara a cara, por correo electrónico, llamada de la secretaria).
3. ¿La agenda que se elaboró fue congruente con las siguientes reglas?
   ❑ Regla de la agenda (utilizar verbos).
   ❑ Regla de los sextos (dedicar dos tercios a temas actuales, un tercio a temas pasados y temas futuros).
   ❑ Regla de los tercios (un tercio para calentamiento, un tercio para trabajar y un tercio para enfriarse).
   ❑ Regla de informes [no existentes; contenido reordenado en temas específicos (anuncios, toma de decisiones y lluvia de ideas)].
   ❑ Regla de campana de la agenda (agenda ordenada de acuerdo con un proceso en forma de campana de "nivel de dificultad").
   ❑ Regla de integridad temporal (empezar y terminar a tiempo).
   ❑ Regla de minutas (se asignó la labor de llevar la minuta).
4. ¿Qué se hizo especialmente bien al preparar esta reunión?
5. ¿A qué grado se siguieron las reglas para un proceso de reunión eficaz en este caso? Califique cada etapa en términos de su eficacia en la reunión del equipo.

	Ineficaz	Eficaz
1. Revisar el propósito	_____	_____
2. Presentar a los participantes	_____	_____
3. Establecer reglas básicas	_____	_____
4. Presentar información	_____	_____
5. Asegurar la participación	_____	_____
6. Resumir conclusiones	_____	_____

6. ¿Qué se podría haber mejorado? ¿Qué se omitió?

Memorándums, correos electrónicos, faxes y correos de voz recibidos en SSS Software

EJERCICIO 1: CORREO ELECTRÓNICO

PARA: Todos los empleados
DE: Roger Steiner, director ejecutivo
FECHA: 15 de octubre

Me complace anunciar que Chris Perillo será nuestro nuevo vicepresidente de operaciones para Servicios de salud y financieros. Chris será responsable de manera inmediata de todas las operaciones antes administradas por Michael Grant. Chris tendrá responsabilidad total del diseño, desarrollo, integración y mantenimiento de software personalizado para los sectores de salud y financiero/bancario. Esta responsabilidad incluye todos los asuntos técnicos, financieros y de personal. Chris también administrará nuestro programa de soporte e integración de software para la fusión recientemente anunciada de tres grandes organizaciones de servicios para la salud. Chris también será responsable de nuestro proyecto recién anunciado con un consorcio de bancos y empresas financieras con operaciones en Tanzania. Este proyecto representa una oportunidad emocionante para nosotros, y la experiencia de Chris es la ideal en este campo.

Chris llega a este puesto con un título de licenciatura en Ciencias de computación del Instituto Tecnológico de California y una Maestría en Administración de la Universidad de Virginia. Comenzó como miembro de nuestro personal técnico/profesional hace seis años y últimamente venía desempeñándose como director de grupo apoyando proyectos nacionales e internacionales para nuestro sector de aerolíneas, incluyendo nuestro reciente trabajo para el consorcio European Airbus.

Estoy seguro de que todos se sumarán para felicitar a Chris por este ascenso.

EJERCICIO 2 – CORREO ELECTRÓNICO

PARA: Todos los directivos
DE: Hal Harris, Vicepresidente de Relaciones públicas y comunitarias
FECHA: 15 de octubre

Para su información, el siguiente artículo apareció el jueves en la página principal de la sección de negocios del periódico *Los Angeles Times*.

> *En un movimiento que podría causar problemas a SSS Software, Michael Grant y Janice Ramos dejaron SSS Software para ingresar a Universal Business Solutions Inc. Los analistas del sector ven el movimiento como una victoria más para Universal Business Solutions Inc., en su batalla contra SSS Software por una porción del creciente negocio de desarrollo e integración de software. Tanto Grant como Ramos habían trabajado con SSS Software por más de siete años. Recientemente Grant se ha desempeñado como vicepresidente de operaciones de toda la empresa SSS Software en dos sectores de la industria: salud-hospitales, y financiero-bancario. Ramos lleva a Universal Business Solutions Inc. su experiencia especial en el área en crecimiento de la integración y el desarrollo internacional de software.*

Al respecto, la analista de la industria de Merrill Lynch, Hillary Collins, declara: "La pérdida de personal clave frente a un competidor a menudo puede ocasionar problemas a una compañía como SSS Software. Grant y Ramos conocen bien las limitaciones estratégicas y técnicas de SSS Software. Será interesante ver si pueden explotar este conocimiento a favor de Universal Business Solutions Inc".

EJERCICIO 3: CORREO ELECTRÓNICO

PARA: Chris Perillo
DE: Paula Sprague, asistente ejecutiva de Roger Steiner
FECHA: 15 de octubre

Chris, sé que en tu puesto anterior como directivo del grupo en la división de servicios a aerolíneas probablemente conociste a la mayoría de los directivos de grupo de la división de Servicios de salud y financieros, pero pensé que te gustaría contar con más información personal acerca de ellos. En el equipo de administración todos te reportarán directamente.

Grupo #1: Bob Miller, caucásico de 55 años, casado (con Anna), tiene dos hijos y tres nietos. Activo en la política local republicana. Bien visto como un directivo "que no interfiere" y que encabeza un equipo de alto desempeño. Juega golf regularmente con Mark McIntyre, John Small y un par de vicepresidentes de otras divisiones.

Grupo #2: Wanda Manners, caucásica de 38 años, soltera, con un hijo en edad escolar. Entusiasta de la buena salud, ha participado en varias carreras de maratón. Algo de experiencia en Alemania y Japón. Considerada una administradora muy emprendedora con un enfoque constante en las actividades que se están realizando. Es la primera persona en llegar cada mañana.

Grupo #3: William Chen, hombre de 31 años de ascendencia china, casado (con Harriet), tiene dos hijos pequeños de su primer matrimonio. Le gusta el tenis y es bastante bueno para jugarlo. Una estrella en ascenso dentro de la empresa, es muy respetado por sus compañeros como un "hombre de acción" y como buen amigo.

Grupo #4: Leo Jones, caucásico de 36 años, casado (con Janet) y tiene una hija pequeña. Recientemente regresó de una licencia por paternidad. Ha realizado muchos viajes relacionados con los proyectos, ya que habla tres idiomas. Le gusta el hockey desde que pasó un tiempo en Montreal. Se le considera un directivo fuerte que obtiene el mayor rendimiento de su personal.

Grupo #5: Mark McIntyre, caucásico de 45 años, casado con Mary Theresa, una ejecutiva del sector bancario; no tiene hijos. Con mucha experiencia en Alemania y Europa oriental. Está escribiendo una novela de misterio. Siempre ha sido un "buen jugador de equipo", pero algunos miembros de su personal técnico no son muy respetados y no ha solucionado el problema.

Grupo #6: John Small, caucásico de 38 años, recientemente divorciado. Tiene tres hijos que viven con su ex esposa. Un individuo sociable a quien le gustan los deportes. Pasó mucho tiempo en México y América Central antes de llegar a SSS Software. Recientemente se ha dedicado a conseguir contratos con el gobierno federal. Un directivo promedio; ha tenido algunos problemas para que su personal cumpla con la agenda.

Grupo #7: Este puesto está vacante desde que Janice Ramos se fue. Roger piensa que debemos cubrir este puesto con rapidez. Ponte en contacto conmigo si quieres información de cualquier candidato dentro de la empresa para algún puesto.

Grupo #8: Marcus Harper, afroamericano de 42 años, casado (con Tamara), tiene dos hijos adolescentes. Recientemente ganó un premio en un concurso de fotografía local. Se le considera un directivo fuerte que se lleva bien con sus compañeros y que trabaja turnos largos.

Servicio a clientes: Armand Marke, de 38 años, divorciado. Aficionado al baloncesto. Nativo de Armenia. Anteriormente fue directivo de grupo. Trabajó arduamente para establecer la línea telefónica de servicios técnicos, pero ahora casi la ha dejado de lado.

Administradora de oficina: Michelle Harrison, caucásica de 41 años, soltera. Creció en un rancho y monta a caballo cada vez que puede. Es una administradora estricta.

Hay muchos buenos elementos aquí, pero no funcionan bien como equipo directivo. Creo que Michael tuvo algún favoritismo, especialmente hacia Janice y Leo. Hay algunas coaliciones en este grupo y no estoy segura de qué tan efectivamente las manejó Michael. Creo que será un desafío para ti conformar un equipo unido.

EJERCICIO 4: CORREO ELECTRÓNICO

PARA: Chris Perillo
DE: Wanda Manners, directora del grupo 2
FECHA: 15 de octubre

CONFIDENCIAL Y RESTRINGIDO

Aunque sé que eres nuevo en el puesto, creo que es importante comunicarte cierta información que acabo de obtener en relación con el trabajo de desarrollo que terminamos recientemente para First National Investment. Nuestro proyecto implicó el desarrollo de software de la administración de activos para manejar sus fondos internacionales. Fue un proyecto muy complejo por los tipos de cambio tan volátiles y las herramientas de proyección que tuvimos que desarrollar.

Como parte de este proyecto, se integró el software y los informes con todos sus sistemas existentes y sus mecanismos para informar. Para hacer esto, nos dieron acceso a todo su material (en gran parte desarrollado por Universal Business Solutions Inc.). Desde luego, firmamos un acuerdo en el que reconocíamos que el software al cual se nos dio acceso estaba patentado y que nuestra consulta era únicamente para el propósito de trabajo de integración de sistemas asociado con el proyecto.

Por desgracia, me enteré de que algunas partes del software que desarrollamos de hecho "toman prestados" algunos elementos de complejos programas de aplicación desarrollados por Universal Business Solutions Inc., para First National Investment. Me parece evidente que uno o más de los diseñadores de software del grupo 5 (el grupo de Mark McIntyre) de forma inapropiada "tomaron prestados" algunos algoritmos desarrollados por Universal Business Solutions Inc. Estoy segura de que el hacer eso nos ahorró tiempo considerable de avance en algunas partes del proyecto. Es poco probable que First National Investment o Universal Business Solutions Inc. se enteren de este asunto.

Por último, First National Investment está utilizando con éxito el software que desarrollamos y están muy satisfechos con el trabajo que realizamos. Terminamos el proyecto a tiempo y por debajo del presupuesto. Quizá sepas que nos han invitado a concursar en varios diseños importantes.

Siento haber llamado tu atención sobre este asunto tan delicado, pero pensé que deberías estar enterado.

EJERCICIO 5A: CORREO ELECTRÓNICO

PARA: Chris Perillo
DE: Paula Sprague, asistente ejecutiva de Roger Steiner
FECHA: 15 de octubre
ASUNTO: Carta de c.a.r.e. Services (copias anexas)

Roger me pidió que trabajara en este proyecto de c.a.r.e. y, desde luego, quiere acciones rápidas. Gran parte del personal está programado para trabajar sin descanso durante las próximas dos semanas. Yo sabía que Elise Soto y Chu Hung Woo tienen la experiencia para trabajar en este sistema y cuando hablé con ellos, me dijeron que estaban relativamente libres. Les pedí que reservaran tentativamente las próximas dos semanas y quería que estuvieras al tanto. Espero que esto te quite una "papa caliente" de las manos.

EJERCICIO 5B: COPIA DE UN FAX

C.A.R.E.
Child and Adolescent Rehabilitative and Educational Services
A United Way Member Agency
200 Main Street
Los Ángeles, California 90230

FECHA: 11 de octubre

Roger Steiner, director ejecutivo
SSS Software
13 Miller Way
Los Ángeles, California 90224

Estimado Roger:

Esta carta es un seguimiento a nuestra conversación después de la junta de consejo de anoche. Aprecio sus comentarios durante la junta de consejo acerca de la necesidad de elaborados sistemas de computación dentro de las organizaciones no lucrativas, y especialmente aprecio su generosa oferta de que SSS Software nos ayude a resolver el problema inmediato con nuestro sistema de contabilidad. Luego de que el consejo votó en favor de despedir al consultor en informática, me preocupa no poder tener nuestros informes a tiempo para cumplir con el ciclo de obtención de fondos estatales.

Te reitero mi agradecimiento por ofrecernos su ayuda ante esta crisis.

Janice Polocizwic

Janice Polocizwic
Directora ejecutiva

EJERCICIO 5C: COPIA DE UNA CARTA

SSS SOFTWARE
13 Miller Way
Los Ángeles, CA 90224

FECHA: 12 de octubre

Janice Polocizwic
Directora ejecutiva, C.A.R.E. Services
200 Main Street
Los Ángeles, California 90230

Estimada Janice:

Recibí su fax del 11 de octubre. Pedí a mi asistente ejecutiva, Paula Sprague, que disponga personal para trabajar lo antes posible en su sistema de contabilidad. Muy pronto se pondrá en contacto con usted.

Atentamente,

Roger Steiner

Roger Steiner
cc: Paula Sprague, asistente ejecutiva

EJERCICIO 6 – CORREO ELECTRÓNICO

PARA: Michael Grant
DE: Harry Withers, personal técnico del grupo 6
FECHA: 12 de octubre

PERSONAL Y CONFIDENCIAL

Nuestro equipo está teniendo dificultades para cumplir con el plazo del 5 de noviembre para el proyecto Halstrom. Kim, Fred, Peter, Kyoto, Susan, Mala y yo hemos estado trabajando en el proyecto durante varias semanas, pero estamos teniendo algunos problemas y podríamos necesitar tiempo adicional. Titubeo al escribir este mensaje, pero el problema principal es que nuestro directivo de grupo, John Small, está teniendo una relación con Mala. Por otro lado, Mala recibe el apoyo de John para sus ideas y las presenta al equipo como componentes indispensables del proyecto. Sobra decir que esto ha generado algunos problemas en el grupo. La experiencia de Mala es muy valiosa, pero Kim y Fred, quienes han trabajado intensamente en el proyecto, no quieren trabajar con ella. Además, un miembro del equipo no ha estado disponible recientemente porque han tenido que brindar cuidado a uno de sus hijos. El compromiso con el proyecto y el ánimo del equipo han caído en picada. Sin embargo, haremos nuestro mejor esfuerzo para terminar el proyecto lo antes posible. Mala estará de vacaciones las próximas dos semanas, así que espero que algunos de nosotros podamos terminarlo en su ausencia.

EJERCICIO 7 – MENSAJE DE CORREO DE VOZ

Hola, Michael. Habla Jim Bishop, de United Hospitals. Quería hablar con usted acerca del proyecto de aseguramiento de calidad en el que ustedes están trabajando para nosotros. Cuando José Martínez comenzó a hablar con nosotros, me impresionó su amabilidad y experiencia. Sin embargo, recientemente no ha logrado mucho y parece distante y tenso en las conversaciones. Hoy le pregunté acerca del calendario del proyecto y me pareció que estaba a la defensiva y no en total control de sus emociones. Estoy bastante preocupado por nuestro proyecto. Por favor, llámeme.

EJERCICIO 8: MENSAJE DE CORREO DE VOZ

Hola, Michael. Habla Armand. Quería hablar contigo acerca de algunos asuntos de la línea telefónica de servicios técnicos. He recibido algunas cartas de clientes de la línea telefónica que se han quejado de largas demoras para que un técnico les conteste el teléfono; también informan que se han encontrado con técnicos que no saben lo suficiente para resolver problemas y, en ocasiones, han recibido un trato grosero. Sobra decir que estoy bastante preocupado por estas quejas.

Creo que la calidad general del personal de la línea telefónica es muy buena, pero continuamos cortos de personal, incluso con las nuevas contrataciones. Los técnicos nuevos parecen buenos, pero están trabajando en la línea de asistencia antes de haber terminado totalmente su capacitación. Antolina, nuestra mejor técnica, a menudo trae a su hijo al trabajo, lo cual se suma a la locura que hay aquí.

Creo que debes saber que tenemos mucho estrés. Hablaré contigo pronto.

EJERCICIO 9: MENSAJE DE CORREO DE VOZ

Hola, Chris. Habla Pat. Felicidades por tu ascenso. Definitivamente eligieron a la persona correcta. Son excelentes noticias, para mí también. Has sido un mentor fabuloso hasta ahora, así que espero aprender mucho de ti en tu nuevo puesto. ¿Qué te parece ir a comer la próxima semana?

EJERCICIO 10: MENSAJE DE CORREO DE VOZ

Chris, habla Bob Miller. Pensé que te gustaría saber que la broma de Joe durante nuestra reunión de planeación perturbó a algunas de las mujeres de mi grupo. Sinceramente, creo que están exagerando, en especial porque todos sabemos que este es un buen lugar para trabajar, tanto para hombres como para mujeres. Llámame si quieres platicar sobre esto.

EJERCICIO 11: MENSAJE DE CORREO DE VOZ

Hola. Habla Lorraine Adams, del Westside Hospital. Leí en *Los Angeles Times* que usted ocupará el puesto de Michael Grant. No nos conocemos todavía, pero su división terminó recientemente dos grandes proyectos millonarios para Westside. Michael Grant y yo hablamos acerca de una pequeña conversión de una parte del software existente para que sea compatible con los nuevos sistemas. El proveedor original dijo que ellos harían el trabajo, pero se han estado retrasando, y necesito moverme rápidamente. ¿Podría ver si Harris Wilson, Chu Hung Woo y Elise Soto están

PRÁCTICA

disponibles para hacer este trabajo lo antes posible? Ellos participaron en el proyecto original y trabajan bien con nuestro personal.

Hmmm... (larga pausa), supongo que debo decirle que recibí una llamada de Michael ofreciendo hacer ese trabajo. Pero creo que debemos quedarnos con SSS Software. Llámeme.

EJERCICIO 12: MENSAJE DE CORREO DE VOZ

Hola Chris, habla Roosevelt Moore. Soy miembro de tu personal técnico/profesional. Yo me reportaba ante Janice Ramos, pero ya que ella dejó la empresa, pensé en transmitirte mis inquietudes directamente. Me gustaría concertar una cita para hablar contigo acerca de mis experiencias desde que regresé después de seis semanas de licencia por paternidad. Han asignado algunas de mis responsabilidades principales a otros. Parece que estoy fuera del ruedo y me pregunto si mi carrera está en riesgo. Además, me preocupa que no me apoyen o que no me consideren seriamente para la vacante que dejó la salida de Janice. Francamente, siento que me están fastidiando por haber tomado mi permiso. Me gustaría hablar contigo esta semana.

EJERCICIO 13: MENSAJE DE CORREO ELECTRÓNICO

PARA: Michael Grant
DE: José Martínez, personal técnico del grupo 1
FECHA: 12 de octubre

Me gustaría programar una reunión contigo lo antes posible. Sospecho que recibirás una llamada de John Bishop, de United Hospital, y quiero asegurarme de que escuches primero mi versión de la historia. He estado trabajando en un diseño personalizado de sistema para garantía de calidad utilizando una variación del producto J3 que desarrollamos hace algunos años. Tenían una serie de requisitos especiales y algunas rarezas en sus sistemas de contabilidad, así que he tenido que trabajar jornadas sumamente largas; he laborado mucho para cumplir con sus exigencias, pero siguen cambiando las reglas fundamentales. Yo sigo pensando que solamente estoy desarrollando otro J3, pero han estado interfiriendo con un diseño elegante que he creado. Parece que no avanzo nada en este proyecto. Hace un rato tuve una fuerte discusión con su contralor. Me pidió otro cambio mayor. He estado analizando su petición con su fecha límite y creo que este proyecto me está exigiendo demasiado. Luego, Jim Bishop me preguntó si el sistema ya estaba funcionando. Yo estaba alterado por la discusión con el contralor, así que le hice un comentario sarcástico. Me miró de manera extraña y solamente se retiró de la oficina.

Me gustaría hablar contigo acerca de esta situación lo antes posible.

EJERCICIO 14: MENSAJE DE CORREO ELECTRÓNICO

PARA: Chris Perillo
DE: John Small, director del grupo 6
FECHA: 15 de octubre

Bienvenido a bordo, Chris. Tengo muchas ganas de conocerte. Solamente quería comentarte algo acerca del sustituto de Janice Ramos. Un miembro de mi personal técnico, Mala Abendano, tiene la habilidad y el empuje para ser una excelente directora de grupo. La he animado a que solicite el puesto. Me daría gusto hablar contigo más de esto cuando te parezca conveniente.

EJERCICIO 15: MENSAJE DE CORREO ELECTRÓNICO

PARA: Chris Perillo
DE: Paula Sprague, asistente ejecutiva de Roger Steiner
FECHA: 15 de octubre

Roger me pidió que te informara acerca del gran contrato que obtuvimos en Tanzania. Eso implica que un equipo de cuatro directivos hará un breve viaje para determinar las necesidades actuales. Asignarán a su personal técnico las actividades para desarrollar aquí un sistema y software durante los próximos seis meses, y luego los directivos y quizás algunos miembros del equipo pasarán alrededor de 10 meses en Tanzania, para dirigir la implementación. Roger pensó que quizá querrías tener una reunión inicial con algunos de tus directivos para verificar su interés y disposición para realizar este tipo de actividad. Roger apreciaría un correo electrónico con tus ideas acerca de los asuntos a discutirse en esta reunión, consideraciones adicionales acerca de enviar personal a Tanzania y de cómo formarás un equipo eficaz para trabajar en este proyecto. El memorando del 15 de octubre que te envié te dará la información que necesitarás para comenzar a tomar estas decisiones.

EJERCICIO 16: MENSAJE DE CORREO ELECTRÓNICO

PARA: Chris Perillo
DE: Sharon Shapiro, Vicepresidente de Recursos Humanos
FECHA: 15 de octubre
ASUNTO: Próxima reunión

Quiero ponerte al día acerca del efecto que tuvo la broma de carácter sexual de John Small en la reunión de planeación de la semana pasada. Varias empleadas han estado francamente disgustadas y se han reunido de manera informal para hablar de ello. Decidieron hacer una reunión con toda la gente preocupada por este tipo de comportamientos en toda la empresa. Pienso asistir, así que te mantendré informado.

EJERCICIO 17: MENSAJE DE CORREO ELECTRÓNICO

PARA: Todos los directivos de SSS Software
DE: Sharon Shapiro, Vicepresidente de Recursos Humanos
FECHA: 15 de octubre
ASUNTO: Ascensos y contrataciones externas

ASCENSOS Y CONTRATACIONES EXTERNAS DE ESTE AÑO, ACTUALIZADAS A LA FECHA (ENERO A SEPTIEMBRE)

| Nivel | Raza | | | | | Género | | |
	Caucásico	Afro-americano	Asiático	Hispano	Nativo estadounidense	H	M	Total
Contrataciones a nivel ejecutivo	0 (0%)	0 (0%)	0 (0%)	0 (0%)	0 (0%)	0 (0%)	0 (0%)	0
Ascensos a nivel ejecutivo	0 (0%)	0 (0%)	0 (0%)	0 (0%)	0 (0%)	0 (0%)	0 (0%)	0

(*Continúa*)

PRÁCTICA

(*Continuación*)

ASCENSOS Y CONTRATACIONES EXTERNAS DE ESTE AÑO, ACTUALIZADAS A LA FECHA (ENERO A SEPTIEMBRE)

Nivel	Raza					Género		Total
	Caucásico	Afro-americano	Asiático	Hispano	Nativo estado-unidense	H	M	
Contrataciones a nivel administrativo	2 (67%)	1 (33%)	0 (0%)	0 (0%)	0 (0%)	2 (67%)	1 (33%)	3
Ascensos a nivel administrativo	7 (88%)	0 (0%)	1 (12%)	0 (0%)	0 (0%)	7 (88%)	1 (12%)	8
Contrataciones a nivel técnico/profesional	10 (36%)	6 (21%)	10 (36%)	2 (7%)	0 (0%)	14 (50%)	14 (50%)	28
Ascensos a nivel técnico/profesional	0 (0%)	0 (0%)	0 (0%)	0 (0%)	0 (0%)	0 (0%)	0 (0%)	0
Contrataciones a nivel oficinista	4 (20%)	10 (50%)	2 (10%)	4 (20%)	0 (0%)	6 (30%)	14 (70%)	20
Ascensos a nivel oficinista	NA	NA	NA	NA	NA	NA	NA	NA

INFORME DE CLASIFICACIÓN DE EMPLEADOS (ICO) DE SSS SOFTWARE AL 30 DE JUNIO

Nivel	Raza					Género		Total
	Caucásico	Afro-americano	Asiático	Hispano	Nativo estado-unidense	H	M	
Ejecutivo	11 (92%)	0 (0%)	1 (8%)	0 (0%)	0 (0%)	11 (92%)	1 (8%)	12
Administrativo	43 (90%)	2 (4%)	2 (4%)	1 (2%)	0 (0%)	38 (79%)	10 (21%)	48
Técnico/profesional	58 (45%)	20 (15%)	37 (28%)	14 (11%)	1 (1%)	80 (62%)	50 (38%)	130
Oficinista	29 (48%)	22 (37%)	4 (7%)	4 (7%)	1 (2%)	12 (20%)	48 (80%)	60
Total	141 (56%)	44 (18%)	44 (18%)	19 (8%)	2 (1%)	141 (56%)	109 (44%)	250

NOTA: El ejercicio de SSS Software se utiliza con autorización. Copyright © 1995 por Susan Schor, Joseph Seltzer y James Smither. Todos los derechos reservados.

570 MÓDULO C CONDUCCIÓN DE REUNIONES DE TRABAJO

A

actitud defensiva: enfoque en la defensa propia y no en escuchar; ocurre cuando el individuo se siente amenazado o castigado por una comunicación. p. 197

algoritmo relacional: técnica de eliminación que combina los atributos no relacionados en la solución del problema al conectar palabras para forzar la relación entre dos elementos de un problema. p. 164

analogías de fantasía: técnica sinéctica para la solución de problemas en la que los individuos se preguntan: "En mis sueños más alocados, ¿cómo desearía que se resolviera este problema?". p. 159

analogías directas: técnica sinéctica de solución de problemas en la que los individuos aplican hechos, tecnología y experiencia previos para resolver un problema. p. 159

analogías personales: recomendadas como parte de la sinéctica, son comparaciones en las que los individuos intentan identificarse a sí mismos como el problema y preguntarse: "Si yo fuera el problema, ¿qué me gustaría?, ¿qué me satisfaría?". p. 159

analogías simbólicas: símbolos o imágenes que se imponen en el problema; se recomiendan como parte de la sinéctica. p. 159

atracción: también conocida como atracción personal; "capacidad de gustar" que se deriva de un comportamiento agradable y una apariencia física atractiva; combinación de comportamientos que generalmente se asocian con las amistades que han demostrado contribuir al éxito directivo. p. 233

autoconfianza: sentimiento facultado de poseer la capacidad y competencia para desempeñar una tarea con éxito. p. 368

autoconocimiento: conocimiento de la propia personalidad e individualidad. p. 44

autodeterminación: sensación de que existen opciones. p. 369

autoevaluación esencial: concepto que engloba los aspectos esenciales de la personalidad, es decir, las cinco dimensiones de la personalidad: inestabilidad emocional, extroversión, escrupulosidad, afabilidad y apertura. p. 48

autonomía: libertad de elegir cómo y cuándo realizar una tarea determinada; una de las características de un trabajo intrínsecamente satisfactorio. p. 103

B

benchmarking: comparar los niveles actuales de desempeño con los estándares más altos disponibles, buscando el mejor modelo a seguir, estudiándolo detalladamente y planeando cómo superarlo. p. 457

bloqueos conceptuales: obstáculos mentales que restringen la manera en que se define un problema y limitan la cantidad de soluciones alternativas que, de otra manera, podrían tomarse en cuenta. p. 148

C

"camino a la meta" (teoría del liderazgo): teoría que se enfoca en que los directivos aclaran el camino hacia las metas de sus empleados. Propone que la participación del directivo debe variar según lo que necesiten los subalternos, cuánto esperan y de cuánto apoyo disponen en otras fuentes de la organización. p. 272

capital humano: habilidades y competencias de un individuo ("Sé la respuesta a la pregunta"). Compare con capital social. p. 467

capital social: conexiones sociales de una persona ("Conozco a alguien que conoce la respuesta a esa pregunta"). Compare con capital humano. p. 552

características de la meta: las metas eficaces son específicas, coherentes y con un nivel adecuado de desafío. p. 271

centralidad: atributo de un puesto en el que el ocupante es miembro clave de las redes informales de relaciones interpersonales orientadas a la realización de una tarea. El acceso a la información, los recursos y el compromiso personal de los demás que resultan de tal particularidad constituyen una fuente importante de poder. p. 237

círculos de calidad: proceso de resolución de problemas originado en Japón, en el que los equipos se reúnen para analizar los problemas y hacer recomendaciones a la dirección. p. 404

coacción: estrategia de influencia que implica una amenaza, como la negación de las recompensas esperadas o la imposición de un castigo. Normalmente provoca una respuesta negativa en el subalterno y un rompimiento en la relación interpersonal. p. 243

coaching: comunicación interpersonal que utilizan los directivos para transmitir consejos o información, o establecer estándares a sus subalternos. p. 196

compasión: en una organización, la capacidad para promover percepciones, sentimientos y respuestas de índole colectiva. p. 453

competencia: áreas en las que la persona tiene un buen desempeño, no excelente, pero sí lo suficientemente bueno. p. 456

competencia esencial: suma de las habilidades de los miembros de un equipo, como sus conocimientos, estilos, patrones de comunicación y formas de comportamiento. p. 415

competencia interpersonal: habilidad para manejar el conflicto, conformar y gestionar equipos de alto desempeño, llevar a cabo reuniones eficaces, capacitar y aconsejar a los empleados, ofrecer retroalimentación negativa de manera constructiva, influir en las opiniones de los demás, y motivar e infundir energía a los empleados. p. 46

compromiso: bloqueo conceptual que resulta cuando un individuo adopta un punto de vista, una definición o una solución en particular. p. 152

comunicación bidireccional: comunicación resultante del respeto y la flexibilidad. p. 203

comunicación conjuntiva: conexión de respuestas con mensajes previos, de manera que la conversación fluya sin contratiempos. p. 205

comunicación de apoyo: comunicación que ayuda a los directivos a compartir la información de manera precisa y honesta, sin poner en riesgo las relaciones interpersonales. p. 193

comunicación de validación: mensaje que ayuda a la gente a sentirse reconocida, comprendida, aceptada y valorada. Es una comunicación respetuosa, flexible, bidireccional y se basa en el común acuerdo. p. 202

comunicación descriptiva: descripción objetiva de un suceso o un comportamiento que requieren modificación; descripción de la reacción ante el comportamiento o sus consecuencias, y la sugerencia de una alternativa más aceptable. p. 199

comunicación disyuntiva: respuestas que no tienen conexión con lo que se dijo antes. Pueden ser resultado de (1) la falta de oportunidades equitativas para hablar; (2) pausas prolongadas en el discurso o antes de una respuesta, o (3) cuando una sola persona es quien decide el tema de conversación. p. 205

comunicación flexible: resultado de la disposición del asesor o consejero para aceptar la existencia de datos adicionales u otras alternativas, así como de reconocer que otros individuos podrían ser capaces de hacer contribuciones importantes tanto para la solución del problema como para la relación. p. 203

comunicación invalidante: aquella que niega a otra persona la posibilidad de contribuir a la comunicación. p. 202

comunicación orientada hacia la superioridad: mensaje que da la impresión de que el emisor está informado mientras que los demás son ignorantes, que es erudito en tanto que los demás no lo

son, que es competente mientras que los demás son incompetentes, o que es poderoso en tanto que los demás son impotentes. p. 202

comunicación respetuosa e igualitaria: consiste en tratar a los subalternos como individuos valiosos, competentes e inteligentes al enfatizar la solución conjunta del problema en vez de proyectar una posición de superioridad. p. 203

conflicto enfocado en las personas: conflicto entre individuos que tiene un origen personal (por ejemplo, el choque de distintas personalidades o de estilos interpersonales). Vea conflicto enfocado en un asunto. p. 309

conflicto enfocado en un asunto: conflictos interpersonales que son sustanciales u orientados al contenido. Vea conflicto enfocado en las personas. p. 309

congruencia: concordancia exacta de la comunicación verbal y no verbal con lo que siente y piensa un individuo. p. 197

constancia: bloqueo conceptual que resulta de ver un problema (enfocarlo, definirlo, describirlo o resolverlo) de una sola manera. p. 150

consultoría u orientación: comunicación interpersonal que se utiliza para que los subalternos reconozcan sus propios problemas, en lugar de ofrecerles consejo, dirección o una respuesta directa. p. 196

creación de ímpetu irreversible: asegurarse de que el cambio positivo adquiera tal fuerza que se institucionalice y no caiga en el olvido. p. 466

creatividad por imaginación: búsqueda de nuevas ideas, avances y enfoques radicales para resolver problemas. p. 143

creatividad por incubación: búsqueda de la creatividad mediante el trabajo de equipo, la participación y la coordinación entre los individuos. p. 146

creatividad por inversión: búsqueda del logro rápido de una meta y de la competitividad. p. 145

creatividad por mejoramiento: intento de mejorar las ideas existentes. p. 145

credibilidad de la fuente: juicio acerca del grado en el que se puede considerar creíble la información. Se relaciona con tres atributos: confiabilidad, pericia y dinamismo. p. 470

cultura organizacional: valores y supuestos básicos que caracterizan a una organización. Se refiere a los elementos básicos de una organización o "la manera en que se desenvuelve". p. 54

D

debilidades: áreas en las que la persona está menos desarrollada e informada o en las que manifiesta escasas habilidades. p. 456

declaración de visión: documento de liderazgo que detalla los valores y principios que guían a la organización, que brindan un sentido de dirección y posibilidades, y que inspiran optimismo y esperanza de un futuro mejor. p. 460

deficiencias en la información: fallas en la comunicación de la organización. Son comunes los conflictos que se basan en los malentendidos resultantes, aunque es fácil resolverlos. p. 311

delegación: acción de asignar la responsabilidad de las actividades a los subalternos. p. 386

desacreditación: acción de denigrar a alguien; sentimiento que resulta de una comunicación que demerita o hace sentir menos al receptor y que amenaza su sentimiento de autoestima. p. 197

desempeño: producto de la habilidad multiplicada por la motivación. p. 249

desviación negativa: cambio hacia la enfermedad, el error, el conflicto o aspectos semejantes; por lo regular, se considera como un cambio hacia la zona izquierda de un continuum donde el desempeño normal y saludable se ubica en el medio. p. 449

desviación positiva: cambio hacia la excelencia, la perfección, el "flujo" psicológico y situaciones semejantes, que por lo regular se describen como un cambio hacia lo bueno en un espectro donde el desempeño normal y saludable se localiza en el medio. p. 416

diferencias personales: variaciones entre los valores y las necesidades de los individuos que son producto de diferentes procesos de socialización. Los conflictos interpersonales que derivan de dichas incompatibilidades son los más difíciles de resolver para un directivo. p. 310

dignidad (y libertad): principio ético de toma de decisiones que establece que una decisión es correcta y adecuada si respeta la humanidad básica de los individuos y les brinda la oportunidad de tener mayor libertad. p. 59

disciplina: estrategia de motivación mediante la cual un directivo reacciona de manera negativa ante el comportamiento indeseable de un empleado para evitar que lo repita. La disciplina puede ser útil hasta cierto punto, pero no motiva un desempeño excepcional. p. 276

diseño de trabajo: proceso de ajustar las características del trabajo con las habilidades y los intereses del empleado. p. 278

E

elasticidad: capacidad para manejar el estrés. p. 106

empowerment (facultamiento): uso del poder adquirido para dar poder a otros con la finalidad de lograr objetivos; promueve el equilibrio entre la falta de poder y el abuso de éste. p. 366

enfoque de abundancia: lado derecho del *continuum* del desempeño, que se caracteriza por conceptos como la lucha por la excelencia y una actitud éticamente virtuosa, lo que es especialmente importante para adquirir destreza de dirigir un cambio positivo. p. 449

enfoque de colaboración: actitud asertiva y cooperativa orientada a la solución de problemas que se asume en respuesta a un conflicto. Se concentra en encontrar soluciones a problemas y asuntos básicos que resulten aceptables para ambas partes, en vez de tratar de encontrar la falta y al culpable. De los métodos para el manejo de conflictos, ésta es la única estrategia de ganar-ganar. p. 314

enfoque de complacencia: respuesta al conflicto que intenta conservar una relación interpersonal amistosa satisfaciendo las preocupaciones de la otra parte mientras se ignoran las propias. Por lo general, las dos partes pierden. p. 313

enfoque del déficit: lado izquierdo del *continuum* del desempeño, que se caracteriza por conceptos como la solución de problemas y la obtención de una ganancia; ha recibido mucha

más atención que el enfoque de la abundancia, pero resulta menos relevante para la habilidad de dirigir el cambio positivo. p. 449

ensayo: técnica de relajación que sirve para probar distintos escenarios estresantes y reacciones alternativas. p. 113

entrevista: forma especializada de comunicación que se realiza con un propósito específico relacionado con la actividad. p. 518

equidad: percepción que tienen los empleados acerca de la justicia en la repartición de las recompensas con base en la comparación entre lo que obtienen de la relación laboral (resultados) y lo que aportan a ésta (inversión). p. 284

equilibrio de vida: desarrollo de elasticidad en todas las áreas de la vida personal para controlar el estrés que no puede eliminarse. p. 106

escalera de aprendizaje: modelo desarrollado por investigadores de National Training Laboratories, en Bethel, Maine, Estados Unidos, que califica la retención del aprendizaje. En el nivel inferior, la gente recuerda únicamente 5 por ciento de lo que escucha en una conferencia, en tanto que en el nivel más alto la gente recuerda 90 por ciento de lo que enseña a otros. p. 466

esfuerzo: importante fuente de poder que sugiere un compromiso personal. p. 235

establecimiento de metas: base de un programa motivacional eficaz, el cual consiste en (1) incluir a los empleados en el proceso de establecimiento de metas; (2) establecer metas específicas, coherentes y desafiantes, y (3) brindar retroalimentación. p. 271

estándares de comparación: parámetros que permiten comparar el desempeño actual con el de individuos u organizaciones similares; es uno de los diversos tipos de modelos a seguir. p. 457

estándares de las metas: estándares que comparan el desempeño actual con las metas planteadas de manera pública; es uno de los distintos tipos de los mejores modelos a seguir. p. 457

estándares de mejora: parámetros que comparan el desempeño actual con las mejoras realizadas en el pasado; es uno de los distintos tipos de estándares de los mejores modelos a seguir. p. 457

estándares ideales: normas que comparan el desempeño actual con un estándar ideal o perfecto; es uno de los distintos tipos de estándares de los mejores modelos a seguir. p. 457

estereotipo perceptual: resultado de definir un problema mediante el uso de preconcepciones basadas en experiencias, evitando así que el problema se vea de manera novedosa. p. 152

estilo cognitivo: manera en que un individuo reúne y evalúa la información que recibe. p. 48

estilo de aprendizaje: manera en que los individuos perciben, interpretan y responden a la información. Existen cuatro tipos de estilos de aprendizaje. p. 48

estrategia de ejecución: método para el manejo del estrés que crea un ambiente distinto mediante la eliminación de los factores estresantes. p. 92

estrategia de ganancias pequeñas: estrategia para que los individuos manejen el estrés; implica la celebración del éxito en cada paso, especialmente aquellos cambios que son fáciles de llevarse a cabo y que ofrecen motivación durante la realización de un gran proyecto. p. 374

estrategia proactiva: método para el manejo del estrés que inicia la acción para resistir sus efectos negativos. p. 92

estrategia reactiva: método para manejar el estrés, que enfrenta los factores estresantes de manera inmediata, reduciendo así sus efectos de forma temporal. p. 92

estrategias de negociación: dos modelos o perspectivas generales que se utilizan para resolver diferencias o asignar recursos escasos: estrategias de integración y de distribución. p. 314

estrés inducido por el ambiente: tensión que promueve conflictos y que es inducida por factores organizacionales, como la limitación del presupuesto o la incertidumbre causada por cambios rápidos y repetidos. p. 312

etapa de desempeño: etapa de un equipo en la que puede funcionar como una unidad altamente efectiva y eficiente. p. 409

etapa de formación: primera etapa en el desarrollo del equipo, en la que se orienta hacia cada uno de sus miembros y establece el objetivo con claridad. p. 408

etapa de iluminación: en el pensamiento creativo, la tercera etapa que ocurre cuando se realiza una introspección y se encuentra una solución creativa. p. 157

etapa de incubación: etapa temprana del pensamiento creativo en la que la actividad mental inconsciente combina pensamientos sin relación al buscar la solución de un problema. p. 157

etapa de normatividad: segunda etapa de desarrollo de un equipo, en la que se aclaran las expectativas, se conforma la identidad del grupo y se aclaran y aceptan las normas. p. 408

etapa de preparación: etapa del pensamiento creativo que incluye la recopilación de datos, la definición del problema, la generación de alternativas y el examen detallado de toda la información. p. 157

etapa de turbulencia: etapa de desarrollo del equipo en la que los miembros cuestionan la dirección del equipo, al líder, los roles de los demás miembros y los objetivos de la actividad. p. 408

etapa de verificación: etapa final del pensamiento creativo en la que la solución creativa se evalúa en relación con algún parámetro de aceptabilidad. p. 157

expectativas de los grupos de interés: estándar del mejor modelo posible en el que se compara el desempeño actual con las expectativas de los clientes, los empleadores o de otros grupos de interés. p. 457

F

factor estresante anticipatorio: esperar con ansiedad hechos desconocidos, inciertos o desagradables. p. 95

factor estresante de tiempo: tipo de generador de estrés que por lo general se origina por tener mucho que hacer en poco tiempo. p. 94

factor estresante situacional: tipo de factor que genera estrés, que surge del ambiente o de las circunstancias del individuo, como las condiciones laborales desfavorables. p. 94

factores estresantes: estímulos que causan reacciones fisiológicas y psicológicas en los individuos. p. 92

factores estresantes de enfrentamiento: tipo de fuentes de estrés que son el resultado de conflictos interpersonales. p. 94

facultad de innovación: el fomento de nuevas ideas entre los individuos mediante métodos como colocarlos en equipos distintos y apartarlos, por lo menos temporalmente, de la presión normal de la vida organizacional. p. 7

falta de cuestionamiento: omisión en la formulación de preguntas, la obtención de información o la búsqueda de datos; es un ejemplo de bloqueo por pasividad. p. 155

flexibilidad: libertad de ejercer el propio juicio —un prerrequisito importante para adquirir poder en un puesto— particularmente en tareas muy variadas y novedosas. p. 239

flexibilidad de pensamiento: diversidad de ideas o conceptos generados. p. 162

fluidez del pensamiento: número de ideas o conceptos generados en un tiempo determinado. p. 162

fortalezas: áreas en las que un individuo tiene un desempeño sobresaliente, talentos o habilidades especiales, y en las que se desempeña mejor que la mayoría de la gente. p. 456

G

generador de ideas: persona que ofrece soluciones innovadoras a los problemas. p. 169

gratitud: en una organización, la expresión frecuente de agradecimiento que lleva a un comportamiento recíproco, a la equidad y a la justicia. p. 454

H

habilidad: el producto de la aptitud multiplicada por la capacitación y la oportunidad. p. 265

hitos: puntos de comparación que determinan cuándo se presenta un progreso detectable. p. 468

huecos estructurales: brechas en la red personal, por ejemplo, cuando dos personas con las que se está conectado no están conectadas entre sí. p. 238

I

identidad de la actividad o de la tarea: atributo de un puesto que permite que el individuo lleve a cabo un trabajo de principio a fin. pp. 103, 376

ignorancia de las semejanzas: manifestación del bloqueo por compromiso: imposibilidad de identificar semejanzas en situaciones o datos aparentemente distintos. p. 152

ignorar responsabilidades: negligencia de un directivo hacia el desempeño y la satisfacción de los empleados. Tal carencia de liderazgo eficaz podría paralizar una unidad laboral. p. 268

imaginación y fantasía: técnica de relajación que utiliza la visualización para cambiar el enfoque de los propios pensamientos. p. 112

importancia de la actividad o de la tarea: grado en el que el desempeño de una actividad influye en el trabajo o la vida de otras personas. Cuanto mayor sea la importancia, más significativo resulta el trabajo para el empleado. p. 103

imposición: explotación de los empleados por parte del directivo al asignarles actividades tomando en cuenta únicamente el desempeño y sin considerar su satisfacción laboral; por lo regular, resulta desastrosa a largo plazo. p. 268

inclinación a no pensar: tendencia a evitar el trabajo mental; es un indicador de bloqueo conceptual, de pasividad. p. 156

incompatibilidad de roles: diferencia que genera un conflicto entre los empleados cuyas tareas son interdependientes, pero cuyas prioridades difieren porque sus responsabilidades dentro de la organización también difieren. La mejor solución suele ser la mediación de un superior en común. p. 311

incongruencia: incoherencia entre lo que se experimenta y lo que se observa, o incoherencia entre lo que se siente y se expresa. p. 197

indiferencia (en la comunicación): tipo de comunicación en la que no se reconoce la existencia o la importancia de la otra persona. p. 202

indulgencia: énfasis de un directivo en la satisfacción del empleado sin considerar su desempeño; la atmósfera resultante impide la productividad. p. 268

innovación: cambios importantes, visibles y discontinuos; avances. p. 139

insensibilidad (en la comunicación): falla por parte del emisor para reconocer los sentimientos u opiniones del receptor. p. 203

integración: estrategia de motivación que enfatiza el desempeño y la satisfacción laboral por igual; ponerla en práctica constituye todo un desafío para el directivo, pero el resultado podría ser tanto una mayor productividad como un estado de ánimo elevado en los empleados. p. 269

inteligencia emocional: habilidad para controlar las propias emociones y para manejar las relaciones con los demás. p. 48

invertir la definición: herramienta para mejorar y ampliar la definición del problema al invertir la manera en la que se concibe. p. 160

L

legitimidad: cumplimiento con el sistema de valores y prácticas de una organización, que incrementa la propia aceptación y, por tanto, la influencia que uno ejerce en dicha organización. p. 235

lenguajes de pensamiento: las diversas maneras en las que puede considerarse un problema, desde los lenguajes verbales, no verbales o simbólicos, hasta la imaginación sensorial o visual. El uso de un único lenguaje de pensamiento indica un bloqueo por constancia. p. 150

liderar el cambio positivo: habilidad directiva que se enfoca en desencadenar el potencial humano positivo, crear abundancia y bienestar, así como reconocer que un cambio positivo implica tanto sentimiento como razonamiento. p. 449

liderazgo: condición dinámica y temporal que puede desarrollar y demostrar cualquiera que esté dispuesto a adoptar cierto estado mental y poner en práctica ciertas habilidades y competencias clave. p. 446

línea sensible: frontera invisible alrededor de la propia imagen que, si se ve amenazada, evocará una fuerte reacción defensiva. p. 45

locus **de control:** segunda dimensión de la orientación hacia el cambio; punto de vista por el cual un individuo juzga el grado en el que controla su propio destino. p. 62

locus **externo:** punto de vista de un individuo que atribuye a fuerzas externas el éxito o el fracaso de un comportamiento en particular. p. 62

locus **interno:** punto de vista de un individuo que atribuye el éxito o el fracaso de un comportamiento en particular a sus propios actos. p. 62

lluvia de ideas: técnica diseñada para ayudar a las personas a resolver problemas generando soluciones alternativas, sin evaluarlas ni rechazarlas de manera prematura. p. 162

M

madurez de valores: nivel de desarrollo moral que manifiestan los individuos. p. 54

marcos de referencia: patrones familiares que los directivos pueden emplear para aclarar situaciones complejas o ambiguas. p. 447

mediciones: métodos para evaluar los niveles de éxito. p. 468

mejora continua: cambios pequeños y crecientes que los miembros de un equipo llevan a cabo. p. 415

mejora de procesos: etapa en la administración de procesos donde se modifica el proceso mismo para fomentar el avance. p. 408

mensaje de evaluación: declaración que emite un juicio acerca de otros individuos y que cataloga, o califica, su comportamiento. p. 198

mensaje propio: declaraciones de las que una persona se hace responsable, reconociendo que es la fuente del mensaje; indicación de comunicación de apoyo. p. 205

mensaje sin autor: atribución de un mensaje a una persona, grupo o fuente externa desconocidos. Permite al emisor evadir la responsabilidad del mensaje y, por consiguiente, evita invertir en la interacción. p. 205

metas apropiadamente desafiantes: uno de los factores que afectan el potencial de motivación de las metas establecidas: las metas difíciles suelen inspirar mayor motivación que las metas sencillas. p. 271

metas coherentes: uno de los factores que afectan el potencial motivador del establecimiento de metas: es difícil alcanzar metas incoherentes o incompatibles. p. 271

metas específicas: metas que son medibles, claras y conductuales. p. 271

metas Everest: metas que representan un logro máximo, un desempeño extraordinario o un resultado que supera la norma. p. 419

metas SMART: metas que son específicas, medibles, adecuadas, realistas y con límite de tiempo. p. 373

métrica: indicadores específicos de éxito. p. 468

modelo de necesidades manifiestas: teoría general de la motivación que plantea que los individuos pueden clasificarse de acuerdo con la fuerza de sus diversas necesidades, las cuales suelen ser divergentes y conflictivas. p. 281

modelo jerárquico de necesidades: teoría general de la motivación que establece que el comportamiento está orientado hacia la satisfacción de las necesidades, y que éstas tienden a ordenarse en forma jerárquica (es decir, se deben satisfacer las de menor nivel para que se presenten necesidades de orden superior). p. 281

motivación: combinación del deseo y el compromiso que se demuestra con el esfuerzo. p. 265

N

necesidad de afiliación: deseo expresado de contar con relaciones sociales. p. 282

necesidad de control: deseo de mantener un equilibrio satisfactorio entre el poder y la influencia en las relaciones. p. 380

necesidad de logro: deseo expresado de logro y reconocimiento. p. 281

necesidad de poder: deseo expresado de ejercer control o influencia sobre otros. p. 282

nivel de conformidad: segundo nivel de la madurez de valores, en el que el razonamiento moral se basa en seguir y apoyar las costumbres y expectativas de la sociedad. p. 55

nivel de principios: el tercero y más elevado de los niveles de la madurez de valores, en el que un individuo distingue el bien del mal mediante principios internalizados que provienen de la experiencia personal. p. 55

nivel egocéntrico: primer nivel de la madurez de los valores. Incluye dos etapas del desarrollo de valores, razonamiento moral y valores instrumentales, los cuales se basan en las necesidades o los deseos personales y en las consecuencias de una acción. p. 55

O

orientación hacia el cambio: adaptabilidad de un individuo a niveles siempre crecientes de ambigüedad y turbulencia. p. 48

orientación hacia el colectivismo: énfasis en el predominio de grupos, familias o colectivos, que contrasta con la orientación individualista. Es una de las dimensiones fundamentales que identifican las diferencias culturales internacionales. Se conoce también como comunitarismo. p. 52

orientación hacia el individualismo: énfasis en el yo, la singularidad y la individualidad, en contraste con la orientación hacia el colectivismo. Es una de las dimensiones fundamentales que identifican las diferencias culturales internacionales. p. 52

orientación hacia el logro: énfasis en los logros y méritos personales como la base para progresar, en contraste con una orientación hacia los atributos. Es una de las dimensiones fundamentales para identificar las diferencias culturales internacionales. p. 53

orientación hacia la afectividad: énfasis en la aceptación de la demostración abierta de los sentimientos y las emociones, en contraste con una orientación neutral. Es una de las dimensiones fundamentales que identifican las diferencias culturales internacionales. p. 52

orientación hacia la especificidad: énfasis en la separación de los roles en el trabajo, la familia y la comunidad, en contraste con la orientación hacia la dispersión. Es una de las dimensiones fundamentales que identifican las diferencias culturales internacionales. p. 53

orientación hacia los atributos: énfasis en atributos como la edad, el género o los antecedentes familiares como la base para progresar, en contraste con una orientación hacia el logro. Es una de las dimensiones fundamentales que identifican las diferencias culturales internacionales. p. 53

orientación hacia valores difusos: énfasis en la integración del trabajo, la familia y los roles personales en la sociedad, en contraste con la orientación hacia la especificidad. Es una de las dimensiones fundamentales que identifican las diferencias culturales internacionales. p. 387

orientación neutral: énfasis en los enfoques racional y estoico para la solución de problemas, en contraste con una orientación afectiva. Es una de las dimensiones fundamentales que identifican diferencias culturales internacionales. p. 52

orquestador: persona que reúne grupos interfuncionales y el apoyo político necesario para facilitar la implementación de una idea creativa. p. 169

P

participación: proceso real de las juntas o reuniones de trabajo, así como los métodos empleados para garantizar que en éstas intervengan todos los presentes. Es la participación de todos los individuos, además del líder, en una actividad. p. 556

participantes: individuos a quienes se invita a una junta o reunión de trabajo. p. 553

particularismo: énfasis en las relaciones y en las conexiones personales cercanas que gobiernan el comportamiento, en contraste con una orientación hacia lo universal. Es una de las dimensiones fundamentales que identifican las diferencias culturales internacionales. p. 52

pasividad: bloqueo conceptual que se deriva del temor, la ignorancia, la autosatisfacción o la pereza mental, y no de malos hábitos de pensamiento o de supuestos inadecuados. p. 155

patrocinador: individuo que ayuda a brindar los recursos, el ambiente y la motivación que necesita el creador de una idea para trabajar. p. 169

pensamiento ambidiestro: uso de los lados derecho e izquierdo del cerebro, característico de quienes resuelven los problemas de la manera más creativa. p. 156

pensamiento del hemisferio derecho: actividad mental que se relaciona con la intuición, la síntesis, el juego y el juicio cualitativo. p. 156

pensamiento del hemisferio izquierdo: actividad cerebral relacionada con tareas lógicas, analíticas, lineales o secuenciales. p. 156

pensamiento grupal: uno de los puntos débiles en la toma grupal de decisiones que ocurre cuando la presión por llegar a un consenso interfiere con el pensamiento crítico. Cuando el líder de la mayoría parece inclinarse por una solución en particular, quienes disienten se niegan a expresar su punto de vista. p. 168

pensamiento janusiano: implica tener pensamientos contradictorios al mismo tiempo; concepción de dos ideas opuestas para que sean verdaderas de manera concurrente. p. 161

pensamiento vertical: implica definir un problema de una sola forma y, después, seguir tal definición sin desviarse hasta lograr la solución. p. 150

percepción colectiva: característica de las empresas compasivas mediante la que los directivos observan o perciben cuándo los empleados sufren o experimentan dificultades. p. 453

perdón: en una organización, la capacidad para abandonar el resentimiento justificado, la amargura y la culpa, y adoptar un enfoque positivo y de avance como respuesta a una herida o daño. p. 453

pericia: habilidad cognitiva que resulta de una capacitación y una educación formales, o que surge de la experiencia laboral; es una fuente importante de poder en una sociedad tecnológica. p. 233

personalidad proactiva: tendencia a tener una disposición para efectuar un cambio en el ambiente propio. p. 239

personas que infunden energía negativa: individuos que agotan los buenos sentimientos y el entusiasmo de los demás, y los hacen sentir devaluados o criticados. p. 452

personas que infunden energía positiva: individuos que fortalecen a otros e infunden vitalidad y ganas de vivir. p. 452

perspectiva: evaluación que se hace a distancia de una reunión de trabajo. p. 557

perspectiva de integración: táctica de negociación que se concentra en las formas de colaboración para "expandir el pastel" al evitar puestos fijos e incompatibles. (Contrasta con el enfoque distributivo). p. 314

perspectiva distributiva de negociación: táctica de negociación que requiere que ambas partes sacrifiquen algo para resolver el conflicto; implica dividir "el pastel". (Compare con el enfoque de integración). p. 314

planeación: preparación de la agenda de una junta o reunión de trabajo. p. 554

pregunta bipolar falsa: pregunta mal formulada en una entrevista que implica que las opciones sean mutuamente excluyentes cuando, de hecho, quienes responden son más proclives a tener sentimientos entremezclados (por ejemplo, ¿aprueba o desaprueba el tiempo extra laboral?). p. 520

pregunta de doble contenido: pregunta confusa que en realidad consiste en dos preguntas que deberían hacerse por separado para evitar que el entrevistado se confunda. p. 520

pregunta guiada: pregunta intencionada en una entrevista que incluye la respuesta deseada en la misma pregunta. Aunque resulta útil en las entrevistas de ventas, podría generar respuestas sesgadas en otro tipo de entrevistas. p. 520

preguntas abiertas: preguntas de entrevista diseñadas para obtener información general de los entrevistados: cómo se sienten, cuáles son sus prioridades y cuánto saben de un tema. Son útiles para establecer una buena relación, aunque podrían requerir de mucho tiempo. p. 519

preguntas cerradas: preguntas de entrevista diseñadas para obtener información específica de los entrevistados al restringir las respuestas posibles que estos puedan dar. Son útiles cuando el tiempo es limitado o cuando las respuestas a las preguntas abiertas necesitan aclaración. p. 519

proceso: conjunto secuencial de actividades, diseñado para producir un resultado específico. p. 47

proceso de establecimiento de metas: en este proceso lo más importante es considerar que las metas, para que sean eficaces, deben entenderse y aceptarse. p. 271

proceso de solución de problemas: método de resolución de conflictos que se enfoca en identificar los problemas o asuntos subyacentes y en ofrecer soluciones mediante la lluvia de ideas. p. 320

programa de entrevistas para la administración de personal reunión cara a cara, programada con regularidad, que se lleva a cabo entre el directivo y sus subalternos. p. 211

propósito: razón por la que se lleva a cabo una junta o reunión de trabajo, como compartir información, establecer compromisos, difundir información, resolver problemas o tomar decisiones. p. 552

R

razón: estrategia de influencia que se basa en la persuasión y apela a la consideración racional de los méritos inherentes a una solicitud para lograr el cumplimiento. Es explícita, directa y no manipuladora. p. 243

reabastecimiento: opción administrativa para resolver el problema de falta de habilidad que tiene el empleado; se enfoca en brindar el apoyo necesario para llevar a cabo el trabajo. p. 267

reajuste: adaptación de los requerimientos de un puesto de trabajo a las habilidades de un empleado para así mejorar un desempeño deficiente. p. 267

reasignación: cambio del personal que no tiene buen desempeño a puestos que están más acordes con su nivel de aptitudes y habilidades. p. 267

reciprocidad: estrategia de influencia mediante la cual un directivo utiliza la negociación como herramienta para lograr que un subalterno cumpla. Este método opera bajo el principio del interés personal y el respeto por los valores de la relación interpersonal. p. 243

recompensa: estrategia motivacional que une los comportamientos deseados con los resultados valiosos del empleado. Tal reforzamiento positivo ofrece más incentivos al empleado por un logro excepcional que las medidas disciplinarias. p. 276

redes de energía positiva: grupos interconectados de creadores con vitalidad y ganas de vivir. Se ha demostrado que ser miembro de estas redes incrementa las posibilidades de éxito más que pertenecer a una red de información o de influencia. p. 452

redirección: proceso que modela el comportamiento y que surge después de una reprimenda; ofrece al infractor la oportunidad de recibir una recompensa futura al modificar su comportamiento. p. 277

reducción: bloqueo conceptual que resulta del enfoque demasiado estrecho de un problema, de la eliminación de muchos datos relevantes o de suposiciones que inhiben la resolución del problema. p. 153

reentrenamiento: herramienta administrativa para resolver el problema de bajo desempeño de un empleado, la cual es especialmente necesaria en los ambientes laborales técnicos que cambian con rapidez. p. 267

reforzar: cuando las recompensas se relacionan con los comportamientos deseados se dice que se reforzaron dichos comportamientos (es decir, se incrementa su frecuencia). p. 277

relaciones interpersonales positivas: relaciones que generan energía positiva, y que tienen consecuencias fisiológicas, emocionales, intelectuales y sociales favorables. p. 190

relajación muscular: técnica de relajación que consiste en liberar la tensión de grupos musculares sucesivos. p. 112

relevancia: característica de un puesto cuyas tareas se relacionan más estrechamente con las metas competitivas dominantes de una organización y, por lo tanto, incrementan el poder de quien lo ocupa. p. 240

remoción: separación de un individuo de la organización después de que todas las demás herramientas para mejorar su desempeño han fracasado. p. 267

replanteamiento: técnica para la reducción del estrés en la que se redefine una situación como manejable. p. 109

reprimenda: método para modelar el comportamiento que se utiliza para transformar los comportamientos inaceptables en aceptables; la disciplina debe realizarse con prontitud y enfocarse en el comportamiento específico. p. 277

resistencia: combinación de las tres características de una personalidad muy resistente al estrés: control, compromiso y desafío. p. 113

respiración profunda: técnica de relajación que consiste en hacer varias respiraciones profundas de manera lenta y sucesiva, para después exhalar por completo. p. 112

respuesta coercitiva: respuesta asertiva y no cooperativa ante un conflicto, que se vale del ejercicio de la autoridad para satisfacer las propias necesidades a expensas de las ajenas. p. 312

respuesta colectiva: característica de la organizaciones compasivas que se manifiesta cuando los directivos se aseguran de brindar una respuesta adecuada siempre que se requiere solucionar o restaurar una situación. p. 453

respuesta de amenaza-rigidez: tendencia de casi todos los individuos, grupos y organizaciones a volverse más rígidos, es decir, más conservadores y autoprotectores, cuando se enfrentan a una amenaza. p. 46

respuesta de asesoría: respuesta que brinda dirección, evaluación, opinión personal o instrucciones. p. 208

respuesta de desviación: respuesta que cambia el enfoque del tema del emisor a uno elegido por el oyente; se presenta siempre que el oyente cambia el tema. p. 208

respuesta de solución intermedia: reacción al conflicto que intenta encontrar la satisfacción para ambas partes al "dividir la diferencia". Si se usa en exceso, envía el mensaje de que resolver el conflicto es más importante que resolver el problema. p. 314

respuesta de sondeo: respuesta que formula una pregunta acerca de lo que el emisor acaba de decir o acerca de un tema seleccionado por quien escucha. p. 209

respuesta evasiva: reacción no asertiva y poco cooperativa ante los conflictos que, al eludir el problema, desatiende los intereses de ambas partes. La frustración resultante puede generar luchas de poder a medida que otros se apresuran a llenar el vacío de liderazgo. p. 313

respuesta reflexiva: respuesta que sirve para dos propósitos: (1) confirmar un mensaje que ya fue escuchado y (2) comunicar la comprensión y aceptación de la otra persona. p. 210

resultados extrínsecos: recompensas por el desempeño, controladas por alguien ajeno al empleado —por lo general el supervisor— como el reconocimiento, la seguridad laboral o las condiciones favorables de trabajo. (Compare con los motivadores internos). p. 278

resultados intrínsecos: características laborales inherentes del propio trabajo, sobre las que el directivo no tiene control alguno y que determinan si un empleado en particular considerará que su trabajo es interesante y satisfactorio. (Compare con agentes de motivación externos). p. 278

retroalimentación: información que por lo regular reciben los individuos por parte de sus superiores acerca de su desempeño en un trabajo. Conocer los resultados permite a los empleados comprender la forma en que su esfuerzo contribuye a alcanzar las metas de la organización. pp. 103, 272

retroalimentación de lo mejor de la persona: técnica de la que disponen los directivos para fomentar una actitud positiva en el personal al brindarle retroalimentación sobre sus fortalezas y capacidades únicas, y no en sus debilidades. p. 456

revelación de uno mismo: acción de compartir aspectos ambiguos o incoherentes de uno mismo con los demás; proceso necesario para el crecimiento. p. 46

rigidez (en la comunicación): tipo de comunicación en el que ésta se representa como absoluta, inequívoca o incuestionable. p. 202

rol de mediador: rol de manejo de los conflictos, representado por un tercero que interviene en un conflicto entre "el iniciador" y el que "respondió". p. 320

rol de quien responde: en un modelo de manejo de conflictos, papel de la persona que presuntamente es la fuente del problema del "iniciador". p. 323

rol del iniciador: en un modelo de manejo de conflictos, parte que representa el individuo que plantea primero una queja ante otra persona que es la que "responde". p. 320

roles de bloqueo: comportamientos que impiden o inhiben el desempeño eficaz de un equipo o que menoscaban la efectividad de sus miembros. p. 425

roles de construcción de relaciones: aquellos que enfatizan los aspectos interpersonales del equipo. p. 422

roles que facilitan las tareas: funciones que desempeñan quienes ayudan a que un equipo logre sus objetivos. p. 422

romperreglas: individuo que rebasa los límites y las barreras de la organización para garantizar el éxito de una solución creativa. p. 169

S

secuencia de embudo: secuencia de preguntas en una entrevista que comienza con preguntas generales y luego avanza hacia otras más específicas. p. 521

secuencia de embudo invertido: secuencia de preguntas en una entrevista que comienza con preguntas específicas y continúa con preguntas de índole más general. p. 521

sentimiento colectivo: característica de las organizaciones compasivas donde los directivos propician circunstancias para que los individuos puedan compartir sentimientos como el sufrimiento, el apoyo o el afecto. p. 453

separación de forma y fondo: habilidad para filtrar la información imprecisa, confusa o irrelevante, para que el problema pueda definirse con exactitud y se generen soluciones alternativas. p. 154

sinéctica: técnica para mejorar la solución creativa de problemas al presentar algo que uno no conoce en términos de algo que sí conoce. p. 158

singularidad: áreas en las que la persona tiene capacidades, dones, talentos o habilidades especiales. p. 456

síntesis morfológica: proceso de cuatro pasos que busca aumentar el número de alternativas creativas disponibles para solucionar un problema. Implica la combinación de los diferentes atributos del problema de forma única. p. 164

solución analítica de problemas: método de solución de problemas que incluye cuatro pasos: (1) definir el problema; (2) generar soluciones alternativas; (3) evaluar y seleccionar una alternativa, y (4) poner en práctica y dar seguimiento a una solución. p. 150

solución creativa de problemas: método de solución de problemas que incluye cuatro etapas: preparación, incubación, iluminación y verificación. p. 157

sondeo de aclaración: pregunta(s) diseñada(s) para aclarar la información que brinda el entrevistado. p. 209

sondeo de ampliación: pregunta(s) diseñada(s) para ampliar la respuesta cuando el entrevistado contesta con información superficial o inadecuada. p. 209

sondeo de reflexión: pregunta(s) no imperativa(s) que se utiliza(n) para profundizar en la información o aclararla; generalmente refleja o repite algún aspecto de la última respuesta del entrevistado. p. 209

sondeo de repetición: pregunta repetida o parafraseada que se utiliza en caso de que el entrevistado no haya respondido de manera directa la primera vez. p. 209

sondeo reflexivo: respuesta a un emisor basada en el reflejo de las palabras de lo que éste acaba de decir. El objetivo es aclarar el mensaje y ayudar a que el emisor se sienta libre y seguro para compartir más mensajes. p. 524

subdivisión: separación de un problema en partes más pequeñas. p. 163

T

tolerancia a la ambigüedad: habilidad que tiene el individuo para enfrentarse a situaciones ambiguas, impredecibles o que cambian rápidamente, en las que la información es incompleta, poco clara o compleja. p. 61

toma ética de decisiones: conjunto de principios morales bien desarrollados que se utilizan para tomar decisiones. p. 57

trabajo recreativo: trabajo en el que la gente participa voluntariamente debido a características como metas claramente definidas, evaluaciones objetivas, retroalimentación frecuente, posibilidades de elegir, reglas consistentes y un ambiente competitivo. p. 464

U

universalismo: principio ético de toma de decisiones en el que la decisión sería correcta y adecuada si todos se comportaran de la misma manera en las mismas circunstancias. p. 51

V

valores instrumentales: aquellos valores que prescriben estándares deseables de comportamiento o métodos para alcanzar una meta. p. 54

valores personales: estándares del individuo que definen lo que es bueno o malo, valioso o carente de valor, deseable o indeseable, verdadero o falso, y moral o inmoral. p. 48

valores terminales: aquellos valores que designan los objetivos o las metas deseables para un individuo. p. 54

variedad de destrezas: atributo de un empleo que aprovecha al máximo los talentos y las habilidades individuales y, así, hace más valioso e importante el trabajo. p. 103

venta de un tema: estrategia de influencia que se caracteriza por ser el generador o representante de un tema. p. 246

visibilidad: atributo de un puesto que aumenta su poder y que, por lo general, puede medirse por el número de personas con influencia con las que normalmente se interactúa en la organización. p. 239

visión de la abundancia: imagen de un futuro positivo, una condición floreciente y un legado por el que la gente se preocupa apasionadamente, la cual un líder considera para favorecer el cambio positivo. p. 460

REFERENCIAS DE LA INTRODUCCIÓN

American Management Association. (2000). Managerial skills and competence. National survey by AMA, marzo-abril 2000. (N = 921)

Andersen Consulting Company. (2000). *Skills needed for the e-business environment.* Chicago: Author.

Bandura, A. (1977). *A social learning theory.* Englewood Cliffs, NJ: Prentice Hall.

Bass, B. (1990). *Handbook of leadership: Theory, research, and managerial applications,* 3rd ed. Nueva York: Macmillan.

Blimes, L., K. Wetzker, y P. Xhonneux. (1997 febrero 10). Value in human resources. *Financial Times.*

Boyatzis, R. E. (1996). Consequences and rejuvenation of competency-based human resource and organization development. In Richard Woodman and William A. Pasmore (Eds.), *Research in organizational change and development,* Vol. 9. Greenwich, CT: JAI Press.

——————— (2000). Developing emotional intelligence. En C. Cherniss and D. Goleman (Eds.), *Development in emotional intelligence.* Nueva York: Bantam.

——————— (2005). Self-directed change and learning as a necessary meta-competency for success and effectiveness in the 21st century. In R. Sims and J. G. Veres (Eds.), *Keys to employee success in the coming decades.* Westport, CT: Greenwood Publishing.

Boyatzis, R. E., D. Leonard, K. Rhee, y J. V. Wheeler. (1996). Competencies can be developed, but not in the way we thought. *Capability, 2:* 25–41.

Boyatzis, R. E., S. S. Cowen, y D. A. Kolb. (1995). *Innovation in professional education: Steps on a journey from teaching to learning.* San Francisco: Jossey-Bass.

Brodbeck, F., *et al.* (2000). Cultural variation of leadership prototypes across 22 countries. *Journal of Occupational and Organizational Psychology, 73:* 1-50.

Burnaska, R. F. (1976). The effects of behavioral modeling training upon managers' behavior and employees' perceptions. *Personnel Psychology, 29:* 329-335.

Cameron, K. S., R. E. Quinn, J. DeGraff, y A. V. Thakor. (2014). *Competing values leadership: Creating value in organizations.* Nueva York: Edward Elgar.

Cameron, K. S., y D. A. Whetten. (1984). A model for teaching management skills. *Organizational Behavior Teaching Journal, 8:* 21–27.

Cameron, K. S., y D. O. Ulrich. (1986). Transformational leadership in colleges and universities. En J. Smart (Ed.), *Higher education: Handbook of theory and research,* vol. 2 (pp. 1-42). Nueva York: Agathon.

Cameron, K., y M. Tschirhart. (1988). Managerial competencies and organizational effectiveness. Working paper, School of Business Administration, University of Michigan.

Cameron, Kim S., y Robert E. Quinn. (2011). *Diagnosing and changing organizational culture.* San Francisco: Jossey-Bass.

Cohen, P. A. (1984). College grades and adult achievement: A research synthesis. *Research in Higher Education, 20:* 281-291.

Cox, T. H. (1994). *Cultural diversity in organizations: Theory, research, and practice.* San Francisco: Barrett-Koehler.

Cox, T. H., y R. L. Beal. (1997). *Developing competency to manage diversity.* San Francisco: Barrett-Koehler.

Curtis, D. B., J. L. Winsor, y D. Stephens. (1989). National preferences in business and communication education. *Communication Education, 38:* 6–15.

Davis, T. W., y F. Luthans. (1980). A social learning approach to organizational behavior. *Academy of Management Review, 5:* 281–290.

Goleman, D. (1998). *Working with emotional intelligence.* Nueva York: Bantam.

Greenberg, E. (1999). Broadcast Transcript, National Public Radio Morning Edition, octubre 26.

Hanson, G. (1986). *Determinants of firm performance: An integration of economic and organizational factors.* Unpublished doctoral dissertation, University of Michigan Business School.

Holt, J. (1964). *How children fail.* Nueva York: Pitman.

Huselid, M. A. (1995). The impact of human resource management practices on turnover, productivity, and corporate financial performance. *Academy of Management Journal, 38:* 647.

Huselid, M. A., y B. E. Becker. (1997). The impact of high-performance work systems, implementing effectiveness, and alignment with strategy on shareholder wealth. *Academy of Management Best Papers Proceedings:* 144-148.

Katzenbach, J. R. (1995). *Real change leaders: How you can crea-te growth and high performance in your company.* Nueva York: New York Times Business, Random House.

Kolb, D. A. (1984). *Experiential learning: Experience as the source of learning and development.* Englewood Cliffs, NJ: Prentice Hall.

Latham, G. P., y L. P. Saari, (1979). Application of social learning theory to training supervisors through behavioral modeling. *Journal of Applied Psychology, 64:* 239-246.

Leonard, D. (1996). *The impact of learning goals on self-direc-ted change in management development and education.* Unpublished doctoral dissertation, Weatherhead School of Management, Case Western Reserve University.

Luthans, F., S. A. Rosenkrantz, y H. W. Hennessey. (1985). What do successful managers really do? An observation study of managerial activities. *Journal of Applied Behavioral Science, 21:* 255-270.

Mintzberg, H. (1975). The manager's job: Folklore and fact. *Harvard Business Review, 53:* 49-71.

Moorehead, B. (n.d.). http://www.snopes.com/politics/soap-box/paradox.asp.

Moses, J. L., y R. J. Ritchie. (1976). Supervisory relationships tra-ining: A behavioral evaluation of a behavioral modeling pro-gram. *Personnel Psychology, 29:* 337-343.

Nair, K. (1994). *A higher standard of leadership.* San Francisco: Barrett-Koehler.

Pfeffer, J. (1998). *The human equation: Building profits by putting people first.* Boston Harvard Business School Press.

Pfeffer, J., y J. F. Veiga. (1999). Putting people first for organizational success. *Academy of Management Executive, 13:* 37-48.

Porras, J. I., y B. Anderson. (1991). Improving managerial effec-tiveness through modeling-based training. *Organizational Dynamics, 9:* 60-77.

Quinn, R. E. (2000). *Change the world.* San Francisco: Jossey-Bass.

Quinn, R. E., y J. Rohrbaugh. (1983). A special model of effective-ness criteria: Towards a competing values approach to organi-zational analysis. *Management Science, 29:* 363-377.

Rhee, K. (1997). *Journey of Discovery: A longitudinal study of lear-ning during a graduate professional program.* Unpublished doctoral dissertation, Weatherhead School of Management, Case Western Reserve University.

Rigby, D. (1998). *Management tools and techniques.* Boston: Bain and Company.

Smith, P. E. (1976). Management modeling training to improve morale and customer satisfaction. *Personnel Psychology, 29:* 351-359.

Staw, B. M., L. Sandelands, y J. Dutton. (1981). Threat-rigidity effects in organizational behavior: A multi-level analysis. *Administrative Science Quarterly, 26:* 501-524.

Tichy, N. M. (1993). *Control your destiny or someone else will.* Nueva York: Doubleday.

———— (1999). *The leadership engine.* Nueva York: Harper Business.

Trompenaars, F., y C. Hampden-Turner. (1998). *Riding the waves of culture.* Understanding diversity in global business. Nueva York: McGraw-Hill.

U.S. Office of the Comptroller of the Currency. (1990). http://www.occ.treas.gov.

Van Velsor, E., y L. Jean Britain. (1995). Why executives derail: Perspectives across time and culture. *Academy of Management Executive, 9:* 62–72.

Vance, C. M. (1993). *Mastering management education.* Newbury Park, CA: Sage.

Weick, K. E. (1995). *Sensemaking in organizations.* Thousand Oaks, CA: Sage.

Welbourne, T., y A. Andrews. (1996). Predicting performance of initial public offering firms: Should HRM be in the equation? *Academy of Management Journal, 39:* 891-919.

Wheeler, J. V. (1999). *Organizational and environmental sup-ports and opportunities for self-directed learning following graduate education.* Unpublished doctoral dissertation, Weatherhead School of Management, Case Western Reserve University.

Whetten, D. A., y K. S. Cameron. (1983). Management skill tra-ining: A needed addition to the management curriculum. *Organizational Behavior Teaching Journal, 8:* 10-15.

REFERENCIAS DEL CAPÍTULO 1

Agor, W. H. (1985). Intuition as a brain skill in management. *Public Personnel Management, 14:* 15-25.

Alexander, K. L. (2000, febrero 22). No Mr. Nice Guy for Disney. *USA Today:* B1-B2.

Allan, H., y J. Waclawski. (1999). Influence behaviors and mana-gerial effectiveness in lateral relations. *Human Resource Development Quarterly, 10:* 3-34.

Allport, G., P. Vernon, y G. Lindzey. (1960). *Study of values.* Boston: Houghton Mifflin.

Allport, G., R. Gordon, y P. Vernon. (1931, 1960). *The study of values manual.* Boston: Houghton Mifflin.

Anderson, C., y C. E. Schneider. (1978). Locus of control, leader behavior, and leader performance among management stu-dents. *Academy of Management Journal, 21:* 690–698.

Andrews, K. (1989, septiembre-octubre). Ethics in practice. *Harvard Business Review:* 99-104.

Armstrong, S. J. (2000). The influence of cognitive style on perfor-mance in management education. *Educational Psychology, 20:* 323-339.

Armstrong-Stassen, M. (1998). Downsizing the federal govern-ment: A longitudinal study of managers' reactions. *Revue Canadienne des Sciences de l'Administration, 15:* 310-321.

Atwater, L. E., y Yammarino, F. J. (1992). Does self-other agree-ment on leadership perceptions moderate the validity of lea-dership and performance predictions? *Personnel Psychology, 45*(1), 141-164.

Bar-On, R. (1997). *Bar-On emotional quotient inventory: Users manual.* Toronto: Multi-Health Systems.

Barnett, C. K., y Pratt, M. G. (2000). From threat-rigidity to flexibility-toward a learning model of autogenic crisis in orga-nizations. *Journal of Organizational Change Management, 13*(1), 74-88.

Bernardi, R. (1997). The relationships among locus of control, perceptions of stress, and performance. *Journal of Applied Business Research, 13:* 108.

Bernardi, R. A. (2011). The relationships among locus of control, perceptions of stress and performance. *Journal of Applied Business Research (JABR)*, *13*(4), 1-8.

Berscheid, E., y E. H. Walster. (1978). *Interpersonal attraction.* Reading, MA: Addison-Wesley.

Bigoness, W., y G. Blakely. (1996). A cross-national study of managerial values. *Journal of International Business Studies, 27:* 739-752.

Bilsky, W., y S. H. Schwartz. (1994). Values and personality. *European Journal of Personality, 8:* 163-181.

Blau, G. (1993). Testing the relationship of locus of control to different performance dimensions. *Journal of Occupational and Organizational Psychology,* 66, 125-138.

Bonnett, C., y A. Furnham. (1991). Who wants to be an entrepreneur? *Journal of Economic Psychology, 66:* 125-138.

Bono, J. E., y T. A. Judge. (2003). Core self-evaluations: A review of the trait and its role in job satisfaction and job performance. *European Journal of Personality, 17:* 5-18.

Boone, C., Brabander, B., y Witteloostuijn, A. (1996). CEO locus of control and small firm performance: an integrative framework and empirical test*. *Journal of Management Studies, 33*(5), 667-700.

Boone, C., y B. de Brabander. (1997). Self-reports and CEO locus of control research: A note. *Organizational Studies, 18:* 949-971.

Boyatzis, R. E. (1982). *The competent manager: A model for effective performance.* New York: Wiley.

_____ (1998). Self-directed change and learning as a necessary meta-competency for success and effectiveness in the 21st century. En R. Sims and J. G. Veres (Eds.), *Keys to employee success in the coming decade.* Westport, CT: Greenwood.

_____ (2008). Competencies in the 21st century. *Journal of Management Development, 27*(1), 5-12.

Boyatzis, R. E., D. Goleman, y K. Rhee. (2000). Clustering competence in emotional intelligence: Insights from the Emotional Intelligence Inventory. En R. Bar-On and J. D. A. Parker (Eds.), *Handbook of emotional intelligence* (pp. 343-352). San Francisco: Jossey-Bass.

Brouwer, P. J. (1964). The power to see ourselves. *Harvard Business Review*, 42, 156-165.

Brown, N. W. (1997). Description of personality similarities and differences of a sample of black and white female engineering students. *Psychological Reports, 81:* 603-610.

Budner, S. (1962). Intolerance of ambiguity as a personality variable. *Journal of Personality, 30:* 29-50.

Cable, D., y T. A. Judge. (1996). Person-organization fit, job choice decisions, and organizational entry. *Organizational Behavior and Human Decision Processes, 67:* 294-311.

Cameron, K. S. (1994). Strategies for successful organizational downsizing. *Human Resource Management Journal*, 33: 89-112.

Cameron, K. S. (2011). Responsible leadership as virtuous leadership. *Journal of Business Ethics.* 98: 25-35.

Cameron, K. S., y R. E. Quinn. (2011). *Diagnosing and changing organizational culture.* San Francisco: Jossey-Bass.

Cassidy, S. (2004). Learning styles: An overview of theories, models, and measures. *Educational Psychology, 24:* 419-444.

Cavanaugh, G. F. (1980). *American business values in transition.* Englewood Cliffs, NJ: Prentice-Hall.

Cervone, D. (1997). Social-cognitive mechanisms and personality coherence: Self-knowledge, situational beliefs, and cross-situational coherence in perceived self-efficacy. *Psychological Science, 8:* 156-165.

_____ (1997). Social-cognitive mechanisms and personality coherence: Self-knowledge, situational beliefs, and cross-situational coherence in perceived self-efficacy. *Psychological Science, 8*(1), 43-50.

Chan, D. (1966). Cognitive misfit of problem-solving style at work: A facet of person-organization fit. *Organizational Behavior and Human Decision Processes, 68:* 194-207.

Chenhall, R., y D. Morris. (1991). The effect of cognitive style and sponsorship bias on the treatment of opportunity costs in resource allocation decisions. *Accounting, Organizations, and Society, 16:* 27-46.

Church, A. H., y Waclawski, J. (1999). Influence behaviors and managerial effectiveness in lateral relations. *Human Resource Development Quarterly, 10*(1), 3-34.

Clare, D. A., y D. G. Sanford. (1979). Mapping personal value space: A study of managers in four organizations. *Human Relations, 32:* 659-666.

Coleman, D., G. Irving, y C. Cooper. (1999). Another look at the locus of control-organizational commitment relationship: It depends on the form of commitment. *Journal of Organizational Behavior, 20:* 995-1001.

Cools, E., y Van den Broeck, H. (2007). Development and validation of the Cognitive Style Indicator. *The Journal of psychology, 141*(4), 359-387.

Cools, E., y H. Van den Broeck. (2007). Development and validation of the Cognitive Style Indicator. *Journal of Psychology, 14:* 359-387.

Covey, S. R. (1989). *The seven habits of highly effective people.* New York: Simon y Schuster.

Cox, T. H. (1994). *Cultural diversity in organizations.* San Francisco: Barrett-Koehler.

Cromie, S., I. Callaghan, y M. Jansen. (1992). The entrepreneurial tendencies of managers. *British Journal of Management, 3:* 1-5.

Darrow, B. (1998, noviembre 16). Michael Dell. *Computer Reseller News:* 124-125.

Dollinger, S. J., F. T. L. Leong, y S. K. Ulicni. (1996). On traits and values: With special reference to openness to experience. *Journal of Research in Personality, 30:* 23-41.

Duval, T. S., Silvia, P. J., y Lalwani, N. (2001) Self-Awareness & Causal Attribution: A Dual Systems Theory. Boston: Springer.

Eckstrom, R. B., J. W. French, y H. H. Harmon. (1979). Cognitive factors: Their identification and replication. *Multivariate Behavioral Research Monographs, 72:* 3-84.

Elliott, A. L., y R. J. Schroth. (2002). *How companies lie: Why Enron is just the tip of the iceberg.* New York: Crown Business.

Elsayed-Elkhouly, S. M., y R. Buda. (1997). A cross-cultural comparison of value systems of Egyptians, Americans, Africans, and Arab executives. *International Journal of Commerce and Management, 7:* 102-119.

Erez, A., y T. A. Judge. (2001). Relationship of core self-evaluations to goal setting, motivation, and performance. *Journal of Applied Psychology, 86:* 1270-1279.

Feist, G. J., y F. Barron. (1996). Emotional intelligence and academic intelligence in career and life success. Presented at the American Psychological Association Meeting, San Francisco.

Fisher, S. G., W. D. K. Macrosson, y C. A. Walker. (1995). FIRO-B: The power of love and the love of power. *Psychological Reports, 76:* 195-206.

Fisher, S. G., W. D. K. Macrosson, y M. R. Yusuff. (1996). Team performance and human values. *Psychological Reports, 79:* 1019-1024.

Freud, S. (1956). *Collected papers* (vols. 3 y 4). Londres: Hogarth.

Fromm, E. (1939). *Selfishness and self-love.* William Alanson White Psychiatric Foundation.

Furnham, A., Crump, J., Batey, M., y Chamorro-Premuzic, T. (2009). Personality and ability predictors of the "consequences" test of divergent thinking in a large non-student sample. *Personality and Individual Differences, 46*(4), 536-540.

Gibbs, J. C., y Schnell, S. V. (1985). Moral development "versus" socialization: A critique. *American Psychologist, 40*(10), 1071.

Gilligan, C. (1979). Women's place in man's lifecycle. *Harvard Educational Review, 49:* 431-446.

_____ (1980). Moral development in late adolescence: A critique and reconstruction of Kohlberg's theory. *Human Development, 23:* 77-104.

_____ (1982). En a different voice: Women's conceptions of self and morality. *Harvard Educational Review, 47:* 481-517.

_____ (1988). Two moral orientations: Gender differences and similarities. *Merrill-Palmer Quarterly, 34:* 223-237.

Glew, D. J. (2009). Personal values and performance in teams: An individual and team-level analysis. *Small Group Research, 40*(6), 670-693.

Goleman, D. (1995). *Emotional intelligence.* New York: Bantam.

_____ (1998). *Working with emotional intelligence.* Nueva York: Bantam.

_____ (1998). What makes a leader? *Harvard Business Review, 76:* 92-102.

Grant, A. M. (2013). Rocking the boat but keeping it steady: The role of emotion regulation in employee voice. *Academy of Management Journal, 56:* 1703-1723.

Haase, R. F., D. Yul Lee, y D. L. Banks. (1979). Cognitive correlates of polychronicity. *Perceptual and Motor Skills, 49:* 271-282.

Hammer, T. H., y Y. Vardi. (1981). Locus of control and career self-management among nonsupervisory employees in industrial settings. *Journal of Vocational Behavior, 18:* 13-29.

Harris, J. R., y Sutton, C. D. (1995). Unravelling the ethical decision-making process: Clues from an empirical study comparing *Fortune* 1,000 executives and MBA students. *Journal of Business Ethics, 14*(10), 805-817.

Harris, S. (1981, octubre 6). Know yourself? It's a paradox. *Associated Press.*

Harter, S. (1990). Causes, correlates, and the functional role of global self-worth. En R. J. Sternberg and J. Kolligan (Eds.), *Competence reconsidered.* (pp. 67-97). New Haven: Yale University Press.

Hayes, J., y C. W. Allinson. (1994). Cognitive style and its relevance for management practice. *British Journal of Management, 5:* 53-71.

Hemingway, C. A. (2005). Personal values as a catalyst for corporate social entrepreneurship. *Journal of business ethics, 60*(3), 233-249.

Henderson, J. C., y Paul C. Nutt. (1980). The influence of decision style on decision making behavior. *Management Science, 26:* 371-386.

Hendricks, J. A. (1985, mayo-junio). Locus of control: Implications for managers and accountants. *Cost and Management:* 25-29.

Hewett, T. T., G. E. O'Brien, y J. Hornik. (1974). The effects of work organization, leadership style, and member compatibility upon the productivity of small groups working on a manipulative task. *Organizational Behavior and Human Performance, 11:* 283-301.

Hough, J. R., y Ogilvie, D. T. (2005). An empirical test of cognitive style and strategic decision outcomes*. *Journal of Management Studies, 42*(2), 417-448.

Jacobson, C. M. (1993). Cognitive styles of creativity: Relations of scores on the Kirton Adaptation-Innovation Inventory and the Myers-Briggs Type Indicator among managers in the USA. *Psychological Reports, 72:* 1131-1138.

Johnston, C. S. (1995). The Rokeach Value Survey: Underlying structure and multidimensional scaling. *Journal of Psychology, 129:* 583-597.

Johnson, R. E., Rosen, C. C., y Levy, P. E. (2008). Getting to the core of core self-evaluation: a review and recommendations. *Journal of Organizational Behavior, 29*(3), 391-413.

Jones, S. H., y Wright, M. (2010). Effect of cognitive style on performance in introductory financial accounting and the decision to major in accounting. *Global Perspectives on Accounting Education, 7.*

Jordan, J., Brown, M. E., Treviño, L. K., y Finkelstein, S. (2013). Someone to look up to executive-follower ethical reasoning and perceptions of ethical leadership. *Journal of Management, 39*(3), 660-683.

Judge, T. A., A. Erez, J. E. Bono, y C. J. Thoreson. (2002). Are measures of self-esteem, neuroticism, locus of control, and generalized self-efficacy indicators of a common core construct? *Journal of Personality and Social Psychology, 83:* 693-710.

Judge, T. A., A. Erez, J. E. Bono, y C. J. Thoreson. (2003). The core self-evaluation scale: Development of a measure. *Personnel Psychology, 56:* 303-331.

Judge, T. A., Bono, J. E., Erez, A., y Locke, E. A. (2005). Core self-evaluations and job and life satisfaction: The role of self-concordance and goal attainment. *Journal of Applied Psychology, 90*(2), 257-268.

Judge, T. A., Bono, J. E., Erez, A., y Locke, E. A. (2005). Core self-evaluations and job and life satisfaction: The role of self-concordance and goal attainment. *Journal of Applied Psychology, 90*(2), 257-268.

Judge, T. A., y J. E. Bono. (2001). Relationship of core self-evaluations traits-self-esteem, generalized self-efficacy, locus of control, and emotional stability-with job satisfaction and job performance: A meta-analysis. *Journal of Applied Psychology, 86:* 80-92.

Kirton, M. J. (2003). *Adaptation-innovation in the context of diversity and change.* Londres: Routledge.

Kohlberg, L. (1969). The cognitive-developmental approach to socialization. En D. A. Goslin (Ed.), *Handbook of socialization theory and research.* Chicago: Rand McNally.

————— (1976). Moral stages and moralization, the cognitive-developmental approach. En T. Lickona (Ed.), *Moral development and behavior.* Nueva York: Holt, Rinehart & Winston.

————— (1981). *Essays in moral development,* vol. 1. Nueva York: Harper & Row, pp. 409-412.

Kohlberg, L., y R. A. Ryncarz. (1990). Beyond justice reasoning: Moral development and consideration of a seventh stage. En C. Alexander and E. J. Langer (Eds.), *Higher stages of human development.* Nueva York: Oxford University Press.

Kolb, D. A., R. E. Boyatzis, y C. Mainemelis. (2000). Experiential learning theory: Previous research and new directions. En R. J. Sternberg and L. F. Zhang (Eds.), *Perspectives on cognitive, learning, and thinking styles.* Mahwah, NJ: Lawrence Erlbaum.

Kren, L. (1992). The moderating effects of locus of control on performance incentives and participation. *Human Relations, 45:* 991-1012.

Lickona, T. (1976). Critical issues in the study of moral development and behavior. En T. Lickona (Ed.), *Moral development and behavior: Theory, research, and social issues.* New York: Holt, Rinehart & Winston.

Liddel, W. W., y John W. Slocum Jr. (1976). The effects of individual-role compatibility upon group performance: An extension of Schutz's FIRO theory. *Academy of Management Journal, 19:* 413-426.

Locke, E. A., K. McClear, y D. Knight. (1996). Self-esteem at work. *International Review of Industrial/Organizational Psychology, 11:* 1-32.

Lozano, J. M. (1996). Ethics and management: a controversial issue. *Journal of Business Ethics, 15*(2), 227-236.

Martin, R., Thomas, G., Charles, K., Epitropaki, O., y McNamara, R. (2005). The role of leader-member exchanges in mediating the relationship between locus of control and work reactions. *Journal of Occupational and Organizational Psychology, 78*(1), 141-147.

Maslow, A. H. (1962). *Toward a psychology of being.* Princeton, NJ: D. Von Nostrand.

Milgram, S. (1963). Behavioral study of obedience. *Journal of Abnormal and Social Psychology, 67:* 371-378.

Miller, D., M. F. R. Kets de Vries, y J. M. Toulouse. (1982). Top executive locus of control and its relationship to strategy-making, structure, and environment. *Academy of Management Journal, 25:* 237-253.

Mitchell, L. E. (2002). *Corporate irresponsibility: America's newest export.* New Haven: Yale University Press.

Moore, T. (1987, marzo 30). Personality tests are back. *Fortune:* 74-82.

Newton, T., y A. Keenan. (1990). The moderating effect of Type A behavior pattern and locus of control upon the relationship between change in job demands and change in psychological strain. *Human Relations, 43:* 1229-1255.

Nwachukwu, S. L. S., y S. J. Vitell. (1997). The influence of corporate culture on managerial ethical judgments. *Journal of Business Ethics, 16:* 757-776.

O'Reilly, B. (1999). The mechanic who fixed Continental. *Fortune, 140:* 176-186.

Oginska-Bulik, N. (2005). Emotional intelligence in the workplace: Exploring its effects on occupational stress and health outcomes in human service workers. *International Journal of Occupational Medicine and Environmental Health, 18*(2), 167-175.

Parker, V., y K. Kram. (1993). Women mentoring women. *Business Horizons, 36:* 101-102.

Phillips, J., y S. Gully. (1997). Role of goal orientation, ability, need for achievement, and locus of control in self-efficacy and goal-setting processes. *Journal of Applied Psychology, 82:* 792-802.

Plaue, n. (2012) A quarter of wall street executives say you have to be unethical to succeed. www.businessinsider.com. July 10th.

Posner, B., and J. Kouzes. (1993). Values congruence and differences between the interplay of personal and organizational values. *Journal of Business Ethics, 12:* 341-347.

Posner, B. Z. y Schmidt, W. H. (1982). *Managerial Values and Expectations.* Nueva York: AMACOM.

————— (1992). Values and the American manager. A update updated. *California Management Review, (34)* 80-94.

Rest, J. R. (1979). *Revised manual for the Defining Issues Test: An objective test of moral judgment development.* Minneapolis: Minnesota Moral Research Projects.

Rest, J. R., Narvaez, D., Thoma, S. J., y Bebeau, M. J. (1999). DIT2: Devising and testing a revised instrument of moral judgment. *Journal of Educational Psychology, 91*(4), 644-659.

Rice, Michelle. (1999). Rugged mountains and lifelong connections: Adrian Manger. *Australian CPA, 69:* 36-37.

Rogers, C. R. (1961). *On becoming a person.* Boston: Houghton Mifflin.

Rokeach, M. (1973). *The nature of human values.* Nueva York: Free Press.

Rosenthal, R. (1977). The PONS Test: Measuring sensitivity to nonverbal cues. En P. McReynolds (Ed.), *Advancement on psychological assessment.* San Francisco: Jossey-Bass.

Rotter, J. B. (1966). Generalized expectancies for internal versus external control of reinforcement. *Psychological Monographs, 80:* 1-28.

Rozell, E. J., Pettijohn, C. E., y Parker, R. S. (2002). An empirical evaluation of emotional intelligence: The impact on management development. *Journal of Management Development, 21*(4), 272-289.

Ryan, L. R. (1970). *Clinical interpretation of the FIRO-B.* Palo Alto, CA: Consulting Psychologists Press.

Salovey, P., y Grewal, D. (2005). The science of emotional intelligence. *Current directions in psychological science, 14*(6), 281-285.

Salovey, P., y J. Mayer. (1990). Emotional intelligence. *Imagination, Cognition, and Personality, 9:* 185-211.

Schein, E. H. (1960). Interpersonal communication, group solidarity, and social influence. *Sociometry, 23:* 148-161.

Seeman, M. (1982). On the personal consequences of alienation in work. *American Sociological Review, 32:* 273-285.

Slaski, M., y Cartwright, S. (2003). Emotional intelligence training and its implications for stress, health and performance. *Stress and Health, 19*(4), 233-239.

Snarey, J. R., y G. E. Vaillant. (1985). How lower-and working-class youth become middle-class adults: The association between ego defense mechanisms and upward social mobility. *Child Development, 56:* 899–910.

Sosik, J. J., y Megerian, L. E. (1999). Understanding leader emotional intelligence and performance the role of self-other agreement on transformational leadership perceptions. *Group & Organization Management, 24*(3), 367-390.

Spector, P. E. (1982). Behavior in organizations as a function of employee's locus of control. *Psychological Bulletin, 47:* 487-489.

Spencer, L. M., y Spencer, P. S. M. (2008). *Competence at work models for superior performance.* John Wiley & Sons.

Spencer, L. M., y S. M. Spencer. (1993). *Competence at work: Models for superior performance.* Nueva York: Wiley.

Stackman, R. W., Connor, P. E., y Becker, B. W. (2006). Sectoral ethos: an investigation of the personal values systems of female and male managers in the public and private sectors. *Journal of Public Administration Research And Theory, 16*(4), 577-597.

Sternberg, R. J. (1996). *Successful intelligence.* Nueva York: Simon y Schuster.

Sternberg, R. J., y L. F. Zhang (Eds.). (2000). *Perspectives on cognitive, learning, and thinking styles.* Mahwah, NJ: Lawrence Erlbaum.

Stevens, B. (2012). How ethical are U.S. business executives? A study of perceptions. *Journal of Business Ethics*, 1-9.

Sweeney, P., D. McFarlin, y J. Cotton. (1991). Locus of control as a moderator of the relationship between perceived influence and procedural justice. *Human Relations, 44:* 333-342.

Teoh, H. Y., y S. L. Foo. (1997). Moderating effects of tolerance for ambiguity and risk-taking propensity on the role conflict–perceived performance relationship: Evidence from Singaporean entrepreneurs. *Journal of Business Venturing, 12:* 67-81.

Timothy, A., C. Thoresen, V. Pucik, y T. Welbourne. (1999). Managerial coping with organizational change: A dispositional perspective. *Journal of Applied Psychology, 84:* 107-122.

Trompenaars, F. (1996). Resolving international conflict: Culture and business strategy. *Business Strategy Review, 7:* 51-68.

Trompenaars F. y Hampden-Turner, C. (2004). *Managing People Across Cultures.* Mankato, MN: Capstone Publishers.

Trompenaars, F., y C. Hampton-Turner. (1998, 2011). *Riding the waves of culture.* Nueva York: McGraw-Hill.

Tubbs, W. (1994). The roots of stress-death and juvenile delinquency in Japan: Disciplinary ambivalence and perceived locus of control. *Journal of Business Ethics, 13:* 507-522.

Valentine, S. R., Godkin, J., y Doughty, G. P. (2008). Hispanics' locus of control, acculturation, and wellness attitudes. *Social work in public health, 23*(5), 73-92.

Vance, C. M., K. S. Groves, Y. Paik, y H. Kindler. (2007). Understanding and measuring linear-nonlinear thinking style for enhanced management education and professional practice. *Academy of Management Learning and Education Journal, 6:* 167-185.

Watson, D. (2000). *Mood and temperament.* Nueva York: Guilford.

Weick, K. E. (1993). The collapse of sensemaking in organizations. *Administrative Science Quarterly, 38:* 628-652.

Weick, K. E., y K. Sutcliffe. (2000). High reliability: The power of mindfulness. *Leader to Leader, 17:* 33-38.

Wheeler, R. W., y J. M. Davis. (1979). Decision making as a function of locus of control and cognitive dissonance. *Psychological Reports, 44:* 499-502.

Whetten, D. A., y Cameron, K. S. (1994). "Organizational effectiveness: Old models and new constructs". En Gerald Greenberg (Ed.) Organizational Behavior: The State of the Science. New York: Lawrence Erlbaum Associates.

REFERENCIAS DEL CAPÍTULO 2

Adler, C. M., y J. J. Hillhouse (1996). Stress, health, and immunity: A review of the literature. En Thomas W. Miller (Ed.), *Theory and assessment of stressful life events.* Madison, CT: International University Press.

Adler, J. (1999, junio 14). Stress, *Newsweek;* 56-61.

——————— (2005). *My prescription for anti-depressive living.* Nueva York: Regan.

Adler, V. (1989). Little control equals lots of stress. *Psychology Today, 23:* 18-19.

American Institute of Stress. (2000). www.stress.org/problem.htm.

American Psychological Association. (2009). *Stress in America.* Washington DC: APA.

Andersen, M. B., y Williams, J. M. (1999). Athletic injury, psychosocial factors and perceptual changes during stress. *Journal of Sports Sciences, 17*(9), 735-741.

Anderson, C. R. (1977). Locus of control, coping behaviors and performance in a stress setting: A longitudinal study. *Journal of Applied Psychology, 62:* 446–451.

Auerbach, S. M. (1998). *Stress management: Psychological foundations.* Upper Saddle River, NJ: Prentice Hall.

Baker, W. (2012). "A dual model of reciprocity in organizations". In Cameron, K. S. and Spreitzer, G. M. (Eds.). *Oxford Handbook of Positive Organizational Scholarship.* Nueva York: Oxford University Press.

Baker, W. (2013). "Making Pipes, Using Pipes: How Tie Initiation, Reciprocity, and Positive Emotions Create New Organizational Social Capital". En Borgatti, S. P., Brass, D. J., Halgin, D. S., Labianca, G., and Mehra A. (Eds.). *Research in the Sociology of Organizations, Volume on Contemporary Perspectives on Organizational Social Network Analysis* (in press).

Balzer, W. K., M. E. Doherty, y R. O'Connor. (1989). Effects of cognitive feedback on performance. *Psychological Bulletin, 106:* 410-433.

Bandura, A. (1997). *Self-efficacy: The exercise of control.* Nueva York: W. H. Freeman.

——————— (2012). On the functional properties of perceived self-efficacy revisited. *Journal of Management, 38*(1), 9-44.

Beary, J. F., y H. Benson. (1977). A simple psychophysiologic technique which elicits the hypometabolic changes in the relaxation response. *Psychosomatic Medicine, 36:* 115-120.

Bell, C. R. (1998). *Managers as mentors.* San Francisco: Barrett-Koehler.

Benson, H. (1975). *The relaxation response.* Nueva York: William Morrow.

Bramwell, S. T., M. Masuda, N. N. Wagner, y T. H. Holmes. (1975). Psychosocial factors in athletic injuries. *Journal of Human Stress, 1:* 6.

Brockner, J., y B. M. Weisenfeld. (1993). Living on the edge: The effects of layoffs on those who remain. En J. Keith Murnighan (Ed.), *Social psychology in organizations: Advances in theory and research.* Englewood Cliffs, NJ: Prentice Hall.

Cameron, K. S. (1994). Strategies for successful organizational downsizing. *Human Resource Management Journal, 33:* 189-212.

Cameron, K. S. (1998). Strategic organizational downsizing: An extreme case. *Research in Organizational Behavior, 20:* 185-229.

Cameron, K. S., D. A. Whetten, y M. U. Kim. (1987). Organizational dysfunctions of decline. *Academy of Management Journal, 30:* 126-138.

Cameron, K. S., M. U. Kim, y D. A. Whetten. (1987). Organizational effects of decline and turbulence. *Administrative Science Quarterly, 32:* 222-240.

Cameron, K. S., S. J. Freeman, y A. K. Mishra. (1991). Best practices in white-collar downsizing: Managing contradictions. *Academy of Management Executive, 5:* 57-73.

Cantor, N., y J. F. Kihlstrom. (1987). *Personality and social intelligence.* Englewood Cliffs, NJ: Prentice Hall.

Chen, G. (2007). *Subject-object meaningfulness in knowledge work.* Unpublished honors thesis, Organizational Studies Program, University of Michigan.

Coddington, R. D., y J. R. Troxell. (1980). The effect of emotional factors on football injury rates: A pilot study. *Journal of Human Stress, 6:* 3–5.

Contrada, R. J., y Baum, A. (Eds.). (2011). *The handbook of stress science: Biology, psychology, and health.* Springer Publishing Company.

Cooper, C. L. (1998). *Theories of organizational stress.* Nueva York: Oxford University Press.

Cooper, C. L., y M. J. Davidson. (1982). The high cost of stress on women managers. *Organizational Dynamics, 11:* 44-53.

Cooper, M. J., y M. M. Aygen. (1979). A relaxation technique in the management of hypocholesterolemia. *Journal of Human Stress, 5:* 24-27.

Cordes, C. L., y T. W. Dougherty. (1993). Review and an integration of research on job burnout. *Academy of Management Review, 18:* 621-656.

Covey, S. (1989). *Seven habits of highly effective people.* Nueva York: Wiley.

Cowley, C. (2000, junio 14). Stress-busters: What works. *Newsweek:* 60.

Curtis, J. D., y R. A. Detert. (1981). *How to relax: A holistic approach to stress management.* Palo Alto: Mayfield Publishing Co.

Davidson, J. (1995). *Managing your time.* Indianapolis: Alpha Books.

Davis, M., E. Eshelman, y M. McKay. (1980). *The relaxation and stress reduction workbook.* Richmond, CA: New Harbinger Publications.

Deepak, M. D. (1995). *Creating health: How to wake up the body's intelligence.* Nueva York: Houghton Mifflin.

Dellbeck, M., y S. Shatkin. (1991). *Scientific research on the transcendental meditation process.* Fairfield, IA: Maharishi International University of Management Press.

Dyer, W. G. (1987). *Teambuilding.* Reading, MA: Addison-Wesley.

Eliot, R. S. (2010). *Is It Worth Dying For? How To Make Stress Work For You–Not Against You.* Random House Digital, Inc.

Eliot, R. S., y D. L. Breo. (1984). *Is it worth dying for?* Nueva York: Bantam Books.

Emmons, R. (2008). *Thanks: How the New Science of Gratitude Can Make You Happier.* Boston: Houghton Mifflin Harcourt.

Farnham, A. (1991, octubre 7). Who beats stress and how? *Fortune:* 71-86.

Fisher, C., y R. Gitelson. (1983). A meta-analysis of the correlates of role conflict and role ambiguity. *Journal of Applied Psychology, 68:* 320-333.

Fredrickson, B. L., Cohn, M. A., Coffey, K. A., Pek, J., Finkel, S. M. (2008). "Open hearts build lives: Positive emotions, induced through loving kindness meditation, build consequential personal resources". *Journal of Personality and Social Psychology, 95:* 1045–1062.

French, J. R. R., y R. D. Caplan. (1972). Organizational stress and individual strain. En A. J. Marrow (Ed.), *The failure of success.* Nueva York: AMACOM.

Friedman, M. (1996). *Type A behavior: Its diagnosis and treatment.* Nueva York: Kluwer Academic Publishers.

Friedman, M., y D. Ulmer. (1984). *Treating type A behavior and your heart.* Nueva York: Alfred A. Knopf, 84-85.

Friedman, M., y R. H. Rosenman. (1974). *Type A behavior and your heart.* Nueva York: Knopf.

Gardner, H. (1993). *Multiple intelligences: The theory in practice.* Nueva York: Basic Books.

Gittell, J., K. Cameron, y S. Lim. (2006). Relationships, layoffs, and organizational resilience. *Journal of Applied Behavioral Science.*

Goldberg, H. (1976). *The hazards of being male.* New York: Nash.

Goldberger, L., y Breznitz, S. (Eds.). (2010). *Handbook of stress.* Nueva York: Simon and Schuster.

Goleman, D. (1998). *Working with emotional intelligence.* Nueva York: Bantam Books.

Gordon, A. (1959). *A day at the beach.* Copyright © 1959 by Arthur Gordon. All rights reserved. Reprinted by permission of the author. First published in the *Reader's Digest.*

Greenberg, J. (1987). *Comprehensive stress management,* 2nd ed. Dubuque, IA: William C. Brown Publishers.

Greenberger, D. B., y S. Stasser. (1991). The role of situational and dispositional factors in the enhancement of personal control in organizations. *Research in Organizational Behavior, 13:* 111-145.

Griest, J. H., *et al.* (1979). Running as treatment for depression. *Comparative Psychology, 20:* 41-56.

Hackman, J. R., G. R. Oldham, R. Janson, y K. Purdy. (1975). A new strategy for job enrichment. *California Management Review, 17:* 57-71.

Hackman, R. J., y G. R. Oldham. (1980). *Work redesign*. Reading, MA: Addison-Wesley.

Halberstadt, A. G., Denham, S. A., y Dunsmore, J. C. (2001). Affective social competence. *Social development, 10*(1), 79-119.

Hall, D. T. (1976). *Careers in organizations*. Santa Monica, CA: Goodyear.

Hendricks, W. (1996). *Coaching, mentoring, and managing*. Franklin Lakes, NJ: Career Press.

Hepburn, G. C., C. A. McLoughlin, y J. Barling. (1997). Coping with chronic work stress. In B. H. Gottlieb (Ed.), *Coping with chronic stress.* (pp. 343-366). Nueva York: Plenum.

Hill, E. J., Hawkins, A. J., Ferris, M., y Weitzman, M. (2001). "Finding an Extra Day a Week: The Positive Influence of Perceived Job Flexibility on Work and Family Life Balance". *Family Relations, 50*(1), 49-58.

Hobson, C. J., J. Kamen, J. Szostek, C. M. Nethercutt, J. W. Tiedmann, y S. Wojnarowicz. (1998). Stressful life events: A revision and update of the Social Readjustment Rating Scale. *International Journal of Stress Management, 5:* 1-23.

Holmes, T. H., y R. H. Rahe. (1967). The social readjustment rating scale. *Journal of Psychosomatic Research, 11:* 213-218.

Holmes, T. H., y R. H. Rahe. (1970). The social readjustment rating scale. *Journal of Psychosomatic Research, 14:* 121-132.

Holt-Lunstad, J., Smith, T. B., y Layton, J. B. (2010). "Social relationships and mortality risk: A meta-analytic review". *PLoS Med,* 7: e1000316.

Holzel, B. K., Carmody, J., Vangel, M., Congeton, C., Yerrametti, S. M., Gard, T., y Lazar, S. W. (2010). "Mindfulness practice leads to increases in regional brain gray matter density". *Psychiatry Research: Neuroimaging,* 191: 36-43.

Hubbard, J. R., y E. A. Workman. (1998). *Handbook of stress medicine: An organ system approach*. Boca Raton, FL: CRC Press.

Ivancevich, J. M., y M. T. Matteson. (1980). *Stress & work: A managerial perspective*. Glenview, IL: Scott Foresman.

Ivancevich, J., y D. Ganster. (1987). *Job stress: From theory to suggestions*. Nueva York: Haworth.

Jourard, S. M. (1964). *The transparent self.* Princeton, NJ: Von Nostrand.

Judge, T. A., y J. E. Bono. (2001). Relationship of core self-evaluations traits-self-esteem, generalized self-efficacy, locus of control, and emotional stability-with job satisfaction and job performance: A meta-analysis. *Journal of Applied Psychology, 86:* 80-92.

Kahn, R. L., y P. Byosiere. (1992). Stress in organizations. En Marvin Dunnette and L. M. Hough (Eds.), *Handbook of industrial and organizational psychology* (pp. 571-650). Palo Alto: Consulting Psychologists.

Kahn, R. L., *et al.* (1964). *Organizational stress: Studies in role conflict and ambiguity.* Nueva York: Wiley.

Karasek, R. A., T. Theorell, J. E. Schwartz, P. L. Schnall, C. F. Pieper, y J. L. Michela. (1988). Job characteristics in relation to the prevalence of myocardial infarction in the U.S. Health Examination Survey and the Health and Nutrition Examination Survey. *American Journal of Public Health, 78:* 910-918.

Katzenbach, J. R., y D. K. Smith. (1993). *The wisdom of teams*. Boston: Harvard Business School Press.

Kobasa, S. (1982). Commitment and coping in stress resistance among lawyers. *Journal of Personality and Social Psychology, 42:* 707-717.

Kobasa, S. C. (1979). Stressful life events, personality, and health: An inquiry into hardiness. *Journal of Personality and Social Psychology, 37:* 1-12.

Kok, B. E., Coffey, K. A., Cohn, M. A., Catalino, L. I., Vacharkulksemsuk, T., Algoe, S. B., Brantley, M., Fredrickson, B. L. (2012). "How positive emotions build Physical health: Perceived positive social connections account for upward spirals between positive emotions and vagal tone." (Working paper, University of North Carolina, Chapel Hill).

Kram, K. (1985). *Mentoring at work*. Glenview, IL: Scott Foresman.

Kuhn, A., y R. D. Beam. (1982). *The logic of organizations*. San Francisco: Jossey-Bass.

Lakein, D. (1989). *How to get control of your time and your life*. Nueva York: McKay.

Latack, J., A. J. Kinicki, y G. Prussia. (1995). An integrative process model of coping with job loss. *Academy of Management Review, 20:* 311-342.

Lawler, E. E., S. A. Mohrman, y G. E. Ledford. (1992). *Employee involvement and total quality management*. San Francisco: Jossey-Bass.

Lehrer, P. M. (1996). *The Hatherleigh guide to issues in modern therapy*. Nueva York: Hatherleigh Press.

Levinson, J. D. (1978). *Seasons of a man's life*. New York: Knopf.

Lewin, K. (1951). *Field theory in social science*. Nueva York: Harper y Row.

Likert, R. (1967). *The human organization*. Nueva York: McGraw-Hill.

Locke, E., y G. Latham. (1990). *A theory of goal setting and task performance*. Englewood Cliffs, NJ: Prentice Hall.

Lusch, R. F., y R. R. Serpkenci. (1990). Personal differences, job tension, job outcomes, and store performance: A study of retail managers. *Journal of Marketing, 54:* 85-101.

Maddi, S. (2013). Thirty Years of Hardiness Validational Research and Practice. *Hardiness*, 19–28. Springer Netherlands.

Maddi, S., y S. C. Kobasa. (1984). *The hardy executive: Health under stress*. Homewood, IL: Dow Jones-Irwin.

Masten, A. S., y M. J. Reed. (2002). Resilience in development. En C. R. Snyder, and S. J. Lopez (Eds.), *Handbook of positive psychology* (pp. 74–88). Nueva York: Oxford University Press.

Masten, A. S.; Obradovic, J. (2006). "Competence and resilience in development". *Annals of the New York Academy of Sciences* 1094: 13-27.

Mayer, J. D., Roberts, R. D., y Barsade, S. G. (2008). Human abilities: Emotional intelligence. *Annu. Rev. Psychol., 59,* 507-536.

McNichols, T. J. (1973). *The case of the missing time*. Evanston, IL: Northwestern University Kellogg School of Business.

Mednick, M. T. (1982). Woman and the psychology of achievement: Implications for personal and social change. En H. J. Bernardin (Ed.), *Women in the workforce*. Nueva York: Praeger.

Milgram, S. (1963). Behavioral study of obedience. *Journal of Abnormal and Social Psychology, 63:* 371-378.

Miller, K. E., y Rasmussen, A. (2010). War exposure, daily stressors, and mental health in conflict and post-conflict settings: bridging the divide between trauma-focused and psychosocial frameworks. *Social Science & Medicine,70*(1), 7-16.

Mintzberg, H. (1973). *The nature of managerial work.* Nueva York: Harper y Row.

Mishra, A. K. (1992). *Organizational responses to crisis.* Unpublished doctoral dissertation, University of Michigan School of Business Administration.

Murphy, L. R. (1996). Stress management in work settings: A critical review of health effects. *American Journal of Health Promotion, 11:* 112-135.

Northwestern National Life Insurance Company (NNL). (1992). *Employee burnout: Causes and cures.* Minneapolis, MN: Author.

Oldham, G. R. (2012). "The design of jobs: A strategy for enhancing the positive outcomes of individuals at work". En Cameron, K. S. and Spreitzer, G. M. (Eds.). *Oxford Handbook of Positive Organizational Scholarship,* 651-663. Nueva York: Oxford University Press.

Orme-Johnson, D. W. (1973). Autonomic stability and transcendental meditation. *Psychosomatic Medicine, 35:* 341-349.

Panko, R. R. (1992). Managerial communication patterns. *Journal of Organizational Computing and Electronic Commerce, 2*(1), 95-122.

Peters, T. (1988). *Thriving on chaos.* Nueva York: Knopf.

Pfeffer, J. (1998). *The human equation: Building profits by putting people first.* Boston: Harvard Business School Press.

Pilling, B. K., y S. Eroglu. (1994). An empirical examination of the impact of salesperson empathy and professionalism and merchandise salability on retail buyer's evaluations. *Journal of Personal Selling and Sales Management, 14:* 55-58.

Porath, C., Spreitzer, G. M., Gibson, C., y Garnett, F. G. (2011). "Thriving at work: Toward itys measurement, construct validation, and theoretical refinement". *Journal of Organizational Behavior.*

Putnam, R. (2013). *Bowling Alone.* Nueva York: Simon y Schuster.

Rahe, R. H., D. H. Ryman, y H. W. Ward. (1980). Simplified scaling for life change events. *Journal of Human Stress, 6:* 22–27.

J. W. Reich, A. J. Zautra y J. S. Hall (2010). *Handbook of adult resilience.* Nueva York: Guilford Press.

Rosenthal, R. (1977). The PONS Test: Measuring sensitivity to nonverbal cues. En P. McReynolds (Ed.), *Advances in psychological measurement.* San Francisco: Jossey-Bass.

Rostad, F. G., y B. C. Long. (1996). Exercise as a coping strategy for stress: A review. *International Journal of Sport Psychology, 27:* 197-222.

Saarni, C. (1997). Emotional competence and self-regulation in childhood. En P. Savoey and D. J. Sluyter (Eds.), *Emotional development and emotional intelligence.* New York: Basic Books.

Schein, E. H. (1960). Interpersonal communication, group solidarity, and social influence. *Sociometry, 23:* 148-161.

Selye, H. (1976). *The stress of life,* 2nd ed. Nueva York: McGraw-Hill.

Shoda, Y., W. Mischel, y P. K. Peake. (1990). Predicting adolescent cognitive and self-regulatory competencies from preschool delay of gratification: Identifying diagnostic conditions. *Developmental Psychology, 26:* 978-986.

Siegman, A. W., y T. W. Smith (Eds.). (1994). *Anger, hostility, and the heart.* Mahwah, NJ: Lawrence Erlbaum and Associates.

Singh, J. (1993). Boundary role ambiguity: Facts, determinants, and impacts. *Journal of Marketing, 57:* 11-30.

_____ (1998). Striking balance in boundary-spanning positions: An investigation of some unconventional influences of role stressors and job characteristics on job outcomes or salespeople. *Journal of Marketing, 62:* 69-86.

Sorenson, M. J. (1998). *Breaking the chain of low self-esteem.* Stone Mountain, GA: Wolf Publications.

Spencer, L. M., y S. M. Spencer. (1993). *Competence at work: Models for superior performance.* Nueva York: Wiley.

Spreitzer, G. M., Sutcliffe, K. Dutton, J. E., Sonenshein, S., y Grant, A.M. (2005). "A socially embedded model of thriving at work". *Organizational Science,* 16: 537-549.

Stalk, G., y T. M. Hout. (1990). *Competing against time.* Nueva York: Free Press.

Staw, B. M., L. Sandelands, y J. Dutton. (1981). Threat-rigidity effects in organizational behavior. *Administrative Science Quarterly, 26:* 501-524.

Sternberg, R. (1997). *Successful intelligence.* Nueva York: Simon y Schuster.

Stone, R. A., y J. Deleo. (1976). Psychotherapeutic control of hypertension. *New England Journal of Medicine, 294:* 80-84.

Stranks, J. (2013). *Stress at work.* Routledge.

Sutcliffe, K., y T. Vogus. (2003). Organizing for resilience. En K. S. Cameron, J. E. Dutton, and R. E. Quinn (Eds.), Positive organizational scholarship. San Francisco: Barrett-Koehler.

Thoits, P. A. (1995). Stress, coping, and social support processes: Where are we? What next? *Journal of Health and Social Behavior, 36:* 53-79.

Trompenaars, F. (1996). Resolving international conflict: Culture and business strategy. *Business Strategy Review, 7:* 51-68.

Trompenaars, F., y C. Hampden-Turner. (1998). *Riding the waves of culture.* Nueva York: McGraw-Hill.

Turkington, C. (1998). *Stress management for busy people.* Nueva York: McGraw-Hill.

Ungar, M. (2008). "Resilience across cultures". *British Journal of Social Work* 38 (2): 218-235.

Vinton, D. E. (1992). A new look at time, speed, and the manager. *Academy of Management Executive, 6:* 1-16.

Wadey, R., Evans, L., Hanton, S., y Neil, R. (2012). An examination of hardiness throughout the sport injury process. *British journal of health psychology, 17*(1), 103-128.

Weick, K. (1984). Small wins. *American Psychologist, 39:* 40-49.

_____ (1993a). The collapse of sensemaking in organizations. *Administrative Science Quarterly, 38:* 628-652.

_____ (1993b). The KOR experiment. Working paper, University of Michigan School of Business Administration.

_____ (1995). *Sensemaking in organizations.* Beverly Hills, CA: Sage.

White, M., Hill, S., McGovern, P., Mills, C., y Smeaton, D. (2003). "High-performance Management Practices, Working

Hours and Work–Life Balance". *British Journal of Industrial Relations, 41*(2), 175-195.

William, R., y V. Williams. (1998). *Anger kills: 17 strategies to control the hostility that can harm your health*. Nueva York: Harper Collins.

Wolff, H. G., S. G. Wolf, y C. C. Hare (Eds.). (1950). *Life stress and bodily disease*. Baltimore: Williams and Wilkins.

Wright, M. O. D., Masten, A. S., y Narayan, A. J. (2013). Resilience processes in development: Four waves of research on positive adaptation in the context of adversity. En *Handbook of Resilience in Children*, 15-37. Springer.

Wrzesniewski, A. (2012). "Callings". En Cameron, K. S. and Spreitzer, G. M. *Oxford Handbook of Positive Organizational Scholarship*. Nueva York: Oxford University Press.

Yogi, M. (1994). *Science of being and art of living: Transcendental meditation*. Nueva Haven, CT: Meridian Books.

REFERENCIAS DEL CAPÍTULO 3

Adams, J. L. (2001). *Conceptual blockbusting: A guide to better ideas*. Cambridge, MA: Perseus Publishing.

Albert, R. S., y M. A. Runco. (1999). A history of research on creativity. En R. J. Sternberg (Ed.), *Handbook of creativity*. Cambridge: Cambridge University Press.

Amabile, T. M. (1988). A model of creativity and innovation in organizations. En L. L. Cummings and B. M. Staw (Eds.), *Research in Organizational Behavior, 10:* 123-167.

Basadur, M. S. (1979). *Training in creative problem solving: Effects of deferred judgment and problem finding and solving in an industrial research organization*. Unpublished doctoral dissertation, University of Cincinnati.

Ben-Amos, P. (1986). Artistic creativity in Benin Kingdom. *African Arts, 19:* 60-63.

Black, J. S., y H. B. Gregersen. (1997). Participative decision making: An integration of multiple dimensions. *Human Relations, 50:* 859-878.

Blasko, V. J., y M. P. Mokwa. (1986). Creativity in advertising: A Janusian perspective. *Journal of Advertising, 15:* 43-50.

Bodycombe, D. J. (1977). *The mammoth puzzle carnival*. Nueva York: Carroll y Graf.

Cameron, K. S., R. E. Quinn, J. DeGraff, y A. V. Thakor. (2014). *Competing values leadership: Creating values in organizations*. Nueva York: Edward Elgar.

Chu, Y-K. (1970). Oriented views of creativity. En A. Angloff and B. Shapiro (Eds.), *Psi factors in creativity* (pp. 35-50). New York: Parapsychology Foundation.

Cialdini, R. B. (2001). *Influence: Science and practice*. Needham Heights, MA: Allyn and Bacon.

Collins, M. A., y T. M. Amabile. (1999). Motivation and creativity. En R. J. Sternberg (Ed.), *Handbook of creativity*. Cambridge, UK: Cambridge University Press.

Covey, S. R. (1998) "Creative orientation". *Executive Excellence, 1:* 13-14.

Crovitz, H. F. (1970). *Galton's walk*. Nueva York: Harper y Row.

Csikszentmihalyi, M. (1996). *Creativity: Flow and the psychology of discovery and invention*. Nueva York: Harper Collins.

Csikszentmihalyi, M. (2013). *Creativity: The Psychology of Discovery and Invention*. Nueva York: Harper Perennial.

de Bono, E. (1968). *New think*. Nueva York: Basic Books.

_____ (1973). *CoRT thinking*. Blanford, England: Direct Educational Services.

_____ (1992). *Serious creativity*. Nueva York: Harper Collins.

_____ (2000). *New thinking for the new millennium*. Nueva York: New Millennium Press.

De Bono, E. (2010). *Lateral thinking: Creativity step by step*. HarperCollins e-books.

DeGraff, J., y K. A. Lawrence. (2002). *Creativity at work: Developing the right practices to make innovation happen*. San Francisco: Jossey-Bass.

Dutton, J. E., y S. J. Ashford. (1993). Selling issues to top management. *Academy of Management Review, 18:* 397-421.

Einstein, A. (1919). Fundamental ideas and methods of relativity theory, presented in their development. (© 1919, G. Holton). Unpublished manuscript.

Ettlie, J. E., y R. D. O'Keefe. (1982). Innovative attitudes, values, and intentions in organizations. *Journal of Management Studies, 19:* 163-182.

Feldman, D. H. (1999). The development of creativity. En R. J. Sternberg (Ed.), *Handbook of creativity*. Cambridge, UK: Cambridge University Press.

Festinger, L. (1957). *A theory of cognitive dissonance*. Stanford: Stanford University Press.

Finke, R. A., T. B. Ward, y S. M. Smith. (1992). *Creative cognition: Theory, research, and applications*. Cambridge, MA: MIT Press.

Getzels, J. W., y M. Csikszentmihalyi. (1976). *The creative vision: A longitudinal study of problem finding*. Nueva York: Wiley.

Gigerenzer, G., y Gaissmaier, W. (2011). Heuristic decision making. *Annual review of psychology, 62*, 451-482.

Gladwell, M. (2005). *Blink*. Boston: Little, Brown.

Goll, I., y A. M. A. Rasheed. (1997). Rational decision making and firm performance: The moderating role of environment. *Strategic Management Journal, 18:* 583-591.

Gordon, W. J. J. (1961). *Synectics: The development of creative capacity*. Nueva York: Collier.

Hawn, C. (2004, enero). If he's so smart… *Fast Company:* 68-74.

Heider, F. (1946). Attitudes and cognitive organization. *Journal of Psychology, 21:* 107-112.

Hermann, N. (1981). The creative brain. *Training and Development Journal, 35:* 11-16.

Hudspith, S. (1985). *The neurological correlates of creative thought*. Unpublished PhD Dissertation, University of Southern California.

Hyatt, J. (1989, February). The odyssey of an excellent man. *Inc.:* 63-68. Copyright © 1989 by Goldhirsch Group, Inc. Reprinted with permission of the publishers, 38 Commercial Wharf, Boston, MA 02110.

Interaction Associates. (1971). *Tools for change*. San Francisco: Author.

Janis, I. L. (1971). *Groupthink*. New York: Free Press.

Janis, I. L., y L. Mann. (1977). *Decision making: A psychological analysis of conflict, choice, and commitment*. New York: Free Press. Copyright © 1977 by the Free Press. Reprinted with the permission of the Free Press, an imprint of Simon & Schuster.

Juran, J. (1988). *Juran on planning management.* Nueva York: Free Press.

Koberg, D., y J. Bagnall. (2003). *The universal traveler: A soft system guidebook to creativity, problem solving, and the process of design.* Los Altos, CA: William Kaufmann.

Koestler, A. (1964). *The act of creation.* Nueva York: Dell.

Koopman, P. L., J. W. Broekhuijsen, y A. F. M. Wierdsma. (1998). Complex decision making in organizations. En P. J. D. Drenth and H. Thierry (Eds.), *Handbook of work and organizational psychology*, vol. 4 (pp. 357-386). Hove, England: Psychology Press/Erlbaum.

Kuo, Y-Y. (1996). Toaistic psychology of creativity. *Journal of Creative Behavior, 30:* 197-212.

Lockwood, T. (2009). *Corporate Creativity: Developing an Innovative Organization.* NY: Allworth Press.

Maduro, R. (1976). *Artistic creativity in a Brahmin painter community* (Monograph 14). Berkeley: University of California Center for South and Southeast Asia Cultures.

March, J. G. (1994). *A primer on decision making: How decisions happen.* New York: Free Press.

_____. (2006). Rationality, foolishness, and adaptive intelligence. *Strategic Management Journal, 27*(3), 201-214.

_____ (Ed.) (1999). *The pursuit of organizational intelligence.* Nueva York: Blackwell.

March, J. G., y H. A. Simon. (1958). *Organizations.* Nueva York: Wiley.

Markoff, J. (1988, noviembre 2). For scientists using supercomputers, visual imagery speeds discoveries. New York Times News Service, *Ann Arbor News*, D3.

Martindale, C. (1999). Biological bases of creativity. En R. J. Sternberg (Ed.), *Handbook of creativity.* Cambridge, Reino Unido: Cambridge University Press.

McKim, R. H. (1997). *Thinking visually: A strategy manual for problem solving.* Parsippany, NJ: Dale Seymour Publications.

McMillan, I. (1985). Progress in research on corporate venturing. Working paper, Center for Entrepreneurial Studies, New York University.

Medawar, P. B. (1967). *The art of the soluble.* Londres: Methuen.

Miller, S. J., D. J. Hickson, y D. C. Wilson. (1996). Decision making in organizations. En S. R. Clegg and C. Hardy (Eds.), *Handbook of organizational studies* (pp. 293-312). Londres: Sage.

Mitroff, I. I. (1998). *Smart thinking for crazy times: The art of solving the right problems.* San Francisco: Barrett-Koehler.

Mumford, M. D. (Ed.). (2011). *Handbook of organizational creativity.* Academic Press.

Mumford, M. D., W. A. Baughman, M. A. Maher, D. P. Costanza, y E. P. Supinski. (1997). Process-based measures of creative problem solving skills. *Creativity Research Journal, 10:* 59-71.

Nayak, P. R., y J. M. Ketteringham. (1986). *Breakthroughs!* New York: Rawson Associates.

Nemeth, C. J. (1986). Differential contributions of majority and minority influence. *Psychological Review, 93:* 23-32.

Newcomb, T. (1954). An approach to the study of communicative acts. *Psychological Review, 60:* 393-404.

Nickerson, R. S. (1999). Enhancing creativity. En R. J. Sternberg (Ed.), *Handbook of creativity.* Cambridge: Cambridge University Press.

Osborn, A. (1953). *Applied imagination.* Nueva York: Scribner.

Poincare, H. (1921). *The foundation of science.* Nueva York: Science Press.

Raudsepp, E. (1981). *How creative are you?* New York: Perigee Books/G.P. Putnam's Sons. Copyright © 1981 by Eugene Raudsepp. Reprinted with the permission of the author, c/o Dominick Abel Literary Agency, Inc.

Raudsepp, E., y G. P. Hough. (1977). *Creative growth games.* New York: Putnam.

Ribot, T. A. (1906). *Essay on the creative imagination.* Chicago: Open Court.

Riley, S. (1998). *Critical thinking and problem solving.* Upper Saddle River, NJ: Simon y Schuster.

Rothenberg, A. (1979). *The emerging goddess.* Chicago: University of Chicago Press.

_____ (1991). Creativity, health, and alcoholism. *Creativity Research Journal, 3:* 179-202.

Rothenberg, A., y C. Hausman. (2000). Metaphor and creativity. En M. A. Runco (Ed.), *Creativity research handbook*, vol. 2. Cresskill, NJ: Hampton.

Roukes, N. (1988). *Design synectics: Stimulating creativity in design.* Berkeley, CA: Davis Publications.

Scope, E. E. (1999). *A meta-analysis of research on creativity: The effects of instructional variables.* Ann Arbor, MI: Dissertation Abstracts International, Section A: Humanities and Social Sciences.

Scott, O. J. (1974). *The creative ordeal: The story of Raytheon.* Nueva York: Atheneum.

Siau, K. L. (1995). Group creativity and technology. *Journal of Creative Behavior, 29:* 201-216.

Smith, G. F. (1998). Idea-generation techniques: A formulary ofactive ingredients. *Journal of Creative Behavior, 32:* 107-133.

Starko, A. J. (2001). *Creativity in the classroom: Schools of curious delight.* Mahwah, NJ: Lawrence Erlbaum.

Sternberg, R. J. (Ed.). (1999). *Handbook of creativity.* Cambridge: Cambridge University Press.

TAN, S. N., y Parnell, G. S. (2013). Design Creative Alternatives. *Handbook of Decision Analysis*, 149.

Tichy, N. (1983). *Strategic human resource management.* Nueva York: Wiley.

Trompenaars, F., y C. Hampden-Turner. (1987). *Riding the waves of culture: Understanding cultural diversity in business.* Yarmouth, ME: Nicholas Brealey Publishing.

Trompenaars, F., y C. Hampden-Turner. (2004). *Managing people across cultures.* Mankato, MN: Capstone Publishing.

Tushman, M. L., y P. Anderson. (1997). *Managing strategic innovation and change.* Nueva York: Oxford University Press.

Van de Ven, A. (1997). Technological innovation, learning, and leadership. En R. Garud, P. Rattan Nayyar, and Z. Baruch Shapira (Eds.), *Technological innovation: Oversights and foresights.* Cambridge: Cambridge University Press.

von Oech, R. (1986). *A kick in the seat of the pants.* Nueva York: Harper y Row.

Vroom, V. H., y P. W. Yetton. (1973). *Leadership and decision making.* Pittsburgh: University of Pittsburgh Press.

Vygotsky, L. (1962). *Thought and language.* Cambridge, MA: MIT Press.

Vygotsky, L., Hanfmann, E., y Vakar, G. (2012). *Thought and language.* MIT press.

Wallas, G. (1926). *The art of thought.* Londres: C. A. Watts.

Ward, T. B., S. M. Smith, y R. A. Finke. (1999). Creative cognition. En R. J. Sternberg (Ed.), *Handbook of creativity.* Cambridge: Cambridge University Press.

Weick, K. E. (1979). *The social psychology of organizing.* Reading, MA: Addison-Wesley.

_____ (1984). Small wins. *American Psychologist, 39:* 40-49.

_____ (1995). *Sensemaking in organizations.* Beverly Hills, CA: Sage.

Williams, S. W. (2001). *Making better business decisions: Understanding and improving critical thinking and problem solving skills.* SAGE Publications, Incorporated.

Williams, W. M., y L. T. Yang. (1999). Organizational creativity. En R. J. Sternberg (Ed.), *Handbook of creativity.* Cambridge, Reino Unido: Cambridge University Press.

Wonder, J., y J. Blake. (1992). Creativity East and West: Intuition versus logic. *Journal of Creative Behavior, 26:* 172-185.

Zeitz, P. (1999). *The art and craft of problem solving.* Nueva York: Wiley.

Zhou, J., y Shalley, C. (Eds.). (2008). *Handbook of organizational creativity.* Lawrence Erlbaum Associates.

Zhou, J., y C. E. Shalley. (2003). Research on employee creativity: A critical review and directions or future research. *Research in Personnel and Human Resources Management, 22:* 165-217.

REFERENCIAS DEL CAPÍTULO 4

Argyris, C. (1991). Teaching smart people how to learn. *Harvard Business Review, 63:* 99-109.

Athos, A. y J. Gabarro. (1978). *Interpersonal behavior.* Englewood Cliffs, NJ: Prentice Hall.

Baker, W. (2000). *Achieving success through social capital.* San Francisco: Jossey-Bass.

Barnlund, D. C. (1968). *Interpersonal communication: Survey and studies.* Boston: Houghton Mifflin.

Beebe, S. A., S. J. Beebe, y M. V. Redmond. (1996). *Interpersonal communication.* Boston: Allyn y Bacon.

Bodie, G. D., St. Cyr, K., Pence, M., Rold, M., y Honeycutt, J. (2012). Listening competence in initial interactions I: Distinguishing between what listening is and what listeners do. *International Journal of Listening, 26*(1), 1-28.

Boss, W. L. (1983). Team building and the problem of regression: The personal management interview as an intervention. *Journal of Applied Behavioral Science, 19:* 67–83.

Bostrom, R. N. (1997). The process of listening. En O. D. W. Hargie (Ed.), *The handbook of communication skills.* Londres: Routledge.

Bowman, G. W. (1964). What helps or harms promotability? *Harvard Business Review, 42:* 14.

Brownell, J. (1986). *Building active listening skills.* Englewood Cliffs, NJ: Prentice Hall.

_____ (1990). Perceptions of effective listeners. *Journal of Business Communication, 27:* 401-415.

Burleson, B. R. (2009). Understanding the outcomes of supportive communication: A dual-process approach. *Journal of Social and Personal Relationships, 26*(1), 21-38.

Cameron, K. S. (1994). Strategies for successful organizational downsizing. *Human Resource Management Journal, 33:* 89-122.

Kim Cameron, K. S., Mora, C., Leutscher, T., y Calarco, M. (2011). Effects of positive practices on organizational effectiveness. *Journal of Applied Behavioral Science, 47:* 266-308.

Carmeli, A., Brueller, D., y Dutton, J. E. (2009). Learning behaviours in the workplace: The role of high-quality interpersonal relationships and psychological safety. *Systems Research and Behavioral Science, 26*(1), 81-98.

Carrell, L. J., y S. C. Willmington. (1996). A comparison of self-report and performance data in assessing speaking and listening competence. *Communication Reports, 9:* 185-191.

Council of Communication Management. (1996). Electronic communication is important, but face-to-face communication is still rated high. *Communication World, 13:* 12-13.

Covey, S. R. (1989). *The seven habits of highly effective people.* Nueva York: Simon y Schuster.

Crocker, J. (1978). Speech communication instruction based on employers' perceptions of the importance of selected communication skills for employees on the job. Paper presented at the Speech Communication Association meeting, Minneapolis, Minn.

Cupach, W. R., y Spitzberg, B. H. (Eds.). (2007). *The dark side of interpersonal communication.* Psychology Press.

Cupach, W. R., y B. H. Spitzberg. (1994). *The dark side of interpersonal communication.* Hillsdale, NJ: Lawrence Erlbaum.

Czech, K., y Forward, G. L. (2010). Leader communication: Faculty perceptions of the department chair. *Communication Quarterly, 58*(4), 431-457.

Czech, K., y Forward, G. L. (2013). Communication, Leadership, and Job Satisfaction: Perspectives on Supervisor-Subordinate Relationships. *Studies in Media and Communication, 1*(2), 11-24.

Dutton, J. E. (2003). *Energize your workplace: How to create and sustain high quality relationships at work.* San Francisco: Jossey-Bass.

Dutton, J. E. y Ragins, B. R. 2007). *Exploring Positive Relationships at Work.* Mahaw, NJ: Lawrence Erlbaum.

Dyer, W. G. (1972). Congruence. En *The sensitive manipulator.* Provo, UT: Brigham Young University Press.

Ellis, K. (2004). The impact of perceived teacher confirmation on receiver apprehension, motivation, and learning. *Communication Education, 53*(1).

Fredrickson, B. L. (2001). The role of positive emotions in positive psychology: The broaden-and-build theory of positive emotions. *American Psychologist, 56:* 218-226.

Fredrickson, B. R. (2009) *Positivity.* Nueva York: Crown Books.

Furnham, A. (2008). *Personality and intelligence at work: Exploring and explaining individual differences at work.* Routledge.

Gackenbach, J. (1998). *Psychology and the Internet: Intrapersonal, interpersonal, and transpersonal implications.* Nueva York: Academic Press.

Geddie, T. (1999). Moving communication across cultures. *Communication World, 16:* 37-40.

Gibb, J. R. (1961). Defensive communication. *Journal of Communication, 11:* 141-148.

Gittell, J. H. (2003). A theory of relational coordination. En K. S. Cameron, J. E. Dutton, and R. E. Quinn (Eds.), *Positive organizational scholarship*. San Francisco: Barrett-Koehler.

Gittell, J. H., K. S. Cameron, y S. Lim. (2006). Relationships, layoffs, and organizational resilience: Airline industry responses to September 11th. *Journal of Applied Behavioral Science, 42:* 300-329.

Glasser, W. (1965). *Reality therapy: A new approach to psychiatry.* Nueva York: Harper & Row.

—————— (2000). *Reality therapy in action.* Nueva York: Harper Collins.

Golen, S. (1990). A factor analysis of barriers to effective listening. *Journal of Business Communication, 27:* 25-35.

Gordon, R. D. (1988). The difference between feeling defensive and feeling understood. *Journal of Business Communication, 25:* 53-64.

Gudykunst, W. B., S. Ting-Toomey, y T. Nishida. (1996). *Communication in personal relationships across cultures.* Thousand Oaks, CA: Sage.

Gudykunst, W. B., y S. Ting-Toomey. (1988). *Culture and interpersonal communication.* Newbury Park, CA: Sage.

Haas, J. W., and C. L. Arnold. (1995). An examination of the role of listening in judgments of communication competence in coworkers. *Journal of Business Communication, 32:* 123-139.

Haney, W. V. (1992). *Communication and interpersonal relations.* Homewood, IL: Irwin.

Hansen, G. S., y Wernerfelt, B. (1989). Determinants of firm performance: The relative importance of economic and organizational factors. *Strategic management journal, 10*(5), 399-411.

Hanson, G. (1986). *Determinants of firm performance: An integration of economic and organizational factors.* Unpublished doctoral dissertation, University of Michigan Business School.

Hargie, O. D. W. (1997). Communication as skilled performance. En O. D. W. Hargie (Ed.), *The handbook of communication skills.* London: Routledge.

Harvey, P., y Harris, K. J. (2010). Frustration-based outcomes of entitlement and the influence of supervisor communication. *Human Relations, 63*(11), 1639-1660.

Heaphy, E. D., y Dutton, J. E. (2008). Positive social interactions and the human body at work: Linking organizations and physiology. *Academy of Management Review, 33*(1), 137-162.

Heaphy, E. D., y J. E. Dutton. (2006). Embodying social interactions: Integrating physiology into the study of positive connections and relationships at work. *Academy of Management Review* (in press).

Huselid, M. A. (1995). The impact of human resource management practices on turnover, productivity, and corporate financial performance. *Academy of Management Journal*, 38, 635-672.

Huseman, R. C., J. M. Lahiff, y J. D. Hatfield. (1976). *Interpersonal communication in organizations.* Boston: Holbrook Press.

Hyman, R. (1989). The psychology of deception. *Annual Review of Psychology, 40:* 133-154.

Imhof, M., y Janusik, L. A. (2006). Development and validation of the Imhof-Janusik Listening Concepts Inventory to measure listening conceptualization differences between cultures. *Journal of Intercultural Communication Research,35*(2), 79-98.

James, W., citado en D. R. Laing (1965). Mystification, confusion, and conflict. En I. Boszormenya-Nagy and J. L. Franco (Eds.), *Intensive family therapy.* Nueva York: Harper & Row.

Johnston, M. K., Reed, K., y Lawrence, K. (2011). Team Listening Environment (TLE) Scale Development and Validation. *Journal of Business Communication,48*(1), 3-26.

Knapp, M. L., y A. L. Vangelisti. (1996). *Interpersonal communication and human relationships.* Boston: Allyn y Bacon.

Kramer, D. A. (2000). Wisdom as a classical source of human strength: Conceptualization and empirical inquiry. *Journal of Social and Clinical Psychology, 19:* 83-101.

Kramer, R. (1997). *Leading by listening: An empirical test of Carl Rogers' theory of human relationship using interpersonal assessments of leaders by followers.* Ann Arbor, MI: Dissertation Abstracts International Section A: Humanities and Social Sciences, volume 58.

Loomis, F. (1939). *The consultation room.* Nueva York: Knopf.

Losada, M., y E. Heaphy. (2004). The role of positivity and connectivity in the performance of business teams. *American Behavioral Scientist, 47:* 740-765.

Madlock, P. E. (2008). The link between leadership style, communicator competence, and employee satisfaction. *Journal of Business Communication,45*(1), 61-78.

Maier, N. R. F., A. R. Solem, y A. A. Maier. (1973). Counseling, interviewing, and job contacts. In N. R. F. Maier (Ed.), *Psychology of industrial organizations.* Boston: Houghton Mifflin.

McGregor, D. (1960). *The human side of enterprise.* Nueva York: McGraw-Hill.

McNaughtan, E. D. (2012). *Muted Motherhood: A Standpoint Analysis of Stay-at-home Mothers* (Master's Thesis, Southern Utah University).

Nichols, M. P. (2009) *The Lost Art of Listening: How Learning to Listen Can Improve Relationships.* Boston: Guilford Press.

Nie, N. H. (2001). Sociability, interpersonal relations, and the internet reconciling conflicting findings. *American behavioral scientist, 45*(3), 420-435.

Ouchi, W. (1981). *Theory Z.* Reading, MA: Addison-Wesley.

Peters, T. (1988). *Thriving on chaos.* Nueva York: Knopf.

Pfeffer, J. (1998). *The human equation: Building profits by putting people first.* Boston: Harvard Business School Press.

Randle, C. W. (1956). How to identify promotable executives. *Harvard Business Review, 34:* 122.

Reis, H., y S. L. Gable. (2003). Toward a positive psychology of relationships. En C. L. M. Keyes and J. Haidt. *Flourishing: Positive psychology and the life well-lived* (pp. 129-160). Washington, DC: American Psychological Association.

Rogers, C. W. (1961). *On becoming a person.* Boston: Houghton Mifflin.

Rogers, C., y R. Farson. (1976). *Active listening.* Chicago: Industrial Relations Center.

Rosen, S. (1998). A lump of clay. *Communication World, 15:* 58-59.

Schnake, M. E., M. P. Dumler, D. S. Cochran, y T. R. Barnett. (1990). Effects of differences in superior and subordinate perceptions of superiors' communication practices. *Journal of Business Communication, 27:* 37-50.

Sieburg, E. (1969). *Dysfunctional communication and interpersonal responsiveness in small groups.* Unpublished doctoral dissertation, University of Denver.

Sieburg, E. (1978). *Confirming and disconfirming organizational communication.* Working paper, University of Denver.

Spitzberg, B. H. (1994). The dark side of (in)competence. En William R. Cupach and Brian H. Spitzberg (Eds.), *The dark side of interpersonal communication.* Hillsdale, NJ: Lawrence Erlbaum.

Steil, L. K. (1980). *Your listening profile.* Minneapolis: Sperry Corporation.

Steil, L., L. Barker, y K. Watson. (1983). *Effective listening: Key to your success.* Nueva York: Addison-Wesley.

Stephens, J. P., Heaphy, E., y Dutton, J. E. (2012) "High quality connections". En Cameron, K. S. and Spreitzer, G. M. (Eds.) *Oxford Handbook of Positive Organizational Scholarship,* 385-399, Nueva York: Oxford University Press.

Sternberg, R. J. (1990). *Wisdom: Its nature, origins, and development.* Cambridge: Cambridge University Press.

Synopsis Communication Consulting of London. (1998). *The human factor: New rules for the digital workplace.* Londres: Author.

Szligyi, A. D., y M. J. Wallace. (1983). *Organizational behavior and human performance.* Glenview, IL: Scott Foresman.

Thorton, B. B. (1966). As you were saying: The number one problem. *Personnel Journal, 45:* 238.

Time. (2000, junio 19). Embarrassing miscue: 31.

Triandis, H. C. (1994). *Culture and social behavior.* Nueva York: McGraw-Hill.

Trompenaars, F. (1996). Resolving international conflict: Culture and business strategy. *Business Strategy Review, 7:* 51-68.

Trompenaars, F., y C. Hampden-Turner. (1998). *Riding the waves of culture.* Nueva York: McGraw-Hill.

Waller, G., Corstorphine, E., y Mountford, V. (2007). The role of emotional abuse in the eating disorders: Implications for treatment. *Eating disorders,15*(4), 317-331.

Walters, J. (2005). Fostering a culture of deep inquiry and listening. *Journal for Quality and Participation,* 28(2), 4-7.

Wiemann, J. M. (1977). Explanation and test of a model of communication competence. *Human Communication Research, 3:* 145-213.

Wolvin, A., y C. Coakley. (1988). *Listening.* Dubuque, IA: W. C. Brown.

Yrle, A. C., Hartman, S., Galle, W. P. (2002). "An investigation of relationships between communication style and leader-member exchange". *Journal of Communication Management,* 6(3), 257–268.

REFERENCIAS DEL CAPÍTULO 5

Adler, P. S., y S. Kwon. (2002). Social capital: Prospects for a new concept. *Academy of Management Review, 27:* 17-40.

Agle, B. R., N. J. Nagarajan, J. A. Sonnenfeld, y D. Srinivasan. (2006). Does CEO charisma matter? An empirical analysis of the relationships among organizational performance, environmental uncertainty, and top management team perceptions of CEO charisma. *Academy of Management Journal, 49:* 161-174.

Allen, R. W., D. L. Madison, L. W. Porter, P. A. Renwick, y B. T. Mayer. (1979). Organizational politics: Tactics and characteristics of actors. *California Management Review, 22:* 77-83.

Allinson, C. W., S. J. Armstrong, y J. Hayes. (2001). The effects of cognitive style on leader-member exchange: A study of manager-subordinate dyads. *Journal of Occupational and Organizational Psychology, 74:* 201-220.

Anderson, C., O. P. John, D. Keltner, y A. M. Kring. (2001). Who attains social status? Effects of personality and physical attractiveness in social groups. *Journal of Personality and Social Psychology, 81:* 116-132.

Bacharach, S. B. (2005, May). Making things happen by mastering the game of day-to-day politics. *Fast Company:* 93.

Baum, L., y J. A. Byre. (1986, abril). Executive secretary: A new rung on the corporate ladder; but hitching her star to the boss can work both ways. *BusinessWeek:* 74.

Bennis, W., y B. Nanus. (2003). *Leaders: Strategies for taking charge,* 2nd ed. Nueva York: Harper Collins.

Bies, R. J., y T. M. Tripp. (1998). Two faces of the powerless: Coping with tyranny in organizations. En R. M. Kramer, and M. A. Neale (Eds.), *Power and influence in organizations.* Thousand Oaks, CA: Sage.

Bolman, L. G., y T. E. Deal. (1997). *Reframing organizations: Artistry, choice, and leadership.* San Francisco: Jossey-Bass.

Breen, B. (2001, noviembre). Trickle-up leadership. *Fast Company:* 70.

Buell, B., y A. L. Cowan. (1985, August). Learning how to play the corporate power game. *BusinessWeek:* 54-55.

Bunderson, J. S. (2002). Team member functional background and involvement in management teams. *Academy of Management Proceedings, OB:* 11-16.

Bunderson, J. S. (2003). Team member functional background and involvement in management teams: Direct effects and the moderating role of power centralization. *Academy of Management Journal, 46:* 458-474.

Bunker, K. A., K. E. Kram, y S. Ting. (2002). The young and the clueless. *Harvard Business Review, 80:* 80-87.

Burt, R. S. (1997). The contingent value of social capital. *Administrative Science Quarterly, 42:* 339-365.

Canfield, F. E., y J. J. LaGaipa. (1970). Friendship expectations at different stages in the development of friendship. Paper read at the annual meeting of the Southeastern Psychological Association, Louisville.

Chiu, L. (2001). Locus of control differences between American and Chinese adolescents. *Journal of Social Psychology, 128:* 411–413.

Chiu, L. H. (1972). A cross-cultural comparison of cognitive styles in Chinese and American children. *International Journal of Psychology, 8:* 235-242.

Choi, I., R. E. Nisbett, y A. Norenzayan. (1999). Causal attribution across cultures: Variation and universality. *Psychological Bulletin, 125:* 47-63.

Cialdini, R. B. (2001). *Influence: Science and practice,* 4a. ed. Boston: Allyn y Bacon.

Cohen, A. R., y D. L. Bradford. (2003). Influence without authority: The use of alliances, reciprocity, and exchange to accomplish work. En B. M. Staw (Ed.), *Psychological dimensions of organizational behavior,* 3a. ed. (pp. 359-367). Englewood Cliffs, NJ: Prentice Hall.

Conger, J. A., y R. N. Kanungo. (1998). *Charismatic leadership in organizations.* Thousand Oaks, CA: Sage.

Conner, J., y D. Ulrich. (1996). Human resource roles: Creating value, not rhetoric. *Human Resource Planning, 19:* 38-49.

Cuming, P. (1984). *The power handbook.* Boston: CBI Publishing Co.

Daly, J. P. (1995). Explaining changes to employees: The influence of justifications and change outcomes on employees' fairness judgments. *Journal of Applied Behavioral Science, 31:* 415-428.

DeGeorge, R. T. (1999). *Business ethics.* Upper Saddle River, NJ: Prentice Hall.

Deal, T. E., y A. A. Kennedy. (1982). *Corporate cultures: The rites and rituals of corporate life.* Reading, MA: Addison-Wesley.

_____ (2007). *Power and influence: The rules have changed.* Nueva York: McGraw-Hill.

Dilenschneider, R. L. (1990). *Power and influence: Mastering the art of persuasion.* Nueva York: Prentice Hall.

Dirks, K. T., y D. L. Ferrin. (2001). The role of trust in organizational settings. *Organization Science, 12:* 450-467.

Dutton, J. E., y R. B. Duncan. (1987). The creation of momentum for change through the process of strategic issue diagnosis. *Strategic Management Journal, 83(3):* 279-295.

Dutton, J. E., y S. J. Ashford. (1993). Selling issues to top management. *Academy of Management Review, 18(3):* 397-428.

Dyer, W. G. (1972). Congruence. En *The sensitive manipulator.* Provo, UT: Brigham Young University Press.

Emerson, R. M. (1962). Power-dependence relations. *American Sociological Review, 27:* 31-40.

Erez, A., V. F. Misangyi, D. E. Johnson, M. A. LePine, y K. C. Halverson. (2008). Stirring the hearts of followers: Charismatic leadership as the transferal of affect. *Journal of Applied Psychology, 93:* 602-616.

Fisher, A. (2005, marzo 7). Starting a new job? Don't blow it. *Fortune:* 48.

Furman, W. (2001). Working models of friendship. *Journal of Social and Personal Relationships, 18:* 583-602.

Gabarro, J. J., y J. P. Kotter. (1980). Managing your boss. *Harvard Business Review, 58:* 92-100.

Gabarro, J. J., y J. P. Kotter. (2007). Managing your boss. En K. P. Coyne, E. J. Coyne, L. Bossidy, J. J. Gabarro, and J. P. Kotter (Eds.). *Managing UP,* 2nd ed. (HBR Article Collection). Boston: *Harvard Business Review.*

Gardner, J. (1990). *On leadership.* Nueva York: Free Press.

Gelman, E. (1985, September). Playing office politics. *Newsweek:* 56.

Giamatti, A. B. (1981). *The university and public interest.* Nueva York: Atheneum.

Grove, A. (1983). *High output management.* Londres: Souvenir Press.

Hinings, C. R., D. J. Hickson, J. M. Pennings, y R. E. Schneck. (1974). Structural conditions of intraorganizational power. *Administrative Science Quarterly, 21:* 22-44.

Hoerr, J. (1985, diciembre). Human resource managers aren't corporate nobodies anymore. *BusinessWeek:* 58.

Hogg, M. A. (2001). A social identity theory of leadership. *Personality and Social Psychology Review, 5:* 184-200.

Hosmer, L. T. (1995). Trust: The connecting link between organizational theory and philosophical ethics. *Academy of Management Review, 20:* 379-403.

Hosoda, M., E. F. Stone-Romero, y G. Coats. (2003). The effects of physical attractiveness on job-related outcomes: A meta-analysis of experimental studies. *Personnel Psychology, 56:* 431-462.

Kanter, R. (1979). Power failures in management circuits. *Harvard Business Review, 57:* 65-75. Copyright © 1979 by The President and Fellows of Harvard College. Reprinted with the permission of *Harvard Business Review.* All rights reserved.

Kaplan, R. E., y M. Mazique. (1983). *Trade routes: The manager's network of relationships* (Technical Report #22). Greensboro, NC: Center for Creative Leadership.

Kipnis, D. (1987). Psychology and behavioral technology. *American Psychologist, 42:* 30-36.

Kipnis, D., S. M. Schmidt, y I. Wilkinson. (1980). Intraorganizational influence tactics: Explorations in getting one's way. *Journal of Applied Psychology, 65:* 440-452.

Kipnis, D., y S. M. Schmidt. (1988). Upward-influence styles: Relationship with performance evaluations, salary, and stress. *Administrative Science Quarterly, 33:* 528-542.

Korda, M. (1991). *Power: How to get it, how to use it.* Nueva York: Warner Books.

Kotter, J. P. (1977). Power, dependence and effective management. *Harvard Business Review, 55:* 125-136.

Labich, K. (1995, febrero 20). Kissing off corporate America. *Fortune, 131:* 44-52.

Langlois, J. H., L. Kalakanis, A. J. Rubenstein, A. Larson, M. Hallam, y M. Smoot. (2000). Maxims of myths of beauty? A meta-analytic and theoretical review. *Psychological Bulletin 126:* 390-423.

Lawrence, R. R., y J. W. Lorsch. (1986). *Organization and environment: Managing differentiation and integration.* Boston: Harvard University Press.

Leger, D. M. (2000, mayo). Help! I'm the new boss. *Fortune:* 281-284.

Marwell, G., y D. R. Schmitt, (1967). Dimensions of compliance-gaining strategies: A dimensional analysis. *Sociometry, 30:* 350-364.

May, R. (1998). *Power and innocence: A search for the sources of violence.* Nueva York: Norton.

McCall, M. M., Jr., y M. M. Lombardo. (1983). What makes a top executive? *Psychology Today, 26:* 28-31. Copyright © 1983 by Sussex Publishers Inc. Reprinted with the permission of *Psychology Today.*

McClelland, D. C., y D. H. Burnham. (2003). Power is the great motivator. *Motivating People, 81:* 117-126.

Mechanic, D. (1962). Sources of power of lower participants in complex organizations. *Administrative Science Quarterly, 7:* 349-364.

Miller, R. (1985). Three who made a difference. *Management Review, 74:* 16-19.

Morris, M. W., J. M. Podolny, y S. Ariel. (2000). Missing relations: Incorporating relational constructs into models of culture. En P. C. Earley and H. Singh (Eds.), *Innovation in international and cross-cultural management* (pp. 52–90). Thousand Oaks, CA: Sage.

Mulder, M., L. Koppelaar, R. V. de Jong, y J. Verhage. (1986). Organizational field study. *Journal of Applied Psychology, 7:* 566-570.

Mulgan, G. (1998). *Connexity: How to live in a connected world.* Boston: Harvard Business School Press.

Pascale, R. (1985). The paradox of "corporate culture": Reconciling ourselves to socialization. *California Management Review, 27:* 26-41.

Perrow, C. (1970). Departmental power and perspectives in industrial firms. En M. N. Zold, (Ed.), *Power in organizations.* Nashville, TN: Vanderbilt University Press.

Peters, T. (1978). Symbols, patterns, and settings: An optimistic case for getting things done. *Organizational Dynamics, 7:* 3-22.

Pfeffer, J. (1977). Power and resource allocation in organizations. In B. Staw and G. Salancik (Eds.), *New direction in organizational behavior.* Chicago: St. Clair Press.

Pfeffer, J. (1981). *Power in organizations.* Marshfield, MA: Pitman.

Pfeffer, J. (1994). *Power and influence in organizations.* Boston: Harvard Business School Press.

Pfeffer, J., y A. Konrad. (1991). The effects of individual power on earnings. *Work and Occupations, 18:* 385-414.

Schein, E. H. (1999). *The corporate culture survival guide: Sense and nonsense about culture change.* San Francisco: Jossey-Bass.

Schmidt, S., y D. Kipnis. (1987). The perils of persistence. *Psychology Today, 21:* 32-33.

Shipper, F., y J. E. Dillard. (2000). A study of impending derailment and recovery of middle managers across career stages. *Human Resource Management, 39:* 331-345.

Sparrowe, R. T., R. C. Liden, y M. L. Kraimer. (2001). Social networks and the performance of individuals and groups. *Academy of Management Journal, 44:* 316-325.

Stewart, T. A. (1992, mayo 18). The search for the organization of tomorrow. *Fortune:* 92-98.

Tedeschi, J. T. (1974). Attributions, liking and power. En T. L. Huston (Ed.), *Foundations of interpersonal attraction.* Nueva York: Academic Press.

Thompson, L. (2001). *The mind and heart of the negotiator.* Upper Saddle River, NJ: Prentice Hall.

Triandis, H. (1994). *Culture and social behavior.* Nueva York: McGraw-Hill.

Trompenaars, F. (1996). Resolving international conflict: Culture and business strategy. *Business Strategy Review, 7:* 51-68.

Tully, S. (1993, febrero 8). The modular corporation. *Fortune:* 106-114.

Yukl, G. (2002). *Leadership in organizations,* 5a. ed. Upper Saddle River, NJ: Prentice Hall.

REFERENCIAS DEL CAPÍTULO 6

Abbott, R. K. (1997). Flexible compensation: Past, present, and future. *Compensation & Benefits Management, 13:* 18-24.

Adria, M. (2000). Making the most of e-mail. *Academy of Management Executive, 14:* 153-154.

Alderfer, C. P. (1977). A critique of Salancik and Pfeffer's examination of need-satisfaction theories. *Administrative Science Quarterly, 22:* 658-672.

Atkinson, J. W. (1992). Motivational determinants of thematic apperception? En C. P. Smith (Ed.), *Motivation and personality: Handbook of thematic content analysis.* Nueva York: Cambridge University Press.

Bennis, W. (1984). The four competencies of leadership. *Training and Development Journal, 38:* 15-19.

_____ (2003). *On becoming a leader.* Cambridge, MA: Perseus Books Group.

Birch, D., y J. Veroff. (1966). *Motivation: A study of action.* Monterey, CA: Brooks-Cole.

Bitter, M. E., y W. L. Gardner. (1995). A mid-range theory of the leader/member attribution process in professional service organizations: The role of the organizational environment and impression management. En M. J. Martinko (Ed.), *Attribution theory: An organizational perspective.* Delray Beach, FL: St. Lucie Press.

Boehle, S., K. Dobbs, y D. Stamps. (2000). Two views of distance learning. *Training, 37:* 34.

The boss as referee. [Accountemps survey]. (1996, septiembre). *CMA Management Accounting Magazine, 70(7):* 32.

Butler, T., J. Waldroop. (1999, septiembre-octubre). Job sculpting: The art of retaining your best people. *Harvard Business Review:* 144-152.

Choi, I., R. E. Nisbett, y A. Norenzayan. (1999). Causal attribution across cultures: Variation and universality. *Psychological Bulletin, 125:* 47-63.

Cook, A. (2005, mayo). Money's a sure-fire motivator-Isn't it? *Promotions and Incentives:* 56-59.

Cropanzano, R., y R. Folger. (1996). Procedural justice and worker motivation. En R. M. Steers, L. W. Porter, and G. A. Bigley (Eds.), *Motivation and leadership at work.* Nueva York: McGraw-Hill.

Davidson, O. B., y D. Eden. (2000). Remedial self-fulfilling prophecy: Two field experiments to prevent golem effects among disadvantaged women. *Journal of Applied Psychology 85:* 386-398.

Fisher, A. (2005, marzo 7). Starting a new job? Don't blow it. *Fortune:* 5.

Ganzach, Y. (1998). Intelligence and job satisfaction. *Academy of Management Journal, 41:* 526-536.

Gerhart, B. A. (2003). *Compensation: Theory, evidence, and strategic implications.* Thousand Oaks, CA: Sage.

Graham, M. E., y C. O. Trevor. (2000). Managing new pay program introductions to enhance the competitiveness of multinational corporations (MNCS). *Competitiveness Review, 10:* 136-154.

Hackman, J. R., y G. R. Oldham. (1980). *Work redesign*. Reading, MA: Addison-Wesley.

Harter, J. K., F. L. Schmidt, y T. L. Hayes. (2002). Business-unit-level relationship between employee satisfaction, employee engagement, and business outcomes: A meta-analysis. *Journal of Applied Psychology, 87:* 268-279.

House, R. J., y T. R. Mitchell. (1974). Path-goal theory of leadership. *Journal of Contemporary Business, 3:* 81-97.

Jackson, P. (2000). Interview with Phil Jackson by Bob Costas. MSNBC.

Janssen, O. (2001). Fairness perceptions as a moderator in the curvilinear relationships between job demands, and job performance and job satisfaction. *Academy of Management Journal, 44:* 1039-1050.

Jay, A. (1967). *Management and Machiavelli, an inquiry into the politics of corporate life*. Nueva York: Holt, Rinehart y Winston.

Kerr, S. (1995). On the folly of rewarding A, while hoping for B. *Academy of Management Executive, 9(1):* 7-14.

——————— (1996, julio 22). Risky business: The new pay game. *Fortune:* 94-97.

Kleiman, C. (2005, junio 14). Awards for workers get better as they get personal. *Chicago Tribune:* 2.

Knight, D., C. C. Durham, y E. A. Locke. (2001). The relationship of term goals, incentives, and efficacy to strategic risk, tactical implementation, and performance. *Academy of Management Journal, 44:* 326-338.

Komaki, J., T. Coombs, y S. Schepman. (1996). Motivational implications of reinforcement theory. In R. M. Steers, L. W. Porter, and G. A. Bigley (Eds.), *Motivation and leadership at work*. Nueva York: McGraw-Hill.

Kopelman, R. E. (1985, Summer). Job redesign and productivity: A review of evidence. *National Productivity Review:* 237-255.

Kotter, J. (1996, agosto 5). Kill complacency. *Fortune:* 168-170.

Latham, G., M. Erez, y E. Locke. (1988). Resolving scientific disputes by the joint design of crucial experiments by the antagonists: Application to the Erez-Latham disputes regarding participation in goal setting. *Journal of Applied Psychology, 73:* 753-772.

Lawler, E. E. (1987). The design of effective reward systems. En J. Lorsch (Ed.), *Handbook of organizational behavior*. Englewood Cliffs, NJ: Prentice Hall.

Lawler, E. E. (1988). Gainsharing theory and research: Findings and future directions. En W. A. Pasmore and E. R. Woodman (Eds.), *Research in organizational change and development* (vol. 2). Greenwich, CT: JAI Press.

Lawler, E. E. (2000a). *Strategic pay*. San Francisco: Jossey-Bass.

Lawler, E. E., III. (2000b). *Pay strategies for the new economy*. San Francisco: Jossey-Bass.

LeDue, A. I., Jr. (1980). Motivation of programmers. *Data Base, 3:* 5.

Levering, R., y M. Moskowitz. (2003, enero 20). 100 best companies to work for. *Fortune, 147:* 127.

Locke, E. A., y G. P. Latham. (2002, septiembre). Building a practically useful theory of goal setting and task motivation. *American Psychologist, 57:* 705-717.

Luthans, F., y A. D. Stajkovic. (1999). Reinforce for performance: The need to go beyond pay and even rewards. *Academy of Management Executive, 13(2):* 49-57.

Maslow, A. H. (1970). *Motivation and personality*, 2a. ed. Nueva York: Harper y Row.

McCauley, L. (1999). Next stop–the 21st century. *Fast Company, 27:* 108-112.

McClelland, D. (1971). *Assessing human motivation*. Nueva York: General Learning Press.

McClelland, D. C., J. W. Arkinson, R. A. Clark, y E. L. Lowell. (1953). *The achievement motive*. Nueva York: Appleton-Century-Crofts.

McClelland, D. C., y D. H. Burnham. (2003). Power is the great motivator. *Harvard Business Review, 81:* 117–126.

McGregor, D. (1960). *The human side of enterprise*. Nueva York: McGraw-Hill.

Michener, H. A., J. A. Fleishman, y J. J. Vaske. (1976). A test of the bargaining theory of coalition formulation in four-person groups. *Journal of Personality and Social Psychology, 34:* 1114-1126.

Moe, M. T., y H. Blodget. (2000, mayo 23). *The knowledge web. Part 4: corporate e-learning–feeding hungry minds*. Merrill Lynch y Co.

Murlis, H., y A. Wright. (1985). Rewarding the performance of the eager beaver. *Personnel Management, 17:* 28-31.

Murray, B., y B. Gerhart. (1998). An empirical analysis of a skill-based pay program and plant performance outcomes. *Academy of Management Journal, 41:* 68-78.

Nelson, B. (2000). Are performance appraisals obsolete? *Compensation and Benefits Review, 32:* 39-42.

Nelson, N. (2005). *The power of appreciation in business: How an obsession with value increases performance, productivity, and profits*. Malibu, CA: MindLab Publishing.

Nelton, S. (1988, marzo). Motivating for success. *Nation's Business:* 25.

News-Gazette. (1987, enero): 6.

Parker, G. (2001). Establishing remuneration practices across culturally diverse environments. *Compensation & Benefits Management, 17:* 23-27.

Perry, M. (2000, enero). Working in the dark. *Training Media Review:* 13–14.

Peters, T., y R. H. Waterman. (1982). *In search of excellence*. Nueva York: Warner Books.

Pfeffer, J. (1995). Producing sustainable competitive advantage through the effective management of people. *Academy of Management Executive, 9:* 55-71.

Quick, T. L. (1977). *Person to person managing*. Nueva York: St. Martin's Press.

——————— (1991). Motivation: Help your star performers shine even brighter. *Sales and Marketing Management, 143:* 96.

Reese, S. (1999, julio). Getting your money's worth from training. *Business and Health:* 26-29.

Schriesheim, C. A., y L. L. Neider. (1996). Path-goal leadership theory: The long and winding road. *Leadership Quarterly, 7:* 317-321.

Shamir, B., R. J. House, y M. B. Arthur. (1993). The motivational effects of charismatic leadership: A self-concept based theory. *Organization Science, 4 (4):* 577-594.

Stajkovic, A. D., y F. Luthans. (2001). Differential effects of incentive motivators on work performance. *Academy of Management Journal, 4:* 580-500.

Steers, R. M., L. W. Porter, y G. A. Bigley. (1996). *Motivation and leadership at work.* Nueva York: McGraw-Hill.

Sue-Chan, C., y M. Ong. (2002). Goal assignment and performance: Assessing the mediating roles of goal commitment and self-efficacy and the moderating role of power distance. *Organizational Behavior and Human Decision Processes, 89:* 1140-1161.

Taylor, W. C. (1995). At Verifone it's a dog's life (and they love it?). *Fast Company, 1:* 115.

Thompson, D. W. (1978). *Managing people: Influencing behavior.* St. Louis, MO: C. V. Mosby Co.

Tichy, N. (1997, abril). Bob Knowling's change manual. *Fast Company:* 76.

Tomlinson, A. (2002, marzo 25). T&D spending up in U.S. as Canada lags behind. *Canadian HR Reporter, 15:* 1-18.

Triandis, H. C. (1994). *Culture and social behavior.* Nueva York: McGraw-Hill.

Vroom, V. (1964). *Work and motivation.* Nueva York: Wiley.

Weiner, B. (2000). Intrapersonal and interpersonal theories of motivation from an attributional perspective. *Educational Psychology Review, 12:* 1-14.

Wood, R., y A. Bandura. (1989). Social cognitive theory of organizational management. *Academy of Management Review, 14(3):* 361-383.

Zingheim, P. K., y J. R. Schuster. (1995). Introduction: How are the new pay tools being deployed? *Compensation and Benefits Review* (julio-agosto): 10-11.

REFERENCIAS DEL CAPÍTULO 7

Adler, N. J. (2002). *International dimensions of organizational behavior,* 4a. ed. Cincinnati, OH: South-Western.

Adler, R. B. (1977). Satisfying personal needs: Managing conflicts, making requests, and saying no. En *Confidence in communication: A guide to assertive and social skills.* Nueva York: Holt, Rinehart y Winston.

Adler, R. B., L. B. Rosenfeld, y R. F. Proctor. (2001). *Interplay: The process of interpersonal communication.* Fort Worth, TX: Harcourt, Inc.

Alder, R. B., y G. Rodman. (2003). *Understanding human communication,* 8a. ed. Nueva York: Oxford University Press.

Argenti, J. (1976). *Corporate collapse: The causes and symptoms.* Nueva York: Wiley.

Bazerman, M. H., y M. A. Neale. (1992). *Negotiating rationally.* Nueva York: Free Press.

Blackard, K., y J. Gibson. (2002). *Capitalizing on conflict: Strategies and practices for turning conflict into synergy in organizations: A manager's handbook.* Palo Alto, CA: Davis-Black Publishing.

The boss as referee. [Accountemps survey]. (1996, septiembre). *CMA Management Accounting Magazine, 70(7):* 32.

Boulding, E. (1964). Further reflections on conflict management. En R. L. Kahn and E. Boulding (Eds.), *Power and conflict in organizations.* Nueva York: Basic Books.

Brown, L. D. (1983). *Managing conflict at organizational interfaces.* Reading, MA: Addison-Wesley.

Cameron, K. S., M. U. Kim, y D. A. Whetten. (1987). Organizational effects of decline and turbulence. *Administrative Science Quarterly, 32:* 222-240.

Catch a falling star. (1988, abril 23). *The Economist,* 88-90.

Caudron, S. (1992). Subculture strife hinders productivity. *Personnel Journal, 71(2):* 60-64.

Cox, T. H. (1994). *Cultural diversity in organizations: Theory, research, and practice.* San Francisco: Barrett-Koehler.

Cox, T. H., y Blake, S. (1991). Managing cultural diversity: Implications for organizational competitiveness. *Academy of Management Executive, 5(3):* 45-56.

Cummings, L. L., D. L. Harnett, y O. J. Stevens. (1971). Risk, fate, conciliation, and trust: An international study of attitudinal differences among executives. *Academy of Management Journal, 14:* 285-304.

de Dreu, C. K. W., S. L. Koole, y W. Steinel. (2000). Unfixing the fixed pie: A motivated information-processing approach to integrative negotiation. *Journal of Personality and Social Psychology, 79:* 975-987.

de Dreu, C. K. W., y L. R. Weingart. (2002). Task versus relationship conflict: A meta-analysis. *Academy of Management Proceedings, CM:* B1-B6.

Eisenhardt, K. M., J. L. Kahwajy, y L. J. Bourgeois III. (1997, julio-agosto). How management teams can have a good fight. *Harvard Business Review:* 77-85.

Fisher, R., y S. Brown. (1988). *Getting together: Building a relationship that gets to yes.* Boston: Houghton Mifflin.

Gage, D. (1999, diciembre). Is having partners a bad idea? *IndustryWeek,* Growing Companies Edition: 46–47.

Gendron, G., y B. O. Burlingham. (1989, abril). The entrepreneur of the decade: An interview with Steve Jobs. *Inc.:* 123.

The GM system is like a blanket of fog. (1988, febrero 15). *Fortune:* 48-49.

Gordon, T. (2000). *Parent effectiveness training.* Nueva York: Three Rivers Press.

Grove, A. (1984, julio). How to make confrontation work for you. *Fortune:* 74.

Hines, J. S. (1980). *Conflict and conflict management.* Athens: University of Georgia Press.

Hofstede, G. (1980, verano). Motivation, leadership, and organization: Do American theories apply abroad? *Organizational Dynamics:* 42-63.

Jehn, K. A. (1997). A qualitative analysis of conflict types and dimensions of organizational groups. *Administrative Science Quarterly, 41:* 530-557.

Jehn, K., y E. A. Mannix. (2001). The dynamic nature of conflict: A longitudinal study of intragroup conflict and group performance. *Academy of Management Journal, 44:* 238-251.

Karambayya, R., y J. M. Brett. (1989). Managers handling disputes: Third party roles and perceptions of fairness. *Academy of Management Journal, 32:* 687-704.

Keashly, L. (1994). Gender and conflict: What does psychological research tell us? En A. Taylor and J. B. Miller (Eds.), *Conflict and gender.* Cresskill, NJ: Hampton Press.

Kelly, J. (1970, julio-agosto). Make conflict work for you. *Harvard Business Review, 48:* 103-113.

Kilmann, R. H., y K. W. Thomas. (1977). Developing a forced-choice measure of conflict-handling behavior: The MODE instrument. *Educational and Psychological Measurement, 37:* 309-325.

Kim, S. H., y R. H. Smith. (1993). Revenge and conflict escalation. *Negotiation Journal. 9:* 37-44.

Kipnis, D., y S. Schmidt. (1983). An influence perspective in bargaining within organizations. En M. H. Bazerman, and R. J. Lewicki (Eds.), *Bargaining inside organizations.* Beverly Hills, CA: Sage.

Korabik, D., G. L. Baril, y C. Watson. (1993). Managers' conflict management style and leadership effectiveness: The moderating effects of gender. *Sex Roles, 29(5/6):* 405-420.

Kressel, K., y D. G. Pruitt. (1989). *Mediation research: The process and effectiveness of third party intervention.* San Francisco: Jossey-Bass.

Latham, G., y K. Wexley. (1994). *Increasing productivity through performance appraisal.* Reading, MA: Addison-Wesley.

Lombardo, M. M., y R. W. Eichinger. (1996). *The Career ARCHITECT Development Planner.* Minneapolis: Lominger Ltd.

Maslow, A. (1965). *Eupsychian management.* Homewood, IL: Irwin.

Memeth, C. J., B. Personnaz, M. Personnaz, y J. A. Goucalo. (2004). The liberating role of conflict in group creativity: A study in two countries. *European Journal of Social Psychology, 34:* 365-374.

Morris, W., y M. Sashkin. (1976). *Organizational behavior in action.* St. Paul, MN: West Publishing.

Morrison, A. M. (1996). *The new leaders: Leadership diversity in America.* San Francisco: Jossey-Bass.

Murnighan, J. K. (1992). *Bargaining games: A new approach to strategic thinking in negotiations.* Nueva York: William Morrow.

Murnighan, J. K. (1993). *The dynamics of bargaining games.* Upper Saddle River, NJ: Prentice Hall.

Pascale, R. (1990, febrero). Creating contention without causing conflict. *Business Month:* 69-71.

Pelled, L. H., K. M. Eisenhardt, y K. R. Xin. (1999). Exploring the black box: An analysis of work group diversity, conflict, and performance. *Administrative Science Quarterly, 44:* 1-28.

Perot, H. R. (1988, febrero). How I would turn around GM. *Fortune:* 48-49.

Phillips, E., y R. Cheston. (1979). Conflict resolution: What works. *California Management Review, 21:* 76-83.

Phillips, K. W., K. A. Liljenquist, y M. A. Neale. (2009). Is the pain worth the gain? The advantages and liabilities of agreeing with socially distinct newcomers. *Personality and Social Psychology Bulletin, 35:* 336-350.

Porter, E. H. (1973). *Manual of administration and interpretation for strength deployment inventory.* La Jolla, CA: Personal Strengths Assessment Service.

Rahim, M. A., y A. A. Blum. (1994). *Global perspectives on organizational conflict.* Westport, CT: Praeger.

Ruble, T., y J. A. Schneer. (1994). Gender differences in conflict-handling styles: Less than meets the eye? En A. Taylor, and J. B. Miller, (Eds.), *Conflict and gender.* Cresskill, NJ: Hampton Press.

Ruble, T., y K. Thomas. (1976). Support for a two-dimensional model of conflict behavior. *Organizational Behavior and Human Performance, 16:* 145.

Savage, G. T., J. D. Blair, y R. L. Sorenson. (1989). Consider both relationships and substance when negotiating strategically. *Academy of Management Executive, 3:* 37-48.

Schmidt, W. H., y R. Tannenbaum. (1965, noviembre– diciembre). Management of differences. *Harvard Business Review, 38:* 107–115.

Seybolt, P. M., C. B. Derr, y T. R. Nielson. (1996). Linkages between national culture, gender, and conflict management styles. Working paper, University of Utah.

Sillars, A., y J. Weisberg. (1987). Conflict as a social skill. En M. E. Roloff and G. R. Miller (Eds.), *Interpersonal processes: New directions in communication research.* Beverly Hills, CA: Sage.

Smith, W. P. (1987). Conflict and negotiation: Trends and emerging issues. *Journal of Applied Social Psychology, 17:* 631-677.

Stroh, L. K., G. Northcraft, y M. Neale. (2002). *Organizational behavior: A management challenge,* 3a. ed. Mahwah, NJ: Lawrence Erlbaum Associates.

Thomas, K. (1976). Conflict and conflict management. En M. D. Dunnette (Ed.), *Handbook of industrial and organizational psychology.* Londres: Routledge and Kegan Paul.

Thompson, L. (2001). *The mind and heart of the negotiator,* 2a. ed. Upper Saddle River, NJ: Prentice Hall.

Ting-Toomey, S., G. Gao, P. Trubisky, Z. Yang, H. S. Kim, S. L. Lin, y T. Nishida. (1991). Culture, face maintenance, and styles of handling interpersonal conflict: A study in five cultures. *International Journal of Conflict Management, 2:* 275–296.

Tjosvold, D. (1991). *The conflict positive organization.* Reading, MA: Addison-Wesley.

Trompenaars, F. (1994). *Riding the waves of culture: Understanding diversity in global business.* Nueva York: Irwin.

Trompenaars, F. (1996). Resolving international conflict: Culture and business strategy. *Business Strategy Review, 7:* 51-68.

Volkema, R. J., y T. J. Bergmann. (2001). Conflict styles as indicators of behavioral patterns in interpersonal conflicts. *Journal of Social Psychology, 135:* 5-15.

Wanous, J. P., y A. Youtz. (1986). Solution diversity and the quality of group decisions. *Academy of Management Journal, 1:* 149-159.

Weldon, E., y K. A. Jehn. (1995). Examining crosscultural differences in conflict management behavior: Strategy for future research. *International Journal of Conflict Management, 6:* 387–403.

Wilmot, W. W., y J. L. Hocker. (2001). *Interpersonal conflict.* Nueva York: McGraw-Hill.

Xie, J., X. M. Song, y A. Stringfellow. (1998). Interfunctional conflict, conflict resolution styles, and new product success: A four-culture comparison. *Management Science, 44:* S192-S206.

REFERENCIAS DEL CAPÍTULO 8

Abrahamson, E. (1996). Management fashion. *Academy of Management Review, 21:* 254-285.

Adler, A. (1927). *Understanding human nature*. Garden City, NY: Garden City Publishing.

Alinsky, S. D. (1971). *Rules for radicals: A pragmatic primer for realistic radicals*. Nueva York: Vintage Books.

Alloy, L. B., C. Peterson, L. Y. Abrahamson, y M. E. P. Seligman. (1984). Attributional style and the generality of learned helplessness. *Journal of Personality and Social Psychology, 46:* 681-687.

Anderson, C., D. Hellriegel, y J. Slocum. (1977). Managerial response to environmentally induced stress. *Academy of Management Journal, 20:* 260-272.

Ashby, R. (1956). *Design for the brain*. Londres: Science Paperbacks.

Asplund, J. y Blacksmith, N. (2012). "Productivity through strengths". En Cameron, K. S. & Spreitzer, G. M. (Eds.). Oxford Handbook of Positive Organizational Scholarship, pages 353-365. Nueva York: Oxford University Press.

Averill, J. R. (1973). Personal control over aversive stimuli and its relationships to stress. *Psychological Bulletin, 80:* 286-303.

Babakus, E., Yavas, U., Karatepe, O. y Avci, T. (2003), "The effect of management commitment to service quality on employees' affective and performance outcomes", *Journal of the Academy of Marketing Science 31*(3), 272-86.

Baker, W., R. Cross, y M. Wooten. (2003). Positive organizational network analysis and energizing relationships. En K. S. Cameron, J. E. Dutton, and R. E. Quinn (Eds.), *Positive Organizational Scholarship* (pp. 328-342). San Francisco: Barrett-Koehler.

Bandura, A. (1977). Self-efficacy: Toward a unifying theory of behavioral change. *Psychological Review, 84:* 191-215.

_____ (1986). *Social foundations of thought and action: A social cognitive theory*. Englewood Cliffs, NJ: Prentice Hall.

_____ (1989). Human agency in social cognition theory. *American Psychologist, 44:* 1175-1184.

_____ (2012). On the functional properties of perceived self-efficacy revisited. *Journal of Management, 38*(1), 9-44.

Barber, B. (1983). *The logic and limits of trust*. New Brunswick, NJ: Rutgers University Press.

Bennis, W., y B. Nanus. (1985). *Leaders: The strategies for taking charge*. Nueva York: Harper y Row.

Bernard, C. I. (1938). *The functions of the executive*. Cambridge, MA: Harvard University Press.

Biron, M., y Bamberger, P. (2010). The impact of structural empowerment on individual well-being and performance: Taking agent preferences, self-efficacy and operational constraints into account. *Human Relations, 63*(2), 163-191.

Block, P. (1987). *The empowered manager: Positive political skills at work*. San Francisco: Jossey-Bass.

Bookman, A., y S. Morgan. (1988). *Women and the politics of empowerment*. Philadelphia: Temple University Press.

Bramucci, R. (1977). A factorial examination of the self-empowerment construct. Unpublished doctoral dissertation, University of Oregon.

Brehm, J. W. (1966). *Response to loss of freedom: A theory of psychological reactance*. Nueva York: Academic Press.

Brief, A., and W. Nord. (1990). *Meanings of occupational work*. Lexington, MA: Lexington Books.

Brouwer, S., Reneman, M. F., Bültmann, U., van der Klink, J. J., y Groothoff, J. W. (2010). A prospective study of return to work across health conditions: perceived work attitude, self-efficacy and perceived social support. *Journal of occupational rehabilitation, 20*(1), 104-112.

Bunderson, J. S., y Thompson, J. A. (2009). The call of the wild: Zookeepers, callings, and the double-edged sword of deeply meaningful work. *Administrative Science Quarterly, 54*(1), 32-57.

Byham, W. C. (1988). *Zapp! The lightening of empowerment*. Nueva York: Harmony Books.

Cameron, K. S. (1998). Strategic organizational downsizing: An extreme case. *Research in Organizational Behavior, 20:* 185-229.

Cameron, K.S., D. A. Whetten, y M. U. Kim. (1987). Organizational dysfunctions of decline. *Academy of Management Journal, 30:* 126-138.

Cameron, K. S., J. E. Dutton, y R. E. Quinn. (2003). *Positive organizational scholarship*. San Francisco: Barrett-Koehler.

Cameron, K. S., M. U. Kim, y D. A. Whetten. (1987). Organizational effects of decline and turbulence. *Administrative Science Quarterly, 32:* 222-240.

Cameron, K. S., S. J. Freeman, y A. K. Mishra. (1991). Best practices in white-collar downsizing: Managing contradictions. *Academy of Management Executive, 5:* 57-73.

Cameron, K. S., S. J. Freeman, y A. K. Mishra. (1993). Organization downsizing and redesign. En G. P. Huber, and W. Glick (Eds.), *Organizational change and design*. New York: Oxford University Press.

Cameron, K. S., y R. E. Quinn. (2011). *Diagnosing and changing organizational culture*. San Francisco: Jossey-Bass.

Caprara, G. V., Vecchione, M., Alessandri, G., Gerbino, M., y Barbaranelli, C. (2011). The contribution of personality traits and self-efficacy beliefs to academic achievement: A longitudinal study. *British Journal of Educational Psychology, 81*(1), 78-96.

Chan, Y. H., Taylor, R. R., y Markham, S. (2008). The Role of Subordinates' Trust in a Social Exchange driven Psychological Empowerment Process. *Journal of Managerial Issues*, 444-467.

Coch, L., y J. R. P. French. (1948). Overcoming resistance to change. *Human Relations, 11:* 512-532.

Conger, J. A. (1989). Leadership: The art of empowering others. *Academy of Management Executive, 3:* 17-24.

Conger, J. A., y R. N. Kanungo. (1988). The empowerment process. *Academy of Management Review, 13:* 471-482.

Coonradt, C. (2007) *The Game of Work*. Layton, UT: Gibbs Smith Press.

Coonradt, C. A. (1985). *The game of work*. Salt Lake City: Shadow Mountain Press.

DeCharms, R. (1979). Personal causation and perceived control. En L. C. Perlmuter y R. A. Monty (Eds.), *Choice and perceived control*. Hillsdale, NJ: Erlbaum.

DeGraff, J., y K. A. Lawrence. (2002). *Creativity at work: Developing the right practices to make innovation happen*. San Francisco: Jossey-Bass.

Deci, E. L., y Ryan, R. M. (2012). Overview of self-determination theory. *The Oxford Handbook of Human Motivation*, 85.

Deci, E. L., J. P. Connell, y R. M. Ryan. (1989). Self-determination in a work organization. *Journal of Applied Psychology, 74:* 580-590.

Deci, E. L., y R. M. Ryan. (1987). The support of autonomy and control of behavior. *Journal of Personality and Social Psychology, 53:* 1024-1037.

Deutsch, M. (1973). *The resolution of conflict: Constructive and destructive processes.* New Haven, CT: Yale University Press.

DiClemente, C. C. (1985). Perceived efficacy in smoking cessation. Paper presented at the Annual meeting of the American Association for the Advancement of Science, Los Angeles.

Dorio, M., y Shelly, S. (2011). *The Complete Idiot's Guide to Boosting Employee Performance.* Penguin.

Drucker, P. (1988, enero-febrero). The coming of the new organization. *Harvard Business Review:* 45-53.

Durkheim, E. (1964). *The division of labor in society.* Nueva York: Free Press.

Eisenhart, K. M., y D. Charlie Galunic. (1993). Renewing the strategy-structure-performance paradigm. *Research in organizational behavior.* Greenwich, CT: JAI Press.

Esmaeili, M. T., Karimi, M., Tabatabaie, K. R., Moradi, A., y Farahini, N. (2011). The effect of positive arousal on working memory. *Procedia-Social and Behavioral Sciences, 30,* 1457-1460.

Freire, P., y A. Faundez. (1989). *Learning to question: A pedagogy of liberation.* Nueva York: Continuum Publishing.

French, J. P. R., Jr., y B. Raven. (1960). The bases of social power. In D. Cartwright and A. Zander (Eds.), *Group dynamics* (pp. 607–623). Nueva York: Harper y Row.

Gagné, M., y Deci, E. L. (2005). Self-determination theory and work motivation. *Journal of Organizational behavior, 26*(4), 331-362.

Gambetta, D. (1988). *Trust: Making and breaking cooperative relations.* Cambridge, MA: Basil Blackwell.

Gecas, V. (1989). The social psychology of self-efficacy. *Annual Review of Sociology, 15:* 291-316.

Gecas, V., M. A. Seff, y M. P. Ray. (1988). Injury and depression: The mediating effects of self concept. Paper presented at the Pacific Sociological Association Meetings, Las Vegas.

Gemmill, G. R., y W. J. Heisler. (1972). Fatalism as a factor in managerial job satisfaction. *Personnel Psychology, 25:* 241-250.

Gibb, J. R., y L. M. Gibb. (1969). Role freedom in a TORI group. En A. Burton (Ed.), *Encounter theory and practice of encounter groups.* San Francisco: Jossey-Bass.

Gilbert, S., Laschinger, H. K., y Leiter, M. (2010). The mediating effect of burnout on the relationship between structural empowerment and organizational citizenship behaviours. *Journal of Nursing Management, 18*(3), 339-348.

Goddard, R. D., W. K. Hoy, y A. W. Hoy. (2003). Collective efficacy beliefs: Theoretical developments, empirical evidence, and future directions. *Educational Researcher, 33:* 3-13.

Golembiewski, R. T., y M. McConkie. (1975). The centrality of trust in group processes. In C. Cooper (Ed.), *Theories of group processes.* Nueva York: Wiley.

Greenberger, D. B., S. Stasser, L. L. Cummings, y R. B. Dunham. (1989). The impact of personal control on performance and satisfaction. *Organizational Behavior and Human Decision Processes, 43:* 29-51.

Greenberger, D. B., y S. Stasser. (1991). The role of situational and dispositional factors in the enhancement of personal control in organizations. *Research in Organizational Behavior,* vol. 13, (pp. 111-145). Greenwich, CT: JAI Press.

Greenleaf, R. K. (2002). *Servant Leadership.* Costa Mesa, CA: Paulist Press.

Hackman, J. R., G. R. Oldham, R. Janson, y K. Purdy. (1975). A new strategy for job enrichment. *California Management Review, 17:* 57-71.

Hackman, J. R., y G. R. Oldham. (1980). *Work design.* Reading, MA: Addison-Wesley.

Hammer, T. H., y Y. Vardi. (1981). Locus of control and career self-management among nonsupervisory employees in industrial settings. *Journal of Vocational Behavior, 18:* 13-29.

Harris, L. (2002). *Harris Poll #31.* Nueva York: Harris Interactive.

Harter, S. (1978). Effectance motivation reconsidered: Toward a developmental model. *Human Development, 21:* 34-64.

Heath, C., y Heath, D. (2007). *Made to stick: Why some ideas survive and others die.* Random House Digital, Inc..

Helliwell, J. F., y Huang, H. (2011). Well-being and trust in the workplace. *Journal of Happiness Studies, 12*(5), 747-767.

Huber, G. P. (1980). *Managerial decision making.* Glenview, IL: Scott Foresman.

Kahn, W. A. (1990). Psychological conditions of personal engagement and disengagement at work. *Academy of Management Journal, 33:* 692-724.

Kanter, R. (1983). *The change masters.* Nueva York: Simon y Schuster.

Kanter, R. M.: 2008, Transforming Giants, *Harvard Business Review* 86(1), 43-52.

Langer, E. J. (1983). *The psychology of control.* Beverly Hills, CA: Sage.

Langer, E. J., y J. Rodin. (1976). The effects of choice and enhanced personal responsibility. *Journal of Personality and Social Psychology, 34:* 191-198.

Lau, D. C., Lam, L. W., y Wen, S. S. (2013). Examining the effects of feeling trusted by supervisors in the workplace: A self-evaluative perspective. *Journal of Organizational Behavior.*

Lawler, E. E. (1992) *The ultimate advantage: Creating the high involvement organization.* San Francisco: Jossey-Bass.

Lawrence, P., y J. Lorsch. (1967). *Organizations and environments.* Homewood, IL: Irwin.

Leana, C. R. (1987). Power relinquishment versus power sharing: Theoretical clarification and empirical comparison on delegation and participation. *Journal of Applied Psychology, 72:* 228-233.

Locke, E. A., y D. M. Schweiger. (1979). Participation in decision making: One more look. En B. M. Staw y L. L. Cummings (Eds.), *Research in organizational behavior,* vol. 1 (pp. 265-340). Greenwich, CT: JAI Press.

Locke, E.A. and Latham, G.P. (2006). "New directions in goal-setting theory", *Current Directions in Psychological Science, 15*(5): 265-268.

Lorinkova, N. M., Pearsall, M. J., y Sims, H. P. (2013). Examining the Differential Longitudinal Performance of Directive versus Empowering Leadership in Teams. *Academy of Management Journal*, *56*(2), 573-596.

Luhmann, N. (1979). *Trust and power*. Nueva York: Wiley.

Maddux, J. E. (2002). Self-efficacy. En C. R. Snyder and S. J. Lopez, *Handbook of positive psychology* (pp. 277–287). Nueva York: Oxford.

Manz, C. C., y H. Sims. (1989). *Super-leadership: Teaching others to lead themselves*. Englewood Cliffs, NJ: Prentice Hall.

Martin, J., M. Feldman, M. J. Hatch, y S. Sitkin. (1983). The uniqueness paradox of organizational stories. *Administrative Science Quarterly, 28:* 438-452.

Marx, K. (1844). *Early writings*. Editado y traducido por T. B. Bottomore. Nueva York: McGraw-Hill.

Maynard, M. T., Gilson, L. L., y Mathieu, J. E. (2012). Empowerment—fad or fab? A multilevel review of the past two decades of research. *Journal of Management, 38*(4), 1231-1281.

McClellend, D. (1975). *Power: The inner experience*. Nueva York: Irvington.

McGregor, D. (1960). The human side of enterprise. Nueva York: McGraw Hill.

Mishra, A. K. (1992). Organizational response to crisis: The role of mutual trust and top management teams. Unpublished doctoral dissertation, University of Michigan.

Mishra, A. y Mishra, K. (2013). *Becoming a Trustworthy Leader*. NY: Routledge Press.

Neufeld, R. W. J., y P. Thomas. (1977) Effects of perceived efficacy of a prophylactic controlling mechanism on self-control under painful stimulation. *Canadian Journal of Behavioral Science, 9:* 224-232.

Newman, W. H., y K. Warren. (1977). *The process of management*. Englewood Cliffs, NJ: Prentice Hall.

Organ, D., y C. N. Greene. (1974). Role ambiguity, locus of control, and work satisfaction. *Journal of Applied Psychology, 59:* 101-112.

Ozer, E. M., y A. Bandura. (1990). Mechanisms governing empowerment effects: A self-efficacy analysis. *Journal of Personality and Social Psychology, 58:* 472-486.

Paglis, L. L. (2010). Leadership self-efficacy: research findings and practical applications. *Journal of Management Development, 29*(9), 771-782.

Pieterse, A. N., Van Knippenberg, D., Schippers, M., y Stam, D. (2010). Transformational and transactional leadership and innovative behavior: The moderating role of psychological empowerment. *Journal of Organizational Behavior, 31*(4), 609-623.

Pratt, M. G. y Ashforth, B. E. (2003). "Fostering meaningfulness in working and at work". En Cameron, K. S., Dutton, J. E. y Quinn, R. E. (Eds.). 309-327 San Francisco: Berrett Koehler Positive Organizational Scholarship.

Pratt, M. G., y B. E. Ashforth. (2003). Fostering meaningfulness in working and at work. En K. S. Cameron, J. E. Dutton, y R. E. Quinn (Eds.), *Positive organizational scholarship* (pp. 309-327). San Francisco: Barrett-Koehler.

Preston, P., y T. W. Zimmerer. (1978). *Management for supervisors*. Englewood Cliffs, NJ: Prentice Hall.

Quinn, R. E. (2005). *Building the bridge as you walk on it*. San Francisco: Jossey-Bass.

Quinn, R. E., y G. Spreitzer. (1997). The road to empowerment: Seven questions every leader should consider. *Organizational Dynamics, 25:* 37-49.

Rappoport, J., C. Swift, y R. Hess. (1984). *Studies in empowerment: Steps toward understanding and action*. Nueva York: Haworth Press.

Rawsthorne, L. J. y A. J. Elliot (1999). "Achievement goals and intrinsic motivation: a meta-analytic review". *Personality and Social Psychological Review*, 3: 326–344

Rose, S. M., y B. L. Black. (1985). *Advocacy and empowerment: Mental health care in the community*. Boston: Routledge and Kegan Paul.

Rothbaum, F., J. R. Weisz, y S. S. Snyder. (1982). Changing the world and changing the self: A two-process model of perceived control. *Journal of Personality and Social Psychology, 42:* 5-37.

Runyon, K. E. (1973). Some interaction between personality variables and management style. *Journal of Applied Psychology, 57:* 288-294.

Ryan, R. M. y E. L. Deci (2000) "Self-determination theory and the facilitation of intrinsic motivation, social development, and well-being". *American Psychologist*, 55: 68-78.

Sashkin, M. (1982). *A manager's guide to participative management*. Nueva York: American Management Association.

_____ (1984). Participative management is an ethical imperative. *Organizational Dynamics, 12:* 4-22.

Schneider, J. A., y W. W. Agras. (1985). A cognitive behavioral treatment of bulimia. *British Journal of Psychiatry, 146:* 66-69.

Schwalbe, M. L., y V. Gecas. (1988). Social psychological consequences of job-related disabilities. En J. T. Mortimer and K. M. Borman (Eds.), *Work experience and psychological development through life span*. Boulder, CO: Westview.

Seeman, M., y C. S. Anderson. (1983). Alienation and alcohol. *American Sociological Review, 48:* 60-77.

Seibert, S. E., Wang, G., y Courtright, S. H. (2011). Antecedents and consequences of psychological and team empowerment in organizations: a meta-analytic review. *Journal of Applied Psychology, 96*(5), 981.

Seligman, M. E. P. (1975). *Helplessness: On depression, development, and death*. San Francisco: Freeman.

Sewell, Carl. (1990). *Customers for life*. Nueva York: Pocket Books.

Solomon, B. B. (1976). *Black empowerment: Social work in oppressed communities*. Nueva York: Columbia University Press.

Spreitzer, G. M. (1992). *When organizations dare: The dynamics of individual empowerment in the workplace*. Unpublished doctoral dissertation, University of Michigan.

Spreitzer, G. M. (2008). Taking stock: A review of more than twenty years of research on empowerment at work. *Handbook of organizational behavior*, 54-73.

Staples, L. H. (1990). Powerful ideas about empowerment. *Administration in Social Work, 14:* 29-42.

Staw, B., L. Sandelands, y J. Dutton. (1981). Threat-rigidity effects in organizational behavior: A multilevel analysis. *Administrative Science Quarterly, 26:* 501-524.

Thomas, K. W., y B. A. Velthouse. (1990). Cognitive elements of empowerment: An interpretive model of intrinsic task motivation. *Academy of Management Review, 15:* 666-681.

Thornton, B., y Tizard, H. J. (2010). Not in my back yard: Evidence for arousal moderating vested interest and oppositional behavior to proposed change. *Social psychology, 41*(4), 255.

Trompenaars, F. (1996). Resolving international conflict: Culture and business strategy. *Business Strategy Review, 7:* 51-68.

Trompenaars, F., y C. Hampden-Turner. (1998). *Riding the waves of culture.* Nueva York: McGraw-Hill.

Urwick, L. (1944). *Elements of administration.* Nueva York: Harper and Brothers.

Vogt, J. F., y K. L. Murrell. (1990). *Empowerment in organizations.* San Diego: University Associates.

Vroom, V. H., y A. G. Jago. (1974). Decision making as social process: Normative and descriptive models of leader behavior. *Decision Sciences, 5:* 743-769.

Vroom, V. H., y P. W. Yetton. (1973). *Leadership and decision making.* Pittsburgh: University of Pittsburgh Press.

Weick, K. E. (1979). *The social psychology of organizing.* Reading, MA: Addison-Wesley.

——————— (1984). Small wins. *American Psychologist, 39:* 40-49.

——————— (1993). Collapse of sense-making in organizations. *Administrative Science Quarterly, 38:* 628-652.

Weinstein, N., y Ryan, R. M. (2011). A self-determination theory approach to understanding stress incursion and responses. *Stress and Health, 27*(1), 4-17.

White, R. W. (1959). Motivation reconsidered: The concept of competence. *Psychological Review, 66:* 297-333.

Wrzesniewski, A. (2003) "Finding positive meaning in work". En Cameron, K. S., Dutton, J. E., y Quinn, R. E. (Eds.) (pp. 296-308) San Francisco: Berrett Koehler.

Wrzesniewski, A. (2003). Finding positive meaning in work. En K. S. Cameron, J. E. Dutton, y R. E. Quinn (Eds.), *Positive organizational scholarship* (pp. 296-308). San Francisco: Barrett-Koehler.

Wrzesniewski, A. (2012) Callings. En Cameron, K. S. and Spreitzer, G. M. (Eds.) Oxford Handbook of Positive Organizational Scholarship. (pp. 45-55) Nueva York: Oxford University Press.

Xanthopoulou, D., Bakker, A. B., y Fischbach, A. (2013). Work engagement among employees facing emotional demands: The role of personal resources. *Journal of Personnel Psychology, 12*(2), 74.

Zand, D. E. (1972). Trust and managerial problem solving. *Administrative Science Quarterly, 17:* 229-239.

Zhang, X., y Bartol, K. M. (2010). Linking empowering leadership and employee creativity: The influence of psychological empowerment, intrinsic motivation, and creative process engagement. *Academy of Management Journal, 53*(1), 107-128.

Zimmerman, M. A. (1990). Taking aim on empowerment research: On the distinction between individual and psychological conceptions. *American Journal of Community Psychology, 18:* 169-177.

Zimmerman, M. A., y J. Rappaport. (1988). Citizen participation, perceived control, and psychological empowerment. *American Journal of Community Psychology, 16:* 725-750.

REFERENCIAS DEL CAPÍTULO 9

Ancona, D. G., y D. Caldwell. (1992). Bridging the boundary: External activity and performance in organizational teams. *Administrative Science Quarterly, 27:* 459-489.

Asch, S. E. (1951). Effects of group pressure upon the modification and distortion of judgments. En H. Guetzkow (Ed.), *Groups, leadership, and men.* Pittsburgh: Carnegie Press.

Belschak, F. D., y Den Hartog, D. N. (2009). Consequences of Positive and Negative Feedback: The Impact on Emotions and Extra-Role Behaviors. *Applied Psychology, 58*(2), 274-303.

Ben-Hur, S., Kinley, N., y Jonsen, K. (2012). Coaching executive teams to reach better decisions. *Journal of Management Development, 31*(7), 711-723.

Bonebright, D. A. (2010). 40 years of storming: a historical review of Tuckman's model of small group development. *Human Resource Development International, 13*(1), 111-120.

Cameron, K. S., y D. A. Whetten. (1981). Perceptions of organizational effectiveness in organizational life cycles. *Administrative Science Quarterly, 27:* 524-544.

Cameron, K. S., y D. A. Whetten. (1984). Organizational life cycle approaches: Overview and applications to higher education. *Review of Higher Education, 6:* 60-102.

Cameron, K. S. (2013) *Practicing Positive Leadership.* San Francisco: Berrett Koehler.

Campion, M. A., G. J. Medsker, y A. C. Higgs. (1993). Relations between work group characteristics and effectiveness: Implications for designing effective work groups. *Personnel Psychology, 46:* 823-850.

Cialdini, R. B. (1995). *Influence: Science and practice,* 3a. ed. Glenview, IL: Scott Foresman.

Clarke, J., y A. Hobson. (2005). *Above all else: The Everest dream.* Toronto: Stewart Publishing.

Cohen, S. G., y D. E. Bailey. (1997). What makes teams work: Group effectiveness research from the shop floor to the executive suite. *Journal of Management, 23:* 239-290.

Cox, T. H. (1994). *Cultural diversity in organizations: Theory, research, and practice.* San Francisco: Barrett-Koehler.

Dew, J. R. (1998). *Managing in a team environment.* Westport, CT: Quorum.

Dewey, J. (1933). *How we think.* Boston: Heath.

——————— (1933). How we think: A restatement of the relation of reflective thinking to the educational process. *Lexington, MA: Heath.*

Druskat, V., y J. Wheeler. (2000). Effective leadership of self-managing teams: Behaviors that make a difference. Working paper, Weatherhead School of Management, Case Western Reserve University.

Druskat, V., y S. Wolff. (1999). The link between emotions and team effectiveness: How teams engage members and build effective task processes. *Academy of Management Best Paper Proceedings,* Organizational Behavior Division.

Dyer, W. G. (1987). *Team building: Issues and alternatives.* Reading, MA: Addison-Wesley.

Edmonson, A. (1999). Psychological safety and learning behavior in work teams. *Administrative Science Quarterly, 44:* 350-383.

Freud, S. (1921). *Group psychology and the analysis of the ego.* Londres: Hogarth Press.

Gladstein, D. (1984). Group in context: A model of task group effectiveness. *Administrative Science Quarterly, 29:* 497-517.

Greiner, L. (1972, julio-agosto). Evolution and revolution as organizations grow. *Harvard Business Review:* 37-46.

Gully, S. M., D. S. Divine, y D. J. Whitney. (1995). A meta-analysis of cohesion and performance: Effects of level of analysis and task interdependence. *Small Group Research, 26:* 497-520.

Guzzo, R. A., y M. W. Dickson. (1996). Teams in organizations: Recent research on performance and effectiveness. *Annual Review of Psychology, 47:* 307-338.

Hackman, J. R. (1987). The design of work teams. En J. W. Lorsch (Ed.), *Handbook of organizational behavior.* Englewood Cliffs, NJ: Prentice Hall.

Hackman, J. R. (1990). *Groups that work (and those that don't).* San Francisco: Jossey-Bass.

—————— (1993). Teams and group failure. Presentation at the Interdisciplinary College on Organization Studies, University of Michigan, octubre.

—————— (2003). *Leading teams.* Cambridge, MA: Harvard Business School Press.

Hamilton, B. H., J. A. Nickerson, y H. Owan. (2003). Team incentives and worker heterogeneity: An empirical analysis of the impact of teams on productivity and participation. *Journal of Political Economy, 111:* 465-497.

Hayes, N. (1997). *Successful team management.* Boston: International Thompson Business Press.

Helliwell, J. F., y Huang, H. (2011). Well-being and trust in the workplace. *Journal of Happiness Studies, 12*(5),

Janis, I. (1972). *Victims of groupthink.* Boston: Houghton Mifflin.

Katzenbach, J. R., y D. K. Smith. (1993). *The wisdom of teams.* Boston: Harvard Business School Press.

Kouzes, J. M., y Posner, B. Z. (2011). *Credibility: How leaders gain and lose it, why people demand it* (Vol. 244). Wiley.

Kouzes, J., y B. Posner. (1987). *The leadership challenge.* San Francisco: Jossey-Bass.

Kramer, R. M. (1999). Trust and distrust in organizations: Emerging perspectives, enduring questions. *Annual Review of Psychology, 50:* 569-598.

Lawler, E. E. (1998). *Strategies for high performance organizations.* San Francisco: Jossey-Bass.

Lawler, E. E. (2003). *Treat people right.* San Francisco: Jossey-Bass.

Lawler, E. E., S. A. Mohrman, y G. E. Ledford. (1995). *Creating high performance organizations: Practices and results of employee involvement and total quality management in Fortune 1000 companies.* San Francisco: Jossey-Bass.

Lidz, F. (2000). Up and down in Beverly Hills. *Sports Illustrated, 92(16):* 60-68.

Locke, E. (1990). *A theory of goal setting and task performance.* Upper Saddle River, NJ: Prentice Hall.

Manz, C., y H. Sims. (1987). Leading workers to lead themselves: The external leadership of self-managing work teams. *Administrative Science Quarterly, 32:* 106-128.

Mesmer-Magnus, J. R., y DeChurch, L. A. (2009). Information sharing and team performance: a meta-analysis. *Journal of Applied Psychology, 94*(2), 535.

Mitchell, S. M., y Prins, B. C. (2004). Rivalry and diversionary uses of force. *Journal of Conflict Resolution, 48*(6), 937-961.

Mullen, B., y C. Copper. (1994). The relation between group cohesiveness and performance: An integration. *Psychological Bulletin, 115:* 210-227.

Pagonis, W. G. (1993). *Moving mountains.* Cambridge, MA: Harvard Business School Press.

Parker, G. M. (1996). *Team players and teamwork: The new competitive business strategy.* San Francisco: Jossey-Bass.

Peters, T. (1987). *Thriving on chaos.* Nuevo York: Knopf.

Quinn, R. E. (2005). *Building the bridge as you walk on it.* San Francisco: Jossey-Bass.

Quinn, R. E., y K. S. Cameron. (1983). Organizational life cycles and shifting criteria of effectiveness: Some preliminary evidence. *Management Science, 29:* 33-51.

Schein, E. H. (1976). What to observe in a group. En C. R. Mill and L. C. Porter (Eds.), *Reading book for human relations training.* Bethel, ME: NTL Institute.

Senge, P. (1991). *The fifth discipline.* Nueva York: Doubleday.

Shin, S. J., Kim, T. Y., Lee, J. Y., y Bian, L. (2012). Cognitive team diversity and individual team member creativity: A cross-level interaction. *Academy of Management Journal, 55*(1), 197-212.

Shuffler, M. L., Burke, C. S., Kramer, W. S., y Salas, E. (2012). Leading Teams: Past, Present, and Future. En Runsey (Eds.). *The Oxford Handbook of Leadership*, (144). Oxford University Press.

Srivastava, A., Bartol, K. M., y Locke, E. A. (2006). Empowering leadership in management teams: Effects on knowledge sharing, efficacy, and performance. *Academy of Management Journal, 49*(6), 1239-1251.

Trompenaars, F. (1996). Resolving international conflict: Culture and business strategy. *Business Strategy Review, 7:* 51-68.

Trompenaars, F., y C. Hampden-Turner. (1998). *Riding the waves of culture.* Nueva York: McGraw-Hill.

Tuckman, B. W. (1965). Developmental sequence in small groups. *Psychological Bulletin, 63:* 384-399.

Turner, M. E. (Ed.). (2000). *Groups at work: Advances in theory and research.* Nueva York: Lawrence Erlbaum.

Verespei, M. A. (1990, junio 18). Yea, teams? Not always. *Industry Week:* 103–105.

Wellins, R. S., W. C. Byham, and J. M. Wilson. (1991). *Empowered teams.* San Francisco: Jossey-Bass.

Yeatts, D. E., and C. Hyten (1998). *High performing self-managing work teams: A comparison of theory to practice.* Thousand Oaks, CA: Sage.

REFERENCIAS DEL CAPÍTULO 10

Avey, J. B., Wernsing, T. S., y Luthans, F. (2008). Can positive employees help positive organizational change? Impact of psychological capital and emotions on relevant attitudes and behaviors. *The Journal of Applied Behavioral Science, 44*(1), 48-70.

Baker, W. (2001). *Achieving success through social capital.* San Francisco: Jossey-Bass.

Baker, W., R. Cross, y M. Wooten. (2003). Positive organizational network analysis and energizing relationships. En K. S. Cameron, J. E. Dutton, and R. E. Quinn (Eds.), *Positive organizational scholarship: Foundations of a new discipline* (pp. 328-342). San Francisco: Barrett-Koehler.

Bartunek, J. M., Rynes, S. L., y Ireland, R. D. (2006). What makes management research interesting, and why does it matter? *Academy of Management Journal, 49*(1), 9-15.

Baumeister, R. F., E. Bratslavsky, C. Finkenauer, y K. D. Vohs. (2001). Bad is stronger than good. *Review of General Psychology, 5:* 323-370.

Bennis, W., y B. Nanus. (1985). *Leaders: The strategies for taking charge.* Nueva York: Harper y Row.

Biswas-Diener, R., Kashdan, T. B., y Minhas, G. (2011). A dynamic approach to psychological strength development and intervention. *The Journal of Positive Psychology, 6*(2), 106-118.

Bollier, D. (1996). *Aiming higher: Twenty-five stories of how companies prosper by combining sound management and social vision.* Nueva York: Amacom.

Boyatzis, R. E., Smith, M. L., y Blaize, N. (2006). Developing sustainable leaders through coaching and compassion. *Academy of Management Learning & Education, 5*(1), 8-24.

Bright, D. S. y Exline, J. J. (2012). Forgiveness at four levels: Intrapersonal, relational, organizational, and collective-group. En Cameron, K. S. y Spreitzer, G. M., (Eds.)., Oxford Handbook of Positive Organizational Scholarship. Nueva York: Oxford University Press.

Bright, D. S., K. S. Cameron, y A. Caza. (2006). The ethos of virtuousness in downsized organizations. *Journal of Business Ethics, 64:* 249-269.

Caldwell, C., y Dixon, R. D. (2010). Love, forgiveness, and trust: Critical values of the modern leader. *Journal of Business Ethics, 93*(1), 91-101.

Cameron, K. S. (1985). Iacocca's transformation of Chrysler; Excerpts from Lee Iacocca's speeches to his top management team, 1979-1984. (In possession of the author).

—————— (2003a). Ethics, virtuousness, and constant change. En N. M. Tichy and A. R. McGill (Eds.), *The ethical challenge* (pp. 185-193). San Francisco: Jossey-Bass.

—————— (2003b). Organizational virtuousness and performance. En K. S. Cameron, J. E. Dutton, y R. E. Quinn (Eds.), *Positive organizational scholarship: Foundations of a new discipline* (pp. 48-65). San Francisco: Barrett-Koehler.

—————— (2008). Paradox in positive organizational change. *The Journal of Applied Behavioral Science, 44*(1), 7-24.

—————— (2012). *Positive Leadership.* San Francisco: Berrett Koehler.

—————— (2013) *Practicing Positive Leadership.* San Francisco: Berrett Koehler.

—————— (2014). "Advances in positive organizational scholarship". *Advances in Positive Organizational Psychology*, 1: 23-44.

Cameron, K. S. Mora, C., Leutscher, T., y Calarco, M. (2011). "Effects of positive practices on organizational effectiveness". *Journal of Applied Behavioral Science*, 47: 266-308.

Cameron, K. S., D. A. Whetten, y M. U. Kim. (1987). Organizational effects of decline and turbulence. *Administration Science Quarterly, 32:* 222-240.

Cameron, K. S., Quinn, R. E., DeGraff, J., y Thakor, A. (2014). *Competing Values Leadership: Creating Value in Organizations.* Revised Edition. Northampton, MA: Edward Elgar.

Cameron, K. S., y A. Caza. (2002). Organizational and leadership virtues and the role of forgiveness. *Journal of Leadership and Organizational Studies, 9:* 33-48.

Cameron, K. S., y D. O. Ulrich. (1986). Transformational leadership in colleges and universities. *Higher Education: Handbook of Theory and Research, 2:* 1-42.

Cameron, K. S., y M. Lavine. (2006). *Making the impossible possible: Leading extraordinary performance-The Rocky Flats story.* San Francisco: Barrett-Koehler.

Cameron, K. S., y R. E. Quinn. (2011). *Diagnosing and changing organizational culture.* Reading, MA: Addison-Wesley.

Carlzon, J. (1987). *Moments of truth.* Cambridge, MA: Ballinger.

Christie, R., y S. Lehman. (1970). The structure of Machiavellian orientations. En R. Christie y F. Geis (Eds.), *Studies in Machiavellianism* (pp. 359-387). Nueva York: Academic Press.

Cialdini, R. B. (2000). *Influence: The science of persuasion.* Nueva York: Allyn y Bacon.

Clifton, D. O., y J. K. Harter. (2003). Investing in strengths. En K. S. Cameron, J. E. Dutton, y R. E. Quinn (Eds.), *Positive organizational scholarship: Foundations of a new discipline* (pp. 111-121). San Francisco: Barrett-Koehler.

Coonradt, C. (1985). *The game of work.* Salt Lake City: Shadow Mountain Press.

Coonradt, C. (2007). *The Game of Work.* Layton, UT: Gibbs Smith Press.

Cooperrider, D. L. (1990). Appreciative management and leadership: The power of positive thought and action in organizations. San Francisco: Jossey-Bass.

Csikszentmihalyi, M. (1990). *Flow: The psychology of optimal experience.* Nueva York: Harper Perennial.

Datta, D. K., Guthrie, J. P., Basuil, D., y Pandey, A. (2010). Causes and effects of employee downsizing: A review and synthesis. *Journal of Management, 36*(1), 281-348.

Davis, M. (1971). That's interesting! *Philosophy of the Social Sciences, 1:* 309-344.

Dutton, J. E., P. J. Frost, M. C. Worline, J. M. Lilius, y J. M. Kanov. (2002, enero). Leading in times of trauma. *Harvard Business Review:* 54-61.

Emmons, R. A. (2003). Acts of gratitude in organizations. En K. S. Cameron, J. E. Dutton, and R. E. Quinn (Eds.), *Positive organizational scholarship: Foundations of a new discipline* (pp. 81–93). San Francisco: Barrett-Koehler.

Emmons, R. A. (2007). *Thanks!* Nueva York: Houghton Mifflin.

Enright, R. D., y C. Coyle. (1998). Researching the process model of forgiveness within psychological interventions. En E. L. Worthington (Ed.), *Dimensions of forgiveness* (pp. 139-161). Philadelphia: Templeton Foundation Press.

Enrique, J. (2000). *As the future catches you.* Nueva York: Crown Business.

Fredrickson, B. L. (2003). Positive emotions and upward spirals in organizations. En K. S. Cameron, J. E. Dutton, and R. E. Quinn (Eds.), *Positive organizational scholarship: Foundations of a new discipline* (pp. 163-175). San Francisco: Barrett-Koehler.

Fredrickson, B. L., y Branigan, C. (2005). Positive emotions broaden the scope of attention and thought-action repertoires. *Cognition & Emotion, 19*(3), 313-332.

Frost, P. J. (2003). *Toxic emotions at work: How compassionate managers handle pain and conflict.* Cambridge, MA: Harvard Business School Press.

Glynn, P. (1994). Toward a politics of forgiveness. *American Enterprise, 5:* 48-53.

Gold, T. (2002). *Open your mind, open your life.* Springfield, IL: Andrews McNeel Publishing.

Gottman, J. (1994). *Why marriages succeed and fail.* Nueva York: Simon y Schuster.

Hazen, M. A. (2008). Grief and the workplace. *Academy of Management Perspectives,* 22, 78-86.

Helmick, R. G., y R. L. Petersen. (2001). *Forgiveness and reconciliation: Religion, public policy, and conflict.* Philadelphia: Templeton Foundation Press.

Kanov, J. M., S. Maitlis, M. C. Worline, J. E. Dutton, y P. J. Frost. (2003). Compassion in organizational life. *American Behavioral Scientist:* 1-54.

Kirschenbaum, D. (1984). Self-regulation and sport psychology: Nurturing and emerging symbiosis. *Journal of Sport Psychology, 8:* 26-34.

Kotter, J. (1999). *John Kotter on what leaders really do.* Cambridge, MA: Harvard Business School Press.

Lewin, K. (1951). *Field theory in social science.* Nueva York: Harper y Row.

Losada, M., y E. Heaphy. (2003). The role of positivity and connectivity in the performance of business teams: A nonlinear dynamics model. *American Behavioral Scientist, 47:* 740-765.

McCraty, R., y Childre, D. (2004). The grateful heart. En R. A. Emmons y M. E. McCullough (Eds.), *The psychology of gratitude* (pp. 230-255). Nueva York: Oxford University Press.

McCullough, M. E., R. A. Emmons, y J. Tsang. (2002). The grateful disposition: A conceptual and empirical topography. *Journal of Personality and Social Psychology, 82:* 112-127.

Meyerson, D. (2001). *Tempered radicals.* Cambridge, MA: Harvard Business School Press.

Nahrgang, J. D., DeRue, D. S., Hollenbeck, J. R., Spitzmuller, M., Jundt, D. K., y Ilgen, D. R. (2013). Goal setting in teams: The impact of learning and performance goals on process and performance. *Organizational Behavior and Human Decision Processes, 122*(1), 12-21.

Perot, H. R. (1988). A vision for General Motors. Internal company document. General Motors Corporation, Detroit, MI.

Pfeffer, J. (1998). *The human equation: Building profits by putting people first.* Boston: Harvard Business School Press.

Powley, E. H. (2009). Reclaiming resilience and safety: Resilience activation in the critical period of crisis. *Human Relations, 62*(9), 1289-1326.

Quinn, R. E. (2000). *Change the world.* San Francisco: Jossey-Bass.

———— (2004). *Building the bridge as you walk on it.* San Francisco: Jossey-Bass.

Quinn, R. E., J. E. Dutton, y G. M. Spreitzer. (2003). Reflected best-self exercise: Assignment and instructions for participants. Center for Positive Organizational Scholarship, Ross School of Business, University of Michigan. Product #001B.

Ramlall, S. J. (2008). Enhancing employee performance through positive organizational behavior. *Journal of Applied Social Psychology, 38*(6), 1580-600.

Rath, T. (2001). *Now Discover Your Strengths.* Nueva York: Gallup Press.

Rego, A., Ribeiro, N., y Cunha, M. P. (2010). Perceptions of organizational virtuousness and happiness as predictors of organizational citizenship behaviors. *Journal of Business Ethics, 93*(2), 215-235.

Roberts, L. M., G. Spreitzer, J. Dutton, R. Quinn, E. Heaphy, y B. Barker. (2005). How to play to your strengths. *Harvard Business Review, 83:* 75-80.

Salancik, G. R. (1977). Commitment of control of organizational behavior and belief. En B. M. Staw and G. R. Salancik (Eds.), *News directions in organizational behavior.* Chicago: St. Clair Press.

Sculley, J. (1987). Apple's identity and goals. Internal company document. Apple Computer, Inc., Cupertino, CA.

Seligman, M. E. P. (2002). *Authentic happiness.* Nueva York: Free Press.

Selznick, P. (1949). *TVA and the grass roots.* Berkeley: University of California Press.

Simmel, G. (1950). *The sociology of Georg Simmel.* Glencoe, IL: Free Press.

Tichy, N. M. (1993). *Control your destiny or someone else will.* Nueva York: Doubleday.

Tichy, N. M. (1997). *The leadership engine.* Nueva York: Harper Collins.

Tutu, D. (1998). Without forgiveness there is no future. En R. D. Enright and J. North (Eds.), *Exploring forgiveness.* Madison: University of Wisconsin Press.

———— (1999). *No future without forgiveness.* Nueva York: Doubleday.

U. S. Army Strategic Leadership Program. (2003). Personal communication. Boston, MA.

Walsh, J. P. (1999). Business must talk about its social role. En T. Dickson (Ed.), *Mastering strategy* (pp. 289-294). Londres: Financial Times/Prentice Hall.

Weick, K. E. (1981). Small wins: Redefining the scale of social problems. *American Psychologist, 39:* 40-49.

———— (1993, Winter). Small wins in organizational life. *Dividend:* 20-24.

Zhang, X., y Bartol, K. M. (2010). Linking empowering leadership and employee creativity: The influence of psychological empowerment, intrinsic motivation, and creative process engagement. *Academy of Management Journal, 53*(1), 107-128.

REFERENCIAS DEL MÓDULO A

Barrett, H. (1977). *Practical uses of speech communication,* 4a. ed. Nueva York: Holt, Rinehart y Winston.

Collins, E., y M. Devanna. (1990). *The portable MBA.* Nueva York: Wiley.

Dubrin, A. J. (1985). *Contemporary applied management.* Plano, TX: Business Publications, Inc.

Endicott Report. (1992). Baton Rouge: Louisiana State University Press.

Gelles-Cole, S. (1985). *The complete guide to executive manners.* Nueva York: Rawson.

Gronbeck, B. E., *et al.* (1992). *Principles of speech communication,* 11th ed. Nueva York: Harper Collins.

Lucas, S. (1989). *The art of public speaking*, 3a. ed. Nueva York: Random House.

Mambert, W. A. (1976). *Effective presentation*. Nueva York: Wiley.

Maruca, R. F. (1996). Looking for better productivity? *Harvard Business Review, 74:* 9-10.

Miller, G. A. (1967). *The psychology of communication*. Baltimore: Penguin.

Osborn, M., y S. Osborn. (1991). *Public speaking*. Boston: Houghton Mifflin.

Peoples, D. A. (1988). *Presentations plus*. Nueva York: Wiley.

Poor, E. (1992). *The executive writer: A guide to managing words, ideas, and people*. Nueva York: Grove Weidenfeld.

Reingold, J. (2004, octubre). The man behind the curtain. *Fast Company:* 100-104.

Sanford, W. P., y W. H. Yeager. (1963). *Principles of effective speaking*, 6th ed. Nueva York: Ronald Press.

Seiler, W. J. (1971). The effects of visual materials on attitudes, credibility, and retention. *Speech Monographs, 38:* 331–334.

Sprague, J., y D. Stuart. (1996). *The speaker's handbook*, 4th ed. Fort Worth, TX: Harcourt Brace College Publishers.

Sproule, M. (1991). *Speechmaking: An introduction to rhetorical competence*. Dubuque, IA: William C. Brown.

Wells, W. (1989). *Communications in business*, 5th ed. Belmont, CA: Wadsworth.

Wilcox, R. P. (1967). *Oral reporting in business and industry*. Upper Saddle River, NJ: Prentice Hall.

REFERENCIAS DEL MÓDULO B

Beer, M. (1987). *Meetings: How to make them work for you*. Nueva York: Van Nostrand Reinholdt.

Downs, C. W., G. P. Smeyak, y E. Martin. (1980). *Professional interviewing*. Nueva York: Harper & Row.

DuBrin, A. J. (1981). *Human relations: A job-oriented approach*, 2a. ed. Reston, VA: Reston Publishing Company.

Lopez, R. M. (1975). *Personnel interviewing*. Nueva York: McGraw-Hill.

Maier, N. R. F. (1958, marzo-abril). Three types of appraisal interviews. *Personnel:* 27-40.

Sincoff, M. Z., y R. S. Goyer. (1984). *Interviewing*. Nueva York: Macmillan.

Stano, M. E., y N. L. Reinsch, Jr. (1982). *Communication in interviews*. Upper Saddle River, NJ: Prentice Hall.

Stewart, C. J., y W. B. Cash, Jr. (1985). *Interviewing: Principles and practice*, 4th ed. Dubuque, IA: Brown.

REFERENCIAS DEL MÓDULO C

3M Meeting Management Team. (1994). *Mastering meetings*. Nueva York: McGraw-Hill.

Cohen, M., J. March y J. Olsen. (1972). A garbage can model of organizational choice. *Administrative Science Quarterly, 17:* 1-15.

De Bono, E. (1985). *The six thinking hats*. Boston: Little, Brown.

Harvey, J. (1974, verano). The abilene paradox. *Organizational Dynamics:* 63-80.

De Tocqueville, A. (1841). *Democracy in America*. Nueva York: Langley.

Janis, I. (1972). *Victims of groupthink*. Boston: Houghton Mifflin.

_____ (1983). *Groupthink: Psychological studies of policy decisions and fiascoes*. Boston: Houghton Mifflin.

Putnam, R. (2000). *Bowling alone*. Nueva York: Simon y Schuster.

Rothman, J., J. Erlich, y J. Tropman. (2000). Strategies of community intervention, 6a. ed. Itasca, IL: F. E. Peacock.

Tichy, N., y M. Devanna. (1986). *The transformational leader*. Nueva York: Wiley.

Tropman, J. E. (1996). *Effective meetings*, 2a. ed. Thousand Oaks, CA: Sage.

Tropman, J., J. Erlich, y J. Rothman. (2000). *Tactics of community intervention*, 4a. ed. Itasca, IL: F. E. Peacock.

Tuchman, B. (1984). *The march of folly: From Troy to Vietnam*. Nueva York: Knopf.

Los números de página seguidos por una "f" o una "t" se refieren a figuras y tablas, respectivamente.

Ford, Henry, 174, 403
Ford, William Clay, 462
Formar unidades de trabajo identificables, 279
Formas electrónicas de comunicación, 191
Fortune 1000, 404
Fortune 500, 174, 267
Forward, G. L., 197-198
Foxboro Co., 285
Frankl, Victor, 367
Franklin, Benjamin, 403
Fredrickson, B., 113, 191, 452
Freeman, S. J., 375
French, J., 59, 103, 367
Freud, Sigmund, 45, 408
Fromm, Erich, 45
Frost, P. J., 453
Frustración, ritmos cardiacos, 455f
Fry, Art, 151, 153, 155, 170
Fuentes de estrés personal, 89
Funciones de liderazgo en los equipos, 441
Furman, W., 234
Furnham, A., 60, 63, 191

G

Gabarro, J. J., 210, 235t
Gable, S. L., 190
Gagne, M., 369
Gaissmeier, W., 140
Galle, William P., 191
Gallup Organization, 264, 276
Gandhi, Mahatma, 56, 98, 146, 367, 371, 446, 452
Ganzach, Y., 278
Gardner, Howard, 102
Gardner, John, 229
Gardner, W. L., 265
Gates, Bill, 476
Gecas, V., 366, 368-369
Geddie, T., 207
Gehry, Frank O., 178
Gelles-Cole, S., 491
Gemmill, G., 369
Gendron, G., 314
Geneen, Harold, 236
Genera Mills, 405
Generación de fin del milenio, 228-229, 278
Generación Y, 280
General Dynamics, 58
General Electric, 58, 140, 280, 405
General Motors, 58
George Mason University, 283t
Gerbino, M., 369
Gerhart, B., 265
Gettting, Ivan, 151
Giamatti, A. Bartlett, 250
Gibb, J. R., 197, 371
Gibb, L., 371
Gibbs, J. C., 57
Gibson, J., 306
Gigerenzer, G., 140

Gilbert, S., 375
Gilson, L. L., 367-368
Gilligan, Carol, 57
Ginelli, P. J., 294
Gittell, J., 191
Give and Take (Grant), 278
Gladstein, D., 406
Gladwell, Malcom, 139
Glasser, William, 205
Glew, D. J., 54
Global Crossing, 58
Gloucer, Tom, 462
Glynn, P., 454
Goddard Space Flight Center, 103
Goddard, Roger, 369
Godkin, J., 63
Goizueta, Roberto C., 173
Goldberger, L., 94
Goleman, Daniel, 7, 47-51, 102, 191
Golembiewski, R. T., 371
Golen, S., 192-193
Goodfellow, Matthew, 511
Goodson, Gene, 169
Google, 109, 471-474
Gordon, Arthur, 117
Gordon, E., 321
Gordon, R. D., 197
Gordon, William, 158
Goyer, R., 518
Graham, M., 274
Grant, A. M., 48, 50, 108-109, 238
Grant, Adam, 278
Gratitud, 111-112, 454-455
    ritmos cardiacos, 111f, 455f
Green Day (grupo), 238
Greenberger, D. B., 103, 366, 370, 381
Greene, C., 369
Greenleaf, R. K., 381
Greenpeace, 502
Greiner, L. E., 408
Grewal, D., 50
Grove, A., 233
Grove, Andrew, 306-307
Gudykunst, W. B., 214
Guerra de motocicletas entre Honda y Yamaha, 145
Guerra del Golfo Pérsico (Tormenta del desierto), 407-409, 412-416, 422
Gully, S., 424
Guthrie, J. P., 450
Guzzo, R., 405-406, 414, 422

H

Haas, J., 279
Haase, Richard F., 62
Habilidad, 265-266
Habilidades
    de adhocracia, 9
    de mercado, 9
    del clan, 9
    jerárquicas, 9
Habildades de liderazgo, 9

carisma, 233-234
credibilidad, 417-418, 418, 419
estándar de referencia o *benchmarking*, 457-458
estrategia de pequeñas victorias, 465
habilidades directivas y, 10-11, 447
identificar fortalezas, 455-456
liderar el cambio positivo, 446-470
liderazgo de apoyo, 381
liderazgo de flujo ascendente, 246
metas Everest, 419-421
metas SMART, 419-421
punto de vista fácil de enseñar, 466-467
sistema de valores en competencia, 9-11
trabajo en equipo, 417-419
valores organizacionales, 236
Habilidades de escuchar
    eficaz, 207
    ejercicio de escucha activa, 223
    escuchar en la comunicación de apoyo, 206-208
    responder, 207-208
Habilidades directivas
    administración del tiempo, 96-100
    atracción, 233-234
    autoconocimiento, 44-62
    carisma, 233-234
    centralidad, 237-239
    círculos de calidad, 50-510, 510f, 511-515
    combinar actividades, 279
    competencia política, 228-229
    comunicación, 191-215, 490-505
    comunicación escrita, 501-503
    conducción de reuniones, 552-559
    definición de, 6-7
    desarrollar, 7-8, 13
    desempeño financiero y, 5
    desempeño laboral y, 272
    diferencias culturales, 51-54, 239
    disciplinarias, 275-277
    efectivas, 5-6, 6t
    enfoque de abundancia, 449
    enfoque del déficit, 449
    entrevistas, 518-532
    escuchar, 206-208
    esfuerzo, 235
    establecimiento de metas, 271-272
    estrategias modeladoras del comportamiento, 277-278

expectativas de desempeño, 270, 449
expectativas de los subalternos, 272
facultamiento, 366-381, 388
flexibilidad, 239
formar unidades de trabajo identificables, 279
habilidades de liderazgo y, 10-11, 447
habilidades para hablar, 490
influencia, 241-250
inteligencia emocional y, 51
involucramiento, 381-386, 388
legitimidad, 235-236
liderar el cambio positivo, 448-470
locus de control, 63
manejo de conflictos, 306-329
marcos, 448
modelo de, 12f
modelo de desarrollo, 8t
modelo de las necesidades, 282
motivación, 264-265, 268-275, 279-280, 280t, 281-288
neutralizar los intentos de influencia, 247-249
pericia, 232-233
personalidades proactivas, 239
poder, 230-239, 249-250
presentaciones, 490-505
promover la iniciativa, 275t
promover la solución creativa de problemas, 166-170, 170f
recompensas, 276-277, 280-286
redes sociales, 238-239
reforzamiento, 285-286
relevancia, 240-241
resultados extrínsecos, 280
resultados intrínsecos, 278, 280
retroalimentación, 280, 285-286, 288
sistema de valores en competencia, 9-11
solución de problemas, 139
statu quo y, 446
teoría del liderazgo "camino-meta", 272-273
venta de un tema, 246, 247t
visibilidad, 239-240
Hablar en público, 498t. *Ver también* Presentaciones orales
Hackman, J. R., 103-104, 279f, 302, 372, 376, 405-406, 408, 412, 414, 417
Halberstadt, A. G., 102
Hall, John, 107
Halliburton Co., 58
Hamilton, B. H., 405